Inhalt

Einleitung 9

Peter Stein
Sozialgeschichtliche Signatur 1815–1848 16

Germaine Goetzinger
Die Situation der Autorinnen und Autoren 38

Ulrich Schmid
Buchmarkt und Literaturvermittlung 60

Sigrid Weigel
Literarische Gegenöffentlichkeit in der März-Revolution . . 94

Gert Sautermeister
Reiseliteratur als Ausdruck der Epoche 116

Manfred Heigenmoser
Bildungsroman, Individualroman, Künstlerroman 151

Wolfgang Beutin
Historischer und Zeit-Roman 175

Hans Adler
Der soziale Roman 195

Rachel McNicholl / Kerstin Wilhelms
Romane von Frauen 210

Reinhart Meyer
Novelle und Journal 234

Wolfgang Lukas
Novellistik 251

Holger Böning
Volkserzählungen und Dorfgeschichten 281

Hainer Plaul / Ulrich Schmid
Die populären Lesestoffe 313

Ortwin Beisbart
Kinder- und Jugendliteratur 339

Reinhart Meyer
Theaterpraxis 366

Gertrud Maria Rösch
Geschichte und Gesellschaft im Drama 378

Reinhart Meyer
Komödien 421

Hans-Wolf Jäger
Versepik 434

Gert Sautermeister
Lyrik und literarisches Leben 459

Peter Stein
Operative Literatur 485

Gert Sautermeister
Religiöse und soziale Lyrik 505

Johann Jokl
Heinrich Heine 526

Als der Wiener Kongreß 1815 das Ende der Napoleonischen Kriege besiegelte, erschien dies vielen als der Schlußstrich unter die letzte Nachwirkung der Französischen Revolution. Es begann die »Restauration«, eine Epoche, die unter Metternich zu einer politisch erstarrten, repressiven und autoritären Phase deutscher Geschichte wurde. Bespitzelung und Zensur waren an der Tagesordnung, jedes Mittel, unliebsame Äußerungen zu unterbinden, war dem Staat recht. In der gleichen Zeit nahmen Veränderungen ihren Anfang, wie man sie bis dahin nicht gekannt hatte und deren Folgen wir noch heute spüren: Die Ausbreitung der Industrialisierung und das Auftreten ihrer Schwester, der Pauperisierung, die rasante Beschleunigung der Kommunikation und damit jeglicher politischer und gesellschaftlicher Entwicklung. Die Literatur spiegelt die Zerrissenheit und Härte dieser Epoche wider. Die Märzrevolution 1848 wird zu Recht als das Datum einer politischen, sozialen und kulturgeschichtlichen Wende angesehen: die Moderne beginnt.

Der vorliegende Band handelt von der Literatur in dieser Epoche und von ihren vielfachen Verflechtungen mit der Geschichte. Er berichtet über die Situation der Autorinnen und Autoren (als Opfer ihrer Zeit, aber auch als »Eingreifende«), über den Buchmarkt, über literarische Gegenöffentlichkeit. Gattungs-Kapitel belegen die Zusammenhänge anhand von Beispielen aus je verschiedenen Perspektiven: Reiseliteratur, Novelle, Bildungsroman, Zeitroman, Frauenromane, Populäre Romane, Kinder- und Jugendliteratur, Theater und Lyrik. Eigene Kapitel gelten Heinrich Heine und Georg Büchner. Überblicksdarstellungen wechseln sich ab mit Interpretationen; gemeinsam ist den Beiträgen der Grundkonsens, die literarischen Ereignisse vor dem Hintergrund soziokultureller Evolution zu beobachten und darzustellen.

Hansers Sozialgeschichte
der deutschen Literatur
vom 16. Jahrhundert bis zur Gegenwart

Begründet von Rolf Grimminger

Band 5

Zwischen Restauration und Revolution 1815 – 1848

Herausgegeben von Gert Sautermeister und Ulrich Schmid

Deutscher Taschenbuch Verlag

Register: Manfred Pfister

Dezember 1998
Deutscher Taschenbuch Verlag GmbH & Co. KG,
München
© 1998 Carl Hanser Verlag München Wien
Umschlaggestaltung: Balk & Brumshagen
Satz: Satz für Satz. Barbara Reischmann, Leutkirch
Druck und Bindung: Appl, Wemding
Printed in Germany
ISBN 3-446-12779-8 (Hanser)
ISBN 3-423-04347-4 (dtv)

Gustav Frank
Georg Büchner 579

Anhang

Anmerkungen 607
Bibliographie 689
Register 729
Inhaltsverzeichnis 751

Einleitung

»Bewegung« und »Fortschritt« einerseits, »Beharrung«, ja »Restauration« als partielle Wiederherstellung des durch die Französische Revolution und durch Napoleon umgestürzten Alten auf der anderen Seite – das sind die beiden Pole, zwischen denen sich die politische, soziale und künstlerische Entwicklung in den Jahren zwischen dem Wiener Kongreß 1815 und der europäischen Revolution 1848/49 vollzieht. Damit sind zugleich die politischen Eckdaten der Epoche benannt. Ihre (bis heute gegenwärtige) Voraussetzung ist die revolutionäre Umgestaltung Europas samt dem damit einhergehenden permanenten Kriegszustand von 1792 bis 1815. Ihr unmittelbarer Ausgangspunkt ist der darauf folgende Versuch, mit dem Wiener Kongreß die alte Ordnung, das »Ancien régime«, in Europa wiederherzustellen, ohne die regierenden Kriegsgewinnler der napoleonischen Ära einschneidend zu schwächen. Den Abschluß der Epoche »zwischen Restauration und Revolution« bildet schließlich das Scheitern des halbherzigen bürgerlichen Aufstands gegen spätabsolutistische und kleinstaatliche Strukturen. So ist die Physiognomie dieser Jahre entscheidend durch ihren Übergangscharakter geprägt sowie durch die damit verknüpfte tendenzielle Offenheit, im Sinne des Strukturwandels wie in dem des Experiments.

Die Spannungsverhältnisse in der Epoche finden ihren Ausdruck in erster Linie im politischen Bereich: darauf verweist nachdrücklich die Antithese »Zwischen Restauration und Revolution«. Restaurativer Stillstand und revolutionäre Bewegung, Status quo und Rebellion bilden aber auf vielfache Weise und in vielen Bereichen eine Dialektik, die die Literatur der Zeit herausfordert.

Dabei bezeichnen die Stichworte »Bewegung« bzw. »Fortschreiten« und »Beharrung« im unmittelbaren Wortsinn ein entscheidendes, von den Zeitgenossen als umwälzend empfundenes Phänomen: von der gemächlichen Fußreise, noch zu Anfang des Jahrhunderts u. a. vom Italienwanderer Johann Gottfried Seume emphatisch verteidigt, führt ein rascher Wandel zur Schnellpost, zum Dampfschiff und zur Eisenbahn. Nicht nur Personen und Waren treten mit diesen völlig neuartigen Verkehrsmitteln schneller, müheloser und billiger in Austausch; auch Nachrichten, Schriftzeugnisse und damit Gedanken verbreiten sich mit einer bis in die ersten Jahrzehnte des 19. Jahrhunderts unvorstellbaren Geschwindigkeit, nicht zuletzt auch durch das neue Medium der Telegraphie. Damit wird der Konflikt zwischen progressiver Bewegung und den Kräften der Beharrung (Zoll und Kleinstaaterei, Zensur und Reiseverbote) in brisanter Weise verschärft. Wie intensiv das Literatursystem auf die neuen technischen Perspektiven reagiert, zeigen nicht wenige programmatische Zeitungs- und Zeitschriftentitel der Jahre nach 1830. ›Deutsche Schnellpost‹, ›Telegraph für Deutschland‹, ›Das Dampfschiff‹, ›Pilot‹, ›Eisenbahn‹, ›Leipziger Locomotive‹ oder ›Weser-Dampfboot‹ sind nur einige der Titel, die die verheißungsvolle Dynamik der industriellen und (im Blattinnern) der politischen Revolution verkünden. Der Ende 1843 in Paris gegründete ›Vorwärts‹ überträgt in seinem Editorial das Bild des Feuers, das die Dampfmaschinen antreibt, auf »die Arbeit des Geistes«, die »sich mit immer wachsender Energie« vollziehe und »in rastloser, feuriger Schnelligkeit 〈...〉 ihr ernstes Spiel« treibe:

> Überall entstehen große und kleine Zeitungen; jede Meinung, jede beginnende Parthei, sobald sie das Bedürfnis nach Ausprägung und fester Gestaltung fühlt, sieht sich gedrungen ein Organ zur Herausarbeitung ihres Inhalts und hiermit auch zur Propaganda zu schaffen. Es ist ein hartes Ringen auf den Wahlplätzen der Discussion, und je mehr sie vorrückt in Entwicklung der Lebensfragen, desto gewaltiger wird der Gedankenkrieg, desto lichter und glühender lodert die Hoffnungsflamme im begeisterten Herzen; denn es gilt die Zukunft der Welt.[1]

Das Zitat zeigt deutlich, daß die Verknüpfung der »rastlosen, feurigen Schnelligkeit« mit den Journaltiteln kein Zufall ist. Die neuen Transportformen sind die unabdingbare Voraussetzung eines mächtig expandierenden Pressemarkts, v. a. in den vierziger Jahren. Diese Ausweitung des Informations- und Medienangebots, von der Tageszeitung über die ersten »Illustrirten Zeitungen« bis zum Konversationslexikon, setzt einen erhöhten Kapitaleinsatz voraus, trägt selbst aber durch die nicht geringen Gewinne (im Erfolgsfall) zur Kapitalisierung im Buch- und Pressegewerbe bei. Der wachsende Bedarf an Texten für den immer größeren Ausstoß der Schnellpressen eröffnet neue Berufsfelder im Bereich des Journalismus und verändert das tradierte (Selbst-)Verständnis von Autorschaft. Bereits vor 1848 findet sich überdies die Erstveröffentlichung literarischer Werke in Zeitungen oder Zeitschriften, die dann in der zweiten Jahrhunderthälfte für die meisten Romane und Novellen des Realismus zur Regel wird.

Die neuen Verkehrsmöglichkeiten stehen somit in einem ausgeprägten dynamischen Wechselverhältnis mit dem alles umgreifenden wirtschaftlichen Wandel, der sich während der Jahre 1815–1848 in immer schnellerem Tempo vollzieht. Die Industrialisierung und Kapitalisierung der Wirtschaft und der Gesellschaft sind Voraussetzung für die Entwicklung und die zügige Ausbreitung der neuen Verkehrsmittel, sie werden ihrerseits aber von diesen entscheidend gefördert und vorangetrieben. Innovative Formen der Kapitalbildung und -verwertung (Aktiengesellschaften, zunehmende Investitionsfinanzierung durch Privatbanken) und dynamisch expandierende Betriebsgrößen (v. a. im Berg- und Maschinenbau) entwickeln sich im engsten Zusammenhang mit der rasanten Ausbreitung von Dampfschiffahrt und Eisenbahn.

Von diesen Veränderungen sind die spätabsolutistischen Herrschaftsträger und ihre Wirtschaftsform ebenso betroffen wie die aus den ländlichen Regionen in die Städte (oder ins Ausland) wandernden ländlichen Unterschichten. Damit kommt, verschärft in den vierziger Jahren, erstmals die neue »sociale Frage« ins Blickfeld der Zeitgenossen und der Literatur; Bettina von Arnims ›Armenbuch‹-Projekt legt davon ebenso beispielhaft Zeugnis ab wie die vielfältigen literarischen und journalistischen Reaktionen auf den schlesischen Weberaufstand von 1844.

Neuen Existenz- und Rahmenbedingungen sieht sich aber auch das städtische Bürgertum ausgesetzt. Die Umbrüche der napoleonischen Zeit haben die jahrhundertelang dominierende stadtpatrizische Führungsschicht politisch weitgehend entmachtet, insbesondere durch den Übergang der alten Reichsstädte an die neu entstandenen oder in ihrer Macht aufgewerteten Territorialstaaten. Die Handwerker verlieren nun den Schutz der Zunftbestimmungen, die sich zunehmend als Hemmnis der industriell-kapitalistischen Umwälzung erweisen; damit verbunden sind auch tiefgreifende Veränderungen im Bereich des Buch-, Zeitungs- und Zeitschriftendrucks sowie der Distribution.

Mit der Grunderfahrung der Beschleunigung als übergeordnetem Lebensgefühl verknüpft ist allerdings noch ein anderer kennzeichnender Aspekt der Epoche. Der in Deutschland (im Gegensatz zu Frankreich und England) äußerst unterschiedliche Entwicklungsstand der einzelnen Regionen und ihrer Ordnungen macht sich auch in den sozialen und wirtschaftlichen Gegebenheiten bemerkbar; er spiegelt sich darüber hinaus in ideologischen Bereichen, besonders auffällig auf dem Gebiet der Religion. Vom Konflikt um die »Union« der lutherischen und der reformierten Kirchen in Preußen über die Auseinandersetzungen zwischen den katholischen Rheinprovinzen und der preußischen Bürokratie bis zur demokratisch organisierten »Los-von-Rom-Bewegung« der Deutschkatholiken zieht sich die »Maskerade« (Robert Prutz) der konfessionell eingekleideten, verdeckt aber politischen Konflikte. Da politische Vereine (und Parteien) in der Epoche verboten waren, behauptete die Religion ihre zentrale Rolle als selbstverständlicher, allen an der öffentlichen Diskussion Beteiligten von der Kindheit an vertrauter Bezugspunkt. Religiöser Rhetorik, biblischen Bilderwelten und kirchlichen Ausdrucksformen verdanken selbst die Appelle zur Abschaffung der Religion noch ihre sprachliche Überzeugungs- und Durchschlagskraft; so apostrophierte etwa Heine in seiner ›Romantischen Schule‹ die Jungdeutschen als »Apostel«, und das ›Manifest der Kommunistischen Partei‹ fand erst auf dem Umweg über »Glaubensbekenntnis« bzw. »Katechismusform« (Friedrich Engels) Ende 1847 seine endgültige sprachmächtige Gestalt. Andererseits können Brüchigkeit und Anfechtung der Glaubensüberzeugung auch die Beharrungskraft der privaten Frömmigkeit der Zeit herausfordern, wovon die zwanghaft-ängstlichen (und zugleich untergründig erotischen) Gedichte des späten Clemens Brentano ebenso beredt Zeugnis ablegen wie die religiöse Lyrik Eduard Mörikes oder Annette von Droste-Hülshoffs.

Diese Erschütterung gründet, im Vorfeld der intellektuellen Aneignung von Welt, nicht zuletzt in neuen Dimensionen der Wahrnehmung: der Blick auf die Landschaft aus der sie durcheilenden Eisenbahn (durch die wiederum die Landschaft buchstäblich einschneidend verändert wird), die Darstellungsformen des Panoramas und des Dioramas sowie die mit dem Jahr 1839 in die Öffentlichkeit tretende Daguerreotypie, die Frühform des Mediums Fotografie, sind zentrale Beispiele für die Veränderung des Blicks und der Welt-Erfahrung. Heine sprach, anläßlich der beiden 1843 neu eröffneten Eisenbahnlinien nach Orléans und Rouen, von »Erschütterung« und beschrieb ein »unheimliches Grauen, wie wir es immer empfinden, wenn das Ungeheuerste, das Unerhörteste geschieht, dessen Folgen unabsehbar und unberechenbar sind«:

> Wir merken bloß, daß unsre ganze Existenz in neue Gleise fortgerissen, fortgeschleudert wird, daß neue Verhältnisse, Freuden und Drangsale uns erwarten, und das Unbekannte übt seinen schauerlichen Reiz, verlockend und zugleich beängstigend. 〈...〉 Welche Veränderungen müssen jetzt eintreten in unsrer Anschauungsweise und in unseren Vorstellungen! Sogar die Elementarbegriffe von Zeit und Raum sind schwankend geworden.[2]

Zur Bewußtseins- bzw. Mentalitätsgeschichte der Epoche tragen freilich, weit über den Bereich der Wahrnehmung hinaus, künstlerische und philosophische Geisteshaltungen ebenso bei wie soziale Normen und Formen der Geselligkeit, aber auch Disziplinen wie Pädagogik, Medizin und Naturwissenschaften. Die Literatur steht mit all diesen Bewußtseinsformen in einem differenzierten Wechselspiel und prägt sie durch ihre ästhetischen Intentionen und Gestaltungsformen entscheidend mit; so bildet sie eine aussagekräftige Quelle für die Mentalitätsgeschichte der Epoche.

Die vorliegende Literaturgeschichte betrachtet ihren Gegenstand als vielgestaltiges Feld von Spannungsverhältnissen. In der Zeit »zwischen Restauration und Revolution« ist nicht etwa *ein* literarischer Stil federführend; vielmehr durchkreuzen und überlagern sich verschiedene literarische Strömungen: Traditionen der Spätaufklärung, goethezeitliche Kunstperiode und radikaler Bruch mit ihr, Spätromantik und ihr verpflichtetes Epigonentum, biedermeierliche Idyllik und vormärzliches Aufbegehren. Das Fortwirken bzw. die Spätzeit bestimmter Stile ist für die Epoche ebenso kennzeichnend wie vorausweisende, die Zukunft vorwegnehmende Schreibweisen. Die Ungleichzeitigkeit des Gleichzeitigen ist ein auffälliges Charakteristikum der Epoche.

Diesen vielfältigen Spannungsverhältnissen kann nur ein erweiterter Literaturbegriff gerecht werden, der die vorherrschenden literaturwissenschaftlichen Etikettierungen und Kanonbildungen in Frage stellt und überschreitet:

> Die Geschichte der Literatur ist ebenso schwierig zu beschreiben wie die Naturgeschichte. Dort wie hier hält man sich an die besonders hervortretenden Erscheinungen. Aber wie in einem kleinen Wasserglas eine ganze Welt wunderlicher Tierchen enthalten ist, die ebensosehr von der Allmacht Gottes zeugen wie die größten Bestien, so enthält der kleinste Musenalmanach zuweilen eine Unzahl Dichterlinge, die dem stillen Forscher ebenso interessant dünken wie die größten Elefanten der Literatur.[3]

Selbstverständlich kann es dabei nicht darum gehen, die »Literaturgeschichte wie eine wohlgeordnete Menagerie« (Heine) vorzustellen; die »Geringfügigkeiten« müssen (um Heine weiter zu folgen) in den Zusammenhang der »großen Fakta« und der »Ideen« eingeordnet werden. Daher befaßt sich der vorliegende Band ebensosehr mit *hoher* wie mit populärer Literatur; neben die Werke mit kanonischer Geltung treten relativ unbekannte, außerhalb der üblichen literaturwissenschaftlichen Betrachtung stehende Texte und Textbereiche, sofern sie die Physiognomie der Epoche erhellen oder für sie charakteristisch sind. Die Begrenzung der Seitenzahl verbietet eine alle Details erfassende Rekonstruktion der Epoche; Idealziel der vorliegenden Darstellung ist es aber doch, wesentliche Züge der Zeit zu erhellen. So gilt auch für diesen Band Claus-Michael Orts grundlegende Aussage: »Sowohl der Umfang des je angesetzten Referenzsystems als auch die Zeitdauer, während welcher es untersucht werden soll, unterliegt per se forschungspraktischer Beschränkung.«[4] Die einzelnen Artikel dieses Bands, auf deren Lesbarkeit und Verständlichkeit die Herausgeber besonders bedacht waren, stehen deshalb nicht nur für sich selbst bzw. ihren jeweiligen Gegenstand. Querverweise und ein Register ermöglichen es, Verbindungen herzustellen und durch Lektüreanschlüsse weiterreichende Zusammenhänge zu bilden. Für den Hauptteil des Bands wurde die Anordnung nach Gattungen gewählt, weil das seit der Antike tradierte Gattungsgefüge in dieser Epoche noch weitgehend verbindliche Geltung hat und, bei aller tendenziellen Auflösung durch die Journal-Form oder durch die Gattungsmischung im Roman, den Charakter der meisten Buchpublikationen bestimmt. Praktische Gründe der Übersichtlichkeit wie der Lesbarkeit legen es darüber hinaus nahe, die hier skizzierten Spannungsverhältnisse und Widersprüche innerhalb der einzelnen Literaturgenres aufzuweisen und zu verfolgen. Ergänzt werden diese Gattungsdarstellungen durch die einleitenden, »Gesellschaft und Öffentlichkeit« charakterisierenden Beiträge, durch die beiden Artikel zur Reiseliteratur und zum Bildungsroman sowie durch zwei exemplarische Personal- und Werkprofile (Georg Büchner und Heinrich Heine). Anhand des Themas »Reise und Reiseliteratur« lassen sich dominierende Entwicklungslinien der Epoche von den äußeren Phänomenen her ins Auge fassen, die in vielfältiger Weise zu den literarischen Erscheinungsformen führen; die Betrachtung der Gattung Bildungsroman dagegen lenkt den Blick vom Innern der Werke her auf epochale und zum Teil sehr moderne Erfahrungen des Individuums. Diesen doppelten Blick ergänzen die beiden Autoren-Porträts mit ihren gattungsübergreifenden Werkanalysen.

Peter Stein
Sozialgeschichtliche Signatur 1815–1848

I. Entzifferung der Epochensignatur

Die erste Hälfte des 19. Jahrhunderts war eine Zeit tiefgreifenden Umbruchs. In diesen Jahrzehnten begannen sich Strukturen zu wandeln, die jahrhundertelang die Grundlage des Wirtschaftens und Lebens gebildet hatten. Das war trotz vieler Ungleichzeitigkeiten ein gemeineuropäischer Prozeß, in dem die deutschen Territorien eine mittlere Position zwischen westeuropäischer Fortgeschrittenheit und osteuropäischer Beharrung innehatten. Die Ursachen lagen vor allem in der wachsenden Dynamik jener modernen Wirtschaftsformen, die durch ein komplexes Ineinandergreifen von freigesetzter Arbeitskraft, Kapitalakkumulation, Marktmechanismen und neuen technischen Produktionsweisen charakterisiert und mit dem Oberbegriff »Industrielle Revolution« noch nicht zutreffend genug beschrieben sind. Die Jahre von 1815 bis 1848 wurden schon von den Zeitgenossen als eine Epoche grundlegender Umwälzungen und des Übergangs erkannt. Unmittelbarer Anlaß der neuartigen Epochenerfahrung waren vor allem die geschichtsträchtigen Umbrüche des staatlichen Lebens, die als tiefgreifende Revolutionierung überkommener soziopolitischer Ordnungen wahrgenommen wurden. Daß die Pariser Ereignisse ab 1789 kein separater Vorgang waren und weder durch Napoleons Sieg noch durch seine Niederwerfung 1814, weder durch den Wiener Kongreß 1815 noch durch die Niederschlagung der verschiedenen aufständischen Bewegungen bis 1848 sich in ihrer Wirksamkeit brechen ließen – darin waren sich Gegner wie Befürworter der »Revolution« einig. Allein schon auf dieser außen- und innenpolitischen Ebene, im neuartigen Kriegs- und Bürgerkriegszustand von Staat und Gesellschaft, Mächten und Parteien, wurden unumkehrbare Handlungen vollzogen und tiefe Zäsuren sichtbar. Dabei verstärkte sich die Einsicht, man sei insgesamt einem markanten historischen Prozeß unterworfen, dessen Bewegungsgesetz zunächst eher geschichtsphilosophisch als sozialgeschichtlich-analytisch beschrieben werden konnte. Auch wenn zutraf, daß die Politik das (neue) Schicksal war und in Napoleon, dem dieses Diktum zugeschrieben ist, sogar reale Gestalt annehmen konnte, traf doch auch zu, daß Politik nicht die letzte Ursache der tiefgreifenden Umwälzung war. Was dem zeitgenössischen Bewußtsein als von handelnden Menschen betriebene Politik bzw. von geschichtlichen Subjekten herbeigeführter Traditionsbruch im »Revolutionszeitalter« (Niebuhr) erschien, ließe sich aus größer werdender Distanz ebensosehr als langfristige Umschichtung von Formationen verstehen, für die der (politische) Revolutionsbegriff allein kaum noch zureichend sein kann. »›Die Gesellschaft‹«, so hatte es hellsichtig Alexis de Tocqueville bereits 1850 diagnostiziert, »wird nicht hier und da verändert, sie befindet sich als Ganzes in einem Prozeß der Transformation.«¹

In den sozialgeschichtlichen Darstellungen zum deutschen 19. Jahrhundert geht es um die analytische Fassung der Materialität dieser großen ökonomischen, sozialen, politischen und ideologischen Transformation. Insofern »Herrschaft die Wirtschaft und Kultur, Wirtschaft die Herrschaft und Kultur, Kultur die Herrschaft und Wirtschaft«² dialektisch bedingen, hat auch Literaturgeschichte Kenntnis von diesen Forschungen zu nehmen. Das in ihnen formulierte Wissen verdankt sich einem bis zur Gegenwart reichenden Erfahrungsraum und entziffert auf andere Weise die Signatur dieser Epoche, als es deren kundigste Augenzeugen, zu denen im weitesten Sinne die Schriftsteller zählen, je vermochten. Dennoch ist der Historiker kein besserer Epochenzeuge; er sieht aus dem Abstand und von dort weniger und zugleich mehr.

II. Von der »Agrarrevolution« zur Industriellen Revolution

1. Feudale Agrargesellschaft und »Agrarrevolution«

Obgleich das Deutschland der ersten Hälfte des 19. Jahrhunderts immer noch eine Agrargesellschaft war, in der – von wenigen Handels- und Gewerberegionen abgesehen – um 1815 über 60 Prozent der arbeitenden Bevölkerung in der Land- und Forstwirtschaft ihr Auskommen hatten, bestand doch die jahrhundertealte agrarische Welt nicht mehr ungebrochen. Gerade in diesem traditionellen Kernbereich gesellschaftlicher Reproduktion vollzogen sich bis 1848 folgenreiche Umbrüche. Die auch als »Agrarrevolution« bezeichnete grundlegende Modernisierung, die die politische Änderung der bäuerlichen Sozialverfassung (sog. Bauernbefreiung) und die von Wissenschaft und Technik getragene Effektivierung der agrarischen Produktion betraf, ging der Industriellen Revolution voraus und bildete ein entscheidendes Fundament für den industriegesellschaftlichen »Take-Off« (Rostow).[3]

Die politische Reformierung der feudalen Agrarverfassung, teilweise in einzelnen Regionen und bäuerlichen Segmenten schon ab dem 18. Jahrhundert einsetzend, brach im Kern mit dem überkommenen System rechtlicher Bindungen und wirtschaftlicher Zwänge. Die Abschaffung der verschiedenen Formen der Leibeigenschaft, die Ablösung der Frondienste und Abgaben, die Entlassung in gesellschaftliche und berufliche Mobilität (Freizügigkeit, Heirat, Bildung, Gewerbefreiheit, Freiheit des Güterverkehrs usw.) transformierte den mediaten Bauern im Prinzip zum »freien Eigentümer von Boden und Arbeitskraft«.[4] So unterschiedlich im einzelnen der Grad dieser bäuerlichen Emanzipation war, die übergreifende Tendenz läßt sich so bezeichnen: Landwirtschaft wurde zu einem mit Kapital arbeitenden, gewinnorientierten ›Gewerbe‹, das sich nach Marktgesetzen auszurichten hatte. Die hierzu erforderliche neue Freiheit war für einen großen Teil der Bevölkerung durchaus ambivalent: Sie löste die Betroffenen nicht nur aus feudalherrschaftlichen Bindungen, die mit der modernen Idee des Rechtssubjekts unvereinbar waren, sondern zugleich auch aus schützenden dörflich-genossenschaftlichen Sozialbindungen (Aufteilung der alten Allmende, Fortfall des Weiderechts, Armenschutz usw.), sofern die Personen nicht durch Patronat und eine rigide Gesindeordnung abhängig blieben.

Es waren die immer stärkeren Unterschiede zwischen zugewonnenem und verlorenem Eigentum und Geld, die bäuerliche Schichten sozial und mental zu trennen begannen, so daß ständische Gemeinsamkeiten zerbrachen. Sahen sich die Gewinner dieser Entwicklung als ländliche Unternehmer bereits städtischen Mittelschichten angenähert, mußten die Verlierer, die sich vergrößernde Schicht der Landbesitzlosen und Pauper, ihre Deklassierung zu einem ländlichen Proletariat erfahren. In dem Maße, wie diese Bevölkerungsgruppe in den dreißiger und vierziger Jahren sozial enteignet wurde, ohne schon von den erst langsam durch die Industrialisierung geschaffenen modernen Wirtschaftsbereichen aufgefangen zu werden, bildete sich hier bis 1848 ein beträchtliches Konfliktpotential. Das Landleben der ersten Hälfte des 19. Jahrhunderts war dementsprechend keine vorindustrielle oder vorkapitalistische Idylle, auch wenn die harte Modernisierung in Gestalt von Maschinentechnik, Kredit- und Versicherungswesen, Düngertechnik, Wegebau usw. weitgehend erst nach 1848 griff.

2. Handwerkskrise und Proto-Industrialisierung

Etwa parallel zu den Umbrüchen in der Agrarverfassung kam es auch zu einer Krise des alten Handwerks und der Manufaktur. Die Einführung der Gewerbefreiheit, in Preußen 1810/11 für den östlichen Teil begonnen, jedoch erst 1845 in stark abgebremster Form gesamtstaatlich abgeschlossen, signalisierte das allmähliche Ende der jahrhundertealten Zunftverfassung, die aber immer noch nicht aufgehoben war. Sie schuf die Voraussetzung dafür, daß Landgewerbe und städtisches Handwerk, teilweise gegen deren erklärten Willen, dem modernen Konkurrenzprinzip und der Marktgesellschaft geöffnet wurden. Damit zeichneten sich auch für den sekundären Sektor, der etwa ein Sechstel der Arbeitenden im Gebiet des Deutschen Bundes umfaßte, einschneidende Umbrüche einer traditionalen Lebens- und Produktionsweise ab. Sie wurden bis 1848 vor allem deswegen als schwere Krise empfunden, weil die langfristig kompensatorisch wirkenden Folgen des Systemwandels zur Industriewirtschaft für die meisten real noch kaum spürbar waren. So mußten ambivalente Identitätsveränderungen im Selbstbild des Handwerks die zwangsläufige Folge sein. Auf der einen Seite fürchtete der Handwerker, wie Nipperdey plastisch beschreibt,

> das Aufbrechen der Zunft- und Kleinstadtwelt, den Einbruch der Konkurrenz durch den neuen Bevölkerungsüberschuß wie die Industrie, den Verlust von Sicherheit, die Möglichkeit von Proletarisierung – wie sie die Not der proletaroiden Allein- und Kleinmeister, aber auch der Gesellen in der Krise der vierziger Jahre so eindrücklich machte.[5]

Hier ist die Grundlage für kleinbürgerliches Philister- und Spießertum bzw. für den labilen ›Mittelstand‹ von kleinem Gewerbe, Krämern und Händlern, karikiert in der Figur des deutschen Michel. Auf der anderen Seite entsprang dieser sozialen Basis aber auch der Typ des gesellschaftlich und politisch lebhaft engagierten Kleinbürgers, der auf seine Deklassierung zum Handarbeiter mit politisch wachem Bewußtsein bzw. einem radikalen Protestverhalten reagierte.

Wendet man den Blick weg von der handwerklichen Gewerbewirtschaft zum Bereich der frühindustriellen Produktion, so zeigt sich ein anderes Bild. Ein umfangreicher Bereich der seit der frühen Neuzeit tradierten Manufaktur, der auch in der Form von ›Hausindustrie‹ und ›Heimgewerbe‹ als gewerbliche Warenproduktion existierte, blieb bis ins 20. Jahrhundert bedeutsam. Andere Bereiche transformierten sich seit dem Ende des 18. Jahrhunderts lediglich zu einer ›proto-industriellen‹ Produktionsweise. Das Nebeneinander von Proto-Industrie anstelle von Industrialisierung und Proto-Industrie als Übergang zur (Früh-)Industrialisierung blieb charakteristisch für den deutschen Vormärz. In diesem Mischzustand klang die haus- und familienwirtschaftlich strukturierte feudale Produktionsweise ebenso aus, wie die marktwirtschaftlich strukturierte industriekapitalistische Produktionsweise darin einen ihrer Auslöser fand.

3. Industrielle Revolution und »Marktgesellschaft« (Wehler)

Das 19. Jahrhundert ist in Deutschland die Zeit gewesen, in der sich Industrialisierung und kapitalistische Marktwirtschaft durchsetzten. Die Industrialisierung ist dabei nicht nur gekennzeichnet durch den Einsatz neuer, tendenziell immer mehr maschinengeprägter Produktionstechniken (Dampfkraft, Werkzeuge usw.) und die Förderung bzw. Verarbeitung entsprechender Rohstoffe (Kohle, Eisen), sondern auch durch die rationelle Arbeitsorganisation (Fabriksystem) und die Entwicklung der Lohnarbeit zur massenhaften Erwerbsform. Je nach dem Wichtigkeitsgrad, den man diesen komplex miteinander verschränkten Faktoren zuschreibt, wird der Beginn des Umwandlungsprozesses in Deutschland, läßt man einmal den Vorsprung einzelner Regionen beiseite, entweder auf die Mitte der dreißiger Jahre (Mottek) oder der vierziger Jahre (Wehler) oder auf die Zeit um 1850 (Rostow) gelegt. Spätestens Anfang der siebziger Jahre war er als ein unumkehrbarer, sich selbst tragender und zyklisch bewegter Prozeß in Kraft. Die Jahrzehnte vor diesem strittigen Anfangspunkt werden unter dem Begriff der »Frühindustrialisierung« zusammengefaßt. Auch wenn die genannten Datierungen gegenüber ähnlichen Entwicklungsschüben in Westeuropa eine ›Verspätung‹ anzeigen, sorgten doch ein hohes Entwicklungspotential und die kräftesparenden Chancen eines ›industriellen Nachfolgelandes‹ für genügenden Ausgleich. Entscheidendes gemeineuropäisches Faktum des zur Herrschaft gelangenden Industriekapitalismus ist, daß der *Markt* als wirtschaftliche Organisationsform zur dominierenden Kategorie nicht nur der Ökonomie wurde, sondern »auch gegenüber anderen Realitätsbereichen seine strukturprägende Kraft ⟨entfaltete⟩, indem er z. B. die soziale Hierarchie von Grund auf zu verändern begann, im politischen und kulturellen Leben marktförmige Beziehungen und Einrichtungen erzwang.«[6] [→ Schmid: Buchmarkt, 66 ff.] Im Gefolge dieser Basisveränderung kam es zur schärferen Ausbildung sozialer Klassendifferenzen, die auch auf die Konstituierung eines neuen, proletarischen Arbeits- und Lebenszusammenhangs zuliefen.

Der Prozeß der Industrialisierung ging von einigen bestimmten Führungsregionen aus, von denen die meisten in Preußen (Ruhrgebiet, Niederrhein, Saar, Oberschlesien, Berlin, Magdeburg u. a.), sodann in Sachsen sowie in Württemberg und Baden lagen; hinzu kamen die Hansestädte Hamburg und Bremen. Zum einen besaßen diese Regionen bereits ein hohes Gewerbeniveau, zum anderen kam es gerade hier zum Ausbau jener Wirtschaftszweige (Bergbau, Eisenverarbeitung, Maschinenbau), die zum entscheidenden Antrieb der industriellen Produktion werden sollten. Die von diesen Sektoren ausgehende kapital- und marktwirtschaftliche Dynamik kulminierte im Eisenbahnbau, der es zwischen 1833 und 1850 zu einem Streckennetz von über 7000 km brachte. Die Eisenbahn beschleunigte nicht nur den rapiden Ausbau der Basisindustrien und des Maschinenbaus, sie förderte die Bildung von Bankkapital und neuen Arbeitsplätzen, den Handel und das Transportwesen, sie war das moderne Kommunikationsmittel schlechthin und damit auch das Medium neuer Raum-Zeit-Erfahrungen [→ Sautermeister: Reiseliteratur, 118 ff.]. Eisenbahnbau und Eisenbahn stellen jedoch nur die Spitze einer Verkehrs- und Kommunikationsrevolution dar, die im Vormärz ihren Anfang nahm. In den drei Jahrzehnten vor 1850 steigerten die Staaten des Deutschen Bundes ihr Chausseestraßennetz von 14 774 auf 52 975 km.[7] Die dadurch ermöglichte Einführung von Schnellpostlinien (ab 1821) und die Zunahme der Dampfschifffahrt auf den verstärkt regulierten und ausgebauten Flüssen und Kanälen führten, zunächst für sich und alsbald komplementär zum Eisenbahnverkehr, zu einer erheblichen Beschleunigung des Güter- und Personentransportes. In der Folge dieser Verkehrsverbesserungen nahmen nicht nur die postalische Kommunikation (Briefpost, Telegraphen), sondern auch die Informationsübermittlung durch die (Tages-)presse einen bemerkenswerten Aufschwung, auch wenn sich hier der eigentliche Durchbruch erst nach 1850 vollzog.

III. Kontinuitäten und Umbrüche der Sozialstruktur

1. Der Adel: vom Ersten Stand zur herrschenden Klasse

Seit Hunderten von Jahren war die Gruppe der adeligen Personen, die vom teilweise sogar besitzlosen niederen Adel bis zum regierenden Hochadel reichte, geburtsständisch privilegiert gewesen. Obwohl die ca. 50 000 Adelsfamilien nur etwa 0,5 Prozent der deutschen Gesamtbevölkerung umfaßten (Schätzung für das Jahr 1800), besaß dieser Herrenstand durch seine feudalen wirtschaftlichen, politischen und kulturellen Sonderrechte eine überproportionale Machtposition in der Gesellschaft. Im Verlaufe der ersten Hälfte des 19. Jahrhunderts begann der Adel genau diese Geltung zu verlieren, ohne jedoch den Charakter einer herrschenden Klasse einzubüßen.

Innerhalb des *Hochadels* hatte sich der Anteil der regierenden Dynastien aufgrund der revolutionären Ereignisse und der reformerischen Politik seit dem ausgehenden 18. Jahrhundert auf 34 Landeshoheitlichkeiten reduziert. Dem dadurch vermehrten nicht regierenden Hochadel wurden durch die Deutsche Bundesakte vom 8. Juni 1815 jene Dynastien als ebenbürtige »Standesherren« hinzugefügt, die zwischen 1803 und 1814 ihre landesherrschaftlichen Gebiete verloren hatten. Dieser Rettungsakt der nachnapoleonischen Restauration, gewissermaßen eine staatlich garantierte (und alimentierte) Besitzstandssicherung, die auch wichtige Privilegien einschloß, erzeugte trotz aller materiellen Vorteile einen Bruch im aristokratischen Selbstverständnis von Souveränität. Für den *niederen Adel* kam es, bei allen regionalen Unterschieden, zu insgesamt noch einschneidenderen Folgen. Die adeligen Grundherren und Gutsbesitzer blieben zwar überwiegend im Besitz der Patrimonialgerichtsbarkeit und Polizeigewalt, genossen weiterhin ihre traditionelle Standesgerichtsbarkeit und politischen Vertretungsrechte sowie teilweise auch Steuer- und Militärfreiheit. Andererseits war der niedere Adel in seinem tradierten Eigencharakter bedrängt durch zunehmende Nobilitierungen (in Süddeutschland) sowie vor allem durch die Folgen der in Preußen greifenden Veränderungen auf dem Lande (Bauernbefreiung, Verlust des adeligen Monopols auf Grundbesitz, agrarkapitalistische Produktionsweisen). Dem standen freilich durchaus funktionstüchtige mentale und soziale Abwehrstrategien gegenüber, die weiterhin dafür sorgten, daß die Adelsklasse in Ehe, geselligem Verkehr, Habitus, Beruf (insbesondere Staats- und Militärdienst) und Politik unter sich zu bleiben vermochte.

2. Stadtpatriziat, Bildungs- und Wirtschaftsbürgertum

Auch die Lebenswelten der Bürger erfuhren im Vormärz erhebliche Veränderungen. Unter dem Begriff »Bürger« sind dabei durchaus unterschiedliche soziale Schichten zu verstehen, deren Zusammengehörigkeit sich zunächst einmal aus der sozialen und rechtlichen Distanz zum geburtsständischen Adel einerseits und zur wirtschaftlich unselbständigen Unterschicht andererseits ergab. Diese im Kern »überlokale, gesamtgesellschaftliche, nachständische Formation«[8] des Bürgertums umfaßte im Vormärz zwischen 5 und 15 Prozent der Bevölkerung, je nach Grad der Abgrenzung zu den nicht-bürgerlichen Schichten. Dabei trat die soziale Front zum Adel im Laufe des 19. Jahrhunderts zurück, ohne daß sie derart verblaßte wie im westlichen Europa; zugleich verschärfte sich ab den dreißiger Jahren die Abgrenzung gegenüber den Unterschichten.

Verglichen mit der relativen Einheit des alten ständischen Stadtbürgertums bildeten sich im Bürgertum des 19. Jahrhunderts jedoch zunehmend Unterschiede heraus, die nicht mehr nur von Rechtsstellung, Besitz und Bildung, sondern immer direkter auch von der Stellung im Produktionsprozeß bzw. im Marktgeschehen herrührten. Die Stufenleiter reichte vom kleinen Handwerksmeister und Gewerbetreibenden auf dem Lande über die Beamtenschaft, Akademiker, Militärs, Freiberufler und das städtische Patriziat bis zu den Rittergutsbesitzern, industriellen Wirtschaftsbürgern und der neuen Geldaristokratie. Alte ständische Formationen (wie z. B. Stadtpatriziat und Zunfthandwerk), deren Einfluß absank, kreuzten sich mit neuen marktwirtschaftlichen Gruppierungen der kapitalistischen Gesellschaft (z. B. Kaufleute, Unternehmer, Fabrikanten), die mehr und mehr an Bedeutung gewannen. Dazwischen agierten akademisches Beamtentum, Bildungsbürger und (intellektuelle) Freiberufler in wachsender Zahl und Verzweigung.

Dem städtischen *Besitzbürgertum* gelang es bis weit über die Zeit des Vormärz hinaus, seinen traditionalen Status als bevorrechtigter Inhaber der vollen Bürgerrechte gegenüber den übrigen Einwohnern zu verteidigen. Die Bindung des Bürgerrechtes an Grundbesitz, Gewerbe, Steuerzahlung wirkte nicht nur als kommunalpolitische und -wirtschaftliche Sperre, die bis zu 90 Prozent der städtischen Einwohnerschaft (darunter sogar Beamte und Akademiker) von bestimmten Ämtern und Privilegien ausschloß, sondern führte aufgrund der unterschiedlichen Stadtverfassungen auch zu einem recht heterogenen Erscheinungsbild. Folgt man Hans-Ulrich Wehler, verschärfte sich jedoch im Vormärz innerhalb des Bürgertums selbst der Widerspruch zwischen den Beharrungstendenzen des politischen Subsystems Stadtverfassung, die von großen Teilen des Stadtpatriziats getragen wurde, und den sozioökonomisch angestoßenen Wandlungstendenzen, deren Träger vor allem dem Bildungs- und dem neuen Wirtschaftsbürgertum entstammten.[9]

Das *Bildungsbürgertum* ist als eine durchaus spezifisch deutsche Sonderform im europäischen Kontext anzusehen.[10] Hervorgegangen aus Funktionseliten, die nötig geworden waren, um die immer ausgreifenderen Regierungs- und Verwaltungsaufgaben durchführen zu können, stellte diese Schicht von akademisch gebildeten Beamten, evangelischen Pfarrern, Medizinern und Apothekern, Juristen und Professoren eine Gruppe mit hohem Sozialprestige und Einfluß dar. Bis 1815 waren es vor allem der expandierende Staats- und der Kirchendienst, die die »Gebildeten« in die hohe Rangposition zwischen Geburtsadel und (patrizischen) Besitzbürgern gebracht hatten. Nach 1815 eröffnete der dynamischer werdende Wirtschaftsprozeß neue Karrieren für professionell-freiberufliche Tätigkeiten mit akademischen Qualifikationen. Er bot auch der weiterhin vielfach diskriminierten Minderheit der Juden, die auf dem Gebiet des Deutschen Bundes knapp 1 Prozent der Bevölkerung ausmachten, Aufstiegschancen.[11] Insgesamt wies der Vormärz jedoch einen markanten Überhang akademisch Gebildeter auf, die weder in den begehrten Staatsdienst gelangten noch – trotz zunehmender Chancen – als freiberufliche Experten bzw. in neuen Wirtschaftssektoren ein befriedigendes Auskommen fanden. Zu dieser neuartigen Gruppe nicht selten mittelloser Gebildeter bzw. Intellektueller gehörten insbesondere Schriftsteller und Publizisten, Künstler und Ideologen, die in dem kulturellen Feld von Erziehung, (populärer) Aufklärung und Unterhaltung, schöner Literatur und politischer Theorie aktiv wurden. Die hier erst in Umrissen sichtbar werdende Fragmentarisierung bildungsbürgerlicher Gruppen (Staatsbeamte, wirtschaftsliberale Akademiker, freischwebende Intellektuelle) wurde im Vormärz noch überwölbt von soziokulturellen Gemeinsamkeiten, die ihr Fundament im neuhumanistischen Bildungshabitus hatten. Diese vor allem im Mentalen gegründete Identität, von Kocka zusammenfassend als »berufsübergreifend, selbstbewußt und prägend«[12] beschrieben, behauptete sich gegenüber der geburtsständischen Prärogative der Aristokratie und grenzte sich gegenüber dem »ungebildeten Volk« ab, stellte aber auch eine Anziehungskraft für liberalen Adel bzw. aufstrebendes Kleinbürgertum dar.

Analog zur Herausbildung der industriellen Produktion und der in ihr tätigen Lohnarbeiterschaft entstand als neue bürgerliche Gruppe ein industriell-kapitalistisches *Wirtschaftsbürgertum*, häufig als »Bourgeoisie« bezeichnet. Diese jüngste, kleinste und von ihrem Habitus her am stärksten mit traditionalen Verhaltensweisen brechende Sozialschicht von Aufsteigern erkämpfte sich ihre gesellschaftlich anerkannte Position in vielfachen Auseinandersetzungen mit den adeligen und stadtbürgerlichen Privilegienträgern, den bildungsbürgerlichen Überlegenheitsansprüchen sowie scharfen Abgrenzungen zu den Unterschichten. In dem Maße, wie nach 1850 mit dem sichtbaren kommerziellen Erfolg der Aufstiegs- und Selbstfindungsprozeß abgeschlossen war, verblaßte die im Vormärz noch recht scharfe anti-adelige und anti-bildungsbürgerliche soziale Front dieser Besitzklasse.

So muß denn das Fazit über die durchaus nicht einheitlichen Fraktionen des vormärzlichen Bürgertums dahin gehen, daß sie in sich nicht widerspruchsfreie Varianten einer Lebensführung darstellten, die insgesamt Leitbildfunktionen beim Umbau der ökonomischen, sozialen und kulturellen Gesellschaftsstruktur des 19. Jahrhunderts gewannen. Innerhalb des Bürgertums waren es nicht die

Stadtpatrizier, sondern das Bildungsbürgertum und die Wirtschaftsbourgeoisie, jeweils auf ihre Weise,

> die im Hinblick auf Sozialstatus, Reichtumsmacht und politischen Einfluß, auf Verhalten, Geschmack und Berufschancen in wachsendem Maße die Lebenschancen und -risiken, den Lebensstil und die Sprache, die Durchsetzungsfähigkeit und die Ziele, nicht zuletzt auch die ideologische Deutung der sozialen Umwelt zu prägen vermochten.[13]

Beide Gruppen schätzten das individuelle Leistungsprinzip, die Verknüpfung von Arbeitsethos mit Profit- bzw. Einflußstreben, die Bevorzugung von Selbstbestimmung und -verwaltung, die Anerkennung von Bildung und Wissenschaft, die Trennung von Familie und Arbeitswelt, Wirtschaft und Politik, von kulturell geformtem Innenraum und repräsentativer Öffentlichkeit, die sich vor allem im städtischen Raum entfaltete. In diesem lebensprägenden »Ensemble kultureller Momente«[14] spielte die Deutungsarbeit von Schriftstellern, Künstlern und Wissenschaftlern eine äußerst wichtige Rolle.

3. Unterschichten und Proletariat

Bevölkerungszunahme, Agrar- und Handwerkskrise, kaum aber die Folgen der frühen Industrialisierung führten im Deutschland der ersten Hälfte des 19. Jahrhunderts zu einer erheblichen Ausweitung der Unterschicht. Ihr werden jene Menschen zugerechnet, deren Leben durch die beiden grundlegenden Merkmale Eigentumslosigkeit und Zwang zur lebenslangen Lohnarbeit charakterisiert ist. Bis zur Jahrhundertmitte ist diese Existenz aufs engste mit dramatischer Verarmung und Hunger verbunden. Diese neuen und vielen Armen, für die schon ab den dreißiger Jahren der Name Pauper, bald auch »Pöbel« bzw. »Proletair« benutzt wurde, waren es vor allem, die als völlig neuartiges gesellschaftliches Phänomen erkannt wurden. Sie waren keine Restmenge mehr, die es einfach hinzunehmen galt, sondern mußten als dynamische Größe des in Gang gekommenen Fortschrittsprozesses aufgefaßt werden. Eng verwandt mit diesen eigentums- und erwerbslosen Armen, die sich tendenziell in den Städten sammelten, waren die in sich differenzierten ländlichen Unterschichten (Gesinde, Landarbeiter, Tagelöhner, Häusler, Gelegenheitsarbeiter) sowie die Handwerksgesellen im Landhandwerk, deren Zahl die des Industrieproletariats bei weitem übertraf. Des weiteren müssen die temporär arbeitenden Frauen und Kinder beachtet werden. In den Städten betrug der Anteil aller dieser Unterschichten an der Gesamtbevölkerung 65–90 Prozent; mehr als die Hälfte von ihnen darbte unterhalb der Armutsschwelle.

Das Spektrum der *Arbeiterschaft* war sektoral gegliedert, nach Lohn und Status vom ungelernten Pauper bis zum gut bezahlten Facharbeiter höchst different. Neben den Fabrikarbeitern, die sich in gelernte und ungelernte unterschieden, gab es die Gruppe der Heimarbeiter und die städtischen Handwerksgesellen. Bis 1850 arbeiteten erst 15 Prozent aller Beschäftigten des sekundären Sektors industriell, d. h. in proto-industriellen Manufakturen, in Fabriken und im Bergbau; hinzu kamen allerdings noch knapp 40 Prozent, die insbesondere in der tradierten textilwirtschaftlichen Verlagsindustrie als Heimarbeiter beschäftigt waren. Das waren etwa 500 000 Arbeiter (bzw. 1,8 Millionen Arbeiter und Heimarbeiter) von rund 15 Millionen Erwerbstätigen in allen Wirtschaftssektoren zur Mitte des Jahrhunderts.[15]

Abgeschnitten von Kapital- und Ausbildung, in eine rigide Arbeits- und triste Lebenswelt eingesperrt, politisch durch den Ausschluß von staatsbürgerlichen Rechten diskriminiert, formierte sich noch im Vormärz ein tendenziell proletarisches Klassenbewußtsein und -verhalten, auch wenn es durch fließende Übergänge zu kleinbürgerlichen Formen charakterisiert blieb. Es fand seinen praktischen Ausdruck in vielfältigen Arbeitskämpfen, Alltagskriminalität, sozialem und politischem Protest, seinen theoretischen Ausdruck in den verschiedenen ideologischen Richtungen des handwerkerlichen bzw. proletarischen »Socialismus« und »Communismus« nebst den dazugehörigen Organisationsformen (Bildungs- und Unterstützungsvereine, geheime Bünde und Klubs).

IV. Politische Restauration, Liberalismus und Revolution

1. Aporien des Konservativismus

Die leitende Politik der »Restauration«, maßgeblich geprägt von dem für die österreichische Außenpolitik verantwortlichen Hof- und Staatskanzler Metternich, war von Anfang an von unauflöslichen Widersprüchen gekennzeichnet. So konnte die von Metternich gewollte politische Restauration 1815 weder das untergegangene Heilige Römische Reich Deutscher Nation wiederherstellen, noch hob sie die Mediatisierung der vielen kleinen geistlichen und weltlichen Herrschaften auf. Sie konnte nicht verhindern, daß die süddeutschen Staaten konstitutionell blieben bzw. wurden und die linksrheinischen Gebiete ihre liberalen Rechts- und Verwaltungsordnungen beibehielten. Damit wurden Ergebnisse des revolutionären Prozesses legitimiert. Das durch Kabinettspolitik und Diplomatie klassischen Stils organisierte Stabilitätssystem der europäischen Großmächte konnte seine friedenssichernde Funktion nur erfüllen, wenn die Staaten im Innern in einer Weise befriedet waren, die – wie in England und nach 1830 auch in Frankreich begonnen – den Ausgleich zwischen den beharrenden und den dynamischen Wirtschafts- und Gesellschaftskräften ermöglichte. Genau das aber verhinderte die gerade auf dem Gebiet des neu gegründeten Deutschen Bundes unnachgiebig forcierte Repressionspolitik gegenüber liberal-demokratischer Verfassungs- und nationaler Einheitsbewegung aufs nachhaltigste. Der christliche Legitimist Metternich schreckte dabei weder vor Gewalt noch vor Rechtsbruch zurück.

Metternich wollte keinesfalls moderne, auf dem Prinzip der Volkssouveränität beruhende Repräsentativverfassungen dulden und konnte diese restriktive Auffassung durchsetzen: in Österreich, Preußen und wenigen kleineren Staaten vollständig, indem dort bis 1848 die Einführung einer Verfassung verhindert wurde – in den übrigen mittelbar, indem dort überwiegend altständische Repräsentationen in Kraft blieben bzw. in modifizierter Form wiederauflebten. In einer Art »Bundes-Staatsstreich«[16] drückte Metternich im Herbst 1819 die *Karlsbader Beschlüsse* durch, deren erhebliche

Repressionen gegenüber Universitäten, liberaler Protestbewegung, Buchmarkt und Presse einen Bruch mit der Deutschen Bundesakte von 1815 darstellten. Immerhin hatte der Art. 18 d die »Abfassung gleichförmiger Verfügungen über die Preßfreiheit« ausdrücklich versprochen und einzelne Länder wie z. B. Baden, Bayern, Sachsen-Weimar und Württemberg zur Einführung der Pressefreiheit ermutigt. Die neuen Gesetze griffen massiv in die monarchisch-staatliche Souveränität der Mitgliedsstaaten ein. Universitäts- und Pressegesetz blieben bis 1848 in Kraft, in Preußen und Österreich sogar in erweiterter Form (z. B. Vorzensur für alle Publikationen). Weitere Verschärfungen wurden mit den »Sechs Artikeln« vom 28. Juni 1832, den »Zehn Artikeln« vom 5. Juli 1832 (»Maßregeln-Gesetz«) und vor allem den »Sechzig Artikeln« der geheimen Wiener Konferenz vom 12. Juni 1834 vorgenommen.[17] [→ Goetzinger: Autorinnen und Autoren, 51 ff.; Schmid: Buchmarkt, 73 ff.]

Verfassungsrechtlich wurde die konservative Interpretation der Bundesakte in der Wiener Schlußakte vom 15. Mai 1820 vollends festgeschrieben, als mit dem Art. 57 das »monarchische Prinzip« als einzige Quelle staatlicher Souveränität dekretiert wurde. Damit begann in den deutschen Territorien, auch wenn die süddeutschen Staaten hinhaltenden Widerstand gegen den wachsenden Illiberalismus von oben leisteten, eine Phase erzwungener Ruhe und Ordnung. Der Ausbruch der französischen Julirevolution im Jahre 1830 zeigte dann in seinen Folgewirkungen auch für Deutschland an, daß die »Revolution« durch keine Restauration einzudämmen war. Daher kann für die Zeit von 1830 bis 1848 nicht mehr von Restaurations-, sondern nur noch von Repressionspolitik gesprochen werden.

Es war die auf Ruhe und Ordnung erpichte Politik des Wiener Staatskanzlers selbst, die gegen ihre Absicht, aber mit innerer Notwendigkeit ihre Opposition hervortrieb, die sich schließlich in der Revolution von 1848 militant formierte. Metternichs nächtliche Flucht im Wagen nach England, schon am 13. März 1848, war die Abdankung des monarchischen Prinzips und der konservativen Politik der Restauration.

Die obrigkeitliche Verweigerung politischer Partizipation konnte sich auf traditional-beharrende Mentalitäten stützen und taugte für eine gewisse Zeit auch als ruheverbürgender Herrschaftshabitus, um gesellschaftliche Dynamik einzuschüchtern, zu mäßigen bzw. stillzustellen. Im problematischen Schutz dieser autoritären Ordnung gewann ein postrevolutionärer Konservativismus Kraft, dessen Spannweite ideologisch vom altständischen Klassenegoismus über die geistliche Orthodoxie bis zu einem romantischen Antikapitalismus reichte. Dabei erlangte er eine durchaus populäre Basis, indem er sich zugleich auf eine diffuse Weise mit den sozialen Ängsten deprivierter Menschen vermischte. Ein Amalgam von Obrigkeitsergebenen und Kirchenfrommen, von Universalisten und Partikularisten, Romantikern und Krautjunkern, Biedermännern und Opportunisten trug und verteidigte das System von Tradition, Ordnung und Legitimität bis über die Revolution von 1848 hinaus.[18] Das geschah vor allem aus Furcht vor dem und aus Protest gegen den geschichtlichen Prozeß, in der Hoffnung, ihn in der Abwehr noch stillstellen zu können. In paradoxer Zuspitzung ließe sich daher formulieren, daß diese heterogene Konservativität im Kern aufständischen Charakters gewesen ist. Diese »Konservativen«, für die von der politischen Romantik bis zum christlichen Biedermeier auch eine Reihe von Intellektuellen und Schriftstellern votierten, lebten nicht in einer anderen Welt [→ Sautermeister: Religiöse und soziale Lyrik, 509 ff.].

2. Politischer Liberalismus, Nationalismus, Demokratie und Sozialismus

Als geistige Bewegung gehört der Liberalismus zum Kerninhalt der europäischen Aufklärung des 18. Jahrhunderts. Die ideologische Begründung von kritischer Vernunft als oberste Instanz (gegenüber Geschichte und Herkommen), von Moral, Freiheit und Recht (gegenüber unkontrollierter Gewalt), von Emanzipation des autonomen Individuums (gegenüber der Heteronomie des Staates und der mit ihm verbundenen Kirche), von Fortschritt und Bewegung (gegenüber Tradition und Beharrung) erzeugte eine Sprengkraft von gemeineuropäischer Wirksamkeit. In diesem Sinne war der Liberalismus in seiner strukturell antifeudalen Stoßrichtung grundsätzlich revolutionär. Als wirtschafts- und verfassungspolitische Bewegung war er es, wenigstens in Deutschland, nicht. Daher lautete das frühliberale Credo hier, daß die Reform unter der Garantie des Staates politisch gewährt, geleitet und begrenzt bleiben müsse. Allerdings trennte sich der Weg der Verfassungsstaaten von dem der verfassungsverweigernden Staaten im Dissens über die Frage, ob eine Konstitution die geeignete Garantie gegen eine mögliche politische Revolution von unten bzw. gegen eine autokratische Diktatur darstellte.

Die klassischen politischen Forderungen des westeuropäischen Liberalismus nach Beschränkung der Staatsmacht, d. h. die Forderung nach Garantie der Menschenrechte (Meinungs-, Eigentums-, Vereinigungsfreiheit, Rechtsgleichheit) durch eine geschriebene Verfassung, die zugleich Gewaltenteilung und parlamentarische Vertretung sicherte, erfuhren im deutschen *konstitutionellen Liberalismus* eine entsprechende Modifizierung. Sowohl in dem stärker am französischen Vorbild orientierten süddeutschen Liberalismus wie auch in dem mehr am englischen Vorbild ausgerichteten preußischen Liberalismus blieb die Souveränität des Fürstenstaates unangetastet. Kernprinzip dieses Liberalismus war, daß das Parlament als Verfassungsorgan und ein Netz von Selbstverwaltungsorganen diesen Staat kontrollieren, nicht aber auch mitregieren sollten. Folglich war die gemäßigte konstitutionelle Monarchie, in der der fürstliche Souverän herrscht *und* regiert, nicht aber die vom Prinzip der Volkssouveränität sich ableitende parlamentarische Republik das politische Ziel, wie es dann 1848 von der liberalen rechten und linken Mitte der Paulskirche gewünscht wurde. Nimmt man hinzu, daß der konstitutionelle Liberalismus gleichzeitig ein strenges Zensuswahlrecht befürwortete, sich schwer tat mit Gewerbefreiheit und Freihandel und eine ablehnende Haltung gegenüber dem sich abzeichnenden Industrie- und Konkurrenzkapitalismus einnahm[19], so trifft auf ihn das Wort Wehlers zu: »Diese Liberalen wollten weder die politische Revolution noch die Industrielle Revolution«[20], sie waren als Anhänger der »Bewegungspartei« im Kern traditional und revolutionär nur ausnahmsweise da, wo konservativer Starrsinn den vernünftigen Ausgleich blockierte. Was sie noch am ehesten wollten, war eine »Bürgergesellschaft ›mittlerer‹ Existenzen«

(Gall).²¹ In dieser moderaten Ausrichtung konnte der konstitutionelle Liberalismus im Laufe des Vormärz seine soziale Basis von der Schicht der Honoratioren und Gebildeten über den Mittelstand bis in das Kleinbürgertum ausdehnen. Ihm hingen auch viele Intellektuelle und Schriftsteller an.

Der tendenziell auf stillstellenden Ausgleich bedachte konstitutionelle Liberalismus erhielt im Vormärz durch die enge Verbindung mit dem *Nationalismus* eine Dynamik, die ihn bei aller Anpassungswilligkeit doch in einen tiefen Gegensatz zum restaurativen Staat treiben mußte. Die politische Restauration nach 1815 und die Konstruktion des Deutschen Bundes basierten auf dem Prinzip des partikularen, nicht-nationalen Staates, der in Deutschland eine festverwurzelte Tradition besaß. Die Kritik am Partikularismus, in dem sich weder die liberale Freiheits- noch die nationale Einheitsforderung verwirklichen ließ, war insofern immer eine Kritik am Deutschen Bund und am Metternichschen System – oder anders ausgedrückt: »jede Frage der Freiheit war unter den gegebenen Bedingungen eine Frage der nationalen Neuorganisation Deutschlands.«²² Diese innenpolitische Begründung des deutschen Nationalismus hat im Vormärz, trotz der untrennbaren Verknüpfung eines deutschen Nationalstaats mit einer europäischen Staatenordnung, noch den Vorrang. Sie ist es zugleich, die die Transformation des klassisch-romantischen Ziels »Kulturnation« in das liberale Ziel »Staatsnation« vorantrieb, freilich nicht ohne heftigen Widerspruch, der schon im Vormärz vom dynastischen Patriotismus über den weltbürgerlichen Universalismus bis zum kommunistischen Internationalismus reichte. Die Fraktion derer, die ausdrücklich das Ziel der nationalen Einheit (und gar der deutschen Größe) vor das der Freiheit stellte, ist im Vormärz noch klein.

Diese nationale Bewegung im deutschen Vormärz konnte sich trotz massiver politischer Behinderung von Parlamenten, Presse- und Vereinsfreiheit durchsetzen; als ideologischer Ausdruck der entstehenden Markt- und Staatsbürgergesellschaft profitierte sie zugleich unmittelbar von den von ihr geschaffenen überregionalen Kommunikationsstrukturen (Schule, Universität, Literatur, Vereine, Feste, Mobilität, expandierender Wirtschafts- und Kulturraum usw.). So fanden auf den verschiedensten Kommunikationsebenen und in unterschiedlichen Trägerschichten ›nationale‹ Identitäten ihren Ausdruck und summierten sich spätestens in den vierziger Jahren zu einer neuen Qualität. Erwähnt seien hier nur die studentische Bewegung der »Allgemeinen Deutschen Burschenschaft« (gegr. 1818), die Gründung von Gesangsvereinen ab den zwanziger Jahren, die Griechen- und die Polenvereine, der »Deutsche Vaterlandsverein zur Unterstützung der freien Presse« (gegr. 1832), die neue Welle der Turnvereinsgründungen ab den vierziger Jahren, der »Centralverein für das Wohl der arbeitenden Klassen«, die Schützen- und die Bildungsvereine. Hinzu kam eine Serie von nationalen Solidaritätskampagnen aus außen- und zunehmend innenpolitischen Anlässen (»Göttinger Sieben« 1837, Kölner Kirchenstreit 1837 ff., Rheinkrise 1840, Schleswig-Holstein-Krise ab 1844 u. a.), massenwirksam unterstützt durch Publizistik, Petitionen und politische Lyrik [→ Sautermeister: Lyrik und literarisches Leben, 461, 471 ff.; Stein, Operative Literatur, 498 ff.]. Schließlich dürfen die großen nationalen Feste und Versammlungen nicht übersehen werden.[23] Alle diese nationalen Treffen, die in wachsendem Maß auch Feiern der nationalen Einheit darstellten, waren getragen von der (bildungs-)bürgerlichen Schicht, fanden jedoch breite und zunehmende Resonanz bis in die kleinbürgerlichen Schichten. Dabei kreuzten sich sozialintegrative, liberal-oppositionelle und Anfänge chauvinistischer Tendenzen.

Die *demokratische Bewegung* reicht mit ihren Anfängen zurück in die Zeit der Befreiungskriege, setzte sich fort in den konspirativen Gruppierungen der Burschenschaft und entwickelte sich ab der Julirevolution von 1830 zu einer zusammenhängenden politischen Kraft. Kernpunkt demokratischer Programmatik ist die Forderung nach voller Verwirklichung der Souveränität des Volkes, von dem allein alle Macht auszugehen hat. Einzig mögliche Staatsform kann demnach nur die Republik als nationaler Einheitsstaat sein, gegründet auf ein allgemeines und gleiches Wahlrecht, regiert von einem Nationalparlament im Einkammersystem. Andere bestehende Herrschaft, sei es die monarchische oder die konstitutionelle, wird nicht anerkannt und muß notfalls gewaltsam durch eine Revolution beseitigt werden. Die theoretische Arbeit hierfür leistete vor allem der Linkshegelianismus, der sich von der Religionskritik über die

Kritik der spekulativen Philosophie zur »Philosophie der Tat« (Cieszkowski) und zur kritischen Begründung demokratischer politischer Praxis entwickelte [→ Sautermeister: Religiöse und soziale Lyrik, 506 ff.]. Anfang der vierziger Jahre erhielt diese Praxis dafür den Namen »radikal«, der alsbald auch von führenden Vertretern zur Bezeichnung des eigenen republikanischen Anspruchs verwendet wurde.[24]

Mit dem bis 1848 ausgebildeten politischen Programm gewann die demokratische Bewegung eine beachtliche Massenbasis, die von unselbständigen Bauern über Handwerker und Arbeiter bis zu kleinen Gewerbetreibenden und besitzlosen Akademikern reichte, die sich allesamt von dem das »juste milieu« begünstigenden politischen Liberalismus nicht mehr vertreten sahen. Vom demokratischen Anspruch her dieser Bewegung verbunden, theoretisch von ihr bis 1848 jedoch endgültig losgelöst, ist jene politische Richtung, die schon damals unter den Bezeichnungen »Socialismus« bzw. »Communismus« auftrat und zur Keimzelle der Arbeiterbewegung werden sollte. Ihre organisatorischen Anfänge datieren von den niedergeschlagenen Aufstandsaktionen im Gefolge der Julirevolution, als 1832 der »Deutsche Volksverein« als Filiale des »Preß- und Vaterlandsverein« von emigrierten Handarbeitern und Intellektuellen in Paris gegründet wurde. 1834 wurde aus dem Pariser Filialverein der »Bund der Geächteten«, von dem sich ab 1837 der geheime »Bund der Gerechten« abspaltete. Noch als Mitglieder des Bundes der Gerechten entwickelten ab 1845 Marx und Engels aus der Kritik der verschiedenen sozialistischen und kommunistischen Strömungen ihre Position des wissenschaftlichen Sozialismus, organisiert im 1847 gebildeten »Bund der Kommunisten«. Auch wenn diese Kommunisten in den revolutionären Auseinandersetzungen von 1848/49 – wie vice versa ihr Antagonist, die kapitalistische Wirtschaftsbourgeoisie – noch keine Macht darstellten, bleibt festzuhalten: Nicht sie waren mit ihren Grundprinzipien (Antagonismus von Kapital und Arbeit in einer industriellen Gesellschaft, Internationalismus) der Zeit weit voraus, sondern die deutschen Verhältnisse der Zeit hinterher.

3. Die Revolution von 1848/49

Mit dem Status der vormärzlichen Epoche als »Schwellenzone zwischen alteuropäischer Ordnung und der modernen Gesellschaft«[25] war ein komplexes Konfliktpotential verbunden. Die Strategie der konservativ gebremsten Modernisierung ließ Verlierer und soziale Kosten zu einem stärkeren Faktor werden als die Qualität der Gewinner. Das war die revolutionäre Grundsituation. Die durchgesetzte Politik des monarchischen Prinzips war daher nicht bloße schroffe Partizipationsverweigerung, sondern trügerische Restauration und vorbeugende Gegenrevolution zugleich. Das verschärfte den revolutionären Druck, von dem auch die politischen Strategien profitierten, die lieber ohne Revolution zum Ziel kommen wollten. Die sozialen und politischen Folgen formierten zugleich inhomogene Klassenverhältnisse, darin eingeschlossen den Beginn konstitutiver Differenzen von oppositioneller Klassenerfahrung. In dieser Gemengelage war eine Koordinierung des gewalthaften Protestes der Bauern mit dem Barrikadenkampf der städtischen Unterschichten in der »Märzrevolution« ebenso wenig möglich wie deren Vermittlung mit der radikaldemokratischen Strategie der Revolutionsfortsetzung (z. B. in Baden, Berlin, Wien, Sachsen, Pfalz), die wiederum unvereinbar war mit der liberalen Politik des Kompromisses mit den konservativen Staatsleitungen.

Der Sieg der alten Ordnungsmächte über die neuen Legitimitäten, deren Spektrum von der Paulskirche bis zu den aufständischen Provisorischen Regierungen reichte, war damit vorgezeichnet. Er wurde skrupellos durch Staatsstreich und Militärgewalt vollzogen und war brutal in der Abstrafung der Revolutionäre. Diese Gegenrevolution, nun eine offene gegenüber der latenten im Vormärz, konnte sich sogar auf eine Art »Thermidorstimmung«[26] in den verschiedenen Fraktionen des Bürgertums stützen, die in der illusionären Rückkehr zu »Ruhe und Ordnung« auch eine Rückkehr zum geordneten Geschäftsleben bzw. zum spätabsolutistischen Schutz vor der Radikalität der Marktgesellschaft wünschten. Mit der Niederlage des politischen Liberalismus war aber auch eine letzte »Schlacht gegen die Industrialisierung« (Stearns)[27] verloren worden, das heißt der ökonomische Transformationsprozeß ging – nach kurzem Einhalten – eher entfesselter weiter.

Dennoch sollte, auch mit Blick auf die gemeineuropäische Revolutionsbewegung, deren Verlauf und Ergebnis bei aller Unterschiedlichkeit doch auch verwandte Züge besaß, das verbreitete Urteil differenziert werden, die deutsche Revolution von 1848/49 sei gescheitert und bezeichne einen tiefen Epocheneinschnitt. Erst die Nachgeschichte von 1848, so heißt es, formte aus der Revolution eine neue Vorgeschichte, vor allem im revanchistischen Sinne als »tolles Jahr« und gleichsam verdient gescheiterte Revolution, die den Weg freimachte für Bismarcks Revolution von oben.[28] Diese Lesart dürfte ihre Zeit gehabt haben. Sie geht allein von der Ebene der politischen Geschichte aus und unterstellt ihr Selbstmächtigkeit. Nun ist eine Revolution zwar eine genuine Erscheinung der politischen Geschichte, sie stürzt in beschleunigter und tiefgreifender Weise Verhältnisse um, ›macht‹ also Geschichte, und das vor allem, wenn sie gelingt. Doch ist ihr Verlauf nur bedingt die Folge politischer Strategien und ihr politisches Ergebnis niemals identisch mit dem erreichten gesamtgesellschaftlichen Endzustand. Vormärz ist – paradox formuliert – immer auch Nachmärz, und zwar in einem doppelten Sinne: als Zeit nach 1848/49, in der die Reaktion die Macht wieder innehatte, und, insofern der ›März‹ für Revolution steht, als Zeit der Großen Revolution von 1789, die weder im Juli 1830 noch im März 1848 ihren Abschluß gefunden hat.

Germaine Goetzinger
Die Situation der Autorinnen und Autoren

Trotz der restaurativen Fassade und des Anspruchs der Herrschenden, das Rad der Zeit zurückzudrehen, zeichnen sich im Vorfeld der deutschen »Doppelrevolution«, der erfolgreichen industriellen und der gescheiterten politischen, erste Entwicklungstendenzen zu einer modernen Marktwirtschaft und zu einem bürgerlich-republikanischen Nationalstaat ab.[1] Auch das literarische Leben und die Situation der Autorinnen und Autoren sind durch die Modernisierungsprozesse, die mit der Auflösung der Ständegesellschaft und ihrer normativen Regulationsmechanismen zusammenhängen, tiefgreifenden Veränderungen ausgesetzt.

Einerseits wird die historische Dynamik über die Entwicklung des Buchhandels vermittelt, der infolge der Hebung des Bildungs- und Einkommensstandes breiter Bevölkerungsschichten rasch expandiert und sich zunehmend am Prinzip der Gewinnmaximierung orientiert [→ Schmid: Buchmarkt, 78 ff.]. Andererseits verändert sich auch das Verständnis von Literatur an sich. Im Gegensatz zur Forderung der Klassik, Dichtung habe in ihrem Selbstbild autonom und neutral gegenüber der gesellschaftlichen Bewegung zu sein, sieht man jetzt in der Aufweichung traditionaler Bindungen und Ordnungstrukturen den Beweggrund für eine demokratische, auf soziale Erneuerung setzende und meist im Widerspruch zur Obrigkeit stehende Literatur [→ Stein: Operative Literatur, 489 ff.].

So bedauert es 1840 Hermann Hauff, daß durch die »theils gesetzliche, theils faktische Auflösung der socialen Verfassung, in der Menschen und Stände einander streng unter- und übergeordnet waren«, auch die Literatur den »Anstrich des Zunftmäßigen und Esoterischen« ganz abgelegt habe. Statt dessen fließe »in alle Köpfe ⟨...⟩ aus allen Strichen der geistigen Windrose eine Masse von Ideen und Thatsachen«, die im Individuum »die Pole der Kraft« verwechsle. Es sei demnach zwar »reicher an aufgedrungenem Inhalt, aber innerlich unselbständiger und, schon intellectuell, zerrissener geworden.«[2]

I. Expansion der literarischen Produktion

1. Vielschreiberei

Vor allem wird Schreiben im Vormärz zu einer Art Massenphänomen, gleichermaßen attraktiv für schöngeistige Belletristen wie für arbeitslose Akademiker, »ein die Sonne der Poesie verfinsterndes Heuschreckenheer, das Tag für Tag hundert Ballen weißes Papier besprenkelt«[3]. Diese quantitative Expansion der Literaturproduktion geht mit qualitativen Veränderungen einher. Schreiben eröffnet bisher weitgehend vom literarischen Leben ausgeschlossenen sozialen Gruppen und Schichten neue Berufs- und Lebensperspektiven. Der Schriftsteller nämlich, der nicht mehr unbedingt durch einen bürgerlichen Brotberuf, durch Einkünfte aus adeligem Grundbesitz oder durch fürstliches Mäzenatentum abgesichert ist, schreibt für einen freien Markt und versucht, sich in allen Sparten des literarisch-publizistischen Geschäfts durchzusetzen. Friedrich Sengle prägt deshalb, nicht ohne Trotz gegenüber sozialgeschichtlich-materialistischen Erklärungsansätzen in der Literaturgeschichte, das Schlagwort von der »literarischen Gründerzeit«[4], die der politischen um einige Jahrzehnte voraus sei.

»Tintenfieber« und »Schreibseligkeit«[5] lassen sich zu einem großen Teil zurückführen auf den Ausbau des Unterrichtswesens, mit dem die Restaurationsstaaten die innere Konsolidierung anstreben, mit dem sie zugleich aber auch jene Kräfte fördern, die ihre Verfassung in Frage stellen. Die »Veränderungsenergie der neuen Bildungsvorstellungen«[6] verbindet sich mit dem politischen Emanzipationspotential zahlreicher Intellektueller, die zur Feder greifen und publizistisch tätig werden, da ihnen die Beamtenlaufbahn verwehrt bleibt.

Allerdings führt die Analyse der sozial- und wirtschaftsgeschichtlichen Fakten zu einer weniger dramatischen Einschätzung der Lage, als es die seit Ende des achtzehnten Jahrhunderts klischeehaft verbreitete Klage über die qualitätsgefährdende Überproduktion von Literatur vermuten ließe. Zwar haben verbesserte technische Bedingungen der Papierherstellung und des graphischen Gewerbes zu einer erhöhten Produktion geführt, aber gerade für die Literaturverbreitung bleiben durch Partikularismus, Zoll- und Transportprobleme, Zensur und in manchen Gegenden fortbestehendes Analphabetentum erhebliche Beschränkungen und vielfache Behinderungen bestehen. Dem gesteigerten Bedürfnis nach literarischer Kommunikation von seiten des Publikums entspricht auf der Seite der Produktion eine sich ständig verändernde Entwicklung des Angebots, die mit der Umstrukturierung der literarischen Landschaft und dem Entstehen neuer Theater- und Lesepublika in den größeren Landeshauptstädten zusammenhängt.

2. Probleme weiblichen Schreibens

Besonders auffällig ist die hohe Zahl der schreibenden Frauen, die laut einem beliebten Topos die Nadel mit der Feder vertauschen[7] und deren literarische Produktion nicht mehr der Freizeitbeschäftigung oder dem Nebenerwerb dient, sondern als regelrechte Berufsarbeit verstanden wird.[8] Den »sehr wesentlichen Unterschied zwischen jetzt und früher« sieht Robert Prutz darin, »daß die Frauen sich auch in der Literatur nicht mehr begnügen, bloß in den Bahnen fortzuwandeln, welche die Männer ihnen vorgezeichnet haben, sondern daß sie ebenfalls selbständig aufzutreten und ihre eigenen Interessen in ihrer eigenen Weise auszusprechen und zu vertheidigen suchen«[9].

Wenn auch der Anspruch der Frauen auf Partizipation und eigene Meinungsäußerung von der Genese eines neuen Selbstverständnisses und eines gesteigerten Selbstwertgefühls zeugt, so geschieht ihr Eindringen in den männlich beherrschten Literaturbetrieb keineswegs problemlos. Der Legitimationsanspruch weiblicher Autorschaft muß sowohl gegen männliche Widerstände als auch gegen eigene internalisierte Normen von Weiblichkeit durchgesetzt werden. »〈...〉 die socialen Fragen, die jetzt vorliegen, sind solche, die nur von Männern für Männer verhandelt werden können«, heißt es unmißverständlich in einer Rezension[10] zu Louise Astons Roman ›Aus dem Leben einer Frau‹ (1847).

Manche Frauen wagen sich nur unter dem Schutz des Anonymats oder des Pseudonyms an die literarische Öffentlichkeit.[11] So erscheinen Louise Dittmars ›Bekannte Geheimnisse‹ [12] (1845), eine scharfe Satire auf die Juste-Milieu-Mentalität der Darmstädter, anonym. Ihre Studie über Wesen und Funktion des Christentums trägt als Verfasserangabe: »Von einem Weltlichen« [13] (1846). Für Fanny Lewald ist die väterliche Erlaubnis zum Schreiben an die Bedingung strengster Geheimhaltung geknüpft. Noch nach Jahren, wenn sie sich bei einer Handarbeit ertappt, kommt ihr, »an Abhängigkeit und Unterordnung ⟨...⟩ gewohnt«, die literarische Beschäftigung als ein ihr »Zugestandenes, gleichsam auf Widerruf Erlaubtes« [14] vor. Als sie den Betrag ihres ersten Honorars in harten Talerstücken in Händen hält, kann sie sich daran nicht so recht freuen, ja es ist ihr sogar »äußerst widerwärtig«, dieses Geld anzunehmen. Sie fühlt sich »herabgesetzt«, aus ihrer »angestammten Kaste ausgestoßen«, da sie es gewohnt ist, genau wie die Frauen ihres gesellschaftlichen Umfeldes, von den »Männern oder Vätern versorgt und unterhalten zu werden und sich vornehmer zu dünken, je reichlicher dieses geschah« [15].

Bezeichnenderweise veröffentlicht Louise Otto ihre ersten Artikel in Ernst Keils Zeitschrift ›Planet‹ unter einem männlichen Pseudonym:

Ich war genugsam mit der gesamten neuen Literatur und insbesondere der journalistischen Presse bekannt, um zu wissen, daß letztere in dem, was ihr eigentliches Element ist – einzig und allein von Männern gelenkt ward. ⟨...⟩ Sieht man unter einem Artikel über irgendein politisches Zeitereignis einen Frauennamen, – man wird den Artikel nicht lesen; findet ein Autor sein Buch von einer Frau rezensiert – er wird die Kritik verächtlich von sich weisen; liest man irgend literarische, soziale oder politische Vorschläge von einer – Frau, man wird sie verlachen und verhöhnen. ⟨...⟩ Es blieb mir also nichts andres übrig: ich mußte einen Männernamen wählen – ich schrieb als *Otto Stern*. [16]

Tatsächlich haben die Autorinnen des Vormärz wenig von ihren Schriftstellerkollegen zu erwarten. Einerseits werden sie pauschal diffamiert und karikiert als »politische Blaustrümpfe, oder gesinnungstüchtige Rothstrümpfe, oder unterhaltende – Lederstrümpfe« [17]; andererseits werden die Kategorien von echter Weiblichkeit und Sittlichkeit bemüht, um sie in die Grenzen ihres Geschlechts zu verweisen oder ihnen mit dem Stigma des Unmoralischen und Unanständigen den Stempel künstlerischen Unvermögens aufzudrücken.

Auch sind sie einer einmaligen Form von geschlechtsspezifischer Zensur unterworfen. Männliche Schriftstellerkollegen, Anverwandte oder Verleger glauben sich berechtigt, die Unerfahrenheit der Frauen im literarischen Geschäft dahingehend deuten zu dürfen, daß sie unaufgefordert, aber mit Nachdruck Korrekturvorschläge anbringen oder auf Veränderungen des literarischen Konzeptes drängen. Sich dieser »Zensorgewalt der Väter, Brüder, Ehemänner, Liebhaber«[18] zu entziehen, ist nicht einfach. Annette von Droste-Hülshoff z. B., die sich stets von Levin Schücking weitreichende Veränderungen hat diktieren lassen, mag diese Gängelung erst nach der Trennung nicht mehr widerstandslos hinnehmen.

> Sie sehn Levin, ich möchte gern Alles für Sie thun, was ich kann, nun geben Sie mir dagegen aber auch Ein Versprechen, und zwar ein ernstes unverbrüchliches, Ihr *Ehrenwort*, wie Sie es einem Manne geben und halten würden, daß Sie an meinen Gedichten auch nicht eine Silbe willkührlich ändern wollen. – Ich bin in diesem Punkte unendlich empfindlicher als Sie es noch wissen, und würde grade jetzt, nachdem ich Sie so dringend gewarnt, höchstens mich äußerlich zu fassen suchen, aber es Ihnen *nie* vergeben, und einer innern Erkältung nicht vorbeugen können.[19]

Fanny Lewald hingegen setzt sich gleich energisch zur Wehr. Den Vorschlag ihres Verlegers Reimarus, »finden wir etwas, was uns bedenklich scheint, so merzen wir das aus, so merzen wir das leicht aus und ändern es«, verwirft sie als inakzeptablen Eingriff in ihr literarisches Schaffen:

> Da ich die Novelle geschrieben habe und nicht wir beide, so werde auch ich allein sie revidieren, und Sie werden dieselbe wörtlich so drucken, wie ich sie geschrieben habe. Eine Zensur von Ihnen erkenne ich umso weniger an, als bereits die Zensur der Behörden auf unserm Schaffen lastet. Dieser keinen Anstoß zu geben, bin ich Ihnen schuldig und bin ich bemüht gewesen, im übrigen vertrete ich, was ich schreibe, und im schlimmsten Falle büßen Sie Ihr blindes Zutrauen zu Herrn Hofrat Tieck! Ich bin eben ein Kind meiner Zeit ⟨…⟩![20]

Ihrem späteren Ehemann, dem ehemaligen Gymnasiallehrer Adolf Stahr,[21] der ihr »in jedem Sinne ⟨als⟩ ein Lehrer, ein Erzieher und ein Vorbild«[22] erscheint, mag sie allerdings nicht mehr mit der gleichen Resolutheit entgegentreten. Seine entschärfenden und glättenden Eingriffe in ihre Texte akzeptiert sie widerstandslos.[23]

Die Kontroll- und Leiterfunktionen, die sich die Männer anmaßen, führen im Extremfall sogar dazu, daß die Autorschaft der Frau angezweifelt wird. So rühmt sich Rudolf von Gottschall seiner freien Liebesbeziehung zu Louise Aston und stellt sich, halb offen, halb verhohlen als Mitautor ihrer ›Wilden Rosen‹ (1846) dar; entsprechend vermutet Varnhagen von Ense, daß die ›Freischärlerreminiszenzen‹ (1850) nicht aus Louise Astons Feder stammten, sondern ihr von zwei jungen Männern überlassen worden seien.[24]

3. Schreibende Familien

Kaum erforscht ist das Phänomen der sogenannten »dichtenden Familien«[25]. Dabei können gerade die generationsspezifischen Sozialisationsbedingungen einen Erklärungsansatz bieten für das vermehrte Eindringen der Frauen in das literarische Geschäft. Schließlich haben die Eltern der Vormärz-Autorinnen in ihrer Kindheit den Wandel des bürgerlichen Familienklimas zu mehr Innerlichkeit erlebt. Indem die romantisch geprägte Eltern-Generation der um 1770–90 Geborenen die Geschlechtsrollenkonflikte bereits selbst thematisiert und – zum Teil – ausgetragen hat, werden ihre Töchter mit anderen Erwartungen konfrontiert als die Frauen vor ihnen.

Exemplarisch läßt sich dieser generationsgeschichtliche Zusammenhang am Beispiel der Louise Aston und ihrer Schwester Eulalie Merx[26] veranschaulichen. Ihr Vater ist der Konsistorialrat und Superintendent Johann Gottfried Hoche, dessen umfangreiches schriftstellerisches Werk von einer eigentümlichen Widersprüchlichkeit gekennzeichnet ist. Einerseits werden dort in pathetischer Selbstanklage die »Folgen des Leichtsinns des männlichen Geschlechts«[27] angeprangert und die Rechte der Frauen im Ton des Sturm und Drang verteidigt, andererseits werden die Gefahren übertriebenen Lesens für die jungen Menschen beschworen[28]. Zwei seiner Töchter werden schriftstellerisch aktiv: »Die Eine keck bis zur Arroganz, frivol bis zur Lascivität, Gottesläugnend und Cigarrenrauchend, Grogtrinkend und Hosentragend; die Andere Gottergeben und Christusselig, Liedermurmelnd und Bibellesend, eine zerknirschte himmelhoffende Seele«[29], wie ein zeitgenössischer Korrespondent sie charakterisiert.

Wie groß die Differenzen zwischen den Hoche-Töchtern auch sein mögen, hier wird deutlich, daß durch familiäre Sozialisation Selbstkonzepte konstituiert werden, die eine notwendige Voraussetzung der schriftstellerischen Tätigkeit und der literarischen Expansion darstellen. Die Familie Hoche ist in dieser Hinsicht kein Einzelfall. So trägt etwa die intrafamiliäre Wahrnehmung der Schriftstellerin Anna Louisa Karsch durch ihre Tochter Caroline von Klencke und ihre Enkelin Helmina von Chézy dazu bei, in der dreifachen »literarisch-familiären Generationenfolge« das Berufsverständnis schreibender Frauen abzusichern und abzuklären.[30] Auffällig ist auch die über Generationen durchgehaltene Schreibtradition in der Familie Brentano. Sie reicht von Sophie von Laroche bis zu deren Urenkelin, der Bettina-Tochter Gisela von Arnim. Von den sieben Büchner-Kindern sind ebenfalls vier, nämlich Georg, Wilhelm, Ludwig und Luise, nachweislich schriftstellerisch tätig gewesen.

Vermutlich hängt das Phänomen der schreibenden Familien damit zusammen, daß in der Generationenfolge an die Stelle der starren familiären Berufsrollenzuschreibung eine offene individuelle Berufsrollenfindung getreten ist. Wenn der Sohn nicht mehr automatisch den Beruf des Vaters ergreift, sondern durch eigene Leistung seine Lebensposition aufbauen muß, stellt sich für die Familie eine neue Aufgabe. Es genügt nicht, eine partikulare Berufsrolle zu vermitteln, es geht vielmehr darum, Referenzgrößen von universellerem Charakter wie Gelehrsamkeit, künstlerische Kreativität, gesellschaftliche Nützlichkeit oder soziale Hilfsbereitschaft anzubieten. Sie sind die Grundlagen für die notwendig gewordene Orientierungsarbeit in dem gesellschaftlichen Lebensraum, der durch die Aufweichung der Ständegesellschaft offener strukturiert ist. Dabei gewinnen diffus-universelle Rollen, wie die des Philanthropen, des Akademikers und des Literaten an Attraktivität.

Die Familie wird auf diese Weise zur kollektiven literarischen Sozialisationsinstanz. Neben die klassisch-humanistische Bildung, die geradezu eine Initiation in die Männerwelt darstellt, tritt besonders für die Mädchen ein eher autodidaktischer Lernweg, der die literarische Veröffentlichbarkeit von Alterität impliziert. In der Folge mögen zwar manche metrische Formen nicht mehr mit der gleichen äußeren Strenge gehandhabt werden und Rechtschreibmängel sich in literarischen Texten häufen, doch handelt es sich dabei weniger um eine »Senkung literarischer Maßstäbe«[31] als um Symptome für ein grundsätzliches In-Bewegung-Geraten der Normen öffentlicher Kommunikation.

II. Konkurrenz, Kommerz und Zensur

1. *Konfliktpotentiale zwischen Autoren*

Angesichts der Vielzahl an die literarische Öffentlichkeit drängender Autoren bleiben Konkurrenz- und Profilierungskämpfe nicht aus. Wer als angehender Berufsschriftsteller den schwankenden literarischen Markt kontinuierlich zu beliefern hat, zu Konzessionen an den Publikumsgeschmack gezwungen ist, auf Rezensenten- und Kollegenempfindlichkeiten Rücksicht nehmen muß, erlebt auch die problematischen Auswirkungen dieses ständigen Konfliktpotentials auf die eigene Schriftstelleridentität und die damit verbundene Beeinträchtigung literarischer Qualität. So kommentiert Annette von Droste-Hülshoff aus dem sicheren Refugium der Meersburg die Kurzlebigkeit literarischen Ruhms und vergewissert sich trotz Anfechtungen der eigenen Unabhängigkeit:

> Wenn ich sehe, wie so Alles durcheinander krabbelt um berühmt zu werden, dann kömmt mich ein leiser Kitzel an meine Finger auch zu bewegen, – Geduld! Geduld! – aber wenn ich dann wieder sehe, wie Einer kaum den Kopf über dem Wasser hat, daß schon ein Anderer hinter ihm einen Zoll höher aufduckt und ihn niederdrückt, wie Heine schon ganz verschollen, Freiligrath und Gutzkow veraltet sind kurz die Celebritäten sich einander auffressen und neu Generiren wie Blattläuse, dann scheint mirs besser die Beine auf den Sopha zu strecken, und mit halbgeschlossenen Augen von Ewigkeiten zu träumen.[32]

Glücklich kann sich schätzen, wer einen Mittler, eine Art Mentor im Gestrüpp des literarischen Marktes findet. Für den jungen Georg Herwegh übernimmt August Lewald, der Herausgeber der ›Europa‹, diese Funktion.[33] Er führt ihn in das Stuttgarter Theatermilieu ein und läßt ihm einige kleinere Aufträge zukommen. In einer Stadt, in der 250 Konkurrenten als Beruf Schriftsteller angeben, ist eine solche Protektion ein nicht zu unterschätzendes Startkapital. Besondere Verdienste hat sich Gustav Schwab an dieser Nahtstelle zwischen dichterischer Kreativität und literarischem Markt erworben.[34] Seine Position als Berater Cottas, seine profunde Kenntnis des Verlagswesens und seine Bekanntschaft mit zahlreichen Verlegern bewirken, daß er zu einer regelrechten Schaltstelle im Netzwerk literarischer Kontakte wird. Dieser Aufgabe stellt er sich auch dann noch, wenn die »unglückseeligen Vermittlersaufträge«, die ihm ohne sein »Zuthun von vielen Seiten unverdienter Weise« angetragen werden und derer er sich »unermüdet und ohne Zögerung«[35] annimmt, ihm zuweilen über den Kopf zu wachsen drohen. Das Scheitern eines anfänglich hoffnungsvollen Klientenverhältnisses kann auf der andern Seite für den jungen Schriftsteller in eine existenzgefährdende Krise einmünden; so wird die Abkühlung seiner Beziehung zu Schwab für den schwäbischen Exzentriker Wilhelm Waiblinger zu einem der entscheidenden Momente in seinem Ausgrenzungsprozeß vom literarischen und sozialen Leben.[36]

Sichtbarer Ausdruck des literarischen »Hahnenkampfs«[37] sind die zahlreichen, ausufernden literarischen Fehden und Polemiken in den Journalen und Zeitungen der Zeit. Einerseits heißt es sich absetzen von der »Masse des heutigen belletristischen Plunders« mit seinem »Anstrich von plumper zugleich und süßlicher Fashionabilität«[38], andererseits heißt es nicht aufgerieben werden im Streit der Rivalen.

Wozu die Genossen? Es sind meine Freunde nicht, es sind Rivale. Ihre Freunde schürten Haß, nicht Liebe unter uns. Mundt streicht Heinen im Buch der Literaturgeschichte aus. Wienbarg spricht Mundten dafür den Verstand ab. Laube ist ein zweideutiger Freund. Hier ist keine Tendenz, kein System, keine Verabredung. Nur einige Männer seh' ich, von denen jeder sich einbildet, der Nation verheißen zu sein.[39]

Diese Abrechnung Karl Gutzkows macht deutlich, welch hohes aggressives Potential sich in der Auseinandersetzung mit den Schriftstellerkollegen entlädt. »Hitziger, ausgedehnter, verworrener, rücksichtsloser und hinterlistiger zugleich« sei der literarische Kampf geworden, vor allem durch die »Publicität, welche Allem gegeben wird«, kommentiert Hermann Hauff. »Pathognomik« sei an die Stelle ernsthafter Literaturkritik getreten. Statt einen Schriftsteller an seinen Werken zu messen, habe sich die Sucht breitgemacht, »die Persönlichkeit bald schmeichlerisch, bald fratzenhaft zu porträtieren, immer aber zu prostituieren«[40].

Dabei muß vielfach eine politische und religiös-moralische Entrüstung herhalten, um den Konkurrenten um Publikums- und Verlegergunst zu bringen, eine Technik, deren Häme und Verlogenheit Heinrich Heine nicht verborgen bleibt.

Sonderbar! Und immer ist es die Religion, und immer die Moral, und immer der Patriotismus, womit alle schlechten Subjecte ihre Angriffe beschönigen! Sie greifen uns an, nicht aus schäbbigen Privatinteressen, nicht aus Schriftstellerneid, nicht aus angebornem Knechtsinn, sondern um den lieben Gott, um die guten Sitten und das Vaterland zu retten.[41]

Heine selbst schlägt nicht weniger bösartig zu. Seine Angriffe zielen, wie Edda Ziegler schreibt, »direkt unter die Gürtellinie«. Die sexuellen Gewohnheiten der Gegner werden offengelegt und als »unbewußtes Grundmotiv für ihr ästhetisches und politisches Verhalten«[42] gedeutet. So zum Beispiel verknüpft er seine Kritik an Ludwig Börne mit einem fast voyeuristischen Seitenblick auf dessen Pariser »Ménage-à-trois«, in der sich die Frankfurter Geliebte Jeannette Wohl »unter dem Deckmantel der Ehe« mit Salomon Strauß zusammengetan habe, um dessen »bitteres Fleisch« zuweilen zu kosten, während ihr Geist sich am »süßen Geiste Börne's« geweidet habe [→ Jokl: Heine, 550 ff.].[43]

2. Beziehungen zum Verleger

Schwer lastet auf manchen Autoren der vom Verleger ausgeübte Druck, immer neue Schriften zu liefern: die mit der Entstehung des Berufsschriftstellertums verbundene Notwendigkeit zum Vielschreiben. »Diese ewige geistige Anstrengung!« klagt Karl Gutzkow 1841 in einem Brief an Alexander Jung. »Dies ewige Produzieren, *Schaffenmüssen*. Zehn Jahre führ' ich nun die Feder und wenigstens noch ebensoviel Jahre stehen mir bevor, wo ich denken, dichten muß, um des Brotes willen.«[44] Hinzu kommt eine in diesem Maß bislang nicht gekannte Abhängigkeit vom Publikum, das entsprechend seiner neuen Kaufkraft nur solche Autoren »mit dem Titel bedeutender Persönlichkeiten und ihre Unternehmungen mit Subscription und Abonnement begnadigt«[45], die sein Bedürfnis nach Aktualität und Unterhaltung befriedigen.

Wenn auch für Hermann Hauff »der arme Poet mit defektem sichtbaren Strumpf und dem Loch am Ellbogen« ein »Fossil der Kultur«[46] ist, so muß ein Autor, der vom Schreiben lebt, auch Arbeiten annehmen, die seinem Selbstverständnis als Dichter zuwiderlaufen. Manche halten sich mit journalistischen Arbeiten über Wasser oder verlegen sich auf das Schreiben von Rezensionen, für Gustav Schwab ein »zeitraubendes, undankbares Geschäft«[47]. Andere widmen sich als Korrektor oder Redakteur der eigentlichen Verlagsarbeit, obwohl solche »mechanisch-literarischen Arbeiten 〈...〉 das aller ertödtendste für die Poesie« und damit dem eigenen literarischen Schaffen eher abträglich als förderlich sind.[48] Wiederum andere setzen auf größtmögliche Flexibilität. Nur wer gleichzeitig »einen starken Roman, eine Übersetzung, eine kritische Arbeit und eine derbe Replik unter der Feder, sociale Bilder in polizeilichem Beschlag, politische Lieder vor der Censur, und seine gesammelten Novellen und Genrebilder auf dem Leipziger Krebsgang hat«[49], kann seine Schriftstellerexistenz einigermaßen gegen Widrigkeiten und Risiken des Literaturbetriebs schützen.

Höchste Honorare und größtes Ansehen verspricht man sich von einer Publikation beim renommierten Stuttgarter Cotta-Verlag. Allerdings verfolgt Cotta eine für die zeitgenössischen Autoren ungünstige Doppelstrategie. Einerseits verschließt er seinen Buchverlag den kritisch-oppositionellen Literaten und widmet sich statt dessen der Pflege des klassischen Erbes. Andrerseits bindet er sie an seinen Verlag, indem er ihnen zur Erkundung der aktuellen Angebotslage seine zahlreichen journalistischen Blätter öffnet. Die Hoffnung auf eine Buchveröffentlichung wird aber meistens enttäuscht. Nicht einmal Heine gelingt es, ein Buch bei Cotta unterzubringen.

Hochgespannte Erwartungen hingegen setzen die progressiven Autoren in den Hamburger Verleger Julius Campe, der aus seiner Aufgeschlossenheit und Sympathie für die neue Literatur keinen Hehl macht. Als risikofreudiger und dennoch umsichtiger Geschäftsmann ist er bereit, im »Dilemma zwischen Autorenanspruch und merkantiler Notwendigkeit«[50] eine Lösung zu finden und, staatlichem Zensureingriff zum Trotz, die jungen Literaten zu fördern.

Fast wie ein Ritual gestaltet sich zwischen Autor und Verleger der Kampf um Honorar, Abgabetermine und Auflagenhöhe, Buchgestaltung und Neuauflagen. Da werden alle Register eines von beiden Seiten scheinbar kompromißlos geführten Preisschachers gezogen. Da wird angepriesen und verworfen, gefordert und abgelehnt, geschmeichelt und gedroht, gejammert, angeklagt und gefeilscht. So setzt Louise Aston neben verkaufstechnischen und marktorientierten Argumenten auf Campes Galanterie, um ein stattliches Honorar für ihren Erstlingsroman ›Aus dem Leben einer Frau‹ (1847) herauszuschlagen.

⟨...⟩ ich will Ihr Vertrauen, mir die Bestimmung des Preises überlassen zu haben, nicht mißbrauchen. Wenn Journale, die gar nicht gelesen werden ⟨...⟩ 10 Taler für den Druckbogen zahlen, wird ein Autor, dessen Arbeiten ⟨...⟩ so gut wie vergriffen sind – keinen Fehlgriff in Ihre Erwartung bescheidener Ansprüche tun, wenn er sich für die erste Auflage 3 Louisdor pro Bogen anzunehmen auferlegt. Die Zahl dieser Bogen durch sehr weitläufigen Druck möglichst zu erhöhen, überläßt er Ihrem künstlerischen Geschmack ⟨...⟩; Ihrer Galanterie: keine bedeutenden Einwendungen gegen diesen Vorschlag zu machen.[51]

Äußerst gereizt und vorwurfsvoll reagiert hingegen Heine, als sich die Verhandlungen über eine mögliche Gesamtausgabe zu lange hinziehen und das erwartete, den Gläubigern schon versprochene Geld ausbleibt:

Liebster Campe! Sie haben keinen Begriff davon in welcher Mißstimmung ich Ihnen diese Zeilen schreibe. ⟨...⟩ ich stehe vor den Leuten wie ein ertappter Lügner, ich kann seitdem weder arbeiten noch essen, vor Unruhe, durch Ihre Verzögerung in den widerwärtigsten Verdacht zu gerathen. Es ist doch um Ihrentwillen, lieber Campe, daß ich mich schon seit sechs Wochen aufs peinlichste quäle, während meine jetzigen Arbeiten die klarste Geistesruhe verlangen und ich um aller äußeren Quälnisse entlastet zu werden, die größten Opfer bringe.[52]

Gutzkow schließlich fühlt sich in seinen Geschäften mit dem Leipziger Verleger Heinrich Brockhaus stets benachteiligt und bezichtigt ihn verlegerischer Gewinnsucht. »Einem Buchhändler die Abnahme von einigen Hundert Exemplaren *garantiren*, heißt, ihn zu allem zu bewegen«, klagt er. Einen Artikel »gratis eingesandt« nehme Brockhaus nämlich nicht, es sei denn, man lege »für 500 Exemplare Extraabdrücke à 5 Slgr. einen Wechsel von einem Leipziger Bankier von 80 Thalern«[53] bei.

Gewinn versprechen sich die Autoren von einer Reduktion der Auflagenhöhe, die eine Neuausgabe innerhalb kürzester Zeit notwendig machen soll. »Sie wissen so gut wie ich, daß meine Bücher, gleichviel welche, noch oft aufgelegt werden müssen«, schreibt Heine an Campe und suggeriert ihm, »kristlich in der Exemplar-Zahl der Auflage«[54] zu handeln. In die gleiche Richtung zielt die von Heine zum ersten Mal systematisch angewandte Methode der optimalen kommerziellen Auswertung der Manuskripte durch Mehrfachpublikationen.[55] So erscheint ein- und derselbe Text geringfügig verändert, erweitert oder mit einem neuen Vorwort versehen sowohl als Einzelveröffentlichung als auch auszugsweise im Vorabdruck oder als Teil eines mehrere Texte umfassenden Buches. Obwohl Campe Heine davor warnt, sich den Ruf eines »Buchmachers«[56] einzuhandeln, setzt er dessen Anweisungen in die Praxis um, indem er beispielsweise die Vorrede zum dritten Band des ›Salon‹ (1837) unter dem Titel ›Über den Denunzianten‹ (1837) separat herausgibt.

3. Umgang mit der Zensur

Die größte Herausforderung an den Vormärz-Autor aber stellt die staatliche Literatursteuerung durch Zensur und Verbot dar, jene »civilisierte Inquisition«, die dem Autor »in Form einer neuen Gewissenspolizei«[57] droht.

Auf drei Ebenen wird, wie Edda Ziegler nachgewiesen hat, die Öffentlichkeitskontrolle wirksam.[58] Erstens sollen staatliche Unterdrückungsmaßnahmen im Produktions- und Distributionsbereich dem Funktionsübergang von Dichtung und Publizistik gegensteuern, also die Politisierung der Literatur zum Zweck der Durchsetzung bürgerlich-demokratischer Gesellschaftsverhältnisse unterbinden. Darüber hinaus wird versucht, mit Hilfe institutionalisierter Steuerungsmechanismen in die Interaktion zwischen Autor und Leser einzugreifen. Ziel ist die Lenkung des Meinungsbildungsprozesses, vor allem bei jenem bürgerlichen Publikum, das sich durch Urteilsfähigkeit und Teilnahme am politischen und literarischen Diskurs als meinungsbildender Teil der Öffentlichkeit ausgewiesen hat. Drittens macht sich der Staat die Stellung des Verlegers zwischen Autor und staatlicher Literaturkontrolle zunutze, um die Buchhändler zu zusätzlichen internen Kontrollinstanzen zu machen. Bedingt durch die Markt- und Profitorientiertheit ihres Handelns, vollzieht sich ihre selegierende Funktion nämlich keineswegs unabhängig von obrigkeitlichen Unterdrückungskriterien.

Die Reaktion der Autoren auf die staatlichen wie redaktionellen Zensureingriffe und Verbote sind sehr unterschiedlich. Die extremste Form stellen die Simulation politischer Abstinenz sowie die Flucht ins Exil dar. Aber auch dort bleibt, ungeachtet der räumlichen Distanz, die deutsche bzw. österreichische Öffentlichkeit der Adressat des Zensurflüchtlings.

Dann gibt es eine ganze Reihe von Verfahren, zum Teil in Komplizenschaft mit dem Verleger, spielerisch-denunzierend mit der Zensur umzugehen. Eine rein äußerliche Taktik besteht darin, durch großzügige und verschwenderische Druckanordnung über die magische Grenze der 20 Druckbogen hinauszugelangen, wodurch die Vorzensur hinfällig wird. Dies gelingt Ferdinand Freiligrath in seinem Gedichtband ›Ein Glaubensbekenntniß‹ (1844) mit der speziellen Anordnung von meistens nur zwei Strophen pro Seite und einem Zwischentitelblatt vor jedem Gedicht. Eine andere Taktik besteht darin, die Zensur selbst zum Thema des literarischen Textes zu machen. In seinem Gedicht ›Freie Presse‹ (1842) spöttelt Robert Prutz:

> Zwanzig Bogen, zwanzig Bogen!
> Nun gereckt und nun gezogen,
> An den Federn nur gesogen,
> Bis die zwanzig Bogen voll!
> Neunzehn Bogen sind noch sündig,
> Aber zwanzig machen mündig,
> Wär' der zwanzigste auch toll![59]

Beliebt ist auch die Verwendung des Gedankenstrichs im laufenden Text zum persiflierenden Signalisieren der Zensurlücke, also der stattgehabten Zensur. Entsprechend dieser indirekten Form des Widerstandes gegen den dominanten literarischen wie politischen Diskurs wird die Zensur nicht nur negativ erlebt, sondern oft auch als identitätsstiftendes Moment. Zensur gilt dann als Qualitätsmerkmal und bescheinigt dem Verfasser, daß er als Oppositioneller und Avantgardist gilt.

Als äußerst negativ hingegen wird die ›Schere im Kopf‹, die Selbstzensur, erfahren. Mehrfach beschreibt Heine die »bittere Stimmung«, die ihn regelmäßig überkommt bei der Notwendigkeit, jeden Gedanken »im Kopfe gleich zu zensieren, zu schreiben, während das Censurschwert an einem Haare über meinem Kopfe hängt.«[60] Nicht nur des »Geistesmordes«, sondern auch der Anstiftung zum »Gedankenkindermord« mache sich dabei der Staat schuldig.

> Ach! diese Geisteshenker machen uns selbst zu Verbrechern, und der Schriftsteller, der wie eine Gebärerin während des Schreibens gar bedenklich aufgeregt ist, begeht in diesem Zustande sehr oft einen Gedankenkindermord, eben aus wahnsinniger Angst vor dem Richtschwerte des Censors. Ich selbst unterdrücke in diesem Augenblick einige neugeborene unschuldige Betrachtungen über die Geduld und Seelenruhe, womit meine lieben Landsleute schon seit so vielen Jahren ein Geistesmordgesetz ertragen, das Polignac in Frankreich nur zu promulgieren brauchte, um eine Revolution hervorzubringen.[61]

Nachweislich hat die verinnerlichte Allgegenwart des Zensors zu weitreichenden Eingriffen im literarischen Text geführt. In einem Akt vorauseilenden Gehorsams werden politisch brisante Textstellen getilgt, entschärft oder verschleiert; zu deutlich gesellschaftskritische Bezüge werden abgeschwächt, verschoben oder verschlüsselt. Die »humoristisch-ironische Verstellung« sei schließlich der einzige Ausweg für Schriftsteller, die »unter Censur und Geisteszwang aller Art schmachten, und doch nimmermehr ihre Herzensmeinung verläugnen können«[62], schreibt Heine im zweiten Buch seiner ›Romantischen Schule‹ (1835).

Mit dem Entwickeln subversiver Anpassungs- und Tarnstrategien aber entstehen neue Typen »operativer Unterhaltungsliteratur«[63] wie Reisebild, scheinbar harmloses Märchen und Versepos, die auf das heimliche Einvernehmen mit dem Leser setzen. Von ihm wird die Bereitschaft verlangt, die dem Texte zugrundeliegende versteckte Botschaft zu entziffern.[64] So enthält das komische Versepos ›Tulifäntchen‹ (1830) von Karl Immermann, das als Helden, als »epischen Colibri«[65] und literarischen Vetter des Grimmschen Däumlings, den zu klein geratenen letzten Sproß aus dem adeligen Geschlecht der Tulifanten vorführt, eine zeit- und gesellschaftskritische Satire auf Junkertum, Hof, Industriebürger- und Gelehrtentum [→ Jäger: Versepik, 452 ff.]. Die überlieferte Form und die traditionellen epischen Mittel werden nicht ernsthaft angewendet, sondern stellen, besonders auch im Licht der intertextuellen Bezüge zu Goethe, Wieland und Uhland, ein parodistisch vermitteltes Spiel dar. Heines Werkstattkommentar[66] mit seinen fast achtzig Änderungsvorschlägen macht deutlich, welch subtile Virtuosität erforderlich war, um die Realisierung des Metrums mit dessen gleichzeitiger Selbstparodie zu verbinden. Die neue Form wird dabei nicht nur unter dem äußeren Druck der Zensur wie eine Tarnkappe übergestreift, sondern sie erhält eine neue Funktion. Durch den Bruch der verklärenden Verlogenheit impliziert sie, ihrem artistischen, eher wirklichkeitsfernen Charakter zum Trotz, Zeit- und Gesellschaftskritik.

III. Veränderungen der Schriftstellerrolle

1. Labile Zwischenpositionen

Der Dreifrontenkampf des Autors gegen Konkurrenz, Kommerz und Zensur macht deutlich, wie sehr Status und Rolle des Schriftstellers im Wandel begriffen sind. Sowohl die Verdichtung der öffentlichen Kommunikation als auch die Möglichkeit, vom Ertrag der literarischen Arbeit als freier Schriftsteller zu leben, sind Indikatoren für eine zunehmende Professionalisierung des Schreibens. Zwar gibt es nach wie vor diejenigen, die Schriftstellerei aus Erwerbsgründen ablehnen und an einem dem ständischen Dichtertum verpflichteten Unabhängigkeitsideal festhalten, also im Dichter das geistige Vorbild sehen. So spricht Adalbert Stifter in einem programmatischen Artikel dem Berufsschriftsteller »die edle Begeisterung, Gutes zu wirken, oder das hohe Bild der Schönheit darzustellen«, ab und wirft ihm vor, es fehle »die höhere sittliche Abklärung und Ruhe ⟨...⟩, die erst dem Ganzen des Werkes die Weihe, die menschliche Rundung, die Erhebung und Versöhnung«[67] gebe.

Stifters defensives Beharren auf der klassischen Position literarischer Autonomie darf jedoch über das Auseinanderklaffen von Anspruch und Realität nicht hinwegtäuschen. Es gelingt nämlich den konservativen Autoren genausowenig, sich gänzlich dem von der neuen Rollendefinition ausgehenden Druck zu entziehen, wie es den progressiven gelingt, den durch die neuen Rahmenbedingungen bestimmten Erwartungen vollkommen zu genügen. Charakteristisch sind vielmehr labile Zwischenpositionen, die für den einzelnen mit Unsicherheit und Belastung verbunden sind. So verdient Gustav Schwab seinen Lebensunterhalt als Pfarrer, Lehrer und Faktotum bei Cotta. Eduard Mörike hat sich zunächst vom Vikariatsdienst beurlauben lassen und versucht ein Auskommen als Bibliothekar, Hofmeister und Journalist zu finden, um dann wegen seiner familiären Lage doch auf die unsichere Künstlerexistenz zu verzichten und sich durch den ungeliebten Pfarrdienst eine ordentliche Lebensversorgung zu sichern.[68] Ähnlich will Büchner, dem die Karriere im großherzoglich-hessischen Medizinalwesen versperrt ist, nicht Berufsschriftsteller werden, sondern optiert für die Wissenschaft als Brotberuf, indem er an der liberalen Züricher Universität promoviert.[69] Der Berliner Satiriker Adolf Glaßbrenner[70], Sohn eines Putzfederfabrikanten und Galanteriewarenhändlers, verläßt als Vierzehnjähriger aus wirtschaftlicher Not das Gymnasium, tritt eine kaufmännische Lehre an und eignet sich als Autodidakt bürgerliches Bildungsgut an. Nur sporadisch läßt die Zensurbehörde zu, daß er als Berufsschriftsteller von seiner humoristisch-oppositionellen Feder leben kann; meistens bleibt er darauf angewiesen, seinen Unterhalt als Verlagszuarbeiter, als Herausgeber oder Journalist, als Verfasser von Gebrauchs- und Unterhaltungsliteratur zu verdienen. Ähnlich muß sich der junge Maurersohn Friedrich Hebbel beim Kirchspielvogt Johann Jakob Mohr in Wesselburen als Laufbursche verdingen; indem er Schreibarbeiten erledigt, darf er die Bücher der Bibliothek lesen, muß aber, wie damals üblich, das Bett mit dem Kutscher teilen. Hebbels Jurastudium scheitert, den Weg in die Journalistik lehnt er ab. Er hält sich mit Stipendien und publizistischen Arbeiten über Wasser und verwirklicht schließlich eine Künstleridentität, die in ihrem Selbstverständnis an einer idealistischen Position festhält und im Widerspruch zur gängigen Hegelschen Einsicht vom Ende der Kunstperiode beharrt [→ Rösch: Geschichte im Drama, 415 ff.].[71]

2. Bürgerliche Geselligkeitsformen als Ausgleichsmechanismen

In solch paradoxen Situationen aber werden soziale Mechanismen wirksam, die für einen Ausgleich zwischen den oft widersprüchlichen und unvereinbaren Erwartungen und Auflagen sorgen. Eine Möglichkeit stellt die Abschottung von schriftstellerischem Broterwerb und dichterischer Berufung dar. Eine andere besteht darin, im persönlichen Umfeld die eigene Identität durch Freundschaftszirkel, Vereine oder andere Formen bürgerlicher Geselligkeit abzusichern, was mit einer gewissen Ästhetisierung des bürgerlichen Lebens einhergeht [→ Sautermeister: Lyrik und Literarisches Leben, 467 ff.].[72]

So entsteht 1837 in München unter dem Impuls von Franz von

Elsholtz die Gesellschaft der »Zwanglosen«[73], deren Ziel es ist, der Literatur ein lockeres Kommunikationsforum zu schaffen. Die Mitglieder sind größtenteils Nebenstundenpoeten, die bei den allabendlichen Zusammenkünften ihre kurzen humoristischen Texte austauschen.

In Berlin treffen sich seit den zwanziger Jahren angehende Literaten, »lauter Werdende«[74], in der »Sonntagsgesellschaft im Tunnel über der Spree«[75]. Der 1827 von Moritz Gottlieb Saphir ins Leben gerufene Verein versteht sich zuerst als Sammelbecken von Begabungen, wird aber bald zu einer regelrechten Balladenschule, deren Bedeutung auch Emanuel Geibels spöttisch-verächtliches Wort von der »Kleindichterbewahranstalt«[76] nichts anhaben kann.

Als Prototyp literarischer Geselligkeit ist die lustig zechende Herrenrunde der »Ludlamshöhle«[77] im Wien der zwanziger Jahre berühmt geworden. Ihr gehören eine ganze Reihe einheimischer wie fremder Künstler und Bürger an. Einerseits werden in grotesk-humoristisch verzerrter Form Mitgliederregeln und Initiationsrituale der im achtzehnten Jahrhundert entstandenen Geheimgesellschaften und Freimaurerlogen parodiert, andererseits verlegt man sich darauf, den hier betriebenen »höheren Blödsinn« in die Form des Skabrösen und Skatologischen zu pressen. Schiller und sein im neunzehnten Jahrhundert hochgeschätztes Pathos werden zum Beispiel, wie man der ›Sauglocke‹ (1840) von Ignaz Franz Castelli entnehmen kann, beliebtes Objekt erotisch-obszöner Kontrafaktur[78].

Das Entstehen dieser geselligen Gruppierungen und ähnlicher literarischer Gesellschaften dokumentiert die langsam zunehmende Bedeutung der Literatur im öffentlichen Leben. Sie schafft für Schriftsteller und Dichter, im Untergrund literarischer Kreativität und manchmal auch unterhalb der Tabugrenze, identitätsstiftende Freiräume. Wie die literarischen Salons, in denen junge Dichter beim Vorlesen ihrer Werke auf Geduld und Verständnis stoßen[79], bieten sich auf diesen Nebenschauplätzen des literarischen Lebens Einstiegs- und Übergangsmöglichkeiten. Die Geselligkeit wirkt außerdem entlastend gegenüber dem vom eigentlichen Literaturbetrieb ausgehenden Druck. Gerade diesen Aspekt streicht auch Theodor Fontane rückblickend hervor:

⟨...⟩ dreizehn Jahre nach der Saphirschen Gründung, hatte die Gesellschaft ihren ursprünglichen Charakter bereits stark verändert und sich aus einem Vereine dichtender Dilettanten in einen wirklichen Dichterverein umgewandelt. Auch jetzt noch herrschten die »Amateurs« vor, gehörten aber doch meistens jener höheren Ordnung an, wo das Spielen mit der Kunst entweder in die wirkliche Kunst übergeht oder aber durch entgegenkommendes Verständnis ihr oft besser dient als der fachmäßige Betrieb.[80]

3. Berufsständische Interessenvertretung

Über die geselligen Formen literarischer Vereinskultur hinaus erkennt eine Reihe von Autoren im Sinne einer expliziten Berufsinteressenvertretung die Notwendigkeit, den Schriftstellerberuf aufzuwerten, ihm zu gesellschaftlichem Ansehen und ökonomischer wie ideeller Freiheit zu verhelfen. Sie sind sich bewußt, daß es gesetzlicher Regelungen des Urheberrechts bedarf und daß das Verhältnis von Autor und Verleger vertragsrechtlich definiert werden muß, wenn sie nicht die Gefahr laufen wollen, von den »Spekulanten in Intelligenz«[81] schamlos ausgebeutet zu werden und als »Proletarier der Geistesarbeit«[82] das traurige Los des gesinnungslosen Vielschreibers erleiden zu müssen.

Diesem Ziel dienen die ersten Schritte in Richtung Schriftstellerassoziation und Schriftstellerkongreß. So konstituiert sich am 27. April 1840 der Leipziger Literatenverein, der bald über 100 Mitglieder zählt.[83] Sein erstes öffentliches Auftreten mit einer politischen Deklamation für Presse- und Meinungsfreiheit anläßlich der vierten Säkularfeier zur Erfindung der Buchdruckerkunst scheitert allerdings an der ablehnenden Haltung der Buchhändler und Buchdrucker. Es ist Robert Blum zu verdanken, daß der Verein nicht auseinanderfällt, sondern sich die Verbesserung der materiellen Situation der Schriftsteller sowie die zentrale Frage des geistigen Eigentums zur Aufgabe macht. Langfristiges Ziel bleibt die Verwirklichung eines allgemeinen deutschen Schriftstellervereins mit Zweigvereinen in allen größeren literarischen Zentren. »Sein Horizont durfte sich nicht mit dem Leipziger Literaturhimmel oder der Leipziger Literatenhöhle abschließen«, meint Hermann Marggraff,

»er mußte sich über alle Literaturzweige über das gesamte Deutschland ausdehnen«[84].

Vom 27. bis zum 29. April 1845 versammeln sich, parallel zur Verlegermesse und auf Einladung des Literatenvereins, an die 110 Schriftsteller und 150 Gäste in Leipzig, um über Verlagsrecht, Nachdruck, Zensur und die Einrichtung von Schiedsgerichten bei literarischen Rechtsstreitigkeiten zu beraten.[85]

> Auf *neuen* Grundlagen muß das literarische Recht emporgebaut werden. Warten wir nicht ab, bis die Juristen ein Recht aus ihrer Schmiede uns auflegen, die sich ja selbst eine Unfähigkeitserklärung ausgestellt haben, als sie den Beruf zur Gesetzgebung unserer Zeit absprachen. Lassen Sie uns selbst Hand anlegen, selbst als Sachverständige die Grundsätze entwickeln, selbst die Wege vorzeichnen, im Gewirbel der Wellen das Ruder kräftig führen.[86]

So heißt es hoffnungsvoll in der Eröffnungsrede von Heinrich Wuttke zum Kongreß, der sich allerdings weder auf den Entwurf eines allgemeinen Verlagsrechts, wie es von dem Juristen und Vereinsmitglied Dr. Albert Berger vorgeschlagen wird, einigen noch in Sachen Schiedsgericht und Nachdruck eine gemeinsame Position beziehen kann. Lediglich beim Problem des Meinungsmonopols durch uneingeschränkte »Korrespondentenfabrikation« wird ein Konsens gefunden, ebenso beim abschließenden Festessen im Hôtel de Prusse, wo man bei »fröhlicher, gemütlicher, geistreicher, sächsisch-hessisch-schwäbischer Fröhlichkeit« nicht nur den deutschen Volksgeist, sondern auch den »Leichenprediger des letzten Zensors«[87] hochleben läßt.

4. Vielschichtigkeit der Schriftstellerrolle als Bedingungsfaktor literarischer Polylogizität

Von einer homogenen Organisation des Berufsstandes ist man weit entfernt, da nur eine geringfügige Minorität sich dem Verband anschließt. Das liegt wohl auch daran, daß die Rolle des freien Schriftstellers durch die Modernisierung der Literaturproduktion zwar einen wichtigen, aber nur für wenige erreichbaren Attraktionspunkt darstellt.

Da viele Autoren bisher eher literaturfernen Kreisen entstammen, ihre literarische Bildung oft über alternative Sozialisationsprozesse erworben haben, meistens Nebenerwerbspoeten bleiben oder nur in abgegrenzten Lebensphasen schriftstellerisch arbeiten, kommt es nur zu einer zaghaften Ausdifferenzierung der Literaturproduktion. Das Gefälle zu England und Frankreich ist hier auch an den niedrigen Honoraren abzulesen. Bedenkt man zusätzlich die als Gegenbewegung zur Kommerzialisierung üblich gewordene Referenz auf fremde, vergangene oder exotische Horizonte sowie eine durch das Damoklesschwert der Zensur erzwungene Maskerade, wird auch das typische Aufweichen von Textsorten- und Stilgrenzen in der Vormärzliteratur plausibel. Diskurskontaminationen, wie zum Beispiel zwischen Roman und Predigt bei Jeremias Gotthelf, zwischen Drama und medizinischem Traktat bei Georg Büchner, zwischen Faktographie und Fiktion bei Charles Sealsfield (Karl Postl), zwischen politischem Manifest und Gedicht bei Louise Aston, sind nämlich nicht nur ein Symptom für »Vieltönigkeit«[88], sondern sie zeigen, wie man damals von unterschiedlichen Standpunkten aus, nach unterschiedlichen Perspektiven und Logiken Sinn konstituieren und absichern konnte. Gerade diese Art von Polylogizität aber erscheint einem heutigen Leser, der in einer offenen und pluralistischen Welt mit einer komplexen Orientierungs- und Deutungsaufgabe konfrontiert ist, nicht in erster Linie als Defizit der Unselbständigkeit und Zerrissenheit, sondern vor allem als ein wesentliches Identifikationsangebot und Attraktivitätsmoment.

Ulrich Schmid
Buchmarkt und Literaturvermittlung

I. Die Buch- und Zeitschriftenproduktion

1. Die Expansion des literarischen Markts

In der ersten Hälfte des 19. Jahrhunderts stieg die Zahl der jährlich neu erscheinenden Bücher stark an; zugleich wurden von den einzelnen Titeln höhere Auflagen hergestellt und verkauft.[1]

Nach einem durch die napoleonischen Kriege bedingten Rückgang der Produktion bis 1813 wurde im Jahr 1818 wieder der Stand von 1801 erreicht, 1821 erschienen 4505 neue Titel (1805: 4181). Für die folgenden Jahre zeigt die Statistik eine verhältnismäßig »rapide Wachstumsbeschleunigung«; durchschnittlich erschienen pro Jahr 700 Titel mehr, so daß 1843 eine Höchstzahl von 14 039 Titeln erreicht wurde, was bedeutet, daß sich die Zahl der Neuerscheinungen von 1821 bis 1843 mehr als verdreifachte.[2]

Dabei erlaubt die Erfassung der Titel, so fehlerhaft sie im Detail auch sein mag, doch zutreffende Aussagen über die Verlagerungen zwischen den einzelnen Sektoren des Buchmarkts. Stellte die Theologie noch 1740 die größte Zahl der jährlichen Neuerscheinungen, so wurde sie bereits um 1800 von der Sachgruppe »Schöne Künste und Wissenschaften« verdrängt, die dann die ganze erste Hälfte des 19. Jahrhunderts hindurch an der Spitze lag (wenn auch mit abnehmenden Prozentzahlen: 1801/1805: 29,4 %; 1841/45: 17,7 % Marktanteil). »Innerhalb dieses Sachbereichs behauptet die Untergruppe Romane stets den weitaus höchsten Anteil«,[3] wobei allerdings Romane häufig in umfangreichen Reihen erscheinen, die in der Statistik nach Titeln nur unzureichend erfaßt sind. Neben der – für die Zeitgenossen oft erschreckend wirkenden – Zunahme der Romanproduktion ist als weitere wichtige Tendenz die Ausweitung der »Sachliteratur« zu nennen. Bezeichnenderweise stieg z. B. das

Themengebiet »Ökonomie« mit Werken über alle Bereiche wirtschaftlicher Tätigkeit bis 1836/40 auf 14,1 % und überflügelte damit die Theologie (1836/40: 10,8 %). Neben die Zunahme der Zahl der Titel trat aber auch eine teilweise sehr beträchtliche Steigerung der Auflagen und der Exemplare, die von einem einzelnen Titel hergestellt wurden. Zwar konnte, schon allein der hohen Papierpreise wegen, noch keine Rede von den Millionenauflagen der zweiten Jahrhunderthälfte sein, aber gegenüber dem 18. Jahrhundert zeigte sich doch eine beträchtliche Zunahme des lesewilligen Publikums und damit der potentiellen oder realen Buchkäufer bzw. -nutzer.

Zwei besonders spektakuläre – aber auch stark aus dem Rahmen fallende – Beispiele für die Steigerung der Auflagenzahlen beleuchten schlaglichtartig diesen Wandel: das Brockhaussche Konversationslexikon erreichte von 1809 bis 1865 zehn Auflagen (mit acht, später 15 Bänden) und damit eine Verbreitung in 300 000 Exemplaren[4], während die zwölfbändige Schiller-›Taschenausgabe‹ des Verlags Cotta 1837/38 in 100 000 Exemplaren gedruckt wurde, die 1844 bis auf rund 3000 Exemplare verkauft war.[5] Für die meisten Bücher lag dagegen die Auflagenhöhe bei 1000 bis 2000 Exemplaren; nur in seltenen Fällen wagten die Verleger größere Auflagen.[6] Eine niedrige Auflage konnte, abgesehen von den bis zu den vierziger Jahren noch begrenzten Druckkapazitäten, auch ein Mittel sein, Werke in kurzen Zeitabständen wieder aufzulegen und damit erneute Werbe- und Kaufanreize (und evt. Rezensionen) zu schaffen.[7]

2. Technische Neuerungen

Die Ausweitung des Literaturmarkts in den dreißiger und vierziger Jahren des 19. Jahrhunderts ist nicht denkbar ohne grundlegende technische Neuerungen: Sie beschleunigten das Druckverfahren, verbilligten es entscheidend und ermöglichten die schnelle Herstellung größerer Papiermengen bei gleichzeitiger Kosteneinsparung durch eine neue Rohstoffbasis.

Noch im 18. Jahrhundert wurde in Frankreich und England die

Tiegeldruckmaschine entwickelt. Sie bestand – im Gegensatz zu den bisherigen hölzernen Pressen – aus Eisen und wurde über Schwungräder mit Handkurbeln oder Tretmaschinen bzw. später mit Dampfmaschinen angetrieben.[8] Die von Friedrich König erfundene mechanische Schnellpresse, 1814 erstmals in London zum Druck der ›Times‹ verwendet, arbeitete statt mit Druckplatten bereits mit den (schnelleren) Druckzylindern.[9] Infolge der hohen Kosten setzte sie sich in Deutschland nur langsam durch: die ersten tausend Maschinen wurden in fünfzig Jahren abgesetzt (1815–65), das nächste Tausend allerdings bereits in acht Jahren (1865–73).[10] Daß König ab 1826 statt mit Dampf- auch mit Handantrieb lieferte, läßt darauf schließen, daß vielen Druckereien die Kosten der Befeuerung zu hoch waren.[11] Häufiger als die Dampfschnellpressen wurden die Tiegeldruckmaschinen von den Druckern neu angeschafft; ihr Preis lag etwa bei einem Zehntel dessen, was eine Königsche Zylinderpresse kostete.[12] Die Zahl der sogenannten »Schnellpressen« in Preußen stieg zwischen 1819 und 1852 um 154% von 516 auf 1310, »besonders intensiv während der Jahre von 1840 bis 1843«.[13]

Die dampfgetriebene »Papiermaschine« (ab 1818) ermöglichte ebenfalls eine wesentlich raschere und rationellere Produktion: Mit ihr konnten täglich 600 bis 1000 Pfund Papier statt 60 bis 100 Pfund im Handbetrieb hergestellt werden.[14] 1843 eröffnete schließlich die Entwicklung des Holzschliffverfahrens den Weg zu einer massenhaften und billigen Papierherstellung, da nun statt der kostspieligen Rohstoffe Zellulose und Alttextilien geraspeltes Holz verwendet werden konnte.

Von entscheidender Bedeutung war auch die Weiterentwicklung der am Ende des 18. Jahrhunderts erfundenen Stereotypie. Hier wurde von den mit beweglichen Lettern gesetzten Druckformen jeweils eine Gips- oder (ab 1829) Papiermatrize hergestellt, mittels der die Form beliebig oft durch Ausgießen mit Blei neu reproduziert werden konnte.[15] Auf dem Gebiet der Illustration erlaubten der Holz- und Stahlstich (ab 1800 bzw. 1820) sowie die Lithographie (ab 1798/99) die Herstellung hoher Auflagen.[16]

Die quantitative Ausweitung der Buch- und Zeitschriftenproduktion läßt sich auch an der Zahl der Druckereibetriebe erkennen.

Ilsedore Rarisch errechnet für die Druckereien in Preußen von 1801 bis 1852 eine vierfache Steigerung von 180 auf 716 Betriebe; die Beschäftigtenzahlen in Berlin stiegen von 166 auf 959 (Druckereien im gleichen Zeitraum 22:63).[17] Diese Zahlen verweisen darauf, daß sich – speziell in den Zentren des Druckgewerbes Leipzig und Berlin – in diesen Jahren der Übergang vom Handwerksbetrieb zur industriellen Herstellung vollzog. Dabei erhöhte sich der Anteil der unselbständig Beschäftigten sehr stark; kleinere Betriebe waren immer weniger in der Lage, in Kapazität und Preisgestaltung mit den Angeboten der Großfirmen zu konkurrieren. Arbeiteten die großen Verlage wie Brockhaus oder Cotta noch Anfang der zwanziger Jahre mit mehreren Druckereien, die gleichzeitig ein Werk wie das Brockhaussche Konversationslexikon herstellten (um 1820: »in acht Druckereien fortlaufend dreißig bis vierzig Pressen«[18]), so gingen diese Verlage bald dazu über, sich Papierfabriken, Druckereien und ähnliche Betriebe anzugliedern. J. F. Cotta etwa nahm 1824 in Augsburg für den Druck der ›Allgemeinen Zeitung‹ die erste Dampfschnellpresse in Betrieb, errichtete in München 1827 eine »Geographische und Literarisch-artistische Anstalt« und unterstützte 1828 die erste Maschinen-Papierfabrik in Bayern.[19] Ähnliche Großunternehmen mit verschiedenen Betriebszweigen des graphischen Gewerbes bildeten beispielsweise auch die Verlage Brockhaus und Joseph Meyers Bibliographisches Institut in Hildburghausen.[20]

Die Buchbinderei allerdings, weit weniger mechanisiert als andere Bereiche der Buchherstellung, wurde in der ersten Hälfte des 19. Jahrhunderts noch weitgehend in kleineren Betrieben ausgeübt. Doch die Ausweitung des Buchmarkts läßt sich auch hier an steigenden Betriebszahlen ablesen (in Preußen von 1808 Firmen im Jahr 1831 zu 3196 im Jahr 1846).[21] Dabei ist wichtig, daß die Buchbinder auch als Konkurrenten des Buchhandels auftraten und den Vertrieb von Büchern übernahmen, insbesondere an Orten ohne Sortimentsbuchhandlung.

Alle diese technischen Innovationen waren an verstärkten Kapitaleinsatz gebunden und veränderten den literarischen Markt in quantitativer wie in qualitativer Weise. 1848 zeigten sich die neuen Möglichkeiten, die Produktion auszuweiten, in der »entfesselten«, da von der Zensur befreiten und kaum übersehbaren Flugblatt- und Zeitschriftenproduktion der Revolutionszeit; mit der Aufhebung der Zensur »waren alle Schleusen geöffnet ⟨...⟩ engagiertes Leserinteresse trieb die Auflagen in oft verblüffende Höhen«.[22] [→ Weigel: Literarische Gegenöffentlichkeit, 96 ff.].

3. Das Verlagswesen im Vormärz

Diese technischen Entwicklungen sind zugleich Voraussetzung und Ergebnis tiefgreifender Wandlungen im Verlagswesen bis zur Mitte des 19. Jahrhunderts.

Das wichtigste Resultat der »Buchhandelsreform«, die Philipp Erasmus Reich in der zweiten Hälfte des 18. Jahrhunderts durchgesetzt hatte, war der Übergang vom »Change-Handel« zu den »Netto-Preisen«, d. h. die Bücher wurden beim Geschäftsverkehr der Buchhändler untereinander nicht mehr im Tausch Bogen gegen Bogen verrechnet, sondern bar bezahlt (jedoch erst bei der folgenden Messe die tatsächlich verkauften Exemplare) [→ Bd. 3, 150 ff.].

Obwohl um 1800 noch jeder Buchhändler Bücher sowohl verlegte als auch vertrieb, war durch diese Reform die Voraussetzung für die Trennung des Verlags- vom Sortimentsbuchhandel gegeben. Bereits vor 1815 zeichnete sich bei einer Reihe von Firmen eine Schwerpunktsetzung ab; infolge der Rezession in der napoleonischen Zeit gaben aber erst nach dem Wiener Kongreß mehr und mehr bisherige Buchhändler ihr Sortiment auf, um nur noch als Verleger tätig zu sein (z. B. Johann Friedrich Cotta, 1816; Friedrich Christoph Perthes, 1822; August Campe, 1823). [23] Andere, wie Joseph Meyer in Hildburghausen, gründeten sofort reine Verlage, und gerade diese Neugründungen erwiesen sich meist als besonders ideenreich, ihre Produkte mit neuen Marktstrategien durchzusetzen.[24]

Nach wie vor bildete die Verlagsbuchhandlung, vor allem für regional oder lokal interessierende Werke, die Regel; das gesamtdeutsche Marktgeschehen aber wurde mehr und mehr von den großen, überregionalen Verlagen bestimmt, die wie Julius Campe ihr

Sortiment vor allem betrieben, um den direkten Kontakt zum Publikum nicht abreißen zu lassen:

> Sehen Sie, lieber Heine, ich bin kein kraßer Verleger, der nur en gros macht, ich bin auch Detaillist, ich kenne daher alle Nüencen und Schattierungen des Publikums, mit seinen guten und bösen Launen. Mir macht keiner etwas weiß, was grau ist. In der That weiß ich auf diesen Feldern bescheid und – wo Barthel den Most findet.[25]

Nach 1815 bereiteten vor allem zwei ungelöste Probleme den Verlegern Schwierigkeiten: der Nachdruck und die Zensur. Nachdem der deutsche Buchhandel sich beim Wiener Kongreß vergeblich um gesetzliche Maßnahmen gegen den Nachdruck bemüht hatte, kam es erst 1837 zu einer Regelung der Urheberrechtsfrage.[26] Am 11. Juni dieses Jahres erließ die preußische Regierung das »Gesetz zum Schutze des Eigenthums an Werken der Wissenschaft und Kunst gegen Nachdruck und Nachbildung«. Darin war ein Schutz literarischer Werke vor unerlaubtem Nachdruck zu Lebzeiten des Autors und während eines Zeitraums von 30 Jahren nach seinem Tod festgelegt. Das Gesetz betraf bereits veröffentlichte literarische und künstlerische Werke sowie noch ungedruckte Manuskripte; das Recht zur Vervielfältigung sollte ausschließlich dem Autor selbst zustehen. Damit war eine Reihe strittiger Fragen eindeutig geklärt: die Herausgabe von Briefen oder von Mitschriften (z. B. Vorlesungen) konnte nur mit Einwilligung des Autors erfolgen. Ungelöst blieb dagegen beispielsweise das Problem der Aufführung bereits gedruckter Stücke; durch das preußische Gesetz wurde keine Tantiemenpflicht der Theater begründet.

Diese Regelungen wurden in der Folgezeit vorbildlich für alle anderen Urheberrechtsgesetze in deutschen Einzelstaaten und schließlich auch vom Deutschen Bund übernommen (er hatte 1837 den Erben nur einen zehnjährigen Rechtsschutz eingeräumt).

Zuvor war es dem Buchhandel in den zwanziger Jahren gelungen, die gesamtdeutsche Interessenorganisation entscheidend voranzutreiben: die Gründung des »Börsenvereins der Deutschen Buchhändler« 1825 hatte ein wirksames Mittel geschaffen, um den Geschäftsverkehr effektiver zu gestalten und gegen die zahlreichen

Hemmnisse der Warenverbreitung vorzugehen. Zugleich wurde damit die Gefahr einer Spaltung des Buchmarkts in einen nord- und einen süddeutschen Bereich endgültig gebannt; die Einheit des deutschen Buchhandels »als Bedingung des Daseyns einer deutschen Literatur«[27], wie sie der Titel einer berühmten Broschüre von Fr. Chr. Perthes 1816 gefordert hatte, war endgültig hergestellt.

Mit dem ›Börsenblatt‹, zunächst seit 1834 vom Leipziger Buchhändlerverein herausgegeben, aber schon 1844 vom (gesamtdeutschen) Börsenverein übernommen, entstand ein Organ für den Kontakt der Verleger mit dem Sortiment, auch außerhalb der Messen. Es enthielt regelmäßige Listen der Neuerscheinungen und bot Platz für Inserate; daneben wurden Informationen des Börsenvereins, Artikel zur »Gesetz-Kunde« sowie »mercantilisch-technische« und »historisch-statistische Mittheilungen« geboten, letztere v. a. zur Geschichte des Buchwesens.[28] 1842 wurde das wöchentliche Erscheinen auf zwei Nummern pro Woche umgestellt.[29]

Schon die erste Nummer des ›Börsenblatts‹ spiegelt in einem Artikel von Fr. Chr. Perthes die neuen Dimensionen des buchhändlerischen und besonders des verlegerischen Geschäftsbetriebs. Bereits 1827 hatte die Generalversammlung des Börsenvereins die »seit einiger Zeit überhandnehmenden Taschenausgaben, zu 2 Groschen das Bändchen« für »schädlich« erklärt, ohne jedoch »bestimmte Maßregeln« treffen zu wollen.[30]

Perthes nun warnt in seiner Stellungnahme zur ›Bedeutung des deutschen Buchhandels besonders in der neuesten Zeit‹[31] vor der »Unruhe und der unwürdigen Buchmacherei«, wie sie »seit einigen Jahren im deutschen Buchhandel bemerkbar geworden« seien. Dadurch sei »die Abfassung oder Ausarbeitung eines Buches ⟨...⟩ nur zu häufig und augenfällig zum fabrikmäßigen Betrieb, ja zum Handwerk herabgewürdigt worden. Der Buchhandel drohe zum »Colporteur-Geschäft« herabzusinken, wenn er nicht zur Wissenschaftlichkeit und Geistigkeit zurückkehre. Ausdrücklich verweist Perthes auf das rasch anwachsende Informationsbedürfnis der »Classe der Gewerbetreibenden«, das »die täglich steigende Industrie« mit sich gebracht habe.

Mit dem Aufsatz spricht Perthes zwei wesentliche Aspekte der Buchmarktentwicklung im Vormärz an: zum einen umschreibt er die bis in die Gegenwart gern verwendete Selbstdarstellung des Buchhandels als »Träger der Wissenschaftlichkeit, Gründlichkeit und Gediegenheit« und postuliert damit, der Buchhandel sei in erster Linie als Mittler kultureller Werte, nicht als Warenproduzent mit Gewinnabsichten zu verstehen. Zum anderen aber skizziert er den realen Wandel zu kapitalistischen Produktions- und Vertriebsprinzipien, der vielfach von den Zeitgenossen – nicht selten von einem konservativ-ständischen Kulturbegriff aus – mit fast denselben Worten kritisiert wurde.

Der Verleger übernahm nun häufig die Initiative bei der Planung und Produktion seiner Verlagswerke; er beschränkte sich nicht mehr auf die Prüfung ihm angebotener Manuskripte, sondern ging dazu über, selbst Bücher und Buchreihen zu planen, die Autoren dafür auszuwählen und ihnen präzise Aufträge zu erteilen:

Es giebt unter jenen Handlangern der Buchhändler eine Menge von Leuten, die mehr denn zehnmal soviel Geist besitzen, als Herr von Jungmann ⟨ein eben beschriebener Literat mit Vermögen⟩. Aber sie sind von dem Markt ihrer Fabrikherren abhängig; sie müssen schreiben und übersetzen, was diese für passend im Augenblick finden, denn sie schreiben um ihre Existenz. ⟨...⟩ Sie sind gezwungen, sich nur diesen Fabriken in Übersetzungen, Zeitungspolemik und Journalistik zu verkaufen ⟨...⟩[32]

Die an der Optimierung des Kapitaleinsatzes und am möglichst schnellen Umschlag der Produktion interessierten Verleger suchten neue Wege der Bedarfsweckung und Werbung. Inserate, Rezensionen, geschickt lancierte Meldungen über Verlagspläne, Autoren und literarische Fehden, sowie neue Vertriebswege und -methoden wurden Mittel, um einen raschen und sicheren Absatz der Ware Literatur zu erreichen. Dabei wurde die Verkaufsstrategie dadurch erschwert, daß einerseits weder materiell noch geistig die Voraussetzungen für einen literarischen Massenkonsum gegeben waren, andererseits aber die Käufergruppen doch schon so inhomogen und schwer einschätzbar waren, daß es immer wieder zu Fehlkalkulationen und unverkäuflichen Auflagen kam. 1852 etwa rechnet Julius Campe seinem Autor Heinrich Heine vor, daß bei den meisten von dessen Werken die erste Auflage noch nicht verkauft sei:

Nicht alles geht in Trabe, sondern geht Schritt vor Schritt: Das sind die *Launen* des *Publikums*, die ich gar wohl zu beachten habe. Gäbe es eine Bücher Assecurranz, die Prämie würde ich für das Unternehmen gerne an das Bein binden – aber soweit geht die Industrie noch nicht, und Daher tappen wir armen Schelme, stets im *Finstern*, bis der guldene Pudel uns einmal bepißt.[33]

Besonders bedeutsam für den Erfolg eines Verlags waren deshalb möglichst umfassende und präzise Informationen über Käuferwünsche in bestimmten Gesellschaftsschichten und Regionen. Die sehr umfangreichen Verlegerkorrespondenzen der Vormärzzeit hatten nicht zuletzt eine derartige Marktforschungsfunktion, neben die selbstverständlich gleichzeitig die Werbeabsicht trat.[34]

Auf die Ausweitung des Markts und die damit verbundene Unüberschaubarkeit des Publikums reagierten kleinere Verlage besonders in den vierziger Jahren mit zunehmender Spezialisierung (z. B. auf Kinder- oder auf Fachbücher), während die Großverlage sich bemühten, durch eine thematisch und preislich breit gestreute Produktion möglichst viele Käufer- und Leserkreise anzusprechen. Darüber hinaus wurden »Lieferungswerke« in Form kleiner, billiger Bändchen und »Taschenausgaben« buchstäblich reihenweise geplant, produziert und (nicht selten durch Kolporteure) vertrieben. Dabei tritt die Erzählprosa mehr und mehr in den Vordergrund, doch typisch bleibt für die ganze erste Hälfte des 19. Jahrhunderts die Mischung der Gattungen sowie die von fiktionalen Texten und Sachinformationen: »Die Buntheit, die ›Abwechslung‹ selbst ist obligatorisch und eine Art Gattungsprinzip.«[35]

Die Ausstattung der Bücher verbesserte sich nur allmählich, und teilweise läßt sich infolge der Massenproduktion sogar ein deutlicher Rückschritt gegenüber dem 18. Jahrhundert feststellen. Während Cotta etwa für die zahlreichen Druckfehler und das schlechte Papier seiner Bücher bekannt und berüchtigt war, versuchten andere Verleger, wie Julius Campe, – auch bei Gefahr starker Kostenerhöhungen – für ihre Verlagswerke besondere Papier- und Druckqualitäten zu erreichen. Das gelang jedoch selbst bei ausgedehnten Kenntnissen der Einkaufs- und Herstellungsmöglichkeiten nur teilweise, so daß Heine über das Papier des dritten Reisebilderbands klagt: »Ich laufe wüthend im Zimmer herum und betrachte vergleichend meine alten Unterhosen und dann wieder meinen Aushängebogen.«[36]

4. Journalismus und Journale

Die Zeitschriften und Zeitungen sind die Blätter am wachsenden Baum der Erkenntniß. ⟨...⟩ ⟨Sie⟩ sind auch darum der wichtigste Zweig der populairen Schriftstellerei, weil in der Regel ein Journal auf einer Art Association, auf der Vereinigung verschiedenartiger productiver Kräfte beruht und zugleich einen ausdauernd empfänglichen Leserkreis voraussetzt.

Das Zitat aus dem ›Conversations-Lexikon der Gegenwart‹[37] benennt wesentliche Aspekte einer Entwicklung, die noch weit mehr als die Veränderungen der Buchproduktion die Vormärzzeit bestimmt. Während die entscheidenden organisatorischen Wandlungen des Handels mit Büchern durch die Reichsche Reform Ende des 18. Jahrhunderts weitgehend vollzogen waren, entwickelte der Markt für Periodika erst vom Anfang des 19. Jahrhunderts an seine entscheidende Innovations- und Sprengkraft sowie die in die Gegenwart führenden Organisationsformen und Inhalte. Bereits 1818 proklamierte Ludwig Börne, die Zeitschrift diene »nicht nur als Sekundenzeiger an einer Uhr«, »um den ungeordneten Puls des Staates zu verraten«, sie sei vielmehr »das Triebwerk selbst, welches die Gänge der Zeit regelmäßig erhält und ihre Fortschritte abmißt«.[38]

Dabei lag der Gründungszeitpunkt für viele Zeitungen und Zeitschriften des Vormärz noch im 18. (oder gar 17.) Jahrhundert bzw. in den Jahren der napoleonischen Umbrüche: Cottas ›Allgemeine Zeitung‹ erschien seit 1798, die ›Zeitung für die elegante Welt‹ seit 1801 und Cottas ›Morgenblatt für gebildete Stände‹ seit 1807. Diese auf Jahrzehnte hinaus erfolgreichen Neugründungen markieren zugleich einen deutlichen Wandel: aus dem überwiegend auf die Gelehrten beschränkten Produktions- und Rezeptionskreis im 18. Jahrhundert, von dessen Periodika nur wenige fachwissenschaftliche Zeitschriften das frühe 19. Jahrhundert überdauerten, entwickelte sich nun der moderne Medienmarkt für Massenerzeugnisse und für ein breites Publikum. Damit verbunden waren auch tiefgreifende Veränderungen in der Berufsrolle des Schriftstellers, dem die Presse ein Publikationsfeld mit eigenständigen, den Bedingungen der Buchveröffentlichung nur bedingt vergleichbaren Regeln eröffnete [→ Jokl: Heine, 542 ff.]. So ist die physische und geistige Existenz zahlreicher Autorinnen und Autoren der Vormärzzeit, etwa Gutzkows, Heines oder auch Laubes, engstens an ihre journalistische Tätigkeit gebunden, und selbst wer sich bewußt abseits der aktuellen Pressefehden hielt wie Annette von Droste-Hülshoff, verdankte den literarischen Durchbruch häufig nicht den Buch-, sondern den auf ein umfassendes Publikum zielenden Zeitschriftenpublikationen.

Die enge Verknüpfung von Buch- und Zeitschriften-Verlag zeigt sich am Beispiel Cottas besonders deutlich. Oft schuf erst eine Journal-Veröffentlichung (in der ›Allgemeinen Zeitung‹ oder im ›Morgenblatt‹) den Kontakt zu Autoren, von denen Cotta (noch) kein Buch verlegen wollte oder konnte. Andererseits boten Zeitschriften wie das ›Morgenblatt‹ – neben der unauffälligen oder direkten »Reklame für Verlagsartikel«[39] – den Autoren die Möglichkeit, kürzere oder aktuelle Texte (auch Gedichte), die sich für eine Buchausgabe weniger eigneten, schnell und gegen gute Honorare im Druck erscheinen zu lassen. An andere Verlage gebundene Schriftsteller/innen konnten auf diese Weise für die Firma gewonnen und als »Haus-Autoren« für das Prestige der eigenen Produktion eingesetzt werden (z. B. Jean Paul im ›Morgenblatt‹, Börne und Heine als Korrespondenten der ›Allgemeinen Zeitung‹).

Eine zunehmende Popularisierung und eine immer stärkere Spezialisierung des Medienmarkts bestimmten die Entwicklungen nach 1815. Kennzeichnend für die Unsicherheiten dieser Umbruchssituation sind die zahlreichen, rasch wieder verschwindenden Neugründungen, die den Vormärz zur eigentlichen »Gründerzeit« des deutschen Pressewesens machen. Auch die häufigen Titelwechsel zeigen die tastende Unsicherheit der Verleger, Herausgeber und Redakteure in bezug auf die geeignetsten Reizworte, um Abonnenten zu gewinnen. Diese Schwierigkeiten verschärften sich mit der Expansion des Markts: allein auf dem begrenzten Sektor der »deutschen Literaturzeitschriften« im engeren Sinn verzeichnet Alfred

Estermanns umfassende Bibliographie 2178 Periodika, von denen manche über Jahrzehnte, viele andere nur wenige Monate erschienen und einige, wie Gutzkows ›Deutsche Revue‹, sogar schon vor ihrem ersten Erscheinen behördlich verboten wurden.[40]

Zwei Hemmnisse standen einer Ausweitung des Markts vor allem entgegen: die Zensur sowie der überteuerte Vertrieb mittels der Post, deren Gebühren sich erst in der zweiten Jahrhunderthälfte deutlich reduzierten.[41] So konnte sich auch nur in begrenztem Maße ein überregionaler Markt bilden; seine Entwicklung beschleunigte sich allerdings rapide mit dem Bau der ersten Eisenbahnlinien, vor allem in den vierziger Jahren. Verzeichnet Alfred Estermann für die Jahrfünfte von 1815 bis 1839 jeweils zwischen 174 und 291 neu auf den Markt kommende Zeitschriftentitel, so steigt deren Zahl zwischen 1840 und 1844 auf 323, im folgenden Jahrfünft (bis 1850) gar auf 587 Titel. Neben die Zeitschriften »für die gebildeten Stände« und überlieferte Publikationstypen wie »Almanache« und »Taschenbücher« traten neue Veröffentlichungsformen: »Novellen-Zeitungen« boten, meist basierend auf Lücken des Urheberrechts, kürzere Erzählprosa bzw. Romane und Romanauszüge (in der Regel ohne Honorar für die Autoren) sowie Übersetzungen oder ausländische Originaltexte.[42]

Die damit verbundenen Phänomene faszinierten bereits die Zeitgenossen und lösten bei ihnen, je nach politisch-weltanschaulicher Position, Erschrecken oder Optimismus aus. Schon 1818, in der ›Ankündigung der Wage‹, forderte Ludwig Börne, »daß die Zeitschriften sich vermehren«; es »wäre zu wünschen, daß die Tagesblätter in Stundenblätter auseinandergingen, damit nichts überhört werde und verloren gehe«.[43] Durch die Ausweitung und Popularisierung der Presse wurde die öffentliche Diskussion beschleunigt und intensiviert; aktuelle Auseinandersetzungen konnten weit umfassender und rascher geführt werden als im 18. Jahrhundert, obgleich die meisten Presseorgane ihre Leser weit mehr durch Journal- bzw. Lesezirkel oder privaten Austausch als durch persönliches Abonnement fanden. Diese Art der Lektüre im geselligen Rahmen mündete freilich in vielen Fällen unmittelbar in eine Diskussion des Gelesenen und sorgte so für dessen zusätzliche Verbreitung und Vertiefung.

Auch die konservativen Gruppierungen bemächtigten sich durchaus erfolgreich der neuen medialen Möglichkeiten. Die Pressepolitik der meisten Regierungen beschränkte sich keineswegs auf bloße Unterdrückungsmaßnahmen, sondern förderte gezielt die »vielen offiziellen und halboffiziellen Blätter«, indem sie »den durch gnädige Fußtritte getriebenen Denk- und Schreibmaschinen in der Staatsmechanik«[44] materielle und ideelle Förderung angedeihen ließ. So nahm das Spektrum der konservativ staatstragenden wie auch der konfessionellen Periodika intensiv am Wachstum der Presse teil, wobei die kirchlichen Organe nicht selten in deutlicher Opposition zur jeweiligen Obrigkeit standen (z. B. die katholischen Zeitungen im preußischen Rheinland).

Zugleich zeichnen sich im Vormärz bereits Tendenzen ab, die erst nach 1850 zur vollen Entfaltung kamen: die Entwicklung der billigen Massenpresse begann mit der Gründung des ›Pfennig-Magazins der Gesellschaft zur Verbreitung gemeinnütziger Kenntnisse‹ 1833 und dessen bald folgenden Nachahmern. Diese »Illustrirten Zeitungen« gesellten populär geschriebenen Texten und Themen »erklärende, sauber gearbeitete Abbildungen«[45] bei, erschlossen damit zusätzliche Leserschichten und antizipierten die nach 1850 zahlreichen Familienzeitschriften und die späteren Illustrierten.

Nicht zuletzt ergaben sich auf dem Zeitungs- und Zeitschriftenmarkt neue berufliche Perspektiven für die Autoren; trotz der angesprochenen Hemmnisse und trotz der von den Zeitgenossen immer wieder beschworenen Rückständigkeit der deutschen Verhältnisse gegenüber England und Frankreich zeigt die genauere Betrachtung, »daß der langsam expandierende literarisch-journalistische Markt durchaus neue Chancen« eröffnete[46], die allerdings weit mehr als in den beiden Vorreiter-Ländern »bis weit über das Ende des 19. Jahrhunderts« hinaus geprägt waren durch »die obrigkeitsstaatliche Behandlung des Zeitungswesens«.[47]

5. Die Zensur

Nach dem Sieg über Napoleon enttäuschte der Wiener Kongreß alle Hoffnungen auf bürgerliche Freiheiten, insbesondere auf die Gewährung der Freiheit für die Erzeugnisse der Druckpressen. Die Ermordung des Schriftstellers August von Kotzebue durch den Studenten Karl Ludwig Sand 1819 bot Metternich darüber hinaus den langerwarteten Anlaß (»mit einem Beispiele, wie der vortreffliche Sand mir es auf Kosten des armen Kotzebue lieferte«[48]), gegen jede Art demokratischer Opposition im Gebiet des Deutschen Bunds vorzugehen [→ Stein: Sozialgeschichtliche Signatur, 29 ff.; Goetzinger: Autorinnen und Autoren, 51 ff.] und eine verschärfte Zensur einzuführen.

Grundsätzlich lassen sich im Vormärz zwei Zensurformen unterscheiden:

> Das eine ist die Censur im engeren Sinne, welche darin besteht, daß das Manuscript nicht eher gedruckt (d. h. in einigen Fällen zwar gesetzt und in den wenigen nöthigen Exemplaren abgezogen, aber nicht durch die Presse vervielfältigt) werden darf, bis ein vom Staate bestellter Aufseher, der Censor, es durchgesehen und den Druck erlaubt hat. Das zweite ist die Vorschrift, daß jede gedruckte Schrift zuvörderst den Staatsbehörden, auch entweder besonderen Censoren, oder der Polizei, vorgelegt werden muß und nicht eher ausgegeben (verkauft, an den Verleger abgeliefert) werden darf, bis dazu eine ausdrückliche oder stillschweigende Erlaubnis gegeben worden ist. Letzteres dadurch, daß eine bestimmte Zeit abgewartet werden muß, binnen welcher die Polizeibehörde den Verkauf untersagen muß.[49]

Neben diesen beiden Formen der Zensur (Präventiv- und Repressivzensur) gab es noch zahlreiche andere behördliche Maßnahmen, um gegen mißliebige Werke vorzugehen. Am schwerwiegendsten war das förmliche »Verbot«, entweder einzelner Bücher, aber auch aller Werke eines oder mehrerer Schriftsteller (Verbot des »Jungen Deutschland« 1835) oder eines Verlags (1842 wurde der Verkauf der gesamten Verlagsproduktion von Hoffmann und Campe in Preußen verboten). In diesem Fall waren die weitere Herstellung und der Vertrieb der inkriminierten Werke untersagt, bereits ausgelieferte Exemplare wurden beschlagnahmt. Darüber hinaus gab es noch behördliche Repressionsmaßnahmen außerhalb der Zensur im engeren Sinn wie Beschlagnahme von Büchern bei einzelnen Buchhändlern, Zoll- oder Reiseschikanen gegen Autor und Verlag, bei Zeitschriften die Streichung aus der Postliste, was die Kosten stark steigerte und das Ende der überörtlichen Verbreitung bedeuten konnte. In den einzelnen deutschen Staaten wurde allerdings die Zensur sehr ungleich gehandhabt: »ein und dieselbe Schrift wird in diesem Staate erlaubt, belobt, begünstigt und in andern verboten, verbannt, verbrannt.«[50]

Am schärfsten und zugleich am besten durchorganisiert war die Zensur in Österreich. Dort gab es verschiedene Stufen der Zulassung und Sekretierung eines Druckerzeugnisses: von »admittitur« (uneingeschränkte Verbreitung) bis zu »damnatur« (Schriften, »welche den Staat und die Sittlichkeit untergraben«).[51] Die Zensurbeanstandungen und -verbote betrafen in Österreich nicht nur politische Aussagen, sondern ebenso kritische oder ironische Artikel zu kirchlichen Fragen (»die Capuziner Mönche ⟨...⟩ bespöttelt«[52]) oder auch Meinungen zur europäischen Politik, die nicht auf der außenpolitischen Linie Metternichs lagen. Dabei durften österreichische Schriftsteller nicht im Ausland publizieren, und österreichischen Studenten war das Studium dort nur mit behördlicher Erlaubnis gestattet. Die Auswirkungen dieser Einschränkungen beschreibt Franz Grillparzer 1826 in seinem Tagebuch:

> Wer mir die Vernachlässigung meines Talentes zum Vorwurf macht, der sollte vorher bedenken, wie in dem ewigen Kampfe mit Dummheit und Schlechtigkeit endlich der Geist ermattet. Wie, um nicht immerfort verletzt zu werden, endlich kein Mittel mehr übrigbleibt, als sich unempfindlich zu machen, wie kein Aufschwung möglich ist, wenn man bei jeder Flügelbewegung an den Plafond der Censur anstößt, und die Arbeit aufhört, ein Vergnügen zu sein, wenn das Hervorgebrachte die Quelle tausendfältiger Unannehmlichkeiten wird.[53]

Im Gegensatz zu Österreich und Preußen wurden in anderen deutschen Staaten, insbesondere in den kleineren Ländern, in denen Großdruckereien wichtige Steuerzahler waren, die Zensurbestimmungen weniger scharf gehandhabt:

Die Zensur

Gewöhnlich kann man an kleineren Orten weit eher durch freundliche Vorstellungen der Zensurstrenge etwas abgewinnen, man gibt den unwichtigen Teil eines Buches preis, um das Bedeutendere zu retten, man vermittelt ...[54]

Mehr noch als die (meist teuren) literarischen oder wissenschaftlichen Werke waren populäre Schriften von Zensur und Beschlagnahme bedroht.[55] Insbesondere Zeitschriften, Flugblätter und die von den Kolporteuren vertriebenen Bilder und Broschüren wurden äußerst streng auf unerwünschte oder verbotene Themen überprüft und häufig konfisziert. Da die Regierungen hier die größte Gefahr witterten, gingen sie in der Regel brutal gegen Verfasser und Hersteller vor; Julius Campe zählte am 20. Januar 1833 seinem Autor Heine einige Fälle aus der jüngsten Vergangenheit auf:

Bedenken Sie aber dabei noch, daß damals eine andere Zeit war wie jetzt, wo man in Württemberg Seybold auf sechs Monate und dessen Verleger auf drei ins Loch steckte; wo man in Frankfurt den Buchhändler C. Körner auf sechs Wochen ebenso, weil er ein paar Broschüren nur verkaufte, in den Schatten setzte. Der Buchdrucker Volkhart in Augsburg erhielt neun Jahre Zuchthaus Strafe, weil er von Große zwei piecen gedruckt, und endlich beteuern wollte, er habe den Inhalt weder gelesen noch geahnt. Und wie die Beispiele sind, die ich nicht herzählen mag.[56]

Insbesondere an den literarischen und politischen Brennpunkten (Leipzig, Frankfurt, Paris) unterhielten sowohl der deutsche Bund als auch einzelne Staaten eine Vielzahl von Spitzeln (»Confidenten«), die durch engen Kontakt mit liberalen Kreisen bis ins Detail über alle Vorgänge des Literaturbetriebs informiert waren und ihre Kenntnisse in zahlreichen Geheimberichten weiterleiteten.[57] Daneben wurde von der Polizei regelmäßig der Postverkehr überwacht, wurden Briefe geöffnet und kopiert, um beispielsweise die österreichischen Korrespondenten deutscher Oppositionsblätter in Erfahrung zu bringen.[58] Die Maßnahmen gegen das »Junge Deutschland« von 1835[59] und die Zerschlagung von Georg Büchners Freundeskreis[60] sind nur die allgemein bekannte Spitze eines Eisbergs von Verboten, Inhaftierungen und Strafmaßnahmen auf den verschiedensten Ebenen der Einschüchterung und Bedrohung.

II. Die Distribution der Literatur

1. Hemmnisse der Literaturverbreitung

Die Distribution von Waren und damit auch die Verbreitung literarischer Texte wurden in der Zeit nach 1815 durch zahlreiche Faktoren gehemmt. Dem Abbau dieser Beschränkungen galt ein Großteil des Kampfes der liberal-bourgeoisen Opposition. Gerade in diesem Bereich zeigt sich die Verschränkung von politisch-literarischem Kampf und wirtschaftlichen Interessen des aufstrebenden Bürgertums, wobei die einzelnen deutschen Regierungen den bürgerlichen Zielsetzungen mit unterschiedlicher Aufgeschlossenheit gegenüberstanden.

Die mangelhaften Verkehrs- und Kommunikationsverhältnisse sowie die Zoll-, Münz- und Maßvielfalt führten in vielen Gegenden Deutschlands zu einer ausgeprägten regionalen Begrenztheit des Literaturmarkts (über die hergebrachten Unterschiede zwischen Süd- und Norddeutschland hinaus).

Schon der Titel von Ludwig Börnes Satire ›Monographie der deutschen Post*schnecke*‹[61] zeigt ein Hauptproblem der Fortbewegung mittels der Kutsche:

> Die Reisen waren kostspielig, zeitraubend, unbequem; unpünktlich kamen die Fahrten ans Ziel, mit viel Verzögerungen, so daß der Kaufmann nur schwer disponieren konnte. Der Straßenbau größeren Stils hatte in Deutschland gerade erst begonnen, selbst vor den Toren Berlins versank man im endlosen Sand und in tiefen Lehmwegen; Achsen- oder Radbruch gab es häufig genug, und manchen Reisenden kostete dies das Leben.[62]

Die Bemühungen, diese Zustände zu ändern, galten in den zwanziger Jahren vor allem dem Ausbau der Straßen und Schiffahrtswege. Nach französischem Vorbild wurden insbesondere in Preußen befestigte Chausseen angelegt, deren Länge 1848 (bei 3162 Kilometern 1816) 14 990 Kilometer erreichte; schlechter waren im allgemeinen die Straßenverhältnisse in den kleineren Staaten.[63] Weitaus bedeutsamer als Straßenverkehr und Schiffahrt war selbstverständlich der Bau der Eisenbahnen seit den dreißiger Jahren [→ Sautermeister: Reiseliteratur, 118 ff.].

Über unzureichende Dienstleistungen der Post wurde nicht nur beim Reiseverkehr, sondern auch bei der Beförderung von Paketen und insbesondere von Zeitschriften geklagt (bis 1904 waren Zeitungen und Zeitschriften in Deutschland nur im Abonnement zu beziehen, nicht im Straßenverkauf zu erwerben). Hier bestand für die Regierungen eine zusätzliche Möglichkeit, mißliebiger Druckerzeugnisse habhaft zu werden und ihren Produzenten wirtschaftliche Schwierigkeiten zu bereiten. Besonders regen Gebrauch davon machte Österreich. Hier waren durch die Post bezogene Zeitschriften zollfrei, während bei Bezug über einen Buchhändler Zoll entrichtet werden mußte. Automatisch wurden bei Postbezug die Besteller kritischer Blätter mit Namen und Anschrift erfaßt und an die Polizei weitergeleitet[64]; auch Briefwechsel – z. B. Cottas Schreiben an seine Wiener Korrespondenten – wurden überwacht und kopiert.[65] Zu diesen politischen Pressionen kamen ökonomische Nachteile. Immer wieder wird im Vormärz von den Zeitschriftenherausgebern die Verteuerung ihrer Blätter durch Postgebühren und Zölle beklagt. So betrug 1830 der Jahrespreis für die ›Allgemeine Zeitung‹ in Augsburg, dem Druck- und Verlagsort, 14 Gulden 15 Kreuzer, in Wien aber 34 Gulden, wogegen die ›Wiener Zeitung‹ und der ›Österreichische Beobachter‹, beide regierungstreu, 20 bzw. 22 Gulden kosteten.[66] Ähnliche Zahlen für Deutschland gibt einige Jahre später Gutzkow an: Die ›Allgemeine Zeitung‹ verteuere sich von Augsburg (16 Gulden) über Frankfurt (21 Gulden) bis Hamburg auf 26 Gulden, der ›Deutsche Courier‹ von Stuttgart (6 Gulden) bis Hamburg auf mehr als das Doppelte (über 13 Gulden).[67] Außer den Postgebühren selbst waren für derartige Preissteigerungen vor allem die Zölle verantwortlich, die sich bei der Zersplitterung Deutschlands je nach der Zahl der zu durchlaufenden Staaten zu einer beträchtlichen Höhe summieren konnten. Besserung brachte die Gründung des ›Deutschen Zollvereins‹ (1834), in dem sich unter Führung Preußens eine Reihe deutscher Staaten mit den Mittelstaaten Württemberg und Bayern zu einem einheitlichen Zollgebiet zusammenschlossen. Dem Abkommen lag weitgehend der freihändlerisch eingestellte preußische Zolltarif zugrunde. In ihm gab es – bezeichnenderweise – »nur einen einzigen Ausfuhrzoll, nämlich den auf Lumpen, woran großer Mangel war bei dem starken Papierbedarf der Zeitungen.«[68] Bis zur Jahrhundertmitte hatten sich fast alle deutschen Länder (Ausnahmen: Hannover und die nördlichsten Staaten) dem Abkommen angeschlossen.

Ein weiteres, gerade für den Buchhandel mit dem zentralen Abrechnungsort Leipzig gravierendes Hemmnis bildete die Vielfalt der deutschen Währungen. Sie spiegelt sich deutlich in Preisangaben wie denen auf den Bändchen der ›Groschenbibliothek‹, die das Bibliographische Institut Joseph Meyers 1848 herausgab: »1 gGr ⟨guter Groschen⟩ = 1 1/4 Silber oder Neugr. = 4 1/2 Kreuzer = 2 Schillinge Courant«. Diese Uneinheitlichkeit betraf neben dem Münzsystem[69] auch Maße und Gewichte; erst 1868 gelang es, in ganz Deutschland »die Einheit von Münze, Maß und Gewicht« herzustellen.[70]

Ironisch vermerkte Ludwig Börne 1821 in einer Reisenotiz: »Württemberg. Sechskreuzerstücke nicht angenommen, die man von mir zu erhalten anderwo Gott dankte; freute mich der Einheit Deutschlands.«[71]

2. Der Buchhandel

1816 ließ der Buchhändler Friedrich Christoph Perthes eine vielbeachtete Broschüre erscheinen, in der er als »Bedingung des Daseyns einer deutschen Literatur« neben dem »Aufbringen der Kosten zum Druck der Schriften« und zur »Entschädigung der Autoren« auch eine »Anstalt« nennt, »um über alle Länder, wo das Deutsche Muttersprache ist, die Druckschriften so zu verbreiten, daß allenthalben möglichst gleichartig lebhafter Anteil an Sprache, Wissenschaft und Literatur erregt und erhalten werde.«[72] Diese »Anstalt« ist »der deutsche Buchhandel«, dessen bereits bestehende Einrichtungen der § 7 aufzählt: Leipzig als fester, alljährlicher Messeplatz, ein halbjährliches (das Hinrichsche) Verzeichnis der Neuerscheinungen sowie »gute und richtige Bücherkataloge«.[73] Bezeichnenderweise werden von Perthes die Begriffe Buchhandel, Verlag, Sortiment noch nicht unterschieden; mit der allmählichen Trennung von Verlag und Sortiment änderten sich auch die Geschäftsbedingungen.

Der gebräuchlichste Vorgang war in der ersten Jahrhunderthälfte nicht die feste Bestellung eines Buches durch den Sortimenter. Vielmehr verschickten die Verlage sogenannte »Novitäten-Sendungen«, Zusammenstellungen ihrer neu erschienenen Bücher. Für nicht verkaufte Exemplare hatte der Händler ein Rückgaberecht bis zur nächsten Messe; die verkauften Bücher wurden dann dort abgerechnet und eventuell neue Bücher bzw. Nachbestellungen geordert. Für bereits früher erschienene Titel gab es die Lieferung »à condition«, bei der der Sortimenter nicht verkaufte Exemplare nach einer bestimmten Frist zurücksenden (»remittieren«) durfte. Allerdings erwiesen sich in den dreißiger und vierziger Jahren die Versandkosten für die »Nova-Sendungen«, besonders bei den Großverlagen mit ihrer umfangreichen Produktion, als so beträchtlich, daß man statt der Bücher selbst sogenannte »Wahlzettel«, d. h. kombinierte Ankündigungs- und Bestellscheine für die Neuproduktion ausgab. Daneben gab es selbstverständlich auch die feste Bestellung eines Buches; sie spielte aber nur eine untergeordnete Rolle. Die Buchhändler ihrerseits stellten dann auch für die Kunden Ansichtssendungen zusammen, mit denen ein beträchtlicher Teil des Umsatzes erzielt wurde.[74]

Dabei blieb – trotz einer Vermehrung der Buchhandlungen in den deutschsprachigen Gebieten Deutschlands, Österreichs und der Schweiz auf beinahe das Dreifache von 1820 bis 1840 (ca. 500 : 1400)[75] – der Sortimentsbuchhandel fast durchweg auf größere Städte und Universitätsorte beschränkt. Im Jahr 1840 standen etwa 400 Buchhandelsplätze mit Leipzig in geschäftlicher Verbindung; an die 250 Firmen waren 1843 allein in Leipzig und Berlin konzentriert.[76] Bei näherungsweise 40–45 Millionen Einwohnern in den genannten Gebieten ergibt sich, selbst bei einer Zahl von 2000 Buchhandlungen (einschließlich derer, die keine Geschäftsverbindung nach Leipzig hatten), daß auf durchschnittlich 26 000 bis 30 000 Einwohner eine Buchhandlung kam. In überwiegend ländlichen Gebieten war diese Quote sicher noch ungünstiger.[77]

Die recht eingeschränkte, »in der altgewohnten patriarchalischen Weise betriebene«[78] Praxis des Buchhandels in den zwanziger Jahren beschreibt ein Artikel der ›Süddeutschen Buchhändlerzeitung‹ 1849 in verklärender, deutlich gegen die spätere Entwicklung gerichteter Sicht:

Die zwanziger Jahre waren gute für den Buchhandel, hohe Bücherpreise, keine Concurrenz von Erheblichkeit, 33¹/₃ % ⟨Rabatt⟩, Kunden mit ansehnlichen Rechnungen, Saldirung leidlich, unscheinbare ⟨Laden-⟩Locale, billige Miethen, alles ohne jeglichen Luxus und eine angenehme gesellschaftliche Stellung des Buchhändlers.[79]

Offenkundig beschreiben diese lapidaren Aussagen das Positiv der Entwicklungen, die in den dreißiger Jahren auch den Sortimentsbuchhandel erreichten. Der Wandel wurde von den Zeitgenossen meist mit der Julirevolution datiert und mit dem in ihrem Gefolge erwachten politischen Interesse begründet, aber die entscheidenden technologischen und ökonomischen Entwicklungen vollzogen sich bereits vor 1830. Allerdings zeigte sich tatsächlich ein zunehmendes Informationsbedürfnis, das jedoch nicht zuletzt durch die Bedarfsweckung und Vertriebspolitik der Verlage verstärkt wurde. Das deutlichste Beispiel für diesen wechselseitigen Prozeß bildet die Zunahme der »Broschüren-Literatur«. Die Gewinne bei diesen »Bändchen« waren selbstverständlich niedriger, und der Arbeitsaufwand für die oft sehr kleinformatigen Lieferungen war größer als bei herkömmlichen Büchern.[80] Heftig kritisiert wurde auch in dieser Zeit von seiten der Sortimenter, daß die Verlagsgroßunternehmen, da sie nur noch begrenzt vom Wohlwollen der einzelnen Buchhändler abhängig waren, teilweise eigene Vertriebssysteme (mit Vertretern) aufbauten[81] und dem Buchhandel oft nur niedrige Rabatte nach eigenem Gutdünken gewährten.[82]

Einen weiteren Anlaß zu Auseinandersetzungen bot das neu entstehende »Moderne Antiquariat«: infolge der industriellen Buchherstellung, bei der die Höhe der Auflage als Kostenfaktor eine zunehmend geringere Rolle spielte, ergab sich immer häufiger das Problem zu hoher, unverkäuflicher Auflagen. Sie wurden dann entweder von den Verlagen oder von neu entstehenden Spezialfirmen zu stark ermäßigten Preisen verkauft, oft schon bald nach dem Erscheinen des Buchs.[83] Das blieb nicht ohne Rückwirkungen: »Das Publikum fing an, die Ladenpreise als illusorisch zu betrachten, Preisherabsetzungen und Verlagsverschleuderungen untergruben die Solidität des Buchhandels.«[84]

Aus dem bisher Gesagten ist schon deutlich geworden, daß über den regulären Sortimentsbuchhandel nur *der* Teil der Buchproduktion verkauft wurde, der die gehobenen Schichten des Besitz- und Bildungsbürgertums erreichte. Trotz dieser Mangelsituation weigerten sich die Behörden aber nicht selten, Anträge auf die Errichtung einer neuen Buchhandlung zu genehmigen, meist unter Berufung auf die ablehnende Haltung der bereits in der Region ansässigen Sortimenter[85], und die Buchhandelsblätter der dreißiger und vierziger Jahre waren voll von Warnungen vor unerwünschter Konkurrenz.[86] Auch die zahlreichen regionalen Buchhändlerzusammenschlüsse, die sich neben dem Börsenverein bildeten, zielten nicht zuletzt auf eine »Purification«, d. h. auf das Fernhalten von Konkurrenten. Die Hauptgegner waren jedoch nicht so sehr neu eröffnende Sortimentsbuchhandlungen als vielmehr »Buchdrucker, Leihbibliothekare, Autoren mit Selbstverlag, Antiquare, Buchbinder, Colporteure«.[87]

Besonders bedeutsam an dieser Liste ist der Hinweis auf zwei bisher wenig beachtete Vermittlungsinstanzen literarischer Werke: Buchdrucker und Buchbinder. Beide Berufsgruppen stellten Bücher nicht nur her, sondern vertrieben sie auch, vergleichbar den heutigen Schreibwarengeschäften, die ein mehr oder weniger umfangreiches Bücherangebot führen. Das galt besonders für die zahlreichen Kleinstädte ohne reguläre Buchhandlung. Leider gibt es zu diesen beiden Distributionsformen noch kaum detaillierte Untersuchungen; im Anschluß an Reinhart Siegerts vorzügliche Analyse der Verbreitung des ›Noth- und Hülfsbüchleins‹ (1788) von Rudolph Zacharias Becker läßt sich wohl festhalten, daß die Buchdrucker und -binder vor allem populäre Lesestoffe verkauften, teilweise auch mit Bücherständen an Märkten teilnahmen und »insbesondere den Bedarf an Schulbüchern, Kalendern, Gesangbüchern und Erbauungsbüchern« deckten.[88] [→ Plaul/Schmid: Populäre Lesestoffe, 315 ff.]

3. Die Kolporteure

Die Buchbinder nahmen damit eine Mittelstellung zwischen der »angenehmen gesellschaftlichen Stellung des Buchhändlers« und der »untersten« Stufe des Literaturvertriebs, dem Kolporteur, ein. Rudolf Schenda hat in mehreren Arbeiten eine Fülle an Material zu dem letzteren Berufszweig zusammengetragen[89] und daraus das Fazit entwickelt: »Der Kolporteur ist der mächtigste Lesestofflieferant zumindest des 18. und der ersten Hälfte des 19. Jahrhunderts, wenn nicht gar der ganzen Buchhandelsgeschichte.«[90] Dabei bestanden auch noch innerhalb der Gruppe der Kolporteure beträchtliche soziale Abstufungen: es gab Vertreter, die im Auftrag von Großverlagen wie dem Bibliographischen Institut oder für Buchhandlungen arbeiteten[91], aber es gab auch ganze Dörfer (beispielsweise das von R. Schenda beschriebene Dorf Eningen bei Reutlingen[92]), deren Bewohner mit einem Bücherschränkchen auf dem Rücken oder mit einem Bauchladen in den Sommermonaten unterwegs waren, und es gab schließlich wohnsitzlose Hausierer, die – z. T. selbst nur beschränkt oder gar nicht lese- und schreibfähig – durch Broschüren- und Bildervertrieb ihr Auskommen suchten.[93] Für den Erfolg der Kolporteure spielte sicher auch die – heute noch bei vielen vorhandene – »Schwellenangst« vor dem Betreten einer Buchhandlung eine große Rolle. Sie war im 19. Jahrhundert mit Sicherheit noch ausgeprägter als heute, so daß insbesondere die »neuen Leserschichten« gerne auf das Angebot des Kolporteurs auf den Jahrmärkten oder an der Haustüre zurückgriffen.

Dabei trat neben das herkömmliche, vorwiegend für die ländliche Bevölkerung bestimmte Text- und Bildangebot des Hausierhandels (Kalender, Erbauungsschriften, Einblattdrucke, Bilderbögen) mehr und mehr der »Reisebuchhandel« mit anderer Zielgruppe und verändertem Warensortiment. Er richtete sich an die Kleinbürger und den Mittelstand in den Städten und vertrieb Zeitschriftenabonnements, populärwissenschaftliche Werke, die bereits genannten »Bändchen«-Reihen bzw. »Bibliotheken« sowie in einzelnen »Lieferungen« erscheinende Roman- und Übersetzungsserien.[94] So erschlossen sich die Großverlage neue Absatzwege für ihre industrialisierte Produktion, um die Druckkapazitäten möglichst gewinnbringend auszulasten.

4. Die Leihbibliotheken

Obwohl im 19. Jahrhundert die Zahl der Buchhandlungen stark zunahm und von den Verlagen neue Vertriebswege erschlossen wurden, stellte in der ersten Jahrhunderthälfte nicht der Kauf, sondern das Ausleihen von Büchern und Zeitschriften den gebräuchlichsten Weg dar, sich Lektüre zu beschaffen. Die Grundzüge dieses Verleihsystems und die beiden wichtigsten Institutionen entwickelten sich schon im 18. Jahrhundert: die kommerziellen, mit festen Gebührensätzen arbeitenden Leihbibliotheken und die auf Vereinsbasis organisierten, nichtgewerblichen Lesegesellschaften. Außer einer starken Zunahme der Firmen brachte das 19. Jahrhundert auch eine immer weitergehende Spezialisierung, da die Ansprüche der Entleiher stiegen und der Konkurrenzdruck nur dadurch abgefangen werden konnte, daß entweder ein äußerst breitgefächerter oder ein immer spezifischerer Bestand angeboten wurde.

Bereits in den letzten Jahrzehnten des 18. Jahrhunderts gab es in Deutschland eine Reihe von Leihbibliotheken, teilweise – wie das ›Museum‹ des Buchhändlers Beygang in Leipzig – in einer an heutige wissenschaftliche Bibliotheken erinnernden Ausstattung: mehrere Räume, darunter ein Zeitschriften- und Zeitungssaal, ein Raum »zum aufmerksamen Durchlesen und Exzerpieren von Aufsätzen mit Schreibmaterialien« und ein Sprechzimmer. Die Leihbibliothek dieses Unternehmens (1799 umfaßte sie 70 000 Bände) stellte selbst die Leipziger Universitätsbibliothek (25 000 Bände) weit in den Schatten.[95]

Ähnliche »Lese-Institute« bildeten sich in den großen deutschen Handels- und Residenzstädten um 1800 mehrfach; sie stellten zweifellos die Aristokratie der Branche dar und wandten sich an ein gebildetes und zahlungskräftiges Publikum. Die Mehrzahl der Leihbüchereien des 19. Jahrhunderts dagegen war von Buchhändlern als Ergänzungsgeschäft zum Buchverkauf gegründet und von bescheidenerem Zuschnitt.[96] Daneben gab es zahlreiche »unzünftige Winkelbibliotheken«, in der Regel von Behörden, Erziehern und Sortimentern mit großem Argwohn betrachtet. Hier bestimmte – teilweise fast bis zur Ausschließlichkeit – die Romanliteratur das Lektüreangebot, während die Sachprosa meist nur ein Randdasein führte. Dabei schwankte der Umfang der Buchbestände, abhängig vom Einzugsgebiet, seiner Bevölkerungszahl und sozialen Zusammensetzung, sehr stark: es gab Bibliotheken mit einigen hundert, aber auch solche mit weit über 20 000 Bänden. Die rasche Zunahme der Firmen zeigen beispielhaft die Zahlen für Berlin (1786: 1; 1811: 27; 1831: 36), Leipzig (1760: 1; 1800: 9; 1846: 26) und Jena (1785: 1; 1840: 6).[97] Auch in kleineren Städten gab es auffallenderweise immer wieder Büchereien mit relativ umfangreichen fremdsprachigen Abteilungen (vorwiegend Belletristik), was deutlich auf Benutzer aus dem Bildungsbürgertum hinweist. Die Unternehmer bemühten sich, ihr Angebot auf bestimmte Zielgruppen und Lesebedürfnisse auszurichten, so daß nicht nur gewerbliche Zeitschriftenlesezirkel in wachsender Zahl entstanden, sondern auch neuerschienene Bücher nach gleichem Muster bei den Lesern zirkulierten. Sortiert war die angebotene Lektüre zum einen nach den Lesererwartungen (z. B. »Gelehrter Lesezirkel« – »English Reading Society« – Abonnement auf »Zeitschriften ⟨...⟩ besonders für Lese-Cabinette, größere Gasthöfe etc.«), zum anderen abgestuft nach den finanziellen und zeitlichen Möglichkeiten der Nutzer (»Einfaches Abonnement«, »Doppeltes Abonnement«, »Volles Abonnement«, »schöne Ausgaben, Kupferwerke, französische und englische Schriften«).[98] Neben der Auswahl unter verschiedenen Abonnements- und Entleihformen bei einer Firma gab es, etwa seit den dreißiger Jahren, falls mehrere Buchhandlungen oder Leihbibliotheken am Ort waren, auch noch die Möglichkeit, daß diese sich den Markt aufteilten und – meist in Übereinstimmung mit ihren Sortimentsschwerpunkten – spezielle Sachbereiche wie Kinderliteratur, fachwissenschaftliche (z. B. juristische) oder fremdsprachige Lektüre anboten.[99]

Zeitschriften waren, wie bereits ersichtlich, fast stets in den verschiedenen Abonnements enthalten. Es gab aber daneben auch noch selbständige »Journalzirkel«, teils als gewerbliche Unternehmen, teils aber auch als Initiative von Privatleuten, um die auf Kosten der einzelnen oder auch gemeinsam bezogenen Zeitschriften regelmäßig auszutauschen. Karl Immermann beschreibt in seinem ›Münchhausen‹-Roman (1838/39) mit satirischer Überspitzung einen kommerziellen »Journalzirkel«:

Der alte Baron Münchhausen

wollte Abwechselung, Zerstreuung, mancherlei, wie vorlängst in seinen grünen und lustigen Tagen. Alles dieses fand er auf einmal, da ihm der gute Einfall wurde, in einem Journalzirkel einzutreten, der alle Wißbegierigen auf dem Flächenraume der umliegenden vier Quadratmeilen mit Geistesnahrung versorgte und dessen Reichhaltigkeit ihm schon lange gepriesen worden war. Der Unternehmer hatte, um die Nebenbuhler in der erwähnten weiten Ausdehnung unrettbar daniederzuschlagen, nicht weniger als sämtliche Zeitschriften des deutschen Vaterlandes in seinen Mappen versammelt. ⟨Es folgt eine zwölfzeilige Aufzählung der Zeitschriftentitel⟩ – kurz, im ganzen vierundachtzig Hefte, so daß jeder Teilnehmer am Zirkel die Woche hindurch in jeder der 12 Tagesstunden ein Journal zu lesen bekam.[100]

Wie erwähnt, bildeten, Romane die Hauptbestände der meisten Leihbüchereien. Dabei gab es in den einzelnen Jahrzehnten unterschiedliche Schwerpunkte des Leserinteresses und der Produktion [→ Plaul/Schmid: Populäre Lesestoffe, 332 ff.]. Zahlreiche dieser Werke wurden speziell für die Erwartungen des Leihbibliothekspublikums geschrieben, und ein Großteil der Auflage wurde an Leihbüchereien verkauft. Diese Art von Literatur erschien häufig in Reihen und nicht selten in kleine Einzelbände zerlegt, um viele Ausleihen zu erreichen und die Leser zu immer wieder neuem Frequentieren des Geschäfts zu veranlassen: »Gewöhnlich ist der Schluß der ersten Theile eingerichtet wie die Schlußscenen der ersten Acte in einem Drama. Der Zuschauer muß in peinlicher Spannung auf den nächsten Act lauern.«[101]

Zum Publikum der Leihbüchereien stehen sich unterschiedliche Aussagen gegenüber. Während der Buchhändler Eduard Berger, der selbst eine Leihbibliothek betrieb, »Kleinhandwerker, Gesellen, Arbeiter, Dienstboten« als Buchausleiher nennt, die »gern 6 Pfennig pro Band« bezahlten,[102] läßt sich den Leihbibliotheksbeschreibungen der Zeit und den erhaltenen Daten entnehmen, daß überwiegend die Mittel- und Oberschichten die Leihbüchereien als Lektürevermittlung benutzten.[103] Schon allein die Gebühren vieler Firmen machen es recht unwahrscheinlich, daß Gesellen oder Dienstboten regelmäßig für sich selbst Bücher entliehen; im ländlichen Bereich dagegen wurden von den Behörden kaum Konzessionen erteilt.[104]

Als Sonderform der Literaturvermittlung durch Ausleihe sei noch auf die Kaffeehäuser hingewiesen. Sie führten für ihre Gäste meist ein breites Spektrum an Zeitungen und Zeitschriften und werden als literarische Vermittlungsinstanzen sowohl von den Autoren[105] als auch in den Zensurakten mehrfach genannt: »Die bei weitem größte Zahl der ultraliberalen Blätter ⟨in Berlin⟩ erhalten die Kaffeewirthe und die Konditors.«[106] Eine lebendige Schilderung der Atmosphäre dieser Konditoreien lieferte 1846 der Berliner Schriftsteller Friedrich Saß in seinem Reportageband ›Berlin in seiner neuesten Zeit und Entwicklung‹. Darin kommt er zu dem Ergebnis:

> Jedes Ereigniß, sei es von lokaler oder allgemeiner Bedeutung, erschüttert den Resonanz-Boden der Berliner Conditoreien. Sie sind freilich nur ein traurigerer Notbehelf für eine großartigere, tiefer ausgehende Öffentlichkeit, für die Befreiung von der bureaukratischen Bevormundung und der egoistischen Absonderung des Klassenwesens; aber so lange kein energischer, gewaltiger Umschwung unsere ganze Gesellschaft und namentlich das versauernde Berlinerthum durchschüttelt, solange wird eben dieses in dem ausgebildeten Systeme seiner Conditoreien seine volle Befriedigung finden und sich in ihnen auf der höchsten Höhe der Zeitbildung wähnen.[107]

5. Lesegesellschaften und Volksbildungsvereine

Ähnlich wie die Leihbibliotheken gehen auch die Lesegesellschaften auf das 18. Jahrhundert zurück [→ Bd. 3, 122 ff.]; sie bilden das nichtkommerzielle Gegenstück zu den »Lesekabinetten«. Es lassen sich dabei zwei Arten von Lesegesellschaften unterscheiden, nämlich die »Lesezirkel«, eine Form, die vor allem der Zeitschriftenbeschaffung diente, und die eigentlichen Lesegesellschaften mit eigenen Räumen.

Die Mitglieder eines Lesezirkels abonnierten gemeinsam Zeitschriften und/oder Zeitungen, die in einem festgelegten Zeitraum bei den Mitgliedern zirkulierten. Eine rechtzeitige Weitergabe versuchte man durch Geldstrafen zu erreichen; genau geregelt war meist die Verwendung der Bücher oder Zeitschriften, nachdem alle sie gelesen hatten. Die Kosten für die Abonnements wurden auf alle Teilnehmer umgelegt.

Bedeutsamer als diese Form waren die eigentlichen Lesegesellschaften. Sie verfügten meist schon im 18. Jahrhundert über eigene

Häuser mit Bibliotheks- und Konversationszimmern und bestanden in der Regel aus Adeligen und Angehörigen des gehobenen Bürgertums. Aus diesen Einrichtungen entwickelte sich dann in den beiden ersten Jahrzehnten des 19. Jahrhunderts, nachdem die bereits bestehenden Lesegesellschaften in den Verdacht des »Jakobinismus« geraten waren und von den Regierungen stark behindert oder verboten wurden,[108] ein neuer Typus der Lese- oder Bildungsgesellschaft, den das Rotteck-Welckersche Staatslexikon so beschreibt:

> Eine dritte Art von Lesevereinen ⟨...⟩ besteht in den im engeren Sinne sogenannten Lese- oder auch Museums- oder Harmonie-Gesellschaften. Bei diesen werden in einem gesellschaftlichen Locale für die Benutzung der Gesellschaftsmitglieder von ihnen auserwählte Schriften, gewöhnlich politische und andere Zeitschriften und Erscheinungen der neuesten Literatur, wohl auch die nöthigen Reallexica zum Nachschlagen, zuerst im Gesellschaftslocale aufgelegt und dann auch als eine gemeinschaftliche Leihbibliothek von der Gesellschaft benutzt. Zugleich verbinden sich in der Regel mit diesem ernsteren Zwecke die Zwecke geselliger Unterhaltung, des Gesprächs, des Spiels, der Restauration, der Musik, des Tanzes usw. Diese Vereine haben sich in Deutschland vorzüglich seit den Befreiungskriegen außerordentlich vermehrt und sind in den meisten ⟨deutschen⟩ Ländern selbst in den kleinsten Städten, ja zuweilen sogar in Dörfern zu finden.[109]

Die hier beschriebenen Gesellschaften sind teilweise Neugründungen, gehen aber auch auf Umbenennungen und Umgestaltungen älterer Lesegesellschaften zurück. Eine Ursache für die Umwandlung sind die bereits erwähnten behördlichen Repressionen; ein anderer Grund liegt in dem während der napoleonischen Herrschaft und in den Befreiungskriegen neuerwachten politischen Selbstbewußtsein des deutschen Bürgertums. Eine Begleiterscheinung dieses neuen bürgerlichen Wertgefühls war auch ein verstärktes Bedürfnis nach Repräsentation, das der überwiegend intellektuelle Gestus der Lesegesellschaften nicht mehr erfüllte. Mit dem weitgehenden Scheitern der politischen Ziele der deutschen Bourgeoisie nach 1815 und der Unterdrückung staatsbürgerlichen »Raisonnierens« traten die ursprünglichen Bildungsziele der Aufklärung aus dem 18. Jahrhundert in den Hintergrund, und die Lesevereine wandelten sich zu »geselligen Vereinen«. Diese verfügten zwar nach wie vor über – z. T. beträchtliche – Bibliotheken, boten ihren Mitgliedern beispielsweise auch Vorträge, Konzerte, Dichterfeiern oder Ausstellungen, aber im Vordergrund standen die bereits genannten Formen der Geselligkeit. Dafür hatten die finanziell bessergestellten Gesellschaften eigene Häuser mit Tanzsälen, Kartenspiel- und Billardzimmern. Waren die Lesegesellschaften des 18. Jahrhunderts, zumindest von der Idee her, bestimmt von der Gleichheit aller Mitglieder ohne Rücksicht auf ihren gesellschaftlichen Rang, so differenzierten sich nun die geselligen Vereine sehr stark nach gesellschaftlichen Schichten. Die »Museums-Gesellschaften« (ihre Gründung erfolgte in der Regel zwischen 1800 und 1815) bestanden vor allem aus Akademikern und bewahrten auch am stärksten die Idee der wissenschaftlich-künstlerischen Fortbildung, zumal sie häufig aus älteren Lesegesellschaften oder auch aus buchhändlerischen »Lesecabinetten« hervorgingen. Dagegen gab die zweite Welle der Vereinsgründungen (ab 1815), die »Harmonie-Gesellschaften« und »Casinos«, zwar in den Statuten meist noch die »Erweiterung gemeinnütziger Kenntnisse ⟨...⟩ durch Lectüre und freundschaftliche Unterhaltung« als Zielsetzung an, legte den Schwerpunkt in der Praxis aber viel mehr auf »Erholung und Zeitvertreib durch gesellschaftliche Spiele« bzw. den »Genuß geselliger Unterhaltung«.[110] Wenn auch die Grenzen fließend sind, so kann doch gesagt werden, daß diese Vereine eher das nichtakademische Besitzbürgertum als Mitglieder hatten: Kaufleute, Fabrikanten, Militärs usw. Obwohl die Angaben über die Bibliotheken dieser Gesellschaften und über die Beteiligung ihrer Mitglieder am literarischen Leben nur fragmentarisch überliefert sind und noch kaum genauere Forschungen vorliegen, lassen sich für die Zeit bis 1850 doch Zahlen zwischen 5000 und 15 000 Bänden feststellen.[111] Nach dem Vorbild dieser Vereine, die schon durch ihre hohen Beiträge nur für Honoratioren in Frage kamen (»also alle diejenigen, welche ohne Handarbeit selbständig leben können, durch geistige Anstrengung oder auch ohne solche«[112]), bildeten sich vor allem in den dreißiger und vierziger Jahren Bürgervereine, Gewerbevereine und Handwerkerbildungsvereine. Sie stellten wieder – ähnlich den Lesegesellschaften des 18. Jahrhunderts – die Fortbildung, jetzt aber vor allem auf die »Realien« bezogen, in den Vordergrund ihrer Tätigkeit und bemühten sich um Zeitschriftenabonnements sowie um den Aufbau einer Bibliothek. Dabei gehen die Bürger- und Gewerbevereine teilweise auf staatliche Anregungen zurück oder werden staatlich gefördert, während die Handwerker- und Arbeiterbildungsvereine von seiten der Staatsbehörden weit eher mit Repressionen und Verfolgung rechnen mußten. Das Bürgertum und die staatlichen Organe erkannten den Zusammenhang dieser Bildungsvereine mit den Emanzipationsbestrebungen der Handwerksgesellen und Arbeiter, ihrem Bemühen, sich zu organisieren und ihre Interessen durchzusetzen.[113] Bezeichnend etwa Eduard Schenk in seinem bereits kurz zitierten Artikel in der ›Deutschen Vierteljahrs-Schrift‹ 1839, der »gemeine Haufe, das Volk im engern Sinne, der Pöbel« sei

das blinde Werkzeug der seine Sinne reizenden, die Sitten verderbenden wandernden Künstler niederer Art, der Fanatiker und Schwärmer in religiösen Angelegenheiten, und der Volksanführer und Volksverführer in politischen Dingen, besonders in unruhigen Zeiten.[114]

Während die Arbeiterbildungsvereine in Deutschland von den Behörden überwacht und in ihren Möglichkeiten sehr eingeschränkt wurden, konnten sie sich in der Emigration, vor allem in Frankreich und in der Schweiz, intensiv entfalten und eigene Produktions- und Distributionswege entwickeln. Sie verfügten über Verlage, deren Produkte nach Deutschland eingeschmuggelt oder unter den zahlreichen deutschen Handwerksgesellen im europäischen Ausland verbreitet wurden.

Der bedeutendste dieser Vereine in Deutschland war der Berliner Handwerkerverein. 1844 gegründet, umfaßte er 1845 »außer einigen Honoratioren, Künstlern und Schriftstellern 96 Meister und 1984 Gesellen«[115]; in anderen Städten hatten die Vereine durchschnittlich einige hundert bis etwa tausend Mitglieder. 1848 wurden aus vielen von ihnen revolutionäre »Volksvereine«, was meist einen starken Mitgliederzustrom zur Folge hatte (z. B. in Köln: 1848 gegründet, Mai 1848: 5000, September 1848: 8000 Mitglieder).[116]

Den Übergang von privaten Initiativen zu staatlichen Maßnahmen, um Lektüre und Bildungsmöglichkeiten bereitzustellen, markieren die »Volksschriftenvereine« und die »Volksbibliotheksbewegung« der vierziger Jahre.[117] Die Idee der Volksschriftenvereine, »Verbreitung nützlicher Volks- und Jugendschriften«, läßt sich auf aufklärerische Zielsetzungen des 18. Jahrhunderts zurückführen, wie sie Rudolf Zacharias Beckers ›Noth- und Hülfsbüchlein‹ (1788) brennpunktartig zusammenfaßt.[118] [→ Böning: Volkserzählungen, 282 ff.]. Becker regte bereits, ebenso wie andere Volksaufklärer seiner Zeit, den Gedanken kommunaler Büchereien in den Dörfern an. Ende der dreißiger Jahre legte dann der sächsische Amtmann Karl Preusker (1786–1871) Pläne für ein lückenloses öffentliches Büchereisystem vor.[119] Den Mittelpunkt seiner Überlegungen bildeten »Stadt-Bibliotheken«, die kostenlos allen Kreisen der städtischen Bevölkerung offenstehen und von den Gemeindekassen finanziert werden sollten. Die Gründung solcher Büchereien anzuregen und zu fördern, war neben der »Verbreitung guter Schriften« ein Ziel der – weitgehend nach Preuskers Gedanken – in den vierziger Jahren an vielen Orten entstehenden »Volksschriftenvereine« [→ Böning: Volkserzählungen, 298 ff.]. Daß die Wirksamkeit dieser Vereine begrenzt blieb, lag vor allem an der fehlenden staatlichen Unterstützung – trotz weitgehend staatstreuer Gesinnung der Organisatoren – und den mangelnden finanziellen Mitteln sowohl der Vereinsmitglieder selbst als auch der vorgesehenen Käufer- bzw. Benutzerschicht. Dennoch erreichten die Vereinsschriften teilweise Auflagen, die manche Verlagsproduktion der Zeit weit in den Schatten stellen.

In die Vormärzzeit fällt auch die Gründung der konfessionellen Büchereien. Ab den dreißiger Jahren bildeten sich, nicht zuletzt, um die Einflüsse der gewerblichen Leihbüchereien abzuwehren, evangelisch-»Christliche Leihbibliotheken«, während sich im katholischen Bereich der 1844 gegründete »Borromäus-Verein« die »Verbreitung guter Schriften« und die Gründung von Pfarrbüchereien zum Ziel setzte.[120]

Die Haltung der staatlichen Bürokratie in den meisten deutschen Ländern zu diesen Bemühungen um Bildung spiegelt treffend eine Notiz über die Schulbüchereien von 1846:

Dem Vereine, der ⟨...⟩ zur Errichtung von Volks- und Jugendbibliotheken an den Berliner Armenschulen zusammengetreten war, ist von Seiten des königlichen Provincial-Schulcollegiums ein Schreiben ⟨...⟩ zugegangen, welches die Resultate der Vereinsbemühungen vorläufig noch sehr in Frage stellt. Man hält es, sagt dieses Schreiben unter Anderem, im Allgemeinen nicht für rathsam, daß die Jugend in dem schulpflichtigen Alter außer dem, was der Schulunterricht mit sich bringe, noch Viel und Vielerlei lese, und noch weniger scheine es rathsam, daß die Schule dazu Gelegenheit und Anreiz gebe.[121]

III. Lesefähigkeit und Rezeptionsverhalten

Obwohl die Zahl der Lesenden im 18. Jahrhundert so zugenommen hatte, daß Warnungen vor der »Lesesucht« oder »Romanenseuche« in der Argumentation konservativer »Volkserzieher« bereits um 1800 regelmäßig wiederkehren,[122] konnte doch in weiten Teilen Deutschlands bis zur Jahrhundertmitte von einer allgemeinen Lesefähigkeit keine Rede sein. Da die Statistiken erst ab 1850 ein verläßliches Bild liefern, sind Angaben für die Vormärzzeit nur näherungsweise möglich.

Zunächst ist darauf hinzuweisen, daß der Terminus »Lesefähigkeit« sehr unterschiedliche Stufen der Schriftbeherrschung abdeckt: vom intensiven, immer wiederholten Lesen großgedruckter Bücher (v. a. der Bibel und von Erbauuungsliteratur) über die Fähigkeit, jeweils neue Texte, auch handgeschriebene, zu entziffern, bis zum mühelosen Gebrauch von Schrift und Lektüre spannt sich ein sehr weiter Bogen.[123] Geringes Lesevermögen wurde häufig dadurch kompensiert, daß die immer wieder gelesenen Gebete oder Kalendergeschichten im Grunde auswendig wiederholt wurden und der Drucktext nur die Aufgabe einer Gedächtnisstütze hatte. So berichtet Gottfried Keller in der Novelle ›Die drei gerechten Kammacher‹ (1856) über die Jungfer Züs Bünzlin: »Alles, was in diesen Büchern stand, hatte sie auch im Kopfe und wußte auf das schönste darüber und über noch viel mehr zu sprechen.«[124] Das Zitat weist mit Nachdruck darauf hin, daß man die Rolle der mündlichen Weitergabe von Literatur im weitesten Sinn für die ersten

Jahrzehnte des 19. Jahrhunderts (und wahrscheinlich noch weit darüber hinaus) schwerlich überschätzen kann, obwohl hierzu fast keine Forschungen vorliegen.[125]

Die einzig zuverlässigen Daten über den Alphabetisierungsgrad im frühen 19. Jahrhundert betreffen die Fähigkeit, bei Rekrutierungen oder bei der Eheschließung den eigenen Namen zu schreiben. Dadurch wird nur ein nicht repräsentativer Teil der Bevölkerung erfaßt. Überdies wurden bis ins 19. Jahrhundert Lesen und Schreiben getrennt (in der Regel nacheinander) gelernt, so daß jemand, der nicht schreiben konnte, unter Umständen durchaus des Lesens mächtig war.[126] Dennoch lassen sich aus den vorhandenen Zahlen Tendenzen ablesen; so zeigen sich große Unterschiede beispielsweise zwischen den östlichen (30–40% Analphabeten) und den westlichen Landesteilen Preußens (unter 10%) ebenso wie eine relativ hohe Gesamtquote von Leuten, die nicht einmal ihren Namen schreiben konnten.[127]

Auch die – häufig von den Behörden geschönten – Angaben über den Schulbesuch stützen die Annahme einer sehr begrenzten Lesefähigkeit. In den ländlichen Gegenden besuchten die Kinder meist nur im Winter die Schule, da sie im Sommer zum Viehhüten oder zur Feldarbeit benötigt wurden, während die Kinder in den Städten in großer Zahl berufstätig sein mußten, um das Familieneinkommen zu sichern. Da die Kinderarbeit in den dreißiger Jahren – bei teilweise grausamen Arbeitsbedingungen – immer mehr zunahm, ordnete (auf Wunsch der Militärs, die den Gesundheitszustand der Rekruten beanstandeten!) ein preußisches Regulativ 1839 als Minimalforderung an, »daß Kinder nicht vor dreijährigem Schulbesuch und frühestens im 9. Lebensjahr in Fabriken beschäftigt werden dürften.«[128] Weitere Gründe für einen geringen Erfolg der schulischen Bildung lagen im ungünstigen Zahlenverhältnis Lehrer-Schüler (in der Regel 80–100 Schüler pro Lehrer), in der unzureichenden Ausbildung und Besoldung der Lehrer (»weil die meisten Lehrer ⟨...⟩ bei ihrer geringen Besoldung nicht immer im Stande sind, sich die nöthigen Lehrmittel anzuschaffen«[129]) und in den Kosten für den Schulbesuch, die selbst für die Armenschulen von vielen Eltern nur mit Mühe oder gar nicht aufzubringen waren.

Außer der unzureichenden Schulbildung hemmten auch materielle Faktoren, in erster Linie die Preise, für viele Menschen den Zugang zur Lektüre. Nicht nur für Arbeiter und Handwerker, sondern bis weit in das Bürgertum hinein war der Kauf von Büchern und Zeitschriften trotz der »Groschen-Bibliotheken« und »Pfennig-Magazine« kaum erschwinglich, so daß die Ausleihe den einzigen finanziell tragbaren Zugang zur Literatur bildete.[130] Daneben stellten auch die Ausgaben für Licht und Heizung in vielen Fällen ein Lektüre-Hindernis dar. Gerade die Gelegenheiten, die etwa auf dem Land das Lesen noch am ehesten ermöglichten, die Sonntage und Abende im Winter, waren in dieser Hinsicht besonders kostenintensiv,[131] während im Bereich der städtischen Unter- und Mittelschichten durch die rapide Ausdehnung der Arbeitszeit immer weniger freie Zeit verfügbar war.[132]

So ist es nicht verwunderlich, daß gesellige Vermittlungsformen wie Vorlesen, Deklamationen oder auch (Chor-)Gesang für die Literatur-Rezeption oft eine weit größere Rolle spielten als die Lektüre.[133] Neben der Ausleihe, dem Abschreiben und dem Auswendiglernen war dies eine weitere Möglichkeit, bei geringen Beschaffungskosten Zugang zur Literatur zu bekommen. Deshalb ist angesichts der niedrigen Auflagen für die Vormärzzeit mit Nachdruck darauf hinzuweisen, daß ein Buch oder ein Zeitschriftenartikel in der Regel weit mehr Rezipienten erreichte, als die Zahl der Käufer oder Abonnenten vermuten läßt. Ein besonders deutliches Beispiel dafür liefert der Schriftsteller Adolph Müllner, wenn er in einem Brief vom 21. April 1822 schreibt, »zwar existiere das Morgenblatt ⟨des Cotta-Verlags⟩ zu Weißenfels außer seinem eigenen Exemplar nur noch einmal, zirkuliere aber in 56 Häusern.«[134]

Sigrid Weigel
Literarische Gegenöffentlichkeit in der März-Revolution

⟨...⟩ wählt den besten, gebildetsten und vorurtheilsfreiesten Mann unter Euch aus, schickt ihn nach Berlin und laßt ihn alle Volks-Versammlungen, Klubs und Vereine besuchen, das Volk auf der Straße und die Straßen-Literatur prüfen und Euch Bericht erstatten. (aus einem Flugblatt, Berlin 1848)

Die Rede vom »Vormärz« läßt vermuten, der März 1848 sei endlich erreichter Höhepunkt und Erfüllung der vorausgegangenen demokratischen Bestrebungen – der Opposition, Agitation und Organisierungsanfänge in Deutschland und im Exil, der Bemühungen vieler oppositioneller Literaten um Volksnähe, um politische Bildung der ausgepreßten und unterdrückten Volksmassen auf dem Lande und in den Städten –, sei die schließlich vollbrachte Tat im Gefolge ihrer so vehement propagierten Philosophie.

Die Orte und Medien der Revolutionsöffentlichkeit erhalten in der Tat ihre Lebhaftigkeit und ihre Farbe durch das Auftauchen zahlreicher Akteure aus dem Volke, die ihre Sache jetzt selbst in die Hand nehmen, anstatt sie weiterhin von sogenannten Volksmännern vertreten zu lassen. Auf den Straßenversammlungen, an der »Politischen Ecke«, am Rednerpult, in den Zeitungsbüros, in Kneipen, Klubs und Vereinen, sowie in Flug- und Zeitschriften, Karikaturen, auf den Brettern der zahlreichen neu eröffneten Sommertheater und im Puppenspiel erscheint ein bisher unbekanntes Personal, für das Volksnähe nicht Programmpunkt einer politischen Ästhetik, sondern Bestandteil ihrer alltäglichen Erfahrungsbildung und -organisierung ist.

I. Der Konditor Karbe als Volksredner

»Ganz Berlin muß nach Wien, jegen die Croaten ziehn! Dann ist Windischjrätz verloren! Karbe hat es uns jeschworen.« So die Überschrift eines Flugblattes anläßlich der Belagerung des aufständischen Wiens durch Truppen des Windischgrätz. Darunter sieht man einen vollbärtigen, gestikulierenden Redner, unter ihm die Menge, die von einigen Fahnen überragt wird mit den Aufschriften »Maschinen-Bau-Verein«, »Club der politischen Ecke« und »Souveräner Lindenklub«. Unter der Karikatur folgt die Erläuterung: »Eene Rede, jered't von Herr Karben, am 31. Oktober, uf de Kummödientreppe, un wortjetrei abjekuppirt von Ullo Bohmhammel, Vize-Jefreiter bei de Börjerwehr.«[1] Hinter diesem Pseudonym verbirgt sich der frühere Porzellanmaler A. Hopf, einer der populärsten und erfolgreichsten Tagesschriftsteller dieser Zeit.

In dem Text des Flugblatts erntet Karbe nicht nur Zustimmung. Wohl rufen einige »Bravo« und »Karbe muß Minister wer'n«, andere jedoch »Schluß! Olle Zeltenfrasen«[2]. Damit kritisiert der Autor die Unbestimmtheit der politischen Zielsetzung und die Phraseologie des Redners. Die mit Rufen nach Freiheit, Brüderlichkeit und Waffen durchsetzte Rede ist nicht untypisch für den hier ironisch gewürdigten Adolf Karbe, der tatsächlich einer der Hauptakteure der politischen Opposition 1848 in Berlin war, einer, der sich zur ironischen Kommentierung geradezu anbot. Von Mitkämpfern und Chronisten wird er als aufrechter, angesehener Volksredner geschildert, der bei der Bevölkerung mächtigen Beifall erntete, wenn er »den Herrn Christus mit der Jacobinermütze erscheinen ließ« und »den lieben Gott zum Barrikadenkämpfer machte«[3]. Von der politischen Polizei wurde er dagegen weniger gerne gesehen. Bei ihr wird er als »ein in politischen Verbrechen ergrauter Volksmann und exaltierter politischer Schwärmer« geführt.[4] An den Kulminationspunkten der organisierten Straßenöffentlichkeit und den Konfliktstellen der Revolutionsereignisse ist er immer zu finden, ebenso im geselligen Versammlungsort der Prominenz der radikalen Opposition, in der Weinstube Hippel[5]; sein Name taucht in vielen Flug- und Zeitschriften auf; auch hat er selber einige Blätter verfaßt. Er redet häufiger in den Volksversammlungen »In den Zelten« und ist zeitweilig, als diese Versammlungen sich mit dem »Volksverein« eine organisierte Form geben, deren Präsident, darüber hinaus Mitglied des »Demokratischen Klubs« und des »Social-Vereins« und vor allem Initiator und Redner der »Politischen Ecke«, eines Versammlungsorts an der Charlottenburger Straße, der zu einem der Treffpunkte der unteren Klassen, zum Ort der politischen Bildung und Vereinigung des Subproletariats wurde. Dieser Straßenklub und der »Lindenklub« des Kleinkaufmanns Müller organisierten die untersten und notleidenden Schichten des Berliner Volkes – nicht ohne Wirkung auf den Verlauf der Revolution. Im Bewußtsein ihrer Bedeutung bildeten sie bei Demonstrationen einen eigenen Block. Sie führten einen permanenten Kampf um die Versammlungsfreiheit. Auf das spätere Verbot des »Lindenklubs« und seine gewaltsame Auflösung durch Bürgerwehr und Konstabler[6] reagierte Müller mit differenzierten literarischen Strategien in Flugblattform: mit einem »Offenen Sendschreiben«[7], in dem schärfstens protestiert wird gegen einen Zustand, in dem Gewalt herrscht anstatt Gesetz, und mit einer Flugblatt-Szene »Die letzte Stehung des Linden-Klubs«[8], in der die Auflösung nachgespielt wird und den Mitgliedern in der listigen Aufforderung, zwischenzeitlich bummelnd zu politisieren, subversive Widerstandsformen anempfohlen werden. Das im Berliner Dialekt verfaßte Flugblatt ist von beiden Straßenklubs unterschrieben.

Die wiederholten Inhaftierungen der revolutionären Volksredner haben deren Beliebtheit bei der Bevölkerung eher noch erhöht. Die Veröffentlichungen der Revolutionsmonate sind voll von Empörung und Protesten gegen Verhaftungen und Anklagen, die sich überwiegend aus der alten, durch die Revolution suspendierten Gesetzgebung legitimierten. Karbe und Lindenmüller wurden von der Polizei aufgrund der Anklage des Hochverrats festgenommen. Durch den Druck der Straße dauerte die Untersuchungshaft nicht lange, und sofort nach der Entlassung war Karbe schon wieder als Redner und Unterhändler für die Freilassung anderer aktiv.

Die Distributionsformen der Revolutionsliteratur entsprechen dieser lebendigen Straßenöffentlichkeit. »Fliegende Buchhändler« übernahmen einen Hauptteil des Vertriebes. Ihre Motive waren politischer Natur, so daß sie sich auch tatkräftig einmischten oder untereinander den Kampf der verschiedenen Lager ausfochten. Sie hatten aber gleichzeitig handfeste ökonomische Interessen. Für viele Arbeitslose und Jugendliche war das plötzlich aufblühende Geschäft mit den Fliegenden Blättern eine zwar dürftige, aber willkommene Erwerbsmöglichkeit. Sie ließen sich auf einen schweren Konkurrenzkampf gegen die etablierten Buchhandlungen ein, die bessere Konditionen bei Druckereien und Verlagen erhielten, aber auch gegen die kostenlos verteilte Straßenliteratur: Maueranschläge und Handzettel. Um ihre potentiellen Käufer neugierig zu machen und um einen unentgeltlichen Genuß ihrer »wohlfeilen Ware« zu verhindern, knickten sie ihre Blätter zur Hälfte um. Wegen der Aktualität mußten sie sich bemühen, nicht auf ihren Blättern sitzen zu bleiben, d. h. sie mußten genaue Kenner der Ereignisse sein und zum richtigen Zeitpunkt am Ort der Handlung mit den passenden Druckschriften aufwarten können. Und sie brauchten ein gutes Gespür für die Informations- und Unterhaltungswünsche ihrer Käufer, wobei sie sich allerdings auf ihre eigenen Erfahrungen und Lektürebedürfnisse weitgehend verlassen konnten.

In nicht-revolutionärer Öffentlichkeit sind die Kolporteure zumeist Reisende; entweder bieten sie auf dem Jahrmarkt ihre Volksliteratur, ihre Neuigkeiten und Fabeln an, die gerade nicht der Erfahrungswelt ihrer Käufer entstammen, oder aber sie bringen politische Literatur zu Agitationszwecken auf konspirativen Wegen unters Volk. Dagegen sind die »Fliegenden Buchhändler« der Revolutionsöffentlichkeit nur unter anderem Verkäufer und teilen ansonsten die konkreten Erlebnisse und Interessen mit ihren Käufern.[9]

II. Der volkstümliche Charakter der Revolutionsöffentlichkeit

Eine Untersuchung der Massenliteratur der Revolutionsmonate[10] läßt die These zu, daß hier im Ansatz eine volkstümliche literarische Gegenöffentlichkeit existiert, die auf der schlagartigen Intensivierung der praktischen und kommunikativen Fähigkeiten bislang zurückhaltender Bevölkerungsschichten beruht. Der tendenziell nicht-bürgerliche Charakter dieser Revolutionsöffentlichkeit ist nicht allein durch die Klassenlage ihrer Subjekte bestimmt, sondern auch durch neue Organisationsformen und Inhalte. Die meist vergeblichen Bemühungen in den vorausgegangenen Jahren und Jahrzehnten, den »historischen Subjekten« der Revolution eine fortgeschrittene Gesellschaftsanalyse zu vermitteln, werden abgelöst durch den sprunghaften Anstieg einer Produktion von aktueller, parteilicher und unterhaltender Literatur und der Nachfrage nach ihr. Die Trennung zwischen Intellektuellen und Volk, zwischen Literaturproduzenten und -rezipienten schwindet: die Entfesselung der Literatur 1848 bedeutet eine momentane Befreiung aus den Fesseln gesellschaftlicher Arbeitsteilung und obrigkeitsstaatlicher Zensurmaßnahmen.

Häufig wird die Aufhebung der Vorzensur einseitig als Ursache für die Entfaltung und den Anstieg der Literaturproduktion angeführt. Wichtiger scheint mir jedoch ein gesteigertes Lektürebedürfnis zu sein, das durch Handlungserfahrungen auf der Straße politisch motiviert ist und durch die Entwicklung vorher fragmentarisch existierender Organisationsformen des öffentlichen Lebens gefördert wird. Dieses expandierende Lesebedürfnis führt bei nicht wenigen Akteuren aus dem Volk zu dem Wunsch und teilweise auch zum Versuch, selbst die eigenen Vorstellungen und Wünsche zu artikulieren.

So hat beispielsweise in Berlin schon vor dem königlichen Dekret über die Pressefreiheit am Tag der Barrikadenkämpfe, dem 18. März, die Zensur ihre Wirksamkeit zum Teil eingebüßt, da sich in Versammlungen Ansätze einer organisierten Basisöffentlichkeit entwickelt hatten. In ihr spielen im Laufe der Zeit immer mehr Handwerker, Arbeiter und Subproletarier eine Rolle.

Die Literatur dieser Revolution besteht aus Gattungen, die eine operative Funktion übernehmen können, Aktualitäts- und Parteilichkeitsbedürfnissen entgegenkommen und an deren Produktion und Distribution nicht-professionelle Hersteller ohne größere Schwierigkeiten beteiligt werden können. Wichtig ist auch, daß man sie ohne größere Bildungsvoraussetzungen und auch mit Spaß und Lust rezipieren kann. Zu diesen Gattungen gehören Flugschriften unter Verwendung der vielfältigsten literarischen Mittel, Zeitschriften, die zum Teil oder auch überwiegend Karikaturen enthalten, Lieder und Reden, die in der Straßenöffentlichkeit und in Klubs vorgetragen werden, sowie zahlreiche Arten des Volkstheaters: Komödie, politische Revue, Puppenspiel, Theatrum mundi.[11]

Politisierung und Aktualisierung volkstümlicher Genres einerseits, Konkretisierung und Popularisierung publizistischer und literarischer Gesellschaftskritik andererseits: Damit ist die Literatur der 48er Revolution im Unterschied zur Vormärzliteratur gekennzeichnet. Dieser Unterschied drückt sich auch darin aus, daß am literarischen Leben jetzt Personen beteiligt sind, die traditionell den Ausgrenzungsmechanismen der bürgerlichen Öffentlichkeit unterliegen, da sie die Eintrittskarten Bildung und Besitz[12] nicht mitbringen. Für die sprunghaft entstehende Gegenöffentlichkeit ist charakteristisch, daß sie nicht auf die Kontinuität einer breiten organisierten Opposition zurückblicken kann. Arbeiter- und Handwerkervereine, kommunistische und frühsozialistische Gruppen bilden nur den Anfang einer oppositionellen Tradition; sie gewinnen zwar während der Revolution viele Anhänger, können jedoch ihre Analysen und Theorien nicht so kurzfristig verbreiten. Unklare politische Begriffe, Allgemeinheit und Abstraktheit der Forderungen und eine diffuse politische Perspektive sind Kennzeichen einer erst rudimentär entwickelten politischen Bewegung und einer Gegenöffentlichkeit, die sich nicht aus den Erfahrungen und Interessen einer Klasse konstituiert, sondern als Lager organisiert ist.

Lagerbewußtsein aber drückt sich aus in einer subjektiven, parteilichen Haltung[13], gewonnen aus den unmittelbaren konkreten Erlebnissen und Gestalt annehmend in der Fraktionierung auf der Straße und in den Medien. In Berlin steht 1848 dem Lager der »Reaktion« das der »Demokraten« gegenüber, in dem die verschiedenartigsten politischen und sozialen Gruppen zusammentreffen, Konstitutionelle und Liberale, Republikaner und Kommunisten, Handwerker und Intellektuelle, Arbeiter und Großbürger. Objektive Basis des demokratischen Lagerbewußtseins sind die widersprüchlichen Klasseninteressen, die gegen den Spätabsolutismus organisiert werden, d. h. gegen politische Bevormundung, Armut und Ausbeutung, polizeistaatliche Willkür und feudalistische Privilegien. Wegen der Ungleichzeitigkeit der Kapital- und Industrieentwicklung in Deutschland bestehen hier regionale Unterschiede. So spielen im Rheinland, etwa in Köln, die Theorien und Forderungen der Arbeiterorganisationen, aber auch die Interessen des Finanzkapitals eine größere Rolle als in Berlin, das durch ein großes Subproletariat und das ländliche Umland geprägt ist. Die Diskrepanz zwischen vorhandenem revolutionärem Willen und fehlender einheitlicher Perspektive wirkt sich für die Literatur aber durchaus produktiv aus. Dort, wo Begriffe fehlen, äußert man sich anschaulicher und phantasievoller in Bildern oder in verständlichen Beispielen. Dort, wo Ratlosigkeit oder Uneinheitlichkeit über eine adäquate politische Praxis besteht, äußert sich die revolutionäre Ungeduld um so vehementer in literarischen Formen. Die literarische Ästhetik der 48er Revolution hat Doppelcharakter: Sie zeigt die Schwäche der wirklichen Bewegung, aber auch die Entschlossenheit, die Revolution trotz dieser Schwäche fortzuführen, dem Oppositionswillen eine Form des Überlebens zu geben. Volkstümliche Ironie, Verbalradikalismus, Selbstversicherung der eigenen Stärke und ein Gestus der Drohung gegenüber den Herrschaftsinstitutionen kennzeichnen darum die Literatur dieser Revolution. Sie ist Kompensation und Utopie zugleich, ist Ersatz für tatsächlich fehlende Radikalität, Einheitlichkeit und Konsequenz, aber auch Maßstab der Kritik an den wirklichen Handlungen und Beispiel für eine mögliche Praxis.

Bei der Lektüre der 48er Literatur läßt sich ohne historische Informationen nicht eben leicht feststellen, ob die Protagonisten der Flug- bzw. Zeitschriften und Volksstücke literarische Figuren sind oder ob es sich um tatsächlich lebende und agierende Subjekte handelt. Die politische Handlung auf der Straße, im Parlament, in den Klubs wird auf literarischer Ebene nachgespielt, variiert, fortgeführt, so daß politische und erdachte Szenerie in ein aktives Verhältnis zueinander treten. Die aus heutiger Perspektive schwierige Unterscheidung von Fiktionalität und Nachahmung liegt an dem direkten Realitäts- und Aktualisierungsbezug der Texte, die eingreifend das reale Geschehen gestalten. Nach der von Tretjakov eingeführten Bestimmung: »Operative Beziehungen nenne ich die Teilnahme am Leben des Stoffes selbst«[14] sind große Teile der Produktionen während dieser Revolution als operative Literatur zu bezeichnen [→ Stein: Operative Literatur, 485 ff.].

III. Nante: Der Volksvertreter an der Straßenecke

Nachdem über 30 Jahre hindurch das Verfassungsversprechen der kleinstaatlichen Regenten unerfüllt geblieben war, wurden die Preußische Nationalversammlung und das Frankfurter Paulskirchen-Parlament von der Bevölkerung als kostbare Errungenschaften der Revolution betrachtet.

Der ständische Charakter der vormärzlichen Landtage sollte durch direkte und allgemeine Wahlen, durch uneingeschränkte Wählbarkeit und die Öffentlichkeit der Versammlungen überwunden werden. Auf die Gefahren des indirekten Wahlsystems wurde in Veröffentlichungen hingewiesen: »10 000 Wähler kann man nicht bereden und beschwätzen, aber 40 Wahlmänner kann man schon rumkriegen.«[15] Das Ergebnis der dann durchgeführten indirekten Wahlen zur preußischen Verfassungsgebenden Nationalversammlung war eine stark überproportionale Repräsentanz der Beamten (über 50 %), während die Handwerker (4,5 %) und Arbeiter (1,1 %)[16] nur dürftig vertreten waren. Und dem formalen Recht auf Öffentlichkeit der Versammlungen wirkten die räumlichen Gegebenheiten entgegen. Die Menge blieb draußen vor der Tür und war auf Berichte von Zuhörern angewiesen, die eine Eintrittskarte ergattert hatten. Schon nach sehr kurzer Zeit erfuhren die Wähler die Widersprüche eines parlamentarischen Systems: Ausgrenzungsmechanismen einer institutionalisierten Form bürgerlicher Öffentlichkeit, Interessenkonflikte zwischen Deputierten und Vertretenen, Ineffektivität parlamentarischer Diskussionsformen und vor allem fehlende Rückkopplung zwischen Vertretern und Wählern.

In der Tagesliteratur werden die Debatten der Nationalversammlung kommentiert und kritisch begleitet, werden bestimmte Abgeordnete angeprangert und verhöhnt. In einzelnen Drucken – etwa als offene Briefe oder als lyrische Ermahnung, z. B. der »Barrikadenkämpfer an die Nationalversammlung« – wendet man sich an die Deputierten. Enttäuschung über die Nutzlosigkeit solcher Bemühungen führt dazu, daß sie im Volksmund bald den Namen »Volkszertreter« erhalten, der zwar vielfach ausdrücklich auf die »Rechte« angewandt wird, zum Teil aber auch den Abgeordneten insgesamt gilt. Schlafmütze und Kopfkissen sind Utensilien, die auf

Karikaturen den Vertretern beigegeben werden. Hinweise auf deren Besoldung für überflüssiges Parlamentieren sind bald ebenso beliebt.

Was die wirklichen Volksvertreter dem Volke schuldig bleiben, dafür entschädigt in der Literatur der volksnahe Abgeordnete »Nante«. Schon vor der Revolution wurde Nante als Abgeordneter aus dem Voigtland – dem Wohnviertel der Ärmsten, insbesondere vieler Weber, im Norden Berlins – von Albert Hopf in einer Broschüre anläßlich des Vereinigten Landtages 1847[17] vorgestellt. 1848 ist er Symbolfigur für den Abgeordneten, der die Kluft zwischen Nationalversammlung und Straße überwindet, redselig die Aura des Parlaments mißachtet und an der Ecke über Gepflogenheiten und Debatten der Versammlung spricht. Sein Diskussionspartner aus dem Volk ist in vielen Texten Brenneke – Symbolfigur des politisierenden Lumpen.[18]

Als von der Mehrheit der Versammlung in der sogenannten Anerkennungsdebatte[19] die Würdigung der Barrikadenkämpfer verweigert wird, erörtert Nante dieses Ereignis in einem Dialog-Flugblatt, in dem ein konstitutionell gesinnter Bürger auftritt, dem angesichts dieser Abstimmung Zweifel kommen. In dem Blatt »Isaac Mosis Hersch und Nante. Öffentliches Gespräch zwischen einem constitutionellen Bürger und einem radikalen Abgeordneten«[20] mokieren sich beide über den Sinneswandel einiger Abgeordneter, die, bereits Mitglieder des Vereinigten Landtages von 1847, noch vor der Revolution durch rakikale Reden aufgefallen waren.

Erwartungen des Volkes an die Abgeordneten verkörpern sich in satirischen Szenarien. In dem anonymen Flugblatt »Nante legt sein Ministerportefeuille nieder und hält folgende Rede«[21] beklagt sich der literarische Volksvertreter darüber, daß die Beschlüsse der Versammlung nicht freiheitlich genug seien, und begründet damit seinen Rücktritt. In vielen Blättern vertritt er die Linke, bezeichnet sich selbst als Demokraten und führt Klage über die »Reakschionärs von de Rechte«[22]. In anderen Texten wird an ihm der Anpassungsprozeß eines Deputierten vorgeführt, der früher liberal war, jetzt aber beantragt, den Literaten Daumenschrauben anzulegen, und dessen Reden wie »ministerielle Krebsbrühe« schmecken[23]. In der Flugblatt-Erzählung sind dies nur kurzfristige Verirrungen, und Nante kehrt schließlich wieder zurück auf die Seite des Volkes, womit diese Phantasiefigur den leibhaftigen Abgeordneten zum Vorbild gestaltet ist.

IV. Barrikaden und Bürgerwehrmänner auf der Bühne

Die Bewaffnung einiger Arbeiter mit Degen, Speeren und kleinen Gewehren[24] aus den Requisiten des Königstädtischen Theaters in Berlin während der Barrikadenkämpfe war der erste Akt in der Metamorphose des Theaters durch die Revolution, der zweite die Vorführung der Revolutionssymbole auf der Bühne: eine schwarz-rot-goldene Fahne und dreifarbige Kokarden für die Schauspieler. Bald entsteht ein Volkstheater, das aktualitätsbezogen ist und den Revolutionsalltag auf der Bühne reinszeniert. Im Vormärz unterlag das Theater in Berlin noch absolutistischem Reglement: zum Beispiel Klassikerreservat für das Königliche Theater und zahlenmäßige Begrenzung der städtischen Bühnen. Jetzt gibt es in kürzester Zeit sieben neue Häuser, meist kleinere Sommerbühnen[25], die zum Teil in Lokalen installiert werden, womit das Theater einem anderen Publikum zugänglich wird. Die Themen und Personen sind dem Leben auf der Straße nachgebildet, und die Rezeption ist in gewohnte gesellige Zusammenhänge integriert. So entsteht ein auf die aktuelle politische Situation bezogenes Volkstheater, das dem Zuschauer Identifikationsmöglichkeiten bietet.

Dagegen schauten sich im vorrevolutionären Volkstheater vielfach Bürger, die im Zuschauerraum saßen, auf der Bühne Personen und Handlungen aus dem Volk so an, wie der ebenfalls bürgerliche Bühnenautor sich das Volk vorstellte. In diesem Sinne kritisierte auch Ernst Dronke in seinem von der Zensur verbotenen Berlin-Buch[26] die sogenannte Volkstümlichkeit des Königstädtischen Theaters:

> Wo eine sogenannte Volkstümlichkeit zum Vorschein kam, geschah es zur Ergötzung nach oben, nicht aber zur Belehrung nach unten. Dieses Volkstheater, die Ergötzung der Bourgeoisie an Darstellungen des trivialen Volkslebens, wurde dann auch zum Teil an der Königstädtischen Bühne realisiert.[27]

Die Aura, der geschlossene Charakter des Theaters, die Guckkastenbühne, Harmonisierungstendenzen der dramatischen Kunst durch den Zwang zur Konfliktlösung, Perfektionsanspruch und Professionalität, Selbstdarstellungsinteressen des höfischen und bürgerlichen Publikums sorgten dafür, daß das Volk ohne Besitz und Bildung draußen vor der Tür und die Theaterrealität von der Wirklichkeit abgeschottet blieb.[28]

1848 entstehen neue Bühnen, die den Verkehrsformen des Volkes entgegenkommen. Und die bereits bestehenden volkstümlichen Theaterformen – Puppenspiele, die in einfachen Tabagien gespielt werden, Transparentbilderrevuen, Maskenaufzüge, Theatra Mundi – greifen aktuelle Stoffe auf. Nicht mehr Feen, Hexen und Zauberer bevölkern das Puppentheater, sondern Bürgerwehrmänner, Volksredner, Weißbierphilister und Wühler beleben das Szenarium.

Verbreitet sind Stücke, die aus einzelnen Szenen bestehen und den aktuellen Ereignissen angepaßt werden können, aber auch gegenüber Zensureingriffen variierbar sind.

So oft ist wohl kein Stück verboten und wieder erlaubt worden wie ›Eigentum ist Diebstahl‹. Die gestrichenen, respektive verbotenen Stellen im Stück, die Kouplets wurden über Nacht ergänzt, und es ist häufig vorgekommen, daß diese ergänzten Lücken noch wirksamer waren, als die verbotenen.[29]

Nach der Abschaffung der Vorzensur und dem Patent über die Pressefreiheit, einer Errungenschaft der Barrikadenkämpfe, kamen die Eingriffe der Polizei meist zu spät, da ja ihre Spitzel die Stücke erst zum gleichen Zeitpunkt wie das Publikum »genießen« konnten.

Die Protagonisten der Stücke sind der Straßenöffentlichkeit entnommen. Man begegnet hier den gleichen Figuren wie auf Volksversammlungen oder an den Ständen der Fliegenden Buchhändler. Da ist etwa Friedrich Wilhelm Alexander Held, Autor des 1844 herausgegebenen Buches »Censuriana oder Geheimnisse der Zensur«, des Erfahrungsberichts eines zensurgeplagten Publizisten: Held ist 1848 Herausgeber der Zeitschrift »Lokomotive« und vieler Flugblätter, ist Gründer des »Social-Vereins« und ist als »Heros, der Große« im gleichnamigen Bühnenstück von Hahn zu finden. Die Anziehungskraft des Theaters bezeugt auch ein Autor wie David Kalisch, Initiator des berühmt gewordenen »Kladderadatsch«, einer satirischen Zeitschrift. Kalisch ist als Theaterdichter 1848 ebenso erfolgreich wie als Publizist. Er läßt in seinem Stück ›Berlin bei Nacht‹ seine eigene Zeitschrift von einem Buchhändler ausrufen.[30]

Erfolgreiche Flugblätter, welche sich aufgrund ihrer szenischen Gestaltungsmomente zur Dramatisierung eignen, werden auch auf die Bühnen der kleinen Volkstheater gebracht, so z. B. eine »Gardinenpredigt ‹...› von Madame Bullrichen« von »Aujust Buddelmeyer, Dages-Schriftsteller mit'n jroßen Bart«[31], neben Hopf 1848 der rührigste Autor der ironischen Flugschriftenliteratur im Berliner Dialekt, mit bürgerlichem Namen Cohnfeld und von Beruf Arzt. Und Hopfs Nante erreicht auf den Brettern eines Schöneberger Volkstheaters noch größeren Erfolg als im Druck.[32]

Häufig liegen nur Tage zwischen dem realen Ereignis und der Reproduktion auf der Bühne. Die Dresdner Barrikadenkämpfe im Mai 1849 werden bereits 14 Tage später in dem Stück ›Eine Leipziger Barrikade, komisches Genrebild mit Gesang in einem Akt aus der Leipziger Revolution‹ (Autor anonym) dem Berliner Publikum vorgespielt.[33] Das Straßengeschehen und die politischen Entwicklungen sind so bewegt, lebhaft und szenisch, daß sie selbst als Straßentheater betrachtet werden und zur Darstellung auf der Bühne geradezu herausfordern. Politik wird als Theater, Realitätstheater empfunden und in eine entsprechende Metaphorik gebannt. In der Flugschrift ›Sieben Schauspieler sind durchgefallen!! Betrachtungen über das gestürzte Ministerium von Friedrich Wilhelm Hähnchen, Coulissenschieber bei's Theater‹[34] wird einer der Regierungswechsel während der Revolutionsmonate kommentiert. Die Minister sind Schauspieler, die mit ihrem Stück – d. h. ihrer Politik – durchgefallen sind und vom Autor jetzt die Empfehlung erhalten, in Zukunft ein zeitgemäßeres Stück zu spielen, in dem das Volk eine gute Rolle erhält und nicht bloß als Statist im Hintergrund steht. Solche Metaphern verweisen darauf, daß das Konzept des Welttheaters in der Wahrnehmung der politischen Dramaturgie eine volkstümliche Bedeutung erhält.

V. Die Lager der Revolution

Die für die revolutionären und konterrevolutionären Gruppierungen verwendeten Bezeichnungen sind mehr aus der Aktion gewonnen als aus politischer Begriffs- und Theoriebildung.

Mit der Einteilung in Reaktionäre und Demokraten sind die zwei Lager der Revolution und damit auch deren objektiver Klassenantagonismus bezeichnet: gegen die Aristokraten, die Kirche, die Camarilla und die Agenten des Polizeistaates bildet sich das Bewußtsein einer einheitlichen demokratischen Front, die darüber hinaus aber durch widersprüchliche Interessen und ein diffuses politisches Programm gekennzeichnet ist. Besonders die Stellung zum absoluten Herrscher – personifiziert im Preußenkönig Friedrich Wilhelm IV. – bedingt die unterschiedlichsten Ziele und Strategien der demokratischen Bewegung. Ein nicht geringer Teil der Tagesliteratur 1848 tendiert dahin, den im Grunde »guten König« von seinen heuchlerischen und korrupten Ministern und Beamten zu befreien und durch eine Verfassung und wahre Volksvertreter innerhalb des monarchistischen Systems eine Harmonie zwischen König und Volk herbeizuführen.

Von der Mehrheit der ländlichen, plebejischen und kleinbürgerlichen Bevölkerung wird darum eine Konstitution als Tagesforderung der Revolution unterstützt. Die Radikalität der Gesinnung differenziert sich dann nach der Wahl der politischen Mittel und nach den konkreten Vorstellungen, die sich mit einer konstitutionellen Monarchie verbinden. Weil auch die Konservativen die Forderung nach ihr aufgreifen, um »Schlimmeres« zu verhindern, grenzen sich die Demokraten alsbald von der »Reaktion im Fortschrittskleid« ab und erfinden den Begriff der »demokratischen Monarchie«, ohne die damit verbundenen Staatsvorstellungen zu präzisieren. Überhaupt hat der Begriff der Demokratie 1848 mehr wertende als programmatisch-organisierende Funktion. Besteht über die moralische Wertung des Demokratiebegriffes noch relative Einheitlichkeit (natürlich reziprok je nach Lagerzugehörigkeit: Im ›Anzeiger für die politische Polizei‹ steht Demokrat synonym für gefährliches Individuum), so beginnt die Diffusion bei den Begriffen »Republik« und »Kommunismus« erst richtig.

Republikaner verstehen sich als Avantgarde und konsequenteste Vertreter der Revolution. Ihre Wirkung in der Bevölkerung ist regional unterschiedlich; im Rheinland etwa oder in Hamburg finden sie bereits mehr Anklang als in Berlin, obwohl auch hier etwa der ›Republikanische Katechismus‹[35] von dem Kommis Cohnheim eines der meistdiskutierten Flugblätter bei den Volksversammlungen »Unter den Zelten« ist, und obwohl Teile der Mitglieder des »Demokratischen« resp. »Politischen Klubs« sich als Republikaner begreifen. Dabei werden widersprüchliche Argumentationen für die Republik ins Feld geführt. Cohnheim verfolgt damit die Abschaffung der gesamten Herrschaftsinstitutionen des alten Systems, während der Literat Hoppe, Initiator des »Politischen Klubs«, sich mit seinem Dialog über die Republik[36] mehr innerhalb der Rationalität bürgerlicher Produktions- und Erwerbsverhältnisse bewegt. Bei Hecker und Struve dagegen hat der Begriff Handlungscharakter.[37] Nicht die Darstellung und Forderung der Republik als politische Organisationsform der Gesellschaft, sondern Propaganda für die »republikanische That« stehen bei ihnen im Vordergrund, womit der Republikbegriff sich dem Revolutionsbegriff annähert.

Die republikanische Propaganda tritt vor allem als Reaktion gegen die konterrevolutionäre Panikmache auf, die vor Republik, Kommunismus und Anarchie warnt und das demokratische Lager pauschal diffamiert. So ist die republikanische Rede vom Kommunismus überwiegend in der Form defensiver Verteidigung gegen reaktionäre Denunziationen anzutreffen, nicht aber als sozialpolitische Utopie, an der sich Wünsche nach Freiheit und Gleichheit orientieren könnten.

Eine Verbindung zwischen den Tagesereignissen der Revolution und der politischen Strategiediskussion einer über den Tag hinausgehenden Perspektive wird durch die zahlreichen Klubs und Vereine hergestellt; sie sind die Keimzellen politischer Parteienbildung, die durch die Revolution 1848 in eine forcierte Entwicklung tritt. Und sie sind es, die vorzugsweise das Betätigungsfeld der Intellektuellen und der aus dem Vormärz bekannten Literaten und Theoretiker bilden. Diese verfassen und redigieren die zahlreichen Organisationszeitschriften und setzen als Redner und Flugblattautoren ihre rhetorischen Fähigkeiten ein. In Berlin findet man z. B.

Arnold Ruge als Herausgeber der ›Reform‹, Robert Prutz als Herausgeber der ›Constitutionellen Club-Zeitung‹ und Max Schaßler als Präsident im »Volksverein«, der dessen Vereinszeitschrift ›Die Volksstimme‹ redigiert. Mit dem Schriftsetzer und Buchdrucker Stefan Born, Mitglied des »Bundes der Kommunisten« in Berlin, gibt es dort einen geistigen Führer der Arbeiterbewegung, der selber dem Arbeiterstand entstammt. Vor 1848 war er Mitglied des »Handwerkervereins«, den er als »Bildungsstätte heranwachsender Revolutionäre« verstand[38]; nun ist er Initiator der »Arbeiterverbrüderung« und des »Zentralkomitees für Arbeiter« sowie exponierter Fürsprecher der Arbeiterinteressen. Während der Revolution entfernt er sich von den Vorstellungen Marx' und Engels', da er der Ansicht ist, daß in Deutschland eine arbeitende Klasse als Subjekt einer Revolution noch nicht vorhanden sei.[39]

Die Charaktertypen in der Literatur entsprechen der Lagerbildung der Bewegung. Sie kennzeichnen Typen, Haltungen und Gesinnungen als Programme. Unter ihnen finden sich einerseits die Demagogen, Aufwiegler, andererseits die Denunzianten, Zettelabreißer, Spitzel, Geldsäcke. Und zwischen allen steht immer der unschlüssige und ängstliche Philister oder auch Weißbierphilister, oft in der Funktion als Bürgerwehrmann.

Die plötzlich neu ins Bewußtsein tretenden Konflikte zwischen Arbeitern und Bürgern, zwischen dem Volk als wirtschaftlich abhängiger Schicht und dem politischen Volk der Untertanen, die sich national einigen und zum souveränen Volk emanzipieren wollen, verschwinden immer wieder hinter der diffusen Lagereinteilung, mit der die Literatur auf abstrakte Revolutionsattitüden der vormärzlichen »Stichwortpropaganda«[40] zurückfällt. Das liegt zu einem großen Teil an den bald nach den Barrikadenkämpfen und der Verkündung der Pressefreiheit erneut einsetzenden Zensurmaßnahmen und politisch begründeten Verhaftungen und Prozessen, die sofort die alten Fronten gegen den Polizeistaat wiederherstellen. In Berlin werden von dieser gegenrevolutionären Politik am schärfsten Republikaner und Kommunisten getroffen. Der Drucker des ›Republikanischen Katechismus‹ wird beispielsweise zu 10 Jahren Festungshaft verurteilt, allerdings erst in der zweiten Instanz im Juni 1849, als der Widerstand fast durchweg gebrochen ist. Aber auch schon 1848 und auch gegen harmlose Kritiker geht der Staat mit Zensur und politischer Justiz vor. In Berlin reichen die Maßnahmen von vorübergehender Untersuchungshaft bis zu 2 1/2 Jahren Festungshaft. Im Mai 1849 folgen Massenverhaftungen und Ausweisungen.

Mit dem neuen Plakatgesetz wird 1849 dann eine neue juristische Basis für die Polizeiaufsicht der Straßenliteratur geschaffen, womit der wirksamste Teil der literarischen Gegenöffentlichkeit, derjenige für die pauperisierten Massen, unter Kuratel gestellt ist.[41]

VI. Madame Bullrichen und die Frauenfrage

Wenn 1848 vom »ganzen Volk« die Rede ist, so ist damit doch nur die Hälfte gemeint: die männliche. Die Gleichberechtigung der Geschlechter steht noch vollkommen im Schatten der Kämpfe um die politische Emanzipation der unteren Klassen. Die objektive politische und materielle Unterprivilegierung der Frauen wird noch verstärkt durch die Selbstverständlichkeit, mit der diese im Sprachgebrauch gehandelt wird.[42] Vom demokratischen Lager aus wird eine politische Gleichstellung des ganzen Volkes – d. h. Wahl- und Versammlungsfreiheit – als Forderung »freier Männer« verstanden. Eine entsprechende Blindheit ist selbst bei den eifrigsten Verfechtern der Revolution zu beobachten, so etwa bei dem Assessor G. Jung, der in seiner Rede beim Begräbnis der gefallenen Barrikadenkämpfer/innen den Mustern geschlechtsspezifischer Wahrnehmung folgt und nur von »furchtlosen« und »freien Männern« spricht[43], obwohl doch unter den Opfern auch einige Frauen zu finden sind. Ihr Einsatz in der Lohnarbeit und im politischen Kampf sichert ihnen noch keine Berücksichtigung bei den Forderungen nach staatsbürgerlichen Rechten. Alle positiv besetzten Revolutionsbegriffe wie Volk, Freiheit, Tat, Mut sind an den Mann gekoppelt. Wird an dem Sockel patriarchaler Herrschaftsformen und normativer Geschlechtsrollen gerüttelt, so reagieren die Autoren – je nach politischer Überzeugung – mit Larmoyanz, Zynismus oder offener Diffamierung. So weist F. W. A. Held die Forderung von

Frauen nach Staatsbürgerrechten in schmeichelhaftem Ton zurück: Die »lieblichen, himmlischen Kinder« sollen lieber den Männern die »Falten von der Stirn küssen, die (ihnen) das Staatsleben eingefurcht hat« als selbst »an den Staatsgeschäften teilnehmen«.[44] Für konservative Ideologen werden die in traditionell männliche Territorien eindringenden Frauen zum Objekt biederer Witze und philisterhafter Sexualphantasien. Karikaturen zeigen nicht selten rauchende, trinkende, zerlumpte Frauen in politischen Klubs, die Haushalt und Kinder vernachlässigen. Die politisch aktive, gesellschaftlich engagierte Frau als Megäre! Andere Varianten sind »Madame Bullrichen«, die aus politischer Naivität und borniertem Hausfrauenhorizont die Revolution hemmt, oder das »Ballettfräulein«, das aus ökonomisch motivierter Anhänglichkeit an Offiziers- und Bankierskreise im Lager der Monarchisten und der Gegenrevolution anzutreffen ist.[45]

Haben im Vormärz die Frauen in Salons, in der Literatur, in philosophischen und literarischen Zirkeln Schritte zur Gleichberechtigung unternommen, so treten sie 1848 vor allem in der politischen Öffentlichkeit auf. Ihr Anteil an der 48er Literatur ist gleichwohl bemerkenswert [→ McNicholl/Wilhelms: Romane von Frauen, 221 ff.]. Aus dem Kreis der Rheinischen Kommunisten wird Mathilde Franziska Anneke[46] publizistisch aktiv. Als ihr Mann Fritz Anneke, Exponent des Kölner Arbeitervereins und Herausgeber der ›Neuen Kölnischen Zeitung‹, die besonders für das »arbeitende Volk bestimmt« (Editorial) war, verhaftet und die NKZ verboten wird, gibt sie die erste Nummer ihrer ›Frauen-Zeitung‹ heraus. Diese soll eine konsequente Fortsetzung der NKZ darstellen, sich aber gezielt an Frauen wenden und deren Erfahrungen und Interessen berücksichtigen. In Berlin gibt Louise Aston[47] die Zeitschrift ›Freischärler für Kunst und soziales Leben‹ heraus und Louise Otto[48] ab 1849 ihre ›Deutsche Frauenzeitung‹. In beiden Zeitschriften deuten sich schon in dieser Frühphase der Frauenemanzipation unterschiedliche Wege und Ziele an: sozial motivierte caritative Haltung gegenüber den »armen Schwestern« und Bemühen um die gleichberechtigte Organisierung der Frauen in den Arbeiterorganisationen einerseits (Otto) und feministische Emanzipation, Eigenständigkeit und Unabhängigkeit vom Mann andererseits (Aston).

Louise Aston kommt aus dem Kreis der »Freien Arbeiterverbrüderung« und gründet in Leipzig »Arbeiterinnen-, Näherinnen- und Dienstbotenvereine«. Ideologischer Ausgangspunkt Louise Ottos ist die natürliche Arbeitsteilung auf der Grundlage der Geschlechtsunterschiede (Staatsämter und schwere körperliche Arbeit sollten den Männern vorbehalten bleiben); Louise Aston dagegen tritt als Vorkämpferin der freien Liebe auf und wird wegen ihrer Moralvorstellungen aus Berlin ausgewiesen. Mit ihrem Buch ›Aus dem Leben einer Frau‹ machte sie 1847 ihre persönlichen Erfahrungen von Ehe und Trennung öffentlich und durchbrach damit ein Tabu. Den 1848 tatsächlich existierenden »Demokratischen Frauenklub«, ein Forum demokratisch-bürgerlicher Frauen, kritisiert sie als kleinmütig und bezeichnet das Geschehen dort als »sentimentale Frivolität«.[49] Da die Forschung kaum etwas über diesen Klub überliefert hat – eine Folge selektiver Geschichtsschreibung –, läßt sich Astons Kritik an einer der ersten politischen Frauenorganisationen nicht überprüfen.

VII. Literarische Phantasie für einen Silbergroschen das Blatt

Die literarische Gegenöffentlichkeit lebt von operativen Kleinformen, die zum Teil anderen Produktionsbedingungen unterliegen als herkömmliche Kunstformen der Literatur. Die Veröffentlichung von Büchern, Literatur mit Werkcharakter, geht während der Revolutionsmonate quantitativ zurück. An ihre Stelle tritt die hier dargestellte volkstümliche Tagesliteratur, die sich in Herstellung, Verteilung und Rezeption an der Schwelle zur Kulturwarenproduktion bewegt. Neue Autoren – Nicht-Professionelle – verändern die Strukturen. Die gängigen Arbeitsteilungen zwischen Schreiben, Drucken, Verlegen und Verteilen werden durchbrochen. Leser kommen in Zeitschriften zu Wort, Flugblattschriftsteller bringen ihre Blätter selber zum Drucker und verkaufen sie auch eigenhändig, die Distribution wird zu einem großen Teil aus den Buchhandlungen auf die Straße und in die Klubs verlagert.

Diese Literatur hat nur zum Teil ihren Preis, denn es gibt auch kostenlose Flugblätter und Plakate. Da die kostenlose Verteilung von der Finanzkraft des Autors bzw. der an der Verbreitung interessierten Organisation abhängig ist, findet man unter den Trägern der 48er Literatur vor allem Angehörige bürgerlicher Berufe, Adlige oder aber Autorengruppen bzw. politische Vereinigungen. Daß das Geschäft mit dem gedruckten Wort aber auch lukrativ ist, wird daran deutlich, daß sich nicht wenige Verlage einschalten. Die vielen Serien, die Zweit- und Drittauflagen einiger Blätter, die zahlreichen Zeitschriftengründungen lassen auf Popularität und Verkaufserfolg der Revolutionsliteratur schließen.

Die Form des Selbstverlags ist typisch und erfreut sich großer Beliebtheit. Sie befreit den Hersteller von der Abhängigkeit von verlegerischem Kalkül und erlaubt die Ernte eigener Früchte, setzt allerdings gewisse finanzielle Möglichkeiten voraus. Aus diesem Grunde wohl hat der Arzt Cohnfeld, der unter dem Pseudonym »Buddelmeyer« erfolgreich war, im Selbstverlag veröffentlicht, während der Porzellanmaler Hopf, der die Pseudonyme »Bohnhammel« und »Schnüffler« benutzte, in verschiedenen Verlagen veröffentlichte. Mit dem Untertitel »Um Nachdruck wird gebeten« fordert ein weniger finanzstarker Autor zur Verbreitung seiner Ideen auf, dagegen ist der Verlag von S. Löwenherz mit dem Satz »Nachdruck ist gemeiner Diebstahl« darum bemüht, daß der Profit aus seinen erfolgreichen Veröffentlichungen nicht Nachdruckern in die Tasche fließt.

In vielen Druckereien herrscht Parteilichkeit. Engagierte Berufsfremde steigen während der Revolution in das Drucker-Gewerbe ein; außerdem ist der Organisationsgrad unter den Buchdruckern und -setzern sehr hoch.[50] Das neue Pressegesetz steigert auch die politische Verantwortung der Drucker; die Aufhebung der Vorzensur oder die Möglichkeit anonymer oder pseudonymer Autorschaft begünstigt den Schreiber, nicht aber den Drucker.

In einigen Firmen kommen ausschließlich konservative Drucke aus den Pressen, während andere nur für das Lager der Demokraten arbeiten. Zwischen Preis und politischer Aussage der Drucke lassen sich keine Beziehungen herstellen, wohl aber zwischen Preis und Schreibweise. Es fällt auf, daß die Texte, die ihren Gegenstand in literarischer Form behandeln und nicht nur informativen, sondern auch unterhaltenden Charakter haben, häufiger verkauft als kostenlos verteilt werden. Die Literarisierung der behandelten Themen, Ereignisse und Personen erfolgt aber nicht allein im Hinblick auf den Verkauf, sondern auch aus didaktisch-politischen Absichten und entspricht der Deutung des Geschehens.

Phantasievolle Verwendung der vielfältigsten literarischen und rhetorischen Mittel und Bemühungen um anschauliche Gestaltung kennzeichnen die Literatur der Revolution. Tradierte ästhetische Normen, Genre- und Gattungsgrenzen werden überwunden, die aktuellen Bedürfnisse und politischen Intentionen der Verfasser dominieren die Darstellungsweise; die Einbeziehung neuer, vom literarischen Leben bisher ausgeschlossener Rezipientenschichten führt zu unterhaltsamen Schreibstrategien. Beziehungen zu didaktisch-aufklärerischen Formen früherer Literaturphasen – etwa der Bauernkriege und der Jakobinerliteratur – werden vor allem dort sichtbar, wo die Religions- und Schulbildung der unteren Klassen aktualisiert werden soll. Stand aber in den Predigt- und Gebetsparodien früherer Epochen die Kritik der religiösen Inhalte im Vordergrund, so handelt es sich jetzt mehr um poetische Paraphrasen, die dem Leser neuen Wein in alten Schläuchen (z. B. im ›Republikanischen Katechismus‹) bieten. Durch die Einkleidung bestimmter Imperative und Erkenntnisse der Revolution in die Form der Zehn Gebote oder der Predigt hofft man vom Autoritätsgestus der religiösen Vorlagen und Redeformen zu profitieren. Ähnlich sollen durch die häufige Verwendung des ABCs demokratische Regeln sprachlich eingängig vermittelt werden.

In szenische Formen und Frage-Antwort-Spiele werden Diskurse und Erörterungen eingebettet, verschiedene Positionen und Handlungsweisen diskutiert. Diese fiktiven Debatten finden häufig an bekannten Kommunikationsorten statt, in der Kneipe, auf der Straße. Divergierende Einstellungen werden gegeneinander abgewogen, bestimmte Typen und Haltungen ironisch charakterisiert. Zu diesem Zwecke schlüpfen die Autoren auch in literarische Figuren, um aus deren Munde eine fiktive Rede unters Volk zu bringen.

Die relativ abstrakte Lyrik unterscheidet sich nicht grundsätzlich von der des Vormärz. Sie enthält Revolutions- und Freiheitsappelle und besingt die Stichworte revolutionärer Propaganda: Einheit, Freiheit, Brüder, Bürger, Volk, Vaterland, Tyrannen, Fürsten, Kerker, Blut. Pathetisch, anklagend und ermahnend im Tonfall, agitatorisch und appellativ im Gestus, plädiert die Lyrik weniger für konkrete Handlungen als für Solidarität und revolutionären Mut. Altbekannte Volksliedweisen mit neuen eingängigen Texten sollen unmittelbare Wirkung erzielen, ironische und auch bissige Charakterisierungen das gegnerische Lager lächerlich machen. Neben der bekannten Naturmetaphorik fällt eine Geld- und Küchenmetaphorik auf. Politische Personen und damit verbundene Ereignisse erhalten symbolische Bedeutung, etwa der General Wrangel, der mit seiner Armee die Revolution in Berlin niederschlug. »Wrangeln« und »Gewrangel« werden daraufhin zu Metaphern für rücksichtslose Herrschaftspolitik und Gewalt. Bildliche Vergleiche und Fabeln erklären politische Zusammenhänge in einer faßlichen Sprache.

VIII. Zur Korrektur des Öffentlichkeitsbegriffes

Die literarische Gegenöffentlichkeit der Revolution von 1848 gibt nicht nur Aufschluß über die Möglichkeiten operativer volkstümlicher Gattungen und über die Beziehung zwischen Literatur und Revolution. Sie erlaubt auch kritische Anmerkungen gegenüber anerkannter Literaturtheorie und Sozialgeschichte.

Revisionsbedürftig ist vor allem der durch Habermas geprägte und seither gängige Öffentlichkeitsbegriff. Habermas kommt in seiner Studie ›Strukturwandel der Öffentlichkeit‹[51] zu der These, daß die Öffentlichkeit in ihrer klassischen Form eine bürgerliche sei und betrachtet die literarische als Vorstufe der politischen Öffentlichkeit. Die Ergebnisse seiner Untersuchung sind aber insofern tautologisch, als sie in deren Prämissen vorgeprägt sind. Im Vorwort grenzt Habermas nämlich sein historisches Material ein auf die Entstehung und Wandlung des liberalen Modells bürgerlicher Öffentlichkeit, schließt plebejische Varianten und »illiterate« Momente explizit aus, womit er von einem kanonisierten Literaturbegriff ausgeht. So wird die Behauptung möglich, daß sich erst in der

Französischen Revolution eine Öffentlichkeit herausbildet, deren Subjekt nicht die »gebildeten Stände« sind, sondern das »ungebildete Volk«.[52] Unberücksichtigt bleibt die bereits der Genese bürgerlicher Öffentlichkeit historisch vorausgehende, heterogene Öffentlichkeit des Volkes – Märkte und Jahrmärkte, Dorfplätze und andere volkstümliche Versammlungsorte –, welche in Flugschriften, Bilderbogen, Bänkelgesang durchaus ihren literarischen Ausdruck gefunden hatte [→ Plaul/Schmid: Populäre Lesestoffe, 315 ff.]. Diese Öffentlichkeit war ein Gegenpol zu der Arkankommunikation, der Nicht-Öffentlichkeit des Hofes, ist aber nicht Bestandteil der bürgerlichen Öffentlichkeit geworden, da diese sich konstituiert hat, indem sie sich gegen Organisationsformen und Erfahrungen der unterhalb des Bürgertums existierenden Klassen abgegrenzt hat. Dabei bleibt die volkstümliche Öffentlichkeit in ihrem Charakter widersprüchlich: Nicht immer wird sie zur Gegenöffentlichkeit, weil in ihr auch das teilweise entfremdete Bewußtsein der von Herrschaft und Selbstbestimmung ausgeschlossenen Teile der Bevölkerung zum Ausdruck kommt. Sie kann aber zur Gegenöffentlichkeit werden, wenn – wie 1848 – die Inhalte der bürgerlichen (und zum Teil auch noch feudalen) Kultur politisiert bzw. unterminiert werden. Einen relativen historischen Bestand kann eine solche Gegenöffentlichkeit nur dann gewinnen, wenn das Volk an ihr nicht überwiegend rezeptiv, sondern auch selbst produzierend teilhat.

Man wird also das Bild der 48er Revolution als »bürgerliche Revolution« revidieren müssen, wenn man die Literatur und die Szenarien der volkstümlichen Straßen- und Vereinsöffentlichkeit einbeziehen will. Dabei zeigt sich vor allem, daß das Personal und die Deutungsmuster der revolutionären Massenliteratur weder für das Bild einer heroischen noch einer tragisch gescheiterten Revolution taugen.

Gert Sautermeister
Reiseliteratur als Ausdruck der Epoche

I. Industrielle Revolution und Reisen

1. Die »Verkehrsmoderne«

In den zwanziger Jahren des 19. Jahrhunderts bemerkt die vielgereiste Johanna Schopenhauer eine »fast epidemieartige Reiselust, die in einem einzigen Jahre zehnmal so viel Reisende auf den Heerstraßen hin und hertreibt, als ehemals in zehnmal so langer Frist«.[1] In den dreißiger Jahren bekräftigt Karl Immermann die Epidemie-Diagnose:

> Noch tiefer greift das *Reisen* in den Zustand der jetzigen Menschen ein. Sonst, nämlich vor etwa dreissig bis vierzig Jahren, wurde zwar auch gereiset; indessen gehörte es für die Mittelklasse zu den Ausnahmen, und wo es da stattfand, wurde es durch Geschäft, bestimmte Zwecke oder durch eine besondere Eleganz des Geistes und der Verhältnisse herbeigeführt. Jetzt ist das anders. Daß jemand zu Hause bleibe, gehört zu den Ausnahmen; daß alles, was nur die Mittel erschwingen kann, ⟨...⟩ sich jährlich oder in nicht viel längeren Zwischenräumen über hundert deutsche Meilen wenigstens fortbewege, bildet die Regel. Die Minderzahl unter diesen Reisenden sind Geschäfts- oder Zweckreisende, die grosse Mehrheit reist, um zu reisen.[2]

Immermanns Wahrnehmung einer wachsenden Reiselust hat Tradition. Sie bildet seit der zweiten Hälfte des 18. Jahrhunderts ebenso eine Konstante der kulturkritischen Epochenkommentare wie der Hinweis auf die anschwellende Flut der Reisebücher. Von Epoche zu Epoche machten aufmerksame Zeitgenossen damals stets von neuem die Erfahrung, daß im Laufe ihres Lebens das Reisen an Popularität, die Reiseschriftstellerei an Produktivität gewann. In der Epoche zwischen 1815 und 1848, »zwischen Restauration und Revolution«, gewinnt diese Erfahrung eine neue, empirisch erfaßbare materielle Basis.

Noch 1821 hatte Ludwig Börne in seiner ›Monographie der deutschen Postschnecke‹ die Langsamkeit der Postkutsche zu einer satirischen Metapher für die Langmut der Deutschen umgemünzt, eine von Herrschers Gnaden angeordnete, allergehorsamste Langmut: »Sie glauben nicht«, läßt er einen Conducteur sagen, »welche große Mühe eine hohe Viehpolizei hat, das Feuer der raschen Tiere zu mäßigen, und wie wehe es ihr selbst tut, den Mißbrauch der tierischen Freiheit nicht anders verhüten zu können als durch das Verbot ihres vernünftigen Gebrauches.«[3]

Wenige Jahre später erfuhr die Postkutsche eine qualitative Metamorphose: aus der alten »Ordinari-Post« wurde die »Schnellpost« bzw. der »Eilwagen«. Damit zog man die Konsequenzen, die ein Memorandum aus dem Jahre 1819 gefordert hatte:

Der Hauptzweck der Postanstalt, bestehend in der Beförderung des Handels, der Gewerbe, Wissenschaft und Künste, kann nur dann erreicht werden, wenn den Posten folgende Haupteigenschaften nicht mangeln: A. Sicherheit, B. Wohlfeilheit, C. Geschwindigkeit, und D. möglichste Bequemlichkeit für Reisende.[4]

Registriert Börne für die Fahrt von Frankfurt/Main nach Stuttgart mit der »Ordinari-Post« noch eine Gesamtzeit von 40 (!) Stunden, so absolviert ein Eilwagenkurs schon ein Jahr später die Strecke in 25 Stunden. Der von Börne monierte und mit schwerem Gepäck beladene »Beiwagen« wurde vom Eilwagen abgekoppelt, so daß dieser die Poststationen ohne das bisherige, zeitraubende Umpacken passieren konnte; außerdem erhöhte sich seine Geschwindigkeit durch eine neue »selbsttragende Konstruktion«, die auf elastischen Stahlfedern lagerte, weshalb die Reisenden plötzlich das ungekannte Gefühl eines »sanften Schwebens« hatten. Das für den Eilwagen erforderliche »feste Steinfundament einer Chaussee« wurde in der Folgezeit systematisch und mit größtem Eifer produziert – die sogenannten »Kunststraßen« umfaßten beispielsweise in den altpreußischen Provinzen im Jahre 1816 nur 3938, im Jahre 1835 dagegen schon 12 424 km – eine Steigerung auf mehr als das Dreifache in knapp zwei Jahrzehnten [→ Stein: Sozialgeschichtliche Signatur, 22].

Nichts dürfte für die Periode zwischen 1815 und 1848 bezeichnender sein als der Umstand, daß ihre zentrale Zäsur durch ein revolutionäres Doppelereignis markiert wird. Denn das Jahr der Juli-Revolution erlebt auch Europas erste bedeutende Eisenbahn mit den spezifischen Merkmalen: zweigleisige Strecke, Bahnhöfe, Tunnel, Viadukte und Fahrplan.[5]

Heine, der 1843 die Eröffnung der beiden Eisenbahnen Paris-Rouen und Paris-Orleans verfolgt[6], spricht von einer elementaren »Erschütterung« der Öffentlichkeit (448) und faßt sie in das Bild, »daß unsere ganze Existenz in neue Gleise fortgerissen, fortgeschleudert wird« (449). Er prägt das Wort von einem »providenciellen Ereignis, das der Menschheit einen neuen Umschwung gibt« – vergleichbar nur der Entdeckung Amerikas, der Erfindung des Buchdrucks und des Schießpulvers. In dem »neuen Abschnitt in der Weltgeschichte« erblickt Heine den Umsturz der »Elementarbegriffe von Zeit und Raum«. Durch die extrem beschleunigte Reisezeit werde »der Raum getötet«: »Mir ist als kämen die Berge und Wälder aller Länder auf Paris angerückt.« (alle Zitate 449)

Heine übersetzt die schwindelnde Erfahrung der Zeitbeschleunigung und Raumschrumpfung in die Vision einer eigengesetzlich sich verselbständigenden, dynamisch sich fortbewegenden Natur. Darin liegt für ihn der »schauerliche Reiz« des »Unbekannten«, mehr noch: »ein unheimliches Grauen« angesichts des »Ungeheuersten«, »Unerhörtesten«, »dessen Folgen unabsehbar und unberechenbar sind« (448 f.). Die Häufung der hyperbolischen Attribute – Goethe verwendete ähnliche zur Charakteristik der Französischen Revolution – ist mehr als eine rhetorische Technik; sie entspringt der Erfahrung einer dämonisch-irrationalen Macht. Zwar ist die Eisenbahn von Menschen hergestellt, aber das fertige Produkt überfordert ihren Sinnesapparat und ihre Welterfahrung. Und dies in zweierlei Hinsicht. War die Fortbewegung mittels Pferd und Kutsche der sinnlichen Wahrnehmung unmittelbar zugänglich, so vollziehen sich die chemischen und physikalischen Gesetze, auf denen die Entwicklung der Dampfkraft und die Mechanik des Räderwerks beruht, weitgehend im Verborgenen.[7] Die Fortbewegung selbst ist darüber hinaus etwa dreimal so schnell wie bisher mit der Postkutsche, sie beträgt jetzt 20 bis 30 Meilen pro Stunde.

Noch vor der ersten Eisenbahn fuhren in Deutschland allerdings schon mit Dampfmaschinen betriebene Schiffe. Der Zeitungsbericht über die Jungfernfahrt des ersten Dampfschiffs im Frühjahr 1816 hallt wider vom Erstaunen über die »unerhörte, sich ereignende Begebenheit«:

> Ein ziemlich großes Schiff, ohne Mast, Segel und Ruder ⟨dies die eigentliche Sensation⟩, kam mit ungemeiner Schnelle den Rhein heraufgefahren ⟨also auch noch gegen die Strömung⟩. Die Ufer des Rheins und die hier vor Anker liegenden Schiffe waren in einem Augenblick von der herbeiströmenden Volksmenge bedeckt. Das die allgemeine Neugierde reizende Schiff war ein von London nach Frankfurt reisendes englisches Dampfboot ...[8]

Dieses aufsehenerregende Dampfboot benötigte für die Strecke Rotterdam-Köln nur noch 4 1/2 Tage anstelle der bisher erforderlichen 14 Tage. Kaum waren die ersten Dampfschiffahrtsgesellschaften gegründet (in Mainz und Köln 1825 bzw. 1826), so strömte das Volk auf die Schiffe selbst. Zweifellos waren zunächst Handels-Motive für die Gründung dieser Gesellschaften ausschlaggebend – die »Abnahme der Schiffahrt auf dem berühmtesten und schiffbarsten aller Ströme Europas« wurde mit »der Teuerung und der Langsamkeit der Schiffsbewegung« begründet[9] – und in der Tat förderte das neue Verkehrstempo auf dem Rhein den Warenverkehr beträchtlich; aber ebenso rasch erwies sich auch der Rhein-Tourismus als eine erstrangige ökonomische Größe. 1827, in ihrem ersten Verkehrsjahr, unternahmen die ersten beiden Kölner Dampfschiffe 129 Fahrten zwischen Köln und Mainz mit insgesamt 33 352 Reisenden; 1844 war die Anzahl der Schiffe in Köln auf 23, die der Reisenden auf 600 000 angewachsen. Von dieser Entwicklung profitierten auch das Schiffsbau-, das Hotel- und das Gastronomiegewerbe und nicht zuletzt der Buchhandel.

Die althergebrachte Postkutsche verlor ihre Passagiere an das schnellere und bequemere Dampfschiff bzw. an die Schnellpost; ernsthafte Konkurrenz machte der Schiffahrt auf die Dauer nur die Eisenbahn. Tatkräftige Unternehmer wie Friedrich Harkort, David Hansemann und Ludolf Camphausen führten Bahnlinien von der Weser bzw. den Niederlanden bis zum Rhein; noch in den vierziger

Jahren wurde der Schienenverkehr von den rheinischen Städten östlich bis nach Berlin, südlich bis ins Elsaß und in die Schweiz eröffnet.

Am Beispiel der Eisenbahn und der Dampfschiffahrt wird eine epochale Bruchstelle exemplarisch anschaulich: die zwischen Traditionsbewußtsein und Modernisierungsprozeß. Man kann den Bruch nach zwei ganz verschiedenen Seiten hin überspringen: nach der Seite der Modernität einerseits, der Vergangenheit andererseits. Damit müssen nicht unbedingt politische Motive – Progressivität im ersten, Konservativismus im zweiten Fall – verknüpft sein. Der im Biedermeier so hervorstechende Vergangenheitskult kann unmittelbar der Überforderung durch die technische Innovation entspringen, den Zwängen der Modernisierung also, er muß nicht politisch konservativen Wesens sein. Der entschiedene Liberale Ludwig Rellstab etwa plädiert für eine antimoderne, technisch anspruchslose Reiseart, um der Selbstbildung und der ungezwungenen Kontemplation willen; noch im Jahre 1843 sind ihm Schnellpost und Eisenbahn – zu schnell:

> Die Reise von Berlin hierher ⟨nach Paris⟩ ist jetzt mit einer Schnelligkeit möglich, welche die Eindrücke der selben fast der unbestimmten Verworrenheit eines Traumes gleich macht. ⟨...⟩ Wer da reist, um Eindrücke zu empfangen, wird deren auf kurzen Strecken, langsam (z. B. zu Fuß oder zu Pferde) zurückgelegt, zuverlässig mehr gewinnen, als auf langen durchflogenen, besonders da sich zur Flüchtigkeit der Bilder, im gleichen Maaße die Übersättigung daran gesellt.[10]

Der Schock der »Verkehrsmoderne« legt dem Reisenden die alte Fortbewegungsart zu Fuß oder zu Pferde erneut und eindringlicher als zuvor nahe. In den Augen Eichendorffs »rütteln« die neuen »Dampffahrten ⟨...⟩ die Welt, die eigentlich nur noch aus Bahnhöfen besteht, durcheinander wie ein Kaleidoskop«.[11] So verläßt er denn eines Tages seinen Zug und schreitet »mit lang entbehrter Reiselust in die unbestimmte Abenteuerlichkeit des altmodischen Wanderlebens hinein«.[12] Dialektisch zur modernisierten Reise empfiehlt sich die vertraute, altmodische Fußwanderung. Mit ihr wirbt der Konservative Eichendorff nicht für ein politisches Programm, obgleich er »mitten in die gute alte Zeit« hineinschreitet[13], er wirbt damit vielmehr für die Wiederherstellung einer untergegangenen Poesie. Erschien ihm die Natur aus der Eisenbahn-Perspektive wie ein Kaleidoskop, »wo die vorübergehenden Landschaften, ehe man irgendeine Physiognomie gefaßt, immer neue Gesichter schneiden«[14]: so setzt er dieser Fratzenbildung und Naturzersplitterung nun die gegenrhythmische Betrachtungsart des Wanderers entgegen, der kontemplativ die Individualität der Landschaft erfaßt.

Die Fußreise als eine Gattung sui generis schließt soziale und politische Sinngebung ein. C. J. Weber, Autor von ›Deutschland, oder Briefe eines in Deutschland reisenden Deutschen‹ (1826) deutet mit seinem potenziert nationalen Titel an, worum es ihm geht: In selbstbewußter Variation der berühmten ›Reise um die Welt‹ von Georg Forster will er eine »Reise um die deutsche Welt« machen (S. XI). Diese Reise politisiert er umgehend. Sie führt quer durch die »Vielköpfigkeit des Vaterlandes« (S. VI), die dem »schönen Ganzen« – der »Einheit des deutschen Bundes« – entgegensteht, »unserem einzigen Erlöser und Seligmacher« (S. X). Weber versteht sich als Nationalliberaler, der »ganz Deutschland« geographisch durchmißt, um seiner politischen Ganzheit den Weg zu bereiten. Diese Wegbereitung kann nur zu Fuß erfolgen, und zwar fernab der kleinstaatlichen Dynasten, den Repräsentanten der »Vielköpfigkeit« Deutschlands. Webers Reise führt »mehr an das Volk, als an die Höfe« heran (S. XVI), und sie macht »keine Herren und Damen, sondern schöne Gegenden und Menschen« ausfindig, sie sucht »Orte, die von der Hauptstraße abbiegen«, also nur dem Fußgänger zugänglich sind, nicht aber jenen Zeitgenossen, die »mit Sieben-Meilen-Stiefeln reisen, und eigentlich nicht reisen, sondern nur Posten wechseln« (S. XVI f.). Webers Affekt richtet sich gegen die Eilwagen als Verkehrsmittel der höheren Stände: »Fußreisen sind ohnehin wahre Bedingung des vollen Genusses unsers herrlichen Südens, und seiner göttlichen Alpen. Der Vornehme ⟨...⟩, der in der Ecke seines bequemen Wagens, an der Seite seines Bedienten sich langweilend, nur auf der Poststraße vorüberfliegt, hat sowenig Begriffe davon« (S. 1 f.). Gegen die Flüchtigkeit der Wahrnehmung mit der Schnellpost bringt Weber eine typisch aufklärerische Idee zur Geltung: Realitätsnahe Erfahrung, die den Pulsschlag des Volks erspürt, ist nur auf Fußwegen möglich. Gerade in der Konfrontation mit dem modernen Verkehrsmittel der Schnellpost und später der Eisenbahn kann diese Idee wiederaufleben.

2. Verkehrstechnik und Literaturmarkt

Die neue Verkehrstechnik veranlaßte nicht nur mehr Reisen als je zuvor, sie zeitigte auch, konform zur wachsenden Reisegesellschaft, eine Reiseliteratur bislang ungekannten Ausmaßes. Für die Zeit zwischen 1814 und 1856 hat Wilhelm Engelmanns ›Bibliotheca geographica‹ 120 Rheinreisebücher nachgewiesen – und damit durchaus nicht alle erfaßt (während in derselben Zeit *nur* 30 Donau- und 25 Elbreisetitel zu Buche schlagen). Die hohe Zahl weist nicht allein auf die Vorrangstellung des Rheins im Chor deutscher Landschaften hin, sie vermittelt auch einen Begriff von der lebhaften Konkurrenz der Autoren und Verlage um die Gunst der Käufer und potentieller Rheintouristen. Zu den Reisebüchern im engeren Sinn traten »Reisebehelfe«, um Karl Simrock, selbst Verfasser eines großen Reisebuchs über den Rhein, zu zitieren. Zu ihnen zählte er »Reisebücher, Karten, Panoramen, malerische und plastische Darstellungen einzelner Gegenden wie größerer Strecken, Sagensammlungen in Vers und Prosa«[15]. In der Tat verband Niklas Vogt schon 1804 in seinem Werk ›Ansichten des Rheins‹ seine »Reisebeschreibungen mit der Erzählung von Sagen und Legenden, er reihte – ein glücklicher Gedanke – die alten Geschichten am Faden seiner Reiseroute auf«[16]. Johann August Kleins ›Rheinreise von Straßburg bis Rotterdam‹ aus dem Jahre 1828 trug den Untertitel ›Handbuch für Schnellreisende‹, womit der Verlag (Friedrich Röhling in Koblenz) zügig und weitsichtig auf den eben erst ins Leben gerufenen Dampfschiffverkehr reagierte. Karl Baedeker übernahm Röhlings Verlag 1832 und damit auch Kleins ›Rheinreise‹, die er zu einem Glanzstück seiner verlegerischen Tätigkeit machte.[17] Zwischen 1832, dem Jahr des Neudrucks der ›Rheinreise‹, und 1849, dem Ende der Biedermeierzeit, erlebte das Werk sechs Auflagen, die sich jeweils durch Erweiterungen, Verbesserungen und Umarbeitungen den Lesern und Reisenden empfahlen. Es waren in erster Linie reale Sachgehalte und empirisch überprüfbare Wissensbestände, die Baedeker jeder neuen Auflage hinzufügte. Den Neudruck 1832 ergänzte er sogleich um eine zu dieser Zeit noch seltene Rheinlauf-Karte, ein Resultat der eben erst abgeschlossenen topographischen Aufnahme der Rheinlande und von beträchtlichem Informationswert für die Benutzer (der kartographische Reiseatlas von Delkeskamp sollte erst 1844 erscheinen). Die Ausgabe von 1835 wartete mit einem architektonisch-historischen Anhang auf, die von 1843 überraschte durch die Einführung von Stadtplänen (auf der Basis jüngster Katastererhebungen) – ein unschätzbarer Orientierungsgewinn für Reisende. Präzision bei umfassender Information war eine zentrale Absicht Baedekers; sein fast enzyklopädischer Gesichtskreis – er umfaßte Transportmöglichkeiten, Paßwesen, Gasthöfe, Bäder, Belustigungsorte, Trinkgelder, Weinbau, Sehens- und Merkwürdigkeiten – knüpfte an die Tradition aufklärerischer Reisehandbücher an, war diesen freilich durch Zuverlässigkeit und Stichhaltigkeit überlegen. Der Verlagsprinzipal erwanderte etliche der dargestellten Gegenden selbst (bzw. ließ sie von Mitarbeitern erwandern) und warf ein scharfes Auge namentlich auf das gastronomische Gewerbe. »Die kritische Beschreibung vieler Reiseeinrichtungen«, so urteilt man zu Recht, »hatte zu dem Ruf der Unbestechlichkeit geführt«[18] – ein Ruf, den Baedeker, allen Beeinflussungen zum Trotz, als ein Markenzeichen pflegte. In diesem Verleger waren aufgeklärte Moral und Geschäftsinteresse noch relativ bruchlos verschränkt – das macht ihn zusammen mit anderen zeitgenössischen Berufskollegen wie Cotta und Campe zu einer der beispielhaften Gestalten des kulturellen Lebens seiner Epoche.

3. Kulturtechnische Medien und Reiseliteratur

Die neuen Verkehrsmittel, so viel ist evident, förderten das Reisen und die Reiseliteratur, wie umgekehrt die Reiseliteratur das Reisen und den Reiseverkehr förderte. Diese produktive Wechselwirkung zeigt sich auch in neuen Techniken der Wahrnehmung und ihrer Reproduktion. Insbesondere eine technische Innovation spielt hier eine bedeutende Rolle: der in England erfundene und seit 1820 verwendete Stahlstich. Das neue Verfahren erlaubt höhere Druckauflagen als der ältere Kupferstich und erleichtert dergestalt die massenhafte, preiswertere Verbreitung bebilderter Literatur. Man darf die These wagen, daß eines der verbreitetsten und umfangreichsten reiseliterarischen Unternehmen jener Zeit, das zehnbändige Sammelwerk ›Das malerische und romantische Deutschland‹, ohne den Stahlstich schwerlich das Licht des literarischen Markts erblickt hätte. Verlegt zwischen 1838 und 1860 bei Otto Wigand in Leipzig, verstand es sich als Konkurrenzunternehmen zu den Reisehandbüchern Karl Baedekers. Letztere verzichteten ja weitgehend auf das »Romantische«, das Karl Simrock, Autor des Bandes ›Der Rhein‹ in Wigands Reihe, durch »historische und mythische Erinnerungen« bestimmt sah[19]; und auch das »Malerische« fristete ein eher bescheidenes Dasein in den ›Baedekers‹, wo Stadtpläne und Karten dominierten, während Simrock und seine Mitstreiter eine »Zimmer-Reise«, »reich an Naturschönheiten«[20], versprachen und ihre Texte mit solchen Schönheiten reichlich bebildern ließen: eben vermöge des Stahlstichs.

Wie kann eine Zimmer-Reise anhand des bebilderten Buches die Illusion der weiten Welt vermitteln? Eben durch die Vorspiegelung von Weite, von Überblick und Fernblick, von Umschau aus hoher Warte. Immer wieder führen die Autoren des ›malerischen und romantischen Deutschland‹ ihre Leser auf einen erhöhten Standort, der den erhabenen Anblick einer Gegend und ihrer pittoresken Reize ermöglicht. Immer wieder ist man damals dem »Hauptaussichtspunkt« und der panoramatischen »Generalansicht« auf der Spur.[22] Man ist es mit einer Beharrlichkeit, die nachgerade auf einen Sehzwang schließen läßt, zumal in der hier vorgestellten Epoche. Und dieser Zwang beruhte nicht auf der binnenliterarischen Überlieferung allein, er hatte auch außerliterarische Gründe. Es war abermals eine technische Innovation, die das Reiseverhalten, in diesem Fall den Reiseblick, nachhaltig prägte, ja teilweise determinierte. Die Rede ist vom Panorama in seiner Gestalt als transportables Rundgemälde.[23] Im Bilder-Conversations-Lexikon von Brockhaus heißt es (1839):

Panorama oder Rundgemälde wird die von einem hochgelegenen Standpunkte aus bewirkte malerische Aufnahme der Umgegend desselben genannt, soweit das Auge ringsum den Horizont erreichen kann. Es kommt dabei vorzüglich darauf an, durch zweckgemäßen Gebrauch von Perspektive, Farben und Licht es dahin zu bringen, daß solche Gemälde, begünstigt von einer angemessenen Aufstellung, dem Betrachter im Ganzen, wie im Einzelnen eine möglichst täuschende und so naturgetreue Anschauung gewähren, daß er sich selbst auf den Standpunkt des Malers versetzt glaubt. Jene Aufstellung erfolgt in runden Gebäuden, welche in großen Städten dazu im Voraus eingerichtet sind ⟨...⟩ und wo der Standpunkt für den Beschauer in der Mitte des rings an den Wänden befindlichen und nur von oben beleuchteten Gemäldes angebracht ist. Man hat jetzt solche Rundgemälde von interessanten Städten und Gegenden, z. B. von Rom, London und Paris ⟨...⟩.

Das »Malerische« mit einer Perfektion darzubieten, daß es auf den Betrachter »naturgetreu« wirkt, ihn auf einem »hochgelegenen Standpunkt« zu plazieren, der mit dem des Künstlers selbst identisch scheint; die von ihm ereiste Stadt oder Gegend auf diese identifikatorische Weise in einem Saal bequem nachzuerleben – das sind die vom Panorama gebotenen Annehmlichkeiten, mit denen die »malerische und romantische« Reiseliteratur wetteifern muß, denn seit seiner Erfindung 1793/94 in London hat das Panorama einen unaufhaltsamen Triumphzug durch das europäische Festland angetreten, an dem Städte- und Naturschilderer nicht achtlos vorübergehen konnten, wenn sie beim Publikum Breitenwirkung erzielen wollten. Die technischen Neuerer schritten vom einzelnen unbeweglichen Rundbild zur unmerklichen Folge mehrerer Bilder fort, und sie krönten diesen Prozeß 1822 durch das *Diorama*,[24] das auf einer immobilen Leinwand – in raffiniertem Beleuchtungswechsel – eine ganze Sequenz von Bildern vorführte, z. B. »wallende Nebel, ziehende Wolken, sprühende Wasserfälle, ein aufziehendes und sich entladendes Gewitter und schließlich die Lichtveränderungen vom Morgen zum Abend.«[25] Die (technisch erzeugte) Beweglichkeit und Varietät des Dargestellten, die dioramatische Schaffung von Übergängen, Wechseln und veränderlichen Kontrasten reizte die reiseliterarische Feder verstärkt zu Nachbildungen. Hermann Fürst Pückler-Muskau brilliert in einem der berühmtesten Reisewerke der Epoche, den ›Briefen eines Verstorbenen‹, stets aufs neue mit einer dynamischen Folge »sich neu gestaltender Ansichten«, übermalt vom »immer wechselnden Spiel« der Beleuchtungseffekte.[26] Auch die romantisch-malerischen Sujets der Panoramen und Dioramen – Ruinen gotischer Kirchen, Sonnenauf- und -untergänge überm Meer, überm Gebirge, über Burgen und alten Städten, ein Hafen bei Mondlicht, interessante Berg-Tal-Kontraste – machten ihren Einfluß geltend und drängten zur Wiederbelebung einer literarisch längst erprobten Reise-Optik. Die Literatur mußte der publikumswirksamen Ausstrahlung von Panorama und Diorama ihren Tribut entrichten. Beide technische Innovationen waren den Reiseschriftstellern der Zeit wohl vertraut – der faszinierte Börne schildert in seinen Briefen aus Paris ebenso eindrucksvolle Manifestationen wie Pückler-Muskau in seinen englischen Briefen.[27] Im Wetteifer mit diesen neuen Medien verfestigten die Schriftsteller ihre traditionellen malerisch-romantischen Reisevorlieben, erhoben sie die panoramatische Überschau und die dioramatische Varietät einer Landschaft, ihre kontrastiven oder transitorischen Lichtspiele zum unverzichtbaren Ingrediens ihrer Beschreibungen.

II. Reisementalitäten

Sinnvoller als eine Gliederung nach Reisezielen oder -genres ist eine Betrachtung der Reiseliteratur nach den zentralen Geisteshaltungen und Interessenlagen, von denen sie bestimmt wird, also nach *Reise-Mentalitäten* und *Reise-Arten*, die gleichzeitig für Sozialverhältnisse und Bewußtseinsprozesse der Epoche charakteristisch sind.

Einen Fingerzeig auf diese Reise-Mentalitäten und -Arten gibt ein Schriftsteller der Epoche selbst. Robert Prutz hat in seinem Aufsatz ›Über Reisen und Reiseliteratur der Deutschen‹ 1847 die *politisch-soziale Reisementalität* als die einzig zeitgerechte gelten lassen. Als ihre maßgeblichen Repräsentanten nannte er mit Heine den Autor der berühmten ›Reisebilder‹ und mit Börne den der nicht minder populären ›Briefe aus Paris‹:

Nicht die Kunst, sondern die Politik, die Gesellschaft, das öffentliche Leben ist ihr Wahlspruch: Paris daher, der Herd der Juli-Revolution, das Herz der neuen Geschichte, die Weltstadt, wo Heine und Börne und nach ihnen die Hunderte deutscher Flüchtlinge eine Stätte fanden, das Ziel ihrer Fahrt ⟨...⟩ Und wer möchte leugnen, daß dieser politische, dieser soziale Gesichtspunkt bei weitem der wichtigste ist, den ein Reisender haben kann?[28]

Die politisch-soziale Reisementalität, so Prutz, datiere aus jüngster Zeit, aus den »dreißiger Jahren«, sei hinausgewachsen über die reine Dichtung und ziele auf eine »Versöhnung und Durchdringung der Poesie und der Geschichte, der Kunst und der Wirklichkeit«[29]. Prutz visiert unverkennbar Heines berühmte Formel vom »Ende der Kunstperiode« an, die progressiven Schriftstellern wie ein Fanfarenstoß ins Ohr tönte. Und dieser Appell zur Beerdigung der autonomen Kunst hat laut Prutz eine »dickleibige Literatur der Reisebriefe, Weltfahrten, Spaziergänge, Reisenovellen« nach sich gezogen[30], deren Autoren ihm als Zeugen gegen zeitvergessene Bildungs- und Romantikreisende dienen, also

gegen jene Gelehrten, die sich wie Mauerschnecken festsaugen am pompejanischen Trümmerwerk⟨...⟩, aber die Fühlhörner einziehen und erschrocken davonlaufen, wo ein frischer Hauch der Geschichte sie anweht; gegen jene Dichter, die ein weiches Herz haben für die Wollust italischer Nächte und die schwarzen Augen der römischen Mädchen und sogar für die Ruinen ich weiß nicht welchen alten Tempels, – aber kein Herz haben für den schwülen Mittag unserer Geschichte, für den weinenden Blick unseres Volkes, für die Ruinen unserer Freiheit[31].

Der Angriff auf die Dichter mit der Vorliebe »für die Wollust italienischer Nächte« und die Tempelruinen zielt auf eine verbreitete Reisementalität der Zeit: die *malerisch-romantische*. Von der *politisch-sozialen* Gegenwart scheint hier die Reise hinwegzuführen in die zeitferne Natur und Vergangenheit. Es scheint zwar, als sei kein lebhafterer Gegensatz denkbar als der zwischen den beiden skizzierten Reisementalitäten: zwischen der politisch-sozialen Reise *in die Zeitverhältnisse* und der malerisch-romantischen Reise *aus den Zeitverhältnissen* in die zeitlose Natur und in vergangene Zeitalter.

Bei aller prinzipiellen Unterschiedlichkeit der beiden Mentalitäten sind jedoch auch gleitende Übergänge zwischen ihnen bemerkbar: Übergänge vom allgemeinen zum individuellen Glück beispielsweise, und namentlich Übergänge im Politischen. So erhebt Wilhelm Blumenhagen, Autor des Bandes ›Der Harz‹ in der Reihe ›Das malerische und romantische Deutschland‹, *sein* Gebirge zu einer Metapher für eine streng hierarchische Monarchie! Und in progressiver Umkehrung dieser konservativen Ideologie deutet Karl Simrock die »malerisch-romantische« Geschichte des Kölner »Dombaus« und die »Domsage« aus der Perspektive eines weltoffenen, liberalen Nationalbewußtseins.

Zu bedenken bleibt schließlich *ein* auffälliger Konvergenzpunkt zwischen den beiden konträren Reisementalitäten: beide haben an der Idee der Selbstbildung teil. Wer im 19. Jahrhundert reist, gleichgültig ob in »malerisch-romantischer« oder »politisch-sozialer« Absicht, reist nicht ohne Bildungsansprüche. Wenn Prutz die Gelehrten geißelt, »die sich wie Mauerschnecken festsaugen am pompejanischen Trümmerwerk«, dann verkennt er im politisch-sozialen Gefechtseifer den hier bezeugten Wissens- und Bildungswillen. Die Bildungsidee ist eine Konstante im deutschen Geistesleben seit der frühen Aufklärung. Es überrascht daher nicht, wenn sie eine eigene Reisementalität begründet, die dritte wesentliche in der Epoche, die wir *Bildungs- und Selbstfindungsreise* nennen. Sie ist eine Konstante auch der Reiseliteratur zwischen 1750 und 1850. Sieht man in der Kavalierstour junger Adeliger im 18. Jahrhundert eine Ouvertüre zur bürgerlichen Bildungsreise, so denkt man mit Fug und Recht den Gedanken des praktischen Nutzens mit: Die Reise dient der ideellen Horizonterweiterung nicht allein, sie erweitert auch das berufliche Gesichtsfeld[32]. Und selbstverständlich ist die Reise auch um der guten Unterhaltung und des ästhetischen Vergnügens willen da – ein Gesichtspunkt, der zumindest stillschweigend mitgedacht wird, denn der ideelle Horizont umfaßt zwanglos auch die bildenden Künste, die Literatur und das Theater eines fremden Landes, das Feld der Muse also. Dieser sinnenhaften und sinnlichen Seite der Bildung ist die wissenschaftliche zugesellt, vor allem seitdem im Gefolge der Entdeckungsreisen die Geographie und Geologie, die Botanik und Ethnographie wachsende Geltung erlangt haben³³. Sie fördern Weltkenntnis und Weltläufigkeit der Reisenden; Selbstbildung wird als wahrhaft umfassend begriffen, als der freie, selbstverantwortliche Abschluß einer von Eltern und Erziehern vermittelten »Sozialisation«³⁴. Der Ideenkreis der Bildungsreise und der des Bildungsromans berühren sich.

1. Politisch-soziales Reisen

In den Reisebeschreibungen der (Stadt-)Landschaften Deutschlands spiegelt sich die politische Landschaft wider. Eine ultrakonservative Haltung schlägt sich nieder in Johann Ferdinand Neigebauers ›Cavalier auf Reisen im Jahr 1837‹³⁵ – einer Attacke auf die Juden und auf führende Radikaldemokraten –, eine liberale in Carl Julius Webers ›Deutschland oder Briefe eines in Deutschland reisenden Deutschen‹ (1826–28), eine radikaldemokratische in Ludwig Rellstabs ›Empfindsamen Reisen‹ (1836).

Den Deutschland-Reisen gesellen sich die ins Ausland hinzu, Spiegelungen der politischen Landschaft auch sie. Einigen ist die (radikal-)demokratische Intention gleichsam auf die Stirn geschrieben – sie sind in freien Ländern bzw. deren Metropolen verfaßt: den Vereinigten Staaten, London, Paris. Schriftsteller wie Charles Sealsfield, Heinrich Heine oder Ludwig Börne haben diese Aufenthaltsorte nicht ohne Zwang gewählt, aus Furcht vor möglichen Repressionen unter restaurativen Verhältnissen oder aus der Erfahrung faktischer Disqualifizierung, die den gebürtigen Juden (Heine, Börne), Bürgern zweiter Klasse also, doppelt fühlbar wurde. Davon abgesehen: das Fundament der modernen Welt wurde in England, der Geburtsstätte der industriellen, und in Frankreich, dem Land der politischen Revolution, gelegt (ein auch die Vereinigten Staaten tragendes Fundament). Wer auf der sozial-politischen und -philosophischen Höhe der Zeit sein wollte, machte sich mit der westeuropäischen Avantgarde vertraut. So entsteht zwischen 1789 und 1848 ein neuer Reisetypus unter der oppositionellen deutschen Intelligenz: der freiheitsliebende Emigrant und Kulturrevolutionär in Paris-London und der europamüde Erforscher einer neuen Gesellschaft in Nordamerika (Sealsfield, Harro Paul Harring, Lenau, Friedrich List etc.).

Wie schon Johann Heinrich Campe, der Revolutionsreisende aus deutscher Provinz im Jahre 1789, zeichnet auch Heine 40 Jahre später großstädtisches Treiben mit besonderer Empfindlichkeit auf: »Ich habe das Merkwürdigste gesehen, was die Welt dem staunenden Geiste zeigen kann, ich habe es gesehen, und staune noch immer – ⟨…⟩ ich spreche von London« (538).[36] Obgleich Heine, anders als Campe, ein leichtes Grauen vor dem »Strom lebendiger Menschengesichter« (538) nicht verhehlen kann, scheint er zunächst ganz auf den Spuren des Spätaufklärers zu wandeln, wenn er sich an die belebteste Straßenecke Londons, an die »Ecke von Cheapside« begibt, wo »die Menschenwogen ihn umrauschen«, wie es emphatisch heißt, Menschenwogen, aus denen der »ewige Geist« ihn anweht (538). Um so schneidender wirkt die augenblickliche Entzauberung des Mythos: die tosende Straße, auf der Heine flaniert, führt von der »Börse nach Downingstreet« (538), und dem geheimen Gesetz der Börse gehorcht der hin und her wogende Menschenstrom, dem Gesetz der Kapitalanlage, des Gelderwerbs, der anarchischen Konkurrenz. So erscheint denn aus Heines Optik die Bewegung der Volksmasse als chaotischer Richtungskampf von Einzelgängern. Mit ihrem Prinzip der entfesselten Privatwirtschaft hat die *industrielle* Revolution die *politische* überwältigt, die in Brüderlichkeit und Gleichheit einmünden sollte. Hatte Johann Heinrich Campe auf den Straßen und Plätzen von Paris das poetische Rauschen der brüderlichen Gleichheit und Freiheit zu hören vermeint[37], so bemerkt Heine auf der Londoner Cheapside nurmehr das chaotische Durcheinander von Privateigentümern und Eigentumslosen, Erwerbsrittern und Habenichtsen. Alle Poesie ist aus dem Straßenbild verschwunden. »Dieser bare Ernst aller Dinge«, klagt Heine, »diese kolossale Einförmigkeit, diese maschinenhafte Bewegung ⟨…⟩ erdrückt die Phantasie und zerreißt das Herz«. (538) Statt dessen regiert der Schein der Poesie, der dort erglänzt, wo das Herz der Bourgeoisie schlägt: in der Welt der Waren. Mitten im Straßenchaos trifft Heines Blick plötzlich auf diese Welt. Schaufenster, wie der Reisende aus der deutschen Provinz sie nie zuvor gesehen hat, provozieren sein jähes Erstaunen:

⟨...⟩ auch die Kunst der Aufstellung, Farbenkontrast und Mannigfaltigkeit gibt den englischen Kaufläden einen eigenen Reiz; selbst die alltäglichen Lebensbedürfnisse erscheinen in einem überraschenden Zauberglanze, gewöhnliche Eßwaren locken uns durch ihre neue Beleuchtung, sogar rohe Fische liegen so wohlgefällig appretiert, daß uns der regenbogenfarbige Glanz ihrer Schuppen ergötzt, rohes Fleisch liegt wie gemalt auf saubern, bunten Porzellantellerchen mit lachender Petersilie umkränzt. ⟨...⟩ Nur die Menschen sind nicht so heiter, mit den ernsthaftesten Gesichtern verkaufen sie die lustigsten Spielsachen, und Zuschnitt und Farbe ihrer Kleidung ist gleichförmig wie ihre Häuser. (541)

Die Waren bilden jetzt das Faszinosum, das im revolutionären Paris die Volksmassen bildeten. Das gehört zu der fundamentalen Wende, die in der aufklärerischen Reiseliteratur von Campe bis Heine transparent wird. Heine erzielt diese Transparenz durch den Kontrast, eines seiner bevorzugten Stilmittel: er kontrastiert den Zauberglanz der Waren mit den glanzlosen Warenbesitzern und die Warenbesitzer mit den Besitzlosen, indem er von den gewöhnlichen Touristenstraßen Londons in die abgelegenen Quartiere des Elends vordringt. Heine setzt nicht nur die spätaufklärerische Tradition der Fußwanderung in die Welt der Armen fort, er entdeckt diese Welt auch als Geburtshelferin der Warenwelt, Hervorbringerin des gesellschaftlichen Luxus.

Seiner kritischen Schwermut setzt Heine sein Glücksbedürfnis entgegen. Es heftet sich auch hier an das Faktum der Französischen Revolution, das dem Prinzip Hoffnung zum empirisch-historischen Unterpfand wurde. Aber Heine blickt auf die Revolution mit den Augen desjenigen zurück, der auf seiner London-Reise die Zweideutigkeit des revolutionären Freiheitspostulats durchschaut hat. Die englische, unbeschränkte Freiheit des Privateigentümers und Konkurrenten will Heine ersetzt sehen durch eine Freiheit, die er auf materielle Gleichheit und Brüderlichkeit gründen möchte. Aus dieser Erwartung prägt er in seinem Schlußkapitel die Sentenz: »Die Freiheit ist eine neue Religion, die Religion unserer Zeit« (601). So messianisch konnte sich Heine deshalb äußern, weil inzwischen, im Jahre 1830, die Juli-Revolution ausgebrochen war. Sie erschien ihm als die vielversprechende Erbin der Revolution von

1789, als die Fortsetzerin des heilsgeschichtlichen Vorgangs, den Campe beschworen hatte.

Das verheißungsvolle Finale Heines – die Pariser Juli-Revolution – war das Fanal auch für Börnes Selbstbefreiung aus kleinstaatlichen Banden. Als Zeugnisse eines freiwilligen Emigranten, der die Erfahrungen in der Fremde mit Einmischungen in das deutsche Tagesgeschehen verknüpfte, fanden Börnes ›Briefe aus Paris‹[38] einen gewaltigen Widerhall – bei Freund wie Feind[39] [→ Stein: Operative Literatur, 490 ff.]. Ihr politisch eingreifender Charakter macht Börnes ›Briefe aus Paris‹ zu einem Modell jener operativen Ästhetik, die eine der dominierenden Literaturströmungen im Vormärz bildet [→ Stein: Sozialgeschichtliche Signatur, 33 ff.]. Hier äußert sich der revolutionäre Ideenlehrer wie ein Realpolitiker – erstaunlich genug für einen Angehörigen der deutschen Intelligenz (deren Handlungsarmut er in seinem 5. Brief geißelt). Börne verdankt seinem Aufenthalt in Paris die untypische Einsicht in das Räderwerk der Politik: in die täglichen Attacken auf die Errungenschaften der Juli-Revolution, Attacken der Regierenden und Besitzenden, welche die Gegenwehr der Demokraten, der Unterprivilegierten, der Armen nötig machen, »des Volks« also. Börnes Briefe hallen von den Gängen und Streifzügen wider, die er durch Paris unternimmt, auf der Suche nach Volksaufläufen, Massenprotesten, Versammlungen.

Zur Eigenart dieser Reisebriefe gehört ihr ständiger Perspektivenwechsel zwischen Fremde und Heimat. Dergestalt erweitert Börne die politische Bildungsreise der älteren Spätaufklärung gemäß seiner Doppelperspektive: sie ist real stattfindende Fußreise durch Paris und imaginäre Reise durch das ferne Deutschland. Nur im Spiegel des Pariser Lebens kann die ganze Schmach der deutschen Verhältnisse offenbar werden, nur im Angesicht des Fortschritts die Apathie des status quo Umriß gewinnen:

> In zehn Jahren werden die Freunde der politischen Altertümer aus allen Ländern der Erde nach Deutschland reisen, um da ihre Kunstliebhaberei zu befriedigen. Ich sehe sie schon mit ihren *Antiquités de l' Allemagne* in der Hand ⟨...⟩ durch unsere Städte wandern, und unsere Gerichts-

ordnung, unsere Stockschläge, unsere Zensur, unsere Mauten, unsern Adelsstolz, unsere Bürgerdemut, unsere allerhöchsten und allerniedrigsten Personen, unsere Zünfte, unsern Judenzwang, unsere Bauernnot begucken, betasten, ausmessen, beschwatzen. (13. Brief)

Börnes Spottlust spannt sich von hinterlistiger Ironie bis zu tolldreistem Sarkasmus, sobald am Horizont Deutschland auftaucht. Seine Kommentare, seine Eingriffe ins Tagesgeschehen lesen sich, als dürfe man nichts versäumen, keine Chance zur Veränderung ungenutzt lassen, als sei jeder Tag eines Umsturzes fähig: daher das drängende Tempo der Briefe, der zügige Atem ihrer Gedankenfolge und ihrer Folgerungen. Seine politischen, sozialen und kulturellen Notate und Kommentare zum Tagesgeschehen sind von hohem ästhetischem Anspruch. Ihre rasch wechselnden, von der Satire bis zur Trauerrede reichenden Tonarten sind stilbewußt komponiert, vor allem dank Börnes Rhetorik und Bilderfülle. Der leidenschaftliche Affekt gewinnt Durchschlagskraft durch planvoll eingesetzte rhetorische Figuren, die ihn variationsreich instrumentieren und die Stimme des einsamen Briefschreibers zu einer polyphonen öffentlichen Rede erheben. Der vielzitierte Antagonismus zwischen dem spirituellen Börne und dem sensuellen Heine, dem Asketen und dem Epikuräer, dem Jakobiner und dem emanzipierten Sinnenwesen, ruht auf einem Mißverständnis, an dem beide im Eifer der Konkurrenz mitgewirkt haben. Ihre Schriften, namentlich ihre Reiseliteratur, reden eine andere, verwandte Sprache.

2. Malerisch-romantisches Reisen

In der malerisch-romantischen Reise findet nicht die Ausfahrt in die Politik statt, sondern der Ausbruch aus ihr, nicht die Expedition in die Gegenwart, sondern die Suche nach einer versunkenen Zeit.

Wilhelm Müller, dessen ›Winterreise‹ Schubert vertont hat, legte 1820 seine italienische Bildungsreise ›Rom, Römer und Römerinnen‹[40] vor. Wie viele andere jüngere Deutsche hatte er in der Restaurationszeit eine Gelegenheit ergriffen, der politischen Winterstarre in seinem Land zu entfliehen. An dieser Winterstarre übt er von Rom aus Kritik, behutsam, wie es die restaurative Zensur erfordert. Impulsiver äußert er sich über die eingezogene und einsiedlerische, asketische und disziplinierte Lebensart der Deutschen, auf die er im Spiegel Italiens mit wachsender Skepsis zurückblickt. Dem verdrossenen Arbeitseifer seiner Landsleute hält er die »Poesie des italienischen Lebens« entgegen, die darzustellen sein »Endziel« sei, wie er gesteht (156). Mehrfach betont Müller, daß er aus den poetischen Motiven dieses Lebens ein reizvolles Gemälde herzustellen trachte: »Immer und ewig Spiel und Fest, Ohrenweide und Augenlust und alles in raschem, gesetzlichem Wechsel – so lebt das fröhliche Volk der Siebenhügelstadt.« (208 f.)

Kein Wunder, daß der Begeisterte, der tief in das Leben des römischen Volks hinabtaucht, eine »Umwandlung« seines Wesens zu erleben meint (62). Farbige Schilderungen italienischer Körperkultur und italienischer Sprachfreude, römischer Feste und römischer Wochenmärkte scheinen in der Tat einer Wesensveränderung des deutschen Touristen förderlich. Den Deutschen gegenüber verteidigt er ausdrücklich die »welschen Taugenichtse und Faulenzer« (207) und zählt sie zur »Poesie« des Volkslebens. Müllers Prosa scheint von dieser Poesie magische Impulse zu empfangen. Der Lebensgenuß des italienischen Volkes hallt im melodischen Rhythmus des Schreibenden wider, der seine Existenz von Grund auf verändert sieht. Aber immer wieder trägt er auf sein lebensfrohes Rom-Gemälde auch düstere Farben auf, so wenn er die römische Campagna mit ihrem Feudalsystem und der düsteren Armut ihrer Tagelöhner schildert (96–107), wenn er die eiserne Herrschaft der römischen Kurie und ihre Bücherverbote vor Augen führt, wenn er den Zustand der bevormundeten Wissenschaft und aller Bildungsinstitutionen in den Vordergrund rückt. Fast wie ein Reise-Enzyklopädist aus der Aufklärungsepoche läßt Müller die Erscheinungen des römischen (Kultur-)Lebens Revue passieren und wirft auf sie manchen Schatten, ganz in der Manier eines Aufklärers. Aber gleichsam im Handumdrehen schlägt er seine Sozialkritik wieder in den Wind, um im Volk eine soziale Heilsquelle zu entdecken, aus welcher er selbst das Wasser des Lebens zu schöpfen hofft. Wie die deutschen Romantiker rühmt er dem Volk »wunderbare Sagen, fabelhafte Historien, lustige Schwänke« nach (56), aber auch »unerschöpflichen« Reichtum an Volksliedern (46) und das Fortleben seiner größten Dichter in mündlicher Sprache (59). Für diesen Mythos gibt er jegliche Volksaufklärung, vor allem die deutsche, preis: »Leihbibliotheken, Journalzirkel, Pädagogen und Populärphilosophen« ebenso wie »Konversationslexikons« und die Parole der »Freiheit«, denn dadurch verarmen »alte Sitte«, »Märchen und Sagen«, kurz: »wahre Volksbildung« (167 ff.). In Müllers Werk selbst erfolgt der Wechsel von der Aufklärung zur Volks-Verklärung und Gegenaufklärung. Seine romantisch-malerische Verklärung des Gesehenen ist Wahrnehmungskonventionen verpflichtet, die für die massenliterarische Belletristik kennzeichnend sind, während seine kultur- und sozialkritischen Momentaufnahmen diesen Konventionen widersprechen.

Zu dieser ambivalenten Gattung darf man auch das wohl erfolgreichste Reisebuch der Epoche zählen: die ›Briefe eines Verstorbenen‹ (1830) von Fürst Hermann von Pückler-Muskau. Die der ehemaligen Frau des Autors zugesandten ›Briefe‹[41] versprachen aristokratische Privatheit, wenn nicht Intimität. Und sie besaßen, kaum waren sie publiziert, einen öffentlichen Ruf. Goethe selbst hatte eine Rezension beigesteuert, die das »Schickliche« des Werks, das der »besten Gesellschaft« Würdige pointierte; hier lag gleichsam der Adelsbrief des »in höheren Verhältnissen Gebildeten« vor.[42] Man hat zu Recht diese Wertschätzung als ein Politikum gedeutet[43]: Goethe habe diese »Schicklichkeit« als ein Gegengewicht zur jüngst ausgebrochenen Juli-Revolution gewertet. Darin mißverstand er den liberalen, auf die Idee der Freiheit setzenden Fürsten ebenso wie Börne, der diesem kurze Zeit später (im 32. ›Brief aus Paris‹) »Adelstolz« vorwarf und ihn als einen Konterrevolutionär verdächtigte, der da volksfern im Reisewagen – »schwarz lackiert und mit himmelblauer Seide ausgeschlagen«[44] – dahinrolle.
Von der Parteien Gunst und Haß markiert, gedieh das Buch prächtig auf dem literarischen Markt, zumal ihm Heine, ohne es zu kennen, auf Drängen des einflußreichen Varnhagen im Vorwort zu seinen ›Englischen Fragmenten‹ unverzüglich eine warme Empfeh-

lung nachschickte. Heinrich Laube zeigte sich, anders als Börne, gerade von dem Umstand erbaut, daß hier ein Edelmann bürgerliche »Bildung« demonstrierte und die Schriftstellerei pflegte[45]: in den Augen Laubes, des Liberalen, der klassenübergreifende Vorschein einer besseren, homogeneren Gesellschaft, während der radikalrepublikanische Börne in solcher »demokratischen Aristokratie«[46] die eigenständige politische Zielsetzung des Bürgertums beeinträchtigt sah.[47] Dennoch verdankt das Werk des Fürsten seinen Erfolg nicht allein den Fanfaren des Literaturmarkts, sondern ebensosehr seiner Qualität als anspruchsvolle Unterhaltungsliteratur: seiner prekären Balance zwischen kunstautonomem Geltungsanspruch und massenwirksamer Belletristik.

Da macht sich Seine Durchlaucht beispielsweise auf die Reise zu dem berühmten irischen Politiker und Volkshelden Daniel O'Conell. Ausgangspunkt ist eine der zahlreichen Parkanlagen, die den fürstlichen Gartengestalter wiederholt in ihren Bann ziehen – diesmal, weil »Kunst und Natur sich so vollständig die Hand bieten« wie selten sonst auf der weiten Erde (174). »Weise Ökonomie« und Natürlichkeit, organisch wirkende »Notwendigkeit« und »jede mögliche Varietät«, das stimmige Verhältnis der »Teile« zum »Ganzen« – all die Attribute der klassischen Ästhetik paaren sich hier zwanglos im Landschaftsraum. Wenn der Reisende Kunst und Natur zur »vollständigsten Harmonie« (ebd.) vereinigt sieht, so korrespondiert dies fast wörtlich mit Ideen der um dieselbe Zeit erschienenen ›Novelle‹ Goethes (1828), und der öffentliche Applaus, den der Rezensent Goethe dem Reisebuch Pückler-Muskaus spendete, rührt auch von solcher Geistesverwandtschaft her: der Idee einer autonomen Kunst-Natur-Ästhetik.

Deren klassischer Liebhaber ist Pückler-Muskau allerdings nur zeitweise; er verlegt sich periodisch auf das Handwerk des feineren Trivialautors. Vom kunstvoll arrangierten Park stürzt der Fürst sich – und solche malerisch-romantischen Kontraste machten sein Werk so publikumswirksam – in den »Aufruhr der Elemente«, in ein Unwetter unter des Teufels persönlicher Schirmherrschaft, von »Gespensterschauern« umwittert (178). Der Fürst ist klug genug, seine Schauerromantik nicht mit den Weihen der Originalität zu versehen; er kennzeichnet sie mit leiser Selbstverspottung zugleich als eine literarische Diabolik, in der die nächtliche Anrufung des Teufels aus Carl Maria von Webers Freischütz widerhallt. Das »Unheimliche« hat um 1830 Konjunktur, eine durchaus europäische Konjunktur[48], mit der Pückler-Muskau publikumswirksamen Ernst macht und im selben Atemzug »Komödie« spielt. Massenbedürfnissen tributpflichtig, treibt er mit ihnen wiederholt ironisch Scherz – das doppeldeutige Zeichen seiner anspruchsvollen Unterhaltungsliteratur.

Ihr korrespondiert seine politische Haltung. Als aufgeklärter Liberaler bricht er mit manchen Konventionen des Gesellschaftsdenkens seiner Klasse; namentlich am Revolutionsideal der Freiheit hält er entschieden fest. Sein irisches Abenteuer gipfelt in einem Besuch bei dem erwähnten Volkshelden Daniel O'Conell. Der verfolgte ein emanzipatorisches Projekt: die katholische Majorität seines Landes von der religiösen, rechtlichen und politischen Unterdrückung durch die protestantische Minderheit zu befreien bzw. die Unabhängigkeit Irlands von England zu erstreiten. Mit der Reise zu O'Conell setzt der Fürst Signale für jene »zweite große Revolution«, deren »unwiderstehliche Waffen die Rednerbühne und die Druckerpresse« und deren Ziele die »Freiheit« und »Bildung des Volkes« sind: Signale aus der Fremde für die Umgestaltung deutscher Verhältnisse. Pückler-Muskau tradiert damit ein Erbe der Spätaufklärung; wie vormals Johann Heinrich Campe reist er in das Zentrum einer revolutionären Bewegung, um einer Revolution im eigenen Land Impulse zu verleihen. Bei aller persönlichen Glückssuche verliert er das allgemeine Glück nicht aus dem Auge, wofür auch er die Metapher des »Paradieses« zitiert (vgl. 301). Mit einer an Heine gemahnenden Emphase erklärt er die »Politik in höchster Bedeutung« zur »Religion unserer Tage. Für sie blüht der Enthusiasmus der Menschheit ⟨...⟩« (308). Im Jahr der Juli-Revolution erscheinend, mußten Pückler-Muskaus Reisebriefe mit diesem politischen Ton hellwachen Massenerwartungen wie gerufen kommen. So vollbrachten sie ein doppeltes Kunststück: sie erhörten mit ihren überwiegend malerisch-romantischen Ausfahrten die marktkonformen Unterhaltungsbedürfnisse von Privatleuten, und sie bestärkten mit ihren politischen Zwischenspielen progressive Ideen der bürgerlichen Öffentlichkeit.

Als Fürst Pückler-Muskau, vom Erfolg seines England-Reisebuchs ermutigt, 1832 zu einer Orient-Reise aufbrach[49], folgte er einer aktuellen Tendenz. Gegenüber dem europäischen Süden mit seinen allzu populären Italien-Bildern hatte eine noch fast jungfräuliche Landschaft magischen Reiz gewonnen: der lichtdurchflutete Orient mit seinen uralten Tempeln und Pyramiden. Dorthin aber brachte der Fürst eine Ansichtsweise mit, die Wilhelm Müller schon in Italien, er selbst im Westen Europas erprobt hatte: die des ästhetischen Historismus. Von ihr zeugt besonders die Orient-Reise des bayerischen Herzogs Maximilian, der diese zu politischen Zwecken, aber auch um seiner selbst willen 1838 unternahm.[50] Die Zerstreuungen seines Alltags fliehend, von Langeweile gequält, erscheint er wie der typische Europamüde seiner Zeit. Sein Erlebnishunger ist elementar – aber seine europäische Vorbildung spukt in seine orientalischen Erlebnisse hinein und prägt sie mit. So verehrt er etwa die Tempel von Karnak als das göttliche Werk menschlicher Hände – als ein Wunder, »das eigentlich nur ein Gott durch die Hände gewaltiger Riesen hätte aufführen sollen« (93). Die Optik des ästhetischen Historismus, aus der Bayerns Herzog die alten Werke betrachtet, löst das Kunstprodukt aus der Zeit, in der es entstand, und überblendet seine sozialen Voraussetzungen. Kein Wort von der Arbeit der Sklaven, die jene Wundertempel errichtet haben, kommt über die herzoglichen Lippen, obgleich er den Nachfahren dieser Sklaven überall begegnet. So darf er denn in der exotischen Fremde die Vergangenheit in Besitz nehmen und als Zeugnis des Göttlichen genießen. Kein Zweifel – der Genuß der Fremde als metaphysisches Schauspiel ist eine lebenskräftige Reise-Konstante, vom Spätaufklärer Campe bis zum Bildungsreisenden im Biedermeier, nur daß die Gegenstände der Fremde jetzt ihrem sozialen Ort entrissen werden und dem Privatvergnügen dienen. Bayerns Herzog erlebt die antiken Kunstwerke wie wenig später der berühmte Kunsthistoriker seiner Zeit, Jakob Burckhardt (und wie man sie noch heute zu erleben pflegt): als Objekte eines im Alltag ungestillten Genußverlangens, nicht auch als Zeugnisse einer die Gegenwart herausfordernden Vergangenheit. Darin spricht sich der für den ästhetischen Historisten so bezeichnende Zeitensynkretismus aus. Seine Imagination läßt – nach einem Wort von Karl Philipp Moritz – »die ungeheuersten Zwischenräume von Zeit verschwinden«.[51]

Dergestalt wird er, der sonst sich als Opfer oder Objekt der Geschichte erfährt, zu ihrem Souverän: eine verführerische Gegeninszenierung. Frei von der Bindung an seine gewohnte Welt kann der Reisende als Zeitenregisseur Autonomie demonstrieren.

3. Bildungs- und Selbstfindungsreisen

Schon Karl Philipp Moritz, zu Schwermut und Schwerblütigkeit neigend, hatte in Rom die Skizze einer heilsgeschichtlichen Vervollkommnung des Individuums entworfen, und der Spätaufklärer Seume verdankte, ebenfalls in Italien, der inständigen Betrachtung einer Canova-Statue die Genesung von seiner Lebensmelancholie. Die Bildungs- und Kunstemphase gedieh erst recht in einem Land, das durch seine spätabsolutistische Kleinkammerung den Bürgern den Status des citoyen vorenthielt und ihnen anstelle eines öffentlichen Lebens – Zensurmaßnahmen bot. So verlagerte die deutsche Intelligenz die frührevolutionäre, heilsgeschichtlich-utopische Ideenwelt und die damit verknüpfte Glückserwartung auf andere, nichtpolitische Bezirke: auf die Liebe, die Kunst, die Natur und vor allem – auf das *Reisen*.

Im übrigen umfaßt Bildung über das »Ästhetische« hinaus das Gebiet fremder Sitten und Bräuche, fremden Volkstums und Volkslebens. Und da kann der Brückenschlag zur Sphäre des Politischen und Sozialen ganz spontan erfolgen. Daß das Bildungsinteresse auch in »malerisch-romantische« Künstlichkeit übergehen kann, demonstriert mehr als einmal Pückler-Muskau in den ›Briefen eines Verstorbenen‹: so wenn er in »einer gewundenen Allee uralter Eichen« seinen erprobten Museumsblick aufschlägt und die Natur ihm, »gleich einer Bildergalerie, fast unter jedem Baum ein neues Gemälde« zeigt (329). Die Übergänge vom Bildungsinteresse des Reisenden zur »politisch-sozialen« bzw. »malerisch-romantischen« Perspektive sind zahlreich.

Nicht durchweg, aber doch partiell durchbricht so auch Johanna Schopenhauer die verbreitete »malerisch-romantische« Reisevorstellung über England.[52] Sie blickt, wenn auch zögernd, in die abstoßenden Bezirke der Industriellen Revolution. Zwar sieht sie beispielsweise im »bleichen, schmutzigen Bewohner der Minen« ein »Schauspiel, das wir bis jetzt nur zu oft und zu lange gehabt hatten« (57) – doch nimmt sie die Minenbewohner immerhin gegen ihre eigenen Reise-Erwartungen wahr. Gewiß, ihr Hauptinteresse gilt der alten Agrikultur, wo der »rüstige Landmann, der im Schweiße seines Angesichts der Erde sein Brot abgewinnt« (57), wenigstens den Eindruck eines eigenen, sinnlich wahrnehmbaren Lebens vermittelt.

Und doch überschreitet sie die malerisch-romantische Reisementalität auch energisch – in Richtung auf einen Bildungsprozeß, der für eine Frau damals selten genug ist: Bildung auf dem Feld der Technik und der Industrie. Sie scheint auf den ersten Blick nur eine Touristin, die mit Sehenswürdigkeiten aufwarten will, wenn sie die fortgeschrittensten technischen Errungenschaften Englands beschreibt: die erstaunliche, »Zierlichkeit und Stärke« vereinende Brücke in Sunderland (63); eine Kupfermünzenfabrik, eine Glasschleiferei und Dampfmaschinen in Soho (30); eine Baumwollspinnerei, einen Aquädukt und Kohlenminen in Manchester (52 ff.); eine Eisengießerei in Rotherham (129 ff.). »Wunder der Industrie« nennt sie wiederholt die Sehenswürdigkeiten – gleichsam in Konkurrenz zu den Welt- und Naturwundern, mit denen Reisende sich bislang in Szene zu setzen pflegten. Aber Johanna Schopenhauer gehört nicht nur zu den ersten Europäern vom Kontinent, die derartige Manifestationen der frühindustriellen Revolution beschreiben – sie bezeugt dabei auch eine außergewöhnliche Sehschärfe, die sich mit technischem Sachverstand paart. Und in diese Wahrnehmungsform, die sich zur Unterrichtung und zur Bildung ihrer Leser eignet, mischen sich unversehens Shocks, deren Beschreibung eine verborgene Wahrheit ans Licht zieht, so in einer Baumwollspinnerei:

> Uns schwindelte in diesen großen Sälen bei dem Anblicke des mechanischen Lebens ohne Ende. ⟨...⟩ Alles in der Fabrik, auch das Geringste geschieht mit bewundernswerter Genauigkeit und Zierlichkeit, dabei mit Blitzesschnelle. Am Ende schien es uns, als wären alle diese Räder hier das eigentlich Lebendige und die darum beschäftigten Menschen die Maschinen. (52 f.)

Es sollten drei Jahrzehnte vergehen, ehe solche spontanen Einblicke – in die dämonisch anmutende Verlebendigung von Maschinen und die Mechanisierung der Arbeitenden – eine fundierte, systematische Gestalt annahmen, bei Engels, bei Marx, den Frühsozialisten.

Ihre summarische Sozialkritik an dieser Ausbeutung der Arbeitskraft (vgl. 57) vertieft die Autorin durch Städte- und Naturansichten von desillusionierender Schwärze. »Dunkel und vom Kohlendampf eingeräuchert«, gleich »einer ungeheuren Schmiede«: So präsentiert sich die »berühmte, große Fabrikstadt« Manchester (51). Und ebensso Carron mit seinen »abenteuerlichen, hohen Schornsteinen«: »Dicke schwarze Rauchwolken steigen aus diesen empor und wälzten sich verfinsternd über die blühende Gegend« (85). Blühend? In Carron schon bedecken die Rauchwolken »mit Asche und Ruß Bäume und Pflanzen« (86) – und die Umgebung von Yorkshire ist auf Schritt und Blick zur Vorhölle entstellt: »Kein Baum, kein Kornfeld, keine ländlichen Gärten, aber überall Blei- und Kohlenminen. Steinbrüche, Schmelzöfen, Ziegelfabriken« – den Bewohnern ist selbst das Erlebnis der »Jahreszeiten« abhanden gekommen (57). In diesem Alptraum hebt Johanna Schopenhauer bewußt die touristische Vorstellungswelt auf, die sich »gewöhnlich ganz England als ein schönes, fruchtbares, einem Garten ähnliches Land denkt« (57).

Wie in manchem sozialen Roman drei Jahrzehnte später durchkreuzen sich in ihrer Realitätssicht eine überlieferte, verklärende und eine zeitangemessene, kritische Optik. Mehr noch – sie bemerkt Widersprüche in der historischen Zeitenwende selbst: in den objektiven Fortschritten der Industriellen Revolution die Rückschritte für Natur und menschliche Arbeitskraft.

Mit der Scharfsicht und Einfühlungskraft einer aufgeklärten Frau stellt die Verfasserin auch das englische Theater vor. Was sie als eine Vertreterin des »schwachen Geschlechts« nicht direkt mitteilen kann, spricht sie in ihren Kapiteln über das Londoner Theaterleben indirekt aus: politische Gedanken. Man lese ihre eingehende Beschreibung des englischen Theaterpublikums. Das Volk nämlich ist es, das »über die bretterne Welt herrscht«; der »auf den höchsten Sitzen befindliche Teil des Publikums«, also die untere

Volksklasse, hat hier »die lauteste Stimme« und agiert zuweilen selbst als »Schauspieler« (›Das englische Publikum‹). Revolutionäres Beben – hier schwingt es nach, oder es schwingt voraus; komplementär zum »Ernst dieses Volkes« und seiner »Dezenz« in vielen Lebenslagen manifestiert sich im Theater seine Bereitschaft zum Protest und zur couragierten Selbstdarstellung. »Hier siegt die Natur, unterstützt von der Kunst, und Regel und Zwang sind vergessen.« (›Öffentliche Vergnügungen – Theater‹)

So bringt Johanna Schopenhauer in ihren Aufzeichnungen verschlüsselt zum Ausdruck, was sie als Frau nicht unverschlüsselt äußern darf: ihr mit den neueren Revolutionen in England und Frankreich verknüpftes Verständnis der Geschichte und Politik. Die Theaterkapitel sind dafür vielleicht die stilistisch einprägsamsten Zeugnisse. Als würde der freie und kräftige Atem eines rebellisch-lebensoffenen Publikums sich auf die deutsche Reisende übertragen, belebt sich ihre Prosa, gewinnt an Zügigkeit, Anschaulichkeit und Vitalität – Zeichen eines musischen und zugleich politisch skandierten Lebensgenusses.

Aus drückenden Lebensumständen waren auch andere Frauen jener Zeit ausgebrochen, um auf Reisen ein neues, glückliches Leben zu beginnen: Fanny Lewald, Ida Pfeiffer, Ida Hahn-Hahn, Ottilie Assing und andere.[53] Einer Vernunftehe suchte Ida Pfeiffer zu entrinnen, eine von seelischen und körperlichen Mißhandlungen begleitete Ehe hatte die Gräfin Hahn-Hahn hinter sich, als sie auf Reisen ging, einer von ihren Eltern dringend empfohlenen Eheschließung verweigerte sich Fanny Lewald. In ihrem ›Römischen Tagebuch‹ (1845–46) erzählt sie vom überwältigenden Glücksgefühl anläßlich ihrer ersten Reise, als sie,

> die Kaufmannstochter aus der Kneiphöfischen Langgasse in Königsberg in Preußen, jetzt aus eigener Machtvollkommenheit so weit, so weit von der Heimat, am Lago maggiore umherging ⟨...⟩. Ohne daß ich es mir eben aussprach, belebte mich der Gedanke: wenn das geschehen konnte, kann ja auch noch viel mehr geschehen, und ich hatte das ganze Herz voll Hoffnung.«[54]

Der Versuch der Selbstfindung und die Suche nach Glück sind nicht nur bei Fanny Lewald unlösbar miteinander verknüpft. Auch die Gräfin Hahn-Hahn sieht ihre Identität eingeschränkt durch die »unruhigen« Verhältnisse im eigenen Kulturkreis: »Alles was besteht soll umgeändert, oder umgebildet, wenn nicht gar umgestoßen werden.« (88)[55] Daher möchte sie im Orient, konfrontiert mit einer untergegangenen, aber aus architektonischen »Wunderwerken« noch eindringlich sprechenden Welt »Hoffnungen« schöpfen für eine geschichtliche »Phase, die neu über den Trümmern unsrer Welt beginnen wird« (88).

Die gewaltigen Strapazen ihrer Reise, die sie klaglos, ja mit Stolz erträgt, etwa der vierzehntägige Ritt von Jerusalem nach Ägypten durch die endlose Wüste, sind geeignet, die polaren Vorstellungen vom »schwachen« und »starken« Geschlecht umzubilden. Auch ihr Forscherdrang, der ihr nahelegt, so oft wie möglich Menschen und Dinge aus unmittelbarer Nähe sich zu vergegenwärtigen, erweist an ihrer Person seine geschlechterübergreifende Kraft. Freilich, nicht durchweg besiegt ihr Erkenntnisinteresse ihre Vorurteile – wessen Geisteskraft wäre dazu imstande? Die Vorurteilsgewalt der Gräfin nimmt zuweilen barbarische Züge an, namentlich auf dem Sklavinnenmarkt zu Konstantinopel, wo sie das »unerhört Tierische der ganzen Erscheinung« schwarzer Frauen rügt und zu dem Schluß gelangt: »Ich muß ehrlich gestehen, daß ⟨...⟩ mir der majestätische Königsgeier zu Schönbrunn mehr Mitleid mit seiner Gefangenschaft einflößt, als die Sklaverei dieser Geschöpfe.« (51) Mit Recht ist vom Ethno- und Eurozentrismus der Gräfin gesprochen worden, mit ebenso gutem Recht aber auch von ihren Einsichten in den gesellschaftlich bedingten Charakter von Frauen, beispielsweise im Harem; dessen Lebenszwänge legt die Autorin eingehend offen und blamiert damit zugleich Haremsphantasien der europäischen Männerwelt.[56] In der Ambivalenz ihrer bald rückständigen, bald aufklärend-kritischen und freiheitlichen Urteile ist Ida Hahn-Hahn repräsentativ für weibliche Reisende ihrer Epoche.[57] Sie festigen im Spiegel der Fremde überlieferte Rollenbilder von Frauen und transzendieren sie doch an wesentlichen Stellen.

III. Reiseliterarische Ästhetik

1. Die ästhetische Moderne

Ästhetische Verfahrensweisen der Reiseschriftsteller wurden im Vorhergehenden von Fall zu Fall genannt; sie verdienen jedoch ein eigenes resümierendes Kapitel. Denn die Reiseliteratur zwischen 1815 und 1848 macht wesentliche Züge der ästhetischen Moderne transparent, ja wirkt an ihrer Genese mit. Die schreibkundigen Reisenden verstehen sich auf die Montage von gewöhnlichen Details zur gesellschaftskritischen Allegorie, andererseits aber auch auf die dekorative Illustration der industriellen Revolution. Sie sind die ersten Großstadtimpressionisten von Rang, aber auch marktgerechte Anwälte der entstehenden Warenästhetik. Sie machen die eigene Individualität zum Resonanzraum überindividueller Widersprüche, aber auch zur schmiegsamen Instanz ihrer Harmonisierung. Sie zählen zur epochenkritischen Avantgarde, die mit Witz und Ironie dem beginnenden Massentourismus soziale Dissonanzen vorhält, aber auch zu den Wegbereitern dieses Tourismus und kulturindustrieller Bilderproduktion.

Eine unserer Fragen lautete deshalb: Wie verhält sich eine »malerisch-romantische« Reise-Optik zur gesellschaftlichen Wirklichkeit? Befriedend und harmonisierend, um zwei auffällige Sehweisen vorweg zu nennen. Das »Malerisch-Romantische« macht aus der Realität zuweilen ein Opiat oder ein Sedativ. Ähnlich wie die zeitgenössischen Panoramen und Dioramen eine Sintflut oder eine Feuersbrunst zur Augenweide erheben, unbeschadet ihres Abbildcharakters: ähnlich bereitet ein von Pückler-Muskau beschriebenes Panorama die furchtbare Schlacht von Navarino (1827) zum optischen Hochgenuß auf. Der Beschauer sieht ein raffiniert komponiertes Schlachtgemälde in unmerklichen Sequenzen vor sich abrollen (90 f.). Der ästhetische Historismus macht die jüngste, verheerende Vergangenheit durch kunstvolles Szenen-Arrangement zur epikuräischen Gegenwart.[58] Dementsprechend richtet der Reiseschriftsteller seine Szenen aus der Fremde ein. Er fügt sie zu Panoramen und Dioramen, die – bei aller Varietät und allem Kontrast – eine harmonische Ganzheit vorstellen sollen, worin kein einziger

Teil sich verselbständigen darf zu einer Dissonanz, keiner einen Bruch oder einen Störfall im malerisch-romantischen Gesamtblick bedeuten soll. Daran mag man den fundamentalen Unterschied zur sozialkritischen Reise in die Zeitverhältnisse ermessen. Wenn Heine, fast zur selben Zeit wie Pückler-Muskau in England weilend, London besichtigt, so mit erklärtem Interesse an der Armut, die er umso demonstrativer »aus ihren Schlupfwinkeln« heraustreten läßt, »je grauenhafter ihr Elend kontrastiert mit dem Übermute des Reichtums, der überall hervorprunkt«.[59] Prägnanter, systematischer noch: Heine montiert in sein Englandbild ein ausführliches Zitat, das die wachsende, immer drückendere Armut der unteren Klassen von den Steuern herleitet, die der Staat ihnen auferlegt, um damit die Niederwerfung der Französischen Revolution und ihrer demokratischen Folgewirkungen zu finanzieren. Nutznießer der staatlichen Repression aber sind Aristokratie und Kirche (Kap. IX. ›Die Schuld‹). So illusionslos-umfassend entwerfen die ›Englischen Fragmente‹ eine »Kritik der politischen Ökonomie«! Mit bewußter Willkür, die Topographie Londons mißachtend, setzt Heine zwei entgegengesetzte Sozialphänomene bruchstückhaft gegeneinander und pointiert diese Opposition durch eine soziologische Bestandsaufnahme. Mit kontrastiver Fragmentarik und Montagetechnik unterminiert er stilistisch das organische Bildganze, an dem Pückler-Muskau festhält. Wenn der Fürst die Armut in sein Gesichtsfeld treten läßt, so verleiht er ihr bald eine pittoreske oder versöhnliche Note, wie in Irland (92), bald entkräftet er ihre soziale Bedeutung, wie in England (85), bald stellt er sie der Fügung einer höheren Macht anheim (674 f.). So verliert sie ihren bitteren, soziale Kritik provozierenden Stachel und verblaßt am Ende zum Schattenriß in einem farbenprächtigen Panorama von Genre- und Luxusbildern (vgl. 16. Brief, 662 ff.)

Man kann am Vergleich zwischen Heine und Pückler-Muskau den für die Zeit zentralen Begriff der Kunstperiode erörtern. Daß der Schriftsteller in der Kunst nicht länger »eine unabhängige zweite Welt« neben »jener ersten wirklichen Welt« hervorbringe, wie das angeblich Goethe getan habe, war die Maxime Heines.[60] Thematik und Technik der ›Englischen Fragmente‹ wenden sich dementsprechend der »wirklichen Welt« zu, um das »Ende der

Kunstperiode«[61] einzuläuten. Pückler-Muskau setzt sie dagegen fort, wenn er soziale Störfaktoren im schönen Reisebild harmonisiert. Der dekorative Charakter des Bildes, der schon an seinem Naturprospekt hervorgetreten war, unterstreicht eine sich selbst genügende Schönheit. Sie ist der neuesten Warenästhetik benachbart, wie Heine sie in London wahrnimmt. An den Schaufenstern hebt er kritisch die »Kunst der Aufstellung, Farbenkontrast und Mannigfaltigkeit« hervor, wie auch den »überraschenden Zauberglanz«, den das Alltägliche durch »neue Beleuchtung« erhält (541) – allesamt Attribute des malerisch-romantischen Reisebilds. Dessen Wirkung auf dem literarischen Markt wetteifert mit dem schönen Effekt von Luxuswaren – wie umgekehrt die Luxusware mit gewissen Kunsteffekten aufwartet. Alles in den Londoner Schaufenstern, beteuert Heine, »erscheint uns wie gemalt und mahnt uns an die glänzenden und doch bescheidenen Bilder des Franz Mieris« (541).

Mit solcher marktgerechten Ästhetik gelingt der Reiseschriftstellerei auch die dekorative Illustration der Industriellen Revolution. Der in die »dampfende, rauchende, wimmelnde Fabrikstadt Birmingham« reisende Pückler-Muskau überträgt dorthin die noch frischen Eindrücke einer pittoresken Landschaft: »Der letzte romantische Anblick für mich waren die Fenster, welche bei der aufbrechenden Dunkelheit die Stadt auf allen Seiten aus den langen Essen der Eisenhämmer umleuchteten, dann entsagte ich den Spielen der Phantasie bis auf gelegenere Zeit« (539). Die poetischen Spiele der Phantasie – sie bezeugen die Macht der malerisch-romantischen Sehgewohnheit über die industrielle Realität. Hier entsteht in der Tat jene »unabhängige zweite Welt« der Kunstperiode neu, erschaffen vom »Dichter, der sich über Zeit und Raum zu erheben scheint«, ohne »auf seinem Fluge stets etwas vom eigenthümlichen Gehalte der Gegenwart« mit sich zu nehmen, wie Heine sich das vorgestellt hatte.[62]

2. Fiktionalität und erreiste Realität

Die bisherigen Werkanalysen ließen Reisementalitäten von epochaler Tragweite erkennen, Mentalitäten, die auf politische, soziale, sozial-psychologische und geistesgeschichtliche Prozesse der Zeit verweisen. Sie durchdringen aus diesem Grund nicht nur die bislang präsentierte Reiseliteratur, sie wirken auch in andere literarische Gattungen maßgeblich hinein. Diese Gattungen – Versepos, Novelle, Roman, Lyrik – unterscheiden sich von der Reiseliteratur im engeren Sinn durch ihren grundlegenden fiktionalen Charakter. Reiseliteratur besagt ja, daß die erreiste Realität den Hauptgegenstand der Darstellung bildet und daß fiktionale Kompositionselemente ihr untergeordnet bzw. nachgeordnet bleiben. Umgekehrt kommt es in fiktionaler Literatur nicht primär auf den Realitätscharakter einer dargestellten Reisestätte an, selbst wenn empirische Befunde in die Fiktion integriert sind oder sie begleiten.[63] So bemerken wir charakteristische Differenzen zwischen einem Reiseführer in der Manier Baedekers und einem Reisebild wie der ›Harzreise‹ Heines. Die Parodie des üblichen Reiseführers, die Heine dort entwirft, markiert eine derartige Differenz, fiktionale Einlagen wie der Traum markieren eine andere. Allerdings sind auch die Träume des Erzählers auf die erreiste Realität bezogen – sie erhellen diese schlaglichtartig, wie auch die Reiseführer-Parodie realitätserhellend ist: sie legt den statistischen Oberflächencharakter von gewissen Reise-Handbüchern bloß und zeigt, daß Zahlen und Aufzählungen noch keinen tauglichen Begriff von Realität vermitteln. Heine hat freilich die erreiste Realität auch geringschätzen können und sie zum zufälligen Material einer übergreifenden Fiktion herabgestuft, etwa in ›Die Bäder von Lucca‹, wo es programmatisch heißt: »Es gibt nichts Langweiligeres auf dieser Erde, als die Lektüre einer italienischen Reisebeschreibung – außer etwa das Schreiben derselben – und nur dadurch kann der Verfasser sie einigermaßen erträglich machen, daß er von Italien selbst so wenig als möglich darin redet.«[64] So gewinnen denn in diesem »Reisebild« das fiktionale Gespräch und die fiktional eingerahmte Zeitanalyse den Vorrang vor der Darstellung der erreisten Realität Italiens.

Finden sich dergestalt zahlreiche Übergänge zwischen nichtfiktionaler und fiktionaler Darstellung des Reisens bei einem einzigen Autor, so nimmt es nicht wunder, daß sie für die Epoche insgesamt charakteristisch sind. Schon am Beispiel der dem Rhein gewidmeten Reiseführer läßt sich zeigen, daß dort etliche »Reisebehelfe« fiktionalen Charakters Aufnahme fanden: Sagen und Märchen beispielsweise. Sagen namentlich sind es, die neben der Lyrik und fiktionalen Rahmenhandlungen in überraschend vielen Reise-Handbüchern eine ästhetisch belebende Rolle spielen[65]: typische Vertreter der nicht-fiktionalen Reiseliteratur wie ›Das malerische und romantische Deutschland‹ enthalten Sage, Anekdote, Legende und Gedicht als interessantes fiktionales Ingrediens. Es poetisiert und ästhetisiert die dargestellte Realität einer Landschaft oder einer Stadt, verleiht ihr Altertümlichkeit, nationalen Hintergrund, Volkstümlichkeit, bereitet das Historische zum unmittelbaren Genuß in der Gegenwart auf. Die erreiste Realität wird nicht etwa verleugnet, sie bleibt primärer Bezugspunkt der Darstellung; doch es fällt auf sie der Glanz der Vergangenheit, der Nimbus der Geschichte umfängt sie, der Rang eines nationalen Gemeinguts, den sie erhält, erhöht den Standort des einzelnen Betrachters.

Nicht nur Reisewerke gemischten Charakters wie Laubes ›Reisenovellen‹, auch die eigentlich fiktionalen Gattungen der »Biedermeierzeit« greifen, wie angedeutet, die epochentypische Thematik des Reisens in zahlreichen Variationen auf, so als könnte das Selbst- und Zeitverständnis der handelnden Personen in Reisebildern besonders nachdrücklich entfaltet werden. Identitätssuche und Erkundung des eigenen Seelenlabyrinths werden im spätromantischen Roman Eichendorffs und E. T. A. Hoffmanns gleichsam erreist [→ Heigenmoser: Bildungsroman, 160 ff.]; Unbürgerlichkeit als Vorgriff auf das Glück, aber auch als Verlust des Glücks bestimmt die Reisestationen in Novellen wie dem ›Taugenichts‹ und dem ›Peter Schlemihl‹ [→ Lukas: Novellistik, 262]. Das moderne soziale Leben findet sein Spiegelbild in den vielfältigen Verkehrswegen, die in ›Wilhelm Meisters Wanderjahre‹ von Goethe beschrieben werden (erschienen 1828). Das neunte Kapitel des dritten Buchs entwickelt eine Phänomenologie des Reisens, deren Vielfalt und Systematik in der Epoche ohne Beispiel sind. Daß »die meisten und höchsten« der »uns verliehenen Güter« im Wandern am wirkungsvollsten zur Geltung kommen, demonstriert der Erzähler an Völkern, die ihren »Grundbesitz« ständig verändern und durch »bewegliche Tätigkeit die Ruhenden zu überlisten und die Mitwandernden zu überschreiten« verstehen (387).[66] Den »Segen des ewigen Wanderns« (387) erfahren ferner ganze Generationen und Berufszweige: die »Jugend«, die dem »Ruf des Wissens und der Weisheit« in entlegene Länder und Städte folgt; die »Naturforscher«, die »durch das Unwegsamste hindurch Pfad und Bahn zu bereiten« und »der Welt die Welt zu eröffnen« vermögen; die »Marktenden und Handelnden«, die auf »Messen und Märkten« ihren »Vorteil« an der »Teilnahme des Grenzenlosen zu steigern« wissen; die »Eigentümer«, die sich »einen doppelt und dreifach größern Raum« aneignen; die »Geschäftmänner«, welche »die ganze bewohnte Welt mit unsichtba-ren Fäden überkreuzen« (386 ff.). Die spätromantische Kritik der zweckrationalen Dynamik und Weltaneignung ersetzt Goethe durch einen offensiven Lobpreis – und die spätromantische Verklärung des intuitiven und phantasiegeleiteten Reisens wandelt sich unter seiner Feder zur Kritik des »abenteuerlichen« Rennens »in die weite Welt«; wahrhaft zeitgemäß erscheint ihm nur die wohlorganisierte Reise, die sich »die Bemühungen wissenschaftlicher, weislich beschreibender künstlerisch nachbildender Weltumreisender« zunutze macht (390). Die Nützlichkeit modernen Bildungsniveaus ist eines der zentralen Reisekriterien Goethes; ein anderes lautet: »Gesellschaft bleibt eines wackern Mannes höchstes Bedürfnis« (391). Zweckrationalität wird bei Goethe nicht der Egozentrik, sondern der Sozialbindung des einzelnen dienstbar. Auf dieser Idee fußt der »Weltbund« der Wanderer, in dem »alle brauchbaren Menschen ⟨...⟩ in Bezug untereinander stehen«, so daß sie ihre »Tätigkeit« überall »zweckmäßig« und »jeden Augenblick üben« können (390 f.).

Die Novellistik der Epoche hat in Reisebildern die Kritik an zeittypischen Phänomenen vertieft und mit sozialen Motiven verknüpft. Zeitgleich zu Heines ›Harzreise‹ parodiert Eichendorffs Reisenovelle ›Aus dem Leben eines Taugenichts‹ (1826) die trivialen Seh- und Verhaltensweisen seiner reisenden Zeitgenossen und ihrer populären Reiseführer. Der »Held«, der in rasender Eile in einer Postkutsche durch Italien geschleust wird, auf einem weltfremden Schloß ein Schlaraffenleben führt und durch römische Sommernächte stolpert – dieser Taugenichts zitiert die hergebrachten Reise-Erlebnisse, um sie unter der Federführung des Erzählers ironisch zu pointieren. Von der massentouristischen Reise-Szenerie kann Eichendorff seinen Reise-Weg abheben: die erträumte Ausfahrt in das utopische Nirgendwo. Sie bedeutet Ausbruch aus der Bürgersphäre asketischer Arbeit und zweckrationaler Lebensplanung. Und sie mündet in eine unbürgerliche Selbstpreisgabe: in die hingebungsvolle, Standesschranken überwindende Liebe und in volksverbundenes Künstlertum.

Die Metapher des Wegs und des Wanderns prägen auch manches Versepos der Epoche. Lenaus ›Savonarola‹ setzt mit dem Aufbruch des Helden in die Fremde ein – er gerät damit in einen Feldzug für die Ablösung der streng hierarchischen Monarchie durch die »freie Republik«, gegründet auf wahre Christlichkeit und Brüderlichkeit. Wege- und Wanderbilder kennzeichnen gerade diesen Feldzug des Predigers und »Gottesstreiters« Savonarola. Sie prägen auch Heines Konfrontation mit deutschen Verhältnissen im Vormärz. Sein Versepos ›Deutschland. Ein Wintermärchen‹ ist nach Reisestationen gegliedert, deren Aufeinanderfolge ein zeitkritisches Gesamtbild bestehender Verhältnisse ergibt. An konkreten Stätten und Landschaftsbildern von nationaler Bedeutung – am Aachener und Kölner Dom, am Rhein, am Teutoburger Wald, am Kyffhäuser – entzündet sich Heines politische Phantasie und wirft ein gleißendes Licht auf den romantischen Konservatismus der Deutschen, aber auch auf ihre unfreie und waffenstarrende Kleinstaatlichkeit. Gegen die inquisitorische Grenzkontrolle der »preußischen Douaniers« bietet Heine – in metaphorischer Abwandlung des Reiseschmuggels – die »Contrebande« seiner Ideen und Bücher auf, jene subversive unverzollte Ware, mit der er am Ende der herrschenden Macht die »Hölle« androht. Heines geographisch rekonstruierbarer Reiseweg, den er in der Postkutsche bei winterlichem Wetter auf schlechten Straßen zurücklegte, erweist sich zugleich als hindernisreiche Fahrt durch die Provinzen und Provinzwinkel restaurativer Ideologien und Mentalitäten.

Manfred Heigenmoser
Bildungsroman, Individualroman, Künstlerroman

I. Gattungstypologischer Zusammenhang

1. Der »Bildungsroman« im Selbstverständnis bürgerlicher Identität

Der Zeitpunkt, an dem der Begriff eines »Bildungsromans« in Deutschland geprägt wurde, ist kein Zufall: Am Beginn der »Modernisierung« während der Reformära in Preußen und einer damit in die Wege geleiteten Bildungsrevolution wurde das Bildungsideal institutionalisiert und der Begriff »Bildung«, selbst Ausdruck und Aspekt der Modernisierungsprozesse, popularisiert. Seine Erfolgsgeschichte ist an zahllosen Artikeln in den wichtigsten Lexika im Zeitraum von 1815 bis etwa 1840 ablesbar.[1] Das im Grunde vage Bildungsideal umfaßte ein individualistisches, liberales Programm: Jeder Mensch soll sich aus sich selbst und um seiner selbst willen frei von alten ständischen Bindungen entfalten. Leitbild war das autonome und selbstverantwortlich handelnde Individuum, zugrundegelegt wurde ein anthropologischer Optimismus, der Glaube an unbegrenzten Fortschritt und an die Perfektibilität des Menschen.

Der Bildungsbegriff stand damit auch in Zusammenhang mit der Entfaltung der »bürgerlichen Gesellschaft«[2]: Insbesondere für die höheren Beamten, die akademisch gebildeten Freiberufler und das uneinheitliche, lokal und regional zersplitterte »Bildungsbürgertum«[3] erfüllte er, gerade auch in seiner semantischen Unbestimmtheit, eine Reihe wesentlicher Funktionen: Er diente der Rechtfertigung für den sozialen Aufstieg in die Eliten und stellte zwischen den unterschiedlichsten neuen Berufen mit unterschiedlichem Leistungswissen – Philologen, Ärzte, Psychiater, Professoren, Anwälte – eine übergreifende Gruppenzugehörigkeit her. Damit konnte er

Identität stiften für die zunächst noch eher offene Gemeinschaft gebildeter Individuen und garantierte die gegenseitige Anerkennung, Selbstaufwertung und Selbstdeutung ihrer Mitglieder. Das mit hoher sozialer Reputation verbundene Bildungsideal bot aber auch eine gewisse Kompensation für die menschlichen Verluste der neuen, aufstiegsorientierten Lebensläufe, für alle Entbehrungen und unvermeidlichen Anpassungszwänge. Neue Verhaltensweisen wurden anerkannt und konnten gegen andere Lebensformen, gegen »Unbildung«, »Halbbildung« oder »Verbildung« abgegrenzt werden.

Tatsächlich ist die Handlungswelt des Bildungsromans vor allem auf bürgerliche Mittelschichten beschränkt; es überwiegt das akademisch gebildete, beamtete und das handwerkliche Bürgertum [→ Stein: Sozialgeschichtliche Signatur, 24 ff.]. Der Adel spielt als »bildende« Instanz eine geringere Rolle, das Wirtschaftsbürgertum gewinnt erst nach 1850 größere Bedeutung. Im Mittelpunkt der Handlung steht, entsprechend dem angestrebten Ideal, die »individuelle Bildungsgeschichte« eines männlichen Helden, der als aktive Leitfigur entworfen wird. Der Bildungsgang des Helden ist Autodidaxe; er muß sich durch einen Lern- und Reifeprozeß im Meistern von Krisen und Prüfungen seine eigene Welt schaffen. Das Leben wird seine Schule der Selbstbildung, eine »Bildung zur Vernünftigkeit«, wie der Ästhetikprofessor Karl Rosenkranz betont. Am Ende stehen »Reife und Vollendung« des Helden, der »harmonische Ausgleich« zwischen Individuum und Gemeinschaft, die erfolgreiche Integration in einen vorgegebenen sozialen Zusammenhang. Der Held findet eine nützliche Aufgabe, die richtige Frau und gründet meist auch eine Familie. Ein Scheitern des Helden, Deformation und Zerstörung würden dem Bildungskonzept widersprechen. Es müssen sich »Tugenden« wie berufliche Tüchtigkeit, erfolgsorientiertes Denken und zweckrationales Handeln durchsetzen. Zusammen mit der Erfüllung im privaten Glück erscheinen sie als Ausdruck der Vervollkommnung und Individualität des »gebildeten« Romanhelden.

Der liberal-bürgerlichen Gedankenwelt entsprach auch, daß die gleichberechtigte Bestimmung einer weiblichen »Bildung« völlig ausgeblendet wurde. Der »vornehmste Romantypus« (Karl Morgenstern)[4] hatte ausschließlich junge Männer als Protagonisten. Im

liberalen Bewußtsein existierten weibliche »Bildungsgeschichten«
so wenig wie das Frauenwahlrecht. Die wachsende Differenzierung
der Geschlechtsrollencharaktere im späten 18. Jahrhundert und,
insbesondere in den bürgerlichen Mittelschichten, die Verinnerlichung einer »natürlichen« Rolle der Frau, ließen eine eigenständige weibliche Entwicklung nicht nur als überflüssig, sondern sogar
als Bedrohung der männlichen Ich-Identität erscheinen. Frauen
konnten Identität und Selbstbewußtsein in der Regel weder über
eine qualifizierte berufliche noch über eine künstlerische Tätigkeit
definieren. Als Lesepublikum waren sie erwünscht und auch domi-
nant, denn, wie der Literaturkritiker Joseph Schreyvogel 1829 be-
obachtete, »die ganze weibliche Welt wenigstens, von der Prinzessin
bis zum Kammermädchen und Näherin herab, liest Romane«[5];
aber als Schriftstellerinnen wurden sie meistens polemisch abgewertet.

Obwohl die liberalen Ästhetikprofessoren ihn nicht beachteten,
gab es dennoch das Genre eines weiblichen Bildungsromans[6]. Viele
der Texte sind dem Muster des moralischen Romans verpflichtet.
Aber im Brief- und Familienroman, im ›Frauenzimmer‹-Journal
und in der biographischen Literatur spielen Heldinnen eine große
Rolle und durchlaufen »Bildungsprozesse«, die denen der männlichen Mittelpunktsfiguren im Bildungsroman vergleichbar sind
[→ McNicholl/Wilhelms: Romane von Frauen, 217 ff.]. Frauen im
Bildungsroman der schreibenden Männer dagegen spielen in der
Regel keine eigene, entwicklungsfähige Rolle; sie haben nur ihren
positiven oder negativen Anteil an der »Bildung« des männlichen
Protagonisten beizutragen und auf ihre Weise bürgerliches Ich-Be-
wußtsein zu stützen.

2. Der moderne Individualroman

Das optimistische liberale Leitbild von der autonomen Persönlichkeit, die sich selbst richtig erkennt und auf der Grundlage einer sta-
bilen und eindeutigen Ich-Identität aktiv, selbstverantwortlich und
zweckrational handelt, ist allerdings schon seit dem späten 18. Jahrhundert, als es entstand, auf massive Kritik gestoßen, vor allem in

den Reihen der bürgerlichen Intelligenz: Die Schreckenserfahrungen der Französischen Revolution und der ihr folgenden Umbrüche in den napoleonischen Kriegen machten die unkalkulierbaren und fremdbestimmten, von Politik und Ökonomie abhängigen Seiten der menschlichen Existenz deutlicher sichtbar als bisher. Die Jahrzehnte hindurch fortwirkende Revolutionserfahrung findet ihren Widerhall in so unterschiedlichen Werken wie dem Individualroman ›Ahnung und Gegenwart‹ des engagierten Katholiken Eichendorff (1815) und dem historischen Drama ›Dantons Tod‹ des religionskritischen Georg Büchner (1835).

Zunächst waren es vor allem Philosophen und Literaten, die durch ihre analytische Prüfung der Illusionen vom autonomen Subjekt zugleich neue psychologische Dimensionen des Menschen erschlossen haben, darunter auch die Bedeutung der Träume und des »Unterbewußtseyns«[7]. Schelling, Schopenhauer und Carl Gustav Carus entwickelten in der ersten Hälfte des Jahrhunderts weitgehende Theorien des Unbewußten, die in manchem schon Elemente der Psychoanalyse Freuds vorweggenommen haben.

Die psychischen Phänomene des modernen Individuums, besonders die im liberalen Menschenbild abgespaltenen irrationalen und verdrängten Seiten des autonomen Ichs wurden bereits in den achtziger Jahren des 18. Jahrhunderts von Karl Philipp Moritz zur ästhetischen Darstellung gebracht. Er wollte erkennen, was »in den innersten Tiefen unserer Seele vorgeht, und wovon wir uns nur dunkle Begriffe machen können«[8]. Die Romantiker und Jean Paul, der fasziniert war vom »ungeheuren Reich des Unbewußten«, dem »wahren inneren Afrika«[9], setzten diese Erschließung neuer ästhetischer Bereiche fort. Sie führte bis hin zu Eduard Mörike, den sein Freund Friedrich Theodor Vischer als den literarischen Spezialisten für »die Welt der Ängste, die Abgründe in der Seele und die Klüfte des Lebens« bezeichnete[10]. Wichtige Autoren der ersten Hälfte des 19. Jahrhunderts – wie Goethe, Jean Paul, Hoffmann, Mörike und sogar Eichendorff – haben sich ihr Leben lang intensiv mit dem medizinischen und psychiatrischen Schrifttum ihrer Generation auseinandergesetzt. Sie alle thematisierten im ästhetischen Kunstwerk auf unterschiedliche Weise das, was vom Fortschrittsoptimismus und der Zweckrationalität der beginnenden bürgerlichen Moderne verdrängt oder ausgegrenzt wurde, teils in Übereinstimmung, teils auch im kritischen Widerspruch zur wissenschaftlichen Diskussion ihrer Zeit.

Seit Goethes ›Werther‹ und dem ›Anton Reiser‹ von Moritz und parallel zur Durchsetzung einer *Modernisierung* in verschiedenen Lebensbereichen im 19. Jahrhundert entstand in diesem Zusammenhang eine Reihe von »Individualromanen«[11]: In ihrem Mittelpunkt steht die Darstellung des »modernen« Individuums, seiner Lebensmöglichkeiten, Gefährdungen und Abhängigkeiten in der Innen- und Außenwelt [→ Lukas: Novellistik, 265 ff.]. Sie sind offen gegenüber den Themen der Zeit- und Gesellschaftsromane, oft werden sie als psychologische Romane gestaltet. »Modern«[12] sind sie, weil sie neuere Entwicklungen und Probleme kritisch thematisieren und reflektieren: beispielsweise die Rationalisierung vieler Lebensbereiche, Erkenntniskrisen, Zweifel an der Konsistenz von Identität, Isolierung und Kommunikationsprobleme der Menschen, Großstadterfahrung und Fremdbestimmung des Subjekts in neuen sozialen Zusammenhängen. Die Autoren dieser Romane, etwa Goethe und Hoffmann, entwickeln aber auch eine neue Ästhetik und besondere epische Darstellungsweisen, die viele Elemente der »Moderne« um und nach 1900 vorwegnehmen. Im Gegensatz zur Reihe der »Bildungsromane«, die in einer mehr konservativen, traditionalistischen Ästhetik bürgerliche Werte und Normen vermitteln, ist der moderne Individualroman un- und antibürgerlich und auch sozialkritisch, wenn er aufzeigt, wie der einzelne durch gesellschaftliche oder familiäre Zwänge deformiert oder auch zerstört wird. Die Figurendarstellung vollzieht sich im modernen Individualroman als Kritik des Bewußtseins vom freien, autonomen Menschen und der Illusionen der instrumentellen Vernunft. Die dargestellten Romanfiguren bleiben in ihrer Biographie oft bis zuletzt rätselhaft oder schwer faßbar und verweigern sich einer endgültigen Erkenntnis wie auch einer eindeutigen sozialen Einordnung oder direkten Beschreibung. Die meist wissenschaftlich vertiefte und differenzierende Figurenpsychologie, die von den Autoren der modernen Individualromane entwickelt wurde, bewirkte bereits bei Jean Paul und noch mehr bei E. T. A. Hoffmann eine »umfassende Fiktionalisierung der noch jungen Psychiatrie«[13]. Der Figurenkosmos im Erzählwerk dieser Schriftsteller ist angefüllt mit Kranken, Sonderlingen, Ärzten und Therapeuten. Im Medium ästhetischer Gestaltung werden neue Normvorgaben für eine Trennung von »gesund« und »krank« durchgespielt, kritisch hinterfragt, zum Teil revidiert oder in ihren Grenzen erweitert. Parallel zur Professionalisierung und Spezialisierung des Ärztestands erfolgte zunächst auch eine literarische Aufwertung des Arztes. Es sei »keiner mehr im Stande, Verborgenes im Menschen aufzufinden, als der forschende Arzt«, kommentierte 1828 der Bonner Medizinprofessor Joseph Ennemoser selbstbewußt das anhaltende ästhetische und philosophische Interesse fürs Medizinische.[14] Als exemplarische Figur, welche die Illusion des autonomen und identischen Ichs besonders deutlich widerlegt, ist die wahnsinnige oder von Wahnsinn bedrohte Persönlichkeit ein zentraler Gegenstand der Individualromane.[15]

Die Darstellung von Erkenntniskrise und Identitätsproblematik führte auch zur Ausbildung einer besonderen Bilder- und Symbolsprache, in der wesentliche Ich-Erfahrungen des Epochenumbruchs zur besonderen Bedeutung verschlüsselt wurden: Doppelgänger und Spiegelbild, Bergwerk und Labyrinth, Automaten, Puppen und Masken, die Metapher vom »Abgrund des Ich« und das Motiv des Reisens und unruhigen Wanderns – all diese frühen »Bildfelder und Befindlichkeiten der literarischen Moderne«[16] vergegenwärtigen seit der Romantik ein neues krisenhaftes Lebensgefühl. Die teleologisch-harmonische Struktur, die durch die Gattungsbestimmung dem »Bildungsroman« unterlegt wurde und die er oft auch erfüllte, ist im modernen Individualroman meist ganz aufgelöst; häufig verdichtet sich das Geschehen in einem Zyklus. Auch die Illusionen von Wirklichkeit und Objektivität der fiktiven Erzählwelt werden meist zurückgenommen oder ganz zerstört. Dies führt vielerorts zur Auflösung allwissender Erzählerfiguren und linearer Erzählstrukturen: Polyperspektivität, Ambiguität, zyklische Zeitgestaltung, Verschachtelung verschiedener Wirklichkeits- und Bedeutungsebenen wie auch vielfältige Formexperimente widersprechen ästhetisch der Vorstellung harmonischer »Selbstbildung« und eindeutig fixierbarer Rollenidentitäten.

3. Künstlerroman und Künstlerproblematik

Eine wichtige Rolle unter den Hauptfiguren sowohl der »Bildungsromane« als auch der modernen Individualromane spielen Künstler. Obwohl es auch im 17. und 18. Jahrhundert Künstlerromane mit autobiographischem Charakter gab, traten sie dennoch seit der Epochenschwelle um 1800 schlagartig in großer Häufung auf: »Viele Dichter ⟨...⟩ liebten es, nur sich selbst, das Dichter- und Künstlerleben wohlgefällig zu spiegeln«, spottete der »Literaturpapst« Wolfgang Menzel im Rückblick 1838, und fügte hinzu: »Welche Menge von italienischen oder Nürnberger Malernovellen, Baumeister-, Dichter-, Musiker- und Schauspielergeschichten sind nicht erschienen«[17]. Gemessen an den Ansprüchen Morgensterns sind es in der Mehrzahl als Vorbilder für »Bildungsromane« ungeeignete Negativhelden: Gescheiterte, Dilettanten, Versager. Maler und vor allem Musiker rücken in den Blickpunkt literarischer Reflexion und werden zu einem darstellungswürdigen Gegenstand für die Prosaliteratur aufgewertet.[18]

In diese literarischen Reflexionen über Künstler und Kunst wirkten auch sozialgeschichtliche Veränderungen hinein: Der Übergang von ständisch-höfischen zu liberal-bürgerlichen Formen des Kulturbetriebs führte zu einer Veränderung in der Stellung der Künstler: Sie hatten keine repräsentative Rolle mehr, konnten die Bindungen an ihre bisherigen Auftraggeber – Hof, ständische Welt und Kirche – lösen und zunächst scheinbar frei über ihre Produkte verfügen.[19] Die Genieästhetik bürgerlicher Intellektueller des späten 18. Jahrhunderts, ein Produkt der neuen Situation, stilisierte in dieser Umbruchszeit den Künstler zum Helden des Epochenaufbruchs, zum Inbegriff der freien, autonomen Persönlichkeit, die als Schöpfer eigener Welten sich selbst definiert und keinen vorbestimmten Platz in der Gesellschaft zu suchen braucht. Entsprechend wird nun auch die Kunst weniger als Nachahmung der Realität definiert, sondern mehr als originelle und neue Schöpfung begriffen. Als sich jedoch in der weiteren historischen Entwicklung für die Maler allmählich der Kunstbetrieb nach den Anforderungen des Marktes organisierte und die Musiker durch die Herausbildung des bürgerlichen Konzertbetriebes zusätzlich mit einem neuen Massenpublikum konfrontiert wurden, das die Musik nur als angenehm unterhaltenden Zeitvertreib in Besitz nahm, zeigten sich reale Einflußlosigkeit, Verlust von Handlungsmöglichkeiten und gesellschaftliche Ohnmacht der Künstler ganz deutlich: Sie mußten nicht selten eine staatliche Stelle, einen Beruf annehmen, zum Teil auch gängige Ware für den Markt produzieren, um überleben zu können. Aufgeklärte Vernünftigkeit und gesellschaftsdienliche Zweckmäßigkeit der sich herausbildenden bürgerlichen Ordnung bewirkten aber in der Regel, daß Künstler als unnütz und gesellschaftlich unbrauchbar ausgegrenzt wurden.[20]

Diese Realitäten des Künstlerdaseins mit ihren Demütigungen und psychischen Verletzungen machten auch in der ästhetischen Darstellung des Künstlerromans aus den ursprünglich repräsentativen Helden nun exemplarische Opfer: Künstlerschicksale werden zu Krankengeschichten, die oft genug im Freitod oder im Wahnsinn enden; Kunstideale lassen sich nur noch negativ in Verweigerung oder Zerstörung retten. Selbstgewählte oder erzwungene Einsamkeit, künstlerische Produktion im Interieur, soziale Isolierung, Verzicht auf erfüllte Liebe, psychischer Leidensdruck und innere Zerrissenheit des anspruchsvollen, »modernen« Künstlers, der nur eine Lebensnische als krisenhafte Außenseiterfigur findet, werden fast zur Bedingung »autonomer« Kunst, die sich dem Warencharakter des Marktes entzieht.

Groß war der Anteil der Künstlerromane an den Romanveröffentlichungen in der Früh- und Hochromantik; in der Restaurationszeit ging er zurück. Die Künstlerproblematik dominierte aber weiterhin in der Novellistik [→ Lukas: Novellistik, 261 ff.], während sie im Unterhaltungs- und Bildungsroman in der Regel entschärft, veräußerlicht und trivialisiert wurde. Auf der Figurenebene überwiegen Künstler aus dem entstehenden Showbusineß: Sänger(innen), Schauspieler(innen) und Theaterleute (»man huldigte einem ungefährlichen Künstlertum«[21]). Die Autoren wollten meist nur unterhalten und die Sensationslust des neuen Lesepublikums befriedigen. Seit den dreißiger Jahren wurde die Künstlerproblematik zudem in ein biographisch-historisierendes Schema gebannt: Für ein »gebildetes« Publikum wurden reale Künstler, wie die Wiener Klassiker, von allen Gefährdungen und Irritationen ge-

reinigt und als neutralisierte Monumente bürgerlich-nationaler
»Kultur« aufbereitet. Dieser Kulturnationalismus diente vor allem
der symbolischen Kompensation für die fehlende nationale Einheit
(s. u. III, 4).

Inzwischen wurden die Romanschriftsteller ihrerseits von der
Künstlerproblematik, die sie seit 1800 anhand von Musiker- und
Malerfiguren reflektierten, eingeholt: Nach dem Wiener Kongreß
sorgte die rasch zunehmende Mechanisierung und Automatisierung des Buchhandels für eine massenhafte Romanproduktion mit
eigenen »Romanfabriken« [→ Schmid: Buchmarkt, 66 ff., 85]; die
Ausweitung des Literaturmarkts[22] wurde von häufig wechselnden
literarischen Moden und den kommerziellen Gesetzen von Angebot
und Nachfrage beherrscht.

Die modernen Individualromane von Eichendorff, Hoffmann,
Goethe und Mörike, in denen die Entwicklungen dieser Gesellschaft kritisch kommentiert werden, wurden denn auch auf dem
Buchmarkt kaum beachtet, weder vom großen zeitgenössischen
noch vom nachgeborenen Publikum. Gerade die zum Teil innovativen modernen Erzählformen, der Charakter des »autonomen«
Kunstwerks, für das die Autoren oft genug in ihrer eigenen Biographie das, was sie »als Menschen sind und sein könnten«, aufgeopfert hatten, versperrten einen unmittelbaren Zugang zu den
neuartigen Texten. Deshalb ist auch die Rezeptionsgeschichte bei
allen diesen kunstvollen Individualromanen von fast stereotyper
Ähnlichkeit: Was Zeitgenossen und auch bald darauf nachgeborene
Literaturwissenschaftler, besetzt von den Vorstellungen konventioneller Ästhetik, als Form- und Planlosigkeit verurteilten, wurde erst
Generationen später als Wunder an Kompositionstechnik und besondere »Modernität« erkannt.

II. Krisen des Individuums zwischen Ideal und Wirklichkeit (1815–1829)[23]

1. Individualromane: Eichendorff und Hoffmann

Ein »volles Bild ⟨...⟩ jener seltsamen gewitterschwülen Zeit der Erwartung, Sehnsucht und Schmerzen«[24] vor den sogenannten »Befreiungskriegen« sollte Joseph von Eichendorffs erster Roman ›Ahnung und Gegenwart‹ entwerfen, der auf dem Höhepunkt der napoleonischen Umbruchszeit, im Wien der Jahre 1810 bis 1812, entstanden ist, aber erst 1815 veröffentlicht wurde[25]. Als die alten Eliten Europas ihre durch Französische Revolution und Napoleonische Herrschaft ins Wanken geratenen Positionen noch einmal retten konnten, setzte sich der verarmte Freiherr von Eichendorff sowohl mit den Ideen von 1789 als auch mit der Existenzberechtigung des zeitgenössischen Adels auseinander. Sein melancholischer Blick auf dessen Lebensformen und auf die geschichtlich bedeutsamen Entwicklungen der Zeit legt – aus der Perspektive des Jahres 1812 – ein Stimmungsbild der »Gegenwart« und Zeitgeschichte frei, das weder sinnvolle Lebensmöglichkeiten noch sichere Biographien zuzulassen scheint. Am Ende bleibt in der fast surrealistisch wirkenden Welt des Romans nur noch die heilsgeschichtliche »Ahnung« einer umfassenden geistigen und religiösen Erneuerung.

Dies wird schon im artistischen Aufbau und in der Darstellungsweise des Romans vermittelt. Der Reise- und Lebensweg der zentralen Hauptfigur, des Grafen Friedrich, ist vom Autor bewußt als labyrinthischer »Kreis von Kreisen« in den Räumen der erzählten Welt konzipiert, als spiralförmiger »Initiationsweg« des Helden, der zu einer Art Neugeburt führt.[26] Bereits der Reiseaufbruch am Anfang des Romans steht im Zeichen der aufgehenden Sonne, Symbol für Hoffnung und Erneuerung, aber auch im Zeichen von Gefahr und Tod: Während einer Schiffsreise auf der Donau muß eine gefährliche Stelle, der »Wirbel«, dessen »Mund« sich wie »das Auge des Todes« öffnet, passiert werden. Nur das Kreuz auf einem Felsen in der Mitte des Stroms bietet sichere Orientierung. Damit werden bereits zu Beginn von Friedrichs Reisen allegorisch die beiden Pole festgelegt, die die Lebensentwürfe und biographischen

Möglichkeiten der Romanfiguren bestimmen: einerseits Selbstverlust und Tod im »Wirbel« der Weltverfallenheit, andererseits Selbstfindung durch Lebensverzicht und Ausgrenzung der »niegekannten Wünsche«, besonders von Liebe und Sexualität, die der Blick in den Wirbel widerspiegelt. Bis zum erhofften Anbruch einer besseren Zukunft erscheinen Anpassung an die Zeitverhältnisse, Auswanderung und Verzicht auf unmittelbares Handeln sowie asketische Versagung und Verzicht auf Liebeserfüllung als einzige Lebensmöglichkeiten.

In einem weiteren, im Epochenjahr 1815 veröffentlichten Roman werden die »Nachtseiten« der menschlichen Existenz durch keine Zukunftsperspektive mehr aufgehellt; es ist E. T. A. Hoffmanns Roman ›Die Elixiere des Teufels. Nachgelassene Papiere des Bruders Medardus, eines Kapuziners‹[27]. Darin wird jede Überzeugung von den Möglichkeiten freier Selbstbestimmung auf verstörende und zugleich unterhaltsame Weise zerstört. Auf der Handlungsebene geschieht dies mit Hilfe von Kolportageelementen des zeitgenössischen Schauerromans und der Schicksalstragödie, die Hoffmann vertieft und weiterentwickelt.

Die dargestellten Ereignisse verdichten sich zum nacherlebbaren Alptraum einer Auflösung von Alltagsvernunft und tradierter Identität durch übermächtig wirkende seelische Zwänge und sexuelle Triebimpulse. Die Abhängigkeit des Menschen von irrationalen Trieben und Gefühlen, die sich der restlosen Erklärung durch den aufgeklärten Verstand entziehen, wird am Beispiel eines »Familienfluchs« vorgeführt: Die Angehörigen einer im Hochadel einflußreichen bürgerlichen Künstlerfamilie sind über viele Generationen hinweg Opfer und Täter einer aggressiven Sinnlichkeit. Ihre Lebensgeschichten werden von zwanghaften erotischen Fixierungen, Ehebruch und Inzest und immer wieder durch Morde aus sexueller Obsession bestimmt. Fast alle Hauptfiguren des Romans sind mit dieser »fluchbeladenen« Familie verwandt, meist aber ohne Wissen der genealogischen Zusammenhänge. Je mehr der Ich-Erzähler im äußeren Fortgang der Handlung in den Bann dieses Familienfluchs gerät, desto weiter führt der innere Erzählvorgang psychologisch in seine familiäre Vergangenheit und genealogische Herkunft zurück. Seine dabei immer deutlicher werdenden seelischen Abhängigkeiten und erotischen Wünsche verdinglichen sich ihm im Symbol der »Teufelselixiere«, eines weinähnlichen Getränks von unkontrollierbarer Wirkung. Durch die Welten des Ich-Erzählers schimmern die Wahnsysteme des Mönchs Medardus hindurch: Auf die Isolierung der Menschen verweist – ähnlich eindringlich wie Eichendorffs Allegorien der Entfremdung in ›Ahnung und Gegenwart‹ – das ständig wiederkehrende Motiv des Eingesperrtseins hinter vergitterten Fenstern und verriegelten Türen. Die menschlichen Beziehungen wirken vor allem zerstörerisch, bestimmt von Egoismus, Machtstreben, Lügen und Betrug; es gibt nirgends mehr sichere Orientierung und feste Bindungen. Als Ort des Schreckens erweist sich wie bei Eichendorff die Großstadt: Gegen die machiavellistischen und kriminellen Politiker am Papsthof und die Blutgerichte der römischen Dominikaner wirken die Mordtaten des reisenden Mönchs wie harmlose Sandkastenspiele. Das »Böse« lauert in der dargestellten Welt überall und hinter jeder Verkleidung. Es existiert aber nicht außerhalb des Menschen, sondern immer nur innerhalb seiner psychischen, familiären oder gesellschaftlichen Realität.

2. Künstlerromane

Im Gegensatz zu den Erzählwelten Eichendorffs und Hoffmanns spielt Franz Horns Künstlerroman ›Die Dichter‹[28], der in Berlin 1817/18 erscheint, vorwiegend in einer bürgerlichen Welt. Am Beispiel dreier unterschiedlicher Entwicklungsgeschichten, die immer wieder auseinander- und zusammengeführt werden, entwirft die Handlung gegensätzliche Lösungen der zeitgenössischen Künstlerproblematik: Drei junge Männer sind – im Zeitraum zwischen 1800 und 1814 – auf der Suche nach der wahren Dichterexistenz. Horns Roman ist durchdrungen von Werten und Moralvorstellungen des »gebildeten Mittelstands« in der frühen Restaurationszeit. Die Rolle der Frauen beschränkt sich fast nur darauf, die in Krieg und Lebenskampf verletzten männlichen Helden zu pflegen, zu trösten und seelisch wieder aufzubauen. Väterliche Mentoren geben stets die richtigen Ratschläge; ihre Autorität wird weder vom Erzähler noch von den Helden in Frage gestellt, sie haben immer einen vollständigen Überblick. Die Protagonisten werden in einer als schlecht charakterisierten Welt auf Prüfungsreisen geschickt, in denen sie ihre »Tugend« bewähren sollen. Mit viel Pathos betont der Erzähler, daß wahre Kunst nur auf der Grundlage einer reinen und tugendhaften Seele möglich sei. Exemplarisch vorgeführt wird auch der Standpunkt, eine Dichterexistenz im bürgerlichen Leben sei nur dann nicht ganz unnütz, wenn sie durch einen allgemein anerkannten Beruf abgesichert wird. Horns Bildungsroman ist im Gegensatz zu den Romanen Eichendorffs und Hoffmanns von den Lesern positiv aufgenommen worden. Sein deutliches Sinnangebot kam der Mentalität des Lesepublikums in der frühen Biedermeierzeit entgegen.

Das Arrangement zwischen Künstlertum und bürgerlicher Existenzweise, das Horn in seinem Roman exemplarisch und mit didaktischem Gestus als richtungsweisend propagiert, wird von Hoffmann in den folgenden Jahren durch seinen zweiten Roman radikal hinterfragt und als banale bürgerliche Lebenslüge vorgeführt. Die ›Lebensansichten des Kater Murr nebst fragmentarischer Biographie des Kapellmeisters Johannes Kreisler in zufälligen Makulaturblättern‹, vom Autor 1819/21 während seiner richterlichen Tätigkeit in der »Kommission zur Verfolgung demagogischer Umtriebe« verfaßt, sind eine aus der damaligen Romanproduktion herausragende innovative Leistung.[29] Der Roman, der eine Vielzahl literarischer Gattungstraditionen und Schreibweisen integriert, reflektiert die Bedingungen des eigenen Erzählens, den Kunst-Charakter ästhetischer Texte, und prognostiziert die Entstehung einer literarischen Kultur, die sich endlos und beliebig reproduziert.[30] Bereits der Titel stellt im ironischen Spiel mit Lesererwartungen populäre Gattungstraditionen zur Disposition und verweist auf die arabeskenhafte Verschlingung zweier fragmentarischer Lebensbeschreibungen: erstens der Autobiographie eines Katers, die durch die Orientierung an den konventionellen Wegmarken des »Bildungsromans« einen einheitlichen und von der Geburt bis zur »Reife« chronologisch erzählbaren Lebenszusammenhang suggeriert; zweitens einer Künstlerbiographie, in der jeder einheitliche Entwicklungs- und Handlungszusammenhang zerrissen und jede

Chronologie aufgehoben ist. Die Form des Doppelromans wird von einem »Herausgeber« H. in seinem Vorwort damit erklärt, daß der literaturbeflissene Kater eine bereits gedruckte Kreisler-Biographie zerrissen, deren Blätter als Unterlage oder Löschpapier benutzt und der Setzer sie versehentlich mit abgedruckt habe. Diese Komposition konterkariert die autobiographische Stilisierung eines linearen und ungebrochenen Bildungsprozesses. Sie verneint darüber hinaus auch die Möglichkeit, ein Leben zusammenhängend, vollständig und wahrheitsgemäß erzählen zu können.

Die fiktiven Lebensgeschichten Kreislers und Murrs stehen sich in ihrem gegensätzlichen Bezug zur dargestellten Realität scheinbar unversöhnlich gegenüber. In beiden Fällen aber stellt sich die Wirklichkeit als eine Scheinwelt dar, in der die Menschen vereinzelt und voneinander entfremdet dahinleben: Sie verkehren seelische Grundbedürfnisse wie Liebe und Freundschaft zum Mittel berechnenden Eigennutzes und erheben Besitz, statusgemäßes Leben und Macht zum Lebenszweck. Der schöne Schein des überlieferten Bildungsbesitzes dient in der Darstellung Hoffmanns nur noch der Rechtfertigung von Besitzindividualismus und dem Erlernen bürgerlichen Konkurrenzverhaltens. Satire und Ironie richten sich vor allem gegen den Kunst-, Literatur- und Wissenschaftsbetrieb der frühen Restaurationszeit.

Das zeitgenössische deutsche Publikum hat den Roman zurückhaltend aufgenommen. Mit meist trivialen Fortsetzungen und Variationen des Kreisler- und des Murrteils haben sich aber eine Reihe von Hoffmann-Epigonen in den folgenden Jahrzehnten versucht: Hermann Schiff ließ bereits 1826 anonym eine ›Fortsetzung der Lebensgeschichte des Katers Murr‹ folgen, Johann Peter Lyser und Franz Mauritius schrieben Ergänzungen der Kreisler-Biographie.[31] Eine direkte Auseinandersetzung mit der Künstler- und Bildungsproblematik findet hier jedoch nicht statt.

3. Ein *Arztbildungsroman* und Goethes ›Wilhelm Meisters Wanderjahre‹

Hauptfiguren von Romanen der zwanziger Jahre sind nicht mehr so sehr (fiktive) Künstler, sondern vielmehr Ärzte. Die zunehmende Spezialisierung der Fachrichtungen führt auch in den »Bildungsromanen« der Zeit zu einer Veränderung des Bildungsbegriffs: Bildung ist nicht mehr nur eine individuelle Selbstbildung durch das Leben, die zu einer harmonischen, aber sozial und beruflich eher vagen Integration in die Gesellschaft führen soll, sondern sie wird darüber hinaus zum sozialen Statusbegriff veräußerlicht und auf bestimmte »gebildete« Schichten und Berufe eingeschränkt. Dieser Vorgang zeigt sich exemplarisch im bürgerlichen Arztbildungsroman ›Des Arztes Lehr- und Wanderjahre auf Reisen und im Felde‹ des Dr. Ewald Christian Victorinus Dietrich. Dieser, wie es im Untertitel heißt, »historische Roman aus der Zeit der Feldzüge in den Jahren 1809–1815« erscheint 1823 in Meißen.[32] Im Titel dient bereits der Verweis auf Goethes Wilhelm Meister-Romane als Bildungsausweis; die fragwürdige Inanspruchnahme der Gattung des historischen Romans versucht sich zudem die große zeitgenössische Popularität dieser Literatur beim Massenpublikum zunutze zu machen. Das Buch ist die kaum verhüllte Autobiographie eines Armeechirurgen und Oberarztes, der seinen Lebenslauf in der Form eines bürgerlichen Bildungsromans erzählt und seinen beruflichen Werdegang als vorbildliches Bildungskonzept für die Medizinerausbildung deutet. Die humanistisch umfassende Bildung gibt seinem spezialisierten Dienstleistungsberuf als Arzt den Schein einer uneingeschränkten Berufung. Die Grundlagen und den Preis seiner Karriere, die Selbstverstümmelung im sozialen und politischen Anpassungsprozeß, hat Dietrich aus dem Bewußtsein und der literarischen Darstellung ausgegrenzt.

Die Folgen der gesellschaftlichen Entwicklung für das Individuum in einer »Zeit der Einseitigkeiten« und Spezialisierungen thematisiert hingegen Goethe in seinem Altersroman ›Wilhelm Meisters Wanderjahre oder die Entsagenden‹ (1829).[33] Dieser trägt durch sein ästhetisches Vorgehen den neuen Erfahrungen des Subjekts im Prozeß der gesellschaftlichen Modernisierung angemessen

Rechnung. Wie bereits Hoffmann im ›Kater Murr‹, so verzichtet auch Goethe auf homogenes, geschlossenes und auktoriales Erzählen. Keine Instanz verbürgt das Erzählte mehr verbindlich, Form und Sinn bleiben offen. Die Romanfiktion setzt sich neben den verstreuten Episoden um Wilhelm Meister vor allem aus den unterschiedlichsten Texten von etwa zwanzig fiktiven Personen zusammen, die in zwei verschiedenen Archiven aufbewahrt werden.[34] Es handelt sich dabei um eine bunte Gattungsmischung: Novellen, Märchen, technische Berichte, Industriereportagen, Briefe, Tagebuchauszüge, Reden, Lieder, Lehrgedichte und Aphorismussammlungen. Ein fiktiver Herausgeber, dessen Existenz bis zum zehnten Kapitel noch verborgen bleibt, hat das disparate Textmaterial redaktionell bearbeitet, angeordnet und in den Rahmen des Geschehens eingefügt. Einige Texte sind nur unklar oder bruchstückhaft überliefert, Informationen werden zum Teil vorenthalten. Die ineinander verschachtelten Perspektiven auf das dargestellte Geschehen wechseln und verschieben sich ständig. Der Leser, zur Distanz gegenüber jeder Wirklichkeitsillusion gezwungen, ist herausgefordert, »wie im Leben« selbständig einen Sinnzusammenhang herzustellen, der aber im Fortschreiten der Romanhandlung ständig revidiert werden muß, weil sich die Wahrheit niemals direkt und statisch erschließen läßt und jede neue Information Bild und Blickwinkel verändert. Goethe hat damit, wie Hermann Broch 1936 urteilt, den modernen Roman vorweggenommen.[35]

Der Heterogenität der Formen entspricht eine der Inhalte: Die Wanderjahre führen Wilhelm – in absteigender Linie – durch Symbollandschaften vom Hochgebirge bis zum Fluß, der zum Meer führt. Mit den verschiedenen Räumen und Bezirken [→ Sautermeister: Reiseliteratur, 148 f.] – der Pädagogischen Provinz, den Bereichen der europäischen Binnen- und der Amerikaauswanderer oder denen der Spinner und Weber – werden wesentliche soziale Entwicklungen der Epoche in den Roman aufgenommen und unterschiedliche Realitätsschichten und Bewußtseinsspiegelungen erfaßt. Dies macht den Roman aber noch nicht zu einem Zeit- oder Sozialroman, denn wesentlich bleibt, welche Möglichkeiten oder auch Beschädigungen diese Umbruchsituationen für die einzelnen Menschen der Erzählwelt individuell mit sich bringen. Die ästhetische

Diagnose zeigt dabei, wie nicht mehr der einzelne sich als Ganzheit in seiner Umwelt verwirklicht, sondern eine überindividuelle Ordnung mit ihren Institutionen, Zwängen und Rollenverpflichtungen sich als übermächtiger Organismus den einzelnen als funktionierendes Glied einverleibt. Diese Anpassung des einzelnen Menschen verdichtet sich in dem Schlüsselbegriff der »Entsagung«, der zwei gegenläufige Aspekte verbindet: Die Modernisierungsprozesse erfassen, normieren und disziplinieren den Menschen, sie versetzen ihn gleichzeitig aber auch in die Lage, sich in der neuen Wirklichkeit zu behaupten und entwickeln neue Kräfte in ihm. Weder in den alten noch in den neuen Verhältnissen jedoch ist es Wilhelm möglich, ein nützlicher und ordentlicher Bürger zu sein. Er ist und bleibt, so lautet die kritische Diagnose deutscher Verhältnisse im Altersroman Goethes, ein »armer Hund«[36].

III. Zwischen Selbstfindung und gesellschaftlicher Integration (1830–1850)

1. *Der psychologische Individualroman: Mörikes ›Maler Nolten‹*

In den Jahren nach 1830 verstärkt sich in einigen ästhetisch herausragenden Erzähltexten die bei Hoffmann und Goethe vorgeprägte Wahrnehmung der Wirklichkeit als einer heterogenen, widersprüchlichen und zerrissenen Welt. Dem entsprechen die auffällige Heterogenität der Erzählelemente und die perspektivische Mehrschichtigkeit des Erzählstils. Die gesellschaftliche Bedingtheit einzelner Lebensgeschichten, auch die gefährdeter Existenzen, gerät schärfer als zuvor in den Blick. Damit intensiviert sich das psychologische Interesse an Kindheit und Familie als prägende Instanzen für die individuelle Entwicklung. Außenseiterfiguren und ungewöhnliche Lebensläufe geraten ins Zentrum der literarischen Darstellung.

Dies gelingt vor allem dem jungen schwäbischen Vikar Eduard Mörike, dessen Roman ›Maler Nolten. Novelle in zwei Theilen‹[37] aus dem Jahre 1832 am Beispiel der verschlungenen seelischen Beziehungen zwischen fünf Menschen die zerstörerische Macht des Unbewußten und Verdrängten mit einer Konsequenz demonstriert wie vor ihm nur Hoffmann in ›Die Elixiere des Teufels‹: Aufgedeckt werden Probleme der Individuation und Sozialisation, die der Bildungsroman meist leugnet oder ausgrenzt. Mörike beginnt dort, wo dieser in der Regel endet: mit dem erreichten Ziel einer äußerlich erfolgreichen Entwicklungsgeschichte eines jungen bürgerlichen Malers, dem der Eintritt in die gebildete und adelige Sphäre einer süddeutschen Residenzstadt und die Liebe einer verwitweten Gräfin, Constanze von Armond, offenstehen. Der weitere Verlauf der Romanhandlung an diesem Ort rückt dann aber zunehmend das vergangene Geschehen, das der Titelheld auf seinem Erfolgsweg weitgehend aus dem Bewußtsein ausgegrenzt hatte, in den Vordergrund. Dabei wird in einer vielschichtigen Verschränkung der Zeitebenen die innere Entwicklungsgeschichte des Künstlers aufgedeckt, dessen Lebenszusammenhang wie bei Hoffmanns Kreisler zerrissen und völlig undurchschaubar erscheint, doch die Selbstzerstörung der so »schicksalhaft« verstrickten Hauptfiguren des Romans folgt durchgängig einem psychologischen Prinzip: Durch die Aufdeckung ihrer Mystifikationen, Idealisierungen und Verdrängungen wird die Fiktion ihrer Autonomie auf verhängnisvolle Weise durchbrochen. Die angeblich »mystischen« Elemente des Romans lösen sich so in ein rein psychologisch-immanentes Geschehen auf: Sie sind die Summe der unbewußten Triebregungen und der verleugneten Erfahrungen der am Schicksalszusammenhang beteiligten Figuren und ihrer Familien. Entwickelt werden sie aus den Verstörungen der Kindheit und aus der krisenhaften Lage der patriarchalisch-bürgerlichen Familie, die keinen Schutz vor seelischen Krankheiten bietet, sondern im Gegenteil der Ort ist, wo sie entstehen. Im Gegensatz zu Eichendorff und teilweise selbst noch Hoffmann, bei denen die Ursprungsfamilie nur als Mythos oder mystifiziert hinter dem Geschehen erscheint, verliert damit bei Mörike die Familie den Schein ihrer Naturwüchsigkeit und wird, als prägende oder auch determinierende Instanz individueller Lebensgeschichten, zentraler Bezugspunkt.

In der Erzählwelt erscheint die Realität außerhalb der Familien und der persönlichen Beziehungen allerdings nurmehr als literarische Topographie: Die dargestellten Gesellschaftssphären werden darin zu geschlossenen, äußerlich idyllischen Räumen, die von den handelnden Figuren so weit abgelöst sind, daß jedes verändernde Eingreifen in sie grundsätzlich ausgeschlossen scheint. In dieser weitgehenden Verselbständigung der äußeren Wirklichkeit, die auch schon Goethes ›Wilhelm Meisters Wanderjahre‹ vermittelt, zeigt sich der eingeengte Handlungsspielraum der Romanfiguren und ihre Ohnmacht gegenüber dem geschichtlichen Prozeß.

2. Altersromane Eichendorffs und Tiecks

Neben Mörikes ›Maler Nolten‹ thematisiert die Problematik künstlerischer Existenzen vor dem Hintergrund der »Restaurationszeit« auch Joseph von Eichendorffs Roman ›Dichter und ihre Gesellen‹, der 1833 entstand und 1834 veröffentlicht wurde.[38] Der Autor nimmt Themen und Personenkonstellationen seines Romanerstlings ›Ahnung und Gegenwart‹ wieder auf, modifiziert sie aber durch einige zeittypische Veränderungen. Statt einer klar strukturierten, durchgehenden Haupthandlung mit einer zentralen Hauptfigur entwickelt er in verschiedenen Handlungssträngen und Episoden mehrere gleichberechtigte Lebensläufe, mit denen Möglichkeiten bürgerlicher wie künstlerischer Existenz einander gegenüberstellt werden. Der Heterogenität und Offenheit der Form entsprechen auch zahlreiche lyrische und epische Einlagen, die zusätzlich die Perspektiven spiegeln, brechen oder erweitern. Bewegende Kraft der so vieldimensional gestalteten Handlung ist das Schauspiel und das Schauspielertum, die Inszenierung des Lebens als Theater. Die verschiedenen Romanfiguren spielen in der Erzählwelt ihre Lebensrollen auf der Weltbühne Gottes. Besonders gefährdet durch Zerstörung und Wahnsinn sind dabei aufgrund ihrer ungebundenen Phantasie und mangelnden Kontrolle ihres Trieblebens einige der »Gesellen«. Eichendorffs Beschreibungen seelischer Zustände sind dabei intensiver durchgestaltet als in seinem Jugendroman.

Dies zeigt sich besonders an der Lebensgeschichte des Studenten und Dichters Otto, dessen innere Entwicklung über einen langen Zeitraum verfolgt wird.[39] Seine Krankengeschichte entfaltet sich als Prozeß, der verschiedene Phasen durchläuft und in seinen Symptomen den wissenschaftlichen Beschreibungen der zeitgenössischen Psychiatrie entspricht. Eichendorff, der sich dem modernen Verlust der Transzendenz entgegenstemmt und auf der Suche nach dem rechten christlichen Leben ist, lehnt jedoch eine »psychologisch-pragmatische Liebhaberei« ab, weil für ihn die ästhetische Welt des Romans irdische Realität nur als eine symbolische, über sich selbst hinausweisende widerzuspiegeln hat. Wie in seinem Jugendroman werden auch in ›Dichter und ihre Gesellen‹ keine formästhetischen Kategorien zur Beurteilung von Wahr oder Falsch herangezogen, sondern ausschließlich die moralisch-religiöse Gesinnung der Figuren.

In Ludwig Tiecks ›Der junge Tischlermeister. Novelle in sieben Abschnitten‹ (1836)[40], dem Altersroman eines anderen prominenten und immer noch sehr produktiven Schriftstellers der Romantik, spielen die Kunst und insbesondere das Theater ebenfalls eine tragende Rolle. Die Handlung ist entsprechend der frühen Entwurfszeit 1795 in die Jahre 1803/04 zurückversetzt, enthält aber deutliche Bezüge zu den sozialhistorischen Veränderungen der dreißiger Jahre: Tieck setzt sich literarisch mit der gesellschaftlichen Modernisierung auseinander, insbesondere der Ablösung des zunftmäßig organisierten Handwerks durch den von Technik und Kapital bestimmten Industriebetrieb und mit dem Aufkommen von entfremdeter Arbeit und Gewinnstreben.

Sein dreißigjähriger, bürgerlicher Romanheld Leonhard ist ein gebildeter Tischlermeister, der die Hauptziele bürgerlicher »Bildung« schon erreicht hat: Er ist verheiratet und hat eine sichere Lebensstellung, und sein Betrieb expandiert. Dennoch beunruhigt ihn der Blick in die industrielle Zukunft und der Verlust altbürgerlicher Lebens- und Arbeitsformen. Um seine latente Unzufriedenheit zu bewältigen, verläßt er für einige Monate die geordnete Alltagswirklichkeit und unternimmt eine Reise zum Schloß seines adeligen Jugendfreundes Baron Elsheim, wo er erotische Abenteuer nachholen und seine Theaterleidenschaft ausleben will. Der Roman selbst verwirklicht ein dramatisches Rollenspiel und wird wie die fiktiven Theateraufführungen zum Experimentierfeld für mögliche Verhaltensweisen in einer im Umbruch begriffenen Gesellschaft. Die Gespräche und Diskussionen über Kunst auf dem Adelsschloß dienen auch der sozialen Interaktion zwischen den Ständen, Generationen und Geschlechtern. Sie sollen zum Ausgleich, zur Annäherung oder zum Kompromiß zwischen den sozialen und persönlichen Gegensätzen führen. Die Konflikte des Tischlermeisters vom Romananfang bleiben jedoch am Ende unaufgelöst bestehen; er hat nur gelernt, sie besser zu verdrängen. Die Forderung nach einer »Poesie« des modernen Wirtschaftsliberalismus, die am Schluß eine adelige Besucherin Leonhards formuliert, erfüllt Tiecks Roman nicht.

3. Der zeitgeschichtliche Individualroman: Immermanns ›Die Epigonen‹

Unversöhnlicher und kompromißloser als Tieck thematisiert Karl Immermann die Probleme des Übergangs von einer alten in die neue Zeit mit seinem Roman ›Die Epigonen. Familienmemoiren in neun Büchern 1823–1835‹[41]. Das Buch erscheint 1836, zu einem Zeitpunkt, als durch den Zollverein ein gemeinsamer Binnenmarkt geschaffen wird und der Beginn des Eisenbahnbaus die Industrialisierung in Deutschland intensiviert. Der Autor beschränkt sich nicht nur, wie der Untertitel des Romans nahelegt, auf die psychologische Erhellung einer Familiengeschichte. Vielmehr zeigt er anhand der inneren Verflechtung zwischen einer adligen und einer bürgerlichen Familie den zeitgenössischen Grundkonflikt zwischen altem Feudaladel und neuem Industriekapitalismus auf. Als erster deutscher Schriftsteller stellt Immermann ohne Beschönigung das Problem der beginnenden Industrialisierung und die Umwandlung einer bäuerlichen Region in ein Industriegebiet dar.[42] Trotz dieser Öffnung in den sozialen und gesellschaftlichen Bereich schreibt er aber keinen Sozialroman: Sein zentrales Anliegen sind die Identitätsbrüche, Wendekarrieren und epigonalen Lebensläufe einer Generation im Übergang, die sich in der alten Welt nicht mehr heimisch fühlt und von der neuen noch keine Vorstellung hat.

Als Erbe des Herzogs wie des bürgerlichen Oheims steht auch die Hauptfigur Hermann im Brennpunkt des Kampfes zwischen »alter und neuer Zeit«. Dieser »Epigone« distanziert sich aber sowohl von der »Ruine« des Adels als auch vom aufkommenden Industriezeitalter. Wie Mörike verweigert sich Immermann dem bürgerlich-liberalen Zukunftsoptimismus, den die jungdeutsche Romantheorie fordert.[43] Sein Protagonist Hermann entscheidet sich angesichts der bedrohlichen ökologischen und menschlichen Folgen der Industrialisierung für einen dritten Weg, eine zivilisationsferne agrarische Idylle. Sie markiert das Ende des Romans. Das scheinbar harmonische Schlußtableau paßt zwar in das biedermeierlich-restaurative Bewußtsein der Zeit, ist aber im Grunde nur ein weiterer hilfloser Lebensentwurf des Helden. Nach der Erzähllogik des Romans, die alle biographischen Pläne der Figuren widerlegt, ist auch diese Idylle menschlicher Gemeinschaft zwangsläufig zum Scheitern verurteilt.

4. Historisch-biographische Künstlerromane der vierziger Jahre

Die modernen Individualromane der dreißiger Jahre zeigen durchweg, gerade wenn sie sich der Tiefenpsychologie, dem Zeitgeschehen oder den sozialen Entwicklungen öffnen, die Entmachtung der autonomen Persönlichkeit und die Zerstörung ihres Selbstverständnisses, Herr des eigenen Schicksals zu sein. Zweifel an der Konsistenz der Identität, Desillusionierung von Lebenslügen, Selbsttäuschungen und biographischen Sinngebungen, Aufdeckung von »Abgründen des Seelenlebens« wie auch die Darstellung unkalkulierbarer, nicht zielgerichteter Lebensläufe standen aber im Gegensatz zu den Bedürfnissen eines Publikums, das gerade in der Umbruchzeit Orientierung und Selbstbestätigung suchte. Die Mehrheit der Leser erwartete sich Lebenshilfe, optimistische Sinngebung, eindeutige und auktoriale Erzählweise, positive Helden und geschlossene, auch möglichst überschaubare und konsumierbare ästhetische Welten: Erwartungen, denen eine populäre Romanliteratur marktgerecht entgegenkommt [→ Plaul/Schmid: Populäre Lesestoffe, 325 ff.].

Das läßt sich an neuen Entwicklungen im Gattungsgefüge ablesen. Seit den vierziger Jahren verbinden sich verstärkt die Gattungen

Künstlerroman, historischer Roman und Biographie. Beispielhaft zeigt das auf einem gehobenen Niveau der historisch-biographische Künstlerroman ›Dichter und Kaufmann. Ein Lebensgemälde‹ (1840) von Berthold Auerbach[44], der nicht den erfundenen, sondern den historischen Künstler in den Mittelpunkt stellt und die Tradition der modernen Individualromane fortführt.[45] Die große Masse dieser Romane (z. B. über Schiller, Mozart, Bach u. a.) folgt hingegen dem Schema des bürgerlichen Bildungs- und Künstlerromans aus dem ersten Drittel des Jahrhunderts: Mit dem Bonus der »wahren Geschichte« versehen, rekonstruieren sie die geglückte Biographie einer berühmten historischen Künstlerpersönlichkeit. Das biographische Modell hält in seiner konservativen Ästhetik an einer zielgerichteten Charakterentwicklung fest, die durch Kohärenz, Identität und abschließende Reife bestimmt ist. Der historische Bezug ermöglicht die Illusion eines objektiven, authentischen Lebensbildes.

Während die historisch-biographischen Künstlerromane mit ihrem Kult um den Künstlerheros breite Zustimmung finden und sich parallel dazu im bürgerlichen Kulturbetrieb der Klassikerkult – vor allem um Schiller – zu institutionalisieren beginnt, macht die innovative Darstellung der modernen Identitätsproblematik wie in Auerbachs Künstlerroman oder in Fanny Lewalds Bildungsroman ›Jenny‹ (1843)[46] nicht Schule. Sie bleibt solchen jüdischen und weiblichen Außenseitern vorbehalten, die erst noch ihre reale Gleichberechtigung einklagen müssen [→ McNicholl/Wilhelms: Romane von Frauen, 213 ff.].

5. Die Abschaffung des Individualhelden im Gesellschaftsroman nach 1840

Der Persönlichkeitskult ist eine der literarischen Reaktionen auf die Krise des autonomen Individuums; eine andere ist die Abschaffung des einzelnen Helden im Gesellschaftsroman. Beispielhaft dafür sind die neuen Romankonzeptionen Karl Gutzkows und des Österreichers Karl Postl, der unter dem Namen Charles Sealsfield veröffentlichte.[47] In seinem bekanntesten Amerikaroman ›Das Kajütenbuch oder Nationale Charakteristiken‹ (1841) löst Sealsfield den

Individualhelden durch ein umfangreiches Personal ab, das gleichberechtigt alle Volksschichten repräsentiert; intendierter eigentlicher Held des Romans ist für den Autor »das ganze Volk«. Zehn Jahre später (1850/51) bietet Gutzkow in seinem viertausendseitigen Romanwerk ›Die Ritter vom Geiste‹ einen literarischen Panoramablick über alle sozialen Schichten der zeitgenössischen preußischen Gesellschaft nach 1848. Fast dreihundert genau umrissene Romanfiguren vom Bettler bis zum König stehen gleichberechtigt für bestimmte gesellschaftliche Milieus der Metropole Berlin. Beide Autoren verschaffen dem liberalen Prinzip der Diskussion als Element der demokratischen Meinungsbildung ästhetisch Geltung, indem sie ihre Personen auffallend häufig in Dialogen und Kontroversen miteinander konfrontieren. Die weitgehende Entindividualisierung der Romanfiguren im sozialen und gesellschaftlichen Kosmos ist jeweils gebunden an den Mythos der demokratischen Massengesellschaft als Gegenbild zu den europäischen Feudalwelten.

Sealsfield und Gutzkow nehmen Schreibweisen von Goethe und Immermann auf, die bereits den Gesellschaftsroman antizipieren, und entwickeln diese produktiv weiter, doch es fehlt ihnen deren skeptischer Blick in die Tiefenschichten der entstehenden modernen Gesellschaft. Die Konzeption der Figuren, die in sozialen Schichten und Milieus aufgehen oder sich in der Anonymität der Volksmassen verlieren, verhindert auch eine kritische Diagnose der Folgen der Moderne für den Einzelmenschen. Obgleich Sealsfield zwischen 1833 und 1847 der meistdiskutierte deutschsprachige Romanautor war und Gutzkows Roman ›Die Ritter vom Geiste‹ zunächst Erfolg hatte, sind die Ansätze beider Autoren für den Gesellschaftsroman in den Um- und Neuorientierungen nach 1850 verdrängt worden.

Wolfgang Beutin
Historischer und Zeit-Roman

I. Historischer Roman: Grundlagen

Historische Stoffe sind seit den Ursprüngen (Homers ›Ilias‹), im Mittelalter (mit Motiven der altorientalischen, antiken, keltischen, germanischen und mittelalterlichen Geschichte) sowie in der frühen Neuzeit dichterisch gestaltet worden. Dennoch erschien der historische Roman im Vormärz als Innovation. Ihn kennzeichneten eine veränderte Sicht von Geschichte, eine eigenartige Verbindung des geschichtlichen Stoffs mit der Form des Romans und eine besondere Funktion in der Gesellschaft der Epoche.

Die veränderte Sicht der Geschichte, den »Historismus«, hatten Denker und Dichter seit der Aufklärung angebahnt, darunter der Italiener Giambattisto Vico und französische, englische und deutsche Autoren: Voltaire, Montesquieu, Hume, Gibbon, Lessing, Winckelmann u. a. Zum Historismus kam eine verstärkte Anwendung des bereits in der Renaissance postulierten Forschungsprinzips »ad fontes«, nämlich der gründlicheren Ausschöpfung bekannter und der Erschließung neuer Quellenbestände. Dabei beschränkte sich z. B. die deutsche Historiographie durchaus nicht auf die Darstellung allein der Vergangenheit Deutschlands. Dies erweisen Johann Gustav Droysens ›Geschichte Alexanders des Großen‹ (1833), seine ›Geschichte des Hellenismus‹ (1836–43), Barthold Georg Niebuhrs ›Römische Geschichte‹ (1811–32) und Leopold von Rankes Werk ›Die römischen Päpste‹ (1834–36). Über deutsche Vergangenheit, ihre zentralen Epochen, Herrscher und Mächte schrieben Friedrich von Raumer (›Geschichte der Hohenstaufen und ihrer Zeit‹, 1823–25) und Ranke (›Deutsche Geschichte im Zeitalter der Reformation‹, 1839–47, sowie ›Neun Bücher preußischer Geschichte‹, 1847/48).

Erneuerte Geschichtsschreibung und Geschichtsdichtung waren europäische, nach Nordamerika hinüberreichende Phänomene.

Geprüft wurde, welche Partikel der Geschichte sich zur Konstituierung eines jeweiligen Nationalbewußtseins eigneten: Elemente anderer als der eigenen Nationalgeschichte, darunter antike »Humanität«, römischer Patriotismus, »große Männer« der Antike und Renaissance, Leitvorstellungen der Reformationen; zuletzt aber immer solche der eigenen Geschichte. Denn in erster Linie ging es darum, Traditionen nationaler Vergangenheit bereitzustellen, soweit sie, je nach politischem Interesse, entweder den Macheliten oder der Opposition dienlich sein konnten.

Wie die neue Geschichtssicht auf die Aufklärung (eingeschlossen den Sturm und Drang und die Klassik) zurückging, so gilt dies unbestreitbar auch für die Anfänge der neueren Geschichtsdichtung. Das historische Drama seit Goethes ›Geschichte Gottfriedens von Berlichingen mit der eisernen Hand, dramatisirt‹ (1771) und die Ballade, populär geworden zunächst durch den Göttinger Hain (Hölty, Bürger), sind hier ebenso zu nennen wie historische Erzählungen und Romane – wenn man ihnen diese Bezeichnung gönnen will –, von August Gottlieb Meißner (1753–1807), Benedikte Naubert (1756–1819), Ignaz Aurel Feßler (1756–1839) und Leonhard Wächter (1762–1837, Pseudonym: Veit Weber).

Eine Forschungsmeinung, die in den letzten Jahrzehnten allerdings angezweifelt worden ist, besagt, daß es das von Walter Scott entworfene Erzählmodell (seit 1814, dem Erscheinungsjahr des historischen Romans ›Waverley‹) gewesen sei, das Schule gemacht und die Gattung eigentlich erst begründet habe (Lukács, 1955). In der Gegenwart vertritt hingegen Hermann J. Sottong die Auffassung, historisches Erzählen sei im Vormärz ungleich mehr noch einem Erzählmodell der »Goethezeit« verpflichtet gewesen, dem »Entwicklungs-« oder »Initiationsroman«. Im ersten Drittel des 19. Jahrhunderts habe dies den historischen Roman stark geprägt (dessen Hauptkennzeichen ein Jüngling-Held ist) und sei erst im zweiten Drittel durch ein alternatives Modell ersetzt worden (ein Mann als »Kämpfer« im Mittelpunkt sowie eine deutliche Bevorzugung handelnder Kollektive); den Übergang markierten Romane von Rellstab und Alexis.[1]

Scott wirkte in Deutschland stark stilbildend mit einem Typus von Roman, worin »exotisch-magische Geschichtsräume mit strahlenden Heldenbildern entworfen« werden[2], wie etwa in ›Ivanhoe‹ (1820). Charakteristisch dafür sind folgende Züge: Die Zentralfigur, ein zunächst außenstehender, meist jüngerer Held, wird immer tiefer in die Ereignisse verstrickt, um sich in diesen zu bewähren. Das eigentlich Historische findet dabei Einlaß in die Erzählung als »auf die Gegenwart sich zubewegender Prozeß«; die geschilderte geschichtliche Epoche erscheint als »Vorstufe der eigenen«, der frühere Alltag »nicht als exotische Staffage«, sondern als das Ensemble von Lebensbedingungen, aus denen die neueren herausgewachsen sind. Zweitens aber auch als »ein bestimmtes historisches Ereignis«: z. B. Verschwörung, Katastrophe, Umsturz, Rebellion, Revolution. Neben diese »sozialhistorischen« Ingredienzien treten weiterhin nicht zu knapp die konventionellen »romanzen«haften Elemente: die verkannte, dann aufgedeckte wahre Identität, überraschender Rollenwechsel, wundersame Rettungen, Verbannung, politische und erotische Intrigen, unerfüllte und erfüllte Liebe.[3] Scotts Renommee war gewaltig, nicht zuletzt in Deutschland. Willibald Alexis befand, er habe eine »Revolution nicht im Geschmacke seines Volkes allein, nein, bei allen Nationen in der ganzen gebildeten Welt ⟨...⟩ hervorgerufen«[4]. Fontane rühmte ihn noch 1871 als »Shakespeare der Erzählung«[5]. Eine Konsequenz in Deutschland war, daß einer der beiden englischen Roman-Begriffe, »novel« (daneben: »romance«), mit dem deutschen Begriff »Roman« rivalisierte. »Novelle«, zuvor in Anlehnung an den Usus der Renaissance und der deutschen Klassik für »Erzählung geringeren Umfangs« gebraucht, kam zusehends in Mode für »Roman«. Daher heißt Scott in Wilhelm Hauffs »Einleitung« zu seinem Roman ›Lichtenstein‹ »jener große Novellist«[6] [→ Meyer: Novelle und Journal, 237].

Für das literarische Niveau der Gattung im Vormärz spricht, daß zu den noch heute gelesenen Schriften aus der ersten Hälfte des 19. Jahrhunderts ein großer Anteil historischer Romane zählt. Eine Reihe der besten Autoren betätigte sich auf diesem Gebiet: außer in England, Frankreich und Deutschland faßte er in den USA, in Italien und Rußland Fuß. Bevorzugt entnahm man die Stoffe der jeweiligen nationalen Geschichte. So in den USA Cooper (›Der Spion‹, 1821; ›Der rote Freibeuter‹, 1827; ›Lederstrumpf‹-Romane,

1823–41). In Frankreich setzte Alfred de Vigny den Auftakt
(›Cinq-Mars‹, die Geschichte einer Verschwörung zur Zeit Richelieus, 1826). Mérimée wählte in seiner ›Chronique du règne de
Charles IX‹ (1829) einen Stoff aus den Hugenottenkriegen (und inspirierte damit Meyerbeer zur Oper ›Die Hugenotten‹), ebenso
Balzac in ›Katharina von Medici‹ (1830–46). Die übrigen berühmten französischen Geschichtsromane führen ins Spätmittelalter
(Hugo: ›Notre-Dame de Paris‹, 1831) und nochmals in die Zeit Richelieus (Dumas d. Ä.: ›Die drei Musketiere‹, 1844). In Italien schuf
Manzoni als bedeutendsten historischen Roman ›Die Verlobten‹
(1825/27; ein von Goethe mit Aufmerksamkeit rezipiertes Werk), in
Rußland gingen Puschkin (›Die Hauptmannstochter‹, 1836) und
Gogol (›Taras Bulba‹, 1836–42) voran.

Die Entwicklung des Genres wurde von den Versuchen der Zeitgenossen begleitet, sich über die Neuerung zu verständigen. Einige
Autoren lehnten sie energisch ab, so in seinem Zeitroman ›Moderne Lebenswirren‹ (1834) Theodor Mundt, der aber einige Jahre
später selber mit einem umfänglichen historischen Roman debütierte. Ablehnend äußerte sich auch Karl Immermann. In seinem
Roman ›Die Epigonen‹ (1825–36) erläutert der »Herausgeber«, er
nehme seinen Ausgang bei den einfachen Menschen; jeder Mensch
in seinem Alltag sei »eine historische Natur«, und nie seien »die Individuen bedeutender gewesen als gerade in unsern Tagen«. Wer
»bedeutsame Anschauungen« gewinnen wolle, müsse nicht »in
die Zeiten der Kreuzzüge oder der Jesuitenherrschaft oder des
Dreißigjährigen Krieges« zurückgehen[7]. Den Hauptanteil an der
Theoriebildung in Deutschland hatten die in diesem Genre tätigen
erfolgreichen Autoren, so Alexis, Hermann Kurz und Hauff (»Einleitung« zum ›Lichtenstein‹), im Nachmärz Theodor Fontane. Sie
stießen auf die Schlüsselprobleme des historischen Romans: die Beziehung der drei Zeitebenen zueinander (Vergangenheit, Gegenwart und Zukunft) und die Relation von historischer Wahrheit und
Fiktion.

Alexis sah die durch Scott hervorgerufene Geschmacksrevolution
darin, »daß er historische Ereignisse, die noch in den Traditionen
des Volkes lebten, behandelte«.[8] Kurz bezweifelte die Lebendigkeit
der Tradition in Deutschland.[9] Daraus resultierte die Frage: Wie

weit zurück in die Geschichte? Alexis lehnte es ab, den Hohenstaufen-Stoff zu wählen, um ihn auf die Bühne zu bringen, denn was seien jene Kaiser »dem heutigen Publicum? Heroen der Mythe«.[10] Im Nachmärz behauptete Theodor Fontane, selber Verfasser historischer Romane: »Je näher wir unserer Zeit kommen, je näher kommen wir dem wirklichen Leben.«[11]

Anderseits gab es die Tendenz, den historischen Roman dem Zukunftsentwurf anzunähern, der utopischen Vision. Alexis diskutierte sie skeptisch.[12] Dagegen fand Hermann Kurz das Genre prädestiniert, »das *Leben*« zu schildern, wobei »die Verwandtschaft lang' hingeschwundener Generationen in ihrem Fühlen und Streben mit dem Geschlecht von heute« hervortreten solle, »auf daß unsere Zeit ⟨...⟩ die Vergangenheit klar überschauen und in ihrem Spiegel die Zukunft erkennen möge«, – hierdurch werde der Dichter zum »hellsehenden Geschichtschreiber«.[13]

Drittens: die Gegenwart. Welche aktuellen Fragen ein Verfasser in seinen Romanen erörterte oder erörtern ließ, hing von seiner Stellung in den politischen Strömungen der Zeit ab, auch von dem erwünschten Publikum. So gingen mehrere Problemkreise in unterschiedlicher Weise in die Werke ein: Die Auseinandersetzung von Bürgertum und Adel, aktuell im Vormärz, wurde auf ältere Zeitalter projiziert, nicht selten als Verkündung von Freiheitsrechten und Lob des bürgerlichen Zeitalters nebst Abwertung des Feudalabsolutismus und der Aristokratie. Selten zwar thematisierten die Autoren den ökonomischen Bereich, der ihnen von ihrer beruflichen Tätigkeit her meistens fern lag, doch oft bereits die – später so bezeichnete – »soziale Frage« [→ Adler: Der soziale Roman, 203 ff.]. In verschiedener Ausprägung wurde der Einheitsgedanke popularisiert, und zusammen mit ihm die Frage: Wie war das Verhältnis zu den benachbarten Nationen zu bestimmen, vor allem zu Frankreich, zu Polen, wie dasjenige zu den Minderheiten, Juden und Zigeunern? Abzuschätzen war auch die Funktion der Religionen: Bildeten sie – oder eine von ihnen – ein Hindernis des Fortschritts? Aktuelle Standpunkte, Kontroversen und Ereignisse wurden erörtert, so die methodologische Hauptfrage: Auf welchem Wege waren die Probleme in Deutschland lösbar, durch Revolution oder Reform?

Zum geschichtlichen Stoff und den damit verbindbaren Gegenwartsthemen gesellten sich fast immer philosophisch-weltanschauliche und gesellschaftstheoretische Reflexionen, in der Regel innig mit einer Handlung aus dem Familien- bzw. Privatleben verschmolzen. Dabei hing der künstlerische Wert davon ab, mit welcher Tiefenschärfe der Autor die Vergangenheit und Gegenwartsthematik zu erfassen vermochte, welche Qualität dem eingefügten Gedankengut zuzuschreiben war, welche Tragfähigkeit der Familiengeschichte zukam und ob die Unifizierung gelang: die Schaffung der »ideellen Einheit« als eines Schaubilds, das zwar komplex sein sollte, aber vor allem auch – nicht zuletzt im Sprachgestus – ein atmosphärisches Ganzes. Als scharfer Kritiker seiner Vorgänger im Vor- und Nachmärz argumentierte Fontane primär gegen das ästhetische Defizit.[14] Indes hatte gerade ein Spezialist, Alexis, in seinen theoretischen Darlegungen den ästhetischen Gesichtspunkt nicht nur nicht vernachlässigt, sondern sorgfältig bedacht. Er ging vom Prinzip der »Einheit« des Werks aus: »organische Entwickelung aus einem Mittelpunkte, der Zusammenhang der Theile mit dem Stamme«, »ideelle Einheit« seien notwendig; eine zu plastische Darstellung würde den »geistigen Gehalt« dieser Einheit, eine »überwiegende Reflexion« ihre poetische Qualität gefährden.[15] Die Einheit sollte mehr noch als auf einer Anschauung von Vergangenheit und Gegenwart auf einer Phantasie-Struktur beruhen, die – bewußt oder unbewußt – den Stoff organisierte. Erst durch diese konnte gesichert werden, daß historische Wahrheit und dichterische Fiktion sich amalgamierten.

II. Von Unfreiheit und Freiheitsverlangen, Barbarei und Humanität

Herkömmlich ist es, eine Übersicht über die historischen Romane chronologisch zu geben, meist nach den biographischen Daten der Verfasser oder den Erscheinungsjahren. Es erweist sich jedoch als vorteilhaft, statt dessen nach der Stoffwahl zu gruppieren. Es treten hervor: 1. Mittelalter-Romane, 2. Romane aus der Zeit der Reformation, Gegenreformation und Renaissance, 3. Romane aus dem 18. Jahrhundert (bis 1815). Dabei wird deutlich, wie die Begünstigung eines bestimmten Geschichtsabschnitts mit den Intentionen des Autors verflochten war, drängende Probleme der eigenen Gegenwart auf dem Experimentierboden der Historie literarisch zu fixieren.

1. Mittelalter-Romane

Während in England schon 1834 der erste bis heute bekannte Roman über die Antike entstand (Bulwer-Lytton: ›Die letzten Tage von Pompeji‹), gab es deutsche Erfolgsromane über das Altertum sowie über die germanische und Völkerwanderungszeit erst in der zweiten Jahrhunderthälfte (Georg Ebers: ›Eine Aegyptische Königstochter‹, 1864; Felix Dahn: ›Ein Kampf um Rom‹, 1876). Selbst für das Mittelalter gilt, daß die Autoren diese Epoche erst seit der zweiten Jahrhunderthälfte öfter wählten, z. B. Viktor von Scheffel im ›Ekkehard‹ (1855), noch öfter im 20. Jahrhundert. Die Gestaltung hochmittelalterlicher Motivik setzte zunächst in der Lyrik und Dramatik ein, im Bereich der Epik vor allem in der kleineren Form (Tiecks Novelle ›Der getreue Eckart und der Tannenhäuser‹, 1799 f.; von hier führte die Linie weiter zu Richard Wagners Oper ›Tannhäuser und der Sängerkrieg auf der Wartburg‹, 1845). Daher blieb es zunächst überwiegend bei Stoffen des *späten* Mittelalters (Ausnahme: etwa Scotts ›Ivanhoe‹), nicht nur in Deutschland. So führt Victor Hugos Mittelalter-Roman ›Notre-Dame de Paris‹ (1831; deutsch u. d. T. ›Der Glöckner von Notre-Dame‹) in das letzte Viertel des 15. Jahrhunderts.

Der gebürtige Magdeburger Heinrich Zschokke debütierte als junger Autor mit dem Erfolgsroman ›Aballino, der große Bandit‹ (1794; dramatisiert 1795), betätigte sich dann politisch in der Schweiz, als die Revolution die Kantone ergriff, und nahm seinen Wohnsitz im Aargau. In dieser Umgebung fand er eine Menge historischer Stoffe, einen schier unerschöpflichen Fundus. Ein weiteres Material-Reservoir bildeten seine eigenen Erfahrungen der Revolutionszeit. In die Vorgänge des »alten Zürichkriegs« (1436–50) führt sein historischer Roman ›Der Freihof von Aarau‹ (1823/24). Eine alte Feste, Rore, ist der Freihof, wo »jeder verfolgte Unglückliche Zuflucht und Sicherheit« findet[16]. Damit erhält er Symbolfunktion, wird repräsentativ für die Schweiz als ganze (die Zufluchtsstätte vieler Emigranten des 19. Jahrhunderts!). Sowohl dieser wie auch Zschokkes alsbald folgender historischer Roman ›Addrich im Moos‹ (1825/26) beruht auf der Integration des Gedankenguts der Französischen Revolution in den Stoff aus der Schweizer Geschichte. Es wird mit kräftigem Freimut ausgebreitet, wohingegen die Privatgeschichte jeweils an Bedeutung zurückbleibt. ›Addrich im Moos‹ führt in die frühe Neuzeit zurück, in den Krieg der Schweizer Bauern gegen die Städte (1653), als die mittelalterliche Konstellation in der Schweiz wesentlich noch erhalten war: Städte (und Adel) contra Bauern. Auch in anderer Hinsicht sind beide Romane miteinander verbunden: durch die Gestalt des alten Mannes als Protagonisten, der die revolutionären Parolen propagiert. In dem zweiten ist es die Titelfigur, der tapfere Führer der Landleute, der einem tragischen Ende entgegensieht.

Die Judenemanzipation, in der Ära der Restauration in Deutschland teils de iure zurückgenommen, teils de facto niemals verwirklicht, und Scotts ›Ivanhoe‹ mit der Schilderung des edlen Isaak und seiner Tochter Rebecca inspirierten Carl Spindler bei der Abfassung seines Romans ›Der Jude‹ (1827). Wieder ist die historische Folie die erste Hälfte des 15. Jahrhunderts, die Jahre des Konzils von Konstanz, dessen Andenken belastet ist durch den Feuertod des tschechischen Reformators Hus. Hus bleibt aber Episodenfigur. Seine Befreiung aus dem Kerker ist die Aufgabe, die der Autor dem Helden der Privatgeschichte, Dagobert, überträgt. Hus weigert sich jedoch, sich retten zu lassen, um der Märtyrer seiner Lehre zu werden. Neben dem Befreier-Helden bewegt sich im Mittelpunkt des Geschehens eine Mehrzahl von Juden, die der Autor differenziert zu schildern suchte.

In seinem Roman ›Der Hexensabbat‹ (1832) wählte Ludwig Tieck eine Ketzerverfolgung zum Gegenstand, eine Reihe historischer, von der Kirche angestifteter Metzeleien in Arras (seit 1459), die den Auftakt der Hexenprozesse in Europa bildeten und deren überwiegend männliche Opfer als Glaubensfeinde verleumdet worden waren. Insgesamt ergibt sich eine Konfrontation der humanistisch Denkenden mit dem Fanatismus; was zunächst siegt, sind die »Autorität der Kirche, der Aberglaube, die Gewalt der Menge und des gemeinen Volkes«.[17]

Um ein Jahrhundert mehr griff Willibald Alexis in seinem historischen Roman ›Der falsche Woldemar‹ zurück (1842). Doch auch sein Thema hängt eng mit den Erfordernissen der Politik des Vormärz, in erster Linie des Liberalismus in Preußen zusammen. Grundmotiv ist das zuvor bereits von Schiller (›Demetrius‹-Fragment) aufgenommene Thema des Thron-Prätendenten mit falschen oder richtigen Ansprüchen, der Vorfall ist historisch: Nach dem Ende der brandenburgischen Markgrafen aus dem askanischen Hause und der Belehnung der Wittelsbacher mit der Mark, nach Wirren und Kriegen trat 1347 vorgeblich der alte, angestammte Fürst aus seiner Verschollenheit hervor, der sog. »falsche Waldemar«. Durchweg ist der Zeitbezug dadurch zugegen, daß alles Handeln des Prätendenten unter die Frage gerückt wird: Ist er der wahre Herrscher seines Volks, wodurch wäre er kenntlich? Ausschlaggebend sollte nicht die Herkunft sein, ob legitim oder dunkel, sondern daß ein Fürst, und sei es der »falsche«, als Friedensfürst in Gerechtigkeit regiere. Ein von den dominanten Kriterien abgeleitetes Motiv ist zusätzlich: der Wille und die Fähigkeit, bedrängte Minderheiten wirksam zu beschützen. Ob er es versteht, für die in Krisenzeiten mit dem Tode bedrohten Juden in seinem Land erfolgreich einzutreten, daran ist Woldemar zu messen – und ein jeder Herrscher nach ihm.

Dies war nicht der einzige historische Roman des Autors mit einem Mittelalterstoff. Wie Hugo, Zschokke, Tieck und Spindler lieferte er ebenfalls einen Beitrag zur Geschichte des 15. Jahrhunderts: ›Der Roland von Berlin‹ (1840). Mit diesem, wie mit dem

›Falschen Woldemar‹, erwies sich Alexis, der heute als der wichtigste deutsche Theoretiker des historischen Romans im Vormärz erkennbar ist, neben Tieck auch als der wichtigste Autor in diesem Genre.

2. Aus Reformation, Gegenreformation und Renaissance

Den Autoren erschienen im Vormärz Stoffe aus der Reformation und Gegenreformation offenbar günstig, um sich über die Geschichte der eigenen Zeit im Bilde des älteren geistlichen Ereignisses zu verständigen, vor allem über die Alternative: Revolution oder Reform? Stoffe der Reformationsgeschichte verlangten dabei meist deutsche Schauplätze, solche aus der Renaissance in der Regel italienische oder westeuropäische. Was im Vormärz nicht entstand, ist der große Luther-Roman, ebenso nicht der Roman der Reformation in Europa, als dessen – monumentalen – Ersatz man Rankes umfängliches Geschichtswerk denken könnte. Was bedeutete es, wenn ein Autor einen reformationsgeschichtlichen Stoff suchte, indes Luther als »Held« nicht verfügbar war (weil zu groß von Statur)? Er entschied sich dafür, die Zeit als solche darzustellen, mit Einbeziehung des Reformators allenfalls als Episodenfigur oder aber ohne ihn, dafür mit Verwendung anderer Persönlichkeiten der Ära. Oder er schilderte die Nebenströmungen der Reformation, also die konkurrierenden Versuche der Gründung reformatorischer Kirchen (Täufer, Müntzer).

Achim von Arnims Roman ›Die Kronenwächter‹ (1. Teil erschienen 1817) knüpft an die Gegenwart mit dem Hinweis auf den »Zustand geistiger Bildung« um 1800 an, dessen Vorgeschichte die Reformationsepoche sei. Ein Grundkonflikt aus Arnims Gegenwart kehrt im Roman wieder: als Dualismus von Bürgertum und Adel. An historischen Gestalten bezog er eine Reihe prominenter Zeitgenossen der Reformation ein, allen voran als Episodenfiguren Luther und Faust. Mit dem Geheimbund-Motiv, das für die Handlung strukturbildend ist, ordnet sich das Buch den Geheimbund-Romanen der Spätaufklärung zu: Die Kronenwächter bilden einen mysteriösen Bund, der sich des Jüngling-Helden, Berthold, für seine

Machtpolitik bedienen möchte. Arnim plante einen zweiten Teil, den er nicht vollendete; es liegen aber umfangreiche Vorarbeiten vor (ca. 400 Seiten), die aus dem Nachlaß herausgegeben wurden (1854). Hier erzählte er vom Fortgang der Reformation, vom Bauernkrieg, dem Kunstleben der Zeit und über vieles andere.

Ein historischer Roman, dessen Nachwirkungen in der Literaturgeschichte bis heute spürbar sind, ist Wilhelm Hauffs ›Lichtenstein‹ (1826). Zunächst war schon mit der Wahl der Örtlichkeit, Württemberg oder Schwaben, eine Anküpfung an die Landschaft des Hohenstaufen-Mythos gegeben, an das Territorium, welches die »schwäbischen Kaiser« hervorgebracht hatte (derselbe Mythos wie ein Jahrzehnt zuvor bei Arnim). Wurden im Vormärz Versuche unternommen, neben der *nationalen* deutschen Tradition auch die *territorialstaatliche* einiger bedeutender Mitgliedsstaaten des deutschen Bundes zu rekonstruieren, so gab es eine Häufung entsprechender Bemühungen gerade in dem – aus der Napoleonischen Ära als Königreich hervorgegangenen – Württemberg (Ludwig Uhlands Balladen-Zyklus in nachgeahmten Nibelungen-Strophen ›Graf Eberhard der Rauschebart‹, 1815, gemeint: Graf Eberhard II., der »Greiner«, 14. Jahrhundert; Justinus Kerners Ballade ›Der reichste Fürst‹, 1818, woraus die Zeilen sehr geläufig wurden: »Eberhard, der mit dem Barte,/ Württembergs geliebter Herr«, d. i.: Herzog Eberhard I., 15. Jahrhundert). Zu diesen Zeugnissen eines württembergischen »patriotischen Monarchismus« stellte sich Hauffs Roman.[18] Man konnte gerade in den schwäbischen Pfarrhäusern Herzog Ulrich I., die Zentralfigur in dem Roman, kaum wirksamer rehabilitieren, als indem man ihn als verlorenen Sohn und reuigen Sünder in Anspruch nahm, dem späterhin die große Tat der Einführung der Reformation in Württemberg gelang.

Im übrigen schmückte der Autor das Werk mit prominenten Namen der Epoche: demjenigen des Landsknechtsführers Frundsberg (bei Hauff: mit -o-) und Huttens. Den letztgenannten wiederum durfte er nicht zu stark akzentuieren, war doch gerade dieser Ritter Ulrich ein Feind Ulrichs, des Herzogs. Dazu kam noch »ein unberühmter Mönch zu Wittenberg« (aus Sicht des Jahrs 1519!).[19] Ins Zentrum der Privatgeschichte rückte der Dichter die Liebe des jungen Kriegsmanns Georg von Sturmfeder und Maries von Lichtenstein. Maries Einfluß bewirkt, daß Georg sich vom Heer des Schwäbischen Bunds ab- und dem Landes»vater« Ulrich zuwendet. Seine Abhängigkeit von gleich zwei »Vätern« – oder sogar von dreien, denn er verehrt zudem immer noch das Idealbild seines verstorbenen leiblichen Vaters – ist zugleich ein Dementi: Sturmfeder füllt nicht, obwohl sein Name anderes vermuten ließe, die Rolle des Stürmers und Drängers aus, sondern die des sämtlichen Vätern anhängenden, ergebenen Sohns. Diese Absage an die Empörung ist die Kehrseite des »patriotischen Monarchismus«, dem wiederum die in dem Buch ständig angerufene Haupttugend entspricht, die Untertanen-Treue. Abgerundet wird das verklärende Schaubild durch das biedermeierliche Lob des »stillen häuslichen Glücks«[20].

Alexis bearbeitete in seinem Roman ›Hans Jürgen und Hans Jochem‹ Motive aus der Geschichte der Reformation in der Mark Brandenburg. Das Werk hatte ursprünglich zwei Teile: ›Die Hosen des Herrn von Bredow‹ (1846) und ›Der Werwolf‹ (1848), die später ihre getrennten Wege gingen, weil sie als zwei selbständige Bücher betrachtet wurden. Für jeden Teil läßt sich eine besondere Problemstellung nominieren, die ihn mit den übrigen historischen Romanen desselben Verfassers verbindet und den Zeitbezug herstellt: 1846 rückte Alexis die Konfrontation zwischen dem – angeblich hinter den Anforderungen der Zeit weit zurückbleibenden – Adel à la Bredow und dem als Anwalt des Fortschritts vorgestellten Kurfürsten Joachim I. (1499–1535) ins Zentrum, 1848 die Konfrontation des nunmehr hinter den erneuten Anforderungen zurückbleibenden Kurfürsten und dem Neuen, der Reformation. Formell ist die Frage stets dieselbe: Wer nimmt die Partei des Fortschritts, bekennt sich zu dem Neuen (1848 mußte dies heißen: zur bürgerlichen Umwälzung, für die im Buch dann stellvertretend die Reformation steht), wer widersetzt sich ihm? Erschien im ersten Roman als Hauptkontrahent Bredows der Kurfürst selber, so zeigte der Dichter in dem zweiten, wie Joachim sich ins Konservative wandelt. Die Energie des Herrschers reicht nicht aus, nach Luthers Auftreten dessen Sache zu der seinigen zu machen. Er versteht die Notwendigkeiten der Zeit nicht mehr, klammert sich lediglich noch an das Bestehende und wird – seine Tragik am Lebensende – zum Kontrahenten des Reformators.

Die Romane von Carl Spindler (›Der König von Zion‹, 1837) und Theodor Mundt (›Thomas Müntzer‹, 1841) belegen deutlich die angestrengte Bemühung einer Gruppe von Autoren, ihrer Ablehnung des radikalen Flügels des Liberalismus dadurch Ausdruck zu verleihen, daß sie diese auf den – in der neueren Forschung so benannten – »linken Flügel« der Reformation übertrugen, hier: auf die Taufgesinnten und Luthers Gegner Müntzer, den Reformator von Allstedt. Spindlers Darstellung läuft auf die Denunziation der Täufer von Münster hinaus, deren Führer als Aufrührer aus Eigennutz und Sexualgier erscheinen sowie als Anstifter von Verbrechen und Verderb. Mundt beschrieb Müntzer als Berserker und deutete in seine Gedankenwelt eine ursprünglich nicht vorhandene nationale Komponente hinein. Ein ehemaliges Faktotum Müntzers, der Jude Lucius, wandert durch das Geschehen als Mordgehilfe und ewiger Verräter, ein frühes Muster »des Juden«, wie es in der antisemitischen Propaganda der Folgezeit in Deutschland fortwirkte.

Andere Romane bezogen ihren Stoff aus der Gegenreformation, meist des 17. Jahrhunderts. In diesem erreichten in Deutschland die Hexenverfolgungen ihren Höhepunkt. Daher bedeutete die Wahl eines Stoffs aus dieser Zeit häufig Darstellung der »Hexen«jagd, so in Spindlers Roman ›Der Wechselbalg‹ (1840) und in den Romanen von Wilhelm Meinhold: ›Maria Schweidler, die Bernsteinhexe‹ (1843) und ›Sidonia von Bork, die Klosterhexe‹ (1847). Unter den historischen Romanen des Willibald Alexis, die nicht die Mark zum Schauplatz haben, sondern andere Länder, gestaltet ein umfangreicher, ›Urban Grandier‹ (1843), eine historische Affäre, die bis heute in der Epik und im Film weiterlebt: die Besessenheit der Nonnen des Klosters Loudon in Frankreich (1633/34). Der Autor nahm in seinem Buch den Standpunkt des Aufklärers ein, der das Treiben der Klosterfrauen als Machination einer politischen, dem Kardinal Richelieu hörigen Clique durchschaut, zugleich aber auch den Massenwahn für unausrottbar hält. Der Pfarrer Grandier wird auf Anstiftung der Exorzisten, tückischer Mönche, zum unschuldigen Opfer, das in gewisser Weise Schuld auf sich geladen hat (allzuoft durchbrach er das Askese-Gebot) – ein Geistlicher als Frauenliebhaber, der damit zum Ahnherrn Gösta Berlings wurde, der Romangestalt Selma Lagerlöfs.

Vermochte die Wahl mittelalterlicher und reformationsgeschichtlicher Stoffe erheblich zur Ausbildung nationalpatriotischer, auch territorialstaatlicher Tradition beizutragen, so war die Entscheidung für einen Renaissance-Stoff zumeist eine für den Schauplatz Italien oder für Westeuropa: England, Frankreich, die iberische Halbinsel. Italien, Ursprungsland der Renaissance, besaß jedoch die Priorität: Alexis, der 1828 eine Renaissance-Novelle vorgelegt hatte (›Venus in Rom‹), jedoch keinen Renaissance-Roman schrieb, regte 1830 an, das Renaissance-Italien dichterisch zu schildern, nämlich »der Wirklichkeit getreu, den tief glühenden, von Sehnsucht und Leidenschaft zerrissenen Zustand des alten Italiens«.[21] Statt der nationalpatriotischen Implikationen trat in einem Werk (Roman, Novelle, Drama oder Oper) mit einem Renaissance-Stoff eine andere Motiv-Gruppe auf: an der Spitze die Politik, das große Verbrechen aus Leidenschaft, dann die Kunst sowie das Leben einer überlegenen Frau.

So war zur Zeit der Französischen Revolution die Erinnerung an den Volkstribunen Cola di Rienzo (oder Rienzi, 1313–54) wieder aufgelebt. Bulwer-Lytton brachte ihn durch seinen historischen Roman ›Rienzi‹ (1835) förmlich in Mode; der junge Friedrich Engels fertigte danach einen dramatischen Entwurf: ›Cola di Rienzi‹ (1840); Wagner komponierte seine Oper ›Rienzi‹ im gleichen Jahr.

Persönlichkeiten, die in Renaissance-Dichtungen gern einbezogen wurden, waren vor allem bildende Künstler und Dichter: Shakespeare, Camões, Vittoria Accorombona (1557–1585). Zu Stendhals ›Italienischen Chroniken und Novellen‹ rechnet auch ›Vittoria Accoramboni‹. Tieck wählte dieselbe Dichterin als Heldin seines Romans ›Vittoria Accorombona‹ (1840). Hier ist die Bündelung der vier Themen in *einem* Werk zu beobachten, wie übrigens zuvor bereits in Wilhelm Heinses Renaissance-Roman ›Ardinghello‹ (1787) – dieselbe Themenzahl gehörte über den Vormärz hinaus zu den Wesensmerkmalen der Renaissance-Dichtungen, auch des 20. Jahrhunderts. Angeregt durch John Webster, einen Shakespeare-Schüler, und seine Tragödie ›The White Divel‹ (Druck 1612), entwarf Tieck hier das komplexe Bild eines Zeitalters. Er wählte nicht die (florentinische) Früh-Renaissance als Epoche, nicht die – im

Vormärz populäre – Hoch-Renaissance (mit berühmten Künstlern wie Raffael), sondern die römische Spät-Renaissance des ausgehenden 16. Jahrhunderts. In der Buntheit seines Tableaus – belebt durch den stilistischen Wechsel zwischen Enthusiasmus und Nüchternheit – vereinigte Tieck Konstellationen aus einer bedeutsamen Geschichtsepoche (Regeneration der römischen Kirche in der Gegenreformation) und eine Fülle politischer Aktionen, die zugleich erotische sind (Liebes- und Heiratsaffären), mit trefflichen Personencharakteristiken (Vittoria; der Peretti-Papst Sixtus V., 1581–90) sowie mit einer Vielzahl von Reflexionen, vor allem über die Kunst und das Frauenleben.

Tieck veröffentlichte seit 1826 auch eine Sequenz von drei Shakespeare-Novellen, die zusammengenommen fast 340 Seiten zählen und als historischer Roman gelesen werden können: ›Das Fest zu Kenelworth‹, in der Funktion eines Prologs zu den beiden folgenden Novellen; sodann diese selber: ›Dichterleben‹, 1. und 2. Teil. Sie sind ein Zeugnis der Shakespeare-Begeisterung des Zeitraums, die im Gefolge der Shakespeare-Übersetzung der deutschen Romantik und vieler Theateraufführungen um sich griff und zu einem populären biedermeierlichen Kult führte: Der Brite wurde beinahe zum Zeitgenossen, für den man familiär fühlte (vgl. den Titel von Heinrich Joseph Königs historischem Roman ›Williams Dichten und Trachten‹, 2 Bände, Leipzig 1839). Bekannte Komponisten trugen zusätzlich zur Popularisierung bei (Felix Mendelssohns Ouvertüre zum ›Sommernachtstraum‹, 1826; Otto Nicolais komisch-phantastische Oper ›Die lustigen Weiber von Windsor‹, 1849).

Heinrich Laube stellte in seinem historischen Roman ›Gräfin Chateaubriant‹ (1843) das Verhältnis der (verheirateten) schönen Gräfin Franziska von Foix (gest. 1537) zum französischen König Franz I. in den Mittelpunkt. Die Handlung spielt um das Jahr 1525. Es war der Zeitpunkt der größten politisch-militärischen Katastrophe Frankreichs in der frühen Neuzeit (Niederlage in der Schlacht bei Pavia, Gefangennahme des Königs durch das Heer des Kaisers Karl V.). Zudem versuchte der Verfasser, die Ursachen der kulturellen Blüte der Ära erörtern zu lassen. Als Vertreterin der Renaissance-Kunst führte er die Dichterin Margareta von Navarra ein, die Schwester des Königs, die Verfasserin des Novellenwerks

›Heptameron‹. In der Gestalt der Titelfigur malte Laube den Typus der überlegenen Frau der Renaissance, einer leidenschaftlich Liebenden.

3. Aus dem 18. und dem beginnenden 19. Jahrhundert

Stoffe aus dem 18. Jahrhundert bis 1815 sind die meistgewählten im historischen Roman des Vormärz. Auf ihnen basierten nach Eggerts Berechnungen noch bis 1875 knapp die Hälfte der berücksichtigten Beispiele, 180 von 388. Vor allem »signifikant stark repräsentiert« scheint nach Sottong die Ära von 1789 bis zum Ende der Herrschaft Napoleons, was die Bedeutung der jüngsten Geschichte, eingeschlossen die Freiheitskriege, erhellte.[22]

Zu den im Vormärz virulenten Themen gehörten die Religions- und Kirchenfrage. Manche historische Romane dieser Epoche präludierten dem »Kulturkampf« der zweiten Hälfte des Jahrhunderts; Tendenzen wie Antikatholizismus, Antijesuitismus, Antipapalismus oder, positiv, die reformationsgeschichtliche Problematik bestimmten stark ihre Gedankenwelt. So bezog sich Spindler in seinem Roman ›Der Jesuit‹ (1829) auf die Politik des Jesuitenordens im frühen 18. Jahrhundert, besonders dessen Proselytenmacherei, aber auch seine Praktiken in Übersee. Von den tendenziösen Darstellungen in dieser Art unterscheidet sich Tiecks Roman ›Der Aufruhr in den Cevennen‹ (1826 erschienen, unvollendet), den der Autor selber als »Erzählung« und »Novelle« (historischer Roman) bezeichnete.[23] Sujet ist der französische Religionskrieg von 1703, als infolge des Wegfalls der Toleranzbestimmungen nach der Aufhebung des Edikts von Nantes (1685) sich die hugenottischen »Camisards« erhoben und von den königlichen Truppen verfolgt wurden.

Vom Humanitäts-Ideal der Spätaufklärung her ist der Roman ›Cabanis‹ (1832) des Willibald Alexis zu interpretieren. Er spielt im Siebenjährigen Krieg und in seiner Vorgeschichte. Ein »großer Mann« im Sinne Treitschkes figuriert als die geistig beherrschende Zentralmacht: Friedrich II. von Preußen. Doch tritt der König selber nur gelegentlich auf. Seine Gestalt bleibt Chiffre für »Licht«, »Aufklärung«, »Preußen«. Daß der Verfasser allerdings keine Fridericus-Apotheose und verklärte Sicht des Zeitalters erstrebte, bezeugen die zahlreichen Einzelzüge, das Konterfei der Schattenseiten des Lebens zur Zeit Friedrichs: niedriger Lebensstandard des Volks, Krieg, Soldatenmißhandlungen u. a. Der Roman, von der Kritik seit je als ein Meisterwerk bewertet, zeigt die Beherrschung des Perspektivenwechsels durch den Autor: Das erste und künstlerisch herausragende Buch, ›Die Knabenwelt‹, wird aus Sicht des privaten Helden als Ich-Erzählung gegeben (zu vergleichen wäre die Jugendgeschichte in Wilhelm Raabes ›Hungerpastor‹), die folgenden fünf Bücher sind aus der Autor-Perspektive erzählt. In dem Roman ›Schillers Heimatjahre‹ (1843) von Hermann Kurz rückte die dargestellte Zeit zwei Jahrzehnte näher an die Französische Revolution heran; der Schauplatz der Handlung ist abermals, wie in Hauffs ›Lichtenstein‹, Schwaben. Es sind die Jahre, als Schiller die Karlsschule des Herzogs Karl von Württemberg besuchte. Anders als nach dem Buchtitel zu vermuten, liegt kein biographischer (Künstler-)Roman vor, bildet doch nicht der Dichter die Zentralfigur. Grundlegend ist der Konflikt der erfundenen Figur aus dem Bürgertum, des vorgeblichen Lehrers der Karlsschule, Heinrich Roller, mit dem Herzog, das Aufbegehren des jungen Mannes gegen den Landesherrn. Den Roman durchzieht eine energische anti-absolutistische Tendenz. Ihr dient insbesondere die Schilderung der langen, qualvollen Gefangenschaft des Dichters Schubart.

Mit seiner historischen Erzählung – in Länge eines Romans – ›Die Rose von Disentis‹ (1844) versuchte Heinrich Zschokke, seinem Publikum Einsichten in die Ära der helvetischen Republik zu vermitteln. Der Verfasser, an den durch ihn dargestellten Ereignissen ursprünglich in wichtiger Funktion beteiligt, verarbeitete im Text die eigenen Erinnerungen, so daß hier das Buch eines Augenzeugen und Mithandelnden entstand.

Ein russischer historischer Roman, der die neuere Geschichte des Genres seither stark prägt, erschien nach der Mitte des Jahrhunderts: Tolstojs ›Krieg und Frieden‹ (1863/69). Er hatte einen deutschen Vorläufer mit demselben Stoff (Napoleons Rußlandfeldzug), den historischen Roman ›1812‹ (1834) von Ludwig Rellstab (Cousin von Willibald Alexis). Die Schauplätze der Handlung liegen im Westen (Schweiz, Heidelberg, Dresden, Königsberg) und Osten (Polen,

Rußland). Mit einer Fülle von Merkmalen schloß Rellstab sein Werk an die aktuell-politischen Interessen seines Vormärz-Publikums an. So verfehlte er ebensowenig wie später Mundt (und, im Nachmärz, Gustav Freytag), einem radikalen Antisemitismus Ausdruck zu geben: Juden erscheinen als Verräter, Mörder und überhaupt »aussaugendes Geschlecht«[24]. Hingegen möchte der Autor für den edlen Polen Rasinski, den Freikorpsführer, Begeisterung erwecken. Das stille Glück eines befriedeten Familiendaseins verbleibt als eine Perspektive den Helden der Privathandlung.

III. Zeitroman

Die Bezeichnung »Zeitroman« wurde am Jahrhundertbeginn geprägt, wohl 1809 von Brentano in Anwendung auf den Roman ›Armut, Reichtum, Schuld und Buße der Gräfin Dolores‹ seines Freundes Achim von Arnim. Die Abgrenzung vom historischen Roman ist nicht immer leicht: Die Autoren schilderten die Gegenwart ihrer Zeit, und dies unter dem Aspekt derselben aktuellen Thematik, wie sie die Verfasser der historischen Romane in die Vergangenheit hineintrugen. Schilderung der Gegenwart aber hieß im Vormärz: sowohl Beschreibung der vorgefundenen Zustände im staatlichen Leben, in der Gesellschaft und in der Familie, in Verbindung mit der Reflexion über festgestellte Schäden und mögliche Abhilfe, als auch Darstellung des subjektiven Mißbehagens an der Epoche.

Zunächst drückten die Autoren stets einmütig dasselbe aus, ihr Leiden an der Zeit, an der »Unwahrheit« der Epoche: so in Mundts Werk ›Moderne Lebenswirren‹ der Salzschreiber Seeliger, so der »Erzwindbeutel« Münchhausen in dem nach ihm benannten Roman. Münchhausen ist Immermanns Chiffre für die personifizierte Lügenhaftigkeit; der Lügenbaron sei »der Zeitgeist in persona«[25].

Unter den Autoren, die sich im Vormärz auf beiden Feldern betätigten, den Gebieten des Zeit- und des historischen Romans, ist vor allem wiederum Alexis hervorzuheben. Zu seinem Schaffen vor 1848 gehören neben sechs oder sieben historischen nicht weniger als drei

Zeitromane. Die Travestie ›Walladmor‹ (1823/24), unter dem Namen Scotts veröffentlicht, war das vielbeachtete eigentliche Debüt dieses Autors. Die späteren Zeitromane desselben Autors reflektierten noch einmal die Gegenwartszustände und Zukunftsaussichten: ›Das Haus Düsterweg‹ (1835) sowie ›Zwölf Nächte‹ (1838).

Gutzkows Roman ›Wally, die Zweiflerin‹ (1835) geriet zu dem eigentlichen Skandalroman der Epoche. Nach dem Vorbild der Autorsgattin Charlotte Stieglitz, die sich 1834 selber tötete, endet auch Gutzkows Heldin durch Freitod. Das Buch entstand in der Jahresmitte 1835 in weniger als einem Monat und erschien im August im Druck. Vom September an verhängten die Behörden einzelner Bundesländer Verbote bzw. ordneten die Konfiszierung an. Ende November folgten die Untersuchung gegen den Autor und seinen Verleger, Gutzkows Verhör und seine Verhaftung, Anfang 1836 die Anklage wegen Gotteslästerung, Verächtlichmachung des christlichen Glaubens und der Kirche sowie wegen Darstellung unzüchtiger Gegenstände. Das Urteil lautete schließlich: ein Monat Gefängnis für den Autor. Was in den Amtsstuben und in der Öffentlichkeit Empörung hervorrief, waren das Nacktheitsmotiv – Wally steht Modell ausgerechnet für die Sigune aus Wolfram von Eschenbachs Dichtung ›Titurel‹ –, vielleicht auch die Liebe einer Jüdin (Delphine), die Selbsttötung Wallys und vor allem Gutzkows Religionskritik.

Die wertvollsten Beispiele des Zeitromans im Vormärz stammen von Immermann: ›Die Epigonen‹ (1825–36) und ›Münchhausen‹ (1838/39). Was sie von den meisten übrigen ihrer Gattung unterscheidet, ist die Ernsthaftigkeit der Ursachenermittlung, die der Autor vornahm, die Komplexität seiner Darstellung und sein Bemühen, tragfähige Grundlagen für die Gesellschaft der Zukunft ausfindig zu machen. In den ›Epigonen‹ verband er die kulturkritische Analyse mit dem individuellen Entwicklungsgang des Jüngling-Helden, der Hermann heißt – ein Name, der die Erinnerung an Arminius, den Befreier, weckt. Nachdem er mit siebzehn in den Freiheitskriegen gekämpft hatte, nahm er als Zwanzigjähriger am Wartburgfest teil. Als »Fluch des gegenwärtigen Geschlechts« bezeichnete der Dichter, »sich auch ohne alles besondre Leid unselig zu fühlen«; sei doch seit der Revolution (1789) »eine gefährliche Weltepoche hereingebrochen«, worin die Lebenden sich mit »geborgten Ideen« weiterzuretten suchten, allesamt nur »Epigonen«.[26] Es kommen die Grundfragen der Zeit und ihre vielfältigen Ableitungen zur Sprache: Feudalismus, Herrschaft des Geldes, Agrarfrage, Adel/Bürgertum, Franzosenfresserei, Judenhaß, die Demokratenverfolgungen u. a.

Streng antithetisch setzte Immermann im ›Münchhausen‹ vier Büchern mit Schilderungen der Lügenhaftigkeit der Zeit, besonders der Adelswelt (1, 3, 4 und 6), ebenso viele mit der Beschreibung der Welt des Oberhofs und seiner Landschaft entgegen (2, 5, 7 und 8). Der Oberhof, mitten im seinerzeit durch Agrarwirtschaft geprägten Westfalen gelegen, steht für die altbäuerliche Welt. Hier verläuft das Leben noch in den herkömmlichen Bahnen, nach den Regeln des Herkommens, und die alten Bräuche haben Leben in sich, ohne künstlich wiederbelebt werden zu müssen, z. B. das Femegericht, die Hochzeit. Nur in der Oberhofwelt könnten noch Grundlagen einer Zukunft mit humanen Konturen entdeckt werden. Aber mit der Schilderung der Liebe Oswalds und Lisbeths, eines Grafensohns sowie eines Findelkinds, deutete Immermann auch die Überwindung der engen Oberhofwelt an: anders als seine konservativeren Zeitgenossen vermutete er in einer Mesalliance die Möglichkeit einer Überwindung der Kluft zwischen den Ständen.

Charles Sealsfields ›Kajütenbuch‹ (1841), ein Erzählwerk im Übergang vom Zeit- zum Abenteuerroman, könnte man als eine Art Gegenwurf zu den Zeitromanen betrachten, die das dumpfe Leben in der Enge des Vormärz spiegelten, das Leiden an diesem und an der Zeit. Berühmt ist es wegen seiner Naturbeschreibungen, vor allem der Jacinto-Prärie. Der Verfasser beschrieb Vorgänge und Kämpfe aus der Zeit der Trennung des Staats Texas von Mexiko (seit 1821 mexikanisch, wurde Texas 1836 unabhängig, 1845 den USA angeschlossen). Daß Revolution »Wiedergeburt und Auferstehung eines ganzen Volkes« bedeute, zeigte er am Beispiel Südamerikas; als die Basis einer jeden fortschrittlichen Verfassung verstand er das »Volkssouveränitätsprinzip«.[27] Dessen Verteidiger, der Richter, benennt als das Projekt, das auf die Tagesordnung gesetzt sei:

Wollen Licht und Gerechtigkeit 〈...〉 ein Reich der Freiheit, des Friedens, der Aufklärung, des Fortschritts, der Erkenntnis gründen, das wollen wir 〈...〉.[28]

Hans Adler
Der soziale Roman

Die Darstellung sozialer Probleme im Roman – und in anderen narrativen Formen – im Vormärz ist nicht neu. Neu ist der Begriff des sozialen Romans und die lebhafte Konjunktur dieses Genres in den vierziger Jahren des 19. Jahrhunderts. In der literarischen Evolution gewinnt der soziale Roman Profil durch die programmatisch formulierte Opposition gegen die Kunstkonzeptionen von Klassik, Romantik und Jungem Deutschland, seltener durch konsequente Einlösung der Postulate in der literarischen Gestaltung selbst. Die scharfe Ablehnung der »sozialen Kunst« unmittelbar nach der Märzrevolution von 1848 markiert das deutliche Abflachen der Konjunktur, verursacht es aber nicht. Ernst Willkomms Roman ›Eisen, Gold und Geist‹[1] bildet 1843 den Auftakt, mit dem Roman ›Das Engelchen‹ von Robert Prutz[2] (1851) flaut die Konjunktur ab, um dann erst wieder in den achtziger Jahren kräftig neu belebt zu werden.

Der Anlaß für die Verarbeitung sozialer Probleme in der Literatur des Vormärz ist zu suchen in den damals immer deutlicher zutage tretenden Folgelasten der Industrialisierung, die mit dem ohnehin schon bestehenden Pauperismus, verstärkt durch die Folgen von Mißernten, den Zeitgenossen des Vormärz angesichts neuer, sozial ortloser Massen, die am Rande des Existenzminimums und darunter ihr Leben fristeten, den gesellschaftlichen Umbruch drastisch vor Augen führten. Philosophischer, nationalökonomischer, theologischer und literarischer Diskurs replizierten in je eigener Weise auf diesen Erfahrungsdruck. Hatte Hegel mit seinem Diktum vom »Ende der Kunst« die Herabstufung der Kunst in der Diskurshierarchie prognostiziert, so realisierte sich diese Prognose im literarischen Bereich dergestalt, daß die Literatur sich anderen Diskursen zunehmend öffnete und zum Teil parasitär von ihnen profitierte – ein Phänomen, welches darauf hinweist, daß traditionelle literarisch-narrative oder Konfigurationsschemata nur über unzureichende Kapazitäten genuin literarischer Verarbeitung neuer Erfahrungen und neuen Wissens verfügten. Die Bezeichnungen »Tendenzliteratur«, »gereimter Leitartikel« und andere mehr bezeugen dieses Spannungsverhältnis.

I. Zur Programmatik des sozialen Romans

Eben diese Spannung nimmt die Vormärzliteratur in ihren typischen Ausprägungen als Aufgabe an, in politischer Lyrik, in der »neuen Schreibart«[3] und, nicht zuletzt, im sozialen Roman. In der ersten Hälfte der vierziger Jahre verkündete der humanistische Sozialist[4] Karl Grün in einer Rezension von Eugène Sues Erfolgsroman ›Les Mystères de Paris‹ folgendes:

> Der soziale Roman wird das neue Epos sein, das die verjüngte Menschheit an die Stelle der alten Kunstform setzt; unsere Zeit des Uebergangs kann nichts mehr thun, als soziale *Kritik* schreiben. Auch der jetzt versuchte soziale Roman wird nur eine Kritik in poetischer Form sein können. ⟨...⟩ Das Epos und seine neue Form, der Roman, verlangen am vollständigsten einen positiven Hintergrund, Geschichte; sie beschreiben ja nur, sie erfinden nicht, sie kopieren nur, schreiben kein Original. Wie wäre es nur möglich, in heutiger Zeit schon einen sozialen *Roman* zu dichten, da noch keine soziale *Welt* vorhanden ist. Der Roman, welcher sich heute sozial *nennt*, wird daher nichts weiter sein, als ein Roman der unsozialen Welt, in welchem aber dieser Charakter der Unsozialität zum Bewußtsein kommt. ⟨...⟩ Die Kritik mußte nothwendig der Poesie Eintrag thun, der Dichter mußte rhetorisch, ja didaktisch, ja vollständig reflektirend werden.[5]

Das ist eine Position, die sich aus pragmatischen Gründen vorübergehend von traditionalen ästhetischen Normen verabschiedet, zugunsten einer Literatur, der angesichts bestehender Mißstände eine legitime, sozialkritisch eingreifende Funktion zugestanden wird. Grün, der sich selbst bereits 1841 mit »Planen zu sozialen Romanen« trug[6], orientierte sich nichtsdestoweniger weiterhin an einem Kunstbegriff, für den Harmonie und Schönheit konstitutiv sind.

Eine ungeschütztere, polemische Position vertrat Friedrich Schnake, gleichfalls den humanistischen Sozialisten zuzurechnen, anläßlich des Erscheinens von Ernst Dronkes Novellensammlung ›Aus dem Volk‹ (1846). In Moses Heß' ›Gesellschaftsspiegel‹ schrieb er:

> Tendenznovellen dieser Art können viele Leute, die sich eines besonders feinen Kunstsinnes rühmen, nicht verdauen – sie sagen, die Kunst habe es nur mit dem Harmonischen, mit der Schönheit der Form, mit der Idealität des Lebens zu tun; die Zerrissenheit des Lebens, die Disharmonie, die Leiden der Armut seien keine Gegenstände für die Kunst, für die künstlerische, daher auch für die novellistische Darstellung – die Novelle müsse heitere Lebensanschauungen bringen und ihre Helden aus den Kreisen der gebildeten, ästhetischen Gesellschaft wählen.[7]

Dronke selbst hatte sich programmatisch im Vorwort zu dieser Novellensammlung geäußert. Seine Position kann – cum grano salis – als repräsentativ gelten für die soziale Literatur des Vormärz, und zwar unabhängig von der politischen Tendenz der Verfasser. Dronke schrieb:

> Die folgenden Blätter haben keinen andern Zweck, als Episoden aus dem wirklichen Leben zu geben, und so hauptsächlich die Gegensätze und unzulänglichen Garantien der *menschlichen* Berechtigung in der heutigen Gesellschaft darzuthun. Diese Blätter haben eine ›Tendenz‹ zu Grunde: es ist die der Wahrheit. Ich habe diese Novellen nicht geschrieben, um ›Novellen zu schreiben‹; ich geize nicht nach der Ehre, ›Belletrist‹ zu sein. Ich habe vielmehr die ›Tendenz‹, die ohne Zweifel ebensowohl in einer Broschüre, einer Kritik oder Geschichte der heutigen Gesellschaft und dergl. vor das Publikum zu bringen war, nur deshalb in das Gewand der Novelle gekleidet, weil in dieser *Form* der Nachzeichnung des wirklichen Lebens die Wahrheit jener Verhältnisse am deutlichsten und sprechendsten vor die Augen tritt und dadurch weiter als abstrakte Abhandlungen wirkt.
> Hiernach und nicht anders sind die folgenden Blätter zu beurtheilen. Es kömmt nur auf wahre, ungeschminkte Auffassung der heutigen Gegensätze des Lebens an; die ›Kunstform‹ nach den Regeln der Aesthetik mag man bei Werken zum Maßstab nehmen, bei denen diese ⟨›Kunstform‹⟩ der Zweck ist: hier war sie das Mittel.[8]

Gemeinsam ist allen drei Stellungnahmen die Legitimation engagierter Literatur bis hin zur Reduktion des spezifisch Literarischen auf die nur schmückende Form, den Ornatus, in dem das »Entsetzliche, Gräßliche, Haarsträubende und doch so Alltägliche, Nothwendige ⟨...⟩ vor die Tribüne der Öffentlichkeit geführt ⟨wird⟩, an die Stufen der Verwaltung, des Thrones, der Policei und der Humanität«[9]. Gleichzeitig dient aber der Ornatus dazu, die dargestellten sozialen Probleme Lesern schmackhaft zu machen, genauer: die Darstellungsweise den Rezeptionsgewohnheiten der lesenden Öffentlichkeit zu adaptieren.

Zwei Aussagen lassen sich von diesem Sachverhalt her erschließen. Erstens ist als Zielpublikum die Schicht bürgerlicher und adeliger Leser anvisiert. Und zweitens sind die Verfasser sozialer Literatur – von wenigen Ausnahmen abgesehen – selbst bürgerliche Autoren. Der Funktionalisierung der Literatur im Dienst der Sozialkritik entspricht eine Zielsetzung, die global als Appell an Besitzende, Mächtige und Gebildete zur Verbesserung der Lage der Armen und Proletarisierten charakterisiert werden kann, wobei der Appell die Form der Werbung um Verständnis und um Mitleid, aber durchaus auch die der Drohung annehmen kann. Franz Dingelstedt beschloß 1845 eine Rezension sozialer Romane (u. a. Ernst Willkomms ›Weisse Sclaven‹[10]) mit den Sätzen:

> Die Regierungen, welche, dem Beispiele Frankreichs folgend, nur dann fest zu stehen meinen, wenn sie ⟨...⟩ mit den Sommitäten der Banquiers-Dynastien Alliancen abschließen, die nicht immer heilige sind, und ein System des Egoismus eigens für das neunzehnte Jahrhundert auf den Thron setzen, sie sollen – was sollen sie?
> Willkomm's Roman lesen, denn noch ist es ein Roman.[11]

Auffällig ist, daß die Hinwendung zu sozialen Problemen im Drama so gut wie gar nicht[12], in der Lyrik häufig und – wie das Lied der aufständischen Weber und die Weberlyrik dieser Zeit insgesamt bezeugen[13] – sehr publikumswirksam geschieht. Dem Roman aber, wie der Prosa überhaupt[14], wird die größte Flexibilität zugetraut, nicht zuletzt deshalb, weil die Prosa als diskursintegrierendes Medium sich anbietet. Ein zeitgenössischer Beobachter der Herbstmesse von 1845 schrieb treffend:

> Hier ⟨d. h. im Roman⟩ ist Gelegenheit, großartige Gestaltungen des neuen gedachten oder wirklichen Lebens mit allen Einflüssen der jüngsten Zeit – Pauperismus, Proletariat, Communismus und kirchliche Wirrungen – in Verbindung zu bringen und deren Entfaltung zu entwickeln. So entstehen *geschichtliche Romane*, aber ein Genre derselben, welches früher weit seltener geübt und geliebt war, nämlich *tagesgeschichtliche*, ja, fast möchte man sie *zukunftsgeschichtliche* nennen. Der eigentliche historische Roman ist beinahe vom Schauplatz verschwunden, und wenn er ja noch auftritt, so sind doch in demselben fortwährende Beziehungen auf die heutige Tagesgeschichte ersichtlich.[15]

Diese Beobachtung vertraut weiterhin auf die Orientierungsfunktion der Literatur – unter der Voraussetzung freilich, daß sie sich auf andere Diskurse »einläßt«.

Zu beachten ist, daß auch im Falle des sozialen Romans Programm und Ausführung sich keineswegs in allen Punkten entsprechen. Der Hauptgrund für diese Diskrepanz dürfte darin zu suchen sein, daß bei dem Versuch, Literatur für einen außerhalb ihrer selbst liegenden Zweck zu funktionalisieren, die Eigendynamik des literarischen Diskurses und das Gewicht der literarischen Tradition unterschätzt wurde. Ein anderer, gewichtiger Grund ist der, daß der Problemkomplex, der unter dem Schlagwort »soziale Frage« firmierte, von den unterschiedlichen politischen und ideologischen Fraktionen höchst unterschiedlich aufgefaßt und diskutiert wurde. An den Vorschlägen, die »soziale Frage« zu beantworten, läßt sich die Divergenz in der Auffassung dessen, was denn das Problem verursacht habe und wie es zu lösen sei, ausmachen.[16] Die Palette der Vorschläge reicht vom individuell-karitativen Programm über den Versuch, den vorindustriellen, agrarischen Zustand wiederherzustellen bis hin zur spontanen Revolte. Das soziale Problem war nicht »einfach da«, es wurde als solches, je nach ideologischer Position, auch »gemacht«. Der soziale Roman hat seinen Anteil an der Verfertigung der sozialen Frage. Zwar ist die Gleichsetzung des sozialen mit einem »sozialistischen« Roman im Vormärz nicht selten, die Terminologie ist aber nicht mit der heutigen gleichzusetzen. So meint Dingelstedt zum Beispiel, die ideologisch konträren Romane ›Paul‹ von Alexander von Sternberg[17] und Ernst Willkomms ›Weisse Sclaven‹ als gleichsam typischen »demokratischen, socialen oder – wenn dies mißverstanden werden könnte – socialistischen Roman« ansehen zu können.[18]

II. Zur Tradition des sozialen Romans

Mangel und das dadurch verursachte Leiden ist ein altes Thema. Der Topos »arme unde rîche« in mittelhochdeutscher Literatur nimmt das Faktum der Armut als gegeben und als – sub specie aeternitatis – im Grunde irrelevant hin. Die Figuren des »armen Reichen« und die des »reichen Armen«, und mit diesen die christliche Tradition, sind im sozialen Roman des Vormärz immer noch deutlich präsent.

In der Literatur des 18. Jahrhunderts sind Elemente des sozialen Romans insbesondere in Autobiographien und in der sogenannten »Trivialliteratur« zu finden. Autobiographien wie die von Karl Philipp Moritz[19] oder Ulrich Bräker[20] weisen die für den sozialen Roman spezifische Eigenart auf, das Leiden des Individuums als gesellschaftlich bedingtes Leiden zu interpretieren. Der »Held« leidet nicht wegen vermeidbarer persönlicher Verfehlungen, die in Charakterschwächen oder in individueller, psychologischer Disposition ihren Grund hätten, sondern an seiner Stellung innerhalb der Gesellschaft.

Was den Einfluß der sogenannten »Trivialliteratur« auf den sozialen Roman angeht, so fällt die deutsche Literaturgeschichtsschreibung auf – im Vergleich etwa mit der französischen, englischen und amerikanischen – durch Berührungsängste gegenüber sozial und politisch engagierter Literatur. Eugène Sues und George Sands Romane – von Victor Hugos ›Misérables‹ ganz zu schweigen – gehören ebenso zum anerkannten Bestand der französischen Literatur[21] wie Charles Dickens, Elizabeth Gaskell oder Frances Trollope zur englischen[22], und eine Streichung der Romane Upton Sinclairs, die vieles mit dem sozialen Roman des 19. Jahrhunderts gemeinsam haben, aus der amerikanischen Literaturgeschichte wäre undenkbar. Die Namen Robert Prutz, Ernst Willkomm, Theodor Oelckers, Louise Otto, Louise Aston, Ernst Dronke und die anderer Autoren und Autorinnen sozialer Prosa dagegen sind so gut wie unbekannt. Vor dem Hintergrund einer unhistorisch verabsolutierten Autonomieästhetik ist den Texten von Autoren sozialer Literatur »Trivialität« bescheinigt worden, mit dem Resultat, daß die soziale Literatur zu einer Terra incognita der deutschen Literaturgeschichtsschreibung geworden ist.[23]

Romane des 18. Jahrhunderts, die die konkrete Aufnahme sozialer Probleme nicht scheuten, sei es, um in pädagogischer Absicht Lösungsvorschläge anzubieten[24], sei es, um durch kritische Dokumentation die Sensibilität der Zeitgenossen zu schärfen[25], sind ebenso zur Tradition des sozialen Romans zu zählen wie diejenigen, die Elend, Armut und menschenunwürdige Verhältnisse als Schatten- oder Nachtseiten der Gesellschaft »geheimnisvollen« Schauergeschichten als kulinarische Exotik zur Seite stellten.[26] Die geographisch-horizontale Exotik (Haiti, Indianer) wurde um eine sozial-vertikale Exotik ergänzt (Fabriken, der »Bodensatz der Gesellschaft«, Bordelle, Berliner Vogtland), die zur literarischen Auslotung der Gesellschaft beitrug. Die kritische Potenz dieser Aspekterweiterung konnte sich vor allem entfalten, nachdem die mit Johann Gottfried Herder einsetzende positive Umwertung des Begriffs vom »Volk« und das von ihm elaborierte Humanitätskonzept als Folie der Darstellung diente. Volk war nicht mehr Pöbel, noch nicht Proletariat, aber immer noch unbekannt, nicht geheuer.

Zwar sind Absicht und Verfahren der sozialen Romane des Vormärz vielfach durchaus aufklärerisch zu nennen, eine explizite Berufung auf die Literatur der Aufklärung findet aber nicht statt. Auch Karl Immermanns Roman ›Die Epigonen‹[27] (1836), in dem die Industrialisierung in idyllisch umgrenztem Raum rückgängig gemacht wird, ohne freilich damit den Anspruch auf eine repräsentative Lösung der Probleme zu erheben, findet nur begrenzt Beachtung. Wohl aber wird emphatisch Goethe als Vorbild herausgestellt. Karl Grün findet im Werk Goethes Revolutionäres schlechthin: »Der heutige Göthe – und das sind seine Werke – ist ein wahrer Koran des Menschenthums, ein Kodex für die radikale Umgestaltung der Gesellschaft.«[28]

Insbesondere Goethes später Roman ›Wilhelm Meisters Wanderjahre‹ (1821/29)[29] wird zu jener Zeit auf seinen konkreten Beitrag zur Lösung der sozialen Frage hin gelesen und sehr kontrovers diskutiert.[30] Karl Grün findet in den ›Wanderjahren‹ Sozialismus und Kommunismus in einer Spielart, die ihm die Realisierung des »Humanismus« ist: »Die Wirklichkeit des Humanismus, der reale Humanismus ist der Kommunismus, die Gemeinsamkeit Aller in Arbeit und Genuß. Die Besitzung des Oheims ist *sozialistisch im Allgemeinen*; der Kolonisazionsplan durchaus *kommunistisch*.«[31]

Für die Neigung vieler Texte sozialer Prosa, konkrete gesellschaftliche Probleme in einer »allgemein-menschlichen« Dimension aufzuheben und durch Hinweis auf das Humanitätsideal zur kosmopolitischen Anklage werden zu lassen, ist Grüns Äußerung treffend. Für die direkte Anregung zur Aufnahme und Gestaltung der sozialen Frage in der Erzählliteratur gilt aber eher, was Robert Prutz 1845 bemerkt: Die »Engländer ⟨...⟩ fangen in diesem Augenblicke, in Vereinigung mit den Franzosen (Boz – Sue – die Sand) an, uns den socialen Roman zu liefern.«[32] Prutz spricht hier aus, was nach ihm immer wieder bestätigt und, so gut es eben geht, empirisch belegt worden ist.[33]

Charles Dickens (›Boz‹), Eugène Sue, George Sand und andere haben Motive, Verfahren nicht nur in die soziale Literatur im Deutschen Bund geliefert, und sie haben nicht zuletzt durch ihren Erfolg zur Nachahmung aufgefordert. In den dreißiger und vierziger Jahren kursieren etliche Übersetzungen englischer und französischer Romane, angeführt von Sues Bestsellern ›Les Mystères de Paris‹[34] und ›Le Juif errant‹[35].

All das aber – wie auch die verarbeitende Rezeption von z. B. Harriet Martineaus ›Illustrations of Political Economy‹ (1832–34), Benjamin Disraelis ›Sybil‹ (drei Übersetzungen ins Deutsche, 1845/46), Frances Trollopes ›Michael Armstrong‹ (zwei deutschsprachige Ausgaben, 1841/47) sowie die Rezeption englischer und französischer Sozialtheoretiker – nachzuweisen, ist nicht einfach. Die Tatsache, daß diese und andere Texte aus England und Frankreich beachtet wurden, steht außer Frage, das Wie der Aufnahme dagegen ist häufig nur über Ähnlichkeiten von Quellen- und Zieltext aufweisbar. Nicht nur, daß der Vermittlungsweg oft schwer nachvollziehbar ist, sondern auch die Tatsache, daß die deutsche Tradition der Gattung Roman als Kunstform ebenso ihre Eigentümlichkeiten hatte und daß der Weg, auf dem in Deutschland Philosophie und lebensweltliche Erfahrung miteinander vermittelt wurden, kompliziert war, macht klare Aussagen schwer. Engagiertes Schreiben, »Tendenzliteratur«, mußte sich im deutschsprachigen Kontext legitimieren gegenüber einer anspruchsvollen und erfolgreichen Tradition, die Kunst und Leben auf Distanz hielt. Die Romankunst des Vormärz ist nicht »heiter«, sie will »ernst« sein und nahe am Leben der Gesellschaft, gerade dort, wo es problematisch ist. Insofern bot die französische und englische Literatur eine Hilfestellung zur Korrektur gegenüber der eigenen Tradition. Nicht vergessen werden sollte dabei, daß, wie so oft in der Geschichte des literarischen Lebens, Literaturkritik und tatsächliches Leseverhalten beträchtlich auseinanderklafften. Die Bestände der Leihbibliotheken sprechen eine deutliche Sprache gegen die geschriebenen Literaturgeschichten. Die erfolgreichsten Autorinnen und Autoren der Zeit wird man zumeist vergeblich in Literaturgeschichten suchen oder nur kurz abgetan finden. August Lafontaine und August von Kotzebue rangieren weit vor den deutschen Klassikern.[36] Freilich – auch der deutsche soziale Roman zählt nicht zur Massenliteratur. Seine Themen finden Aufmerksamkeit, garantieren aber keine Verkaufserfolge. Von Ernst Willkomms ›Weissen Sclaven‹ wissen wir aus Zensurakten, daß der Roman nur in fünfhundert Exemplaren aufgelegt wurde.[37]

III. Beispiele sozialer Romane

Der Aufstand der schlesischen Weber von 1844 und dessen Niederschlagung durch preußisches Militär verhalf der sozialen Frage im Deutschen Bund schlagartig zu öffentlicher Aufmerksamkeit. Der Niedergang der Hausindustrie, die Proletarisierung der Spinner und Weber und der hohe Grad der Mechanisierung ließen die Textilindustrie zum Paradigma für die neue Entwicklungsrichtung und für den sozialen Roman werden.

Schon 1843 hatte Ernst Willkomm[38] in seinem Roman ›Eisen, Gold und Geist‹ Probleme der Weber und Spinner aufgegriffen, indem er ihnen die Figur eines brutalen Fabrikanten gegenüberstellte. Endete dieser Roman mit der ausdrücklich gutgeheißenen Zerstörung der Fabrik und der verklärten Rückkehr zu agrarischer Produktionsweise – ähnlich wie in Immermanns ›Epigonen‹ –, so wandelt sich Willkomms Einstellung in seinem großen sozialen Roman ›Weisse Sclaven oder die Leiden des Volkes‹ (1845) gründlich.

Zwei der fünf Bände dieses Romans sind einer Rückblende in die Zeit der Französischen Revolution gewidmet. Zu diesem Zeitpunkt leiden die Lausitzischen Wenden als Leibeigene unter der tyrannischen Herrschaft eines adligen Großgrundbesitzers. Ausbeutung, Schikanen und Vergewaltigungen der Töchter der Untertanen reizen die Wenden schließlich zum Aufstand, bei dem die Burg der Herrschaft niedergebrannt wird. Die Haupthandlung setzt dann 1832 ein. Auf den Grundmauern der ehemaligen Zwingburg der Vergewaltiger des Volkes ist eine mechanisierte Baumwollspinnerei errichtet worden. Der Fabrikant ist Nachfahre der ehemaligen Gutsherren und tritt – jetzt nicht durch Geburt, sondern durch ökonomische Macht legitimiert[39] – das Erbe in vollem Bewußtsein der schlechten Familientradition an: »Ich erreichte mein Ziel ⟨d. h. den Rückkauf der Besitztümer der Familie⟩ und gewann dadurch um ein Drittheil Unterthanen mehr als unser Vater je besessen hat.«[40]

Die überaus verwickelte Handlung des Romans löst sich nicht durch einen Aufstand der Fabrikarbeiter auf, sondern juristisch: Mehrere natürliche Kinder, die aus Vergewaltigungen der Herren hervorgegangen sind, können ihren Erbschaftsanspruch auf dem Rechtswege durchsetzen.[41] Der Fabrikherr wird im Duell, das nicht mit Waffen, sondern in einer Schicht an der Maschine ausgetragen wird, von seinen Maschinen zerrissen. Die Fabrikleitung wird nach einem Mitbestimmungsmodell umgestaltet, das als Übertragung der konstitutionellen Monarchie auf den ökonomischen Bereich zu verstehen ist, und niemand »hat je wieder gehört, daß irgend Einer mit seinem Loose unzufrieden gewesen wäre oder die Erfindung der Maschinen als ein Werk des Teufels verwünscht hätte.«[42]

Keineswegs ist dieser soziale Roman nur ein Fabrik- oder Industrieroman. Mit seiner Parallelführung des Aufstandes der Leibeigenen um 1790 und der Auseinandersetzung zwischen Fabrikanten und Arbeitern um 1832 greift Willkomm erzählerisch die Kritik auf, daß die Französische Revolution »an der Frage des Besitzes«[43] gescheitert sei. Zahlreiche Genrebilder aus dem Leben und Brauchtum der Wenden, die Willkomm ebenso aus eigener Anschauung kannte wie die neuen Fabriken[44], zeigen das Volk als friedfertig, arbeitsam und fromm. Dessen »Vergewaltigung« erscheint im Roman letzten Endes in mythischer Dimension, wenn Nemesis und Erinnyen die Tyrannen heimsuchen, um den rechtmäßigen Zustand wieder herzustellen. Das positive Recht trägt das seinige dazu ebenso bei, wie auch die Religiosität der Wenden sich als feste Stütze im Kampf bewährt. Es finden sich zahlreiche Elemente der »Mysterienliteratur« in der Nachfolge Eugène Sues[45], grauenhafte Mordszenen und Zufälle verweisen auf die Schauerromantik, und Willkomms Vertrauen auf die Einsicht der Besitzenden und Herrschenden stellt die aufklärerische Verbindung zwischen der Einsicht in einen problematischen Sachverhalt und der vermeintlich zwangsläufig daraus folgenden Veränderung zum Besseren her. Die Fabrik selbst, die Arbeitsabläufe und der ökonomische Aspekt der sozialen Frage erscheinen relativ blaß im Verhältnis zu den Darstellungen der sozialen Folgen der Industrialisierung, nicht zuletzt deshalb, weil der Fabrikant deutliche – individuelle – Merkmale des Schurken aufweist. Immerhin aber gewinnt die neue Erfahrung der Fabrik und der unmenschlichen Arbeitsbedingungen Kontur. Ein Beispiel:

> Hundert und mehr Mädchen und Knaben, in einem Alter von vierzehn bis sechzehn Jahren, schlecht gekleidet und von bleichem Ansehen, liefen ruhelos geschäftig hin und her, um die mit furchtbarer Schnelligkeit arbeitenden Maschinen zu bedienen. Der ganze weite Saal war mit einem trüben öligen Nebeldunst erfüllt, der aus den staubfeinen, fast unsichtbaren Wollentheilchen gebildet ward, die immerwährend von den Maschinen abflogen. Häufiges abgebrochenes Husten der Arbeitenden fiel jedem Fremden auf ⟨...⟩. Es machte einen fast unheimlichen Eindruck, die vielen schlanken Gestalten stumm und traurig unter den rasselnden Maschinen in dieser brühwarmen, feuchten und fettigen Atmosphäre ewig hüstelnd umherwandern zu sehen, Hände, Gesicht, Kleider und Haare mit feinen Wollenflöckchen bedeckt, die nicht selten an den reizbaren Stellen der Haut ein heftiges Jucken verursachten.[46]

Willkomms ›Weisse Sclaven‹ sind mit dem Rückbezug auf die Französischen Revolution ein geschichtlicher, mit der Darstellung der Erfahrung der Industrialisierung und ihrer Folgelasten ein tagesgeschichtlicher und mit dem utopischen Abschluß ein zukunftsgeschichtlicher Roman.[47]

Alexander von Sternbergs Roman ›Paul‹ (1845)[48] ist einer derjenigen sozialen Romane, die Elemente der sozialen Frage im voyeuristischen Modus aufgenommen haben, ein Verfahren, das Willkomm[49], Oelckers[50] und Prutz[51] damals schon allgemein ironisierten. Der junge, aus Liebe unglückliche Adlige Paul taucht für kurze Zeit bei verarmten Webern unter und lernt hier – selbst immer mit einem hochstehenden Gönner in Verbindung stehend – das Leben der Ärmsten, die »Nachtseite der Civilisation«[52] kennen. In dem Weber Ignaz sieht er einen »Voltaire in der Blouse«[53], der radikalen Ideen – einem vom Autor als Schreckbild aus Weitlings Handwerkerkommunismus, Babeufscher und Lamennaisscher Lehre sowie schauerromantischen Elementen zubereiteten Gemisch – anhängt und der ihn in einen umstürzlerischen Zirkel einführt. Vor allem aber ist Ignaz Atheist. Paul geht in sich und legt ein »Gelübde der Armuth, der Keuschheit und des Gehorsams«[54] ab und tritt als »Don Quixote des neunzehnten Jahrhunderts«[55] den Kampf gegen das Elend an. Die Armut des frommen Webers, die Verruchtheit der »Kommunisten«-Verschwörung und der Atheismus sind für Paul exotische Erfahrungen, die er, wie Dingelstedt kritisch anmerkte, »wie ein Tourist«[56] goutiert, was durchaus mit dem explizit literarisierenden Erzählgestus Sternbergs übereinstimmt.[57]

Nach seiner Tätigkeit u. a. als Gärtner, Comptoir- und Zeitungsschreiber kehrt er schließlich auf seine Besitztümer zurück, wo er sich auf die Tugenden des alten Adels und auf die Religion besinnt. Die »religiösen, nationalen und moralischen Elemente ⟨...⟩, die in der Idee des Adels liegen«[58], sollen – zunächst im kleinen Kreise – wieder zur Geltung gebracht werden; die soziale Frage ist zu einer moralischen und ständischen geworden, deren Antwort der restaurierte Landadel gibt. Der geheilte Dandy und »Zerrissene«[59] Paul formuliert klar die Maxime:

Es giebt kein anderes Heil für unsere Zeit als streng zum Glauben und zum Gehorsam zurückzukehren; unsre Selbstsucht, unsern hochmüthigen Dünkel gefangen nehmend, der Ruhe, dem Glauben der Menge uns zum Opfer zu bringen.[60]

Zwar spielt die Religion und Religiosität auch in den Romanen Willkomms eine gewichtige Rolle, er gesteht aber der Entfaltung der neuen sozialen Probleme eine weitaus größere Bedeutung für die Konstitution der Handlung zu, als das bei Sternberg der Fall ist – von Gregor Kloths Roman ›Der Fabrikherr‹[61], in dem die soziale Frage vollends zu einer Frage des Verstoßes gegen eine orthodox-katholische Moral wird, ganz zu schweigen. »O.⟨remus⟩ A.⟨d⟩ M.⟨ajorem⟩ D.⟨ei⟩ G.⟨loriam⟩« lautet die Schlußformel dieses Romans, der dem »Sittenverfall« des Proletariats mit der Aufforderung zur Unterordnung unter den gerechten und christlichen Unternehmer begegnet.

Läßt man einmal diejenigen Romane, die das aktuelle Thema der sozialen Frage zwar als Stoff, kaum aber oder nur bedingt als handlungskonstitutives Element aufgreifen – zu nennen wären hier Theodor Oelckers' ›Fürst und Proletarier‹ (1846)[62], Georg Hesekiels ›Faust und Don Juan‹ (1846)[63], Hermann Klenckes ›Das deutsche Gespenst‹ (1846)[64], Louise Ottos ›Schloß und Fabrik‹ (1846)[65] und Louise Astons ›Aus dem Leben einer Frau‹ (1847)[66] [→ McNicholl/Wilhelm: Romane von Frauen, 216 ff., 232] – beiseite, so sind hervorzuheben Georg Weerths Romanfragment (1845/46, Erstdruck 1956)[67] und ›Das Engelchen‹ (1845–51) von Robert Prutz[68].

Georg Weerths[69] Romanfragment erfaßt die Verdrängung des Adels durch die Bourgeoisie und die beginnende Differenzierung des Sozialismus. Die Handlung des Fragments baut sich auf aus Bildern und Szenen, deren zum Teil brillanter Anschaulichkeit Passagen sachlicher Prägnanz folgen, die das Romangeschehen in ein klares Verhältnis zur sozialen Wirklichkeit des Vormärz setzen. Es entsteht in szenisch-emblematischer Verknüpfung von Pictura und Subscriptio ein Tableau der Gesellschaft jener Zeit, in dem vom alten Adel über den Bourgeois bis zum klassenbewußten Arbeiter alle Richtungen präsent sind. Der versierte Feuilletonist Weerth scheut dabei nicht die grobe Idealisierung, wie im Falle des englanderfahrenen Arbeiters Eduard, kann aber durchaus auch dem alten Baron, der hilflos seinem Untergang entgegentreibt, mit Humor und Ironie – beides ist im sozialen Roman der Zeit recht selten – sympathische Seiten abgewinnen, die der Anschaulichkeit des Tableaus insgesamt sehr zuträglich sind. Fabrik-, Lebens- und Arbeitsbedingungen bekommen deutliche Konturen, wozu Weerths Vertrautheit mit Nationalökonomie und sozialistischen Theorien erheblich beiträgt. Letzteres unterscheidet Weerth von allen genannten Autoren sozialer Prosa.[70]

›Das Engelchen‹ von Robert Prutz erschien zwar im Nachmärz (1851), wurde aber schon 1845 begonnen. Der Roman ist Kriminalroman, komischer Roman und kommentierter sozialer Roman in einem; über die Elemente all dieser Genres verfügte der Literarhistoriker Prutz reichlich.[71] Die Arbeitswelt taucht im Roman so gut wie gar nicht auf, sein Thema sind die Folgen sowohl der sogenannten »Befreiungskriege«, der preußischen Reformen und der Industrialisierung. Der Reichtum des Textilfabrikanten gründet sich auf einen Patentdiebstahl, der im Verlauf der verzweigten Handlung aufgedeckt wird und zu später Genugtuung des Vertreters des alten, soliden Weberhandwerks führt, nachdem der wahnsinnig gewordene Erfinder von seinen eigenen Maschinen zerrissen worden ist. Die Titelfigur, Angelica, die Stieftochter des Fabrikanten, betreibt mit dem Pflegesohn des Webermeisters die Entlarvung des Fabrikanten. Schon im ersten der drei Bände des Romans wird durch die Kontrastierung eines idyllischen Bauerndorfes[72] mit dem verkommenen Fabrikdorf[73] die ideologische Gewichtung des Romans klar. Der eindeutige Trend zur »Entsittlichung« des Proletariats wird von Prutz konstatiert und im durchgängigen Topos der »verkehrten Welt«, verbunden mit dem der »Zeitklage«, erzählerisch gestaltet. Ein provozierter Aufstand mit karnevalesken Zügen, angeführt von einem Ex-Priester, der den Shakespeareschen Narren spielt, bereitet der Fabrik ein Ende und ebnet den Weg in die Handwerker- und Bauernidylle. Das ist bei Prutz ein durchaus reflektierter Griff zu einem Mittel, das der Illusion einer Veränderung der Geschichte durch den sozialen Roman eine humorvolle, ironische Absage erteilt. Die komische Figur des Modedichters Florus, der die Welt der Arbeit partout nicht versteht und deshalb mit seinem Vorhaben scheitert, einen der damals marktträchtigen sozialen Romane zu schreiben, führt das in einer Form vor Augen, die mit der Thematisierung des sozialen Romans in einem sozialen Roman dessen Grenzen aufzeigt.

In einer Weise, die an Formulierungen des programmatischen Realismus gemahnt, kommt bei Prutz am Stoff der sozialen Frage der literarische Diskurs wieder zu einer Rolle, die eine direkte Einflußnahme der Literatur auf die Geschichte nicht gestattet. Theodor Fontane hatte 1853 offensiv gegen die soziale Kunst des Vormärz den Realismus, wie er ihn verstand, zum Prinzip der Literatur schlechthin erhoben und der sozialen Literatur und Kunst des Vormärz damit das Existenzrecht bestritten. Unmißverständlich schrieb er:

> Der Realismus in der Kunst ist so alt als die Kunst selbst, ja, noch mehr: er ist die Kunst. ⟨...⟩
> Aber es ist noch nicht allzu lange her, daß man (namentlich in der Malerei) Misere mit Realismus verwechselte und bei Darstellung eines sterbenden Proletariers, den hungernde Kinder umstehen, oder gar bei Produktionen jener sogenannten Tendenzbilder (schlesische Weber, das Jagdrecht[74] u. dgl. m.) sich einbildete, der Kunst eine glänzende Richtung vorgezeichnet zu haben. Diese Richtung verhält sich zum echten Realismus wie das rohe Erz zum Metall: die Läuterung fehlt.[75]

Nicht, daß der soziale Roman mit der Märzrevolution von 1848 und Fontanes Verdikt gänzlich verdrängt worden wäre, bis in die achtziger Jahre aber geht die Produktion dieses Genres erheblich zurück und wird repräsentiert von Texten, die an der aktuellen Literaturdiskussion kaum noch teilhaben.[76]

Rachel McNicholl / Kerstin Wilhelms
Romane von Frauen

I. Weibliche Schreibarbeit und Geschlechtsrolle

Die erhebliche Zunahme literarischer Veröffentlichungen von Frauen im ausgehenden 18. und in der ersten Hälfte des 19. Jahrhunderts wurde von männlichen, aber auch weiblichen Zeitgenossen aufmerksam verfolgt und mit zahlreichen Kommentaren begleitet.[1] Dabei reichte die Palette der Äußerungen von der Irritation angesichts der »Begierde der Weiber, Schriftstellerei zu treiben«[2], über die Beobachtung, dieselben »führen jetzt die Feder statt der Nadel«[3], bis zur Erkenntnis: »Die Frauen sind eine Macht in unserer Literatur geworden«.[4] In allen Stellungnahmen deutet sich auf unterschiedliche Weise ein vielschichtiges Spannungsverhältnis von Geschlechtsrollenzuweisung und weiblicher Schreibarbeit an.

Denn die Feder zu führen statt die Nadel, die die Hände und die Phantasie der Frau fesseln und ihre Produktivität in vorgeschriebene Muster lenken soll, stellt sich als Akt der Übertretung der weiblichen Geschlechtsrolle und als Vordringen in einen männlichen Raum dar.[5] In der (An-)Deutung aber, Nähnadel und Feder seien nur gewechselt worden, Art und Ort der Tätigkeit hätten sich jedoch nicht geändert, erscheint das Schreiben als quasi »natürliche« Variante weiblicher Hand- und Hausarbeit und kann die Bedeutung des Schreibens als Grenzüberschreitung verwischt und bagatellisiert werden. Einzelne Autorinnen unterstrichen die Privatheit ihres Tuns und betonten, daß sie sich dem Schreiben in ihren Mußestunden widmeten, also keinen Verstoß gegen ihre »wahre« weibliche Bestimmung begehen würden. Im Gegenteil, mit der Hervorhebung der Nützlichkeit ihrer Beschäftigung, einem weiblichen Lesepublikum Bilder »echter und tugendhafter Weiblichkeit« vorzuführen, und dem erklärten Verzicht auf einen Kunstanspruch erschien das Schreiben als weibliche Dienstleistung für die Geschlechtsgenossinnen.[6] Denn »das Weib« solle, so Fichte, »lediglich um zu nützen ⟨...⟩ für ihr Geschlecht, keinesweges aber aus Ruhmsucht und Eitelkeit für das unsere ⟨männliche⟩ schreibe⟨n⟩«. Und Fichte fährt fort:

> Ausser, dass in dem letzteren Fall ihre Producte wenig literarischen Werth haben werden, würde auch dem moralischen Werthe der Verfasserin dadurch grosser Abbruch geschehen.[7]

Indem die Autorinnen (und ihre Herausgeber) im ausgehenden 18. Jahrhundert einer solchen Argumentation in ihren Vorworten folgen, signalisieren sie die geforderte Bescheidenheit gegenüber dem männlichen Kunstschaffen und schützen sich vor dem Vorwurf der »Unweiblichkeit« und »Unmoral«.[8] Diese verstellte Art, sich in den Diskurs um *Weiblichkeit* und in die Literatur einzuschalten, kann aber auch als erfolgreiche Strategie gelesen werden, sich einen Platz in der literarischen Öffentlichkeit zu erschreiben. So verweist der Topos von Nadel und Feder sowohl auf die besonderen Schreibbedingungen von Frauen als auch auf ihren *anderen* Status als Autor.

Neben die Bemühungen, die »unweibliche« Schreibarbeit durch die Betonung ihrer Nützlichkeit zu rechtfertigen, traten andere Maskierungen, um den Übertritt in die männliche Domäne zu verschleiern. Viele Autorinnen nicht nur des 18., sondern auch des 19. Jahrhunderts schützen sich vor der Öffentlichkeit, indem sie ihre Texte anfangs anonym herausgeben, sich männlicher Mentorschaft und Herausgeberschaft anvertrauen oder sich hinter einem (oft männlichen oder geschlechtsneutralen) Pseudonym verstecken.[9] Die Maskierungen reichen bis in die Texte hinein: auch in bezug auf die formale Gestaltung ist ein Versteckspiel mit der (sexuellen) Identität zu beobachten. Häufig wählen die schreibenden Frauen eher einen männlichen bzw. neutralen Erzähler, als explizit aus der Sicht des »anderen Geschlechts« zu schreiben. Der Mangel einer weiblichen Erzählfigur weist aber zugleich auch auf die Dominanz des männlichen Blicks in den tradierten literarischen Konventionen und Erzählstrategien hin und ist ein Beleg für die Beschränkung durch vorgegebene Erzählkonventionen.

Wir wollen im folgenden der Frage nachgehen, wie sich das Problem der Geschlechterdifferenz in die Texte der Vormärzautorinnen, die Wahl ihrer Themen, ihrer Schreibstrategien und Narrationsmuster einschreibt. Dabei gilt den Unebenheiten und Brüchen in der Schreibweise unser besonderes Augenmerk, denn an diesen Stellen lassen sich die Schwierigkeiten der Schriftstellerinnen bei ihren Versuchen, Traditionen zu integrieren, Konventionen zu überschreiten und Eigenes zu gestalten, am deutlichsten ablesen.

1. Der Erziehungs- und Bildungsroman weiblicher Provenienz

Mit ihrer Präferenz für die Gattung Roman griffen die Vormärzautorinnen auf die Traditionslinie des sogenannten »Frauenromans« zurück, den sich ihre Vorgängerinnen für ihre schriftstellerische Arbeit erobert hatten.[10] (Erfolgs-)Autorinnen des ausgehenden 18. Jahrhunderts wie Therese Huber (1764–1829), Sophie von Laroche (1730–1807), Johanna Schopenhauer (1766–1838) oder Karoline von Wobeser (1769–1807) hatten mit ihren Texten einen nicht unwesentlichen Anteil an der Entwicklung der in Deutschland noch jungen Gattung Roman.[11] Ihre unterhaltsamen (Brief-)Romane fügten sich mit dem pädagogischen Anspruch einer »bürgerlichen Verbesserung« ihrer Geschlechtsgenossinnen als nützlicher und bescheidener Beitrag von Frauen in den Aufklärungsdiskurs.

Charakteristisch für den Frauenroman des 18. Jahrhunderts im Stile eines ›Fräulein von Sternheim‹[12] ist der Entwurf einer Titelheldin vom Typ der verfolgten Unschuld oder der tugendhaften reinen Frau, die im Verlauf der Romanhandlung ihre Qualitäten wiederholt unter Beweis stellen muß, sowie das Motiv der sich aufopfernden Frau, deren Verzicht auf eigene Glücksansprüche im Bild der Entsagung gefeiert wird. Indem die Autorinnen ihre Frauenfiguren mit Unschuld, Passivität, Tugendhaftigkeit, Duldsamkeit und Güte ausstatten – Tugenden, die das Bürgertum im Zuge der Aufklärung insbesondere für seine weibliche Hälfte reserviert hatte –, reproduzieren sie in ihren Texten den Diskurs über die Bestimmung des Weibes. Im Entwurf der Heldinnen wird das propagierte Weiblichkeitsideal, das seinen Lohn im häuslichen Glück einer harmonischen Ehe oder in dem nicht minder befriedigenden Märtyrer-Status der dem Mann moralisch überlegenen Frau findet, (über)erfüllt. Gleichzeitig bot die Darstellung der Beschränktheit weiblicher Lebensverhältnisse, unglücklicher Konvenienzehen etc. den Autorinnen nicht nur Raum für Verständigung über die Männerwelt, sondern auch für eine Verständigung von Frau zu Frau.

Die Schritte der schreibenden Frauen zur eigenen selbständigen Arbeit müssen ihre Protagonistinnen überwiegend mit einem Verzicht auf Selbständigkeit bezahlen. Aber trotz der Anpassung der Frauenfiguren an die Normen eines gesellschaftlich verbindlichen Ideals fungieren die »papierenen Mädchen« (Sophie von Laroche) durchaus als positive Identifikationsfiguren für die Leserinnen, denn in ihre Gestaltung fließen weibliche Erfahrungen und Wünsche auch nach Erhöhung und Idealisierung ein. Die Texte stellen für Autorinnen und Leserinnen einen Ort der Auseinandersetzung mit den Anforderungen an die »dreifache Bestimmung des Weibes« dar.[13]

2. Die Politisierung der Literatur im Vormärz

Mit der zunehmenden Politisierung der Literatur in den dreißiger und vierziger Jahren des 19. Jahrhunderts und der allgemeinen Expansion des literarischen Marktes entstand ein gesellschaftliches Klima, das der Beteiligung von Frauen als Rezipientinnen und Produzentinnen von Literatur förderlich war [→ Goetzinger: Autorinnen und Autoren, 40ff.]. Das »Leben und Streben« in den »gewaltsam laut« gewordenen Zeiten zog auch die Frauen zunehmend mit in die bürgerliche Öffentlichkeit.[14] Schriftstellerinnen wie Louise Aston (1814–1871), Fanny Lewald (1811–1889), Luise Mühlbach (1814–1873) und Louise Otto (1819–1895) behaupteten offensiv einen Anspruch auf Erwerb durch Berufsschriftstellerei und damit einen Platz im Literaturbetrieb ihrer Zeit.[15]

Neben der Veröffentlichung von Romanen wandten sich zahlreiche Autorinnen des Vormärz auch der kleinen Form zu und publizierten Gedichte, Polemiken, Aufrufe und Essays, in denen sie zu Tagesfragen Stellung nahmen. Von Frauen redigierte Zeitschriften wie Mathilde Franziska Annekes ›Frauen-Zeitung‹, Louise Astons ›Der Freischärler. Für Kunst und sociales Leben‹ oder Louise Ottos ›Frauen-Zeitung‹, alle in den Revolutionsjahren 1848/49 gegründet, zeugen von dem verlegerischen Mut und dem politischen Einsatz ihrer Herausgeberinnen.[16]

In ihren Artikeln klagen die Verfasserinnen die »Theilnahme der weiblichen Welt am Staatsleben«[17] ein und setzen diese Forderung in die Praxis um, wenn sie sich für das Recht auf Bildung und Erwerb bürgerlicher Frauen und für bessere Arbeitsbedingungen von Fabrik- und Heimarbeiterinnen engagieren. Sie verbinden die Parteilichkeit für die Belange ihres eigenen Geschlechts mit den revolutionären Forderungen nach Freiheit und Gleichheit und versuchen so, dem Ausschluß von Frauen aus der Politik entgegenzuwirken.

Die publizistischen Texte der Vormärzautorinnen dokumentieren die Anfänge der Frauenbewegung, die sich im Zuge bürgerlicher Emanzipationsbewegungen in den vierziger Jahren des vergangenen Jahrhunderts auch in Deutschland entwickelte.[18]

Die Diskussionen im Vormärz-Deutschland um politische Partizipation des Bürgers und um Emanzipation der Frauen wurden weitgehend durch die Rezeption von liberalen und frühsozialistischen Ideen aus Frankreich, besonders nach der Julirevolution 1830, geprägt. Die Autoren des »Jungen Deutschland«[19] rückten mit ihrem Programm der »Poetisierung der Wirklichkeit« bzw. der Nähe des Schriftstellers zur Zeitwirklichkeit Themen ins Zentrum des Unterhaltungsromans, die vorher weitgehend aus dem literarischen Diskurs ausgeschlossen waren. Ihre Veröffentlichungen dienten den Jungdeutschen – mangels genuin politischer Eingriffsmöglichkeiten des Bürgertums – erklärtermaßen als Mittel der Kritik an den restriktiven Lebensverhältnissen der Metternichschen Ära, deren Liberalisierung ihr erstes Anliegen war. Mit ihrem Konzept des »Ideenschmuggels« versuchten sie, die Zensur zu umgehen und ein breiteres Lesepublikum zu erreichen.[20]

Diese »Erneuerung des Romans«[21] in den dreißiger Jahren zeigte sich in der Behandlung religiöser, weltanschaulicher und gesellschaftlicher Gegenwartsfragen wie auch der Thematisierung der »freien Liebe« und der Emanzipation der Frau. Das Engagement der Jungdeutschen galt jedoch nicht der ökonomischen oder juristi-

schen Emanzipation von Frauen, sondern einer Liberalisierung der
herrschenden Sexualmoral, die jedes sexuelle Begehren der Frau negierte.
Als Verkörperung der »femme libre« betrachteten sie die
französische Schriftstellerin George Sand, deren Romane die junge
Generation deutscher Autorinnen und Autoren stark beeinflußten.[22]
Autoren wie Gutzkow und Mundt entwarfen weibliche
Hauptfiguren, die durch ihre religiösen und weltanschaulichen
Zweifel Identitätskrisen erleiden, und führten einen »neuen Frauentyp«
in die Literatur ein, der sich durch seine Auseinandersetzung
mit Gegenwartsfragen auszeichnete.[23] Allerdings fungieren
die Protagonistinnen für ihre Schöpfer eher als Projektionsfläche
eigener Konflikte und lassen sich insofern als eine spezifische
Variante der von männlichen Literaten geschaffenen Frauenbilder
lesen.[24]

Mit der Wahl der literarischen Form des Romans als Medium der
Darstellung ihrer *Emanzipationsideen* schließen die Vormärzautorinnen
in den vierziger Jahren an die Literatur der Jungdeutschen
an. Ihre Texte gehen aber sowohl über die Themen des Frauenromans
um 1800 als auch über die der jungdeutschen Romanliteratur
hinaus. Zwar bleibt die Gestaltung von Motiven ›Aus dem Leben
einer Frau‹ (1847)[25] ein zentrales Sujet ihrer Texte – dies veranschaulichen
Titelheldinnen wie ›Gräfin Faustine‹ (1840), ›Clementine‹
(1843) und ›Kathinka‹ (1844)[26] –, gleichzeitig jedoch öffnen sie
sich aktuellen gesellschaftspolitischen Problemen und dokumentieren
ihre Nähe zur Tendenzliteratur des eigentlichen Vormärz.

In den Mittelpunkt der Präsentation von Frauenschicksalen rückt
die Auseinandersetzung der meist jungen, noch unverheirateten
Protagonistinnen mit einem selbständigen weiblichen Lebensentwurf,
mit Institutionen wie Ehe und Kirche und mit den traditionellen
Geschlechterverhältnissen. Der Diskurs über »Gleichheit«,
d. h. vor allem über die Gleichwertigkeit der Geschlechter, führt die
Rede über den »beschränkten« weiblichen Geschlechtscharakter in
eine neue Richtung. Gegen die – auch juristisch verankerte – Abhängigkeit
von der väterlichen Vormundschaft[27] erheben die Bürgertöchter
schreibend Einspruch und bringen Konflikte zwischen
»Pflicht« und »Neigung« zur Sprache. Die Forderungen der Vormärzautorinnen
nach Emanzipation der Frauen finden ein Echo in

den Protesten ihrer weiblichen Hauptfiguren gegen (sexuelle) Unterdrückung in der Ehe und in deren Wünschen nach selbständiger Wahl des (Liebes- bzw. Ehe-)Partners.

II. Frauenromane in der Vormärzzeit

Charakteristisch für die Frauenromane des Vormärz ist die Zusammenführung der Darstellung von »Frauenschicksalen« mit der Diskussion gesellschaftspolitischer Fragen, die auf diese Weise mit der Geschlechterfrage verknüpft werden.

So verschränkt Fanny Lewald in ihrem Roman ›Jenny‹ (1843) das Problem der Judenemanzipation mit den Befreiungsversuchen einer Frau.[28] Der Roman schildert die inneren und äußeren Konflikte einer jungen jüdischen Bürgerlichen, die sich in einen evangelischen Pfarrer verliebt. Auch der Einfluß von Standesschranken auf die Lebensverhältnisse, besonders zwischen Adel und Bürgertum, wird anhand von verbotenen bzw. unmöglichen Liebesverbindungen ausgestaltet und seine Berechtigung in Frage gestellt, etwa in Ottos ›Ludwig der Kellner‹ (1843) und Mühlbachs ›Eva‹ (1844).[29]

Zur sozialen Frage, d. h. zur Lage des Vierten Standes, nehmen die Texte ›Schloß und Fabrik‹ (1846)[30] von Otto und ›Aus dem Leben einer Frau‹ von Aston Stellung. So verbindet z. B. letztere die Bewußtwerdung der Unterdrückung und sexuellen Ausbeutung einer Ehefrau mit der Erkenntnis, daß die Arbeiter in der Fabrik ihres Ehemanns von diesem ökonomisch ausgebeutet und unterdrückt werden. In Romanen, die nach der 48er Revolution entstehen, wenden sich die Vormärzautorinnen dem Kulminationspunkt der sozialen und politischen Konflikte des Vormärz zu und verknüpfen politische und private Geschichte miteinander.

Der folgende Überblick will anhand von Textbeispielen verschiedene Verfahren und Darstellungsweisen der Verflechtung von Weiblichkeit, Politik und Schrift analysieren und gliedert sich in drei Untersuchungsfelder:

1. die Darstellung von Frauenfiguren als Auseinandersetzung mit Weiblichkeitsentwürfen und Emanzipationsvorstellungen,

2. die literarische Verarbeitung der Revolutionsereignisse und den Ort von Frauen in der politisierten Öffentlichkeit,
3. das Problem der weiblichen Autorschaft und das Verhältnis der Autorinnen zu ihrer Schreibarbeit.

1. Auf- und Ausbrüche von Frauenfiguren

Mit der Imagination weiblicher Lebenszusammenhänge in ihren Romanen knüpfen Autorinnen in den dreißiger und vierziger Jahren an ein zentrales Thema des Frauenromans um 1800 an und entfalten für ihre Heldinnen neue Wege im Konflikt zwischen Ehe und Liebe, Pflicht und Neigung.

Fanny Lewald und Louise Aston üben beide in ihren Romandebüts Kritik an der bürgerlichen Konvenienzehe.[31] Im Mittelpunkt von Lewalds ›Clementine‹ und Astons ›Aus dem Leben einer Frau‹ stehen die Geschichten von Frauen, die gegen ihren Willen mit viel älteren, ungeliebten Männern verheiratet werden.[32] In der Gestaltung der Frauenfiguren und der ihnen zugewiesenen Schicksale gehen die Autorinnen aber unterschiedliche Wege. Lewalds Clementine hält zuletzt an der einmal geschlossenen Ehe fest und entsagt ihrer Jugendliebe, Astons Johanna Oburn hingegen verläßt das Haus ihres Ehemannes und wagt den Schritt in die ungewisse Freiheit.

Im Gegensaz zu Astons Protagonistin, die vom Vater zur Ehe gezwungen wird, beugt sich Lewalds elternlose Clementine, die anfangs die radikale Position vertritt, daß eine Ehe ohne Liebe »schlimmer als Prostitution« sei, den konventionellen Vorstellungen ihrer Tante, daß die wahre Bestimmung und das Glück der Frau in der Pflichterfüllung und nicht in der Verfolgung eigener Neigungen liege. Ihre Zustimmung zur Ehe mit dem durchaus liebenswürdigen Arzt Meiningen stellt sich so als Disziplinierung eigener »unangemessener Wünsche«[33] und gleichzeitig als moralischer Sieg der Frau über sich selbst dar.

Die Darstellung der Entwicklung ihrer Protagonistin von einer gegen die Konventionen aufbegehrenden Frau zur fügsamen Ehefrau – in der Tradition einer Entsagung predigenden ›Elisa (Wobeser, oder das Weib wie es seyn sollte‹) – gelingt der Verfasserin aber nicht bruchlos. Denn die verheiratete Clementine gerät in Konflikte, als sie ihre Jugendliebe wiedertrifft. Die Textpassagen, die von ihrer erneut erwachten, leidenschaftlichen Liebe und von phantasierten Ausbrüchen aus der Ehe erzählen, widersprechen dem in Verzicht und Pflichterfüllung proklamierten Glück und mögen den (damaligen) Leserinnen mehr Lese-Genuß bereitet haben als die Schilderungen des ruhigen, unsinnlichen Ehelebens. Auch wenn die Heldin zu guter Letzt ihren Geliebten zur weiblichen Verzichtsideologie bekehren kann, so wird deutlich, welch hohen Preis der Selbstverleugnung die Frau dafür bezahlen muß. Das angepaßte Ende mit seinem Rückfall in das alte Entsagungsmuster ist wohl als Tribut an die Konvention zu verstehen und gleichzeitig als Abwehr und Entlastung der Phantasien der Autorin, die im Text mit dem Verzicht der Heldin gebannt und gestraft werden müssen: Für die »zügellosen Phantasien« der schreibenden Frau büßt ihre Heldin.[34]

Den Ausbruchsphantasien von Lewalds Heldin steht der in Astons Roman vollzogene Ausbruch der Protagonistin Johanna aus ihrer Ehe mit dem Fabrikanten Oburn gegenüber.[35] Die Hochzeit und das eheliche Geschlechterverhältnis inszeniert die Autorin in drastischer Weise: Der (hab-)gierige Ehemann verfügt über seine junge, engelsgleiche Frau wie über eine Ware, deren Besitz sein Vermögen und sein Ansehen steigert. Um seinen Ruin abzuwenden, ist Oburn sogar bereit, seine Frau für eine Liebesnacht zu verkaufen; »gerade an diesem Opfer« will er ihre Liebe erkennen. Johanna verweigert sich diesem Geschäft unter Männern, in dem über die Frau »wie ⟨über⟩ eine Sache«[36] verhandelt wird, und sie kündigt den ehelichen Gehorsam gegenüber einer Institution auf, die auf der Sanktionierung männlicher (Verfügungs-)Gewalt beruht. Auf der Ebene der Fabel nimmt Aston vom traditionellen Frauenbild Abschied, wenn sie dessen Objektcharakter entlarvt und die Protagonistin aus ihrem Opferstatus entläßt. Auf der Ebene der Beschreibung fließen in die Gestaltung der Hauptfigur jedoch Züge herrschender Weiblichkeitsvorstellungen ein. Die Autorin erliegt mit der Stilisierung Johannas im Bild der »reinen, hohen weißen Frau« dem Zauber, der von diesem Frauenbild ausgeht; gleichzeitig zeugen Textpassagen, in denen Aston von der erwachenden Sinnlichkeit der Heldin spricht, von dem Wissen der Autorin um die Unmöglichkeit der

Konstruktion »reiner Unschuld«, d. h. entsexualisierter Weiblichkeit.[37] In dieser Gespaltenheit Johannas, die sich zwischen dem »Nicht-mehr« der Anpassung und dem »Noch-nicht« des Entwurfs einer »freien Frau« bewegt, zeigt sich die Anstrengung einer Bearbeitung weiblicher Rollenzuschreibungen durch die Autorin wie auch die Macht traditioneller Weiblichkeitsmuster.[38]

Aus der Erkenntnis des Herrschaftscharakters der Institution Ehe, die dem Mann per Gesetz die Verfügungsgewalt über seine Frau erteilt, lassen Louise Aston und Ida Hahn-Hahn (1805–1880) die Protagonistinnen ihrer Romane ›Gräfin Faustine‹ und ›Lydia‹ (1848)[39] die Konsequenz ziehen. Hahn-Hahns Titelheldin Faustine und Astons heimliche Heldin Alice lehnen beide die Ehe als Lebensform ab und zeichnen sich durch ihre eigenwillige Persönlichkeit und ihre Unkonventionalität aus.

Gräfin Faustine lebt seit Jahren in einem frei gewählten Liebesverhältnis mit dem Baron Andlau.[40] Die Autorin konstruiert eine Liebesbeziehung, die ihre Idealität dadurch gewinnt, daß sich Mann und Frau durch ihre »natürlichen Wesensmerkmale« ergänzen: Faustines »Leichtsinn«, »Phantasie« und »Beweglichkeit« werden durch Andlaus »Strenge«, »Klarheit« und »Ruhe« in Schranken gehalten. In der Darstellung dieses positiven, vorbildhaften Entwurfs eines Paares greift Hahn-Hahn in der Charakterisierung der Liebenden auf die Vorstellung komplementärer Geschlechtscharaktere zurück. Verbunden damit ist eine freiwillige Unterwerfung der Verstandeskräfte der Frau unter die des Mannes und die Ausblendung von schmerz- und konfliktreichen Spannungen und Leidenschaften. Ein Erzählkommentar deutet auf den Mangel in der harmonischen Beziehung hin: Faustine klagt über Andlaus »immer gehaltenes Wesen«, das eine »übermächtige Sehnsucht« unerfüllt läßt[41].

Neben dieses Beziehungsmodell stellt die Verfasserin ein anderes, nämlich die Ehe, zu der Mario von Mengen Faustine in einem autoritären Akt der Überredung »verführt«.[42] Die Titelheldin wird als machtlos dargestellt, sie kann sich dem fordernden Liebesgeständnis des Mannes nicht entziehen und unterwirft sich in allem seinen Wünschen. Sie schreibt den gewünschten Trennungsbrief an Andlau und willigt gegen ihre Überzeugung in eine Heirat ein: »Sie war ganz von ihm beherrscht.«[43] Aber auch in der neuen Beziehung ist der Gräfin kein dauerhaftes Glück beschieden. Aus der Perspektive des Ehemannes Mario von Mengen, dem die Erzählerin in Venedig begegnet, werden die Ehejahre mit der unlängst verstorbenen Faustine zwar als glücklich geschildert, aber ihr Rückzug ins Kloster und ihr Tod sprechen eine andere Sprache. Das Kloster erscheint als Zufluchtsort vor den Anforderungen an ein »normales« Frauenleben in der bürgerlichen Ehe, wo die Hingabe an eine absolute Liebe, die zu Gott, gelebt werden kann. Mengens Schilderungen seiner »Erziehungsprojekte«, die Faustine »Fügsamkeit« und Disziplin lehren und ihre Wünsche nach Unbedingtheit mäßigen sollen, werden indirekt in einen Zusammenhang mit der Zerstörung der Identität der Frau gestellt.

Der Roman ›Faustine‹ ist ein weiteres Beispiel für die widersprüchliche Gestaltung eines Frauenlebens, in dem nicht nur die Titelheldin zwischen Anpassung und Widerstand, sondern auch die Erzählhaltung zwischen der Verteidigung der Unkonventionalität der Heldin und deren Verurteilung schwankt.

Astons zweiter Roman ›Lydia‹ erzählt nicht nur die Ehe- und Leidensgeschichte der Titelheldin, sondern auch vom Leben und Lieben der ungebunden lebenden, emanzipierten Alice von Rosen. Die widersprüchlichen Aspekte der gespaltenen Figur Johanna Oburn werden jetzt zwei Frauenfiguren zugeschrieben, der engelhaften, unschuldigen Lydia und der selbstbewußten Alice. Dabei geht Aston hier einen Schritt weiter: das Bild der jungfräulichen, reinen Lydia wird im Text als unmögliche Konstruktion eines vom Manne erdachten idealen Frauenbildes entlarvt, das für ihn wie für sein Objekt fatale Auswirkungen hat: Der Schöpfer des Frauenbildes begeht Selbstmord, und sein »Geschöpf« wird wahnsinnig. Als Gegenentwurf zu Lydia gestaltet Aston die »freie« und selbständige Alice, die sich durch klaren Verstand und Sinnlichkeit, durch Souveränität in allen Lebenslagen und durch mutiges Handeln auszeichnet. Die auf allen Ebenen der Handlung eingreifende Alice wird als Identifikationsfigur der Leserinnen und der Autorin zur heimlichen Heldin des Romans. Diese unabhängige Frau, die sich männliche Verhaltensweisen und Handlungsräume aneignet, sieht sich aber in der Liebe mit neuen Problemen konfrontiert. Männliche Besitzansprüche und Eifersucht kollidieren mit ihren Freiheitswünschen und ihren Vorstellungen von einer gleichberechtigten Beziehung. Für Astons Heldin gibt es im Konflikt zwischen ihren ambivalenten Wünschen nach Hingabe und Autonomie keine Lösung, sie bleibt allein. So führt die Suche nach der neuen Frau in ›Lydia‹ über die Aufdeckung und Entzauberung der alten Weiblichkeitsmuster zur Darstellung der Konflikte, die sich für die emanzipierte Frau aus ihren Wünschen nach Unabhängigkeit und Liebe ergeben.[44] Steht in Astons Text die Auseinandersetzung mit männlichen Weiblichkeitsvorstellungen im Vordergrund, so ist in Hahn-Hahns Roman die Suche der Frau nach einer idealen Liebesbeziehung vorrangiges Thema.

Gemeinsam ist den Texten von Aston, Lewald und Hahn-Hahn, daß sie für ihre Protagonistinnen keine glücklichen, gleichberechtigten Liebesbeziehungen imaginieren. Ausbruchsphantasien und Aufbrüche, Resignation und Leiden stehen nebeneinander in Texten, in denen Autorinnen sich mit den Problemen eines weiblichen Lebenszusammenhanges beschäftigen. In ihre Romane gehen sowohl weibliche Erfahrungen und Wunschvorstellungen als auch Auseinandersetzungen mit Vorschriften aus dem Tugendkatalog für Frauen ein. Widersprüche und Uneinheitlichkeiten in der Gestaltung ihrer Heldinnen verweisen auf die Probleme der Vormärzautorinnen, ein Frauenleben jenseits von Konventionen und Weiblichkeitsklischees zu entwerfen.

2. Geschlechter- und politische Verhältnisse

Noch während der Revolution von 1848/49 bzw. unmittelbar danach legten einige der hier schon genannten Autorinnen Romane vor, in denen sie die Ereignisse dieser Jahre literarisch verarbeiteten.[45] Ihre Texte stellen sich als Auseinandersetzung mit und als Verständigung über diese Zeit des Umbruchs dar. Sie geben Aufschluß darüber, wie Zeitgenossinnen die Revolution wahrgenommen und in literarische Form gebracht haben und welche Handlungsmöglichkeiten sie für Frauen im *männlichen* Feld der Politik phantasiert haben.

In historiographischen Passagen erzählen die Autorinnen den Revolutionsverlauf der Jahre 1848/49 und präsentieren verschiedene revolutionäre Schauplätze und ihre Aktionsformen: die Barrikadenkämpfe in Wien und Berlin, die Freischärlerzüge in Schleswig-Holstein und der Pfalz, die Debatten in der Paulskirche sowie die Aufstände 1849 im Zusammenhang mit der Reichsverfassungskampagne, z. B. in Dresden.

Mit der Wahl weiblicher Protagonisten verknüpfen die Schriftstellerinnen politische Geschichte und Frauengeschichte. Die Erzählung der Revolution wird ergänzt und organisiert durch die Präsentation weiblicher Teilnahme an und Hoffnungen auf politische Veränderung. Alle Autorinnen sprechen in ihren Texten den Frauenfiguren erweiterte Handlungsräume in der politisierten revolutionären Öffentlichkeit zu. Mit den Orten der Revolution korrespondiert eine spezifische Geschlechterdramaturgie der An- und Abwesenheit und der Interaktion männlicher und weiblicher Figuren, die auf verschiedene Formen der Teilhabe und des Ausschlusses im politischen Raum verweisen.

Astons ›Revolution und Contrerevolution‹ (1849) und Claire von Glümers (1825–1906) ›Fata Morgana‹ (1850) z. B. beschränken sich beide in der Wahl des Zeitraums der Revolutionshandlung auf das Jahr 1848.[46] Die Orte und damit einhergehend die Funktionen, die Glümers Protagonistin Gertrud und Astons Alice im revolutionären Geschehen einnehmen, unterscheiden sich jedoch deutlich. Aston konzipiert ihre Alice als aktiv an den Umsturzbestrebungen teilnehmende Heldin der Revolution, die als Spionin, als Präsidentin eines demokratischen Clubs, als Barrikadenkämpferin und als Freischärlerin souverän und in herausragender Position auf allen Schauplätzen der Revolution agiert. Damit wird Alice zur zentralen Figur der Handlung, ihre Sicht auf die revolutionären Ereignisse ist ausschlaggebend für die Erzählhaltung.

Glümers Protagonistin wird zwar von ihren Verwandten als »Emancipierte« bezeichnet, doch Gertrud hält sich vornehmlich im Sommerschloß ihrer adeligen Verwandten auf und unterrichtet sich über den Fortgang der politischen Ereignisse durch die Presse und mündliche Berichte. Die Autorin schreibt ihr die Rolle einer informierten, mit Kopf und Herz teilnehmenden Beobachterin des politischen Geschehens zu, die verbal für die Ziele der Revolution eintritt und den Ausschluß von Frauen aus der Politik kritisiert; sie räumt ihrer Frauenfigur jedoch keine entsprechenden Handlungsmöglichkeiten ein. Damit fällt Glümer in der Darstellung des Aktionsradius von Gertrud hinter die reale Teilnahme von Frauen an der 1848er Revolution zurück, während in Astons Entwurf der Alice Sehnsüchte und Phantasien nach erweiterten politischen Handlungsräumen eingeschrieben sind.[47]

Wieder andere Autorinnen entwerfen ihre Frauengestalten in idealisierten Bildern wie der »treuen Braut« des Freiheitskämpfers oder der »glühenden Patriotin«. Die Protagonistinnen in Fanny Lewalds ›Auf rother Erde‹ (1850) und M. Nordens (1813–1878) ›Dresdens Maitage‹ (1850) werden erst durch die Liebe zu einem Mann in das Revolutionsgeschehen hineingezogen.[48] Für Lewalds Marie gewinnt der revolutionäre Kampf um die Beseitigung der Standesgesellschaft Bedeutung durch ihre verbotene Liebe zu dem Städter Anton. Ihre Worte »Ich will mit Dir gehen, und wenn sie Dich todtschießen, sollen sie mich mit Dir todtschießen«[49] sind gleichermaßen als Liebeserklärung an den Mann und als moralische Unterstützung für seinen politischen Kampf zu lesen. Dieselbe pathetische Aussage läßt Norden ihre Figur Rosaline Eichstätt treffen, als ihr Geliebter im Straßenkampf verwundet wird. Ihr »Ich sterbe mit Dir« erscheint auf der Textebene nur noch als Zitat des heroischen Gestus der Barrikadenbraut. Im Gegensatz zu dem Bauernmädchen Marie verbindet die Coloristin Rosaline mit dem politischen Kampf der Männer keine konkreten Hoffnungen auf eine Verbesserung der eigenen Situation. Für sie stehen die Auswirkungen der revolutionären Erhebung wie die Zerstörung und das Chaos in der Stadt Dresden, die Gewalt und das Blutvergießen im Mittelpunkt. Auch für die Titelfigur des zweiten Bandes von ›Dresdens Maitage‹, Laura, die Ehemann und Bruder auf verschiedenen Seiten der Barrikaden weiß, ist nicht der Konflikt um die politischen Positionen, sondern ausschließlich ihre Sorge um die Männer handlungsmotivierend. Das Auftreten der weiblichen Figuren auf dem Schauplatz des Kampfes sowohl bei Lewald als auch bei Norden ist deutlich durch ihre Rolle als Geliebte legitimiert. Im Kontext der Revolution werden die Strukturen des traditionellen Geschlechterverhältnisses reproduziert, und gleichzeitig erfüllen sie im politischen Diskurs eine symbolische Funktion. In Antons Kampf für die Freiheit und Einheit des Vaterlandes verbindet sich sein Engagement für die »Verfassung und das Recht« mit der symbolischen Eroberung der Braut als rechtmäßige Frau. Der Schauplatz der Revolution wird zum Beweisfeld männlicher Treue: Vaterland und geliebte Frau erscheinen beide als »Braut« des Mannes. In diesem Bild verschmelzen nationaler Diskurs und Geschlechterdiskurs.[50]

Während bei Lewald die Verknüpfung von politischem Ideal und Weiblichkeit über eine konkrete Frauenfigur funktioniert, ersetzt in anderen Texten die Hingabe an die Freiheit die unerwiderte Liebe zur Frau. Bis in die Satzstruktur ähneln sich die Phrasen, mit denen Nordens Bildhauer Hallensee und Louise Ottos Schriftsteller Bruno in ›Drei verhängnissvolle Jahre‹ (1867), beide von der Liebe enttäuscht, todesmutig und enthusiastisch in den Kampf ziehen: Hallensees »Die Liebe ist todt für mich; ich habe nur eine Göttin mehr – die Freiheit!«[51] klingt wie das Echo von Brunos Ausruf: »Ich kann jetzt nur *einer* Herrin dienen – der Freiheit«[52]. Freiheit erscheint in dieser Verschiebung als weiblich konnotierte Allegorie, hinter der die konkrete Frau endgültig verschwunden ist. Die Verfasserinnen greifen mit solchen Inszenierungen von Weiblichkeit auf die symbolische Funktion des »Anderen« als Projektionsfläche für abstrakte, politische Ideale zurück.[53]

In den Revolutionsromanen der Autorinnen stehen Bilder einer erhöhten Weiblichkeit neben der realistischen Präsentation verschiedener Formen der Teilhabe von Frauen am politischen Geschehen. Die Literarisierung der Revolutionsereignisse ist gekennzeichnet durch die Reproduktion traditioneller Weiblichkeitsmuster, die in die Gestaltung historischer Erfahrungen und utopischer Wünsche eingehen.

3. Schreiben im Spannungsverhältnis zwischen Weiblichkeit und Kunstproduktion

Im Vorwort zu ihrem ersten Roman ›Ludwig der Kellner‹ wendet sich Louise Otto mit folgenden Worten an die Leserschaft:

> Der Leser wird in diesem Buch auf dieselben Widersprüche stoßen, denen er täglich im Leben begegnet. Und ich kann ihm und mir nicht helfen: die Widersprüche lösen sich nicht auf in eine freundliche, versöhnende Harmonie, wie's der Fall sein soll in einem Kunstwerk.[54]

In diesen Sätzen klingt zum einen das Versprechen an, daß es um eine Geschichte aus dem *wahren Leben* geht, zum anderen die Ablehnung des Kunstbegriffs der Kunstperiode. Darin unterscheidet sich Ottos programmatisches Bekenntnis zur Tendenz bzw. zur sozial engagierten Literatur auf den ersten Blick nicht von denen ihrer männlichen Zeitgenossen [→ Adler: Der soziale Roman, 196 ff.]. Auffällig sind jedoch ihre Bemühungen, ihren schöpferischen Anteil an der Form, in die sie die Geschichte eines Kellners kleidet, minimal erscheinen zu lassen. Otto inszeniert sich lediglich als Herausgeberin der »Biographie eines Opfers jener Widersprüche, welche, durch unsre Zeit einmal geweckt, sich nicht wieder zu Ruhe bringen, sich noch nicht versöhnen lassen.«[55] Sie verweist schon im Vorwort auf einen »Schlußbrief«, der die Frage beantworten wird, wie sie zu den Papieren eines ihr fremden Kellners gekommen sei: Darin richtet sich eine Clara Winter an die ihr bekannte Louise Otto mit der Bitte, die besagten Papiere, d. h. autobiographische Aufzeichnungen und Tagebucheintragungen Ludwigs zusammen mit von anderen Personen verfaßten Briefen, »zur Herausgabe vorzubereiten«[56]. Clara Winter ist außerdem als eine Hauptfigur und als wichtiges Bindeglied zwischen anderen Handlungsträgern des Romans konzipiert. Sie ist es, die in ihrem Schlußbrief Louise Otto und damit auch den Lesern erzählt, wie die Geschichte anderer Figuren des Textes nach Ludwigs Tod weitergeht.

Indem Louise Otto sich also als unbeteiligte Herausgeberin der Geschichte Ludwigs ausgibt und zwischen sich und den Titelhelden die Figur der Clara Winter als Auftraggeberin und Übermittlerin schiebt, distanziert sie sich von ihrem eigenen Text. Diese Maskierung der eigenen Autorposition hat eine zweifache Funktion: Das Spiel mit der fingierten Herausgeberschaft angeblich dokumentarischen Materials – ein wohlbekanntes literarisches Stilmittel (Goethe, Jean Paul) – dient einerseits dazu, dem Text den Anschein höchster Authentizität zu verleihen. Gleichzeitig kann es hier aber auch als Variante der von weiblichen Autoren im 19. Jahrhundert häufig praktizierten Tarnung ihrer Identität durch anonyme oder pseudonyme Veröffentlichung verstanden werden. Die Autorin Otto publizierte zwar unter ihrem Namen, in der Wahl der Erzählperspektive und der Narrationsformen aber verschwindet ihre Autorschaft.

Es läßt sich weiter konstatieren, daß die Übernahme von Positionen jungdeutscher Romantheorie mit ihrer Ablehnung der Kunstauffassung der Weimarer Klassik für die Vormärzautorinnen als Schreibprogramm zusätzlich entlastenden Charakter hatte. Die Betonung, daß sie ihr Werk in den Dienst der Öffentlichkeit oder des Fortschritts stellen, erscheint als Verschiebung der legitimatorischen Rede ihrer Vorgängerinnen im 18. Jahrhundert, die ihr Schreiben in den Dienst der »bürgerlichen Verbesserung« ihrer Geschlechtsgenossinnen stellten. Das Programm der Tendenzliteratur, das in sich die Möglichkeit birgt, von der Einnahme einer dezidierten (männlichen) Autorposition abzulenken, kommt den Vormärzautorinnen entgegen. Denn ihre Texte entziehen sich so den Maßstäben eines vollendeten Kunstwerks, und als Verfasserinnen entziehen sie sich gleichzeitig dem Vorwurf, als Frauen in die männliche Sphäre der Kunstproduktion einzudringen.

Auch Louise Aston bekennt sich im Vorwort zu ihrem ersten Roman ›Aus dem Leben einer Frau‹ zum Programm der Tendenzliteratur:

> Diese Blätter gehören in Dichtung und Wahrheit dem Leben an, und machen nicht Anspruch auf künstlerischen Werth! Darum sind sie fragmentarisch, wie diese ganze moderne Welt, aus deren gährenden Elementen sie hervorgegangen, ein Beitrag zur Charakteristik *unseres* Lebens![57]

In ihrem Umgang mit den Topoi der Zeit- und Lebensnähe ihrer »Blätter« und der Ablehnung eines Kunstanspruchs klingen bei Aston jedoch selbstbewußte, spielerische, sogar ironische Töne an. Am Ende des Vorworts stellt sie schon eine Fortsetzung des »Fragments« in Aussicht, das manche »confessions«[58] vollenden könnte: Sie spricht ihrem Text zwar scheinbar jeden künstlerischen Wert ab, stellt ihn aber zugleich mit unmißverständlichen Anspielungen auf Goethes ›Dichtung und Wahrheit‹ und Rousseaus ›Confessions‹ auf eine Ebene mit den wichtigsten Werken männlicher Vertreter des literarischen Kanons ihrer Zeit.

Das Spannungsverhältnis zwischen Weiblichkeit und Kunstproduktion wird weiterhin in den Entwürfen von Künstlerfiguren reflektiert, die zum festen Personal der Texte gehören. Auffällig ist, daß selten weibliche Schriftstellerfiguren gestaltet werden. Vielmehr scheint es so, daß die Autorinnen eigene Wünsche, Vorstellungen und Erfahrungen eher auf Figuren projizieren, die dem anderen Geschlecht oder einem anderen künstlerischen Beruf angehören.[59]

Zwei der ›Vier Geschwister‹ (1852) in Louise Ottos gleichnamigem Roman sind in verschiedenen Bereichen künstlerisch tätig: Bruno Gärtner repräsentiert den Typus des zerrissenen, politisch engagierten Schriftstellers, der an den gesellschaftlichen Zuständen leidet und seine künstlerischen Ideale aus materiellen Gründen kompromittieren muß[60]. Seine Schwester Helene ist Opernsängerin in einer kleinen Residenzstadt und verbindet mit ihrem künstlerischen Erfolg den Stolz, materiell unabhängig zu sein. Otto thematisiert den Eintritt eines weiblichen Künstlers in die Öffentlichkeit am Beispiel des Durchbruchs der Sängerin, die mit ihrem Debüt am Hoftheater große Anerkennung findet. Im Vordergrund sowohl dieses Romans als auch seiner Fortsetzung ›Drei verhängnissvolle Jahre‹ stehen die sozialen und politischen Verhältnisse und die Bemühungen der Geschwister, ihre Kunst in den Dienst der demokratischen Bestrebungen ihrer Zeit zu stellen.[61] So ist es Helenes erklärtes Ziel, »von der Bühne herab ⟨...⟩ die Menschen zu entflammen für die höchsten und heiligen Ideale, sie zu begeistern für Vaterland und Freiheit«[62]. Das Spannungsverhältnis zwischen Weiblichkeit und Kunst wird mit dem Paradigma Politik verknüpft und so in der Verschränkung der Diskurse Politik und Weiblichkeit bzw. Politik und Kunst überblendet.

Der Konflikt zwischen künstlerischer Berufsarbeit und der Erfüllung der weiblichen Rolle in der Liebesbeziehung zu einem Mann kommt in zwei Texten zur Sprache, deren Protagonistinnen diese Gespaltenheit als inneren Zwiespalt erleben. Interessanterweise handelt es sich hier um Schriftstellerfiguren. In ›Aphra Behn‹ (1849) erzählt Luise Mühlbach in freier Abwandlung der historischen Fakten die Geschichte der gleichnamigen englischen Autorin des 17. Jahrhunderts[63]. In drei Bänden wird von den Abenteuern, Intrigen und politischen Wirren berichtet, die Aphra Behns literarischen Aufstieg begleiten. Dabei fungiert die Titelheldin als Sprachrohr der Verfasserin und als Spiegel für die Probleme weiblicher Autorschaft schlechthin. An der Figur der Aphra Behn wird vorgeführt, auf welche Probleme »eine Frau, welche die Frechheit hat, ein denkendes Wesen zu sein, und es den Männern gleich thun zu wollen«[64], stößt, wenn sie in die literarische Öffentlichkeit treten will. Mühlbachs Protagonistin findet erst künstlerische Beachtung, als sie die Beziehungen eines in sie verliebten Herzogs ausnutzt, der ihr Zugang zum königlichen Hof verschafft, wo sie als seine vermeintliche Geliebte auftreten muß. Danach führt sie ein Doppelleben als skandalumwitterte Hofdichterin, die den Adel mit ihren Texten unterhält, und als unbekannte bürgerliche Schriftstellerin mit dem Pseudonym Barbara Johnson. Sie zahlt jedoch einen hohen Preis für ihre Berühmtheit, denn sie ist gezwungen, ihr wahres Ich zu leugnen. Außerdem verliert sie sowohl ihren guten Ruf als auch die Liebe und Achtung des Mannes, den sie liebt. Im letzten Kapitel des Romans heißt es: »Sie war nicht mehr eine glückliche Frau, aber sie war eine berühmte Frau.«[65] Damit wird Aphras Liebesunglück explizit aus ihrem Erfolg als Schriftstellerin begründet, ohne daß die behauptete Unvereinbarkeit zwischen privatem Glück und beruflichem Erfolg an einem der vielen Konflikte nachvollziehbar wäre, die Mühlbach ihre Heldin durchleben läßt.

Auch Louise Otto gestaltet in ›Kathinka‹ eine Schriftstellerin, die einen ähnlichen Konflikt zwischen Erfüllung in der Liebe und Erfolg im Beruf austrägt. Die Autorin stellt den Leserinnen Angelika von Soltau nachdrücklich als eine selbständige und politisch engagierte Dichterin und Journalistin vor, die mehrere Heiratsanträge mit der Begründung abgelehnt hat:

> Ich kann diesem Leben, diesem Berufe, den ich mir gewählt habe, nicht entsagen, ich kann meine Freiheit nicht hingeben für das stille Glück in der Beschränkung ⟨...⟩.[66]

Otto präsentiert Angelika als das Ideal einer produktiven, unabhängigen Frau; dieser Entwurf wird jedoch von der Autorin demontiert, als sie ihre Heldin die wahre Liebe finden läßt. Das vorher proklamierte Glück, das der Frau das Schreiben und die Unabhängigkeit gewährt haben, hält ihrer Leidenschaft nicht stand und wird von ihr sogar als Illusion denunziert. Angelikas plötzliche Bereitschaft, für diese ausschließliche Liebe ihre Freiheit und ihren Beruf aufzugeben, korrespondiert mit ihrer Einsicht,

> ⟨...⟩ daß Alles, was ich mir mühsam aufgebaut – meine Theorien, mein Stolz – was ich eine sichre Festung wähnte, zusammenbrach – ein kindisch Kartenhaus vor dem Liebesblick eines Mannes ⟨...⟩.[67]

Der Zusammenbruch der Konstruktion einer autonomen Frau geht einher mit der Rückkehr zur »natürlichen« weiblichen Bestimmung: Angelika bekennt, daß sie »einst ⟨...⟩ untreu sein wollte allen heiligen Gesetzen der Natur und des schönen Menschenthums«[68].

Die Entwürfe weiblicher Künstler- und Schriftstellerfiguren spiegeln die Wünsche ihrer Schöpferinnen nach Erfolg und Erfüllung im Beruf und sprechen von ihren Zweifeln und Ängsten über einen möglichen Verlust an Weiblichkeit. Denn die Bilder von weiblichem (Liebes-)Glück sind mit herkömmlichen Rollenvorstellungen verbunden, deren enge Grenzen die Vormärzautorinnen real schon überschritten haben. Ihre Texte reflektieren diese Auseinandersetzung mit der eigenen ungefestigten Autorposition. Diese Unsicherheit kommt auch in der Negation eines phantasierten Alter ego, für das der Konflikt zwischen Weiblichkeit und Schreibarbeit aufgehoben und »maßloses« Glück möglich wäre, zum Ausdruck.

III. Resümee

Im Vormärz wächst eine neue Generation von Schriftstellerinnen in eine Zeit zunehmender gesellschaftlicher Widersprüche hinein, deren Schreiben sich gegen den Status quo der Metternichschen Restaurationsära richtet und einer Liberalisierung der Zustände das Wort redet. Charakteristisch für ihre Texte ist, daß die Verfasserinnen konkrete Erfahrungen von Frauen verarbeiten – mit der Konvenienzehe oder mit den Revolutionsereignissen – und diese mit den politischen Emanzipationsforderungen ihrer Zeit verbinden. Ihre von Parteilichkeit geprägte Kritik sowohl an den beschränkten weiblichen Lebensverhältnissen als auch an den gesellschaftlichen Mißständen spricht von einem neuen Verständnis der Zusammenhänge zwischen sozialer Frage und Frauenfrage und von dem erklärten Anspruch, als Bürger*in* an der Veränderung der politischen Realität mitzuwirken.

Neu an den Texten dieser Schriftstellerinnengeneration ist die Kritik an institutionalisierten Formen der Unterdrückung und des Ausschlusses des weiblichen Geschlechts: Sie stellen die Rechtmäßigkeit und Legitimierbarkeit der juristischen Abhängigkeit der Frau von der Vormundschaft des Vaters oder Ehemannes sowie ihre bis dato selbstverständliche politische Unmündigkeit in Frage und berufen sich in ihrer Argumentation auf egalitäre Vorstellungen. Über das Medium der Schrift mischen sie sich in das Feld der Politik ein und verschaffen sich mit ihrer Publizistik, Lyrik und ihren Romanen öffentlich Gehör.

Die Autorinnen nutzen insbesondere die Form des Romans, um über die Gestaltung individueller Schicksale auf die Verkehrtheit weiblicher Lebensverhältnisse und ihre gesellschaftliche Bedingtheit aufmerksam zu machen. Sie entwerfen Protagonistinnen, die sich über traditionelle weibliche Rollenvorstellungen hinwegsetzen, und inszenieren deren Ausbrüche aus der alten Rolle als Wunschphantasie oder als vollzogenen Schritt in eine Unabhängigkeit, die neue Widersprüche und Konflikte mit sich bringt. Die Autorinnen des Vormärz schreiben sich mit ihren Romanen sowohl thematisch als auch erzähltechnisch in die literarischen und politischen Diskurse ihrer Zeit ein, wenn sie die zeitgenössischen Lebensverhältnisse zum Sujet ihrer Texte machen und mit dem Spiel um Autorschaft, Erzählhaltung und Herausgeberschaft verbinden.

Die Auseinandersetzungen mit dem Ort von Frauen in Kultur und Gesellschaft verweisen auf die im Vormärz in Bewegung geratenen Vorstellungen von Weiblichkeit und Politik. Die Vormärzschriftstellerinnen nehmen diese Bewegung in ihre Romane auf, indem sie ihre Protagonistinnen als Grenzgängerinnen zwischen den beschränkten, von tradierten Rollenvorstellungen diktierten Räumen des Privaten und den öffentlichen Räumen einer sich politisch und kulturell verändernden Gesellschaft darstellen. Dabei bleiben die weiblichen Hauptfiguren mit ihrem Streben nach Selbstverwirklichung in Liebe und Beruf oft hinter der gelebten Emanzipation der Verfasserinnen zurück.

Kennzeichnend für die Romane ist eine spezifische Schreibweise, die an unterschiedliche Gattungs- und Stiltraditionen anknüpft und in einem eklektischen Verfahren Topoi und Erzählmuster des Frauenromans um 1800 und der politisierten Literatur des Vormärz sowie Elemente der Kolportageliteratur in einem neuen Text verarbeitet. Einige Autorinnen üben sich souverän in der Kunst, komplexe, oft intrigante und abwegige Beziehungen zwischen ihren zahlreichen Handlungsträgern und Schauplätzen herzustellen. Eine solche ausufernde Erzählweise, die den Texten von Frauen häufig als Mangel an konsequenter Gestaltung vorgeworfen wird, durchkreuzt Versuche eindeutiger Genrezuweisungen und verweist zugleich auf die Schwierigkeiten der Vormärzautorinnen, neue Ideen in neue Bilder oder eine neue Sprache zu kleiden. Gerade in dieser mangelnden Durchkomponiertheit, die sich als Effekt eines Unternehmens darstellt, das eigene literarische Anliegen unter Rückgriff auf vorgefundene Traditionen zu verwirklichen, liegt die Besonderheit der Frauenromane des Vormärz.

Der Aufbruch der Autorinnen in die literarische Öffentlichkeit der dreißiger und vierziger Jahre trug ihnen große Popularität und materielle Unabhängigkeit ein. Ihr literarischer Erfolg überdauerte in den meisten Fällen das Scheitern der Revolution.[69] Fanny Lewalds Romane – wie die von Ida Hahn-Hahn – wurden in für damalige Verhältnisse sehr hohen Auflagen von 4000 Exemplaren gedruckt, zum Teil mehrmals aufgelegt und häufig rezensiert.[70] Luise

Mühlbach war mit 290 publizierten, z. T. wiederholt aufgelegten Romanen wohl die produktivste Schriftstellerin dieser Gruppe.[71] Auch einige von Louise Ottos Romanen erschienen in mehreren Auflagen und wurden sogar ins Niederländische und Englische übersetzt.[72] Im Falle Louise Astons und Louise Ottos erhöhte die Zensur die ihnen entgegengebrachte Aufmerksamkeit: Die Zensurbehörden beschlagnahmten z. B. Ottos ›Schloß und Fabrik‹ und gaben den Roman erst nach Änderungen im zweiten und dritten Teil frei.[73] Astons von der Polizei als »unsittliche Druckschriften« denunzierte Bücher durften in Leihbibliotheken nicht geführt werden.[74]

Trotz dieser Fakten, die für eine lebhafte Rezeption ihrer Werke sprechen, sind die Schriftstellerinnen des Vormärz und ihre Romane nach ihren Lebzeiten in Vergessenheit geraten. Zum einen ist dies einer Historiographie anzulasten, die bis in die späten sechziger Jahre des 20. Jahrhunderts die Umbruchszeit des Vormärz und der 48er Revolution auf einen marginalen Platz verwies. Zum anderen einer Literaturgeschichtsschreibung, die den von Frauen verfaßten Texten unter Rubriken wie »Frauendichtung« und »Frauenroman«, »dichtende Frauen« oder »Heldinnen der Feder« eine Sonderbehandlung angedeihen ließ, mit der oft ein abwertendes Urteil verbunden war.[75] Seit Ende der siebziger Jahre haben Wissenschaftlerinnen vermehrt auf den Ausschluß-Charakter einer solchen Literaturgeschichtsschreibung, die bis zur gänzlichen Vernachlässigung zahlreicher Texte von weiblichen Autoren geführt hat, aufmerksam gemacht.[76] Vorschläge, die Bezeichnung Frauenroman als überholt ad acta zu legen oder durch »neutralere« wie »Milieuroman« zu ersetzen, zeugen von dem Unbehagen an der Sonderbehandlung der Texte von Frauen.[77] Eine Sozialgeschichte der Literatur, die den Beitrag von Schriftstellerinnen zur Literaturgeschichte beschreiben will, sieht sich mit diesem Dilemma der Sonderbehandlung konfrontiert, wenn sie die Frage nach der Funktion und Bedeutung von Geschlechterdifferenz für die Kulturproduktion von Frauen nicht ignoriert.[78] Der mit historischen Termini wie »Frauenroman« oder »Frauendichtung« bezeichnete Sonderstatus verweist ja auch auf die spezifische Position von Frauen in der bürgerlichen Gesellschaft als Teilhabende und zugleich Ausgegrenzte und somit auf die unterschiedlichen Voraussetzungen und Bedingungen weiblicher und männlicher Textproduktion.[79]

Wir haben den Begriff Frauenroman beibehalten, um zu zeigen, wie Autorinnen im 19. Jahrhundert mit diesem Genre umgegangen sind, das sich im 18. Jahrhundert als eine Variante des Erziehungs- und Bildungsromans (in der Nachfolge Richardsons, Rousseaus und Gellerts) herausgebildet hat.[80] Unsere Untersuchung, die den Frauenroman im Vormärz am Schnittpunkt des bürgerlichen Tugendromans weiblicher Provenienz um 1800 und des Tendenzromans der dreißiger und vierziger Jahre situiert, versteht sich als Plädoyer für eine differenziertere Lektüre, um der Komplexität der Texte Rechnung zu tragen.

Reinhart Meyer
Novelle und Journal

Kürzere Erzählprosa ist in der ersten Hälfte des 19. Jahrhunderts wesentlich Journalprosa. Als »Journal« bezeichneten die Zeitgenossen alle periodisch erscheinenden Organe, nicht nur Zeitungen und Zeitschriften, sondern auch überwiegend zur Herbstmesse und zu Weihnachten gelieferte Almanache und Taschenbücher. Das Journal, seine Marktbedingungen und Publikationsverhältnisse prägen Struktur und Sprache der darin erscheinenden Werke. Erzählungen erschienen ganz überwiegend zuerst in Journalen, ihre Veröffentlichung als oder in einem Buch war demgegenüber sekundär: Zeitschriftenerzählungen konnten zu Separatpublikationen aufgeschwemmt werden, sie konnten als Binnen-Erzählung in Romane aufgenommen oder in Sammlungen zusammengefaßt werden. Ein probates Mittel, Journal-Erzählungen in Buchform zu überführen, war der Rahmen, mit dessen Hilfe die Einzelbeiträge in eine mehr oder minder geglückte Einheit integriert wurden. In dieser Weise publizierte etwa E. T. A. Hoffmann unter dem Titel ›Die Serapions-Brüder‹ (1819–21) nochmals vierundzwanzig bereits vorher in Journalen erschienene Beiträge, denen nur zwei neue beigegeben wurden.

Um der Sammlung den Charakter eines bloßen Nachdrucks zu nehmen, erwies es sich als vorteilhaft, gelegentlich auch einen Originalbeitrag einzufügen. So gesellte etwa Heinrich Clauren den 16 bereits in Zeitschriften erschienenen Beiträgen seiner sechsbändigen Sammlung von ›Erzählungen‹ (Dresden 1818–20) noch fünf neue hinzu. Ähnlich verfuhr Claurens Leipziger Verleger Arnold auch mit den 40 Bänden der vier Sammlungen von ›Scherz und Ernst‹ (1818–28), die allerdings noch in anderer Hinsicht aufschlußreich sind, zeigen sie doch die Tendenz, nach und nach den Journalcharakter abzustreifen und sich den Anschein honoriger Buchpublikationen zu verschaffen. Faßte nämlich die ›Erste Sammlung‹ (1818–23) noch bis zu sechs Beiträge in einem Band zusammen, so reduzierte die zweite Sammlung den Inhalt pro Band auf höchstens zwei, meistens sogar nur einen Titel. Und als 1825 Claurens ›Gesammelte Schriften‹ in 25 Bänden erschienen, wurden einige ehemalige Journalbeiträge durch Vergrößerung der Drucktypen und Verkleinerung des Satzspiegels sogar auf zwei Buchbände gestreckt.

Somit finden sich in der ersten Hälfte des 19. Jahrhunderts drei Formen von Erzählungen »mittlerer Länge« im Sinne Emil Staigers[1]: solche, die von vornherein für Journale konzipiert und nur dort publiziert wurden – dabei handelt es sich um die überwiegende Mehrzahl (wohl etwa 85 %); sodann solche, die unverändert oder bearbeitet aus Journalen in Sammlungen übernommen wurden; und schließlich solche, die speziell der Auffüllung von Sammlungen oder Werkausgaben dienten. Zur dritten Form gehören etwa Goethes ›Novelle‹ für den 15. Band seiner Werkausgabe letzter Hand (1827) oder Kleists ›Michael Kohlhaas‹ für die ›Erzählungen‹ (1810–11). Statistisch gesehen stellen diese Beiträge gegenüber den genuinen Journalerzählungen eine ausgesprochene Minderheit (maximal 3 %), literarisch wohl auch eine Sonderform dar. Die separate Publikation prosaischer Erzählungen in Buchform war wie die der Verserzählungen bis zur Mitte des 19. Jahrhunderts ungebräuchlich.

I. Probleme der Gattungsbezeichnung

Aufschlußreich ist die schwankende Terminologie zur Genre-Bezeichnung von Prosa-Arbeiten in der ersten Hälfte des 19. Jahrhunderts. Tieck nannte sogar den in zwei Bänden 1836 in Berlin publizierten ›Jungen Tischlermeister‹ im Untertitel eine »Novelle in sieben Abschnitten«, bei einem Umfang von 744 Seiten. Die voluminöseste »Novelle« scheint Georg Döring geschrieben zu haben: ›Das Opfer von Ostrolenka oder die Familie Kolesko‹ (1832), eine »Novelle in drei Theilen«; sie hat 1227 Seiten. Eduard Mörikes ›Maler Nolten‹ erschien 1832 als »Novelle in zwei Theilen«.

Es scheint, als hätten die Autoren dieser Zeit nur geringes Interesse gehabt, zwischen »Roman« und »Novelle« klar zu unterscheiden, und sich noch weniger um eine Differenzierung zwischen »Erzählung«, »Novelle«, »Bild«, »Gemälde« oder dgl. bemüht (s. u., S. 249). Häufig verzichteten sie überhaupt auf eine Gattungszuweisung, oder es entstand ein breites Spektrum synonymen Gebrauchs[2]. »Der Roman – auch Erzählung und Novelle genannt 〈...〉«, so beginnt Georg Wilhelm Pfeiffer das Vorwort zu seinen ›Frankfurter Novellen. Culturgeschichtliche Bilder aus der Vergangenheit einer Reichsstadt‹ (1858) und benutzt im folgenden alle drei Termini synonym. »Novelle« ist in der ersten Hälfte des 19. Jahrhunderts, so wenig wie »Erzählung«, »Bild«, »Charakteristik« usw., ein fest umrissener Gattungsbegriff, mit dem auch nur einigermaßen klare Struktur- und Formvorstellungen verbunden gewesen wären (s. u., S. 249). Die sich dem historischen Betrachter bietende terminologische Liberalität oder Nachlässigkeit ist allerdings nicht zufällig. Sie hat Gründe und Ursachen, von denen ich im folgenden die fünf meines Erachtens wichtigsten darstellen möchte.

(1) Entscheidender als die Differenzierung zwischen den einzelnen Formen der Erzählprosa, die die literaturwissenschaftliche Forschung seit den 20er Jahren unseres Jahrhunderts sich herauszustellen bemühte, war jene, die bereits Johann Jakob Engel in seiner Abhandlung ›Anfangsgründe einer Theorie der Dichtungsarten‹ (1783) formuliert hatte: »Der Poesie steht die Prosa entgegen« (S. 1). Diese Fundamentaldifferenzierung, die die klassizistische Poetik, Rhetorik und Ästhetik noch bis in die 80er Jahre des 19. Jahrhunderts beherrschte [→ Bd. 6, 318 ff., 443–445] ließ alle weiteren Unterscheidungen zweitrangig werden. An ihr orientierte sich auch der Großteil der Almanache, Taschenbücher und übrigen Journale, die – wenn sie nicht überhaupt auf eine Gliederung ihrer Beiträge verzichteten – die lyrischen von den prosaischen Texten klar trennten.

(2) Bereits Chr. M. Wieland hatte 1778 im ›Teutschen Merkur‹ bei der Besprechung einer Erzählung[3] von »Novellen und kleinen Romanen« gesprochen und damit das englische »novel« als Lehnwort ins Deutsche übernommen, das seitdem synonym für »Ro-

man« benutzt wurde. »Novelle« kann in der Folgezeit also auch »Roman«, im engeren Sinn »Historischer Roman« meinen. So war etwa für Karl Rosenkranz (›Ästhetische und poetische Mitteilungen‹, Magdeburg 1827) Scotts ›Ivanhoe‹ eine »Novelle«; Wilhelm Hauff bezeichnet in der Vorrede zu ›Lichtenstein‹ (1826) – einer »Romantischen Sage aus der württembergischen Geschichte« – die englischen Romanautoren (und implizit auch sich selbst als Autor einer Historienerzählung) als »Novellisten«; und zwei Jahre später (1828) behauptete auch Ludwig Tieck: »Der Engländer nennt schon seit lange seine Romane Novellen«[4].

Im Vorwort zu seinen ›Gesammelten Novellen‹ (1. Bd., Berlin 1830) führt Willibald Alexis aus:

Ob der Unterschied zwischen Roman und Novelle in der größern Fülle und dem abgeschlossenern Kreis zu suchen ist, der in letzterer (wie einige Autoren meinen) zur Anschauung kommen soll, mögen andere erörtern, ich möchte jetzt noch keinen Unterschied einräumen; ich möchte, wie der Engländer, den historischen Roman überhaupt Novelle nennen. (S. XX).

Alexis bezieht sich auf Walter Scott und dessen ›Waverley Novels‹, die in Deutschland außerordentlich beliebt waren. Die zumindest mißverständliche Eindeutschung des englischen Terminus war also auch eine Modeerscheinung im Gefolge der Scott-Rezeption. Die Fälle, in denen nicht ein Roman als »Novelle«, sondern umgekehrt Kurzprosa als »Roman« bezeichnet wurde, scheinen dagegen relativ selten zu sein.

(3) Die frühe Bedeutung des italienischen »novella«, das auch in latinisierter Form gebraucht wurde, hat sich in Deutschland noch bis weit ins 19. Jahrhundert als »Neuigkeit« oder »Sensation«, dann auch als »unerhörte Begebenheit« erhalten. Goethes Paraphrase gegenüber Eckermann wurde in der germanistischen Novellentheorie des 20. Jahrhunderts häufig als Gattungsdefinition verstanden, sie ist aber nur eine durchaus traditionelle Erläuterung der Wortbedeutung.[5] Der Begriff »Novelle« war noch im 19. Jahrhundert so wenig als Gattungsbegriff festgelegt, daß er wie im 17. und 18. Jahrhundert im Untertitel verschiedenster Gattungen erschien[6]. Nicht anders als 1715 Franz Callenbach, der ein musikalisches Drama unter

dem Titel ›QUASI VERO, der Hinckende Gott hat sich wohl. SIVE NOVELLAE POLITICO-MORALES‹ drucken ließ, publizierte 1833 der bereits erwähnte Georg Döring ›Dramatische Novellen‹ in vier Bänden, die ausschließlich – Opern enthielten.

(4) Schließlich war die Übersetzung der französischen Termini »histoire«, »conte« und »nouvelle« keineswegs geregelt, so daß es im Deutschen bei Übertragungen zu vielfachen begrifflichen Überschneidungen kam, die »Roman«, »Erzählung« oder »Novelle« nur schwer oder überhaupt nicht unterscheidbar machten.

(5) Zur semantischen Vieldeutigkeit der Gattungsbegriffe im Bereich der Erzählprosa traten die auf die deutsche Literatur stark einwirkenden, aber sehr unterschiedlichen Erzähltraditionen ausländischer Literaturen. Umfangreiche Rahmen-Erzählungen wie ›Tausendundeine Nacht‹ und Boccaccios ›Decamerone‹, größere Sammlungen wie die nur dürftig miteinander verbundenen ›Novelas ejemplares‹ von Cervantes lagen alle nur in Buchform vor – gewiß einer der Gründe, weshalb Alan Matthäus Stelzer 1818 in seiner ›Anleitung zur deutschen Dichtkunst‹[7] beispielsweise Boccaccio als »Romandichter« führte, und Ferdinand Werners oder Therese Hubers ›Erzählungen‹ als Beispiele für den Roman nannte, ebenso August Gottlieb Meissners ›Skizzen in 14 Theilen‹ (1778–1796) oder Johann Karl August Musäus' ›Straußfedern‹, eine periodisch erscheinende Sammlung von Prosatexten. Die ebenfalls als Beispiele für den Roman angeführten ›Bagatellen‹ Anton Walls und August Friedrich von Kotzebues ›Kleine gesammelte Erzählungen‹ machen unmißverständlich klar, daß der Roman, gleichgültig, wie viele und wie unterschiedliche Einzelbeiträge er enthält, wesentlich durch seine Publikationsform als Buch charakterisiert ist. Dagegen assoziiert Stelzer die »poetische Erzählung« als den Vortrag »eines kurzen und interessanten Auftritts in dem menschlichen Leben« (S. 254) mit ihrer unselbständigen Erscheinungsform: ihrer Eigenschaft als Beitrag zu einem Journal.

II. Publikationsform und Erzählweise

Das Medium, in dem ein Werk erscheint und für das es geschrieben wurde, wird auf diese Weise im frühen 19. Jahrhundert gattungsrelevant. Gemäß den für die Publikation gebräuchlichen Medien Buch und Journal wird die Erzählung in zwei Formen aufgeteilt, für die die jeweilige Gattungsbezeichnung von sekundärem Interesse, wenn nicht überhaupt unwichtig war. Deshalb konnte der größte Teil der Journalerzählungen auch ohne Gattungszuweisung publiziert werden. Bereits Arnold Hirsch konstatierte das geringe Interesse der zeitgenössischen Autoren an theoretischer Reflexion und an Gattungsproblemen.[8] Titel und Untertitel dienten im journalistischen Bereich dann auch nicht primär ästhetischen oder gattungstheoretischen, sondern Werbe- und Absatzinteressen [→ Schmid: Buchmarkt, 70f.]. Die Literaturbeilagen der periodischen Presse und die literarischen Journale lieferten in der Regel Unterhaltung und mußten sich um Mannigfaltigkeit und Abwechslung bemühen, die sich am einfachsten durch die Titelei und die Variation der Gattungszuweisung im Untertitel zumindest vorspiegeln ließ. Obwohl auch die bedeutendsten Dichter regelmäßig in periodischen Organen publizierten, hatten sie ständig gegen die traditionelle Geringschätzung der Journale wegen ihres unverhüllten Kommerzcharakters anzukämpfen. Wer hier schrieb, schrieb für Geld, und die Autoren verdächtigte man, ihre Beiträge verdankten die Entstehung nur der Hoffnung auf ein Honorar (Gutzkow).[9]

Die Tendenz zur Überführung periodischer Beiträge in Sammelwerke und schließlich sogar in Einzelbände mit mehreren Teilen bedeutete durch den Übergang von der wenig angesehenen Journal- zur gehobenen Buchform eine soziale Hebung, der viele Autoren auch literarisch durch Bearbeitung ihrer Journalbeiträge nachzukommen versuchten. Sie war offenbar von derartiger Bedeutung, daß sie – wie das Beispiel Stelzers zeigte – sogar gattungsdifferenzierend in die poetologischen Handbücher einging. Bei den Buchbearbeitungen der Journalfassungen ging es um die Transformation in eine andere Gattung, also auch um einen anderen Stil, der dem Medium Buch, seinem höheren Prestige und den gehobenen literarisch-ästhetischen Ansprüchen, gerecht werden sollte.[10] Das Medium erlegt den Autoren Rahmenbedingungen auf, denen fast alle nachgekommen sind und die dadurch zu Strukturmerkmalen der Erzählprosa wurden.

Im folgenden sei versucht, am Beispiel Stifters einige spezifische Merkmale der Journalerzählung herauszuarbeiten. Stifters frühe Publikationen eignen sich zu diesem Zweck deshalb so gut, weil er die Buchfassung der ›Studien‹ teilweise schon neben der Herstellung der Journalfassung konzipierte. Dadurch ist sichergestellt, daß es sich bei den Abweichungen und Änderungen der Buchfassung nicht um nachträgliche »Verbesserungen« der journalistischen Arbeiten handelt, sondern um medienspezifische Transformationen.[11]

III. Strukturen der Erzählprosa in Journalen

Die Buchmarkt- und Medienorientierung der Herausgeber und Autoren, das dadurch geprägte, aber auf die Autoren auch wieder zurückwirkende Normbewußtsein der Leser und schließlich die regulative Wirkung *erfolgreicher* Werke sorgten trotz der regionalen und sozial recht unterschiedlichen Leserschaft für die Etablierung relativ stabiler Erzählstrukturen in den Journalen. Diese waren nicht auf spezifische Gattungen beschränkt, sondern charakterisieren ungeachtet der in Vorworten und Subskriptionsaufforderungen den Lesern versprochenen Vielfalt und Abwechslung die erzählende Journalprosa insgesamt.

Dabei spielen inhaltliche Aspekte keine differenzierende Rolle. Die »Stoffgier« der Leserschaft, auf die Friedrich Sengle hingewiesen hat[12] und die von den Katalogen der Leihbibliotheken eindrucksvoll bestätigt wird[13], gilt für Buch und Journal gleichermaßen. Für die Journalprosa ist mithin unspezifisch, ob Kriminal- oder Gespenstergeschichten, Liebes- oder Kunstangelegenheiten dargestellt werden, ebenso, ob die Handlung in der Vergangenheit oder der Gegenwart spielt, ob der Autor die Handlung bloß berichtet oder sich mit Reflexionen einmischt. Journalspezifisch an einer Erzählung sind nur jene Formen und Elemente, die unmittelbar als Reflex der besonderen Bedingungen des Zeitschriftenwesens nachgewiesen werden können.

Das auffälligste Unterscheidungsmerkmal gegenüber der Buchpublikation ist zweifellos die Brechung in Fortsetzungen; darüber hinaus sind aber auch die Akzentuierung des Erzählanfangs und die durch Topoi und Stereotypen gekennzeichnete Charakterisierung von Personen, Orten und Zuständen zu nennen.

Die wichtigsten Organe für Fortsetzungsgeschichten waren Zeitschriften mit kurzfristigen Erscheinungsterminen der Einzelnummern (von täglich bis monatlich), die zwar über relativ feste Rubriken verfügten, die Seitenanteile der Rubriken aber einigermaßen frei handhabten. Sache des Herausgebers war die Verteilung der Beiträge auf die einzelnen Nummern – der Autor hatte Vorsorge zu treffen, daß seine Erzählung dadurch nicht an Wirkung verlor. Dabei mußte er das Stückelungsprinzip des Journals als Strukturprinzip seiner Erzählung übernehmen: So mußte etwa ein Spannungsabbau, der Gefahr lief, ans Ende einer Auslieferung zu geraten und das Interesse des Lesers erlahmen zu lassen, tunlichst vermieden oder zumindest so kurz gehalten werden, daß er folgenlos für das Interesse des Lesers blieb.

Daraus resultiert jene forcierte, kaum absinkende Gespanntheit und/oder Handlungskonzentration vieler Journalerzählungen, die sie dem Dramatiker empfahlen. Seit dem ausgehenden 18. Jahrhundert lieferte denn auch das Journal dem Theater in beträchtlichem Maß Stoff- und Handlungsvorlagen.

Sodann waren die Journalleser grundsätzlich an den Konsum heterogener, kleingegliederter, abwechslungsreicher, aber übergangslos aufeinander folgender Texte gewöhnt und gaben so den Autoren Strukturmuster für den Bau und die Brechung ihrer Erzählungen vor. Der pro Nummer einer Zeitschrift und damit für jeden Fortsetzungsteil zur Verfügung stehende Raum war bei den Journalen unterschiedlich, überschritt aber in der Regel zehn Druckseiten nicht.[14] Daraus ergab sich ein ungefähres Richtmaß für den Umfang der einzelnen Erzählmomente wie Bericht, Reflexion, Rückblick, Einschub und Binnen-Erzählungen; wollte man den Erzählzusammenhang für den Leser wahren, durfte dieses Richtmaß nicht beliebig überdehnt werden.

Derart kleinstrukturierte Beiträge konnten sowohl aus kompositorischen Gründen wie aus verlegerischen Rücksichten nicht beliebig summiert und verlängert werden. Durchschnittlich erstreckten sie sich über nicht mehr als zehn Fortsetzungen mit einem Umfang bis etwa 60 Seiten; die Norm lag bei etwa 40 Seiten. Das gilt auch für Stifters Journalfassungen in Fortsetzungen. So weisen Fortsetzungsgeschichten durchgehend eine schnell fortschreitende Handlung auf, die retardierenden Elementen wenig Raum läßt und statt dessen mehrmalige, häufig übergangslose Ortswechsel und Handlungsbrüche bevorzugt, um einen kontinuierlichen, chronologischen und offenbar als langweilig empfundenen Erzählstrom zu vermeiden.

Längere Erzählungen erschienen in spezialisierten Organen, in Taschenbüchern oder Almanachen, die schon infolge der weit auseinander liegenden Erscheinungstermine ihrer einzelnen Nummern Fortsetzungen schlecht vertrugen und deshalb auf den Abdruck größerer, geschlossener Erzähleinheiten eingerichtet waren. Daß auch hier das für Periodika lebenswichtige Variationsprinzip Beschränkungen auferlegte, muß nicht besonders hervorgehoben werden. Ein Almanachband mit einem Umfang von etwa 400 Seiten vertrug höchstens eine einzige Erzählung von mehr als 80 Seiten, wenn der Leser an vier bis fünf Prosabeiträge gewöhnt war und daneben noch Lyrik erwartete. Der durchschnittliche Umfang einer Erzählung in diesen Organen lag zwischen 40 und 70, mit einer Toleranz von 20 bis 120 Seiten.[15]

Den Fortsetzungsgeschichten wie auch den zusammenhängend publizierten Erzählungen wurden teilweise gravierende Umfangsbeschränkungen auferlegt; sie wandten sich an ein sozial recht heterogenes Journalpublikum und unterlagen dem Konkurrenzdruck der Journale untereinander. Alle drei Momente bewirkten Stileigentümlichkeiten, von denen abschließend die zwei wichtigsten dargestellt seien.

Die Konkurrenzverhältnisse zwischen den Journalen förderten nicht nur Titel, deren Effekthascherei offensichtlich ist, sie gaben auch dem Anfang, den ersten Seiten, ein besonderes Gewicht als Aushängeschild beim Anlesen des Textes durch den Käufer. So bildete sich eine Technik des Erzählanfangs heraus, die von auffälliger Einheitlichkeit ist. Eine der fünf oder sechs Möglichkeiten, die sich schon zu Beginn des 19. Jahrhunderts weitgehend standardisiert hatten, sei am Beispiel Stifters kurz vorgestellt.

Mein Freund, Herr Tiburius Kingston, hat jetzt das schönste Landhaus, das man sich auf Erden zu denken vermag, er hat die schönsten Blumen und Obstbäume darum, er hat ein schöneres Weib, als je auf der Welt gewesen sein kann 〈...〉.[16]

So beginnt Stifters Erzählung ›Der Waldsteig‹ (1845); ähnlich auch ›Die Mappe meines Urgroßvaters‹ (1841/42):

Er war ein weitberühmter Arzt und Doctor der freien Künste, sonst auch ein eulenspieliger Herr und Ehrenmann. Alles dieses ist er auf einer sehr alten und berühmten Hochschule zu Prag geworden 〈...〉.[17]

Und noch kompakter beginnt ›Die Narrenburg‹ (1843):

Hans von Scharnast hatte ein lächerliches Fideicommiß gestiftet. Seine Burg Rothenstein 〈...〉.[18]

Ort der Handlung und Hauptpersonen werden möglichst schon in den ersten Zeilen mitgeteilt, und sehr bald fallen superlativische Reiz- und Modewörter, die über das Genre der Erzählung aufklären, das offenbar wichtiger war als die Gattungszuweisung. Stifter spricht auf der ersten Seite der ›Brigitta‹ (1843), schon in der 5. Zeile, von »magischen Dingen«, von einem »Ahnen«, das schauerlicher als »Wissen« sei, und hebt sogar durch Sperrung »Geisterfurcht« und »Somnambulismus« hervor. Diese drucktechnische Unterstützung des Inhalts ist keine Seltenheit; sie kommt nicht nur bei Stifter vor. Auch Anmerkungen sind in Journalerzählungen nicht verpönt. In ihnen läßt sich in Kürze erläutern, was über den vermuteten Horizont des Lesers hinausgeht. Den gesperrt gedruckten Reizworten läßt Stifter einen »Abgrund« folgen, an dessen Rand »die Wissenschaft« bloß »ein Kerzlein« angezündet habe: »tiefer ist Finsternis, vielleicht Ewigkeit...«. Die Journalprosa arbeitet mit scharfprofilierten Gegensätzen, ist zu Zwischentönen, Differenzierungen oder gar Zweifeln wenig aufgelegt und nutzt selbst die Sprachlosigkeit des Dichters zu eindrucksvollen Auslassungszeichen.

Weiter schreibt Stifter davon, wie »wunderbar« — auch das ein

Wort, ohne das kaum eine Journalerzählung auskommt – die Seele mit den Sinnen zusammenhänge, bis wenig später von »Elektrizität« die Rede ist, die dem treuen Journalleser Wonnen magisch-unerklärlicher Erlebnisse verspricht, die Stifter auch sogleich auf Liebesangelegenheiten lenkt: »Oft wußten zwei noch gar nicht ihr gegenseitig Dasein auf dem Erdball, und suchten sich schon«. Dieses Motiv der prästabilierten Liebe ist nicht nur ein vorher schon häufig benutztes Motiv, es »erklärt« gleichsam die für die Journalerzählungen aus Umfangsgründen fast unvermeidliche Liebe auf den ersten Blick. Schließlich kommen parapsychologische Phänomene zur Sprache, bevor der Dichter ausruft: »O es ist ein Abgrund, in dem Gott und die Geister wandeln«.[19]

Für die Buchfassung der ›Studien‹ hat Stifter den Anfang der ›Brigitta‹ völlig umgearbeitet, gekürzt, keine Sperrungen und Auslassungszeichen mehr benutzt. Alle Reizwörter wurden eliminiert. Auch ›Die Mappe meines Urgroßvaters‹ erhielt einen anderen Anfang, dem ›Waldsteig‹ wurde ein neuer Absatz vorangestellt; nur die ›Narrenburg‹ blieb unverändert.

Der Beginn klärt also nicht nur umgehend über Hauptperson(en) und Handlungsort oder -zeit und über das Genre auf, sondern weckt Erwartungen, Spannung, evoziert Assoziationen, indem mit der Tabulatur bekannter Motive gespielt wird. Jede neue Erzählung zehrt geradezu von den vorangegangenen; direkte oder indirekte Anspielungen auf Traditionen oder bestimmte Werke waren keineswegs verpönt. Um das durch den Anfang geweckte Interesse zu erhalten, bediente man sich sodann eines Mittels, das sich ziemlich bald allgemein durchsetzte: der »Vordeutung«, der Andeutung künftiger Geschehnisse, die geradezu beliebig eingeschoben werden konnten, wo das Interesse des Lesers zu erlahmen drohte, die aber auch – und darin dürfte vor allem für die Autoren ihr Wert gelegen haben –, fast jederzeit aufgedeckt und eingelöst werden konnten, um das Werk zu einem schleunigen Schluß zu bringen. Beim ›Abdias‹, der in der Almanachfassung von 1843 voll von solchen Hinweisen steckte, hat Stifter sie für die ›Studien‹-Fassung desselben Jahres durchgehend und vollständig eliminiert!

Das allgemeinste und zugleich wichtigste Kennzeichen der Journalprosa aber ist die topische Benennung von Zuständen und Empfindungen der handelnden Personen. Sie wird in den Buchfassungen gern durch individualisierende Darstellung und Schilderung ersetzt – ein raumgreifendes Verfahren, das im Journal nicht angebracht war; im neuen Medium zielte es auf (buch-)spezifische Lesergruppen und Rezeptionsweisen. Das zeigt die Konsequenz, mit der Stifter aus der Almanach-Fassung des ›Abdias‹ alle Topoi des »Wahnsinns« – auch das ein beliebtes Reizwort der Journal-Erzählungen – eliminierte.

Die Journal-Prosa hat schon früh eine Stereotypie der Charakterisierungen und Beschreibungen gefunden, die ähnlich den Epitheta behandelt wurden. So entwickelte sich, ähnlich wie in der Barockdichtung, aber unter gänzlich anderen Voraussetzungen, eine relativ geschlossene Topik, die sich jetzt nicht mehr aus einem klassischen Kanon von der Antike her ableitete und auf einer noch weitgehend überregional-konformen, humanistischen Ausbildung der Autoren wie ihrer Leser beruhte, sondern sich auf ihre unmittelbare Eingängigkeit verlassen mußte, teilweise auf dem Hintergrund säkularisierter, aber jederzeit wieder metaphysisch überhöhbarer Vorstellungen.

An einem Detail, der Verwendung weißer Frauenkleidung in Stifters Journalerzählungen, sei das demonstriert.

Im ›Condor‹ (1840), Stifters erster Journalerzählung, zeigt sich Frl. von Charpentier, als der Maler Gustav Rottberg sie nach ihrem für eine Frau ganz ungebührlichen Ballonflug das erste Mal wieder besucht, »sonderbarer Weise nicht in einem Maleranzuge, sondern in einem weißen Atlaskleide, dessen sanfter Glanz sich edel abhob von den dunkeln grünen Blättern der Camellien«[20]. Die Symbolik dieser scheinbar nur auf den modischen Weiß-Grün-Kontrast angelegten Kleidung als Ausdruck weiblich-keuscher Selbstfindung nach dem unweiblichen Ballonflug wird deutlich, wenn sich das Fräulein entschließt, ihr »den Männern nachgebildetes Leben« zu ändern: »Ich bin doch nur ein armes Weib«, das sich »verblendet über die Natur ⟨des Weibs⟩ erheben wollte«. Ungemein vielsagend verabschiedet sich der Maler von der weißgekleideten Frau mit den Worten: »Cornelia, werde ein Weib!«

Für die ›Studien‹-Fassung hat Stifter nicht nur diese Stelle gestrichen; in der sonst stark erweiterten Buchfassung des 3. Kapitels, in dem obige Begegnung geschildert wird, wurden auch die anderen zitierten Äußerungen eliminiert[21].

Von den ›Zwei Schwestern‹ (1845) tritt bei einem Konzert die ältere »in sanftem weißem Kleide« mit Zöpfen auf die Bühne – das genügt, den Erzähler von der »Unschuld des Spiels« auf der Geige zu überzeugen. »Das glaubte ich auf der Stelle zu erkennen, daß der Ton ⟨ihrer Violine⟩ aus dem Herzen komme ⟨...⟩«. Die jüngere Schwester ist allerdings »ebenfalls weiß gekleidet«[22] – und damit wird in unauffälliger, für den geübten Journalleser aber unübersehbarer Weise angedeutet, daß dem Erzähler die Wahl zwischen beiden nicht einfach werden wird. Dreißig Seiten lang tauchen dann keine weißen Kleider mehr auf. Erst als der Erzähler eine Gasthofbekanntschaft in Südtirol besucht, hat ein Mädchen, das er nach dem Weg fragt, »weiße Kleider« an; der Leser darf die Gestalt also wohlgemut als eine alte Bekannte begrüßen, während der Erzähler sie nicht wiedererkennt.

In der Journalfassung heißt es:

> Sie hatte weiße Kleider an, und so viel ich damals bemerkte, dunkle Haare. Ich getraute mir fast nicht, mich ihr zu nähern, so seltsam war es mir, daß sie hier sitze.[23]

Die Wiederaufnahme des Kleidmotivs hat nicht nur Signalwert, sie wird mit dem Hinweis auf die Seltsamkeit der Begegnung und der Verunsicherung des Erzählers bedeutsam aufgeladen – und zugleich zur Vordeutung eingesetzt, denn der Leser durfte erwarten, daß ein Journalautor ein seltsames und beunruhigendes Zusammentreffen zweier Personen nicht ungenutzt lassen würde. In der Buchfassung dagegen schreibt Stifter:

> Das Mädchen saß ganz einfach da, wie auf einem Spaziergang begriffen und hier ein wenig der Ruhe genießend. Daß es so unbekümmert dasaß, bewies mir auch, daß ich schon sehr nahe an menschlichen Wohnungen sein müsse.[24]

Die fast idyllische Beruhigung der Szene nimmt der vorher erwähnten weißen Kleidung ihr Gewicht, sie wird unauffällig. Im übrigen hat Stifter nicht nur hier das in der Journalfassung mehrfach verwandte »seltsam« für die ›Studien‹ eliminiert. So wird aus dem »seltsamen, unheimlichen« Mann ein »alter Mann«[25], Camilla kommt dem Erzähler nicht mehr »so sonderbar, ich möchte sagen unheimlich« vor, sein ehemaliger Begleiter nicht mehr »so seltsam und verschlossen«.

Der Erzähler verliebt sich in das Mädchen, deren Violinspiel ihn vormals so tief gerührt hatte. Als er sie wieder musizieren sieht, ist sie abermals in »einem faltigen weißen Gewande«[26] – und der Leser merkt auf. Denn journalgeübt erkennt er in der Faltigkeit des Kleides einen geheimen Vorbehalt und Hinweis des Dichters, der sich auch insofern als begründet erweist, als Stifter den Erzähler sich später von der melancholisch-depressiv gewordenen Virtuosin ab- und der häuslich-praktischeren Schwester zuwenden läßt. Dieser Hinweis fällt der gänzlichen Umarbeitung des letzten Drittels der Erzählung für die Buchfassung zum Opfer.

Je geläufiger diese quasisymbolische Sprache wurde, desto bequemer konnten die Autoren ihren Lesern etwas andeuten und signalisieren, das nicht weiter ausgeführt werden mußte. Sie gaben keine ausführlichen Darstellungen, benötigten keine umständlichen Erläuterungen, sondern nahmen die individuelle Phantasie des Lesers in Dienst, der sich die Situation gemäß den eigenen Bedingungen, Verhältnissen und Möglichkeiten konkretisieren konnte.

So wird z. B. die Schönheit einer Frau zwar spezifiziert in klassische und romantische, sinnliche und keusche, aber aus solchen Typisierungen erwachsen kaum individuelle Profile. Das gilt sogar für die Kleidung. Stifters Brigitta erscheint in einer Gesellschaft, auf der sie sich in ihren ersten Mann (natürlich auf den ersten Blick) verliebt, »in dem gewöhnlichen schwarzen Kleide«, von dem der Leser bisher nur erfahren hat, daß es sich um ein »weites schwarzseidenes Kleid« handelt, mit »einem abenteuerlichen Kopfputze ⟨…⟩, den die Schwestern häßlich nannten, wenigstens war er in der ganzen Stadt nicht Mode, aber er stand ihrer dunklen Farbe gut, beinahe phantastisch«.[27]

Das genügte dem Leser, um Brigitta entsprechend seinem Geschlecht, seinem sozialen Status und seiner Stadtmode auszustaffieren: als Leserin wahrscheinlich anders und detaillierter denn als

Leser, als Parvenue extravaganter denn als Biedermann, als Minister-Gattin anders denn als Handwerker-Frau, und in Lübeck wiederum anders als in München oder Zürich. Erst der Leser individualisierte durch seine sozial- und zeitbedingten Erfahrungen die Topik des Textes innerhalb seines Vorstellungsraums und gemäß seinen Möglichkeiten – und das dürfte ein ganz wesentlicher Grund für die Beliebtheit dieser Erzählprosa sein: sie ließ sich der Welt des Lesers (und der Leserin) assimilieren, ihre Rezeption war räumlich bzw. geographisch ungebunden, sie stand verschiedenen Lebensaltern und Schichten offen.

Darin liegt der gravierendste Unterschied zur Topik der Barockliteratur. Wenn in Lehr- und Handbüchern des 17. Jahrhunderts umfangreiche Zusammenstellungen differenzierter und differenzierender Metaphern geliefert wurden, dann handelte es sich stets um die Abgrenzung und Bestimmung von Bedeutungsfeldern, die keine subjektiven Privatdeutungen zuließen. Die Topik der ersten Hälfte des 19. Jahrhunderts legte es dagegen gerade auf diese – scheinbar – private, aber von möglichst vielen sozialen Gruppen in verschiedener Weise vollziehbare Ausdeutung und Füllung an. War die relativ stabile Kontinuität der Literatursprache des 17. und 18. Jahrhunderts nicht zuletzt abhängig von der Stabilität und Kontinuität einer gemeinsamen humanistischen und rhetorischen Ausbildung der Literaten wie ihrer Leser, so revolutionierte die Sprengung beider Gruppen durch die rasche Ausbreitung des Literaturbetriebs und die Erweiterung des Lesepublikums auch die sprachlichen Strukturen einer nunmehr marktorientierten und daher an der Erschließung neuer Leserschichten interessierten, schichtenübergreifenden Literatur.

Diesem Prozeß konnte sich die Journalprosa nicht entziehen; sie hat ihn sogar beträchtlich gefördert. Ihre sprachlichen und stilistischen Restriktionen lassen sich interpretieren als gleichsam erzwungene Reaktion auf die soziale Heterogenität der Leserschaft – aber auch als ein produktiver Beitrag zur Gewinnung neuer Leserschichten und zur Förderung der Lesefähigkeit von ansonsten vernachlässigten sozialen Gruppen.

Anhang
Zum Begriff »Novelle« in der ersten Hälfte des 19. Jahrhunderts

I. Synonym für »Erzählung« oder »Novelle« werden gebraucht: (Kleiner) Roman; Novellette; Aufsatz; Abhandlung; Idylle; Legende; Sage; Biographie; Nachtstück; Capriccio; Charakter-, Genre-, Familien-, Reise-, Sittenbild; Gemälde; Schilderei; Federzeichnung; Skizze; Arabeske; Geister-, Familien-, Ritter- Helden-, Lebens-, Kloster-, Volksgeschichte; wahre, wirkliche, angenehm-belehrende, pragmatische, vaterländische, altschwäbische, patriotische, ländliche, biographische, geheime, deutsche (italienische, syrische, englische), gotische, dialogisierte, interessante, komische Geschichte; Märchen; Ammen-, Feen-, Geister- Kinder-, Volksmärchen.

II. *»Novelle«* wird benutzt:»
1. als deutscher Terminus für »Zeitung«;
2. um damit eine Übersetzung aus dem Englischen zu kennzeichnen, hier wird der englische Terminus »novel« nicht mit »Roman« übersetzt;
3. um damit bei historischen Sujets den Anschluß an Walter Scott und dessen Manier zu signalisieren;
4. um (meist noch im Zuge der Scott-Rezeption) auf die britische Insel als Handlungsort hinzuweisen;
5. als Begriff für die prosaische Bearbeitung historischer, vornehmlich vaterländischer Stoffe überhaupt;
6. zur semantischen Aufwertung von »Neuheit« auf dem Buchmarkt;
7. als mehr oder weniger sinnvolle Übersetzung eines Bündels französischer Termini (s. o., S. 238);
8. um, ähnlich wie in Verbindung mit der Scott-Rezeption als Hinweis auf britische Sujets und Geschichte, auch für die Romania als Verweis auf italienische, spanische oder französische Handlungsräume eingesetzt zu werden;
9. für Rahmen-Erzählungen, wie sie seit Boccaccio bekannt sind;

10. für Erzählsammlungen;
11. als Kennzeichnung eines (Prosa-)Journalbeitrags;
12. als Synonym für jede, wie immer sonst oder anderswo benannte prosaische Arbeit bis hin zum philosophischen Traktat.

Wolfgang Lukas
Novellistik

Die Epoche des Vormärz bzw. Biedermeier kann als Konstitutionsphase der neuen Gattung der »Novelle« gelten. Für die noch nicht normierte »Novelle« der ersten Jahrhunderthälfte ist allgemein eine große Heterogenität sowie Offenheit gegenüber anderen Gattungen bezeichnend: v. a. zur Lyrik hin – so mit den typischen Lyrikeinlagen (vgl. etwa Eichendorffs ›Taugenichts‹, 1826[1], oder Tiecks Romanzennovelle ›Die Glocke von Aragon‹, 1839) – und zur Dramatik hin – so z. B. in Tiecks »Konversationsnovellen«, die den Anteil der Erzählerrede z. T. auf ein Minimum reduzieren und die Figurendialoge nach Art des Dramas organisieren (vgl. ›Der Wassermensch‹, 1835). Die Versuche, die »Novelle« von der »Erzählung« als eigene Untergattung der Erzählprosa abzugrenzen, sind bekanntlich gescheitert; beide Begriffe werden im folgenden, wie mittlerweile üblich, synonym verwendet.[2] Bei den immer wieder postulierten angeblich spezifischen Merkmalen der »Novelle« wie der »unerhörten Begebenheit« (Goethe), dem »Wendepunkt« (Tieck) oder Boccaccios »Falken« (Heyse) etc. handelt es sich weitgehend um semantische Leerformeln; diese können ihrerseits Gegenstand einer Geschichte der gattungspoetologischen Reflexion werden[3], als wissenschaftliche Kategorien zur Beschreibung des empirischen Objekts haben sie sich indes als unbrauchbar erwiesen. Aus dem Scheitern der ontologisch-typologischen und normativen Definitionsversuche folgt freilich nicht notwendig, daß nun – rein induktiv und in gänzlicher klassifikatorischer Abstinenz – einfach all das zum Objektbereich der Novellistik zu schlagen sei, was historisch jemals unter diesem Titel publiziert wurde.[4] Damit ist ein zweites und für den vorliegenden historischen Zeitraum weitgehend spezifisches Abgrenzungsproblem zum Roman hin angesprochen. Zwischen 1820 und 1850, insbesondere ab 1830, kommt es zu einem inflationären Gebrauch der Gattungsbezeichnung »Novelle«, der dazu führt, daß man nun, wie Tieck in einer seiner eigenen Novellen ironisch anmerkt, »jetziger Mode nach alles Novelle nennt«.[5] Die programmatische Benennung eines gegebenen Romans als »Novelle« gründet also gerade nicht in dessen spezifischen »novellistischen« Merkmalen, die ihn etwa von einem anderen, »normalen« Roman unterschieden, sondern hierbei handelt es sich zunächst einmal um ein – historisch freilich interpretierbares [→ Meyer: Novelle und Journal, 236 f.] – terminologisches Problem.[6] Unzweideutige (Bildungs-)Romane wie Mörikes ›Maler Nolten‹ (1832), Ungern-Sternbergs ›Die Zerrissenen‹ (1832/33), Eichendorffs ›Dichter und ihre Gesellen‹ (1834), oder Tiecks ›Der junge Tischlermeister‹ (1836), allesamt als »Novelle« publiziert, sind also ebensowenig Gegenstand der folgenden Ausführungen wie etwa Kühnes historischer Roman ›Raoul. Klosternovellen‹ (sic!) (1838). Neben dem Staigerschen Kriterium der »mittleren Länge«[7] kann in diesem Zeitraum ein weiteres pragmatisches Kriterium die Zugehörigkeit zum Objektbereich der Novellistik regeln: Unter »Novelle« sei derjenige Erzähltext von mittlerer Länge verstanden, der in einer nichtselbständigen Publikation erschienen ist, sei es als Beitrag für Zeitschrift, Almanach, Taschenbuch etc., wie für die Erstpublikation meist üblich, sei es innerhalb einer Sammlung von Novellen/Erzählungen. Ausnahmen von dieser Regel sind zumindest nach 1830 eher selten.[8]

Eine zweite Vorklärung betrifft die Epoche. Zäsuren in der politischen Ereignisgeschichte implizieren bekanntlich nicht notwendig Einschnitte in der Denk- und Literaturgeschichte. Was die Novellistik betrifft, so markieren die Jahre 1815 und 1848 nur näherungsweise jenen Zeitraum, in dem sich der Wandel vom alten Literatursystem der Goethezeit zu einem neuen, dem des Realismus, vollzieht. Der um 1820 einsetzende langfristige Auflösungsprozeß der Goethezeit – und mit ihr der Romantik, die die dominante Strömung bzw. das dominante Teilsystem der zweiten Hälfte der Goethezeit repräsentiert[9] – vollzieht sich in qualitativ unterschiedlichen Etappen. Der Zeitraum von 1815 bis 1848 präsentiert sich demzufolge als heterogener Ausschnitt, in dem verschiedene Literatur(teil)systeme koexistieren und einander ablösen. Für die Novellistik lassen sich dabei vier relevante Einschnitte rekonstruieren: ein erster um 1820, ein zweiter in der zweiten Hälfte der zwanziger Jahre, ein dritter um 1840 und ein vierter um 1850/55.[10] Diese Zäsuren markieren meist auch den erzählerischen Ersteinsatz einer neuen Autorengeneration, mit der in statistisch signifikanter Weise in der Novellenliteratur neue Themen, Modelle, Probleme etc. auftauchen; freilich koexistieren in jeder der Teilphasen neue literarische Modelle mit denen der vorangehenden Phase in einer je spezifischen Relation. Die genaue Rekonstruktion des höchst komplexen literarischen Wandels von der Goethezeit zum Realimus ist in der Forschung nach wie vor ein Desiderat und kann und soll auch hier für die Novellistik nicht geleistet werden.[11] In seiner zentralen Eigenschaft als *Übergangsepoche* bietet sich der vorliegende Zeitraum allerdings für eine Beschreibung nach Gesichtspunkten der genannten Binnengliederung an; der dabei zu beobachtende literarische Wandel wird auf diejenigen zentralen Themen und Fragestellungen bezogen, die im Rahmen einer Sozial- und Mentalitätsgeschichte der Literatur einiges Interesse beanspruchen können.

I. Die romantische Initiationsnovelle

Der Zeitraum von ca. 1815 bis 1820 markiert einen zweiten Höhepunkt der Romantik; ihren Mittelpunkt bildet die novellistische Produktion Ernst Theodor Amadeus Hoffmanns, der allein drei bedeutende und umfangreiche Sammlungen erscheinen läßt (›Fantasiestücke in Callots Manier‹, 2 Bde., 1814/15; ›Nachtstücke‹, 2 Bde., 1817; ›Die Serapionsbrüder‹, 4 Bde., 1819–21). Neben Hoffmann sind mit einzelnen Erzählungen insbesondere Achim von Arnim (u. a. ›Der tolle Invalide auf dem Fort Ratonneau‹, 1818; ›Die Majoratsherren‹, 1820), Joseph von Eichendorff (›Das Marmorbild‹, 1819), Clemens Brentano (u. a. ›Geschichte vom braven Kasperl und dem schönen Annerl‹, 1817) und Adelbert von Chamisso (›Peter Schlemihl's wundersame Geschichte‹, 1814) zu nennen; als weitere relevante Erzähler, die in diesem Zeitraum mit Einzelnovellen oder Sammlungen hervorgetreten sind, können u. a. gelten: Friedrich und Caroline de la Motte Fouqué, Karl Wilhelm Salice-Contessa und der von Ludwig Tieck geschätzte[12] Friedrich Laun

(= Friedrich August Schulze). Tieck hingegen setzt nach der Publikation des ›Phantasus‹ (1812–16), dessen erster Band seine berühmten romantischen Erzählungen enthält, erst wieder zu Beginn der zwanziger Jahre mit einer gänzlich neuartigen Novellenproduktion ein.

Diese im eigentlichen Sinn noch hochromantische Teilphase[13] steht im Zeichen einer verstärkten Hinwendung zum Okkultismus und stellt eine Blütezeit der fantastischen Literatur dar, an der die Novellistik v. a. mit der sogenannten »Märchen-Novelle« (die vom Märchen zu unterscheiden ist!) einen zentralen Anteil hat. Dabei knüpft die Novellistik an bereits vorgegebene Themen und Erzählmodelle an: im allgemeinen an das Modell der Initiation des jungen (in der Regel männlichen) Individuums in das Erwachsenenleben, wie es bekanntlich auch dem Bildungsroman [→ Heigenmoser: Bildungsroman, 152 ff.] zugrunde liegt; im besonderen an die (früh)romantischen Erzählungen Tiecks (v. a. ›Der getreue Eckart und der Tannenhäuser‹, 1799; ›Der Runenberg‹, 1804; ›Liebeszauber‹, 1812), die nicht nur für diese Teilphase, sondern noch darüber hinaus modellbildende Bedeutung haben. Wenngleich das der Initiation zugrunde liegende Drei-Phasen-Schema von Integration in eine vorgegebene Ausgangsordnung (in der Regel die Herkunftsfamilie) / Transitionsphase / Wiedereintritt in eine selbstgewählte soziale Ordnung (definitive Partnerwahl und Gründung der eigenen Zielfamilie) nur in einer Minderzahl der Novellen vollständig realisiert ist, stehen doch Probleme der Initiation eines jugendlichen Individuums im Mittelpunkt. Somit läßt sich von der Initiationsnovelle als der ideologisch zentralen und statistisch gesehen vorherrschenden Untergattung innerhalb der Novellistik dieser Phase sprechen.[14]

Eine der in unzähligen Varianten gestalteten Gefahren, die dem jungen Initianden drohen, ist die des »Liebeszaubers«.[15] Es ist dies ein beliebtes novellistisches Thema, das Elemente aus dem Volksaberglauben neu funktionalisiert und dabei Psychologie und Okkultismus in einer für diese Zeit so typischen Weise kombiniert: die psychische Verführbarkeit als im Subjekt selbst begründete Gefährdung wird gekoppelt mit der Manipulation von außen, im Extremfall durch magisch-okkulte Praktiken. Bei der weiblichen Heldin stellt dabei gern ein männlicher Magnetiseur o. ä. das Pendant zur Verführerin des Jünglings dar (vgl. Hoffmanns »Fantasiestück« ›Der Magnetiseur‹, die Serapionsnovelle ›Der unheimliche Gast‹ oder Salice-Contessas »Nachtstück« ›Der schwarze See‹, 1815). Eine besonders häufige Variante des Liebeszaubers ist das Modell der Verlockung des Jünglings in einen »Venusberg« (oder ein Äquivalent), das bereits Tiecks ›Getreuem Eckart‹ und dem ›Runenberg‹ zugrundeliegt; zu den berühmtesten Venuskult-Novellen dieser Teilphase zählen u. a. Eichendorffs ›Marmorbild‹ und Hoffmanns ›Die Bergwerke zu Falun‹ (beide 1819). Die emotionale Herrschaft der Venusfrau bzw. ihrer Varianten – Diana, die Runenfrau, die Bergkönigin etc. – wird grundsätzlich als ambivalent erlebt: Verheißt sie dem Helden einerseits ein höheres, mit »Poesie« verknüpftes Dasein und die Überwindung der »Armseligkeiten des bedürftigen Lebens«,[16] so verführt sie ihn andererseits zur Pseudo-Erotik mit einer seelenlosen Scheinpartnerin – Puppe (Hoffmann, ›Der Sandmann‹, 1817) oder Statue (›Das Marmorbild‹) im Extremfall – und somit letztlich zu einer narzißtisch-objektlosen Erotik, die ein Verharren im Stadium des ewigen Jünglings (vgl. die symbolische Konservierung in den ›Bergwerken zu Falun‹) und das Scheitern der Initiation in Wahnsinn und Tod bedeutet. Die Gegen-Initiation in die Venus-Welt ist aber immer auch eine implizite Verführung des Helden zur Produktion von Kunst, die u. a. in jener narzißtisch-spiegelnden und unfruchtbaren Erotik mit einer Venusfrau symbolisiert und als Gegenmodell zur natürlichen Reproduktion durch Nachkommenschaft gesetzt wird. Die romantischen Initiationsnovellen sind in diesem Sinne daher wesenhaft »kunstreflexive Symbolgeschichten«,[17] unabhängig davon, ob der Held Künstler im wörtlichen Sinn ist oder nicht.

II. Spätromantik und »biedermeierliche Novellenwende«

Die neue Phase, in die die Novellistik mit den zwanziger Jahren tritt, ist zunächst ganz allgemein durch ein sprunghaftes Ansteigen der Novellenproduktion gekennzeichnet, wobei modischer Publikumsgeschmack, der bereits die Zeitgenossen ironisch von »Novellenwut« sprechen läßt,[18] und neue technische Verfahren des Buchdrucks Hand in Hand gehen.[19] Ihren unmittelbaren »Sitz im Leben« erhält die Novelle auch in der für diese Zeit so charakteristischen Salon- und Gesprächskultur, in der das Schreiben und Übersetzen von Novellen als gehobenes Gesellschaftsspiel betrieben wird.[20] 1822/23 erscheint in 3 Bänden, herausgegeben von Ludwig Pustkuchen, der erste ›Novellenschatz des deutschen Volkes‹. Getragen wird diese Produktion vom Medium des Taschenbuchs bzw. Almanachs, so daß von einer weitgehenden »Identifikation von Taschenbuchschriftstellerei und Novellenproduktion« gesprochen werden kann.[21] Auf der Autorenseite sind die zwanziger Jahre gekennzeichnet durch das Ende der Hoffmannschen romantischen Novellenproduktion und den erzählerischen Neueinsatz Tiecks einerseits, durch das Auftreten einer neuen Generation von Novellisten andererseits: so v. a. Wilhelm Hauff und Willibald Alexis (d. i. Georg W. H. Häring), die beide ihre ab 1826 bzw. 1823 einzeln erschienenen Erzählungen überarbeitet in zwei bedeutenden Sammlungen herausbringen (Hauff, ›Novellen‹, 3 Bde., 1828; Alexis, ›Gesammelte Novellen‹, 4 Bde., 1830/31), ferner Karl Immermann (u. a. mit ›Der neue Pygmalion‹, 1825, und ›Der Karnaval und die Somnambüle‹, 1830) und Wilhelm Waiblinger (u. a. mit ›Don Florida‹, 1828; ›Das Blumenfest‹, 1829). In die erste Hälfte der zwanziger Jahre fällt auch der novellistische Haupt- oder Ersteinsatz einer älteren Autorengeneration, die bereits vor 1820 publiziert hatte. Hier sind allen voran zu nennen: Leopold Schefer, dem die deutsche Literatur u. a. einige der bedeutendsten Naturschilderungen verdankt, vor Büchners ›Lenz‹ und vor Stifter (vgl. ›Der Waldbrand‹, 1827; ›Unglückliche Liebe‹, 1833); Heinrich Zschokke, einer der produktivsten und meistgelesenen Novellisten der zwanziger und dreißiger Jahre, sowie der Wiener Autor Josef K. Schreyvogel, der mit seinen zwischen 1821 und 1830 erscheinenden acht

Erzählungen die österreichische Biedermeier-Novellistik einleitet, die innerhalb der deutschsprachigen Novellistik des Vormärz einen bedeutenden Platz einnimmt.[22] Im Zentrum dieses zwei Dezennien umfassenden Zeitraums steht unbestritten Tieck mit einer sehr umfangreichen Produktion (an die 40 Novellen), den nach ihrem Entstehungsort so genannten »Dresdner Novellen«, die nach einer fast durchgängigen Journal-Erstpublikation bereits früh in Buchausgaben gesammelt werden: ›Novellen‹, 7 Bde., 1823–28, und ›Gesammelte Novellen‹, 14 Bde., 1835–42.[23] Tieck vollzieht eine epochale »Novellenwende« unter einem doppelten Aspekt.[24] Zum einen findet insgesamt eine Hinwendung zur Erzählprosa statt, die repräsentativ steht für den sich in der ersten Jahrhunderthälfte vollziehenden gattungsgeschichtlichen Prozeß der »Emancipation der Prosa«[25]; während der frühere Tieck sich Lyrik, Drama und Erzählprosa gleichermaßen zugewandt hat, steht nun die Erzählprosa und insbesondere die Novelle im Zentrum seiner literarischen Produktion. Zum zweiten vollzieht sich auch eine Wende *innerhalb* der Novellenproduktion, die die neuen Novellen deutlich von Tiecks früheren, bis 1812 erschienenen unterscheidet und die ebenfalls repräsentativ für eine allgemeine epochale Wende steht: für die gemeinhin als »biedermeierlich« bezeichnete (behutsame) Abkehr von genuin romantischen Erzählmodellen, die nun »kein empfängliches Publikum mehr« finden,[26] und für die zunehmende Integration von Realitätsbereichen und Erzählstoffen, die die Goethezeit traditionellerweise als »prosaisch« ausgegrenzt hat und die jetzt privilegiert von der Erzählprosa aufgenommen werden – beide Transformationsprozesse sind also historisch notwendig miteinander verknüpft.[27] Markenzeichen der Tieckschen Novellen ist allgemein ihr erstaunlich hohes Bewußtsein für die aktuellen Themen und Trends der öffentlichen bildungsbürgerlichen Diskussion;[28] es finden sich insbesondere auch wiederholt Auseinandersetzungen mit neuen literarischen Strömungen wie dem Jungen Deutschland (u. a. in ›Der Wassermensch‹, 1835, und ›Liebeswerben‹, 1839). Der hohe Anteil an textinternen Dialogen hat ihnen die Bezeichnung der »Konversationsnovelle« eingebracht.[29] Tiecks sogenannter »Novellenrealismus«, der in den Worten Alexis' »das baare Leben unserer Häuser und Straßen«[30] nun zum Thema mache, ist allerdings, dies gilt es festzuhalten, »realistisch« nur im weitesten Sinne der Abkehr vom fantastischen Erzählen der Romantik, niemals aber in dem engeren Sinne jener, »Realismus« benannten, historischen Literaturepoche von ca. 1850/55 bis 1890/1900.[31] Einige Aspekte dieses »biedermeierlichen Realismus« seien kurz angedeutet.

Im Zentrum der Novellistik steht nach wie vor das Problem von Initiation und Paarfindung. Novellen, die eine bereits bestehende Ehe problematisieren, wie Immermanns bemerkenswerter ›Karnaval‹, Johanna Schopenhauers ›Liebesheirath‹ (in: ›Novellen‹, 1830) oder Julius von der Heydens amüsante Ehebruchsnovelle ›Das Geheimniß der Reminiszenz‹ (in: ›Cameraobscura-Bilder‹, 1832)[32], finden sich nun zwar vermehrt, bleiben aber noch deutlich in der Minderheit; gänzlich singulär ist Goethes »Abhandlung« über die vier Lebensalter in seiner späten ›Novelle‹ (1828).[33] Das genuin goethezeitliche Initiationsmodell tritt nun allerdings mit charakteristischen Transformationen auf. Auf der sprachlichen Vermittlungsebene ist deren auffälligste die Verteilung des Fokus auf mehrere Figuren und gar das Auseinanderfallen der Handlung in verschiedene Stränge (vgl. etwa Tiecks ›Die Reisenden‹, 1823): der Held und seine Geschichte sind nicht mehr das selbstverständliche organisatorische Zentrum der dargestellten Welt, welches sie bislang waren. Auf der Ebene der dargestellten Geschichte finden sich nach wie vor Figuren wie die der gefährlichen »Venusfrau«. Diese tritt jedoch zunehmend in einer realistischen Variante auf, so etwa bei Laun (z. B. ›Die Geliebte des Fürsten‹, 1823) und bereits beim späten Hoffmann (›Datura fastuosa‹, 1823) oder in den sich nun häufenden Novellen über eine historische Künstlergestalt. Dort wird die Geschichte der künstlerischen Selbstfindung zugleich als Geschichte einer zwiespältigen Erotik abgebildet: der Unterwerfung unter eine dominante Frau wird eine positiv bewertete, deutlich homoerotisch getönte Beziehung zu einem männlichen Freund gegenübergestellt, so in Tiecks Shakespeare-Novellen (›Das Fest zu Kenelworth‹, 1828; ›Dichterleben‹ Teil I und II, 1826 und 1831) und Schefers Dürer-Novelle (›Künstlerehe. Ein Stilleben‹, 1828); Arnims ›Raphael und seine Nachbarinnen‹ (1824) folgt demselben Modell, ist aber vergleichsweise noch mehr romantischen Traditionen verpflichtet.

Generell läßt sich eine Tendenz zur Verharmlosung und Trivialisierung der Liebesproblematik auf den verschiedensten Ebenen beobachten. Wo sich in der Romantik das junge Liebespaar erst finden muß und in der Regel immer auch psychische Gefahren zu bewältigen hat, die das Liebesproblem in seinem Kern betreffen, da findet sich jetzt eine Entpsychologisierung, verbunden mit einer auffälligen neuen Relevanz der biologischen Eltern, die ihrerseits in der romantischen Novelle eine untergeordnete Rolle spielen. Die jugendlichen Protagonisten selbst machen weder eine psychische Transformation durch, noch ergreifen sie aktiv die Initiative zur Realisierung ihrer Beziehung – statt dessen zeigen sich Tendenzen zu Resignation und Anpassung, so immer wieder bei Hauff: ›Die Bettlerin vom Pont des Arts‹ (1826), ›Jud Süß‹ (1827), ›Die letzten Ritter von Marienburg‹ (1828). Die letztgenannte Novelle, nebenbei eine hübsche Satire auf den zeitgenössischen Literaturbetrieb, konfrontiert der realen Liebesgeschichte eine gegensätzliche fiktive aus der Epoche des Deutschritterordens, die im Mittelpunkt eines historischen, von einer der Figuren verfaßten Romans steht. Jeweils geht es um die erotische Rivalität zweier junger Männer um eine Frau, und jeweils erhält sie derjenige, der von ihr weniger geliebt wird. Wo es aber im titelgebenden Roman zum »romantischen Entschluß«[34] der heroischen Entsagung kommt, da gibt sich der Bräutigam der Realität, ein gutes, aber »prosaisches Herz«,[35] mit einer reduzierten Liebe zufrieden; die Liebesbeziehung der Protagonistin zum Rivalen scheitert ihrerseits an einem völlig trivialen Mißverständnis. In scheinbar krassestem Gegensatz hierzu entwirft Waiblingers ›Don Florida‹ (1828) zeitgleich noch einmal die Geschichte einer leidenschaftlichen Liebe, die von einer bis zum Selbstopfer reichenden Unbedingtheit geprägt ist – doch es handelt sich um eine bereits vergangene, als Binnengeschichte erzählte Liebesbeziehung und zudem um eine asymmetrische, in der alle Leidenschaft und Aktivität bei der Partnerin liegen, während der männliche Held durch auffallende Passivität und Resignationsbereitschaft charakterisiert ist. Diese reduzierte Eroberungslust des Mannes kann schließlich auch in die (unbewußte) Abtretung der Geliebten an einen latent homoerotisch besetzten Freund und Rivalen münden – ein in dieser Zeit sehr beliebtes Modell, dessen paradigmatische

Version wohl Schreyvogel in der Novelle mit dem epochentypischen Titel ›Wie es geschah, daß ich ein Hagestolz ward‹ (1827) geliefert hat.

Trivialisierung und Bedeutungsverlust finden sich analog auch auf anderen Ebenen, so v. a. das Okkulte betreffend, das nun gern einer harmlos-humoristischen Auflösung zugeführt wird und nur mehr als Zitat eines romantischen Topos fungiert (so z. B. in Zschokkes ›Der tote Gast‹, 1821, oder in Tiecks ›Das Zauberschloß‹, 1830).

Der allgemeine Bedeutungsverlust, den die in der Goethezeit so zentrale Liebesproblematik nach 1820 erfährt, manifestiert sich u. a. auch – zumal im historischen Erzählen, das sich in jenen Jahren herausbildet[36] – in der neuen Relevanz von sozialen, politischen und ökonomischen Aspekten der Realität. Immermann etwa parallelisiert in ›Der neue Pygmalion‹ (1825) zwei »Revolutionen«: eine »von oben nach unten« – der adlige Held strebt eine Mesalliance mit der Tochter seines Försters an – und eine »von unten nach oben«[37] – die Jakobineraufstände in Mainz 1792/93 –, und beide Probleme werden zeitgleich gelöst. In ›Die Gesellschaft auf dem Lande‹ (1825) parallelisiert Tieck die »romantische« Position des jungen Helden, der einzig und allein mit seinem Gefühl die Geliebte zu erobern meint und über sein eingebildetes Liebesunglück die Regeln des geselligen Wohlverhaltens grob verletzt, mit der ideologischen Position des (zukünftigen) Schwiegervaters und dessen Gutsverwalters, die ein am friderizianischen Preußen orientiertes, ebenfalls als »poetisch« und »romantisch« klassifiziertes adligheroisches Wertsystem vertreten. Held und Schwiegervater müssen gleichermaßen einen Lernprozeß durchmachen, der sie vom anachronistischen Festhalten an rein ideellen und eingebildeten zur Anerkennung praxisbezogener Werte führt.[38] Das schließliche Erringen der Geliebten korrespondiert mit der Anstellung eines neuen Verwalters, dessen modernes, pragmatisch-prosaisches System sich als ökonomisch effizienter erweist als das seines Vorgängers, der »die Verwaltergeschäfte mit Bravour und Heroismus poetisch trieb«.[39] Heinrich Laubes ›Das Glück‹ (1837), eine der letzten bedeutenden Initiationsnovellen und zugleich eine Art exemplarische ideologische »Programmschrift« des Biedermeier,[40] verabschiedet schließlich explizit sowohl die goethezeitliche Liebes- als auch die Initiations- und Bildungskonzeption. Auf der Ebene der beruflichen Selbstfindung bedeutet dies die Anerkennung der Relevanz jener materiellen Existenzbedingungen, die der goethezeitliche Held in der Regel souverän leugnen konnte. Auf der Ebene der erotischen Selbstfindung bedeutet dies den Abschied von den zunächst angestrebten exzentrischen und originellen Partnerinnen und die Hinwendung zur einzig »richtigen« Zielpartnerin: Ännchen, der stillbescheidenen Handwerkerstochter. Das wahre Glück bietet dem Helden nun »das kleine Leben« mit der Aussicht auf »eine beschränkte, aber sichere Zukunft«:[41]

Neun Zehnteile der Menschen sind berufen, im streng Gegebenen, zwischen streng vorgeschriebenen Pfählen zu handeln, zu existieren ⟨...⟩; beschieden sie sich darin, dann gäb's viel weniger Unglück. [42]

Während der goethezeitliche Initiationstext ein Modell der Selbstfindung im Zeichen der Abweichung und Originalität – exemplarisch für den Künstler – entwirft und dafür zugleich repräsentativ zu sein beansprucht, wird hier in expliziter Abkehr davon ein Initiationsmodell für das Normalsubjekt entworfen; die »dreist schöpferischen, originale Wege findenden Menschen«[43] sind demgegenüber nun eine marginale – und elitäre – Gruppe geworden.

Neben diesen genannten neuen Tendenzen findet sich freilich im Zeitraum von ca. 1820 bis 1840 nach wie vor eine ungebrochene Tradition v. a. romantischer Erzählstoffe und -modelle, die nun in mehr oder minder stark transformierter Form auftreten. Hohe Kontinuität zeichnet nach 1820 – im Gegensatz zu Tieck! – die novellistische Produktion von Arnim, Fouqué und Eichendorff aus. Ersterer präsentiert mit ›Landhausleben‹ (1826) noch einmal einen romantischen Zyklus, dessen verknüpfende Rahmenhandlung allerdings weitgehend unausgeführt bleibt. Postum erscheint u. a. das bemerkenswerte Novellenfragment ›Martin Martir‹ (1841). Fouqué schreibt weiterhin traditionelle Initiationsnovellen, von denen eine besondere Hervorhebung lediglich die 1845 postum erschienene und zu Fouqués besten Erzählungen gehörende Künstlernovelle ›Joseph und seine Geige‹ verdient, die Geschichte einer gescheiterten, in Wahnsinn und Tod endenden Initiation, zugleich eine der interessantesten Varianten des Venuskult-Modells. Kontinuität zeichnet schließlich zunächst auch das erzählerische Schaffen Eichendorffs nach 1820 aus. Mit ›Aus dem Leben eines Taugenichts‹ (1826) wird noch einmal das Modell des goethezeitlichen Bildungsromans zitiert, so v. a. mit den Merkmalen einer verschiedene Stationen berührenden Reise sowie einer wesenhaft teleologischen Selbstfindungskonzeption, die scheinbare Umwege a posteriori als notwendige Etappen innerhalb eines zielgerichteten sinnvollen Prozesses reinterpretiert[44] [→ Heigenmoser: Bildungsroman, 151 ff.]. Dem harmonischen Schluß haftet, etwa im Unterschied zu Laubes ›Glück‹, nichts »Biedermeierliches« an; im Gegenteil, er entwirft noch einmal die romantische Utopie eines Lebens jenseits aller bürgerlich-philiströsen Beschränktheit.

Wie sehr goethezeitliche und insbesondere romantische Erzählmodelle für die Novellistik zwischen ca. 1820 und 1840 maßgebend sind, belegen gerade auch die neuen Autorengenerationen, und zwar sowohl die Anfang/Mitte der zwanziger Jahre – so u. a. Alexis mit ›Venus in Rom‹ (1828) – als auch die Anfang der dreißiger Jahre antretenden. Unter den letzteren sind v. a. zu nennen: Eduard Mörike, Franz von Gaudy, Theodor Mundt, Alexander von Ungern-Sternberg, Gustav Kühne und Friedrich Theodor Vischer, letzterer mit zwei Jugendnovellen. Während Ungern-Sternberg in seinen Bearbeitungen von Hoffmann- und Tieck-Vorgaben etwas epigonal bleibt (vgl. ›Das Waldgespenst‹ und ›Die Doppelgängerin‹ in: ›Novellen‹, 1832–34), gehört Gaudy, der mehrere Novellensammlungen herausbringt (u. a. ›Venetianische Novellen‹, 2 Bde., 1838) zu den bedeutenden Novellisten der dreißiger Jahre. Hier finden sich Liebeszauber- und Venus-Zitate teils in ironischer Brechung, teils mit einer neuen, »modernen« Psychologisierung, die auf gewandelten anthropologischen Konzeptionen beruht: die Gefahr der Verführung droht nun nicht mehr in gleichem Maße jedem Jüngling, der sich in der Transitionsphase befindet, sondern privilegiert dem allzu fleißigen Studenten, der seine erotischen Wünsche verdrängt (›Liebeszauber‹ aus den ›Venetianischen Novellen‹). Mörikes novellistisches Oeuvre ist schmal, aber hochkarätig. Seine erste Novelle ›Miß Jenny Harrower‹ (1834; ab 1839 u. d. T. ›Lucie

Gelmeroth‹) zählt zu den besten Kriminalgeschichten der Biedermeierzeit; mit der Märchennovelle ›Der Schatz‹ (1836) hat er fraglos eine der schönsten und bedeutendsten spätromantischen Initiationsnovellen geschrieben.[45] Von Gustav Kühne verdient die 1833 erschienene Novelle ›Die zwei Magdalenen oder die Rückkehr aus Rußland‹ Erwähnung, die ein rudimentäres Venusberg-Schema mit dem Problem des Wahnsinns kombiniert, das Arnims berühmte Novelle ›Der tolle Invalide auf dem Fort Ratonneau‹ zitiert. Eine der originellsten Bearbeitungen des romantischen Venusberg-Schemas präsentiert schließlich Theodor Mundt mit ›Madelon oder die Romantiker in Paris‹ (1832), einer exemplarischen »Transformationsnovelle« von romantischem zu jungdeutschem Erzählen. Die private Initiationsgeschichte des jungen französischen Helden Narciß – seine »Zerrissenheit« zwischen der 16jährigen jungfräulichtugendsamen deutschen Rosalie und der 26jährigen Witwe und »gefährlichen Zauberin« Madelon, der »Venus des Romanticismus«[46] – spielt nun in der unmittelbaren Gegenwart und wird mit der französischen Juli-Revolution verknüpft. Stellt sich dem Helden der romantischen Initiationsnovelle das zentrale Problem in Form der Alternative zwischen einem Leben innerhalb der Gesellschaft und einer gänzlich außersozialen Existenz in einem mythischen Raum, so präsentiert sie sich hier als Alternative zwischen zwei sozialen Existenzformen, einer bürgerlichen und einer Bohème-Existenz in der als Paris konkretisierten Venus-Welt. Die Raffinesse dieses Texts besteht in der jungdeutschen Neufunktionalisierung und gleichzeitigen Überwindung romantischer Modelle: so wird etwa der typisch jungdeutsche Paris-Kult (»die Hauptstadt der neuern Weltgeschichte«[47]) über ein ironisches Venusfrau-Zitat geleistet: »Paris lockt den Ausgewanderten aus allen Himmelsgegenden wieder zurück zu sich«.[48] Das Leben mit der »Venus« Madelon in Paris endet schließlich gemäß dem romantischen Modell zwar noch in Wahnsinn und Tod, bietet aber den erstrebten »Genuß der großen Welt«, gegen den die bürgerliche Existenz nun als »langweiliges deutsches Kleinstädterleben« ausgespielt wird.[49] Der schwäbische Autor Hermann Kurz schließlich, der überwiegend in die Gruppe der um 1840 einsetzenden Autoren gehört und heute leider nur mehr als Mitherausgeber des ›Deutschen Novellenschatzes‹ (mit

Paul Heyse, 24 Bde., München 1872 f.) bekannt ist, knüpft in seinen zwei ersten Sammlungen (›Genzianen. Ein Novellenstrauß‹, 1837; ›Dichtungen‹, 1839) ebenfalls noch an romantische Traditionen an, freilich nur mehr, um sie definitiv zu verabschieden. In ›Liebeszauber‹ (1837; 1858 überarbeitet u. d. T. ›Das Witwenstüblein‹ in: Erzählungen, Bd. I) existiert das romantische Modell nur noch in der vergangenen Jugend der Elterngeneration, und auch da wird es entlarvt als rein literarisches Modell der »Leihbibliothekenbücher«,[50] dem das wirkliche Leben gegenübergestellt wird.

Zu einer letzten Blütezeit spätromantischen Erzählens und zugleich einem letzten Höhepunkt in ihrem erzählerischen Schaffen führt die zweite Hälfte der dreißiger Jahre bei Eichendorff – u. a. mit ›Das Schloß Dürande‹, 1837, ›Die Entführung‹, 1839, und der erst 1864 posthum publizierten Novelle ›Eine Meerfahrt‹,[51] die beiden letzteren noch einmal zwei Venuskult-Novellen – und Tieck. ›Das alte Buch und die Reise ins Blaue hinein‹ (1835), ›Die Vogelscheuche‹ (1835), ›Des Lebens Überfluß‹ (1839) und ›Waldeinsamkeit‹ (1841) gehören zu jenen von Hebbel so gerühmten »blitzende[n] Kleinodien« des alten Tieck.[52] Im Wissen um das Ende der Epoche wird noch einmal spielerisch-ironisch ein bewußtes Gegenprogramm gesetzt. »Romantik« gerät dabei zum souveränen Spiel mit einem etablierten Zeichenvorrat, sie ist nun etwas wesenhaft Inszeniertes. Die Venusfrau Gloriana, deren Verlockung der Jüngling Athelstan im ›Alten Buch‹ erliegt, ist die »Poesie« selbst, und die individuelle Initiationsgeschichte des Helden wird in einen Geschichtsmythos über die Genese großer literarischer Epochen transformiert: Tieck entwirft damit eine Apotheose der Goethezeit und stilisiert sich selbst als legitimen Nachfolger Goethes und als »Schlußstein des Gewölbes«.[53] Auch ›Waldeinsamkeit‹ (1841) thematisiert den Epochenwandel als Prozeß einer Prosaisierung/ Entpoetisierung: »Waldeinsamkeit«, Tiecks kühner poetischer Neologismus aus dem ›Blonden Eckbert‹ (1796), sei so sehr in die Alltagssprache übergegangen, daß er mittlerweile sogar in Grundstücksannoncen in der Zeitung auftauche – Romantik ist, aller Poesie entkleidet, zum bloßen Topos verkommen. Die echte Waldeinsamkeit, die der Text den Helden, einen unglücklich liebenden »Werther«,[54] als poetisch-romantisches Gegenprogramm noch einmal erleben läßt, gerät nun aber höchst ambivalent. Was zunächst als urromantische, beglückende Situation der Einheit mit der Natur erlebt wird, ist letztlich eine unfruchtbare, regressive Beschäftigung mit sich selbst ohne Kommunikation mit der Außenwelt. Die im Text zitierte tartarische Sitte, die den Verzehr der Ausscheidungen des Moguls in pulverisierter Form als Ritual der Verehrung vorschreibt, ist sowohl kühne skatologische Metapher für diese Situation des Helden als auch implizite ironische ›mise en abyme‹ des Textes selbst: Kot wird mit Kunst äquivalent gesetzt, »Abgang der Poeten«.[55] Tiecks Selbstzitat, mit dem er seine letzte Novelle zyklisch zu einer seiner ersten Novellen zurückkehren läßt, ist metaphorischer Verzehr von bereits Ausgeschiedenem und Selbstproduziertem – ein geniales Bild, mit dem der letzte große Goethezeit-Autor sich verabschiedet und zugleich noch einmal seine eigene literarhistorische Position thematisiert: die Goethezeit ist an ihrem Ende angelangt.

III. Die manifeste »Krise« des goethezeitlichen Erzählens

Jene Tendenzen der »Entromantisierung«, die bereits zu Beginn der zwanziger Jahre den langfristigen Zerfallsprozeß des goethezeitlichen Literatursystems einleiten, treten gegen Ende der zwanziger und in den dreißiger Jahren zunehmend radikalisiert und im Zeichen einer manifesten Krise auf, freilich je nach Autor in stärkerer oder schwächerer Ausprägung. Einige dieser »Krisensymptome«, die als Indiz für einen umfassenden denkgeschichtlichen Wandel zu werten sind, seien kurz herausgegriffen.

Als ein erstes wird ein neuer prinzipieller Pessimismus greifbar, der nun das Leben allgemein und die Möglichkeit einer Glück und Sinn gleichermaßen garantierenden Existenz betrifft: »die Welt ist feindlich«, »das Leben ist ein Krieg mit allen« – ähnliche Formulierungen wie die hier Laubes ›Glück‹ entnommenen[56] häufen sich in dieser Zeit. Die Vereinigung der jungen Liebenden wird nicht mehr durch psychische Verführung bzw. Manipulation durch Venusfiguren oder Magier gefährdet, sondern es drohen handfeste Entführung, Raub und meist auch brutale Vergewaltigung der Partnerin: so bei Hauff (›Die Sängerin‹, 1827), Waiblinger (›Don Florida‹, 1828), Hebbel (›Der Brudermord‹, 1832; ›Die Räuberbraut‹, 1833), Ludwig Rellstab (›Der Wildschütz‹, 1835), Vischer (›Cordelia‹, 1836) und Gaudy (›Ludwiga‹, 1839). Es häufen sich zudem tragische Zufälle, unübersehbares Symptom einer fundamentalen Krise, in die das goethezeitliche Postulat einer sinnvoll geordneten Welt, die letztlich keine Zufälle kennt, nun geraten ist. Eine Serie von Zufällen von z. T. fast tragikomischem Zuschnitt verhindert in Laubes ›Glück‹ die Realisierung der angestrebten Beziehung des jungen Liebespaares Gustav/Angélique definitiv, in Kühnes ›Die zwei Magdalenen oder die Rückkehr aus Rußland‹ zumindest vorläufig. In Vischers ›Cordelia‹ und Gaudys ›Desengaño‹ (1834) wird die Braut des Helden von dessen Freund und erotischem Rivalen bzw. von ihrem Vater erdolcht, und jeweils spielt dabei auch der Zufall eine tragische Rolle. Die extremste und paradoxeste Zuspitzung des tragischen Zufalls praktiziert Hebbel in seinen Novellen, ein Markenzeichen, das sich durch seine ganze Novellenproduktion von 1830 bis 1850 zieht: Just die Wiedergewinnung der geraubten Geliebten bedeutet das tragische Ende dieser Beziehung im gemeinsamen Freitod, da sich der getötete Entführer als der Bruder des Helden herausstellt (›Brudermord‹, 1832); just dasjenige Ereignis, das die Situation des Elends der Bauernfamilie aufhebt, führt durch einen unglücklichen Zufall zu einer tödlichen Katastrophe von groteskem Ausmaß (›Die Kuh‹, 1849). In ›Matteo‹ (1841) wird der Held am Ende tatsächlich zum Mörder an einer bestimmten Person, so wie er es zu Beginn geplant hatte, doch die unmittelbare und zielgerichtete Handlung scheitert; sie kann sich erst im Rahmen eines »entfesselten Stroms seltsamer Ereignisse und Zufälle«[57] erfüllen. Das Subjekt ist seiner intentionalen Handlungsfähigkeit beraubt, und dies kann nicht wirkungsvoller dargestellt werden, als wenn sich sein geplantes Handeln zwar erfüllt, aber eben nur mehr per Zufall. Wie bei keinem anderen Erzähler dieser Zeit – mit Ausnahme der ›Lenz‹-Novelle (1839) von Hebbels Dramatikerkollegen Büchner [→ Frank: Büchner, 595 ff.] – kommt es hier zu einer fundamentalen Sinnkrise, die die Welt als »unsinniges Kaleidoskop«[58] erscheinen läßt. Zu Recht kann Hebbel daher behaupten, insbesondere seine Novelle ›Matteo‹ – »mein Bestes in dieser Gattung« – sei »anderer Art ⟨...⟩ als das, was in Deutschland unter diesem Namen gewöhnlich umläuft«.[59] Beide Autoren verbindet im übrigen darüber hinaus das Merkmal einer neuen Figurenpsychologie, die im epochalen Kontext jeweils singulär ist: Büchner entwirft im ›Lenz‹ ein Modell von Wahnsinn, das sich von den goethezeitlichen/romantischen Modellen radikal unterscheidet,[60] Hebbel kennt z. T. bereits eine erstaunliche Psychologie des Narzißmus (vgl. etwa ›Barbier Zitterlein‹, 1836).

Der neue Pessimismus im Bereich der Erotik besteht aber nicht nur in neuartigen Gefährdungen, sondern er betrifft die Liebeskonzeption unmittelbar selbst. Die Liebe als »rücksichtslose Neigung« (Laube, ›Das Glück‹)[61] von maximaler Unbedingtheit – ein Modell, für das diese Zeit pauschal »Werther« einsetzt –, erscheint nun als anachronistisches und rein literarisches Modell, das in der prosaischen Wirklichkeit der bürgerlichen Welt allenfalls rollenhaft umgesetzt werden kann: »Requiescat in pace! Werther ist todt, Lotte ist todt, und wir sind vernünftige Menschen« (Alexis, ›Der Begnadigte‹, 1831).[62] Die neue, nachromantische Liebe kann, so ausdrücklich in Laubes ›Glück‹, positiv bewertet werden als Abkehr vom »unklaren Idealisieren« und als Orientierung an »wirklichen Verhältnissen«;[63] sie kann aber auch im Zeichen der Negativität erscheinen. Jene merkwürdige Resignationsbereitschaft des jungen Paares angesichts der äußeren Hindernisse für ein Liebesglück, die sich bereits Ende der zwanziger Jahre bei Hauff, Waiblinger und Tieck andeutete (s. o.), steigert sich nun zu einem regelrechten psychopathologischen Syndrom, insbesondere beim männlichen Helden. In seiner krisenhaften Extremversion äußert es sich als weitgehend unspezifisches, im Lebensüberdruß kulminierendes Leiden an der Zeit und an sich selbst. In ›Desengaño‹ (1834), seiner umfangreichsten Novelle, hat Gaudy dieser neuen, zeittypischen Dysphorieerfahrung, für die die deutsche Sprache keinen adäquaten Begriff kennt,[64] ein eindrucksvolles Dokument gesetzt. Bevor die Liebesbeziehung des Helden durch ein grausames äußeres Schicksal beendet wird, scheitert sie bereits an inneren psychischen Problemen: »Ach! die tückische Klippe, an welcher mein Glücksschiff zerschellt, sie schlummert ⟨...⟩ in der eignen Brust.«[65] Das Kernproblem dieser von »Apathie« und »Seelenschlaffheit«[66] gekennzeichneten Existenz ist eine Art Verlust der Unmittelbarkeit der Gefühle. Zwischen das Subjekt und sein Begehren bzw. Fühlen schiebt sich nun eine Ebene des Reflexiven. Im expliziten Gegensatz zur aktiven und genußfähigen goethezeitlichen Elterngeneration – »Wir überließen uns dem Impuls, wir stürmten hinein, berauschten uns und genossen« (Alexis, ›Acerbi‹, 1829)[67] – leidet die aktuelle Epoche an der »Krankheit der Reflexion« (Vischer, ›Cordelia‹),[68] die jeden unmittelbaren Lebensgenuß zerstört. Eine andere Variante der Zerstörung des Liebesglücks durch ein reflexives Element inszeniert Karl Gutzkows ›Der Sadduzäer von Amsterdam‹ (1834), zweifellos eine der bedeutenden Novellen der dreißiger Jahre. Sie nimmt das Thema des zeitgleich erscheinenden Romans ›Wally, die Zweiflerin‹ – die Verknüpfung von erotischen mit religiös-ideologischen Problemen – auf und transponiert es in das historische Amsterdam des 17. Jahrhunderts.[69]

Doch nicht nur in der erotischen Begegnung mit einem Partner tritt das störende reflexive Element auf. Vischers bemerkenswerte Novelle ›Cordelia‹ z. B. präsentiert sich auf der Oberfläche noch als sehr eichendorffnah, nicht zuletzt durch zahlreiche Lyrikeinlagen. Doch wo Eichendorffs Figuren noch selbstverständlich und spontan Gefühle äußern können, z. B. angesichts eines Naturerlebnisses, da bemühen sich Vischers Figuren bereits vergeblich darum, »zu einer ordentlichen Empfindung, zu einer honetten Portion Rührung ⟨zu⟩ gelangen«,[70] und treten eine verzweifelte Suche nach dem Authentischen im Bereich der Emotionalität an.

Die Brechung des authentischen Gefühls kann freilich auch auf humoristische Weise inszeniert werden, wie in Gaudys Novelle ›Der moderne Paris‹ (1839), wo der Held gleichzeitig Liebeserklärungen an drei verschiedene Frauen, ironischerweise an Tochter, Mutter und Großmutter, abgibt und virtuos eine jeweils verschiedene »Herzmaske«[71] annimmt. Gaudy führt damit, noch deutlicher als Gutzkow und Laube, das Thema der Diskrepanz zwischen ›rôle à jouer‹ und ›rôle naturel‹ in die deutsche Novellistik ein, welches zeitgleich im Zentrum der Liebesproblematik Stendhals steht (vgl. ›Le Rouge et le noir‹, 1830). Konstitutiv ist dabei, daß es sich bei diesem Rollenspiel niemals nur um reines Kalkül handelt, sondern daß die agierende Figur an die Authentizität ihrer eigenen Gefühle glaubt: Gaudys Held »bildete sich ein, das Fräulein wirklich zu lieben«,[72] ähnlich wie Laubes Held in ›Das Glück‹ »sich, wie er glaubte, der Verzweiflung hin(gab)«[73] – Relativierungen dieser Art finden sich nun gehäuft, und sie sind Ausdruck einer neuen ironisch-distanzierten Erzählhaltung. Demselben Ziel der »Entromantisierung« dienen auch Fiktionsdurchbrechungen, mit denen der Erzähler seinen Erzählakt thematisiert: daher die im Vergleich zur traditionellen goethezeitlichen Erzählhaltung so auffällig gesteigerte auktoriale Präsenz des Erzählers zumal in jungdeutscher Erzählprosa, die den Figuren kaum ein unmittelbares Eigenleben zugesteht, sondern sie als sprachlich inszenierte Handlungsträger problematisiert; daher das auffällige Spiel jener Texte mit der textintern aufgebauten Sprechsituation, daher das neue Interesse für die Briefnovelle (vgl. Laubes ›Liebesbriefe‹, 1836; Gaudys ›Der Deutsche in Trastevere‹, 1839 etc.) und Tagebuchnovelle (z. B. Gaudys ›Desengaño‹ oder ›Aus dem Tagebuche eines wandernden Schneidergesellen‹, 1836; Stifters ›Feldblumen‹, 1841/1844). Man kann für die dreißiger Jahre parallel zur Krise der Handlungsfähigkeit und des authentischen Gefühls auf Figurenebene von einer regelrechten »Krise der Narrativität« auf der gesamten Textebene sprechen.[74] Der Aufbau einer ungestörten Wirklichkeitsillusion wird ebenso verhindert wie der konsequente Abschluß einer entworfenen »Intrige«, besonders deutlich bei Heine [→ Jokl: Heine, 534 ff.], der mit seinen drei Novellenfragmenten (›Die Memoiren des Herren von Schnabelewopski‹, 1834; ›Florentinische Nächte‹, 1837; ›Der Rabbi von Bacherach‹, 1840) eindrucksvoll belegt, daß er alles andere als ein »narrativer Erzähler« ist. Laube schließlich läßt ›Das Glück‹ abrupt im seitenlangen Zitat eines Ehekatechismus enden und demonstriert damit sinnfällig jene typisch jungdeutsche Tendenz zur Reflexionsliteratur,[75] zur Diskursivierung und Entnarrativierung, wie sie zeitgleich auch die Romane aufweisen.[76]

Rollenspiel und (Selbst-)Inszenierung werden allerdings nicht nur in der Liebe relevant, sondern auch in anderen Bereichen. Tiecks ›Wunderlichkeiten‹ (1837) und Alexis' ›Acerbi‹ (1829) – letztere eine der herausragenden Novellen dieser Zeit, von Alexis selbst zu Recht als die »gelungenste« seiner frühen Produktion bezeichnet[77] – entwerfen eine Welt der (Selbst-)Täuschung, die um das Problem der (vermeintlichen) adligen Abstammung zentriert ist; Gutzkows ›Chevalier Clément‹ (in: ›Novellen‹, 1834) entwirft einen analogen Fall im Bereich der Politik. Die Auflösung erfolgt stets im Zeichen einer umfassenden Desillusionierung: »Wir gehen auf einem glatten Boden! Die Grenze zwischen Lüge und Wahrheit ist so schwach bezeichnet. ⟨...⟩ wir betrügen uns stündlich selbst.«[78] Auch der ökonomische Faktor Geld erhält in diesem Zusammenhang eine neue Bedeutung. Es wird nun, über seine Problematisierung im spätaufklärerischen und romantischen Kontext hinaus (vgl. Zschokke, ›Das Goldmacherdorf‹, 1817, und Chamisso, ›Schlemihl‹),[79] zum Träger einer ganz und gar unromantischen Sinnkrise. Bereits in Alexis' ›Acerbi‹ findet sich z. B. eine erstaunliche Relativierung von ideellen Positionen bzw. Werten:

> Das Geschrei ist die Hauptsache, die Worte macht der Zufall. Dort lauten sie: – Religion! Königthum, Congregation! – Hier: – liberale Ideen, Aufklärung, Fortschritt des Jahrhunderts. – Durch tönt die wahre Losung mit Metallklang: – Geld! –«[80]

Die Novellistik läßt nun vermehrt Figuren auftreten, die »das höchste Glück dieser Erde« nicht mehr in einer Liebesbeziehung, etwa im außersozialen Venus-Raum suchen, sondern — so z. B. der Held in Theodor Mügges ›Die Brüder‹ (in: ›Novellen und Skizzen‹, 1838) — in den Werten »Selbständigkeit, Macht und vor allen Dingen – Geld!«.[81] Insbesondere Gutzkow ist ein Meister in der psychologischen Zeichnung eines neuen, völlig veräußerlichten Figurentyps, der seine wahren egoistischen Interessen durch geschickte Inszenierungen zu verbergen weiß (u. a. ›Der Kaperbrief‹, in: ›Novellen‹, 1834; vgl. auch Mundts ›Cimaletti‹, in: Gesammelte Schriften, Novellen und Dichtungen‹, 1843).

IV. Die »prärealistische« Novellistik der vierziger Jahre

Um 1840 tritt wiederum eine neue Generation von Novellisten an, darunter Adalbert Stifter, Berthold Auerbach, Hermann Kurz, Levin Schücking, Annette von Droste-Hülshoff, Jeremias Gotthelf (d. i. Albert Bitzius). All diese Autoren verbindet, daß in ihrem novellistischen Werk erstmalig »prärealistische« Strukturen im engeren Sinne auftauchen; d. h., sie vollziehen die Hinleitung zum Realismus, ohne daß sie selbst bereits – zumindest mit ihrer Produktion der vierziger Jahre – als vollgültige Realisten apostrophierbar wären.[82]

Ein Gutteil der in Journalen erstpublizierten Erzählungen aus den vierziger Jahren wird erst in den fünfziger Jahren (z. T. in überarbeiteter Fassung) in eine Novellensammlung integriert. Die zwei bedeutendsten »genuinen« Novellensammlungen der vierziger Jahre sind zweifelsohne Stifters ›Studien‹ (6 Bde., 1844–50), die Texte von z. T. seltener Komplexität vereinen,[83] und Auerbachs ›Schwarzwälder Dorfgeschichten‹ (5 Bde., 1843–54).

Die bedeutendste gattungsgeschichtliche Neuerung dieses Zeitraums ist die Dorfgeschichte [→ Böning: Volkserzählungen, 302 ff.] und die sogenannte »soziale Novelle«. Beide bilden in den vierziger Jahren einen großen gemeinsamen Durchschnitt[84], und beide sind Ausdruck eines übergeordneten neuen ethnologischen Interesses der Novellistik am »Volk« [→ Stein: Sozialgeschichtliche Signatur, 33 ff.]. Dieses kann in verschiedenster Form Objekt des erzählerischen Interesses werden, wobei es jeweils in einem bestimmten topographischen Raum lokalisiert wird: als ländlich-bäuerliches Milieu in der Dorfgeschichte mit ihren einzelnen regionalen Varianten – vgl. u. a. Auerbachs ›Schwarzwälder Dorfgeschichten‹, Josef Ranks ›Neue Geschichten aus dem Böhmerwalde‹ (1847), Alexander Weills ›Sittengemälde aus dem elsässischen Volksleben‹ (1843)[85], Gotthelfs ›Bilder und Sagen aus der Schweiz‹ (3 Bde. 1842–46) etc.[86] –, als jüdisches Ghetto – vgl. Leopold Komperts ›Geschichten aus dem Ghetto‹ (1848) –, als städtische Unterschicht, d. h. Proletariat bzw. Kleinbürger- und Handwerkerschicht in der »sozialen Novelle« – vgl. u. a. Alexander Weill/Edgar Bauer, ›Berliner Novellen‹ (1843), Ernst Dronke, ›Aus dem Volk‹ (1846) – oder schließlich als fremde Rasse (und meist auch Unterschicht) in der exotischen Novelle – so z. B. in Friedrich Gerstäckers ›Mississippi-Bilder. Licht- und Schattenseiten transatlantischen Lebens‹ (1847) oder in der Novelle ›Der Freineger‹ des österreichischen Autors Johann Nepomuk Vogl (in: ›Schatten. Neue Novellen und Erzählungen‹, 1844). Das allgemeine Interesse am »Volk« verbindet sowohl sozialkritische wie konservative Autoren dieses Zeitraums. So spielen nicht wenige von Stifters Novellen, die eigentlich zu keiner der oben genannten Untergattungen gehören, im ländlich-dörflichen Milieu (vgl. die 1853 unter anderem Titel und transformiert in die ›Bunten Steine‹ aufgenommenen Journal-Erzählungen ›Die Pechbrenner‹ (1849; später: ›Granit‹), ›Der heilige Abend‹ (1845; später: ›Bergkristall‹); in den ›Studien‹ etwa ›Die Narrenburg‹, 1843/44[87], oder ›Die Mappe meines Urgroßvaters‹, 1841–42/47); Hebbel nennt seine Erzählungen »niederländische Gemälde«, die, gleich der niederländischen Genremalerei, das »Leben der niederen Stände«[88] zum Thema haben. Nicht selten wird das neue Interesse für Geschichten aus dem Volk auch im Text selbst reflektiert: so weisen Hebbels ›Schnock‹ und Franz Grillparzers ›Der arme Spielmann‹, beide 1848 erschienen, jeweils einen Rahmen-Ich-Erzähler auf, der in einem ihm fremden topographischen Raum – ländliches Milieu bei Hebbel, Wiener Vorstadt bei Grillparzer – auf eine Figur aus dem Volke trifft, deren Lebensgeschichte als Binnenerzählung eingebettet wird. Grillparzers Rahmen-Ich führt sich ein als »ein leidenschaftlicher Liebhaber der Menschen, vorzüglich des Volkes« und besitzt gar einen »anthropologischen Heißhunger«.[89] In Weills ›Ein Winter in Berlin‹ geht der Held auf regelrechte »Volksjagd«.[90] Innerhalb der Novellistik, die das »Volk« als neues Thema entdeckt, stellt die »soziale Novellistik« somit nur eine Teilmenge dar. Als deren wichtigste Vertreter können Ernst A. Willkomm (u. a. mit den Novellensammlungen ›Grenzer, Narren, Lotsen‹, 1842, und ›Blitze. Novellen, Schilderungen und Skizzen‹, 2 Bde., 1846) und Ernst Dronke (u. a. mit den Novellensammlungen ›Aus dem Volk‹ und ›Polizei-Geschichten‹, beide 1846), der 1848/49 Redaktionskollege von Marx, Engels und Weerth in der ›Neuen Rheinischen Zeitung‹ war, gelten. Traten in der Novelle des frühen Biedermeier bzw. Vormärz Unterschichten allenfalls am Rande und im Rahmen eines historischen Hintergrundereignisses (Franz. Revolution) auf – exemplarisch etwa Immermanns ›Der neue Pygmalion‹ –, so können sie jetzt zum unmittelbaren Handlungsträger eines im Mittelpunkt stehenden aktuellen politischen Ereignisses werden, wie z. B. in den »Webernovellen« über den schlesischen Weberaufstand von 1844 (etwa in Willkomms ›Ein Lohnweber‹ und ›So lebt und stirbt der Arme. Erzählung aus dem Leben des Volkes‹, beide 1845) oder in den »Revolutionsnovellen« über die 48er-Revolution (u. a. Arnold Ruges ›Der Demokrat‹, in: ›Revolutionsnovellen‹, Bd. I, 1850; Louise Ottos ›Die Lehnspflichtigen. Westfälische Dorfgeschichte aus dem Jahre 1848‹, 1849; Gottfried Kinkels ›Die Heimatlosen. Erzählung aus einer armen Hütte‹, 1849).[91]

Die der Goethezeit in dieser Form unbekannte[92] Gegenüberstellung der herrschenden (und reichen) sozialen Oberschicht und des beherrschten (und armen) »Volks« ist dabei wiederum nicht nur für die »soziale Novelle« im engeren Sinne konstitutiv [→ Adler: Der soziale Roman, 196 ff.]. Die Klasse der »Herrschenden« kann verschieden besetzt sein: u. a. durch den adligen Gutsherrn, dessen Machtausübung als anachronistischer Überrest eines mittelalterlich-feudalen Systems erscheint (vgl. Ottos ›Lehnspflichtige‹), durch den kapitalistischen Großgrundbesitzer (vgl. Dronkes ›Die Maikönigin. Ein Volksleben am Rhein‹, 1846)[93], durch den auf seinen quasi feudalen »alten Herrenrechten« beharrenden Patronatsbauern (vgl. Auerbachs ›Des Schloßbauers Vefele‹, 1842),[94] durch den kapitalistischen Verleger, der das »literarische Proletariat« der notleidenden Schriftsteller ausbeutet (vgl. Dronkes ›Sclaven der Intelligenz‹, in: ›Aus dem Volk‹), durch den weißen Pflanzer in den Kolonien (vgl. Vogls ›Freineger‹) oder schließlich durch einen staatlichen Beamten als Vertreter der Obrigkeit und der neu entstehenden bürgerlichen Verwaltungsbürokratie, jener »neuen Teufelsaristokratie« (vgl. Mügge, ›Bilder der Zeit‹, in: ›Neue Novellen‹, 1845;[95] vgl. auch Auerbachs ›Befehlerles‹, 1842, Schloenbachs Dorfgeschichten in: ›Deutsches Bauernbuch oder: So lebt das Volk!‹, 1848, oder Dronkes ›Polizei-Geschichten‹). Unabhängig von der zeitgenössischen politischen Geschichte kommt es in diesen Texten am Ende häufig tatsächlich zu einer Art »Revolution«, wie sie – als Metapher – im übrigen auch Grillparzers ›Spielmann‹ auf der Rahmenebene stattfinden läßt;[96] gerade auch ein Text wie Otto

Ludwigs Jugendnovelle ›Der Aufstand der Domestiken‹ (1843), die sich denkbar fern von aller sozialen Problematik bewegt, belegt zumindest mit seinem (irreführenden) Titel, daß »Revolution« seit Beginn der vierziger Jahre zunehmend in das kollektive Bewußtsein rückt.[97] Die sozialkritische Dimension, die die Texte im einzelnen entfalten, kann von der eher verharmlosenden Variante bei Mügge oder Vogl über dezidiert liberale, wenn auch gemäßigte Positionen (etwa Auerbach) bis hin zu radikalen sozialistischen Positionen wie etwa bei Dronke oder Schloenbach reichen.

Der öffentlich-politische Konflikt zwischen den Ständen bzw. Schichten wird dabei häufig gekoppelt mit einem privat-erotischen Konflikt zwischen den Geschlechtern. Ein besonders beliebtes Modell ist die (vorläufige oder definitive) Verweigerung der sozial höher stehenden Frau gegenüber dem sie begehrenden sozial tiefer stehenden Mann, den sie gleichwohl liebt (z. B. Gaudy, ›Ludwiga‹; Weills Dorfgeschichte ›Selmel, die Wahnsinnige‹, 1840;[98] Gutzkow, ›Die Wellenbraut‹, 1844; Stifter, ›Condor‹, 1840/44; Otto, ›Die Lehnspflichtigen‹). Gotthelf parallelisiert in ›Die schwarze Spinne‹ (1842) die Herrschaft dominanter Frauen über den Helden direkt mit der Tyrannei der adligen Deutschritter über das Volk. Umgekehrt kann die Eroberung der aristokratischen Frau mit einer kollektiven Revolution zusammenfallen (vgl. Ottos ›Lehnspflichtige‹).

Das neue ethnologische Interesse für das Volk tritt nicht selten auch in Verbindung mit einem kriminalistischen Interesse auf. Die Kriminalgeschichte hat ihre Anfänge in der Goethezeit;[99] anders als dort gehört aber jetzt die kriminelle Abweichung zum Paradigma eines aus der bürgerlichen Perspektive als ambivalent, bedrohlich wie faszinierend zugleich erfahrenen ›Fremden‹. Abweichendes Verhalten findet sich ebenso in der sozialen Novelle im engeren Sinne, die sich dem postulierten Zusammenhang von materieller Not und Delinquenz – vgl. den epochentypischen Titel ›Armuth und Verbrechen‹ aus Dronkes ›Polizei-Geschichten‹ – widmet,[100] wie auch in der Dorfgeschichte, z. B. in Annette von Droste-Hülshoffs ›Die Judenbuche‹ (1842). Hierbei tauchen für diese Teilphase charakteristische Grenzformen zwischen literarischer Erzählung und quasi-authentischem Fallbericht bzw. Reportage auf: so etwa die »Kriminalgeschichten« des ›Neuen Pitaval‹, einer von Alexis und dem Juristen Hitzig herausgegebenen und den ganzen Realismus hindurch fortgesetzten Sammlung (1842 ff.), deren erste Bände hauptsächlich von Alexis verfaßt sind, oder die bereits genannten ›Polizei-Geschichten‹ Dronkes.[101] Relevant ist dabei freilich nicht, ob die geschilderten Fälle tatsächlich authentisch waren oder nicht, sondern daß sich in diesem Zeitraum das dokumentarische Erzählen als ein literarisches Modell herausbildet, wie es im übrigen ansatzweise auch Drostes ›Judenbuche‹ aufweist. Zumal in der sozialen Tendenz-Novellistik signalisiert die Extremform dieses Modells, das bewußt kunstlose, streng ökonomisch-funktionale Erzählen, wie es etwa die radikalen Autoren Dronke und Schloenbach auszeichnet, einen erhöhten Wahrheitsanspruch: wenn auch fiktive Geschichten, so sollen diese doch, so Dronke im Vorwort zu seiner Novellensammlung ›Aus dem Volk‹, »Episoden aus dem wirklichen Leben« abbilden.[102]

Der novellistische Diskurs über die kriminelle Abweichung ist schließlich auch Beleg für ein neues psychologisches Interesse der Novellistik der vierziger Jahre. Im Gegensatz zur reinen Individualpsychologie der romantischen Initiationsnovellen (»Wahnsinn«, Doppelgängerphänomene etc.) handelt es sich nun vor allem um Sozialpsychologie. Fälle von dargestelltem Wahnsinn werden ab 1840 zur Ausnahme (vgl. Weills ›Selmel, die Wahnsinnige‹). Im Zentrum stehen jetzt die sozialen Interaktionen und deren Auswirkungen auf das Individuum und seine Psyche. Auerbach kann als Begründer der Sozialpsychologie in der deutschsprachigen Novellistik bezeichnet werden: seine Dorfgeschichten thematisieren Probleme wie die psychischen Folgen von kollektiven Ausgrenzungsstrategien, von sozialem Milieuwechsel oder langjähriger Isolationshaft (vgl. ›Des Schloßbauers Vefele‹, ›Sträflinge‹, 1846; ›Die Frau Professorin‹, 1847; ›Lucifer‹, 1849). Dronkes Novellen – gleiches gilt aber letztlich für die soziale Tendenz-Novelle insgesamt –; lesen sich wie regelrechte sozialpsychologische Versuchsanordnungen: Versetze ein beliebiges Individuum in eine bestimmte soziale Mangelsituation (z. B. Armut, ungerechte Behandlung durch die Obrigkeit, eine lieblose Kindheit etc.), und es wird gesetzmäßig (vgl. den Titel einer der »Polizei-Geschichten«: ›Das Unvermeidliche‹!) eine bestimmte psychische Reaktion (z. B. Haß) und ein bestimmtes abweichendes

Verhalten (z. B. ungesetzliche oder revolutionäre Handlungen) hervorbringen. Angestrebt wird die Erklärung und Ableitung des Verbrechens als einer nachvollziehbaren »psychologisch begründeten Tat«.[103] Dabei geht es aber nicht um die individuelle und abweichende Psyche, sondern wesentlich um Alltagspsychologie, die eine – z. T. trivialisierende – Reduktion auf das Allgemeinmenschliche vornimmt.

Eines der sozialgeschichtlich bedeutsamsten neuen Themen der Novellistik der vierziger Jahre ist ferner das der Normierung und »Zähmung« des Individuums im entstehenden bürgerlichen zentralistisch-bürokratischen Staat. Bei Auerbach tritt es in der Form des Eindringens von »fremden«, bürgerlich-städtischen Normen in den bäuerlich-ländlichen Raum auf [→ Böning: Volkserzählungen, 304 ff.]. Mit Vorliebe werden derartige Normierungsprozesse dabei am Beispiel von Frauen und Kindern erzählt, Personenklassen, die das zeitgenössische Denken privilegiert mit »Natur« verknüpft.[104] Auerbachs ›Die Frau Professorin‹ z. B. kann als ausgezeichnetes Dokument für jene sozialgeschichtlichen Wandlungsprozesse gelten, wie sie u. a. Richard Sennett rekonstruiert hat.[105] Mit der Heirat muß die Protagonistin zugleich einen Raum- und Systemwechsel vom Dorf in die Stadt vollziehen: die andere, städtische Kleidung, die Anonymität der Nachbarn, das Schweigen der Leute auf den Straßen, das müßige Flanieren in der Stadt, die neuen Geschlechterrollen, die die Frau zu einer ungewohnten Passivität verurteilen, die Konversations- und Benimmregeln, die in Gesellschaft weder das zu laute Sprechen noch die Erörterung eigener persönlicher Probleme gestatten, und vieles andere mehr – all dies wird von der Protagonistin als neues und fremdes Verhaltensmodell, als soziale Kodes erfahren, die bewußt erlernt werden müssen und eine regelrechte zweite Sozialisation erfordern. Sie muß insbesondere das spontane Reagieren und unvermittelte Verbalisieren der eigenen Gefühle »eindämmen«, sich »überhaupt mehr mäßigen«[106] – exemplarisch wird hier das neue Ausmaß an Selbstkontrolle greifbar, die nun dem bürgerlichen Erwachsenen abverlangt wird. Die »Naturfrau« erscheint der städtischen Gesellschaft zudem als »Kind« – der Prozeß des Erwachsenwerdens gilt nun seinerseits, wie dies Auerbach in ›Ivo, der Hajrle‹ (1843) vorführt, prinzipiell als Prozeß der Zähmung einer ursprünglichen Wildheit, dem jedes Individuum unterworfen ist.

Laube, der mit ›Die Bandomire‹ (1842) und ›Der belgische Graf‹ (1843) nach 1840 eine bemerkenswerte Wende zur historischen Novelle vollzieht, sowie z. B. Schücking in seiner brillanten Erzählung ›Der Familienschild‹ (1841)[107] projizieren die Thematik der Normierung in vergangene historische Epochen und parallelisieren jeweils einen dargestellten Wandel des politischen Systems mit einem erforderlichen Wandel des Individuums. Dieses muß sich nun allgemein verbindlichen Normen unterwerfen und v. a. jegliche spontanen Gefühlsregungen, seien es solche erotischer oder aggressiver Art, domestizieren. In ihrer Extremform führt diese Art von Affektkontrolle zu jener typischen »Sanftheit«, wie sie insbesondere (aber nicht ausschließlich) Stifter propagiert.[108] In seiner großen Erzählung ›Die Mappe meines Urgroßvaters‹ z. B. inszeniert er die programmatische Umstrukturierung eines leidenschaftlich und spontan reagierenden Subjekts, welches eine wilde Jugend durchlaufen hat, zum »sanften« und gezähmten Erotikpartner.[109] Stifters »Modernität« im Kontext der vierziger Jahre besteht nicht zuletzt darin, daß er bereits in wesentlichen Zügen das »viktorianische« Personenideal des affektkontrollierten, seine erotischen Bedürfnisse verdrängenden und stoisch ein negatives Schicksal ertragenden (männlichen) Subjekts entworfen hat, wie es dann in der zweiten Hälfte des 19. Jahrhunderts einigermaßen typisch sein wird.

Im Bestreben nach Zähmung einer ursprünglichen Natur manifestiert sich eine zunehmende latente Abwertung dieser »Natur« als etwas potentiell Bedrohliches – eine denkbar radikale Abkehr von romantischen Konzeptionen. Bereits in der zweiten Hälfte der zwanziger Jahre treten erste Anzeichen einer pessimistischen Anthropologie auf (so z. B. in Tiecks ›Der Alte vom Berge‹, 1828), die alle auf das Ich bezogenen Triebregungen und Wünsche, darunter v. a. die sexuellen, als Egoismus und Eitelkeit denunziert und die menschliche Natur als »durch und durch verderbt«[110] bezeichnet. Nach 1840 radikalisiert sich diese Tendenz zu einer Negativwertung jedweder leidenschaftlich-intensiven Emotionalität. Dabei wird v. a. der entwicklungspsychologische Schritt des Individuums von der »unschuldigen« Kindheit in das Erwachsenenalter zwar als der menschlichen Natur gemäß, zugleich aber als extrem bedrohlich erfahren. Die eigene Natur wird dem Subjekt zu etwas Fremdem. Der psychosexuelle Übertritt in das Erwachsenenalter wird infolgedessen zum höchst problematischen, alles andere als selbstverständlichen Akt: Er wird entweder verhindert um den Preis des eigenen Todes – so z. B. in Kurz' meisterhafter Erzählung ›Die bleiche Apollonia‹ (1845; 1858 u. d. T. ›Die blasse Apollonia‹ in: ›Erzählungen‹, Bd. I)[111] –, verzögert – so exemplarisch in Stifters ›Der Waldsteig‹ (1845/50) – oder, wenn er denn bereits erfolgt ist, »restaurativ« rückgängig gemacht – so in Stifters berühmter Erzählung ›Der Hochwald‹ (1842/44), mit der ihm zu Beginn der vierziger Jahre der literarische Durchbruch gelang. Wenn eine erotische Beziehung dauerhaft gelingen soll, dann muß in der Regel ein nicht-geliebter Partner gewählt werden, um leidenschaftlich-intensive Erotik zu verhindern, so exemplarisch in Stifters ›Die Schwestern‹ (1846/50) oder in der Novelle ›Leonore‹ der österreichischen Autorin Betty Paoli (1844 in: ›Die Welt und mein Auge‹).[112]

Der Preis für diese gewaltsamen Akte ist die unzweideutige »Neurotisierung« des Subjekts. Droht in der Goethezeit Wahnsinn durch ein Zuviel an Leidenschaft, so nun die »Neurose« durch ein Zuwenig, d. h. vor allem durch eine massive Sexualverdrängung.[113] In welche psychischen Konflikte Figuren nun geraten können und welchen Aufwand sie treiben (müssen), um genau das zu verhindern, was sie sich sehnlichst wünschen – nämlich die Vereinigung mit dem Geliebten –, dafür haben im Bereich der weiblichen Figuren z. B. Gotthelf in ›Elsi, die seltsame Magd‹ (1843) und Gutzkow in ›Die Wellenbraut‹ eindrucksvolle Beispiele geschaffen. Bei den männlichen Figuren tauchen nun vermehrt Sonderlingstypen mit tendenziell zwangsneurotischen Zügen auf, so z. B. Grillparzers berühmter ›Spielmann‹ und Stifters ›Der arme Wohltäter‹ (1849; 1853 u. d. T.: ›Kalkstein‹ in: ›Bunte Steine‹). Mit seinen deutlich masochistischen Zügen ist der Spielmann zudem Hebbels Schnock (s. o.) verwandt. Zu Recht behauptet Hebbel, daß der unterwürfige, unmännliche und von seiner Partnerin darob verachtete Mann »ein ganz neuer Charakter«[114] sei, doch teilt er den Ruhm der Erfindung zumindest mit Grillparzer. Dem seiner Natur entfremdeten Mann wird dabei als Partnerin gerne auch eine ganz betont mit Na-

tur und Leben korrelierte Frau als Kontrastfigur gegenübergestellt –
Anzeichen eines neuen Antagonismus der Geschlechter. In einer
Vorform hat dies Grillparzer bereits in seiner ersten Novelle ›Das
Kloster bei Sendomir‹ (1828) realisiert.[115]
Die Schwierigkeit des Übertritts in die sexuell aktive Lebensphase resultiert auch aus einer neuen Macht der Herkunftsfamilie.
Zumal Stifter propagiert eine emotionale Aufheizung der innerfamiliären Beziehungen, die eindeutig endogam-inzestuöse Züge
trägt.[116] Die selbstbestimmte Erotik der Kindergeneration mit einem
exogamen fremden Partner gerät nun in ein zunehmend antagonistisches und geradezu feindliches Verhältnis zur familiären Liebe –
beispielhaft vorgeführt von Stifter im ›Hochwald‹ und zuvor von
Theodor Fontane in seiner Jugendnovelle ›Geschwisterliebe‹ (1839).
Die vormärzliche Dorfgeschichte handelt diese Rivalität auch gerne
an Hand des Problems des fremden, d. h. nicht-autochthonen Mannes ab, der zum Vater der Protagonistin in eine gleichsam existentielle Konkurrenzsituation gerät, die nur durch den Tod mindestens
eines von beiden gelöst werden kann (u. a. Weill, ›Selmel, die Wahnsinnige‹; Auerbach, ›Des Schloßbauers Vefele‹; Otto, ›Die Lehnspflichtigen‹).
Der kursorische Überblick über die Novellenproduktion der 40er
Jahre kann nicht ohne einen Hinweis auf zwei Novellen Gutzkows
beschlossen werden, die mit zum Besten gehören, was diese Zeit zu
bieten hat: ›Die Selbsttaufe‹ (1845) und ›Imagina Unruh‹ (1847;
später u. d. T.: ›Eine Phantasieliebe‹).[117] Der erstgenannte Text entwirft ein Selbstfindungsmodell für den jugendlichen männlichen
Helden, das deutlich noch jungdeutschen Prämissen verpflichtet ist
und dessen Kontrast zu Stifters Modellen nicht größer gedacht werden kann: der Held, der sich anschickt, eine vorgesetzte bürgerliche
Laufbahn als bescheidener Landpastor mit einer biederen und devoten Partnerin anzutreten, wechselt in einem kühnen und gezielten Selbstentwurf Identität, Beruf und Partnerin und strebt eine
glanzvolle Existenz in der mondänen Gesellschaft an, fern von der
verachteten biederen Familienidylle. ›Imagina Unruh‹ entwirft die
Geschichte einer weiblichen Künstlerselbstfindung, die noch einmal einen Abschied von der Romantik in Szene setzt. Kunst tritt an
die Stelle von Erotik – sie situiert sich nun aber sowohl jenseits der

bürgerlichen Welt als auch jenseits der märchenhaft-romantischen Gegenwelt, die beide gleichermaßen Objekt einer desillusionierenden Demontage werden.

Für die hier skizzierten übergeordneten sozial- und mentalitätsgeschichtlichen Problemstellungen bedeutet das politische Ereignis von 1848 keine radikale Zäsur. Der Wandel vollzieht sich nur allmählich, vieles aus den vierziger Jahren wirkt noch fort, wie im Bereich der Novellistik gerade Stifters Sammlung ›Bunte Steine‹ (1853), die letzten Bände von Auerbachs ›Schwarzwälder Dorfgeschichten‹ (1853 f.) oder Gotthelfs ›Erzählungen und Bilder aus dem Volksleben der Schweiz‹ (5 Bde., 1850–55) belegen. Ein entscheidender literarhistorischer Epocheneinschnitt wird erst wieder durch eine neue Autorengeneration herbeigeführt, die um 1850 – so Theodor Storm – bzw. um die Mitte der fünfziger Jahre – so u. a. Wilhelm Raabe, Gottfried Keller, Paul Heyse, Friedrich Spielhagen, Wilhelm Heinrich Riehl – antritt und das neue Literatursystem des Realismus konstituiert.

Holger Böning
Volkserzählungen und Dorfgeschichten

Die Epik des neunzehnten Jahrhunderts, die mit unterschiedlichsten Bezeichnungen als Dorfgeschichte, als Volkserzählung, Dorf- oder Bauernroman charakterisiert wird[1], hat ihre Ursprünge im 18. Jahrhundert. Ihr thematisches Zentrum bilden der ländlich-bäuerliche Lebensraum und Geschehnisse des Alltagslebens. Führt ein beträchtlicher Teil der Erzählungen noch bis zur Mitte des neunzehnten Jahrhunderts fast bruchlos die volkspädagogischen und volksaufklärerischen Traditionen des 18. Jahrhunderts[2] fort, so wird ein anderer Teil – insbesondere die Dorfgeschichten – zum Medium bürgerlich-liberaler Selbstverständigung im Vorfeld der Revolution von 1848[3]. Die Gattung verweist somit auf die Rolle, die spätaufklärerisches Denken und Engagement auch noch im 19. Jahrhundert spielen, zeigt zugleich aber auch den Einfluß neuer geistiger Strömungen. Von großer Bedeutung ist diese Epik für eine sozialgeschichtliche Erforschung der Literatur, die mehr sein will als eine neue Wanderung auf dem Höhenkamm der kanonisierten Werke. Die bäuerlich-ländliche Epik umfaßt in ihren unterschiedlichsten Erscheinungsformen weit mehr als 1000 Erzählungen und Romane, von denen viele eine große Leserschaft fanden, kaum aber eine literaturgeschichtliche Würdigung.

Gattungsbezeichnungen für die hier behandelte Literatur festzulegen, ist schwierig. Von der Sachliteratur mit fiktiven Elementen über unterhaltend-didaktische Erzählungen bis zum Roman ist hier manches zu finden, was sich gängigen Gattungsbegriffen entzieht. So erscheinen die Bezeichnungen aufklärerische Volkserzählung und unterhaltende Didaktik angemessen, in einigen Fällen kann auch von »Bauernromanen« gesprochen werden. Die Autoren selbst vermieden allerdings häufig den Begriff »Roman«, der als synonym mit erdichteten, unwahren Phantasieprodukten galt. Statt dessen wählten sie gern Bezeichnungen wie »Buch für das Volk« (Pestalozzi) oder »Volkserzählung«.

Erst in den vierziger Jahren des neunzehnten Jahrhunderts entsteht als schnell sich durchsetzende neue Bezeichnung der Modebegriff »Dorfgeschichte« für eine bestimmte Form der Erzählung, die im ländlichen Raum handelt. Folgt man Uwe Baur, der die Dorfgeschichte als um 1840 entstandene Zeitprosa mittlerer Länge (und als spezifisches Phänomen des vormärzlichen literarischen Lebens in Deutschland) charakterisiert, die als Tendenzdichtung der bürgerlichen Liberalen für ein gebildetes Publikum geschrieben wurde, dann erscheint eine Abgrenzung möglich zur aufklärerischen Volkserzählung (für einfache Leser verfaßt) oder zur »christlichen Volkserzählung«, deren Handlungsort ebenfalls der ländliche Raum ist.[4]

I. Traditionen der Dorf- und Bauernepik seit der Aufklärung

Während der ersten Hälfte des achtzehnten Jahrhunderts wird es langsam zum Konsens unter den aufklärerisch denkenden Gelehrten und Gebildeten, das »Nöthigste« nicht mehr mit »verächtlichen Augen« ansehen zu wollen. Die alltägliche Arbeit der großen Mehrheit der Bevölkerung gerät ins Blickfeld; Fragen der Land- und Hauswirtschaft finden allgemeine Aufmerksamkeit. Im Mittelpunkt der Diskussionen steht die Frage, wie insbesondere die neuen Erkenntnisse der Naturwissenschaften denen übermittelt werden sollen, die sie bei ihrer alltäglichen Arbeit praktisch nutzen können. Es entsteht eine neue Form von Sachliteratur, mehr und mehr werden kleine und kleinste Schriften verfaßt, die auf eine kompendiöse Behandlung der Land- und Hauswirtschaft verzichten und statt dessen nur noch einzelne Bereiche, beispielsweise die Intensivierung des Getreidebaues oder den Anbau neuer Futterkräuter, erörtern. Die stolze Zahl von 6000 solcher Schriften bis zum Jahre 1810 deutet auf eine beträchtliche Nachfrage hin. Neben den tausenden Belehrungen zu allen Bereichen des Alltagslebens wurden für leseungeübte Adressaten während der zweiten Hälfte des 18. Jahrhunderts etwa 300 ökonomische Schriften in der Form von Katechismen oder dialogisierten Belehrungen verfaßt.[5]

In dieser Sachliteratur hat die belehrende Erzählung, die sich zur bäuerlich-ländlichen Epik entwickelt, ihren Ursprung. Das Konzept einer unterhaltsamen Volksaufklärung, die ihre Adressaten mit erzählerischen Mitteln zu erreichen sucht, beruht auf einer Rückbesinnung auf die traditionellen Volkslesestoffe, besonders auf der Bibel mit ihrer kräftigen, bilder- und gleichnisreichen Sprache und auf dem Kalender.

Mit der Beobachtung, das »Volk« liebe Sinnliches, wird die unterhaltsame Einkleidung der zu übermittelnden Inhalte zur wichtigsten Forderung an volksaufklärerische Lesestoffe. Dabei bezieht man sich ausdrücklich auf die kleineren Formen der traditionellen Volkslesestoffe. Hinzu tritt der Gedanke, der Preis dürfe ein bestimmtes, am Kalender orientiertes Limit nicht überschreiten.

Es entsteht nun eine lange Reihe von Dorferzählungen, die uns bis zur Epik der ersten Hälfte des 19. Jahrhunderts führt. Die darin entwickelten Vorstellungen eines idealen Dorfs formuliert beispielhaft Johann Lorenz Benzler in seiner Erzählung ›Das ordentliche Dorf‹[6]; seine Darstellung ist charakteristisch für zahlreiche ähnliche Erzählungen bis ins 19. Jahrhundert. Angesprochen wird in dieser kleinen Schilderung eines Musterdorfes nicht mehr der einzelne ländliche Leser, dem entweder Ratschläge zu einzelnen land- und hauswirtschaftlichen Fragen gegeben werden sollen oder den man zur Änderung seines Wirtschaftsverhaltens bewegen will, sondern nun ist die dörfliche Gemeinschaft als Ganzes aufgerufen, ihr Zusammenleben bestimmten Regeln zu unterwerfen:

Alle Sonntage kam die Gemeine zusammen, und wurde eins, was zum gemeinen Besten die künftige Woche sollte gethan und gegeben werden. Einen Dieb, Säufer, Flucher und liederlichen Menschen, oder schlechten Ackerwirth, litten sie nicht in der Gemeine ⟨...⟩ Wer aber unverschuldet Unglück hatte, oder krank wurde, dem halfen die andern, daß er mit fort kam und nicht verarmte. Und der war herzlich dankbar, und bat Gott: daß er diese Wohlthat seinen guten Nachbarn reichlich vergelten mögte. Es war kein Neid und Zank oder Groll unter diesen guten Leuten. Ihre Kinder sahen nichts Böses, und wurden daher durch den Schulunterricht viel leichter gebessert, als andere, die in ihrer Aeltern Hause viele Laster lernen. Ihren Herrn und Seelsorger liebten sie kindlich, und waren willig gehorsam. Es war auch kein Gefängnis im Dorfe; das alte war eingefallen, und der Herr ließ keins wieder bauen. Denn er sagte: das Gefängniß ist nur für die bösen Leute, und solche sind meine Unterthanen nicht.[7]

Ebenfalls in Benzlers Zeitschrift finden sich kleine moralische Erzählungen, die als im ländlichen Raum angesiedelte Exempelerzählungen bezeichnet werden können und die mit einer verblüffenden Konstanz bis zur Mitte des 19. Jahrhunderts zahllose Nachahmungen fanden.

Die Tradition des pädagogischen Dorfromans wird 1781 von Heinrich Pestalozzi mit dem berühmten vierbändigen Werk ›Lienhard und Gertrud‹[8] fortgeführt, ein »Buch für das Volk«, das auch noch im 19. Jahrhundert mehrere Auflagen erlebt. Die Umformung des Dorfes Bonnal zum fleißig-stillen Fabrikdorf, bewohnt von sittlichen und obrigkeitstreuen Bewohnern, die Pestalozzi in seinem Roman schildert[9], rief neben großem Beifall auch sofort Zweifel hervor, ob solche Art Literatur tatsächlich geeignet sei, Leser in den unteren Ständen zu finden. Rudolph Zacharias Becker war der erste Autor, dem es durch die Mobilisierung einer gebildeten Vermittlerschicht, insbesondere von Geistlichen, Wissenschaftlern und Verwaltungsbeamten, gelang, für sein ›Noth- und Hülfsbüchlein für Bauersleute oder lehrreiche Freuden- und Trauer-Geschichte des Dorfs Mildheim‹[10] ganz neue Wege zu finden, sein Buch an einfache Leser zu bringen[11]. Mit zahllosen Neuauflagen, Nachdrucken, Übersetzungen und Bearbeitungen, von denen allein während der ersten Hälfte des 19. Jahrhunderts noch 20 erschienen, wurden weit mehr als eine halbe Million Exemplare an Leser gebracht. Halb unterhaltsame Erzählung von der Regeneration eines Dorfes, halb Sachbuch mit Belehrungen zu allen Lebensbereichen, fand Beckers Schrift ein halbes Jahrhundert lang zahlreiche Nachahmungen.

II. Dorferzählungen und Bauernromane in der Tradition volksaufklärerischer Literatur

Anstrengungen konservativer Kräfte, Aufklärung und Volksaufklärung zurückzudrängen, sind bereits im Jahrzehnt nach der Französischen Revolution deutlich erkennbar. Die deutschen Aufklärer geraten in einen vorher nicht gekannten Rechtfertigungszwang, nachdem die Bemühungen zur Verbesserung der Volksbildung als politisch gefährlich in Verruf geraten sind. Hinzu treten mit dem beginnenden 19. Jahrhundert in großen Kreisen der Gebildeten der Aufklärung feindliche ideologische Strömungen. Sie trugen spätestens seit 1815 gemeinsam mit restaurativen staatlichen Maßnahmen dazu bei, aufklärerisches Denken und gemeinnütziges Engagement einzudämmen. Es ist deshalb erstaunlich, daß trotz dieser veränderten Bedingungen weiterhin in kaum verminderter Zahl Schriften erscheinen, die die volksaufklärerische Tradition weit ins 19. Jahrhundert hinein fortführen und mit Erzählungen und Romanen belehrend auf das »Volk« einwirken wollen. Um nur eines von zahlreichen Beispielen zu nennen: Josef Hubers belehrend-volksaufklärerischer Roman ›Isidor, Bauer zu Ried‹ aus dem Jahre 1797 erlebte in der Zeit bis 1865 elf Auflagen, erschien 1897 noch einmal in einer Ausgabe eines katholischen Volksschriftenvereins und schließlich in einer gekürzten Fassung in unserem Jahrhundert, im Jahre 1916[12] – eine erstaunliche Wirkungsdauer und -intensität.[13]

1. Johann Evangelist Fürst

Mit Johann Evangelist Fürst, dessen volksaufklärerischer Roman ›Der verständige Bauer Simon Strüf. Eine Familien-Geschichte. Allen Ständen zum Nuzen und Interesse; besonders aber Jedem Bauer und Landwirthe in den Jahren zunehmender Theuerung ein Lehr- und Exempel-Buch‹[14] 1817 erschien, stoßen wir auf einen ganz neuen Typus von Autor. 1784 wird er als Sohn eines Bauern in Frauendorf geboren und erlernt, wie schon der Vater, Großvater und Urgroßvater, aus eigenem Antrieb das Lesen. Dem Wunsch des Vaters entsprechend will er Priester werden, doch entscheidet er sich dann während des Studiums zu einer Beamtenlaufbahn. Fürst berichtet, wie schwer ihm dieser Entschluß gefallen ist:

> Man muß aufgewachsen und ganz vertraut sein mit der Denkart des Standes, aus dem ich hervorgegangen, um in allen Beziehungen sich einen Begriff von den gewitterschweren Folgen machen zu können, die sich der studierende Sohn eines Bauern zuzieht, der seinen aus dem elterlichen Haus mitgenommenen Entschluß, Geistlicher zu werden, während der Studienzeit ändert. Eltern und Geschwister verlassen ihn auf der Stelle mit aller Unterstützung, er erscheint der Familie in unvertilgbarer Schmach, dem Hohne der Nachbarschaft preisgegeben; der Vater spricht den Bannfluch, die Mutter den Mutterfluch über ihn aus, beide die Stunde seiner Geburth verfluchend.[15]

Als Beamter beim Zoll- und Mautamt in München wird Fürst, der früh und intensiv mit aufklärerisch-gemeinnützigem Gedankengut in Berührung gekommen war, nicht froh, so daß er sich 1816 entschließt, den brüderlichen Hof zu übernehmen und – nach dem Muster des Fellenbergschen Gutes in Hofwyl, dem Urbild von Goethes »Pädagogischer Provinz« – zu einem Mustergut mit intensiver Obstbaumzucht auszubauen. Hier beginnt zugleich die Entstehungsgeschichte des Romans, denn zur Finanzierung des Hofes entschließt sich Fürst, ein »landwirtschaftliches Buch für den gemeinen Bauer« zu schreiben.[16] Innerhalb von sechs Monaten entsteht ein zweibändiges, später durch einen dritten Band vermehrtes Werk mit einem Umfang von gut 1200 Druckseiten, das nun allerdings nicht mehr allein den einfachen Bauern, sondern, wie der Untertitel aussagt, »allen Ständen zum Nuzen und Interesse« dienen soll.

Ziel des Werkes ist es, bäuerliche Leser nach dem Vorbild Simon Strüfs [Strüf = Anagramm von Fürst] zum Obst- und Gemüsebau anzuregen. Ebenfalls 1817 war bereits eine Art Werbeschrift für den Roman erschienen unter dem Titel ›Über die Benüzung unserer Erde als Obstbaumfeld. Eine Zusammenstellung der wichtigsten Ansichten von der Nothwendigkeit, daß wir auch den Luftraum in Besiz nehmen und kultiviren sollen. Für den baierischen Landmann bearbeitet‹. Die 16 Druckseiten umfassende Schrift erlebte noch im selben Jahr fünf Auflagen und verzeichnete 21 000 Subskribenten.[17]

Die Handlung des Romans ist kurz erzählt. Mit dem in das Dorf Lichtendorf zurückkehrenden Jugendfreund des Titelhelden, Karl Moll, findet der Leser die Musterwirtschaft Strüfs vor, von dessen Nutzen sich inzwischen auch die Mitbauern überzeugt haben. Diese bitten Strüf, sie aus »nachbarlicher Gefälligkeit« über sein Vorgehen zu belehren, was in wöchentlichen Gesprächen geschieht, die in das Romangeschehen eingeflochten sind. Der erste Teil des Romans zeigt nun, wie in fünf Nachbardörfern die Umstellung der bäuerlichen Wirtschaft nach dem Vorbild Strüfs erfolgt; Teil zwei läßt den Leser verfolgen, wie Karl Moll seine Wirtschaft aufbaut, die er vom Bauern »Gschray«, einem Trunkenbold und Gegenbild zu Strüf, erworben hat. Den Hauptteil des Romans bilden land- und hauswirtschaftliche Belehrungen, juristische Ratschläge und Anweisungen zur Obstbaumzucht, doch sind diese stets erzählerisch motiviert und fügen sich in den Handlungsrahmen ein. Es handelt sich also tatsächlich um einem Roman, dem durch interessante Wirtshausgespräche, Intrigen des Bauers Gschray und eine Liebesgeschichte unterhaltende Qualitäten nicht abzusprechen sind.

Mißt man Fürsts Roman an seinem eigenen Anspruch, dann hat er ein Musterbeispiel für die praktische Wirkung geschaffen, die Literatur haben kann. Zugleich ist ›Simon Strüf‹ ein Exempel für die Einbindung eines literarischen Werkes in praktische Reformbemühungen. Sein erstes Ziel, nämlich durch den Roman den Aufbau seines Musterhofes zu finanzieren, erreichte Fürst schon mit der ersten Auflage. Kostete der Hof 4000 Gulden, so erbrachte bereits die erste Auflage des Buches Einnahmen von 10 000 Gulden! Die dem Werk vorgedruckte Subskribentenliste verzeichnet 3200 Besteller für 4600 Exemplare des Werkes.[18] Nicht zuletzt durch den Erlös seiner Schriften konnte Fürst bis 1826 alle vier Bauernhöfe Frauendorfs aufkaufen und mehr als 150 Arbeiter beschäftigen. Es ist nicht zu unterscheiden, ob der enorme Aufschwung des Obstbaues in Bayern stärker auf die Wirkung des Romans oder auf das von seinem Autor gegebene Beispiel zurückzuführen ist. 1822 gründet Fürst die »Praktische Gartenbaugesellschaft in Bayern«, die 1841 weit über 2000 Mitglieder hat und die eine ›Allgemeine Gartenzeitung‹ herausbringt. 1829 gibt Fürst schließlich auf Anregung des bayerischen Königs auch noch die Zeitschrift ›Der Obstbaufreund‹ heraus.

Wichtiger in unserem Zusammenhang ist eine andere periodische Schrift, zu deren Gründung Fürst durch den Erfolg des ›Simon Strüf‹ angeregt wurde, die ab 1819 erscheinende ›Bauern-Zeitung aus Frauendorf‹. Die einzelnen Stücke tragen im Titelkopf einen Holzschnitt, der in einer Wirtshausstube aufmerksam lauschende Bauern zeigt, denen aus der Zeitung vorgelesen wird. Die Zeitung bietet im kleinen, was der Roman im großen bot, nämlich zahlreiche Dorferzählungen unter Titeln wie ›Der edelmüthige Bauers-Sohn‹, ›Der wakere Bauer und seine Kinder, oder der Werth des Unterrichts‹, ›Das Saamenkörnlein‹, ›Die Gespenster‹ oder ›Wie der Siegrist auf dem Belzebub davon reutet‹.[19]

2. Heinrich Zschokke

Mit dem Wahlschweizer Johann Heinrich Daniel Zschokke (1771–1848)[20] begegnet uns ein zweiter Autor, der, geprägt durch aufklärerische Lehrer an Schulen und Universität, zu lebenslangem gemeinnützig-aufklärerischem Engagement fand. Mit vielgespielten Dramen, zahllosen Romanen, Erzählungen und Zeitschriften gehörte er in Deutschland während der ersten Hälfte des 19. Jahrhunderts zu den beliebtesten Autoren. Während der Helvetischen Revolution und Republik hatte er in der Schweiz hohe politische Ämter inne und engagierte sich intensiv bei der politischen Volksaufklärung, die er als wichtigste Voraussetzung für den Erhalt der um ihre Existenz ringenden Republik begriff.[21] Dieses Engagement setzte Zschokke auch in den Jahrzehnten bis 1848 fort; wie Fürst bedient er sich dazu einer Zeitung, des ›Aufrichtigen und wohlerfahrenen Schweizerboten‹.

Vor diesem Hintergrund ist auch die Erzählung ›Das Goldmacherdorf‹[22] zu sehen, mit der Zschokke zum Vater der schweizerischen Dorfgeschichte wurde. ›Das Goldmacherdorf‹ erschien 1817 zunächst fortsetzungsweise im ›Schweizerboten‹ und erlebte dann bis 1843 neun Auflagen und Nachdrucke sowie zahlreiche Nachahmungen und Seitenstücke.[23] Unmittelbarer Anlaß der Erzählung war, wie schon bei dem Roman ›Simon Strüf‹, die große Hungerkrise der Jahre 1816/17, doch entwickelt Zschokke darüber hinaus ein Konzept zur dauerhaften Behebung bäuerlicher Not und formuliert seine volksaufklärerische Utopie.

Die Erzählung beginnt mit der Zeichnung der Verhältnisse in einem Dorf der Schweiz – wiederum begegnet uns mit »Goldenthal« ein sprechender Name – und führt dann die Regeneration eines ganzen Gemeinwesens von bitterster Armut und größter Verwahrlosung zu Wohlstand und gutgeordneter Verwaltung vor. Faulheit, Bettelei und Trunksucht, Unsauberkeit und Nachlässigkeit prägen das Dorf; Haß und Mißgunst bestimmen das Alltagsverhalten. Den Anstoß zum Besseren gibt Oswald, der Sohn des ehemaligen Dorfschulmeisters, der bei den Soldaten Erfahrungen und Bildung erworben hat und zu Beginn der Erzählung in sein Heimatdorf zurückkehrt. Als Ursache der in Goldenthal herrschenden katastrophalen Zustände erkennt Oswald die Kriegsverwüstungen und vor allem »schlechte Obrigkeiten«.[24] Das Reformwerk beginnt, indem Oswald das verachtetste Amt übernimmt, das die Gemeinde zu vergeben hat: das des Schulmeisters. Er nutzt den bäuerlichen Aberglauben, der den Schulmeister mit dem Teufel im Bunde wähnt, und schließt mit den Dorfbewohnern einen Teufelspakt, der zu verschiedenen Verhaltensweisen und Tugenden verpflichtet und dafür Reichtum und Wohlstand verspricht. Fleiß, Ordnung, Sauberkeit und die Meidung von Wirtshaus, Branntwein und Glücksspielen – alles Forderungen des »Goldmacherbundes« – führen tatsächlich zu einem »Berg von Goldmünzen« für jeden einzelnen. Der Wohlstand des Dorfes wird darüber hinaus durch eine weitgehende Vergenossenschaftlichung, die Gründung einer Sparkasse, die Aufteilung der Allmende und die Ablösung der schlechten Gemeindeobrigkeit erreicht. Systematisch werden im Dorf Verhältnisse geschaffen, die den einzelnen Bauern Selbsthilfe ermöglichen.

Zschokkes Gesellschaftsideal orientiert sich an mittelständischen Lebensformen; Eigentum und Religion sind gleichermaßen Stützen einer auf Sittlichkeit und Tugend basierenden Existenz. Dem entspricht die im ›Goldmacherdorf‹ entworfene Utopie eines Dorfes von gleichberechtigten Kleineigentümern, die bei nur noch graduellen Eigentumsunterschieden als Modell für den gesamten Staat gelten kann. Arbeit und Erwerb sind wichtiger Zweck des Lebens; neben der Befriedigung materieller Lebensbedürfnisse dienen sie der Erfüllung der von Gott übertragenen Pflichten und sind Ausdruck der Bewährung in dieser Welt. Propagierung einer asketischen Lebensführung, Ablehnung von Luxus, ausgeprägte Genußfeindlichkeit und das Ideal einer rationalisierten Lebensführung fügen sich zu einem Ethos, das dem Inhalt der von Max Weber beschriebenen »puritanischen Berufsaskese« bis in die Einzelheiten entspricht. Solches Lebensverständnis empfiehlt Zschokke nicht nur seinen bäuerlichen Lesern, sondern bis in die Details auch den Gebildeten. Ein Beispiel dafür bieten die vielgelesenen »Stunden der Andacht«, deren Rezeption in Deutschland zeigt, in welchem Ausmaß spätaufklärerisches Gedankengut und Weltverständnis noch während der ersten Hälfte des 19. Jahrhunderts wirksam waren.[25]

Eigentümlich ist das Verhältnis zwischen dem Volk und seinen aufgeklärten Erziehern. Erst durch sie kann die in Armut, Verwahrlosung und Bildungslosigkeit vegetierende bäuerliche Bevölkerung aus ihrer Lage befreit werden. Und doch sind die Bauern nicht ausschließlich Objekte, sondern werden im Verlaufe der Erzählung zu Subjekten des Erziehungs- und Veränderungswerkes, bis die erzieherische Einwirkung schließlich überflüssig geworden ist. In der genossenschaftlich organisierten Selbsthilfe und in der radikalen Kritik ungetreuer Obrigkeiten liegt die politische Zündkraft der Erzählung in einer Zeit restaurativer Grundstimmung. ›Das Goldmacherdorf‹ hatte durch zahlreiche Neuauflagen und Übersetzungen, durch Dramatisierungen, Nachahmungen und Seitenstücke eine große Wirkung.[26]

Heinrich Zschokke schrieb zahlreiche weitere Erzählungen für das »Volk«, unter anderem im ›Schweizerboten‹ und in den von ihm gestalteten, von Gotthelf ausdrücklich als Vorbild genannten Kalendern. Zschokkes erzählerisches Werk kann in seiner Vielfalt der Erzähltechniken und -strukturen, der Themen, Stoffe und literarischen Formen wie kaum ein zweites das Vorurteil korrigieren, der bürgerliche Leser habe sich während der ersten Hälfte des neunzehnten Jahrhunderts vorwiegend an romantischer oder durch biedermeierliche Gemütlichkeit geprägter Literatur ergötzt. Für eine vierzigbändige Ausgabe seiner Schriften konnte der Verleger Sauerländer 1828 immerhin eine Auflage von 4000 Exemplaren wagen; schon zwei Jahre später folgte die zweite Auflage, und bis 1851 erlebte diese größte Werkausgabe neun Auflagen. Kleinere Ausgaben – etwa 1841 bereits in 5. Auflage ›Ausgewählte Novellen und Dichtungen‹ – standen ihr zur Seite. Groß war auch Zschokkes europäische Wirkung; kaum eine Erzählung und Novelle, kein Roman blieb ohne zahlreiche Übersetzungen. Von 1811 bis 1839 sind allein 54 gedruckte und 7 handschriftliche Übersetzungen in die tschechische Sprache zu verzeichnen.[27]

3. Dorf- und Volkserzählungen in der Nachfolge des ›Goldmacherdorfes‹

Auch nach dem Erscheinen des Zschokkeschen ›Goldmacherdorfes‹ verlor die unterhaltend-belehrende, in der Tradition der volksaufklärerischen Literatur stehende Epik nicht an Bedeutung. Die zahlreichen Neuauflagen älterer Werke nicht mitgerechnet, erschienen von 1815 bis zur Jahrhundertmitte gut zweihundert solcher Schriften, für die eine systematische Untersuchung und Auswertung noch fehlt. Daneben erscheinen nun aber auch Erzählungen und Romane für spezielle Zielgruppen, beispielsweise Handwerksgesellen, Bergleute oder Dienstboten. Einige wenige Titel zeigen Impetus und Adressaten dieser Literatur. 1817 erschien in Landshut Franz Josef Rosenlächers ›Karrer's, Bauers zu Argensee, Vermächtniß an seine hinterlassenen Kinder‹, 1824 folgte in Luzern von Joseph Probst ›Die Neudörfer, eine lehrreiche Geschichte für das liebe Landvolk‹, 1828 in Berlin Ludwig von Baczkos ›Christian Redlich, der Freund jedes Nützlichen und Guten; ein Volksbuch‹, 1830 in Koblenz Victor Joseph Deworas ›Moralisches Exempelbuch für Bürger und Landleute‹ und 1831 in Aarau Markus Lutz' ›Heinrich Feldmanns, des klugen Schweizerbauers auf dem Tannenhofe, lehrreicher Unterricht für wißbegierige Landleute, worin probate Mittel vorkommen, wie man reich werden kann‹ und schließlich 1843 in Schwäbisch-Hall ›Stephan Müller, der glückliche Bauer, eine wahre, höchst lehrreiche Geschichte. Von ihm selbst beschrieben.‹ Diese Literatur reproduzierte weitgehend die Formen, Motive und Inhalte der bis zu Zschokkes ›Goldmacherdorf‹ erschienenen Werke.

Ein großer Teil dieser Schriften beabsichtigt, das gesamte Erziehungsprogramm der Volksaufklärung zu vermitteln, in dem die ökonomische Aufklärung und Information, die sittlich-moralische, medizinische und religiöse Belehrung eng miteinander verbunden sind. Zahlreiche Sammlungen von moralischen Erzählungen wollen durch Exempel einzelne Tugenden popularisieren oder Laster (vor allem den Genuß von Branntwein) anprangern. Auch unterhaltsam gestaltete Schriften zum Tierschutz oder zur Kindererziehung erscheinen, wofür Peter Scheitlins Volksschrift ›Friedrich der Thierquäler‹[28] oder die Erzählung ›Heinrich Gotterbarm oder die Früchte einer schlechten Kinderzucht. Ein Büchlein für das Volk‹[29] Beispiele sind.

Ein eigenes Kapitel stellen schließlich die zahlreichen Schriften zur politischen Aufklärung oder Beeinflussung dar, die immer dann in größerem Ausmaß erschienen, wenn unruhige Zeiten die Einbeziehung des »Volkes« in die politische Diskussion und Auseinandersetzung ratsam erscheinen ließen. Für unseren Zeitraum sind dies die Jahre um 1830 und unmittelbar vor 1848/49. Beispiele bieten hier die Schriften von Johann Ludwig Zwingli (›Abendunterhaltungen zwischen schlichten Landleuten über Freiheit, Volksgewalt, bürgerliche Ordnung und obrigkeitliches Ansehen in einem Freistaate‹[30]) und von Johann Ludwig Gottfried Walthers (›Die Ständeversammlung im Wirthshause. Ein Volksbüchlein‹[31] oder ›Bauerngespräche über König und Regierung, Volk und Revolution‹.[32])

4. Jeremias Gotthelf

Beschränkte sich das Werk des Schriftstellers Albert Bitzius allein auf die frühen Romane und Erzählungen, dann würde man ihm in der Literaturgeschichte einen Platz inmitten der großen Zahl konventioneller Autoren volksaufklärerischer und volkspädagogischer Schriften zuweisen. Deutlich erkennbar setzt er zunächst die eingefahrene Tradition fort, führt sie allerdings durch große literarische Kunstfertigkeit, Detailrealismus und manchmal fast naturalistische

Schilderungen des ländlichen Lebens zu einem Höhepunkt. Erst durch die späteren, episch kunstvollen Romane und Erzählungen, die jedoch durchweg ebenfalls die Herkunftsmale der Volksaufklärung tragen, wurde Bitzius zu einem folgenreichen Klassiker der deutschsprachigen Literatur der Schweiz und zu einem auch in Deutschland hochgeschätzten Künder bäuerlichen Lebens.

Als Sohn einer alten Berner Pfarrers- und Beamtenfamilie wurde Bitzius 1797 geboren; nach dem Studium der Theologie begann er Anfang der zwanziger Jahre die geistliche Laufbahn als Vikar, bis er 1831 seine Stelle in Lützelflüh im Emmental antrat. Mit der geistlichen Tätigkeit war, wie bei so vielen seiner Amtsbrüder auch, ein ausgeprägtes volkspädagogisches und politisch-liberales Engagement verbunden, insbesondere die Verbesserung des niederen Schulwesens und die Ausbildung der Schulmeister lag ihm am Herzen. Ein Schlüssel für den Beginn der publizistischen und literarischen Betätigung liegt im Verbot politischer Betätigung für Geistliche, das 1831 durch die Berner Verfassung ausgesprochen wurde.

1837 erscheint mit dem ›Bauern-Spiegel oder Lebensgeschichte des Jeremias Gotthelf. Von ihm selbst beschrieben‹ der Roman, mit dem der Seelsorger Bitzius – Gotthelf – zum Künder und Mahner – Jeremias – gegenüber der bäuerlichen Bevölkerung wird. Der Roman ist in der Form der fiktiven Autobiographie geschrieben. Nach dem Vorbild des Zschokkeschen ›Goldmacherdorfes‹ kommt hier der ehemalige Soldat – sein Name ›Jeremias Gotthelf‹ ist der künftige Dichtername von Albert Bitzius – in ein Dorf, das er nach volksaufklärerischen Vorstellungen reformieren möchte. Bei den Dorfbewohnern trifft er auf alle die Eigenschaften, die von der Volksaufklärung seit dem 18. Jahrhundert attackiert wurden: Geiz und Hartherzigkeit, Trunk- und Klatschsucht, Traditionalismus und fehlende Aufgeschlossenheit gegenüber besserer Bildung, Betrügereien im Handel und Wucher. Diesen setzt Bitzius das traditionelle Erziehungsprogramm der Volksaufklärung entgegen, nämlich ein in Teilen säkularisiertes neues Christentum, das auf die Moralisierung des gesamten Menschen zielt und sich gegen die traditionelle Volksreligiosität richtet, die sich nach Ansicht vieler Aufklärer in »äußerlichem Gottesdienst« und »abgöttischer Werkgerechtigkeit« erschöpft, wie dies schon von Friedrich Eberhard von Rochow angeprangert worden ist.³³ Schon in diesem ersten Roman bewährt sich die künstlerische und realistische Gestaltungskraft Gotthelfs; anders als noch im ›Goldmacherdorf‹ Zschokkes fehlt hier die fast märchenhafte Umwandlung des Bösen in das Gute. Der Sieg der Vernunft über Vorurteile und Gewohnheiten, so wird dem Leser vermittelt, ist kein Tageswerk, sondern bedarf langdauernder Anstrengungen.

Der zweite Roman Gotthelfs, ›Leiden und Freuden eines Schulmeisters‹ aus den Jahren 1838/39, greift das schon klassische Motiv des verachteten ländlichen Lehrers auf. Wiederum hat Gotthelf die Form einer fiktiven Autobiographie gewählt; man könnte auch von einem Entwicklungsroman sprechen, in dem das Leben des Schulmeisters Peter Käser im Mittelpunkt steht. Die Schilderung ist ein episches Meisterwerk; der Autor vermag sich wie in keinem Roman zuvor in die Nöte und Wünsche, Träume und Ängste eines Lehrers zu versetzen, dem Anerkennung seiner Tätigkeit weder von den Obrigkeiten noch von den Bauern oder den Schülern zuteil wird. Wie der ›Bauernspiegel‹ bietet der Roman nicht nur eine anschauliche und spannende Erzählung, sondern bildet eine sozial- und kulturhistorische Quelle ersten Ranges. Wichtig ist der Schulmeisterroman auch dadurch, daß Gotthelf sich in ihm mit den Strategien der volksaufklärerischen Literatur und zugleich mit den eigenen einschlägigen Erfahrungen, mit seiner Zeit »goldmacherischen Schwärmens«³⁴ während der Vikarstätigkeit, auseinandersetzt. Die Segen bringende Allianz von Pfarrer und Schulmeister, die seit dem von Friedrich Eberhard von Rochow in der Praxis erprobten Modell in so vielen volksaufklärerischen Schriften literarisch gestaltet wurde, scheitert bei Gotthelf. Die Bemühungen um Reformen und Aufklärung brechen sich am Widerstand der Dorfgesellschaft. Die hier zum Ausdruck kommende Skepsis formuliert Gotthelf in einer Kritik volksaufklärerischer Literatur, in die er selbst Pestalozzis ›Lienhard und Gertrud‹ einbezieht:

> Mir waren von je die meisten Volksschriften abgeschmackt vorgekommen. Weise Leute rüsteten eine solche Schrift zu wie die Apotheker ihre Mittel, nahmen ein Lot Religion, anderthalb Lot Moral, zwei Lot feine Lebensart, ein halb Pfund gmeinnütziges Allerlei, streuten einige Volksausdrücke

darunter, preßten irgendeinen alten Witz darein, rührten alles wohl untereinander und stellten dem Volk das Fressen vor. Das Volk wandte sich zumeist angewidert davon ab, nur hier und da ward ihm durch gemeinnützige, gutmütige Ammen was eingezwängt.[35]

Die Anstrengungen des Pfarrers, durch Belehrung und praktisches Beispiel ökonomische Veränderungen durchzusetzen, werden ironisierend und satirisch bis zu ihrem gänzlichen Scheitern beschrieben. Damit wird jedoch nicht der Volksaufklärung eine Absage erteilt, sondern ihren Strategien und der aufklärerischen Hoffnung auf die Evidenz der Vernunft.

Gotthelf ist mit Recht als Vertreter einer »christlichen Aufklärung« bezeichnet worden.[36] Er erkennt bei der ländlichen Bevölkerung erstarrte Glaubensvorstellungen, Aberglauben und Unglauben, gegen die er eine zweite Reformation notwendig sieht. Wie vielen Volksaufklärern vor ihm erscheint ihm Christus als erster Aufklärer, dessen Aufgabe es war, »Licht zu bringen in die herrschende Finsternis und durch dieses Licht die Seelen der Menschen frei zu machen von jeder unsittlichen Gewalt«.[37] Die christlichen Werte, die der Landbevölkerung nahegebracht werden sollen, sieht Gotthelf ausdrücklich identisch mit denen der neuen staatlichen Ordnung, wie sie durch die Liberalen der Regeneration nach 1830 in Bern installiert wurde. Anders als in der durchweg konservativen deutschen christlichen Volksliteratur hat die »christliche Aufklärung« nicht zum Ziel, eine traditionelle Volksreligiosität zu beleben, sondern sie ist eng verbunden mit der nun zu staatlicher Macht gelangten liberalen Ideologie. Gotthelfs Programm einer christlichen Aufklärung will den Menschen schaffen, der Ausdruck der frühliberalen Programmatik ist; gestaltet hat ihn Gotthelf am besten in seinem Roman ›Uli der Knecht‹, in dem das Lob von Aufstiegswillen und Arbeitsdisziplin, von Bescheidenheit und Gemeinnützigkeit gesungen wird. Der Frühliberalismus der Bildungs- und Besitzeliten in der Schweiz, der sich in den dreißiger und vierziger Jahren intensiv mit den sozialen und politischen Forderungen der Unterschichten konfrontiert sieht, entwickelt sich zu einem liberalen Konservativismus – eine Entwicklung, die Gotthelf in seinen späten Romanen deutlich mitvollzieht.

Überaus kunstvoll und virtuos paßt Gotthelf sein literarisches Werk bäuerlichen Glaubensvorstellungen an, um Gehör für seine Botschaft zu finden. Am Beispiel der Kalendergeschichte ›Die beiden Raben und der Holzschelm‹, die kurz nach der Aufhebung der unentgeltlichen Holznutzungsrechte für die Unterschichten in den Jahren 1839/40 entstand und den Holzdiebstahl thematisiert, ist gezeigt worden, wie Gotthelf einen alttestamentarischen, zuchtmeisterlichen Gott gestaltet, der über die Respektierung eines modernen Eigentumsbegriffes wacht[38]. Die Verletzung des nach den gerade erlassenen Gesetzen nun fremden Eigentums wird mit einer furchtbaren Bestrafung geahndet: das Kind des Diebes kommt zu Tode.

Zentral für das Gotthelfsche Werk sind die ›Uli-Romane‹. Sie zeigen die Utopie eines fleißig-arbeitsamen, fromm-stillen Volkes, das, wie Gotthelf gut wußte, nur wenig mit dem realen »Volk« zu tun hatte. 1841 erscheint ›Wie Uli der Knecht glücklich wird‹; der Roman ist als »Lektur für Knechte und Mägde« bestimmt. Wiederum kann man von einem Entwicklungsroman im bäuerlichen Umfeld sprechen; gezeigt wird, wie Uli durch die von der Volksaufklärung gepredigten Tugenden zu Glück und Erfolg gelangt. Mit dem Aufstiegsmotiv löst sich Gotthelf von dörflichen Normen, wohl auch von der ländlichen Realität, und bricht mit bäuerlichen Traditionen. War dem Gesinde in der Realität praktisch jede Aufstiegsmöglichkeit verwehrt, so zeigt Gotthelf dem Leser einen Weg, »der so mühselig ist in seinem Anfang, aber so herrlich in seinem Ausgang«[39], und der durch Leistungsfähigkeit und Askese dem Knecht zu einem eigenen Hof verhilft.

Im zweiten Uli-Roman, ›Uli der Pächter‹ aus dem Jahre 1847, verfolgt Gotthelf das weitere Schicksal seines Helden, nachdem er ein Bauerngut in Pacht genommen hat. Es ist kein Zufall, daß Gotthelf nun die Wandlung Ulis zum gewinn- und eigensüchtigen Bauern beschreibt, der sich erst durch eine schwere Krankheit läutert. Uli erscheint als eine der bäuerlichen Figuren, die Gotthelf als Träger des Radikalismus begreift, der zu jener Zeit gerade im sogenannten Sonderbundskrieg den Sieg davonträgt. Gotthelf selbst hat seinen Roman ein »Sonderbundskind« genannt, »in Zorn und Weh geboren«.

Das schriftstellerische Werk Gotthelfs ist von außergewöhnlicher Breite, seine Schaffenskraft enorm. Nur einige der Romane und Erzählungen, die ihren Handlungsort durchweg im ländlichen Raum haben, können hier genannt werden (auf novellistische Meisterwerke wie ›Die schwarze Spinne‹ oder ›Elsi, die seltsame Magd‹ sei ausdrücklich verwiesen).[40] 1843/44 erscheint der zweibändige Roman ›Anne Bäbi Jowäger‹. Das Werk stellt eine literarische Auftragsarbeit für den Regierungsrat des Kantons Bern dar[41], der den Beschluß faßte, das Volk mit einer populären Schrift über die schädlichen Folgen der Kurpfuscherei und Quacksalberei zu belehren. Diese Erzählung von einer manisch-depressiven Bäuerin, die ihren Sohn durch medizinisches Unwissen und Vorurteile um ein Auge bringt, ist ein kunstvoll gestalteter Höhepunkt der medizinischen Volksaufklärung [42].

Das letzte große Werk schließlich ist ›Erlebnisse eines Schuldenbauers‹ aus dem Jahre 1852, erschienen 1853, der als »umgekehrter Uli« bezeichnet wurde[43] und mit dem Gotthelf Abschied von volksaufklärerischen Zielsetzungen nimmt.[44] Obwohl er exakt die sozialen Ausgangsbedingungen des Jeremias im ›Bauernspiegel‹ und die Tugenden des Knechtes Uli hat, mißlingt der Aufstieg Hans Joggis. Das Regiment der bernischen Radikalen hat dazu geführt, daß dem Schuldenbauern weder auf dem Lande noch in der Stadt Hilfe zuteil wird; erstmals ist hier durch Gotthelf die reale Chancenlosigkeit der volksaufklärerischen Tugendgestalten literarisch gestaltet worden. Und doch endet der Roman mit einer Utopie, die dem 18. Jahrhundert entstammt. Der gescheiterte Kleinbauer wird Verwalter auf dem Hofe eines jener ökonomischen Patrioten, die so typisch für die schweizerische Aufklärung sind und der hier in der Gestalt eines ehemaligen schrulligen Landvogts auftritt. Mit ihm gemeinsam schafft der Schuldenbauer einen Musterhof.

Die von Gotthelf geschaffenen Schilderungen des ländlichen Lebens, der bäuerlichen Verhältnisse und Verhaltensweisen verraten den Dorfpfarrer, den genauen Kenner seiner Gemeindeglieder und des Volkslebens, vor allem aber zeigen sie einen großen Dichter, der bei allem Poltern und Predigen zu anschaulich-sinnlichen Schilderungen in der Lage ist, deren epischer Atem den Leser auch heute noch zu faszinieren vermag.

Der zeitgenössischen Auffassung allerdings, besonders Gotthelfs ›Uli der Knecht‹ sei zum »Brevier der Bauern in der Schweiz«[45] geworden, hat schon Gottfried Keller eindrucksvoll widersprochen:

›Uli der Knecht‹ und ›Uli der Pächter‹, kosten zusammen beinahe vier Gulden. Wie lange es geht, bis ein Bauer für ein Buch, das nicht gerade die Bibel ist, vier Gulden disponibel hat, weiß jeder selbst, der mehr in einem Bauernhaus verweilt hat, als bloß um an einem heißen Sommertage eine frische Milch darin zu essen. Und vollends ein armer Bauer oder gar ein Knecht! Und wenn sich endlich ein solcher Sonderling und Verschwender findet, gewiß eine Vogelscheuche für das ganze Dorf: wie soll das Buch zu ihm gelangen oder er zu dem Buche? Er bekommt keine Bücherpakete ›zur gefälligen Einsicht‹.[46]

Die Wirkung Gotthelfs in Deutschland beginnt, nachdem der Berliner Verleger Julius Springer den Schweizer Autor als Volksschriftsteller entdeckt und ihn zur Umarbeitung des Romans ›Uli der Knecht‹ bewegt; die Hauptwirkung dürfte, auch wenn ›Uli der Knecht‹ schon 1846 in Deutschland erschien, nach dem Vormärz liegen. Nach Glättungen und Rücknahme der Berner Mundart fand Gotthelf dann beim deutschen Lesepublikum große Resonanz.

5. Volksschriftenvereine und ihre Literatur

In den vierziger Jahren des 19. Jahrhunderts entstanden, zum Teil aus der »Büchereibewegung« hervorgehend [→ Schmid: Buchmarkt, 89 f.], mehrere Volksschriftenvereine. Mit dem Zwickauer Verein von 1841, dem Württembergischen Verein von 1843, dem Zschokke-Verein von 1844, dem Badischen Verein von 1844 und dem Norddeutschen Verein von 1846 nahmen sich während der Vormärzzeit fünf Vereinigungen einer Aufgabe an, die mit der Vermittlung von »Volksschriften« an einfache Leser zuvor vor allem durch Priviatinitiative geleistet wurde.[47] Ihre Publikationen stehen in engem Zusammenhang mit den vorgestellten volkspädagogischen Erzählungen und Romanen oder weisen Parallelen zu den Dorfgeschichten auf.

Die Gründungsgeschichte der Volksschriftenvereine beginnt –

nach einigen regional und konfessionell begrenzten Vorläufern wie dem katholisch-bayerischen »Verein zur Verbreitung guter und erbauender Bücher« (1830) – im Gutenbergjahr 1840 mit einem Aufruf des Arztes Johann Christoph Pröbsting im ›Börsenblatt für den Deutschen Buchhandel‹. Mit einem Bücherverein, der mit Schriften insbesondere zur »Geistesbildung und moralischen, wie gewerblichen Aufklärung« der »Unbemittelten und Armen« sowie zur »geistigen und sittlichen Veredlung der Menschheit« beiträgt, wollte man Gutenberg ein »zeitgemäßes Denkmal« setzen.[48] »Wissen ist Macht«, so lautete ein Motto des Aufrufes, das auch schon Titel einer Rede Zschokkes war. Ein Verein von bürgerlichen Wohltätern, so die Vorstellung Pröbstings, sollte durch Spenden für Verlag und Vertrieb von Volksschriften sorgen. In den Vereinen fanden sich höhere Schulbeamte und Professoren, Regierungsbeamte und Stadträte, Geistliche und Mediziner, Buchhändler und Druckereibesitzer.

Als beispielhaft kann die Tätigkeit des Zwickauer »Vereins zur Verbreitung guter und wohlfeiler Volksschriften« gelten. Jährlich gab der Verein etwa acht Schriften heraus, von denen er zumeist sechs selbst verlegte. Die Auflage betrug zwischen 3000 und 12 000 Exemplaren bei einer Mitgliederzahl des Vereins von 6000 im Jahre 1841 und 10 000 im Jahre 1848. Die Gesamtsumme der verbreiteten Schriften belief sich bis 1848 auf fast 400 000. Zu je einem Drittel vertrieb der Verein unterhaltende Erzählungen wie etwa die von Gustav Nieritz, belehrende Schriften zur Naturkunde und zur Haus- und Landwirtschaft sowie religiöse Schriften. Herrschte vor 1848 eine mild-aufklärerische Tendenz vor, so setzte man nach der Revolution stärker auf religiös-konservative Literatur.

Ähnlich strukturiert, wenn auch bei weitem nicht so ausgedehnt wie beim Zwickauer Verein, war auch die Tätigkeit der anderen Volksschriftenvereine. Der Württembergische Verein vertrieb zwischen 1843 und 1848 46 Titel mit einer Durchschnittsauflage von 1600 Exemplaren zu sehr niedrigen Preisen, die über Kolporteure und Verschenkaktionen an die Leser gebracht wurden. Dem Verein war 1846 die erstaunliche Zahl von 350 Lesevereinen und Schulfonds angeschlossen.

Die Tätigkeit der Volksschriftenvereine fand in den vierziger Jahren eine Ergänzung durch die Gründung von etwa 100 Volksbibliotheken,[49] zu denen noch zahlreiche ländliche Lesevereine kamen. Um die Probleme der Volksbildung bekümmerten sich daneben auch der »Centralverein für das Wohl der arbeitenden Klassen«, Gesellen- und Handwerkervereine sowie die ersten vormärzlichen Arbeiterbildungsvereine. In der Bibliothek des Mannheimer Gesellenvereins etwa, der zu höherer Bildung seiner Mitglieder beitragen wollte, fanden sich unterhaltende Literatur von Schiller und Zschokke, antiklerikale und politische Schriften sowie Abhandlungen zur sozialen Frage.[50]

Wie sehr die Volksbildungsbestrebungen während des Vormärz auf der Tagesordnung standen und der Handel mit »Volksschriften« mehr und mehr zu einem lohnenswerten Geschäft geworden war, zeigen kommerzielle Nachahmungen der Volksschriftenvereine. Die Berliner Verlagsbuchhändler Julius Springer und Moses Simion gründeten 1847 die »Verlagshandlung des allgemeinen deutschen Volksschriften-Vereins«, die bis 1854 bestehen blieb. Verlegt wurden Autoren wie Gustav Nieritz, Ferdinand Schmidt und Jeremias Gotthelf. Zu verweisen ist nicht zuletzt auch auf zahlreiche protestantische und katholische Initiativen zur Verbreitung von Volksschriften.[51]

In vielerlei Hinsicht knüpfte die Volksschriftentheorie, wie sie von den Volksschriftenvereinen vertreten wurde, an die Konzeptionen an, die von den Volksaufklärern des 18. Jahrhunderts formuliert wurden. Als wichtigste Voraussetzung für eine erfolgreiche Belehrung galt die dichterische Gestaltung der Volksschrift; bevorzugt wurde die unterhaltend-erzählende Form, die auch einfachen Lesern Verständlichkeit garantieren sollte. Der vermuteten Lesefähigkeit und -motivation entsprach eine Obergrenze für den Umfang der Schriften von zumeist sechs bis acht Bogen, die broschiert abgegeben wurden. Handlungsorte sind dabei meist die ländliche Gesellschaft und das Dorf, es finden sich aber auch Lebensgeschichten von Handwerkern wie Jeremias Gotthelfs ›Jakobus, des Handwerksgesellen, Wanderungen durch die Schweiz‹ (vom Zwickauer Volksschriftenverein in 11 000 Exemplaren vertrieben).[52] Die sittlich-moralische Belehrung, auch als Warnung vor der »Branntweinpest«[53]

oder dem »Fluch der Verwahrlosung«[54], steht deutlich im Vordergrund, was im Einzelfall die Behandlung auch politisch und sozial brisanter Themen nicht ausschließt. Kaum einmal jedoch findet sich in ihnen eine Parteinahme gegen das politische System der Restaurationsepoche, was nicht allein einer besonders strengen Zensur für Volks- und Jugendschriften zuzuschreiben war, sondern auch den Konzeptionen der Volksschriftenvereine entsprach. Von wenigen Ausnahmen abgesehen, sind hier Gut und Böse eindeutig geschieden; fast immer setzen sich Tugenden und Sittlichkeit durch, während die Autoren vormärzlicher Dorfgeschichten die Katastrophe als Schluß ihrer Erzählungen vorziehen.[55] Angesichts dieser Strukturmerkmale und der unterschiedlichen Adressaten von Volksliteratur und Dorfgeschichten gilt das Urteil Michael Knoches: »Volksliteratur und Dorfgeschichte sind sozusagen zwei Seiten derselben Medaille, die nicht zur gleichen Zeit obenauf liegen können.«[56]

Wer danach fragt, was während des Vormärz tatsächlich gelesen wurde, muß die Tätigkeit der Volksschriftenvereine und der ihnen verwandten Institutionen zur Kenntnis nehmen. Die enormen Auflagen der von ihnen vertriebenen Schriften und die häufigen Neuauflagen müssen denen der sogenannten hohen Literatur gegenübergestellt werden.

Eine beträchtliche Anzahl von Lesern fand auch die christliche Volkserzählung im Vormärz. Ihre wichtigste Autorengruppe sind Geistliche, ihre wesentlichen Ziele sind die »Rückkehr zum Glauben, zur Obrigkeitstreue und zum christlichen Familienleben der Altvorderen«.[57] Ein Blick in das ›Gesamtverzeichnis des deutschsprachigen Schrifttums‹ verrät freilich, welche Wirkung solche heute längst vergessenen Autoren wie Emil Frommel, W. O. von Horn, Karl Heinrich Caspari, O. Glaubrecht und Karl Stöber bis in das 20. Jahrhundert hatten.

Ihre Erzählungen sind zum Teil typische Dorf- und Alltagsgeschichten. Horns Erzählung ›Friedel. Eine Geschichte aus dem Volksleben‹ aus dem Jahre 1845, die zahlreiche Auflagen erlebte, schildert den abenteuerlichen Weg eines verwaisten Bauernsohnes, der durch die Lektüre von Millers ›Siegwart‹ zu »krankhafter Empfindelei« geleitet wird, in die weite Welt und zurück in die Heimat, wo er sich als großer Wohltäter bewährt. Zahlreiche in ländlichen

Verhältnissen spielende Erzählungen finden sich auch in Horns ab 1845 erscheinendem Kalender ›Die Spinnstube. Ein Volksbuch‹ [→ Plaul/Schmid: Populäre Lesestoffe, 319 ff.].

III. Die literarische Dorfgeschichte im Vormärz

Wie wenig die im engeren Sinn als Dorfgeschichten bezeichneten Erzählungen zur Lektüre durch einfache Leser geeignet waren, verrät das Beispiel eines volkspädagogisch engagierten Geistlichen, der seinen bäuerlichen Gemeindegliedern Auerbachs ›Schwarzwälder Dorfgeschichten‹ zum Lesen empfahl. Die Reaktion der Bauern zeigt, daß das bäuerliche Interesse an einer detailgetreuen literarischen Doppelung ihres Lebensbereiches nicht sehr ausgeprägt war:

> Das Buch, das uns der Herr Pastor gegeben hatte, schrieb sich ›Schwarzwälder Dorfgeschichten‹. Der Herr Pastor hat's gelobt und da wird's schon gut sein. Wie wir's aber hörten vorlesen, haben wir bei uns gedacht, das wäre Alles accurat als wie bei uns auch und haben daran gestrauchelt, ob der Herr, der das Buch gemacht hat, uns nicht damit Eins hat anhängen wollen, bis uns der Herr Pastor versichert hat, so wäre es gar nicht gemeint, sondern es hätte darin nur den Leuten gezeigt werden wollen, wie sich's auf dem Dorfe lebte und ob's der Herr Buchschreiber nicht richtig getroffen hätte? Nun freilich hat er's richtig getroffen, aber wenn wir uns selbst sehen wollen, gucken wir in den Spiegel und mögen's am Feierabend nicht erst uns vorerzählen lassen, wie wir's unserer Lebtage gemacht haben.[58]

Ähnliche Zeugnisse zu den literarischen Dorfgeschichten, die von der Literaturkritik seit den vierziger Jahren des 19. Jahrhunderts als neue und eigenständige Gattung wahrgenommen wurden, liegen in großer Zahl vor. Ganz offenkundig dienten die Dorf- und Bauernnovellen, die Gemälde des Volkslebens, die Genrebilder und Sittenschilderungen, um nur einige der für die Dorfgeschichten gebrauchten Bezeichnungen zu nennen, einem gebildeten, bürgerlichen Publikum, das hier ein neues Interesse befriedigen konnte. Viele der Erzählungen wurden in überregional gelesenen Zeitschriften, etwa in der ›Zeitung für die elegante Welt‹, publiziert, waren also keineswegs für ein regional bäuerliches Publikum bestimmt. Wie Auerbach strebten viele der frühen Dorfgeschichtenautoren möglichst detailgetreue Beschreibungen des Volkslebens an, die sich – wie bei Josef Rank mit seinen Schilderungen aus Böhmen – zunächst sogar ganz ausdrücklich an Kulturhistoriker, Germanisten, Volks- und Landschaftsfreunde wandten. Zu Recht ist die Dorfgeschichte als eine »heimatliche Robinsonade« bezeichnet worden, in der mit den ländlichen Verhältnissen unvertraute Leser eine exotische Welt vorfinden.[59] Sie ist zugleich auch Ausdruck jener Vorliebe für die kleinen Formen, von der Friedrich Sengle für die »Biedermeierzeit« gesprochen hat, für die Neigung zum Kleinen, Nahen und Konkreten.[60]

Als literarische Dorfgeschichte soll hier das verstanden werden, was die Zeitgenossen selbst zu Beginn der vierziger Jahre als neue Gattung wahrnahmen, in der »das Volksleben in seiner Selbständigkeit zum Gegenstande der Dichtung« gemacht wurde.[61] Die literarische Aufwertung des Bauernstandes und das intensive Studium des Volkslebens waren eng verbunden mit den politischen Interessen des liberalen Bürgertums im Vormärz. In der literarischen Dorfgeschichte wurden diejenigen Volksschichten porträtiert, die zur Durchsetzung einer neuen Gesellschaftsordnung als Bündnispartner benötigt wurden. Zwar las man nach 1848 manche Dorfgeschichte nur noch als Standespoesie, doch war den Zeitgenossen die politische Brisanz dieser Literatur sehr wohl bewußt:

> Wie der französischen Revolution, als bedeutungsvolles Vorzeichen, der Umschwung der Philosophie durch die Enciklopädisten voranging, so war die schöne Literatur, und zwar die Poesie der Dorfgeschichten das Symptom der Revolution in Deutschland. Eigenthümlich und neu war die Erscheinung, wie plötzlich ohne Verabredung, ja ohne Bewußtsein und Tendenz eines politischen Zweckes deutsche Schriftsteller anfingen, das schlichte Volk der Wälder, den Bauern bei seinem Pfluge, die Magd bei ihrem Spinnrade, den Knaben in der Dorfschule zur Herrschaft in der deutschen Literatur zu berufen. Neu nenn ich diese Erscheinung ⟨...⟩.[62]

Dem heutigen Leser, der in vielen der Dorfgeschichten vor allem die beschauliche, manchmal idyllisierende Schilderung dörflichen Lebens zu entdecken meint, erscheint die These wenig plausibel, hier sei literarisch die Revolution von 1848/49 vorbereitet worden. Doch nicht ohne Recht bezeichnet Ferdinand Kürnberger 1848 die Dorfgeschichte als »Demagogie im bedeutendsten Sinne des Wortes«:

> Wär ich ein König, oder ein Aristokrat gewesen, diese Novellen hätten mich mehr erschreckt, als die verwegenste Destruktions-Phrase eines französischen Redners. Angegriffen werden ist nichts, aber vergessen, übergangen werden ist alles! Und das thaten die Dorfgeschichten den Optimaten Deutschlands. Sie machten eine Miene, als ob es keinen König, keinen Erzherzog, Großherzog, Herzog, Fürsten, Grafen, gefürsteten Grafen, keinen Baron, keinen Ritter, keinen Junker und kein Edelfräulein mehr gebe durch ganz Deutschland, für sie war nur der dritte Stand vorhanden, das Zweikammersystem gestürzt, die Pairskammer abgeschafft, die Privilegien vernichtet. ⟨...⟩ Man sah, dem Adel war bereits der Stab gebrochen, er gehörte zu den Todten[63].

Hier liegt ein wesentlicher Unterschied der Dorfgeschichten zu den volkspädagogischen und volksaufklärerischen Erzählungen bis hin zu Gotthelf. In ihnen war das »Volk« zumeist Objekt erzieherischer Absichten, Thema waren seine Vorurteile und Fehler, literarisch gestaltet wurden seine »Veredlung und Verbesserung«. In der Dorfgeschichte erscheinen Menschen aus den Unterschichten hingegen als handelnde Subjekte, die mit dem Anspruch realistischer und detailgenauer Schilderung auf die literarische Bühne gestellt werden, um bürgerlich-liberalen Lesern vorzuführen, daß ein politisches Bündnis mit diesem »Volk« durchaus nicht zu einer unkontrollierbaren Entwicklung führen müsse. Die Demonstration vorhandener Sittlichkeit und Rechtlichkeit des »Volkes« ist ein häufig wiederkehrendes Thema der Dorfgeschichten. Wichtig ist in diesem Zusammenhang auch, daß fast alle Autoren von vormärzlichen Dorfgeschichten in unterschiedlichem Maße engagierte Liberale waren.

Der wichtigste und bekannteste Autor von Dorfgeschichten ist Berthold Auerbach. 1812 wurde er als Sohn jüdischer Eltern im württembergischen Schwarzwalddorf Nordstetten geboren, wo er mit zehn Geschwistern aufwuchs. Dem Besuch der Talmudschule folgte ein Studium der jüdischen Theologie, das Auerbach jedoch abbrach, um sich den Rechten und der Philosophie zuzuwenden. Seine Laufbahn als freier Schriftsteller begann 1837 mit einem historischen Roman über Spinoza, dessen sämtliche Werke er 1841 in eigener Übersetzung aus der lateinischen Sprache herausgab. Besonders geprägt wurde er durch den südwestdeutschen Liberalismus, ein großes Ziel war der Ausgleich christlich-jüdischer Gegensätze. Literarisch wollte er Volksliteratur und »hohe« Literatur zu einer Nationalliteratur verschmelzen; seine volkspädagogischen Absichten zielten auch noch nach 1848 auf die Vermittlung einer Bildung, durch die er Demokratie erst möglich sah, eine Überzeugung, die er 1852 in dem dreibändigen Roman ›Neues Leben‹ literarisch gestaltete. Neben literaturtheoretischen Schriften – am bekanntesten sind die Abhandlungen ›Das Judentum und die neueste Literatur‹ von 1836 und ›Schrift und Volk‹ von 1846 – gab er Kalender heraus [→ Plaul/Schmid: Populäre Lesestoffe, 319ff.] und verfaßte zahlreiche Romane. Bekannt wurde er jedoch durch seine ›Schwarzwälder Dorfgeschichten‹, die zunächst in Zeitschriften und von 1843 an in Buchform erschienen. Durch sie setzte sich der Gattungsbegriff durch. Mehrere der Auerbachschen Erzählungen erlebten zahllose Übersetzungen und erlangten Weltgeltung.

Auerbach verfolgte in seinen Dorferzählungen das Ziel möglichst authentischer Zeichnung des dörflichen und bäuerlichen Lebens, er wollte »ein ganzes Dorf gewissermaßen vom ersten bis zum letzten Hause ⟨...⟩ schildern«.[64] Vom Schulmeister seines Heimatortes Nordstetten ließ er sich Fragebogen ausfüllen, die ihm die dazu nötigen »volkskundlichen« Kenntnisse verschafften. Doch entsteht daraus kein Realismus, sondern die entsprechenden Schilderungen erscheinen häufig wie eine Art Dekoration, die den heutigen Leser eher an »die süße Gessnertradition« gemahnt als ihn vermuten läßt, daß die Dorfgeschichte vom zeitgenössischen Leser »zunächst als eine energische und erfrischende, dem empfindsamen Roman entgegengesetzte Erzählform erlebt wurde«.[65] Auerbachs erste Dorferzählung ›Der Tolpatsch‹ (1842) stellt einen in seinem Dorf verlachten Knecht vor, aus dem erst bei den Soldaten ein »ganzer Kerl« wird, dem durch Unbeholfenheit seine große Liebe Marannele an einen anderen verlorengeht. Er wandert schließlich nach Amerika aus, als ihn die Obrigkeit für eine Wirtshausprügelei ungebührlich hart bestraft. Die ungerecht in das bäuerliche Leben eingreifende Regierung rückt in der zweiten Erzählung, ›Befehlerles‹, ebenfalls von 1842, in den Mittelpunkt. Nach »altem Recht« ist es den verheirateten Bauern erlaubt, eine Handaxt zu tragen, bis ein Regierungsbeamter mittels amtlichen Aushanges das Verbot dieser Tradition verkündet. Unter Führung des Buchmaier gehen die männlichen Gemeindemitglieder gegen die Anordnung vor, zertrümmern mit ihren Äxten den Aushang, zeigen sich selbst an und begeben sich mit ihren Beilen zum Verhör. Das als besonnen geschilderte Vorgehen der Bauern hat Erfolg, der Oberamtmann wird versetzt und die Anordnung nicht mehr erneuert. Modern klingen die Worte, die Auerbach seinem Buchmaier in den Mund legt:

> Ihr meinet immer, wir sind euretwegen da, damit ihr was zu befehlen habt; wir bezahlen euch, damit Ordnung im Land ist, und nicht, um uns kujonieren zu lassen. Staatsdiener seid ihr, und der Staat, das sind wir, die Bürger.

In dieser Erzählung Auerbachs ist das »Volk« die handelnde Hauptperson, der Autor hat sich auf eine Gratwanderung begeben. Will er doch einerseits seinen Lesern zeigen, wie gemeindliche Selbstverwaltung und überkommenes Recht durch obrigkeitliche Willkürakte gestört werden, andererseits aber auch die Rechtlichkeit seiner Helden demonstrieren. Auerbach rettet sich aus diesem Dilemma, indem er die Berechtigung der bäuerlichen Gegenwehr betont und zugleich auf deren große Disziplin und Selbstbeherrschung verweist. Das auch in anderen Erzählungen Auerbachs und weiterer Dorfgeschichtenerzähler auftauchende Motiv einer sich gegen die Obrigkeit wehrenden Bauernschaft hat zu der konservativen Kritik geführt, zwar schildere der Autor die Volkssitten des Schwarzwaldes in bewundernswürdiger Treue, doch stoße er den »christlichen Volksfreund« zurück »durch die Tendenz aller seiner Dorfgeschichten, das Volk gegen seine Beamten zu erbittern«.[66]

Mit dem ›Lauterbacher‹ von 1843 sei auf eine weitere Erzählung Auerbachs hingewiesen, die nachdrücklich auf die Unterschiede zu den volksaufklärerischen Erzählungen aufmerksam macht. Hauptfigur ist hier ein junger Lehrer, der, nachdem er langsam in das Dorf integriert wird, auf den »Volksgeist« wirken will. Er stößt dabei auf eine Mentalität, die er erst langsam verstehen lernen muß. Auf sein Bedauern, »daß die Verbesserungen so schwer bei dem gewöhnlichen Volke Eingang finden«, wird ihm vom Buchmaier erwidert:

Das ist gar nicht traurig, Herr Lehrer, im Gegentheil, das ist recht gut. Glaubet mir, wenn die Bauersleut' nicht so halsstarrig wären und jedes Jahr des Versucherles machen thäten, das die studirten Herren aushecken, wir hätten schon manches Jahr hungern müssen.[67]

Wenngleich im Dorf jeder lesen kann, so ist das Bedürfnis danach nur schwach ausgeprägt; lieber hört man erzählen, bestenfalls den ›Rinaldo Rinaldini‹ akzeptiert man. Der Lehrer muß erkennen, daß man nicht einfach mit einem »Katechismus der gesunden Vernunft« unter das »Volk« treten und es alsbald belehren kann. Resonanz findet der Lauterbacher – er hat den Namen nach seinem Herkunftsort – erst mit dem Vorlesen des ›Schwäbischen Merkur‹ im Dorfwirtshaus. Erzählungen aus der griechischen Geschichte finden so großen Anklang, daß die Bauern sich schließlich selbst ›Das Goldmacherdorf‹ Heinrich Zschokkes gefallen lassen, »sie fürchteten sich nicht mehr vor einem Buche«.[68] Die Schilderung der bäuerlichen Reaktionen auf die Erzählung könnte fast vermuten lassen, Auerbach habe selbst einmal einer solchen Vorlesung beigewohnt:

Trotz seines edlen Gehaltes hatte das Buch doch nicht die Wirkung, die der Lehrer wohl mit Recht erwartet hatte; es griff so unmittelbar an das Bauernleben, daß ein Jeder seinen Maßstab ohne Scheu an die getroffenen Einrichtungen anlegte. ⟨...⟩ Allemal, wenn der Ausdruck vorkam: ›Oswald öffnete seinen Mund und sprach‹, lächelte der Buchmaier, denn dieser Bibelton mißfiel ihm sehr. Manche Rede ging spurlos vorüber, manche traf aber auch den Nagel auf den Kopf, so daß die Leute einander ansahen und nickten. Sonderbar! als zu Ende gelesen war, stellte sich heraus, daß die meisten Leute für das Dorf gegen den Oswald Partei ergriffen hatten. Der Mathes traf zuerst den Grund dieses Widerspruchs, indem er sagte: ›Mir gefällt's nicht, daß der Oswald so allein Alles gut machen will und muß‹. ⟨...⟩ ›Hast Recht‹, sagte der Buchmaier, ›er spielt überhaupt zu viel den Herrn, und sein Erbprinz da, zu was braucht man den? ⟨...⟩‹. ›Und ich mein‹, sagte Kilian, ›die Bauersleut' seien viel zu dumm hingestellt; so arg ist's nicht.‹[69]

Immerhin führt die gemeinsame Lektüre zur Gründung einer Lesegesellschaft, an der auch die im Dorf lebenden Juden teilhaben. In wesentlichen Grundzügen findet sich hier erzählerisch gestaltet, was Auerbach 1846 in seiner Abhandlung ›Schrift und Volk‹ formuliert. Der bürgerliche »Volkslehrer« darf die Mentalität des Bauern nicht mehr nach seinem Bilde zu wandeln suchen, er soll vielmehr die freie Entwicklung der im »Volk« zu findenden Anlagen ermöglichen. Dies schließt die erzieherische und sittliche Einwir-kung nicht aus, doch unter den Bedingungen der vierziger Jahre des 19. Jahrhunderts hat der Aufklärer auf der Seite des »Volkes« in Opposition zu einer staatlichen Gewalt zu stehen, durch die die über Jahrhunderte gewachsene Volkskultur zerstört wird. Auerbach geißelt den »modernen Polizeistaat«, den »Hans Dampf in allen Gassen«, der mit seiner »zutäppischen Vielregiererei« die »zartesten Keime des Volksthums zerdrückt und verunstaltet«:

> Man trete hinaus unter das Volk und sehe nur, wie der Polizeistaat mit dem Volksthum, mit Bräuchen und Sitten, mit Festen u.s.w. wirthschaftet; ⟨...⟩ ein Volksbrauch, der sich seit undenklichen Zeiten in die Gemüther einlebte, man wirft einige Zeilen auf einen Stempelbogen, streut Sand darauf – die alte Sitte ist begraben.[70]

Vor diesem Hintergrund ist die detailreiche, oft liebevolle Beschreibung ländlicher Sitten und Gewohnheiten zu sehen, die viele vormärzliche Dorfgeschichten dem gebildeten Leser bieten. Der Eigenwert einer gefährdeten Volkskultur soll betont werden; zu einer »fatalen Pflege des Volkstümlichen«[71] entwickelt sich, abgelöst von den politisch-sozialen Entstehungszwecken, die Dorfgeschichtenliteratur erst nach der Jahrhundertmitte. Die von schwerwiegenden sozialen Konflikten freie ländliche Gesellschaft, die für viele Dorfgeschichten charakteristisch ist, stellt vor 1848 einen literarischen Vorgriff auf die durch die Revolution erst zu erreichenden Verhältnisse dar. Wo dem heutigen Leser nur die »heile Welt« erkennbar ist, handelt es sich in Wirklichkeit um bürgerlich-liberale »Kampfschriften«.[72] Die Ausklammerung der ländlichen Unterschichten korrespondiert mit der liberalen Überzeugung, erst Besitz lasse den vollen Anspruch auf den Genuß bürgerlicher Rechte und Freiheiten entstehen.⁷³

Der Erfolg der Gattung zeigt sich in der Vielfalt der Erscheinungsformen: neben Auerbachs ›Schwarzwälder Dorfgeschichten‹ gab es bis 1850 unter anderem böhmische, erzgebirgische, schweizerische, niederländische, oberbayerische, norddeutsche, niederösterreichische, flämische und polnische Dorfgeschichten – kaum eine deutsche Provinz, die nicht ihren Autor gefunden hätte. Zu erwähnen ist schließlich Leopold Kompert, der die jüdische Dorfgeschichte schuf. Schon unter den zeitgenössischen Autoren wurde immer wieder erörtert, wem die Erfindung der verkaufsträchtigen Gattungsbezeichnung »Dorfgeschichte« zuzuschreiben sei. Erstmals wurde eine Erzählung mit dem Untertitel »Dorfgeschichte« 1841 im Taschenbuch ›Urania‹ für das Jahr 1842 publiziert; es handelt sich um Wilhelm Pochhammers (Pseudonym: Martell) Erzählung ›Der lahme Hans. Eine Dorfgeschichte‹. Zu den Mitbegründern der Dorfgeschichte gehört Alexander Weill. 1839 erschien von ihm fortsetzungsweise in Gutzkows ›Telegraph für Deutschland‹ die Erzählung ›Stasi‹, für die Weill den Anspruch erhebt, als erster den Begriff »Dorfgeschichte« benutzt zu haben, doch habe Gutzkow den Untertitel ›Elsässer Dorfgeschichten‹ in ›Sittengemälde aus dem elsässischen Volksleben‹ ersetzt.⁷⁴ Zu nennen ist aber auch die von Karl Leberecht Immermann (1796–1840) in seinen 1838/39 erschienenen zeitkritischen Roman ›Münchhausen‹ eingefügte ›Oberhof‹-Erzählung; sie erlebte, herausgelöst aus dem Romanganzen, zahlreiche selbständige Ausgaben [→ Beutin: Historischer Romen, 193 f.].⁷⁵

Immermann war in Magdeburg in einer aufklärerisch-protestantischen Familie aufgewachsen, in der monarchische Gesinnung und preußische Tugenden eine wichtige Rolle spielten. Bei enger Bindung an die Tradition und Distanz zum Liberalismus entwickelte der preußische Landgerichtsrat und Düsseldorfer Theaterintendant Immermann einen kritischen Blick auf die von restaurativen Tendenzen und geistiger Stagnation bestimmten Verhältnisse in Deutschland. So stellt der ›Oberhof‹ eine Gegenwelt zur satirisch gezeichneten Adelswelt im ›Münchhausen‹ dar, wie sich bis in die Figurenkonstellation zeigen läßt. Immermann betrachtet das ländliche Leben aus der Sicht eines westfälischen Großbauern, dessen Reichtum durch Fleiß und Arbeitsamkeit begründet scheint. Eine Regeneration der gesellschaftlichen Verhältnisse erwartet sich Immermann durch eine Rückbesinnung auf historisch gewachsene, durch den Verbund freier Bauern bestimmte Verhältnisse, wie er sie in Westfalen vorfand. Die literarische Hauptfigur, der Besitzer des Oberhofes und Vorsteher des Femegerichts, verkörpert jenen Patriarchalismus, den sich Immermann als idealen gesellschaftlichen Zustand träumt. Das Vertrauensverhältnis zwischen Bauernfürsten und König sieht er gestört durch Adelsprivilegien, deren Überlebtheit im Münchhausen-Teil literarisch gestaltet ist. Der Oberhof hingegen bildet das Gegenbild zum schließlich zusammenstürzenden Schloß Schnick-Schnack-Schnurr, er erscheint als »ein kleiner Staat für sich, rund abgeschlossen, und der Herr darin so gut König als der König auf dem Thron«.

Anders als bei Auerbach und in den meisten anderen der frühen Dorfgeschichten erscheinen um 1848 einige Erzählungen, die das »Volk« als politisch handelnde Kraft zeigen. Carl Arnold Schloenbach widmete sein ›Deutsches Bauernbuch oder: So lebt das Volk!‹ aus dem Jahre 1848 Auerbach und Adolf Glaßbrenner, da beide nach ihrer Weise »des Volkes Sprache und Herz verstehen wie wenig andere«.[76] Durchgehendes Thema ist bei Schloenbach die Ohnmacht der Armen, sei es gegen schlechte Gesetze, sei es gegen ungerechte Obrigkeiten. Louise Otto, spätere Mitbegründerin des »Allgemeinen Deutschen Frauenvereins«, hat in ihrer Erzählung ›Die Lehnspflichtigen‹ (1848) einen Bauernaufstand in einem westfälischen Dorf literarisch gestaltet. Bereits 1846 erschien Ernst Dronkes ›Die Maikönigin. Ein Volksleben am Rhein‹, wo ein zugleich als Unternehmer tätiger Großbauer seine Arbeiter in der Landwirtschaft wie in den Steinbrüchen gleich Leibeigenen behandelt. Durch sexuelle Erpressung zerstört er die Familie eines Waldwärters, dessen individuelle Rache wenig wirksam ist. Sein Reichtum ermöglicht es dem Geschädigten, das niedergebrannte Haus umgehend wieder aufzubauen. Ernst Dronke weist mit ungewöhnlichen Gedanken auf neue Perspektiven [→ Lukas: Novellistik, 273 f.]:

Wenn aber soviel Hunderttausende an denselben Verhältnissen elend zugrunde gehen, muß man sie auch ändern können ⟨...⟩. Nur müßten die Leute zuerst auch einsehen, daß sie alle an denselben Verhältnissen zugrunde gehen ⟨...⟩. Aber ⟨...⟩ jeder sieht nur sein eigen Leid und nicht die Verhältnisse ⟨...⟩. Und das ist unsere Schwäche, die die Reichen stark macht.[77]

Gottfried Kinkels Dorfgeschichte ›Die Heimatlosen‹ weist entschieden über das Revolutionsjahr 1848 hinaus. Der Autor wurde 1849 wegen Teilnahme am badisch-pfälzischen Aufstand zu lebenslanger Festungshaft verurteilt, 1850 aber von Carl Schurz befreit und konnte nach England fliehen. Die Erzählung erschien 1849, entstand im Zuchthaus und berichtet von der Not, die einen Familienvater zum Verlassen seines Dorfes zwingt. Beim Eisenbahnbau lernt er, an der »eigenen einzelnen Kraft« verzweifelt, »Glauben an die Gesamtheit fassen«. Die Eisenbahn als riesiges Gemeinschaftswerk wird zum Symbol jener sich unter den Arbeitern verbreitenden neuen »Lehre, welche bestimmt ist, in der nächsten Zukunft die Gestalt unseres alternden Weltteils noch einmal zu verjüngen«. Der Held der Erzählung begreift, »daß aller Reichtum des Volkes allein auf der Arbeit ruht und daß das Kapital selbst nur das Kind der Arbeit ist, das undankbare Kind, welches seine Mutter in den Hungerturm sperrt.«[78]

Bis in unsere Tage war die Dorfgeschichte stets auch scharfer Kritik unterworfen[79], doch ist im Einzelfall nur selten zwischen ihren vormärzlichen und den nach 1850 erschienenen Vertretern unterschieden worden. Die Entpolitisierung der Gattung zur überzeitlichen, ewige bäuerliche Werte preisenden Heimatkunst erfolgt erst nach der Jahrhundertmitte[80] Aus einer littérature engagée des Vormärz[81] entwickelt sich die Dorfgeschichte zur agrarisch-konservativen Bauerndarstellung. Friedrich Kreyßig hat beschrieben, »welche seltsamen und tiefen Schlagschatten die Katastrophe von 1849 und 1850 gerade auf dieses Gebiet unserer Dichtung warf«. Unter freudiger Zustimmung der »Reaction« habe Wilhelm Heinrich Riehl die Bauern als Stützen der Throne und der Gesellschaft gerühmt, und tatsächlich würden die Landleute in den literarischen Schilderungen nach 1850 »nicht mehr von der freundlichen, warmen Sonne der hoffnungsreichen vierziger Jahre beschienen«:

Die Schatten einer ernsteren Zeit ruhen auf ihren Zügen; nicht als die reinen, reich beanlagten Naturkinder, die ungeschliffenen Edelsteine von ehedem, treten sie auf, sondern als zurückgebliebene, in den Sitten und Vorstellungen, wie in den Trachten einer anderen Zeit erstarrte Culturmenschen.[82]

Die Entpolitisierung der Gattung ist jedoch nicht durchgängig. Gottfried Kellers ›Leute von Seldwyla‹ sind hier beispielhaft zu nennen. In diesem Zyklus von Erzählungen findet sich die Fortsetzung der sozialkritischen Dorfgeschichte des Vormärz, in der der krisenhafte Umbruch von der agrarischen zur industriellen Gesellschaft mit allen ihren Konflikten gestaltet wird.[83] Keller führt eine Tradition der vormärzlichen Dorfgeschichte fort, die mit Autoren wie Franz Michael Felder, Robert Schweichel, Wilhelm von Polenz, Ludwig Thoma, Oskar Maria Graf, Lena Christ, Franz Rehbein, Ludwig Renn, Adam Scharrer, Erwin Strittmatter oder Franz Innerhofer bis in die Gegenwart reicht.

Hainer Plaul / Ulrich Schmid
Die populären Lesestoffe

Zwei gegenläufige Tendenzen bestimmten die Entwicklung der populären Lesestoffe[1] in den Jahren zwischen der Buchhandelsreform der zweiten Hälfte des 18. Jahrhunderts und der europäischen Revolution 1848/49: Jahrhundertealte Formen mündlich oder schriftlich tradierter Volksliteratur wie Märchen oder die sogenannten »Volksbücher« verschwanden bzw. wurden in der literarischen Realität mehr und mehr marginalisiert (etwa durch den Wechsel in den Bereich des Kinder- und Jugendbuchs)[2], während gleichzeitig innovative Produktions- bzw. Vertriebsmethoden neue Genres hervorbrachten, die unmittelbare Vorläufer der heutigen massenmedialen Verwertung fiktionaler Stoffe sind.

Dabei sind die Übergänge zwischen der Trivial- oder Schemaliteratur und anderen Literaturbereichen fließend und nur schwer präzis zu bestimmen; gleiches gilt für die chronologischen Grenzlinien, weil zahlreiche Traditionen der populären Literatur aus früheren Jahrhunderten (bis zurück ins 15. Jahrhundert) in der Produktion der Zeit nach 1800 (und in Teilbereichen bis zur Gegenwart) fortgeführt werden.[3]

Die Einzelblätter und Broschüren der Volksliteratur waren in der Regel Gebrauchsgegenstände; sie wurden zerlesen und kaum aufbewahrt. Auch in Bibliotheken und Archiven wurden derartige Druckerzeugnisse nur in seltenen Ausnahmefällen systematisch gesammelt und katalogisiert. Wo sie erhalten sind, finden sie sich meist in außerliterarischen Zusammenhängen, z. B. als Anlage zu Zensur- oder Polizeiakten, in Beständen der Heimatmuseen oder (häufig unkatalogisiert) in Sammlungen wie privaten Bücherstiftungen, Vereinsarchiven oder -büchereien.[4] Das gilt in ganz besonderem Maße für den gesamten, nach 1815 stark expandierenden Bereich der durch Kolporteure vertriebenen Literatur, es gilt aber auch für viele der für den Vormärz besonders typischen Trivialwerke, die fast ausschließlich für Leihbibliotheken produziert wurden.

Dazu kommt, daß die bisherigen Forschungsarbeiten zum Thema für das 19. Jahrhundert rudimentär und unzureichend sind (und hier wieder speziell für dessen ersten Hälfte). Das beginnt mit den Problemen der bibliographischen Erfassung der Drucke und setzt sich fort in den methodischen Schwierigkeiten, die die zwischen verschiedenen Wissenschaftsdisziplinen changierenden Charakteristika des Gegenstands aufwerfen; es geht beispielsweise ebenso um Texte wie um Bilder und Liedmelodien, um mediale sowie individual- und sozialpsychologische Prozesse, um technikgeschichtliche Fakten wie um soziologische Fragestellungen, um nur einige Aspekte anzudeuten.[5] Schließlich stellt sich die Frage nach den Kriterien der Kanonbildung, die die Objekte bestimmt, mit denen sich Literaturwissenschaft legitimerweise befaßt, ohne marginal oder kurios zu werden.[6] Das Gesamtsystem der populären Lesestoffe ist dabei keineswegs homogen, sondern ist als Ganzes wie auch innerhalb seiner einzelnen Subsysteme ein komplexes und vielschichtiges Gebilde.

Grundlegend sind hier zwei weitgehend voneinander unabhängige Literaturarten zu unterscheiden, die sich unterschiedlichen Produktions- und Vertriebswegen zuordnen lassen. Den seit den ersten Jahrzehnten des Buchdrucks tradierten, fast ausschließlich von Kolporteuren/Hausierern und auf ländlich-kleinstädtischen Jahrmärkten vertriebenen volkstümlichen Text- und Schriftengattungen stand die gegen Ende des 18. Jahrhunderts neu entstandene, eher auf das (Klein-)Bürgertum hin orientierte Trivial- oder Schemaliteratur gegenüber, die nach 1800 mit dem Anwachsen der lesefähigen Schichten und den Quantitätssteigerungen im Druckgewerbe einen enormen Aufschwung erfuhr.

I. Die Volkslesestoffe in der ersten Hälfte des 19. Jahrhunderts

Das erste der beiden Systeme, die, um Rudolf Schendas Begriff zu folgen, »populären Lesestoffe« der ersten Hälfte des 19. Jahrhunderts, reicht mit seinen Wurzeln in die ersten Dekaden des Buchdrucks zurück. Dieser Literaturtyp, überwiegend durch Hausierer und Marktkrämer, im Vormärz aber auch durch Buchbinder und Schreibwarengeschäfte vertrieben, umfaßt eine breitgestreute Menge an Texten und Publikationstypen, die von den seit dem Spätmittelalter erfolgreichen Einblattdrucken über Kalender bis zu einer höchst bunt gemischten Broschürenliteratur reicht.

Die *Einblattdrucke* der frühen Neuzeit enthielten überwiegend Sensationsnachrichten verschiedenster Art, von astronomisch-astrologischen Wunderzeichen (Kometen etc.) bis zu spektakulären Mord- oder Hexenprozessen (samt Darstellung der nachfolgenden Hinrichtung); sie boten aber auch ein breites Spektrum an religiösen Erbauungssujets. Kennzeichnend für sie ist in der Regel die Verknüpfung eines großformatigen Bilds mit einem informierenden und zugleich meist erbaulich-moralisierenden Text, der nicht selten in Reimen gehalten ist.[7]

Auch die *Kalender* haben eine Geschichte, die bis in die Anfänge des Buchdrucks zurückreicht; zunächst als reine Dateninformation mit Hinweisen zum Wetter, zu astrologischen Konjunktionen und zur Medizin (Aderlaßtermine) angelegt, wurden sie schon in der Barockzeit durch erzählend-fiktionale Texte aufgelockert und für den Käufer/Nutzer attraktiv gemacht (z. B. durch Scherzreden/ Apophthegmata, Schwänke, Wunder-Geschichten usw.). Die Konkurrenz unter den Kalenderverlegern verschärfte sich im 18. Jahrhundert mit der wachsenden Nachfrage, wobei in den einzelnen Territorien häufig »privilegierte Kalender« eine monopolartige Stellung hatten, vor allem, nachdem die Regierungen im Zuge der Aufklärungsbestrebungen sowohl den fiskalischen Vorteil wie den volkspädagogischen Wert der Kalender erkannten.[8] Neben den Kalendern vertrieben die Kolporteure auch die unterschiedlichsten *Broschüren und Flugschriften*, deren Inhalt Erzähltexte ebenso umfaßte wie populäre Sachprosa. Bei der erzählenden Literatur dominieren hier – neben religiösen Erbauungsformen wie Legenden oder Andachtsbüchern – Schwank- und Witzsammlungen sowie die Mischgruppe der »Volksbücher« (wie sie von Joseph Görres 1807 erstmalig benannt wurden), ein Textcorpus, das durch seine heterogene Zusammensetzung in den letzten Jahrzehnten eher zum »Irritationsobjekt« als zum klar abgegrenzten und präzis definierten Forschungsgegenstand der Kulturwissenschaften geworden ist.[9] Darunter finden sich »Prosafassungen von mittelalterlichen Versromanen« (etwa der ›Herzog Ernst‹ oder ›Der Gehörnte Siegfried‹), »Bauernpractika oder Wetterbüchlein«, Reiseberichte, Schwänke, Legenden und auch Zauberbücher mit Auskünften über magische Praktiken oder Viehzauber.[10]

Eine weitere, auf spezielle Weise verbreitete Gattung dieser populären Literatur waren die *Bänkellieder* bzw. die Hefte, die von den Bänkel- oder Moritatensängern auf den Jahrmärkten nach ihrem Vortrag feilgeboten und verkauft wurden. Auch diese Literaturform steht »in der Tradition des Zeitungs- und Flugblattliedes des 16. und 17. Jahrhunderts«.[11] Die Kunstform Bänkelsang »vereint Text, Bild und Musik: ein populäres Gesamtkunstwerk«[12], bei dem die Sänger mit den auf Schildern aufgemalten Katastrophen und den diese schrecklichen oder rührenden Szenen kommentierenden Liedern (samt gestischem Vortrag) eigentlich nur Werbung für den Absatz von Lesestoff betreiben: »Vom Verkauf ihrer Billigdrucke lebten sie.«[13] Bereits vor dem 19. Jahrhundert zeichnet sich in den Bänkeldrucken eine Gestaltung ab, die über die bloße Wiedergabe des vorgetragenen Liedtexts hinausgeht. Durch ein veranschaulichendes Bild und eine ausführliche Prosaerzählung des Sachverhalts werden die Moral des Liedes und die emotionale Intensität des Themas/Vorfalls nachdrücklich unterstrichen.

Ebenso wie bei anderen populären Gattungen gibt es in der Vormärzzeit zwischen dem Bänkelsang und anderen Formen und Ebenen der Literatur zahlreiche Austauschprozesse. Balladen etwa von Gottfried August Bürger und von Schiller, aber auch Gedichte von Goethe und Eichendorff wurden von Jahrmarktsängern vorgetragen oder in Liedern variiert und »zersungen«[14]; Clemens Brentano und Achim von Arnim wiederum sammelten Lieder der Moritatensänger sowie alte Einblattdrucke und nahmen sie in ›Des Knaben Wunderhorn‹ auf (1806/08). Daneben wurden die nicht selten unfreiwillig komischen Strophen der Volkssänger zum Gegenstand der Parodie. Die berühmteste Sammlung dieser Art sind wohl die ›Musenklänge aus Deutschlands Leierkasten‹, 1849 bei dem liberalen Leipziger Verleger Georg Wigand erschienen, »mit feinen Holzschnitten« ausgestattet. Die Texte des Bandes entstanden in einer geselligen Runde »aus Buchhändlern, Schriftstellern, Kaufleuten, Beamten, Juristen«; Initiator und Redakteur der Erstausgabe war Karl Herloßsohn (1802–1849).[15] Aus dem Umkreis dieser Bänkelsänger-Parodien stammt nicht zuletzt der Begriff »Biedermeier«, den die von Ludwig Eichrodt und Adolf Kußmaul 1853 veröffentlichte Sammlung ›Biedermaiers Liederlust‹ kreierte, »unter Mitverwendung jener Moritat vom Helfer Brehm, die Friedrich Theodor Vischer als der selige Herr Schartenmaier verfaßt hatte«.[16]

Mit den neuen Drucktechniken des frühen 19. Jahrhunderts veränderten sich auch die Herstellung und der Vertrieb all dieser populären Drucke. Während die Einblattdrucke der Barockzeit von Buch- und Kunstverlegern produziert und in deren regulärem Meß-Angebot vertrieben wurden, entstanden in den ersten Jahrzehnten des 19. Jahrhunderts, teilweise aus den alten Kupferstich-Verlagen, teils aber auch als Neugründungen, die »Bilderbogen«-Fabriken, deren bekannteste in Deutschland wohl der Neu-Ruppiner Betrieb war, dessen farbig kolorierte Bilderbogen die stereotype Firmenangabe trugen: »zu haben bei Gustav Kühn«. Die 1775 gegründete Buchbinderei Kühn erhielt 1791 die Konzession für die Buchdruckerei und den Buchhandel. 1815 trat Gustav Kühn in das väterliche Geschäft ein, »das er ab 1822 selbständig führte«. Bezeichnend ist dabei die polyfunktionale Betriebsstruktur: Achtzehn Arbeitskräfte waren in Bilderbogenwerkstatt, Druckerei, Leihbücherei und Buchhandlung beschäftigt. Von 3815 Bilderbogen im Jahr 1823 stieg die Produktion bereits zehn Jahre später infolge der 1825 angeschafften Lithographenpresse über die Millionengrenze. 1850 arbeiteten 30 Erwachsene und 30 Kinder (sie hatten vor allem die Bilderbogen mit Hilfe einer Schablone von Hand zu kolorieren) bei Gustav Kühn; zehn Jahre später wurden pro Motiv »bis zu 80 000, ja in Einzelfällen bis zu 200 000 Blätter gedruckt«[17] [→ Beisbart: Kinder- und Jugendliteratur, 345]. Theodor Fontane, in dessen Werken die Bilderbogen aus seiner Geburtsstadt Neu-Ruppin mehrfach auftauchen, schildert im 12. Kapitel des autobiographischen Romans ›Meine Kinderjahre‹ die Wirkung »des durch Beleuchtungskünste verschönten und vergrößerten Gustav Kühnschen Bilderbogens« und seine bunte »zeitgeschichtliche Belehrung«; bezeichnenderweise wechselt der Elfjährige im Jahr der Julirevolution 1830 vom Bilderbogen zur Zeitungslektüre.[18]

Neben Gustav Kühn gab es in Neu-Ruppin zwei weitere Firmen, von denen auch Oehmigke & Riemschneider (1835 gegründet) etwa 10 000 Motive herstellte. Bilderbogenherstellung gab es aber auch z. B. in Eßlingen bei Stuttgart (Schreiber, ab 1831), Nürnberg (Friedrich Campe, 1805–1846), Berlin (Winckelmann & Söhne) und Wien (Trentsensky). Trotz scharfer Zensur der Firmen und ihrer Produkte spielte der Bilderbogen in den vorrevolutionären Jahren als Ideenträger eine nicht zu unterschätzende Rolle. Bezeichnend dafür ist Fontanes Übergang vom Guckkasten (in dem die Bilderbogen gewissermaßen als Theaterszenerie geboten wurden) zur Zeitung. Dargestellt waren nämlich, seiner Erinnerung zufolge, »die Freiheitskämpfe der Griechen, samt dem sich anschließenden russisch-türkischen Kriege«. So verwundert es nicht, daß die Begriffe »Guckkasten« bzw. »Bilderbogen« (und ab 1840 »Daguerreotypie«!) im Werk des Berliner demokratischen Humoristen Adolf Glaßbrenner immer wieder Titellieferanten sind (›1843 im Berliner Guckkasten‹).[19] Die »Berliner Straßenecken-Literatur 1848/49« [→ Weigel: Literarische Gegenöffentlichkeit, 97 ff.] speiste sich nicht zuletzt aus dem Reservoir der populären Drucke, die in der Vormärzzeit eine neue politische Dimension gewannen. So stellte der Neu-Ruppiner Verlag Oehmigke & Riemschneider zahlreiche Bilderbögen zur Revolution her, von denen Einzelexemplare noch 1853 beschlagnahmt wurden (Gustav Kühn war eher konservativ-monarchistisch[20]): »Es sind außerhalb ⟨Berlins⟩ bei einem der Demokratie angehörigen Buchbinder Schreibebücher für Schulkinder vorgefunden worden, deren Umschläge Revolutionsbilder und Freiheitsgedichte enthalten.«[21] Auch bei der Vermittlung klassischer Texte, insbesondere von Gedichten und Theaterstücken, spielten die Bilderbogen und die äußerst beliebten »Papiertheater« eine nicht zu unterschätzende Rolle. So hatte beispielsweise der Nürnberger Buchhändler und Kunstverleger Friedrich Campe (1777–1846) Bilderbogen zu Schillers ›Wilhelm Tell‹ und zu Goethes ›Hermann und Dorothea‹, aber auch zu Gedichten Uhlands sowie zu Kotzebue-Stücken in seinem Angebot: »Insgesamt hat Campe etwa hundert solcher Illustrationen zu deutschen Dichtungen verlegt.«[22]

Die Entwicklung der *Kalender* zwischen Johann Peter Hebels ›Rheinländischem Hausfreund‹ (1808 ff.) und Adolf Glaßbrenners ›Demokratischem Volkskalender‹, der von 1848 bis 1867 erschien, weist ähnliche Tendenzen auf wie die Expansion der Bilderbogen: rasch zunehmende Titelzahlen und wachsende Auflagenhöhen. Dabei ist die Geschichte der »Volkskalender« im 19. Jahrhundert noch wenig erforscht, da die Aufmerksamkeit der germanistischen Forschung bisher weitgehend auf Hebel bzw. auf die Gattung »Kalendergeschichte« konzentriert war.[23]

Eine ironische Abbreviatur der Geschichte der Kalender bis in den Nachmärz liefert Hermann Kurz in seinen autobiographischen ›Denk- und Glaubwürdigkeiten‹ (1859). Darin entwirft er eine parodistische »Dorf-Kalender-Familien- oder Volksgeschichte«, in der er die volksaufklärerischen Bestrebungen des Bürgertums ebenso karikiert wie Berthold Auerbachs Dorf- und Kalendergeschichten:[24]

Ein Doktor und ein Professor bewegen sich, auf einer Frühlingsreise begriffen, vom nächsten Bahnhof nach dem Schauplatz der Erzählung hin, in lebhaftem Gespräche über das Verhältnis zwischen Kartoffelkrankheit und Volksschriftenliteratur. 〈...〉 Ein rheinländischer Hausfreund gesellt sich zu ihnen, der die Unterredung von neuem belebt. Urkalender von 1811. Hof- und Staatskalender bis 1840. Volkskalender, durch Holzschnitte verstärkt, fortschreitend bis 1848. Familienkalender auf 1858, Volkskalender auf 1859, durch Illustrationen gemäßigt.

Seit etwa 1790 findet sich die Bezeichnung »Volkskalender«, die mehr und mehr die älteren, mehrteiligen Titel ablöst (z. B. ›Stolpischer Haushaltungs-, Wirthschafts- und Geschichts-Calender‹, erschienen im sächsischen Stolpen 1802 u. ö.[25]). Eine Reihe von Neugründungen der Vormärzzeit floriert bis in die zweite Jahrhunderthälfte, wobei die Auflagen durchweg beträchtlich sind (nicht selten weit über 10 000 Exemplare).[26] Charakteristisch ist überdies, daß nicht wenige Kalender, vor allem die ausgesprochenen Gebrauchskalender, in mehreren Parallel-Ausgaben erschienen, die sich durch lokale oder regionale Zuordnung, in der Zielgruppenangabe oder durch den Umfang bzw. die Ausstattung unterschieden. Daneben gab es auch konfessionell ausgerichtete Kalender wie den von dem katholischen Theologen Alban Stolz redigierten ›Kalender für Zeit und Ewigkeit‹ (ab 1843) oder den im ›Verlag der Rettungs-Anstalt‹ in Düsselthal erscheinenden ›Christlichen Volkskalender, ein freundlicher Erzähler und Rathgeber für die liebe Christenheit‹ (ab 1841).

Allen Kalendern gemeinsam ist die im wesentlichen gleiche Anordnung des Inhalts: das Kalendarium, ergänzt um Daten und Tabellen (z. B. Jahr- und Viehmärkte oder historische Ereignisübersichten), »Unterhaltung und Belehrung« sowie »Humoristisches«. Dazu kamen evtl. noch Erläuterungen der beigefügten Bildtafeln oder der Illustrationen.

Charakteristisch ist die spezifische Mischung der unterschiedlichsten Textsorten: Erzähltexte, die sowohl der Unterhaltung wie der Information dienten, aber auch Gedichte, Sachtexte oder Rätsel, wobei die Verbindung von Text und Illustration eine immer größere Rolle spielte und für die Wirkungsästhetik von entscheidender Bedeutung ist. Bereits Wilhelm Heinrich Riehl wies 1852 in seinem Aufsatz ›Volkskalender im 18. Jahrhundert‹ darauf hin, daß »die gänzliche Umgestaltung der Volkskalender seit länger als einem halben Jahrhundert ⟨...⟩ ein Siegeszeichen der sozialen Politik« sei. Die popularisierende literarische und wissenschaftliche Wirkung der im Vormärz in großer Zahl neu entstehenden Volkskalender sieht er in enger Nachbarschaft zu den Gestaltungsprinzipien des jungdeutschen Journalismus und zu dessen Mischung von Themen und Gattungen nach 1830: »Die Geschichte dieser Kalender bildet eine wesentliche Ergänzung zur Geschichte der Journalistik.«[27] Die Neugründungen der dreißiger und vierziger Jahre zeigen deutlich den wachsenden Markt, der zunehmend für politische oder konfessionelle Ziele instrumentalisiert wurde.[28] Dabei liefen die hergebrachten Kalender des 18. Jahrhunderts, einschließlich der volksaufklärerischen Unternehmungen [→ Böning: Volkserzählungen, 301 f.], weiter (z. T. bis heute).

Eine ähnlich vielfältige Textsortenmischung wie die Kalender bot die volkstümliche *Broschürenliteratur,* gekennzeichnet häufig durch den Aktualität vortäuschenden Druckvermerk »gedruckt in diesem Jahre«. Auch hier läßt sich Hermann Kurz als Kronzeuge heranziehen, dessen Großvater in Tübingen eine »kleine reichsstädtische Presse« betrieb, die

> lauter Schriften ⟨reproduzierte⟩, deren Verfasser seit Jahrzehnten und Jahrhunderten kein geistiges Eigentumsrecht mehr in Anspruch nahmen, Schriften jedoch, die von dem anhänglichen Landvolke und von den spekulativen Hausierern an Markttagen fleißig gekauft wurden.

Die Zusammensetzung dieser Volksliteratur, unter deren Titeln Kurz ausdrücklich die Volksbücher ›von dem gehörnten Siegfried‹, vom ›Kaiser Oktavianus‹, der ›schönen Melusina‹ und den ›Faust‹ nennt[29], spiegelt sich auch in Gottfried Kellers Novelle ›Die drei gerechten Kammacher‹ (1856), die deutlich vormärzliche Verhältnisse beschreibt. Dort umfaßt das Bücherinventar der Jungfer Züs Bünzlin, neben ihren treulich aufbewahrten Schulbüchern und einigen »der hübschen Geschichten von Christoph Schmid«

> wenigstens ein halbes Dutzend verschiedene Schatzkästlein und Rosengärtchen zum Aufschlagen, eine Sammlung Kalender voll bewährter mannigfacher Erfahrung und Weisheit, einige merkwürdige Prophezeiungen, eine Anleitung zum Kartenschlagen ⟨d. h. zum wahrsagenden Kartenlegen⟩, ein Erbauungsbuch auf alle Tage des Jahres für denkende Jungfrauen und ⟨überraschenderweise⟩ ein altes Exemplar von Schillers ›Räubern‹ ⟨...⟩

Das ist gewissermaßen die »Jungfrauen«-Version dieser vom Volk »fleißig« gekauften Literatur; daneben gab es in ihr aber auch, Joseph Görres' Zusammenstellung von 1807 zufolge, Liebesratschläge, »Briefsteller, Gedichtbändchen, Witzsammlungen ⟨und⟩ Zaubertraktate«.[30] Dabei ist die Zusammensetzung des Angebots einzelner Verlage kaum zu rekonstruieren, weil nur in seltenen Fällen Kataloge oder Angebotslisten erhalten sind (soweit es derartiges bei solchen Ladentischgeschäften überhaupt gab). Auch die Listen der bei einzelnen Hausierern beschlagnahmten Flugschriften oder Broschüren sind, sofern diese selbst nicht den Akten beigefügt sind, meist nur wenig aussagekräftig.[31] Erkennbar ist jedenfalls, daß das Angebot eine große Variationsbreite aufwies, von reiner Erbauungsliteratur über pikant-erotische Texte (v. a. auch Lieder) bis zu rührenden und/oder grausigen Geschichten. Von Bedeutung ist dieser Hausier- oder Kolportagehandel nicht zuletzt, weil im frühen 19. Jahrhundert eine Reihe von Verlagen dazu übergeht, Anthologieserien, Werkausgaben und Sachliteratur (z. B. Geschichtsdarstellungen) auf dem Weg der Kolportage zu vertreiben [→ Schmid: Buchmarkt, 81 f.].

II. Die Trivial- oder Schemaliteratur

1. Bildungs- und buchmarktgeschichtliche Voraussetzungen

1852 stellte der Kulturhistoriker Wilhelm Heinrich Riehl in seinem Aufsatz über Volkskalender fest, daß »zwischen dem Kleinbürger und Bauern und der gediegenen Litteratur fast alle Anknüpfungspunkte fehlen«.[32] Bezieht man in diese Aussage den Mittelstand samt bildungsbürgerlichen Teilgruppen (wie Lehrern/Pfarrern) mit ein, so trifft sie vermutlich präzise die ökonomische Situation der ersten Hälfte des 19. Jahrhunderts, in der der Wettbewerb der seit den zwanziger Jahren aktiven Kolportageverleger, vor allem des erfindungsreichen und agilen Joseph Meyer in Hildburghausen und seines Bibliographischen Instituts mit seinen Zwickauer (Schumann) und kurz darauf Stuttgarter (Franckh u. a.) Konkurrenten, vor allem um die bildungsbürgerlichen Schichten geht. Für diese ist Bücherkauf nach wie vor kaum erschwinglich[33]; Hauptquelle ihrer extensiven Lektüre ist, bereits seit dem 18. Jahrhundert, die Lesegesellschaft oder die kommerzielle Leihbibliothek.

Damit bildet sich Ende des 18. Jahrhunderts eine neue Art von Literatur, die sich in der Zielsetzung sowie in der sprachlichen und literarischen Gestaltung sowohl von den populären Lesestoffen als auch von der »gediegenen Litteratur« deutlich unterscheidet. Ihre Wurzeln liegen in mehrfacher Hinsicht im 18. Jahrhundert – ihre Blütezeit erlebt sie aber erst im beginnenden 19. Jahrhundert. Es waren diese Lesestoffe, die den industriegesellschaftlichen Wandel im Gebrauch von Literatur mit herbeigeführt und im wesentlichen mitgetragen haben.

Entstehung und Existenz dieser neuartigen Literatur sind an die Dominanz des Rationalen in der Gesellschaft gebunden. Sie ergab sich aus den auf Rationalität gerichteten Prinzipien der Aufklärung ebenso wie aus der durch die industrielle Arbeits- und Lebenswelt geforderten emotionalen Selbstdisziplinierung und Affektkontrolle. Namentlich im radikalen Rationalismus der deutschen Früh- und Populäraufklärung wurden derart regulierende Verhaltensweisen als Tugenden gepriesen und zur Richtschnur allen Handelns erklärt, Affekte, Leidenschaften und Begierden dagegen als Hindernisse vernunftgemäßen Denkens und Handelns systematisch abgewertet und bekämpft.

Eine grundlegende Entemotionalisierung fand unter dem Einfluß der Aufklärung auch in jener Sphäre statt, die bis dahin als ein Hauptquell emotionaler Anregung gelten konnte, nämlich im religiös-kirchlichen Bereich. Vorrangig war davon die protestantische Kirche berührt, aber auch im katholischen Süden (v. a. in Bayern und Österreich) beseitigte die aufklärerisch gesinnte Staatsbürokratie zahlreiche Elemente der barocken Volksfrömmigkeit, teilweise gegen den erbitterten Widerstand der Bevölkerung.[34] Der Einbruch der Vernunftlehre führte hier zur Ausbildung des theologischen Rationalismus, der besonders im frühen Vormärz weit verbreitet war: In Liturgie und Predigt trat an die Stelle von emotionaler Zuwendung und seelischer Stärkung, Erhebung und Erbauung die nüchterne, sachliche Unterweisung. Auf längere Sicht war durch die doppelt wirkende Präsenz des Rationalen, einerseits im realen Arbeitsleben und andererseits im Bereich der Religion, ein Verlust an Innerlichkeit, ein Zustand von Gefühlsverarmung innerhalb der sozialen Psyche bestimmter Schichten und Gruppen der Gesellschaft, unausweichlich.

Die Gegenbewegung zu dieser Rationalität, das »Literatursystem der ›Empfindsamkeit‹«, basiert auf den Prämissen der frühen Aufklärung. Deren Versprechen, durch ›Tugend‹, d. h. mittels der »fraglosen Integration in die vorgefundene Sozialstruktur«, das individuelle und gesellschaftliche Glück zu finden, kollidierte »zunehmend mit einer soziale Mobilität ausschließenden, statischen Gesellschaft«. So wurde der Raum des Privaten, insbesondere der intime Bereich von »Freundschaft, Familie und Liebe« nun zum »Ort der Einlösung von Glückshoffnungen«.[35] Diese Bedürfnisse nach Emotionalität, aber auch die nach Abwechslung vom Alltag und nach Unterhaltung, werden in der Trivialliteratur nun zum bestimmenden Movens; die Autonomieästhetik der klassisch-romantischen Kunstperiode und die ihr verpflichteten Werke dagegen bilden durch ihre Differenziertheit und ihren selbstreferentiellen Charakter ein (tendenziell) davon getrenntes Literatursystem aus, das freilich durch vielfältige Berührungspunkte mit der trivialliterarischen Produktion und Distribution verknüpft bleibt.

Diese Ausdifferenzierung unterschiedlicher Literaturkreise hängt allerdings nicht nur mit den Bedürfnissen der Leserschaft zusammen, sondern steht in unlösbar dialektischem Zusammenhang mit der Entwicklung des Buchmarkts. Der durch die Reichsche Buchhandelsreform entscheidend vorangetriebene Wandel des Buchgewerbes hatte zur Folge, daß schon im 18. Jahrhundert die Produktion von Literatur auch unter dem Aspekt der Kapitalbildung attraktiv und kommerziell interessant wurde. Die Zunahme der Buchproduktion und der zu einer Massenerscheinung anschwellende unberechtigte Nachdruck (Raubdruck) sind markante Indizien dafür.[36] Der einsetzende Kapitalfluß ins Buchgeschäft sprengte die überkommenen Zunftschranken und förderte die Arbeitsteilung, ermöglichte aber auch die Konzentration unterschiedlicher buchgewerblicher Bereiche in einer Hand. Als ebenso folgenreich erwies sich die Kapitalisierung des Buchhandels in bezug auf den gesellschaftlichen Status und die wirtschaftliche Lage der Autoren. In der Tendenz wurde nun der bisher dominierende Autorentyp, gekennzeichnet durch eine Anbindung an Mäzene oder ein festes Amt, durch einen anderen ersetzt, der sich in den Unwägbarkeiten und Unsicherheiten des kapitalistischen Buchmarkts behaupten und ihnen anpassen mußte.[37]

All diese Entwicklungen wurden durch die politischen und sozialen Umbrüche der napoleonischen Ära zwar beeinträchtigt, aber nicht entscheidend unterbrochen: Das im letzten Jahrzehnt des 18. Jahrhunderts fertig ausgebildete und stark expandierende System der Produktion trivialer Werke, sowohl im Bereich des Dramas wie auf dem Gebiet der Erzählprosa, beruhte vor allem auf der Distribution durch die gewerblichen Leihbibliotheken, die nach 1815 erneut einen beträchtlichen Aufschwung erfuhren. Dabei wurden auch Dramen teilweise nicht in erster Linie für die Aufführung, sondern für die Lektüre geschrieben; die zahlreichen »Schaubühne«-Reihen verschiedenster Verlage erschienen mit Sicherheit nicht ausschließlich für den Bedarf der Bühnen. Der Anteil der Abteilung »Schauspiele« oder »Theater« lag in den Leihbibliotheken durchschnittlich bei 10–12 %, wobei Kotzebues Stücke mit weitem Abstand die Spitzenreiter bildeten.[38]

2. Zur Struktur und Wirkungsweise trivialer Lesestoffe

Der Warencharakter der im 18. Jahrhundert neu entstandenen Schemaliteratur und ihre Differenzierung nach den Bedürfnissen des expandierenden Markts für Lesestoffe prägen sich in der ersten Hälfte des 19. Jahrhunderts endgültig aus. Die trivialen Romane/Dramen und ihre Autoren richten sich nach den tatsächlichen oder vermeintlichen Bedürfnissen wirklicher oder potentieller Rezipienten, indem sie diese sowohl bedienen (produktive Konsumtion) als auch in begrenztem Maße erzeugen (konsumtive Produktion). Die möglichst gewinnbringende Verwertung des eingesetzten Kapitals bezeichnet die ökonomische Funktion dieser Literatur und bildet innerhalb des Gesamtprozesses von Produktion, Distribution und Rezeption mit fortschreitender Kapitalisierung des Buchhandels mehr und mehr das bestimmende und übergreifende Element.

Die ökonomische Funktion trivialer Lesestoffe ist jedoch nur dann realisierbar, wenn sie durch ihre Eigenschaften tatsächliche Rezeptionsbedürfnisse erfüllen, vor allem Gemütsbewegungen und Emotionalität intensiv anregen. Diese Kompensationsemotionen umfassen in ihrer Summe unterschiedliche, ja gegensätzliche Gefühle: etwa Lachen und Trauer, schauderndes Entsetzen ebenso wie Rührung und Schmerz, erotische Stimuli neben dem Ausleben sadistischer Regungen.

Eine zweite wesentliche Gebrauchseigenschaft trivialer Literatur offenbart sich in dem Vermögen, dem Leser mit dem Genuß literarisch vermittelter Gefühlserregungen zugleich intellektuelle Entlastung und geistige Entspannung zu verschaffen. In einer immer komplexer und komplizierter werdenden Wirklichkeit steigen die Anforderungen an den Intellekt. Mit tradiertem Erfahrungswissen ist dieser Wirklichkeit nicht mehr beizukommen. So erwecken die Trivialtexte den Anschein von Information über die Weltordnung, bedienen – auf ihre vereinfachende Weise – das Orientierungsbedürfnis ihrer Leser in einer zunehmend von Entfremdungserfahrungen gekennzeichneten Umwelt und stabilisieren gleichzeitig das bereits vorhandene Weltbild und dessen implizite, z. B. religiöse, soziale oder populärpsychologische Voraussetzungen.

Der Wunsch, die individuellen, schicht-, konfessions- oder auch regionalspezifischen Normen in der Literatur bestätigt zu finden, wurde durch die geschichtlichen Erfahrungen der Leser, von der Französischen Revolution über die politischen Veränderungen in der Napoleonischen Ära bis zu den sozialen Wandlungen der Vormärzzeit, massiv verstärkt. Gleichzeitig förderte diese wachsende Verunsicherung das Bestreben, die schwierige und mangelhafte Gegenwart zu verlassen und eskapistisch in phantasmagorische, vermeintlich bessere Fluchtwelten einzutauchen. Daraus erklärt sich (teilweise) das Phänomen des historischen Trivialromans ebenso wie die exotischen Sujets. Schließlich ist aber auch noch das Bedürfnis nach Zuwendung und emotionalem Kontakt in einer mehr und mehr entfremdeten und anonymen (Großstadt-)Welt zu nennen, das schon Goethes ›Werther‹-Roman im Vortext des fiktiven Herausgebers in gedrängter Kürze formuliert.[39]

All diese Anforderungen müssen bewältigt werden, ohne daß das geistige Niveau der Leser überschritten wird. Es basiert im wesentlichen auf den Erkenntnis- und Denkmustern des Alltagsbewußtseins, auf Formen des Alltagserkennens und -denkens. Der Erkenntnisprozeß bei alltäglich-praktischen Tätigkeiten dient nämlich nicht, wie bei der »wissenschaftlich-theoretischen Erkenntnistätigkeit«, der »Produktion gesellschaftlich neuen Wissens«, sondern der »praktischen Realisierung der im Alltag zu lösenden Aufgaben«.[40]

Derartiges Denken ist weitgehend undialektisch, d. h., es begreift

Widersprüche in der Regel nicht als Einheit sich gegenseitig bedingender gegensätzlicher Eigenschaften und Tendenzen, sondern als sich ausschließende Gegensätze, die für Zwischentöne und Abstufungen keinen Raum lassen. In den trivialen Lesestoffen kommt diese Denkweise, die Widersprüche eher als logische denn als dialektische Widersprüche begreift, besonders prägnant in der Kontrastierung und Typisierung der Figuren (Schwarz-Weiß-Zeichnung) zum Ausdruck, wobei diese Figurendarstellung Traditionen der rationalistischen Früh-Aufklärung weiterführt:

> Vor zwanzig Jahren standen Marianne und Jost ⟨...⟩ an diesem Altare! Damals sagten die Leute, ein schöneres Brautpaar hätte sich nicht zusammen finden können, und priesen sie glücklich. Allein es kam anders, und die Heirath fiel sehr unglücklich aus, weil Beide wohl schön, aber nicht Beide tugendhaft waren, sondern nur Marianne, und weil Schönheit ohne Tugend nicht glücklich machen kann. Heute aber sehen wir Eines nicht nur der schönsten, sondern auch der tugendhaftesten Brautpaare am Altare stehen, und diese Ehe wird deßhalb auch eine der glücklichsten seyn. Denn nur wahre Frömmigkeit und Tugend machen wahrhaft glücklich ⟨...⟩[41]

Alltagserkennen ist auf das sinnlich Konkrete gerichtet. Auf diese Erkennensweise greift Trivialliteratur in der Form zurück, daß sie Rationales, Theoretisches, Abstraktes in sinnlich Wahrnehmbares übersetzt, beispielsweise durch eine spezifische Variante von Personalisierung. Ethische Grundsätze und weltanschauliche Positionen treten typisiert und im Kontrast zueinander als ausschließlich positive bzw. negative Helden in Erscheinung. Dieses Verfahren findet sich bereits in der Mythologie und in der Poesie der Antike, führt in seiner trivialen Spielart aber infolge von Vergröberung und Vereinfachung in der Regel zur Klischeebildung und zur Reihung von Stereotypen.

Zum Erscheinungs- und Erfahrungserkennen gehört auch das analogisierende Denken. So wird bei der Figurenzeichnung in der Trivialliteratur zwischen Charakter und äußerer Erscheinung eine simple Gleichartigkeit hergestellt: ein schönes Äußeres entspricht einer inneren Schönheit, ein edles Antlitz einer tugendhaften Seele usw. und umgekehrt:

Klara wuchs zur blühenden Jungfrau heran. Sie war unbeschreiblich schön, und – was sie noch ohne Vergleich liebenswürdiger machte – die lautere Unschuld und Bescheidenheit. Sie wußte es nicht, daß sie so schön sey. Sie war von Herzen fromm, so sanft, so wohlwollend und freundlich, daß es unter den wenigen Landleuten, die sie kannten, zum Sprichworte ward: »Sie ist so schön und so gut wie ein Engel.«[42]

Diese Analogietechnik hat eine wichtige Signal- und Orientierungsfunktion; der Leser kann dadurch eine entsprechend gezeichnete Figur im Ensemble der Handlungsträger schnell und zuverlässig kategorisieren. Die unterschiedlichen Standpunkte, Wertvorstellungen usw. werden zu Gegensätzen simplifiziert und treten als positive und negative Helden, als Sympathie- und Antipathieträger in Erscheinung. Ihr Widerstreit wird als Auseinandersetzung zwischen verschiedenen Figuren und Figurengruppen, als interpersonaler Konflikt, und zwar – das ist wesentlich – in emotionalisierter Form ausgetragen. Hinsichtlich der Anbindung von Emotionen an die Handlungsträger findet dabei eine Kontrastierung statt: Gefühlsäußerungen positiver Art bleiben gewöhnlich den positiven Helden vorbehalten, Gefühlsregungen negativer Art den Antihelden, was auch für den Bereich von Mimik und Gestik gilt:

Der junge Mann schaute sich verwundert um, und schaute herab – auf den Canzler Ambrosius Volland. War ihm dieser Mann schon gestern durch widrige Freundlichkeit, durch sein katerhaftes, schleichendes Wesen unangenehm aufgefallen, so war dies heute noch mehr der Fall, da der Canzler durch überladenen Putz seine Mißgestalt noch mehr heraus gehoben hatte. Sein dunkelgelbes, verwittertes Antlitz, mit dem ewigen, stehenden Lächeln, die grünen Äuglein unter den langen, grauen Wimpern, die rothen entzündeten Ränder der Augenlider, der dünne Katzenbart stachen grell ab gegen ein rothes Baret von Sammt, und gegen einen Mantel von hellgelber Seide, der über den Höcker des kleinen Mannes hinabfloß.[43]

Und dort, wo in den Konflikten nicht gehandelt, sondern geredet wird, greift Trivialliteratur deshalb vorzugsweise auf den affektischen Wortschatz zurück, wie er namentlich vom Pietismus und von den Autoren der sentimentalisierten und empfindsamen Literatur entwickelt und benutzt worden ist. Unter den Wortarten, durch deren Anwendung die angestrebte emotionale Wirkung entscheidend mit erzielt werden soll, kommt dem Adjektiv eine Vorrangstellung zu; oft wird es zu diesem Zweck gehäuft oder in superlativischer Form gebraucht:

> In Ulm war sie ⟨Marie von Lichtenstein⟩ ihm zum erstenmal wie ein Bote aus einem unbekannten Land erschienen, so erhaben war der Blick ihrer schönen blauen Augen, so majestätisch ihre Stirne, so sinnig jenes kleine Fleckchen zwischen den schönen, dunkeln Bogen der Brauen. ⟨...⟩ War es vielleicht der dunkle Schleier ihrer Wimpern, der sich oft mit unnennbarem Reiz über das Auge herabsenkte, um das Geheimniß einer stillen Thräne zu verhüllen? Waren es die feinen, geschlossenen Lippen, von süßer Wehmuth umlagert?[44]

Wo Empfindsamkeit und Larmoyanz beabsichtigt sind, werden häufig Substantive im Diminutiv mit affektischem Nebensinn verwendet: »Das Brüstli wie das Miederchen war von schwarzem Samt, geschnürt mit goldenen Kettchen«.[45]

Hervorstechende sprachliche Merkmale trivialer Texte sind darüber hinaus ein möglichst einfacher, übersichtlicher Satzbau, ein eher bescheidener Wortschatz, der sich vornehmlich an der Alltagssprache orientiert, das Vermeiden ungebräuchlicher Fremdwörter – andernfalls wird die Erläuterung zumeist mitgeliefert – und der Gebrauch von Redefloskeln und formelhaften Wendungen.

Eine andere traditionsreiche Methode, Emotionen zu wecken, bezieht sich nicht auf die Figuren, sondern auf die Handlung einer Geschichte. Die Geschehensverläufe in den trivialen Lesestoffen sind so konstruiert, daß sie immer wieder in Situationen einmünden, die beim Leser die beabsichtigten emotionalen Wirkungen auslösen. Gerade diese Technik der ganz auf die Reihung emotionaler Höhepunkte ausgerichteten, zugleich meist Schemabildungen verpflichteten Handlungskonstruktion ist in besonders hohem Maße dafür prädestiniert, zur sozialen Funktion dieser Literatur beizutragen.

Die Inhalte der Empfindungen und Stimmungen, die die Produktionen der trivialen Literatur vermitteln, sind ursächlich mit den Bedürfnissen und Erwartungen der Leser verbunden. Entscheidend für diese Bedürfnisprägung sind außerliterarische, im weitesten Sinne soziale und geistig-kulturelle Faktoren. Unter dem Einfluß dieser Faktoren bilden sich auch dominante Bedürfnisinhalte heraus; Trivialliteratur reagiert darauf mit der Ausprägung funktionaler Grundtypen.

Ein solcher Typ ist dadurch gekennzeichnet, daß auf der Grundlage einer adäquaten literarischen Struktur ein ihn charakterisierender emotionaler Hauptinhalt vermittelt wird. Zu unterscheiden sind folgende Grundtypen: die empfindsam-sentimentale, die heroisierend-pathetische (für das 19. Jahrhundert konstitutiv als patriotisch-nationalistische), die erotische, die komische und die schauervoll-grausame Trivialliteratur.

> Innerhalb einer solchen funktional-strukturellen Grundeinheit ist eine Variabilität prinzipieller Art nicht möglich. Aus dieser Strukturfestigkeit, die zugleich traditionsbildend auf die Leserbedürfnisse zurückwirkt, leitet sich auch das Stereotype und Klischeehafte, das Abgegriffene und Gewöhnliche her, das dieser Literatur das Gepräge gibt[46]

das andererseits aber, weil es auf die Reproduktion des Gleichen verweist, die der Leser auch in seiner Alltagserfahrung wahrnimmt, dazu verhilft, die soziale Funktion der intellektuellen Entlastung zu realisieren. Zur strukturellen Festigkeit gesellt sich außerdem strukturelle Armut, da insgesamt nur auf eine begrenzte Anzahl von Grundemotionen zurückgegriffen werden kann.

Daraus ergibt sich die Gefahr, die Leserschaft durch die Wiederkehr des Immergleichen zu langweilen und abzustoßen; so müssen die Grundtypen immer wieder durch die Aufnahme anderer, nicht dem Grundtyp entsprechender Gefühlselemente aufgebrochen und schließlich durch ein Nebeneinander unterschiedlicher Grundemotionen ganz zersetzt werden. Die Folge ist, daß neben den Grundtypen, wie sie in den Anfängen der Gattung relativ eindeutig vorliegen, verschiedenartige funktional-strukturelle Mischtypen entstehen. Solche Veränderungen sind charakteristisch für die triviale Literatur, »bei der die äußeren Marktumstände nun auch das ›Innere‹ bilden, nicht nur das Buch in der materiellen Vermittlung, sondern die Literatur selbst, deren (geistige) Produktion auf den äußeren Zweck der Ware kalkuliert ist und wo diese Berechnung in die ästhetische Struktur selbst zurückschlägt.«[47]

3. Typen und Genres im Vormärz

Die Herausbildung der verschiedenen trivialliterarischen Grundtypen war bereits Ende des 18. Jahrhunderts abgeschlossen. Ein Grundtyp, und zwar die empfindsame Trivialliteratur, die Mitte der siebziger Jahre unmittelbar aus der Empfindsamkeit heraus entstanden war, galt zu Beginn des neuen Jahrhunderts schon nicht mehr als marktgängig; im Vormärz spielte sie deshalb fast keine Rolle mehr. Bezüglich der Genres hingegen war die Entwicklung zu Anfang des 19. Jahrhunderts bei weitem noch nicht zu einem Ende gekommen. Mit Ritter-, Räuber-, Liebes- und Familien-, Geheimbund- und Gespensterromanen sowie mit einer in sich differenzierten historischen Erzählliteratur waren die trivialen Lesestoffe zu diesem Zeitpunkt in einer breiten Fächerung präsent. Analog zu den Grundtypen erfahren nun auch die Genres eine Durchmischung:

> Die Zuordnung der Romane zu einzelnen Untergattungen – eine erste Orientierung bieten auch hier oftmals die Untertitel – birgt freilich eine weitere Problematik, da die meisten Werke nur selten mit einer einzigen Gattungsbezeichnung erfaßt werden können; vielmehr weisen sie Charakteristika mehrerer Gattungen gleichzeitig auf – man denke etwa daran, daß ein Individualroman zugleich ein komischer Roman, ein historischer Roman zugleich ein Ritter- oder Räuberroman sein kann.«[48]

Romane wie ›Das graue Felsenmännchen. Ritter- und Räubergeschichte aus dem Mittelalter‹ von J. Albini (1823), ›Der Seufzerthurm, oder der blutige Geist um Mitternacht. Eine Ritter- und Geistergeschichte aus den Zeiten Heinrichs IV.‹ von Friedrich Bartels (1832), ›Die Schauerruinen der Unkenburg und der Haarzopf der Hölle, oder Geisterrache und Menschenhaß. Der Spuk-, Geister- und Räuberhistorien allerfurchtbarste‹ von Georg Karl Ludwig Schoepffer (1834) oder ›Die Zwillinge. Romantisches Ritter- und Räubergemälde‹ von Joseph Alois Gleich (1835) geben eindrucksvolle Beispiele dafür ab. Wenn funktionell-strukturelle Mischtypen und durchmischte Genres miteinander verflochten sind, ist eine unzweideutige Zuordnung des Emotionalen zum

Stofflichen und zum Inhaltlich-Thematischen und umgekehrt nicht mehr möglich. Hinter dieser doppelten Gemengelage steht die Wirkungsabsicht der trivialen Literatur. »Der Stoff ist ihr nächst dem Reiz wichtig, oft so sehr, daß wir eine der Kumulation der Reize entsprechende Kumulation der Stoffe finden ⟨...⟩ Je mehr Wirkungen möglich scheinen, um so lieber werden sie ergriffen.«[49] Allerdings sind triviale Werke der Epoche häufig mit »deutlich erkennbaren dominierenden Themen und Motiven« ausgestattet,[50] was ihre Einordnung erleichtert.

Die triviale Literatur des Vormärz ist bezüglich ihrer Genres, einschließlich der Zwittergattungen, nicht durch Kontinuität, sondern durch Einschnitte und Brüche sowie durch zwei neue Arten von Lesestoffen charakterisiert. Das gilt allerdings vornehmlich auf der Ebene der Produktion, nicht auf der der noch weitgehend unerforschten realen Rezeption.

Die erste einschneidende Veränderung zeigt sich bereits im frühen Vormärz. Triviale Rittergeschichten, die am Ende des 18. Jahrhunderts eine Hochkonjunktur erlebten, und triviale Räuber- und Geisterliteratur, die in den neunziger Jahren des alten und im ersten Jahrzehnt des neuen Jahrhunderts stark präsent waren, wurden jetzt auffällig zurückgenommen. Eine neuere Statistik, die jedoch nur ein Jahrfünft und ausschließlich Romane berücksichtigt, besagt: »Lediglich etwa 5 % der Romanproduktion 1815–1820 sind Ritterromane, ebenfalls etwa 5 % Räuberromane; um 8 % beträgt der Anteil an Schauerromanen.«[51] Danach steigt die Produktion dieser Lesestoffe wieder an, bis sie um 1840 erneut abrupt zurückgeht.[52] Ganz ähnlich verhält es sich mit der historischen Trivialliteratur. Ihre Anfänge gehen auf das letzte Viertel des 18. Jahrhunderts zurück. Den Schwerpunkt bildete zunächst das deutsche Mittelalter, das hauptsächlich den Rahmen für Ritterstücke, -romane und -erzählungen abgab. Aber schon bald weitete sich diese nationalgeschichtliche Richtung thematisch beträchtlich aus, parallel zur Entwicklung universalhistorischer Stoffe. Diese frühe Hochphase trivialer Geschichtsliteratur hielt ebenfalls bis ins erste Jahrzehnt des 19. Jahrhunderts vor; im zweiten Jahrzehnt ging ihre Produktion spürbar zurück. Erst danach und bis wiederum etwa 1840 trat sie abermals in Erscheinung, und zwar so stark, daß sie wesentlich dazu beitrug, daß der historische Roman insgesamt »in den zwanziger Jahren zu *der* Hauptgattung des Romans schlechthin« aufstieg.[53]

In der Zwischenzeit, vor den zwanziger Jahren, beherrschte eindeutig die triviale Liebes- und Familienliteratur das Feld. In den neunziger Jahren des 18. Jahrhunderts vorgebildet, gehört sie zu den zählebigsten Erscheinungen der trivialen Literatur überhaupt. Bis zur Mitte der dreißiger Jahre war sie dauerhaft am Markt; zwischen 1810/15 und 1820 sogar in vorherrschender Position. Ihre bedeutendsten Vertreter in dieser Zeit sind die Vielschreiber August Heinrich Julius Lafontaine (1758–1831), Friedrich Laun (d. i. Friedrich August Schulze, 1770–1849), Gustav Schilling (1766–1839) und H. Clauren (d. i. Carl Gottlieb Samuel Heun, 1771–1854). Die vergleichsweise lange und ungebrochene Marktpräsenz dieser Lesestoffe hatte je nach Zeitpunkt und bezogen auf unterschiedliche Lesergruppen unterschiedliche Ursachen. Im Vormärz dürften dafür vor allem zwei übergreifende Gründe maßgeblich gewesen sein. Zunächst die fortschreitende soziale Öffnung des Publikums als Teil des allgemeinen literaturgesellschaftlichen Strukturwandels, der in der zweiten Hälfte des 18. Jahrhunderts eingesetzt hatte; in seinem Verlauf traten hauptsächlich kleinbürgerliche Schichten der Lektüre näher, in erster Linie über die kommerzielle Leihbibliothek. Mit den neuen Gruppen »traten auch neue Leserbedürfnisse in Erscheinung, Bedürfnisse, die unmittelbar der Lebensweise dieser Schichten entsprangen.«[54] Es handelte sich um Leser,

> für die das Häusliche und Familiäre eine erstrangige Bedeutung besitzt. Ein geordnetes Hauswesen und ein intaktes Familienleben stellt für den selbständigen Handwerker, Gewerbetreibenden, Kleinhändler usw. geradezu ein Existenzerfordernis dar. Die Familie verkörpert für sie nicht nur eine Lebensgemeinschaft, sondern in hohem Maße auch eine Gemeinschaft von Produzenten. Die rührselige Trivialliteratur, deren bevorzugte Genres der Liebes- und der Familienroman sind, berücksichtigte das Bedürfnis nach Geborgenheit und ökonomischer Sicherheit, indem sie als Voraussetzung dafür immer wieder auf ein gut funktionierendes Familienleben verwies.[55]

Das war wichtig in einer Zeit, in der die beginnende industrielle Revolution diese Existenzform aufs höchste gefährdete. Die andere

Ursache war politischer Natur. Nach dem Sieg über Napoleon kam es innerhalb des Deutschen Bunds, entgegen den durch die Befreiungskriege ausgelösten Hoffnungen der Völker, zu einer Restauration der alten feudalabsolutistischen Herrschaftsverhältnisse, die einerseits das patriarchalische Bild des *regierenden* und ökonomisch bestimmenden Familienvaters wieder ins ideologische Zentrum rückte, andererseits durch die politische Repression infolge der Karlsbader Beschlüsse 1819 den Rückzug in eine private Nischenexistenz förderte. Als im Gefolge der französischen Julirevolution von 1830 und ihrer Auswirkungen auf Deutschland das politische Leben wieder einen Aufschwung erfuhr, fiel das Interesse an der sentimentalen Liebes- und Familienliteratur – wie ihre Produktionskurve zeigt – fast abrupt ab. Andererseits haben sicher aber auch eine gewisse Übersättigung und das Erscheinen neuartiger trivialer Lesestoffe zu diesem Rückgang beigetragen.

Auf politische Wurzeln geht augenscheinlich auch das wiedererwachte Interesse an historischer Belletristik in den zwanziger Jahren zurück. Während ein Teil der Leser hoffte, durch diese Lektüre seine jetzige, durch Repression gekennzeichnete Lage besser begreifen zu können, die sich so grundlegend von den einst gehegten freiheitlichen Hoffnungen unterschied, sich ihr also rational-politisch näherte, bevorzugte ein anderer und vermutlich weitaus größerer Teil eher emotionale Zuwendung. Eine Auswertung der zu dieser Zeit erschienenen historischen Romane scheint dieses Bild zu bestätigen:

> Während diejenigen Romane, die den historischen Roman als Bildungsvehikel und Möglichkeit, historische Entwicklungen aufzuzeigen, oder als Verschlüsselungsmöglichkeit politischer Kritik verwenden, in der Minderzahl sind, überwiegt ⟨...⟩ bei weitem die Zahl derjenigen historischen Romane, die ⟨...⟩ das historische Sujet lediglich als Aufhänger und Kulisse für eine interessante, aufregende oder spannende Handlung benutzen.[56]

Tatsächlich dürften die Leser jedoch auch bei der zweiten Gruppe mehr als nur Spannung und eine ereignisreiche Handlung gesucht haben. Die eher Passiv-Hoffnungslosen trachteten nach wehleidiger Rührseligkeit als Grundton, die ihre Gefühlslage bestätigen und ihnen damit vielleicht eine gewisse Rechtfertigung für gelebte Passivität liefern sollte (im Abschluß an die sentimentale Liebes- und Familienliteratur); die Aktiv-Hoffnungsfrohen dagegen verlangten mehr nach Gefühlen des Aufbruchs und der innerlichen Stärkung, ja auch der Omnipotenz, um ihre aus der bedrückenden Realität gespeisten Empfindungen der Ohnmacht und des Ausgeliefertseins kompensieren zu können. Die historische Trivialliteratur der Zeit hat wohl beide Stimmungslagen bedient, sicherlich auch in durchmischter Form, und damit der Wirkungsweise sowohl des sentimentalen als auch des heroisierend-pathetischen Grundtyps entsprochen.

Den äußeren Anlaß für diese erneute extensive Produktion historischer Lesestoffe bildete die enthusiastische Aufnahme der Geschichtsromane des schottischen Romanciers Walter Scott [→ Beutin: Historischer Roman, 176 ff.]. Das durch ihn ausgelöste, geradezu schlagartig wiedererwachte Interesse an historischen Stoffen und Themen haben auch die Produzenten trivialer Literatur sofort aufgegriffen und ausgebeutet. Einer der flinksten und emsigsten unter ihnen, der Pfarrer Heinrich August Müller (1766–1833), scheute sich beispielsweise nicht, den Namen des Schotten unverblümt als Werbemittel einzusetzen. Mit Titeln wie ›Lady Glami oder der Kerker von Stirling. Roman nach W. Scott‹ (1823), ›Der Prätendent. Roman nach W. Scott‹ (1823), ›Tremor, der Zerstörer des Druidenreiches, nach W. Scott‹ (1824) oder ›Ritter Angus. Eine caledonische Geschichte aus dem Englischen des W. Scott‹ (1824) suggerierte er freie Bearbeitungen Scottscher Vorlagen, wovon keine Rede sein konnte.

Fast zeitgleich mit dem Aufschwung der historischen Trivialliteratur im Gefolge der Scott-Rezeption hatte auch die Produktion der trivialen Ritter-, Räuber- und Geisterliteratur einen erneuten Anstieg zu verzeichnen. Da Historie hier lediglich als Folie und Kulisse zu dienen hat, ergaben sich aus den geschichtlichen Sujets prächtige Möglichkeiten, das Stoffliche zu erweitern und ökonomisch auszubeuten. Autoren wie Johannes Andreas Christoph Hildebrandt (1763–1846), Joseph Alois Gleich (1772–1841), August Leibrock (1782–1853), Georg Karl Ludwig Schoepffer (1811–1876) und der schon erwähnte Heinrich August Müller haben ausgiebig Gebrauch davon gemacht.

Innerhalb der trivialen Räuberliteratur existiert eine Strömung, die ihren Protagonisten nicht als Sozialrebellen oder edlen Selbsthelfer, sondern als einen ganz gewöhnlichen Verbrecher schildert. Von hier aus war der Weg nur kurz, bis sich zu dieser Art von Wegelagerer der Brandstifter, der Notzüchter, der Mörder usw. gesellte. Zur Räuber- trat die Kriminellen- bzw. Kriminalgeschichte [→ Lukas: Novellistik, 274 ff.]. Unverkennbar ist dabei der Einfluß der sogenannten Pitaval-Literatur, also der auf Aktenkenntnis beruhenden Darstellungen zumeist bedeutsamer Kriminalfälle, deren Beschreibungsmuster – jedoch erzählerisch ausgeschmückt und Aktenwissen häufig nur vortäuschend – auch in die triviale Kriminalliteratur Eingang gefunden hat. Produktionen wie ›Matthias Klostermeier, der furchtbare Wildschützen-Hauptmann im Baiernland. Nach den Kriminalakten neu bearbeitet‹ (1832) von Joseph Karl von Train oder ›Der arme Joseph. Novelle nach den Mitteilungen eines Kriminalbeamten erzählt‹ (1834) von Karl Ludwig Häberlin sind Beispiele dafür. Daneben erschienen aber immer wieder Titel, die, selbst wenn sie sich an tatsächlichen Verbrechensfällen orientierten, ausdrücklich nicht auf das Vorbild der in Frankreich seit 1734 existierenden Pitavalgeschichten abhoben (deutsche Pitaval-Ausgaben gab es ab 1747): ›Der Verurtheilte und sein Richter, oder seltsame Begebenheiten eines Findlings und seiner Aeltern; eine merkwürdige Kriminalbegebenheit aus dem Zeitalter Ludwig XIV.‹ von J. Albini (1829), ›Die Jüdin von Prag. Kriminalgeschichte‹ von August Werg (1833), ›Giuseppe Balsamo der berüchtigste Abenteurer und Betrüger seines Zeitalters, oder der entlarvte Graf Alexander von Cagliostro. Kriminalgeschichte‹ (1833), ›Die schwarze Garde oder Lips Tullian mit seinen Raub- und Blutgesellen. Historisch-romantische Criminal-Erzählung‹ (1834), ›Wenzel Rüll und Wasensepp. Kriminalerzählung‹ (1834), sämtlich von J. K. von Train [→ Beisbart: Kinder- und Jugendliteratur, 339 ff.]. Sowohl das gehäufte Auftreten derartiger Texte innerhalb einer relativ kurzen Zeitspanne als auch die Anwendung unterschiedlicher Darstellungsmuster dürften die Annahme stützen, daß von hier aus die Entwicklung eines neuartigen trivialen Lesestoffes und damit neuer Genres (Kriminalromane, -erzählungen und -novellen) ihren Ausgang genommen hat.[57]

Ab etwa 1840 verzeichnete die Produktion der trivialen Lesestoffe in allen ihren Erscheinungsformen einen starken Niedergang. Als Hauptursache dafür kommen gewandelte Rezeptionsbedürfnisse vor dem Hintergrund gesellschaftlicher Veränderungen in Betracht. Auf politischem Gebiet hatte die oppositionelle Bewegung, die weithin unter der Führung liberaler Kräfte stand, seit den Juli-Ereignissen von 1830, trotz der Repressionsphase in der zweiten Hälfte der dreißiger Jahre, stetig an Bedeutung gewonnen. Die gedruckten Medien – Bücher, Zeitungen und Zeitschriften, Traktate und Flugschriften – waren dabei trotz der Zensur zu einem der wichtigsten Einflußfaktoren geworden. Private Lesezirkel haben als Multiplikatoren diese politische Rolle von Presse und Literatur nachhaltig unterstützt. Populäre Zeitungen erreichten nunmehr erstaunliche Auflagen, die angesichts der geringen finanziellen Mittel vieler sicher auch auf Kosten des trivialen Lesestoffs erreicht wurden.[58] Überdies boten nun auch Zeitungen und Journale in zunehmendem Maße Romane und Erzählungen; in den vierziger Jahren beginnt, von Frankreich ausgehend, der Siegeszug des Feuilletonromans. Sein Erfolg hängt mit einer weiteren Veränderung zusammen.

Die Jahre nach 1840, in denen sich die Umbrüche der industriellen Revolution rasch ausbreiten und beschleunigen (v. a. infolge des enorm expandierenden Eisenbahnbaus), sind zugleich eine Zeit einer zunehmenden Verelendung breiter Volksschichten. Diese sozialen Wandlungen, als »sociale Frage« auf den Begriff gebracht, wurden sogleich zum Gegenstand literarischer und publizistischer Erörterungen. So nahm sich auch die erzählende Prosa dieser Thematik an [→ Adler: Der soziale Roman, 200 ff.], auf die die triviale Literatur freilich erst reagierte, als ein erfolgreicher Titel einen aufnahmebereiten Markt für derartige Produkte signalisiert hatte. Die Schlüsselrolle spielte dabei Eugène Sues Roman ›Les Mystères de Paris‹, der in Frankreich zuerst 1842/43 als Feuilletonroman in der Zeitung ›Journal des Débats‹ erschien.[59] Schauplatz ist das soziale Milieu »der untersten Gesellschaftsschicht, der Klassenlosen, der Armen, Verbrecher und Prostituierten«[60] im zeitgenössischen Paris. Das Buch traf offenbar den Nerv der Zeit und wurde auf einen Schlag ein europäischer Erfolg. In Deutschland lagen bereits ein Jahr nach der Erstveröffentlichung des Originals mehr als zehn

Übersetzungen vor, und auch die ersten trivialen Nachfolgewerke begannen sogleich zu erscheinen: ›Die Geheimnisse von Berlin‹, ›Die Geheimnisse von St. Petersburg‹, ›Die Geheimnisse von Wien‹, ›Die Geheimnisse von Amsterdam‹, ›Die Geheimnisse von Königsberg‹, alle 1844. Viele andere lokale »Geheimnisse« folgten. Diese Mysteriengeschichten in der Nachfolge Sues begründeten einen weiteren trivialen Lesestoff, der sich im Vormärz zu den trivialen Kriminalgeschichten hinzugesellte und die Darstellung sozialer Probleme zum Gegenstand hatte. In der Folgezeit öffnete sich so die Trivialliteratur für neue Stoffe und Themen und bezog – besonders in Reaktion auf den schlesischen Weberaufstand 1844 – auch das soziale Milieu der Heimweber, der Fabrikarbeiter und anderer proletarischer Gruppen mit ein (›Die armen Weber und andere Novellen aus den Mysterien einer neueren und älteren Zeit‹, 1845, von Karl Ludwig Häberlin; ›Eine Weberfamilie‹, 1846, von Otto Ruppius; ›Der Weber von Langenbielau‹, 1847, von Friederike Wolfhagen; ›Des Webers Heimkehr. Schlesisches Zeitbild aus dem Fabrikleben‹, 1846, von Julius Krebs).

In ihren emotionalen Inhalten steht diese Literatur vor allem dem sentimentalen, dem schauervollen und – in einzelnen Elementen – dem erotischen Grundtyp nahe. Denn auch in diesen Erzählungen, obwohl sie im Unterschied zu allen anderen trivialen Texten vom Gegenstand her vermutlich am direktesten politisch agieren, dient das Kolorit, das Milieu der Armen und Ärmsten, das Elend der Pauper und Parias vor allem als Mittel, Emotionen zu wecken. Eine Erklärung der Ursachen des geschilderten Elends wird man in den Enthüllungen der vielstrapazierten »Geheimnisse« vergeblich suchen. Objektive gesellschaftliche Widersprüche werden hier als intersubjektive Konflikte im Kontrastschema von Gut und Böse, Gerecht und Ungerecht behandelt, und im übrigen wird über moralische Appelle nicht hinausgegangen.

Die soziale Trivialliteratur konnte nur deshalb gegen die Konkurrenz so erfolgreich sein, weil es ihr gelang, sich der veränderten Interessen- und Stimmungslage der Rezipienten punktgenau anzupassen. So steht sie auch als Beispiel dafür, daß es sich bei dieser Art von Lesestoffen zwar nicht um eine realistische Literatur handelt, wohl aber um eine, die auf Realitäten reagiert.

Ortwin Beisbart
Kinder- und Jugendliteratur

I. Die Fesseln der Pädagogik[1]

Wohl mir, wenn diese Blätter als Sittenspiegel und Warnungstafel, so manches dem Leichtsinne, der Glanzsucht, dem Hange nach erschlaffenden Lebensgenüssen sich hingebende Herz auf einen geregelten, lohnenden Lebenspfad zurückleiten.[2]

Mit diesem drastischen Wunsch – gedruckt 1827 – beschließt der Erzähler eine 33 Druckseiten lange Geschichte über einen ehrsamen Krämer und seinen in der Stadt durch Skrupellosigkeit zum Großhändler aufsteigenden und im Selbstmord endenden genußsüchtigen Sohn.
Der Autor Josef Karl von Train publiziert sie unter dem Titel ›Sophron's Vermächtniss‹ –, der bei Pädagogen ganz andere Erziehungs- und Bildungsvorstellungen weckt.[3] Zugleich bezeichnet Train sein Buch im Vorwort ausdrücklich als notwendige Ergänzung zu den Kinderbüchern des damals anerkanntesten Großautors Christoph von Schmid (1768–1854), bestimmt für Jünglinge und Jungfrauen »mit dem mehr entwickelten intellectuellen Vermögen und den reiferen Empfindungen«.
Eine spannende Geschichte mit einer für die Zeit erstaunlichen stilistischen Raffinesse zu verfassen, lauter »wahre, lehrreiche und anmuthige Begebenheiten« zu liefern – kann sich ein Pädagoge mehr wünschen? Das Thema Gefährdung des rechtschaffen erworbenen Erbes in der zweiten Generation und die Verführung durch vermehrte wirtschaftliche Möglichkeiten bis zum Scheitern eines aufstrebenden Unternehmertums entsprach der Erwartung an einen neuen »Realismus«, dem die etwa zeitgleich sich verändernde exotische Abenteuerliteratur[4] zunehmend Widerstand leistete.
Die Zeit des Biedermeier benützte die Jugendliteratur mehr und mehr als Instrument psychologisch motivierter Innenlenkung – An-

sätze für den lesenden Verstand, wie die logisch-begrifflich formulierten Regeln der Aufklärungsliteratur, aber auch die Formen des Dialogs als Angebot selbständigen Nachdenkens, wurden dem Leser mehr und mehr entzogen. Aufklärung und Philanthropismus hatten im 18. Jahrhundert einerseits eine intentionale Kinderliteratur entwickelt, andererseits die Lesefähigkeit zu verbessern gesucht und das Vorlesen wie auch das Lesen als für die Erziehung und Bildung bedeutsam nach Kräften gefördert. Das neue Jahrhundert, beflügelt von den geistigen Impulsen des »pädagogischen Zeitalters«, aber auch der Erneuerung der klassisch-antiken Bildung, der romantischen Bewegung und den veränderten Einsichten in Bedeutung und Qualität sprachlicher und literarischer Erziehung, überformte die aufklärerisch-utilitaristischen Ansätze und bot den Nährboden für einen wachsenden Markt, so daß schließlich in der zweiten Hälfte des 19. Jahrhunderts der Österreicher Engelbert Fischer von der »Großmacht der Jugend- und Volksliteratur« sprechen konnte.[5]

Die weitgefächerte Kinder- und Jugendliteratur der ersten Hälfte des 19. Jahrhunderts entwickelte so die Konzepte und ästhetischen Muster, die in der deutschen Kinderliteratur bis über die Mitte des 20. Jahrhunderts hinaus prägend blieben.[6] Dabei nahm die Gattung teil an der allgemeinen Ausweitung des Bilder- und Buchmarkts, die sich aus verschiedenen Motiven speiste. Der wachsenden Nachfrage infolge zunehmender Lesefähigkeit in der Bevölkerung[7] entsprachen die Hoffnungen der Verleger auf neue, profitable Märkte und die der Autoren auf Honorare bzw. den (oft dringend notwendigen) Nebenverdienst.[8] Pädagogische Vorgaben, die Wünsche der noch nicht erwachsenen Leser und geschäftliche Interessen standen in einem Wechselverhältnis, dem sich die literarische Qualität weithin unterordnete.

Die spannende Schilderung des Verruchten, das spielerische Nachvollziehen von Gefahren, die Selbstbehauptung des Helden war für die Leser angesichts vielfältiger Einschränkungen ein Weg, phantasierte Handlungen durchzuspielen, die über das Erlaubte eines »möblierten Menschen« hinausgingen.[9] Dies machten sich Verleger und Autoren zunehmend zunutze und lockten mit spannenden, reißerischen, zuletzt den Humor entdeckenden Themen unter einem zunehmend dünner werdenden pädagogischen Mäntelchen zu lustvollem Lesevergnügen.

In Leopold Fürstedlers Bearbeitung einer französischen Vorlage »im deutschen Geist« etwa, ›Merkwürdige Abenteuer des Conrad Haselbaum‹[10], ist der Held ein neunjähriger Ausreißer, der zusammen mit einem zweiten Buben als Mitglied einer fahrenden Truppe alle Höhen und Tiefen eines von den Bequemlichkeiten und den Moralvorstellungen der Zeit »freien« Lebens erfährt. Der Leser darf sich an Glücksspiel und Zirkus, an Schauspielerei und Diebstählen, an Lebensgefahr und Glücksmomenten ergötzen. Und die immer wieder eingestreuten Klagen über mangelnde Erziehung, die Ermahnungen des Autors an Eltern und Kinder versuchen, die Rezeption in die richtige Bahn zu lenken. Sie schwanken zwischen der Mahnung zur rechtzeitigen Züchtigung und der Vermittlung der »erhabenen Lehren der Religion«, zwischen dem Rat, das Falsche zu meiden, und dem, in Gefahr »keinen zu fürchten; es gibt beinahe keine Gefahr, welcher man nicht entrinnen könnte ⟨...⟩ Muth und Kaltblütigkeit sind unstreitig die besten Waffen ⟨...⟩« (S. 144).

Die Lektüre selbst ist es – von der Freiheit, die die Welt der Realien wie die der Abenteuer immer bieten kann, bis hin zu den Freiheiten, die sich einzelne Autoren herausnehmen[11] –, die spätestens in der Mitte des 19. Jahrhunderts den jungen Leser auch unabhängig machen kann von den kanalisierten Mustern der Pädagogikkonzepte, wie sie die professionellen Erzieher und viele Eltern gerne unverfälscht und ohne eigenes Nachdenken aus ihren Köpfen in die Herzen und Gewissen der Kinder übertragen würden.

Diesen neuen Ansätzen einer abenteuerlichen Weltaneignung standen freilich die Vorbehalte der Pädagogen gegenüber, die einem frei schweifenden und unkontrollierten Lesen zutiefst mißtrauten. Die schon von Rousseau formulierte Skepsis gegen eine Lektüre ohne Lenkung[12] führte zu einer Warnung vor dem Vielllesen, der »Lesewut«. Die Pädagogen des 19. Jahrhunderts glaubten, mit Beratung, Lenkung, Abwechslung und Kontrollen den rechten Weg gefunden zu haben.

Die von der Aufklärung vertretene Auffassung, daß Lesen zu klaren und folgerichtig geordneten Begriffen führen müßte, mündete in die Forderung, daß eine methodisch geplante und didaktisch gelenkte Verarbeitung im Gespräch, in Lektüreberichten und sogar in eigenen Aufsätzen den eigentlichen Lesevorgang ergänzen müsse. So wurde unter Lektüre weniger das stille, individuelle Lesen[13] verstanden, sondern vielmehr das freie Erzählen[14] und das Vorlesen. Das Kind und der Jugendliche blieben, den ganzen Zeitraum hindurch, in ihrer als unbestrittene Tatsache behaupteten inneren und äußeren Unvollkommenheit und Gefährdung Objekt erzieherischer Gängelung und Bevormundung:

> Nur diesem Kind der heil'ge Christ
> Dies Büchlein hier bescheeret,
> Das seinen Eltern folgsam ist,
> Sie herzlich liebt und ehret,
> Und das, so wie ein Engel rein,
> Sich übet, fromm und gut zu sein. ⟨...⟩
> Das da recht fleißig in ihm liest,
> Behält, was es ihm lehret,
> Und dabei immer daran denkt,
> Daß es der heil'ge Christ beschenkt.[15]

II. Lesestoffe

1. Gattungen

Literatur kann, unbeschadet aller sozialgeschichtlichen Bezüge, immer auch als autonomer Text gelesen werden und wird heute von Lesern und erst recht von literaturbewußten Autoren als solcher reklamiert und verteidigt. Doch sollte man darüber die Meinung des 19. Jahrhunderts nicht übersehen: »Unsere Litteratur hat, auch in ihrer klassischen Periode, einen lehrhaften Zug.«[16] Ganz besonders natürlich weckte Kinder- und Jugendliteratur pädagogische Erwartungen und Prinzipien, die die jugendlichen Leser primär als ideale und reale Objekte einer wie immer auch groben oder subtileren Pädagogisierung verstanden, erst in zweiter Linie auch als lesende Individuen.

Im Anschluß an Carl Kühners Kriterien[17] läßt sich Kinder- und

Jugendliteratur des frühen 19. Jahrhunderts folgendermaßen differenzieren:

(a) Die für Jugendliche gedachten Sachbücher, vor allem solche mit historischen, geographischen und zunehmend »naturgeschichtlichen« Themen, rechnet Kühner nicht eigentlich zur »Jugendliteratur«.[18] Freilich macht diese Sparte einen erheblichen Teil der Produktion aus. Auch in den genannten Ratgebern nehmen Hinweise darauf mehr als die Hälfte des Raums ein.[19] Neben die schon traditionellen Enzyklopädien[20], die wegen der fehlenden erklärend-deutenden Kontexte kritisiert wurden[21], treten nun häufiger Bücher aus speziellen Wissensgebieten, zunächst besonders der Geographie, der Naturlehre und der Geschichte. Umfassende Sammelwerke versuchen, ein Panorama des Wissenswerten auszubreiten, eingebettet in familiäre oder von Spezialisten (Reisenden, Naturforschern usw.) berichtende Erzähltexte[22]. So akzeptiert die Sachliteratur ebenfalls das Bedürfnis nach »sensationeller« Lektüre; zugleich will sie mit der Weckung von Neugier und Lust auf Betätigung die Beobachtung, die Selbstkontrolle und die Einsicht in die Wichtigkeit von Wissenschaft und Bürgerfleiß für jede Art von Fortschritt anregen. Auf diese Weise werden die schon der Aufklärung wichtigen Ziele der Sinnesausbildung und der Gesinnungsbildung fortgeführt. Doch steht nicht mehr primär die Einsicht in die Wunder der Schöpfung, nicht mehr allein der moralische Impuls im Vordergrund, so sehr dies Autoren wie August Wilhelm Grube (1816–1884) im Sinne religiös-antimaterialistischer Anschauungen erneut anstreben[23]. Zunehmend macht sich der Stolz über das Schon-Erreichte breit, der Stolz auf den Sieg über den Aberglauben, auf die Herrschaft über die Natur, auf die Überlegenheit europäischen Forschens und Tuns, doch immer verbunden mit dem Ansporn zu weiterer Anstrengung:

> ⟨...⟩ es ist gut, nicht bloß Etwas zu wissen, sondern auch es machen zu können. Es ist jetzt Alles in Wissenschaft und Gewerbe gegen früher weit fortgeschritten, und wer nicht in seinem Fache genau und ganz zu Hause ist, kann nicht mehr mit seinen Mitbürgern gleichen Schritt halten, und hat kein sicheres Fortkommen in der Welt.[24]

So befreit sich das Bürgertum, dem jeder »geschäftige Müßiggang« ein Greuel ist, zwar zunehmend aus theologischen und naturphilosophischen Spekulationen, gerät jedoch statt dessen, bei aller Intensität des empirisch Ausgebreiteten (soweit es nicht einer neuen, sich kindertümlich gebärdenden Bildungsreduktion verfällt), in das Fahrwasser eines Überlegenheitsgefühls gegenüber der Natur und ihren »Schätzen und Kräften«, zunehmend aber auch gegenüber anderen Kulturen und anderen Denkweisen. Obwohl Sachtexte auch in Kinderalmanachen und -zeitschriften zunehmen, Experimentieranregungen und andere praktische Hilfen das ausschließlich zum Lesen bestimmte Angebot ergänzen, dürfte der Anteil von Sachbüchern an der tatsächlichen Lektüre jedoch immer geringer gewesen sein als das reiche Angebot.

(b) Die aufgrund einer direkten, intentionalen Motivation entstandene Literatur, die die äußere und innere »Kultur« und Moral der jungen Menschen im Blick hat, ist trotz schon älterer Tradition nicht zufällig noch immer mit dem Namen des Philanthropen Campe verbunden. Auf der Basis der im 18. Jahrhundert entwickelten Gattungen[25] schreibt man im 19. Jahrhundert weiter Sittenlehrbücher, moralisch-sittliche Erzählungen, Reisebeschreibungen, in denen Sachinformation und moralische Belehrung in eine spannende Handlung integriert sind, Abenteuererzählungen (mit zunehmend exotischen Handlungsorten), vor allem aber die moralischen (und religiös-christlichen) Erzählungen, die über eine individuelle Moral hinaus bald auch »vaterländische« Einstellungen vermitteln.

(c) Die Literatur, die nun allgemein »Volkspoesie« genannt wird, repräsentiert in den Phantasiebildungskonzepten der Romantiker und besonders in den Märchenfassungen der Brüder Grimm, umfaßt weit Vielfältigeres, das auch in vielen Sammlungen gemischt angeboten wird: Mythen, Sagen und Legenden, Fabeln, Parabeln und Schwänke, Romanzen und Balladen, Volksbücher und neuerzählte Epen, Volkslieder, Rätsel und Sprüche.

(d) Daß in den Empfehlungslisten die erzählende Literatur überwiegt, läßt eine geringere Bedeutung lyrischer und vor allem dramatischer Texte für die Lektüre junger Leute erkennen; soweit allerdings dialogische Texte auf dem Markt eine Rolle spielen, sollte ihre Funktion für häusliche Aufführungen und gemeinsames Singen nicht unterschätzt werden: Gedächtnisübung, Vortragskunst, Körperbeherrschung und Sprachbildung waren wesentliche Ziele.

(e) Nicht übersehen werden sollte, daß der Untersuchungszeitraum auch der Beginn einer zunehmend breiteren Lesebuch- und Anthologieproduktion ist, also von Textsammlungen, die eigens für den didaktisch geordneten Schulbetrieb hergestellt wurden, wobei die Herausgeber nie ganz deren Funktion für – in ihrem Sinne – freies Lesen aus dem Auge verloren.[26] Ihre Brückenfunktion zwischen der Kinder- und Jugendliteratur und der sogenannten hohen Literatur ist für diese Zeit bislang zu wenig untersucht.[27]

(f) Die allenthalben produzierten Kinderzeitschriften, die wegen ihres günstigen Preises wohl ein breiteres Lesepublikum erreichten[28], unterlagen meist mehr pädagogischer Kontrolle als die in zunehmend höheren (Massen-)Auflagen produzierten Bilderbogen[29]. Diese boten für ein weniger belesenes Kinder- und Volkspublikum Bilder (und ein wenig Text, aber auch Ausschneidebogen) als erbauliches, belehrendes und informatives, zunehmend aber die Phantasie beflügelndes Unterhaltungsmittel an. Doch kann man auch hier – einem wichtigen Vorläufer des um die Jahrhundertmitte sich entwickelnden Bilderbuchs – von einer »engmaschigen Verknüpfung« pädagogisch-moralischer sowie volksliterarischer Interessen mit dem Prinzip der realistischen und bürgerlich-orientierten Wissensnützlichkeit als den »bindenden Schußfäden« sprechen.[30] Die Verbreitung der Bilderbogen übertrifft die aller Buch- und Zeitschriften bei weitem [→ Schmid/Plaul: Populäre Lesestoffe, 317 ff.].

Trotz dieser gattungspezifischen Unterscheidungen darf das vorherrschende pädagogische Klassifikationsinteresse der Epoche nicht übersehen werden. Darauf führt Detmers Gliederungsversuch zurück[31], der drei »Gattungen« der Jugendliteratur unterscheidet: Bücher zur »Unterhaltung«, Bücher, die »einseitig den Verstand bilden wollen«, und solche, »die auf's Gemüth veredelnd einwirken, ohne den Verstand leer ausgehen zu lassen und durch den Inhalt zu langweilen.« Natürlich wird die erste Gruppe verworfen, als »Todtschläger der Langeweile« bezeichnet, als Vergifter edler Gefühle und Regungen. »Unterhalten« allein ist somit eindeutig negativ konnotiert; die noch im Ausgang des 18. Jahrhunderts nachweisbare Grundbedeutung von »festhalten«, »sich oder jemanden mit etwas beschäftigen«, um voranzukommen, wenn von Schwäche oder Unmündigkeit auszugehen ist, läßt sich nur in der Formel – in selbstverständlichem Rückgriff auf des Horaz »prodesse et delectare« – öffentlich vertreten, »unterhaltend und belehrend« zugleich zu sein.[32] Wenn aber der Schule bzw. aufmerksamen Eltern nicht nur die systematische »Verstandesbildung«, sondern auch die »richtige« Weltsicht – »die Hinweisung vom Sichtbaren auf das Unsichtbare« etwa – aufgetragen ist, so ist es nicht verwunderlich, daß sich daneben eine Jugendliteratur etabliert, die »unterhalten« will in der Bedeutung, angenehme Erregungen und Vorstellungen zu erzeugen, mit denen ein Fenster aufgestoßen wird aus einer Welt, die nicht nur Wände, sondern auch allzuviele bewachte Winkel hat.[33]

2. Vermittlungskonzepte

Das ausgehende 18. Jahrhundert hatte die Kinder als spezifische Adressaten von Literatur entdeckt: Die Parallelität und wechselseitige Beeinflussung zwischen den sozialen und mentalen Veränderungen im neu sich etablierenden Bürgertum und der für die Kinder (im wesentlichen dieser Schicht) geschriebenen Literatur ist andernorts hinreichend dargestellt.[34]

Entscheidend ist die aufklärerische Einsicht, daß Kindheit als defizitär erkannt wird und zugleich als bildbar und erziehbar mit dem Ziel eines aufgeklärten Erwachsenseins. Verhaltensschulung und Wissensvermittlung, beides verbunden mit systematischer Begriffsbildung, sind die Säulen eines solchen Konzepts. Die Sachliteratur des neuen Jahrhunderts für junge Leser führt dieses Konzept weiter und zeigt sich zugleich verändert. Es sind drei Gründe dafür hervorzuheben:

(a) Die Zunahme des Wissens läßt den Gedanken einer umfassenden Enzyklopädie obsolet werden; allerdings wird bis zur Mitte des Jahrhunderts immer noch mit dem von Comenius bekannten Titel ›Orbis pictus‹ gearbeitet, so von Jakob Eberhard Gailer: Neuer orbis pictus für die Jugend, Reutlingen 1835, oder Ernst Friedrich Kauffmann: Orbis pictus Stuttgart 1841; auch der Titelbegriff Enzyklopädie wird noch verwendet.[35]

(b) Die Idee einer philosophischen Gesamtdeutung der Welt geht entweder über der Detailfülle und Spezialisierung verloren oder wird ersetzt durch naturphilosophische oder religiöse Bezüge oder Spekulationen. Die im Zeitalter der Restauration zunehmende religiöse Besinnung bestimmt zu einem nicht geringen Teil in den ersten Jahrzehnten auch die Sachtextproduktion; Detmers Kritiken bezüglich der Naturlehren unterstreichen, »daß die religiöse Bildung ohne Naturkenntniß höchst einseitig bleibt«. Und hinsichtlich geschichtlicher Darstellungen: »Das göttliche Walten in der Geschichte ist derselben eigentlichstes Wesen«, sonst »raubt ⟨man⟩ der Jugend die eigentliche Weihe«.[36]

(c) Es sind neue Zusammenhänge, in die man versucht, das Detailwissen zu stellen: Zum einen wird natürlich die rechte Mischung aus Belehrung und Unterhaltung gesucht. Gerade in dem neuen Gebiet geschichtlicher Darstellungen wird bald schon das biographische Erzählprinzip gewählt, das Wissen an herausragenden Figuren expliziert. Zum anderen versuchen die Autoren und Verleger, durch neue Systematisierungen ihre Bücher auch als Lehrbücher zu empfehlen. So hat Anton Benedict Reichenbach (1807–1880) seine ›Bildergallerie der Thierwelt oder Naturgeschichte des Thierreichs‹ zuerst in Einzellieferungen in einem »nie auf die Dauer befriedigenden Ragout«, als Buch aber (Leipzig 1835) auf allgemeinen Wunsch in systematischer Ordnung vorgelegt. Zum dritten versuchen viele Bücher, die Leser zur Eigentätigkeit anzuregen. Genannt sei der populäre Johann Heinrich Moritz Poppe (1776–1854) u. a. mit seinem ›Physikalischen Jugendfreund‹, der zwischen 1811 und 1821 in acht Bänden erschien; dazu der allenthalben als Sachbuchautor tätige Naturphilosoph und -historiker Gotthilf Heinrich von Schubert (1780–1860) mit seinen unter Mitwirkung anderer herausgegebenen ›Beschäftigungen für die Jugend aller Stände zur Gewöhnung an zweckmäßige Thätigkeit, zur erheiternden Unterhaltung so wie zur Anregung des Kunst- und Gewerbesinnes‹ (3 Bde., Stuttgart 1834–37). Daß es darin auch eine Reihe von Anleitungen zu Zauberkunststückchen gibt, weist, wie die dialogische Anleitung mancher Bücher, auf die Erwartung einer gemeinsamen Beschäftigung in der Familie hin.

Das Interesse der bürgerlichen Schicht, die allein sich solche oft aufwendig illustrierten und gemachten Bücher kaufen konnte, zielt dabei darauf ab, Wissen zu erwerben, um die eigene Bedeutung und die gesellschaftlichen Ansprüche zu legitimieren. Zugleich aber wird in dieser Gesellschaftsschicht die Phase der Kindheit zunehmend von Erwachsenenpflichten freigesetzt. Dieser Freiraum, genauer: diese freie Zeit (aus der Sicht der Erwachsenen) ist »sinnvoll« zu nutzen, ohne daß man die Kindheit systematisch verplanen will.

Im 18. Jahrhundert reichte Kindheit nur so weit, bis die nachwachsende Generation – schrittweise ab dem 6./7. Lebensjahr – in den (bäuerlich-handwerklichen) Arbeitsprozeß einbezogen werden konnte. Die Kinder der bürgerlichen und dorthin aufsteigenden Schichten wurden zu gleicher Zeit dem strengen (lateinischen) Paukunterricht unterworfen. Vor allem die Philanthropen haben diesen Zeitraum der Kindheit bis ins 10.–12. Lebensjahr – im Kontext eines veränderten Unterrichtsverständnisses – ausgeweitet und so die allmählich durchgesetzte und zunehmend verlängerte allgemeine Schulpflicht vorbereitet.

Kant hat jedoch bereits 1786 weitsichtig den »unvermeidlichen Widerstreit« zwischen dem »gesitteten Zustand«, d. h. dem zeitangemessenen Entwicklungsstand »der gesellschaftlichen Verfeinerung«, und dem der Geschlechtsreife beschrieben und einer vollkommenen bürgerlichen Verfassung aufgegeben, jenen »Zwichenraum« vor »Lastern und ihrer Folge, dem mannigfaltigen menschlichen Elende« zu bewahren.[37] So läßt sich für das 19. Jahrhundert nicht nur von Kindheit, sondern darüber hinaus von Jugend sprechen, für die es – unter den gleichen Prämissen – eine eigene Literatur zu entwickeln gilt. Wie wichtig den Pädagogen dieser Zwischenraum und seine Gliederung ist, zeigt sich in der Terminologie[38], aber eben auch in dem sich entfaltenden Markt.

Mit dieser Ausweitung werden weitere Spezifizierungen bedeutsam. Geschlechtsspezifische Differenzierungen sind es zumal, die Tendenzen des ausgehenden 18. Jahrhunderts fortsetzen und verändern. Zwar empfehlen sich weiterhin viele Bücher, auch die meisten Sachbücher, für Leser beiderlei Geschlechts, doch die Tradition einer eigenen Mädchenliteratur erfährt eine wenig auffällige, aber entscheidende Wandlung und mündet in der zweiten Hälfte des 19. Jahrhunderts ein in die sog. »Backfischliteratur«.[39] Man kann – anhand der Rollen der Erzieher in den Büchern – tatsächlich den Weg von der rational bestimmten »Vernunft der Väter«[40] zum gefühlsbetonten »Vorbildhandeln der Mütter« beobachten, wenn auch die Absicherung dieser Rolle meist nur innerhalb einer vollständigen Familie gelingt. Jakob Glatz (1776–1831) läßt schon 1808 eine Mutter ihrer Tochter Lebensratschläge geben.[41] Die im Stile Campes geschriebene Erzählung ›Robinson's letzte Tage‹ von Christoph Hildebrandt (1846)[42], einer erneuten Gestaltung des Defoeschen Robinsons zweiter Teil, läßt den Vater noch dominieren, doch die Belehrungen der Mutter sind auffallend penetrant und mahnen zu Einordnung und Zufriedenheit.

Die Schilderung verwahrloster Kinder geht häufig einher mit der Aussage, daß die Mutter als Witwe nicht in der Lage sei, für Unterhalt und genügende Erziehung ihrer Kinder zu sorgen.[43]

Als selbstverständlich und »natürlich« werden die charakterlichen Eigenschaften und gesellschaftlich sanktionierten Rollen tradiert und bestärkt: Jungen sind aktiv und draufgängerisch, sie sind die Rollenträger in Abenteuern und ausgreifenden Aktivitäten, zeigen Mut und Ausdauer. Schließlich haben sie ja auch ›im Leben‹ die entsprechenden verantwortungsvollen Aufgaben. Ihre moralischen Schwächen sind eher Neigungen zur Überschätzung der eigenen Kraft, zu Diebstahl und Grausamkeit. Vorbildhafte Mädchen hingegen sind passiv, gefühlsbetont, und ihre Aufgaben sind auf den engeren Kreis der Familie, auf häusliche Arbeiten ausgerichtet. Es gilt weiterhin Campes dreifache Bestimmung der Frau »zur Gattin, zur Mutter, und zur Vorsteherin des Hauswesens«.[44] Berufsarbeit von Frauen ist immer weniger ein Thema. Sind deren charakterliche Schwächen zu kennzeichnen, so sind es häufig Schwatzhaftigkeit, Eitelkeit und Naschhaftigkeit.

Erkennbar dürfte für die Zeit jedoch schon gewesen sein, daß ein solches Rollenbild Mädchen häufiger auf das Lesen als Freizeitbeschäftigung verweist, war ihnen doch manche außerhäusliche Tätigkeit verwehrt, praktische Einführung in Naturwissenschaft und Technik für sie nicht gedacht.

Schließlich verstärkt die Rolle weiblicher Erzieher auch eine mögliche Tätigkeit als Schriftstellerin. Caroline Pichler (1769–1843), Amalie Schoppe (1791–1858), die als »Tante Amanda« bekannte Amanda Hoppe-Seyler (1819 bis nach 1898), Lina Reinhart (1770–1843), Caroline Stille (1782–1834), Thekla von Gumpert (1810–1897) und Marie Nathusius (1817–1857) dringen schon im Biedermeier höchst erfolgreich in eine Männerdomäne ein.

Für die Zeit vor 1850 kann nicht von einer bewußten und gezielten Konfessionalisierung der Kinder- und Jugendliteratur gesprochen werden. Zwar ist von einer häufig regionalen und damit auch vielfach konfessionell bestimmten Verbreitung von Autoren und Verlagen auszugehen, doch bemühte man sich darum, den Texten auf einer religiös-gefühlhaften, moralischen und »biblisch-christlichen« Grundlage eine möglichst weite Verbreitung zu sichern.[45] Erst nach 1850 treten die aus der Kirchen- und Sozialgeschichte bekannten dogmatisch-konfessionellen Abgrenzungen und Kontroversen auch in der Jugendliteratur deutlicher zutage[46]. Der in der Nachfolge von Schmids stehende, vielgelesene katholische Autor Wilhelm Bauberger (1809–1883) z. B. resignierte nach 1840 angesichts einer Entwicklung weg von einer »allgemeinen christlich-moralischen Veredelung der Menschen«.[47]

In Christoph Hildebrandts bereits erwähnter Robinsonade ›Robinson's letzte Tage‹[48] geht es auch um religiöse und konfessionelle Fragen; die Angehörigen der verschiedenen Konfessionen, Robinson und Freitag als Protestanten, ein Engländer als Anglikaner, die Spanier als Katholiken, werden durch den intriganten missionarischen Rekatholisierungsplan zweier als Karthäusermönche eingeschleuster verkappter Jesuiten gegeneinander aufgebracht. Im Interesse der menschlich wertvollen religiösen Toleranz kommen die beiden Mönche um (Robinson: »Sie waren meine Feinde und du weißt, wie gerne ich verziehen hätte!« Die Kritik knüpft also noch deutlich an die aufklärerische Jesuitenpolemik an.

III. Kindheitskonzepte in Konkurrenz

1. *Kindheitsbilder im Konflikt*

Vom defizienten Modus des Kindseins, der Notwendigkeit von Erziehung, der Möglichkeit von kindgemäßer Zuwendung auch durch Literatur geht die Tradition aus: Das Modell von Lehre und erzähltem Beispiel hält sich auch über die Jahrhundertwende hinaus noch lange. Sittenlehren, Fabelsammlungen, Moralische Geschichten in dialogischer und kommentierender Einkleidung, Gedichte und Anekdoten werden in Anthologien und Zeitschriften weiter angeboten.

Literatur sollte dafür sorgen, daß der Status von Kindheit (und Jugend) möglichst geordnet bewältigt werden konnte, und doch zugleich zu Kindern kindlich, ihrem Verständnis angemessen, reden.

Die Früh-Romantiker kehrten das Bild von Kindheit und Erwachsensein um. Anknüpfend an manche Postulate des als Pädagogen geschätzten Herder wurde Kindheit im wesentlichen in dem Jahrzehnt zwischen 1797 und 1808[49] von einem rückwärts gewandten Mythos von Ganzheit, Reinheit und Unschuld zu einem Fluchtpunkt aus der Entfremdung, zum Ziel von Sehnsucht nach einer besseren Zukunft.[50] Die jungen Autoren schrieben keine Kinderliteratur, sondern ausdrücklich für Erwachsene, bisweilen jedoch für Leserunden unter Einschluß der Kinder.[51] Doch die Kindlichkeit, die sie konzipierten, war eine, die Alternativen poetischen Sprechens und Schreibens durchspielte, das Phantastische und das Satirische, das Kritische, ja schon das Komische[52] als Möglichkeiten, die die ästhetische Theorie sich erstritten hatte: die poetische Sprache als eine andere Ausdrucksform von ebenso »tiefer« Bedeutung wie die theoretischen Wissenschaften.

Wenn aber das Kind von Poesie schon angesprochen werden kann, ja eigentlich in einer poetischen Welt lebt, muß die Kinderliteratur evokativen Charakter haben – und sie gewinnt so eigene Dignität, die auch Erwachsene ansprechen kann, die sich die Sehnsucht nach ihrer Kindheit erhalten haben.

An drei Beispielen der Rezeption und Bearbeitung, an der »volkstümlich«-epischen Literatur, an der Kinderlyrik und an dialogisch-dramatischen Texten, soll gezeigt werden, wie man diese Aufgabe glaubte lösen zu können.

2. »Volkstümlich«-epische Literatur

Die Brüder Grimm, abhängig von den genannten Früh-Romantikern und eigenständig zugleich[53], nannten ihre Märchensammlung ›Kinder- und Hausmärchen‹. Darin stecken Implikationen, die mitten in die Diskussion über einen Strang der Literatur führen, der zu einer Säule literarischer Vermittlung werden sollte: der »Volkspoesie«. Die Hinwendung zu dem Vielerlei anonymer Überlieferung und trivialer Bearbeitung von Märchen, Götter-, Helden- und Regional-Sagen, Anekdoten, Schwänken u. a. ist nicht allein aus der Wendung gegen die Aufklärungsliteratur zu verstehen. Sie hat jedoch das Lektüreangebot für Kinder, Jugendliche und die Mehrzahl der erwachsenen Leser dieser Zeit entscheidend mitgeprägt.

Eine Reihe von Impulsen wirkten zusammen: auf der einen Seite Herders weitwirkende Theorie von der Naturpoesie als dem Ausdruck der Kindheit der Völker, auf der anderen Seite die Übertragung dieser genotypischen Aussage auf das neue Kindheitsbild, den Mythos von kindlicher Reinheit und Ursprünglichkeit, so daß Volksliteratur besonders für Kinder als geeignet bezeichnet wurde. Der Prozeß der zumindest teilweise erfolgreichen Durchsetzung dieses keineswegs unumstrittenen Theorems ist inzwischen recht gut dokumentiert. Es war zuerst ein Erwachsenenprogramm, das sich aus einer die Gegenwart überspringenden Kindheitssehnsucht nährte, wie sie wohl zum ersten Mal auf Märchen bezogen Christoph Wilhelm Günther (1755–1826) formulierte: »Das Andenken an jene glücklichen Zeiten, wo ich mit vollem Herzen so innigen Antheil an allen nehmen ⟨...⟩ konnte, ist während dem Schreiben sehr in mir erneuert worden« – ein »Arcadien«[54].

Diese Sehnsucht gab den Frühromantikern die Motivation, sich über die falschen Denkweisen und Konzepte der eigenen Zeit lustig zu machen. Tiecks und Brentanos Aufklärungs- und Schulkritik mit den Mitteln von Märchenmotiven – für Erwachsene – legen davon Zeugnis ab.

Daß auch in Kindergeschichten eine solche Kritik zu finden ist, läßt sich z. B. schon an E. T. A. Hoffmanns Märchen ›Das fremde Kind‹ (1817) ablesen, wo die beiden natürlichen und ungebildeten Kinder alle Ehrfurcht (vor allem der Mutter) vor den altklugen Kindern des Onkels (»O mein Herr Jemine! o was sind das für Kinder, nein, was sind das Engel! o was soll denn aus unsern Kleinen werden, hier auf dem öden Lande«) ad absurdum führen.

Aber genau gegen solche Sprech- und Erzählweisen, Kindern angeblich unverständlich und nicht zuzumuten, wehren sich die Brüder Grimm, und sie treffen sich mit den Ansichten vieler Pädagogen[55]. Sie entwickeln gegen die Meinungen und Zumutungen ihrer romantischen Freunde einen unverwechselbaren »Märchenstil«, der auch Kindern gemäß, aber eben vor allem der Haus- und Volksgemeinschaft angemessen sei. Damit ist der Grund gelegt dafür, auch die Mehrzahl der Erwachsenen, »die meist auf Handarbeiten angewiesenen Stände«, sittlich zu heben und »angemessen zu unterhalten und zu belehren«[56], sie mit »Volksliteratur« zu versorgen, weil die »hohe« Kunstpoesie ihnen nicht zu vermitteln sei. Daß sich die Liebe zur »Volkspoesie« besonders an den Märchen entzündet hat, hängt mit ihren Stoffen zusammen, die zum einen von »Unzumutbarem« zu reinigen waren, zum anderen aber auch moralisiert werden konnten, was schon die unmittelbare Folgezeit zur Genüge betrieb.[57]

Auch die Brüder Grimm, vor allem Wilhelm, haben entgegen der Legende, sie hätten nur ihnen Erzähltes dokumentiert, an ihren Texten sprachlich erheblich gefeilt und gearbeitet. Das Ergebnis, der unverwechselbare und zugleich über bewußt gesammelte und gesetzte Redewendungen erarbeitete Märchenton hat entscheidend zum umfassenden Erfolg der Sammlung beigetragen. Dabei war das Programm einer bewußten, auch spracherzieherischen Stilisierung nicht eine Erfindung der Romantik, sondern ein Ergebnis der Aufklärungsdebatte um den Vorrang der Natürlichkeit oder der Gesellschaftsbezogenheit der Kinderliteratur.[58]

So ist z. B. vielfach das Aufeinandertreffen adeliger und bürgerlicher Kinder in Erzählungen und neuen Märchen nicht nur als Gegensatz von Erfahrungen und Verhalten, nicht nur als die Demonstration von Natürlichkeit und Ländlichkeit gegen Geziertheit und städtische Unkultur, nicht nur als Demonstration unterschiedlicher charakterlicher Qualitäten dargestellt, sondern auch als Gegensatz der Sprechweisen.

Daran knüpfen gerade Pädagogen an. Und die Grundsätze der Darstellung, denen Herausgeber und Bearbeiter zu folgen hätten und die auch die Brüder Grimm nicht unbeeinflußt ließen, hat Albert Ludwig Grimm, der unliebsame Namensvetter und weitaus erfolgreichere Konkurrent auf dem Buchmarkt, formuliert[59]: ein idealer Erzähler mit einem Erzählstil, der seine Qualitäten vor allem in der Klarheit und Überschaubarkeit der Handlung zeigt, moralische Reinheit und ein naiv-volkstümlich-kindlicher Ton[60]. Ein solches Konzept hat Grimm nicht erfunden, es geht zurück auf die Stildiskussion der Aufklärung. Die Folgezeit des 19. Jahrhunderts hat nur eines konsequent weitergeführt: die Eliminierung all dessen, was in das Kindlichkeitskonzept – für Kinder und fürs Volk – nicht paßte. Dazu wurde der Begriff »kindgemäß« erfunden. Betroffen war zuerst alles inhaltlich »Unsaubere«: Bezüge zur Sexualität[61], Anklänge an Obszönes, nicht zuletzt alles, was die Autorität von weltlichen und geistlichen Respektspersonen untergraben könnte[62]. In der Folgezeit wurden natürlich auch andere Sammlungen von »volkstümlicher Literatur«, Schwänke, Sagen, Neuausgaben von Volksbüchern, die in größerer Zahl aufgelegt wurden, in gleicher Absicht gereinigt und an die Muster linearen, »ungekünstelten« Erzählens im »naiven Ton« angeglichen.

Typisch dafür ist z. B. die von Ludwig Aurbacher erzählte Situation einer bayerischen Familie in der Sommerfrische. Die kleine Gesellschaft sucht bei Regen Unterhaltung, es fehlen Bücher für die Männer und Handarbeitsutensilien für die Frauen. Jugendschriften sind vorhanden. Doch es erhebt sich Widerspruch: »Das Vorlesen aus Büchern, Kindern gegenüber – sagte der Großvater – erscheint mir so unnatürlich und wirkungslos zu seyn, wie eine abgelesene Predigt vor einer Dorfgemeinde. Das Volk und die Kinder wollen das lebendige Wort haben.« So beschließt man, Märchen zu erzählen, »für Kinder unterhaltend und belehrend«, für Große immerhin »noch anziehend genug«, wenn sie nicht ins Kindische ausarten. Auch die positive Haltung des gelehrten Vaters dazu wird besprochen, die Funktion der poetischen Gestaltung »zum Zwecke religiöser Auferbauung«, zur Vermittlung wenn auch nicht von Wirklichkeit, so doch von »entschiedenster und wirksamster Wahrheit«.[63]

Auch die Autorin »Tante Aurelie« fingiert eine, freilich recht unwahrscheinliche, Situation: »Die kleine Elsbeth hat in müßigen Stunden die Märchen der Tante Aurelie aufgeschrieben«, die sie vorher gehört hatte und nun, da die Tante krank ist, nicht erneut erzählt bekommen kann.[64]

Gerade der andersartige Versuch E.T.A. Hoffmanns, in seinen für Kinder gedachten Märchen ein Erzählmodell zu erproben, das die Realität der Leser einbezieht, wurde zu jener Zeit nicht als kindgemäß akzeptiert.[65] Und in der Wiederaufnahme solcher Vorlagen bei Hans Christian Andersen[66] wird die »Verbiedermeierlichung des romantischen Wirklichkeitsmärchens«[67] gerade durch die Verdrängung der Realität betrieben.

Doch ist das Feld der »Volksliteratur«, über die Märchendichtung hinaus, weit umfangreicher. Romantik und religiöse Erneuerung bringen etwa die Legendendichtung zu neuen Ehren.[68] Zwei Gattungen sind jedoch besonders hervorzuheben: Sage und Volksbuch. Beide enthalten geographischen und historischen Stoff und fordern den jugendlichen Leser zum Nachdenken und zum Vergleich heraus, vor allem, wenn eine direkte moralische Nutzanwendung unterbleibt oder ergänzt ist um realhistorische Bezüge[69]. Während die Sammlungen mit kürzeren Einzeltexten – meist den Volkssagen[70] – eher als Vorlagen für Lesebuchauswertungen dienten, zudem den Stoff lieferten für unzählige, auch balladenhafte Nachdichtungen, waren ausgestaltete und in größeren Zusammenhängen neu erzählte Sagenbücher beliebte Jugendliteratur. Das Interesse der sich entwickelnden Germanistik an der nordisch-mythologischen Überlieferung, an den mittelalterlichen epischen Stoffen und an den Volksbüchern, die bis ins 18. Jahrhundert hinein Unterhaltungslektüre der Lesekundigen aller Altersstufen waren, wirkte sich auch auf die Jugendliteratur aus [→ Plaul/Schmid: Populäre Lesestoffe, 320ff.]. Autoren wie der als Bibliothekar tätige Ludwig Bechstein[71], der Philologe und Theologe Gustav Schwab[72] oder der Jurist und spätere Germanist Karl Simrock[73] taten sich als Übersetzer, Nachdichter und eigenständige Erzähler hervor[74]. Die Erneuerung der klassischen Philologie, die nun vor allem das kulturell-literarische Erbe der Antike vermitteln wollte und die Ausrichtung des bürgerlichen Bildungsideals an diesem Erbe wirkten zusammen, weit mehr Leser zu erreichen als nur die, die die alten Sprachen lernten. So hatte schon Herbart die ›Odyssee‹ als Kinderlektüre empfohlen, und Gustav Schwabs ›Sagen des klassischen Altertums‹[75] wurden zu einem Longseller von außerordentlicher Breitenwirkung, der die für die ältere Jugend bestimmten Texte aus unterschiedlichen und oft mageren Quellen zu einer sprachlich-stilistisch gelungenen und vielgerühmten Ganzheit zusammenfügte.

Eine weitere Gattung sollte nicht übersehen werden: die ebenfalls dem neuen Konzept der naiven Volkserzählung verpflichteten Nacherzählungen der biblischen Geschichte.[76] Auch sie – vor allem die Erzählungen des Alten Testaments – gelten als »volkstümlich« und schließen sich an das als kindgemäß bezeichnete Interesse am »Morgenland« an[77]. Freilich dominiert das Interesse an der religiösen Unterweisung jede Bemühung um literarische Gestaltung: die in die Erzählungen eingestreuten, moralischen Nutzanwendungen sind unübersehbar.

> Zum Regenbogen (Gen. 9): ›Fromme Kinder sehen ihn mit Verwunderung und Freude an, und wollen nie etwas Böses thun.‹ Zur Heilung des Kranken von Bethesda (Joh. 5): ›Gutgesinnte Menschen freuen sich jetzt noch über die unverhoffte Rettung, die diesem armen Menschen widerfahren ist.‹[78]

Doch die Kritik an einer aufklärerisch-unbiblischen und vor allem abstrakt-formelhaften (Katechismus-)Belehrung führt zu einer religiösen Erneuerung in allen Konfessionen. Sie will sich nicht mit der Vermittlung einer allgemeinen »reinen Moralität« (Hebel) zufrieden geben, sondern erzählend prägen. Es soll, so heißt es in einer Ausgabe von einzelnen Bibeldichtungen fast wortidentisch mit weltlichen Sammlungen,

> der doppelte Zweck erreicht ⟨werden⟩, neben der Veredelung des Herzens und der Begeisterung für alles Gute, auch noch für den Geist etwas Reelles zu gewinnen und ihn mit einer Masse einzelner Bilder ⟨...⟩ zu bereichern.[79]

Die konfessionelle Konkurrenz entwickelte sich dabei eher aus unterschiedlicher Tradition, weniger aus Abgrenzungsbestrebungen. Während man sich auf protestantischer Seite aus Einsicht in die Verstehensfähigkeit von jüngeren Lesern nicht mehr allein mit (gekürzten) Übersetzungen (etwa der Lutherbibel) zufrieden geben will, entwickelt die katholische Seite erstmals ein Konzept zur Vermittlung, das – vor allem in der Person Christoph von Schmids, der in enger Beziehung zu dem religiösen Erneuerer und späteren Bischof Johann Michael Sailer steht, – biblische und legendenhafterbaulich erzählte weltliche Stoffe nebeneinander einsetzt. Seine ›Biblischen Geschichten‹, die zur Bearbeitung für das protestantische Baden vorgesehen waren, wurden der Anstoß für Johann Peter Hebel, eigene Texte[80] vorzulegen, die von einer höchst selbständigen literarischen Konzeption zeugen, gestaltet aus dem gleichen literarischen und pädagogischen Selbstverständnis wie die, freilich weit erfolgreicheren, ›Kalendergeschichten‹.[81]

3. Gedichte für Kinder

> Will ich in mein Gärtlein gehn,
> Will mein Zwiebel gießen,
> Steht ein bucklicht Männlein da,
> Fängt als an zu nießen. ⟨...⟩

Jemand, der die aufklärerischen, moralisch-belehrenden Reimereien kannte, mußte den anderen Ton hören, der in solchen Versen sich zu Wort meldete. Wer dieses bucklichte Männlein ist, das das Kind ständig in seiner bürgerlich-ordentlichen Tätigkeit und Frömmigkeit stört, dies zu klären blieb dem Hörer überlassen, oder dem Leser, der die Zeilen aus dem Kinderlieder-Anhang von ›Des Knaben Wunderhorn‹ (1808)[82] kannte bzw. aus einer der vielen Sammlungen, die das Volkslied weitertradierten[83]. Eines ist gewiß: Das bucklichte Männlein ist nicht die Verkörperung des Bösen, wie es als Teufel in Sagen oder als innere Stimme des Verführers in moralischen Gedichten und Geschichten den Kindern vielfach begegnen konnte. Aber es ist auch nicht von aller Bosheit und allem Unglück frei: am Ende des Erzählliedes macht das bislang stumme Männlein den Mund auf:

> Liebes Kindlein, ach, ich bitt,
> Bet fürs bucklicht Männlein mit!

Die gegen die Aufklärungspädagogik gerichtete Absicht, die kindlichen Leser vom Ballast erdrückender – wie auch immer gereimter – Wissensstoffe zu befreien, will Sinne, Herz und Gemüt des Kindes gleichermaßen ansprechen und anregen. Dazu entdeckt und entwickelt das romantische Kindergedicht eine Vielfalt von poetischen Sprechweisen und Funktionen, weit entfernt davon, sich auf bloße Information und Ermahnung zu beschränken, auch wenn die Pädagogen, selbst in ihren hervorragendsten Vertretern (Herbart, Schleiermacher) vor verfrühter Lektüre sowie vor dem damit verbundenen Mangel an Körperbewegung und »Anschauung« warnen. Es sind die Gedichte des ›Wunderhorns‹, Friedrich Rückerts (1788–1866), Wilhelm Heys (1789–1854), Friedrich Gülls (1812–1879), Robert Reinicks (1805–1852), August Heinrich Hoffmann von Fallerslebens (1798–1874), Georg Christian Dieffenbachs (1822–1901) und in deren Nachahmung vieler anderer, die auf einem bis dahin wenig beachteten Feld Neues erschließen.

Die Sprache der Kinderreime, -lieder und -gedichte[84] benennt und bespricht die Dinge und Lebewesen der Umgebung, bietet Wörter, Worte und Deutungen für eigene Erfahrungen an, reiht erzählte Szenen, vor allem aber nutzt sie die in der Sprache liegenden Möglichkeiten des Klangs, der Verknüpfungen durch Assonanzen, Reime und Refrains, bis hin zu Varianten des sinnfreien Sprachspiels. Wer solche Texte den Kindern anbietet und darauf hört, was auch memoriert und ins eigene Spiel einbezogen wird, akzeptiert sie ganz so, wie sie sind. Es kann so auch nicht verwundern, daß sich hier eine neue Form des Humors entwickeln kann, eine andere Haltung als die der überlieferten Schwänke. Es geht nicht um ein Lachen über die Dummheit und die Schwächen anderer – ohnehin für Kinder verpönt –, sondern es geht um ein entlastendes Vergnügen an Normüberschreitungen wie in der ›Lügengeschichte‹[85]:

Ich saß auf einem Birnenbaum,
Wollt gelbe Rüben graben,
Da kam derselbe Bauersmann,
Dem diese Zwiebeln waren ⟨...⟩

Andere Verse spielen mit der Sprache in einer Art, wie sie wohl vorher selten aufgeschrieben wurde:

Ach Herr, verscho=o=o=ne mich, / Jesus Maria=a=a, Ist dann kein Kavallerie mehr da? / Jesus Marie, / Wo bleibt dann die Infanterie? / Hätten wir dies, / Hätten wir das, / Hätten wir Heu, / Hätten wir Gras, / So haben wir aber nichts als diese / Alte, alte, alte Schindermäherere.

Freilich finden sich auch Spottverschen, die die Unbeholfenheit der Kleinen ausnutzen:

WENN DAS KIND ALLZU WISSBEGIERIG IST
Warum?
Darum.
Warum denn darum?
Um die Krumm.
Warum denn um die Krumm?
Weil's nicht grad ist!

Doch wenn solche Verse in einen Spiel- und Gesprächskontext integriert sind, so verlieren sie den Charakter des Streng-Abweisenden. So nehmen in der Folgezeit solche Verse zu, die das Kind aus der Erziehungstyrannei befreien. Friedrich Rückerts ›Fünf Mährlein zum Einschläfern für mein Schwesterlein‹ (1813) spielen mit der Ernsthaftigkeit aufklärerischer Moralgeschichten in einer Weise, wie sie der später vielgelesene Wilhelm Busch nicht erreicht hat. Alle diese kleinen Verserzählungen zerstören den traditionellen Belehrungszusammenhang, der von Abschreckung oder Mitleidserweckung bestimmt war, und wollen nichts weiter als unterhalten in einer neuen Bedeutung. Das »Büblein, das überall hat mitgenommen sein wollen«, aber mit keinem Fortbewegungsmittel zufrieden ist, bleibt am Ende an einem Baum hängen:

Dort hängt das Büblein und zappelt noch.
Das Kind fragt: / Ist denn das Büblein gestorben?
Antwort: / Nein! es zappelt ja noch!
Morgen gehn wir 'naus und tun's 'runter.

Fabeln und Parabeln[86] erfüllen nach alter Meinung von Erziehern ganz vorzüglich die Funktion eindringlicher Belehrung, weil ihre Gestalt das anschauliche Bild und die Anstrengung des Begriffs zugleich aufweist. Auch in der Zeit des Biedermeier verzichtet man nicht auf Fabelsammlungen und Fabeldichtungen.

Der Pfarrer Wilhelm Hey allerdings benützt die Gattungsbezeichnung ›Fabel‹ nur, um eine kindernahe behütete ländliche Welt aufzubauen, die Erfahrungen, die Kinder dort machen können, in einer die Möglichkeiten der Poesie nutzenden Sprache zu verarbeiten. Es wird zwar nicht eigens ausgesprochen, aber die städtische Welt, die Welt der neuen, Kinder sinnvoll beschäftigenden Spielsachen, wie sie noch in E.T.A. Hoffmanns Spielwelt vom ›Nußknacker und Mausekönig‹ vorkam, ist ausgeschlossen. Heys Fabelwelt konzentriert sich auf das, was vor Augen steht und zum Nachdenken anregt. Die Kinder sind zugleich ernst genommen, werden nicht ständig auf ihre Unfertigkeit hingewiesen. Wenn Hey in einem Rollengedicht »Kind und Buch« miteinander sprechen läßt, schließlich das Kind das Buch in die Ecke werfen darf, so ist damit, in einer Zeit, die mit großer Anstrengung die Schulpflicht in die letzten Winkel durchzusetzen sich bemüht, zugleich ein Freiraum erkämpft, der das »Unterhalten« leistet ohne didaktische Gelehrsamkeit und Erwachsenenanstrengung.

Auch der zu Recht in seiner Bedeutung wiederentdeckte Friedrich Güll[87], ein Lehrer, signalisiert schon im Titel seines ersten Buches ›Kinderheimath in Bildern und Liedern‹ (1837),[88] worum es ihm geht: den Kindern eine poetische Heimat zu schaffen. Was ihm gelingt, wird freilich in der Folgezeit für schwächere, wenn auch oft vielgelesene Reimschmiede zur Beschwörung einer allzu engen Kinderwelt. Heimat ist für Güll dort, wo die Kinder schon sind und wohin die Erwachsenen erst den Weg suchen müssen.

Ans Volkslied knüpft Hoffmann von Fallersleben, der auch als Germanist einen Namen hat, mit seinem ›Siebengestirn gevatterlicher Wiegen-Lieder für Frau Minna von Winterfeld‹ (1827) und vielen anderen Kinderliedern an, die sich vor allem auch dank ihrer Melodien bis heute erhalten haben.

In der Mitte des Jahrhunderts war gewissermaßen ein poetisches Reservoir angelegt, an dem neben den Autoren auch die Sammler – allen voran Karl Simrock[89] – und eine Richtung der Literaturdidaktik – mit Philipp Wackernagel an der Spitze[90] – nicht unerheblichen Anteil hatten.

Die ältere Jugend, die durch die Schule und ein wachsendes Bildungsbewußtsein literarisiert werden soll, wurde zunehmend und systematisch in einen Kanon von Gedichten und Autoren eingeführt, der über den Diskurs führender Literaturpädagogen zum Grundbestand schulischer Vermittlung wurde. Ernst Theodor Echtermeyer (1805–1844) hatte 1836 in seiner ›Auswahl deutscher Gedichte für gelehrte Schulen‹ mit den beiden Schwerpunkten Heldenballade und idyllisches Naturgedicht einen Kanon festgelegt, der in der Folge bei anderen Anthologisten aufgenommen, aber auch trivialisiert wurde.[91] Friedrich Rückert, Ernst Moritz Arndt, Adelbert von Chamisso, weniges von Joseph von Eichendorff und Ludwig Tieck, mehr Johann Peter Hebel und vor allem Ludwig Uhland bestimmten die Auswahl. Die Aufnahme von Autoren der Klassik (Schiller, Goethe, Hölderlin u. a.) blieb überlagert von der Rezeption zeitgenössischer »volkstümlicher« Dichter wie Gustav Schwab, Justinus Kerner, Hermann Kletke (1813–1886), Rudolf Löwenstein (1819–1891), Georg Christian Dieffenbach, Robert Reinick (1805–1852), Karl Simrock u. a. Die schulische Bemühung um das Auswendiglernen, die Verbreitung vieler Gedichte über Kunstlied- und Chorsatzvertonungen (von Johann Friedrich Reichardt, Karl Friedrich Zelter, Friedrich Silcher u. a.) und die Verkaufserfolge vieler Anthologien für das »gebildete Haus« dokumentieren die enorme Bedeutung von Lyrik für das Selbstverständnis einer bürgerlichen Schicht – bis weit ins Volk hinein – bis zur Jahrhundertmitte und darüber hinaus [→ Sautermeister: Lyrik und Literarisches Leben, 470 ff.].

4. Literarisch-moralische Dialoge

Die Möglichkeiten, Kinder zu unterhalten, zu belehren und zu beeinflussen, waren mit den bisher genannten Gattungen und Publikationsformen noch nicht erschöpft.

Die kleinen Spiele, die verschiedene Autoren publizierten, wie Moritz Thieme (1799–1849), Christoph von Schmid, Amalie Schoppe, Caroline Stahl (1776–1837) und vor allem der auch als Autor von Schicksalsdramen hervorgetretene Ernst von Houwald (1778–1845)[92], waren gedacht als Beitrag zur häuslichen Lese- und Spielgemeinschaft. Nicht das Schultheater, dessen barocke Traditionen abgebrochen waren, und nicht schon die kommerziellen Weihnachtsspiele der öffentlichen Theater, die erst seit dem Ausgang des 19. Jahrhunderts üblich wurden, sondern die familiale Erziehungsgemeinschaft bediente sich der meist kleinen, auf wenige Rollen beschränkten Spiele, um im gemeinsamen »Deklamieren«[93] durch einen guten Vortrag und einen kontrollierten Körpereinsatz »bei festlichen Gelegenheiten«[94] das Gedächtnis zu schulen und über genau festgelegte Handlungen und Sprechweisen moralische Einübung und (hochsprachliche) Sprechbildung[95] zu betreiben. Spielorte waren meist das Haus oder der nach außen offene, zugleich geschützte Gartenraum einer Familie; die Figuren in den Stücken sind zur Identifikation sich anbietende Kinder und deren Eltern oder nahe Freunde der Familie, zunächst unheimliche Fremde entpuppen sich meist als zugehörig oder als hilfreiche »Engel«.

Dabei ist die Tendenz, Unterhaltung vor Belehrung zu rücken, Wahrscheinlichkeit und Natürlichkeit zu fordern, u. a. auch an den Dialogtexten von ›Tante Aurelie‹ zu beobachten.[96] Der Einfluß, den Franz von Pocci (1807–1876) mit seinen Kasperlstücken aus der Tradition des süddeutsch-österreichischen Volksschauspiels ausübte[97], veränderte schließlich um die Jahrhundertmitte auch diese Gattung, verlagerte ihre Funktion aus der aktiven Familie in den öffentlichen Raum und in die rezeptive Unterhaltung.

Bei aller Kritik, die an der »didaktischen Mimikry« (Lenhard) der biedermeierlichen Kinderstücke zu üben ist, sollte nicht übersehen werden, daß die Spieltexte immerhin für jüngere Kinder interessant waren, während sich die still lesende ältere Jugend mit anderem Lesestoff davon lösen konnte und die (höhere) Schule sowie das Theater ihr zunehmend eine Auswahl klassischer Dramen vorstellten.

5. Wandlungen und neue Tendenzen

Das romantische Kinderbild ist nicht von Pädagogen, sondern von Dichtern entworfen worden, doch wurde es – zum Teil einseitig verniedlicht – von Pädagogen und anderen vermittelnden Erwachsenen, zu denen Autoren und Verleger zu zählen sind, aufgenommen. Die Wendung gegen die Aufklärung als verfrühter Verstandesbildung war einhellig; der Entwurf eines idealen oder auf dem Wege zu Anpassung und Reinheit sich befindenden Kindes verschob das auf Rationalität konzentrierte Ausbildungskonzept auf die Älteren, öffnete Kindern einen Raum der Poesie und des Märchenhaften, hielt sie zugleich aber fern von zuviel Wissen, von einer bedrängenden Vielfalt der Realität.

Andererseits galt es nun vermehrt, diese Älteren als eine eigene Gruppe von Lesern zu erkennen, die von Autoren anders und anspruchsvoller unterhalten und belehrt werden mußte.

Die Jugendliteratur wurde folglich von dem Gedanken geprägt, »jenen Zwischenraum‹, der› gewöhnlicherweise mit Lastern, und ihrer Folge, dem mannigfaltigen menschlichen Elende besetzt wird«[98], pädagogisch sinn- und verantwortungsvoll zu besetzen. Während zunächst eher von einer Fortsetzung denn einer Erneuerung[99] der aufklärerisch-belehrenden und aufklärerisch-moralischen Jugendliteratur in der gesamten Zeit des *Vormärz* zu sprechen ist, fordern die Leser zunehmend mehr Spannung und Unterhaltung ein. In einer Zeit langsam steigenden Wohlstands, zumindest für die bürgerliche Schicht, und verbesserter Marktbedingungen nehmen diese Gegentendenzen zu.

So sei abschließend eine Reihe von neuen Entwicklungsansätzen angedeutet, die sich teilweise über die Jahrhundertmitte hinaus entwickeln oder Geltung behalten:
– Der von der philanthropischen Pädagogik proklamierte Weg

über das (sokratische) Gespräch und eine explizite Moral als Resümee aus einer erzählten Geschichte oder der abstrakte Begriff als Bedingung zum Verständnis eines Beispiels waren zunehmend polemisch zurückgewiesen worden. An deren Stelle trat eine Literatur, die dem Leser fraglose Identifikation bot, wobei der Inhalt – zu verinnerlichende Moral oder verführende, von Warnungen begleitete Unmoral – von entscheidender Bedeutung war.

Damit verbunden ist die allmähliche Auflösung der Lese- und Vorlesegemeinschaft zugunsten des einsamen Lesers: Wenn es nicht mehr um das begriffliche Auffangen eigener Gedanken geht, kann die richtige Literatur still gelesen, aber eben auch verschlungen werden. Daß damit die reine Spannungsliteratur – im Sinne einer pädagogisch verpönten »Aufregung der Sinne« – ihre Chance hat, sehen ihre Autoren und Verleger, verzichten auf gängige Moral und entdecken einen Freiraum für Nichtsanktioniertes.

– Enzyklopädische Weltkenntnis sowie praktisches Wissen zu vermitteln, wird zunehmend Aufgabe der Jugendliteratur. Dies gilt für Werke in der Tradition der Enzyklopädien ebenso wie für die mit Sachinformationen angereicherten Abenteuererzählungen, in zunehmendem Maße aber auch für die mit der Auffächerung verschiedener Wissensgebiete vorliegenden Einzeldarstellungen zu Geographie, Geschichte, Naturgeschichte und Naturlehre – durchaus auch in der Tradition entsprechender Kinderbücher der Aufklärungszeit.[100] Daß in solchen Sachbüchern zunehmend die jeweils aktuellen Ereignisse und wissenschaftlichen und technischen Neuerungen eine wichtige Rolle spielten, förderte die Einbindung der Leser in ihre Gegenwart, bisweilen intensiver als die immer wieder rückständigen Lehrpläne der Schulen dies erlaubten.

– Trotz mancher Poetisierungstendenzen für kleinere Kinder, besonders in der Kinderlyrik, wird der Raum ästhetischer Erfahrungen nicht größer, vielmehr nehmen gegen Ende der Epoche Verhärtungstendenzen zu: Konfessionelle Differenzen oder antisemitische Töne signalisieren ebenso das Verlassen einer aufklärerisch-humanistischen Basis wie eine Literatur zur Vermittlung »vaterländischer Gesinnungen«, die zunehmend Nationalismus und Fremdenhaß transportiert. So reagiert gerade Jugendliteratur in besonderer Weise auf die zunehmenden sozialen und konfessionellen, gesellschaftlichen und politischen Spannungen in Deutschland, die sich in einer lange erkennbaren impliziten Abrechnung mit der Französischen Revolution in der Vormärzzeit (und mit der restaurativen »Überwindung« der Folgen der 48er Revolution) entwickeln.

– Die bürgerliche Vorstellungswelt wird stabilisiert, indem Autoren wie Leser das Nachdenken über die Ursachen von Andersartigkeit (auch im sozialen Bereich) abwehren oder verweigern. In Darstellungen von der Überlegenheit des weißen Mannes wird der exotische Fremde seiner Würde entkleidet oder aber, wie die sozialen Unterschichten in Europa, zu einem Objekt bloßen Mitleids und Adressat von Almosen.

– Die Abenteuerliteratur mit ihren Ausflügen in alle Weltteile und in historische Epochen wird zu einer Nische für eine jugendliche Leserschaft, die weniger belehrt als eskapistisch entführt werden will. Gerade in einer Epoche strenger Normen und Kontrollen bot diese Literatur die Chance, sich Fluchtpunkte zu erobern. Das Interesse daran wird etwa ab der Mitte des Jahrhunderts auch durch vermehrte Übersetzungen und Bearbeitungen älterer, ursprünglich für Erwachsene geschriebener Texte zu befriedigen versucht.[101]

Es bedarf schließlich weiterer detaillierter Forschungen über Struktur und Rezeption der Literatur, um die Spannung zwischen erzieherisch gedeuteter Erwachsenenliteratur und »pädagogisch« sanktionierter Jugendliteratur ebenso zu bestimmen[102] wie die Entwicklung einer das Bildungsbürgertum stabilisierenden Literatur im Vergleich zu Texten für Jugendliche, die sich als individuelle Leser, pädagogisch und literarisch »unbekümmert«, »ein Stück Freiheit« eroberten.[103]

Reinhart Meyer
Theaterpraxis

I. Schauspielkunst und Fürstengunst: Die Hof- und die Stadttheater

Seine wichtigsten Strukturveränderungen hat das deutsche Theater im ausgehenden 18. Jahrhundert erlebt. Seit Gottsched galt als wesentliche Voraussetzung für die Hebung des deutschsprachigen Theaters, daß es von den Fürsten getragen wurde. In diesem Sinn wurde die Umwandlung einiger Hoftheater in deutschsprachige Hof- *und* Nationaltheater euphorisch gefeiert, und einige Zeit gingen in der Tat von diesen Instituten beträchtliche Impulse auf die Entwicklung des deutschsprachigen Theaters und Dramas aus. Die bald sich abzeichnenden Ziele fürstlicher Kulturpolitik, nämlich die Zentralisierung des gesamten kulturellen Lebens in den Residenzen, wurde aktiv von den Bürgern getragen, die in den Verwaltungen als Zensoren, Theaterleiter oder Journalisten eine Reinigungs- und Kontrollarbeit leisteten, deren Folgen sie allerdings sehr bald auch am eigenen Leibe spürten. Das nicht-professionelle Theater und Drama in seinen historisch und regional verwurzelten Erscheinungsformen wurde vor allem im Süden und Südosten des Reichs so radikal eliminiert, daß es keine Wiederbelebungschancen hatte. Was die dramatische Produktion betraf, so wurde sie den Residenzen eng angebunden, deren Kontrollen unterworfen und somit zum Instrument fürstlicher Kulturpolitik. Die Residenzbühnen und -autoren bestimmten den Geschmack, das Repertoire und die Tendenzen der übrigen Bühnen und normierten in relativ wenigen Jahren das gesamte Theaterleben der Territorien, so daß außerhalb ihrer Grenzen Reformen kaum mehr durchführbar waren.

Ab 1813 nahmen die deutschen Fürsten ihre durch die Revolutions- und die Napoleonischen Kriege unterbrochene Kulturpolitik mit Nachdruck wieder auf. Sie renovierten und vergrößerten die alten und eröffneten neue Hoftheater, statteten sie mit beträchtlich höheren Zuschüssen als vorher aus, banden sie enger als zuvor an die Hofadministration und beseitigten auch sonst alle Relikte, die den Bürgern die Illusion ihrer kulturellen Emanzipation ermöglicht hatten. Das betraf vor allem die Beendigung der Schauspieler-Intendanz, wie sie exemplarisch Iffland in Berlin innegehabt hatte. Nach Ifflands Tod übernahm ein Adliger, der Kammerherr Graf Karl Moritz von Brühl, die Leitung des Berliner Königlichen Hoftheaters; und ähnlich verfuhr man auch an den anderen Hoftheatern, sei es in Braunschweig, Coburg, Dresden, Karlsruhe, Kassel, Mannheim oder München, Oldenburg oder Stuttgart und Wien.[1] Selbst die angesehensten Schauspieler und Dramaturgen waren nichts weiter als fürstliche Domestiken.

In diesem Rahmen muß die gesamte dramatische Produktion der Epoche gesehen werden. Die wenigen bemerkenswerten Privatunternehmungen in Leipzig, Hamburg und Düsseldorf (Immermann), die in diese höfische Phalanx einzubrechen versuchten, waren kurzlebig und entsprechend folgenlos; nicht zuletzt auch deshalb, weil die Kommunen sich beständig weigerten, Zuschüsse zu gewähren.

Diese bürgerliche Verweigerung administrativer und finanzieller Unterstützung oder Förderung kultureller Initiativen ist von fundamentaler Bedeutung für das gesamte Kulturleben auf deutschem Boden, keineswegs nur auf dem Gebiet des Theaters; sie macht sich allerdings hier am auffälligsten bemerkbar. Die Bürger entwickelten Theorien, sonnten sich im Fortschritt der Ästhetik, der Verfeinerung des rezeptiven Vermögens und artistischen Sensoriums, entwickelten aber außer Subskriptions- und Abonnementseinrichtungen keinerlei ökonomische Aktivität zur Befreiung aus der höfisch-feudalen Abhängigkeit.

Das hing weniger mit einer vielfach beklagten wirtschaftlichen Schwäche als mit einer symptomatischen Selbsttäuschung des Bürgertums über seine kulturellen Möglichkeiten zusammen. Die Städte ohne Residenz wären an sich nicht durchweg so arm gewesen, daß sie keine eigenen Theater hätten finanzieren können. In Bayern, Österreich-Ungarn und der Schweiz hatten während des 17. und 18. Jahrhunderts kleine Dörfer ihre eigenen Theaterveranstaltungen, bis diese von der Obrigkeit unterdrückt wurden. Auch Adlige in der Provinz, die beträchtlich weniger Kapital zur Verfügung hatten als die bürgerlichen Handelsstädte, leisteten sich ihr

Hoftheater. Die Städte kamen gar nicht auf den Einfall, spezifisch bürgerliche dramatische und theatralische Formen weiter zu führen oder neu zu entwickeln. Die kulturelle Kompetenz des Adels und der Höfe war längst so selbstverständlich geworden, daß im bürgerlichen Bewußtsein Kultur entweder als höfische oder als private Angelegenheit galt, trotz erheblicher realgeschichtlicher Veränderungen seit dem 18. Jahrhundert.

Nach der Ausgliederung der fürstlichen Ausgaben aus dem Staatshaushalt und entsprechender Trennung der Verwaltungen hätten die Staatsstellen über die institutionellen Möglichkeiten und finanziellen Mittel verfügt, eine vom Fürsten unabhängige Kulturpolitik zu treiben. Selbst dort, wo einem Hoftheater Staatszuschüsse gewährt wurden, unterblieben von seiten der städtischen Bürger jedoch Versuche, Einfluß auf die Theaterverwaltung zu nehmen. Die Hoftheater der ersten Hälfte des 19. Jahrunderts waren in der Regel private Einrichtungen der Fürsten, die u. U. zwar mit staatlichen Mitteln unterstützt, aber nie in die öffentliche Verwaltung übernommen wurden. – Die im Schatten der Hoftheater stehenden Stadttheater waren durchweg Privatunternehmungen, teilweise in Form von Aktiengesellschaften, die auf eigenes Risiko und entsprechend kurzfristig spielten. Das wesentliche Interesse der Kommunen an diesen Theatern bestand in den erhofften Steuereinnahmen – ein deutliches Zeichen für das bürgerliche Kosten-Nutzen-Denken.

Die Hoftheater behielten trotz ihrer Kommerzialisierung einerseits und trotz der Tatsache andererseits, daß es sich dabei jetzt um fürstliche Privatunternehmungen handelte, ihre repräsentative Funktion für den Gesamtstaat bei; und aus dieser inkonsequenten, allen anderen Medien gegenüber einmaligen Situation resultierten letztlich die vielfachen Widersprüche, mit denen Schauspieler, Intendanten und Dramatiker zu kämpfen hatten.

Wie prägend und geschichtsbestimmend die fürstlichen Theater geblieben sind, zeigt sich noch in der Gegenwart. Bei allen nach dem Zweiten Weltkrieg authentisch restaurierten historischen Theaterbauten handelt es sich um ehemalige Hoftheater (die Opern in Berlin, München und Dresden). Die Ruinen der seit je städtisch verwalteten oder von der Stadt verpachteten Theater in Hamburg,

Köln, Frankfurt a.M., Leipzig und Dortmund dagegen wurden abgerissen und durch Neubauten ersetzt. Diese Baupolitik zieht ein eindeutiges Fazit historischer Verhältnisse. Für fast alle städtischen Theater des 19. Jahrhunderts gilt, was A. Fahne vom Düsseldorfer Haus schrieb, daß nämlich »im Vorflur eine Erkältung, auf der Treppe ein Beinbruch, beim aufgehenden Vorhang ein aus der Tiefe steigender Modergeruch drohe, daß die Logen unbequem und ungenügend seien, und der mangelnde Bühnenraum selten Befriedigendes leiste.«[2]

Im Lauf der ersten Hälfte des 19. Jahrhunderts entwickelte sich um die Hoftheater ein fast gettoähnliches Umfeld, in dem Journalisten, Schauspieler, Dramatiker, Regisseure, Dramaturgen, Bühnenangestellte, Musiker, Sänger, Tänzer, Ausländer und Einheimische einander befehdeten, verleumdeten und für Konversationsstoff der besseren Gesellschaft sorgten, die sich zwar nachdrücklich von diesem Treiben distanzierte, die freigebig gebotene Unterhaltung aber je nach Saison kräftig genoß.[3] In vielen Städten und kleinen Residenzen wurde das Theater nur im Winter, in den meisten Bädern nur im Sommer bespielt. Danach entließ man das gesamte Personal, um es im Herbst oder Winter bzw. im Frühjahr neu zusammenzustellen. In der Zwischenzeit vagierten die Schauspieler in ärmlichsten Verhältnissen, auf der Suche nach einer neuen Anstellung, die wieder bloß höchstens vier Monate dauerte. Die Wandertruppen aller Art kamen kaum mehr über die »Schmiere« in Gasthäusern oder über eine Einladung unbedeutender Adliger hinaus.[4] Wer mit dem Theater beruflich zu tun hatte, gehörte einer sozialen Randgruppe an. Daran änderte das Treiben der Virtuosen wenig, die von Gastspiel zu Gastspiel reisten und auch wohl gelegentlich Zugang zu höheren Kreisen fanden. In der Regel war dieser aber beschränkter als früher, denn Fürsten und Hochadel hielten sich mehr denn je von den Schauspielern fern. Höfische Inszenierungen, in denen Fürsten, Adlige, Bürger und Schauspieler gemeinsam auftraten – im 18. Jahrhundert keine Seltenheit –, regierende Fürsten, die als Dramatiker und Komponisten agierten, ein Hochadel, der seine Feste bis in Details selbst plante und organisierte: das alles gab es nach 1813 nur noch in Ausnahmefällen.

Die Entwicklung der Wanderbühne zum stehenden Theater zog

keineswegs eine neue Seßhaftigkeit der Schauspieler nach sich, Fest war nur der Bühnenraum und dessen Verwaltung organisiert, die Schauspieler gingen je nach Engagement von Ort zu Ort, von Bühne zu Bühne. Ein Ensemble konnte auf diese Weise kaum entstehen. Spitzenschauspieler und -sänger waren häufig auf Reisen und gingen in der Regel keine dauerhaften Verpflichtungen an einem Ort ein. Das Personal der stehenden Bühnen fluktuierte in beträchtlich größerem Maß als vorher bei den Wandertruppen, so daß sich kaum mehr Schulen und Traditionen bilden konnten. Der Theaterbetrieb wurde kurzfristig und auf kurze Sicht hin organisiert, ohne daß die Theaterleitung eigene Vorstellungen verwirklichen und eigene Initiativen entwickeln wollte.

Die Einbindung der Hoftheater in die allgemeine Verwaltung unterwarf den Betrieb einerseits der Finanz- und Publikumsstatistik – gespielt wurde, was die Leute ins Theater zog –, andererseits den fürstlichen Vorlieben, gegen die keinerlei Einspruch möglich war. Der bekannteste Fall einer machtlosen Theaterintendanz ist wohl Goethe. Nach mehreren Abschiedsgesuchen erhält er 1817 auf seinen Protest gegen die Aufführungen eines Schauspiels, in dem ein Hund die Hauptrolle spielt, tatsächlich umgehend huldvollst seinen Abschied. Auf Betreiben der ehemaligen Schauspielerin Karoline Jagemann, nunmehrige Maitresse des Weimarer Herzogs Karl August, hatte der Kaiserlich-Königliche Wiener Schauspieler Karsten auf der Weimarer Hofbühne das Gastspiel seines dressierten Hundes geben dürfen, der in ›Der Hund des Aubry des Mont Didier oder Der Wald bei Bondy‹ bei der Weimarer Gesellschaft offenbar besser ankam als die Goethesche Kunstanschauung.

Die Biographien Carl Maria von Webers, Richard Wagners oder Louis Spohrs geben beredt und verbittert Auskunft über den Zustand des deutschen Theaters, besonders des Musiktheaters in einer Zeit, in der die Literaturgeschichtsschreibung den Durchbruch zur nationalen Literatur feiern zu dürfen glaubte, während tatsächlich Paris sich zur europäischen Metropole des Theaters entwickelte, aus deren Bann sich keine deutsche Bühne befreien konnte.[5] Mit einer einzigen Ausnahme – Kotzebue – wurde das deutsche Sprech- und Musiktheater in einem Ausmaß von französischen Dramatikern abhängig, wie es im 18. Jahrhundert noch keineswegs der Fall war.[6]

Will man das Sprechtheater der Epoche angemessen verstehen, ist ein Blick auf seinen übermächtigen Konkurrenten – die musikalische Bühne, insbesondere die Oper – unumgänglich. Der fundamentale (ins 18. Jahrhundert zurückreichende) Einfluß der Opernbühne auf das Drama läßt sich wie folgt umreißen:

1. Die Bühnenbauten der Residenzen orientierten sich meist an den Bedürfnissen der Oper. Das kam der technischen Einrichtung zugute, deren Verwandlungsmöglichkeiten und Effekte auch vom Sprechtheater genutzt wurden. Ein großer Teil des szenischen Instrumentariums der historischen und Rachedramen etwa war längst auf der Opernbühne erprobt; dasselbe gilt für Elfen, Geister und andere Maschinenwesen, sodann für die Massenszenen, deren Personal aus dem Chor der Oper übernommen wurde. An die Darsteller allerdings stellten die riesigen Opernhäuser Ansprüche, die eine nuancierte und intime Darstellung kaum mehr zuließen. Die großen Bühnenräume förderten einen pathetischen, weit ausholenden Stil, dem die Autoren mit entsprechenden Szenen vorarbeiteten. Monologe – auffällig oft eingesetzt – wurden zu gesprochenen Arien und von den Darstellern bis an die Rampe vorgespielt. Mit Personal wird das Drama kräftig angereichert, nicht zuletzt auch deshalb, weil die großen Bühnen Füllung brauchen.

2. Schon im letzten Drittel des 18. Jahrhunderts wies die Aufführungspraxis eine zunehmende Musikalisierung des Sprechtheaters auf. Kaum zufällig hing das mit der Öffnung der Hoftheater für das Eintritt zahlende Publikum zusammen. Das reine Sprechtheater hatte sich bei Hof nie besonderer Beliebtheit erfreut und wurde dort traditionsgemäß mit Tänzen, Orchestereinlagen oder eingestreuten Gesängen aufgelockert. Diese Praxis wurde im 19. Jahrhundert nicht nur beibehalten, sondern programmatisch gefördert – das bekannteste Beispiel ist Beethovens Schauspielmusik zu Goethes ›Egmont‹. Zwischen den Akten traten u. U. reisende Musiker mit Arien oder instrumentalen Glanznummern auf. Zu Shakespeares ›Sommernachtstraum‹ schrieb Felix Mendelssohn Bartholdy eine Begleitmusik, seine Königsdramen waren nach Möglichkeit schon im 18. Jahrhundert (wie etwa in Mannheim) nach Opernmustern mit starker instrumentaler Unterstützung inszeniert worden. Goethe ließ Schiller anläßlich der Arbeit am ›Wallenstein‹ wissen,

daß keine Hofbühne ein großes Drama ohne Musikeinlagen genießen wolle und arbeitete Gesänge am Lagerfeuer ein.[7] Spätere Autoren sorgten vor und lieferten gleich Originalvorlagen, die die Hofmusiker vertonen konnten. Conradin Kreutzer verfaßte Kompositionen zu Stücken von Kotzebue, Bauernfeld und Raimund; zu Zacharias Werners ›Luther‹ schrieb der Theaterkapellmeister Gustav Schmidt die Musik. Calderóns ›Leben ein Traum‹ und Shakespeares ›Othello‹ wurden genauso mit Noten versehen (von Herrmann Hirschbach) wie Zacharias Werners ›Kreuz an der Ostsee‹, Kotzebues ›Gespenst‹, Holbeins ›Brautschmuck‹, Klingemanns ›Heinrich von Wolfenschießen‹, Schillers ›Braut von Messina‹ (von E. T. A. Hoffmann). Spohr komponierte 1825 die Musik zu Shakespeares ›Macbeth‹ für das Berliner Hoftheater: eine Neufassung von H. A. O. Reichard, Komposition zur Bürgerschen ›MacBeth‹-Übersetzung. Michael Beers Schauspiel ›Struensee‹ [→ Rösch: Geschichte im Drama, 399 ff.] wurde von seinem Bruder Giacomo Meyerbeer musikalisch untermalt. Zu Helmina von Chezys ›Rosamunda‹ besorgte Schubert die Bühnenmusik, Lortzing schrieb Dramen von Ziegler und Jünger zu Singspielen um und lieferte Kompositionen zu Grabbes ›Don Juan und Faust‹, Theodor Hells ›Yelva‹, Benedix' ›Drei Edelsteine‹ und Gottschalls ›Ferdinand von Schill‹. Die antiken Dramen wurden, als sie wieder auf die Bühne kamen, ebenfalls musikalisch begleitet. Von Sophokles wurde 1843 die ›Antigone‹ und der ›Oedipus in Kolonos‹ mit Musik von Mendelssohn aufgeführt. Auch die von Raupach übersetzte ›Athalie‹ von Racine bekam – wie viele andere Werke – ein musikalisches Gewand.

3. Dieser Musikalisierung kam ein lyrisch-poetischer Grundzug der Oper entgegen, der sich etwa in den Arien unverkennbar ausprägte und gelegentlich zu anspruchsvollen Verskombinationen führte, die (spätestens mit Friedrich Schlegels ›Alarcos‹) auch ins Drama eindrangen. Zwar hatten die Romantiker diese Adaption aus den Postulaten einer »romantischen« Poesie abgeleitet, aber das praktische Vorbild war zweifellos die Oper.

4. Die Hoftheater hatten meist keine Spartenteilung, d. h. Musik- und Sprechtheater waren nicht nur verwaltungsgemäß zusammengefaßt, sondern unterstanden auch derselben Intendanz und mußten sich häufig den Fundus (Kostüme, Bühnenbilder und Re-

quisiten) teilen. Dadurch waren Konflikte vorprogrammiert, die aber nur selten offen ausbrachen, da der Hof – und seine Kavaliersintendanz – traditionell das Musiktheater favorisierte. So blieb das deutschsprachige Schauspieltheater gegenüber der von französischen und italienischen Komponisten beherrschten Oper stets zweitrangig.

II. Erfolgsautoren der Vormärzbühne

Die für das deutsche Theater mit Abstand bedeutendsten Dramatiker der hier behandelten Zeit sind August von Kotzebue und Eugène Scribe.

Kotzebue ist der erste und für das gesamte 19. Jahrhundert auch einzige deutschsprachige Autor, dessen Dramen in fast alle europäischen Sprachen übersetzt und in ganz Europa aufgeführt wurden. Bis Mitte des 19. Jahrhunderts lagen mehrere fremdsprachige, 30- bis 50bändige Werkausgaben von ihm vor.[8] Kotzebue ist nach Metastasio der einzige Autor auf deutschem Boden, dessen Dramen rund 60 Jahre die Bühnen beherrschen. Bis Mitte des 19. Jahrhunderts bestritt er mit seinen Werken ein Viertel bis ein Drittel des Gesamtrepertoires der größeren Theater, darüber hinaus lieferte er mit seinen Einaktern den vielen in der Reaktionszeit florierenden Laiengruppen ihr Grundrepertoire.

Kotzebue ist kein »Trivialautor«, sondern ein ausgesprochen geschickter Dramatiker, dessen Stücke vielen Zeitgenossen unmoralisch erschienen, häufig Skandale heraufbeschworen, in Bayern lange verboten waren und auch andernorts von der Zensur genauestens observiert wurden. Kotzebue war geschäftlich versiert und der erste deutsche Dramatiker, der seine Stücke ohne Skrupel vermarktete; er schrieb konsequent für die Bühne, nicht für die Lektüre, und gab sich damit der Verachtung der Literaten (und Literaturwissenschaftler) preis, die nur Texte *lasen* und sich weigerten, andere als Lektürekriterien bei der Drameninterpretation gelten zu lassen.

Neben Kotzebue hatten auch andere, noch aus dem 18. Jahrhundert kommende Autoren relativ langfristige Erfolge. Iffland, Schröder, Jünger und Ziegler wurden bis in die dreißiger Jahre gespielt, Chr. Felix Weißes Kinderstücke fanden in Bearbeitungen und Übersetzungen (vor allem ins Französische) weiterhin Liebhaber; die Shakespeare-Rezeption, im letzten Drittel des 18. Jahrhunderts von Wieland, Eschenburg, Eckert und A. W. Schlegel literarisch, von F. L. Schröder, dem Freiherrn von Dalberg, Heufeld und Fischer theatralisch gefördert, von der Historiographie aber stark überschätzt, blieb durch zum Teil entstellende Neufassungen lebendig, wie Goethes Bearbeitung von ›Romeo und Julia‹ zeigt. Auch die Beliebtheit der Ritterdramen hielt an, allerdings in entpolitisierter Form, angereichert mit Elementen des Schicksalsdramas. Letzteres verlor in den zwanziger Jahren allmählich an Popularität – aber seine Hauptrepräsentanten, Zacharias Werner und Adolph Müllner, besaßen noch lange Zeit ebensoviel theatralische Präsenz wie die neuen, um die Jahrhundertwende geborenen Autoren. Die »Klassiker« nach der Jahrhundertmitte stammen größtenteils aus dem 18. Jahrhundert oder wurzeln zumindest in dessen Traditionen. Neben sie treten Autoren, die sich auf die Massenproduktion von Stücken verstehen und Modeströmungen schnell für die Bühne zu verwerten wissen. Dies merkwürdige Nebeneinander von veralteten »Klassikern« und massenweiser, schnell verbrauchter Gegenwartsproduktion populärer Stückeschreiber ist eine im 19. Jahrhundert erstmals zu konstatierende Situation, die sich strukturell bis in die Gegenwart erhalten hat.

Bis in biographische Details hinein der Karriere Kotzebues ähnlich ist diejenige Ernst Raupachs (1748–1852), der durch Verbindungen zum Wiener Burgtheater und dem Berliner Hoftheater gleichsam von zwei Flanken her die Theater mit Dramen aller Gattungen und Formen, mit spanischen Stoffen und nordischer Mythologie, einem sechzehnteiligen Mammutprojekt (›Die Hohenstaufen‹) [→ Rösch: Geschichte im Drama, 389 ff.] und kleinen Gelegenheitsstücken überschwemmt. Fortgesetzt wird diese für die erste Hälfte des 19. Jahrhunderts charakteristische Massenproduktion von Charlotte Birch-Pfeiffer (1800–1868) und Roderich Benedix (1811–1873). Daneben entstehen regionale Größen, deren Bedeutung aber bald ausgreift: in Wien vor allem Ignaz von Holberg (1779–1855), der Schreyvogel als künstlerischer Leiter des Burgtheaters ablöst; die Burgschauspielerin Johanna von Weißenthurn (1773-1845), August Freiherr von Steigentesch (1774-1826) und Eduard von Bauernfeld (1802-1890) – alles Autoren, deren Schaffen sich nur schwer gegeneinander abgrenzen läßt, weil ihre Werke selbst dort, wo anscheinend individuelle Abweichungen vorliegen, nur verschiedenen allgemeinen Trends folgen.

Die ökonomische Kontrolle durch die Höfe bindet die Dramenproduktion an einen Raum, der letztlich die Zensur überflüssig macht. Sie spielt deshalb für das Hoftheater eine beträchtlich geringere Rolle als für den literarischen, vor allem den journalistischen Bereich. Die adligen Intendanten und die von den Interessen und Liebhabereien der Höfe abhängigen künstlerischen Leiter der Hofbühnen garantieren die Annahme von Stücken, die der fürstlichen Politik konform, jedenfalls nicht kontrovers sind, und wirken dadurch auch auf die im Buchhandel erscheinende Dramatik »beruhigend« ein. Kaum ein Autor, der so verbissen wie Richard Wagner an seine Sendung glaubt und deshalb jahrelang seine Werke auf eigene Kosten drucken läßt. Anerkennung konnte mit diesen Privatdrucken aber auch er nicht erkämpfen, sie waren schon zu seinen Lebzeiten Rarissima.

In der Regel wird der Absatz der Textbücher vom Aufführungserfolg bestimmt, und diesen regulieren die Hoftheater. Auf diesem Weg verbreitet sich eine in ihrer Nomenklatur (Titelei und Gattungsbezeichnungen) zwar schillernde, in ihren Strukturen aber weitgehend homogene und traditionelle Dramatik, die zu durchbrechen die halbprofessionellen Autoren weder in der Lage noch willens sind.

Deren Konkurrenzverhältnis kommt nicht etwa ihrer Produktivität zugute, sondern wird kanalisiert in private Fehden, durch die man sich Zugang zu den großen Bühnen zu verschaffen sucht. Als besonders probat wie in allen Zeiten der Reaktion wirken auch jetzt politische Verdächtigungen und Denunziationen. Neue theatralische Ansätze brechen sich am politisch-gesellschaftlichen und poetologischen Horizont eines Hoftheaters, das auf überkommenen Normen und Gewohnheiten insistiert. Wer dagegen schreibend aufbegehrt, wird leicht zum Außenseiter, den der Mißerfolg zum Schweigen bringt: Kleist und Grabbe lassen immerhin ahnen, welches Niveau ein liberales deutsches Theater in dieser Zeit hätte erreichen können. Auch auf das wichtigste Instrument ihrer spezifischen Wirkung, das Stegreifspiel, mußten Autor *und* Schauspieler verzichten. Bis auf wenige Ausnahmen [→ Meyer: Komödien, 431 f.] geraten beide vollständig in Abhängigkeit vom kontrollierenden Institut Hoftheater. Es war der Tod der Improvisation – eines der vitalsten Lebenselemente zumal des Schauspielers und eines der wesentlichen Fermente seines Dialogs mit dem Publikum. Bezeichnend die von Kleist überlieferte grimmige Anekdote über den Schauspieler Unzelmann, dem man das hoftheaterunwürdige Improvisieren mehrfach untersagt hatte, bis er sich ein letztes Mal unautorisiert zu Wort meldete: um einem auf der Bühne kotenden Pferd diese Improvisation im Namen des Direktors zu verweisen.

Besonders deutlich zeigt sich die fatale Lage des Theaters an der Entwicklung der Komödie, die immer schon direkten Anspielungen auf aktuelle Ereignisse zugänglicher war als das ernsthafte Schauspiel und stärker als alle anderen theatralischen Gattungen schichten- und gruppenspezifische Sonderformen ausbildete.

Das auf den Bühnen real aufgeführte Lustspiel zog sich endgültig in die Sphäre einer unverbindlichen Privatheit zurück, in die öffentliche Belange kaum mehr eindringen. Die Personen, überwiegend im Mittel- und Kleinbürgertum angesiedelt, scheinen jegliches Sensorium für soziale und politische Sachverhalte verloren zu haben. Entsprechend harmlos wird der Humor – und zwar korrespondierend bei der Obrigkeit, dem Publikum *und* den Autoren. Was da an Komik noch entwickelt, geduldet und belächelt wird, ist stickig wie die in Schonbezügen auf Besuch wartende gute Stube der Zuschauer. Sie ist aber nicht nur ohne Öffentlichkeit, sie ist auch ohne Körper – höchstens bringt sie gelegentlich eine Situation zustande, die zum Lächeln reizt.

Der anständig kontrollierte Schauspieler der ersten Hälfte des 19. Jahrhunderts verbirgt seinen Körper bis zur Verleugnung – und diese Abstinenz reduziert seine Komik fast ganz auf die Sprache (in Form des Bonmot) – oder verzichtet auf das Lachen, das Gelächter, das einem untertänigen Bürgertum schon seit längerer Zeit ausgetrieben worden ist und das es inzwischen selbst verabschiedet.[9] Der Adel indessen berauscht sich in Paris.

Beim Lustspiel vor allem entwickelt Kotzebue einen enormen Einfluß, der zugleich hoftheatralisch gedämpft wird. Aber alle die epigonalen Väter und Oheime, Vormünder und Ehemänner, die in Liebesirrungen und Ehekonflikten betrogen, halbwegs belehrt, aber letztlich unverändert durch häusliche Wirren zu einem guten Ende geführt werden, lassen von Kotzebues ursprünglicher moralischer Schärfe und sozialer Angriffslust nichts mehr ahnen.

Noch bedeutender als der Einfluß Kotzebues scheint der Eugène Scribes (1791–1861) gewesen zu sein. An verläßlichen Daten fehlt es auch auch hier. Außer ihm wären noch mindestens 20 weitere französische Autoren [→ Rösch: Geschichte im Drama, 382 f.] zu nennen, deren ca. 600 Dramen von den deutschen Adepten unbedenklich geplündert wurden. Als Bearbeiter ihrer Produkte sind vor allem Theodor Hell (d. i. Karl Winkler, 1775–1856), Franz August von Kurländer (1777–1836), Ignaz von Castelli (1781–1862), Karl Töpfer (1792–1871), Johann Ludwig von Deinhardstein (1794–1859) und Ludwig Rellstab (1799–1860) tätig, die mit vielen anderen zusammen wohl etwa 300 französische Dramen in 30 Jahren hoftheatergerecht aufbereiteten.

Scribe ist Repräsentant eines professionellen Schriftstellertyps, den das deutsche Theater sich in mehrfacher Hinsicht nicht leisten konnte und wollte, auch seiner liberalen Gedanken wegen nicht. Eleganz und Leichtigkeit der Diktion Scribes, seine kunstvollen Verwicklungen und geistreichen Auflösungen schienen den deutschen Kollegen geradezu unerreichbar und wirkten eher lähmend auf die Entwicklung einer selbstbewußten theatralischen Kunstform ein.

Gertrud Maria Rösch
Geschichte und Gesellschaft im Drama

I. Einführung

1. Bedeutung des Dramas

Es ist gleichsam das empfindlichste Thermometer der nationalen Bildung, der genaueste und feinste Maßstab, der sich dem öffentlichen Leben von Seiten der Literatur anlegen läßt. ⟨...⟩ und es hat Zeiten und Völker gegeben, bei denen die Oeffentlichkeit des Theaters die einzige war, die überhaupt noch existierte – und auch sie war von Gensdarmen überwacht«.[1]

Mit derartigen Erwartungen, wie sie Robert Eduard Prutz (1816–72) in seinen ›Vorlesungen über die Geschichte des deutschen Theaters‹ (1847) formulierte, wurde dem Theater der Restaurationszeit ein politisch-gesellschaftlicher Auftrag zugewiesen. Für den Dramatiker Julius Mosen (1803–1867) war »die dramatische Poesie« das »Bild der Sonne, welche sich vor ihrem Aufgange an den Himmel hinaufspiegelt«.[2] Die Bühne sollte die demokratischen Reformbestrebungen der napoleonischen Befreiungskriege, die durch die Beschlüsse des Wiener Kongresses düpiert worden waren, aufnehmen und langsam durchsetzen helfen. Aber gleichzeitig verhinderten die Zensur wie die vom patriarchalischen Untertanen-Verhältnis geprägten Zuschauererwartungen, daß die Bühnen offen auf die Bruchstellen der Gesellschaft hinwiesen. Das niedrige Niveau der in Frankfurt aufgeführten Theaterstücke war daher für Ludwig Börne (1786–1837) sogleich ein Hinweis auf die politische Situation der Deutschen: die »Gebrechen des deutschen Dramas zeugen von der *Unnationalität* der Deutschen«.[3]

In den theoretischen Forderungen wird eine stärkere gesellschaftliche Indienstnahme der Bühne offensichtlich. Hatten schon Lessing und Schiller in ihren theoretischen Schriften die Rolle der Schaubühne als Organ der Menschenbildung und des gesellschaftlichen Probehandelns herausgearbeitet, so wurde diese Hochschätzung der dramatischen Gattung durch die ästhetischen Forderungen Georg Wilhelm Friedrich Hegels (1770–1831) erneut und stärker begründet: »Das Drama muß ⟨...⟩ als die höchste Stufe der Poesie und der Kunst überhaupt angesehen werden« – mit dieser Feststellung eröffnet er in seinen Vorlesungen über die Ästhetik (entstanden 1818–29, gedruckt 1835) [→ Bd. 6, 262–266] die Erörterung der dramatischen Genres. Seine Überzeugung, daß sich im historischen Prozeß der vernunftbestimmte Fortschritt zeige, bedeutete für den Dichter die Verpflichtung, die Wirklichkeit durchsichtig auf ihre leitenden Ideen zu machen:

Das Recht wie die Verwirrung der Leidenschaften, welche in der Menschenbrust stürmen und zum Handeln antreiben, müssen in gleicher Klarheit vor ihm liegen, damit sich da, wo für den gewöhnlichen Blick nur Dunkelheit, Zufall und Verwirrung zu herrschen scheint, für ihn das wirkliche Sichvollführen des an und für sich Vernünftigen und Wirklichen selber offenbare[4].

Forderungen wie diese wurden für Friedrich Hebbel (1813–1863) zum Kern seiner Dramatik, die er in ›Mein Wort über das Drama‹ niederlegte (1843; Hebbel verteidigte sich darin gegen die ungünstige Kritik seiner Stücke ›Judith‹ und ›Genoveva‹ durch den dänischen Dichter und Kritiker Johan Ludvig Heiberg). Einerseits müsse das Drama das »Seiende ⟨...,⟩ die ewige Wahrheit« wiederholen, andererseits aber auch das »Werdende ⟨...,⟩ die wandelnde Zeit und ihr⟨en⟩ Niederschlag, die Geschichte« vorführen, denn diese, die Geschichte, stelle unbewußt dar, was der Dichter bewußt machen solle.[5]

Hegels affirmative Theorie, die der historischen Entwicklung Vernünftigkeit unterstellte und sogar dem Vorsehungsbegriff wieder Raum gab, und Hebbels im Kern idealistische Zielsetzung, die mit der klassischen Forderung nach Abschluß und Rundung vermittelbar war, entsprachen dem Ordnungsbewußtsein der Epoche. Dennoch fielen die meisten Werke, die in der Nachfolge der Hegelschen Philosophie standen, zunächst beim Publikum durch: Hebbel erlebte seinen Durchbruch erst mit dem Jahr 1848; von Grabbe wurde zu Lebzeiten nur die Tragödie ›Don Juan und Faust‹ zur Musik von Albert Lortzing aufgeführt (Detmold 1829); das Trauerspiel ›Moritz von Sachsen‹ von Prutz wurde nach der ersten Aufführung in Berlin verboten. Es bestand also eine Kluft zwischen den ästhetisch und inhaltlich zukunftweisenden Stücken, die – wie ›Dantons Tod‹ und ›Napoleon oder die hundert Tage‹ – zwar gedruckt, aber nicht gespielt wurden, und jenen Dramen, die sich auf den Kompromiß mit den überlieferten Formstrukturen einließen, damit erfolgreich aufgeführt wurden, aber ihren politischen Wahrheitswert zurücknahmen. Ein Blick auf das Repertoire der Zeit zeigt, welche Genres die Bühne dominierten.

2. Das Bühnenrepertoire

Blickt man auf das Repertoire jener Jahre, so dokumentiert sich darin eine reiche und heute vergessene Bühnenproduktivität, die als Basis wie als Kontext auch derjenigen Werke anzusehen ist, die damals auf der Bühne gerade nicht reüssierten, denen aber die Aufmerksamkeit der Literaturwissenschaft heute fast ausschließlich gilt. Beherrscht wurden die Theater von »jenen zwitterhaften Mittelgattungen, die man übereingekommen ist, im engeren Sinne Drama oder Schauspiel zu nennen«, die aber keinen wirklich dichterischen Wert besäßen – so Hermann Hettner (1821–1882), der diese Dramen gleichzeitig rechtfertigt, weil die sozialen Fragen so drängend seien wie die politischen und Dichtung sich ihnen nicht verschließen dürfe.[6]

Konkrete Auskunft, welche Stücke dies waren und von wem sie stammten, geben die zeitgenössischen Theaterkritiken. So betreffen die Rezensionen von Ludwig Börne, die er in seiner Frankfurter Zeitschrift ›Die Wage‹ (erschienen 1818–21) veröffentlichte und 1828 als ›Dramaturgische Blätter‹ herausgab, zwanzig Stücke von August von Kotzebue (1761–1819), sieben von Johanna Franul von Weißenthurn, vier historisierende oder Schicksalsdramen von Ernst von Houwald (1778–1845) und je zwei Werke von August Wilhelm Iffland (1759–1814; hier ›Der Spieler‹, ›Elise von Valberg‹), Karl Immermann (1796–1840; Börne erwähnt ›Cardenio und Celinde‹, ›Trauerspiel in Tirol‹) und Ernst von Raupach (1806–1884; ›Die

Leibeigenen oder Isidor und Olga‹, ›Lasst die Toten ruhen‹). Grillparzers ›Ahnfrau‹ und ›Sappho‹ wurden in Frankfurt ebenso gegeben wie Karl Töpfers (1792–1871) anekdotische Stücke aus der Geschichte Preußens (›Der Tagesbefehl‹, ›Der Vorposten‹).

Das Repertoire der Düsseldorfer Bühne in den Jahren 1835/36, soweit es Christian Dietrich Grabbe verfolgte und kommentierte, weist überwiegend die gleichen Autorennamen auf: Immermann führte von seinen eigenen Stücken die Lustspiele ›Die Nachbarn‹ und ›Die schelmische Gräfin‹ auf, von Raupach ›König Enzio‹, ›Die Schleichhändler‹ und ›Der Zeitgeist‹, zwei Stücke von Iffland (›Die Jäger‹, ›Die Hagestolzen‹), vier von Carl Blum und zwei von Töpfer, dazu Ludwig Roberts (1778–1832) ›Die Macht der Verhältnisse‹.

Am Ende des hier zu betrachtenden Zeitraums unternahm es Robert Eduard Prutz, die Aufführungspraxis des Berliner Hoftheaters in den Jahren 1844 bis 1847 zu untersuchen.[7] Unter den 32 Stücken von 26 Autoren sind Prutz' eigenes Geschichtsdrama ›Moritz von Sachsen‹ (das nach der ersten Aufführung verboten wurde) und Michael Beers ›Struensee‹, der vierzehnmal aufgeführt wurde. Von allen Autoren aber, die Prutz nennt (darunter Heinrich Laube mit ›Die Karlsschüler‹, Karl Gutzkow, Ludwig Tieck) konnte die meisten Aufführungen Charlotte Birch-Pfeiffer (1800–1868) mit ihren vier Schauspielen (›Thomas Thyrnau‹, ›Marquise de Vilette‹, ›Eine Familie‹, ›Anna von Österreich‹) für sich verbuchen.[8] Prutz akzeptiert ihre Stücke, in denen sich historisches Kolorit und Personal sowie Handlungselemente des Familienschauspiels mischen, als »eine gewisse historische Notwendigkeit, ein gewisses geschichtliches Recht«, denn sie offenbarten die Unfähigkeit oder die mangelnde Bereitschaft der anderen Autoren, dieses Publikum zu bilden und ihm Besseres zu bieten als ihre »Stücke der bloßen, hausbackenen Unterhaltung«, der »Effecthascherei«.[9]

Ergänzt wurden die Bühnenprogramme durch Aufführungen der Klassiker; so bespricht Börne in seiner Zeitschrift einzelne Stücke von Schiller (›Wilhelm Tell‹, ›Maria Stuart‹, ›Don Carlos‹, ›Kabale und Liebe‹, ›Die Jungfrau von Orleans‹), Kleist (›Das Käthchen von Heilbronn‹) und Lessing (›Emilia Galotti‹). Eine zahlenmäßige Konkurrenz stellten sie nicht dar; vielmehr dienten Goethe, Schiller, Shakespeare oder Molière selbst als historische Personen, die ehrfurchtsvoll zitiert wurden oder die man als Figuren in historisierende Künstler- und Familiendramen einführen konnte. So ist Friedrich Schiller der Held in Heinrich Laubes (1806–1884) ›Die Karlsschüler‹ (1846), während der stellvertretende Leiter des Burgtheaters, Johann Ludwig von Deinhardstein, in seinem ›Fürst und Dichter‹ (1847) Goethe in den Mittelpunkt einer Hofintrige stellt. Gutzkows erfolgreiches historisches Lustspiel ›Das Urbild des Tartüffe‹ (1844) ist Molière und den Schwierigkeiten vor der Aufführung des ›Tartüffe‹ gewidmet; in seinem ›Richard Savage‹ dienen die Unterhaltungen zwischen dem Journalisten Richard Steele und der Schauspielerin Ellen auch dazu, Shakespeares Werke als Höhepunkt der englischen Nationalliteratur herauszustellen.

Neben die sog. »Originalschauspiele« der Zeit traten die Übersetzungen und Bearbeitungen, die meist sehr rasch nach dem Erscheinen im Ausland auch nach Deutschland drangen. Bevorzugt wurden französische Autoren; neben einer Vielzahl heute kaum geläufiger Namen sind unter ihnen Victor Hugo (1802–1885), Alexandre Dumas d. Ä. und Augustin Eugène Scribe. Mit seiner historischen Prosakomödie ›Ein Glas Wasser‹ (aufgeführt 1840) hatte Scribe diese Gattung meisterhaft begründet[10]; zwischen 1841 und 1844 erschienen in Deutschland davon fünf Bearbeitungen und Übersetzungen. Weitere Stücke Scribes wurden von einem so routinierten Bühnenmann wie Carl Wilhelm August Blum (1786–1844) für seine 1824 erschienene Sammlung ›Vaudevilles für deutsche Bühnen und gesellige Zirkel‹ adaptiert.[11] Blum, der in Berlin von 1822 bis 1826 und erneut ab 1834 Regisseur der Königlichen Oper war, bearbeitete auch Eugène Sues Roman ›Les Mystères de Paris‹ [→ Plaul/Schmid: Populäre Lesestoffe, 337f.] als Schauspiel (1844 in Berlin erschienen) – ein Beispiel für eine gattungsübergreifende Adaption, die Charlotte Birch-Pfeiffer auch mit Victor Hugos Roman ›Notre-Dame de Paris‹ vornahm, den sie zu einem vierktigen Stück verkürzte.[12]

Hugos historische Dramen ›Lucrèce Borgia‹ und ›Marie Tudor‹ wurden unmittelbar nach ihrer Uraufführung 1833 bereits von dem Hofrat und Dramatiker Theodor Hell (d. i. Karl Gottlieb Theodor Winkler, 1775–1856) übersetzt. Von den Übersetzungen und Bearbeitungen der Stücke des älteren Alexandre Dumas vor 1848 ist besonders dessen ›Kean‹ (1836; dt. 1839 in der Reihe ›Neuestes Theater des Auslandes‹) als Beispiel eines Künstlerdramas zu erwähnen. Held ist der englische Schauspieler Edmund Kean (1787–1833), der durch seine Interpretation der Stücke Shakespeares berühmt wurde. Im Stück spielt er die Rolle des Romeo; dies weist darauf hin, wie Shakespeares Werk gemäß dem zeitgenössischen Erwartungshorizont segmentiert wurde: Stücke wie ›Romeo und Julia‹, ›Othello‹ oder ›Lear‹ verstand und inszenierte man als Familiendramen[13], die der Verflachung dieses Genres abhelfen sollten. Shakespeares Historien dagegen galten als die Vorbilder für die angefeindeten, weil unklassisch episierenden Geschichtsdramen in Deutschland; Hettner nennt sie schlicht »poetisch aufgeputzte Chroniken«.[14]

Übersetzungssammlungen wie die Blums und Hells dienten neben den institutionalisierten Theatern aber auch den Liebhaberbühnen. So berichtet Annette von Droste-Hülshoff[15] in Briefen, daß in Meersburg im Dezember 1843 zwei solcher Aufführungen stattfanden; gespielt wurden Kotzebue und Franz von Holbein (1779–1855), der u. a. auch die als schwierig geltenden Stücke Kleists für die Bühne geglättet hatte.[16] Ganze Reihen und Gesamtausgaben wurden als besonders geeignet für das Amateurtheater annonciert; Adaptionen historischer und literarischer Stoffe waren darunter ebenso wie die sehr beliebten dramatisierten Sprichwörter, die letztlich im Tugenddrama der Aufklärung wurzeln (»Alter schützt vor Thorheit nicht«, »Wer zuletzt lacht, lacht am besten«). Auch Theodor Hell brachte eine derartige Sammlung für das Liebhabertheater heraus[17]; darin zeigt sich der Bedarf nach einem Genre der Unterhaltungskunst, dem noch Theodor Fontane in ›Effi Briest‹ eine sehr beziehungsreiche Reverenz erwies.

3. Formen des Dramas

Das Drama der Restaurationszeit knüpft unverkennbar an das Vorbild der klassischen Autoren an. Das Künstlerdrama war durch ›Torquato Tasso‹ schon etabliert und wurde (etwa durch Raupachs Trauerspiel ›Tassos Tod‹, 1835) ganz bewußt auf Goethes Stück als Vorbild bezogen. Das historische Drama wie das Schicksalsdrama entstanden in der Nachfolge Schillers, bei dem bereits der Konflikt zwischen der Forderung nach »strengster Sachlichkeit«[18] und dem Recht des Autors reflektiert wird, mit den historischen Vorgaben poetisch frei zu verfahren.[19] Geschichte gilt, in Hebbels Worten, als »ein Vehikel zur Verkörperung seiner Anschauungen und Ideen, nicht aber ist umgekehrt der Dichter der Auferstehungsengel der Geschichte«.[20] Noch entschiedener formulierte es Rudolf Marggraff: »Insofern dürfen wir sagen, daß jede wahrhaft historische Tragödie zugleich ein Spiegelbild der Gegenwart sei und dem Bewußtsein der Jetztwelt sich anschließe«.[21]

Das historische Drama war faktenbezogenen Quellen verpflichtet und beanspruchte, von deren Stoffvorgaben aus die aktuelle Gegenwart zu deuten. Dank dieser Intention der Deutung von Geschichte sind ihm Dramen verschwistert, deren Stoffe aus dem Mythos (›Die Nibelungen‹, ›Gyges und sein Ring‹), der Bibel (›Judith‹, ›Herodes und Mariamne‹), der Legende (›Genoveva‹) oder der ungesichert-anekdotischen Überlieferung (›Ein treuer Diener seines Herrn‹, ›Libussa‹, ›Die Jüdin von Toledo‹) stammen.[22]

Auch die anderen Dramenformen wie das Schicksals- oder das Künstlerdrama und die Nachfolger des bürgerlichen Trauerspiels (Sengle faßt sie unter ›Gegenwartsdrama‹[23]) erhalten durch historisch bedeutsame Ereignisse, Schauplätze und Requisiten historisches Kolorit, ohne daß in diesen Dramen die historischen Vorfälle, die als Hintergrundfolie dienen und das Dramengeschehen meist nur anstoßen, gedeutet würden (vgl. Houwalds ›Das Bild‹). »Historisches Genrebild« nannte Karl Gutzkow (1811–1878) diese Stücke, die vom historischen Drama nur das »anekdotisch Interessante« und »Episodische« übernahmen.[24]

Nicht nur durch Motivanleihen ergaben sich Querverbindungen zwischen den beiden großen Dramenformen, dem Geschichts- und dem Sozialdrama. Beide wurden gleichermaßen auf Zeitbezogenheit festgelegt, wie das 1839 bei dem Autor und Journalist Ernst Willkomm (1810–1886) zu lesen war:

> An Stoffen für diese Gattung dramatischer Produktionen, dünkt mich, ist die Gegenwart mit ihren hundert Konflikten so unendlich reich, daß der willkürlichste Griff mitten in die Begebenheiten der Tagesgeschichte die

trefflichsten Elemente dazu liefern müßte. Ich wünschte, es träte ein jugendlicher, kräftiger und noch unverdorbener Geist auf, der aber bewandert sein müßte in der höfischen Unnatur unserer sozialen Verhältnisse, damit ihm die glühendsten Farben für seine Gemälde nicht entgingen. Ein solcher müßte dann ⟨...⟩ mit der Keckheit eines genialen Naturkindes die Gegensätze auffassen und das Für und Wider in leidenschaftlicher Lebendigkeit gegeneinander spielen lassen.[25]

Einerseits sind diese Sätze programmatisch zu verstehen, andererseits beziehen sie sich auf vorhandene Beispiele, wie etwa Ludwig Roberts ›Die Macht der Verhältnisse‹ (1819). Dort entzündet sich der Konflikt gerade an den als unwandelbar gesehenen gesellschaftlichen Normen, die Willkomm als allein wahrhaft tragischen Gegenstand verstanden wissen will. Darin stimmt ihm auch Hettner zu, der das soziale Drama vor allem aus der bedrohlichen Nähe zum Unterhaltungsstück rücken möchte. Immerhin hätte man gerne die breite Wirkung der »harmlosen Seelen- und Familiengemälde«[26] auch für das bürgerliche Drama oder Schauspiel gehabt; dieses hatte das bürgerliche Trauerspiel abgelöst und meinte alle Stücke, »die sich im Kreise der Familie und Gesellschaft« bewegen.[27] Der Begriff »bürgerliche Tragödie« – Willkomm sprach von der »sozialen Tragödie«[28] – signalisierte das Bemühen, diese Dramenform durch vertiefte Konflikte und Motivübernahmen aus der historischen Tragödie aufzuwerten. In seinem Versuch der Ehrenrettung geht Hettner sogar noch weiter: von den drei bei ihm aufgeführten Kategorien – Tragödie der Verhältnisse, der Leidenschaften und der Ideen – sei gerade die Tragödie der Verhältnisse die welthaltigste, weil sie »Sitten, Begriffe und Zustände« wie die Lebensverhältnisse der Proletarier und die Pariastellung der Juden zum Gegenstand habe. Namentlich beruft er sich auf Karl Gutzkows ›Richard Savage‹, denn für die Zeitgenossen galt nicht Hebbel, sondern Gutzkow als der führende Vertreter des sozialen Dramas. Die mit dieser Bühnenform verknüpfte Hoffnung, ihre Themen und Motive würden eines Tages obsolet, weil der Fortschritt diese Mißstände habe verschwinden lassen, erfüllte sich zu keinem Zeitpunkt.

II. Das historische Drama

Welche Gemälde bietet unsre Geschichte dar, von den urältesten Zeiten, den Kriegen mit den Römern an, bis zur festgesetzten Bildung des deutschen Reichs! Dann der ritterlich glänzende Zeitraum des Hauses Hohenstaufen, endlich der politisch wichtigere und uns am nächsten liegende des Hauses Habsburg, das so viele große Fürsten und Helden erzeugt hat. Welch ein Feld für einen Dichter, der wie Shakespeare die poetische Seite großer Weltbegebenheiten zu fassen wüßte![29]

In dieser Aufforderung, mit der August Wilhelm Schlegel seine Wiener Vorlesungen abschloß, waren Stoff, Funktion und literarische Tradition einer Gattung knapp zusammengefaßt: Das historische Drama sollte als Herrscherdrama aus der Vergangenheit heraus die Gegenwart erklären, wenn nicht verklären; sein Vorbild – und hier spricht der Romantiker wie der Übersetzer Schlegel pro domo – ist Shakespeare, nicht Schiller, der aber durch seine strenge, auf schlüssigen Aufbau konzentrierte Komposition und den Anspruch, die Idee der Geschichte wiederzugeben, ebenso die historische Dramatik des 19. Jahrhunderts prägte.

1. Dramen aus der Nationalgeschichte

Exemplarisch schienen die Forderungen Schlegels in Grillparzers erstem historischen Drama ›König Ottokars Glück und Ende‹ (1825) erfüllt. In Epigrammen und Tagebüchern äußert sich Franz Grillparzer (1791–1872) durchweg kritisch zum Metternichschen System und der Rückständigkeit Österreichs,[30] aber in seinen Dramen überhöht er das Land und die Habsburger immer wieder zum Mythos.[31] Seine Existenz als Literat und Beamter ließ ihn, Prototyp eines »Zerrissenen«,[32] die Widersprüche der Restaurationsepoche nachleben; Grillparzer studierte Staats- und Rechtswissenschaften und trat 1815 in das Finanzministerium ein, dessen Archiv er von 1832 bis 1856 als Direktor leitete. Nicht die zahlreichen Zusammenstöße mit der Hofzensur wegen der Dramen ›König Ottokars Glück und Ende‹ (1825) und ›Ein treuer Diener seines Herrn‹

(1828), sondern der Mißerfolg seines Lustspiels ›Weh dem, der lügt‹ veranlaßten ihn, nach 1838 nur noch die bereits bekannten Stücke aufführen zu lassen und die Dramen ›Ein Bruderzwist in Habsburg‹, ›Libussa‹ und ›Die Jüdin von Toledo‹ bis zum Tode zurückzuhalten.[33] Seine größten Erfolge hatte er bezeichnenderweise mit Stücken, deren Stoffe der restaurativen Wiener Gegenwart fernlagen: dem Schicksalsdrama ›Die Ahnfrau‹ (1817), dem Antikendrama ›Sappho‹ (1818) und dem Zauberdrama ›Der Traum ein Leben‹ (1834); seine beiden historischen Dramen führten dagegen zu Konflikten mit der Hofzensurbehörde und erlebten weitaus weniger Aufführungen.

Mit ›König Ottokars Glück und Ende‹ bewegte Grillparzer sich ganz innerhalb der vaterländischen Geschichte, denn für seine Vorstudien diente ihm der »Österreichische Plutarch«, jene 1807 bis 1814 erschienenen Geschichtsstudien Josef von Hormayrs, in denen die Einheit des Vielvölkerstaates als durch die Dynastie garantiert beschrieben wurde. Indem Grillparzer gerade den Moment der siegreichen Behauptung dieser Dynastie wählte, bestätigte er Hormayrs Intention der literarischen Überhöhung der Habsburger. Der Ottokar-Rudolf-Stoff lag dank seiner historischen Analogie zu Napoleon nahe (die vier Kronen, die dem militärisch erfolgreichen Ottokar im ersten Akt angeboten werden, und die dynastische Heirat nach der Trennung von der ersten Frau wiesen auf den französischen Kaiser) und war auch schon vorher auf der Bühne verwendet worden: August von Kotzebues ›Ottokars Tod‹ (1815) und Karoline Pichlers (1769–1843) ›Rudolf von Habsburg‹ (1818) belegen seine Verbreitung und zeigen zudem deutliche Analogien zu Grillparzers Bearbeitung (Darstellung von Ottokars Kampf gegen Rudolf als unrechtmäßig; hausväterliche Züge Rudolfs und Apotheose Habsburgs am Ende).

Als einzige Figur durchläuft Ottokar im ganzen Drama eine Entwicklung, die aber im Doppeltitel schon vorformuliert ist: vom alle Reichsfürsten überragenden Böhmenkönig, dessen Machtfülle und Autokratie der erste Akt zeigt, reduziert ihn das Bühnengeschehen auf seine bloße Kreatürlichkeit. Nachdem er bereits vor der Niederlage Reue und Einsicht in sein falsches Streben bewiesen hatte, wird er am Ende erschlagen.[34]

Sein Gegenspieler Rudolf dagegen wird überhöht zur idealen Gestalt, vor allem in der Volksszene des 3. Aktes, in der er als Kaiser die anwesenden Bürger mit Beweisen seiner Gnade und Gerechtigkeit belohnt; in ihr trägt auch Otto von Horneck, dessen Chronik zu Grillparzers Quellen gehörte, das Lob Österreichs auf der Bühne vor (V. 1667–1703). Rudolf spricht die Leitideen der politischen Romantik aus, wenn er Rechtmäßigkeit und Maß als Grundlagen der Herrschaft anmahnt und sie dem auf Rechtsbruch und Hybris gegründeten Ehrgeiz Ottokars entgegenhält. Die Lehensszene ist die Konfrontation zweier Herrschaftsauffassungen; aber Ottokar widerruft, zusätzlich getrieben von der Beschämung durch seine sexuell abspenstige junge Frau Kunigunde, den Lehenseid und beginnt den Kampf gegen Rudolf – ein Konflikt, der schon abgewendet schien und in dem er unterliegen muß, weil das Unrecht, das seinen Niedergang erzwingt, schon von Anfang an bestand (Vertragsbruch und Ehescheidung von Margarete). Im Schlußtableau erweist sich Rudolf als demütiger Sieger, der zwar einerseits seine Hausmacht und die künftige Größe der Dynastie sofort durch die Belehnung seiner Söhne mit Ottokars Ländern sichert, andererseits dem Publikum und sich das Schicksal des Böhmenkönigs als warnendes Exempel vor Augen stellt. Dann folgt die programmatische Schlußzeile »Heil! Heil! Hoch Österreich! Habsburg für immer!«, die das Stück zur Apotheose führt. Angesichts der eindeutigen Überhöhung von Rudolfs Herrschertum, in dem sich schon Züge Rudolfs II. aus dem ›Bruderzwist‹ andeuten (Rücknahme der eigenen Person zugunsten der über alles stehenden Ordnung des Staates, die ein Abbild der göttlichen Ordo ist), muß die klippenreiche Aufführungsgeschichte (Uraufführung 19. Februar 1825), die Grillparzer in der Selbstbiographie von 1853 referiert und die in Wien Stadtgespräch wurde,[35] aus heutiger Sicht überraschen. Vor allem fürchtete man die schnell erkennbaren Parallelen zu Napoleon I. und dessen (zweiter) Ehe mit der Kaisertochter Marie Louise. Vereinzelte Anachronismen der Handlung[36] leisteten einer weiteren Aktualisierung des Bühnengeschehens zuungunsten des regierenden Herrschers Franz I. Vorschub.[37] Der eigenmächtige und repressive Regierungsstil Ottokars deutete nicht nur auf Napoleon, sondern auch auf das Regime Metternichs und Franz I.

Grillparzer ahmt zwar die aristotelische Struktur der Tragödie nach, höhlt sie aber zugleich aus[38] und füllt sie durch Elemente aus anderen Dramenformen. So bietet Ottokars Tod die im Doppeltitel angedeutete größtmögliche Fallhöhe und damit ein wirksames Besserungsexempel, wie es für die aristotelische Dramatik und zugleich das Barockdrama charakteristisch ist (wenngleich Grillparzer, untypisch für das barocke Drama, Ottokar sehr psychologisierend als einen vom Unterbewußtsein gesteuerten Mann zeichnet, dessen Verfall in einer Ehekrise gespiegelt wird); auch Rudolfs auf das Gottesgnadentum bezogene Herrscherauffassung (formuliert im Emblem der ihm von Gott aufs Haupt gesetzten Krone) gehört in diese barocke Tradition (V. 1790–1797), der auch die später im ›Bruderzwist‹ erneut benützte Mantelmotivik zuzuzählen ist.[39] Dieses An- und Ablegen von Herrschaftsinsignien ist eines der zahlreichen gestischen Elemente in Grillparzers Stücken[40]; sie verweisen, wie die Vielzahl der Schauplätze und die zeitliche Ausdehnung der Handlung, auf Shakespeares Dramen als Vorbild.

Während Grillparzers Beschwörung der österreichisch-böhmischen Geschichte mit der gegenwärtigen Realität der österreichischen Monarchie korrespondierte, fehlte in den deutschen Gebieten eine übergreifende und fortwirkende Herrschertradition. Der in der ersten Jahrhunderthälfte äußerst beliebte Rückgriff auf die mittelalterliche Epoche der Hohenstaufen diente so nicht der Propagierung eines real existierenden Staatswesens, sondern wurde für äußerst unterschiedliche, ja gegensätzliche Ziele funktionalisiert. Das schwäbische Herrschergeschlecht des Mittelalters, mit der Hinrichtung Konradins in Neapel 1268 endgültig ausgestorben, verkörperte die Idee eines geeinten christlichen Reiches, das einen Gegenentwurf zum revolutionären napoleonischen Kaiserreich darstellte. Die Erinnerung an die Reichsgeschichte diente aber auch der Legitimation der regierenden Fürstenhäuser wie der Wittelsbacher, deren Aufstieg in das Mittelalter zurückreichte. So erklärt es sich, daß Ludwig I. den Festsaalbau der Münchner Residenz (1835–42) mit Bildern aus dem Leben Barbarossas ausmalen ließ, weil dieser nach dem Sturz Heinrichs des Löwen die Familie mit Bayern belehnt hatte.[41]

Die Reichseinheit war aber zum anderen auch eine politische

Lieblingsvorstellung der Liberalen, die dem Verdacht der Radikalität zu entgehen hofften, indem sie ihre Forderung nach Konstitution und Volksvertretung mit dem Erbkaisertum verbanden. Was in der Wirklichkeit verwehrt blieb, vollzog sich bereits vor der Revolution in den Bühnenstücken, die häufig direkt oder indirekt die Hohenzollern als Nachfolger der Hohenstaufen vorstellten.

Die Aufmerksamkeit galt dabei vorwiegend den Momenten der Geschichte, die auf einzelne Personen konzentriert werden konnten. Vorgegeben war diese Sicht auf das staufische Geschlecht durch die sechsbändige ›Geschichte der Hohenstaufen und ihrer Zeit‹ (erschienen 1823–25) des Berliner Professors Friedrich Raumer (1781–1873); er beschrieb »das große Trauerspiel des staufischen Hauses« als »dramatische Kurve«, bei der

> das Herrscherhaus nach blendendem Sonnenglanze und unvergleichbarer Höhe, von einem furchtbar und beispiellos tragischen Geschick ergriffen ward und so plötzlich in die finsterste Nacht hinuntersank, daß keine Spur desselben übrig blieb.[42]

Raumers Darstellung, deren breite Rezeption sich vor allem aus der rückwärtsgewandten Reichssehnsucht angesichts der politischen Zersplitterung des Deutschen Bundes speiste, löste »eine Flut von Dramatisierungen«[43] aus. So folgten beispielsweise Christian Dietrich Grabbe und Ernst Raupach in ihren Dramen über Heinrich VI. weitgehend Raumers Charakterzeichnung dieses Herrschers, gekennzeichnet durch Hybris, Skrupellosigkeit und Zynismus.

Dabei war Ernst Raupach (1784–1852) mit seinen Hohenstaufenstücken in der vormärzlichen Bühnenwelt weit erfolgreicher als Christian Dietrich Grabbe (1801–1836). Trotz des Angebots, den Theaterdirektionen »mit etwaigen Veränderungen behufs der Scenerie pp gern zur Hand zu gehen« (im Brief an seinen Verleger Kettembeil, 1. Februar 1830), wurden dessen zwei Hohenstaufen-Dramen zu seinen Lebzeiten niemals aufgeführt. Von den sechzehn Hohenstaufen-Stücken Raupachs, von denen allein vier der vielschichtigen Gestalt Friedrichs II. galten, wurden dreizehn am Berliner Hoftheater gespielt. Hebbels Diktum vom »*In-Spiritus-Setzen* der *Hohenstaufenbandwürmer*« (im Vorwort zur ›Maria Magdalena‹) bestimmt bis heute das Urteil über Raupachs dramatisches Werk und lenkt die Einschätzung seiner zeitgenössischen Wirkung in die falsche Richtung. Mit seinen 1837 erschienenen und Friedrich Wilhelm III. gewidmeten Dramen verband er eine theatralisch-politische Sendung, die aber nicht, wie bei Jungdeutschen und Hegelianern, auf politischen Fortschritt, sondern auf Rückbesinnung zielte. Das nationalhistorische Drama bot sich in doppelter Hinsicht als Remedium an: zum einen sollte es als Alternative gegen die Übersetzungen und Bearbeitungen ausländischer Dramen dienen und ein nationales Theater begründen helfen, zum anderen aber das Publikum zur Kenntnis, ja Hochschätzung seiner Vergangenheit führen. Um der Chancen des Theaters willen, »Einfluß auf den Geist des Volkes« zu nehmen, »eine Schule der Volksbildung« zu sein, ging Raupach sogar Kompromisse ein. Zwar sollte die historische Genauigkeit nicht leiden (kein »sogenanntes Ausschmücken mit eigenen Erfahrungen«, »Umgestalten der Ereignisse«), aber die verbürgten Ereignisse durften gesteigert werden; daher begrüßte er »das Zusammendrängen der Begebenheiten, das Wegschneiden der Zwischenspiele des Lebens ⟨...⟩, das Ergänzen der Motive«.[44] Eine die Ereignisse derart konzentrierende und steigernde Dramatik mußte den episierenden Dramen Grabbes in der Bühnenwirkung überlegen sein. Während Grabbe stets die Integration des Volkes und dessen Anliegen im Blick hat, steht bei Raupach die auf eingängige Gegensätze konzentrierte Herrscherhandlung im Mittelpunkt (dies machte die Stücke besonders geeignet für das Hoftheater). Die Nebenfiguren oder Gegner dienen dazu, um dieser politischen Handlung persönliches und psychologisches Kolorit zu geben: Richard Löwenherz, den Grabbe als tollkühnen und volksnahen Monarchen zeigt, ist bei Raupach lediglich ein frivoler Mann, der zugleich von Schuldgefühlen über die Entthronung seines Vaters bis zur Raserei gequält wird; die Worte, mit denen er sich dennoch exkulpiert, können für Raupachs Darstellung der Monarchie stehen:

⟨...⟩ wenn Gott gerecht ist, kann er
Uns Könige nicht mit der Waage wägen,
Womit er andre Menschenkinder wägt.[45]

Die meistgespielten Stücke aus dem 1837 vollendeten Zyklus waren bezeichnenderweise ›König Enzio‹ (für dessen Leipziger Aufführung 1832 Richard Wagner eine Ouvertüre schrieb) und ›König Konradin‹ (1834).[46] Die Nachblüte des staufischen Reiches unter den Söhnen Friedrichs, Manfred (bei Benevent 1266 gefallen) und Enzio (bis zum Tod 1272 eingekerkert), und dem Enkel Konradin (enthauptet 1268) lieferte durch die historische Konstellation schon den bühnenwirksamen Konflikt zwischen Rechtlichkeit auf seiten der Staufersöhne und Niedertracht in den Intrigen der Päpste und des verräterischen Karl von Anjou.

Auch Grabbe plante seine Hohenstaufen-Dramen ursprünglich als »Zyklus von nicht weniger als acht Stücken«, um »die Nation ⟨...⟩ zu verherrlichen« und eine gesamtdeutsche politische Geschichte zu gestalten. Durch den Zyklus

> soll fast jeder irgend bedeutende deutsche Fleck verherrlicht werden; im Sonnenschein soll unser ganzer deutscher Süden liegen, Adler über Tirols Bergen schweben und die See um Heinrichs des Löwen Staaten brausen, wie eine Löwenmähne.[47]

Damit verbunden war offenkundig der Wunsch, nach dem Erscheinen seiner überwiegend emphatisch rezensierten, aber nicht aufgeführten ›Dramatischen Dichtungen‹ (1827)[48] mit dem Publikumswirksamkeit versprechenden Hohenstaufen-Sujet endlich den Durchbruch auf der Bühne zu schaffen: »Und welcher Nationalstoff! Kein Volk hat einen auch nur etwas gleich großen«.[49]

In ›Kaiser Friedrich Barbarossa‹ (1829) lenkte Grabbe durch den dargestellten Zwist zwischen Friedrich Barbarossa und Heinrich dem Löwen den Blick auf die deutsche Gegenwart, denn sowohl der Aufstieg der Hohenzollern, die Barbarossa als Erben und Vollender der Staufer begrüßt (II, 2), als auch die Rolle Englands als Seemacht werden in den Figurenreden prophetisch vorweggenommen (V, 2). Barbarossa sieht durch Heinrichs Treulosigkeit ein, wie notwendig die Einigkeit Deutschlands ist, weil sie erst seine Stärke verbürge (II, 3). Ebenso weist die Eröffnungsszene von ›Kaiser Heinrich der Sechste‹ mit der deutschen Zwangsherrschaft über das norman-

nisch-sarazenische Sizilien auf die napoleonischen Eroberungen in
Deutschland hin:

> Ja laßt uns eingesteh'n, wir waren
> Zu jämmerlich entartet, und bedurften
> Der Züchtigung, der Schläge des Geschicks! (I, 1)

Auch die Einsicht, daß die Befreiungskriege nicht die erhoffte
Freiheit gebracht hatten, wird hier schon ausgesprochen (im ›Napoleon‹ wird sie in die Schlußrede des besiegten Kaisers eingehen):

> Jedes Volk, das sich
> Nicht selbst befreit, verdient nicht frei zu sein,
> Und im Befreier triffts den neuen Herrn.

Zu diesen forcierten Hinweisen auf die deutsche Geschichte gehörte auch der Hoftag Barbarossas in Mainz, der durch die Einführung Heinrichs von Ofterdingen (er galt damals als Dichter des Nibelungenliedes) Grabbe die Gelegenheit gab, das Preislied auf eine einigende Dynastie, Volk und Land auf der Bühne vorzutragen. Seine Hochschätzung des Nibelungenlieds als eines »*nationellen Kunstwerkes*« wird hier in Szene gesetzt. Diese auf die Fürsten konzentrierte Handlungsführung kam der von Grabbe erstrebten klassizistischen Tradition entgegen, Geschichte zu personalisieren und gerade in Herrscherfiguren vorzuführen, zumal diese zugleich die Idee nationaler Einheit und Freiheit verkörpern. Deshalb wird auch in ›Kaiser Heinrich der Sechste‹ eine Liebesbeziehung zwischen dem Sohn Heinrichs des Löwen und der Kaisernichte Agnes eingefügt, die den Zwist der beiden Familien beendet (III, 2), um diesen Prozeß der Versöhnung und Einigung auf der Bühne sichtbar machen zu können.

Andererseits ist in den Hohenstaufen-Dramen der Einfluß Shakespeares unübersehbar; mit dessen Dramaturgie hatte sich Grabbe in dem den ›Dramatischen Dichtungen‹ 1827 beigegebenen Aufsatz ›Über die Shakspearo-Manie‹ auseinandergesetzt. Bei dem englischen Dramatiker hatte er die Rolle des Volks als dramatis personae vorgebildet gefunden; gerade die niedrigen und komischen

Figuren setzte Grabbe bevorzugt ein, um seine Heldengestalten zu entmythisieren und die Abhängigkeit der Herrscher von den Beherrschten zu zeigen.[50] So ist in ›Kaiser Heinrich der Sechste‹ die Szene, in der Richard Löwenherz trotz seiner Verkleidung als Mönch von zwei österreichischen Landleuten gefangen wird (II, 1), mit ihren Wortwitzen, Doppeldeutigkeiten und dem Wechsel Reim-Prosa je nach der Person des Sprechers deutlich den Wirtshausszenen Shakespeares nachgeahmt; auch der Auftritt der Weißen Frau (III, 2), die Heinrich dem Löwen den bevorstehenden Tod verkündet, ist die in deutsche Verhältnisse transponierte Eröffnungsszene aus ›Hamlet‹, den Grabbe auch im Shakespeare-Aufsatz als besonders wirkungsvolles Stück hervorhob. Aber nicht nur der städtische Kapitalismus der bürgerlichen Krämer von Bardewick (II, 4), auch die politischen Zwistigkeiten und die Ausbeutung durch die Feudalherren werden angeklagt und als revolutionäres Potential in Analogie zur politischen Gegenwart gebracht:

> sie reiten auf ihren Jagden unsre Kornfelder nieder, pressen uns unser bischen Gut aus, daß wir arm und hungrig sind wie die Kirchenmäuse, und Armuth und Hunger, Freunde, machen Courage bis zur Begeisterung! (II, 3)

Die Anordnung der zwei letzten Szenen zeigt (ähnlich wie im ›Napoleon‹-Drama), wie der Untergang der Herrscher vor dem Hintergrund des Weiterlebens der Beherrschten gesehen werden muß: Ein Herr befiehlt seinem Knecht, der von den politischen Ereignissen spricht, wiederholt mit dem leitmotivisch eingesetzten »Treibe die Schafe aus« die alltägliche, existenzerhaltende Arbeit (V, 2). In der sich anschließenden Szene reitet der Kaiser auf den Ätna und umreißt im Gespräch seinen künftigen Plan der Eroberung Afrikas, als ihn unvermittelt ein Schlaganfall tötet (V, 3). Diese Wendung entgegen der historischen Überlieferung (Heinrich starb an einem Fieber) gab Grabbe die Möglichkeit, im Gegensatz zu der dauerhaften Existenz der Masse des Volkes die Brüchigkeit der gerade noch beschworenen politischen Macht herauszustellen.

2. Dramen mit revolutionär-reformerischer Tendenz

Mit ›Napoleon oder die hundert Tage‹ wollte Grabbe endgültig den großen politischen Wurf wie den eigenen literarischen Durchbruch schaffen. »Alle Interessen der Zeit sind darin«, schrieb er am 10. Dezember 1830 an Kettembeil über das schon im August beendete Drama, das im April 1831 gedruckt vorlag. Während des Schreibens war er, wie der Briefwechsel zeigt, an der Zusammenstellung des lippischen Korps beteiligt, das nach dem Sturz der Bourbonen in Paris zur Sicherung der preußischen Rheingrenze vorgesehen war. Er selbst erwartete einen Krieg und rechnete auf die hohe Aktualität des Stückes durch dessen revolutionären Liberalismus und die prophetische Herausstellung des Herzogs von Orléans als des künftigen Königs.[51] Als dieser tatsächlich 1830 König wurde, verwahrte sich Grabbe im Vorwort dagegen, für einen »Propheten ex post« gehalten zu werden, damit die visionäre Aussage des Dramas nicht in Zweifel gerate.

Der Wechsel von Prosa und Vers, wie er noch die Staufer-Dramen kennzeichnet, weicht zugunsten der Prosa; die fünfaktige Struktur wird zwar nicht durch derart kühne und weitgreifende, atmosphärisch aufgeladene Szenenwechsel wie in den Staufer-Dramen verdeckt, ist aber trotz der szenischen Beschränkung auf weniger Schauplätze mit der entfalteten breiten Handlung nur mehr äußerlich in Einklang zu bringen.

Das alle Personen wie Handlungsschritte integrierende Zentrum ist die Person Napoleons, von dem schon zu Beginn die ehemaligen Kaisergardisten Vitry und Chassecoeur als Angehörige der funktionslos gewordenen Armee ein idealisiertes Bild entwerfen (I, 1). Im Dialog Chassecoeurs mit dem Guckkasten-Ausrufer wird die Revolution bereits als Schauspiel im Schauspiel[52] zitiert, das der restaurativen Gesellschaft des Jahres 1815, hinter der sich auch Grabbes eigene Gegenwart zeigt, museal verfügbar ist. Der anschließende Auftritt Ludwigs XVIII. und das Gespräch mit den Angouleme und Berry evoziert das drohende Bild Napoleons (I, 3), das sich vollendet, wenn endlich der lauernde Bonaparte selbst auf Elba gezeigt wird (I, 4). Die in den Gesprächen der Freunde wie der Gegner herrschende Frühlings-, Sonnen- und Schauspielmetaphorik zeigt schon Grabbes Perspektive auf die historischen Ereignisse als eines vorbestimmten, unaufhaltsamen Ablaufs, dem auch Napoleon unterworfen ist.[53] Die Marionetten und der Guckkasten sind weitere Metaphernfelder, die das historische Geschehen deuten.

Neben den Bonapartisten und Royalisten wie dem politisch indifferenten Volk wird mit den Republikanern Fouché und Carnot (II, 5) eine weitere Gruppe eingeführt, die Hoffnungen auf Napoleon richtet. In der Figur des Jakobiners Jouve, der die proletarischen Vorstädter anführt, tritt schließlich der Gegenspieler des Imperators auf. Mit drei Morden, darunter an einem Schneider und einem Krämer, die beide aus dem politischen Umschwung Profit schlagen wollen, führt er den Blutrausch vor, der die Revolution von 1789 begleitete und der in der gleichen Szene durch den heranrückenden Napoleon beendet wird; ebenso hatte dieser ja auch die Revolution selbst durch seine Diktatur zu beenden beansprucht. Jouve, neben Vitry, Chassecoeur und Duchesne die wichtigste von Grabbe erfundene Figur, durchschaut ebenfalls den Kreislauf der Geschichte in seinem Wort: »Die Jacobinermützen überdauern am Ende doch Alles«.[54] In der Szene auf dem Marsfeld, als Napoleon die erweiterte Verfassung beschwört, vermittelt Jouve teichoskopisch diese Handlung und demontiert durch seine Kommentare wie das gleichzeitige Getändel mit einer Kokotte diesen Vorgang: »'s ist ja alles Komödie« (IV, 1). Auch der Soldat Vitry durchschaut die Herrschergeschichte und erkennt die eigentlichen Überlebenskräfte im historischen Prozeß, wenn er über die revoltierenden Vorstädter unter der Führung Jouves sagt: »Kamerad, still – den Kaiser und uns hat die Revolution gemacht, diese aber machten die Revolution und den Kaiser« (III, 1).

Mit dem Aufbruch Napoleons verlagert sich das Drama auf das Feld der Doppelschlacht von Ligny und Waterloo und zeigt die Gegner, allen voran den charismatischen Blücher. Allerdings wird das Freiwilligenheer der Preußen in der Figur des Berliners und seiner offensichtlichen Halbbildung satirisch bloßgestellt: Seine Unterhaltung bringt deutliche Seitenhiebe auf die schreibenden Zeitgenossen, ganz in der Tradition der Tieckschen Literaturkomödie (IV, 4); aber auch die Trinkszene mit den Liedern Schillers und Körners zeigt die Vereinnahmung der Kultur für den nationalen Zweck

(IV, 5). Die den letzten Akt beherrschende Schlacht bei Waterloo wird zum Chaos eines allgemeinen Sterbens, in dem der Tod des einzelnen durch kein historisches Telos mehr gedeckt ist: »der Tod würgt heute so allgemein, daß er etwas ganz Gewöhnliches scheint« (V, 4). Sowohl Napoleon in seiner Prophetie wie Blücher kassieren den in der Schlacht mobilisierten revolutionären Elan ihrer Völker durch eine Vision der restaurativen Grabesstille, hinter der stets die Drohung weiterer Revolutionen steht.

Napoleon sollte, wie Grabbe dies auch in einem Brief andeutete, entheroisiert werden: durch sein spätes Erscheinen auf der Bühne, durch die widerstreitenden Gespräche seiner Bewunderer und Gegner, die seine Person positiv oder negativ verzerren, ferner auch durch die Inszenierung seiner Abhängigkeit von der Revolution und von seinem Schlachtenglück, das mit den Orten vergangener Siege wiederholt beschworen wird, und durch die faktische Niederlage am Ende. Diese Destruktion des Heros Napoleon und die Interpretation der Revolution als eines Theaters oder eines Kreislaufs, wie sie die Metaphern des Schauspiels und der Jahreszeiten nahelegen, sind nahezu die einzigen kohärenzbildenden Elemente des Stücks, das Grabbe wieder nicht den erhofften Durchbruch auf der Bühne brachte. Das Jahr 1830 wird im Stück in Analogie zu 1789 und 1815 gesetzt: So wie 1815 die Folgen der Revolution von 1789 weitgehend rückgängig gemacht werden sollten, so sollte die Revolution von 1830 den Elan des Jahres 1789 erneuern. Diese zeitgenössische Brisanz des Stoffes berechtigte in den Augen der Kritiker zu größerer Freiheit gegenüber den Regeln. So begrüßten Karl Immermann und Arnold Ruge, die beide die ›Hohenstaufen‹ abgelehnt hatten, den ›Napoleon‹ emphatisch als eine Abbildung der Gegenwart, und 1839 stellte der Rezensent in den ›Hallischen Jahrbüchern‹ das Stück an den Anfang des politischen Dramas in Deutschland.[55]

Die politische Aktualität des Stückes verband Grabbe mit den Jungdeutschen. Dagegen sprechen auch nicht die geradezu feindseligen Äußerungen[56] gegen Börne und Heine, der seinerseits Grabbes innovative dramatische Technik erkannte und im Diktum vom »betrunkenen Shakespeare«[57] auf den Punkt brachte. Sie verraten eher. Grabbes Neid auf deren Breitenwirkung auf dem Theater wie in der Publizistik. Für die Jungdeutschen ihrerseits verkörperte Grabbe mit seinem exzessiven Leben und den ästhetischen Disharmonien seiner Dramen beispielhaft die Misere des Zeitalters, das die Ausbildung einer ungebrochenen Schriftstelleridentität nicht zuließ.[58]

Anders als Grabbe, der am 15. Januar 1831 an Wolfgang Menzel schrieb, »das rechte Theater des Dichters ist doch – die Phantasie des Lesers«, und damit die Kluft zwischen der Dramenproduktion und Theaterpraxis zu ignorieren vorgab, war Karl Immermann als Autor bestrebt, den schauspielerischen Möglichkeiten der Bühne wie den Erwartungen des Publikums entgegenzukommen. Er hatte an den Befreiungskriegen teilgenommen; von Beruf Jurist und seit 1826 in Düsseldorf als Landgerichtsrat, betrieb er in dieser Stadt die Gründung eines Theatervereins. 1834 wurde er Intendant der erweiterten und zum Stadttheater erhobenen Düsseldorfer Bühne, an der nicht nur Schauspiele, sondern unter der Leitung von Felix Mendelssohn Bartholdy auch Opern auf dem Spielplan standen. Von 1834 bis 1837 wurden dort neben den gängigen Autoren[59] auch Immermanns eigene Stücke gespielt, so ›Andreas Hofer‹ (1834) und ›Alexis‹ (1835). Immermanns Wunsch nach einer Annäherung zwischen Bühnen- und Schreibpraxis zeigte schon ein Brief an Michael Beer, der in München die Aufführung von Immermanns ›Kaiser Friedrich der Zweite‹ (1827) betrieb. Dem Wunsch nach Kürzungen und der Tilgung antikirchlicher Anspielungen, die dem mit dem Papst kämpfenden Stauferkaiser reichlich in den Mund gelegt waren, stimmte Immermann so weit wie möglich zu, gab aber zu bedenken, daß »die ärmlichen Mittel unserer jetzigen Bühne« kein Leitfaden für die dramatische Darstellung an sich werden dürften.[60] Daher ist auch seine Stellung zum episierenden Drama Grabbes ambivalent, denn er war sich einerseits der Hindernisse bewußt, die einer Aufführung von dessen Stücken entgegenstanden, erkannte aber auch deren innovatorischen Ansatz. Ab Dezember 1834 hatte Immermann Grabbe in Düsseldorf untergebracht und ermöglichte ihm die Umarbeitung des ›Hannibal‹ zur Prosafassung mit den romanähnlichen Überschriften der Akte, um deren Charakter als »eine Reihe bedeutender Bilder aus jenem großen Kampfe«[61] herauszustellen. Den ›Napoleon‹ lobte er vorbehaltlos für die dichterische Anverwandlung des historischen Stoffes und die Regie der Schlachtenszenen, in denen nicht mehr »kämpfende Heldenpaare die Honneurs des allgemeinen Kampfes machen«,[62] sondern die verschiedenen Stadien der Schlacht erschienen.

Sein eigenes Zeitstück ›Andreas Hofer, der Sandwirt von Passeier‹ (1833) ist von dieser Darstellungsweise noch entfernt, wiewohl eine gewisse Episierung im Vergleich zum ursprünglichen Drama ›Ein Trauerspiel in Tirol‹ (1828), aus dem es hervorging, festzustellen ist.[63] So löste er die durchgehende Jambenform an einzelnen Stellen in Prosa auf, am markantesten in der neu hinzugekommenen Kabinettsszene (III), in der der leicht als Metternich zu erratende Kanzler den Tiroler Aufstand als geradezu gefährlich für die eigene Politik einstuft und daher jede Unterstützung oder Geste der Dankbarkeit verweigert:

> Mit welchem Gewissen ziehen wir gegen den Kaiser des Pöbels, wenn wir den Pöbel *für* uns aufregen? ⟨...⟩ Besser fallen mit den Seinigen, als von der Canaille den Arm nehmen.

Die zynische Haltung der Wiener Politiker wie Hofers mehrmalige Beteuerung, daß er die Hingabe der Tiroler an das habsburgische Erzhaus nicht begründen könne, werfen auf diese nur auf Herkommen beruhende Loyalität des Volkes ein fragwürdiges Licht: nicht die Österreicher, denen die Tiroler märtyrerhaft treu sind, verdienen diese Loyalität, sondern eher die (in beiden Versionen) als tolerant und versöhnungswillig, wenn auch naiv und ehrversessen dargestellten Franzosen, deren Kommandant die Analogien zwischen der revolutionären Volksbewegung in Frankreich und dem Aufstand der Tiroler genauso wie der Kanzler in Wien erkennt. So wirbt er um die Gefolgschaft der Tiroler[64] – erfolglos angesichts der durch Religion und Gewohnheit eingeübten Treue. Denkler sieht in diesem nur emotionalen Verhältnis zwischen Herrscher und Untertanen die Möglichkeit eines revolutionären Umschlags[65] – durchaus zu Recht, aber stärker ist in Hofers bewußt vorrationaler und geradezu kindlicher Anhänglichkeit an die Habsburger (in beiden Fassungen) das restaurative Ideal des patriarchalischen Staatsverbandes ausgesprochen, dessen Zusammenhalt auch durch den Undank der Herrschenden nicht geschwächt wird.

Welche Konzessionen die Nähe zum Hof verlangte, läßt sich auch an Michael Beers ›Struensee‹ (1828) ablesen.⁶⁶ Das Drama verrät deutliche Vorlieben für die Zielsetzungen der Französischen Revolution, die dem 1772 hingerichteten Leibarzt und einflußreichen leitenden Minister des dänischen Königs Christian VII. in den Mund gelegt werden. Struensee, Sohn eines Pfarrers und anfangs durch adlige Protektion aufgestiegen, wird mehrfach mit den Forderungen der späteren Revolution identifiziert (I, 12; IV, 1) und befolgt diese in seinen Reformen, zu denen die Einführung der Pressefreiheit (I, 12) und die Beschneidung feudaler Rechte gehören. Dies geschieht aber nicht um der Befreiung des als derb und bildungsunwillig gezeichneten Volkes (IV, 1) willen, sondern um Volk und Herrscher zu versöhnen:

> Doch sagt mir, war der Uebermuth zu dulden,
> Mit dem der Adel Dänmarks sich allein
> Und seine Rechte in des Thrones Nähe
> Vertrat mit unerhörter Selbstsucht? (I, 12)

Mit diesen Forderungen nach Reformen zum Erhalt der Monarchie argumentiert Beers Protagonist durchaus im Interesse eines starken Königtums. In der Vorrede versicherte der Autor dem bayerischen König Ludwig I., dem das Stück gewidmet war, wie weit dessen Regierung dem Ideal entspreche und daher keine Revolutionen zu fürchten habe:

> In dem edlen Reiche Eurer Majestät strömt die Freiheit ⟨...⟩ von dem *Thron* auf das Volk hernieder, und dieser Thron ruht auf den granitnen Pfeilern des Vertrages, den Ihr Königlicher Schwur besiegelt hat, und Volk und König bedürfen keines neuen Mittlers, um sich ganz zu verstehen.

Ohnehin nimmt die melodramatische und auf Intrige gegründete Struktur des Dramas einen Teil der revolutionären Aussagen des Protagonisten zurück: die im Stoff vorgegebene Liebe Struensees zur Königin Mathilde motiviert die politischen Reformen, d. h., die Liebeshandlung stößt die Staatshandlung an. Das politische Reformwerk provoziert eine von der Königinmutter und den zurückgesetzten Adligen ausgehende Verschwörung, die Struensee stürzen läßt und seine Reformen rückgängig macht. Die Versöhnung des Helden mit seinem Vater wie die Überhöhung seines Todes bestimmen den harmonischen Ausgang des vielgespielten Stückes, das seinen Erfolg dem Stoff (auch Heinrich Laube bearbeitete ihn 1847), aber auch der Musik des Bruders, Giacomo Meyerbeer, verdankte.

Die Jahrzehnte der Reformation ließen sich als revolutionäre Epoche besonders gut in Analogie zur eigenen revolutionsträchtigen Zeit stellen. Wie im 16. Jahrhundert drängte sich die Frage der Reichseinheit bzw. -einigkeit der Fürstentümer auf; die soziale Problematik der mit der Reformation verbundenen Bauernkriege spiegelte die Pauperisierungstendenzen der Gegenwart, und die Schwäche des Römischen Reiches damals verwies auf die gegenwärtigen Legitimationsnöte der österreichischen und preußischen Monarchien [→ Beutin: Historischer Roman, 185 f.]. Bezeichnend daher, daß ›Moritz von Sachsen‹ als ein Drama, das alle diese Punkte ansprach, nach der ersten Vorstellung (1844 am Berliner Hoftheater) verboten wurde. Zunächst lautete die Begründung, Verwandte des regierenden Hauses dürften nicht auf der Bühne erscheinen.[67] Auch als der Autor Robert Prutz daraufhin die inkriminierte Person (den grobschlächtigen Albrecht von Kulmbach) entfernte, wurde das Stück nicht mehr gespielt.

Prutz hatte, um seinen Titelhelden zum Vorkämpfer eines starken, freien und geeinten Deutschlands zu machen, diesen als leidenschaftlich, jung und ehrgeizig vorgestellt. Seine Entscheidung, nicht wie seine Verwandten den Schmalkaldischen Bund zu unterstützen, sondern Kaiser Karl V., begründet Moritz mit der notwendigen Einheit, die Karl garantieren solle. Die Fürsten Friedrich und Philipp hingegen sehen ihren Auftrag als soziales Anliegen:

⟨...⟩ wir sind dazu berufen,
⟨...⟩ Hinauszutreten auf den offnen Plan,
Und der gerechten Fordrung unsrer Zeit,
Den stummen Bitten des gedrückten Volks,
Der unvernommnen Sehnsucht des Jahrhunderts
Den fürstlichen, den starken Arm zu leihen.
Was sollt' ein Volk beginnen, das nicht länger
Auf seine Fürsten sich verlassen kann!
Für dessen Leiden seine Könige
Kein Auge haben! (I, 2)

Moritz hingegen hilft dem Kaiser, die Protestanten zu besiegen, wird dafür Kurfürst von Sachsen, muß aber dann einsehen, daß er keinen wahren Einfluß auf Karl hat, der seine Pläne, das Reich durch Erbfolge dem streng katholischen und in Spanien erzogenen Sohn Philipp zu übergeben, offen weiterverfolgt. Hier setzt Prutz den Höhepunkt der Entwicklung des Protagonisten, der im dritten Akt die Kurwürde erhält, der aber Karls spanische Pläne schließlich durchschaut und nun zum Anwalt der Reichsfreiheit wird:

> Nun ist es gut,
> Nun nimm mich hin, mein Vaterland! ⟨...⟩
> Aus blut'ger Erde keimt die junge Saat: (das Schwert ziehend,)
> Sonne der Freiheit, leuchte meinem Pfad! (III, 5)

Unterstützt von den Reichsfeinden, den Franzosen, zwingt er Karl zur Abdankung und schließt mit ihm, als dieser das Wahlrecht der Fürsten und die Gleichberechtigung der Konfessionen anerkannt hat, seinen Frieden:

> Nicht für mich selber: für die neue Zeit,
> Für die bedrohte Freiheit meines Volks
> Hab' ich gekämpft – gekämpft, selbst gegen Dich! (V, 2)

Daher legt Prutz sogar dem Kaiser die hegelianische Begründung für seine Abdankung in den Mund:

> Da ging der Stern mir der Erkenntniß auf
> Und ich empfand es, daß die Krone nicht
> Und nicht die Macht, die goldne, sondern einzig
> *Der freie Geist*, das ist der Herr der Welt!
> Ihm beug' ich mich. (V, 2)

Umfangreiche Dialoge der Figuren, um die historische und darin eingebettete politische Problematik darzulegen, kennzeichnen das Stück, das in der Tradition Shakespeares begonnen wurde; die teilweise in Prosa gesprochene Szene zwischen Kaiser und Narr im fünften Akt erklärt sich daraus, ebenso die häufigen Szenenwechsel. Um der Aufführbarkeit willen verzichtete Prutz sogar darauf, diejenige Gruppe auf die Bühne zu bringen, deren politisches Anliegen angeblich verhandelt wird: das Volk.[68]

3. Dramen mit biblischem und legendenhaftem Stoffkern

Grillparzers Amazonendrama ›Libussa‹ (1847) aus der Frühzeit Böhmens weist einen kaum belegten historischen Stoffkern auf und gehört in den Umkreis der Romantik (unter den Quellen war Brentanos Schauspiel ›Die Gründung Prags‹, 1815). Das Stück, dessen Vorarbeiten in die Jahre 1826/27 zurückgehen, lag im Herbst 1846 vollständig vor; Änderungen gab es noch 1847, aber eine Umarbeitung als Reaktion auf die Märzereignisse 1848 (wie Grillparzer sie an ›Ein Bruderzwist in Habsburg‹ vornahm) ist nicht nachweisbar. Grillparzer stellt eine Umbruchs- und Schwellensituation dar, die die ganze Handlung bestimmt und im fünften Akt konkret in der Gründung der Stadt Prag gipfelt.[69] Nach dem Tod des sagenhaften Böhmenfürsten Krokus, in dessen Ehe mit einer Elfe noch »Natur, Geist und Geschichte« vereint waren,[70] soll eine der drei Töchter die Herrschaft übernehmen. Libussa, die jüngste, tut das und erstrebt mit ihrer Herrschaft, die in komödienhaften Volksszenen gezeigt wird (2. Akt), Gleichheit und Wohlstand für alle Untertanen; im Grunde aber verwirklicht sie nicht die Grundsätze der Französischen Revolution, sondern beharrt auf Vertrauen und freiwilliger Unterwerfung des einzelnen, dem kodifiziertes Recht gerade verwehrt bleibt (V. 896–915). Das geschichtsphilosophische Thema ist verknüpft mit der Gattenwahl Libussas, die das handlungsarme Drama voranbringt. Primislaus, der Libussa zu Beginn half, sich aus einem Bach zu retten, erweist sich am Ende eines komplizierten Rätselspiels[71] als der künftige Gatte, verrät aber auch seine Herkunft als geschichtsloser Homo Novus, der die Tradition beseitigen wird. Die durch Konflikte erzwungene Liebesbeziehung des Bürgers zur Fürstentochter[72] konkretisiert einen Umbruch, den vom traditionsverhafteten, mythisch-vorzeitlichen Matriarchat zum Patriarchat. Dessen gesellschaftliche Sprengkraft führt Primislaus vor: kapitalistische Wirtschaftspraxis und die Beteiligung aller am

Wohl des Staates (V. 2071–2085), d. h. die Vita activa, verdrängen die Vita contemplativa, die Libussas Schwestern vergeblich bei ihm einklagen (V. 1976–1988, 2175–2197). Aufgefordert, die Gründung der Stadt zu weihen, verströmt Libussa ihr Leben in einer problematischen Vision von Sündenfall und Erlösung des Menschen: durch den Verlust der Einheit mit der Natur löse der Mensch seine Selbstentfremdung aus, bringe Herrschaft, Unterdrückung und Ideologie hervor und setze sich als Egoist an die Stelle Gottes. Dennoch könne die zivilisierte Gesellschaft zur Traditionsstiftung fähig werden, zur Kulturleistung, in der sich, ganz nach der Vorstellung Herders, ein Volk nach dem anderen ablöse, bis zuletzt die Reihe an den Deutschen sei. Schließlich erkenne der Mensch die Grenzen seiner Herrschaft über Natur und Technik und kehre, nun nicht mehr der Nützlichkeit unterworfen, sondern zu Ganzheit und Liebe fähig, zu sich selbst zurück. Diese Utopie, deren höchstes Ziel Grillparzer schließlich als »Demut« anspricht,[73] ist das Vermächtnis des Trauerspiels. Der Tod Libussas, deutlich an die Passion Christi angelehnt, wird zum Preis des in der Stadtgründung symbolisierten Fortschritts und stellt Primislaus' Staatsentwurf als Verlust und – wenngleich notwendigen – Abfall vom Ursprung hin.

Beschreibt ›Libussa‹ den Weg vom Matriarchat zum Patriarchat, so zeigt ›Judith‹ (1839/40) die Frau in der vom Mann festgeschriebenen Rollenidentität als Jungfrau, Weib oder Gebärende, aus der sie sich nur – so Hebbels Perspektive – um den hohen Preis der Selbstzerstörung befreien kann. Hebbel begann sein dramatisches Werk mit zwei Stücken biblischen und legendenhaften Inhalts: ›Judith‹ und ›Genoveva‹ (1840/41), von denen zunächst nur ›Judith‹ aufgeführt wurde (Königliches Hoftheater Berlin, 6. Juli 1840). Sein Umgang mit dem Stoff ist kennzeichnend für das mythische Drama. Beide, Historie und Mythos, sind gleichartige Formen zur Vergegenwärtigung von Vergangenheit und Reflexion der Gegenwart.[74] So beschreibt Hebbel im Tagebuch am 3. Januar 1840 gerade den Abstand zwischen der biblischen Figur und seiner Judith, die er »zwischen Weib und Jungfrau in die Mitte gestellt« habe, um die Tötung des Holofernes zu motivieren. Dies geschieht in der Erzählung ihrer rätselvollen Hochzeitsnacht (2. Akt), in der Judith ihre Identität als Ehefrau versagt wird, so daß sie nach dem Tod ihres Mannes entfremdet weiterlebt: »doppelt unselig bin ich, die ich nicht Jungfrau bin und auch nicht Weib!«[75] Ihre im Gebet erfahrene Berufung zur Rettung ihres Volkes, mit der sie die Männer des Dramas zu Recht als Feiglinge hinter sich läßt, geht von ihrem Unterbewußtsein aus, das sie treibt, in Holofernes, der ihr Volk mit Vernichtung bedroht, den ebenbürtigen Partner zu erkennen. Damit gibt sie der dunklen Erkenntnis nach, daß sexuelle Erfüllung zum eigentlichen Sein gehört. Ihr Wunsch, in seiner Tötung eine Identität als Retterin des Volkes zu finden, verdeckt ihr Streben, in der Liebesbegegnung mit dem gleichwertigen Partner eine Identität als Frau zu erlangen. Aus diesem doppelten Anspruch wächst der (von der biblischen Vorlage völlig abweichende) Konflikt, der schließlich zur Tötung des Feldherrn führt: von ihm mißbraucht, um »einen gemeinen Rausch mit einem noch gemeineren schließen zu helfen«[76], von ihm als Beuteobjekt behandelt (der ganze erste Akt führt seine Willkür vor), bringt sie ihn um aus Rache für die Schändung, nicht um ihr Volk zu retten. Allerdings fällt diese Tat auf sie zurück, denn sie fürchtet, sie könnte einen Sohn zur Welt bringen, der sie als Mörderin des Vaters töten müßte. In der am Ende nachdrücklich vorgestellten Bedrohung nimmt Hebbel die Ansätze zur Emanzipation Judiths zurück und unterwirft sie wieder ganz der Natur der Frau, deren Bestimmung das Gebären von Söhnen ist. Diese angebliche Natur ist aber wiederum nur das Ergebnis der gesellschaftlichen Rollenfestschreibung, durch die der Mann die Versuche der Frau zurückweist, ihre Grenzen zu überschreiten. Die in der Handlung angelegte Selbstbefreiung Judiths zur Menschlichkeit des Weibes wird so vom Autor ganz im Sinne der patriarchalisch-restaurativen Ordnung kassiert. Im Tagebuch spricht er der Frau die Fähigkeit zur Tat ab: »dies Wollen und Nicht-Können, dies Tun, was doch kein Handeln ist« (Tgb. 1802). So unterstützt das Drama keineswegs die Emanzipation der Frau, wiewohl es sich in der Verknüpfung von Sexualität und Emanzipation viel stärker als Gutzkows ›Wally die Zweiflerin‹ an die Grenzen der Dezenz wagte. Die von Hebbel mit der biblischen Handlung verwobene zeitgenössische Problematik war bereits der Hauptdarstellerin der Uraufführung am Berliner Hoftheater, Auguste Stich-Crelinger, schwer vermittelbar, wie Hebbels detaillierte Erklärun-

gen in den Briefen zeigen, und sie reizte zur Parodie, die Nestroy mit
›Judith und Holofernes‹ (1849) lieferte [→ Meyer: Komödien, 425 f.].
Gerade die Erzählung der Hochzeitsnacht, in der Hebbel Judiths
Seelenlage begründete, wird dort zu einem der satirischen Höhepunkte, der aber isoliert bleibt und nicht mit der Handlung der Parodie verklammert ist, denn diese spart den ganzen Handlungsstrang der weiblichen Identitätsfindung aus.

III. Gesellschaft im Spiegel des Schauspiels

1. *Das Schicksalsdrama*

Ein ungeheurer Umschwung aller Verhältnisse durch die französische Revolution und was darauf folgte, hatte das Unmögliche möglich gemacht. Eine Art Glaube an Fatalismus, an Vorherbestimmung, welcher ja auch den ersten Napoleon beseelte, waltete in Leben und Dichtung, sich an die Poesie, an den Glauben der Alten, an das Fatum anlehnend.[77]

Mit diesen Worten, geäußert im Winter 1866/67 im Gespräch mit Auguste von Littrow-Bischoff, benannte Grillparzer rückblickend die Ursachen, die der Modegattung Schicksalsdrama bis in die Mitte der zwanziger Jahre ihren Erfolg verschafften. Schicksal als »Metapher für unbegriffenes Geschehen der Wirklichkeit«[78] mußte als Erklärung um so näher liegen, je weniger die Ursachen der vorgestellten Wirklichkeit den Bühnenpersonen erklärbar waren.

So verstehen die Figuren in Zacharias Werners (1768–1823) Einakter ›Der 24. Februar‹ gerade nicht die Revolution und die Napoleonischen Kriege (über die sie aber ausführlich sprechen) als Ursache ihrer Armut, sondern die stets am 24. Februar eintreffenden persönlichen Katastrophen oder Naturereignisse. Diese durch die Datumsgleichheit als kausal angenommene Kette von Unglücksfällen wird auf persönliche Schuld (einen Zornesausbruch des Sohnes gegen den Vater, weil dieser die Schwiegertochter verleumdet hatte) zurückgeführt. Eine scheinbare Kausalität verstellt so den Blick der handelnden Figuren ebenso wie den des Zuschauers auf die eigentlichen Ursachen des die Handlung bildenden Verbrechens – die Wehrlosigkeit und die Armut, symbolisiert in der drohenden Schuldhaft der Eltern und in der prallen Geldkatze des unerkannten Sohnes, die zusammen erst den Gedanken an den Mord am Sohn provozieren. Die historisch-gesellschaftlichen Ursachen werden also nicht als solche erkannt, sondern als individuelle Verfehlung interpretiert und nach der christlichen Schuld-Sühne-Vorstellung mit der Selbstbestrafung der schuldig gewordenen Personen aufgehoben.[79]

In der Aufdeckung bürgerlicher Lebensverhältnisse, die im bedrohlich engen Privatraum der Familie dargestellt werden (im Schicksalsdrama regelmäßig verstärkt durch einen abgelegenen Schauplatz und die nächtlich-feindliche Natur außerhalb des Hauses), und in dem Konflikt der Väter mit ihren Söhnen zeigt sich die Verwandtschaft zum bürgerlichen Trauerspiel des 18. Jahrhunderts, insbesondere zu dem englischen Dramatiker George Lillo und seinem Drama ›Guilt, Its Own Punishment; or Fatal Curiosity‹ (1737).[80]

Werners Drama (1809 auf Goethes Anregung hin geschrieben, im kleinen Kreis am 1. Oktober 1809 gespielt, dann am 24. Februar 1810 öffentlich in Weimar aufgeführt, in Einzelausgabe 1815 erschienen) wurde durch Adolf Müllners (1774–1829) ›Der 29. Februar‹ in einer für das Genre typischen Weise fortgeschrieben, indem die Wehrlosigkeit des einzelnen vor dem überirdischen Walten noch nachdrücklicher erschien. Dies zeigte sich schon im außergewöhnlichen, nur alle vier Jahre wiederkehrenden Datum des Titels, in den auf den Mord vorausdeutenden Handlungen (der Vater Walter Horst putzt einen Hirschfänger, sein Sohn schleift später das Messer, mit dem der Vater ihn ersticht) und den wiederkehrenden Sinnsprüchen, die der frühreife Sohn aus dem Bibelunterricht zitiert und die alle um das Thema des sich forterbenden Fluches kreisen.[81]

Müllners Steigerung der stereotypen Elemente in ›Der 29. Februar‹ markiert den Übergang zu den spanisch-gotischen Schicksalsdramen, in denen Sozialkritik keinen Platz mehr hat. Die bekannten Strukturmerkmale sind um ihrer selbst willen da, sie dienen der atmosphärischen Dichte des Bühnengeschehens.[82] Sowohl Müllners ›Die Schuld‹ (aufgeführt 1813, gedruckt 1816) wie Grillparzers ›Die Ahnfrau‹ entleihen zahlreiche Requisiten und wichtige sinnliche Mittel zur Vergegenwärtigung des Verhängnisses aus der englischen Schauerliteratur bzw. dem spanischen Drama. Die Ähnlichkeiten sind offensichtlich: ein Schloß ist beide Male der atmosphärisch aufgeladene Ort[83], der die bisher vereinzelt vorhandenen Requisiten der Wiedererkennung (Porträts) und Bedrohung (Dolch, Sense) in seiner Bildergalerie und dem Waffenschmuck der Räume überbietet. Eine nordisch rauhe Natur und die nächtliche Handlungszeit legen die Figuren auf die Innenräume fest und leisten den Verwechslungen wie den die Gegenwart beherrschenden Erinnerungen Vorschub, d. h., sie reduzieren die Erkenntnis- und Handlungsfähigkeit der Beteiligten. Sinnliche Mittel wie Glockenschläge, Kirchengesang, Lieder oder Harfenmusik halten die unmittelbare Bedrohung präsent und erhöhen die Wirkung der Ereignisse auf den Zuschauer. Die Vorgänge selbst nehmen in beiden Dramen ihren Anfang im sexuellen Verstoß der Vorfahren, setzen sich fort über Kindesvertauschung oder Inzest bis zum Verwandtenmord, dem die Bestrafung folgt, um das harmonische Schlußtableau der vollzogenen Fluchentsühnung zu ermöglichen.

In Müllners vielgespieltem Drama ›Die Schuld‹ hat Hugo von Oerindur (aus einer nicht näher bestimmten skandinavischen Familie stammend) die Spanierin Elvire geheiratet; beide liebten sich schon, als deren Mann, sein bester Freund, noch lebte. Hugo erschoß ihn heimlich und brachte Elvire auf sein Schloß, wo sie mit ihrem Sohn aus erster Ehe voller Angst vor der Vergeltung des Schicksals für ihr Verbrechen aus Leidenschaft lebt. Als ihr Schwiegervater auf dem Schloß eintrifft (ein Gast oder unerwarteter Besucher, dramentechnisch dem »Boten aus der Fremde« verwandt, stößt regelmäßig die Enthüllungen an), beginnt die Aufdeckung der Vorgeschichte, die zutage fördert, daß Hugo kein Oerindur ist, sondern aus einer spanischen Familie stammt. Von seiner Mutter wurde er aber weggegeben, weil sie hoffte, damit den Fluch einer Zigeunerin, dieser Sohn werde seinen Bruder töten, wirkungslos zu machen. Nun erweist sich, daß Hugo in Elvires Mann seinen Bruder tötete – ein Verbrechen, das die beiden mit dem gemeinsamen Selbstmord sühnen, andere Lösungen (kirchliche Vergebung und Buße) bewußt ablehnend. Spanien als das Herkunftsland der Figuren verweist auf die literarhistorische Tradition des Stückes, denn zum einen stammt die handlungsauslösende Verfluchung durch die Zigeunerin aus Calderóns ›Andacht zum Kreuze‹ (die auch für Grillparzer Vorbild war), zum anderen wählten Müllner und nach ihm Grillparzer den spanischen Trochäus als Versmaß.

›Die Ahnfrau‹ war Grillparzers erstes Bühnenstück; er schrieb es zwischen dem 13. August und dem 15. September 1816 nieder und überreichte jeden Akt nach der Fertigstellung dem damaligen Sekretär und Dramaturgen am Burgtheater, Josef Schreyvogel. Dieser hatte ihn in einem Gespräch auf den Stoff hingewiesen und veranlaßte ihn, in das ursprüngliche »Gespenstermärchen mit einer bedeutenden menschlichen Grundlage« (so Grillparzer in der ›Selbstbiographie‹ von 1853) das Motiv der Schuld einzuarbeiten, d. h. der sexuellen Untreue jener Ahnfrau, die nur durch das Aussterben der Familie gesühnt werden könne. Gegenüber Müllner hat Grillparzer die Ausgangselemente ins Psychologische hinein verschoben: die Ahnin, wiewohl Urheberin der Schuld, versucht gleichzeitig, deren drohende Wirkung aufzuhalten, den drohenden Inzest zwischen Bertha und Jaromir. Dieser ist der totgeglaubte Sohn des alten Borotin und damit Berthas Bruder; ein Räuber hatte ihn aus Mitleid gerettet und erzogen. Nachdem Jaromir seinen Vater erdolcht und Bertha sich am Ende des vierten Aktes vergiftet hat, als sie den Tod des Vaters und die Verbrechen Jaromirs erfährt, gehört das Ende des Dramas ganz dem verlorenen Sohn, der zurückstrebt zur Mutter und diese auch in der geisterhaften Ahnfrau umarmt:

Das sind meiner Bertha Wangen,
Das ist meiner Bertha Brust,
Du mußt mit! Hier stürmt Verlangen
Und von dorther winkt die Lust. (V. 3286–3290)

Mit dem Sturz in die Arme der Mutter endet der ödipale Konflikt, der im Doppelgängertum von Mutter und Geliebter und dem Dreiecksverhältnis zum Mann angelegt ist. Gerade ›Die Ahnfrau‹ erweist, was heute noch am Schicksalsdrama zu interessieren vermag: nicht die häufig konstruierten Verwechslungen und das Ritual ihrer Aufdeckung, sondern die Auseinandersetzung mit der familiären und persönlichen Vergangenheit. In dieser Konfrontation erweist sich die Abhängigkeit des Individuums von seiner Psyche und den unbegriffenen Zeitläuften, die von den Autoren mit den ihnen verfügbaren Ausdrucksmitteln inszeniert sind.

Müllner verzichtet auf Gesellschaftskritik, nicht so Grillparzer, der Jaromir zum Hauptmann sagen läßt: »Wer in Not ist, zähl' auf mich!« (1309). In seiner Räuberbande finden sich die Armen, die von der Gesellschaft ausgegrenzt und gejagt werden, damit deren Ordnung nicht gestört werde: »Daß die Kindlein ruhig schlafen / Mit den Hunden vor die Tür!« (1355). Doch die Räuber üben das Faustrecht offen aus, wohingegen die Gesellschaft es unter der Legitimation des Gesetzes tut; Beweis dafür ist der Racheakt des Ehemannes an der Ahnfrau, die er in den Armen des Geliebten erstach. Nicht nur Verwandtschaft verbindet die adligen Borotins mit dem Räuber, sondern auch analoge Handlungsmaximen, auf die sich die Sozialkritik des Dramas gleichermaßen richtet.[84]

Grillparzer versuchte wiederholt, die werkgeschichtliche Abhängigkeit von Müllner zurückzunehmen, und wies auf die Nähe seines Stücks zu Schillers ›Braut von Messina‹ und die Gespenstererscheinungen in Shakespeares ›Hamlet‹ oder ›Macbeth‹ hin; seine Bedenken wegen des Stoffes, der »höchstens für die Vorstadttheater geeignet schien«[85], zeigen zudem, wie umstritten die Gattung war. Aber alle Zweifel am literarischen Wert wurden ohnehin vom Bühnenerfolg überholt: die ›Ahnfrau‹ blieb Grillparzers meistgespieltes Stück (bis zu seinem Tod 81 Aufführungen, dazu Jubiläumsaufführungen zum 100. Geburtstag 1891) und bewies damit die Attraktivität des Genres, das auch in Parodien wie ›Der Schicksalsstrumpf‹ (»Tragödie in 2 Akten von den Brüdern Fatalis«, 1818), gemeinsam verfaßt von dem Wiener Kritiker Alois Jeitteles (1794–1859) und dem Journalisten und Übersetzer Ignaz Franz Castelli (1781–1862), oder in August von Platens ›Die verhängnisvolle Gabel‹ (1826) seine Sogwirkung zeigte.

2. Nachfolger des bürgerlichen Trauerspiels

Das Familiendrama verdankte seine Wirkung auch nach der Jahrhundertwende der anhaltenden Beliebtheit der Stücke Kotzebues und Ifflands. Die charakteristischen Auseinandersetzungen des bürgerlichen Trauerspiels wie der Konflikt des Individuums, das durch seine sinnliche Natur in Gegensatz zur Gesellschaftsordnung gerät, kehrten an der Oberfläche wieder. So waren es drohende Messalliancen oder Standesvorbehalte, an denen der Gegensatz Adel-Bürgertum neu inszeniert, aber nun einem glücklichen Ende zugeführt wurde, so daß keine prinzipielle Kritik der Ständegesellschaft aufkam. Gegen diese Stücke wandte sich schon 1808 Adam Müller in seiner kritischen Betrachtung ›Über das deutsche Familiengemälde‹, die im November/Dezember-Heft des ›Phöbus‹ erschien, und verlangte: »*Tiefer gegriffen* in das Herz der Familien und der Menschen! *Abgesehn* von den äusseren Verhältnissen«.[86]

Überzeugende Motivation der Handlungsstränge war ein Weg, das bürgerliche Familiendrama zu rehabilitieren; dazu gehörte die Hereinnahme einzelner Motive aus anderen Dramentypen wie dem Schicksals- oder Künstlerdrama. So ist es in Ernst von Houwalds historischem Familienstück ›Das Bild‹ (1821; Hintergrund sind die Kämpfe zwischen Spanien und Österreich um das Königreich Neapel 1713) die Arroganz des Grafen von Nord, die für ihn und seine Familie eine Kette von Unglücksvorfällen auslöst. Um den deutschen Maler Lenz, der die Gräfin Kamilla liebend verehrt, zu düpieren, weist der Graf ein bestelltes Porträt zu Unrecht als Stümperei zurück; aber gerade dieses Bild dient kurz darauf, als der Graf als Verschwörer verfolgt wird, seiner Identifikation, so daß er gefaßt und getötet wird. Lenz (der sich inzwischen Spinarosa nennt und durch seine Bildmotive als Deutschrömer zu erkennen ist) erzieht, ohne Wissen um diese Vorgänge, den Sohn des Grafen und führt ihn der auf dem Schloß des Großvaters endlich wieder vereinten Familie zu. Damit setzt das Stück ein, dessen Vorgeschichte der Zuschauer aus den Figurenreden rekonstruieren kann. Ein Diener erkennt Lenz-Spinarosa als den Künstler des verräterischen Bildes und tötet ihn, noch ehe dieser die Vorfälle, die nur der Zuschauer ganz durchschaut, der Familie erklären kann. Durch seinen Tod schwer angegriffen, stirbt auch seine Jugendgeliebte Kamilla an seiner Leiche, während sich der Großvater des Enkels annimmt. Die Kollision zwischen Adel und Bürgertum in der Vorgeschichte hat am Ende keine gesellschaftlichen Konsequenzen mehr; die aufwendige Instrumentierung des Standesgegensatzes darf nicht darüber hinwegtäuschen, daß hier die prinzipielle gattungsimmanente Kritik verschwunden ist. Nur eine Nebenfigur darf mahnend darauf hinweisen, daß Standesdünkel die scheinbar schicksalhaften Ereignisse auslöste:

> Die strenge Folge seines eignen Handelns,
> Das nennt der Mensch sein Schicksal; jagt er nur
> Herzlos und blind den Leidenschaften nach,
> Sieht er auch nur ein blindes Fatum walten (IV, 9).

Einen ähnlichen Gegensatz Adel-Bürgertum nutzte Karl Gutzkow für sein Schauspiel ›Richard Savage‹ (1839), das auf einer Anekdote um den englischen Dichter Richard Savage beruht und so Themen des Künstlerdramas (die Außenseiterrolle des Genies, die Kollision seines Anspruchs auf Anerkennung mit den Werten der Gesellschaft) mit dem Familiendrama verbindet. Savage ist ein exzentrischer Dramatiker, der in einer Dame der Gesellschaft, der mondänen Lady Macclesfield, seine Mutter zu erkennen glaubt. Ihre abgewiesenen Liebhaber benutzen ihn in ihrem Intrigenspiel, um sich an der Lady zu rächen; als er ihr auf einem Ball zugeführt wird und sie ihn wieder öffentlich abweist, bricht er zusammen und irrt auf der Suche nach weiteren Beweisen umher. Er findet sie, ist aber innerlich zerstört. In der Zwischenzeit hat aber seine Mutter ihr Vergehen eingesehen und versöhnt sich mit dem verleugneten Sohn, als dieser schon im Sterben liegt.

Bedeutsam erschien das Stück den Zeitgenossen durch seine Zeit- und Gesellschaftskritik, die Gutzkow durch die erfundene Figur des Freundes Richard Steele vortragen ließ. Dieser, ein Journalist, will sich der Pressemacht bedienen, um seinen Freund zu rehabilitieren:

Welch einen schönern Triumph kann die Macht der Rede feiern, als das
edelste Opfer unserer künstlichen geselligen Verhältnisse zu verteidigen und
an einem gebrochenen Herzen, wie dem deinigen, zu zeigen, daß wir Ereignissen entgegengehen, wo die Natur, das ewige Maß der Dinge, zu Gericht
sitzen wird über eine verlebte Welt wie die unsrige – –.[87]

Allerdings ist diese Drohung, die Lady vor den Richterstuhl der
Öffentlichkeit zu stellen, gar nicht nötig, weil sie freiwillig ihren Irrtum einsieht und den Sohn um Verzeihung bittet, so daß dieser beglückt und erlöst stirbt. So appelliert das Stück an die Besserungsfähigkeit des einzelnen, bevor die Macht der öffentlichen Meinung
mobilisiert werden muß.

Ausdrücklich rehabilitieren und neubegründen wollte Ludwig
Robert das Genre mit seinem bürgerlichen Trauerspiel ›Die Macht
der Verhältnisse‹ (aufgeführt 1815, gedruckt 1819), dem er zwei
rechtfertigende Briefe beigab.[88] Allerdings erklärt sich die Vehemenz seiner Verteidigung weniger aus dem ästhetischen Ungenügen
an dieser Dramenform denn aus dem Vorfall, der dem Bühnengeschehen zugrunde liegt und in dem sich der problematische Stand
der jüdischen Emanzipation nach 1806 zeigt. Roberts Bekannter
Achim von Arnim hatte dem jungen Moritz Itzig, der sich durch Arnims spöttische Reden beleidigt fühlte, das Duell verweigert. Daraufhin überfiel ihn Itzig und wurde dafür zu einer geringen Strafe
verurteilt. Der Fall war in Berlin bekannt (wie der Brief von Rahel
Levin-Robert an Varnhagen vom 23. September 1811 zeigt) und
ging auch in Arnims Novellensammlung ›Die Versöhnung in der
Sommerfrische‹ (1812) ein.[89]

Dieses Ereignis übertrug der Autor auf die für das Trauerspiel typischen Personengruppen und Konflikte: der Adlige Falkenau unterhält mit Emilie, der Schwester des bürgerlichen Schriftstellers
August Weiß, eine Liebesbeziehung und wird, als er über den Standesunterschied spöttelt, vom Bruder zum Duell gefordert, wiewohl
das Offizierskorps dies ablehnt, und auch der Vater Falkenaus, ein
hoher Minister, Weiß zur Niederschlagung der Affäre zu überreden
versucht. Schon im Gespräch über das Liebesverhältnis seines Sohnes läßt der Vater durchblicken, daß er gegen die häufigen Verhältnisse zwischen Bürgermädchen und adligen Offizieren nichts ein-

zuwenden habe, da entweder Verantwortung und Tugend des Mädchens eine Schwangerschaft verhindern würden oder der Mann durch Abfindung die Folgen lindern werde. Weiß erzwingt schließlich das Duell, erschießt den jungen Falkenau und wird ins Gefängnis gebracht; im Laufe der Untersuchung finden sich Papiere, die ihn als unehelichen Sohn des Ministers ausweisen: er hat also seinen Bruder erschossen. Im Gefängnis besucht der Vater den verurteilten Sohn, der durch Gift der Begnadigung durch den Fürsten zuvorkommt, nachdem er seinem leiblichen Vater die Kindesverleugnung verziehen hat; mit der ans Publikum appellierenden Selbstverurteilung des Vaters schließt das Stück:

> Seht mich an! Auch Euch kann das begegnen. Es ist nichts Wunderbares in meinem Schicksal; es ist der natürliche, gerechte Zusammenhang der Dinge.[90]

Das Reizwort »Schicksal« legte Robert dieser Figur bewußt in den Mund, denn in seiner Verteidigung des bürgerlichen Trauerspiels setzt er kritisch bei der Tendenz des Schicksalsdramas an, die Selbstbestimmung des Menschen zu leugnen. Ganz im Sinne des aufklärerischen Anspruchs der Gattung durchlaufen die Dramenfiguren daher einen Verstehensprozeß, durch den sie die Verhältnisse der Welt durchschauen als »ein zweites Geschick von dem thörigten Menschengeschlecht sich selbst zu seiner Qual erschaffen.«[91] Daraus bezieht Robert weitere Rechtfertigungsgründe für sein Stück, wenn er schreibt:

> Allgemeine und sanktionierte Vorurtheile aber, welche unvollkommene, und dennoch mächtig gebietende Einrichtungen und Gesetze der Gesellschaft veranlaßt haben, diese sind denn ihrer Allgemeinheit, ihrer Wirkung wegen unendlich tragisch.

Nur durch die Hereinnahme der »gesellschaftlichen Verhältnisse, die so gewaltig in das Leben eingreifen«, entstehe das Familientrauerspiel im Gegensatz zu den Familienschauspielen, »die sich fünf Aufzüge lang um elendigliche Geldnoth langsam drehen, aber schon im Anfang am Ende wären, wenn eine volle Börse vom Paradiese auf das Theater fiele«.[92] Diese Zurückweisung des Familiendramas ähnelt sehr stark derjenigen Hebbels im Vorwort zu ›Maria Magdalena‹ (1844). Hebbel ging über Robert hinaus, indem er dessen oberflächliche Lösung ablehnte und sich nicht das (auf Rührung abgestellte und wohl kaum von Roberts Erleben bestimmte) Schlußtableau zu eigen machte, in dem der Zuschauer nur noch die nach wechselseitigen Irrtümern endlich versöhnte Familie sieht. Eben diese Mischung von emphatischer Kritik, Selbstanklage und Affirmation (Weiß, Lenz und Savage sind zwar Opfer der Ständegesellschaft, bestätigen diese aber durch ihre Beteuerung, versöhnt und erlöst zu sterben) wies Hebbel zurück, der Gutzkows Dramen im Tagebuch vehement ablehnte. So habe dieser in ›Richard Savage‹ den Konflikt nicht auf die Charaktere bezogen und schließlich eher zufällig (im Auffinden der die Mutterschaft beweisenden Papiere) gelöst. Hebbel dagegen: »Die höhere Ausgleichung wäre so herbeizuführen gewesen. Der Sohn zeichnet sich aus, so sehr, daß die Mutter ihn verehren und suchen muß« (23. November 1831, Tgb. 1808).

Wiewohl Hebbel das Pauper-Milieu aus eigenem Erleben vertraut war, beschränkt er sich in seinem Stück ›Maria Magdalena‹ auf das kleinbürgerlich-strebsame Leben einer Tischlerfamilie. Auch im Aufbau der drei Akte und gliedernden Szenen ist das Stück formstrenger als etwa die sozialkritischen Stücke des Sturm und Drang, so daß man die von Hebbel im Vorwort behauptete Neubegründung des Genres relativieren muß: sie beschränkt sich auf die Beseitigung der bloß äußerlichen Motivationen (der Standesunterschied fällt weg; der finanzielle Verlust wird aus der Persönlichkeit des Vaters begründet, nicht Zufälligkeiten überlassen) und die stärkere Determination der Figuren innerhalb des kleinbürgerlichen Milieus, um so zu der »schrecklichen *Gebundenheit des Lebens* in der *Einseitigkeit*« zu gelangen.[93]

Das Milieu wie die Figuren[94] gehen auf Hebbels Elternhaus zurück [→ Goetzinger: Autorinnen und Autoren, 55], dessen materielle Enge in Wesselburen mit ihren zerstörerischen psychischen Folgen für das Eltern-Kind-Verhältnis er im Tagebuch festhielt (Tgb. 1323). Die Befreiung aus dieser Gebundenheit gelang Hebbel nur, weil ihn die Hamburger Autorin Amalie Schoppe ebenso unerwartet förderte, wie ihn seine Geliebte Elise Lensing jahrzehntelang unterstützte und ihm so das Studium ermöglichte. Schließlich erhielt er ein Stipendium des dänischen Königs (1843), das ihm zu reisen und zu schreiben erlaubte. Ein Liebesverhältnis mit der Tochter seines Vermieters während der Münchner Studienjahre 1836 bis 1839 und Elise Lensings Schwangerschaft (der Sohn Max wurde 1840 geboren) gehören ebenfalls zum autobiographischen Anteil der Handlung. Im Dezember 1843 war ›Maria Magdalena‹ – Hebbel hielt sich dank des gewährten Stipendiums in Paris auf – abgeschlossen, aber die Umarbeitung zog sich bis März 1844 hin; im gleichen Jahr wurde es mit einem Vorwort gedruckt.[95]

Das Milieu des Dramas wird zu Beginn durch Schauplatz, Verhalten und Gespräche der Personen eindeutig exponiert. Mit dem Kirchgang beider Eltern, in dem rückblickenden Gespräch auf die Krankheit der Mutter, in der Beziehung der Tochter Klara zu dem von den Eltern als Bräutigam favorisierten Leonhard wie in der anschließenden Aussprache zwischen diesem und dem Vater Anton wird deutlich, daß alle Figuren in ihrer Rollenidentität gefangen sind, die zwar Klara im Lauf des Stücks durchschauen lernt, von der sie sich aber nicht befreien kann. Selbst Leonhard, gesellschaftlich in vermeintlich höherer Position, lebt in Zwangsverhältnissen, wenngleich anderer Art. Er ist dem Konkurrenzkampf der bürgerlichen Gesellschaft unterworfen (Hebbel betonte im Tgb. 3451 ausdrücklich, daß sein Charakter so zu begründen sei), beweist aber dreifach, daß er diese Verhältnisse kalkuliert zu nutzen weiß: durch die betrügerische Erschleichung der Sekretärsstelle, durch die Trennung von Klara in einem günstigen Moment, als ihre Familie durch den Diebstahl des Bruders belastet ist, und durch die Verbindung mit der Nichte des Bürgermeisters, die ihm den Aufstieg garantieren soll (III, 1). Anders als Woyzeck durchschaut Klara ihre Opferrolle: »Mich trifft's immer« (III, 4), kann sich aber aus ihrer Identifikation mit den patriarchalischen Normen (denen auch ihr Jugendfreund, der Sekretär, unterliegt, so daß die Ehe mit ihm nur kurzfristig als Lösung aufscheint) nicht lösen und tötet sich daher.

Das Stück ist traditionell gebaut: Hebbel bemühte sich, die Einheit des Orts zu wahren, und blieb im Unterschied zu Büchner bei der Einteilung in Akte, deren festgelegte Szenenfolge und beziehungsreiche Schlüsse den zwanghaften Charakter der Ereignisse ausdrücken. Kühn ist hingegen das Thema der vorehelichen Schwangerschaft[96], das als Bühnensujet so anstößig war, daß die für die Berliner Vorstellung vorgesehene Hauptdarstellerin Auguste Stich-Crelinger die Rolle ablehnte. Daran zeigt Hebbel die Ritualisierung und Verinnerlichung der Gewalt (auf der Seite der Männer das Duell; auf seiten Klaras die Bereitschaft zur masochistischen Ehe mit Leonhard) und die tragische Unmöglichkeit einer sozialutopischen Lösung,[97] wie sie für das Familienschauspiel charakteristisch gewesen wäre.

3. Das sozialkritische Drama

Auch das soziale Drama ging aus dem bürgerlichen Trauerspiel hervor, dessen Tugendpostulat sich schon selbst als zerstörerisch und nicht mehr mit der gesellschaftlichen Wirklichkeit vermittelbar entlarvt hatte. Zu den wenigen Beispielen sozialkritischer Auseinandersetzung mit der Realität der Zeit gehören – neben Bettine Brentanos ›Dies Buch gehört dem König‹ (1843) und Heinrich Heines ›Die schlesischen Weber‹ (1844) – Georg Büchners ›Woyzeck‹ [→ Frank: Büchner, 601 ff.]: , in dem die zerstörerische Natur der Gesellschaft selbst weitaus schärfer als bei Hebbel hervortritt, und der heute kaum mehr bekannte Einakter ›Die Bettler‹ (1837) von Sigismund Wiese (1800–1864).[98]

Schon durch den Namen des Lumpensammlers Hiob Leberecht gab der Leipziger Theaterautor Wiese dieser Gestalt eine über das Individuelle hinausreichende Bedeutung; auch die Orte »Dachkammer« und »Gefängnis« werden nicht weiter bestimmt und sind somit repräsentatives Armutsmilieu als solches.

Wie der biblische Hiob deutet der todkranke Leberecht seine Armut als Gottes Willen, auch wenn er zugleich die Mechanismen der Gesellschaft durchschaut, die diese Armut perpetuieren:

⟨...⟩ ich bin in diesem Jammerstand geboren, erzogen; habe darin geheirathet, Kinder gezeugt, und werde mein Ende in ihm finden. Denn das sollt Ihr wissen, unser Einer stelle sich an, wie er will, er bringt's nicht hinaus über den Lump – warum? Die Herrn-Menschen wollen nichts mit uns Knechts-Menschen zu schaffen haben; es sei auf's Höchste, daß sie uns ihre Schmutzarbeiten zutheilen und unsre Kranken und Krüppel nicht bei lebendigem Leibe verhungern lassen!

Krank und ohne Familie, ist er dem zufälligen Mitleid einzelner überlassen, wie der Frau Rollern, die ihn in der Dachkammer pflegt und so innerhalb der an sich brutalen Gesellschaft die individuell wirkende Nächstenliebe verkörpert.

Leberecht beharrte einst selbst auf einem rechtschaffenen Leben und bewies seine Fürsorge und Menschlichkeit in der Verteidigung seiner Frau, die ein Reicher zu nötigen drohte, so daß Leberecht ihn verprügelte. Die Klassenjustiz schützte den Reichen, dank falscher Zeugen kam Leberecht ins Gefängnis. Sein Glaube an die Gerechtigkeit wird immerhin soweit bestätigt, als der Reiche im Tod sein Unrecht bereut und veranlaßt, daß der schuldlos Inhaftierte freigelassen wird. Allerdings wurden ihm die Kinder weggenommen, ebenso starb die Frau während seiner Haftzeit.

An diesem Abend, den das Drama zeigt, kommen seine Kinder Anne und Stephan zurück, fliehend vor den sie verfolgenden Soldaten. Stephans rührende Fürsorge für die zart gewachsene Anne spiegelt Leberechts Fürsorge für seine Frau. Stephan hat, um Anne zu versorgen, gestohlen (dies eine Steigerung gegenüber der berechtigten und im Affekt begangenen Tat des Vaters), daraufhin werden beide ins Gefängnis gebracht, dem einzigen Ort, an dem sie, nach fortwährender Ausgrenzung durch die Gesellschaft, »legal« geduldet werden:

Stephan: Wir wurden eingesteckt und hatten nun ein Aus- und Unterkommen.
Anne: Drauf schickte man uns über die Grenze.
Stephan: Ein Unbarmherziger peitschte uns dem andern zu.

Als zuletzt die Soldaten die beiden stellen und abholen, stirbt Leberecht an diesem Schock. Im Gefängnis sollen die Geschwister gepeitscht werden, eine Tortur, die Stephan über sich ergehen läßt, aber der unschuldigen Anne ersparen möchte. Als der hartherzige Gefängnisdirektor darauf beharrt mit den Worten: »Achtung dem Gesetz!«, entgegnet der junge Bettler:

Verachtung dem Gesetz! das uns Unglückliche nicht berücksichtigt? Wir leiden Gewalt, da uns das Gesetz in den Bezirken seiner Wirksamkeit nicht zu placiren weiß, da es uns sich gegenüberstellt und an die Willkür und Barmherzigkeit der Menschen verweist, die tyrannisch sind, launisch und felsenhart. Gewalt um Gewalt! Schützt uns kein Gesetz, müssen wir uns selbst Gesetz sein und das wollen wir auch! Wer meine unverschuldete Schwester schlägt, der kränkt unser Gesetz, das heißt: Menschenrecht!

Als selbst der Zuchtmeister von der Bruderliebe Stephans und Annes Schönheit gerührt ist und um die Erlassung der Prügelstrafe bittet, der Direktor aber darauf beharrt, ersticht Stephan Anne und anschließend sich selbst. Dieses Ende, als auch die Figuren der Häscher und Zuchtmeister zur Einsicht gelangen, stellt eine durchaus wirkungsvolle Anklage der Klassenjustiz und der zweigeteilten Gesellschaft dar, die zuerst die Armen von allen Möglichkeiten der Verbesserung ihrer Stellung ausschließt und dann ihre Versuche, Gewalt mit Gewalt zu begegnen, um so härter ahndet, um sie nun scheinbar legal endgültig ausstoßen zu können. So verteidigt auch Stephan sein Tun:

> Mir hat die Welt von Kindesbeinen wider göttliches und menschliches Recht so gewaltthätig mitgespielt; mich hat sie so versäumt, von Zucht, Kirche, Ordnung und Sitte verflucht, daß ich nicht glaube, ich hätte irgend wem auf der Welt Rechenschaft abzulegen.

Das nur wenige Seiten lange Drama vereint damit eine ganze Reihe scharfer Aussagen über die Institutionen Tradition und Justiz und ihre Tugendforderungen, die als Instrumente der Machterhaltung entlarvt werden, als Strategie einer kleinen Minderheit, um die wirtschaftliche und politische Unterdrückung der Mehrheit des Volks zu zementieren. Wieses Stück ist eines jener Proletarierstücke, die Hermann Hettner unter den »Tragödien der Verhältnisse« subsumierte.[99]

Die Hoffnungen, die sich vor 1848 an das Drama geknüpft hatten, galten in den fünfziger Jahren als gescheitert. Prutz nennt in einem Ausblick von 1859 das Drama die »partie honteuse« der deutschen Literatur, denn keiner der vielversprechenden Autoren habe die einmal von ihm geweckten Erwartungen erfüllt oder sein Schaffen konsequent fortgesetzt.[100] Von den Vormärz-Autoren schrieb Hebbel weiterhin für die Bühne, während andere Autoren paradoxerweise nun in Positionen gelangten, die ihnen umfassendere Wirkungsmöglichkeiten als je zuvor eröffneten. Zuerst wäre hier Laube zu nennen, der von 1849 bis 1867 mit der Leitung des Burgtheaters betraut war und dort zahlreiche Stücke Grillparzers erneut aufführte (u. a. auch, um Hebbel vom Repertoire fernzuhalten). So war das Theaterleben um die Jahrhundertmitte und danach geprägt von einer Art silbernen Klassizität, die das literarische Erbe pflegte, und von einer publikumsorientierten und massenwirksamen Repertoireauswahl, die sich den Vorwurf konfliktscheuer Angepaßtheit gefallen lassen muß.

Reinhart Meyer
Komödien

I. Lustspiele zwischen Literatur- und Sozialkritik

Die in der Restaurationszeit schwerfällig gewordenen Verwaltungs- und Inszenierungsapparate der großen Bühnen übten auf die Autoren eine ebenso große Anziehungskraft aus, wie sie dramaturgische Nivellierungsarbeit leisteten [→ Meyer: Theaterpraxis, 367 ff.]. Abweichungen vom Gewohnten wurden immer seltener akzeptiert, so daß weder Platen noch Grabbe oder Büchner ihre Lustspiele auf der Bühne gesehen haben. Keiner von ihnen aber hatte beabsichtigt, Lesedramen zu schreiben. Ihre im folgenden besprochenen Dramen sind zeittypisch mithin nur insofern, als sie alle am herrschenden Geschmack der Zeit vorbeigeschrieben worden sind.

Platens ›Verhängnisvolle Gabel‹ ist eine Satire auf die gängigen Schicksalsdramen von Müllner, Zacharias Werner, Grillparzer und deren Epigonen[→ Rösch: Geschichte im Drama, 406 ff.]; sie nimmt sich der Sache an, geht aber nicht gegen Personen. Nebenbei allerdings wird Literaturkritik getrieben, und in unübersehbar akademischer Weise werden Angriffe auf alle herrschenden Trends der Gegenwart vorgetragen. Philosophen, Pädagogen, Verleger, sogar Spinoza und Rousseau werden attackiert; in der ersten Parabase schilt der Autor den schlechten Publikumsgeschmack seiner Zeit, verwirft die gesamte norddeutsche Literaturproduktion sowie ganze Reihen von Modeautoren; Erwähnung finden auch Klassiker wie Goethe und Schiller, Campe und Mozart, Shakespeare und Rossini, die Antike ist mit Pindar, Cornelius Nepos, Homer und Vergil vertreten, aus der Mythologie werden Midas, Medea, Merkur und Proteus zitiert; über Poetik wird gesprochen, über die zeitgenössische »Jambenschmiererei« – und dann auch von den sprachlichen Manierismen der Schicksalstragödien. Platen war der Meinung, »eine neue Epoche« in der deutschen Literatur eingeleitet zu haben (Brief vom 30. März 1826). Das war ein Irrtum, entstanden aus mangelnder Bühnenerfahrung und einer für seine Zeit symptomatischen Selbstüberschätzung. Wie noch heute ist bereits in der ersten Hälfte des 19. Jahrhunderts epigonaler Mißerfolg eng mit beträchtlicher Überheblichkeit verbunden. Platens Lustspiel ist ein Manifest der Unfähigkeit deutscher Dichter, sich auf *ein* Problem zu konzentrieren, und es zeigt auch die Unfähigkeit, sich mit den wirklich zentralen Gestalten der Zeitgeschichte und deren Treiben auseinanderzusetzen. Die ausschließliche Beschäftigung der Dichtung mit sich selbst weist auf die eklatante Überschätzung ihrer tatsächlichen historisch-gesellschaftlichen Bedeutung hin. Trotz all dieser Mängel bleibt die ›Verhängnisvolle Gabel‹ Indiz einer noch nicht ganz verlorengegangenen Ahnung davon, daß die Bühne in beträchtlichem Maß von der Artifizialität der Darstellung und Sprache lebt. Platen versucht, an Traditionen anzuknüpfen, die es allerdings in Deutschland auf der komischen Bühne kaum gegeben hat. Wichtig ist hier vor allem Aristophanes. Doch dessen Öffentlichkeit kann Platen nicht einmal mehr imaginieren, weil sein Bewußtsein derart literarisiert ist, daß die politischen und sozialen Realitäten kaum noch wahrgenommen werden. Weder Platen noch den sog. Aristophaniden[1] gelingt, was für Aristophanes charakteristisch ist: ihre Kritik, Persiflage und Satire in eine so eigenständige Handlung umzusetzen, daß die Stücke zu einem programmatischen Gegenentwurf werden, der den zeithistorischen Horizont transzendiert, sich gegenüber den realen Verhältnissen emanzipiert und dadurch auch ohne historische Detailkenntnisse vergnüglich und unterhaltsam bleibt. Die Misanthropie sozial oder auf dem Buchmarkt isolierter Literaten erträngt Ironie in Verbitterung, verdrängt Allgemeines zugunsten von Details, die auch durch Kumulation keine komischen Qualitäten gewinnen, sondern ermüdend wirken. Letztlich bleibt es deshalb bei formalen Anleihen aus der Geschichte, die bei Platen beträchtliche rhythmische und metrische Virtuosität gewinnen, sich aber nicht aus der Verlorenheit in disparate Kritik befreien können. Die Satiren Tiecks und Mahlmanns hatten diesbezüglich noch ein auffälliges Maß an Selbständigkeit gezeigt, die Spätlinge der Romantik sind dazu aber nicht mehr in der Lage gewesen. Dies ist nicht erst die Feststellung des nachgeborenen Historikers, sondern war bereits die der Zeitgenossen, die mit Bestürzung die Hilflosigkeit der Versuche erkannten, eine eigenständige deutsche Komödie zu konzipieren.

Von ganz anderen Voraussetzungen als Platen, dem Angehörigen einer alten Adelsfamilie, ging Grabbe aus. Er gehörte jener Gruppe literarischer Aufsteiger an, die mit Exponenten wie Gutzkow oder Hebbel seit den dreißiger Jahren an Einfluß gewann. Grabbe entstammte einer kleinbäuerlichen Familie, sein Vater wurde Verwalter am Detmolder Zuchthaus; seine Biographie ist geprägt von hochfliegenden literarischen Plänen und Vorstellungen, die in seinen Trauerspielen exzessiven Ausdruck fanden, und gravierenden Anpassungsschwierigkeiten an eine Gesellschaft, deren Normen er sich, hierin Platen auffällig ähnlich, nie anzupassen gelernt hat.

Sein Lustspiel ›Scherz, Satire, Ironie und tiefere Bedeutung‹ (1827) spielt in der ihm vertrauten ländlichen Region zwischen Kleinbauern und degenerierten Landadligen und hat als Protagonisten einen ebenfalls degenerierten Teufel, der an der zu kühlen Hitze sommerlicher Temperaturen leidet und durch Literatur verführbar ist. Bei Grabbe wie bei Platen vernichtet die geradezu zwanghafte literarische Kontroverse die konzentrierte Entwicklung komischer Potenz. Summarisch oder unter listenweiser Reihung namentlich verklagter Autoren verdrängt die Literaturpolemik immer wieder die genuine Lustspielhandlung, stört das ganze illiterate ländliche Milieu und entzaubert die hilflos-spitzfindigen Grobheiten eines modernisierten Teufels, dessen Leiden an einer nur oberflächlich modernisierten Welt sehr wohl in der Lage wären, einem zeitkritischen Lustspiel eine zeitgemäße Richtung und Struktur zu geben. Aber Grabbe steht außerhalb des literarischen Betriebs, deshalb kann sein Stück nicht in Leipzig, Wien oder Berlin spielen, und es steht keine Erfahrung, sondern Lektüre hinter seinen Angriffen. Sie ersticken deshalb auch in dem literaturfernen ländlichen Milieu.

Warum Joseph von Eichendorffs Lustspiel ›Die Freier‹ (1833) in der originalen Fassung keinen Zugang zur Bühne fand, ist schwerer erklärlich. Dies Stück vereinigt in einer später nicht wieder erreichten Weise Tradition und Moderne, mischt Vers und Prosa, ist sentimental und komisch, nimmt alles in Anspruch, was die Bühne an Szenerie, Verwandlung und Technik bieten und leisten kann. Es ist eine Verwirrkomödie, die mit vier Gruppen arbeitet: dem jungen

Grafen Leonard, dessen Unstetigkeit durch eine Heirat kuriert werden soll und dem im Auftrag des Vaters ein Hofrat Fleder incognito beigesellt wird. Auf der anderen Seite die Gräfin Adele, deren Desinteresse an Männern besiegt werden soll und die sich der männlichen Okkupation erwehrt, indem sie Kleidung und Stand mit ihrer Zofe tauscht. Diese wiederum ist liiert mit dem Jäger Viktor, der seinerseits der pubertierenden Marie, Nichte des Gärtners, nachstellt. Verwirrend, und Anlaß zu komischen Verwechslungs- und Verkleidungsszenen wird das Spiel durch das unprogrammäßige Eingreifen zweier Vaganten, die sich ahnungslos einmischen und dabei Gelegenheit schaffen, genuine Komödientraditionen zu adaptieren. Da werden Ränge vertauscht, treffen Intrigen den falschen Adressaten oder werden auf den Urheber zurückgebogen, da fallen Spieler aus ihren Rollen; deutlich bis in die Sprache hinein, abgehoben wie in der Commedia dell'arte bleibt das Spiel des Liebespaars (der Gräfin als Zofe, des Grafen als Sänger). Breit werden die androgynen Verkleidungsszenen ausgelotet, deren homoerotische Komponente Eichendorff so offenlegt, wie der Reiz mädchenhafter Erotik in Maries aufbrechender Sehnsucht Darstellung findet.

Möglicherweise wird hier zu viel dargestellt, zu viel an Sublimation von einer Generation verlangt, die auf der Bühne zunehmend nur mehr kompensiert oder nur die Heroisierung der eigenen Spießbürgerlichkeit duldet. Vielleicht überfordert Eichendorffs Lustspiel mit seiner komplizierten Handlungsstruktur auch das inzwischen linearisierte Vorstellungsvermögen der Zeitgenossen; und sicher merkt man der Sprache an, daß auch dies Stück für Leser, nicht für die Bühne geschrieben wurde. Anspielungen, Wortwitz, Sprachverdrehungen folgen teilweise so schnell aufeinander und sind gelegentlich auch so bemüht, daß sie schon bei der Lektüre strapazieren. Für die Bühne muß viel gestrichen werden; aber diese Mühe hat sich zu Lebzeiten Eichendorffs kein Regisseur gemacht.

›Weh dem der lügt‹ (1840) von Franz Grillparzer ist die Geschichte eines kleinen Kochs, der seinen Herrn liebt, einen Bischof, dessen Neffen er aus Feindeshand befreit. Grillparzers Stück konzentriert sich auf Jugendliche, die man seit dem 18. Jahrhundert von der Bühne vertrieben hatte. Der prosaische Beruf des Helden war aber wohl weniger für das Durchfallen des Stücks in Wien verantwortlich als ein fast debiler Adliger, der aller Standesehre ins Gesicht schlägt und sich hinkend in seinen Waffen verheddert.

Um zu verstehen, weshalb auch dieses Stück nicht reüssieren konnte, muß man in die Zensurakten sehen. Dort wird erkennbar, daß die Zensur keineswegs nur für politische Anstößigkeiten zuständig war, sie korrigierte auch die Moral und sorgte dafür, jede Unanständigkeit zu vermeiden. Insbesondere im sprachlichen Bereich wurde hier ein Rigorismus gepflegt, der nicht vor der Verstümmelung ganzer Passagen zurückschreckte und dabei immer wieder zeigte, wie empfindlich die Zeit geworden war. Das Dekorum, das jedem Stand jeweils Angemessene und Geziemende, wurde vom Adel nicht minder aggressiv und empfindlich verteidigt wie von den Bürgern. Emotional und sozial verunsichert, ahndeten beide unnachgiebig Verstöße gegen das, was sie für anständig hielten. Nach dem Wiener Mißerfolg seines Lustspiels zog sich Grillparzer völlig vom Theater zurück.

II. Das Wiener Volkstheater

Abgesehen von einigen ephemeren Versuchen, sich aus diesem engen Kreis von Gewöhnung, Ängstlichkeit oder pseudomittelalterlicher Exzessivität zu befreien, gab es im ganzen Reich nur eine Stadt, in der ungebrochen Traditionen aus dem 17. und 18. Jahrhundert in die Gegenwart herübergenommen wurden und unbeschadet von den gewalttätigen Eingriffen der Zensur am Leben blieben: die kaiserliche Residenzstadt Wien. Grillparzers Unglück war, daß er sein Stück an die Hofbühne gab; an die Vorstadtbühnen hätte er es allerdings auch nicht geben können, da hier ein ganz anderes Theater gespielt wurde. Im Theater in der Josephstadt, dem Kärntnertor-Theater und auch im Theater an der Wien, Privattheatern, von denen zumindest zwei sich zeitweise in der Hand eines einzigen Besitzers oder Pächters befanden, überlebten dramatische Formen, die – ständig modernisiert – dennoch traditionellen Mustern folgten und sich dadurch ein festes Publikum hielten, das ihm durch alle Krisen treu blieb. Das Grundrepertoire dieser Theater stammte von den Bühnenangehörigen. Dadurch war gewährleistet, daß das Spiel nie die Wirkungsmöglichkeiten der Bühne zugunsten literarischer Kapricen aus den Augen verlor. Hier wurden keine Bildungsansprüche erhoben, genausowenig wurde hier dem belehrenden Zeigefinger der übrigen Bühnen gehuldigt. Die Vorstadtbühnen beuteten ihre Angehörigen weidlich aus, aber sie erzwangen von den Autoren und Schauspielern, den Bedürfnissen der wechselnden Zeiten auf der Spur zu bleiben und ihnen einen derartigen Ausdruck zu verleihen, daß das Publikum ins Theater strömte.

Das Repertoire der Wiener Vorstadtbühnen vermittelt ungleich deutlicher Einblick in die jeweiligen historischen Verhältnisse als die Hofbühnen, deren Traditionalismus von externen Interessen gesteuert wurde, während die Vorstadtbühnen existentiellen Theaterinteressen entgegenkamen. Hier wahrte man deshalb auch kritische Distanz zu den angeblichen Novitäten der Hoftheater und war respektlos genug, sich deren Repertoire zunutze zu machen, um es mit über hundertjähriger Erfahrung immer wieder zu persiflieren. Die Vorstadt-Theater waren nicht einfach die Bühnen des »Volks«, wenn damit jene Schichten gemeint sein sollen, denen die Hofbühnen mental, sozial und von den Bildungsvoraussetzungen her verschlossen waren. Die schnelle Umarbeitung großer Opern und spektakulärer Burgtheater-Inszenierungen zu karikierenden Possen und Zauberspielen hat Sinn nur bei einem weitgehend identischen Publikum. Darüber hinaus aber leistete die Stabilität dieser Bühnen ungewollt eine kulturelle Bildungsarbeit, die zwanglos auch all jene Schichten ins Theater zog, die ansonsten vom Kulturbetrieb mehr oder weniger ausgeschlossen waren und sich infolge dieser Freiheit von Schul- und Akademikermeinungen eine unbefangene Kennerschaft erworben hatten. Dieses Publikum bewirkte, daß die Privatbühnen nicht weniger geschichtsprägend wurden als die großen Hofbühnen des Reichs. Wo sie in der Nachfolge von Stranitzky, Prehauser, Hensler und anderen sich ihrer alternativen Bedeutung bewußt blieben, konnten mit Mozarts ›Zauberflöte‹, mit Raimunds und Nestroys Produktionen Werke entstehen, die europäische Bedeutung erlangten.

Nestroy und Raimund sind Vertreter zweier aufeinanderfolgender Generationen, deren Dramen in aller Deutlichkeit die rapide Entwicklung österreichischer Verhältnisse spiegeln: nicht, indem sie sie direkt thematisieren, wohl aber in der Weise, in der sie auf sie reagieren.

Bei Raimund sind die Traditionen des 18. Jahrhunderts noch weitgehend in Kraft. Der ökonomischen Misere zum Trotz führt Spiel, Tanz und Gesang immer noch zu einem versöhnlichen, harmonischen, wohl auch harmonisierenden Schluß. Die Welt ist in ein Reich des Bösen und des Guten geteilt, dazwischen der Mensch. Aber diese barocke Konstellation ist brüchig geworden. Die über- und unterirdischen Mächte gehorchen keinem gemeinsamen, übergeordneten Prinzip mehr; auch das Gute bleibt letztlich willkürlich, ohne transzendente Gewähr; wenn es siegt, bleibt das zufällig. Raimund übernimmt die barocke Allegorie, aber bei ihm wird sie heimatlos, entwurzelt, unzuverlässig. Die menschliche Existenz entgleitet der göttlichen Fürsorge. Diese kümmert sich zwar noch um den Menschen, aber nur mehr in untergeordneten Instanzen, denen Gott selbst entglitten zu sein scheint. Es gibt Kompetenzstreitigkeiten unter ihnen, Hader und Versagen, denen der Mensch ohne Appellationsmöglichkeit ausgeliefert ist.

Raimunds ›Mädchen aus der Feenwelt, oder: Der Bauer als Millionär‹ (1826) beginnt mit dem Szenario der großen Oper, einem »Großen Feensaal mit magischen Lampen von verschiedenen Farben«, aber dem Staunen wird nur wenig Raum gegönnt. Mitten auf der Bühne sitzt ein dilettierendes Streichquartett und spielt »ein bissel falsch«. Der ebenfalls aus der heroischen Oper adaptierte Chor entgleist sofort. Statt von »holden Tönen«, »göttlichen Klängen« oder dergleichen ist von »Amphions Geklimper« die Rede. Das Große wird herabgestimmt, die Tradition verkümmert vor der Monstrosität der Moderne: »Apollo ist ein Stümper« (I, 1). Ahnungslos und hybrid fiedeln die Dilettanten Klassik und Antike ins Abseits des Unzeitgemäßen; Elfen, Feen und Zauberer sind zu einer spießbürgerlichen Hausmusikrunde degeneriert. Die Fee Lacrimosa wird mit dem Ruf »Vivat! Die Hausfrau« begrüßt. (I, 3).

Es geht um einen Bastard, Lacrimosas Tochter – gezeugt nicht etwa von einem Heroen, sondern dem »Direktor einer reisenden Seiltänzer-Gesellschaft« –, für die die Mutter eine aberwitzige Karriere geplant hat: »Ihre Hand nur dem Sohne der Feenkönigin selbst zu geben.« Die Strafe der Vorgesetzten ob dieses Frevels folgt umgehend: Entzug der Feenmacht, bis die »Bescheidenheit« der Tochter den Zorn der Göttin besänftigt.

Privattheater hatten strukturell weniger Freiraum als die fürstlichen Institute, die (wenngleich als Ausnahme und Folge einer persönlichen Marotte) immerhin als einzige verfemte Monomanen wie Wagner zu fördern in der Lage waren. Aller ironischen Distanz zum Trotz tastete das Vorstadt-Theater die herrschende Moral aber nicht an, im Gegenteil: Alle bürgerlichen Tugenden finden hier ihre nachdrückliche Bestätigung. Das geschieht gelegentlich ganz ostentativ und unmißverständlich, insgesamt knüpft Raimund aber ein kompliziertes Netz von Normverstößen und -stabilisierungen, von satirischer Destruktion und geradezu prostitutiver Anpassung an feudale und bürgerliche Wertvorstellungen. Die Spannweite dieser unentschiedenen Widersprüche in seinen Dramen ist das wichtigste Moment seines Erfolgs, denn darin manifestiert sich ebenso eindringlich wie unauffällig, verständnisvoll und ohne Distanz zum Publikum, was dieses in den zwanziger und dreißiger Jahren erfuhr und erlebte. Raimund verbleibt infolge seiner eigenen konservativen Einstellung innerhalb des zeitgenössischen Erfahrungsraums. Er analysiert nicht, sondern stellt dar und benutzt dabei das traditionelle dramatisch-theatralische Instrumentarium, um diese Erfahrungen auf der Bühne bis zum Welttheater zu vergrößern – dadurch zugleich detaillierte Einsichten dem zu vermitteln, der sich nicht ausschließlich vom vordergründigen audiovisuellen Eindruck der Aufführung gefangen nehmen läßt.

Raimund betreibt in seinen Stücken eine konservative Aufklärung, die in Süddeutschland im Theaterbereich nie dem norddeutsch-protestantischen Postulat der Wahrscheinlichkeit unterworfen war. Unwahrscheinlich und irreal ist fast alles, was er darstellt. Aber gerade dadurch erhält er sich die Möglichkeit, den zeitgenössischen historischen Prozeß von Säkularisation und neuer Frömmigkeit, von sozialer Verunsicherung, von Verlust an Transzendenz und dem Verfall politischer Orientierung, die der vermeintlich Sicherheit gebenden staatlich-bürokratischen Sorge (bzw. Unfähigkeit) geopfert wird, durch Innovationsverfahren, Umstellungen oder Korrekturen der geläufigen Muster unmittelbar darzustellen und ebenso unmittelbar sinnlich erfahrbar bzw. deutbar zu machen.

Letztlich auf den österreichischen Bereich beschränkt blieb Raimunds Wirkung, weil es nirgends sonst, schon gar nicht in den protestantisch-preußischen Regionen, so stabile und lebendige dramatische Traditionen des Berufstheaters gegeben hat wie in Österreich und vor allem in Wien; vergleichbar etwa mit Paris. Die Tradition liefert die Folie zur Erkenntnis und zum Verständnis jener Eingriffe in traditionelle Darstellungsweisen, die Raimund in seinen Stücken vornimmt. Es ist dies eine Verfahrensweise, die zu jener Zeit der Literaturbetrieb weitgehend vergessen hatte, weil er im Zuge einer zunehmenden Kapitalisierung der literarischen Produktion auf keine Kennerschaft des Publikums mehr rekurrieren konnte. Wo immer um größeren Absatz und neue Leserschichten geworben wird, verlieren traditionelle Aussagemöglichkeiten ihren merkantilen Wert, weil sie von der Mehrzahl der Leser nicht (mehr) wahrgenommen werden (können). Das Theater dagegen hat einen grundsätzlich beschränkten Raum für das Publikum, den es kontinuierlich zu füllen gilt; d. h., das Theater lebt wesentlich von einem festen Stamm von Zuschauern, dessen zuverlässige Bedienung seine Existenz sichert.

Kommerzialisierte Bühnen sind zwangsläufig konservativ eingestellt, sie unterliegen aber zugleich dem Zwang einer ständigen Modernisierung und nicht zuletzt auch der Wahrung eines künstlerischen Standards, der Kontinuität gewährleistet. Das sind Bedingungen, die weder die fürstlichen Privatbühnen noch die sporadisch gegründeten kommerziellen Stadt-Theater erfüllen konnten oder wollten. Infolgedessen entwickelte sich in den Wiener Vorstadt-Theatern eine immer eigentümlichere Tradition, deren kommerzielle Bedeutung sich u. a. auch in ihrer Anziehungskraft auf Fremde, auf Touristen, zeigte. Bis weit in die zweite Hälfte des 19. Jahrhunderts (Anzengruber!) erhielten sich hier Darstellungs- und Rezeptionsweisen, die aus dem übrigen Literaturbetrieb längst verdrängt worden waren. Tradition war auf den Bühnen des Reichs zur Mode verkommen, deren Laufzeit höchstens fünfzehn Jahre dauerte; und die Autoren, die sich ihr anschlossen, mußten erleben, wie sie binnen kurzer Zeit zu Epigonen ihrer eigenen Arbeiten wurden.

Dieser Form kapitalisierten Verschleißes hat sich das Wiener Vorstadt-Theater erfolgreich entziehen können, nicht um den Preis trivialer Anpassung (denn dann hätte es sich kaum so lange halten können), sondern gerade weil es den kommerziellen Zwängen einer stehenden Bühne umsichtiger als anderswo folgte. Diese Bühnen hatten ein größeres Finanzvolumen als die meisten fürstlichen Theater des Reichs. Der langjährige Leiter dieses Imperiums, der berüchtigte Karl Carl, ging mit seinen Schauspielern nicht zimperlich um; aber er war selbst Schauspieler und Dramatiker, hatte in langjähriger Praxis auf ökonomischem und künsterischem Gebiet sehr genaue Kenntnisse gewonnen und dabei u. a. auch gelernt, daß private Liebhabereien oder Aversionen langfristig ein Theater ruinieren, wenn man ihnen Einfluß auf die Theaterpolitik gewährt. So konnte es zum Engagement Nestroys kommen, der sich vertraglich verpflichtete, nichts Dramatisches, gleichgültig welchen Umfangs, außer Haus zu geben. Erst achtzehn Monate nach erfolgter Darstellung in einem der Carl'schen Häuser durfte gedruckt werden. Das mutet an wie Sklaverei. Aber Nestroys materielle Existenz war durch Carls Geschäftssinn in einem für Schauspieler wie Dramatiker der Zeit ungewöhnlichen Maß gesichert. Und offenbar wußte Nestroy diese Sicherheit so hoch zu schätzen, daß er sich, oft zornig, der publizistischen Abhängigkeit unterwarf – und später selbst eines der Theater als Pächter übernehmen konnte.

So unterschiedlich der Direktor Carl und der Dramatiker und Schauspieler Nestroy agierten: die strategische Klugheit des einen verpflichtete sich die Attraktivität des anderen und umgekehrt. Nestroy wußte sehr genau, daß seine Stücke ohne Carls Bühnen kaum so hätten aufgeführt werden können, wie sie sich dort erfolgreich durchsetzten. Eine Hofbühne hätte sich seiner bald entledigt, da für diese der Bühnenerfolg kein ausreichendes Qualifikationsmerkmal war.

In Nestroys Spiel wird ein letztes Mal gebündelt, was das Volkstheater an Faszination vermitteln kann: Identität von Autor und Schauspieler, Ensemblespiel bis zur Symbiose der Hauptdarsteller, insbesondere mit Wenzel Scholz, der in fast allen großen Stücken

Nestroys seine unverwechselbare Rolle hat – und die Verachtung eines autorisierten, endgültigen Textes.

Um den Druck seiner Stücke hat Nestroy sich kaum gekümmert. Vieles ist deshalb verlorengegangen, vieles wurde den tagesbedingten Bedürfnissen eines Theaters zuliebe geschrieben, von anderen Stücken existieren verschiedene Fassungen, die nur noch schwer vereinheitlicht werden können. Couplets wurden nach Bedarf und Umständen ersetzt, Handlungen umstrukturiert: Nestroy hat sich um literarische Kritik wenig gekümmert, um so wichtiger war ihm die Wirkung.

Berühmt und verfolgt wurde er wegen seiner Improvisationen, die ihn einmal sogar ins Gefängnis brachten. In seinem Spiel entfaltete die Bühne noch einmal ihre Widerstandskraft und Spontaneität gegen Geheimpolizei, Spitzel und Zensur. Es reichte nicht aus, seine Texte zu kontrollieren, ein dienstbarer Geist mußte die Aufführungen überwachen, um unziemliche Einfälle wenigstens nachträglich und für die Zukunft vorbeugend zu ahnden.

Diese literarische Nachlässigkeit oder Sorglosigkeit zugunsten ständiger schauspielerischer Präsenz unterscheidet Nestroy von den meisten anderen Autoren der Zeit, auch von Raimund, die kaum mehr auf eine verbindliche Buchpublikation ihrer Dramen verzichten wollten, und bindet ihn enger als die Zeitgenossen und unmittelbaren Vorgänger an die Theaterkonventionen des 18. Jahrhunderts. Aber gerade dadurch erhielt er die Möglichkeit, unverschlüsselter und direkter mit seinem Spiel der Gegenwart zu begegnen. So entrümpelt er die Bühne von Allegorien, untergeordneten Göttern, Feen und Geistern so gründlich, daß nur noch ein Wert übrigbleibt: das Geld.

Man hat Nestroy deswegen Zynismus vorgeworfen. In der Tat wirkt sein Insistieren auf der neuen Geldgläubigkeit bösartig – aber dieser Zynismus ist wesentlich für die Breitenwirkung Nestroys verantwortlich. Denn er tritt nicht revoltierend oder prophetisch auf, sondern fast liebenswürdig, idyllisch. Aber Nestroy gibt dem Zuschauer einen kaum mehr auszurottenden Verdacht mit auf den Weg, daß diese Idylle unecht, nur noch Tarnung ist für eine Macht, deren Omnipotenz längst alle und alles durchdrungen hat.

Am 9. April 1844 wurde im Theater an der Wien ›Der Zerrissene‹

aufgeführt, eine »Posse mit Gesang in drei Aufzügen«. So unauffällig wie der Titel ist auch die Handlung: Ein armes Mädchen liebt einen reichen Mann, gewinnt durch aufopfernde Liebe dessen Gegenliebe und wird schließlich von ihm geheiratet. Dabei werden erbärmliche Freunde als Schmarotzer entlarvt und verschiedene andere mehr oder weniger zeittypische Chargen vorgeführt; das Landleben wird gegen die Stadt ausgespielt, die Verderbnis der Metropole kontrastiert scharf mit Treu und Glauben auf dem Land.

Das Ganze bliebe unauffällig und einigermaßen traditionell, wenn Nestroy gegenüber der Tradition nicht eine ebenso geringfügige wie einschneidende Änderung vorgenommen hätte: Der Reichtum des Titelhelden (»Herr von Lips, ein Kapitalist«) ist von Anfang an allen bekannt und gerät nie und bei niemandem in Vergessenheit. Zwar muß er sich wegen eines vermeintlichen Mords bei einer Rauferei vorübergehend in einen Bauernknecht verwandeln und bleibt in dieser Gestalt den Landleuten unerkannt – nur der Kathi nicht. Die wird vorübergehend in die genugsam bekannte Prüfungssituation versetzt, auch dem Verarmten gegenüber die Treue zu bewahren, aber diese Bewährung ist so geschickt mit dem Wiedergewinn des alten Status verknüpft, daß der Reichtum als unterschwellige Motivation nie aus dem Blick gerät.

Der Zerrissene, das ist jener neue Typ von Mann, dessen Identität unlösbar mit seinem Kapital verknüpft, der sich selbst entfremdet und auf der Suche nach sich selbst ist. Herr von Lips ist nicht nur ein »moderner« Typ in psychologischer Hinsicht; er wird plastisch vor allem dadurch, daß Nestroy unauffällig, aber eindringlich auf die Ursachen seiner Zerrissenheit hinweist: Er ist sozial funktionslos. Darin ähnelt er Goethes Werther. Aber Herr von Lips hat seine Illusionen hinter sich, hat einen Grad von Bindungslosigkeit erreicht, an dem er zum Spieler mit Menschen wird: Die erste Frau, der er begegnet, will er heiraten. Dann kommt aber der Zufall dazwischen. Doch dem Kapitalisten stehen immer Gelegenheiten offen, seinen Reichtum wiederzuerlangen (in diesem Fall eine heimliche Änderung des Testaments); um Reiche kümmert man sich, der Kapitalist findet Diener und die Diener finden ihn, selbst wenn er in einen Gemüsekeller abgestürzt ist. Der Kapitalist ist liebenswürdig, weil man sein Kapital liebt, und dieser Besitz entfremdet ihn nicht nur von anderen, sondern darin auch von sich selbst. So wenig Herr von Lips selbst diese Barriere übersteigen kann, so wenig tun es die anderen. So entstehen innerhalb eines gesellschaftlichen Körpers zwei Klassen: Der Minderheit von Besitzenden (Herr von Lips ist diesbezüglich sogar Einzelgänger) stehen fast alle anderen Personen als Abhängige gegenüber.

Aus biographischen Gründen ist kaum anzunehmen, daß Nestroy ernsthaft der Meinung war, eine Eheschließung könne diese Kluft tatsächlich überbrücken. Das Happy-End ist eine Konvention, deren Erfüllung keineswegs, wie theoretisierende Reformer auf Akademien bis heute meinen, einen kritischen Ansatz entschärft, sondern ist vielmehr eine für die Bühne unerläßliche Geste des Einverständnisses zwischen Autor und Publikum, das seiner Kritik desto mehr Überzeugungskraft verleiht. Aber auch da noch bleibt Nestroy den realen Verhältnissen auf der Spur: In den drei letzten Szenen kommt Kathi nur einmal zu Wort, um »Da is er!« (III, 10) zu rufen. Ansonsten aber verschwindet sie im Getümmel um den wiedergefundenen Kapitalisten.

Hans-Wolf Jäger
Versepik

Wer sich als Literarhistoriker der Versepik des Vormärz zuwendet, den überrascht die große Zahl von Werken in einer Gattung, die man im 20. Jahrhundert fast aus den Augen verloren hat. Friedrich Sengle behandelt in seiner ›Biedermeierzeit‹ zirka 120 Versepen; noch weit mehr Titel nennt Wilhelm Kurz in den ›Formen der Versepik in der Biedermeierzeit‹[1]. Indessen bleiben beide, wie mit Hilfe von Franz Brümmers ›Lexikon der deutschen Dichter und Prosaisten des neunzehnten Jahrhunderts‹ (1884) festzustellen ist, weit unter dem tatsächlichen Bestand. Nach der kurzzeitigen Favorisierung einer universalpoetisch hochstilisierten Prosa durch die Romantiker ist die gebundene Sprache wieder in ihren traditional höheren Rang gesetzt und der alte Primat des Verses bestätigt. Die Epik rückt erneut an eine Stelle, die sie in Konkurrenz mit der Tragödie bereits seit Aristoteles innehatte. Mehrbändige und über Jahre erscheinende Großwerke – Ernst Schulzes von der Kritik laut gelobte ›Cäcilie‹ (1818/19), Fouqués ›Bertrand du Guesclin‹ (1821), Joseph von Auffenbergs ›Alhambra‹ (1829/30) – stehen neben schlanken Poemen wie dem ›Waldfräulein‹ (1843) des Freiherrn von Zedlitz, Blumen- und Märchenstücken, wie sie der Cotta-Verlag in Miniaturausgaben herausbrachte, oder balladesker Kleinepik von Waiblinger, Uhland, Kerner und Schwab. Es gibt Epen, die um der epischen Einheit und Ruhe willen gleichmäßig durchrhythmisiert sind in Blankvers- oder Hexametermaß, und es erscheint zur gleichen Zeit eine zyklische Episoden-Epik, die in Stanzen oder wechselnder Strophik verfaßt wird, um der – jener epischen Ruhe benachbarten – epischen Langeweile zu entgehen. Bisweilen korrelieren die Inhalte und die poetischen oder außerpoetischen Absichten der Versepiker mit ihrer Formenwahl, aber nicht immer.

Und der Absichten gibt es viele. Ladislav Pyrker nutzt die epische Gattung zur offiziellen Rühmung des Hauses Österreich-Habsburg, Alfred Meissner hingegen zur anti-österreichischen Darstellung seines ›Ziska‹. Ludwig August Frankl bietet, einer Anregung Herders folgend, in den drei metrisch voneinander abgehobenen »Gesängen« seines ›Cristoforo Colombo‹ (1836) eine künstlerisch wie historiographisch ambitionierte Darstellung der Entdeckung Amerikas (mit wissenschaftlichen Fußnoten). Heinrich Heine bedient sich, in den Formen von Tier- und Reiseepos[2], des epischen Gedichts zur Kritik an Literatur und Gesellschaft; auch der Paulskirchen-Abgeordnete Moritz Hartmann von der radikalen Linken gießt seine aktuelle politische Polemik in epische Verse (›Reimchronik des Pfaffen Maurizius‹, 1849). Welt- und Lebensdeutung zu sein beanspruchen Julius Mosens Epen ›Ritter Wahn‹ (1831) und ›Ahasver‹ (1838), Lenaus ›Albigenser‹ (1842) bieten neben Geschichtsmalerei auch Geschichtsphilosophie. Andere Verserzähler freilich greifen weniger hoch.

In Literaturkritik und Ästhetik der zwanziger und dreißiger Jahre spielen sich Dispute darüber ab, ob das Epos noch möglich, noch berechtigt und zeitgemäß sei. Manche Theoretiker ordnen es der Kindheit der Welt zu, dabei Herder folgend; oder sie sehen im Epos mit Friedrich Schlegel eine Äußerungsform vorindividueller Epochen oder wie Hegel das Lied einer antik gedachten objektiven Gesellschaft. Unbewußt müsse das Epos vom Volk ersungen sein, glaubt Jacob Grimm und ist gegen eine moderne epische Poesie. Es gibt Gegenstimmen, die einer derartig spekulativ-geschichtsphilosophischen Poetik widerstreiten – sei es, daß sie auch für neuere Epochen oder für gegenwärtige Verfassungen und Herrschaftsformen das homerische oder vergilische Epos in Maßen für rekultivierbar halten, wie vornehmlich im katholisch-habsburgischen Raum argumentiert wird; sei es, daß im Blick auf die aktuelle Geschichtsstunde für eine neue, eher subjektive als objektive, was meint: eine lyrisch und empfindsam bereicherte Epik plädiert wird – so Platen, Heine und Lenau. Ein einheitliches Bild ergibt sich nicht, eine einhellige Meinung zum Epos, zu seiner Zeit- und Unzeitgemäßheit läßt sich, wenn neben dem ästhetischen Präzeptor Hegel auch andere Voten gehört werden, nicht ausmachen.[3] Wenn wir im folgenden auf einige metrisch gebundene Erzählwerke blicken, sollten sich die Beliebtheit und thematische Vielfalt des versepischen Genres sowie seine inner- wie außerliterarische Funktionalisierbarkeit andeuten.

I. Politik und Geschichte – Kritik und Verklärung

1815 setzt der populäre Ludwig Uhland mit seinem ›Graf Eberhard der Rauschebart‹ für das historische Epos einen markanten Anfang. Mit ihrem Umfang von rund dreihundert Versen und der Reihung von vier längeren biographischen Episoden schwankt diese Dichtung zwischen epischer Erzählung und Balladenzyklus. Eberhard von Württemberg – er lebte von 1315 bis 1392 – wird als Heldengestalt aus dem späten Mittelalter beschworen und ausgemalt als das Musterbild eines rechtlichen Fürsten der engeren Heimat. Das geschieht im Erscheinungsjahr der Dichtung nicht ohne politische Absicht; denn es geht 1815 um die Wiedereinberufung der im Jahr 1798 durch Staatsstreich entmachteten alten Landstände, also um das von jenem Eberhard begründete »Alte Recht«, welches die Landesregierung siebzehn Jahre vor Entstehen der Eberhard-Dichtung aufgehoben hatte. In den vier Strophengruppen sind wichtige Stationen von Eberhards politischem Wirken beschworen: der Überfall im Wildbad, der Krieg mit Städten und Rittern, die Schlachten 1377 bei Reutlingen und 1388 bei Döffingen. Ein Prolog erläutert die Motivation des Gesangs:

> Brich denn aus deinem Sarge, steig aus dem düstern Chor
> Mit deinem Heldensohne, du Rauschebart, hervor!
> Du schlugst dich unverwüstlich noch greise Jahr entlang,
> Brich auch durch unsre Zeiten mit hellem Schwertesklang!

– so der Anruf an den lauteren Recken Altwürttembergs. Volkstümlich-regionale Überlieferung ist eingemischt, wenn etwa der Name des Reutlinger Bergs »Achalm« erklärt wird mit dem abgerissenen Todesruf eines Ritters »ach Allm(ächtiger)«. Volksmäßig will auch das Versmaß sein. Für seine epische Beschwörung altschwäbischer Tatkraft und alten Rechtes wählt Uhland in etwas geglätteter Form das Metrum des mittelalterlichen Heldenliedes, die Nibelungenstrophe. In seiner halbepischen Balladendichtung von ähnlicher politischer Tendenz ist ihm darin Adelbert von Chamisso gefolgt, 1831 mit dem ›Riesenspielzeug‹ oder den ›Weibern von Winsperg‹.

Als neuen Homer feierte man in Österreich Johann Ladislav Pyrker, der es als Kleriker bis zum Patriarchen von Venedig und Erzbischof von Erlau gebracht hat. 1821 und vermehrt 1826 erschienen unter dem Titel ›Perlen der heiligen Vorzeit‹ von ihm kleinere Versepen, in denen Episoden des Alten Testamentes, vor allem um Moses, Samuel und die Makkabäer gruppiert, im Hexametermaß und in klopstockisierender Sprache behandelt werden. Neben Klopstock wirken dann auch Homer und Vergil als Vorbilder, vor allem für die ausladenden Werke ›Tunisias‹ (1820) und ›Rudolph von Habsburg‹ (1823), jedes »ein Heldengedicht in zwölf Gesängen«, also auch mit dieser Zahl den antiken Mustern verbunden. ›Tunisias‹ singt von der Strafexpedition Karls V. gegen den Seeräuber Hairaddin, der Eroberung von Tunis im Jahr 1535 und der Befreiung der Christensklaven. »Tön' o Heldengesang« lautet, wie im anderen Epos auch, der Anfang; homerische Vergleiche und Wortformeln sind reichlich eingestreut; Träume, Visionen und Weissagungen sorgen für die nötige Höhenlage der Erzählung. Auch Tassos motivgleiche ›Gerusalemme liberata‹ (1580) dürfte auf ›Tunisias‹ gewirkt haben, das große Epos der Gegenreformation auf das Heldenlied der Restaurationszeit. Bei den überirdischen Akteuren, die im heroischen Gedicht alter Art gefordert sind, gerät der Kirchenmann Pyrker in Schwierigkeiten: Antike Götter darf er in sein christlich geprägtes Epos nicht einführen und mag andererseits, da ›Tunisias‹ im Unterschied zum ›Messias‹ kein religiöses, sondern ein historisches Epos sein soll, nicht Engel und Teufel, Patriarchen oder Heilige ins Spiel bringen. So ruft, nachdem er im Epos selbst einen längeren theologischen Exkurs durchgeführt hat, der Dichter seine überirdischen Akteure aus dem Limbus und einem ungewissen Zwischenreich hervor, und es reihen sich Recken vorchristlicher Epochen und nichteuropäischer Kulturen – Attila, Mohammed, Hannibal, Regulus oder der Cheruskerfürst Hermann – kämpfend in die tunesisch-muselmanische oder die andere, die habsburgisch-christliche Front, ein. Das ist eine recht künstliche Konstruktion von Überwelt; sie widerspricht dem Grundsatz, daß das große Epos aus dem allgemeinen Volksglauben schöpfen und seine Gestalten dem geläufigen Mythos entnehmen solle – eine Regel, die vor allem Hegel in seiner ›Ästhetik‹ formuliert hat.[4] In dieser Hinsicht bleibt ›Tunisias‹ unbefriedigend. Manche Episoden wirken, als seien sie aus ›Tausendundeiner Nacht‹ entliehen, z. B. die in sich grandiose Schilderung einer schiffeverschlingenden Riesenschlange, die freilich auch an Laokoons Tod im 2. Buch der ›Aeneis‹ erinnert (7. Gesang). Die anachronistischen Anspielungen auf das kopernikanische Weltbild oder ein fast schon komischer Vergleich der luftlosen Mondsphäre, in welcher Mohammed haust, mit einer modernen Vakuumpumpe (1. Gesang) belegen gleichfalls, wie uneinheitlich und wenig ausgereift dieser großangelegte Versuch noch ist.

›Rudolph von Habsburg‹ steht höher. Inhalt dieses Epos ist der Entscheidungskampf zwischen Rudolph und Ottokar um die Herrschaft über Österreich im Jahr 1278, auch ein Thema Grillparzers [→ Rösch: Geschichte im Drama, 387 ff.]. Wie Vergils ›Äneis‹ auf den Preis der julisch-römischen Dynastie zielt, so das Werk Pyrkers auf die Ehre Habsburgs und die historische Legitimation des regierenden Hauses in Wien. Doch werden in diese Absicht von Lob und Legitimation auch andere österreichische Adelsgeschlechter einbezogen, vor allem durch die ausgiebigen homerisierenden Kataloge der Heere und ihrer Anführer. Mehr als in ›Tunisias‹ bemüht sich Pyrker um historische und geographische Genauigkeit, manche Gesänge lesen sich wie versifizierte Heimatkunde, tragen anmutige Naturbilder vor, was eine affektive Bindung an Österreich, an sein politisches System und seine Herrschaft erzeugen soll. Genreszenen unterstützen diesen biedermeierlich-restaurativen Zug. Das im Heldenepos unabdingbare Überirdische und Wunderbare vertreten hier, und zwar eposgemäßer als in ›Tunisias‹, Figuren der regionalen Legende und des Volksaberglaubens. Böhmisch-österreichische Hünen- und Hexenwesen wie Drahomira und Arpad oder Marbod und Inguimar schüren Intrigen und greifen in die Schlachten ein, aus welchen schließlich Rudolph als der Stammvater Habsburgs mit Glanz hervorgeht. Die weitschauende Vison eines Klausners bestimmt den 2. Gesang; es ist ein Blick nach vorn über Maria Theresia bis auf den in Pyrkers Gegenwart regierenden Franz II. Die Epoche der Französischen Revolution wird dabei nicht ausgespart, sondern mit grellen Farben tendenziös gemalt:

Jetzt entschwinden die hehren Gesichte vor mir wie in Nebeln.
Furchtbar steigt Geschrei in die Luft. Des alternden Erdballs
Vesten wanken; es scheint, als sollt' ein neues Geschlecht sich
Heben empor aus dem gährenden Grund, doch früher die alten
Ganz hinschwinden in Nichts; so entsetzlich schwelgt die Empörung
Fort an den Strömen vergossenen Bluts. Der täuschenden Gleichheit
Mordruf schallt: hinschwindelt das Volk, und reißt mit des Thrones
Stürzendem Heiligthum auch sich selber hinunter zum Abgrund,
Wo in dem nächtlichen Grau'n sein Wuthgestöhne verhallet.

Aber Rettung durch Österreichs Kaiser wird vorausgesagt und die Gegenwart durch die fiktive epische Verkündigung aus dem Mittelalter geheiligt. Für die Zukunft auch des 19. und 20. Jahrhunderts soll gelten, was Rudolph als Spruch des Himmels empfängt:

⟨...⟩ Ein Vater unzähliger Fürsten
Wirst du seyn, und so oft auch hier auf irdischer Laufbahn
Wechselt des Menschen Geschick vom Guten zum Schlimmen: so wird doch
Treu' und Redlichkeit stets mit deinem Geschlechte noch dauern.

Geschichte wird religiös überhöht. Wie Roms Stammvater Äneas hört der Habsburger eine überirdische Verheißung auf die dynastische Zukunft. Vergil wirkt prägender als Homer auf den Geist dieses Heldenepos, vielleicht des einzig beachtenswerten der Restaurationsepoche.

II. Antikisierende Idylle

Auch das idyllische Epos folgt antiken Vorbildern, vor allem den von Theokrit und Vergil in Hexametern gemalten Szenen des einfachen Lebens der Fischer, Hirten und Bauern. Die deutschen Ahnen sind Johann Heinrich Voß mit seiner ›Luise‹ (1795) und Goethe mit ›Hermann und Dorothea‹ (1797). Ländliche Gegend oder Kleinstadt in Deutschland, die Wiese am Bach, der Brunnen am Markt,

Bauernhof, Bürger- und Pfarrhaus bilden die vertraute Bühne, auf der zumeist Alltägliches vorgeht: Schwatz und neckender Zank, kleine Intrigen um Geld und um Liebe, oft eine Verlobung. Dem Biedersinn fällt meistens am Ende der Sieg zu. Während bei dem republikanisch gesinnten Voß, der sich schon im Sturm und Drang mit entschieden sozialkritischen Hexameter-Idyllen (›Die Leibeigenen‹, ›Die Freigelassenen‹) exponiert hat, der Blick auch durchs Fenster der Kleinwelt hinausgeht, auf den amerikanischen Unabhängigkeitskrieg und Washington etwa, während bei Goethe die Französische Revolution mächtig mitspielt, verlieren sich in den Idyllen der Biedermeierepoche solche Einschüsse des großen homerischen Epos bald im kleinen theokritischen.

Eine schwache Reminiszenz finden wir noch in dem seinerzeit beliebten, vielaufgelegten und als schulisches Übungsbuch sogar ins Lateinische übersetzten Epos ›Hannchen und die Küchlein‹ (1822) von August Gottlob Eberhard. Hier wird mitgeteilt, der Bruder der Heldin sei in den Koalitionskriegen gegen Frankreich gefallen. Ansonsten ist es ein zarter, bisweilen am Rand der Banalität wandelnder Liebesroman zwischen Hannchen und dem Pfarrer Gottlob, zugleich empfindsam wie didaktisch dargeboten in Hexametern, die wegen zu selten gestreuter Trochäen öfter monoton und einschläfernd wirken.

Wichtiger ist Melchior Meyr, der sein »ländliches Gedicht« ›Wilhelm und Rosine‹ (entstanden 1829/32, erschienen 1835) im Nördlinger Ries spielen läßt, wo später auch seine Dorfgeschichten ihren Ort haben. Auch sein Epos ist eine Dorfgeschichte [→ Böning: Volkserzählungen, 302 ff.], in Versen mit detaillierter Schilderung der bäuerlichen Sitten und Arbeitsgriffe, mit einer bisweilen humorgetönten psychologischen Zeichnung der ländlich-regionalen Mentalität. Hier gelingt, ähnlich wie in ›Hermann und Dorothea‹, eine Heirat gegen den Willen des Vaters, eines Großbauern, der mit seiner Tochter andere Pläne hat, aber schließlich ihrer Verbindung mit dem Großknecht Wilhelm zustimmen muß: ein Sieg fraulich-empfindsamer Klugheit.

Das bedeutendste Beispiel idyllischer Epik bietet Eduard Mörikes ›Idylle vom Bodensee‹ (1846).[5] Der Dichter selbst sieht diese Geschichte vom witzigen, bisweilen odysseushaft verschmitzten Fi-

scher Martin und den Glockendieben in der »Mitte zwischen den
griechischen Mustern und Hebels erzählender Darstellungsweise«,
verbindet also die Antike, die ihm durch seine Anakreon-, Theo-
krit- und Tibull-Übertragungen wohlvertraut ist, mit seiner Hei-
matregion. Ländlich ist das Milieu, sind die Namen und Hand-
werke der Personen; dörflich klingt, zuweilen bis zur Mundart, die
Sprache; ebenso passen die Abenteuer und Schelmereien schön in
den südwestdeutschen Raum. Die enge Welt der Idylle weitet sich
aber auch: räumlich durch reizvolle Naturblicke über Bodensee und
Schweizer Ufer hinweg zu den weißen Gipfeln der Alpen, zeitlich im
Rückblick in eine fast mythische Vorwelt, eine Epoche heidnischer
Opferriten; das nimmt diesem idyllischen Werk einiges von seiner
vorgewandten Harmlosigkeit. Dennoch: solcher Tiefenblick wie
auch das antike Kleid der Erzählung, das Hexametermaß, die homerisierenden Wendungen, Musenanruf und epischer Vergleich,
die deutlichen Anspielungen auf den menschenknetenden Prome-
theus, auf dionysische Tänze, auf Odysseus und Orpheus, der die
schwäbischen Hügel in Bewegung setzt (Fischer Martin besorgt
das mit seiner Klarinette) – all das stößt an keiner Stelle ärgerlich
mit den feingepinselten Genrebildchen und Interieurs zusammen,
auch nicht mit den schwankhaften Intrigen der Hauptfigur. Es sind
Streiche wider die Habgier, die der Fischer verübt. In der Rah-
menerzählung verlockt er den Schneider und seinen Gesellen zum
Glockendiebstahl, doch erhalten jene am Ende statt des ersehnten
Metalls beschämt einen alten Filzhut, den »Auswurf seines Ge-
schlechtes«. In der Binnengeschichte, die auf die Jugendjahre
zurücklenkt, bestraft Martin die habgierige Gertrud, welche den
braven, doch armen Schiffer Tone um eines dummen, aber reichen
Müllersohnes willen verlassen hat, indem er – zur hohnlachenden
Freude der Dorfjugend – ihren Brautschatz in den Wald entführt.
Doch diese Sache endet ebenso versöhnlich wie die Geschichte der
betrogenen Diebe; man löst sich mit gutem Humor voneinander.
Das bukolische Herzstück der Dichtung ist der fünfte Gesang. Er
erzählt voll zarter Empfindung und verschämter Sinnlichkeit die
glückliche Werbung des von der habgierigen Gertrud verlassenen
Tone um die liebreizende Schäferin Margarete:

Nun schwiegen sie gar, und er, an die Eiche sich schmiegend,
Blickte von oben auf ihre Gestalt. Da quoll ihm der Busen
Bang und wallete ganz von sehnender Liebe das Herz ihm,
Welche zuvor ihm schon mit Verheißung leise genaht war,
Wenn dem Einsamen oft das liebliche Bild Margaretens
Sich vor die Seele gestellt mit Trost und Schwestergebärde.
Ach wie drang es ihn jetzt in überfließender Rührung
Auf einmal sein ganzes Gemüt vor ihr zu entdecken.

Ein so reizvolles Versteckspiel mit der Erotik wie zwischen dem zweiten und dritten Vers finden wir öfter in dieser Idylle. Was die antike Idylle an offener, zuweilen priapeischer Sinnlichkeit bietet, hier ist es durch die Schule Gessners gegangen und in biedermeierlich-empfindsame Dezenz gewandelt.

Im selben Jahr wie Mörikes ›Idylle vom Bodensee‹ erscheint von Karl Ludwig Kannegießer, der auch ein Iphigenien-Drama verfaßt hat, das »epische Gedicht« ›Telemachos und Nausikaa‹. Kannegießer eifert darin nicht nur, wie Pyrker, dem Homer in der heroischen Größe des Geschehens nach, sondern er führt dessen eigenes Heldenlied, die ›Odyssee‹, um neun »Gesänge« weiter. Wie der Titel verrät, wird dem Odysseus-Sohn eine Braut verschafft, und wer könnte das schwiegerväterliche Glück des späten Heimkehrers schöner erfüllen als jene ihm selbst so angenehme Phäakentochter Nausikaa? Hier kommt nun die idyllische Spezies zu ihrem Recht, der Homeride Kannegießer sucht die beiden antiken Epenformen, sucht das Heroische mit dem Intimen zu verschmelzen. Der »verschlagene Späher Odysseus« wird geradezu ein Vossischer Mann, ein griechischer Pfarrer von Grünthal, der mit seiner »plaudernden Penelopeia« einen Abendspaziergang unternimmt und der häuslich-biederen Gattin listig Bescheid tut:

⟨...⟩ da selber du schwerlich ein eig'nes
Kindchen noch wiegst in dem Arm; nach Enkelchen, Knäbchen und
  Mädchen,
Sehnt sich das liebende Herz: Großmütterchen möchtest du heißen.
Aber verzage noch nicht! Rührt hier kein Mädchen das Herz ihm,
Auch in dem Ausland blüh'n Jungfrauen die Hüll' und die Fülle –

Die familiäre Verbindung zwischen Ithaka und dem Phäakenlande gelingt – sicherlich leichter als die Synthese von Heldenton und Kleinbürgersinn in Kannegießers Gedicht.

III. Ketzergeschichte im Epos

Das Jahr 1835 brachte ›Faust‹ von Nikolaus Lenau, ein episch-dramatisches Mischwerk in weltschmerzlich-nihilistischer Stimmung. Faust ersticht sich, der »Sehnsucht nach dem Untergang« nachgebend, am Ende selbst; doch bleibt offen, ob er seinem als sinnlos erfahrenen Lebenstrieb damit wirklich entkommt. 1837 folgte Lenaus ›Savonarola‹, in kleinteiligen Vierzeilerstrophen eine Kampfansage an die weltlich entartete Kirche, ebenso an den Antike-Kult der Weimarer Klassik. Erstaunlich ist diese jäh erfolgte zustimmende Wendung des Dichters zu einem Vertreter fundamentalistischer Frömmigkeit und – mit der Ablehnung des Hegelschen Geschichtsdenkens, des St. Simonismus und der Bibelkritik von David Friedrich Strauß – auch ein halber Wechsel in die Front der Restauration. Danach erfolgt wiederum eine Kehre. Lenau erwägt nun Epen über rebellische Gestalten der Staaten- und Kirchengeschichte, über Huß und Hutten. Das sind Themen, die in seiner Nachfolge andere aufgegriffen haben: Alfred Meissner mit seinem ›Ziska‹, Conrad Ferdinand Meyer mit ›Huttens letzte Tage‹. Schließlich findet Lenau den Albigenser-Stoff, er scheint ihm am besten geeignet, seine neuen Ansichten von Weltlauf und Gesellschaft auszudrücken.

Über das Epos ›Die Albigenser‹ (1842) hat Pyrker »tiefsten Abscheu« empfunden. Dies war kein »positives« Kreuzzugsgedicht wie seine eigene ›Tunisias‹-Dichtung, sondern das genaue Gegenteil[6]. Die dreißig in abwechslungsreichem Vers- und Strophenmaß gebotenen Romanzen sprechen mit bitterer Eindeutigkeit gegen Kirche und Königtum, die am Beginn des 13. Jahrhunderts ein freisinniges Leben und eine blühende Kultur im südlichen Frankreich blutig erstickten. »Freie Dichtungen« nennt Lenau, auf Form und Tendenz anspielend, sein Werk. Er hat sich kundig gemacht über die Ursprünge, die Wege und die Helfer des schlimmen Kreuzzuges, er hat die Geschichte des Languedoc, die Weltanschauung der Katharer, die Viten der wichtigen Akteure beider Seiten studiert. In eindrucksvollen Einzelgemälden folgt er der entstehenden dominikanischen Inquisition, den Obsessionen des Papstes Innozenz III., der ersten Sendung des römischen Boten Pierre von Castelnau zu den Albigensern, den Schlachten um Carcassonne und Béziers bis zum Tod des französischen Feldherrn Simon von Montfort bei der Erstürmung der häretischen Hauptstadt Toulouse. Daß das Scheusal Montfort hier von einem Stein erschlagen wird, ist nicht historisch, doch glaubt Lenau, diesen Tod dem Gerechtigkeitsempfinden schuldig zu sein; nach den fanatischen Exzessen von Heimtücke, Schändung und Mord bedarf der Leser einer Genugtuung. Sonst bemüht sich der Dichter um Ausgewogenheit und sieht Untaten auch auf seiten der Ketzer. Er spürt den Motiven des Kreuzzuges nach: Machtgier bei den Großen, Habsucht und Raublust bei den Soldaten, wilde Verblendung oder, wie bei dem Minnesänger Fulco, eine enttäuschte Liebe und die Erfahrung der Vergänglichkeit. Die Romanzen schlagen viele Töne an und bieten unvergeßliche Bilder, etwa die Allegorie von der Geburt des »Molches« Inquisition; auch anderes symbolisches Getier wie Raben, Geier und Ratten tritt auf. Eindrucksvoll die Erscheinung des Krieges, die in zugleich barocken wie expressionistischen Zügen das Morden und Brennen zusammenfaßt:

> Der Krieg, der wilde, rennt und schnaubt
> Durchs Land, die blutig rote Pfütze,
> Er hat den Himmel sich aufs Haupt
> Gesetzt als eine Scharlachmütze –
> (Simon Montfort).

Zur Erholung vom »wilden Grauen« gibt es zarte Episoden, Erinnerungen an die »wonnereichen Sirventesen«, die empfindsamen Troubadourlieder des jungen Fulco und melancholische Verspaare wie dieses:

Zertreten sind die Saaten auf den Fluren,
Die Lerchen flohen mit den Troubadouren –
(Ein Schlachtfeld).

Freilich fehlen nicht sarkastisch-anklagende Töne und ebensowenig dialektisch-didaktische, die das Epos vor allem gegen Ende anschlägt. Da verläßt es die historische Ebene und trägt eine hegelianisch gefärbte Fortschrittsidee vor. Das epische Ich äußert die Verheißung, daß nach dem alttestamentarischen Reich des Vaters und dem neutestamentarischen des Sohnes die Zeit des freien Geistes kommen werde – allerdings nach einer langen gewaltigen Folge von Leid und Kampf. Das ›Albigenser‹-Epos selbst erhält in dieser Geschichte seinen Platz. Wie es uns als Menschen der durchgängigen Welthistorie an die Schrecken des Mittelalters erinnert, verheißt es zugleich, daß man in glücklicherer Zukunft an die Wirren der Gegenwart zurückdenken wird:

So wird doch in der Freiheit goldnen Strahlen
Erinnerung an uns als Träne blinken –
(Schlußgesang).

Nach Art der barocken Tragödie, die den Menschen während des grausamen Dreißigjährigen Krieges damit tröstet, daß sie auf der Bühne an erhabenen Personen noch weit Grausameres geschehen läßt, meint der Epiker Lenau: Im Blick auf einen riesigen Tyrannen wie Papst Innozenz III. seien die jetzigen »Schrumpfgestalten der Despoten« leichter zu ertragen. Ohne Frage ist hier an Metternich gedacht, der antihabsburgische und antidynastische Affekt des Epos wird unübersehbar, ganz antipodisch zu den herrschaftsstützenden Absichten, die Pyrker mit seiner Poesie verfolgte. Lenau hat sich – zumindest in einigen Passagen seines Epos – zur junghegelianischen Partei des Vormärz geschlagen, mit der optimistischen Sicht der Geschichte[7], aber auch mit den dazu gehörenden suggestiven Naturbildern [→ Sautermeister: Religiöse und soziale Lyrik, 506 ff.]:

Ihn ⟨den freien Gedanken⟩ wollt ihr hemmen, wenn er sichtbar werden
In menschlicher Gestaltung will auf Erden?
Haut alle grünen Sprossen ab zur Stunde,
Reißt alle Wurzeln aus dem Muttergrunde
Und schießt die Vögel aus den Lüften nieder,
Wenn ihr das Grünen hasset und die Lieder,
Ihr könnt den Drang nicht hemmen und nicht stillen,
Den unaufhaltsam starken Frühlingswillen.
O glaubet, Fürsten, minder noch zu zwingen
Ist der Gedanke je mit euren Waffen,
Wenn er der Menschheit will die Freiheit schaffen
Und will durch die Geschichte blühn und singen –
(Umsonst).

Erkennbar durch Lenaus ›Albigenser‹ beeinflußt ist das Epos ›Ziska‹ von Alfred Meissner aus dem Jahr 1846. In fünfundzwanzig Gesängen, auf vier Bücher verteilt, dazu einem Eingangs- und Schlußgedicht, beschäftigt sich das Werk mit der hussitischen Bewegung zwischen 1419 und 1424. Es folgt den Geschehnissen in Böhmen, erzählt von der Parteiung in Taboriten und Kalixtiner und präsentiert neben der Hauptfigur andere Führer des Aufstands gegen Kirche und Kaiser: Procop, Bzdinka oder Jan von Zelau. Erläuterungen religions- und geschichtswissenschaftlicher Art sind dem Gedicht beigefügt. In ihnen zeigt sich der aufgeklärte Vormärzler Meissner, doch ebenso im Gedicht selbst, wo die religiösen Visionen Ziskas nur als Träume gelten oder der berühmte Legendenzug, daß man die Haut des großen Empörers nach seinem Tod auf eine Trommel gespannt habe, als Fieberwunsch des sterbenden Helden erscheint. Ins Tschechische übersetzt, wurde der ›Ziska‹ zum böhmischen Nationalepos, in Habsburg war das Gedicht sofort verboten.

Wie Lenau argumentiert auch Meissner mit der historischen Kontinuität und reiht die Hussiten als Kämpfer für das »Menschenrecht« in die Linie von Spartakus bis Luther und Rousseau ein. Sie sind »Propheten«, deren Kampf den Herrschenden immer wieder als Rebellion und Ketzerei erscheinen muß. Sinn seines Epos wie aller Poesie sei es, die Freiheit anzumahnen und ihr Werden zu begleiten. Daß der Freiheitsfortschritt allerdings ohne »Eisen«, friedlich und allein durch politische Dichtung und Rhetorik herbeiführbar wäre, daran glaubt so kurz vor 1848 der Dichter nicht mehr. Seine Hoffnung, »daß Deutschland in der Helden Streiten / verwandte Freiheitslosung tönen hört«, setzt durchaus auf revolutionäre Gewalt. Ihr Bild ist Ziska, der Krieger:

> Im Stahlgewand steht Ziska hoch zu Wagen,
> Sein Wort ist Donner, und sein Blick ist Brand

heißt es mehrmals, martialisch und monumental. Idealisiert wird der Held indessen nicht, auch sein Düsteres und Wildes schildert das Gedicht und verrät, daß persönliches Rachebedürfnis – ein Mönch hat ihm die Schwester geschändet – in seinen Kampf für »Böhmens Sache« einfließt. Die Hussiten tragen zu den Bildern des Grauens bei, die das Epos vor uns entrollt, etwa das nächtlich-laszive Ritual der Adamiten, über das metzelnd die religiösen Eiferer kommen. Die schreienden Farben sind im Vergleich zu Lenau gemildert, Meissner erzählt weitschweifiger, konzentriert nicht so sehr in symbolische Bilder und Szenen. Allerdings ist er in der Wahl der metrischen Formen nicht minder verschwenderisch als sein Vorbild und nutzt volksliedhafte Vierzeiler ebenso wie gereimte Langzeilen, epigrammatische Zweizeiler oder freie Rhythmen und andere Muster mehr.

Auffallend ist, im Vergleich zu Lenaus ausnahmsweise optimistischem Gedicht, ein resignativer Ton. Er findet sich im »Schlußgesang« und bereits in einer der letzten Äußerungen Ziskas selbst:

> Vielleicht belächelt der Weltgeist droben
> Den Ameisenhaufen des Menschengeschlechtes!

Der geschichtsphilosophische Gedanke Hegels ist hier schon ein wenig durch Weltschmerz ironisiert. Die Fortschrittszuversicht hat einen Riß bekommen und das Epos die einheitliche Grundstimmung eingebüßt.

IV. Napoleon als Thema

Dem »höchsten Helden« und »größten Krieger« gelten die ›Kaiserlieder‹ des Freiherrn Franz von Gaudy aus dem Jahr 1835. Napoleon wird gefeiert, was in der restaurativen Stimmung dieser Jahre nicht ohne Kühnheit ist. Rund ein Viertelhundert in sich geschlossener Gedichte verfolgen den Lebensgang des Korsen von seiner Schulzeit bis zum Grab auf St. Helena. Dazwischen liegen Arcole und Marengo, die ägyptische Expedition, Borodino, Moskau im Brand, Elba und die hundert Tage. Gaudy gibt seiner Erzählung durch historische Fußnoten und die Verwendung überlieferter Napoleonworte einen wissenschaftlichen Charakter. Er vergißt andererseits nicht, Züge des Wunderbaren einzufügen, erzählt legendenhaft, wie Napoleon in der afrikanischen Wüste eine Gemme mit dem Kopf des Augustus findet, der dem seinen gleicht. Auch Naturbelebung – um den toten Kaiser klagende Trauerweiden – und Exotik überhöhen den historischen Bericht, Exotismen vor allem in dem Gedicht ›Die Schlacht bei den Pyramiden‹, der einzigen Kampfbeschreibung des Epos:

> Ha, er naht! Die Wüste zittert unter seiner Renner Hufen.
> Durch die Glieder der Franzosen hör' ich Bonaparte rufen:
> ›Schließet eures Vierecks Mauern! Von der Kön'ge Felsengrab
> Schauen jetzt auf eure Thaten drei Jahrtausende herab!‹
> ‹...›
> Von der Muselmannen Haupte, von des Turbans falt'gem Schleier
> Glänzt das funkelnde Geschmeide, nickt der schwanke Busch vom Reiher,
> Und des Stahles Mondessichel, schmiegsam, hauchend zarten Duft,
> Funkelt in der Hand des Kriegers, blitzschnell zischend durch die Luft.

Langzeilenstrophen wie diese hat Gaudy von Wilhelm Müller aus dessen ›Lieder der Griechen‹ (1821/26) gelernt, und er gibt sie, zusammen mit seinen eigenen morgenländischen Motiven – »Turban«, »Palmenhügel«, »Wüste« und »Löwe, der im Sprunge« – an Ferdinand Freiligrath weiter. Doch werden die Lebensstationen des »Wüsten-Löwen« Napoleon auch mit anderen als Langzeilmetren vorgetragen, teils in ehrgeizigen Erfindungen Gaudys, teils in schlichterer Liedform. Für einen beträchtlichen Teil seiner Gedichte auf den Franzosenkaiser verwendet er die kerndeutsche Nibelungenstrophe, was den liberalen und gar nicht nationalistischen Geist des Verfassers verrät. Ihm ist der Kaiser eine Gestalt geworden, die keines Landes ausschließlicher Besitz und keiner Nation Feind mehr ist. In seinem vollendeten Lebensgang bleibt der Korse nun Teil jener Geschichte, die er selbst mitgeschrieben hat, und so verkündet am Ende die Natur an seinem Grab:

> Denn die Schrift ist die Geschichte,
> Und der Erden Rund das Mal.

Am preußischen Hof und in der borussischen Generalität lobte man ›Waterloo‹, das Schlachtenepos von Christian Friedrich Scherenberg als »ächtes Nationalepos«.[8] Diese Blankversdichtung erschien, vorbereitet durch das epische Gedicht ›Ligny‹ (1846), im Jahr 1848. Ihr folgten 1852 ›Leuthen‹ und 1868 ›Hohenfriedberg‹. Die Titel verraten, daß es Scherenberg um Preußens Gloria zu tun ist; ›Waterloo‹ ist »Preußens Fahnen« gewidmet, denen am 18. Juni 1815 im Verein mit den englischen Truppen der Sieg über Napoleon gelang. Das Gedicht folgt in heftigen Szenen dem historischen Kampfverlauf, es geht schnell und grell zu, knappe soldatische Ausdrucksweise, stichomythisch-fetzenhafte Dialoge und harte Enjambements geben den Versen eine eigene Rasanz, doch verdunkeln sie auch bisweilen den Sinn, und die anspruchsvollen Naturbilder oder das Zitat homerischer Namen, zumeist aus der ›Ilias‹, welche die Entscheidungsschlacht schicksalhaft erhöhen sollen, machen die Aussage manches Mal etwas rätselhaft:

> Und her vor seinen Schrecken ruhelos,
> Vor seinen blassen Legionen mit
> Dreifarbigem, zerfetztem Purpur zieht
> Der vogelfreie Cäsar vom Entweder –
> Oder –
>   ›Nichts!‹ donnert hinter ihm der Marschall
> Europas. ›Abgefunden!‹ reißt er von
> Der Schulter ihm sein flatternd Trikolor,
> Schleudert von Flanderns siegverschriebner Erde
> Gen Frankreich heim ihm die geschmolzne Welt

> Wie Lava aus dem Krater, bis sie all'
> Die glühnden Schlacken, tot verkohlt sind – Asche,
> Verwehend in den Wind spurlos wie Sand
> der Wüste – ›Sauve qui peut!‹ und – ›Tout perdu!‹ –
> Begraben! –
>   Über seine Gräber weg,
> Die rollenden Trümmer auf den Fersen, stürzt
> Ihr Gott weg aus Europa in das Weltmeer ⟨...⟩

Immerhin widerstrebt eine derartige Mythisierung des französischen Heros einem penetranten preußischen Jubelpatriotismus, sie wehrt der Schadenfreude und dem Hochmut gegenüber dem Besiegten und kann zur Warnung dienen, die imperiale Hybris zu meiden; denn, so heißt es mahnend nach mehr als einer politischen und nationalen Seite: »was geschah, kann wiederum geschehn.«

V. Orient und Märchenton

August von Platen hat sich seit seiner frühen Jugend um ein episches Werk bemüht. Als 13jähriger begann er in Hexametern mit ›Luther‹, dann folgten Versuche in Stanzen über ›Arthur von Savoyen‹ (1812), über ›Mahomet‹ (1816) und ›Odoaker‹ (1818/19). Auch ein Hohenstaufen-Gedicht in Nibelungenzeilen wurde begonnen (um 1829); es sollte Platens ›Ilias‹ werden, kam aber nicht über zwanzig Strophen hinaus. Vollendet wurde hingegen ein ›Gedicht in neun Gesängen‹ mit einem Prolog, das Platen »meine Odyssee« genannt hat: ›Die Abbassiden‹. Er hatte seit 1829 daran gearbeitet, experimentierte auch hier mit verschiedenen Formen – Stanzen, Hexametern, Nibelungenstrophen und indischen Metren – und ließ das Werk 1834 zunächst im Wiener Almanach ›Vesta‹, dann 1835 bei Cotta als Einzeldruck erscheinen. Es war nunmehr in fünffüßigen reimlosen Trochäen (›serbischen Trochäen‹) gehalten. Inspiriert ist das Epos durch die Märchensammlung ›1001 Nacht‹, die der Dichter seit den frühen zwanziger Jahren las und liebte. Vor allem die Episoden um Sindbad den Seefahrer und die Geschichte vom fliegenden Pferd werden genutzt zu einer frei schaltenden Erzählung von den Harun-Söhnen Amin, Assur, Assad und ihrer Schwester Amine, von ihren vielverschlungenen, wunderbaren und abenteuerlichen Wegen aus Bagdad und dahin zurück. Das Gedicht trifft den orientalischen Märchenton ausgezeichnet. Räume werden in kürzester Zeit durchmessen; Ägypten, Persien, Kaschmir oder der sagenhafte Magnetberg sind Orte der Handlung; man veranstaltet Elefantenjagden und findet einen Elefantenfriedhof; von Schiffbruch und Felsensturz, verräterischen Mohren und Menschenopfern wird erzählt, von morgenländischen Palästen mit smaragdschönen Parks; ein Walfisch taucht inselgroß aus dem Meer; der Vogel Rock trägt den Helden Assad ins Diamantental, von wo er sich per Zauberring in die Magierstadt versetzt und dort mit einem Bach geradewegs ins Bad seiner Braut Diwisade schwimmt.

Ein bilderreiches und anmutiges, für Platen überraschend leichtfüßiges Gedicht. Er selbst hat es als Probe darauf verstanden, daß ihm auch der unpathetische Ton zu Gebote stehe und er nicht nur deklamieren, sondern auch erzählen könne. Wir lesen im Prolog:

⟨Ich⟩ will, da viele mich verschrien als bitter,
Euch meine Süßigkeit einmal beweisen:
Die Sonne bring' ich nach dem Ungewitter,
Einladend euch, mit mir ein Stück zu reisen,
Ein Märchen aus dem Orient zu lesen,
Der meiner Jugend schon so lieb gewesen.

Die zumeist gleichzeitig verlaufenden Abenteuer der Sultanskinder werden, worin die kompositorischen Einflüsse von Ariost spürbar sind, hintereinander erzählt, bis das gute Geschick alle Helden und Heldinnen wieder in die Heimat führt und der weise Abbassiden-Vater sprechen darf:

Hin und her bewegt vom Sturm des Schicksals,
Zeigt der Mensch uns bald die schönere Seite,
Bald die schlimmere, wie die Malereien
Auf dem Wimpel eines Schiffs. Im Leben
Ist Vergessen nicht die letzte Tugend.

So der Abbasside. Freudig drängen
Seine Söhne sich um ihn, erzählend
Wechselseits der allzulangen Irrfahrt
Mißgeschick und ihr vergnügtes Ende.
Wenn ein Fürst hienieden je beglückt war,
War es Harun al Raschid in Bagdad –
(9. Gesang).

Beglückt ist der Fürst nicht zuletzt als Familienvater, der die Seinen mit allen in der Ferne erworbenen Geliebten biedermeierlich um sich versammelt.

VI. Ironie und Komik

Nie ist im Vormärz das Neckische, das beinah Alberne gar, hübscher zur Kunst geworden als in Karl Leberecht Immermanns ›Tulifäntchen‹. Heine, von dessen engagierten Ratschlägen begleitet das »Heldengedicht in drei Gesängen« entstand und 1830 erschien, nannte es einen »epischen Kolibri« und wies damit auf die Mischung aus Scherz und Satire, Kindermärchen und Komik. Wir lesen die Erzählung vom Ritter Däumling, der im Ohr seines Schimmels Zuckladoro zu hohen Taten ausfährt, im Weiberland der Königin Grandiose, einer Amazonenstaatsparodie, anstelle des herkömmlichen Drachen eine große Brummfliege erlegt, die Königstochter Balsamine aus der Gewalt des Riesen Schlagododro befreit, sie heiratet und durch Fee Libelle, seinen Schutzgeist, aus schimpflicher – der des Burgunderkönigs Gunter vergleichbaren – Lage erlöst wird: seine Frau hat den tapferen Winzling (»fingerlang und finderdick«) in einem Vogelbauer vors Fenster gehängt und verhöhnt ihn; Libelle versetzt Tulifäntchen schließlich ins Märchenreich »Ginnistan«. Die sprechenden Namen gehören zum komischen Genre des Gedichts, dazu spürt der Leser überall seine parodistische Anlage und versteht Immermanns eigene Charakteristik des Werkes als »Epos und Parodie des Epos zu gleicher Zeit«. Antike und mittelhochdeutsche Epik, die italienische und spanische

Verserzählung der Renaissance, Wielandisches Rokoko, Grimmscher Märchenton und die Volkslied-Romantik des ›Wunderhorns‹ – all das schimmert durch. Stark tritt die Erinnerung an Herders Nachdichtung der spanischen ›Cid‹-Romanzen hervor, wovon Immermann den vierhebigen ungereimten Trochäus – neben kurzen italienischen Madrigalpartien das vorwiegende Metrum – und die wie Refrain oder Leitmotiv eingesetzten lakonisch-elliptischen Wendungen übernimmt:

Fürstenzürnen, böses Zürnen!
Königsgrimm, o schlimm Verhängnis!

Zur Komik und zur Parodie der literarischen Motive und Formen tritt die Satire, »eine wahrhaft universelle Satire«, wie Michael Beer feststellt, dem Immermann sein Epyllion gewidmet hat. Wir vernehmen Spott auf Adelsstolz und Kleinstaaterei, auf Geniedünkel und Bildungsattitüde, auf Bürokratie und Frauenemanzipation, ebenso auf den Fortschrittsglauben in Verbindung mit der neuen, vorwiegend aus England stammenden Technik. Doch verharrt dieser Spott fern jedem rechthaberischen Gepolter, bleibt spielerisch und beißt nicht so scharf wie in Heines satirischen Epen. Das Epos enthält auch keine Derbheiten, die verhindern könnten, daß ›Tulifäntchen‹ im Damensalon zur Vorlesung kommt. »Dieses ist die Zeit der Kleinen«, sagt mit der zarten Stimme von Fee Libelle der Dichter und gibt damit in liebenswürdiger Boshaftigkeit der biedermeierlichen Epigonenzeit ihr Signalement – einer Epoche, in der die großen Klassiker abgetreten oder im Abtreten sind und die elementarischen Dämonen der Romantik sich zu »kleinen Geistern« verniedlicht haben, wie bei Kopisch oder wie bei Immermann selbst im Schutzgeist unseres Helden:

Siehe, durch die Dämmrung Lichtglanz,
Und im Lichtglanz welch ein Wesen!
Auf des Regenbogens Brücke
Steigt ins Zimmer, lieblich lächelnd,
Große Flügel, goldenschillrig,
Blaupunktiert, bewegend, steigt

Zu dem Bett ein zartes Weiblein.
Und zu den erschrocknen Eltern
Sprach das goldbeschwingte Wunder:
Fürchtet nichts, ihr Guten, blickt mich
Mutig an; ich bin der Schutzgeist
Eures Hauses, Fee Libelle –
(Tulifäntchens Geburt).

Gottfried Kinkel, dem demokratischen Publizisten und späteren Paulskirchendelegierten der äußersten Linken, gelang 1843 ein Werk, das durch alle politischen Parteiungen und über die Grenze von 1848/49 hinweg unzählige Liebhaber fand: ›Otto der Schütz‹. Es ist die Geschichte vom verbannten thüringischen Landgrafensohn, der unerkannt an einem niederrheinischen Hof Dienst nimmt, die Liebe der dortigen Grafentochter gewinnt und schließlich in seinem wahren Stand erkannt und zum Landesherren erhoben wird. Kinkel nennt seine Bearbeitung des regionalen mittelalterlichen Sagenstoffs »eine rheinische Geschichte in zwölf Abenteuern«. Die Zwölfzahl spielt natürlich auf die antike Epik an, und auch manche breit ausgeführten Vergleiche, die detaillierte Beschreibung eines meisterlichen Bogenschusses oder das Motiv der früh erworbenen Narbe als Erkennungszeichen des Helden wollen an Homer erinnern. Mit einer Erwähnung Dietrichs von Bern und des Nibelungenhorts wird auch die altdeutsche Epik geehrt, und die von Liedern unterbrochenen gefälligen Reimpaare, zumeist eine Art regulierter Knittelvers, schließen sich an höfische und frühneuhochdeutsche Traditionen. Nicht ohne Reiz sind die sanften Natureingänge einiger Kapitel, wenn sie die »Waldeinsamkeit« oder den schönen Rheinstrom beschwören. Auch Politisches klingt an, das Ideal eines väterlichen Fürsten wird ausgemalt, das Verhältnis von Liebe und Stand erörtert und – es sind die Jahre der Rheinkrise – der Preis rheinischer Schützenfeste ausgebracht [→ Sautermeister: Reiseliteratur, 122 f.]. Schließlich feiert das Gedicht die Vision deutscher Einheit »von dem Elbstrom bis zum Rheine«. Episoden gefährlicher Jagd, Intrigen und sportlicher Wettstreit, auch lebensbedrohende Überfälle auf der einen und zarte Minne auf der anderen Seite geben dem Sagenepos Spannung und Anmut. Doch seien nicht jene trivialen Reflexionen verschwiegen, deren Einsatz uns auch den ›Trompeter von Säckingen‹ (1854) des Kinkel-Nachfahren Viktor von Scheffel so sehr verleidet – etwa:

> Nun spielt ein grausam Schicksal oft,
> Wie man's am wenigsten verhofft;
> Auch hüllt sich wohl in trübe Nacht,
> Was uns am Ende glücklich macht.

Charakteristischer aber ist der spätromantisch-biedermeierliche Ton, mit dem das Abenteuer ›Die Rheinfahrt‹ einsetzt:

> In klarer Frühlingsabendpracht,
> Wenn schon der Sterne Heer erwacht,
> Wenn kühl der Mond im Ost sich hebt,
> Die Flur mit blauem Duft umwebt,
> Indeß im West des Abends Strahlen
> Den Himmel heiß mit Purpur malen:
> Wenn Nachtigallenschlag erschallt
> Und drein im Nachthauch rauscht der Wald;
> Wenn aus des Wassers dumpfer Schwüle
> Der Fisch mit lust'gem Sprung sich schnellt,
> Und in der weichen Schlummerkühle
> So still und heimlich liegt die Welt;
> Wenn in der Uferweiden Dunkel
> Der Elfen Chor den Reigen schlingt,
> Und aus dem Strom ein leis Gemunkel
> Der Nixen auf zum Lichte klingt:
> Das ist die zauberhafte Stunde,
> Wo Tag und Nacht in gleichem Bunde
> Dich kränzen mit dem schönsten Schein,
> Du Fürst der Ströme, trauter Rhein!

Zu solchem Klang konnten sich Rechte und Linke, Vor- und Nachmärzler freundlich verbinden.

VII. Leben, Geschichte, Traum

Die westfälische Dichterin Annette von Droste-Hülshoff schätzte ihre metrischen Arbeiten höher als die prosaischen. Auch ihr berühmtestes Werk, ›Die Judenbuche‹, war zuerst als Versepos konzipiert. Begonnen hat sie mit ›Walter‹, einem Ritter- und Einsiedlergedicht in Fouqués Stanzenmanier, mehr einer Stilübung. Es folgten ›Das Hospiz auf dem Großen Sankt Bernhard‹, eine dreiteilige Alpenerzählung in jambischen Vierhebern, und das düstere böhmische Nachtstück ›Des Arztes Vermächtnis‹. Dieser Text, bis 1834 entstanden, 1844 veröffentlicht, berichtet als Ich-Erzählung von einer schauerlichen Räuberbegegnung, die das Leben eines Arztes verdirbt. Ein anmutiger Naturrahmen dämpft den Grimm der Erzählung, läßt aber auch die barocke Frage erklingen: »Traum, bist du Leben? – Leben, bist du Traum?«

Zum eigentlichen Sujet fand die Dichterin 1838 mit der ›Schlacht im Loener Bruch‹. Kein reines Schlachtengemälde, sondern »mehr ein vaterländisches Stück« solle das Epos sein, schrieb Droste-Hülshoff ihrer Freundin Sophie von Haxthausen. Sie plante ein geschichtliches Werk über die westfälische Heimat, ganz im Sinn der späteren ›Heidebilder‹ und damit auch der ›Judenbuche‹. Stark von Walter Scotts historischen Dichtungen beeindruckt, betrieb die Dichterin ein gründliches Quellenstudium zur Schlacht bei Stadtlohn im August 1623 zwischen dem katholischen Feldherrn Tilly und Christian von Braunschweig, dem »tollen Herzog«, der zur protestantischen Union übergegangen war. Ihr Gedicht gibt die Topographie des Kampfplatzes exakt wieder, ebenso die Namen der Offiziere, die Kleidung der Soldaten, ihre Feldzeichen und Waffen; authentisch klingen die Kommandorufe, die eingelegten Kirchen- und Landsknechtslieder. Auch Moor und Heide gehören zur Heimat und zu diesem finsteren Kapitel der »vaterländisch«-westfälischen Geschichte. Die Landschaft spielt mit, sie ist Raum der Schlacht, belebt und verdeutlicht sie atmosphärisch oder greift wie strafend in das entmenschte Menschenwerk ein:

Doch mancher an des Schlundes Rand
Noch hat zum Kampfe sich gewandt,
Und zog mit letzter Kraftgewalt
Den blut'gen Feind vom sichern Halt;
Dann wütig kämpfend in dem Schlamm,
Sie rangen wie zwei Wasserschlangen,
Die sich in grimmer Lieb' umfangen.
Zuletzt nur noch des Helmes Kamm
Sah aus den Binsen, und der Schlund
Schloß zuckend seinen schwarzen Mund –
(2. Gesang).

Wie an dieser Szene beim Sieg der Kaiserlichen ersichtlich, scheut die Droste nicht das Krasse, sie gibt grausige Details in knappem Ton – »allzu männlich«, meinte die zeitgenössische Kritik. Und doch werden die Greuel des Dreißigjährigen Kriegs, welche die Dichterin neben dem Schlachtengemetzel auch mit einer Kirchenschändung und der Mißhandlung eines Waisenmädchens pointiert, gemildert durch lichtere Gestalten, wie den jungen Tilly, oder durch idyllisches Genre aufgehellt, eine spielende Kinderschar am Bach oder ein Liebespaar am Fenster. Auch der Rahmen schafft Distanz, denn das Geschehen im Loener Bruch entwickelt sich zu Beginn des Epos als Vision eines Erzählers der Jetztzeit unmittelbar aus dem Erlebnis der heimischen Landschaft, und derselbe Erzähler kommentiert nach Ende seiner Schau:

Zweihundert Jahre sind dahin:
Und alle, die der Sang umfaßt,
Sie gingen längst zur tiefen Rast.
Der Tilly schläft so fest und schwer,
Als gäb' es keinen Lorbeer mehr;
Und Christians verstörter Sinn
Ging endlich wohl in Klarheit auf.
Wie trübt die Zeit der Kunde Lauf!
An seiner Krieger moos'gem Grab
Beugt weidend sich das Rind herab,
Und schreiend fliegt der Kiebitz auf –
(2. Gesang).

Die Natur – wieder ist es die »vaterländische« der westfälischen Heimat – feiert den Sieg über die Wirren der Geschichte; die Verstörungen der Zeit lösen sich in eine »Klarheit« auf, die über den Weltläuften steht. Hier erhält das Gedicht der Droste seinen allegorischen und leise didaktischen Zug. Er mag religiös und restaurativ getönt sein, doch ist er bei dieser katholischen Dichterin keinesfalls konfessionell beengt. In der Menschenwelt, im Gemälde der Schlacht, liegt Dunkel auf allen Parteien, doch leuchtet in einzelnen Akteuren tröstend auch Menschlichkeit auf.

Gert Sautermeister
Lyrik und literarisches Leben

I. Soziale und marktliterarische Rahmenbedingungen (Rückert, Platen, Lenau)

Die Lyrik der Epoche läßt sich ohne Einblick in das Beziehungsgeflecht und die Wechselfälle des literarischen Lebens nur unzureichend verstehen. Gerade einstmals populäre, heute wenig bekannte oder vernachlässigte Gestalten wie Nikolaus Lenau oder Friedrich Rückert veranschaulichen solche Wechselfälle beispielhaft. Politisch-soziale und marktspezifische Faktoren wirken ineinander und treten in Spannung zu einem Grundzug damaliger Schriftstellerexistenzen: ihrem Verlangen nach relativer Autonomie, nach Unabhängigkeit von einem regelrechten Brotberuf, nach Freiheit von materieller, regionaler und klassenbedingter Fremdbestimmung. Schon die Sprache des *autonomen* Künstlers trennt die »Sphäre der Poesie« von der »Sphäre des wirklichen Lebens«[1], eine Erfahrung, die auch Mörike machte, dessen beruflich-künstlerische Synthese-Versuche allesamt scheiterten; für die Adlige Droste-Hülshoff kam die Ausübung eines bürgerlichen Berufs von vornherein nicht in Frage, den Hauptertrag ihrer Lyrik verdankte sie der Abgeschiedenheit ihres Meersburger Schloßturms und dem solidarischen Beistand weniger Freunde, will sagen: der Abschirmung von familialen und gesellschaftlichen Pflichten. Die Droste empfand sich in einem für das praktische Leben hinderlichen Übermaß dem poetischen Ingenium schlechthin ausgesetzt – der »Phantasie«[2], und eben diese künstlerische Kraftquelle sah Mörike durch seine »Vikariatsknechtschaft« und die trockene Eintönigkeit württembergischer Dörfer beschnitten. Nicht zufällig bemerkt Lenau angesichts der luxurierenden Gewalt seiner poetischen Einbildungskraft: »auch in der Ökonomie meiner Seelenkräfte halte ich zu wenig Berechnung, Maß, Ordnung.«[3] Unwillkürlichkeit und Reichtum der »Seelenkräfte« disponieren für die »poetische Lebensform«, ihre unzulängliche Ökonomie machen für eines der bürgerlichen Lebensprinzipien – die Regelmäßigkeit des Leistungsvermögens – untauglich. Das erklärt die Sympathie, die neuere Künstler für soziale Außenseiter und Nonkonformisten empfinden; Eichendorff hat davon eine zeitlos aktuelle Probe im ›Taugenichts‹, Lenau in den ›Drei Zigeunern‹ auf ungarischer Heide gegeben: »Dreifach haben sie mir gezeigt, / Wenn das Leben uns nachtet, / Wie man's verraucht, verschläft, vergeigt / Und es dreimal verachtet.«[4] Dennoch ist weder sorglose Muße noch träumerischer Müßiggang das Lebensprinzip des autonomen Künstlers. Er bedarf ihrer nur zeitweise und in freier Wahl, um *seine* spezielle Arbeitsform zu realisieren:

> Künstlerische Ausbildung ist mein höchster Lebenszweck, alle Kräfte meines Geistes, das Glück meines Gemütes betrachte ich als Mittel dazu. ⟨...⟩ Ich will mich selber ans Kreuz schlagen, wenn es nur ein gutes Gedicht gibt. Und wer nicht alles andere gern in die Schanze schlägt, der Kunst zuliebe, der meint es nicht aufrichtig mit ihr.[5]

Das Selbstbewußtsein, das aus solchen Sätzen redet, war noch in der vorhergegangenen Epoche, der klassisch-romantischen, den freien Schriftstellern versagt; man erinnere sich, mit welcher Schärfe Goethe und Schiller »diese Richter, diese Hölderlins« ob ihrer Unbeholfenheit in Dingen des praktischen Lebens gerügt haben.[6] Die freie Selbstbestimmung des Schriftstellers war eine, zwei Generationen später mit mehr Selbstgewißheit verknüpft, ohne doch selbstverständlich zu sein. Die Droste mußte ihren ersten Gedichtband noch in halber Anonymität publizieren, so wenig ziemte sich der Dichterberuf damals für ein »Fräulein von Stande«; Mörike lebte lange Zeit in Sorge wegen seiner kargen materiellen Einkünfte als freier Schriftsteller und mußte sich mittels einer kleinen Pfarrer-Pension und einer Miniaturprofessur für Literatur absichern; beides, sowohl das ständische wie das materielle Risiko, das die Berufsschriftsteller eingingen, zehrte an ihrer körperlichen Verfassung. Die Neigung zur Krankheit war bei der Droste wie bei Mörike teilweise berufsbedingt – sie war es in noch höherem und folgenreicherem Grad auch bei Lenau und Rückert. Die Autonomie der Künstler ist mit ganz eigenen, aus dem ungeliebten Brotberuf bzw. aus dem freien Beruf selber erwachsenden Zwängen verschränkt. Drei Beispiele mögen dieses zeitgeschichtliche Problem im einzelnen illustrieren: Rückert, Platen und Lenau.

Als Friedrich Rückert (1788–1866) sich einem unbedingten Künstlertum zu verschreiben gedachte, einer »entschiedenen Poesie, darinnen alles äußerliche Irdische untergehen muß: Entsagung des Erdenglücks«[7], hatte er allen Grund dazu. Er hatte sein lyrisches Debüt mit ›Amaryllis. Ein ländliches Gedicht‹ gegeben (druckfertig 1814, erschienen 1825), einem Sonettenzyklus, der die Versagung des »Erdenglücks« psychologisch subtil durchdringt. Im Liebeswerben des lyrischen Ichs um Amara, eine spröde Schöne von »starrem Sinn«, blitzt ein Geschlechterkampf voller Dissonanzen auf: hier die Überredungsstrategien und der Unterwerfungsbereitschaft des Mannes einerseits, dort das hinhaltende und Faszination ausübende Widerstreben der Frau andererseits, aber auch die daraus erwachsende Aggressivität und »Thorheit« des Liebenden, dem auch die Sprache der Vernunft nicht zur Zügelung seines Begehrens verhilft. In 70 Sonetten wandelt Rückert hier eine Grundsituation erfinderisch ab, Rhetorik und Metaphorik kunstbewußt variierend. So schuf er, zu Beginn des Biedermeier, ein vollkommen antibiedermeierliches Werk, fern allem harmonischen Ausgleich, jeder höheren Sinngebung für das leidende Ich abgeneigt, mit seiner desillusionierten Psychologie der frühen Liebeslyrik Heines und Mörikes verwandt. Rückert schien auch politisch auf der Höhe der Zeit, als er 1814 seine (nachmals berühmten) ›Geharnischten Sonette‹, 1817 den ›Kranz der Zeit‹ publizierte, beide Male dem Geist der Befreiungskriege von 1813 und ihren noch uneingelösten liberalen Hoffnungen verpflichtet. Aber angesichts der sich verfestigenden Restauration war »vaterländ'scher Waffen Klang« bald nicht mehr marktgerecht und zeitgeistkonform. Rückert widmete sich fortan den populärsten Sujets der Biedermeier-Lyrik, Natur und Liebe, die er in seinem berühmten ›Liebesfrühling‹ (1821) zu einem schmucken Duett verband. »Ein empfindungsblütenweiches / Ich im Frühlingduftgestiebe / Eines Erdenhimmelreiches« waltete da und zeugte »aus vollem Herzenstriebe« Liebesidyllen, durchseelt vom »Rosenduftgemüte« einer sanften Braut, gespeist aus der Tradition der Empfindsamkeit; das Gemüt des Lesers sollte mit wechselnden Liebesstimmungen in sanfter Wellenbewegung gehalten und mit malerischen Genrebildern unterhalten werden. So entsprach Rückert vollkommen dem Geist eines gemäßigten Biedermeier: sozialpsychologisch, indem er das private Glück im Winkel bedichtete, literaturpsychologisch, indem er nach Art des damals beliebten Taschenbuchs und Almanachs auf überschaubarem Raum eine bunte Mischung von Skizzen und Szenen zu angeregter Zerstreuung anbot. Wie anders demgegenüber das im selben Jahrzehnt entstandene ›Buch der Lieder‹ Heines (1827), das dem liebenden Subjekt weder die Untreue der Geliebten noch diesem selbst die Reaktionen der Melancholie, der Rache- und Todeswünsche erspart [→ Jokl: Heine, 528 ff.], wie anders auch der ›Peregrina‹-Zyklus Mörikes, der das Glück mit der Zwangsvorstellung des Liebesverrats, der Schwermut, des Wahnsinns und mit Schuldbewußtsein verknüpft! Gerade das Scheitern der erhofften Liebesidylle verleiht den Liebeszyklen Heines und Mörikes eine Komplexität und Mehrdeutigkeit, die sie von der zierlichen Oberflächenornamentik und den geheimnislosen Glücksbeschwörungen Rückerts qualitativ unterscheiden.

Rückert blieb der publikumswirksamen Verseschmiederei treu, zum Teil aus materiellen Gründen, weil er beispielsweise Honorare »zur Bestreitung des zweiten Wochenbettes meiner Frau«[8] sich erschreiben mußte, ferner aus marktliterarischen Motiven, insofern das expandierende Zeitschriftenwesen der Epoche zur Füllung mit literarischer Kurzware wie geschaffen war, nicht zuletzt jedoch im Bestreben nach »Dichterruhm«, damals eine noch ganz selbstverständliche, nicht mit dem Makel falschen Ehrgeizes behaftete Lebenskategorie. So bildete er eine lyrische Manufakturtechnik aus, die etwa im Frühjahr 1838 zur Produktion von über 200 Mailiedern führte! Die von Rückert heftig empfundene Rivalität zu Ludwig Uhland, dem populärsten Lyriker der Zeit, mag seine ausschweifende Produktivität beschleunigt haben. Resultat war eine chronische Wiederholung und Variation der schon vorhandenen Werke. Rückert wurde damit sein eigener Epigone.

Dies darf nicht den Blick trüben für Rückerts poetische Landgewinne. Zu ihnen zählt der Sonettenzyklus ›Amaryllis‹ nicht allein. Bemerkenswert ist auch Rückerts Vermittlung persischer Poesie durch freie, eigenwillige Übertragungen und Umdichtungen (vgl. seine Sammlung ›Östliche Rosen‹, 1822). Ein Schattendasein fristen zu Unrecht noch immer Rückerts ›Kindertotenlieder‹, ein Zyklus von lyrischen Klagen angesichts des Todes zweier seiner Kinder.

Seine Entscheidung für eine autonome Schriftsteller-Existenz hat August Graf von Platen-Hallermünde (1796–1835) nachhaltig verfochten. Zum Offiziersberuf bestimmt, wußte er es so einzurichten, daß er auch als offiziell beurlaubter Leutnant einen Teil seiner Offiziersgage beibehalten durfte, ergänzt um ein gut dotiertes Scheinamt (die Mitgliedschaft der Königlichen Akademie der Wissenschaften in Bayern). Ebenso angestrengt wie sein Ringen um schriftstellerische Autonomie war freilich, ähnlich wie bei Lenau und Rückert, sein Bemühen um »Dichterruhm«. Daß dieser ihm vorenthalten blieb, gehört zu den einschneidendsten Enttäuschungen im Leben Platens. Als das restaurative Deutschland auch seine politisch-liberalen Erwartungen desillusionierte, setzte Platen sein unstetes Wanderleben fort, das ihn über lange Jahre hinweg durch Italien führen sollte.

Es kennzeichnet den von Amt und Würden freien Künstler, daß er, gleichsam als Gegengewicht, seinem *ästhetischen Amt* Würde verleiht und daß er dies um so beharrlicher tut, als er sich von seinem angestammten Publikum verkannt sieht. Allen »Mißgeschicken«, den politisch-sozialen wie den beruflichen, standzuhalten »durch meiner Seele ganze Kraft und Würde«: so lautet die Devise des um Selbstbehauptung ringenden Ästheten, wie Sonett LXI bezeugt.[9] Die Gattung des Sonetts selber beansprucht Dignität durch ihre ehrwürdige und kunstbewußte Form, nicht weniger als die *Ghasele* und die *Ode*. Die sorgfältige Pflege gerade dieser Gattungen verbürgt Adel und beschwört den (vorläufig ausbleibenden) Ruhm herbei. Das kann zu hochtönenden und vollmundigen Metaphern führen, so, wenn Platen zum »Zeltgenossen« des Helden sich erhebt, zum Mahner des »Staatsmanns«, zum Erleuchter des »Denkers« und »bildenden Künstlers«: »Mir winke jedoch der höh're Siegespreis! / Erwachs'nen biet ich würdigen Hochgesang«, so heißt es nicht zufällig in einem seiner Festgesänge (›An Hermann Schütz‹), denn in den Festgesang als die erhabenste lyrische Gattung mündet folgerichtig Platens Anspruch auf Würde. Die Selbstachtung spreizt sich feierlich auf, um die Mißachtung durch den literarischen Markt vergessen zu machen. Die würdevolle Formensprache als Gegenentwurf zum würdelosen Echo des Publikums – so eng können sich Ästhetik und historisch-gesellschaftliche Situation verschränken. Anklänge an die hohe Dichtung von Klopstock und Hölty bis Hölderlin werden dem »Adel der Form« und dem »Hochsinn« des »Genius« dienstbar (vgl. Ode XII ›Einladung nach Sorrent‹). Die Oden erheben die ersehnte Autonomie des Dichterberufs ungesäumt in den Stand eines »Prophetenamtes« (vgl. Ode XXXI ›Morgenklage‹). Zumal im Feld der Politik wirkt der »Adel der Form« altertümlich unangemessen: etwa dann, wenn Platen in gravitätischen Satzumstellungen die antiadelige Revolution preist und das französische Volk zum »glänzenden Edelgestein Europas« nobilitiert (XXVIII ›An Karl den Zehnten‹, 1830). Platen kann auch eine andere, volkstümliche und rhythmisch variable, dem jeweiligen Gegenstand sich anschmiegende Sprache reden, wie seine ›Polenlieder‹ zeigen. Und sobald er seinen Blick auf die Realität richtet und diese mit einer Fülle plastischer Details vergegenwärtigt, wie in den Reisebildern seiner ›Eklogen und Idyllen‹, durchbricht er auch die Neigung zur pretiösen Stilisierung im Namen der Würde und des Schönen. In seinen ›Venezianischen Sonetten‹ wiederum finden sich neben selbstgenügsamen Identifikationen mit Künstlern und ihren Werken subtil ausgewählte Schauplätze und Betrachter-Perspektiven (vgl. die Sonette XIX, XX, XXXI). So bleibt Platens ästhetische Physiognomie vielgestaltig und widerspruchsreich.

Zum Mißgeschick Platens gehört, daß sein Anspruch auf Ruhm mit einer persönlichen Disposition in Konflikt geriet: seiner Homoerotik. Das eine war mit dem anderen unvereinbar. Platen begehrte öffentliche Geltung durch seine Lyrik und rührte in dieser Lyrik an eines der mächtigsten Tabus seiner Zeit. Denn weder die Ghaselen noch die Sonette und Oden Platens verleugnen seine Jünglingslieben, mag er sich gelegentlich auch verschämt und gleichsam durch die Blume äußern (vgl. Ghasele LII). Damit unterminierte Platen zwangsläufig seinen öffentlichen Geltungsanspruch. Das war die unauflösliche Aporie, in welcher er sich verfing. Heines ›Bäder von Lucca‹ kommt das (nicht unproblematische) Verdienst zu, diese Aporie mit schmerzender Überdeutlichkeit entblößt zu haben [→ Jokl: Heine, 535 ff.]. Heine hat, wenn man es böse formulieren will, die »Achillesferse« Platens der literarischen Öffentlichkeit zur erregten Begutachtung ausgestellt. Das hat Platens angestrengtes Bemühen um die Würde der ästhetischen Form forciert. Der sozialen Norm entgleitend, suchte er die ästhetische Selbstbehauptung durch den Kult der entsinnlichten Schönheit. Platen zensierte zuletzt seine provokative Sinnenlust auch mit Rücksicht auf das literarische Publikum. Darin mochte ihn der Freund und »Geliebte« bestärkt haben, der seine moralischen Mängel überdeutlich offenbart und seiner äußeren Schönheit Hohn spricht (vgl. Sonette 52 und 56). Die von Platen ergreifend beschworene Dämonie des Schönen – »Wer die Schönheit angeschaut mit Augen, / Ist dem Tode schon anheimgegeben« (›Tristan‹) – büßt ihre Aura ein. Der Freund, der Platens nicht würdig war, wird gleichzeitig zum Repräsentanten des Literaturmarkts erhoben, zum »personifizierten deutschen Publikum«: »Einer behandelt mich wie das andere. Und so wurde mein Leben in den innersten Wurzeln angegriffen und Ruhm und Freundschaft, wovon eines wenigstens für das andere trösten könnte, mir auf gleiche Weise verweigert.«[10] In einem seiner bedeutendsten Sonette hat Platen die seiner künstlerischen Berufung entgegenwirkenden Widerstände zur Erfahrung des ganzen Lebens verallgemeinert, im Geiste der ihm vertrauten barocken Vanitas: »Wer wußte je das Leben recht zu fassen?«

Nikolaus Lenau (1802–1850) ist 1831 von Wien nach Baden und Württemberg gereist, um sich nach kurzer Orientierung in Stuttgart festzusetzen. Dort befand sich die Cotta'sche Verlagsbuchhandlung, eine der berühmtesten ihrer Zeit, die unter anderem das hochangesehene ›Morgenblatt für gebildete Stände‹ herausgab. Im ›Morgenblatt‹ zu publizieren, um im Verlag sodann einen Gedichtband unterzubringen, war Lenaus erklärtes Ziel – und wie er es erreichte, das zeugt von der wohlkalkulierten Strategie dessen, der weiß, was er seiner Autonomie schuldig ist: umsichtige Planung, unternehmerische Initiative, Rationalität – allesamt bürgerliche Wirtschaftstugenden! Es ist an der Zeit, das Bild vom weltfremden,

»schwermutmatten«[11] Spätromantiker Lenau durch solche Züge zu differenzieren. »Gestern«, so läßt er 1831 seinen Schwager wissen,

> hab ich von hier aus an G. Schwab nach Stuttgart geschrieben und ihm zwei Gedichte überschickt mit der Bitte, solche ins Morgenblatt zu rücken. ⟨...⟩ Ob Schwab diese Gedichte aufnehmen werde; ob er nach der ersten Probe vielleicht Lust habe, mehreres von mir aufzunehmen? das muß er mir bald schreiben ⟨...⟩[12]

Nach einigen Publikationen in der berühmten Zeitung läßt Cotta auf Empfehlung Schwabs schon 1832 die erste Auflage der ›Gedichte‹ erscheinen, weshalb Lenau dem Schwager am 19. Mai mit Stolz mitteilen kann: »In Württemberg habe ich schon einigen Namen. Besonders interessieren sich Uhland, Kerner und Schwab dafür.«[13] Lenaus Weg von der Veröffentlichung einzelner Gedichte in Cottas Zeitung zum selbständigen Buch in dessen Verlag ist in zügiger Abbreviatur das klassische Paradigma für die ersehnte Karriere fast aller Lyriker der Zeit. Der ersten Auflage seiner ›Gedichte‹ von 1832 folgten im Verlauf eines guten Jahrzehnts stolze sieben Auflagen, teils in erweiterter Fassung, teils in unterschiedlichem Format; die Ausgabe der ›Neueren Gedichte‹ (1838) und die Publikation der Versepen traten hinzu und festigten Lenaus Ruhm. Doch dafür bezahlte er mit seiner Gesundheit. Entschlossen, die Durchsetzungskraft seiner poetischen Produkte und seinen persönlichen Marktwert zu steigern, macht Lenau die Reisen in der Postkutsche zwischen Wien und Stuttgart zu einer Art zweiter Existenz, einem Ersatzleben. Das ist die triviale Rückseite seiner hochgemuten, poetischen Selbstbestimmung: »Meine sämtlichen Schriften sind mein sämtliches Leben«[14]. Die Autonomie der Kunst ist von der Heteronomie des honorarbedürftigen Künstlers nicht zu trennen. Im Jahre 1844 hat Lenau »in wenigen Monaten eine Strecke Weges von 650 Poststunden unter ständigen Gemütsbewegungen zurückgelegt«[15]. Die ständige Sorge um die notwendige Selbstvermarktung hatte sich vermehrt um die Pein neuer Vertragsverhandlungen, die zur materiellen Fundierung einer ebenso erhofften wie befürchteten Ehe notwendig waren. Lenau bewahrte sich vor ihr, körperlich zerrüttet, durch die Flucht in den Wahnsinn.

Die »lebhaftere Konkurrenz« auf dem Feld der Lyrik, von der
Lenau 1837 spricht[16], ist eines der auffälligsten Kennzeichen seiner
literarischen Epoche. Sie hängt mit der allgemeinen Aufwertung
der lyrischen Gattung zusammen, die etwa zeitgleich zum wachsenden Ansehen der Prosa erfolgt.[17] Die Popularität der Lyrik dürfte
zeitweilig die des Epos und des Dramas, der akademisch meistgeschätzten Gattungen, übertroffen haben.[18] Mancher Schriftsteller,
der sich in der »literarischen Feldschlacht«[19] des Marktes behaupten wollte, wechselte, wie etwa Friedrich Rückert, von politischer
Lyrik zur Natur- bzw. Liebeslyrik oder, umgekehrt, von spätromantischer und exotischer Poesie zum politischen Lied, wie beispielsweise Ferdinand Freiligrath. Marktgeschehen und Zeitgeist spielten
ineinander und steuerten die Wahl des lyrischen Genres.

II. Geselligkeit und Freundschaft – Stützpfeiler der Gattung

Konfrontation mit der Konkurrenz und beschwerliche Selbstbehauptung auf dem literarischen Markt bilden nur einen Pol in der Schriftstellerexistenz der Biedermeierzeit. Mit Nachdruck ist ein Gegenpol
hervorzukehren: die Freundschaften und Geselligkeitsformen, die
schriftstellerisches Leben und Wirken begleiten und beeinflussen,
steuern und stimulieren. Die Allgegenwart des Konkurrenzgetriebes
heute darf nicht dafür blind machen, daß vor anderthalb Jahrhunderten hilfreiche, produktive Gemeinschaftsbildungen noch ein spezifisches Gewicht im dichterischen Kräftemessen besaßen. Man darf
behaupten, daß die in der zweiten Hälfte des 18. Jahrhunderts so vitale Erscheinung der Freundschaftsgruppe, des literarischen Zirkels
und der literarischen Geselligkeit ihre letzten bedeutenden Manifestationen in der Epoche zwischen Restauration und Revolution findet. Die Lyrik spielt hierbei eine tragende Rolle.[20] Seither gehört
literarische Kommunikation immer weniger zum tragenden Gerüst
einer Schriftstellerexistenz, sie ist ein vorübergehendes (auf literarische Jugendbewegungen beschränktes) Phänomen oder eine
Randerscheinung geworden. Selbst dort, wo sich Schriftsteller den
Nachstellungen des restaurativen Polizeistaats durch die Flucht in ein

benachbartes Land bzw. durch das freiwillige Exil entziehen mußten, konnten neue literarisch-politische Verkehrsformen gefunden werden (wie das Beispiel Büchners in Straßburg oder die gastliche Aufnahme Herweghs und Freiligraths in der Schweiz bezeugen). Aber im damaligen Deutschland ist literarische Geselligkeit nicht nur ein Ferment schriftstellerischer Produktion, sie bildet häufig auch ein Gegengewicht zur anonymen Staatsmacht oder versteht sich als Ersatz für den Mangel an politisch-öffentlichem Leben. Ob Uhland oder Mörike, ob Rückert oder Chamisso – ihr künstlerisches Wirken ist nicht denkbar ohne literarische Freundschaften und konkrete Adressatengruppen. Sie reichen prägend selbst in das Leben von solchen Schriftstellern hinein, die – wie Droste-Hülshoff und Lenau – in traditioneller Vorstellung vor allem als Außenseiter und Einzelgänger gelten.

Die Droste bringt ihren Gedichtzyklus ›Das geistliche Jahr‹ – die bedeutendste religiöse Lyrik der Epoche – im Rahmen einer literarisch-religiösen Geselligkeit hervor, die eine doppelte Komponente hat: eine familiale und eine freundschaftliche [→ Sautermeister: Religiöse und soziale Lyrik, 513 ff.]. Ursprünglich hatte die Droste zu zwei Weihnachtsfesten (1819/20) für ihre (Stief-)Großmutter eine Reihe von geistlichen Liedern gedichtet, die einige zentrale christliche Festtage zum Thema hatten. Damit sollte die innige Frömmigkeit der allseits verehrten Frau gleichsam literarisch gewürdigt werden. Denkmal dieser Würdigung ist das sogenannte ›Weweralbum‹[21]. Es hat durchaus den Charakter einer »Gelegenheitsdichtung«, wie sie für die Epoche mit ihrer Vorliebe für literarische Geselligkeit typisch ist: einmal, weil die Droste dieses Album im Hinblick auf Weihnachten anfertigte, dann, weil die Gedichte darin von den Festen des Kirchenjahres angeregt worden waren, und drittens, weil sie Gelegenheiten im Familienkreis nutzte, um sie vorzulesen. Als eigentlicher Anreger zur Fortsetzung des »Geistlichen Jahrs« darf Christoph Bernhard Schlüter, der erblindete Philosophiedozent in Münster, gelten.[22] Die religiösen Lyriker im Schlüter-Kreis mit ihrer schlichten Erbaulichkeit haben der Droste wenig Impulse vermittelt;[23] Schlüter selbst aber hat die Droste durch seine außerordentliche Hingabe an die ihm zu Gehör gebrachten Gedichte nach fast anderthalb Jahrzehnten Unterbrechung zur Wiederaufnahme des Zyklus motiviert. Nicht weniger bedeutsam wurde ein Freundschaftsdienst Schlüters einige Jahre später. 1837 hatte er mit der Droste einen Verlag für die erste Ausgabe ihres bis dahin geschaffenen lyrischen Werkes gesucht, die Druckvorbereitungen getroffen (gemeinsam mit Wilhelm Junkmann) und eine kleine Auswahl ihrer geistlichen Gedichte im Anhang beigegeben. Auch diese Veröffentlichung sollte ein geselliges Ereignis werden, rief sie doch alsbald die Freunde auf den Plan: »Mindestens acht, vermutlich zehn der insgesamt 15 Besprechungen stammen von Bekannten der Droste oder wurden von diesen lanciert und fielen entsprechend positiv aus.«[24] Man wird die eminent praktische Seite der sublimen Geselligkeitsformen von damals schwerlich übersehen können. Ähnlich wie Schlüter als Herausgeber, Lektor und Verlagsvermittler des Drosteschen Werks ist auch Levin Schücking als lektorierender Ratgeber und als Mittelsmann tätig. Nachdem er in Cottas ›Morgenblatt‹ schon die ›Judenbuche‹ und mehrere bedeutende Gedichte der Freundin untergebracht hatte, war der Weg für die Publikation ihres lyrischen Werks bereitet. Cottas begehrte Verlagsbuchhandlung nahm es zu einem ansehnlichen Honorar in ihr Programm auf (1844) – und verhalf ihm so zu einem ungleich größeren Erfolg als Aschendorff in Münster, der erste Verleger der Droste.

Einen ähnlichen Weg hatte ein Jahrzehnt vorher Nikolaus Lenau beschritten, gekrönt durch die Freundschaft mit dem Dreigestirn der »Schwäbischen Dichterschule« – Uhland, Kerner, Schwab. Diese Freundschaft ist die liebenswürdige Komponente in Lenaus Praxis der Selbstvermarktung. Poesie und Poetik, Kunst und (Selbst-) Kritik treten in der schwäbischen Romantik mehr in Kontakt zueinander, als man, verführt von der boshaften Schelte Heines, zu vermuten pflegt. Der Kontakt erfolgt im Medium der Geselligkeit. Ein Ausflug der Freunde gerät da zu einem kunstkritischen Waffengang:

> Auf dem Wege wurde sehr viel über Poesie verhandelt, bis in die kleinsten praktischen Details. Uhland spricht sehr gründlich und ist gewandt im Denken und scharf im Auffassen fremder Ansichten. Schwab äußerte einmal gegen mich sein Verwundern, daß Uhland mit so viel Poesie so viel Schärfe des Urteils vereinige; mich wundert das gar nicht. Ohne scharfes Urteil kann man bei der glücklichsten poetischen Fähigkeit nichts schreiben, das da fertig ist 〈...〉[25]

Die zeittypische Geselligkeit erweist sich auf dem Feld der Lyrik und Poetik als besonders produktiv; sie enthält lebensfördernde Elemente, die sich in Freundschaften kristallisieren und ein Gegengift gegen die Wechselfälle des literarischen Markts bereithalten. Daß »der Besitz einiger Herzen das Beste ist, was man in diesem Leben ausbeuten kann«, bildet sein Lebenscredo in finsterer Zeit: »Am Ende lassen uns doch nur die Freunde gelten.«[26] Zwischen der Wüste der Konkurrenz und den kleinen Paradiesen freundschaftlicher Geselligkeit suchen die Schriftsteller der Epoche ihre literarische Existenz einzurichten.

III. Gesellige und Gelegenheitsdichtung (Uhland, Chamisso, Müller)

Wie das Beispiel der Droste zeigt, förderte die besondere Art der damaligen Geselligkeit neben der Gelegenheitsdichtung die familiale und die freundschaftliche Kunstpflege. Keine dieser Erscheinungen manifestiert sich in der Biedermeierzeit zum ersten Mal, ihre Wurzeln reichen vielmehr ins 18. Jahrhundert zurück. Das sozial aufstrebende und kulturell aufgeschlossene Bürgertum verleiht ihnen jedoch, wie das württembergische Paradigma lehrt, seit der Jahrhundertwende wachsende Breitenwirkung. Die berufliche und ständische Pluralität der bürgerlichen Zirkel und Zusammenkünfte bewahrt ihre kulturellen Neigungen vor ästhetischer Forcierung und kunstbeflissener Spezialisierung. Wo berufsmäßige Dichter mit Liebhabern der Literatur zusammentreffen, ist letzteren die gelegentliche Produktivität, ersteren die Stegreifkunst nicht verwehrt, im Gegenteil: die urbane Kommunikation begünstigt beides und gibt so der Gelegenheitsdichtung Raum. Wird Geselligkeit auf so anschauliche Weise produktiv erlebt, dann kann sie auch den Wunsch nach einer öffentlichen Selbstdarstellung von Gleichgesinnten anregen, kann Freunde zu Veröffentlichungsmedien wie dem Taschenbuch und dem Almanach hinführen oder zur Gründung solcher Medien verführen. Und drittens liegt es nahe, die Erfahrung literarischer Geselligkeit in der Familie wiederaufleben zu lassen, gleichsam in einer Art Fortbildung der Gelegenheitsdichtung im kulturellen Zirkel und Freundeskreis. Die beiden erstgenannten Erscheinungen berührt Bernhard Zeller mit aufschlußreichen Hinweisen:

> Die Grenzen zwischen den Produkten liebenswürdigen Dilettierens, sei es mit dem Wort oder dem Pinsel, und professioneller Leistung waren fließend. Die Gelegenheitsdichtung blühte, und im Malen, wie Radieren versuchte sich, wer nur einigermaßen Talent in sich fühlte. Gemeinsam aber war allen das Interesse an kunsttheoretischen Problemen und Fragen der Erziehung und Bildung. In der Gemeinschaft erlebte und produzierte man Literatur und Dichtung. Im geselligen Kreise wird vorgelesen; den Freunden überläßt man zu Urteil und Verbesserung das eigene Gedicht. Das Gemeinschaftserlebnis spiegelt sich aber auch in der Form der Veröffentlichung. Anthologien aller Art, Tagebücher und Almanache stehen in Blüte ⟨...⟩[27]

Die Entwicklung Ludwig Uhlands (1787–1862) zum Spätaufklärer war nicht einem persönlichen Antrieb allein zu verdanken, sie war mehr noch das Produkt einer einflußreichen Geselligkeit. Der beim Stuttgarter Justizministerium angestellte »königliche Advokat« ist seit 1813 Mitglied der »Schattengesellschaft«, einer Honoratiorengruppe von engagierten württembergischen »Altrechtlern«, in deren Einflußbereich Uhland ein sprachmächtiger Repräsentant des alten aufgeklärten Ständerechts wurde. So konnte er den Freunden seinen symbolischen Dank abstatten für die ansehnliche Unterstützung, auf die er, der unbesoldete Angestellte im württembergischen Staatsdienst (bis 1814) und spätere mittellose freie Advokat, angewiesen war. Uhlands poetischer Ertrag im Umkreis des »gesellig-politischen Stammtischs«[28] war von außerordentlicher Durchschlagskraft: »Rasch fanden sie ⟨die ›Vaterländischen Gedichte‹⟩ Verbreitung im ganzen Land. Zu geläufigen Melodien wurden sie an Stammtischen und auf den Straßen gesungen.«[29] Die aus geselligem Anlaß entstandenen politischen Lieder Uhlands wurden auf diese Weise zu Medien halböffentlicher Kommunikation. Die meisten von ihnen sind idealtypische Gelegenheitsgedichte, verfaßt für einen Fest- oder Gedenktag, und sprechen doch ein über den Tag hinaus »allgemeineres Interesse«[30] an – ganz so, wie Uhland das forderte. Für das literarische Leben der Zeit ist die Breitenwirkung der »vaterländischen« Gelegenheitsgedichte Uhlands höchst aufschlußreich. Sie bildeten nicht nur ein Medium regionaler Geselligkeit, sie wurden auch zu einem folgenreichen Politikum. Denn unter anderem ihrer Popularität verdankte Uhland seine Wahl in die Verfassunggebende Versammlung Württembergs 1819. Die neue Verfassung spiegelte ihrerseits die Berufung von Oppositionellen und Schriftstellern auf das »gute alte Recht« wider; sie brachte außerdem Elemente des »französischen Konstitutionalismus« und der »Englischen Demokratie« zu Ehren[31], so daß Uhland ein ermutigendes Fazit ziehen durfte[32] – das Fazit auch des Dichters, dessen »Gesang« öffentlichen, kodifizierten Widerhall gefunden hatte:

Uhland ist in so breiter Ausdehnung ein Liebling der Nation geworden, weil seine Dichtung nicht bloß Lesedichtung ist. Der Gesang ist der Weg, durch den sie an das Herz des Volkes gelangt und gewachsen ist.[33]

Welche bedeutende Rolle die Musik spielte, wird nicht nur an Uhland evident. Der mit ihm befreundete Komponist Friedrich Silcher vertonte mit Vorliebe politische Gedichte oder bearbeitete vorhandenes Liedgut für Chöre, wenn die *Gelegenheit* dazu einlud: anläßlich des Freiheitskampfes der Griechen gegen die Türken (1822), der französischen Juli-Revolution, des Kampfes der Polen gegen das zaristische Rußland (1831/32), der März-Revolution von 1848.[34] Knotenpunkte der europäischen Geschichte wurden von Silcher und der von ihm 1829 gegründeten ›Akademischen Liedertafel‹ (Tübingen) durch eine Synthese der Künste, Poesie und Musik, für Freiheit und nationale Selbstbestimmung fruchtbar gemacht. Kultur ist in dieser Epoche unter anderem die gesellige Leistung musisch gestimmter und zugleich dem Widerstand verpflichteter Individuen. Unter diesem Gesichtspunkt gewinnt die *ästhetische Gelegenheit* einen Rang, von dem die Anwälte der zeitlos-erhabenen Kunstexerzitien wenig wissen.

Der aus einer französischen, nach Deutschland emigrierten Adelsfamilie stammende Adelbert von Chamisso (1782–1831) fühlte sich von früh an zwei Nationen zugehörig. Den Konflikt zwischen beiden, der in den Befreiungskriegen kulminierte, mußte er als Bruch seiner Identität empfinden. Damals schrieb er ›Peter Schlemihls wundersame Geschichte‹ nieder, jene weltberühmte Erzählung eines Schatten- und Selbstverlusts, die zunächst als reine Unterhaltung für die Familie seines Hausfreundes Eduard Hitzig gedacht war, als eine Freundschaftsgabe gleichsam – eine gesellige Gelegenheitsdichtung. Freundschaft und poetische Geselligkeit waren es auch in den folgenden Jahren, zumal im Anschluß an Chamissos Weltumsegelung (1815–18), die für ihn ein hilfreiches Medium seiner Selbstverständigung bildeten. Ihrer bedurfte auch seine soziale Existenz, litt doch Chamisso, wie viele seiner Zeitgenossen, am öffentlichen Leben in Deutschland, an seiner spätabsolutistischen Willkür, seinen Zensurmaßnahmen, seiner politischen Winterstarre. Als Bewunderer Londons und Kenner der öffentlichen Verhältnisse Frankreichs mußte Chamisso den Geist der Liberalität in Ersatzbildungen der politisch-sozialen Öffentlichkeit Deutschlands aufsuchen – in einer Geselligkeit, wo er »mit Leib und Seele«[35], mit dem ganzen leidenschaftlichen Ernst seines Wesens präsent sein konnte – sei es als Mentor eines Kreises jüngerer Dichter (Franz von Gaudy, Karl von Holtei, Karl Simrock u. a.), sei es als kritischer Gärstoff in der ›Mitternachtsgesellschaft‹[36], einer literarischen Vereinigung, die unter anderem zur Ehrenrettung Goethes angetreten war, des damals von Menzel bis Börne und den Jungdeutschen befehdeten Klassikers. In diesem Kreis, der politisch von konservativen Neigungen nicht frei war, machte Chamisso das Gewicht seines weltoffenen Liberalismus geltend, als er beispielsweise 1831 die von der Juli-Revolution beabsichtigte Sprengung der »starren, langgehegten Eisenfesseln« begrüßte und das »neue Leben unter Trümmern« heraufbeschwor (›Trinkspruch in einer literarischen Gesellschaft‹)[37]. Vom Geist der Freiheit sind auch Gelegenheitsgedichte wie ›Der ausgewanderte Pole‹ inspiriert, dessen »Liebe zu dem Vaterland« angesichts der zaristischen Gewaltherrschaft in Polen sich mit »Haß« wappnen muß. Übertragen auf deutsche Verhältnisse verband Chamisso damit keinen Aufruf zur Revolution. Als gemäßigter Liberaler setzte er sich für eine besonnene Evolution zur konstitutionellen Monarchie ein. Auch wenn Chamisso seine politische Lyrik an seinem französischen Zeitgenossen und Vorbild Béranger schulte, versagte er sich im Hinblick auf Deutschland doch jene revolutionäre Gutgläubigkeit, die schon den moralischen Willen und die feurige Parole für politisches Handeln erachtet: die Illusion so manches Jungdeutschen, auch manches lyrischen Ergusses Herweghs, der »eisernen Lerche« (Heine). Chamisso hat illusionslos durchschaut, was sich die täuschende Miene des Revolutionären gab (vgl. sein spöttisches Gelegenheitsgedicht ›Kleidermachermut‹), hat sich das Augenmaß für das zeitgeschichtlich Mögliche bewahrt und aktuelle Mißstände dadurch zur Sprache gebracht, daß er sie am unerfüllten Freiheitsversprechen von 1813 maß (vgl. sein Gelegenheitsgedicht ›Der einst zum Grabstein Blüchers bestimmte Granitblock am Zobten‹, 1834).

Denkwürdig ist Chamissos Gelegenheitslyrik, wenn sie das Politische so subtil ins Private eingraviert, daß ein historisches Mahnmal entsteht. Das Gedicht ›Auf den Tod von Otto von Pisch‹ (1834) gedenkt eines im Jugendalter gestorbenen Freunds: Was sein Bild an Jugendkraft zurückstrahlt, ist zugleich das Versprechen einer neuen, schöneren Zeit. Die gegenwärtige taugt nichts mehr – sie hat sich überlebt. Chamissos Eingedenken fügt dergestalt zwei zentrale Kategorien der Epoche – das Alter der Restauration und die Jugendlichkeit des Fortschritts – ineinander. Die Grabrede auf den Toten gerät zum Hohenlied auf einen politisch-sozialen Zeitwandel. Einen befreundeten Schriftsteller – ›An K. von Holtei (Bei dem Tode seiner Gattin)‹ – verweist Chamisso auf die mitfühlende Kraft seiner Weggenossen, aber auch an die Notwendigkeit unbeschönigter Erinnerung. Unverdrängter Schmerz im Prozeß des Eingedenkens – das ist der Anspruch, den der Hinterbliebene selbst einlösen muß, wenn er sinnvoll weiterleben will.

Chamisso hat die dialogische Offenheit der Gelegenheitslyrik auch auf erweiterter Stufenleiter erprobt – in seinem Zyklus ›Frauen-Liebe und -Leben‹ (1830). Es ist einer der bekanntesten Gedichtzyklen der Biedermeierzeit, erbaut auf dem Prinzip der sinnfälligen Gelegenheit: eine Frau schildert vom ersten Liebesempfinden an, über Verlobung, Hochzeit, Schwangerschaft, Mutterglück, Tod des Gatten, Großmuttersegen, ihre markantesten Lebenssituationen. Die Einstimmung der Leserschaft erfolgt ganz im patriarchalischen

Geist, angefangen von den hierarchisch gestuften Geschlechterrollen bis zur idyllisch verklärten Mutterschaft. Man darf Chamissos gelegentliche Neigung zu biedermeierlicher Spruchweisheit und Albumpoesie nicht überbetonen, auch wenn sie bei ihm häufiger durchbricht als etwa bei Eichendorff, Mörike und der Droste. Eben deshalb haben die letztgenannten weniger in ihre Zeit hineingewirkt, dafür freilich ihre eigene Epoche nachhaltiger überlebt als Chamisso. Dennoch ist es längst an der Zeit, dem heute unterschätzten Schriftsteller mehr Gerechtigkeit widerfahren zu lassen und seine erstaunliche Vielseitigkeit neu zu würdigen. Seiner ›Frauen-Liebe‹ opponiert der Gedichtzyklus ›Thränen‹ (1830), eine unverblümte Attacke gegen das patriachalische Gesetz. Die Familie ist nicht die Stätte des Liebesglücks, sondern der Befehlsgewalt. Die Tochter des Hauses muß sich die freie, aus Liebe getroffene Gattenwahl versagen und klagt dafür ihren Vater an: »Ich hab' ihm entsagt, nach deinem Befehl, / Doch nicht ihn vergessen, ich hab' es nicht Hehl.« Dem ihr aus materiellen Erwägungen aufgedrungenen Mann entzieht sie sich; sie setzt ihre ganze Hoffnung auf die Unfruchtbarkeit ihres Schoßes und ihren baldigen Tod: eine ungeschönte Infragestellung der andernorts stilvoll verklärten weiblichen Selbstbescheidung (›An eine Freundin‹) und der biedermeierlichen Frauenrolle (›Frauen-Liebe und -Leben‹). Chamissos Lyrik vereinigt polare Extreme. Sie reicht vom selbstironischen Scherz (›Bei Zurücksendung eines vergessenen Strickzeugs‹) bis zur Versuchung durch die Idee des Todes (›Der Sturm bei den Aleutischen Inseln‹), vom politisch instrumentierten ›Trinkspruch einer literarischen Gesellschaft‹ zum liebenswürdigen rhetorischen Blumengebinde (›Zu Stägemanns Jubiläum‹), vom sozialen Engagement (›Zweites Lied von der alten Waschfrau‹) [→ Sautermeister: Religöse und soziale Lyrik, 519 ff.] zur Zeitkritik in Form einer Grabrede (›Auf den Tod von Otto von Pisch‹).

Wie Uhland und Chamisso demonstriert der 1794 in Dessau geborene Wilhelm Müller mit seiner Lyrik die außerordentliche Prägekraft des geselligen Lebens in seiner Epoche. Ja, Müller macht eine ganz besondere Seite dieser Geselligkeit für sich fruchtbar – ihre musikalische. Er wird Sekretär der 1821 gegründeten Dessauer Liedertafel und verfaßt nun ›Tafellieder für Liedertafeln‹, um sein titelgebendes Wortspiel zu zitieren.³⁸ Anläßlich der Gründung der Liedertafel in Dessau im Jahre 1821 wurde ein Lied Müllers gesungen, das sein Freund Friedrich Schneider, Komponist und Urheber dieser Dessauer Vereinigung, vertont hatte: ›König Wein‹. Das Gedicht enthält eine antiabsolutistische Spitze, insofern der Dienst für die Monarchie aufgekündigt wird zugunsten der Heldentaten im Reich des Weins. Davon kündet die erste und die letzte Strophe: »Der König, dem ich diene, / Als treuer, tapfrer Held, / Er ist der größte König / In Gottes weiter Welt. 〈...〉 Heil dir, mein großer König, / Heil dir und deinem Thron, / Und allen treuen Brüdern / In deinem edlen Fron!«³⁹ Mit der Entthronung des politischen Herrschers und der Inthronisierung des Weins dankt zugleich die hierachisch gestufte Ständegesellschaft ab; sie wird abgelöst von einer brüderlichen Gesellschaft Gleichberechtigter. Lebensgenuß (im Medium des Weins) und freie Assoziationen der Individuen im Geiste der Gleichheit treten an die Stelle einer Herrschaft des »Henkelscheins«, der sich politisch in restaurativen »Akten und Traktaten«, religiös in *Obskurantismus* und »wunderzierlicher Frömmigkeit« verrät (»In vino veritas!«) – Müller attackiert hier die unheilige Allianz von Thron und Altar. Seine Preislieder auf den Wein stellen eine gesellige Gelegenheitslyrik dar, die zugleich die staatlich verordnete Zensur unterläuft, denn im weinseligen Zustand darf man Dinge ausplaudern, die ernster Nüchternheit nicht ziemen: der Alkoholgenuß verleiht dem poetischen Redner den Schein des Unseriösen und Spaßigen [→ Frank: Büchner, 589 f.]. – Politik unter der Maske des Unpolitischen!

Diese Strategie verwundert nicht beim Autor der ›Lieder der Griechen‹ (1821–26), die Müller aus Anlaß des griechischen Befreiungskampfes gegen die türkische Fremdherrschaft verfaßt hat; sie sollten zugleich die Sache der Freiheit im spätabsolutistischen Deutschland fördern. Erstaunlicher dürfte sein, daß Müller seine politische Perspektive auch in seiner ›Winterreise‹ nicht preisgegeben hat. Der durch Franz Schuberts Vertonung weltberühmt gewordene Zyklus führt das lyrische Ich gewiß in den äußersten Gegensatz zum geselligen Leben: in die Einsamkeit des an einer unglücklichen Liebe Verzweifelnden. Aber in der vielfältigen Metaphorik des Winters, der alles Leben mit »harter, starrer Rinde« überzieht, spielt Müller auch auf die politische Winterstarre im damaligen Deutschland an.[40] Insofern ist die ›Winterreise‹ bei aller Melancholie mit den ›Tafelliedern‹ im Geist der Kritik insgeheim verwandt.

Offenkundig ist dagegen die Verwandtschaft zwischen den ›Tafelliedern‹ Müllers und den zahlreichen Liederkränzen und Sängervereinen der Epoche, den volkstümlichen Pendants zu den »Liedertafeln«. Wenn letztere sich durch »soziale Exklusivität« auszeichnen, d. h. nur dem gehobenen Bürgertum »unter Ausschluß der Öffentlichkeit« zugänglich sind[41], stehen die Sängervereine und Liederkränze auch mittelständischen Schichten offen und suchen regelrecht eine öffentliche Wirkung; gemeinsam aber ist beiden Typen geselliger Vereinigung das prononciert politische Interesse. Sie sind dem geselligen Gesang und dem belebenden Weingenuß gewidmet, aber sie verstehen diese harmlos anmutenden Kommunikationsformen gleichzeitig als einen subversiven »Keller«, in dem man der offiziellen Geschichte »trotzen« kann und die »Freiheit«, die im Staat »vogelfrei« ist, »entfesselt« vorlebt (›Freiheit im Wein‹). Das Modell einer musisch-politischen Geselligkeit erprobt sich als eine Art Gegenöffentlichkeit zum politisch zensierten und paralysierten öffentlichen Leben.[42] In den Sänger- und Turnvereinen, Sänger- und Turnfesten der Epoche drängt diese Gegenöffentlichkeit zum massenwirksamen Ausdruck. Die Vereinsmeierei im heutigen Deutschland hat ein besseres Urbild in einer Kunst und Politik verschränkenden Geselligkeit.

IV. Lyriker-Profile (Eichendorff, Mörike, Droste)

Wir haben darzustellen versucht, daß die Schriftsteller der Epoche, allem Autonomiebestreben zum Trotz, vom Markt materiell abhängig bleiben und Strategien zur finanziellen Sicherung ihres Lebens entwickeln müssen. Das kann dazu führen, daß sie es dem Zeitgeist gegenüber an jener Souveränität fehlen lassen, die etwa Eichendorff, Mörike und die Droste besitzen. Diese bringen ihre Lyrik in enger Fühlungnahme mit ihrer Epoche hervor, ohne doch deren bloßes Echo zu sein. Das verbürgt ihrem Werk eine Komplexität und Tiefenschärfe, die ihren höheren Rang gegenüber damals populären Schriftstellern wie etwa Rückert begründen.

Die Folgen der Französischen Revolution und der deutschen Restauration prägen Schicksal und Lebensgefühl des Joseph Freiherrn von Eichendorff, zweifellos des bedeutendsten Spätromantikers. Die Einbuße der schlesischen Güter symbolisiert ihm den Verlust der Heimat und den Zerfall seines Standes – und die Restauration bietet ihm statt einer neuen politischen Heimat den »Mechanism erstorbener Formeln«[43], während ihre liberalen und radikalen Gegner in seinen Augen einen »wilden Strom entfesselter Gedanken«[44] in Gang setzen: traditionsvergessene Emanzipation. Ein sozial und politisch Ortloser – so stellt sich Eichendorff auch in seiner Lyrik dar. Er vertraut ihr seine zeitgeschichtliche Identitätsverwirrung rückhaltlos an:

> Ich hör die Bächlein rauschen
> Im Walde her und hin,
> Im Walde in dem Rauschen
> Ich weiß nicht, wo ich bin.
> (›In der Fremde‹)

Damit transzendiert Eichendorffs Lyrik auch ein Herzstück seiner eigenen Geschichtsauffassung: ein »geistiges, organisch lebendiges Ganzes« – so hatte sich der Zeitkritiker Eichendorff die Gesellschaft gewünscht.[45] Das Organismus-Konstrukt des Denkers Eichendorff hebt jedoch der Lyriker auf. *Sein* Wald hat teil an der existenziellen Verwirrung seines Ichs:

> Die Berg im Mondesschimmer
> Wie in Gedanken stehn,
> Und durch verworrne Trümmer
> Die Quellen klagend gehn.
> (›Die Nacht‹)

Eichendorffs Eros spannt sich vom Heimatverlangen zum Fernweh, von der Selbstgefährdung zur Selbstbefreiung, vom tödlichen Bann zur Abenteuerlust. Allenfalls im Medium dieses bewegten Widerspiels wird seine vielgestaltige und prekäre Identität greifbar. Unbürgerlichkeit ist ihr soziales Kennzeichen. Sie war der Beweggrund auch seiner Reise- und Wanderlieder, die, von zahllosen Wandergruppen tradiert, zum Brustgesang unbeschwerter Naturfreude erhoben wurden, so daß der soziale Stachel der Reiselyrik Eichendorffs nicht mehr direkt fühlbar ist. Eichendorffs Reiselyrik ist die rhythmisch bewegliche und melodische Gegenstimme gegen die bleierne Schwere des öffentlichen Scheinlebens im damaligen Deutschland, an dessen politischen und geographischen Winkelverhältnissen man sich auf Schritt und Tritt Kopf und Füße wundstieß.

Eichendorffs kompliziertes Verhältnis zur Natur, ablesbar nicht zuletzt an seinen konjunktivischen Vorbehalten (»Es war, als hätt' der Himmel ⟨...⟩« beginnt ›Mondnacht‹), hängt mit seinem hochempfindlichen geschichtlichen Sinn eng zusammen. Er hat frühzeitig Künstlichkeiten im Umgang mit der Natur wahrgenommen, die er als »Zeichen der Zeit« begriff. Da war das überlieferte französische Gartenrokoko mit seiner unnatürlichen Geometrie, war der nach englischer Manier eingerichtete, wild romantisierende Naturgarten, ein artifizielles Chaos, und da waren die »malerisch-romantischen« Naturansichten, zu denen die neuen Verkehrsmittel, Eisenbahn und Dampfschiff, einen rasch wachsenden Strom von Touristen hintrugen. Es bildeten sich Fixpunkte einer genormten Wahrnehmung, auf die man durch auflagenstarke Reisehandbücher eingeschworen wurde. Dagegen opponiert Eichendorffs »Impressionismus«, der das festgerahmte Bild auflöst. Indem Eichendorff die tausendfach besungenen und gemalten Dinge »rauschen« läßt und das Rauschen in Sprachmusik überführt, in Klänge und Rhythmen, erweckt er die abgelebten Dinge zu neuem Leben, kraft des poetischen »Zauberworts« einer »poésie pure«.

Der 1804 geborene Eduard Mörike ist anderthalb Jahrzehnte jünger als Eichendorff; sein erster, 1838 erschienener Gedichtband ist, obgleich voll spätromantischer An- und Nachklänge, von Eichendorffs Lyrik unterschieden durch die zarte Differenz, die Mörikes hochempfindlichem Zeitbewußtsein entspringt.

Eines der bekannteren Gedichte Mörikes, ›Die schöne Buche‹, hebt die besondere Stellung eines Baumes im idyllischen Umfeld hervor.[46] In einem literarisch innovativen Spannungsbogen verschränkt Mörike Idylle und Pathos miteinander und spiegelt eins am andern. Ohne den »hohen Ton« bliebe die Idylle genrehaftgemütvoll, ohne die Idylle das klassische Pathos verstiegen. Das spannungsvolle Ineinander der Töne und Stile ist bezeichnend für Mörikes Lyrik. Die Detailtreue, mit der er das Bild der Buche und ihrer Umgebung zeichnet, ist nicht nur eine Eigentümlichkeit seines charakteristischen Nahblicks, der biedermeierlichen Liebe zum Kleinsten und Allerkleinsten. Das Genrebild, ein von der Epoche bevorzugtes Gestaltschema, kommt dieser Liebe entgegen – es eignet sich zur Darstellung überschaubarer Szenen aus dem Häuslichen und Familialen, anmutiger Alltags- und Naturgebilde.

Von ähnlicher Spannweite wie das Naturgedicht Mörikes ist seine Liebeslyrik geprägt. Ihre sozialpsychologische Verweiskraft, mag sie auch weithin unbemerkt geblieben sein, ist bemerkenswert.[47] Im vermeintlich unbezähmbaren Eros des »Weibs« spiegelt der Mann persönliche Sehnsüchte und gesellschaftliche Vorbehalte. In ›Die schlimme Greth und der Königssohn‹ entwickelt Mörike eine kühn geschwungene Männerphantasie, welche die Frau in eine jungfräuliche Braut und wahllos verführende Hexe zerteilt; letztere macht die Probe auf dieses Phantasiespiel und stürzt den Liebhaber in den Schwindel und den Abgrund entfesselter Sexualität. Mörikes metaphysische Überwölbung einer zeittypischen Not der Geschlechter ist auch in so berückenden Gebilden wie ›An die Geliebte‹ faßbar. Noch charakteristischer für ihn dürfte das ambivalente Spiel mit dieser Not sein:

> Es gibt für mich kaum einen reizendern Genuß in der Liebe als eben dies Gemisch von Wohl und Weh, wo die dämmernde Wolke so eines Abschieds den vollen Glanz des himmlischen Bewußtseins überschleiert, wie ganz, wie eigen man einander habe!«[48]

Nicht der wechselseitige Besitz macht das Glück aus – das im Biedermeier so oft beschworene Ehe- und Familienglück –, sondern das vom Abschied angefochtene, als befristet erfahrene, das die Möglichkeit des wechselseitigen Verlusts nicht ausschließen kann.[49]

Mörike hat die Zwischenreiche seiner Seele und die gemischten Lagen seines Bewußtsein zu kultivieren gewußt. So sehr sie seiner persönlichen Disposition entsprechen, so stellen sie doch auch eine Antwort auf Zeitverhältnisse dar: vor allem auf die zahlreichen sich verschärfenden Widersprüche, die für die Biedermeier-Epoche so charakteristisch sind. Politisch drängt sich der Widerspruch zwischen Restauration und Revolution auf, ökonomisch der zwischen Industrialisierung und zäher Bindung an hergebrachte Produktionsformen, sozial der zwischen Kapitalakkumulation und Pauperismus, kulturell der zwischen Reisefieber und Kult der Häuslichkeit, zwischen kosmopolitisch verstandener Welterschließung und Konzentration auf das Nächste und Kleinste. Mörike hat die epochalen Antithesen und extremen Widersprüche nicht kopiert, sondern transportiert: in ambivalente Mentalitätslagen, mehrdeutige seelische Neigungen, unentschiedene Bewußtseinshaltungen. In dieser Ambivalenz, Mehrdeutigkeit und Unentschiedenheit bewahrt er sich gegenüber den festgelegten Positionen eine eigene Offenheit; die prekäre Balance und unbestimmbare Schwebe seines lyrischen Ichs fängt die polar entgegengesetzten Tendenzen des Zeitalters in gleitenden Übergängen individueller Prägung auf und distanziert sie im mehrstimmigen Ineinanderspiel der Extreme.

Im selben Jahr wie Mörikes erster Gedichtband, 1838, erschien auch eine erste Ausgabe der Gedichte und Epen von Annette von Droste-Hülshoff. Daß der Mutter die Gedichte »sehr schön zu seyn« schienen, hinderte sie nicht daran, die Bemerkung anzuschließen: »aber der Adel ist allgemein dagegen, sie behaupten, sie wären unverständlich ⟨...⟩, ich glaube es verdrießt sie daß ein adliges Fräulein sich so öffentlichen Meynungen aussetzt«.[50] Die Droste mußte das aufgrund ihres Charakters und poetischen Temperaments als besonders einschneidend empfinden. Ihr Gedicht ›Am Turme‹ rüttelt kühn an den gesellschaftlichen Fesseln, in die sie – in die alle Frauen in ihrer Epoche – geschlagen war:

> Wär ich ein Jäger auf freier Flur,
> Ein Stück von einem Soldaten,
> Wär ich ein Mann doch mindestens nur,
> So würde der Himmel mir raten;
> Nun muß ich sitzen so fein und klar,
> Gleich einem artigen Kinde,
> Und darf nur heimlich lösen mein Haar
> Und lassen es flattern im Winde![51]

Das Gedicht lehnt sich gegen die hergebrachten Geschlechterrollen auf. Es demonstriert, daß im weiblichen Ich Eigenschaften vorwalten, die üblicherweise dem Mann zugeschrieben werden: Tatendrang, Kampfbereitschaft, Jagd- und Abenteuerlust. Und wagemutiger Eros obendrein! Indem die Droste gegen ihren weiblichen Rollencharakter einen anderen, persönlichen Charakter hervorkehrt, verweist sie auf die »männlichen« Anteile in ihrer Person. Daß ihr Protest gegen die soziale Rollenverteilung in Resignation zu münden droht, verleiht ihrem Schicksal einen exponiert gesellschaftlichen Akzent. Es ist eine erzwungene, freilich immer wieder bekämpfte, immer wieder verworfene Resignation. Den daraus entspringenden Konflikt hat die Droste mit der ihr eigenen Bewußtheit durchlebt. Es zeichnet sie aus, daß sie sich die unruhig-unweibliche Leidenschaft als ein Ingrediens ihrer Poesie bewahrt. Die Jagd und der Krieg sind nicht nur Themen ihrer Epen[52] [→ Jäger; Versepik, 456 ff.], sie kreuzen auch in einigen Gedichten leitmotivisch auf. Dergestalt rettet die schreibende Frau ihren verbotenen männlichen Tatendrang wenigstens ins ästhetische Bild.

»Eigensinnig und gebieterisch, fast männlich«, lautete eines der typischen zeitgenössischen Urteile über die Droste[53], und das »Männliche« an ihr wurde mit Vorliebe auf ihre Intelligenz bezogen. Sogar Christoph Bernhard Schlüter, Philosophiedozent und literarischer Ratgeber der Droste, verknüpft das Lob für ihre »Gabe, die verwickeltsten Zustände gliedernd zu entwirren«, mit der zweischneidigen Bemerkung: »Nichts war vor ihrem psychologischen Anatomiemesser sicher.«[54] Eben deshalb ist ›Das Spiegelbild‹ eines der zeitüberdauernden Gedichte der Droste geworden. Es entwickelt das psychologische »Anatomiemesser« zu einer ästhetischen Produktivkraft. In der Tat ist nichts vor diesem Messer sicher, namentlich das eigene Ich der Droste nicht. Daß es in Wahrheit kein *eigenes* und identisches, daß es vielmehr ein gespaltenes, nichtidentisches Ich sei, ist die das Gedicht steuernde Erkenntnis.

Ihr analytischer Blick auf der einen, ihre hingebungsvolle Sensitivität auf der anderen Seite charakterisieren zumal ihre Naturlyrik. Sie zergliedert die Naturphänomene, ohne die intensivste Fühlungnahme mit ihnen preiszugeben. Von Mörikes kontemplativer Detailtreue unterscheidet sich die Droste durch ihre Detailversessenheit, der nichts entgeht, kein noch so unmerkliches Geräusch, kein noch so unscheinbarer Streifen Licht. In Korrespondenz zum wachsenden Positivismus ihrer Zeit[55] nimmt sich die Droste der Naturobjekte mit einer obsessiven Präzision an; zu ihnen zählen auch bislang poesieferne, etwa das Herdenvieh im Gedicht ›Die Jagd‹. Es erfährt eine fast naturalistische Detailwiedergabe akustischer, optischer und motorischer Art:

〈...〉
und unter ihrem Zahne
Ein leises Rupfen klirrt im Thymiane:
Unwillig schnauben sie den gelben Rauch,
Das Euter streifend am Wacholderstrauch,
Und peitschen mit dem Schweife in die Wolke
Von summendem Gewürm und Fliegenvolke.

Die Koexistenz lebensoffener und todeszugewandter Impulse gehört zu den Strukturmerkmalen der Drosteschen Lyrik (vgl. u. a. ›Mondesaufgang‹). Die Todesevokationen ihrer Naturgedichte haben einen mehr als privaten Ursprung. Sie entstehen zum Teil aus der schon erwähnten lähmenden Passivität, wozu sich diese Frau verurteilt sah – ein durchaus zeittypisches Schicksal. Und von Fall zu Fall kann die Natur mit ihrer Nähe zum Tod (›Die Mergelgrube‹), mit ihren »siechen« und »ergrauten« Landschaften (›Die Krähe‹), mit ihrer Unheimlichkeit und Ungeheuerlichkeit auch politische und soziale Bewußtseinsreflexe enthalten. Das trifft auch für die so unpolitisch anmutenden ›Heidebilder‹ der Droste zu[56], etwa für die berühmte Ballade ›Der Knabe im Moor‹. Die im Moor ihr

Wesen treibenden Geister – der »gespenstische Gräberknecht«, die »unselige Spinnerin«, der »Geigemann ungetreu«, die Kindsmörderin Margret – sie entstammen einer niederen und verachteten Sozialschicht[57] (wie ihre voran- und nachgestellten Attribute verraten). Und sie veranstalten einen Spuk, als wollten sie den Knaben zu sich hinabziehen – Rache übend für ihre soziale Schmach. Die vielgerühmte Lautmalerei der Droste, die zusammen mit den optischen Eindrücken, dem »wimmelnden Heiderauch«, den geisterhaften Dünsten, der »nickenden« Föhre und aggressiven Riesenhalmen das Unheimliche und Gespenstische der Atmosphäre im Moor erzeugt, ist nicht nur zur Evokation eines Volks- und Aberglaubens da. Durch die mythische Perspektive hindurch macht vielmehr jenes soziale Schicksal von sich reden, das Marx und Engels um die Jahrhundertmitte in das berühmte Bild von dem »Gespenst«, das in Europa umgehe, gekleidet haben[58]: das Gespenst der Unterdrückten.

Peter Stein
Operative Literatur

I. Zum Begriff »Operative Literatur«

Die Bezeichnung »Operative Literatur« ist in der literaturgeschichtlichen Forschung bislang noch nicht sehr gebräuchlich.[1] Am ehesten wird sie als Oberbegriff für jene Formen von Literatur benutzt, die sonst »Politische Dichtung«, »Tendenzliteratur«, »Agitprop«, »engagierte« bzw. »eingreifende Literatur« usw. genannt werden. Diese Konzentrierung auf das Feld des Politischen trifft zwar einen wichtigen Aspekt, deckt jedoch keineswegs den vollen Geltungsanspruch ab, den das Programm einer »operativen Literatur« als ästhetisches Gegenmodell zu einem romantischen Kunstbegriff spätestens seit der ersten Hälfte des 19. Jahrhunderts erhebt.

Es war Heinrich Heine, der im Jahre 1828 konstatierte: »Das Prinzip der goetheschen Zeit, die Kunstidee, entweicht, eine neue Zeit mit einem neuen Prinzipe steigt auf ⟨...⟩«.[2] Was Heine als »Kunstidee« bezeichnete, war das Konzept einer Dichtung, das sich in Deutschland in Reaktion auf die gesellschaftlichen und politischen Umbrüche seit der Französischen Revolution herausgebildet hatte. In ihm spielte die Forderung nach Kunstautonomie eine zentrale Rolle. In der durchaus folgenreichen Heineschen Lesart des klassischen Kunstkonzepts, deren Richtigkeit hier nicht zur Debatte steht und die von Heine selbst später noch differenziert wurde, drückte sich ein radikaler Zweifel aus. Es war der Zweifel daran, ob Kunst allein durch die autonome Kraft des Schönen bestehen und durch sie gesellschaftliche Wirksamkeit erlangen könne.

Die Emanzipation der Kunst von gesellschaftlichen Verwertungszwängen, gipfelnd im Projekt der romantischen Universalpoesie, konstituierte eine zweite Welt jenseits der empirischen. Ein Bezug zur geschichtlichen Gegenwart war letztlich nur in einer sehr vermittelten Weise denkbar, sei es zukunftsgerichtet durch die Hoffnung auf ein bildsames Tätigwerden humaner Persönlichkeiten, die durch die Kunst veredelt sein würden, sei es als Rückzug in eine zur Verpflichtung werdende idealisierte Vergangenheit. Was die Poesie aus dieser Distanz an Schönheit, Wahrheit und bleibendem Wert gewann, verlor sie zugleich an Zeitgenossenschaft, Verantwortlichkeit und Operativität.

Politisch-operative Dichtung im engeren Sinne ist keine Erfindung des deutschen Vormärz. Schriftsteller haben vielmehr von Anbeginn Texte geschrieben, in denen sie Personen, Themen und Situationen des politischen und sozialen Lebens behandelten. In der jüngeren Forschung hat sich dabei, trotz anhaltender Differenzen in der Frage der Wertung, eine Art Konsens über den Begriff ergeben.[3] Danach gilt z. B. politische Lyrik zunächst dadurch definiert, daß sie nicht nur Politisches thematisiert, sondern zudem auch eine »ostensible politische Stellungnahme«[4] enthält, die sich gleichermaßen strukturbildend wie rezeptionssteuernd auswirkt: »Politische Lyrik erweist sich als politisierende Lyrik.«[5] Thema, Wirkungsabsicht und literarische Technik sind es also aus produktionsästhetischer Sicht, die ein politisches Gedicht in seinem operativen Charakter konstituieren. Eine derartige Betrachtungsweise erfaßt ohne Zweifel einen großen Teil der in Frage stehenden Texte, allerdings nicht alle. Es gab immer wieder wichtige Texte, die auch ohne diese Bestandteile politisierend wirkten. Das geschah, wenn die literarische Produktion durch bestimmte historische Herrschaftsverhältnisse (z. B. propagandistische Dienstbarmachung, Zensur, Literaturmarkt) oder ästhetische Regulative (z. B. Dichtungsbegriff, Stil, Geschmack) präformiert war und sich politisch indirekt Ausdruck verschaffen mußte, gezielt oder unbewußt. Die zweifellos notwendige Einbeziehung solcher indirekt operativen Texte erweitert das Gegenstandsfeld beträchtlich und öffnet zugleich der Interpretation Räume, in denen die Unterscheidung von politisch-operativer und unpolitischer bzw. nicht-operativer Literatur fragwürdig wird.[6] Angesichts dieses Dilemmas muß sich die vorliegende Darstellung auf einen Ausschnitt beschränken. Herausgestellt wird die theoretische und (am Beispiel der politischen Lyrik) die praktische Herausbildung des ästhetischen Modells der operativen Literatur, das in den Jahren zwischen 1815 und 1848 in Auseinandersetzung mit dem Konzept einer autonomen Ästhetik sein Profil gewann.

II. Grundbedingungen operativer Literatur zwischen Restauration und Revolution

Im Jahr 1815 dürfte kaum ein Zeitgenosse eine Vorstellung davon gehabt haben, in welchem Umfange bis zur Jahrhundertmitte in Staat und Gesellschaft, Wirtschaft und Kultur, Wissenschaft und Technik tiefgreifende Veränderungen vonstatten gehen sollten. Die Spur dieser Prozesse, die die Geschichtswissenschaft als »doppelte Revolution« (Hobsbawm) von industrieller und politischer Umwälzung auffaßt, zeichnete sich tief in das soziale Leben, in überkommene Ordnungen und Wertvorstellungen der Menschen ein [→ Sautermeister: Reiseliteratur, 117 ff.].

In einer derartigen Umbruchszeit mußten die verschiedenartigen Gebilde sozialer Kommunikation eine erhöhte Bedeutung erlangen, insofern sie in der Lage waren, die Dynamik der komplexen Realitäten diskursiv zu verarbeiten. Dies zeichnete sich bereits in den vielfältigen interaktiven, oral und literal geprägten Formen bürgerlicher Öffentlichkeit seit dem 18. Jahrhundert – und hier insbesondere seit der Französischen Revolution – ab. Kunst, Wissenschaft und Literatur wurden so zu spezifischen Instanzen bürgerlicher Identitätsbildung, die in dem Maße an Bedeutung gewannen, wie die politisch-gesellschaftliche Emanzipation behindert und verzögert blieb. Mit der Gründung der Heiligen Allianz begann zudem ab 1815 eine Phase der politischen Restauration, die einherging mit einer sich bis 1848 ständig verschärfenden Repression bürgerlich-liberaler Öffentlichkeit sowie – vice versa – wachsender Opposition gegen diese Beschränkungen [→ Stein: Sozialgeschichtliche Signatur, 29 ff.]. Politik wurde in dieser epochalen Auseinandersetzung letztlich zur Chiffre für alles, was mit der Restaurierung bzw. Revolutionierung der öffentlichen Verhältnisse zu tun hatte. Zu dieser Politik mußte sich jetzt jeder Zeitgenosse verhalten – sei es durch erschreckte Abwendung, sei es durch (parteiergreifende) Hinwendung. Im letzteren Fall folgte daraus der Gedanke, daß auch und gerade die Kunst in dieser historischen Situation nicht jenseits stehen darf, sondern als Dienerin operativ werden muß:

Politik heißt, die ich zur Herrin wähle,
Für die ich will durch Markt und Straßen laufen,
Bestellend alles, was sie mir befiehlet.[7]

Die zweite Grundbedingung dafür, daß es im Vormärz zum Programm einer operativen Literatur kommen konnte, lag in den veränderten Literaturverhältnissen. Auch hier waren die Grundlagen bereits in der zweiten Hälfte des 18. Jahrhunderts gelegt worden, doch kann man erst ab der ersten Hälfte des 19. Jahrhunderts, in der die Marktprinzipien im Agrar-, Gewerbe- und frühindustriellen Bereich zum Durchbruch kamen, von einem entwickelten kapitalistischen Literaturmarkt sprechen[8] [→ Schmid: Buchmarkt, 66 ff.]. Die Durchsetzung des Marktprinzips auch bei der Schönen Literatur mochte in den Augen der Verfechter der Autonomieästhetik ein Skandal sein, tatsächlich desillusionierte dieses Prinzip – nicht zuletzt seines durchschlagenden Erfolges wegen – fortwährend die Idee einer reinen, d. h. klassenunabhängigen und nicht-operativen Dichtung, ohne diese allerdings aufheben zu können. Literatur war nicht mehr nur gut, wenn sie bestimmten ästhetischen Normen entsprach, sondern auch, wenn sie Erfolg hatte und an ihr gut verdient werden konnte: das waren in erster Linie die Produkte massenmedialer bzw. marktkonformer (Unterhaltungs-)Schriftsteller und Journalisten, honoriert von markterfahrenen Verlegern und einem lesebegierigen Publikum [→ Plaul/Schmid: Populäre Lesestoffe, 331 ff.]. Paradoxerweise gehörte unter den Bedingungen des deutschen Vormärz hierzu aber auch jene politisch-operative Literatur, die ihren oppositionellen Charakter um so mehr entfalten konnte, je kapitalkräftiger ihre Verleger und je stärker die durch verschärfte Repression angestachelte Nachfrage auf seiten der Leser waren.

Im völligen Widerspruch zur wirtschaftsliberalen Dynamisierung des Literaturmarktes stand das autokratische Prinzip der Vorzensur, die 1819 als Teil der Karlsbader Beschlüsse für alle Staaten des Deutschen Bundes in der Form einer einheitlichen Rahmenbestimmung eingeführt wurde und unter zusätzlichen Verschärfungen bis 1848 Geltung behielt. Es war durchaus kein Zugeständnis an die andersartige Wertform von Literatur, wenn der kunstsinnige Metternich »die Ausdehnung des freien Warenverkehrs ‹...›

auf den Bereich der geistigen Warenproduktion«[9] unterbinden ließ
[→ Stein: Sozialgeschichtliche Signatur, 29 f.; Goetzinger: Autorinnen und Autoren, 51 ff.]. In der Institution und Praxis der Vorzensur drückte sich vielmehr der zentrale Vorbehalt des spätabsolutistischen Staates gegenüber einer Literatur aus, die nicht mehr nur als ästhetischer Schein gesehen wurde: Sie galt als ein populäres Medium politischer Opposition schlechthin. Unter diesem Generalverdacht stehend, war das gedruckte Wort – ob nun als harmlos zugelassen oder als gefährlich zensiert – praktisch von Staats wegen als operatives Genre konstituiert [→ Schmid: Buchmarkt, 73 ff.] So betrachtet, ist die Zensur die dritte Grundbedingung des operativen Schreibens im Vormärz gewesen.

III. Die programmatische Herausbildung des ästhetischen Modells »Operative Literatur«

Den genannten Grundbedingungen stand ein machtvoll ausgebildetes Kunstkonzept gegenüber, demzufolge gerade die radikale ästhetische Autonomie, d. h. die Abwendung von jeglicher operativen Funktion in der Gegenwart, als Voraussetzung einer »ästhetischen Erziehung des Menschengeschlechts« (Schiller) begriffen wurde. Kunst, die erst zu sich kommen konnte durch Transzendierung der Zeitbewegung, und drängende Zeitbewegung, die sich nicht mehr ohne weiteres ästhetisch transzendieren ließ, traten in Widerspruch zueinander. »Dieser Widerspruch«, so entgegnete Heine 1831 in Paris dem ästhetischen Modell der »Kunstperiode«, »und nicht die Zeitbewegung selbst ist der Kunst so schädlich«, um sodann hinzuzufügen, daß umgekehrt die moderne Zeitbewegung eine neue Kunst mit einer »neue⟨n⟩ Technik, die von der seitherigen verschieden, hervorbringen muß.«[10]

Mit dem Gedanken, daß die gegenwärtige Zeitbewegung sich durch Kunst einen gemäßen Ausdruck zu verschaffen vermag, wurde Gegenwart zu einer neuen Kategorie erhoben. Diese Gegenwart war angesichts des Umbruchs der sozioökonomischen und politischen Strukturen mehr als nur eine irritierende Zeitbeschleunigung, die durch eine davon abgehobene Kunst gleichsam ästhetisch stillgelegt wurde. Sie wurde nun als ein Fortschrittsprozeß anerkannt, dem sich Philosophie, Kunst und Wissenschaft nicht entziehen durften. In dem Maße, wie sich damit die Literatur – im Bruch mit überkommener Ästhetik – dynamisierte, wobei ihre Protagonisten auf eine durchaus verwirrende Weise diese neue Qualität als »romantisch« (Stendhal, z. T. Heine)[11], »modern« (Junges Deutschland) oder auch »politisch« (Herwegh, Prutz) bezeichneten, geriet schriftstellerisches Tun unter das Gebot der Operativität. Was vom Standpunkt der Kunstidee folgerichtig als »Ende der Kunst« erscheinen mußte und in Hegels »Vorlesungen über die Ästhetik«[12] seit 1820 so auch diskutiert wurde, war zugleich der Beginn eines neuen Diskurses über die (veränderte) Aufgabe von Schriftstellern und die Funktion von Literatur für die Gesellschaft. Dabei verschränkten sich theoretische Begründungen mit praktischer Verwirklichung. Im folgenden wird nacheinander dargestellt, was im literarhistorischen Prozeß sich nebeneinander entwickelte und in lebhafter Wechselwirkung miteinander stand.

Die politisch-ideologische Restauration der Zustände vor 1789 für die Zeit nach 1815 rief paradoxerweise eine Gegenbewegung hervor, die an vorklassische Literaturauffassungen anknüpfte (repräsentiert durch Lessing, Voß, Schubart, Lenz, Herder, Bürger, den jungen Schiller und schließlich auch noch durch Seume und Jean Paul). Die Dichter der Befreiungskriege und des burschenschaftlichen Protestes, ebenso Börne, Heine und die Jungdeutschen, aber auch die politischen Lyriker der vierziger Jahre bezogen sich auf diese aufgeklärte literarische Tradition, nach der Literatur – in eingreifenderer Form, als es die klassisch-romantische »Kunstidee« zuließ – als moralisch-politische Macht Ansprüche an ihre Zeit geltend zu machen hat. Bis gegen Ende der zwanziger Jahre blieb es im wesentlichen bei der Anmahnung dieses durch Zeitläufte (Zensur) und Literaturentwicklung (Spätromantik) verdeckten Geltungsanspruches. Dennoch wurden bereits in diesen Jahren Grundlagen für ein operatives Literaturverständnis gelegt.

Schon 1818 führte Ludwig Börne (1786–1837) den Begriff »Zeitschriftsteller« ein und bestimmte als dessen Aufgabe, das »Stammeln« der Zeitgeschichte auf den Begriff zu bringen.[13] Nach Börne hatte der Zeitschriftsteller nicht nur die Zeit deutend zu erkennen, sondern »als das Triebwerk selbst, welches die Gänge der Zeit regelmäßig erhält und ihre Fortschritte abmißt«[14], operativ zu wirken. 1831 nannte er deswegen die Schriftsteller »Geschichtstreiber«.[15] Beschränkte sich Börne mit dem Programm des Zeitschriftstellertums noch ausdrücklich auf den Publizisten, so erweiterte Heinrich Heine, beginnend mit den ›Reisebildern‹ (1826), diese Funktionsbestimmung auf den »Dichter-Prosaisten«, dabei die Überlistung und schließlich sogar den Bruch mit der Zensur kalkulierend. Daran knüpfte der jungdeutsche Schriftsteller Ludolf Wienbarg 1834 in seiner Programmschrift »Aesthetische Feldzüge« an, als er die »Repräsentation einer Zeit durch Dichter und Schriftsteller« verlangte und ausführte:

⟨...⟩ die Dichter und ästhetischen Prosaisten stehen nicht mehr wie vormals allein im Dienst der Musen, sondern auch im Dienst des Vaterlandes, und allen mächtigen Zeitbestrebungen sind sie Verbündete.[16]

Wienbarg reagierte damit bereits auf die heftige Diskussion um den literarischen Rang Goethes, die mit Wolfgang Menzels und Heines Kritik eingesetzt hatte und in der es auch darum ging, ob das durch den Weimarer Klassiker repräsentierte Kunstprinzip nicht an der Zeit vorbeigehe und ersetzt werden müsse. Heine war 1828 dafür eingetreten (»eine neue Zeit mit einem neuen Prinzipe steigt auf, und ⟨...⟩ sie beginnt mit Insurrektion gegen Goethe«[17].) Seine zeitkritische Prosa des Pariser Exils ist die Verwirklichung dieser Prophezeiung, das zentrale Credo des operativen Zeitschriftstellers formuliert er dann in der Vorrede zu ›Französische Zustände‹ (1832):

Wenn wir es dahin bringen, daß die große Menge die Gegenwart versteht, so lassen die Völker sich nicht mehr von den Lohnschreibern der Aristokratie zu Haß und Krieg verhetzen, das große Völkerbündnis, die Heilige Allianz der Nationen, kommt zu Stande, wir brauchen aus wechselseitigem Mißtrauen keine stehenden Heere von vielen hunderttausend Mördern mehr zu füttern, wir benutzen zum Pflug ihre Schwerter und Rosse, und wir erlangen Friede und Wohlstand und Freiheit. Dieser Wirksamkeit bleibt mein Leben gewidmet; es ist mein Amt.[18]

Wienbargs Konzept einer zeit- und lebensverbundenen Dichtung, das für das Junge Deutschland richtungweisend war, schloß operative Lyrik allerdings noch ausdrücklich aus. Es erlaubte lediglich, die Gegenwart gleichsam historisch zu spiegeln. Die Begründung von Dichtung als Zeitspiegel kann aber im Kontext vormärzlicher Repression und Zensur als Schutzformel für einen operativen Anspruch interpretiert werden. Das gilt sicherlich für einen Schriftsteller wie Hoffmann von Fallersleben, der sich 1841 – bedroht von Entlassung – gegenüber seinem Dienstherrn, dem preußischen Kultusminister von Eichhorn, so verteidigte: »Die Dichter reproduzieren die Stimmung der Zeit, in der sie leben.«[19]

Diesen in der Konsequenz auf eine realistische Zeitdichtung vorausweisenden Argumenten, wie sie von Friedrich Theodor Vischer, den ehemaligen Jungdeutschen (Karl Gutzkow, Theodor Mundt) u. a. später vorgetragen wurden, opponierten radikalere Forderungen. Der Begriff »Politische Poesie« kam auf und wurde zum Ausdruck dafür, daß Lyrik und Politik vereinbar waren. So definierte 1842 der Darmstädter Demokrat Carl Buchner die politische Poesie als »die poetische Beachtung und Behandlung von Staats- und Zeitbegebenheiten, zugleich mit Offenlegung einer Ansicht darüber.«[20] Buchner ging damit über die jungdeutsche Theorie der Zeitdichtung hinaus und gestattete ausdrücklich die politische Parteinahme. Er vollzog theoretisch, was ein Jahr zuvor der Lyriker Georg Herwegh in seinem Gedicht ›Die Partei‹ leidenschaftlich gefordert hatte:

> Ihr müßt das Herz an eine Karte wagen,
> Die Ruhe über Wolken ziemt euch nicht;
> Ihr müßt euch mit in diesem Kampfe schlagen,
> Ein Schwert in eurer Hand ist das Gedicht.
> O wählt ein Banner, und ich bin zufrieden,
> Ob's auch ein andres, denn das meine sei;
> Ich hab' gewählt, ich habe mich entschieden,
> Und meinen Lorbeer flechte die Partei![21]

Herwegh votierte zunächst zwar nur für die Parteinahme, noch nicht für eine bestimmte politische Partei, die es als Organisation im Vormärz auch noch gar nicht gab. Klar war aber, daß die Gesinnung der »Liberalen« und des Fortschritts gemeint war, die schon seit den zwanziger Jahren der Gesinnung der »Servilen« und der Reaktion gegenübergestellt wurde. Herwegh widersprach ausdrücklich einem Standpunkt, den Ferdinand Freiligrath im selben Jahr 1841 in seinem Gedicht ›Aus Spanien‹ eingenommen hatte:

> Der Dichter steht auf einer höhern Warte,
> Als auf den Zinnen der Partei.[22]

Freiligrath korrigierte diesen Standpunkt ab 1843 und trat ab 1846 sogar ausdrücklich auf die Seite des »Communismus« Marxscher Prägung, für den er 1848 als politischer Lyriker in der ›Neuen Rheinischen Zeitung‹ focht. 1849 folgte er Marx ins Londoner Exil.

Operativität und Parteilichkeit waren wichtige Pfeiler in der Entwicklung des Programms politischer Dichtung.[23] Die geschlossenste Konzeption legte hierzu Robert Prutz mit seinem Aufsatz ›Die politische Poesie der Deutschen‹ (1843) vor, in dem er in linkshegelianischen Kategorien ausführte:

> Das Eine deutet auf das Andere: die Politik ist zur Poesie berechtigt und die Poesie zur Politik. Die politische Poesie ist also mehr als eine Mode, sie deutet eine Epoche der welthistorischen Entwicklung des Volkes an, sie ist als solche unvergänglich und keinem Wechsel unterworfen, eine ewig fruchtbare Gebärerin künftiger Entwicklungen. 〈...〉 Sie darf nur die Möwe sein, die vor dem Sturm einherflattert, nur die Lerche, die den Lenz verkündet. Bleiben der Sturm und der Frühling aus, so sind diese Lieder großsprecherische Thorheiten und der Poet ein Tropf, ein träumerischer Narr gewesen.[24]

Die Anbindung der Politischen Poesie an eine im liberalen Sinne gelingende politische Entwicklung der Nation war jedoch problematisch. Sie mußte in letzter Konsequenz in der Affirmation »vaterländischer« Dichtung oder – im Falle der politischen Niederlage – im resignativen Rückzug von der Politik enden. Beides trat nach 1848/49 ein. Dennoch verdient festgehalten zu werden, daß das vormärzliche Konzept einer operativen Literatur bedeutsam blieb.

Es wirkte fort in der kritischen Publizistik des nachmärzlichen Exils und, seit der Kaiserzeit, in den Texten der sozialistischen Arbeiterbewegung, der Weimarer Republik, des antifaschistischen Widerstandes und der Protestbewegungen nach 1945. Stets ging es darum, daß der *engagierte* Schriftsteller als Sprecher einer sozialen Gruppe mit allgemeinem Interesse auftrat und von diesem *Amt* her literarisch aktiv wurde. Demgegenüber sollte ein anderes Konzept einer operativen Literatur dort entstehen, wo der kritische Schriftsteller erkennen mußte, daß er – sofern er sich nicht vereinnahmen ließ – »von niemandem ein Mandat erhalten hat.«[25] Diesem Typus des modernen Intellektuellen, den Jean Paul Sartre zuerst in Emile Zola, Walter Benjamin schon in Charles Baudelaire vorgefunden hatte und für den nun auch Heinrich Heine prototypisch in Anspruch genommen wird[26], wandelt sich operatives Schreiben zu einer Strategie, die über die Verbote der Zensur hinaus die Schranken des Literaturmarktes durchbrechen muß, um wirksam und – möglicherweise erst in der Rezeption künftiger Leser – verstanden zu werden.

Fazit: Das ästhetische Modell der »Operativen Literatur« existierte neben dem Kunstkonzept der ästhetischen Autonomie. Teils nebeneinander, teils gegeneinander agierend, entwickelte sich eine neue literarische Praxis, die erfolgreich und zugleich folgenreich wurde. »Operativ« hieß dabei nicht nur »politisch-propagandistisch« (etwa im jungdeutschen, junghegelianischen oder christlich-konservativen Sinne), sondern signalisierte einen (neuen) Gebrauchswert von Literatur und Publizistik, der im weitesten Sinne didaktische Zwecksetzungen enthielt und auch andere als ästhetische Einstellungen zum Gegenstand zuließ bzw. forderte. Damit gehört nicht nur die politisch-historische (Tendenz)-Dichtung mit ihren verschiedenen Gattungsformen (z. B. politische Lyrik, Zeitroman, politisches Theater usw.) zu diesem Bereich, sondern auch das expandierende Gebiet des Journal- und Pressewesens (Essayistik), die Flugschriften und die politische Philosophie, die populäre Literatur, die Kinder- und Jugendliteratur [→ Beisbart: Kinder- und Jugendliteratur, 339 ff.], Erbauungs-, Erziehungs- und Ratgeberliteratur sowie die Vielzahl didaktischer Kleinformen (vom Lehrgedicht bis zur Beispielerzählung).[27]

IV. Politische Lyrik

Eine umfassende literaturgeschichtliche Untersuchung der politischen Lyrik von 1815 bis 1848/49 existiert nicht.[28] Das ist um so erstaunlicher, als die durchaus problematische Einheit der Epoche gerade am Beispiel dieses Genres sehr sinnfällig ist. Zunächst einmal bildet die Ereigniskette des Kampfes zwischen feudal-konservativer Restauration und bürgerlich-frühproletarischer Protestation einen Zusammenhang, auf den sich die einzelnen Lyriker ständig beziehen. Am Beginn steht der Nachhall der patriotischen Lyrik aus den Befreiungskriegen gegen Napoleon, insbesondere der Jahre 1813/14, die vor allem mit den Namen Theodor Körner (1791–1813), Max von Schenkendorf (1783–1817), Friedrich Rückert (1788–1866) und Ernst Moritz Arndt (1769–1860) verbunden ist. Ihre oft mit Volksmelodien unterlegten oder von bekannten Komponisten (wie z. B. Carl Maria von Weber, Carl Friedrich Zelter, Johann Friedrich Reichardt) vertonten Texte wurden politische Massenlieder, wie es sie in Deutschland seit der Reformation nicht mehr gegeben hatte. Gedichte und Lieder wie Arndts ›Vaterlandslied‹ oder Körners ›Aufruf‹ waren dabei weitaus mehr als eine Art operative Romantik. Sie empfingen, unbeschadet ihrer nicht selten blutrünstigen und haßerfüllten Pathetik, ihren neuartigen Impetus von der Authentizität, mit der das aktive Einswerden von ästhetischem und sittlichem Handeln demonstriert wurde. In der idealisierten Gestalt des im Kampfe gefallenen Dichters Theodor Körner faßte sich der Wunsch nach einer Erneuerung des Verhältnisses von Literatur und Leben, Dichter und Volk zusammen. Das Idol des handelnden Dichters sollte richtungweisend für die vormärzliche politische Lyrik werden.

Publiziert in Sammelbänden wie ›Leyer und Schwerdt‹ (Körner, 1814), ›Gedichte‹ (Schenkendorf, 1815), ›Teutsche Wehrlieder‹ (Arndt u. a., 1814) und ›Deutsche Gedichte‹ (Rückert, 1814) kam es sogleich nach 1815 zu einer folgenreichen Rezeptionsverschiebung. Die dem Befreiungskampf gegen den äußeren Feind gewidmeten Lieder wurden nach der Niederwerfung Napoleons zum innenpolitischen Protestsignal gegen die deutsche Fürstenherrschaft sowie zur Beschwörung einer nationalen Volkseinheit, um die sich viele

Deutsche durch die spätabsolutistische Restaurierung landesfürstlicher Macht betrogen sahen. War schon der Kampf für die äußere Freiheit »kein Krieg, von dem die Kronen wissen«[29], so entwickelte sich der nach 1815 vor allem von studentischen Burschenschaftlern getragene innenpolitische Protest gegen die Reaktion zu einem direkten antiabsolutistischen Kampf. Der Student Karl Ludwig Sand, der mit seinem am 23. März 1819 verübten Mord an dem deutschen Schriftsteller und russischen Staatsrat August von Kotzebue die Karlsbader Beschlüsse und damit die Welle scharfer Zensur- und Demagogenverfolgungen auslöste, trug in seinem Ranzen Körners Gedichte [→ Schmid: Buchmarkt, 73].

Die nun einsetzende innenpolitische Repression reduzierte den aktivistischen burschenschaftlichen Protest auf die Artikulation studentischer Freiheiten, wobei der nationale Anspruch mehr und mehr im Dunst bier- und weinseliger Deklamation von Kommersliedern verkam. Eine Ausnahme hiervon bildete die Gießener Burschenschaftsbewegung, in der die Gruppe der »Schwarzen« mit ihrem engeren Kern der »Unbedingten« um die Brüder Karl und Adolf August Ludwig Follen tonangebend waren. Ihre radikalen, z. T. sogar terroristischen Forderungen nach Freiheit und Gleichheit hatten jedoch eine sehr viel eingeschränktere Öffentlichkeit, da diese Bewegung zunehmend in den Untergrund gedrängt wurde.[30] Literarischen Ausdruck fanden die politischen Vorstellungen der »Schwarzen« in dem 1819 erschienenen Liederbuch ›Freye Stimmen frischer Jugend‹, das in einer Auflage von 2000 Exemplaren herauskam.[31] In dem aus konspirativen Gründen zunächst nicht gedruckten Zyklus ›Großes Lied‹ von Karl Follen (1796–1840) wird der Umsturz zur Herstellung sozialer Gleichheit offen gefordert:

> Brüder in Gold und Seid',
> Brüder im Bauerkleid,
> Reicht euch die Hand!
> Allen ruft Teutschlands Not,
> Allen des Herrn Gebot,
> Schlagt eure Plager tot,
> Rettet das Land![32]

Texte dieser Art waren keine Dichtung im herkömmlichen Sinne mehr, obwohl sie nicht auf ästhetische Mittel verzichten wollten. Sie standen am Scheideweg zwischen sittlich-moralischem Aktivismus, zu dem traditionell tatenferne Poesie sich radikalisierte, und politisch(-konspirativer) Arbeit, die sich auch poetischer Techniken bediente.

In die Tradition dieser operativen Texte zwischen Poesie und Propaganda gehören ebenfalls die Produktionen des friesischen Demokraten Harro Harring (1798–1870), dessen literarisch-revolutionäre Aktivitäten sich jedoch insbesondere nach 1830 entfalteten.[33] Harring kann wohl als der Prototyp jenes operativen Literaten gelten, der ständig die direkte politische Aktion sucht und versucht, dabei an wichtigen revolutionären Schauplätzen auftaucht (Griechenland, Polen, Paris, Hambacher Fest usw.), als permanent Verbannter das Exil in Straßburg, Biel, London, Paris erlebt und dort die bedeutenden Aktivisten kennenlernt (u. a. Mazzini, Garibaldi) und bei all dieser aufreibenden Umtriebigkeit eines noch intensiver betreibt: schreiben, dichten, agitieren. Keiner seiner Revolutionsversuche glückte, kaum einer seiner Texte passierte nach 1830 die Zensur – und doch waren sie stark verbreitet. In dem bekanntesten Lied ›Dreiunddreißig‹ (1834) heißt es über die (nicht exakt gezählten) Fürsten des Deutschen Bundes:

Dreiunddreißig – vierunddreißig
Seid auf euren Kopf bedacht,
Wenn das Volk einst, grimm und beißig,
Der Geduld ein Ende macht![34]

Harring – wie vor ihm Follen, davor Körner und nach ihm die vormärzlichen politischen Lyriker – *lebte* seine Gedichte: Das wirkte auf seine Anhänger stärker als alle Ästhetik und Zensur. In den Jahren nach der Julirevolution und im engsten Zusammenhang mit der demokratisch-revolutionären Oppositionsbewegung, die mit dem Hambacher Fest am 27. Mai 1832 die bis dahin größte politische Demonstration (ca. 30 000 Teilnehmer) im Lande organisiert hatte, verfaßten eine Vielzahl weiterer »politischer Volksschriftsteller« massenwirksame Lieder und Texte: Wilhelm Sauerwein, Philipp

Jakob Siebenpfeiffer, Johann Georg August Wirth, Georg Fein, Wilhelm Weitling, Jacob Venedey und Gustav Friedrich Wilhelm E. Cornelius.[35] Die von ihnen und vielen anderen, anonym Gebliebenen geschriebenen politischen Volkslieder (auch als »Handwerkerdichtung« bezeichnet) gehören in den Kontext einer entstehenden subversiven Gegenöffentlichkeit, in der literarische, publizistische, rhetorische Kommunikations- und feiertägliche Geselligkeitsformen verschmolzen. Das Verbotene zu wagen, z. B. das ›Deutsche Treibjagen‹ (»Fürsten, zum Land hinaus!«) in einer Runde zu singen, in der zugleich politische Aufklärung und Agitation betrieben wurde – das war Abfuhr von Verfolgungsangst, Widerstand und revolutionäre Vorlust in einem.[36] Lieder dieser Art blieben von der radikaldemokratischen Handwerkerdichtung nach 1830 über die sozialrevolutionäre Weberlyrik (›Das Blutgericht‹) bis zur Revolutionslyrik von 1848 als Stachel gegen den Unterdrückungsstaat akut. Ihnen war nicht vorzuwerfen, was Heinrich Heine 1841 den vielen Freiheitsliedern des dichtenden Bürgertums kritisch vorhielt:

> Der Knecht singt gern ein Freiheitslied
> Des Abends in der Schenke:
> Das fördert die Verdauungskraft,
> Und würzet die Getränke.[37]

Tatsächlich stieg, unter der Voraussetzung, daß der umstürzlerische Inhalt gemäßigt war und einen allgemeinen liberalen bzw. nationalen Charakter annahm, der Gebrauchswert dieses operativen Genres jedoch auch für das oppositionelle Bürgertum. Mit der Eignung für politische Bankette, Liedertafeln und erlaubte Zusammenkünfte zog alsbald ein gehobener, feierlich-pathetischer Sprachstil ein, durch den das Genre schließlich sogar passend für die Zwecke der Reaktion wurde. So kann es nicht verwundern, daß ab den dreißiger Jahren auch die verschiedenen politischen Landeshymnen entstanden. Texte wie z. B. das sogenannte ›Preußenlied‹ (»Ich bin ein Preuße, kennt ihr meine Farben?«, 1833) oder das Schleswig-Holstein-Lied (»Schleswig-Holstein, meerumschlungen, / Deutscher Sitte hohe Wacht!«, 1844), die von *poetisch* begabten Bürgern zur Ehre von Dynastie, Land und Territorialstaat gedichtet wurden, endeten im pathetischen, musikalisch untermalten Einverständnis mit den herrschenden Verhältnissen. So war wieder Dichtung geworden, was im Kampf gegen sie mit dem überkommenen Kunstcharakter gebrochen hatte.

Damit ist das Dilemma der bürgerlich-liberalen politischen (Kunst-)Lyrik dieser Epoche bezeichnet. Ihr Kunstanspruch, durchaus ein Äquivalent zur spezifischen Staatsbindung des politischen Liberalismus, war nicht revolutionär. Das Festhalten an der Kunstform minderte das Zensurproblem, schwächte aber die operative Funktion, während die Verschärfung der operativen Funktion die Zensur nach sich zog und den Kunstcharakter bedrohte. In den zwanziger und auch noch den dreißiger Jahren löste sich dieses Problem in der Form von zeitkritischer Gelegenheitsdichtung [→ Sautermeister: Lyrik und literarisches Leben, 471 ff.] im Zeichen hingenommener Zensur. Es dominierte der Ton klagender Mahnung und Enttäuschung, durch den in nicht-konspirativer Form Einkehr und Wandlung erzeugt werden sollten. So trat Ludwig Uhland (1787–1862) in den württembergischen Verfassungskämpfen ganz vaterländisch und höchst gemäßigt für »das alte, gute Recht« ein, Wilhelm Müller (1794–1827) projizierte in der ab 1821 ständig vermehrten Sammlung ›Lieder der Griechen‹ seine Freiheitswünsche in den griechischen Unabhängigkeitskampf (1821–29). In der breiten dichterischen Anteilnahme am Kampf der Griechen (Friedrich Wilhelm Waiblinger, Heinrich Stieglitz u. a.) mischten sich christliche, humanistische und patriotische Motive. Wiederum faszinierte die durch die Befreiungskriege aktivierte Vorstellung vom volksverbundenen, kämpfenden Dichter, wie sie in Engagement und Tod des englischen Poeten Lord Byron ihren Ausdruck fand. Allenfalls in diesem Motiv, weniger jedoch in den politisch vagen (und zensurüberwachten) Inhalten, setzte sich das Prinzip operativer Literatur in den dreißiger Jahren fort.

Doch für die Mehrzahl der liberal eingestellten Lyriker galt selbst das nicht. Uhland trat als Abgeordneter ab 1820 in die praktische Politik ein und verfolgte mit seiner Zeitlyrik keine unmittelbar operativen Ziele. Für Adelbert von Chamisso (1781–1838), der in Anlehnung an den französischen Chansonnier Pierre-Jean de Béranger (1780–1857) soziale Gedichte verfaßte [→ Sautermeister: Religiöse und soziale Lyrik, 519 ff.], war bis zum Ende der zwanziger Jahre das Dichten eher nebensächlich: viele wichtige Texte erschienen erst nach 1830 (z. B. ›Der Bettler und sein Hund‹, ›Die alte Waschfrau‹) oder im Nachlaß (z. B. ›An die Apostolischen‹). Wilhelm Hauff (1802–1827) publizierte seine burschenschaftlichen Gedichte nicht, Franz Grillparzer (1791–1872) äußerte sich im Tagebuch oder behielt geschriebene Texte in der Schublade. Heine verlagerte spätestens ab 1827 und für mehr als ein Jahrzehnt den Schwerpunkt seiner Produktion von der Lyrik zur politischen Prosa. Die Aufzählung ließe sich fortsetzen mit den Polenliedern von August von Platen (1796–1835) oder Nikolaus Lenau (1802–1850): Platens Lieder traten erst 1839 aus dem Nachlaß in die Öffentlichkeit, Lenau war aufs höchste besorgt, als eines seiner Polengedichte in einer radikalen Zeitschrift abgedruckt wurde.[38]

Erst ab dem Ende der dreißiger Jahre wuchs die Bereitschaft, die (resignierte) Selbstbeschränkung im Konflikt mit der Zensur, im Erproben neuer Schreibweisen und schließlich sogar im Einsatz der Schriftsteller- und letztlich der Untertanenexistenz aufzuheben. Den Anfang machten einige Lyriker aus Österreich, dem Kernbereich des Metternichschen Systems und dem Staat der härtesten Repression. Während Alexander Graf Auersperg (1806–1878) 1831 seine im Geiste josefinischer Aufgeklärtheit mahnenden ›Spaziergänge eines Wiener Poeten‹ unter dem Pseudonym Anastasius Grün bei Hoffmann & Campe in Hamburg erscheinen ließ, emigrierten andere aus Österreich und publizierten schärfere Anklagen. Einer der ersten war Karl Beck, dessen Gedichtsammlung ›Nächte. Gepanzerte Lieder‹ (1838) die aktuellen Themen vom Polenaufstand über die Pressefreiheit bis zu den »Göttinger Sieben« behandelte; ihm folgten Alfred Meißner, Hermann Rollet, Moritz Hartmann u. a., die vor allem in den vierziger Jahren mit politisch-sozialer Lyrik hervortraten. Der eigentliche Durchbruch der vormärzlichen politischen Lyrik in Deutschland ist jedoch mit dem Auftreten von Hoffmann von Fallersleben (1798–1874) und Georg Herwegh (1817–1875) verbunden.

Noch im März 1840 hatte der Hamburger Verleger Campe an Hoffmann von Fallersleben geschrieben:

Mit Gedichten, außer Heines Buch der Lieder und den Spaziergängen eines Wiener Poeten – haben wir noch nicht viele Freude, wohl aber manche Ohrfeigen einzucassieren gehabt, – daher sind wir auf diesem Gebiete etwas vorsichtig geworden.[39]

Dann erschienen in kurzer Folge: ›Unpolitische Lieder‹ (Teil I im Juli 1840, Teil II im August 1841) von Hoffmann von Fallersleben, ›Lieder eines kosmopolitischen Nachtwächters‹ (1841) von Franz Dingelstedt (1814–1881) und ›Gedichte eines Lebendigen‹ von Georg Herwegh (Teil I: 1841; Teil II: 1843), ›Ein Glaubensbekenntnis‹ (1844) von Ferdinand Freiligrath (1810–1876) und Heines ›Neue Gedichte‹ (1844) [→ Jokl: Heine, 557 ff.]. Viele andere Sammlungen kamen daneben und danach heraus, als Einzelgedichte oft zuvor publiziert in (neugegründeten) Zeitschriften und Zeitungen, in Flugblättern oder Sonderdrucken, verbreitet in Abschriften oder durch mündliche Propaganda. Die Zensur kam gegen diese reißende Nachfrage und die im Ausland (Schweiz, Frankreich) gedruckten Texte kaum an, wurde aber auch überlistet mit den Mitteln des metaphorischen, chiffrierten oder ironischen Sprechens. So entstand eine in sich vielgestaltige Öffentlichkeit für politisierende Texte, in denen das sich ausdifferenzierende politische Spektrum Abbildung fand. Chauvinistisches zur Verteidigung des »deutschen Rheins«, Ironisches über den »deutschen Michel«, Kritisches über das »deutsche Wintermärchen«, Patriotisches über »Deutschland«, Revolutionäres, Humorvolles, Radikales, Fürstenfrommes – ein halbes Volk, vom kleinen Gerichtsschreiber Niklas Becker aus Geilenkirchen (›Der deutsche Rhein‹) bis zum bayerischen König Ludwig I. in München (›Die Teutschen seit dem Jahre 1840‹) schien zu Zeitlyrikern geworden zu sein.

Ohne Zweifel wurde die (politische) Lyrik in (politischen) Gebrauch genommen; hier folgte das operative Genre anderen Kunstformen, die von der Biedermeier-Kultur ihrer feierlichen Aura entkleidet und dem geselligen Leben anverwandelt worden waren. Vor allem dann, wenn das von den Befreiungskriegen aufgerichtete Idol des kämpfenden Dichters aufleuchtete, wenn politische Lyriker verfolgt und ins Exil vertrieben waren wie Heine, Beck, Herwegh, Hoffmann von Fallersleben und Freiligrath, entstand ein publikumswirksamer Dichter-Mythos. Herwegh, der in Ton und Gestus an Theodor Körner anschloß, funktionierte dessen »heiligen Krieg« gegen den äußeren Feind in einen nationalen Gottesdienst »gen Tyrannen und Philister« um:

Aufruf

Reißt die Kreuze aus der Erden!
Alle sollen Schwerter werden,
Gott im Himmel wird's verzeihn.
Laßt, o laßt das Verseschweißen!
Auf den Amboß legt das Eisen!
Heiland soll das Eisen sein.
⟨...⟩
Reißt die Kreuze aus der Erden!
Alle sollen Schwerter werden,
Gott im Himmel wird's verzeihn.
Gen Tyrannen und Philister!
Auch das Schwert hat seine Priester,
Und wir wollen Priester sein![40]

Herwegh imaginierte nicht nur diesen jungen Helden-Dichter, der die Leier zerschlug, um im Kampf für die Freiheit sein Leben zu lassen: Er war jung, das Publikum projizierte auf ihn das Helden-Dichter-Idol, und so wurden die ›Gedichte eines Lebendigen‹ ein Verkaufserfolg, wie ihn noch kein Lyrikband jemals zuvor erlangt hatte.[41] Herwegh fühlte sich als der Trommler, den Heinrich Heine in seinem Gedicht ›Doktrin‹ 1842 so beschrieb:

Schlage die Trommel und fürchte dich nicht,
Und küsse die Marketenderin!
Das ist die ganze Wissenschaft,
Das ist der Bücher tiefster Sinn.

Trommle die Leute aus dem Schlaf,
Trommle Reveille mit Jugendkraft,
Marschiere trommelnd immer voran,
Das ist die ganze Wissenschaft.

Das ist die Hegelsche Philosophie,
Das ist der Bücher tiefster Sinn!
Ich hab sie begriffen, weil ich gescheit,
Und weil ich ein guter Tambour bin.[42]

Wie ein berufener Sprecher der Opposition trat Herwegh nach einem beispiellosen Triumphzug durch Deutschland in einer Audienz 1842 dem preußischen König gegenüber und versuchte Ende April 1848, an der Spitze einer Freiwilligenlegion von Frankreich aus die badische Revolution militärisch zu unterstützen. Beide Unternehmungen mißglückten und beschädigten das Idol nachhaltig. Herwegh hätte schon, statt klugerweise vor der Übermacht zu fliehen, kämpfend fallen müssen, um den Wunsch nach dem Dichter-Führer erfüllen zu können. Die Entwicklung dieses politischen Lyrikers zeigte zugleich die Illusion und das Dilemma der (liberalen) politischen Lyrik im deutschen Vormärz auf. Heine übte Kritik daran im Zeitschriftenabdruck seines ›Atta Troll‹ (1843) sowie in der Vorrede zur Buchausgabe 1847.[43] Der Zwang, Kunst- und Führungsanspruch ebenso zu radikalisieren wie das politische Programm, brachte Herwegh noch vor 1848 dazu, diesen Weg aufzugeben, weil er sich weder überbieten noch zurücknehmen konnte. Mit dem 1862 verfaßten ›Bundeslied‹ (»Mann der Arbeit aufgewacht! / Und erkenne deine Macht! / Alle Räder stehen still, / Wenn dein starker Arm es will.«), das ein Kampflied für die junge sozialdemokratische Arbeiterbewegung wurde, knüpfte er aber noch einmal in gängiger Weise an jenen Herwegh-Ton an, der ihn und den er berühmt gemacht hatte. Es blieb im ganzen jedoch ein solitärer Text. Herweghs nachmärzliche zeitkritische Lyrik, größtenteils verdrängt, steht im Zeichen der satirischen Entlarvung der geistig-politischen Verhohenzollerung und Teutonisierung Preußen-Deutschlands. Hier zeichnet er sich als ein Heine sehr verwandter, radikaler Zeitschriftsteller aus, der den sozialen und aufklärerischen Geltungsanspruch von Literatur gegenüber postrevolutionärem Kunstsakralismus und Vaterländerei offensiv bewahrte.

Am Erfolg des jungen Herwegh partizipierte ein Großteil der zeitgenössischen Lyriker, auch wenn viele sich teilweise kritisch von ihm abgrenzten. Hoffmann von Fallersleben bevorzugte die satirisch-derbe, zumeist sehr konkrete Zeitkritik, künstlerisch anspruchslos, volkstümlich und im musikalisch geliehenen Gewande. Witziger und listiger, stark auf Preußen-Berlin konzentriert, trat Adolf Glaßbrenner (1810–1876) mit seiner satirischen Gedichtsammlung ›Verbotene Lieder von einem norddeutschen Poeten‹ (1844) auf. Ludwig Seeger (1810–1864) mit ›Politisch-soziale Gedichte‹ (1844), Karl Beck mit ›Lieder vom armen Mann‹ (1846) und Ludwig Pfau (1821–1894) mit seinen 1847 erschienenen ›Gedichten‹ richteten die Aufmerksamkeit auf das soziale Elend. Freiligrath trat mit der Gedichtsammlung ›Ça ira‹ (1846) auf die Seite der sozialistischen Republikaner.

Politische Satire und Sozialkritik hatten der Lyrik [→ Sautermeister: Religiöse und soziale Lyrik, 518 ff.] lange vor 1848 eine Schärfe verliehen, die nur noch vom Exil her formulierbar war. Es wurden die besten Texte, die den historischen Vormärz überdauern und »Vormärz« als dialektische Chiffre für den politischen Winter und revolutionären Frühling festschreiben sollten. Hier ist an erster Stelle das Versepos ›Deutschland. Ein Wintermärchen‹ (1844) zu nennen, die satirisch-realistische Deutschlanddichtung Heines [→ Jokl: Heine, 564 ff.]. Zu nennen sind aber auch die späteren politisch-sozialen Gedichte Freiligraths (›Von unten auf‹) und Georg Weerths (1822–1856), die bereits auf die Revolution von 1848/49 verwiesen. In diesen beiden Jahren entstand, bedingt durch den Wegfall der Zensur, eine Fülle operativer Literatur, darunter auch viele Gedichte und Lieder. Jetzt, da (zunächst) die Geschichte auf der Straße voranschritt, wurde die revolutionäre Literatur mehr zur Begleitmusik. Mit den Rückschritten der Revolution verklang sie jedoch und ging über in eine nachmärzliche literarische Gegenöffentlichkeit, deren Wirksamkeit die Kraft der operativen Literatur im Vormärz allerdings nicht mehr erreichen konnte.

Gert Sautermeister
Religiöse und soziale Lyrik

Die »sociale Frage«, eines der hervorstechendsten Phänomene der Epoche zwischen Agrarkrisen und Industrialisierung, fordert das religiöse Bewußtsein zu Stellungnahmen geradezu heraus. Und selbst in radikalsozialen Entwürfen, die sich von der Religion ausdrücklich emanzipieren wollten, wirkt das religiöse Bewußtsein nach; auch literarisch hat es ein besonderes Gewicht erlangt. Keine Gattung, die nicht durch bedeutende Beispiele davon Zeugnis ablegt, handle es sich nun um den sozialen Roman eines Ernst Willkomm oder um den Individualroman Eichendorffs und E. T. A. Hoffmanns, um die Versepen Nikolaus Lenaus oder um das Geschichtsdrama Grillparzers, um den Dorfroman Gotthelfs, die Novellistik Büchners oder die Lyrik Eichendorffs und des späten Brentano. Keineswegs geht es dabei nur um die Affirmation religiösen Bewußtseins, es geht nicht minder um dessen Negation; erst im leidenschaftlichen Für und Wider findet die Religiosität der Epoche ihren vollständigen Ausdruck. Heine, Lenau, die Droste stellten sich dieser Problematik in der Tonart existentiellen Betroffenseins, in Analogie zur philosophischen Reflexion eines Kierkegaard. Die Tragfähigkeit der Religion für die Sinngebung des individuellen Lebens wird zu einer Epochenfrage ersten Ranges. Lenau hat davon in seiner Elegie ›Glauben. Wissen. Handeln‹ eine Probe gegeben, die Droste in einigen ihrer geistlichen Festtagsgedichte (vgl. ›Am ersten Sonntag nach Heilige Drei Könige‹). Religiöse Lyrik kann gerade die Religion bzw. Gott als ihren eigentlichen Mittelpunkt in Zweifel ziehen. Diese Eigentümlichkeit der Geistesgeschichte zwischen 1815 und 1848 hat jedoch ihren Grund in der realen Bedeutung der Religion für das soziale und politische Leben der Zeitgenossen. So darf man die Epoche zwischen Restauration und Revolution als die letzte in der deutschen Geschichte bezeichnen, die von der Geltung und der Krise der Religion wesentlich mitbestimmt wird. Vor demselben Hintergrund erhalten auch soziale Probleme schärfere Kontur: die Kritik der Religion steigert die Aufmerksamkeit für die Sphäre des Sozialen, der Geltungsverlust des Jenseits läßt die Belange des Diesseits dringlicher werden. Einen ähnlichen Effekt zeitigt paradoxerweise die Wiederbelebung der Religion. Mit ihr wird nämlich die *soziale Liebe* als die einzig wahre zum Brennpunkt und Remedium der epochalen Konflikte erhoben. Von dieser Lebensauffassung zeugt neben anderen »sozialen« Gattungen namentlich die *soziale Lyrik*. Nicht nur antithetisch, im Sinne sich ausschließender Gegensätze, verhalten sich Kritik und Affirmation der Religion zueinander, sie fordern sich auch kontrapunktisch heraus, wie einander ergänzende Stimmen und Gegenstimmen.

I. Religionskritik

Hegels Religionsphilosophie ging davon aus, daß Christus »die Entzweiung des Menschlichen und des Göttlichen zur Versöhnung gebracht« und damit dem Menschen »ein Sein *in* der Wahrheit« ermöglicht habe[1] [→ Bd. 6, 244–266]. So konnte er Luthers »Prinzip der Glaubensgewißheit« als philosophische Wahrheit, als Sache der »Vernunft« legitimieren[2]. Diesem religionsphilosophischen Gesichtspunkt hatte der frühe Hegel ein historisch-politisches Pendant zugesellt: die Aufklärung und die Französische Revolution, denn dort hatte die menschliche Vernunft die prinzipielle Möglichkeit der freien Selbstentfaltung erhalten, hatte die religionsphilosophische Wahrheit in den »Menschenrechten« eine weltgeschichtliche Ergänzung gefunden[3]. Der späte Hegel hatte diesen utopisch-philosophischen Entwurf relativiert und wiederholt den Ausgleich mit dem »Bestehenden« gesucht. Sowohl diesem Ausgleich wie auch Hegels Wertschätzung der Religion versagte Heine energisch seine Sympathie, noch ehe Hegels ›linke‹ Schüler, die Junghegelianer, ihre religionskritische Gegenfront bildeten.

1. Die Hegel-Kritik Heines

Auch wenn Heine den großen Philosophen nicht direkt angriff, so ist dennoch seine ›Geschichte der Religion und Philosophie in Deutschland‹ (1834) das erste umfassende Gegenstück zu Hegels Religionsphilosophie. Heine zufolge hat die christliche Religion den Menschen in einer wesentlichen Hinsicht um die Wahrheit gebracht: in Hinsicht auf seine sinnlichen Bedürfnisse und sein irdisches Glücksverlangen. Beides hat sie ihm mit frömmelnden Lügen als Weltübel dargestellt, indem sie gleichzeitig den leibfeindlichen Geist und den unsinnlichen Glücksverzicht heiligsprach. Verklärt haben Christentum und Kirche im Laufe ihrer historischen Entwicklung Askese, Leiden, Weltflucht der Seele und des Geistes, verleumdet dagegen das Gesunde, Materielle, Leibliche, den Eros und das sinnenhaft-sinnliche Begehren. Soweit Heines religionskritische These in gebotener Kürze. Sie enthält schon in nuce sein soziales und politisches Programm, als Schlußvision seiner Religions- und Philosophiegeschichte formuliert: »wir stiften eine Demokratie gleichherrlicher, gleichheiliger, gleichbeseligter Götter«[4]. Diese Vision versetzt die »Götter« aus dem Jenseits, worauf die unterdrückte und leidende Majorität immerfort vertröstet wird, ins Diesseits, um den Menschen eine Vorstellung von ihrer eigenen Größe zu vermitteln: um sie zur Selbstbefreiung aus ihrer Knechtschaft zu ermutigen. In dieser Utopie ist jedoch eine riskante Selbstüberschätzung des Menschen enthalten; seine Stilisierung zum Gott verrät, daß Heine trotz der Negation der Religion religiöse Denkformen nicht ganz abzustreifen vermochte: ein Zeugnis für ihre vitale Überlebenskraft. In seinen letzten Lebensjahren, als Heine »die gebrechliche Einrichtung der Welt« (Heinrich von Kleist) am eigenen Leib, in Gestalt einer unheilbaren Krankheit, erlebte, hat er die seiner Utopie immanente Illusion getilgt. Er, der Anwalt der Sinnenlust und Infragesteller jeglicher Entsagung, hat das kreatürliche Elend als unaufhebbare Komponente der conditio humana erfahren – in einem Ausmaß, das ihn zu leidenschaftlichen, bohrenden Dialogen mit demselben Gott provozierte, den er lange Jahre zu leugnen versucht hatte [→ Jokl: Heine, 577f.].

2. Die »Junghegelianer«

Der Vormärz-Utopie Heines stehen die Junghegelianer nahe. Die im engeren Sinn junghegelianische Religionskritik eröffnet im Jahre 1835 David Friedrich Strauß mit ›Das Leben Jesu‹, einem Werk von epochaler Wirkung, das im Verlauf weniger Jahre den für damalige Verhältnisse überwältigenden Verkaufserfolg von über hunderttausend Exemplaren vorweisen konnte. Strauß unterschied mit den Methoden philologischer Bibelkritik die historische Person Jesu von der überlieferten, mythisch überhöhten Christusgestalt. Diesem Christus-Mythos galt Straußens Hauptinteresse. Die makellose Reinheit Christi, die Idealität seines Lebenswandels, seine Wunderwerke – das sind für Strauß die ermutigenden Chiffren des Entwicklungsprozesses der Menschheit insgesamt. Im Mythos von Christus spiegelt sich ihre unaufhaltsame Höherentwicklung. Diese Fluchtlinie erhielt zum erstenmal bei Ludwig Feuerbach eine materiale und sensualistische Gestalt. Feuerbachs Kritik an Hegel wandte sich gegen dessen Auffassung der Geschichte als einer »Selbstoffenbarung des Geistes«. Ihr setzte Feuerbach die offenbar vernachlässigte »sinnlich-natürliche Leiblichkeit« des Menschen entgegen[5]. Seinen antihegelianischen »Sensualismus« entwickelte Feuerbach am Beispiel der Liebe: In der selbstbewußt erlebten und praktizierten Liebe, zumal im Ich-Du-Verhältnis, entfalten die Menschen laut Feuerbach Eigenschaften wie Güte, Verläßlichkeit, Gerechtigkeit, verstehende Geduld, Mitleid – genuin menschliche Fähigkeiten, die man bisher nur Gott zugeschrieben, nur in ihm gespiegelt habe. Dergestalt sei die Religion nichts weiter als eine »Vergegenständlichung« der ursprünglichen Wesensbedürfnisse des Menschen[6], es komme nur darauf an, die Gott zuerkannten »Prädikate« in der menschlichen Lebenspraxis wiederzuentdecken und selbstbewußt auszugestalten. Max Stirner, der trockenste Anti-Idealist unter den Junghegelianern, warf Feuerbach mit spitzer Feder vor, er wolle das »Jenseits an sich heranziehen und zwingen, daß es zum Diesseits werde!«[7] Karl Marx zeigte (in seiner ›Einleitung zur Kritik der Hegelschen Rechtsphilosophie‹), daß religiöse Denkformen gerade in der Negation der Religion nachwirkten. Ein Zeugnis dafür sind die »wahren Socialisten«. An Feuerbach anknüpfend, vergöttlichen sie die Macht der Liebe und erhoffen von ihrer »Thätigkeit« die »wahre« Reform der Gesellschaft.[8]

II. Politische Romantik

In einen fundamentalen Widerspruch zur Lebensphilosophie eines Heine und eines Feuerbach setzen sich die politischen Romantiker Friedrich Schlegel, Joseph Görres, Adam Müller, Franz von Baader. Sie melden sich nach 1800 und namentlich in der Restaurationszeit zu Wort, um eine vom Geiste des Christentums durchdrungene Gesellschaft zu entwerfen, die das Alte mit dem Neuen organisch versöhne – in dieser Hinsicht unterschieden sie sich von jener tonangebenden Restauration, die das Neue entschieden ignorierte, der österreichischen Restauration Metternichs und den spätabsolutistischen deutschen Dynastien.[9]

Das Neue zieht beispielsweise Franz Baader in einer Denkschrift in Betracht.[10] Er zeigt darin, daß »im sogenannten christlichen und aufgeklärten Europa« die »Proletairs« nach der Auflösung der Leibeigenschaft »in den reichsten und industriösesten Staaten wirklich nur relativ ärmer und hilfs- wie schutzbedürftiger geworden sind«.[11] Baaders Wahrnehmung eines der anstößigsten zeitgeschichtlichen Phänomene, des Pauperismus, ist unbestechlich. Um so merk- und fragwürdiger ist die hochherzig-idealistische soziale Therapie, die Baader vorschlägt. Sie ist – auch dies im Geist der Zeit – religiöser Art. Die »Proletairs« sollen zwar das »Recht der Repräsentation in den maßgebenden politischen Organen erhalten, aber nur im Bunde mit »Anwälten« und Ratgebern aus dem Priesterstand, der außerdem »mit der materiellen Hilfeleistung für die Vermögenlosen« betraut werden soll.[12] Es ist die »soziale Liebe«, die Baader zur Lösung der eklatanten Mißstände der Zeit anruft. Unbestreitbar ist, daß dieser zeittypische Lösungsvorschlag eine beträchtliche Reichweite hat: er findet sich noch bei den »wahren Socialisten« der vierziger Jahre, und er wirkt selbst in die literarischen Gattungen der Epoche fühlbar hinein, in die sozialen Romane nicht weniger als in die soziale Lyrik und die soziale Novelle. Unbestreitbar ist aber auch die gesellschaftliche Unzulänglichkeit des Vorschlages. Er stellt die unvermittelte Übertragung ethisch-religiöser Innerlichkeit auf die poltitisch-soziale Öffentlichkeit dar, die anderen Gesetzmäßigkeiten unterliegt als jene. Daß die soziale Liebe im einzelnen Fall gleichwohl hilfreich eingreifen kann, ist unbestritten.

Baaders Liebesbegriff wendet sich gegen jede Form von »Despotie und Sklaverei« und trifft damit auch die Restauration seiner eigenen Epoche. Er will aber mit seiner Kritik der »freien Liebe« zugleich den »unfreien Trieb«, den »Geschlechtstrieb« treffen, »welcher häufig«, so behauptet er, »mit herzlichem innerem Haß zusammen besteht«: »wir sehen sogar diesen Geschlechtstrieb beim Eintritt wahrer Liebe nicht nur abnehmen, sondern bisweilen selbst ganz erlöschen.«[13] Der sinnliche Eros ist für Baader die »Sünde« schlechthin – eine Todsünde.[14] Welch ein Gegensatz zur Konzeption des Eros bei Heine und den Jungdeutschen, etwa bei Karl Gutzkow (›Wally, die Zweiflerin‹) und Theodor Mundt (›Madonna‹)! Der »böse Dämon« Revolution[15] verwandelt sich unter seiner Feder zum bösen Dämon Eros. Baader artikuliert den Zeitgeist vieler christlicher Assoziationen und mancher religiösen Lyriker. Geht man vom Gemeinschaftsbewußtsein ihres Liebesbegriffes aus, so erklärt sich ihre affektgeladene Abwehr des sinnlichen Eros: er bedeutet für sie die Abwendung der Liebenden von der Gemeinschaft, also leidenschaftliche egozentrische Vereinzelung und Aufkündigung der *sozialen* Liebe.

III. Religiöse Lyrik

Der Liebesgedanke der politischen Romantiker steht dem der religiösen Lyrik nahe: sofern der Eros die subjektive Leidenschaft und das persönliche Triebbedürfnis entzügelt, gilt er als asozial, als Verhinderer der sozialen, im Auftrag Gottes tätigen Liebe, folglich als widergöttlich, sündhaft – und vom Sündenbewußtsein hallt die religiöse Lyrik der Zeit wider, sobald sie den sinnlichen Eros zum Thema hat. Belege dafür bieten Eichendorff, Lenau und die Droste.

Gelegentlich hüllt sich der sinnlich-irdische Eros auch in den Dialog mit Gott (oder der Mutter Gottes). Diese Doppelbedeutung des Eros als sündhafter einerseits, als religiös verkleideter andererseits, sei abschließend an drei Beispielen – Mörike, Brentano, Heine – beispielhaft dargelegt.

Eichendorff

Die religiöse Lyrik Eichendorffs erstreckt sich nicht nur auf das Kapitel ›Geistliche Gedichte‹ seiner Gedichtsammmlung von 1837, religiösen Charakter oder religiöse Akzente hat auch manches Gedicht aus den Kapiteln ›Sängerleben‹ und ›Romanzen‹ (oder der ›Verstreut gedruckten und nachgelassenen Gedichte‹)[16]. Das lyrische Ich der ›Zwei Gesellen‹ – um ein Beispiel aus dem ›Sängerleben‹ zu nennen – kontrastiert die typisch biedermeierliche Biographie eines in häuslicher Beschränktheit resignierenden Zeitgenossen mit dem romantischen Scheitern des extrovertierten, dämonisch gestimmten Erotikers. Solche Ratlosigkeit im Diesseits ist das Einfallstor für die Religion auch in den ›Geistlichen Gedichten‹, wie etwa das Lebenskonzentrat ›Abend‹ bezeugt. Die Dynamik der Affekte und Leidenschaften mündet in eine Selbstverzweiflung, in der allein das Gebet noch einen Rettungsanker werfen kann. Es bedarf der »Krankheit zum Tode«, damit das Heil überhaupt wünschens- und begehrenswert wird. Darin zeichnet sich der existentielle Grund ab, der Eichendorff mit Kierkegaard verbindet; Eichendorffs schlichte Lieder haben an den modernen Positionen des religiös gestimmten philosophischen Zeitgeists teil. Nicht zufällig ist eines der Grundmotive für die Existenzverzweiflung der naturnahe und dämonische Eros. Eichendorff bekräftigt, ohne es zu wollen, die These Feuerbachs, wonach die den göttlichen Gestalten zugeschriebenen Attribute nichts anderes sind als die Projektionen menschlicher Sehnsüchte, die auf Erden unerfüllt blieben oder unerwünscht sind. So ist der katholische Spätromantiker, insofern er den Eros zur Triebkraft seiner Marienbilder erhebt, dem antireligiösen Zeitgeist insgeheim doch verbunden. Nur ausnahmsweise ist die religiöse Metaphorik auch dem politischen Zeitgeschehen angemessen: so, wenn Eichendorffs Zeitkritik die Selbstüberschätzung der »geschichtemachenden Subjekte« betrifft und er dem Wahn der Planbarkeit von Geschichte mit Metaphern der Unplanbarkeit opponiert, ohne die politische Schrift des »Herrn« selbstgewiß entschlüsseln zu wollen (›Mahnung‹, ›Wacht auf!‹). Sobald Eichendorff jedoch konkrete Ereignisse wie die Revolution von 1848 als einen »wilden Strom entfesselter Gedanken« rügt, dem er unvermittelt die Siegeskraft Gottes entgegensetzt (›Das Schiff der Kirche‹), andererseits jedoch dieselbe Revolution als Flammenschrift und Strafgericht des »Herrn« deutet (›Kein Pardon‹, ›Wer rettet‹), verstrickt er sich in Widersprüche, notwendigerweise. Die Weltgeschichte läßt sich auf den Geist der Heilsgeschichte in keiner ihrer Phasen konkret beziehen. Spätestens hier werden die politischen Grenzen der religiös gestimmten Zeitgenossenschaft Eichendorffs offenkundig.

Lenau

Einen Weg zur Religionsproblematik Nikolaus Lenaus bahnt dessen umfangreiche Elegie ›Glauben. Wissen. Handeln.‹.[17] Lenau zeichnet den Glauben – in der Allegorie einer schönen Braut – als die idyllische Lebensphase der Kindheit und Jugend. Sie mündet in das »Labyrinth« der »Forschung«, von Lenau allegorisch als »der Erkenntnis hoher Baum« dargestellt, behangen mit »goldnen Früchten«, die zu »pflücken« ihm allerdings versagt blieb – eine Miniaturparabel über Lenaus erfolglose Universitätsstudien. Es geht jedoch nicht allein um ein Erkennen im modernen buchstäblichen Sinne. Die mit dem »Baum der Erkenntnis« verflochtene (und auf den Unschuldsschleier der Braut übergreifende) Metaphorik spielt auch biblischer Tradition gemäß auf das freventliche Begehren des Geschlechts an. Das mit dem erwachenden Eros empordrängende Sündenbewußtsein verbindet Lenau mit so unterschiedlichen Geistern wie Eichendorff und Mörike.

Lenau hat es an anderer Stelle in hinreißend gespenstische Traumvisionen gebannt (›Warnung im Traume‹[18]). Selbst dort, wo er mit dem leidenschaftlichen Eros sympathisiert, zeichnet er Gott als dessen steinerne Negation (›Heloise‹[19]). Von dieser Position aus ist nur ein Schritt zur Leugnung Gottes. Lenau hat dieses Wagnis und seine Konsequenzen – tiefgreifende Gewissensängste – in seinem Versepos ›Faust‹ gleichsam experimentell vorgeführt, und er hat es in seinem Doppelsonett ›Einsamkeit‹[20] in lyrischer Konzentration dargestellt. Entworfen im Stadium absoluter Gottferne, ist es eines der eindrucksvollsten Manifeste des zeitgenössischen Weltschmerzes. »Hast du schon je dich ganz allein gefunden, / Lieblos und ohne Gott auf einer Heide?« Ist zunächst der Eindruck des Selbstmitleids unabweisbar, so verleiht das lyrische Ich seiner Melancholie doch zusehends Realitätsgehalt. Seine Entfremdung von Gott setzt sich in der Entfremdung von der Natur und Umwelt fort. Selbst die ihm so vertraute Zwiesprache mit den Rosen entfällt – sie sind »beschäftigt nur mit ihrem eignen Sterben.« Lenaus expressive Sinnverlassenheit nimmt Visionen Trakls vorweg:

Geh weiter: überall grüßt dich Verderben
In der Geschöpfe langen, dunklen Gassen;
Siehst hier und dort sie aus den Hütten schauen,
Dann schlagen sie vor dir die Fenster zu,
Die Hütten stürzen, und du fühlst ein Grauen.

Bilder-Skepsis und Bilder-Sturz verleihen der Verlassenheit des lyrischen Ichs prägnanten Umriß; sie stellen eine zeitgemäße Fortsetzung der Eichendorffschen Ziel- und Ortlosigkeit dar. Das populäre Motiv des Reisens ist zu unsteter Wanderschaft, jede religiöse Sinngebung zu sinnloser »Trosteskunde« gebrochen. In Versen wie den zitierten tastet sich Lenaus Weltschmerz zu einer neuen Ästhetik glaubwürdiger Weltfremdheit vor.

Droste

Das »zerrissene schuldbeladene Bewußtsein«[21] der Droste, das sich ihr im jugendlichen Alter, in den »Irrungen und Wirrungen« des Liebeslebens, aufdrängte, bildet den Grund ihrer religiösen Lyrik. »Ich sollte mit Gewalt recht schuldig werden«[22] – mit dieser Bemerkung hatte die Droste den Anteil ihrer Umwelt an ihrer damaligen Lebensnot scharfsinnig umrissen [Sautermeister: Lyrik und literarisches Leben, 468 f.]. In ihrem Gedichtzyklus ›Das geistliche Jahr‹ vergißt sie durchaus nicht, was die Umwelt ihr angetan hat, wenn sie von der »unsel'gen, aber armen Rott« spricht, die ihre »Ruh« verstört hat (›Am fünf und zwanzigsten Sonntage nach Pfingsten‹[23]). Aber diese gesellschaftliche Schuld wird von der Droste, da sie nicht im lebendigen Dialog aufgeklärt werden konnte, mehr und mehr als eigene erlebt und verantwortet. Sie wird zur Gewissensstimme verinnerlicht und zum Schuldigwerden vor Gott vertieft. Aus der Unzulänglichkeit gesellschaftlicher Verkehrsformen entsteht das religiöse Schuldbewußtsein.

Ähnlich wie Eichendorff und Lenau folgt die Droste der epochalen Tendenz zur religiösen Entwertung des Eros – mit dem Unterschied, daß sie es noch inständiger, noch verzweifelter tut. Der Sturm ihrer Schuldaffekte spiegelt sich in der herben, rauhen Dynamik der Verben und Metaphern, die Außenwelt und Innenwelt gleichermaßen erfaßt:

> Wie reißt der Wind
> Am Fensterkreuze! Ja es will
> Auf Sturmesfittichen das Jahr
> Zerstäuben ⟨...⟩
>
> War nicht ein hohl
> Und heimlich Sausen jeder Tag
> In deiner wüsten Brust Verließ ⟨...⟩?
> (›Am letzten Tage des Jahres‹[24]).

Wenn die weltlichen Gedichte der Droste davon erzählen, wie ihre sozusagen männlich-kühnen Leidenschaften sich an den sozialen Normen der Frauenrolle brechen, so erzählen ihre geistlichen Gedichte davon, wie sich ihr daraus entspringendes Leiden schuldbewußt zu Gott flüchtet:

> Mein Herr und Gott, wo werde ich dich finden?
> Ach, nicht im eignen ausgestorbnen Herzen,
> Wo längst dein Ebenbild erlosch in Sünden:
> Da tönt aus allen Winkeln, ruf ich dich,
> Mein eignes Echo wie ein Spott um mich.
> (›Am ersten Sonntag nach Heilige Drei Könige‹)

Die Droste umreißt damit die Lebensnot des Atheisten wider Willen. Sie partizipiert, obgleich sie sich dagegen wehrt, am Atheismus als einer der radikalsten Bewußtseinsformen der Epoche, an einem der kühnsten, gegen die heiligsten Tabus gerichteten Experimente des neuzeitlichen Geistes: Ihrer meist unterschätzten »geistlichen Lyrik« kommt insofern eine Avantgarde-Position in der Bewußtseins- und Seelengeschichte des 19. Jahrhunderts zu.

Mörike

Mörikes Gedicht ›Wo find ich Trost?‹[25] entfaltet das Bewußtsein der Schuld unter dem Gewicht des Opfertodes Christi, seiner »Gnade« und seiner unverbrüchlichen Menschenliebe. Der treulose Eros des lyrischen Subjekts kann im Vergleich mit dieser Idealliebe nur als »böse Lust« erlebt werden, die in die Hölle der Selbstzerknirschung führt: »Und was rettet mich von Tod und Sünde?«

Freilich, Mörike kennt auch Wege, um sich vor »Tod und Sünde« zu retten, vor allem den Weg der Sublimierung des sinnlichen Eros. Sein Sonett ›Neue Liebe‹[26] destilliert aus der Unmöglichkeit einer vollkommenen Ich-Du-Beziehung unter Menschen die Möglichkeit, ja Gewißheit einer vollkommenen Gottesbeziehung, und zwar hic et nunc, im Diesseits selbst:

Sollt ich mit Gott nicht können sein,
So wie ich möchte, Mein und Dein? ⟨...⟩

Mich wundert, daß es mir ein Wunder wollte sein,
Gott selbst zu eigen haben auf der Erde!

Mörike vertieft sich in einen Seitenweg barocker Frömmigkeit, die unio mystica zwischen Mensch und Gott – und er stellt sowohl altertümliche Genitivfügungen wie auch Wortprägung und Metaphorik in den Dienst seiner neuen Erfahrung. Sie ist von subtiler Religiosität. Zwar sucht die ungestillte irdische Sehnsucht – der Feuerbachschen Projektionslehre gemäß – Zuflucht bei Gott und findet Erfüllung in Ihm, aber diese Erfüllung vollzieht sich auf Erden, in dieser Gegenwart. Das Diesseits wird durch den Ausblick auf das

Jenseits nicht ärmer, es eignet sich dessen Reichtum, die Fülle Gottes, an. Dem an einer vollkommenen Ich-Du-Beziehung zweifelnden Ich kündigt sich das Verhältnis zu Gott mit allen Zeichen mystischer Leuchtkraft und mystischer Ekstase an: »– Aus Finsternissen hell in mir aufzückt ein Freudenschein ⟨...⟩ Ein süßes Schrecken geht durch mein Gebein!« Die irdische Liebesleidenschaft wandert in das neue religiöse Verhältnis ein, ja kann auf diese Weise erst ihre rechte Erfüllung finden.

Brentano

Um die Evidenz dieser Erfahrung, um die sinnlich-seelische Bekräftigung der irdischen Liebeskraft im Horizont der Religion, geht es den meisten religiösen Lyrikern. Man mag das an Clemens Brentanos Religiosität ermessen. Der ›Frühlingsschrei eines Knechtes aus der Tiefe‹ verdankt seine modern anmutende Expressivität[27] unter anderem dem Umstand, daß dem lyrischen Ich die göttlichen Zeichen der Rettung aus »Todesbanden«, aus »Sündflut« und »gift'gen Erdenlagen« fehlen: daher sein verzweifelter, in mehreren Variationen anschwellender Hilferuf. Noch vor Brentanos Bekanntschaft mit Luise Hensel entstanden (1816), gelangt das Gedicht kurze Zeit nach den ersten Begegnungen im Kontext eines Briefes an sie[28], so als müßte die von Brentano leidenschaftlich umworbene Adressatin seinen »Frühlingsschrei« persönlich, gleichsam als irdische Stellvertreterin Gottes erhören. Die menschliche, allzu menschliche Leidenschaft *und* die Hinwendung zu Gott, das erotische Interesse an der Geliebten (Luise Hensel) *und* das Glaubensbedürfnis bzw. das Bedürfnis an Glaubenshilfen durchdringen sich bis zur Ununterscheidbarkeit. In der Tat hat Brentanos gemischter, weltliche und geistliche Antriebe legierender Eros eine bemerkenswerte Vitalität bewahrt; so konnte er Liebes- und Glaubenspoesien, die einst Luise Hensel zugedacht waren, Jahre später der ebenso leidenschaftlich umworbenen Emilie Linder zuwenden.[29] Gleichwohl wäre es verfehlt, darin nichts anderes zu sehen als die Kreisbewegung eines Ichs um die Ansprüche seines eigenen Eros, denn Brentano hat diesen Eros gelegentlich zur sozialen Liebe erweitert und darin das zeittypische Phänomen der Massenarmut gespiegelt.[30]

Heine

Eine aufschlußreiche Vermittlung gelingt einem späten Gedicht Heinrich Heines. Der frühe und mittlere Heine hatte im Anschluß an den Saint-Simonismus von einer »neuen Religion der Liebe« geschwärmt – eine beredte Formulierung, die das Fortwirken des religiösen Bewußtseins bei ihm verrät. Der Heine des Nachmärz dämpft im Bannkreis seiner schweren Leiden die ursprüngliche Liebesemphase, ohne auf die Erfahrung des Erotischen zu verzichten; vielmehr macht er sie mittels der Religion auf kunstvolle Weise geltend, wie eines seiner eindringlichsten späten Gedichte bezeugt: ›Es träumte mir von einer Sommernacht‹[31]. Der vom lyrischen Ich in dieser Sommernacht geträumte Vorgang beginnt bei einem »Sarkophag«, in dem »ein toter Mann mit leidend sanften Mienen« liegt: Christus. Kraft seiner Phantasie verwandelt sich das lyrische Ich im Fortgang des Gedichts in die Christus-Gestalt; Heine schafft sich für sein Leiden ein Äquivalent in der abendländischen Leidensfigur schlechthin. Und er läßt sein träumendes Ich eine zweite phantastische Metamorphose vollziehen: die zu seinen Häupten sich erhebende Passionsblume – ein Sinnbild des gemarterten Christus und der Trauer Mariä – verwandelt sich in eine Geliebte des Christus-Ich, so daß alsbald eine erotische Begegnung sondergleichen stattfinden kann; nicht als Begegnung zweier Leiber, das verbietet sich aufgrund Heines körperlicher Gebrechen, sondern als ekstatischer Seelendialog, in dem die glückselige Schau religiöser Mystiker nachhallt. Noch der Anerkennung und religiösen Fundierung seines Leidens weiß Heine die Lust des Eros abzugewinnen, und das heißt: den immerwährenden Glücksanspruch des Lebens für die Dauer von Augenblicken, sei es auch nur geträumten, aufrechtzuerhalten. [→ Jokl: Heine, 577f.]

Damit unterscheidet sich Heines späte Liebeslyrik trotz ihrer religiösen Anleihen wesentlich von der geistlichen Lyrik der Epoche. Letztere nämlich verwirft die Lust des Eros als Sünde. Was die weltlichen Gedichte als Liebeszauber bejahen oder im Namen der Lebensintensität selbst bei Todesgefahr heraufbeschwören, verklagen die religiösen im Namen des Seelenheils – ein allein durch die gemeinsame Sprache der Leidenschaft vermittelter Widerspruch.

IV. Soziale Lyrik

Die epochale Bedeutung der religiösen Lyrik läßt sich, so die These des einleitenden Kapitels, im Horizont zweier kontroverser, philosophisch-politischer ›Diskurse‹ angemessen erfassen: der Religionskritik im Stile Heines und der »Junghegelianer« einerseits, der Renaissance der Religion im Geiste der politischen Romantik andererseits. Beide ›Diskurse‹ eröffnen auch das Feld der sozialen Lyrik und profilieren es wechselweise. Denn die Religionskritik führt zu einer wachsenden Vergegenwärtigung der gesellschaftlichen Welt und ihrer politisch-sozialen Phänomene – und die Wiederbelebung der Religion erneuert das Ethos der »sozialen Liebe«, ein Leitmotiv der Lyrik der Epoche. Gleichsam den philosophischen Auftakt dazu bildete Arthur Schopenhauers Mitleidsethik. Sie soll das erlösende Gegengewicht zu einer »Welt« sein, deren universaler »Wille« auch ein Widerschein des sozialen Elends ist, das die Epoche zwischen 1815 und 1848 so nachhaltig charakterisiert.[32]

1. Soziale Einzelschicksale

Lenau hat der »sozialen Liebe« gleichsam ein Denkmal gesetzt anläßlich der schweren Donauüberschwemmung, von der im Frühjahr 1838 die Städte Pest und Ofen betroffen waren. Seine Verse sind in ihrer vielgestuften Varietät ein Florilegium der zeitgenössischen Solidarimpulse:

> O haltet euer Herz an die gekettet,
> Die aus dem Sturm als Bettler sich gerettet!
> O gebt mit sanftem Wort und weichen Händen
> Dem Kummer Trost, dem Elend eure Spenden!
> Das ist ein böser Frühling für die Armen,
> Und unersetzlich ist, was er genommen;
> Doch eure Liebe wird dem Unglück frommen,
> Denn Balsam jeder Wunde ist Erbarmen.
> Die milden Gaben, eure Liebesboten,
> Sie heilen nicht die unheilbaren Schäden,
> Und nicht erwecken können sie die Toten;

Doch können sie den großen Schmerz bereden,
Daß er sich allgemach zur Wehmut mildre,
Und daß er zur Verzweiflung nicht verwildre.
Die Armen schauen mit verweinten Blicken
Gerührt auf ihrem Schutt des Mitleids Blüte;
Der Herzenshauch von euch wird sie erquicken;
Der schönste Frühling ist die Herzensgüte![33]

Lenaus Verse sind vom Geist christlicher Caritas belebt, auch wenn Lenau sich selbst nicht als Christ verstand. Er partizipierte ganz selbstverständlich an einer sozialen Mentalität, die ein Gegengewicht zu seiner melancholischen Einsamkeit und seiner verzweifelten Selbstbefangenheit bildet. Wer dieses Spannungsverhältnis in seiner Lyrik übersieht, vereinfacht ihn unzulässig. Auch ein Uhland, ein Chamisso, ein Rückert wechseln in ihrer Lyrik zwischen den Kundgebungen eines einsamen Subjektes und seiner Sozialbindung zwanglos hin und her – dieses Doppelgesicht ist für die Gattung in der Epoche charakteristisch. Das Gesellige, auf das sich die Individuen damals so gut verstehen, bildet auch ein Moment ihrer lyrischen Tätigkeit.

Erst vor diesem zeitgeschichtlichen Hintergrund läßt sich eines der berühmtesten Sozialgedichte angemessen verstehen: Chamissos ›Die alte Waschfrau‹ (1833)[34]. Eine Deklassierte ist diese Wäscherin von 76 Jahren nicht, wohl aber gehört sie zur städtischen Unterschicht. Vor sozialem Untergang hat sie sich offensichtlich aus eigener Kraft bewahrt, dadurch, daß sie »stets mit saurem Schweiß« ihre niedrige Arbeit ausgeführt und als Witwe ihre Kinder »in Zucht und Ehre« aufgezogen hat; selbst am Abend ihres Lebens, »allein und alt«, paart sie Rüstigkeit mit »heiterem Mut«. Es mag bedenklich scheinen, daß Chamisso an dieser Frau »des Weibes Los« schlechthin, immerhin ein schweres, sorgenbeladenes Los, affirmativ veranschaulicht – und ebenso bedenklich mag scheinen, daß die Alleinstehende die einzige »Lust« ihrer letzten Lebensjahre aus ihrem »Sterbehemd« bezieht! Aber in diesem selbstersparten Sterbehemd ist der Arbeitsstolz dieser Frau und das Bewußtsein der Würde ihres Todes vergegenständlicht: es ist »ihr Kleinod, ihr ersparter Schatz«, der ihr zugleich die Vorfreude auf die Seligkeit im Jenseits gewährt.

Dieses Gedicht hat ganz offensichtlich Nachfragen seitens der Leserschaft hervorgerufen, die vor allem den Status der alten Waschfrau, ihre biographische Faktizität bzw. ihre poetische Fiktionalität, betrafen. Chamisso hat darauf fünf Jahre später durch ein ›Zweites Lied von der alten Waschfrau‹ (1838) geantwortet, in dem er die fortschreitende Einsamkeit der »vergeßnen Armen« und die drückende »Last« ihrer Jahre vergegenwärtigt, ehe er sich anheischig macht, die Greisin, die ihr Leben kaum mehr fristen kann, vor dem »Betteln« durch einen Spendenaufruf mitten im Gedicht selbst zu bewahren – einem Aufruf, dem Folge geleistet wurde. Der Autor wurde im Geiste der Caritas tätig und schuf dergestalt das Modell einer ›operativen‹ Kunst.

Einen der typischen Sozialfälle der Zeit rückt Chamisso in ›Der Bettler und sein Hund‹ (1829) in den Mittelpunkt, mit den Mitteln eines bewußt »niederen« Stils, der dem verachteten Leid den Akzent der Realitätsnähe verleiht. Zu diesem Realismus nötigten ihn die Zeitereignisse. Besitz, Reichtum und Geld geraten wie nie zuvor in Bewegung und können Größenordnungen erreichen, die einen eklatanten Kontrast zum Prozeß der Verarmung zahlreicher Handwerker, Kleinbauern und ganzer Unterschichten-Gruppierungen bilden. Einen Reflex dieses Vorgangs fängt Chamissos ›Die Giftmischerin‹ (1828)[35] ein. Der Realitätssinn seiner poetischen Heldin ist bestechend. Im Konkurrenzprinzip sieht sie, anders als der Frühliberalismus von Adam Smith bis Friedrich List, nicht die Entfaltung und harmonische Konvergenz von Einzelkräften, sondern einen Kampf auf Gedeih und Verderb. Im allgegenwärtigen Konkurrenzstreit sind Recht und Gesetz keine objektiven Größen mehr, sie werden vielmehr von der Macht gebeugt bzw. durch sie modifiziert und beeinflußt. Die Macht aber besitzt derjenige, der Reichtum, Besitz und Geld akkumuliert:

> Hast du die Macht, du hast das Recht auf Erden.
> Selbstsüchtig schuf der Stärkre das Gesetz
> Ein Schlächterbeil zugleich und Fangenetz
> Für Schwächere zu werden.
> Der Herrschaft Zauber aber ist das Geld:
> Ich weiß mir Beßres nichts auf dieser Welt,
> Als Gift und Geld.

Warum aber treten Gift und Geld in einem Atemzug zusammen? Weil das Gift kraft seiner tödlichen Wirkung eine Bedingung der Geld- und Machtvermehrung erfüllt: die Vernichtung der Konkurrenten. Was hinderlich erschien auf dem Weg zu mehr Macht und Geld – »Mann, Bruder, Vater« –, hat die Giftmischerin kaltblütig beiseite geschafft. Soziale Geltung, die diese Frau ohne das Geld nicht erlangt hätte, kann das Geld ihr verschaffen. Chamisso nimmt Gedankengänge der ›Ökonomisch-philosophischen Manuskripte‹ von Karl Marx (1844) um anderthalb Jahrzehnte vorweg. Dort werden die Sätze stehen:

> So groß die Kraft des Geldes, so groß ist meine Kraft. Die Eigenschaften des Geldes sind meine – seines Besitzers – Eigenschaften und Wesenskräfte. ⟨...⟩ Was ich qua *Mensch* nicht vermag, was also alle meine individuellen Wesenskräfte nicht vermögen, das vermag ich durch das *Geld*.[36]

Die magische Anziehungskraft des Geldes, der die Giftmischerin verfallen ist, könnte man mit Marx als »die Allmacht seines Wesens« apostrophieren: »Das *Geld*, indem es die *Eigenschaft* besitzt, alles zu kaufen, alle Gegenstände sich anzueignen, ist also der *Gegenstand* im eminenten Sinn.«[37] Das Individuum, das sich mit dem Geld paart und Macht gewinnt, ersteigt den Gipfel der Egozentrik und Selbstherrlichkeit. Gleichzeitig löscht es sich als Individuum aus, indem es sich im Geld abbildet und gemeinsame Sache mit ihm, der anonymsten Ware, macht. Die Giftmischerin vertilgt sogar ihren Geschlechtscharakter. »Drei Kinder meines Leibes« hat sie eigenem Geständnis zufolge umgebracht: »mir verhaßt«, so erklärt sie zynisch, »erschwerten sie, mein Ziel mir zu erreichen«. Ihr Ziel ist, Leib und Leben zum Instrument der Geldakkumulation zu machen und alle Sinne auf die einzige verbleibende Lust, die »Lust am Giften und Morden«, zu konzentrieren. Gerade im Exzeß entblößt sie typische Züge des neuen Soziallebens: den vernichtenden Konkurrenzkampf, die gesetzgebende Gewalt der Macht, die Verführungskraft des Fetischs Geld, die egozentrische Übersteigerung und anonyme Versachlichung des Subjekts. Chamisso hat in der Giftmischerin mit den Mitteln ästhetischer Übertreibung die Allegorie eines modernen Sozialcharakters skizziert.

2. Kollektivschicksale: Das Weber-Elend

Das Selbstbewußtsein eines erst im Werden begriffenen »Proletariats«, wie es aus Ferdinand Freiligraths ›Von unten auf‹ (1846) spricht, ist im Vormärz die Ausnahme. Georg Weerth hatte 1845 noch tastend das Wesen der neuen »Industrie« zu ergründen versucht und eine unmenschliche kapitalistische von einer menschenwürdigen sozialistischen Indienstnahme der Technik unterschieden, eher beschwörend als beschreibend, eher suggestiv als analytisch.[38] Bei Freiligrath ist, ein Jahr später, die gesellschaftliche Funktion des technischen Fortschritts klar umrissen. Freiligraths lyrischer Sprecher, der »Proletarier-Maschinist«, will sich schon die in der Industriellen Revolution wirkende technische Potenz für eine politische Revolution nutzbar machen (wobei er das »Proletariat« noch als Organ »von Gottes Zorne« versteht). Von solcher Zielstrebigkeit sind etwa die Weber in Schlesien noch weit entfernt, notwendigerweise. Sie leben zerstreut in einer

> größeren Anzahl von Hütten und feuchten dumpfigen Stuben, in welchen die Menschen zusammengedrängt wie die Schafe, vom frühen Morgen bis zum späten Abend rastlos arbeiten, um den nothdürftigsten Lebensunterhalt zu gewinnen.

Jeder Weber muß

> morgens auf den Hahnenruf aufstehen und bis Mitternacht und wohl darüber arbeiten. Seine Kräfte werden schnell verbraucht. Seine Sinne vor der Zeit abgestumpft. Seine Brust kann dem ununterbrochenen Zusammenhocken nicht widerstehen; die Lungen werden krank, Blutspeien stellt sich ein, ⟨...⟩ seine Augen ermatten und erblinden.[39]

Die menschenunwürdige Sinnlosigkeit des historisch-sozialen Prozesses springt aus diesen und anderen Berichten unmittelbar ins Auge: Kein späteres Geschichtsziel kann das Elend von damals rechtfertigen. Immerhin gab es eine Gegenöffentlichkeit, die das Elend zu Gehör brachte, nicht zuletzt in Gestalt von Flugblättern, Barrikadenliedern, Gassenhauern. So erlangten politischer und sozialer Protest ihre Massenwirkung: die schlagkräftigste Form ›operativer‹ Lyrik.

Vielleicht das populärste Gedicht damals war ›Das Blutgericht‹, ein von den schlesischen Webern bei ihren Aufständen gesungenes Lied, dem eine in Schlesien bekannte Melodie – ›Es liegt ein Schloß in Österreich‹ – unterlegt war. Von diesem ›Blutgericht‹ berichtet ein Zeitgenosse:

> Das Lied, welches die schlesischen Weber sangen, während sie die Fabriken demolierten, ist zwar holperig und ›ohne Kunst zusammengeleimt‹, aber wenn man bedenkt, daß es von dem wütenden Volkshaufen gebrüllt wurde und daß diese Weber ihre Klage darin fanden, so ist es allerdings schauerlich.[40]

Von dem Lied selbst sind vier Varianten überliefert, eine davon wurde 1909 nach dem »zitternden Gesange eines alten Maurers« aufgezeichnet und wie folgt kommentiert:

> Das Lied ist auch 1848 gesungen worden; es lebte wieder auf, wenn Unrecht, Not, Groll die Masse der Weber packte! Noch heute kann man erleben, daß in Augenblicken der Erregung auf einzelne Strophen des Liedes zurückgegriffen wird. Seine schnelle Verbreitung hat das Lied gewiß der packenden und die Massen erregenden Weise mit zu danken.[41]

Die Weber des ›Blutgerichts‹ klagen vom Standpunkt der Religion und der Ethik an. Sie tun es, weil sie wissen, daß »Erbarmen« und »soziale Liebe« in ihrer Zeit Wahrheitskriterien rechten Handelns sind. Wenn Marx behauptet, daß in diesem Lied »das Proletariat sogleich seinen Gegensatz gegen die Gesellschaft des Privateigentums in schlagender, scharfer, rücksichtsloser, gewaltsamer Weise herausschreit«[42], so täuscht er sich. Es geht keineswegs um einen Angriff auf das Privateigentum. Es geht darum, daß die Privateigentümer sich unmoralisch und gefühllos verhalten, abgesehen von einigen wenigen, die den Geist christlicher Nächstenliebe bekunden. Ganz im Sinne der »politischen Romantik« und der »wahren Sozialisten« wird das Mitleid als Linderungsmittel der »Noth und Elend solcher Armen« eingefordert – vergeblich: Die staatliche Restauration ließ ihre christliche Maske alsbald fallen, um »die Verdammten dieser Erde« und ihre aufbegehrende Religiosität zum Schweigen zu bringen.

Eben dies bezeichnet die politische und ideologische Situation, auf die sich Heines Gedicht ›Die armen Weber‹ bezieht. Es erscheint am 10. Juli 1844, etwa einen Monat nach Zerschlagung des schlesischen Weberaufstands, in der deutschen Exilzeitschrift ›Vorwärts‹ in Paris. Zu ihren engagierten Beiträgern gehörte neben Arnold Ruge auch Karl Marx; beide steuerten im Juli und August Artikel über den Weberaufstand und seine politischen Konsequenzen bei. Der engen Fühlungnahme mit Marx seit Ende 1843 verdankt Heine die Publikation der ersten, vierstrophigen Fassung seines Weber-Gedichts; 1846 ist eine auf fünf Strophen erweiterte Zweitfassung abgeschlossen, die ein Jahr später unter dem Titel ›Die schlesischen Weber‹ in Hermann Püttmanns Vierteljahrbuch ›Das Album‹ erscheint.[43] Auf diese Zweitfassung greifen bis heute Lyrik-Anthologien und Lesebücher zurück, wenn sie Heines Weber-Gedicht berücksichtigen;[44] es gilt als das Beispiel schlechthin für soziale Dichtung.[45] Gott, König, Vaterland erscheinen als Urheber einer materiellen und psychischen Verelendung, der nur eine revolutionäre Erhebung abhelfen kann: »Altdeutschland, wir weben dein Leichentuch«. Heines »schlesische Weber« zogen Kreise: Berliner Arbeiter verteilten ein Flugblatt, das das Gedicht in leicht abgeänderter Form mitsamt einem ausführlichen Kommentar enthielt.[46] Die geschickten Modifikationen der Heine-Fassung zeugen, ebenso wie der kluge Kommentar, von einer intensiven, gewissermaßen operativen Rezeption durch die von Heine anvisierten Adressaten. Sie gipfelte in der – durchaus textgemäßen – These, daß das »Heil« der Unterdrückten »nur in dem Umsturz alles Bestehenden« liege.[47]

Ähnlich wie Heines Gedicht durch eine politische Vorlage – das Lied der Lyoner Seidenweber – angeregt worden war, ist es seinerseits zum Geburtshelfer anderer Weber-Gedichte geworden.[48] Man kann ohne Übertreibung von einer regelrechten Weber-Lyrik als eigener Gattung um die Mitte der vierziger Jahre reden. Die darin zum Ausdruck drängenden politischen und sozialethischen Positionen sind widersprüchlich und entziehen sich apodiktischen Werturteilen. So ist die »allgemeine Menschenliebe« von Christen und namentlich von »wahren Socialisten« im Vormärz nicht einfach identisch mit den »philantropischen Illusionen« von »Kleinbürgern«, wie in der ›Deutschen Ideologie‹ von Marx und Engels unterstellt wurde[49], sie muß auch nicht vor der wahren »revolutionären Leidenschaft« erbleichen, deren Träger, der »Proletarier«, doch erst in Ansätzen erkennbar war. Sollte etwa die Mitleidsethik schweigen, damit die theoretische Kritik der sozialen »Strukturprobleme« und die richtige Idee ihrer Lösung sich ungehindert ausbreiten konnten?[50] Was für eine abstrakte Haltung gegenüber der konkreten, zu eingreifender Hilfe mahnenden Situation! was für eine theoretische (und wohl auch deutsche) Mentalität! Konträr anders verhielten sich die Mitglieder des ›deutschen wissenschaftlichen Arbeiter-Vereins in London‹ im September 1844, als sie Stellung zum schlesischen Weberaufstand bezogen. Die Vorfälle in Schlesien kamen ihren eigenen Vorstellungen von einer »besseren sociale Organisation der Gesellschaft« und insbesondere einer »Organisation der Arbeit« durchaus nicht entgegen[51]; auch ihre Vorstellungen von einer neuen »Gerechtigkeit« im Staatswesen und dem Recht der Arbeiter auf »Bildung« und »gute Erziehung unserer Kinder«[52] basierten eher auf der Idee einer allmählichen Reform als einer revolutionären Veränderung: in dieser Hinsicht standen sie Gedankengängen von »wahren Socialisten« nahe, wie man sie etwa bei Moses Heß antreffen kann.[53] Das hinderte sie jedenfalls nicht, ihr mitleidendes »Gefühl« für die schlesischen Weber zur »That« werden zu lassen.[54] Die später so viel beschworene »internationale Solidarität« mußte nicht auf ihre richtige Theorie warten, sie konnte direkt der Ethik sozialen Mitleidens entspringen.

Johann Jokl
Heinrich Heine

Harry, erst ab 1825 Heinrich, Heine, geboren am 13. Dezember 1797, hat sich gern als einen der ersten Männer des Jahrhunderts bezeichnet. Er war sicherlich einer der umstrittensten. Unbestritten freilich blieb seine Sprachkunst, wiewohl gerade sein Stil zum Stein des Anstoßes werden sollte. »Ein Talent – doch kein Charakter«[1], lautete das immer wieder nachgebetete, Börne zugeschriebene Urteil.

Ohne Zweifel zählt Heines Œuvre als eine der kunstfertigsten und provokantesten Bestandsaufnahmen seiner Zeit zu den ersten seines Jahrhunderts. Der »freche Judenjunge« (Wolfgang Menzel) verfolgte die gesellschaftliche Entwicklung mit dem geschärften Blick des Außenseiters[2], auch wenn er »weit weniger als z. B. der junge Börne an die Ghetto-Grenzen«[3] stößt. Sein leicht verletzbares Naturell registrierte feinnervig die Beschränkungen, die Leiden des Individuums im vormärzlichen Deutschland. Anfangs verstrickt in Melancholie, schlägt Heine früh einen spielerisch-leichten, nicht selten auch aggressiven Ton an, um eine die politische und sinnliche Existenz des Menschen umfassende Freiheitsvorstellung einzuklagen. So gerät er in Kollision nicht nur mit dem restaurativen System, sondern auch mit den bürgerlichen Freiheitsbewegungen, deren Tugendmoral seiner Idee der Befreiung diametral entgegensteht. Schonungslos gegenüber seinen Widersachern, im Urteil mitunter getrübt von seiner radikal-subjektiven Optik, entzieht sich Heine der Vereinnahmung im Streit der Parteien. Er sei, so kann man ihm andichten, »nur mit Worten ein Republikaner, im Herzen der exklusivste Aristokrat« gewesen und hätte »lieber mit einer Marquise de l'ancien régime bei Austern und Champagner ein Schäferstündchen gefeiert als sie aus purer Volksbeglückungslust zur Guillotine geschickt«[4]. Er erwirtschaftet sich ein ansehnliches Vermögen und kommt sogar in Verdacht, mit den Regierungen kollaboriert zu haben. Heinrich Heine, ein Talent – doch kein Charakter?

»⟨...⟩ in meiner Wiege lag schon meine Marschroute für das ganze Leben.«[5] Die Kaufmannsfamilie war nicht gerade begütert, wußte aber den reichen Hamburger Bankier Salomon Heine, den Bruder des Vaters, im Hintergrund. Man pflegte, obschon eher veräußerlicht, die jüdische Tradition und vermochte sie in Einklang zu bringen mit einer deutsch-patriotischen Gesinnung trotz der Diskriminierung, der sich die Juden auch im freizügigen Düsseldorf ausgesetzt sahen. Diese Gesinnung allerdings war nie engstirnig und schloß die »Sympathie für die französische Nation, die später dem Emigranten Paris zur wahren zweiten Heimat werden läßt«[6], nicht aus, verdankte doch die jüdische Bevölkerung dem Code Napoléon mehr Liberalität.

Prägend war der Einfluß der Mutter. Aus einem aufgeklärten Bürgerhaus stammend, stellte sie rationale Lebensplanung und Leistungswillen bei der Erziehung obenan, sorgte so aber auch dafür, daß das Kind früh lernt, »die Einsamkeit und das Leiden zu ertragen«[7]. 1815 trat Heine eine Banklehre in Frankfurt an und wechselte ein Jahr später in das Hamburger Kontor seines Onkels, der ihm kurz darauf ein eigenes Kommissionsgeschäft einrichtete. Widerwille und Untüchtigkeit des jungen Kaufmanns führten in Kürze zum Bankrott. 1817 veröffentlichte er seine ersten Gedichte unter einem Pseudonym in ›Hamburgs Wächter‹. – Wiederum von seinem Onkel unterstützt, begann Heine 1819 das Jurastudium in Bonn, wo es ihn aber mehr in die Vorlesungen von A. W. Schlegel und Arndt zog. Wie viele Studenten seiner Zeit stand er im Bann der Romantik; er forderte für die Poesie die Zweckfreiheit und für die Realität eine nationalliberale Erneuerung im Geist der Befreiungskriege, nicht anders als die oppositionellen Burschenschaften. Deren intolerante nationalistische und christliche Neigungen sollten ihn allerdings bald verstören; zwar ist nicht ganz geklärt, warum er in Göttingen – Heine setzte dort sein Jurastudium fort – aus der Burschenschaft ausgeschlossen wurde; die wahre Ursache dürfte jedoch der Antisemitismus gewesen sein; er wurde für den Dichter zu einer lebensbestimmenden Erfahrung, die seine Verletzlichkeit, aber auch die Bereitschaft zu kritischem Einzelgängertum wachhielt. Es mußte ihn doppelt treffen, daß die einzige bedeutende Vertretung einer politischen Opposition in Deutschland, die seit kurzem aufgrund der Karlsbader Beschlüsse verfolgt wurde, ihrerseits eine geächtete Minderheit verfolgte. Die politischen Hoffnungen des Studenten wichen einer nachhaltigen Skepsis, in der sich nicht nur die Abneigung gegen die Restauration spiegelte; auch seine zählebigen Affekte gegen Männer der liberal fortschrittlichen Richtung wurden durch diese politisch-persönliche Erfahrung mitverursacht; ja, sie dürfte selbst auf seine lyrische Tonlage eingewirkt haben, denn eines der Leitmotive seiner frühen und mittleren Lyrik, der Schmerz des unglücklich Liebenden, konnte sich immer wieder am öffentlichen Schmerz des gesellschaftlichen Außenseiters entzünden.

Heines erste Gedichte eröffneten ihm in Berlin, wo er von 1821 bis 1823 studierte, den Zugang zum Salon der Rahel Levin (spätere von Varnhagen), in dem sich die führenden literarischen Köpfe der Zeit trafen. Auch in Berlin vernachlässigte er sein Studium, besuchte dafür aber die Vorlesungen Hegels.[8] Er engagierte sich kurzfristig im ›Verein für Kultur und Wissenschaft des Judentums‹ und stellte 1822 die ›Briefe aus Berlin‹ fertig, eine geistreiche Sammlung von Berichten über das Berliner Gesellschaftsleben.

1824 kehrte er nach Göttingen zurück, um sein Studium abzuschließen. Das erste der großen Reisebilder, die ›Harzreise‹, entstand. Obwohl er sich mit dem Übertritt zum Protestantismus das »Entréebillet zur europäischen Kultur«, will heißen: zum Berufsleben, verschaffen wollte, gelang es ihm nicht, beruflich Fuß zu fassen.

I. ›Buch der Lieder‹

Im April 1827 erschien das ›Buch der Lieder‹, das nach anfangs schleppendem Absatz zum beliebtesten seiner Bücher werden sollte; noch zu Heines Lebzeiten wurden zwölf Auflagen gedruckt.

Lyrik erfreute sich in der Restaurationszeit besonderer Beliebtheit. Liebe und Natur – womöglich zu einer Einheit verschmolzen – waren die beherrschenden Themen, in der volksliedhaften Tonlage suchte man das unverfälschte Gefühl, in einer gängigen romantischen Bilderwelt erholte sich das Gemüt von der Prosa des kleinstaatlichen Lebens, in empfindsamen Reimen und erbaulichen Allegorien erhob es sich über den zweckrationalen Alltag mit seinen beruflichen Pflichten und seinen normierten Verkehrsformen. Heine selbst hatte diese spätromantische Lyrikproduktion durch Beiträge in Zeitschriften und Almanachen vermehrt. Er hatte sich als Jugendlicher von Fouqué und Brentano anregen lassen, sich das Volkslied in der Manier eines Wilhelm Müller angeeignet, hatte in Versen erotischen Madonnenkult getrieben, mit Freunden eine populäre Rheinromantik gepflegt und galt seit seinem ersten Gedichtband von 1822 als jüngerer Spätromantiker. Nur an der Oberfläche freilich läßt sich das ›Buch der Lieder‹ auf die romantischen Vorgaben ein: es zitiert sie nur, um sie zu entkräften, im Geiste jenes abgründigen Humors, dessen Entstehung Hebbel beschrieben hat:

Allein, wenn die positive Kunst den Abgrund, der das Wirkliche von dem Möglichen scheidet, zu überfliegen sucht, so stürzt der Humor, als die negative, sich in diesen Abgrund hinunter, und hierin liegt so viel Verzweiflung ‹...›[9]

Gerade an dieser Spielart des Humors entzündete sich die Kritik, zersetzte Heine doch damit als erster Lyriker die innigen Töne und Naturbilder der romantischen Tradition. Das bekannteste Gedicht des Buches, die ›Loreley‹, zeigt beispielhaft, wie Heine diese Tradition noch einmal heraufbeschwört, um sie zu entzaubern und aus diesem Widerspiel neue poetische Funken zu schlagen.

Die Loreley wurde damals vielfach besungen; an Landschaft und Sage konnte sich die Sehnsucht nach Natur und Liebe entflammen [→ Sautermeister: Reiseliteratur, 122 ff.]; dazu kam, daß man am Rhein, der »vaterländischen Gegend«, ein Stück nationaler Identität finden zu können glaubte, denn die Befreiungskriege hatten den Fluß in deutsche Hand gebracht, ohne daß sich freilich die Hoffnung auf die Einheit der Nation erfüllt hätte.

Das lyrische Ich folgt in der ›Loreley‹ zunächst der modischen Blickführung mit den Beleuchtungseffekten; aber indem Heine das damals beliebte Landschaftsgold gleich dreimal hintereinander zitiert, macht er es als Stereotyp kenntlich, verfremdet er das sentimentale Panoramakolorit und läßt die wehmütige Erinnerung als Versatzstück erscheinen. Nicht die Natur zieht den Schiffer in ihren Bann, sondern deren trivialisiertes Ersatzbild. Ähnlich verfährt das Gedicht mit dem Motiv der Sirene. Es entzieht ihr die ursprüngliche schweifende Zauberkraft, die ihr noch die Romantiker verliehen hatten. Heines Loreley löst sich nicht mehr wie die Brentanos und Eichendorffs vom Felsen, sie ist vielmehr völlig entrückt, ihr Aktionsradius wird auf die Pflege der äußeren Schönheit, ihr Sein auf Fassade und Einsamkeit reduziert: dem Luxusgeschöpf nicht unähnlich, zu dem die begüterten Bürger ihre Frauen machen. Zugleich jedoch dichtet Heine seiner Loreley Sinnlichkeit, rätselhafte Exotik, tödliche Verlockungen an. So enthüllt sie sich als Sehnsuchtsgestalt des an Ehe und Alltag gefesselten Mannes. Aber noch im Wunschbild treten Unfreiheit und Entfremdung der Geschlechter zutage: die absolute Macht, die der Loreley verliehen wird, verrät die heimliche Unterwerfungsbereitschaft des Mannes, der seiner routinierten Herrscherrolle überdrüssig ist. Dieses Frauenbild, das in Heines frühen Gedichten stereotyp, ja zwanghaft wiederkehrt, scheint kollektive Wünsche auf sich zu ziehen, wird doch die Loreley als Tourismusattraktion vielfach ereist und in Männergesangsvereinen – noch heute – gemütvoll nachempfunden. Das Gedicht beschwört die von ihr ausgehende Betörung herauf, um sie als fatale Projektion des Mannes zu enthüllen und das Wunschbild ironisch-kritisch zu beleuchten. Perspektive und Empfindung von Schiffer und lyrischem Ich sind anfangs einander nahe, in der Schlußwendung aber blendet sich letzteres aus. So kann es die verklärende Sicht, an der es selbst noch teilhat, als Ursache der fatalen Situation des Schiffers entzaubern; der romantische Zauber und seine goldenen Bilder strahlen noch tödliche Faszination aus, obgleich sie zu einer Ästhetik zweiter Hand, zur Massen- und Warenästhetik trivialisiert sind. Damit ist Heine beim »modernen Gedicht« angelangt. Romantische Welt- und Selbstoffenbarung streiten mit einer skeptischen Fiktion, die Poesie des Herzens bricht sich an der Prosa der Verhältnisse.

Die frühen Gedichte im ›Buch der Lieder‹ zeigen immer wieder diesen Widerspruch zwischen selbstgefährdender Verzauberung und skeptischer Ironie bei Heine[10]. Wie den Schiffbrüchigen in der

›Loreley‹ verlockt die ambivalente Einheit von Liebes- und Todessehnsucht. Das Ich stilisiert sich selbst zum bemitleidenswerten Objekt und die Frau zur männerverschlingenden Teufelin, auf die mitunter das Bild der holden Jungfrau geblendet wird. Der Zwangscharakter dieses Vorgangs bezeugt sich in krampfhaften Wiederholungen. Die hochgradige Ambivalenz der Frauenbilder ist ein epochales Phänomen, das auch in der Lyrik eines Eichendorff, eines Lenau oder Mörike auftritt; so schwankt Mörikes Peregrina-Gestalt, ähnlich wie die Frauenphantasien Eichendorffs, zwischen den Extremen des sündenbeladenen Lorelei- bzw. Venusmythos und der reinen Mariengestalt – eine auch in epischen Werken, im ›Maler Nolten‹ oder im ›Marmorbild‹ bemerkbare Polarität.

Später wird Heine vehement die Aufhebung der Spaltung des Menschen in ein abgewertetes Sinnen- und idealisiertes Geisteswesen fordern. In Ansätzen angelegt ist diese Thematik bereits in ›Die Götter Griechenlands‹ (in ›Die Nordsee‹), wo das Leiden »an der Liebe als begründet in der Verpönung der Sinnenlust durch ein heuchlerisch-puritanisches Christentum«[11] erscheint.

In den frühen Gedichten deuten lockere Verse, pathetische Übertreibungen, absichtlich stupide Reime, befreiende Scherze und ironische Genremalerei auf erste Versuche, die tragische Melancholie aufzubrechen. Da ist etwa jenes »absichtsvoll falsche Volkslied«[12], das die unmittelbare Einheit von Mensch und Natur, wofür der Topos Mai einstand, von Anfang an in Zweifel zieht:

Mein Herz, mein Herz ist traurig,
Doch lustig leuchtet der Mai (1, 108)[13]

Dennoch muß das Ich zunächst bestrebt sein, die Welt als biedermeierliches Bild der Sorglosigkeit, der friedvollen Natur und der bürgerlichen Arbeitsamkeit einzufangen, auf daß die Biedermeier-Optik um so mehr ins Zwielicht gerate:

Am alten grauen Turme
Ein Schilderhäuschen steht;
Ein rotgeröckter Bursche
Dort auf und nieder geht.

> Er spielt mit seiner Flinte
> Die funkelt im Sonnenrot,
> Er präsentiert und schultert –
> Ich wollt, er schösse mich tot. (ebd.)

Zu Beginn scheint der Bursche ins Bild zu passen. Sobald er als Soldat erkannt wird, ist die Idylle zerstört. Sie wird als Verbrämung des kleinstaatlich-repressiven Zustands bewußt. Die idyllische Biedermeierlichkeit, in der sich die Zeitgenossen behaglich einzurichten liebten, schwindet dahin. Der Bruch zwischen Ich und Natur, der in den Eingangsversen schon anklang, erweitert sich zur Kluft zwischen Ich und Welt und steigert die Trauer in den Wunsch nach Selbstzerstörung. Davon kündet die jähe Pointe des Gedichts – die Schlußzeile, die »halb ernst und unheimlich, halb lässig selbstspottend-sentimental«[14] schwingt. Heine verlockt seine Leser immer wieder dazu, sich ihren Wunschphantasien hinzugeben, ehe diese vollends zerstört werden[15].

Das fünfzigste Gedicht (L) im ›Lyrischen Intermezzo‹ rückt eine Teegesellschaft ins Bild, die sich plaudernd über die Liebe ergeht – in empfindsamer, moralischer und romantischer Manier. Liebe darf sich hier nicht auf Triebe reimen, sie ist entsinnlichtes Thema der feinsinnigen Gesellschaft, die Adel und gebildetes Bürgertum einträchtig vereint. Heine entblößt mit wenigen Stilgebärden ihre lustfeindliche Ziererei als schlecht verhohlene Lüsternheit. In erpreßten Reimpaaren (»Teetisch« – »ästhetisch«, »Mund weit« – »Gesundheit«, 1, 95) und trivialen Maximen (»Die Liebe sei nicht zu roh«, ebd.) äußert sich die zwanghafte Abwehr sinnlichen Begehrens. Die letzte Strophe läßt unversehens den Gedanken der freizügigen Liebe aufblitzen – eine schalkhaft-frivole Herausforderung des schicklichen Tons. Mit solchen kritischen Feldzügen gegen die etablierte Moral möchte sich das lyrische Ich auch selbst von dieser befreien, doch das alte Ich ist als »Doppelgänger« (1, 118) immer wieder gegenwärtig und läßt sich auch durch Parodie nur zögernd auf Distanz halten:

> Teurer Freund! Was soll es nützen,
> Stets das alte Lied zu leiern?

Willst du ewig brütend sitzen
Auf den alten Liebes-Eiern? (1, 129)

Der sarkastische Ton wird mehr und mehr zum Stilprinzip. Er kann den Leser in Freiheit setzen, indem er ihm traditionelle Sehweisen als Klischees vor Augen führt, Todessehnsüchte und Schuldgefühle entkrampft, ohne sie idealistisch zu verleugnen.

Heine reflektiert mehrfach auf die Rezeptionshaltung des Publikums. Er weiß um die Vorliebe für die »Kastraten«-Poesie (1, 145) und sieht die Gefahr, daß über der spielerischen Heiterkeit seiner Verse die darin mitschwingende Verzweiflung überlesen wird. Sein »Selten habt ihr mich verstanden« (ebd.) sollte sich gründlich bewahrheiten. In der ersten Phase nach der Veröffentlichung war es der Salon-Heine, den ein adeliges und großbürgerliches Publikum schätzte[16]. Es ergötzte sich an seinem Witz, seinem Zynismus und der Keckheit in erotischen Fragen. Mitte der dreißiger Jahre goutierte ein breiterer bürgerlicher Leserkreis die Anklänge an eine spätromantische Sentimentalität, ohne deren Aufhebung zu erfassen. Die Leser waren zu sehr geprägt von den konventionellen Lesestoffen, um Heines dialektisches Spiel mit seinen Prämissen durchschauen zu können.

II. »Emancipation der Prosa« – »Ende der Kunstperiode«?

Die Pariser Julirevolution machte der Restaurationsperiode ein Ende, aber die Julirevolution der deutschen Literatur datiert schon von früher, datiert von dem Auftreten Heinrich Heines, der mit seinen ›Reisebildern‹ ⟨...⟩, wenn auch nicht eine neue Sonne, so doch ein neues Morgenrot über den deutschen Dichterwald aufgehen ließ.[17]

Es ist keineswegs Gedankenlosigkeit, wenn Johannes Scherr 1844 unbekümmert die Parallele zieht zwischen dem wichtigsten politischen Ereignis der Epoche und der progressiven Literatur; es handelt sich dabei vielmehr um den Kern der jungdeutschen Literaturtheorie, die den Gegensatz zwischen Wort und Tat, Kunst und

Leben aufheben will und – wie Laube es formuliert – Literatur als »Vorrede der kommenden Geschichte« begreift[18]. Daher sucht sie auch die Öffentlichkeit und sieht einen direkten Zusammenhang zwischen der von Mundt geforderten »Emancipation der Prosa«[19] und der des Bürgers.

Dem sind auch die Heineschen Reisebilder verpflichtet: »Was ist aber die große Aufgabe unserer Zeit? Es ist die Emanzipation« (›Reise von München nach Genua‹, 2, 376). Der Reisende in Sachen Emanzipation stellt sich dem gesamteuropäischen Streit der »Parteien« (ebd.), in dem es gilt, die Ideen der Aufklärung und der Französischen Revolution gegen die Reaktion der – gesamteuropäischen – Heiligen Allianz zu verteidigen. Auf der formalen Ebene bedeutet dies das »Ende der Kunstperiode«. In diesem Schlagwort resümiert Heine nicht nur Goethes »schöne objektive Welt, die er durch Wort und Beispiel gestiftet hat« (1, 455), er zielt damit auf die klassische Idee der Kunst insgesamt, wie sie in Hegels Ästhetik systematisch ausgebreitet wurde: die Idee des Kunstwerks als einer autonomen Welt des ästhetischen Scheins, einer Welt der organischen Totalität, der Einheit und Ganzheit, worin die reale »Prosa der Verhältnisse« überwunden ist [→ Bd. 6, 244–266]. Heine dagegen öffnet seine ›Reisebilder‹ den objektiven Verhältnissen, gleichzeitig aber bricht er sie in der individuellen Optik, werden sie erfahrbar nur aus dem Blickwinkel der »wildesten Subjektivität« (ebd.).

Der Widerspruch ist beabsichtigt; und er wird nicht mehr in der Konzeption eines harmonischen Kunstganzen aufgehoben, sondern dem Leser aufgegeben. Das Fragment wird zum Formprinzip: Impression, Beobachtung und Analyse, Traum und Reflexion, Imagination und Kritik, Gedanke und Affekt, Polemik und Rührung, Witz und Pathos, Sensualität und Intellektualität, Erinnerung und utopischer Ausblick wechseln beständig. Die »bewegende Kraft« dahinter ist wie bei den Romantikern die Ironie. Heine stellt jedoch den romantischen Ironiebegriff vom Kopf auf die Füße, begreift den Widerstreit nicht mehr als transzendentalen zwischen »Endlichem und Unendlichem«[20], sondern als gesellschaftspolitischen zwischen Status Quo und Idee: »Fragment und Ironie sind« der Heineschen Dialektik

⟨...⟩ zu Mitteln geworden, die Stoßkraft des leitenden Prinzips ⟨Hoffnung⟩ in die künstlerischen und politischen Auseinandersetzungen als intellektuelle Waffe einzubringen und diese an die zeitgenössischen Leser weiterzureichen.[21]

Mit seiner sprunghaften, assoziativen Ästhetik – der Ästhetik der Zerrissenheit – sucht Heine seine aufsässige zeitkritische Subjektivität zu behaupten, indem er in den ›Reisebildern‹ gegen die steinerne Allianz der Beharrung anschreibt, die er durch die Julimonarchie noch bestärkt sieht.

Der Kunstcharakter dieser neuen Schreibart ist zu offenkundig, als daß mit ihr das »Ende der Kunstperiode«, also das Ende der autonomen Kunst in jeglicher Gestalt heraufziehen könnte. Das polemische Schlagwort richtet sich vielmehr gegen eine Kunst, die sich, wie angeblich bei Platen (›Bäder von Lucca‹) und der ›Romantischen Schule‹, in der Wiederbelebung klassischer bzw. mittelalterlicher Muster erschöpft, quasi-feudale Vermächtnispflege betreibt bzw. mit dem christlichen Spiritualismus im Bunde ist. Es wird sich zeigen, daß Heines Angriff nicht nur rückwärtsgewandte Spielarten autonomer Kunst trifft, sondern bald auch die Kunstfeindlichkeit politisierender Tendenzliteratur. Zwischen diesen Extremen sucht Heine seine kunstbewußte Subjektivität in parteilicher Essayistik, seine *zeitkritische* Parteilichkeit in relativer Kunstautonomie geltend zu machen.

1. ›Die Bäder von Lucca‹

Nach seinem Englandaufenthalt übersiedelte Heine im Herbst 1827 nach München, um im Jahr darauf für kurze Zeit die Mitherausgeberschaft von Cottas ›Neuen Allgemeinen Politischen Annalen‹ zu übernehmen. In naiver Verkennung der Verhältnisse liebäugelte er mit einer Professur, mußte aber auf seiner Italienreise erfahren, daß sich dieser Plan nicht zuletzt infolge der massiven Angriffe von feudal-klerikaler Seite, mit der er auch Platen verbündet glaubte, endgültig zerschlagen hatte. Platen führte den Streit mit antisemitischen Attacken. Damit mußte die Wunde des gesellschaftlich stigmatisierten Juden erneut aufbrechen. Das Bewußtsein, sich weder beruflich noch sozial in der restaurativen Gesellschaft einrichten zu können, mag Heine veranlaßt haben, seine Zeitkritik – auch die unmittelbar politische – zu verschärfen.

Ästhetisch äußert sich die Kritik darin, daß die anscheinend willkürlich aufgespürten Details und Oberflächenphänomene zu »Signaturen« der Epoche werden – ein Verfahren, das im 20. Jahrhundert die Kulturkritik Georg Simmels, Siegfried Kracauers, Walter Benjamins prägen sollte. Hier kündigt sich abermals – wie zuvor in der Lyrik – Heines Modernität an, von der auch seine Essayistik zeugt. Für sein ästhetisches Verfahren beruft sich Heine scherzend auf die Wissenschaft:

> In der Wissenschaft ist alles wichtig. Wer mir vorwerfen möchte, daß ich den Grafen Platen zu wichtig nehme, der gehe nach Paris und sehe, wie sorgfältig der feine, zierliche Cuvier, in seinen Vorlesungen, das unreinste Insekt mit dem genauesten Detail schildert. (2, 465)

Das sezierende Interesse des Wissenschaftlers fokussiert den Gegenstand, der in der Optik des »Humoristen« wiederum verzerrt erscheint. Schonungslos stellt Heine Platens Homosexualität zur Schau, mit frivolen Späßen gibt er sie der Neugier des Lesers preis. So problematisch diese Kritik ist, weil sie die Person Platens vernichtend trifft – die geharnischten Ausfälle gelten primär nicht dem Individuum, nehmen es vielmehr aus der Schußlinie, zeigen es als Opfer:

> Der Mangel an Naturlauten in den Gedichten des Grafen rührt vielleicht daher, daß er in einer Zeit lebt, wo er seine wahren Gefühle nicht nennen darf, wo dieselbe Sitte, die seiner Liebe immer feindlich entgegensteht, ihm sogar verbietet, seine Klage darüber unverhüllt auszusprechen ⟨...⟩ (2, 459)

Nicht allein frivoler Mutwille, den man Heine ausschließlich unterstellt hat, ist es, der ihn Intimstes bloßstellen läßt. Er hebt die Trennung von Privat- und Öffentlichkeitssphäre auf, um die Wurzeln des Übels, die allgemeine Unterdrückung und Verdrängung der Sinnlichkeit, freizulegen. Er will der vergewaltigten »Natur« einen

Spiegel vorhalten, auf daß sie »über den Anblick« ihrer »eigenen Scheußlichkeit« (2, 465) sterbe.

Der nobilitierte Bankier Gumpelino mit seinem »wohlhabenden Lächeln und gottgefälligem Bauche« (2, 397) teilt mit dem dichtenden Grafen die Sympathie für die restaurative Trias Finanzkapitel, Adel und Kirche; überdies neigt er zur Anhäufung überkommener Kunst-, Natur- und Gemütswerte. Die Unfähigkeit zum eigenen Erleben wird kompensiert durch erborgte Gefühle. Gumpelino deklamiert die vorgefertigte Schilderung einer Abenddämmerung, »indem er, wie verklärt, in das lachende, morgenhelle Tal hinabschaute« (2, 405). So gerät der Bankier auch zu einer Karikatur des zeitgenössischen Bildungsreisenden und Naturliebhabers, der Erlebnisse wie Geld akkumuliert. Zu den provozierenden Pointen des Heineschen Reisebilds gehört dieser satirische Tiefenblick in die heimliche Verwandtschaft zwischen Reise- und Erwerbsdynamik, Kultur-, Natur- und Besitzaneignung. So potent sich dieses moderne Haben und Verfügen ausnehmen mag, es treibt sich hier doch nur Impotenz geschäftig um, wie Heine durch eine frivole Parallele zwischen Gumpelino und Platen suggeriert. In seiner künstlichen Begeisterung für Literatur versteigt sich der Bankier bis zur Identifikation mit Shakespeares Julia und leert dabei den Becher mit Glaubersalz, den sein Diener als Abhilfe für die nicht einlösbare Liebessehnsucht bereitgestellt hat. Das Mittel – Gumpelino muß es unentwegt mit »Glaubensalz« verwechseln – tut seine Wirkung just in dem Moment, als die Liebesnacht wider Erwarten doch noch wahr werden könnte. »Statt des Thrones der Liebe harrt' Ihrer jetzt der Stuhl der Nacht« (2, 437):

»Ich habe die ganze Nacht kein Auge zutun können« – klagte er mir – »ich war so sehr bewegt, ich mußte eilfmal aus dem Bette steigen, und zum Glück hatte ich dabei diese vortreffliche Lektüre, woraus ich nicht bloß Belehrung für die Poesie, sondern auch Trost für das Leben geschöpft habe.« (2, 443)

Die Rede ist von Platens Gedichten. Heines Sarkasmus und seine burleske Überzeichnung entmystifizieren die Aura einer weitverbreiteten Literatur, für die Platen einsteht. Abgehoben von einer unbefriedigenden und widersprüchlichen Wirklichkeit, pflegt sie das Ideal des harmonischen Kunstwerks und will dem kontemplativen Leser erhebender Genuß und Trost in den Niederungen des Lebens sein. Der Erzähler sieht in ihr die ideale Ergänzung zu Gumpelinos Existenz und Bewußtseinslage. Der Kunst à la Platen sollen dieselben Grundzüge eignen, die schon an Gumpel zu beobachten waren. Beliebig produzier- und reproduzierbar, ist sie »richtig« (2, 442) nur insofern, als an ihr das Abzählbare, die Versfüße, »die Hauptsache« (ebd.) sind. Der Form und dem Inhalt nach dem »Sitzfleisch« (2, 56) abgerungen, ist diese Dichtung Ausdruck künstlerischer Impotenz.

Wie unsanft Heine mit seiner Schrift an den Nerv der zeitgenössischen Moral und Ästhetik rührte, zeigen die entrüsteten Reaktionen der Kritiker. Antizipiert hatte Heine sie in der Entrüstung Gumpelinos; als der Erzähler dessen Schein-Harmonie mit der Natur verspottete, beschwerte sich der Bankier mit dem zeittypischen Vorwurf: »Sie sind ein zerrissener Mensch, ein zerrissenes Gemüte, so zu sagen, ein Byron« (2, 405). Das war immerhin eine Teilwahrheit – seit dem ›Buch der Lieder‹ hatte Heine das byroneske Empfinden weltschmerzlicher Zerrissenheit zur umfassenden Kritik der Zeit und ihrer Harmonie-Ästhetik ausgebildet:

Ach, teurer, Leser, wenn Du über jene Zerrissenheit klagen willst, so beklage lieber, daß die Welt selbst mitten entzwei gerissen ist. Denn da das Herz des Dichters der Mittelpunkt der Welt ist, so mußte es wohl in jetziger Zeit jämmerlich zerrissen werden. (ebd.)

Daß erst aus der Erfahrung der Zerrissenheit ein neues sinnliches Glück hervorgehen kann, leidet für Heine keinen Zweifel:

Des seid mir Zeugen, toskanische Nächte, du hellblauer Himmel mit großen silbernen Sternen, Ihr wilden Lorbeerbüsche und heimlichen Myrten, und Ihr, o Nymphen des Apennins, die Ihr mit bräutlichen Tänzen uns umschwebtet, und Euch zurückträumtet in jene besseren Götterzeiten, wo es noch keine gotische Lüge gab, die nur blinde, tappende Genüsse im Verborgenen erlaubt und jedem freien Gefühl ihr heuchlerisches Feigenblättchen vorklebt. (2, 420)

Doch diese erotische Utopie setzt das Wagnis voraus, an dem Heines Leser Anstoß nahmen: das frivole Wagnis, die »heuchlerischen Feigenblättchen« erst einmal zu entfernen und die *Zerrissenheit der Welt* auch in der Spaltung zwischen öffentlicher und privater Moral aufzudecken, so daß beispielsweise die poetische Dignität und aristokratische Formenstrenge eines Platen auf das persönlichste Geheimnis hin – die öffentlich verpönte sexuelle ›Verirrung‹ – durchsichtig werden. Indem Heine sich über Privates und Sexuelles in allen Variationen ergeht, fördert er nicht nur Verdrängtes zutage, er tut dies auch noch mit unverhohlener Lust am Unschicklichen – er entzügelt eine amoralische Sinnlichkeit in der Schreibart selber. Daß er zeit seines Lebens mit dieser Schreibart nicht nur systemkonforme Moralisten verstimmte, vielmehr sich auch die Gunst der politisch Liberalen und Radikalen verscherzte, mag deren (kleinbürgerliches) Unbehagen an einer freieren Moral verraten, zeigt aber ebensosehr die Grenze der Aufklärungsstrategie Heines in der Restaurationsepoche an. Auch Linkshegelianer wie Ruge und Prutz sehen in Heines Frivolität nur die Negation alles Höheren und Edleren. Der Verdacht der Charakterlosigkeit drängt sich gerade den Parteigängern der Gesellschaftsveränderung auf und läßt die politisch-soziale Kritik Heines in Vergessenheit geraten.

Nach dem Ausbruch der Juli-Revolution tritt Heines Schreibart als parteiliche Essayistik auf, die in eine politisch-soziale Publizistik, eine gesellschaftskritische Literatur- und Geistesgeschichte und eine kulturpolitische Streitschrift aufgefächert ist. Sie entsteht in Paris, der neuen »Heimat« Heines vom November 1830 bis zu seinem Tod 1856.

2. *Zwischen Deutschland und Frankreich*

Das »neue Morgenrot«, das Heine »über dem deutschen Dichterwald« hatte aufgehen lassen, sah er in der Politik mit der Pariser Juli-Revolution heraufziehen. Er beschwor es in seinem letzten Reisebild, den ›Englischen Fragmenten‹, als verheißungsvolle Schlußvision. Aber in seinen anfänglichen Enthusiasmus, von dem vor allem die ›Briefe aus Helgoland« künden –

> Ich weiß jetzt wieder was ich will, was ich soll, was ich muß ... Ich bin der Sohn der Revolution und greife wieder zu den gefeiten Waffen ⟨...⟩ (4, 53)

– mischen sich bald Zweifel darüber, ob die revolutionäre Bewegung sich denn auf Deutschland nachhaltig auswirken könnte:

> Jetzt glaube ich an neue Rückschritte, bin voller schlechten Prophezeyungen – und träume jede Nacht, ich packe meinen Koffer und reise nach Paris, um frische Luft zu schöpfen, ganz den heiligen Gefühlen meiner neuen Religion mich hinzugeben, und vielleicht als Priester derselben die letzten Weihen zu empfangen.[23]

Die »neuen Rückschritte« in Deutschland – und die »neue Religion« des Saint-Simonismus in Frankreich: diese beiden Pole gehören fortan zu den auffälligsten in Heines Schriften. Es sind die Pole einer illusionsfreien Realitätskritik und einer illusionsreichen Utopie, einer durchdringenden Zeitanalyse im Medium der Religionskritik und einer religiös eingefärbten Prophetie der neuen Zeit. Beide Extreme, die so symptomatisch für die radikalen Fortschrittsgeister der Epoche sind, ergeben sich aus der politisch-sozialen »Ungleichzeitigkeit« Deutschlands und Frankreichs. Eine politische Öffentlichkeit bildet sich in Deutschland auch unter dem Einfluß der französischen Juli-Revolution nicht aus – so vielversprechend die Ansätze dazu sein mögen, wie die Produktion von Flugschriften und politischen Zeitungen und die Gründung von politischen Vereinigungen und Preß-Vereinen zeigen. Solche Ansätze zu überschätzen, wie die Jungdeutschen und wie andere Liberale und Republikaner, hütet sich Heine. Auch er liebt gelegentlich den heroischen Gestus der literarisch-philosophischen Intelligenz, mißt ihn aber mehr und mehr an den realen Machtverhältnissen.

Die Übersiedlung nach Paris, in »die Hauptstadt der Revolution«, ist eine der Voraussetzungen dafür, daß Heine die Rückständigkeit Deutschlands an den fortgeschritteneren französischen Verhältnissen schärfer und umfassender als zuvor durchschaut – und zugleich Illusionen über künftige Entwicklungen in Deutschland fernhält. Der Einblick in das »ungleichzeitige Gefälle« zwischen deutschen und westeuropäischen Verhältnissen verhilft dem Emigranten auch zu gesellschaftspolitischem Weitblick und zu skeptischer Distanz, früher als der »bodenständigen«, in heimatlicher Provinz befangenen Intelligenz.

Heines Selbst- und Zeitverständnis in der Fremde wird zunächst durch den Einfluß »meines neuen Evangeliums«[24], durch den Saint-Simonismus geschärft. Er studiert eingehend die Schriften der Bewegung, nimmt an den Versammlungen der saint-simonistischen Zirkel teil und freundet sich mit ihrem Führer Prosper Enfantin an. Nun wird seine Emanzipationsvorstellung umfassender: die soziale Revolution gewinnt für ihn Vorrang vor der politischen; die fortschreitende Industrialisierung gilt ihm als Vorbedingung für die Aufhebung des materiellen Elends; Freiheit muß sich zuallererst in einer neuen Moral der befreiten Sinnlichkeit äußern.

Heines Texte nach 1830 werden die gesellschaftlichen Entwicklungen daraufhin befragen, inwieweit sie eine solch umfassende Emanzipation des Menschen befördern oder verhindern. In diese Frage gehen aber auch saint-simonistische Illusionen ein – und Heines Emanzipationsidee gewinnt Züge einer quasireligiösen Eschatologie. Der weihevolle saint-simonistische Priesterton freilich spielt bei Heine häufig, wie in den ›Elementargeistern‹, ins »Schalkhaft-Lüsterne«[25]:

> Jene schönen Götter waren nicht die Hauptsache; niemand glaubte mehr an die ambrosiaduftenden Bewohner des Olymps, aber man amüsierte sich göttlich in ihren Tempeln ‹...› (3, 685)

In die heitere Version der aus dem Exil ins Leben zurückkehrenden Götter (siehe ›Götter im Exil‹ und besonders den Anhang dazu), will heißen: der hellenistischen Sinnenfreude, deutet Heine nun die Faszination und Schrecken verbreitenden Marmorbilder seiner Anfänge um. Diese marmornen Frauen geistern ausdauernd in den Köpfen der männlichen Helden des 19. Jahrhunderts. Für die Männer scheint Sinnlichkeit nur erträglich, wenn sie in Marmor gebannt und ästhetisch sublimiert ist; selbst in dieser Form erinnert sie noch an das Abgetötete und muß, etwa in Eichendorffs ›Marmorbild‹, als versteinerte Venus noch einmal durch den Marienkult neutralisiert werden. Schon der frühe Heine läßt diese Verdrängung nicht zu; seine Marmorbilder drängen ins Leben, bedrohen allerdings den Mann bis zum Tode[26]. Die Dämonisierung der sinnlichen Natur führt zu Krankheit und ist – das sieht Heine in den dreißiger Jahren noch schärfer – das entscheidende Hindernis für die Freiheit des Menschen: die politische Emanzipation ist ohne die sinnliche nicht denkbar.

3. Parteilich-operative Essayistik

›Französische Zustände‹

In der ersten Hälfte des Jahres 1832 erscheinen in unregelmäßigen Abständen die ›Französischen Zustände‹ in der ›Allgemeinen Zeitung‹ Cottas. Das Publikationsmedium zeigt bereits, daß Heine nun verstärkt auf die kontroverse öffentliche Diskussion Einfluß zu nehmen sucht. Wie er in der Vorrede zur Buchausgabe hervorhebt, möchte er der »großen Menge« das »Verständnis der Gegenwart« nahebringen, damit sie »sich nicht mehr von den Lohnschreibern der Aristokratie zu Haß und Krieg verhetzen« (3, 91) lasse.

Es war die Zeit des »Ideenkampfes«, und der Ideenkampf war zugleich ein ökonomischer, insofern die Journale für manche Schriftsteller, etwa die Jungdeutschen, eine der wenigen Einnahmequellen darstellten: auch dies – neben dem politischen Elan im Gefolge der Juli-Revolution – ein Grund für die üppige Blüte des Journalwesens seit 1830 [→ Schmid: Buchmarkt, 69 ff.]. Heines Pariser Korrespondenz sollte neben derjenigen Börnes bald zu den bewunderten Modellen des neuen Aufklärungsstils gehören. Was sich primär als journalistische Arbeit darstellt, gewinnt seinen eigentümlichen Reiz aus der Literarisierung, die Laube als neue poetische Form der Geschichtsschreibung feiert:

> Welch ein reizendes Kind der neuen Zeit liegt vor mir, und wer hätte geahnt, daß die Geschichtschreibekunst neuerer Zeit so poetisch-rosenfarbig, so menschlich-rührend, so modern-heroisch werden könnte – belehrend, wichtig, Tugend anpreisend konnte man sie erwarten, aber nicht zauberhaft.[27]

Beherrschendes Gestaltungsprinzip ist wie schon in den ›Reisebildern‹ der Witz, den Börne als das »demokratische Prinzip im Reiche des Geistes«[28] und Ruge gar als das der Revolution[29] bezeichnete. Gerade der Witz, »der, ob auch ein König wolle, sagt: *ich will nicht!*«[30], läßt den Leser »die geheime Maskerade ⟨...,⟩ die hier in allen Verhältnissen zu finden ist« (3, 153), durchschauen: Louis Philippe z. B. zeigt sich zwar weiterhin im Bürgerkostüm,

⟨...⟩ unter seinem bescheidenen Filzhute trägt er jedoch, wie männiglich weiß, eine Krone von gewöhnlichem Zuschnitte, und in seinem Regenschirme verbirgt er das absoluteste Zepter. (3, 154)

Mit dieser Schreibart hebt Heine die Grenzen zwischen Journalismus und Literatur auf. Die assoziative und kombinatorische Kraft des Witzes wandelt alltägliche Details zu Signaturen des nachrevolutionären Frankreich um und erzeugt überraschende Gleichnisse. So werden etwa Pflastersteine zu allegorischen Signaturen der politischen Verhältnisse:

Ja, täglich geschehen offenbare Rückschritte, und wie man die Pflastersteine, die man in den Juliustagen als Waffe gebrauchte, und die an einigen Orten noch seitdem aufgehäuft lagen, jetzt wieder ruhig einsetzt, damit keine äußere Spur der Revolution übrigbleibe: so wird auch jetzt das Volk wieder an seine vorige Stelle, wie Pflastersteine, in die Erde zurückgestampft, und, nach wie vor, mit Füßen getreten. (3, 110)

Im »Juste Milieu« mit seinen »Justemillionären« (3, 151) erlischt das revolutionäre Dreigestirn Freiheit, Gleichheit, Brüderlichkeit. Die Bonapartisten wollen es nicht zum Leben erwecken, die Amis du peuple können es nicht, da sie, den »Gesichtsabguß des Robespierre« herumtragend, »ebenso retrograde handeln, wie die eifrigsten Kämpen des alten Regimes« (3, 126).

Es mag zunächst verwundern, daß Heine trotz dieser Einsichten noch auf die liberalen, großbürgerlichen Kreise baut und die konstitutionelle Monarchie in Deutschland herbeiwünscht. Das Rätsel löst sich, wenn man sich seine Erkenntnis der verfestigten Autoritätsstrukturen vergegenwärtigt:

Aber Deutschland kann keine Republik sein, weil es seinem Wesen nach royalistisch ist. ⟨...⟩ Die Deutschen aber sind noch nicht in diesem Falle ⟨wie die Franzosen⟩, der Glaube an Autoritäten ist noch nicht bei ihnen erloschen ⟨...⟩ (3, 212/215)

Heines Perspektive ist zu diesem Zeitpunkt noch pragmatisch, auf das »Erreichbare« (3, 215) gerichtet. Diese Position bringt ihn in den Verdacht, mit den Regierungen zu kollaborieren, ein »bezahlter Schuft«[31] zu sein. In der Vorrede zur Buchausgabe Ende 1832 entkräftet er diesen Verdacht. Er bezichtigt Preußen, die deutschen Fürsten und die Urheber der Wiener Bundesakte wegen des nicht eingelösten Verfassungsversprechens des »Hochverrats am deutschen Volke« (3, 99). Er rechnet allerdings nicht damit, daß diese Kritik auf fruchtbaren Boden fallen wird; der Untertanengeist fordert ihn vielmehr zu ironischer Skepsis heraus. Sie kleidet er in ein allegorisches, für seinen Stil charakteristisches Bild:

O, das ⟨deutsche Volk⟩ ist ein sehr großer Narr! Seine buntscheckige Jacke besteht aus sechsunddreißig Flicken. An seiner Kappe hängen, statt der Schellen, lauter zentnerschwere Kirchenglocken, und in der Hand trägt er eine ungeheure Pritsche von Eisen. Seine Brust aber ist voll Schmerzen. Nur will er an diese Schmerzen nicht denken, und er reißt deshalb um so lustigere Possen, und er lacht manchmal um nicht zu weinen. (3, 104)

Gleichwohl entwickelt Heine auch das Gegenbild eines zu sich selbst erwachenden Volks, dessen Selbstbefreiung er herbeiwünscht und gleichzeitig – fürchtet! Es ist die Furcht des Bürgers, die er hier zum Ausdruck bringt. Diese selbstkritische Brechung des »plebeischen« Enthusiasmus wird für Heine, anders als für viele intellektuelle Volksenthusiasten seiner Epoche, ein charakteristisches Motiv seines Selbst- und Zeitverständnisses bleiben. Es verleiht seiner operativen Prosa einen Zug ins Selbstironische und setzt hinter die bekenntnishafte Parteinahme ein redliches Fragezeichen.

Campe wagte es nicht, die Vorrede unzensiert zu veröffentlichen, konnte aber dennoch nicht verhindern, daß am 26. Dezember 1832 die französische Ausgabe ›De la France‹ (mit der ungekürzten Vorrede), verboten wurden.

›Die Romantische Schule‹ und ›Zur Geschichte der Religion und Philosophie in Deutschland‹

Nachdem er die gesellschaftliche Wirklichkeit in Frankreich an seinen Emanzipationsvorstellungen gemessen hat, geht Heine nun daran, auch die deutsche Literatur- und Geistesgeschichte in diesen Bezugsrahmen zu stellen. Dabei kann und will er nicht vermeiden, »ins tiefste Gebiet der Politik zu geraten« (3, 467). In der ›Romantischen Schule‹ rückt er zugleich das Deutschlandbild Madame de Staëls zurecht und begründet in seiner Kritik an der Romantik die neue Ästhetik auch theoretisch.

Die Argumentation ist auf einen agitatorischen Zweck ausgerichtet. Daher ist auch der Wahrheitsanspruch nicht der übliche objektive im Sinne von Tatsächlichkeit und Neutralität, sondern ein polemischer:

⟨...⟩ indem ich von vornherein erkläre, eine Parteischrift geliefert zu haben, leiste ich dem Forscher der Wahrheit vielleicht bessere Dienste, als wenn ich eine gewisse laue Unparteilichkeit erheuchelte, die immer eine Lüge und dem befehdeten Amor verderblicher ist, als die entschiedenste Feindschaft. (6/I, 450)

Heine operiert zweigleisig, wenn er die ›Romantische Schule‹ in ihrer Tendenz pauschal attackiert, die einzelnen Vertreter und ihre Werke aber durchaus differenziert beurteilt. So hebt er etwa Brentanos und Arnims Verdienste um das deutsche Volkslied hervor oder preist überschwenglich die poetische Ausstrahlung ihrer frühen Werke, um dann seinen zentralen Vorbehalt anzumelden:

Etwas fehlte diesem Dichter ⟨Arnim⟩, und dieses Etwas ist es eben, was das Volk in den Büchern sucht: das Leben. (3, 457)

Die Romantik ist halb berechtigter, halb rückschrittlicher Protest gegen die Verbürgerlichung der Gesellschaft mit ihrer Ausrichtung auf das Nützlichkeitsdenken:

Vielleicht war es der Mißmut ob dem jetzigen Geldglauben, der Widerwille gegen den Egoismus, den sie überall hervorgrinsen sahen, was in Deutschland einige Dichter von der romantischen Schule, die es ehrlich meinten, zuerst bewogen hatte, aus der Gegenwart in die Vergangenheit zurückzuflüchten und die Restauration des Mittelalters zu befördern. (3, 472 f.)

Diese Rückwendung zum Mittelalter mache die eigentliche Malaise der Schule aus. Heine unterstellt der Romantik eine keineswegs zufällige, wenn auch von einzelnen Autoren nicht gewollte Konspiration mit restaurativen Kräften, vor allem mit dem christlichen »Spiritualismus« [→ Sautermeister: Religiöse und soziale Lyrik, 505 ff.]:

Diese Poesie aber war aus dem Christentume hervorgegangen, sie war eine Passionsblume, die dem Blute Christi entsprossen. ⟨...⟩ ich spreche von jener Religion, die ebenfalls durch die Lehre von der Verwerflichkeit aller irdischen Güter, von der auferlegten Hundedemut und Engelsgeduld, die erprobteste Stütze des Despotismus geworden. (3, 361 f.)

Gegen diesen Spiritualismus setzt Heine sein Programm des Sensualismus, das mit ebenso eindeutig politischen Implikationen auf die Verwirklichung der sinnlich-geistigen Doppelnatur des Menschen zielt [→ McNicholl/Wilhelms: Romane von Frauen, 214 f.]. Die der Zeit angemessene Richtung der Literatur vermutet Heine bei den

⟨...⟩ Schriftstellern des heutigen jungen Deutschlands, die ebenfalls ⟨wie Jean Paul⟩ keinen Unterschied machen wollen zwischen Leben und Schreiben, die nimmermehr die Politik trennen von Wissenschaft, Kunst und Religion, und die zu gleicher Zeit Künstler, Tribune und Apostel sind. (3, 468)

Später wird sich Heine vom Jungen Deutschland distanzieren, da er in dessen kurzsichtiger Ausrichtung auf die politische Tendenz die poetische Qualität, die ihm Ausdruck der Freiheit ist, verlorengehen sieht. Er wird nicht nur wie jetzt Goethe mit dem Jungen Deutschland, sondern auch das Junge Deutschland mit Goethe kritisieren. Sein Weg sucht beides zu vereinen, zeitkritisches Engagement und ästhetische Freiheit, operationale und autonome Literatur.

Es ist die wachsende Enttäuschung über die gesellschaftliche Entwicklung in Frankreich, die in Heine die Erkenntnis reifen läßt, daß die bürgerliche Gesellschaft zwar die ökonomische Liberalisierung befördert, das »soziale Unwohlsein« aber gleichzeitig verschärft. In dieser Situation hält er es für notwendig, an die revolutionären Ideale zu erinnern, die er vorgebildet sieht in der deutschen Philosophie. So gesehen ist seine Schrift ›Zur Geschichte der Religion und Philosophie in Deutschland‹ die konsequente Weiterführung der vorausgegangenen ›Romantischen Schule‹; und sie verfolgt auch dieselbe Zielsetzung, die philosophischen Inhalte »populär auszusprechen« (3, 515) und somit die erste Voraussetzung für den Umschlag von Geist und Wort in gesellschaftliche Praxis zu schaffen. Dies war bislang durch die esoterische Sprache der Philosophen blockiert:

Was helfen dem Volke die verschlossenen Kornkammern, wozu es keinen Schlüssel hat? (3, 514)

Den Schlüssel soll Heines Schrift liefern. Sie vereinfacht die Komplexität des Gegenstandes, indem sie an der »Gottesgelahrtheit und Weltweisheit ⟨...⟩ nur ihre soziale Wichtigkeit« (ebd.) beleuchtet, und übersetzt Schwerverständliches ins Allgemeinverständliche, um dem Leser die Angst vor dem Nimbus der Philosophen zu nehmen.

Daß diese beiden Momente, die Popularisierung der Philosophie und ihre Wendung in gesellschaftliche Praxis, die eigentliche Zündkraft der Schrift ausmachen, belegt mit aller Deutlichkeit das Bundestagsdekret gegen die Jungdeutschen von 1835.

Geleitet werden Heines Ausführungen von der Analyse der Gegenwart, der Diagnose eines allgemeinen Krankheitszustandes. Ursächlich verantwortlich dafür sei das Christentum, da es den Menschen in »Widerspruch ⟨...⟩ mit sich selbst« (3, 534) gebracht habe, indem es alle seine sinnlichen Bedürfnisse mit Schuldgefühlen belege und die Welt in einen unseligen Dualismus aufspalte:

Doch sehen wir überall die Lehre von den beiden Prinzipien hervortreten; dem guten Christus steht der böse Satan entgegen; die Welt des Geistes wird durch Christus, die Welt der Materie durch Satan repräsentiert; jenem gehört unsere Seele, diesem unser Leib; und die ganze Erscheinungswelt, die Natur, ist demnach ursprünglich böse, und Satan, der Fürst der Finsternis, will uns damit ins Verderben locken, und es gilt allen sinnlichen Freuden des Lebens zu entsagen ⟨...⟩ (3, 518)

Der Text sieht aber in der Geschichte des Christentums auch progressive Kräfte wirksam, die er gegen die reaktionären Tendenzen geltend macht. Dieses historisch-dialektische Verfahren verknüpft er mit der Person Luthers, der die Voraussetzung für die Überwindung des religiösen Dogmas durch die Philosophie geschaffen habe:

Indem Luther den Satz aussprach, daß man seine Lehre nur durch die Bibel selber, oder durch vernünftige Gründe, widerlegen müsse, war der menschlichen Vernunft das Recht eingeräumt, die Bibel zu erklären und sie, die Vernunft, war als oberste Richterin in allen religiösen Streitfragen anerkannt. Dadurch entstand in Deutschland die sogenannte Geistesfreiheit, oder, wie man sie ebenfalls nennt, die Denkfreiheit. (3, 541)

Aus dem Überblick über die Philosophiegeschichte ragen drei Namen heraus. Spinoza habe, indem er die Welt zur göttlichen Substanz erklärte, den Weg geebnet für die Vergöttlichung des Menschen. Eine weitere Vorbedingung sei die Zerstörung des Deismus gewesen, die Kant mit seiner ›Kritik der reinen Vernunft‹ geleistet habe: »Dieses Buch ist das Schwert, womit der Deismus hingerichtet worden in Deutschland« (3, 594). In dieser Wortwahl, die noch pointiert wird durch den Vergleich Kants mit einem Scharfrichter und mit Robespierre, ist schon die Schlußthese vorbereitet, Französische Revolution und deutsche Geistesgeschichte seien wechselseitig aufeinander bezogen: Letztere werde nach ihrem Umschlag in gesellschaftliche Praxis die Fortsetzung der ersteren darstellen. Hierfür stehe Hegels Philosophie ein, die Heine in den ›Briefen über Deutschland‹ mit typisch subjektiv-schelmischem Ton gegen die Reaktion abgrenzt [→ Sautermeister: Religiöse und soziale Lyrik, 506 ff.]:

Als ich einst unmutig war über das Wort: »Alles was ist ist vernünftig«, lächelte er ⟨Hegel⟩ sonderbar und bemerkte: »Es könnte auch heißen: Alles was vernünftig ist muß sein.« (5, 197)

Die bürgerliche Freiheit im Sinne einer politisch-wirtschaftlichen Liberalisierung kann lediglich Zwischenstadium der kommenden Umwälzung sein. Schon in dem Aufsatz ›Verschiedenartige Geschichtsauffassung‹ (1833) hatte Heine das Geschichtsverständnis der »Humanitätsschule«, deren Wahlspruch »Zivilisation« (3, 22) war, zurückgewiesen:

Das Leben ist weder Zweck noch Mittel; das Leben ist ein Recht. ⟨...⟩ Le pain est le droit du peuple, sagte Saint-Just, und das ist das größte Wort, das in der ganzen Revolution gesprochen worden. (3, 23)

Nun ersinnt Heine ein noch ›größeres Wort‹, indem er die Entwicklungslinien der Religion und Philosophie in einer euphorischen Zukunftsvision bündelt:

Das große Wort der Revolution, das Saint-Just ausgesprochen: le pain est le droit du peuple, lautet bei uns: le pain est le droit divin de l'homme. Wir kämpfen nicht für die Menschenrechte des Volks, sondern für die Gottesrechte des Menschen. Hierin, und in noch manchen andern Dingen, unterscheiden wir uns von den Männern der Revolution. Wir wollen keine Sansculotten sein, keine frugale Bürger, keine wohlfeile Präsidenten: wir stiften eine Demokratie gleichherrlicher, gleichheiliger, gleichbeseligter Götter. (3, 570)

Die Schlußwendung leitet zu jener quasi-religiösen Utopie über, die Heine anderthalb Jahrzehnte lang immer wieder beschwören sollte. Es ist, als würde das Pathos der von Heine bekämpften Religion in ihm selber nachhallen: ein über die Realität hinwegeilendes Pathos. Denn wie politisch auch die Wendung von der »Demokratie gleichherrlicher ⟨...⟩ Götter« klingen mag, eine konkrete Vorstellung läßt sich damit nicht verbinden. Von der luftigen Warte der Ideen aus kann Heine denn auch den Umschlag der deutschen Philosophie in die Revolution, des Worts in die Tat prophezeien – und der Gegenwart in das Götterparadies der Zukunft: ein Zeichen dafür, daß die Versuchung einer Philosophie der Tat, welcher die progressive Intelligenz von den Jungdeutschen bis zu den Jung- und Linkshegelianern erlag, auch an Skeptiker wie Heine herantreten konnte – um so leichter, da es an der Erfahrung realen Handelns in einer politischen Öffentlichkeit gebrach. Wenn Heine sein politisches Wunschbild ausgerechnet zu einer quasi-religiösen Verheißung emporhebt, so spiegelt sich darin der fortwirkende Bann der Religion noch im Augenblick ihrer Verneinung; die Vereinfachung einer zweitausendjährigen Geistes- und Seelengeschichte auf das religiöse Prinzip wirkt in einer vereinfachten Utopie fort. Heine setzt ihr, als traue er ihr insgeheim nicht, einen leisen persönlichen Zweifel entgegen:

> Ach! ich bin ja noch ein Kind der Vergangenheit, ich bin noch nicht geheilt von jener knechtischen Demut, jener knirschenden Selbstverachtung, woran das Menschengeschlecht seit anderthalb Jahrhunderten siechte ⟨...⟩ (5, 206)

Die eingestandene Kluft zwischen abstrakt-unbeschwerter Utopie und persönlicher Misere deutet auf die Zerrissenheit, die der geschichtlichen Stunde näher ist als die Verheißung der Göttlichkeit des Menschen.

Als Vorbote einer um sich greifenden Geisteshaltung, als Vorbild eines sich rasch verzweigenden Denkschemas, aber auch als epochenüberdauernde Zivilisationskritik ist Heines Schrift von großer Bedeutung. Er hat so frühzeitig wie niemand sonst die Religion als eine der mächtigsten Herausforderungen der Epoche begriffen. Das religiöse Wesen aus dem Jenseits ins Diesseits zu verlegen und das Göttliche zum Attribut des Menschseins zu stempeln, ist fast zehn Jahre später auch eine zentrale Absicht von Ludwig Feuerbachs ›Das Wesen des Christentums‹, einem Buch von epochaler Sprengkraft [→ Sautermeister: Religiöse und soziale Lyrik, 508 ff.].

›Ludwig Börne – Eine Denkschrift‹

Mitte der dreißiger Jahre stellen Heines Schriften im Zusammenhang mit dem Jungen Deutschland eine so ernstzunehmende Herausforderung an den Staat dar, daß sie selbst Metternich auf den Plan rufen:

Unsere Aufmerksamkeit ist seit einiger Zeit in hohem Grade durch das Treiben der unter dem Namen des Jungen Deutschlands sich ankündigenden, nach dem Vorbilde von Heine und Börne arbeitenden literarischen Schule in Anspruch genommen ⟨...⟩ Sind einmal, so denken ohne Zweifel die Leiter dieser gottlosen Sekte, die Bande des religiösen und moralischen Lebens in Deutschland durchschnitten, so werden jene, die das politische Gebäude des Staates zusammenhalten, sicher sich schnell von selbst lösen.[32]

Metternich nennt in diesem Schreiben an seinen Vertrauten in Preußen, den Minister Wittgenstein, im Oktober 1835 Heine in einem Atemzug mit Börne als führende Köpfe der Bewegung. Zu diesem Zeitpunkt aber ist die Kluft zwischen beiden, auch wenn sie der »Ankampf« gegen das restaurative System noch verband, bereits unüberbrückbar geworden. Die Fremdheit zwischen Börne und Heine entspringt nicht nur der Disharmonie zweier verschiedener Temperamente und der Konkurrenz rivalisierender Schriftsteller, sondern auch und in erster Linie ihren entgegengesetzten Vorstellungen von gesellschaftlicher Veränderung. Börne hatte den Bruch zuerst publik gemacht; in seinen ›Briefen aus Paris‹ (1832–34) – einer Art Konkurrenzunternehmen zu den ›Französischen Zuständen‹ – hatte er seine Anhänger gegen Heine eingeschworen. Er diffamierte ihn als feige und charakterlos, als sitten- und gottlos, als politisch unzuverlässigen Ästheten. Dagegen ließ sich Börne als lebendes Beispiel bürgerlicher Tugendhaftigkeit von den nationalliberalen Kreisen zum Idol, zum »Symbol der charakterschönen Opposition« (5, 686) erheben. So muß Heine schon 1837, im Todesjahr Börnes, befürchten: »Börne scheint wirklich jetzt von den Deutschen kanonisirt zu werden.«[33]

Der von Campe gewählte Titel – ›Heine über Börne‹ – suggerierte geradezu aufdringlich eine Rangordnung und brachte Heine in den Verdacht des Größenwahns[34]. Er rückt zudem das wesentliche Merkmal der Schrift, ihre radikale Subjektivität, in ein falsches Licht. Sie kann nicht – wie vielfach geschehen – mit dem Hinweis auf Eitelkeit abgetan werden, sie ist vielmehr methodisch eingesetzte Subjektivität: Das »beständige Konstatieren meiner Persönlichkeit«, schreibt Heine, wird »das geeignetste Mittel, ein Selbsturteil des Lesers zu fördern« (4, 128). Der Leser kann die Person des

Porträtierten und die des Porträtierenden wechselseitig relativieren und so das Paradox von Willkür und Objektivität nachvollziehen, das Heine generell als Qualität des Artistischen behauptet:

⟨...⟩ denn diese ⟨die Artisten⟩ sind Meister des Wortes, handhaben es zu jedem beliebigen Zwecke, prägen es nach Willkür, schreiben objektiv, und ihr Charakter verrät sich nicht in ihrem Stil. (4, 130)

Die von Heine seit den ›Reisebildern‹ entwickelte Ästhetik enthält eine doppelte, zeit- und geschichtsphilosophische Perspektive. Die willkürliche, auf die Erfahrung objektiver Zeitströmungen gerichtete Subjektivität macht nicht nur aus den Hauptfiguren Börne/Heine zwei Modelle unterschiedlicher Gesellschaftsveränderung; sie spielt auch mit den Personen und läßt diese in verschiedenen Maskierungen auftreten. Heine bricht mit der idealistischen Vorstellung einer autonomen, ganzheitlich-homogenen Persönlichkeit und zeigt das Individuum als Schnittpunkt des Allgemeinen. Dies wird man ihm als in der eigenen Person begründeten, krankhaften Charakterzug anlasten: Man wird ihn ein Chamäleon nennen, einen Opportunisten, einen Exhibitionisten gar, der seine zerrissene Subjektivität zwanghaft an die Öffentlichkeit zerre: ein Talent, doch kein Charakter.

An Börne möchte Heine aufdecken, wie tief der Bürger in diesem sitzt, der mit Leidenschaft Fürsprecher des Privateigentums und Anwalt der Institution Ehe ist und der erklärt:

Ich habe mir leider vor kurzem ein schönes Teeservice angeschafft ⟨...⟩ auf der Zuckerdose war das eheliche Glück abgemalt ⟨...⟩ lauter vaterländische Gegenden auf den übrigen Tassen. (4, 15)

Börnes Veränderungswillen macht vor den bürgerlich-ökonomischen und patriarchalisch-psychischen Verhältnissen halt; darin und auch in seiner politischen Radikalität erinnert er an die Position Robespierres, dem er sich auch – so will es Heines Witz – in der Physiognomie angleicht. Die Porträtkunst führt ihn als Verkörperung einer kleinbürgerlichen Radikalität vor, die gegen das kleinstaatlich-spätabsolutistische System aufbegehrt, in ihrer Sinnenfeindlichkeit aber die Unterdrückung des Individuums fortschreibt.

Wiederholt läßt Heine Börne über sein Lieblingsthema räsonieren, den Haß auf Goethe. Letzterer ist nun in Heines Augen nicht mehr der politisch indifferente Vertreter der Kunstperiode, sondern Synonym für eine Kunst, die als Ausdruck lebensbejahender Sinnlichkeit Vorschein utopischer Freiheit ist. An dieser Kunstauffassung scheiden sich die Geister, tritt der alte Widerstreit zwischen Spiritualismus und Sensualismus wieder hervor:

> Börne war ganz Nazarener, seine Antipathie gegen Goethe ging unmittelbar hervor aus seinem nazarenischen Gemüte, seine spätere politische Exaltation war begründet in jenem schroffen Ascetismus, jenem Durst nach Märtyrtum, der überhaupt bei den Republikanern gefunden wird, den sie republikanische Tugend nennen und der von der Passionssucht der frühen Christen so wenig verschieden ist. (4, 18)

Damit reiht sich Börne in Heines Augen bei den Tendenzliteraten ein, die dem Sensualismus – nicht nur in seiner ästhetischen Spielart – ohnehin ablehnend gegenüberstehen. Statt dessen hält sich der »schroffe Ascetismus« entweder an religiösen Gemütswerten schadlos, oder er verirrt sich in gegenläufige Gefühlsregungen, die mit den vorliterarischen Mitteln des Klatsches bloßgestellt werden:

> Es waren schöne Mädchen und rochen nach Schalet, allerliebst. Börne zwinkerte mit den Augen. In diesem geheimnisvollen Zwinkern, in diesem unsicher lüsternen Zwinkern, das sich vor der innern Stimme fürchtet, lag die ganze Verschiedenheit unserer Gefühlsweise. Börne nämlich war, wenn auch nicht in seinen Gedanken, doch desto mehr in seinen Gefühlen, ein Sklave der nazarenischen Abstinenz; und wie es allen Leuten seines Gleichen geht, die zwar die sinnliche Enthaltsamkeit als höchste Tugend anerkennen, aber nicht vollständig ausüben können, so wagte er es nur im Verborgenen, zitternd und errötend, wie ein genäschiger Knabe, von Evas verbotenen Äpfeln zu kosten. (4, 33)

Das zweite Buch berührt Börne nur mittelbar. Es befaßt sich mit dem entscheidenden Ereignis der Epoche, der Julirevolution, die die Entwicklung der beiden Kontrahenten nachhaltig beeinflußt hat.

Heine setzt gegen seine überschwengliche Reaktion von 1830 – »Die armen Leute haben gesiegt!« (›Briefe aus Helgoland‹, 4, 54) – kontrapunktisch das nüchterne Resümee ›Neun Jahre später‹ (4, 59):

> Armes Volk! Armer Hund!
> ⟨...⟩ Im Juli 1830 erfocht es den Sieg für jene Bourgeoisie, die eben so wenig taugt wie jene Noblesse, an deren Stelle sie trat, mit demselben Egoismus ⟨...⟩ (4, 60)

Trotz dieser Ernüchterung, und obwohl er keinen konkreten politischen Ansatzpunkt nennen kann, hält Heine an seiner Utopie fest:

> Aber seid überzeugt, wenn wieder die Sturmglocke geläutet wird und das Volk zur Flinte greift, diesmal kämpft es für sich selber und verlangt den wohlverdienten Lohn. (4, 60)

Diese Utopie, »die Götter der Zukunft«, die er an Bord seines Schiffes (4, 35) trägt, sieht Heine gefährdet durch Börne, sowohl in seiner radikalen Phase als auch nach seiner »Bekehrung« zum Katholizismus Mitte der dreißiger Jahre.

Das dritte Buch führt den Börne der radikalen Phase vor, wie er die »deutschen Tumultuanten« um sich schart, die seit der Juli-Revolution »in wilden Schwärmen nach Paris kamen« (4, 71). Börne in der Rolle eines »männlichen Geburtshelfers ⟨...⟩ mit eisernen Instrumenten«, der einer »Mißgeburt« (4, 64) zum Leben verhelfen will, inspiriert die deutschen Handwerksgesellen anscheinend zu abstrakter Gleichmacherei:

> ⟨...⟩ ein verwachsener, krummbeiniger Schustergeselle trat auf und behauptete, alle Menschen seien gleich ⟨...⟩ Ich ärgerte mich nicht wenig über diese Impertinenz ⟨...⟩ (4, 74)

Der letzte Teil der Schrift beschäftigt sich mit den zukünftigen gesellschaftlichen Konsequenzen, die sich in Börnes Person und Werk schon abzeichneten. Börnes »Radikalkur« (4, 140), so lautet Heines Fazit, wird verheerende Konsequenzen haben:

Alle überlieferte Heiterkeit, alle Süße, aller Blumenduft, alle Poesie wird aus dem Leben herausgepumpt werden, und es wird davon nichts übrig bleiben, als die Rumfordsche Suppe der Nützlichkeit. (4, 140)

Mit dieser Schlußwendung krönt Heine die im Börne-Buch vorgetragene Zeitkritik. Börne verkörpert die Trennung zwischen dem Citoyen und dem Privatmann, da er Kunst und Sinnengenuß nur im Privaten wertschätzt, ansonsten aber vom öffentlich-politischen Leben fernhält, worin Tugend und Askese regieren sollen: muß bei solcher Geringschätzung des Ästhetisch-Sinnlichen nicht erneut die Religion Ersatzgenuß und »Opium« werden, wie Börnes eigene Entwicklung nahezulegen scheint? Indem er die Kunst nur in Gestalt der Tendenz- und Zweckpoesie gelten läßt, verschwört er sich überdies mit dem Geist des auch in Deutschland heraufziehenden bürgerlich-kapitalistischen Zeitalters, das allenthalben dem Zweck und dem Nutzen frönt.

Damit revidiert Heine zugleich seine Lobreden auf das »Ende der Kunstperiode«. Wo Kunst als wirklichkeitsflüchtige sich den Herausforderungen ihrer Zeit entzieht, ist sie in der Tat am Ende; wo sie aber – und mit ihr die sinnlich-leibliche Natur des Menschen – nur mehr einem Zweck dienstbar wird, verbündet sie sich einem Rationalitätsprinzip, das die geheime Triebfeder eines sich revolutionär gebärdenden Bürgertums ist. Dies ist Heines desillusionierte, den fortgeschritteneren französischen Verhältnissen entspringende Botschaft an Deutschland – und Antrieb zu seinem Plädoyer für eine relativ autonome Kunst, deren Zweckfreiheit stets auch gesellschaftskritischer Natur ist.

Die empörte, fast einhellige Ablehnung der Denkschrift ist Indiz für die Schärfe ihrer Analyse und die – notwendige – Beschränktheit ihrer Strategie: Die Abwehrmechanismen rasteten deswegen so fest ein, weil Heine im Privaten das Öffentliche, in der Person des Idols Börne repräsentative Züge des liberalen Bürgertums getroffen hatte. Indem er die persönliche Ebene ins Spiel brachte, wurde er aber auch selbst angreifbar; das öffentliche Vorurteil, das ihn bereits als Frivolen und Charakterlosen abgestempelt hatte, sollte erneut Nahrung finden[35].

Schon zwei Tage nach Erscheinen der Schrift startet Gutzkow einen

Frontalangriff[36]. Gutzkow, dessen Konkurrenzunternehmen ›Leben Börnes‹ im Manuskript schon vorlag und von Campe zurückgehalten wurde, greift Heines Selbstüberhebung an, wofür der Titel genug Anlaß bot, und diskreditiert das Werk als pikante Unterhaltung. Mit diesem Schachzug kann Gutzkow die politische Analyse verleugnen, sich die negative Einstellung des Publikums zunutze machen und die Person Heines in die Schußlinie bekommen. In seinem Gefolge wird der Tenor der Rezensionen beherrscht von moralischer Entrüstung. Heine plant zunächst einen »Feldzug« gegen Gutzkow, gibt ihn aber auf, als er erkennen muß, daß selbst die linksliberalen Gruppierungen, auf die er gebaut hatte, nicht mehr hinter ihm stehen:

> Der vorgeschlagene Feldzugplan gegen den Lump Gutzkow war gut im Momente, wo ich Ihnen schrieb – jetzt, wo denken Sie hin! Jetzt ist alle Welt, sogar die elegante ⟨gemeint ist die ›Zeitung für die elegante Welt‹⟩ gegen mich gewonnen ⟨...⟩[37]

Nachdem Heine der literarischen Auseinandersetzung ausgewichen war, verschärften seine Widersacher 1841 die persönliche Diffamierung. Salomon Strauß, der Ehemann von Börnes Freundin Jeanette Wohl, streut das Gerücht aus, Heine bei einer tatsächlich stattgefundenen Begegnung in Paris geohrfeigt zu haben, ohne daß dieser sich zur Wehr gesetzt hätte. Diese Geschichte wird geschickt in verschiedenen deutschen Zeitungen lanciert. Als Heine davon erfährt, bricht er sofort seinen Kuraufenthalt in den Pyrenäen ab; er weiß zu gut, wie eng das Ansehen der Person und seine ökonomische Existenz verknüpft sind. Sollte sich der alte Vorwurf, er sei ein Talent, doch kein Charakter, in der veröffentlichten Meinung endgültig festsetzen, wird sich sein Leserkreis und damit sein Marktwert als Schriftsteller verringern. Daher fordert er Strauß zum Duell. Er stellt damit zwar das Ansehen der Person wieder her, kann aber die Kluft zur deutschen Öffentlichkeit nicht überwinden, die mit der Rezeption der Börne-Schrift aufgerissen wurde. Selbst unter den politisch Radikalen ist das Urteil geteilt. Während etwa Marx und Lassalle für die Börne-Schrift eintreten, beklagt Engels die Spaltung der Opposition und bezeichnet das Buch als das »Nichtswürdigste, was jemals in deutscher Sprache geschrieben wurde«.[38]

VI. ›Neue Gedichte‹ und die Versepen

1. ›Neue Gedichte‹

Campe wußte sehr wohl, wie er seinem eigenwilligen Autor ans Zeug konnte. Er hält ihm den miserablen Verkauf seines Börnebuches vor – 926 Exemplare im ersten Jahr – und versucht, ihn einzuschwören auf die Tendenzpoesie der Dingelstedt, Hoffmann von Fallersleben und Herwegh, deren Lyrikbände Absatzzahlen bis an die 10 000er Grenze erreichten. Heine antwortet mit Zeitgedichten:

> Schlage die Trommel und fürchte dich nicht,
> Und küsse die Marketenderin!
> ⟨...⟩
> Das ist die Hegelsche Philosophie,
> Das ist der Bücher tiefster Sinn!
> Ich hab sie begriffen, weil ich gescheit,
> Und weil ich ein guter Tambour bin. (4, 412)

Das ist weder »naives Selbstlob«[39] noch Indiz dafür, daß Heine endgültig »den Skeptizismus überwunden«[40] hat, sondern belegt eher, daß seine Texte »als die Spiegelschrift dessen zu entziffern ⟨sind⟩, was noch nicht ist«[41]. Darauf weist nicht erst die verschmitzte Selbstironie (»gescheit«) im vorletzten Vers hin, schon die kategorische Aufforderung zum Küssen muß – nach dem Einschwingen in das Pathos der Tendenzpoesie – als Schlag ins Gesicht der ernsten Revolutionäre gelesen werden; es nimmt dem Pathos die Schwere und unterlegt ihm einen heiter-sinnlichen Ton: die Revolution darf sich nicht auf das Politische beschränken, sie muß auch einen neuen, befreiten Menschen hervorbringen. Dem entspricht die Doppelthematik der 1844 (zusammen mit dem ›Wintermärchen‹) erscheinenden ›Neuen Gedichte‹: Neben den politischen »Zeitgedichten«, die Anfang der vierziger Jahre verstreut in Zeitschriften abgedruckt worden waren, nimmt Heine darin Liebesgedichte aus den dreißiger Jahren auf.

Die Kritik hat am Zyklus ›Neuer Frühling‹ die »wahre Empfindung« vermißt. Man vermißte sie zurecht und ist doch einem Mißverständnis aufgesessen; die liedhafte Tonlage verführt wohl dazu, die dem Zyklus immanente Sprachkritik zu überlesen. So wurde die eigentümliche Spannung zwischen dem scheinbar natürlichen, einschmeichelnd-versöhnlichen Rhythmus der Volksliedstrophe und der Entzauberung lyrischer Sprachgesten erst gar nicht wahrgenommen. Heine zitiert ironisch die Topoi der romantischen Liebeslyrik:

> Die Blumen sind aus der Erde gesprungen,
> Die Sonne lachte, die Vögel sungen. (4, 309)

Gewagte Synästhesien werden mit Alliterationen gespickt (»Mit lichtem Liebesweh«, 4, 305), Metaphern durchgängig überstrapaziert: wenn die Sterne gar »mit den goldnen Füßchen / Wandeln« (4, 315) oder als die »schönen Augen der Frühlingsnacht« erscheinen, »So dehnt sich wieder die Seele« (4, 299). Heine zieht alle Register, um aus den alten romantischen Tönen Disharmonien zu schlagen und so der abgestandenen Gefühlskultur den Abgesang vorzuspielen. Das lyrische Ich hat sich aus dem melancholischen Selbstmitleid, in dem es im ›Buch der Lieder‹ mitunter noch befangen war, vollends gelöst. Um das Thema der Vergänglichkeit von Liebe und Leidenschaft, um die »welken Rosen« (4, 312), kreisend, konstatiert es eine mythen- und poesieferne Welt; nüchtern, von Bitterkeit nicht frei, rettet es sich bisweilen in Zynismus: Der ›Neue Frühling‹ endet in der Banalität der spätherbstlich-verregneten deutschen Großstadt:

> Himmel grau und wochentäglich!
> Auch die Stadt ist noch dieselbe!
> Und noch immer blöd und kläglich
> Spiegelt sie sich in der Elbe. (4, 318)

Bereits in der Vorrede zur zweiten Ausgabe der ›Reisebilder. Zweiter Teil‹ hatte Heine 1831 im Hinblick auf einige dieser Frühlingslieder Parallelen gezogen zum »Lärmen der neuesten Freiheitskämpfe« und einen metaphorischen Zusammenhang gestiftet zwischen Politik, Gefühlsleben und Poesie; er sprach vom

⟨...⟩ scharfen Schmerzjubel jener modernen Lieder, die keine katholische Harmonie der Gefühle erlügen wollen und vielmehr, jakobinisch unerbittlich, die Gefühle zerschneiden, der Wahrheit wegen. (2, 209)

Eine neue Perspektive eröffnet zunächst der zweite Zyklus ›Verschiedene‹ mit der Verkündigung des pantheistischen Sensualismus:

Auf diesem Felsen bauen wir
Die Kirche von dem dritten,
Dem dritten neuen Testament;
Das Leid ist ausgelitten.
⟨...⟩
Der heilge Gott der ist im Licht
Wie in den Finsternissen;
Und Gott ist alles was da ist;
Er ist in unsern Küssen. (4, 325)

So lebenslustig und frech die freie Erotik auch angepriesen wird, der programmatische Überschwang trägt nicht weit. Die Wahl des Sujets verrät den Bürgerschreck, aber auch den Skeptiker Heine; mit den verschiedenen Kokotten, die dem Zyklus den Namen geben, rüttelt er nicht nur an den Grundfesten der bürgerlichen Moral, sondern auch an denen seines eigenen Programms. Inmitten aller Keckheit tritt doch immer wieder die Ernüchterung darüber jäh hervor, daß aus den körperlichen Liebeleien die Seelensprache verschwindet.

Bei Heine, wie bei Büchner, bewegen sich die Vorkämpfer des Sensualismus in Gesellschaft von Straßenmädchen: beide wollen damit aber nicht nur provozieren, sondern auch zeigen, daß sie in der bürgerlichen Gesellschaft keinen Ansatzpunkt für die Utopie einer befreiten Erotik sehen [→ Frank: Büchner, 592 ff.]. Obwohl Heine mehr als Büchner an der utopischen Vision festhält, verhehlt er nicht, daß er für sie keine neue Sprache finden kann (vgl. ›Katharina‹, 4, 362–368 und ›Schöpfungslieder‹, 4, 356–359).

Zu dieser Sprache, die die individuelle Problematik einbindet in die Diagnose der Zeit, dringt er erst in den ›Zeitgedichten‹ vor. »Adam der Erste« sucht ein Paradies ohne »verbotene Bäume« –

und findet »Beschränknis« (4, 413) in allen Verhältnissen, in der preußischen Beschwichtigungspolitik und der Saturiertheit des Spießbürgers ebenso wie in den hochfliegenden Hoffnungen der Liberalen und dem Pathos der Tendenzdichter. Aber nicht auf den »Stoff« kam es Heine an, sondern auf die »Behandlung«, »die Form« (vgl. ›Lutetia‹, 5, 438), weil er in ihr die eigentliche politische Qualität sieht: das lyrische Ich hat alle sentimentale Subjektivität abgeschüttelt, schlüpft ständig in neue Rollen, stiftet Verwirrung und bricht das Pathos in der Ironie, das Dogma in der Irritation. Das »Prinzip der ironischen Verkehrung, Verstellung und Verfremdung«[42], selbst ein Moment der Bewegung und Veränderung, stellt eine satirisch verzerrte Wirklichkeit vor, zwingt den Leser in die Distanz und trägt ihm die Veränderung an.

Zuallererst freilich galt es, den bürgerlichen Leser und den Markt wieder zu erobern; Heines Situation als freier Schriftsteller war nach der Pleite des Börnebuches noch komplizierter geworden. Nun mußte er »Der Zukunft Krondiamanten« (4, 580) nicht nur an der Zensur vorbeischmuggeln, sondern auch am Widerstand des Publikums, das diese Art Juwelen nicht – und schon gar nicht von ihm, dem Charakterlosen – haben wollte. Die Sprecher der beiden Versepen sind wie Heine Einzelgänger, die zwischen allen Fronten stehen, Dichterexistenzen, die in ihrem Versuch, Sinnlichkeit, Ästhetik und Politik zu vereinen, in den Widerspruch zwischen Wort und Tat geraten. Die Durchdringung von dichterischer Standortbestimmung und der Bestandsaufnahme Deutschlands am Vorabend der bürgerlichen Revolution bestimmt die Anlage der Versepen; die erstrebte Einheit von ästhetischer Freiheit, revolutionärem Engagement und Sensualismus macht aus ihnen Gegenbilder zum zeitgenössischen Deutschland – Gegenbilder, die in die Zukunft weisen.

2. ›Atta Troll‹

Wie in den ›Zeitgedichten‹ setzt sich Heine auch im ›Atta Troll‹ mit den Tendenzliteraten und ihrer politischen Haltung auseinander. Augenzwinkernd gibt er zu verstehen, daß sich hinter den aufrührerischen Gebärden des Tanzbären Atta Troll der Kleinbürger versteckt, der die alten Revolutionsideale beschädigt, Freiheit in tugendsamer Lustfeindlichkeit, Gleichheit in öder Gleichmacherei, Brüderlichkeit in engstirnigem Nationalismus, Kritik und Lebensfrische in demütiger Religiosität aufzehrt:

> Atta Troll, Tendenzbär; sittlich
> Religiös; als Gatte brünstig;
> Durch Verführtsein von dem Zeitgeist,
> Waldursprünglich Sanskülotte;
>
> Sehr schlecht tanzend, doch Gesinnung
> Tragend in der zottgen Hochbrust;
> manchmal auch gestunken habend;
> Kein Talent, doch ein Charakter! (4, 563)

Virtuos dreht Heine den alten Vorwurf um: der Charakter ersetzt den Mangel an Talent nicht, sondern macht ihn nur umso empfindlicher spürbar. Die politisch-liberalen bzw. konservativen Konkurrenten auf dem Literaturmarkt ruinieren »als Marketenderinnen der Freiheit oder als Wäscherinnen der christlich-germanischen Nationalität« (4, 494) nicht nur die Ästhetik. Sobald der Bär sein Programm vorträgt, verwickelt er sich in Widersprüche, und umgehend stellt sich mit der Tiermetaphorik der ironische Unterton ein. So ist Atta Trolls Gleichheitsforderung, die ihre Legitimation aus der Gleichheit der Eigenschaften und Fähigkeiten bezieht, in ihrer Abstraktheit absurd:

> Strenge Gleichheit! Jeder Esel
> Sei befugt zum höchsten Staatsamt,
> Und der Löwe soll dagegen
> Mit dem Sack zur Mühle traben. (4, 511)

In dieser Form spricht Gleichheit der Natur und Vernunft Hohn; das gilt auch für die Eigentumsrede Atta Trolls, wenn seine triftige Kritik an den ungleichen Besitzverhältnissen in ein groteskes Verbot von Eigentum überhaupt mündet[43]. Diese Stelle wurde wiederholt als Beleg für Heines »Antikommunismus« angeführt. Atta Trolls Gedankengut entspricht aber vielmehr den »babouvistischen

Prinzipien«, auf die sich Heine bezieht, wenn er »von nun an Einwände gegen den Kommunismus vorbringt«[44]. Heine und Marx lehnen die Eigentumsvorstellungen Babeufs als rückschrittliche Kritik ab, die nicht über das Privateigentum hinaus, sondern noch nicht einmal bei ihm angelangt ist.

Wie Atta Troll ist auch der Sprecher nicht frei von Widersprüchen. Schon bei seinem ersten Auftritt läßt er sein Thema, die Konfrontation zwischen dem Bär und seinem Führer, abrupt fallen, um sich den Reizen der schönen Juliette und der süperben Sommernacht zu widmen. Schon hier fällt ein schillerndes Licht auf ein typisch romantisches Sujet: die phantastische Zwecklosigkeit. Mit dem poetischen Pegasus, der, dem Zufall überlassen, sich im Fabelreiche auf der Suche nach Erkenntnis tummelt, nach dem »lichten Wunderwasser, / Welches sehend macht und wissend (4, 502), tauchen Motive und Formen der Romantik auf – die Arabeske, die Groteske, die Volksliedstrophe, der fließende Übergang zwischen Traum und Wirklichkeit. Herausgelöst aus ihrem ursprünglichen Verwendungszusammenhang sind sie bei einigen Spätromantikern zum Selbstzweck geworden und resignativen oder reaktionären Tendenzen dienstbar. Zwar hebt der Text sie von der politischen Zweckrationalität und Schwerfälligkeit der Tendenzlyrik positiv ab, doch die Häufung romantischer Adverb-Adjektiv-Komplexe stellt einen ironischen Vorbehalt her, der in der Sehnsucht des Dichters nach dem Ort gipfelt,

> Wo die Eichen ernsthaft ragen
> Und den Wurzelknorrn entrieselt
> Uralt süßer Sagenquell! (4, 502)

Nicht weniger problematisch als die ästhetische Schwärmerei ist das politische Engagement des Sprechers. Der Anwalt der Menschenrechte, der sein »aristokratisches« Menschsein gegen die »tierische« Version des Bären behauptet (Caput V), wird ungewollt zum Verbündeten Laskaros, eines finsteren Gesellen, der durch die religiösen Zauberkräfte seiner Mutter Uraka künstlich am Leben erhalten wird. Der Sprecher warnt vor dieser allegorischen Inkarnation der unseligen Allianz von politischer Macht und Religion; er parodiert gleichzeitig die Literaten, die ihr keinen Widerstand entgegensetzen können, weil sie in biedermeierlicher Manier aufs Provinzielle und Landschaftliche, auf den unpolitischen Raum und die unkünstlerische Moral eingeschworen sind [→ Sautermeister: Lyrik und literarisches Leben, 467 ff.]; gemeint ist hier namentlich die spätromantisch-tendenziöse »Dichterschule Schwabens«, die da verkündet: »Sittlichkeit ist unsre Muse« (4, 556). Wie abstrakt solch biedermeierliches Tugendgebaren sein kann, wie unverbindlich es sich ausnimmt gegenüber einer vom Profitmotiv bewegten Gesellschaft, erweisen die zeitgenössischen Wirtschaftsbürger, die

⟨...⟩ winzig klugen Leutchen,
Die im Schoß der Berge hausen,
In des Reichtums goldnen Schachten,
Emsig klaubend, emsig sammelnd. (4, 525)

Während sich Laskaro auf die Jagd nach Atta Troll macht, verliert sich der Sprecher in die entfesselten Traumszenen der wilden Jagd. Er beobachtet aus »dem Fenster von Urakas / Hexennest« ein »Gespensterheer« (4, 537) mythologischer, mittelalterlicher, literarischer und zeitgenössischer Gestalten, gekrönt von einer Trias von »holden Frauenbildern« (4, 540), die ihrerseits verschiedene Zeitalter – die Antike (Diana), die nordisch-romantische Welt (Abunde) und das Judentum (Herodias) – darstellen. Solche Bilder jedoch als Rückkehr Heines zur Romantik und zum Glauben zu deuten[45], verbietet sich schon aufgrund der Beobachter-Situation des Sprechers am Fenster, einer zeittypischen Situation der Distanz und ohnmächtigen Sehnsucht, wie sie beispielhaft Eichendorff als Zeichen dafür gestaltete, daß die romantische Identität zwischen Ich und Welt unwiderruflich dahin sei. Wie stets bei Heine wird die unzeitgemäße, nicht mehr lebensfähige Sehnsucht als todesnaher oder dem Wahnsinn benachbarter Traum abgewertet, sei sie auf die alte Sicherheit des Glaubens gerichtet oder auf die »Romantik«, die nach des Sprechers Worten »nur erreichbar / Auf des Fabelrosses Flügeln« (4, 546) ist. Auch die freie Erotik, die von allen drei Frauenfiguren verkörpert wird, trägt das Stigma einer spukhaften, der Zeit entfliehenden Sehnsucht; Wendungen wie »Liebeswahnsinn« (4, 543) oder »das liebliche Gespenst« (4, 544) enthüllen die zauberischen Gestalten als nächtliche Ersatzphantasien eines dem Tage nicht gewachsenen Subjekts. Obendrein ist es gerade die Faszination dieses Traumes, die indirekt zur Erstarkung der realen Welt beiträgt. Uraka und Laskaro können die Initiative übernehmen und führen dann auch den von ihnen erlegten Troll im Triumphzug vor das Rathaus. Die Welt der Philister feiert die »Großtat« (4, 564) mit einer Rede, deren Themen bereits den Einfluß der »winzig klugen Leutchen« erahnen lassen, vor deren »Geldmacht« sich die Menschen in »den Wasserhimmel flüchten« (4, 526) müssen.

Mit ›Atta Troll‹ ist sowohl eine zeitferne Romantik mit ihren mittelalterlichen Sagenheroen als auch eine zeitnahe Tendenzdichtung mit ihren bürgerlichen Helden in Frage gestellt. Zugleich wird hinter der Parodie zweier poetischer Formen eine dritte in Umrissen deutlich, die im Unterschied zur Tendenzlyrik durch ihre ästhetische Ungebundenheit die poetische Qualität wiedergewinnt und sich im Gegensatz zur Trivialromantik der Auseinandersetzung mit der Zeit stellt. ›Atta Troll‹ ist Zeitgedicht und Parodie des Zeitgedichts, Epos und Parodie des Epos, »das letzte / Freie Waldlied der Romantik« (4, 570) und dessen Parodie zugleich.

3. ›Deutschland. Ein Wintermärchen‹

Das ›Wintermärchen‹ verfeinert das im ›Atta Troll‹ angelegte ästhetische Verfahren. Hinter der Freude an den Pointen, dem Verwirrspiel mit dem Doppelbödigen, der launisch anmutenden Vermischung der Stilebenen, der gewollt dilettantischen Reime (»Mondschein« / »Punsch ein«, »Hegel« / »Kegel«, »preußisch« / »Beichaise«) sowie dem jähen Wechsel zwischen Pathos und Witz steckt Methode: Heine düpiert die Erwartungen des Lesers, bringt ihn durch den Wechsel des Metrums immer wieder aus dem Rhythmus, reizt ihn zum Lachen, provoziert und irritiert ihn. Indem er das ästhetische Vergnügen in die Enträtselung von Verschlüsselungen, in die Entdeckung von Motivverweisen und -zusammenhängen verlegt, desavouiert er die einfachen Rezepturen und die emotionalen Appelle der Tendenzliteratur, verweigert er die widerstandslose Konsumierbarkeit und betreibt hintergründig die Zersetzung von Illusionen und festgefahrenen Sehweisen. Die Form steht, da sie dem Wechsel und dem beweglichen Spiel Raum gewährt, in einem dialektischen Spannungsverhältnis zum Deutschland-Bild, das Heine in der starren Winterlandschaft faßt [→ Sautermeister: Lyrik und literarisches Leben, 476 ff.].

Die Komposition des Textes als versifiziertes Reisebild erlaubt eine komplexe Vermittlung der Person des Reisenden mit den Eindrücken der Reise. Der Sprecher in der Rolle als politischer Exilant und Träger einer umfassenden Freiheitsidee läßt sein Wissen von der Möglichkeit und Notwendigkeit gesellschaftspolitischer Veränderung durchscheinen. Er ist in Frankreich aufgebrochen, die französischen Verhältnisse bestimmen seine Sicht der deutschen Kleinstaaterei. Er dringt durch die öffentlichen Zustände bis zu den kollektiven Ängsten, Wunschträumen und zu den Mythen aller Schattierungen vor. Die utopische Perspektive wird zum Richtmaß für die Kritik der deutschen Zustände, die ihrerseits mit ihren immanenten Widerständen die Grenzen für die Realisierung der Utopie markieren.

Caput I schlägt eines der Hauptthemen des Versepos an. Im Gesang des Harfenmädchens mit seinen Mißtönen wird die religiöse Sehnsucht des Volkes beredt, die aus dem Elend geboren war und sich zur christlichen Entsagungsideologie verkehrt hat:

Sie sang das alte Entsagungslied,
Das Eiapopeia vom Himmel,
Womit man einlullt, wenn es greint,
Das Volk, den großen Lümmel. (4, 577)

Im prophetischen Überschwang verkündet das lyrische Ich, die religiösen Metaphern umdeutend, die Ablösung des alten Liedes durch das neue, radikal-utopische. Die Sehnsucht wird der Reaktion entrissen, das Ende der Ausbeutung soll Befriedigung bisher unterdrückter materieller und ideeller Bedürfnisse ermöglichen:

Verschlemmen soll nicht der faule Bauch
Was fleißige Hände erwarben.

> Es wächst hernieden Brot genug
> Für alle Menschenkinder,
> Auch Rosen und Myrten, Schönheit und Lust,
> Und Zuckererbsen nicht minder. (4, 578)

Das Lied des frühsozialistischen Hedonismus ist nicht frei von bewußter Übertreibung, das utopische Pathos überschlägt sich nicht selten:

> Ich fühle mich wunderbar erstarkt,
> Ich könnte Eichen zerbrechen!
> 〈...〉
> Der Riese hat wieder die Mutter berührt,
> Und es wuchsen ihm neu die Kräfte. (4, 579)

Der Leser, dem das Bestehende suspekt gemacht wird, kann sich gleichwohl nicht auf die neue Utopie einschwören. Er muß vielmehr mit dem Erzähler die deutsche Wirklichkeit durchreisen, um dort die Möglichkeit einer Veränderung erst einmal zu erkunden. Dabei wird die herrschende Gattungskonvention – die Reise als Erfahrung des Fremden und Neuen – umgekehrt: Hinter den unterschiedlichen Erscheinungsformen verbirgt sich immer wieder dieselbe Misere. Die Hoffnung, die die Julirevolution weckte (vgl. Caput VIII), ist in der finstersten Restauration begraben. Der preußische Adler ist allgegenwärtig, der Adel hat seine Stellung behauptet und mästet sich »dicke Bäuche« (4, 597). Das Bürgertum begnügt sich mit der wirtschaftlichen Machtposition, die es der Errichtung des Zollvereins verdankt:

> Er gibt die äußere Einheit uns,
> Die sogenannt materielle;
> Die geistige Einheit gibt uns die Zensur
> Die wahrhaft ideelle – (4, 580)

Der Gedanke von der Einheit der Nation ist ökonomisch verengt oder chauvinistisch verzerrt – die Patrioten zelebrieren in Bardengesängen die Idee der Nation, die nur noch militanter Fremdenhaß ist.

Die Zensur wird nicht mehr als Gängelung empfunden, die Bürger haben das polizeistaatliche Repressionssystem vielmehr verinnerlicht. So schwingt selbst in den liebevoll-insinuierenden Fragen der Mutter Verhörcharakter mit:

> »Mein liebes Kind! wie denkst du jetzt?
> Treibst du noch immer aus Neigung
> Die Politik? Zu welcher Partei
> Gehörst du mit Überzeugung?« (4, 623)

Angesichts der allgegenwärtigen Unfreiheit haftet sogar dem deutschen Essen der Beigeschmack der Unverdaulichkeit an:

> Es stand auf dem Tische eine Gans,
> Ein stilles, gemütliches Wesen.
> Sie hat vielleicht mich einst geliebt,
> Als wir beide noch jung gewesen.
>
> Sie blickte mich an so bedeutungsvoll,
> So innig, so treu, so wehe!
> Besaß eine schöne Seele gewiß,
> Doch war das Fleisch sehr zähe. (4, 599)

Der derbe Spaß, der die Motive »Gans«, »schöne Seele«, »zähes Fleisch« so mutwillig zusammenzwingt, fördert die Einsicht zutage, daß die idealistische Innerlichkeit alle Sinnenfreude verderbe; die »altgermanische Küche« wird unter Heines boshafter Feder als Ernährerin der herrschenden Politik ausgewiesen:

> Auch einen Schweinskopf trug man auf
> In einer zinnernen Schüssel;
> Noch immer schmückt man den Schweinen bei uns
> Mit Lorbeerblättern den Rüssel. (ebd.)

So läßt das ›Wintermärchen‹ – anders als die ›Französischen Zustände‹ – die Hoffnung auf die fortschrittstragende Kraft des Bürgertums fahren. Aber auch auf die Sehnsucht des Volkes kann es sich nicht stützen, solange sie sich in Mythen und Märchen verflüchtigt. Nicht zufällig hat Heine vier Kapitel auf den volkstümlichen Barbarossa-Mythos verwendet.

Seit ihrer Prosafassung durch die Brüder Grimm in den *Deutschen Sagen* (1816) und der Ballade von Friedrich Rückert (1815) hatte diese Sage eine zunehmende Aktualisierung und Politisierung erfahren, und zwar im Sinne einer nationalen Reichserwartung, einer restaurativen Erneuerung des Reiches *von oben* und Wiederherstellung der Kaiserwürde. Gegen diese geschichtlich wirksame antidemokratische Vereinnahmung der Sage – so konnte später das Jahr 1871 als Erfüllung des Barbarossa-Mythos gefeiert werden – meldete Heine heftigen Widerspruch an.[46]

Selbst die radikal-demokratischen Kreise, geschildert als Wölfe, deren wütendes Heulen fast ungehört verhallt, sind als Verbündete suspekt. So sieht sich der Reisende auf seiner Suche nach Trägern der Utopie auf sich selbst zurückgeworfen; aber selbst er ist Opfer der deutschen Ideologie. Seine Affinität zum alten Deutschland und seine Existenz als Mann der Feder stehen im Konflikt mit seinem Bewußtsein von der Notwendigkeit tatkräftiger Veränderung. Heine verlegt das Dilemma in den Traum, genauer: den Alptraum. Auf dem Weg in die Gruft des Kölner Domes, dem Symbol der Unterdrückung und Gegenaufklärung, wird er, der Ideenträger, von einem Doppelgänger, einer handelnden Kraft, begleitet. Im Augenblick scheinbarer Identität von Gedanke und Tat erweist sich jedoch das Handeln als Selbsttäuschung und -destruktion. Die Zerstörung der Skelette der Heiligen Dreikönige – Sinnbilder der Allianz von Thron und Altar – endet in selbstquälerischer Skepsis:

> Es dröhnte der Hiebe Widerhall
> Aus allen Gewölben, entsetzlich, –
> Blutströme schossen aus meiner Brust,
> Und ich erwachte plötzlich. (4, 595)

Wieder einmal lädt Heine die Nacht und den Traum mit symbolischer Energie auf: Die Tat ist unter den Verhältnissen in Deutschland nur als imaginierte möglich; schon die Idee der Tat erzeugt eine Angst, die sich in blutiger Selbstbestrafung Ausdruck verschafft – ein Hinweis darauf, daß der Wille zum sozialrevolutionären Handeln sich zu verfangen droht in eingewurzelter Religiosität und Loyalität, aber auch in der eingeübten Vorliebe deutscher Dichter und Denker für das Spiel der Idee und Phantasie.

Am Ende der Reise versucht Hammonia, die Schutzgöttin Hamburgs, den Dichter in ihre Fänge zu ziehen. Die stramme Göttin, eine Karikatur des deutschen Bürgertums, kann ihre Unsinnlichkeit, Biederkeit und korrupte Moral nur schlecht unter einer lasziv lockenden Oberfläche verdecken. Sie gibt die trostlose Gegenwart als einen Fortschritt aus, dessen wahres Wesen in ihrem aus den 36 deutschen Kleinstaaten gebildeten Nachttopf zu erkennen ist:

> Entsetzlich waren die Düfte, o Gott!
> Die sich nachher erhuben;
> Es war, als fegte man den Mist
> Aus sechsunddreißig Gruben. – (4, 640)

Es gehört zu den provozierenden poetischen Neuerungen Heines, daß er an bürgerliche Tabuzonen rührt und durch den Schoc das abgestumpfte öffentliche Bewußtsein aufzurütteln versucht. Daß Heine sogar die Exkremente der Privatsphäre entreißt, ist eine Sensation, die der Leser mit einer Mischung aus Widerwillen und heimlicher Lust am Verbotenen wahrnehmen kann – wie zuvor schon die Evokation der Dirne Hammonia. Mit solchen Sensationen zielt Heine sowohl auf eine freiere, von Tabus unbelastete Moral als auch auf eine erhöhte Durchschlagskraft auf dem literarischen Markt: er ist antibürgerlicher Moralist und zugleich bürgerlich kalkulierender Marktstratege [→ Goetzinger: Autorinnen und Autoren, 45 ff.].

Trotz oder gerade wegen seiner negativen Erfahrungen verlegt sich der Reisende am Ende auf ein trotziges Dennoch, auch wenn ihm nicht mehr geblieben ist als die Hoffnung auf ein zukünftiges Geschlecht, verknüpft mit der Drohgebärde an den preußischen König, in der sich die Ohnmacht ironisch spiegelt:

> Es wächst heran ein neues Geschlecht,
> Ganz ohne Schminke und Sünden,
> Mit freien Gedanken, mit freier Lust –

> Dem werde ich Alles verkünden.
> ⟨...⟩
> Kennst du die Hölle des Dante nicht,
> Die schrecklichen Terzetten?
> Wen da der Dichter hineingesperrt,
> Den kann kein Gott mehr retten – (4, 642–644)

Die Begeisterung, mit der Heine im Sommer 1830 die Julirevolution gefeiert hatte, hat sich bis zum Februar 1848, dem Ausbruch der Revolution in Paris, weitgehend verflüchtigt. Der Zufall hat es so gewollt, daß ihn, der zum »spiritualistischen Skelette abgemagert« (6/I, 180) war, die bereits in den dreißiger Jahren einsetzenden Lähmungen just in diesem Jahr endgültig in die »Matratzengruft« (ebd) zwangen. Nicht nur sein Körper, sondern auch seine politischen Hoffnungen waren »in die Krümpe gegangen« (6/I, 180). Seine Texte in den vierziger Jahren warnen immer eindringlicher vor der Entwicklung, die in die bürgerliche Revolution von 1848 mündete.

IV. ›Romanzero‹

Die Suche nach nationaler Identität hatte entscheidend dazu beigetragen, daß die Romanze in der Romantik ihre erste Blüte und um die Jahrhundertmitte ihren Höhepunkt erreichte.[47] Schon das Eingangsgedicht des ›Romanzero‹ macht dem Leser klar, daß Heines Romanzen nicht in der herkömmlichen Weise zu lesen sind. Der hohe, balladeske Klang der Gattung ist einem lapidaren Tonfall, ernüchternden Dissonanzen und banalen Reimen gewichen. Auch der Stoff unterläuft die gattungstypische Heroisierung der geschichtlichen Vorlage: Da die Schatzkammern des Königs Rhampsenit von einem Dieb heimgesucht werden, wird die Prinzessin als Wache aufgeboten. Doch auch sie hat dem Dieb nicht »widerstanden«, und so kam »ein Schätzlein mir abhanden« (6/I, 11). Als die Geschichte bekannt wird, erbebt ganz Memphis vor Gelächter, das jedoch bald durch einen königlichen Erlaß erstickt wird. Der Dieb wird in den Fürstenstand erhoben und erbt Ägyptens Krone: »Er regierte wie die andern, / Schützte Handel und Talente« (6/I, 13). Die Legitimation durch das Gottesgnadentum ist kein glaubhaftes Prinzip mehr, das Geld ist nun offen an seine Stelle getreten, die Absicherung wirtschaftlicher Interessen zur Hauptaufgabe des Königtums geworden. Die Verfremdung der Stilebene durch die zeitgenössische Erlaßsprache macht überdeutlich, daß am historischen Beispiel die deutschen Verhältnisse getroffen werden sollen.

In der Regel wird der Bezug zur Zeitgeschichte durch den reflektierenden Kommentar hergestellt, mit dem sich Heine entscheidend vom Genre absetzt; dieses pflegte heroische, vorbürgerliche Stoffe in einem naiven Erzählton und balladesker Reihung von Episoden für die Glorifizierung bürgerlicher Lebensformen und Geschichte zu verwenden. In diesen eingeschliffenen Prozeß greift Heine ein, wenn er den Erzähler immer wieder Stellung beziehen, dreinreden läßt:

Gefallen ist der beßre Mann,
Es siegte der Bankert, der schlechte,
Gewappnete Diebe verteilen das Land
Und machen den Freiling zum Knechte. (6/I, 22)

Die Enttäuschung über die Entwicklung in Deutschland und Europa hat Heine, so resignativ der Ton auch mitunter klingen mag, nicht zum Fatalismus verführt; es ist noch die alte aufklärerische Position, von der aus er nun in ohnmächtigem Zorn den Gang der Geschichte aufhellen will.

›Marie Antoinette‹ läßt sich an wie eine Gespensterballade; im Tuilerienschloß »Gehn um die alten Gespenster« (6/I, 26). Makabre Scherze unterlaufen die Dämonisierung, der Kaiserin fehlt der Kopf und »Ihro Majestät / Ist deshalb nicht frisiert« (6/I, 27). Wiewohl das reflektierende lyrische Ich die Kopflosigkeit mit der »Revolution / Und ihrer fatalen Doktrine« (ebd.) erklären kann, sind die Gespenster, die hier und jetzt ihr Unwesen treiben, höchst real. Indem Heine ein typisches Gattungsmotiv wörtlich nimmt, wird die Gespensterballade zur adäquaten Form, um die Absurdität und gespenstische Rückständigkeit der Zeit einzufangen. Ihnen ist nur noch mit der Groteske und der leichtfüßig-frivolen Satire beizukommen:

> Die Oberhofmeisterin steht dabei,
> Sie fächert die Brust, die weiße,
> Und in Ermanglung eines Kopfs
> Lächelt sie mit den Steiße. (6/I, 28)

›Vitzliputzli‹ schließt die ›Historien‹ ab. Hier nennt Heine expressis verbis, worum es ihm im gesamten ersten Zyklus geht; am Beispiel von Cortez zeigt er, wie eine Geschichtsauffassung institutionalisiert wurde, die die hemmungslose Machtpolitik glorifiziert und dem Glauben an den unentwegten Fortschritt huldigt – jene Geschichtsauffassung, die den Imperialismus in der zweiten Hälfte des Jahrhunderts legitimieren sollte:

> Nur ein Räuberhauptmann war er,
> Der ins Buch des Ruhmes einschrieb,
> Mit der eignen frechen Faust,
> Seinen frechen Namen: Cortez.
>
> Unter des Kolumbus Namen
> Schrieb er ihn, ja dicht darunter,
> Und der Schulbub auf der Schulbank
> Lernt auswendig beide Namen – (6/I, 58 f.)

Im zweiten Buch, den ›Lamentationen‹, singt der sterbende Dichter von seiner Trauer, die um so betroffener macht, als sie Ausdruck einer elementaren Freude am Leben ist. Daher sind diese Lamentationen keineswegs larmoyant, Heine hat sich den beißenden Spott – auch sich selbst gegenüber –, seine Freude an der spielerischen Heiterkeit seiner Verse, seine bösartige Aggressivität und sein schelmisches Vergnügen an Wortspielen und Witzen bewahrt. Das Kompositionsprinzip, der bruchlose Übergang von der individuellen zur öffentlichen Misere, läßt erkennen, daß das Ich in der Rolle des Lazarus den Schmerz über das persönliche »Siechtum« (6/I, 180) im Zusammenhang mit dem Leiden an der Zeit erfährt. Die beiden Rahmengedichte verbinden die private und politische Sphäre. Das

Eingangsgedicht beschwört noch einmal den Zauber der romantischen Weltbegegnung herauf, der mit der Jugend unwiederbringlich dahingeschwunden ist. Aber der Abgesang auf die Romantik gerät zur Absage an die prosaische Gegenwart:

> O, schöne Zeit! wo voller Geigen
> Der Himmel hing, wo Elfenreigen
> Und Nixentanz und Koboldscherz
> Umgaukelt mein märchentrunkenes Herz!
> ⟨...⟩
> Es glotzen mich an unheimlich blöde
> Die Larven der Welt! Der Himmel ist öde,
> Ein blauer Kirchhof, entgöttert und stumm.
> Ich gehe gebückt im Wald herum. (6/I, 82 f.)

Am Ende des Buches verteidigt der Dichter, trotz seines persönlichen Elends, seine politisch-soziale Position und trägt dem Leser seine Nachfolge an:

> Verlorner Posten in dem Freiheitskriege,
> Hielt ich seit dreißig Jahren treulich aus.
> Ich kämpfte ohne Hoffnung, daß ich siege,
> Ich wußte, nie komm ich gesund nach Haus.
> ⟨...⟩
> Ein Posten ist vakant! – Die Wunden klaffen –
> Der eine fällt, die andern rücken nach –
> Doch fall ich unbesiegt, und meine Waffen
> Sind nicht gebrochen – Nur mein Herze brach. (6/I, 120 f.)

Aus der Dissonanz zwischen Herzens- und politischer Bewußtseinssprache erwächst die Sehnsucht nach Heimat und Identität, die ein Grundmotiv des 3. Buchs, ›Hebräische Melodien‹, ist. Dem deutschen Juden Heine, der im französischen Exil den Tod vor Augen hat, muß sowohl die Heimat wie die Identität unzugänglich bleiben. »Prinzessin Sabbath« thematisiert die leidvolle Erfahrung des Volkes Israel, das sich seiner hündischen Existenz nur für die Dauer des Sabbat, im gesellschaftlichen Freiraum, entziehen kann. In »Jehuda ben Halevy«, »Stern und Fackel seiner Zeit« (6/I, 134), findet sich Heine wieder: Der Dichter besingt den Traum vom freien

Jerusalem, das doch längst »zur Wüstenei geworden« (6/I, 139) ist; auch wenn Heine selbst an der gegenwärtigen Realität irre wird, trägt er dennoch die Vision einer freieren, menschenwürdigen Zeit weiter.

V. ›Geständnisse‹

In den letzten Lebensjahren bemüht sich Heine um eine Gesamtausgabe seiner Werke; die ›Geständnisse‹ (Begleittext zur Neuausgabe von ›De l'Allemagne‹) und die Vorrede zur ›Lutetia‹ (1855) dokumentieren, daß ihm das Verständnis des biographischen, zeitgeschichtlichen und literarischen Kontexts der Werke und die Vermittlung zur Gegenwart der fünfziger Jahre besonders am Herzen liegt. Die Rezensenten brandmarken diese Versuche als Aufguß überholter Verhältnisse und erneuten Beweis für Heines Eitelkeit.[48] Heine geht es aber gerade um die – von den Kritikern geleugnete – Kontinuität der geschichtlichen Entwicklung.[49]

Wenn die enttäuschten Hoffnungen auch das Pathos der Utopie dämpfen, so verleugnet Heine doch seinen Glauben an eine bessere Zukunft keineswegs. Dem entspricht auch die neue Identifikationsfigur, Moses, den er zum Verfechter einer gerechten Eigentumsordnung, zum großen Emanzipator und Hasser der Sklaverei stilisiert:

> Moses wollte nicht das Eigentum abschaffen, er wollte vielmehr, daß jeder dessen besäße, damit niemand durch Armut ein Knecht mit knechtischer Gesinnung sei. Freiheit war immer des großen Emanzipators letzter Gedanke, und dieser atmet und flammt in allen seinen Gesetzen, die den Pauperismus betreffen. (6/I, 488)

Moses wird dergestalt zur Provokationsfigur, zum Anwalt der verratenen Ideale, der den Status quo zum unüberbietbaren Anachronismus abstempelt.

Heines Spätwerk ist zum Zankapfel der Interpreten geworden. In erster Linie geht es dabei um folgende Stelle in den ›Geständnissen‹:

Um die Wahrheit zu sagen, es mochte nicht bloß der Ekel sein, was mir die Grundsätze der Gottlosen verleidete und meinen Rücktritt veranlaßte. Es war hier auch eine gewisse weltliche Besorgnis im Spiel, die ich nicht überwinden konnte; ich sah nämlich, daß der Atheismus ein mehr oder minder geheimes Bündnis geschlossen mit dem schauderhaft nacktesten, ganz feigenblattlosen, kommunen Kommunismus. Meine Scheu vor dem letztern hat wahrlich nichts gemein mit der Furcht des Glückspilzes, der für seine Kapitalien zittert, oder mit dem Verdruß der wohlhabenden Gewerbsleute, die in ihren Ausbeutungsgeschäften gehemmt zu werden fürchten: nein, mich beklemmt vielmehr die geheime Angst des Künstlers und des Gelehrten, die wir unsre ganze moderne Zivilisation, die mühselige Errungenschaft so vieler Jahrhunderte, die Frucht der edelsten Arbeiten unsrer Vorgänger, durch den Sieg des Kommunismus bedroht sehen 〈...〉 Ganz besonders empfindet der Dichter ein unheimliches Grauen vor dem Regierungsantritt dieses täppischen Souveräns. Wir wollen gern für das Volk uns opfern, denn Selbstaufopferung gehört zu unsern raffiniertesten Genüssen – die Emanzipation des Volkes war die große Aufgabe unseres Lebens und wir haben dafür gerungen und namenloses Elend ertragen, in der Heimat wie im Exile – aber die reinliche, sensitive Natur des Dichters sträubt sich gegen jede persönlich nahe Berührung mit dem Volke 〈...〉 (6/I, 467 f.)

Was auf den ersten Blick so eindeutig nach Verurteilung aussieht, entpuppt sich als Heines selbstkritisches Spiel mit Ängsten und Vorurteilen, die gleichzeitig die des bürgerlichen Lesepublikums sind. Heine bearbeitet diese, indem er sie zunächst unverhohlen ausspricht. Das geschieht in seinem letzten Lebensjahrzehnt so oft, als stünde er unter einem Wiederholungszwang, und nicht immer findet Heine aus seinen (Bürger-)Ängsten und (Künstler-)Vorurteilen heraus, wie etwa das Gedicht ›Die Wanderratten‹ (1855) bezeugt. In den ›Geständnissen‹ treibt Heine die ironische Selbst- und Bürgerkritik weiter. Schon die Überspitzung der Attribute, die den Kommunismus kennzeichnen sollen (»schauderhaft nacktesten, ganz feigenblattlosen«), zielt im Bunde mit dem Wortspiel (»kommuner Kommunismus«) weniger auf das Bezeichnete als auf die Bezeichner, die sich selber ins Licht der Ironie rücken mit dem konventionellen Pathos der »mühseligen Errungenschaften so vieler Jahrhunderte«, der »Frucht der edelsten Arbeiten unserer Vorgänger«, ehe sie ihre mutige »Selbstaufopferung« für das Volk zugleich als raffinierten Selbstgenuß eingestehen. So zeichnen sich hinter der vordergründigen Volks-Verteufelung die Umrisse einer Kritik der Verteufler ab.

Auch in der ›Vorrede zur Lutetia‹ wirft Heine ein Vor-Urteil auf, das des Ikonoklasmus, um unversehens seine Eindeutigkeit zu bestreiten:

> Dieses Geständnis, daß den Kommunisten die Zukunft, gehört, machte ich im Tone der größten Angst und Besorgnis, und ach! diese Tonart war keineswegs eine Maske! In der Tat, nur mit Grauen und Schrecken denke ich an die Zeit wo jene dunklen Ikonoklasten zur Herrschaft gelangen werden: mit ihren rohen Fäusten zerschlagen sie alsdann alle Marmorbilder meiner geliebten Kunstwelt, sie zertrümmern alle jene phantastischen Schnurrpfeifereien, die dem Poeten so lieb waren; ⟨...⟩ und ach! mein »Buch der Lieder« wird der Krautkrämer zu Tüten verwenden, um Kaffee oder Schnupftabak darin zu schütten für die alten Weiber der Zukunft ⟨...⟩ (5, 232)

Die hypertrophe Wortwahl spielt das Ganze ins Komische hinüber. Auch wenn die Doppeldeutigkeit des Wortes »épicier« – »das ist nämlich der Schimpfname, mit dem die *artistes* der Epoche den Bourgeois verunglimpften«[50] – im deutschen »Krautkrämer« verloren gegangen ist, so ist doch nicht von der Hand zu weisen, daß Heine hier doppelbödig seine Proletarier-Angst als die Angst vor dem Tun und Treiben des Bürgers kenntlich macht, der die Kunst in der Rumfordschen Suppe der Nützlichkeit untergehen läßt[50]. Ähnlich vielschichtig und nicht auf eine eindeutige Rezeptur zu vereinfachen sind die Argumente, mit denen er seine Bedenken gegen den Kommunismus zerstreut:

> Und dennoch, ich gestehe es freimütig, übt derselbe ⟨der Kommunismus⟩ auf mein Gemüt einen Zauber, dessen ich mich nicht erwehren kann, in meiner Brust sprechen zwei Stimmen zu seinen Gunsten, die sich nicht zum Schweigen bringen lassen, die vielleicht nur diabolische Einflüsterungen sind ⟨...⟩ Denn die erste dieser Stimmen ist die Logik – der Teufel ist ein Logiker, sagt Dante – ein schrecklicher Syllogismus behext mich, und kann ich der Prämisse nicht widersprechen: »daß alle Menschen das Recht haben, zu essen«, so muß ich mich auch allen Folgerungen fügen – ⟨...⟩ Und die zweite der beiden zwingenden Stimmen, von welchen ich rede, ist noch gewaltiger, als die erste, denn sie ist die des Hasses, des Hasses den ich jenem gemein-

samen Feinde widme, der den bestimmtesten Gegensatz zu dem Kommunismus bildet, und der sich dem zürnenden Riesen schon bei seinem ersten Auftreten entgegenstellen wird – ich rede von der Partei der sogenannten Vertreter der Nationalität in Deutschland, von jenen falschen Patrioten, deren Vaterlandsliebe nur in einem blödsinnigen Widerwillen gegen das Ausland und die Nachbarvölker besteht ⟨...⟩ (5, 232/3)

Daß Heine die Berührungsangst vor dem Kommunismus immer wieder zum Thema seiner Selbstreflexionen macht, läßt auf die Redlichkeit des Intellektuellen und des Künstlers schließen, der die musisch-geistigen Privilegien seiner Schicht nicht in eilfertiger Verbrüderungsemphase verleugnet. Mit beharrlicher Energie macht er die »sociale Frage«, die seine Zeit bewegt, zu einem Grundimpuls des eigenen Denkens. Und nicht nur in dieser Hinsicht ist die Subjektivität des späten Heine ein Schnittpunkt objektiver Epochenprobleme. Sie ist dies auch in Dingen der Religion, der Religionszweifel und des Religionsvertrauens. Man hat darauf hingewiesen, daß Heines Leiden in seiner »Matrazengruft« den Glauben an einen persönlichen Gott, an einen allmächtigen Helfer des hinfälligen Menschen entbunden habe.

Die Erfahrung, daß irdisches Elend nicht grundsätzlich aufhebbar ist, kehrte sich auch gegen die Vergöttlichung des Menschenlebens, die Heine als saint-simonistischer Hegelianer gepredigt hatte, beispielhaft für die fortschrittlichen Geister seiner Zeit. Zur Misere der gesellschaftlichen Existenz des Menschen mochte diese Vergöttlichung eine ermutigende Antithese bilden, und es war unvermeidlich, daß dabei auch die Religion in ihrer aktuellen kirchlichen Gestalt ins Zwielicht geriet: als Anwältin des elenden Diesseits und Vertrösterin auf ein besseres Jenseits. Aber in der Selbstvergottung des Menschen und im Entwurf eines »Himmelreichs auf Erden« machte sich auch die religiöse Erbschaft der Jahrhunderte geltend, welche die Pantheisten und Atheisten von Feuerbach bis Heine und Marx gerade abwerfen wollten. Ihr blieben sie insgeheim tributpflichtig, allerdings mit bezeichnenden Unterschieden. Darin unterscheidet sich Heine von verwandten fortschrittlichen Geistern seiner Epoche, die auf das »religiöse Wesen« nicht anders denn polemisch reagierten: Er hält es sich als Quelle poetischer und lebensstärkender Inspiration offen, abermals ein Zeugnis für die überindividuelle Reichweite seiner Subjektivität. In einem der ›Nachgelesenen Gedichte‹ verknüpft sich ihm die Privatgeschichte mit der Heilsgeschichte; im Bild der »Blume der Passion« (6/I, 347), die »zu Häupten« des Sarges erblüht, bezeugt sich nicht nur seine Nähe zum Passionsweg Christi: es vermischen sich in diesem Bild auch die Züge Marias mit dem Frauenantlitz der »Mouche«, der Lichtgestalt an seinem Krankenlager in den letzten Lebensjahren. Ein »Lautloses Zwiegespräch« (6/I, 348) zwischen dem lyrischen Ich und seiner Trösterin, eine freie Nachbildung der stummen Kommunikation zwischen Christus und Maria, vermittelt dem Träumenden, der sich bereits gestorben wähnt, eine »Seligkeit«, die alles Lebensglück übertrifft:

> O Tod! mit deiner Grabesstille, du,
> Nur du kannst uns die beste Wollust geben (6/I, 348)

Im Traum und in der Vision des Todes gewährt sich das Subjekt die Lust, die das »albern rohe Leben« (ebd.) ihm verweigerte: ein Beweis für Heines fortwirkenden Anspruch auf das Sinnenglück des Menschen, das er nicht länger unter Ausgrenzung der Religion und des Leidens, sondern unter religiösen Vorzeichen und über das Leiden zu erfahren versteht. Zeugnis einer Lebenskunst, welche die Genußästhetik des Talents mit der moralischen Leidenskraft des Charakters verschränkt, einer Lebenskunst, die mit der privaten Krankheitsgeschichte auch die Krankheit der Epoche vergegenwärtigt und ihre politisch-soziale Therapie mitbedenkt.

Gustav Frank
Georg Büchner

I. »E la fama?« – »E la fame?«

Das Autorenporträt kann innerhalb einer sozialen Strukturen verpflichteten Geschichte der Literatur keinen selbstverständlichen Platz beanspruchen – es bedarf vielmehr der Rechtfertigung. Die Kürze von Georg Büchners Leben (1813–1837) und seine in der Epoche sehr begrenzte Wirksamkeit legen die Frage nahe, ob sein schmales Werk eine Einzeldarstellung verdient. Die Strahlkraft seiner heutigen Kanonisierung als Schullektüre verdeckt allzu leicht, wie berechtigt diese Frage ist. Vom Standpunkt der Gegenwart aus erscheint er als unzeitgemäß-genialer Vorläufer, in dessen Werk nicht nur Marx, sondern auch das soziale Drama der Naturalisten, ja Einsichten Freuds, die Nonsense-Techniken der Dadaisten und Surrealisten und eine Vielzahl weiterer Wesensmerkmale der Moderne angelegt, wo nicht vorweggenommen sind. Ganz anders ist Büchners Stellung innerhalb der Vormärzzeit selbst. Weder vermochte er hier repräsentativ für die bedeutendsten epochalen Tendenzen einzustehen, noch konnten seine Werke selbst »Epoche machen«. Hier wären, die Ebene der Person einmal beibehalten, andere Repräsentanten des Sozialsystems Literatur zu benennen; daß und wie sich seine mit deren Wegen kreuzten, zeigt Büchner freilich an einem bedeutenden Knotenpunkt im Beziehungsnetz der Vormärzliteratur. Zu denken ist dabei an Büchners nur zwei Jahre älteren Promotor Karl Gutzkow, den lange Jahre erfolg- und einflußreichen Literaten, Publizisten und Kritiker. Er betrieb außer der Veröffentlichung von Büchners Erstling ›Dantons Tod‹ (1835) auch noch die Nachlaßpublikationen von ›Leonce und Lena‹ (1838) und ›Lenz‹ (1839). Zu denken ist aber auch an den liberalen Frankfurter Verleger Johann David Sauerländer (1789–1866) und sein Haus, wo neben dem ›Danton‹ und der ersten Werkausgabe (1850), ediert durch Büchners Bruder Ludwig (1824–1899), noch die erste kritische Ausgabe (1879) von Karl Emil Franzos (1848–1904) erschien. Erst diese Edition bildete die Grundlage der breiten Büchner-Rezeption, die den Vormärz-Autor zum Zeitgenossen der Frühen Moderne machte. Diese begann zwischen 1895 (›Leonce und Lena‹; 1902 ›Danton‹) und 1913 (›Woyzeck‹), seine Dramen aufzuführen, deren Bekanntwerden zu einem rasanten Kanonisierungsprozeß führte, den der Büchnerpreis (1923–1933; 1945 ff.) abschloß.

Darüber hinaus gibt es jedoch gute Gründe, Georg Büchner hier ein eigenes Kapitel zu widmen. Zum einen haben die faktischen Produktionsprozesse kaum zu übersehende Spuren sozialer Interaktionen im Wortlaut der Texte hinterlassen, erkennbar insbesondere an ihrem Fragmentcharakter und ihrer nicht mehr aufhebbaren Verstümmelung. Diese entstanden durch Eingriffe des Zensors, aber auch durch Korrekturen von seiten der Familie wie der Freunde, die der Furcht vor der Zensur ebenso gehorchten wie vermeintlichen gesellschaftlichen und literarischen Konventionen. Anzufügen ist hier aber auch Franzos' Behandlung der ›Woyzeck‹-Handschriften mit zerstörerischen Chemikalien, um kurzzeitig die Schrift lesbar hervortreten zu lassen. Einer an der Reinheit von Autorschaft und Werk ausgerichteten Editionspraxis kann es also nicht gelingen, dort Originale herauszupräparieren, wo nicht einmal alle Titel von Büchner beglaubigt sind. Das gilt für ›Lenz‹ und besonders für ›Woyzeck‹, wo der von Franzos verlesene Figurenname noch Alban Bergs Operntitel ›Wozzeck‹ (1925) bestimmte.

Zum anderen, und das sollte der vorrangige Anlaß für dieses Porträt sein, findet sich bei keinem anderen Autor eine derart weitgehende und vorbehaltlose Bereitschaft, aus der Verlassenschaft der zusammenbrechenden *Kunstperiode* überkommene wie aktuell entstehende Probleme wahrzunehmen, zu verknüpfen und auf ihre Konsequenzen hin zu befragen. Freilich teilen andere Autoren, andere Werke und Texttypen solche Probleme, doch wird bei ihnen durch Vereinzelung die Einsicht in deren Bedeutung geschwächt. Büchners Œuvre zeigt wie kein anderes, was auf einer gemeinsamen Basis des Denkens und Wissens an Schlüssen, an Einsichten möglich war. So wird kenntlich, daß und was die Zeitgenossen jeweils wählten, als sie ihm die Rezeption verweigerten und sich für andere gesellschaftliche und künstlerische Optionen entschieden. Büchner ist ein Prüfstein dafür, was denkbar war und unterblieb.

Augenfälliger denn als Akteur ist Büchner als Betroffener Repräsentant zeitgenössischer Lebenswege. Büchners gleichzeitige Teilhabe an der Politik, am naturwissenschaftlich-medizinischen und philosophischen Feld, am Literaturmarkt und an der Literaturproduktion, seine Wissenschafts- und Universitätskarriere sind Ausdruck jener Dynamik, die lange Zeit stabil gebliebene Biographiemuster erfaßte und veränderte. Zieht man zum Vergleich die väterlichen Vorfahren und Straßburger Verwandten der Mutter Büchners heran, läßt sich ein stetiger Aufstieg verfolgen, der vom Bader über den Wundarzt und Chirurgus zum akademisch ausgebildeten, lehrenden und publizierenden Mediziner in Reihen von Vätern und Söhnen verläuft, parallel dem ihrer Profession zu einer angesehenen Leitwissenschaft [→ Heigenmoser: Bildungsroman, 165]. An Georg wird dagegen die zeittypische Vervielfältigung von Lebenschancen und Existenzrisiken besonders deutlich. Kürze und Intensität seines Lebens steigern diesen Eindruck, verführen jedoch ebenso zu Interpolation und Projektion. Einiger Schwierigkeiten hat jede Darstellung deshalb eingedenk zu bleiben. Büchners Leben und Werk weisen einen hohen Grad wechselseitiger Bedingtheit auf: das Gelernte und Gelesene wird, reflektiert, handlungsleitend; die Erfahrungen des Handelnden werden Auslöser einer weitgreifenden Reflexion von ideologischen Voraussetzungen und praktischen Bedingungen; alles Erlebte, Gelesene, ja Selbstgeschriebene wird Stoffquelle der Werke. Und schließlich treibt der einmal von zwingender Erfahrung und schonungsloser Analyse in Gang gesetzte Reflexionsprozeß von Frage zu Frage fort, immer weitere Selbstverständlichkeiten der Zeit in Zweifel ziehend. Büchners Motto zu ›Leonce und Lena‹, das Ruhm (»fama«) und Hunger (»fame«) lautlich zu einem Wortpaar minimaler Differenz zusammenspannt, gibt das Bewegungsgesetz für diesen Lebenslauf und Werkprozeß an.

Der *Hunger* beginnt im ersten Drittel des 19. Jahrhunderts auch in Deutschland sein Gesicht zu verändern [→ Stein: Signaturen, 27f.]. Sozioökonomische Verwerfungen, die eine Mehrheit der Bevölkerung beständig an der Hungergrenze halten, widerstreiten den aufklärerischen Erwartungen an einen Fortschritt der Kultur durch politisches und soziales Handeln. So konnte »die Armutsdebatte zum zentrierenden Topos einer Diskussion der Gesellschaft über ihre eigene Zukunft werden«.[1] Auf dem Feld der Armutsdebatte versuchten gesellschaftliche Oppositionsbewegungen durch wirksame Ordnungsvorstellungen auf politische Teilhabe zu dringen [→ Sautermeister: Religiöse und soziale Lyrik, 518 ff.], wenn sich »die Unfähigkeit des Verwaltungsstaates ⟨zeigte⟩, die aus dem Mißverhältnis von rasantem Bevölkerungswachstum und wirtschaftlicher Stagnation erwachsenden sozialen Probleme zu lösen«[2]. Die zeitgenössische Armutsdebatte, noch nicht in der Gestalt einer abgeschlossenen Diskursformation, gab den Beiträgen Büchners Raum, in denen Armut radikal neu als sozial bedingter wie veränderungsfähiger Tatbestand analysiert wurde. Insbesondere schloß Büchner sie an die Kontroverse um das Begriffspaar Subjekt und Geschichte an. Seit der Aufklärung war in wechselnden Modellen immer strittig geblieben, wie der Gedanke eines autonomen Subjekts als Garant von Werten und Normen mit der Annahme einer im Geschichtsprozeß wirksamen Naturkausalität zu vereinbaren ist. Erstmals war der Gymnasiast Büchner diesem Problem in Gestalt der humanistischen Topoi *virtus* und *fortuna* begegnet. Die Ausdeutung dieses Gegensatzes zwischen dem allseits gebildeten, tugendhaften und deshalb handlungsfähigen einzelnen und einem für seine Absichten blinden, willkürlich verfahrenden Schicksal begleitete die spannungsreiche gesellschaftliche Modernisierung seit der Renaissance und ging in die Tradition der Schulrhetorik ein.

II. Schule, Markt und Wissenschaft

In Büchners Schulreden, gehalten bei öffentlichen Feiern am Darmstädter »Pädagog«, erscheint der Kampf des menschlichen Willens mit der Natur noch nachrangig gegenüber dem Eingreifen »in die Speichen des Zeitrades«[3], das einzig dem heroischen Mann zukommt, der, eins mit sich und seinem Zweck, auf Leben oder Tod handelt. Doch gerade die Emphase, mit der Büchner die heroische Absicht hervorhebt, auch wenn sie scheitert, kann nicht verbergen, daß er die zerstörerische Kraft in der Geschichte zu erfassen beginnt. Das ist an der Wahl der Metaphern ablesbar, wenn die tugendhaften Heroen als »Meteore«[4] und »Kometen« angesprochen werden, die in »ihrem exzentrischen Laufe« nur »Irrbahnen«[5] zu beschreiben scheinen. Das ungenannte Phänomen Napoleon steht hier für die Erschütterungen des Geschichtsbildes: die Vorstellungen von den Wirkungen der Tugend werden bedroht durch die Macht, der autonome Subjektwille durch die innere Natur, die Vernunft durch die tierische Materialität und Triebstruktur, das Handeln der ausgezeichneten einzelnen durch die anonymen, entindividualisierten vielen.

Mehrere in den Schulschriften bereits anklingende Provokationen mögen die ambivalente Prognose provoziert haben, die in Büchners Reifezeugnis in der Bemerkung Ausdruck findet: »von seinem klaren und durchdringenden Verstande hegen wir eine viel zu vorteilhafte Ansicht, als daß wir glauben könnten, er würde jemals durch ⟨...⟩ voreilig absprechende Urteile seinem eigenen Lebensglück im Wege stehen.«[6] Das traditionelle Bild von Büchners Politisierung stützt sich zu Recht auf die Verknüpfung von bürgerlichem Ethos mit der Verpflichtung zum politischen Handeln angesichts der Pariser Juli-Revolution. Doch für ein Verständnis des späteren Büchner wichtiger sind die aufbrechenden Widersprüche zwischen der Redepraxis, ihren konzeptionellen Voraussetzungen und den vorgetragenen Inhalten. In den auffällig gehäuften Rechtfertigungen der Selbsttötung klagt Büchner zum einen eine Welt an, die dem Mann, will er seine virtus behaupten, nur den Suizid als Ausweg läßt. Damit ist der Spielraum des freien Willens in der geschichtlichen Welt verschwindend gering geworden, während sich der Geschichtsprozeß dem Zugriff handelnder Charaktere weitgehend entzogen hat. Zum anderen gehören Rhetorik und republikanische Verfassung notwendig zusammen, während Rhetorik und bürgerliche (Nicht-)Öffentlichkeit des Ancien régime sich logisch ausschließen. Damit steht mehrfach offensichtlich sich Ausschließendes nebeneinander: Wo wie hier Reden über die staatliche Ordnung gehalten werden, ohne daß politische Wirkungen davon ausgehen dürfen, wird ein Selbstwiderspruch zelebriert. Wo wie hier Rhetorik als erlernbare Wohlgeformtheit wirkender Rede vorgeführt wird, wird das gleichzeitig vorgetragene Ideal selbstbestimmten Handelns negiert; denn in Ethik und Ästhetik seit Goethezeit und Idealismus wird kritisiert, daß die Rhetorik den Produzenten auf ein empfindungsloses mechanisches Verfahren festlegt, während sie den Rezipienten einem rationalen Machtkalkül ausliefert.

Wer also wie Büchner in rhetorischer Musterrede die Willensfreiheit als ethisches Grundprinzip bis zum Selbstmord radikalisierte, machte damit eine Reihe ideologischer Widersprüche kenntlich. Er rührte an Grundlagen, die in der Philosophie und Literatur, aber auch in der Wissenschaft um 1830 noch weitgehend galten und erst seit der Rede vom »Ende der Kunstperiode« (Heine) vereinzelt in Zweifel gezogen wurden [→ Jokl: Heine, 534 ff.]. Goethezeit und Idealismus wurden hier dem Verdacht ausgesetzt, gegen eine freiheitliche, republikanisch verfaßte Gesellschaft Stellung zu beziehen. Als diesen Konsequenzen der Autonomieästhetik entgegengesetzt wird Büchners Aufmerksamkeit verständlich, die er im weiteren Sinne rhetorischen Verfahren der Stoffindung und -bearbeitung widmete.

Büchners Schulreden zeigen ihn mitten in einem einsetzenden Strukturwandel von Denken und Wissen. Zu den Ausschlußverfahren des idealistischen Systemdenkens, auf dessen Aporien nicht nur Büchner stößt, gibt es vor allem zwei Alternativen: die seit der Jahrhundertwende expandierenden naturwissenschaftlichen Realien und den Rückgriff auf historische Optionen, deren Provokation der Idealismus selbst erst seine Entstehung verdankt. Es überrascht deshalb auch nicht, daß Büchner früh begann, sich außerhalb der Schule ausgedehnte Kenntnisse der Realien zu verschaffen; damals und noch lange Stiefkinder humanistisch geprägter Bildung. Ein erweiterter Naturbegriff bildete sich hier aus, der neben den Manifestationen des Geistes in Subjekt und Geschichte auch solche der Sinnlichkeit zuläßt und empirisch zu erfassen erlaubt. Ihren paradigmatischen Ort fanden solch ausgegrenzte Erfahrungen im »anatomischen Theater«, das Büchners Vater Ernst seit 1827 unterhielt und in dem zum Mißfallen der Aufsichtsbehörden »Classenbuben zu den Sectionen weiblicher Leichname zugelassen wurden«.[7]

Noch im Rahmen der Familientradition begann Büchner im November 1831 mit dem Medizinstudium in Straßburg, einem Grenzraum, wohin noch die Familienverbindungen der Mutter, die unerfüllten Träume des Vaters den Weg wiesen, wo jedoch Unterschiede der Nationalität und Sprache, des Glaubens und Wissens, der politischen und ökonomischen Entwicklungen neuerlich zu einer Erweiterung der Vorstellungswelt, schließlich zur endgültigen Politisierung beitrugen. Straßburg war Schnittpunkt der fortgeschrittenen politischen Verhältnisse Frankreichs mit der deutschen Emigration und bot somit Lehrmaterial für die Ausdifferenzierungen der avanciertesten politischen Anschauungen der Zeit. Zwar unterwarf sich Büchner 1833 noch dem Gesetz, wonach er als Hessisches Landes*kind* zum Abschluß seiner Studien an die Landesuniversität Gießen zurückzukehren hatte, doch die geordnete Bahn, die diese Heimkehr verhieß, hatte der Mündige offenbar verlassen. Büchner konspirierte, beteiligte sich führend an der Gründung einer »Gesellschaft der Menschenrechte«, zunächst in Gießen, dann in Darmstadt, schließlich an Abfassung und Verbreitung einer illegalen politischen Flugschrift: ›Der Hessische Landbote‹. Umfassende Studien zur Französischen Revolution führten zur Dramatisierung von ›Dantons Tod‹. Eine Woche, nachdem das Manuskript des Dramas an Sauerländer und Gutzkow abgegangen war, entzog sich Büchner im März 1835 dem Zugriff der Verfolgungsbehörden durch die Flucht nach Straßburg. Mit Börne, Heine und vielen heute Namenlosen teilte er die Erfahrung des Exils. Um wieder Fuß zu fassen – seine Braut Minna Jaeglé erwartete ihn in Straßburg mit der Hoffnung auf ein gemeinsames Leben –, arbeitete er parallel an seiner wissenschaftlichen und literarischen Zukunft. Beide Felder hingen in der Zeit eng zusammen. Zum einen hatten sich nach dem erklärten »Ende der Kunstperiode« die Grenzen dessen, was als *Literatur* galt, insbesondere im Bereich der Prosa gegenüber den publizistischen und philosophisch-akademischen Zweckformen verschoben.[8] Zudem mußte der literarisch-publizistische Markt für diejenigen als interessante Alternative erscheinen, deren Universitätskarrieren aufgrund der »ersten akademischen Überfüllungskrise«[9] und/oder politischer Verfolgung gescheitert waren. Schon daß sich Büchner mit seinem ›Danton‹-Manuskript an Gutzkow und Sauerländer wandte, verrät seine Kenntnis dieses Szenarios. Und davon, wie zielgerichtet er auf diesem Markt agierte, zeugen Büchners

Übersetzungen zweier Dramen für die Victor-Hugo-Ausgabe, die Gutzkow bei Sauerländer betreute.[10] So absprechend sich Büchner und Gutzkow im Briefwechsel auch über Hugo äußern[11], es darf nicht übersehen werden, daß Büchner 1835 mit ›Lucrèce Borgia‹ (1833) und ›Marie Tudor‹ (1833) die in Paris aktuell erfolgreichste Prosadramatik studieren konnte, die, anders als Hugos Hexameter-Dramen, die für die Klientel der Comédie-Française bestimmt waren, für den Boulevard geschrieben wurden [→ Meyer: Theaterpraxis, 377]. Zwar schöpfte Hugo die in der ›Préface de Cromwell‹ (1827) angekündigte »harmonie des contraires« keinesfalls konsequent aus, indem er »le sublime et le grotesque«[12] nur sehr eingeschränkt kombinierte. Doch seine Einführung des Grotesken als bislang unterdrücktes Äquivalent des Schönen entspricht Büchners Praxis.[13] Warum Hugos Projekt einer Revolution der Dichtung durch das Drama letztlich scheiterte, während seine historische Erzählprosa im zeitgenössischen Trend erfolgreich war, konnte Büchner somit in direkter intensiver Auseinandersetzung mit den Texten lernen [→ Rösch: Geschichte im Drama, 382 f.]. Hiervon mochten Impulse ausgehen, die Problematik romantischer Literatur in ›Leonce und Lena‹ vorzuführen und die ganz andere Leistungsfähigkeit von Erzählliteratur im ›Lenz‹ zu erproben und zu nutzen. Da Gutzkows und Wienbargs Zeitschriftenprojekt ›Deutsche Revue‹ im Zusammenhang des Bundestagsverbots gegen das Junge Deutschland Ende 1835 nicht zugelassen wurde, schwanden Büchners Aussichten, seine Arbeit über Lenz dort zu plazieren. Als jedoch der Cotta-Verlag im Januar 1836 eine Lustspiel-Preisaufgabe auslobte, reagierte Büchner auf dieses Marktsignal mit der Arbeit an ›Leonce und Lena‹.

Ebenso nutzte er die seltene Chance und Alternative zum literarisch-publizistischen Engagement, die sich mit der Gründung der Universität Zürich 1833 bot. Ihr erster Rektor wurde der Naturphilosoph Lorenz Oken, der aus politischen Gründen seine Professuren in Jena und München verloren hatte. Als Hort einer im deutschen Feudalabsolutismus inopportunen, liberal geprägten Wissenschaft[14] war diese Universität und ihre Wissensproduktion natürlich selbst politisch; sie zu besuchen, war in Hessen und anderen Mitgliedsstaaten des Deutschen Bundes ausdrücklich verboten.[15]

Büchner wird von der Philosophischen Fakultät in Zürich im September 1836 promoviert. Im November zum Privatdozenten ernannt, hält er im Wintersemester sein erstes Kolleg über »Zootomische Demonstrationen«, vergleichende Anatomie an Fisch-Präparaten[16], das aus Raum- und Materialnot der jungen Universität auf Büchners Zimmer stattfindet. Grundlage dieses Karrierebeginns sind positive Gutachten aus Straßburg und Zürich, von konkurrierenden Vertretern der naturphilosophischen wie der physiologischen / materialistischen / somatischen Richtung, über Büchners Arbeit ›Mémoire sur le système nerveux du barbeau‹, einige Vorträge und die Züricher Probevorlesung ›Über Schädelnerven‹. Gutzkows brieflicher Rat, Büchner solle seine »Autopsie« kultivieren und »mit dieser Ungeniertheit unter die deutschen Philosophen treten«[17], macht zu Recht darauf aufmerksam, wie eng die literarischen Projekte dieser Lebensphase mit Büchners empirischer Wissenschaftspraxis verknüpft sind. Büchners Opposition konstituiert sich da schon nicht mehr im engeren Sinn politisch, sondern aufgrund vertiefter Überlegungen ideologisch-konzeptionell durch das Ausschöpfen semantischer Potentiale. Sein Freiheitsbegriff ist jetzt angereichert durch einen Naturbegriff, der einer umfassenden Rehabilitierung der Sinnlichkeit das Wort redet. »Die Natur ⟨...⟩ ist in *allen* ⟨G. F.⟩ ihren Äußerungen sich unmittelbar *selbst genug* ⟨G. B.⟩.«[18] Erfahrung aus der Praxis des Sezierens und Präparierens ist, daß sich solchermaßen gefaßte Natur nicht als chaotisch – das nihilistische Gefahrenpotential des Monismus! –, sondern in einfacher Weise geregelt erweist. Weder Mystik[19] noch Vernunftphilosophie haben »dem frischen grünen Leben« Genüge getan; die Versuche totaler Sinnstiftung haben »nichts Ganzes erreicht«, dagegen ist partikulare Erkenntnis möglich und legitimiert sich ästhetisch in »schönen Stellen«[20], die begrenzte Einsicht ermöglichen. Die Kombination von Ästhetik und ganzer Natur verweist auf eine *harmonie des contraires,* während das »Zurückführen aller Formen auf den einfachsten primitiven Typus«[21] auf die gemeinsame modellbildende Funktion von Wissenschaften und Literatur hinweist; denn die »einfachsten Formen leiten immer am Sichersten, weil in ihnen sich nur das Ursprüngliche, absolut Notwendige zeigt.«[22]

III. Büchner – Weidig – Eichelberg

Büchner war schon in Straßburg, mehr noch in Zürich, wo es im Sommer und Herbst 1836 aufgrund schwersten diplomatischen Drucks zu Ausweisungen von Emigranten kam, politische Abstinenz auferlegt. Ins Exil gebracht hatte ihn sein Versuch, subversive Ersatzformen der freien politischen Rede zu schaffen. Als die agitatorisch-revolutionäre Flugschrift ›Friede den Hütten, Krieg den Palästen‹ im Juli 1834 fertiggestellt werden sollte, trug Büchners ursprünglicher Text, der weder überliefert noch rekonstruierbar ist, bereits Friedrich Ludwig Weidigs (1791–1837) Titel ›Der Hessische Landbote. Erste Botschaft‹. Dem Theologen und Butzbacher Rektor Weidig war es außerdem gelungen, seine Überarbeitung des Entwurfs auf einer konspirativen Versammlung von Demokraten und Liberalen durchzusetzen. Auf Anregung Weidigs kam es im November zu einer Neufassung, die der Marburger Radikalliberale Leopold Eichelberg mitformulierte und die sich nochmals vom Ausgangstext entfernt. Alle Versuche, ursprüngliche politische Positionen und Programme der beteiligten Autoren hinter der Ausrichtung auf die Adressaten und der kollektiven Herstellung wieder lesbar zu machen, sind zum Scheitern verurteilt. Wo diese Versuche auf Verhör- und Aussageprotokolle mit den Behörden kollaborierender oder verhafteter Aktivisten zurückgreifen, fördern sie vor allem die taktischen Zwänge der polizeilich-gerichtlichen Situation zutage. Auch die Erforschung von Rezeption und Wirkung muß sich weitgehend auf die Interpretationen aus den Akten der ermittelnden Justizbehörden stützen, während die Gruppe der lesenden/hörenden Bauern weitgehend im dunkeln bleibt.

Der Text vereinigt zwei Hauptteile, die *Statistik* und *Verfassung* überschrieben sein könnten. Auf eine Verrechnung der Staatseinnahmen, die die Vielen und Ärmsten finanzieren, mit den Aufwendungen für die Zwecke und zum Wohle der Reichen folgt eine vergleichende Analyse von Geschichte (seit 1789) und Gegenwart Frankreichs und Deutschlands. Was den Unterschied zwischen den drei Autoren(gruppen) ausmacht, ist zunächst Weidigs der Julifassung vorangestellte Anleitung der Bauern zur konspirativen Lektüre und Verbreitung. Diese ausdrückliche Beschreibung einer Kommunikationssituation, die von den ländlichen Gepflogenheiten unmittelbarer Verständigung abweicht, soll die Differenz der Verfasser- und Leser-/Hörerkreise überbrücken. Eichelberg verwirft gerade diese Vorbemerkung. Er zielt somit auf andere Lesergruppen und ein anderes Leserverhalten.

Der Unterschied wird deutlicher, sobald man berücksichtigt, gegen wen sich die Flugschrift richtet: Die Anklage von Mißständen auf der Grundlage statistischer und religiöser Argumente, die das Problem der politischen Zustände mit dem des Hungers verknüpft, bleibt gleich, während jede Fassung den Kreis der Verursacher enger zieht. Büchner, soviel ist gewiß, benennt die »Reichen« und klagt damit stillschweigend eine Verteilungsungerechtigkeit an, die den Hunger infolge der staatlichen Rahmenbedingungen sowie durch privatwirtschaftliche wie karitative Defizite erst entstehen läßt. Obwohl dieser Bedeutungsgehalt unausgesprochen bleibt, zeigt der Austausch des Begriffs, wie sensibel auch das Stilmittel der Implikation von den Koautoren registriert wird. Weidigs Begriff »Vornehme« nimmt dagegen die adelige und beamtete Staats- und Feudalordnung ins Visier, und die Marburger Variante der »Fürsten und ihrer Diener« klammert privatwirtschaftlichen Reichtum dann sogar ausdrücklich aus. Veränderungen der *key words* stellen bedeutende Eingriffe dar, mehr noch die Überarbeitungen und Anfügungen im zweiten Teil, die Weidig vornimmt; durch sie werden jedoch die Strukturen des Gesamttextes, seine rhetorische Gewalt, die Qualität der Stoffindung wie der Argumentation nicht beeinträchtigt. Die Ambiguitäten der Bedeutung belegen, wie sehr die Bearbeiter Büchners Vorgaben folgen.[23] Der Landbote ist deshalb ein Mischtext, der radikale Analyse der Gegenwart mit einem weitgehend uneindeutigen politischen Programm verbindet.

Die politische Unmöglichkeit, die *ars oratoria* real auszuüben, erzwingt eine Wahl zwischen der revolutionären Tat, wie sie viele Mitglieder der »Gesellschaft der Menschenrechte« durch ihre Beteiligung am Frankfurter Wachensturm 1833 zu verwirklichen suchten, und der Text-Tat, der Verflugschriftlichung der *ars rhetorica*, eine Wahl, die noch die Diskussionen der vierziger Jahre prägen wird. Für Büchners Entscheidung werden die Sprechsituation und die Produktionsverhältnisse besonders wichtig. Der ›Landbote‹

vermittelt ein Bild vom Redenden, der im Vollbesitz von Wissen, Rede- und Handlungsfähigkeit einer passiven, unwissenden und schweigenden Zuhörerschaft gegenübersteht. Der autonome große Mann wirkt monologisch auf das Volk, die Bauern ein, indem er sich in die biblische Sprechsituation des Propheten versetzt, der die »Zeichen«[24] des Herrn vermittelt. Diese Verbindung von Sprechern und Adressaten, von Ruhm und Hunger zum Zwecke des Eingreifens in den Geschichtsprozeß ist prekär, auch wenn Büchner noch im Juni 1836 an Gutzkow schreibt: für »die große Klasse ⟨...⟩ gibt es nur zwei Hebel, materielles Elend und *religiöser Fanatismus.*«[25] Während die Schulrede auf die ›Vierhundert Pforzheimer‹ noch eine deutliche Absage an den Fanatismus der katholischen Partei enthält, gerät hier die Einschätzung der unterwerfenden Rhetorik unter andere Vorzeichen. Die Verwendung der Statistik im ›Landboten‹ zeigt, wie die Erweiterung der politischen um eine soziale Komponente im Kontext der zeitgenössischen Armutsdebatte geschieht. Von Wilhelm Schulz, dem Züricher Schicksalsgenossen Büchners und Nachbarn in der Emigration, bis zu Karl Marx herrschte »die Überzeugung, durch intensives Studium und Analyse der empirischen Zustände und des statistisch meßbaren und verifizierbaren demographischen und wirtschaftlichen Wandels die objektiven, von menschlicher Willkür unabhängigen gesellschaftlichen Entwicklungsgesetze entdecken zu können.«[26] Eine solche Suche nach dem Naturgesetz der Gesellschaft wertet das Verteilungsgefälle zwischen Hunger und Reichtum zur notwendigen Voraussetzung der Emanzipation auf. Der Hunger verliert dabei zum einen seine aktuelle Unerträglichkeit, und zum anderen kann so übersehen werden, daß er nicht nur vorübergehendes Phänomen ist, sondern Körper und Psyche dauerhaft prägt. Die Sprache des ›Landboten‹ zeigt durch ihre Metaphorik, wie die Bauern aus der Perspektive der Reichen auf die gleiche Stufe mit ihrer Produktion, ihren verwertbaren Tieren und Früchten, gestellt werden, und verweigert sich sowohl dem zynischen Blick dieser Reichen als auch jener Theoretiker auf den Hunger. Büchner stört den Konsens über die nationalökonomische wie geschichtsteleologische Naturgesetzlichkeit der Armut, gerade indem er Statistik und sinnlich-körperliche Metaphorik in anklagender Rhetorik verknüpft.

»Es mag nur wenige Regionen im damaligen Deutschen Bund gegeben haben, wo das Feudalzeitalter noch so im Erscheinungsbild und im täglichen Leben zu greifen war, wie in Oberhessen«[27], dem vorwiegenden Verteilungsgebiet des ›Landboten‹. Überhaupt, Deutschland »blieb von der Agrarwirtschaft geprägt und erlebte in den Jahren 1845/47 noch einmal eine große Wirtschafts- und Hungerkrise ›alten Typs‹.«[28] Wie schon der Titel der Flugschrift vom und zum Land spricht und nicht von und zu der Stadt, so wendet sich auch der Text an eine prä-, allenfalls protoindustrielle Gesellschaft. Und wie gegen die neue Qualität des »alten« Hungers opponiert wird, ohne sie »neu« zu erklären, so auch gegen eine Ordnung, bei der der Staat gegen die Gesellschaft steht, ohne die neuen Gegensätze in dieser namhaft zu machen. Weidigs Credo der Rückkehr vom kleinteiligen, spätfeudalen und institutionalisierten Territorialstaat zum nationalen Personenverband, in dem die Freien unmittelbar zum Kaiser als dem Wahrer »gerechter Nahrung« in einer *moral economy* sind, ist agrarromantisch verglichen mit dem Nationalstaat repräsentativer Verfassung, den die Eichelberg-Gruppe anstrebt. Und keines dieser Konzepte fügt sich recht zu den egalitären Tönen Büchners. Weidigs »Paradies«[29] Deutschland impliziert eine Zeit vor aller Geschichte, allem Wandel, allem neuen Wissen, aller Erkenntnis und aller Sexualität. Gerade die Sprache Büchners aber ist es, die den altertümlichen ›Landboten‹ in den Augen der amtlichen Verfolger so verwerflich und deshalb so modern machte. Indem er die Bibel als ideologisches Textkonstrukt und Reservoir polemischer Argumentationsmuster benutzt, gelingt es Büchner, sie wie die Statistik zur Waffe umzuformen. Büchners römisch-republikanische Rhetorik und Weidigs Kanzelberedsamkeit kreuzen sich so zwar im Bibeltext, ohne ihm jedoch denselben Stellenwert beizumessen. Weidig rechtfertigt seinen Veränderungswillen, indem er die Diskrepanz zwischen Schrift und Realität einklagt. Büchners Reduktion des Bibelwortes zum säkular instrumentalisierten Text dagegen gehört als frühe und radikale Position der einsetzenden Religionsdiskussion bei Gutzkow, D. F. Strauß, B. Bauer und L. Feuerbach an [→ Sautermeister, Religiöse und soziale Lyrik, 506 ff.].

IV. Systemverzweigungen der Goethezeit

Die Konkurrenz bei der Textgenese, die aus ihr erwachsenden Widersprüche im Inhalt, das unbefriedigende Verhältnis von Sprecher und Adressaten der Flugschrift sowie die Bedeutung der Produktionsmittel für die Durchsetzung von Meinungen scheinen bei Büchner einen umfangreichen Lernprozeß in Gang gesetzt zu haben. Dessen erster Effekt war das Bemühen um eine eigene Druckerpresse für die Darmstädter »Gesellschaft der Menschenrechte«. Büchners Weg in die Literatur kann deshalb nicht als politische Resignation gedeutet werden. Dies gilt um so mehr, als sich diese Literatur 1834 bereits weitgehend gegenüber Politik und Wissenschaft geöffnet hat. Im Diskursgefüge sind die Literatur und ihre Journale zu einem zentralen Austragungsort der politischen und wissenschaftlichen Kontroversen avanciert. Hier wird neues Wissen erstmals präsentiert, hier werden seine getrennten Elemente verknüpft und erstmals seine lebensweltliche Tragweite, seine Folgen vorgeführt und erörtert [→ Schmid: Buchmarkt, 69 ff.].

›Dantons Tod‹ geht an eine charakteristische Verzweigung der Geschichte zurück, in eine Zeit, die den Anlaß geliefert hat, auf den demagogischen Mißbrauch von Philosophie, Literatur und Beredsamkeit mit den Systembildungen des Idealismus, dem Domestizierungsprogramm der Klassik zu reagieren. Nicht das offenbar prekäre Verhältnis des außermoralischen großen einzelnen zu kollektiven Größen, das Napoleon repräsentiert und das gleichzeitig von Grabbe in ›Napoleon‹ (1831) und ›Hannibal‹ (1835) problematisiert wird, sondern eine frühere Stufe des Umschlagens der Französischen Revolution interessiert Büchner. Vom ›Landboten‹ aus betrachtet, kommt jetzt die Seite der Sprecher und die Konkurrenz ihrer Redebeiträge in den Blick, während die Armen als Adressaten, der Hunger und Fanatismus als »Hebel« zwar bereits ihre Auftritte haben, aber noch nicht semantisch-ideologisch analysiert werden. Das Drama nimmt eine in der Spätaufklärung abgerissene Diskussion über die »Rehabilitation der Sinnlichkeit«[30] wieder auf. Die detaillierte Rekonstruktion genau dieser Vergangenheit, die durch eine kombinatorische Interpretation der Quellen erfolgt, soll die Suche nach Problemlösungen für die Gegenwart befruchten.

Von den drei konkurrierenden politischen Gruppen des Jahres 1794 ist die radikalste um Hébert, die auch in der Frage des Eigentums für soziale Gleichheit votiert, zu Beginn des Dramas bereits von Robespierre liquidiert; am Ende besteigt die gemäßigte Gruppe um Danton das Schafott.[31] Dennoch ist ›Danton‹ kein politisches Drama, sondern befragt das Drama der Politik auf seine materiellen, seine körperlichen und psychischen Grundlagen. Und es ist weniger ein Drama des politischen Mordes als des subtilen Selbstmords[32], dessen Motivation Büchner schon seit den Schülerschriften beschäftigt. Gegenüber den dort bevorzugten, autonom wählenden Stoikern werden die Figuren hier angelegt, um eine Seelenlandschaft zu erschließen, in der Ideologie und Psyche verflochten sind. Der Text bricht deshalb mit der Handlungslogik des herkömmlichen Dramenverlaufs, indem er Dantons Tod von der ersten Szene an als Existenzfrage des Titelhelden vorführt und nicht als Ergebnis seiner Handlungen und der Intrigen in der Katastrophe darstellt. Er muß deshalb auch mit den Sprachkonventionen brechen und die gesamte Natur mit all ihren sinnlichen Komponenten auch körper-sprachlich zulassen. Der öffentlich-politischen Dramenstruktur aus Rede und Gegenrede wird deshalb auch die ausgedehnte monologische Selbstrepräsentation und Selbstanalyse als Voraussetzung unterlegt. So kann die neue Psychologie gerade Figuren im Grenzbereich von Tugendwahrung und Laster ausleuchten.

Büchner gelingen am Beispiel Robespierres Einsichten in die »Dialektik von Herrschaft und Triebunterdrückung«.[33] Die Polemik der Aufklärung gegen das Ancien régime stützte sich auf zwei Argumentationsstränge. Sie führte gegen dessen vielfältige Laster ihre Tugend ins Feld, und gegen die Künstlichkeit der Verhältnisse setzte sie auf die Natur. Aus Angst vor dem Laster, vor der Triebnatur, materialisiert Robespierre das erste Argument und macht die Tugend durch die *terreur* der Guillotine zum Instrument des Schreckens. Dantons Beispiel macht dagegen deutlich, wie die ideologisch geforderte Freisetzung auch der Triebnatur – im Sinne des zweiten Arguments – Genußwünsche und Aggressionspotentiale rechtfertigt, die auszuleben allerdings wiederum nur wenigen Begünstigten gelingt. Einem Robespierre, der den Tugendterror als egalisierendes Moment zum Zwecke allgemeiner Verbesserungen rechtfertigt, kann Danton nachweisen, daß auch seine Tugend, sobald sie an der Macht ist und in Form des Terrors über den Leib der anderen gebietet, nur die verfeinerte Repräsentation derselben psychischen Strukturen darstellt. Verfeinert, gleichsam in der Maske vernünftiger Tugend, kann die verleugnete Triebnatur, rational kaum angreifbar, aggressiv in den Geschichtsprozeß zurückkehren, aus dem Robespierre sie auszuschließen beabsichtigte. Danton kann diesen Vorgang jedoch nur durchschauen, weil er ihm während seiner maßgeblichen Beteiligung an den Septembermorden (1792) selbst unterlegen war. Das blasphemische Jesusbild des Textes erweist Dantons sadomasochistische Faszination durch den Opfertod und Robespierres Anverwandlung der Rolle von Richter und Erlöser darüber hinaus als die zwei Seiten einer Natur, als die zwei Möglichkeiten einer Person. Beide Figuren tradieren damit elitäre Ansprüche des Ancien régime: Robespierre den Anspruch auf die Macht, Danton den auf Genuß. Es handelt sich um die Glückssuche einer Minderheit von Privilegierten, während die Majorität ihre Ansprüche auf Glück preisgeben muß. Die fortgeschrittene psychologische Einsicht Dantons in die Aporien der Revolution erklärt seine Handlungslähmung. Dantons Bedürfnis nach Ruhe, Vergessen und Entgrenzung im Liebesrausch, ja Auflösung im Tod – all das ist auch Ausdruck eines Dilemmas nicht nur der politischen und wirtschaftlichen Entwicklung, sondern auch des handlungsleitenden, ja des utopischen Wissens. Das Vermögen dieser revolutionären Gesellschaft, ihre Probleme zu lösen, hat sich erschöpft, die Selbstwidersprüche sind manifest geworden, ohne daß sich ein Neuansatz abzeichnete.

Die *Liebe* im ›Danton‹ ist, wo sie »das carreau« zeigt, in dieselben Aporien von Macht, Unterwerfung und Verschiebung verstrickt; wo sie »das coeur«[34] zeigt, nicht von dieser Welt, allenfalls im Wahnsinn (Lucille) oder im metaphorischen Liebestod (Lucille, Danton, Julie), also in pathologischen oder in uneigentlich-semiotischen Verkehrungen dieser Welt zu finden. Wo die Liebe bei Büchner problematisiert wird, geschieht dies vor allem anhand der Frauenfiguren – Marion im ›Danton‹, Rosetta in ›Leonce und Lena‹, Marie im ›Woyzeck‹ – und am Beispiel verzerrter Familienkonstellationen – Friederike und Mutter, denen Todeswünsche des Titelhelden gelten, und Madame Oberlin im ›Lenz‹. Daß Büchner die Themen Liebe und Erotik in seinem legendären ›Aretino‹, von dem nie eine Zeile gefunden, der brieflich nie ausdrücklich erwähnt wurde, einmal ins Zentrum gerückt haben soll, ist eine naheliegende Spekulation. Sie gewinnt durch die denkbare Verknüpfung mit dem politischen Thema der karnevalesken Volks- und Lachkultur der frühen Neuzeit an Reiz. Abgesehen von den quellenkritischen Zweifeln ist ihre Wahrscheinlichkeit dennoch gering, weil diese Verknüpfung bereits in ›Leonce und Lena‹ kritisch beleuchtet wird.

Dantons Faszination durch Regression und Morbidität wird nicht entfaltet, um eine allgemeine Menschennatur literaturfähig zu machen, sondern steht in einem konkreten historischen Bedingungsgefüge. Büchners ›Lenz‹ widmet sich ebenso historischen Konstellationen und erzählt weder vom überzeitlichen Zusammenhang zwischen Genie, Leid und Wahnsinn, noch gibt er novellistisch eine Schizophreniestudie nach einem unerhörten Individualschicksal. Nachdem Büchner im ›Danton‹ gezeigt hat, wie sich die politischen Akteure das Erbe der alten Ordnung aneignen, indem sie die Dispositive der Macht neu gruppieren, während der Armut allemal nur der Hunger bleibt, erzählt er im ›Lenz‹, wie potentielle Revolutionäre auf vorgegebene Ordnungsmuster reagieren. Hatte die große Stadt Paris eigenständige junge *Männer* ohne Eltern und Kinder als Kontrahenten der politischen Agitation erlebt, verlagert die Erzählung ihren Ort in die erhabene Gebirgsnatur und zeigt den *Jüngling*, der sich von der Herkunftsordnung endgültig lösen und sich in einem eigenen Lebensentwurf etablieren will. Was im hohen Monologanteil des Dramas angelegt war, wird im Erzähltext forciert, der die psychische Komplexität steigert und das im sozialen Kontakt nicht mehr Wahrnehmbare, das nicht mehr Bewußtseinsfähige, mit einbezieht. Büchner schafft sich so die Voraussetzung zur Analyse des Scheiterns der Literaturrevolution im Sturm und Drang. Er konzentriert sich wiederum auf die Sprecherseite, diesmal auf das Scheitern eines Literaten. Seit der Juli-Revolution versprach sich nicht nur Heine von der Theorie-Praxis-Verbindung zwischen deutscher Philosophie und französischer Politik durchschlagende Effekte auf die deutschen Verhältnisse. Büchners Analyse der großen Revolution hatte dagegen die Mängel dieser Vorstellung offenbar werden lassen. Weil schon diese revolutionäre Situation auf Selbstwidersprüchen beruhte, führte seine Suche nach vorbildhaften Konstellationen Büchner nochmals weiter zurück zu einem Wendepunkt der Denkgeschichte: dem Sturm und Drang. In Goethes ›Dichtung und Wahrheit‹ (III. Teil, 11. und 14. Buch) war von dem Stürmer und Dränger Jakob Michael Reinhold Lenz (1751–1792) ablehnend die Rede; Tiecks Werkausgabe hatte ihn 1828 in Erinnerung gebracht. Weitere Quellen flossen Büchner reichlich über seinen Freund August Stoeber zu. Stoebers Vater, Schüler und Biograph (1831) Oberlins, hatte aus dessen Nachlaß auch den Bericht über Lenzens Aufenthalt bei Oberlin im Januar 1778 gezogen. Wie schon im ›Danton‹ und wieder im ›Woyzeck‹ ist ein Gutteil des ›Lenz‹ aus Quellen gearbeitet, die Büchner zusammenzieht, gegen den Strich liest und radikal interpretiert. Mit dem ›Lenz‹-Projekt thematisiert Büchner den erstmaligen Legitimationsversuch von Leidenschaft und Körperlichkeit, von politischem Handeln in und durch Literatur. Das Aufklärungsdenken hatte sich angesichts der Statik des politisch-sozialen Feldes um 1770 im Sturm und Drang radikalisiert. Mit dieser Etappe der Rehabilitation der Sinnlichkeit wurde erstmals eine Jugendgeneration zum legitimen Träger geschichtlichen Fortschritts und autonome Literatur zum einzig angemessenen Ort seiner Verwirklichung; denn hier kann sowohl individualisierende und überkommene Grenzen überschreitende Leidenschaft sich artikulieren als auch die neue Ordnung in Lebenswelt umgesetzt erscheinen. Lenz wird vorgeführt mitten im Autonomieprogramm der Goethezeit: Er hat seine Herkunftsfamilie verlassen, befindet sich auf Reisen, in einem Raum reduzierter sozialer Reglementierung, Voraussetzung von Selbstfindung, Partner- und Berufswahl [→ Heigenmoser: Bildungsroman, 151 f.]. Doch endet diese Phase des Übergangs hier nicht in selbstgewählter sozialer Reintegration am lokal wie ideologisch anderen Ort, vielmehr ist sie gescheitert, als Lenz die Kutsche besteigen muß, die ihn in die Einflußsphäre der väterlichen Ordnung zurückholt. Gründe für diesen regressiv-zirkulären statt progressiven Verlauf finden sich sowohl im Subjekt selbst als auch im von ihm gesuchten Naturraum. Beide erweisen sich als kolonisiert von Stellvertretungen der Ordnung des Vaters. Büchner deckt damit sowohl die Problematik des maßgeblichen anthropologischen und narrativen Modells der Goethezeit auf, indem er der Sozialisation des Jünglings und der ihr korrespondierenden Biographieerzählung des Initiationsromans durch sein Fragment die herkömmliche Abrundung versagt. Er nimmt darüber hinaus kritisch Stellung zu den Versuchen seiner Zeitgenossen, Familie als Ort zu entwerfen, an dem die epochale Krise zu lösen ist, in die die Konzepte der Sozialisation und der sozialen Kontrolle geraten sind [→ Lukas, Novellistik, 254 ff., 265 ff.].

Als am 20. Januar 1778 Oberlin Lenz mit der Frage begrüßt, »ist er nicht gedruckt?«[35], wird nicht nur der Dichter sofort auf seine Verzeichnung in archivalischen Ordnungen reduziert[36], denn es ist eine Oberlin mehr als ähnliche Figur, deren Rolle und Funktion im ›Landprediger‹ Lenzens, gedruckt 1777, dargestellt werden. Der historische Lenz hatte in seiner Erzählung ›Der Landprediger‹ einen positiven Gegenentwurf glückender Verbindung von Autonomie und sozialer Integration geschaffen zu dem vollständigen erotischen und sozialen Scheitern eines Stürmers und Drängers, gipfelnd im Selbstmord, den er ein Jahr vorher ebenfalls in einer Erzählung – ›Zerbin‹ – dargestellt hatte. Dieser Zusammenhang von Fiktion und Realität verdeutlicht, warum Oberlin dem von Büchner dargestellten Lenz so sehr als Identifikationsfigur erscheinen kann. Indem Büchner seine Figur Lenz die Differenz zwischen dem selbstgeschaffenen Bild einer Landpredigerexistenz und dem realen Oberlin erleben läßt, gelingt es ihm, den Landprediger als unhaltbares Idealkonstrukt nachzuweisen. Die Erzählung führt vor, wie das biographische Orientierungsangebot ›Landprediger‹/Oberlin sich als undurchführbare Synthese erweist und zerbricht: der autonomen Schaffung einer eigenen Lebenswelt mit Gründung einer eigenen Familie widersprechen die dabei zugrundeliegenden Normen und Strukturen der Vaterwelt. ›Lenz‹ macht deutlich, wiewet die Sozialisation in der Familie den Gefühlshaushalt, ja die gesamte Psyche des einzelnen modelliert und wiewet Emanzipationsprojekte, die nur die politische und soziale Ebene berücksichtigen, diese Dimension verfehlen. Der äußere Naturraum, in den Lenz flieht, um Ruhe zu finden, erweist sich durch Oberlins Wirken und

Rede bereits ebenso von der Ordnung, die der Vater vertritt, besetzt wie Lenzens innere Natur. Lenzens Natursuche durch Entgrenzung von Ich und Nicht-Ich deckt überall eine der Kultur geschuldete Formung auf.

V. Lachkultur und Subversion

›Leonce und Lena. Ein Lustspiel‹ ist Büchners einziger Text, der nicht aus historischen Quellen gearbeitet und an konkretem Ort zu bestimmter Zeit angesiedelt ist. Dennoch führt er nicht in ein Niemandsland, sondern enthüllt allenthalben in Deutschland gültige Regularitäten. Nachdem er im ›Danton‹ die Konflikte in einem revolutionären politischen Prozeß und ihre Ursachen beleuchtet, im ›Lenz‹ auf die Problematik konkurrierender Subjektkonzepte und Lebenslaufmodelle hingewiesen hatte, wandte sich Büchner in seinem Lustspiel einem dritten Hoffnungsträger der Zeitgenossen, die Veränderungen wünschten, zu: der Literatur. Nachdem die Suche nach tragfähigen ideologisch-politischen Alternativen zur Friedhofsruhe der Restauration in ›Danton‹ und ›Lenz‹ ergebnislos verlief, prüft das Lustspiel die Chancen des ungleich bescheideneren Projekts, die bestehenden Verhältnisse zu untergraben. Dennoch ist ›Leonce und Lena‹ mehr als eine Literatursatire, die Büchners weitläufige Kenntnis der Literatur von Shakespeare über die Romantik zur Gegenwart, insbesondere des Umgangs von Literatur mit Literatur, verrät, auch mehr als eine Politsatire gegen die Misere der spätfeudalen Impertinenz deutscher Kleinstaaterei. Es handelt sich um einen experimentellen Text, der verschiedene Poetiken, ihre Mittel und Verfahren, hinsichtlich ihrer Verknüpfung von Sprechen und Handlung bilanziert und somit die politisch-sozialen Folgen von Literatur diskutiert.

Seit den zwanziger Jahren begegnen sich im Phänomen des Karnevals viele wichtige Elemente der neuen Literatur und der oppositionellen Politik. Der Karneval und sein Prinzip der Subversion, die auf den Kopf gestellte Welt, erlauben probehalber und zeitlich begrenzt die Aufhebung von Grenzen und die Vermischung sonst getrennter Bereiche. Dabei werden politische, denksystematische und ästhetische Ordnungen gleichermaßen Ziel des Witzes, des Spottes, der Zote. Die Elemente der uneigentlichen Rede und Zeichenhaftigkeit, die schon die vorherigen Texte enthielten – das (Liebes-)Spiel als (Wort-)Spiel beim (Karten-)Spiel in der Eingangsszene von ›Danton‹, das Wechselverhältnis von Imagination und Realität im ›Lenz‹ –, und die wiederkehrenden Metaphern – wie Spiegel, Maschine, Marionette, Rolle, Theater –, die das Konzept des handlungsfähigen Subjekts in der Krise zeigten, werden in der niederen Gattung zum Hauptgegenstand [→ Heigenmoser: Bildungsroman, 159 ff.]. Subjekt und Naturraum sind als emanzipatorische Hoffnungen entzaubert; das Verfahren der Literatur als Kunst, eine Gegenwelt zu schaffen, stellt die Realität auf den Kopf oder verzerrt ihre Größenverhältnisse perspektivisch. Die entstehende Gegenwelt ist keine andere, schon gar keine bessere, sondern eine homologe Abbildung der bestehenden. An dem Taugenichts Valerio wie an dem Poetenprinzen Leonce wird demonstriert, daß durch den Generationswechsel die vorgegebenen Rollen nur anders besetzt werden, während sich die Ordnung per Dekret ausbreitet und perfektioniert. Wer also in der Rehabilitation der niederen Vermögen und unterbürgerlichen Schichten durch die niedere Gattung, in der Äquivalenz von Lachen und Beißen zwar sprachloses, doch subversives Verhalten gesehen hatte, wer auf die Kunst als Medium der Veränderung gehofft hatte, wird desillusioniert. Der Text ruft in aufeinanderfolgenden Szenen ausdrücklich den im ›Landboten‹ formulierten Gegensatz zwischen den Bauern, die hier von den Autoritäten Landrat und Schulmeister als Wald/ Natur inszeniert werden, und den von nichts als ihrer Triebnatur, die die Mechanik der Etikette nur notdürftig verdeckt, geprägten Vornehmen wieder ins Gedächtnis. Dies geschieht, um die neue Ordnung ins rechte Licht zu rücken, in der die Romantiker, Taugenichts und Poet, an der Macht sind. In der Schlußszene ersetzt Leonce die Notwendigkeit der Arbeit durch die technische Apparatur der Brennspiegel, deren selbsttätiges Funktionieren unterstellt wird. Und auch Valerio grenzt die Arbeit – zurecht – als pathologisch und kriminell aus, ohne daß er mehr anbietet als eine ungeglaubte göttlich-paradiesische Lösung des Subsistenzproblems. Die Funktion der subversiven

Elemente geht im Generationswechsel mithin völlig auf. Während die alte Ordnung auch erkennbar bleibt, wo sie auf den Kopf gestellt ist, gebricht es der in arkadischen Bildern verbal postulierten neuen Ordnung an einer solchen Umkehrbarkeit ins Reale.

An dieser Stelle des Werkprozesses hat Büchner alle in der Kultur vorhandenen Instrumentarien der Veränderung und Verbesserung erprobt. Sie haben sich jedoch als widersprüchlich und ungenügend erwiesen, weil sie kulturelle Praktiken der Machtausübung verschleiern oder verstärken. Die wiederholt dargestellte Zerrissenheit von Figuren ist Ausdruck ihrer gleichzeitigen Teilhabe an sich ausschließenden ideologischen Positionen, ohne daß eine Zuflucht bei solche Kluft überbrückender romantischer Ironie noch gesucht werden kann. Und nach diesem Durchspielen aller dieser hier und jetzt denkbaren Positionen stellt sich die ebenfalls immer wieder thematisierte Langeweile ein, die nicht Überdruß angesichts eines überreichen Angebots von Lebensmöglichkeiten ist, sondern Ausdruck des Ungenügens angesichts der Defizite aller überkommenen Lebens- und Gesellschaftsentwürfe.

Aus der Perspektive des ›Landboten‹ betrachtet, haben alle drei bislang vorgestellten Texte Büchners die Seite der Sprecher als Herrn des sprachlichen Ausdrucks und der besprochenen Gegenstände analysiert. Dabei sind die handfesten Interessen ebenso deutlich geworden wie die gesellschaftlich-familiären und die individuell-psychischen Einflußfaktoren, die in den Sprechern wirksam sind. Der Ort, von dem aus sie sprechen, ist nicht der göttlich inspirierte des Propheten, sondern durchaus von dieser Welt. Erst mit dem ›Woyzeck‹ wechselt Büchner von der Seite der elitären Sprecher *über* die Armen auf deren Seite. Es gelingt Büchner nicht nur, einen Pauper vom besprochenen Objekt zur Selbstrepräsentation kommen zu lassen, ohne daß dieser – wie etwa Valerio – in utopischer Aufhebung von Klassenschranken auf die Seite der Sprecher wechselt. Vielmehr *zeigt* der Text eindringlich die Macht und Wirkungsmechanismen sozialer und diskursiver Praxen über Körper und Psyche. In seinem »einfachsten« Drama stößt Büchner damit zur komplexesten Analyse der aktuellen Gesellschaftsformation vor. Es gelingt Büchner, Ergebnisse der ideologiekritischen, der sozioökonomischen und politischen Analysen im Vormärz zu verknüpfen, indem er sie als »Prozeß der Zivilisation« (Norbert Elias) auf die Psyche und die Sprach- und Diskursreglements bezieht.

VI. Der ›Woyzeck‹

Johann Christian Woyzecks (1780–1824) Leben ist gezeichnet von den Verwerfungen, die von der Französischen Revolution, den Napoleonischen und den Befreiungskriegen ausgehen, ebenso aber auch von den Zwängen des restaurativen *roll back*. In seiner Existenz konkretisiert sich die weit- und tiefreichende Zerstörung lebensweltlicher und biographischer Sicherheiten.[37]

Als er aus allen überkommenen ideellen, sozialen und personalen Ordnungen gedrängt und in der Konstitutionsphase einer neuen Gesellschaft zerrieben wird, reagiert er mit Wahnsinn und Delinquenz. Von extremen Verlustängsten zum Mord an seiner Geliebten getrieben, beraubt er sich selbst des letzten Halts und liefert sich vollständig dem Zugriff der Ordnung aus. Es sind jedoch vor allem Psyche und Körper der begehrten, tauschwerten und gemordeten Frau, in die sich zuallererst die ungelösten Konflikte der entstehenden patriarchalischen Arbeitsgesellschaft mit Gewalt einzeichnen. Der tradierte, nicht von Büchner beglaubigte Titel des Textes lenkt dagegen davon ab, daß die Geschlechterstereotypen Woyzecks Aggression kanalisieren und gegen die Personifikation der sündigen Welt, die Frau, richten.

Der spektakuläre Fall, bevorzugter Gegenstand von Flugblatt und Bänkelsang, kann beim Publikum Wiedererkennungseffekte auslösen. Außerdem mangelt es in der Zeit nicht an gleichgelagerten Taten, und die Fachdiskussion der forensischen Psychiatrie um die Zurechnungs- und Schuldfähigkeit, die weit länger als die jeweiligen Prozesse anhält, zieht öffentliche Kreise. Verglichen mit dem ›Landboten‹ kommt hier eine ungleich modernere Konstellation des Hungers in den Blick: Der Regel folgend, daß jede neue Ordnung die abzulösende in ihrer Leistungsfähigkeit zu überbieten habe, gibt die *dargestellte* Wissenschaft – Medizin als Ernährungsphysiologie

– die Mittel zur effizientesten Ausbeutung des Körpers der unterbürgerlichen Schichten an die Hand: im Menschenversuch wird ermittelt, inwieweit sich teure tierische durch billigere pflanzliche Nahrung der Soldaten ersetzen läßt[38], ehe die psychischen und physischen Schädigungen sich als Gefahr für die Ordnung auswirken. Die *unausgesprochen vorausgesetzte* Wissenschaft – Medizin als forensische Psychiatrie – greift in diesem Moment der Gefahr ergänzend ein und attestiert dem Opfer mit der Zurechnungsfähigkeit Schuld, um sich damit als neues bürgerliches Herrschaftswissen in Konkurrenz zur staatlichen Justiz zu etablieren.[39] Der Fall Woyzeck zeigt, wie sich mehrere überkommene und neue bürgerliche Ordnungsmuster überlagern und gegenseitig verstärken. In Kraft bleibt die hergebrachte Disziplinierung des Körpers durch das adlige Institut des Militärs und seines Drills und des Geistes durch die Religion. Mit ihr eigentlich unverträglich, jedoch in der Gesellschaft wie in Woyzecks Wahnbildern koexistierend, ergänzen Verschwörungstheorien zur Französischen Revolution die ideologische Kontrolle. Hinzu tritt die neue bürgerlich-akademische Disziplinierung in Gestalt des medizinischen Wissens, das eine Diskursformation mit der staatlichen Justiz bildet. Das Programm der subtilen *Tötung durch Arbeit*, seit dem ›Landboten‹ und im ›Danton‹ virulent, wird hier konkret vorgeführt und als verknüpft mit dem Programm der Zurichtung von Körpermaschinen nachgewiesen. Diese Art des Dargestellten erzwingt die radikal neue Sprechsituation, die weitgehend auf die Einschreibung soziokultureller Konstruktionsprinzipien wie Linearität und Kohärenz in Biographie, Szenenfolge und Handlungsablauf durch eine auktoriale Instanz verzichtet. Statt dessen kommt eine Selbstrepräsentation der Figur zum Tragen, jedoch ohne emanzipatorisches oder utopisches Moment, welches sich allenfalls wieder einer situationsexternen Sprechinstanz verdanken könnte. Der Text bekommt so die Qualität einer anatomischen Demonstration. Die vorgeformte Sprache, die derart kenntlich wird, wird auch von den Sprechern nicht beherrscht, denen sie Machtpositionen zuordnet, sondern unterwirft gleichermaßen diese Träger sozialer Rollen und Funktionen wie die ihnen untergeordneten Positionen im sozialen Schichtengefüge. Die soziokulturell vorgeformte Sprache unterwirft alle Figuren anonymkollektiver Prozessualität, so daß eine ihr gegenüber transzendente Subjektposition verneint wird, die per se – zumindest sprachlich-intellektuell – über Interventionsmöglichkeiten in den sozialen und Geschichtsprozeß verfügt. Büchner geht mit dieser Sprachkritik über seinen berühmten ›Fatalismus-Brief‹ vom März 1834 an seine Braut Minna Jaeglé hinaus, wo er noch glaubt, daß in der Geschichte ein »ehernes Gesetz« wirksam ist, das zwar nicht den Ruhm der Beherrschbarkeit, jedoch den der Erkennbarkeit gewährt.[40] Voraussetzung von Ruhm wird jetzt die analytische Arbeit an den Dispositiven der Macht, in deren Griff sich Sprecher wie zum Objekt erniedrigte Besprochene gleichermaßen befinden. Diese Sprachkritik vertieft auch die Revisionen am ideologischen Komplex *Volk*, dessen verschiedene interessegeleitete Deutungen Büchner im ›Landboten‹ wie in ›Leonce und Lena‹ bereits dargestellt hat. Volk wird hier als Konstrukt vorgeführt, das zur Einübung von Normen wie der der Selbstbescheidung unterbürgerlicher Schichten dient. Anhand der volkstümlichen Medien der Kommunikation von Wissen wie Jahrmarkt, Märchen und Bibel/Schule/Kirche wird gezeigt, wie sie unter den Einfluß solcher Konstrukte geraten. Vor allem die defekte Sprache der Figuren, die die Präsenz von Herrschaftswissen mit der Absenz seiner Wohlgeformtheit verbindet, schafft Brüche, an denen die Kritik ansetzen kann. Entgegen den romantischen Kunstmitteln der ironischen und satirischen Subversion, die Büchner in ›Leonce und Lena‹ kritisiert, versucht er hier zu einer anderen Art Literatur vorzustoßen. Seine nicht romantische Deutung von Volk führt dieses wieder als soziale (Dialekt unterbürgerlicher Schichten) und transnationale (Soziolekt der Fahrenden) Kategorie ein. Es fungiert als Träger von Mischformen, die auf eine neue Konzeption von Literatur verweisen, wo die Exklusivität von Gegenständen und Publika aufgehoben und damit die Basis einer emanzipatorischen Selbstverständigung geschaffen wird. So entsteht eine Literatur, die Büchners gegenüber Gutzkow geäußertem Monitum gerecht wird: »Die Gesellschaft mittelst der *Idee*, von der *gebildeten* Klasse aus reformieren? Unmöglich!«[41] Auf der Grundlage von Büchners Einsichten in die Wirkmechanismen der Macht verwundert es nicht, daß die ›Woyzeck‹-Rezeption schon von Büchners Bruder Ludwig behindert wird, der den Text nicht in seine Edition aufnimmt und in Karl Emil Franzos' Erstausgabe vor deren Erscheinen glättend und zensierend einzugreifen versucht.[42] Das spricht beredt von anderen literarischen und sozialen Präferenzen in der Gesellschaft um und nach 1850.

Über der Arbeit am ›Woyzeck‹ stirbt Georg Büchner am 19. Februar 1837 im Züricher Exil an Typhus, der Krankheit der durch Arbeit Ausgebeuteten. Nur vier Tage später erliegt Friedrich Ludwig Weidig im Darmstädter Gefängnis den psychophysischen Deformationen, die ihm der Justizapparat in zweijähriger Haft zugefügt hat, in die er wegen seiner Beteiligung am ›Landboten‹ geraten war.

Anhang

Anmerkungen

Einleitung

1 »Vorwort und Ankündigung zu dem 2. Jahrgange des ›Vorwärts‹«. In: Jg. 1 (1844), Nr. 97; zit. nach Estermann, *Literaturzeitschriften* (I), Bd. 7, 354 f. (Nr. 7.317).
2 *Heine, Sämtliche Schriften* (IV), 5, 449.
3 Ebd., 3, 465.
4 Claus-Michael Ort: Literarischer Wandel und sozialer Wandel: Theoretische Anmerkungen zum Verhältnis von Wissenssoziologie und Diskursgeschichte. In: Michael Titzmann (Hrsg.): Modelle des literarischen Strukturwandels (Studien und Texte zur Sozialgeschichte der Literatur, Bd. 33). Tübingen 1991, 367–394 (Zitat: 376).

Peter Stein: Sozialgeschichtliche Signatur 1815–1848

1 Zit. nach *Wehler, Gesellschaftsgeschichte* (II, 1), II, 3.
2 Ebd., I, 7.
3 Ebd., II, 33 ff.; 552.
4 *Nipperdey, Deutsche Geschichte* (II, 1), 42.
5 Ebd., 217.
6 *Wehler, Gesellschaftsgeschichte* (II, 1), II, 590 f.
7 *Fischer, Sozialgeschichtliches Arbeitsbuch* (II, 1), 80 f.
8 *Kocka, Bürgertum* (II, 1), I, 20, 13.
9 *Wehler, Gesellschaftsgeschichte* (II, 1), II, 175.
10 Vgl. *Kocka, Bürgertum* (II, 1), I, 60 ff. Der Begriff »Bildungsbürger« ist erst im 20. Jh. geprägt worden, vgl. Ulrich Engelhardt: ›Bildungsbürgertum‹. Begriffs- und Dogmengeschichte eines Etiketts, Stuttgart 1986, 189 ff.
11 Vgl. Hans Liebeschütz/Arnold Paucker (Hrsg.): Das Judentum in der deutschen Umwelt 1800–1850. Studien zur Frühgeschichte der Emanzipation. Tübingen 1977.
12 *Kocka, Bürgertum* (II, 1), I, 63.
13 *Wehler, Gesellschaftsgeschichte* (II, 1), II, 175.
14 *Kocka, Bürgertum* (II, 1), 28; daselbst auch die oben zusammengefaßten Elemente des Ensembles.
15 Vgl. *Fischer, Sozialgeschichtliches Arbeitsbuch* (II, 1), 52 f.
16 Ernst Rudolf Huber: Deutsche Verfassungsgeschichte seit 1789, Bd. I: Reform und Restauration 1789 bis 1830. Stuttgart 1957, 35.
17 Vgl. Ernst Rudolf Huber (Hrsg.): Dokumente zur deutschen Verfassungsgeschichte. Bd. 1. Stuttgart ³1978, 132–149.
18 Vgl. dazu *Wehler, Gesellschaftsgeschichte* (II, 1), II, 440–457; *Nipperdey, Deutsche Geschichte* (II, 1), 313–319.

19 Nur in der schmalen Schicht der industriellen Wirtschaftsbourgeoisie wurden seit den 40er Jahren Liberalismus, Kapitalismus und politische Reform als stimmige Einheit betrachtet; ihre Wortführer waren Unternehmer und Fabrikanten aus den neuen Industrieregionen (z. B. David Hansemann, Gustav Mevissen, Ludolf Camphausen), die das Mißverhältnis von wirtschaftlicher und politischer Macht im Staate nicht mehr hinnehmen mochten.

20 *Wehler, Gesellschaftsgeschichte* (II, 1), II, 423.

21 Lothar Gall: Liberalismus und ›bürgerliche Gesellschaft‹. In: Ders. (Hrsg.): Liberalismus. Köln 1976, 176. Galls vieldiskutierter These, die den Frühliberalismus von vor 1848 positiv abhebt gegenüber dem klassengebundenen Liberalismus danach, widersprach Wolfgang J. Mommsen: Der deutsche Liberalismus zwischen ›klassenloser Bürgergesellschaft‹ und ›Organisiertem Kapitalismus‹. Zu einigen neueren Liberalismusinterpretationen. In: Geschichte und Gesellschaft 4 (1978), 77–90.

22 *Nipperdey, Deutsche Geschichte* (II, 1), 308.

23 Vgl. die Nürnberger Feier des 300. Todestages von Dürer 1828, das Hambacher Fest 1832, das Mainzer Gutenbergfest 1840, das Kölner Dombaufest 1842, die Versammlungen der zur protestantischen Amtskirche in Opposition stehenden »Lichtfreunde« in Köthen ab 1842, die katholische Wallfahrt zum »Heiligen Rock« in Trier 1844 mit 500 000 Teilnehmern und den antirömischen Protest der sog. Deutschkatholiken dagegen, das 1. deutsche Schriftstellertreffen 1845 in Leipzig, den 1. Germanistentag 1846 in Frankfurt, die überregionalen Sänger- und Turnfeste ab 1846 sowie die verschiedenen Schriftsteller-Denkmalseinweihungen.

24 Vgl. Norbert Deuchert: Vom Hambacher Fest zur badischen Revolution. Politische Presse und Anfänge deutscher Demokratie 1832–1848/49. Stuttgart 1983, 25 f.

25 *Langewiesche, Europa* (II, 1), 1.

26 *Nipperdey, Deutsche Geschichte* (II, 1), 651.

27 Peter N. Stearns; zit. nach *Langewiesche, Europa* (II, 1), 168.

28 Vgl. dazu Helmut Hartwig/Karl Riha: Politische Ästhetik und Öffentlichkeit. 1848 im Spaltungsprozeß des historischen Bewußtseins. Fernwald 1974

Germaine Goetzinger: Situation der Autorinnen und Autoren

1 *Wehler, Gesellschaftsgeschichte* (II, 1), II, 7 ff.

2 Hermann Hauff: Gedanken über die moderne schöne Literatur. In: Deutsche Vierteljahrsschrift 1840, 3. Heft, 244–286 (265 f.).

3 Ebd.

4 *Sengle, Biedermeierzeit* (II, 2), II, 28.

5 *Sengle, Biedermeierzeit* (II, 2), I, 98.

6 Karl-Ernst Jeismann: Zur Bedeutung der »Bildung« im 19. Jahrhundert. In: *Jeismann/Lundgreen, Bildungsgeschichte* (II, 1), Bd. 3, 7.

7 Vgl. Sigrid Weigel: »‹...› führen jetzt die Feder statt der Nadel.« Vom Dreifach-

charakter weiblicher Schreibarbeit – Emanzipation, Erwerb und Kunstanspruch. In: Brehmer, Ilse et al. (Hrsg.): Frauen in der Geschichte IV. »Wissen heißt leben ⟨...⟩« Beiträge zur Bildungsgeschichte von Frauen im 18. und 19. Jahrhundert. Düsseldorf 1983, 347–367.
8   Vgl. *Möhrmann, Frau* (III, 2), 43.
9   Robert Prutz: Die deutsche Literatur der Gegenwart 1848–1858. Leipzig 1859, Bd. 2, 252.
10 Novellenzeitung Nr. 176 vom 10. 11. 1847.
11 Vgl. *Hahn, Name* (III, 2).
12 ⟨Louise Dittmar:⟩ Bekannte Geheimnisse. Darmstadt 1845.
13 Louise Dittmar: Der Mensch und sein Gott in und außer dem Christenthum. Von einem Weltlichen. Offenbach/M. 1846.
14 Fanny Lewald: Meine Lebensgeschichte. 3 Bde. Hrsg. v. Ulrike Helmer. Frankfurt/M. 1989, Bd. 3: Befreiung und Wanderleben, 138 f.
15 Ebd., 5.
16 Louise Otto-Peters: Erklärung und Geständnis. In: *Boetcher Joeres, Louise Otto-Peters* (IV), 85 f.
17 ⟨Friedrich Daumer:⟩ Der politische Roman. In: Beilage Nr. 99, Allgemeine Zeitung vom 9. 4. 1850, 1579.
18 Gisela Brinker-Gabler: Einleitung. In: Fanny Lewald: Meine Lebensgeschichte. Hrsg. v. Gisela Brinker-Gabler. Frankfurt/M. 1980, 9–30, 18.
19 *Droste-Hülshoff, Werke und Briefwechsel* (IV), 10/1, 135.
20 Lewald, Lebensgeschichte (s. Anm. 14), 3, 113 f.
21 Vgl. *Rheinberg, Lewald* (IV), 138 ff.
22 Fanny Lewald: Zwölf Bilder nach dem Leben. Berlin 1888, 201.
23 Vgl. Regula Venske: Nachwort. In: Lewald, Lebensgeschichte (s. Anm. 14), 3, 313.
24 Vgl. z. B. *Goetzinger, Aston* (IV), 49 und 168.
25 *Sengle, Biedermeierzeit* (II, 2), I, 102.
26 Vgl. Eulalie Merx: Blätter aus dem Tagebuch einer Christin. Magdeburg 1847.
27 ⟨Johann Gottfried Hoche:⟩ Des Amtsmanns-Tochter von Lüde. Eine Wertheriade für Aeltern, Jünglinge und Mädchen. Bremen 1797, 2.
28 Johann Gottfried Hoche: Vertraute Briefe über die jetzige abentheuerliche Lesesucht und über den Einfluß derselben auf die Verminderung des häuslichen und öffentlichen Glücks. Hannover 1794.
29 Zwei Schwestern. In: Der Leuchtthurm, 5, 1848, 42.
30 Vgl. Magdalene Heuser: Stationen einer Karsch-Nachfolge in der Literatur von Frauen des 18. Jh.s. Caroline Klencke, Helmina von Chézy und Therese Huber. In: Anke Bennholdt-Thomsen und Anita Runge: Anna Louisa Karsch (1722–1791). Von schlesischer Kunst und Berliner Natur. Ergebnisse des Symposions zum 200. Todestag der Dichterin. Göttingen 1992, 149–161. Vgl. weiter Irina Hundt: Wäre ich besonnen, wäre ich nicht Helmina. Helmina von Chézy (1783–1856) – Porträt einer Dichterin und Publizistin. In: *Brandes/Kopp, Autorinnen des Vormärz* (III, 2), 43–79.
31 *Sengle, Biedermeierzeit* (II, 2), I, 102.
32 *Droste-Hülshoff, Werke und Briefwechsel* (IV),10/1, 88 f.

33 Vgl. *Vahl/Fellrath, Herwegh* (IV), 15 f.
34 *Schillbach/Dambacher, Schwab* (IV), 75 f.
35 *Schillbach/Dambacher, Schwab* (IV), 76.
36 Vgl. *Waiblinger, Werke* (IV), 5/1, 30 und 134.
37 ⟨Hermann Hauff:⟩ Ein Wort über deutsche Belletristik. In: DVjs, 4, 1843, 291–324 (313).
38 Ebd., 315.
39 Karl Gutzkow: Vergangenheit und Gegenwart 1830–1838. In: *Gutzkow, Werke* (IV), 8, 120.
40 Hauff, Gedanken (s. Anm. 2), 281 f.
41 *Heine, Säkularausgabe* (IV), 9, 259.
42 *Ziegler, Heine* (IV), 72.
43 *Heine, Säkularausgabe* (IV), 9, 353.
44 Zit. nach Gerhard Friesen: Karl Gutzkow und Heinrich Hoff. Zu einer vormärzlichen Kontroverse über Preisherabsetzungen im Buchhandel. In: Archiv für Geschichte des Buchwesens. Bd. XXI, Sp. 750–767 (763).
45 Hauff, Belletristik (s. Anm. 37), 305.
46 Ebd.
47 *Schillbach/Dambacher, Schwab* (IV), 51.
48 *Schillbach/Dambacher, Schwab* (IV), 78.
49 Hauff, Belletristik (s. Anm. 37), 311.
50 *Ziegler, Campe* (III, 2), 277.
51 *Goetzinger, Louise Aston* (IV), 87.
52 *Heine, Säkularausgabe* (IV), 21, 194.
53 Zit. nach Friesen, Preisherabsetzungen (s. Anm. 44), 766.
54 *Heine, Säkularausgabe* (IV), 21, 119.
55 Vgl. *Ziegler, Campe* (III, 2), 188 ff.
56 *Heine, Säkularausgabe* (IV), 24, 189.
57 Louise Aston: Meine Emancipation, Verweisung und Rechtfertigung. Brüssel 1846, 51 und 49.
58 Vgl. *Ziegler, Zensur* (II, 1), 98 ff.
59 Robert Prutz: Gedichte. Leipzig ⁴1857, 386.
60 *Heine, Säkularausgabe* (IV), 21, 172.
61 *Heine, Säkularausgabe* (IV), 4, 258.
62 *Heine, Säkularausgabe* (IV), 8, 63.
63 *Briegleb, Schriftstellernöte* (IV), 146.
64 *Bellmann, Botschaften* (IV).
65 *Heine, Säkularausgabe* (IV), 20, 383.
66 *Heine, Säkularausgabe* (IV), 20, 396–410.
67 Adalbert Stifter: Über Stand und Würde des Schriftstellers. In: Constitutionelle Donauzeitung. Hrsg. v. Ignaz Klang, Nr. 7 vom 7. 4. 1848, 55 f.
68 Vgl. *Fliegner, Mörike* (IV), 3 ff.
69 Vgl. *Hauschild, Büchner* (IV), 518 ff.
70 Vgl. *Steiner, Glaßbrenner* (IV), 38 ff.
71 Vgl. Konrad Kratzsch: »Fragt sich nur, woher Brot nehmen ⟨...⟩« Ein Jahr im Le-

ben Friedrich Hebbels. In: Hebbeljahrbuch 49 (1994), 27–47; Ludwig Stockinger: Künstler nach dem »Ende der Kunst«? Friedrich Hebbels Selbstverständnis als moderner Schriftsteller. In: Hebbeljahrbuch 50 (1995), 115–153.
72 Vgl. die Beschreibung des Stuttgarter Milieus in: *Fliegner, Mörike* (IV), 114 ff.
73 Vgl. *Fallbacher, München* (III, 2), 56 ff.
74 Theodor Fontane: Christian Friedrich Scherenberg und das literarische Berlin von 1840 bis 1860. In: Theodor Fontane: Sämtliche Werke. Hrsg. v. Walter Keitel u. Helmuth Nürnberger. München 1969–1997, Abt. III, Bd. 1, 581–733, 601.
75 Vgl. *Berbig, Tunnel* (III, 2).
76 Vgl. Paul Heyse: Jugenderinnerungen und Bekenntnisse. Berlin 1900, 86.
77 Vgl. *Hanson, Muse* (III, 2), 73 ff.
78 Vgl. Josef Kiermeyer-Debré und Fritz F. Vogel: Der Volksschiller. Gesänge aus der Ludlamshöhle. Wien 1996.
79 Vgl. z. B. zu den Salons von Clara Mundt-Mühlbach und Elisa Gräfin Ahlefeld *Wilhelmy, Salon* (II, 1), 160 ff.
80 Fontane, Scherenberg (s. Anm. 74), 601.
81 Ernst Dronke: Die Sklaven der Intelligenz. In: Aus dem Volk & Polizeigeschichten. Frühsozialistische Novellen. Köln 1981, 125–175, 138.
82 Wilhelm Heinrich von Riehl: Die bürgerliche Gesellschaft. Stuttgart 1851, 299 ff.
83 Vgl. *Stegers, Literatenverein* (II, 1), 243 ff.
84 Augsburger Allgemeine Zeitung Nr. 32 vom 12. 5. 1851.
85 Vgl. *Stegers, Literatenverein* (II, 1), 297 ff.
86 Heinrich Wuttke: Über die Notwendigkeit einer Annäherung der deutschen Schriftsteller untereinander. In: *Stegers, Literatenverein* (II, 1), 357–359.
87 *Stegers, Literatenverein* (II, 1), 318.
88 *Sengle, Biedermeierzeit* (II, 2), I, 645 ff.

Ulrich Schmid: Buchmarkt und Literaturvermittlung

1 Die im Text gebotenen Daten entstammen in erster Linie der ausgezeichneten Zusammenfassung Ilsedore Rarischs, die zahlreiche ältere Forschungsergebnisse aufarbeitete und durch eigene Untersuchungen ergänzte (*Rarisch, Industrialisierung* (II, 1)). – Die Zahl der Neuerscheinungen ist allerdings nur begrenzt als Indikator für den Umfang der literarischen Produktion brauchbar, da die Titelmenge zum einen nichts über die von einem einzelnen Werk hergestellte Auflage aussagt, zum anderen aber eine bloße Zählung nach Titeln gerade die zu Beginn des 19. Jahrhunderts stark zunehmenden Buchreihen nicht erfaßt. Diese Nachdrucke oder Übersetzungen bereits erfolgreicher Werke umfassen nicht selten Hunderte von Einzelbänden pro Serie. Trotz dieser Einschränkungen liefern die Titelzahlen zumindest grobe Tendenzen der Produktions- und Nachfrageentwicklung.
2 *Rarisch, Industrialisierung* (II, 1), 21.
3 Ebd., 23.
4 Ebd., 28; Werner Lenz: Kleine Geschichte großer Lexika. Gütersloh 1972. 52; *Wolf, Schwarze Kunst* (II, 1), 200 ff.

5 *Kuhn, Cotta* (III, 2), 67; ebd. weitere Angaben zu den Auflagenhöhen in Cottas Verlag; zu Heines Auflagen bei Julius Campe vgl. *Ziegler, Campe* (III, 2), 98 ff.
6 *Ziegler, Campe* (III, 2), 200, Anm. 455, beschreibt (nach Reinhard Wittmann) die übliche Berechnung der Standardauflage von 2000 Exemplaren: 1500 Exemplare für den Leihbibliotheksbedarf und 500 für den freien Verkauf und den Versand an Rezensenten.
7 Ausführlich zur Frage der »Auflagenstrategie«: *Ziegler, Campe* (III, 2), 192 ff.
8 *Gerhardt, Buchdruck* (II, 1), 88–98; grundlegend: *Wolf, Schwarze Kunst* (II, 1).
9 Die Kapazität der Zylinderpresse wurde von anfangs ca. 1000 bedruckten Bogen pro Stunde bis zu den vierziger Jahren auf etwa 4000 Bogen gesteigert (Handpresse: etwa 300 Bogen pro Stunde); mit dieser Erhöhung der Produktion war eine Einsparung an Personal verbunden, da zum Druck nur noch ein »Maschinenmeister« mit an- oder ungelernten Hilfskräften (meist Kinder) benötigt wurde. Zu Cottas Dampfschnellpresse vgl. Roger Münch: Verlag und Druckerei Cottas in Augsburg. In: *Augsburger Buchdruck und Verlagswesen* (II, 1), 1063–1080.
10 Die Kosten für Königs Zylinderschnellpresse wurden zuerst v. a. von Zeitungsverlegern investiert, bei denen die Herstellungs*zeit* ein wichtiger Kostenfaktor war; vgl. die Liste bei Münch (s. Anm. 9), 1078.
11 *Wolf, Schwarze Kunst* (II, 1), 198 ff.
12 *Gerhardt, Buchdruck* (II, 1), 110, nennt folgende Zahlen: um 1815 kostete in England die einfachste Presse Königs 900 Pfund plus 250 Pfund Lizenzanteil, während eine Stanhope-Maschine (Tiegelpresse) 95 Pfund erforderte. Cotta bezahlte für seine Dampfschnellpresse 1825 13 333 Taler; die Einrichtungskosten betrugen zusätzlich 2666 Taler. »Diese neue Maschine ersparte aber pro Monat 300 Taler bei Gesamtdruckkosten von 217 Talern (die mit der Handpresse also 517 betragen hätten).« (*Kuhn, Cotta* (III, 2), 154).
13 *Rarisch. Industrialisierung* (II, 1), 29. – Zahlreiche Details zur Einführung der Druckmaschinen nach 1815 liefert *Wolf, Schwarze Kunst* (II, 1), 78–119 u. 137 ff.
14 *Göres, Lesewuth* (II, 2), 148–153; *Fallbacher, Taschenbücher* (III, 2), 97–105.
15 Durch die Stereotypie waren Neuauflagen ohne erneut anfallende Satzkosten möglich, da die Druckplatten oder -zylinder nur von der Stereotypieform abgegossen werden mußten. Durch die »Gießmaschine« (1838; in Deutschland ab 1844) wurde auch das Gußverfahren beschleunigt; sie ermöglichte eine gegenüber dem herkömmlichen Guß drei- bis vierfach höhere Produktion (*Gerhardt, Buchdruck* (II, 1), 104; *Widmann, Geschichte* (II, 1), 127; *Fallbacher, Taschenbücher* (III, 2), 105–108).
16 *Gerhardt, Prägedruck* (II, 1), 108–113.
17 *Rarisch, Industrialisierung* (II, 1), 32.
18 Ebd., 28.
19 *Hertel, Cotta* (III, 2), 477 f.; *Lohrer, Cotta* (III, 2), 82/88; *Widmann, Geschichte* (II, 1), 127; *Kuhn, Cotta* (III, 2), 39. Zu Cottas »Konzern«-Struktur vgl. Roger Münch: Der Verleger Johann Friedrich Cotta und die Technik seiner Zeit. In: Gutenberg-Jahrbuch 65 (1990), 213–222. – Bernhard Fischer: Der Badische Hof 1807–1830. Cottas Hotel in Baden-Baden. Marbach a. N. 1997 (Marbacher Magazin 79/1997).

20 Joseph Meyers Bibliographisches Institut besaß 1830 neben Handpressen (1838: 24) eine Königsche Schnellpresse und stand damit an sechster Stelle der Druckkapazität in Deutschland. Eine eigene Maschinenbauabteilung und 190 Beschäftigte waren »für den Bedarf des Instituts in voller Thätigkeit« (Buchbinderei 28; Stahlstichherstellung 27; Kunst-Druck-Abteilung 16, zwei Papierfabriken in Rheinhessen 80–90) (*Sarkowski, Bibliographisches Institut* (III, 2), 30).

21 *Rarisch, Industrialisierung* (II, 1), 33. – Bis weit ins 19. Jh. hinein wurden Bücher als Broschurbände geliefert und verkauft; der Kunde ließ sie dann nach seinen persönlichen Vorstellungen (nicht selten einheitlich) binden (*Göres, Lesewuth* (II, 1), 36).

22 *Straßenecken-Literatur* (II, 2), 26.

23 1822 teilte Friedrich Christoph Perthes in 206(!) eigenhändigen Briefen die Aufgabe seines Sortiments allen seinen Geschäftsfreunden mit (*Goldfriedrich, Geschichte* (II, 1), IV, 216 f.).

24 *Sarkowski, Bibliographisches Institut* (III, 2), 18 ff.

25 Brief Julius Campes an Heine, 11. 5. 1854. Zit. nach *Ziegler, Campe* (III, 2), 199.

26 Eine ausführliche Darstellung der Buchhandelsdelegation beim Wiener Kongreß bietet *Hertel, Cotta* (III, 2), 375–398. Zum Urheberrecht im Vormärz vgl. *Vogel, Urheberrechtsgeschichte* (II, 1), v. a. 131–158; *Bosse, Autorschaft* (II, 1), 111–120 (Entgegen seinem Untertitel beschreibt Bosse nur am Rande die »Entstehung des Urheberrechts«; weit größeren Raum nimmt bei ihm die Vorgeschichte dieser Entstehung im 18. Jh. ein).

27 Friedrich Christoph Perthes: Der deutsche Buchhandel als Bedingung des Daseyns einer deutschen Literatur. Hamburg 1816 (Neudruck, hrsg. v. Gerd Schulz. Stuttgart 1967).

28 *Schulz, Programme* (II, 1), 58.

29 *Widmann, Geschichte* (II, 1), 129.

30 *Schulz, Programme* (II, 1), 55 f.

31 Perthes (s. Anm. 27), 49–53.

32 Ernst Dronke: Die Sklaven der Intelligenz. In: E. Dronke: Aus dem Volk. Frankfurt/M. 1846 (Zitat: S. 241 – Neudruck Köln: c. w. leske 1981, 140). Ähnlich argumentiert auf der anderen Seite des politischen Spektrums Wolfgang Menzel: Die »vacirenden Schriftsteller sind schon jetzt eine empfindliche Last für den Verlagshandel ⟨...⟩ Es sind unbeschäftigte oder schlecht bezahlte Fabrikarbeiter, eine gefährliche Klasse.« (Literaturblatt zum Morgenblatt, 1838, Nr. 1, 2).

33 Julius Campe an Heine, 26. 8. 1852 (zit. nach *Ziegler, Campe* (III, 2), 200).

34 Mit Ausnahme der Korrespondenzen Cottas und des Briefwechsels Heine/Campe sind diese Quellen noch kaum publiziert bzw. ausgewertet; vgl. *Wittmann, Buchmarkt* (III, 2), 232 ff.

35 *Sengle, Biedermeierzeit* (II, 2), II, 42.

36 Brief Heines an Friedrich Merckel, 24. 10. 1829 (zit. nach *Ziegler, Campe* (III, 2), 276 = HSA, 20, 365) – Grundlegend zum Thema *Ziegler, Buchgestaltung* (III, 2).

37 Conversations-Lexikon der Gegenwart, Bd. IV, 2. Leipzig 1842: F. A. Brockhaus, 468.

38 *Börne, Sämtliche Schriften* (IV), Bd. I, 667.

39 *Peek, Morgenblatt* (III, 2), 1438.
40 *Estermann, Literaturzeitschriften* (I), Bd. I, XVI.
41 *Giese, Pressegesetzgebung* (III, 2), Sp. 437–462 (v. a. 460).
42 Beispiele bei *Estermann, Literaturzeitschriften* (I), Nr. 4. 125 (Bd. 4), Nr. 7. 239 (Bd. 7), Nr. 8. 3 (Bd. 8), u. ö.
43 *Börne, Sämtliche Schriften* (IV), Bd. 1, 670 f.
44 Conversations-Lexikon (s. Anm. 37), 479. – Vgl. auch Gustav Frank, Romane als Journal. In: Jahrbuch des Forums Vormärzforschung 1995. Bielefeld 1996, 15–21.
45 *Estermann, Literaturzeitschriften* (I), Bd. 5, 386 (Nr. 5. 193).
46 Jörg Requate: Die Entstehung eines journalistischen Arbeitsmarktes im Vormärz. Deutschland im Vergleich zu Frankreich. In: Jahrbuch des Forums Vormärzforschung 1995. Bielefeld 1996, 107–130 (Zitat: 124).
47 Ebd., 129.
48 Brief Metternichs an Friedrich von Gentz, Rom, 23. 4. 1819 (zit. nach Historisches Lesebuch 1. 1815–1871. Hrsg. u. eingel. v. Werner Pröls. Frankfurt/M. 1966, 76).
49 Conversations-Lexikon der Gegenwart, Bd. IV, 1. Leipzig 1841, 438 (*Preßfreiheit*). – Beste Übersicht zum Thema Zensur im Vormärz bei *Ziegler, Zensur* (III, 2), und *Ziegler, Zensurgesetzgebung* (III, 2).
50 Friedrich Christoph Perthes: Über den Beruf und Stand des deutschen Buchhändlers. In: Blätter für die literarische Unterhaltung, Leipzig, 13. 4. 1833, Nr. 103 (zit. nach Perthes (s. Anm. 27), 34).
51 Zur Zensur in Österreich ausführlich *Giese, Pressegesetzgebung* (III, 2), sowie *Hanson, Zensierte Muse* (III, 2).
52 *Giese, Pressegesetzgebung* (III, 2), 420.
53 Franz Grillparzer: Tagebuch 1826. In: Sämtliche Werke, Bd. 4. Ausgewählte Briefe, Gespräche, Berichte. Hrsg. v. Peter Frank und Karl Pörnbacher. Nachwort von Curt Hohoff. München 1965, 399.
54 Heinrich Heine: Schriftstellernöten. In: *Sämtliche Schriften*, Bd. 5, 79.
55 Karl Biedermann: Mein Leben und ein Stück Zeitgeschichte. Bd. I. Breslau 1886, 165 (zit. nach Historisches Lesebuch (s. Anm. 48), 140). – Zum »Ideenschmuggel« vgl. *Hömberg, Zeitgeist* (III, 2), 32 f. u. ö. – Zur Zensur der populären Lesestoffe zahlreiche Beispiele bei *Schenda, Volk* (II, 2), 91–141.
56 Zit. nach *Heine, Sämtliche Schriften*, Bd. 3, 752 (= HSA, 24, Nr. 109, 151–153; 24 K, 125–127).
57 Editionen: *Glossy, Geheimberichte* (II, 1); *Adler, Geheimberichte* (II, 1); Zusammenfassung bei *Lechner, Kritik* (III, 2), 79–99.
58 *Giese, Pressegesetzgebung* (III, 2), 489 f.
59 Zum Verbot des »Jungen Deutschland« vgl. *Ziegler, Zensur* (III, 2), 122 f. u. 157–163; *Koopmann, Das Junge Deutschland* (II, 2), 96–109 (mit Literatur).
60 Vgl. *Schaub, Landbote* (IV), 90 ff.; *Ruckhäberle, Flugschriftenliteratur* (III, 2).
61 Ludwig Börne: Monographie der deutschen Postschnecke. In: *Börne, Sämtliche Schriften* (IV), Bd. I, 639–667.
62 *Schnabel, Geschichte 19. Jahrhundert* (II, 1), 3, 386.

63 Zahlenangaben nach *Obermann, Deutschland 1815–1849* (II, 1), 164. Weitere Angaben bei *Wehler, Gesellschaftsgeschichte* (II, 1), II, 119–121.
64 *Giese, Pressegesetzgebung* (III, 2), 392 f.
65 Ebd., 489 f.; zur ›Allgemeinen Zeitung‹ vgl. *Hansen, Heines politische Journalistik* (IV), 44–52; *Breil, Allgemeine Zeitung* (II, 1).
66 *Giese, Pressegesetzgebung* (III, 2), 460.
67 Karl Gutzkow: In Sachen des Nachdrucks. In: Vermischte Schriften, Bd. 2. Leipzig 1842, 16 f.
68 *Schnabel, Geschichte 19. Jahrhundert* (II, 1), 3, 402.
69 Umrechnungstabellen in: *Widmann, Urkunden* (II, 1), II, 86–90, 423–426.
70 *Schnabel, Geschichte 19. Jahrhundert* (II, 1), 3, 402.
71 *Börne, Sämtliche Schriften* (IV), I, 1199.
72 Perthes, Buchhandel (s. Anm. 27), 7.
73 Ebd., 11.
74 *Berger, Buchhandel Vormärz* (II, 1), 196.
75 *Goldfriedrich, Geschichte* (II, 1), IV, 219 (519 Firmen 1820 : 1340 Firmen 1840).
76 *Schauer, Buchhandel* (II, 1), 1466. Zur (Un-)Zuverlässigkeit der vorliegenden Firmenzahlen vgl. *Wittmann, Buchgewerbe* (III, 2).
77 *Wittmann, Bibliographische Situation* (III, 1), 185–189.
78 *Berger, Buchhandel Vormärz* (II, 1), 125.
79 Süddeutsche Buchhändlerzeitung, 1849, Nr. 6 (zit. nach *Berger, Buchhandel Vormärz* (II, 1), 136; auch bei *Goldfriedrich, Geschichte* (II, 1), IV, 201).
80 Über den Widerstand der Buchhändler *Berger, Buchhandel Vormärz* (II, 1), 128–131. Ausführliche Darstellung der »gehobenen« Kolportage-Praktiken nach 1815 bei *Fallbacher, Taschenbücher* (III, 2), 12–18, 34–42, 46–52, 76–82. Eine große Rolle bei diesen »Bändchen«-Reihen spielten die Übersetzungen; vgl. dazu ausführlich *Bachleitner, Übersetzungsfabriken* (III, 2), sowie *Bachleitner, Quellen* (III, 2).
81 Das wirksamste und eigenständigste Distributionsnetz entwickelte wohl Joseph Meyer: Neben Werbeplakaten auf Poststationen, Prospekten und (oft mehrseitigen) Anzeigen in Zeitschriften und Zeitungen setzte er Vertriebsagenten, meist Kaufleute in kleineren Orten, und Subskribentensammler ein. Während die ersteren dann wieder selbst Kolporteure beschäftigten, erhielten die letzteren ab 50 bestellten Exemplaren »alle im Buchhandel gewöhnlichen Vorteile«, d. h. den vollen Buchhandelsrabatt (*Sarkowski, Bibliographisches Institut* (III, 2), 25 f.; *Fallbacher, Taschenbücher* (III, 2), 62 ff.).
82 Besonders empört waren die Buchhändler über Cottas Kolportage-Vertrieb der Goethe-›Ausgabe letzter Hand‹ (1827 ff.): »Matadore wie Baron von Cotta gehen mit ihrem Beispiele voran« (Carl Wolf: Gegenwärtige Lage des Buchhandels Deutschlands. München 1829, 29. Zit. nach *Widmann, Urkunden* (II, 1), I, 105). – Neben der ›Ausgabe letzter Hand‹ der Goethe-Werke vertrieb Cotta auch die Schiller-›Taschenausgabe‹, die er 1838 in 100 000 Exemplaren druckte und die bis 1863 sieben Neuauflagen erlebte, durch Subskribentensammler (Goethe und Cotta. Briefwechsel 1797–1832. Hrsg. v. Dorothea Kuhn. Stuttgart 1983, Bd. 3.2, 134 ff.; *Kuhn, Cotta* (III, 2), 67).

83 Ausführliche Angaben zum »moderne⟨n⟩ Antiquarhandel« in: Der Buchhandel vom Jahre 1815 bis zum Jahre 1858. Hamburg, Altona 1859, 13–21; abgedruckt bei *Widmann, Urkunden* (II, 1), II, 262–267. Vgl. auch *Goldfriedrich, Geschichte* (II, 1), IV, 368, 378–380 u. ö.
84 *Berger, Buchhandel Vormärz* (II, 1), 147.
85 *Schenda, Volk* (II, 2), 187 ff.
86 *Berger, Buchhandel Vormärz* (II, 2), 180 ff.; auch Carl Wolf beklagt 1829 »die bedeutende Vermehrung der Buchhändler« (Wolf (s. Anm. 82), 32 u. 106).
87 *Berger, Buchhandel Vormärz* (II, 2), 184.
88 *Siegert, Volkslektüre* (III, 2), 968–970 (Zitat: 969); *Schenda, Volk* (II, 2), 173–186.
89 *Schenda, Volk* (II, 2), 228 ff.; *Schenda, Lesestoffe* (III, 2), 11–29, 42–54.
90 *Schenda, Volk* (II, 2), 267.
91 *Berger, Buchhandel Vormärz* (II, 1), 138 f.; *Schauer, Buchhandel* (II, 1), 1470; *Goldfriedrich, Geschichte* (II, 1), IV, 206. Der Vorteil des Subskriptionsverfahrens lag für den Verleger darin, daß er die Auflagenhöhe aufgrund der Bestellungen annähernd treffend kalkulieren konnte und von den Zwischenhändlern sofort Bargeld erhielt, während der Buchhandel erst zur folgenden Messe abrechnete und bezahlte.
92 *Schenda, Volk* (II, 2), 250–258.
93 *Schenda, Lesestoffe* (III, 2), 48.
94 *Fallbacher, Taschenbücher* (III, 2), 10–16, 35–52, 62–81.
95 *Jäger, Leihbibliothek 19. Jahrhundert* (II, 1), 103; ausführliche Darstellung der Situation im 18. Jh. bei: *Martino, Leihbibliothek* (II, 1), 14–133, 749–762.
96 *Jäger, Leihbibliothek 19. Jahrhundert* (II, 1), 116–121; Typologie der Leihbibliotheken bei *Jäger/Schönert, Problemaufriß* (III, 1), 24–32, sowie *Martino, Leihbibliothek* (II, 1), 57–61.
97 *Arnim/Knilli, Leihbüchereien* (III, 2), 12; Friedrich Lütge: Geschichte des Jenaer Buchhandels. Jena 1929, 288 f. – Umfangreiches Zahlenmaterial bei *Martino, Leihbibliothek* (II, 1), 174–204 (Hier folgende Zahlen: Berlin 1836: 44 Leihbüchereien; 1847: 60 Betriebe. Leipzig 1834: 12; 1840: 18 (16 für »Lectüre« und 2 mit Musikalien); 1848: 30 Betriebe).
98 Beispiele nach *Jäger, Leihbibliothek* (II, 1), 108 f.; weitere Beispiele bei *Martino, Leihbibliothek* (II, 1).
99 Petzholds ›Anzeiger für Literatur und Bibliothekswissenschaft‹ (Dresden, Leipzig 1841 ff.) weist in den vierziger Jahren mehrfach auf Spezialbüchereien hin, z. B. 1847, »daß sich in Hamburg seit 1844 eine Jugendbibliothek, d. h. eine ausschließlich Jugendschriften enthaltende Lesebibliothek befindet. ⟨...⟩ Die Bibliothek ist Privatunternehmen.« (Petzholds Anzeiger, 1847, 36).
100 Karl Immermann: Münchhausen. Düsseldorf 1838–39 (zit. nach der Ausgabe Leipzig 1968, 93 f. – Die Stelle findet sich im 1. Buch, Kap. 5).
101 Wilhelm Hauff: Die Bücher und die Lesewelt. In: Hauff: Werke. 6. Teil. Hrsg. v. Max Drescher. Berlin o. J., 63 (Hauffs wichtiger und amüsanter Text ist in fast allen älteren Werkausgaben enthalten) – Gegenüber Hauffs Aussage verweist allerdings Norbert Otto Eke anhand der Untersuchungen für die Gesamtbibliogra-

phie des deutschen Romans 1815–1830 darauf, daß in dem dabei ermittelten Textcorpus »der einbändige Roman mit rund 60 % bei weitem überwiegt« (*Eke, Gesamtbibliographie* (III, 2), 300).

102 *Berger, Buchhandel Vormärz* (II, 1), 129.

103 *Martino, Publikum* (III, 2), 15–26; *Jäger/Schönert, Problemaufriß* (III, 1), 13–15, 34–39.

104 *Schenda, Volk* (II, 2), 213–219; *Martino, Publikum* (III, 2), 10 f.; *Martino, Leihbibliothek* (II, 1), 165–168; Wolfgang von Ungern-Sternberg: Leihbibliothek und Zensur im 18. und 19. Jahrhundert. In: *Jäger/Schönert, Leihbibliothek* (II, 1), 255–310 (v. a. 279–290).

105 Belege bei *Hömberg, Zeitgeist* (III, 2), 88 f., 191 (Anm. 63).

106 Bericht des Geheimen Regierungsrats von Rehfues über den Zeitungsmarkt in Preußen um 1830 (zit. nach *Giese, Pressegesetzgebung* (III, 2), 461). Über die Berliner Kaffeehäuser im Vormärz vgl. auch Theodor Fontane: ›Von Zwanzig bis Dreißig‹ (1898), 1. Kap. , sowie den von Fontane nicht veröffentlichten Aufsatz ›Cafés von heut und Konditoreien von ehmals‹ (Nymphenburger Fontane-Ausgabe, Bd. XV, 407–413).

107 Friedrich Saß: Berlin in seiner neuesten Zeit und Entwicklung. Berlin 1846. Zit. nach: Historisches Lesebuch (s. Anm. 48), 128–134 (Zitat: 134).

108 Zu den Verfolgungsmaßnahmen vgl. *Prüsener, Lesegesellschaften* (II, 1), 525–530.

109 Karl von Rotteck/Karl Welcker: Staatslexikon, Bd. 8, Altona 1847², 523 (s. v. »Lesegesellschaften«). – Zum Thema John Ormrod: Bürgerliche Organisation und Lektüre in den literarisch-geselligen Vereinen der Restaurationsepoche. In: *Häntzschel, Sozialgeschichte deutscher Literatur* (II, 2), 123–149.

110 Statuten der ›Harmonie‹ in Hamburg; nach Herbert Freudenthal: Vereine in Hamburg. Hamburg 1968, 66.

111 Hamburg, ›Harmonie‹: Petzholds Anzeiger (s. Anm. 99), 1842, 12; Hamburg, ›Clubb‹: Ebd., 1844, 57; Heidelberg: Helmut Janson: 45 Lesegesellschaften von 1800 bis heute (Harmonie-Almanach der Harmonie-Gesellschaft Mannheim). Mannheim 1963, 45; Würzburg: Karl-Heinz Pröve: Von der ersten Lesegesellschaft zur Stadtbücherei (Mainfränkische Hefte 48). Würzburg 1967, 38 f.

112 E. S. ⟨Eduard Schenk⟩: Über die Lesevereine in Deutschland. In: Deutsche Vierteljahrs-Schrift, 1. Heft 1839, Stuttgart und Tübingen: Cotta, 239–251 (Zitat: 245).

113 Karl Birker: Die deutschen Arbeiterbildungsvereine 1840–1870. Berlin 1973 (Einzelveröffentl. d. Hist. Kommission zu Berlin 10); Antje Gerlach: Deutsche Literatur im Schweizer Exil. Die politische Propaganda der Vereine deutscher Flüchtlinge und Handwerksgesellen in der Schweiz von 1833–1845. Frankfurt/M. 1975 (Studien zur Philosophie und Literatur des 19. Jahrhundert, 26); Klaus Tenfelde: Lesegesellschaften und Arbeiterbildungsvereine. Ein Ausblick. In: *Dann, Lesegesellschaften* (II, 1), 253–274.

114 Schenk (s. Anm. 112), 251.

115 *Engelsing, Analphabetentum* (II, 1), 108.

116 Ebd., 109.

117 Eine zusammenfassende Darstellung dieser Bestrebungen fehlt noch; einen Überblick bietet Johannes Langfeldt: Zur Geschichte des Büchereiwesens. In: Handbuch des Büchereiwesens I, Wiesbaden 1961, 57–480 (über Preuskers Pläne 238–285).
118 *Siegert, Volkslektüre* (III, 2), 1103–1106.
119 Karl Preusker: Über öffentliche, Vereins- und Privatbibliotheken ⟨...⟩. Leipzig 1839.
120 L. Koep/A. Vordermayer: Die katholischen Volksbüchereien in Deutschland. In: *Handbuch des Büchereiwesens* (II, 1), 387–420; Rudolf Rüppel: Das evangelische Büchereiwesen. In: Ebd., 421–490. Ders.: Christliche Leihbibliotheken im 19. Jahrhundert. In: *Jäger/Schönert, Leihbibliothek*(II, 1), 349–398.
121 Petzholds Anzeiger (s. Anm. 99), 1846, 28.
122 Dazu ausführlich Günter Erning: Das Lesen und die Lesewut. Beiträge zu Fragen der Lesergeschichte. Bad Heilbrunn 1974.
123 Wichtige Hinweise (allerdings ausschließlich auf Frankreich bezogen) bei Roger Chartier: Ist eine Geschichte des Lesens möglich? Vom Buch zum Leser: einige Hypothesen. In: Lesen historisch. Zs. f. Literaturwissenschaft und Linguistik (LiLi), H. 57/58 (1985), 250–273. – Die Stufen der Lesefähigkeit werden auch bei *Siegert, Volkslektüre* (III, 2), 591–606, ausführlich erörtert.
124 Gottfried Keller: Gesammelte Werke, Bd. 1. Hrsg. v. H. Schumacher. Zürich 1960, 590. Zur »intensiven«/»extensiven« Lektüre vgl. Chartier (s. Anm. 123), 257–265.
125 Ausführlich mit den »Mündlichkeiten der älteren Vergangenheit« befaßt sich Rudolf Schenda: Von Mund zu Ohr. Bausteine zu einer Kulturgeschichte volkstümlichen Erzählens in Europa. Göttingen 1993.
126 Erich Schön: Der Verlust der Sinnlichkeit oder die Verwandlungen des Lesers. Mentalitätswandel um 1800. (Sprache und Geschichte 12). Stuttgart 1987, 31–61.
127 *Engelsing, Analphabetentum* (II, 1), 82 ff., 97.
128 Zit. nach ebd., 72.
129 Petzholds Anzeiger (s. Anm. 99), 1842, 25.
130 Diedrich Saalfeld: Materialien zur Beurteilung der Buchpreise und Leihgebühren im Rahmen der allgemeinen Preisentwicklung und der Lebenshaltungskosten des 19. Jahrhunderts. In: *Jäger/Schönert, Leihbibliothek* (II, 1), 63–88; vgl. auch *Fallbacher, Taschenbücher* (III, 2), 25–34.
131 Literarisch gestaltet ist die ländliche Lektüresituation in Jeremias Gotthelfs Roman ›Uli der Knecht‹ (1846), Kap. 7 (›Wie der Meister für den guten Samen einen Ofen heizt‹).
132 Friedrich-Wilhelm Henning: Humanisierung und Technisierung der Arbeitswelt. Über den Einfluß der Industrialisierung auf die Arbeitsbedingungen im 19. Jahrhundert. In: Fabrik, Familie, Feierabend. Hrsg. v. Jürgen Reulecke u. Wolfhard Weber. Wuppertal 1978, 57–88; *Wehler, Gesellschaftsgeschichte* (II, 1), II, 248–262.
133 Zur Literaturvermittlung durch Vorlesen bzw. durch Deklamation im frühen 19. Jahrhundert existiert m. W. keine zusammenfassende Darstellung, obwohl

zahlreiche Zeugnisse vorliegen (berühmt waren beispielsweise Ludwig Tiecks Literatur-Lesungen in Dresden; Zeugnisse dafür bei Klaus Günzel: König der Romantik. Das Leben des Dichters Ludwig Tieck in Briefen, Selbstzeugnissen und Berichten. Berlin (und Tübingen) 1981, 338 f., 344–349, 361–367, 381–385 u. ö.). – Ansätze bei Schön (s. Anm. 126), 177–222. – Für die zweite Jahrhunderthälfte grundlegend: Günter Häntzschel: Die häusliche Deklamationspraxis. In: *Häntzschel, Sozialgeschichte dt. Lit.* (II, 2), 203–233. – Belege für die Rolle des Vorlesens bei der Werkgenese bieten die Briefzeugnisse in: Karl Immermann: Tulifäntchen. Hrsg. v. Peter Hasubek. Stuttgart 1968, 129, 131, 134 u. ö.

134 Sibylle Obenaus-Werner: Adolf Müllner und das Literaturblatt 1820–1825. Ein Beitrag zum literarischen Leben der Restaurationsepoche. In: Archiv für Geschichte des Buchwesens VI (1966) Sp. 1073–1262 (Zitat: 1094).

Sigrid Weigel: Literarische Gegenöffentlichkeit in der März-Revolution

1 Verlag von Louis Hirschfeld, Zimmerstr. No. 4 und Unter den Linden No. 22. – Druck v. J. Draeger, Adlerstr. 9, 1 S., Fundort Berlin Geheimes Staatsarchiv. – Neudruck in: *Straßenecken-Literatur* (II, 2), 169–173. – Zu Albert Hopf vgl. *Townsend, Humor* (III, 2).
2 Das bezieht sich auf den Ort der größten Volksversammlung, »In den Zelten«.
3 *Springer, Straßen, Kneipen und Clubs* (II, 1), 73.
4 *Anzeiger für die politische Polizei* (II, 1), 161.
5 Hier verkehrten auch die »Freien«: die Gebrüder Bauer, Buhl, Max Stirner, die Kommunisten Stephan Born, Weitling, Ottensoßer und namhafte Demokraten; hier kamen Straßenkämpfer und Journalisten, Studenten und Kleinbürger zusammen. Vgl. die Darstellung bei *Springer, Straßen, Kneipen und Clubs* (II, 1), 227 ff., und *Meyer, Öffentliches Leben* (II, 1).
6 Das ist die vom Polizeipräsidenten als »demokratische Einrichtung« propagierte, neugeschaffene Schutzmannschaft, aus proletarisierten und arbeitslosen Handwerkern und Kleinbürgern zusammengesetzt, die – durch ökonomische Sicherheit korrumpiert – zum gefügigen Werkzeug der Regierung wurde.
7 Preis 1 Sgr. Verlag Louis Hirschfeld, Charlottenstr. 15, und durch alle Buchhandlungen zu haben. Druck v. W. Fähndrich und Comp., Schleuse Nr. 4, 1 S., Fundort Berlin Geheimes Staatsarchiv.
8 Zu haben Kronenstr. No 8, eine Treppe. Druck v. Anton Obst, Adlerstr. No 14, 1 S., Fundort Institut für Zeitungsforschung der Stadt Dortmund., anonym, m. E. von Müller. Vgl. *Weigel, Flugschriftenliteratur*, 61.
9 Vgl. dazu auch *Springer, Straßen, Kneipen und Clubs* (II, 1), 180.
10 Vgl. meine Analyse der »Flugschriftenliteratur 1848 in Berlin« (Stuttgart 1979), auf die sich dieser Beitrag stützt.
11 Vgl. *Meyer, Volkstheater* (III, 2) und *Denkler, Revolutionskomödien* (II, 2).
12 Vgl. Habermas' Analyse zur Genese der bürgerlichen Öffentlichkeit. Zur Kritik seiner Kategorie s. u. VIII.
13 Vgl. *Negt/Kluge, Kritische Theorie* (II, 1).

14 *Tretjakov, Schriftsteller* (III, 2), 120.
15 Flugblatt des »Berliner Volkswahlkomitees« zit. nach *Dullo, Berliner Plakate* (II, 1), 25.
16 Nach den Angaben der Ausstellung zur »Geschichte der Freiheitsbestrebungen des deutschen Volkes« Bundesarchiv, Außenstelle Rastatt.
17 Berlin 1847, Druck F. Reichardt, Berlin, Preis 2 1/2 Sgr., 30 S., Fundort Berlin Amerika-Gedenkbibliothek, Berliner Zentralbibliothek.
18 Die Nante-Figur ist im Vormärz schon durch Glaßbrenner und Holtei bekannt, 1848 vor allem in Albert Hopfs Flugblattserie ›Nante als Nationalversammelter‹ (insgesamt 9 Folgen) dargestellt. Berlin 1848, Preis je 1 Sgr., Verlag von Louis Hirschfeld, Charlottenstr. No. 15, Expedition: Unter den Linden No. 30 bei Jähns und Adlerstr. No. 3 bei Lindner, Druck v. F. Nietack, Berlin, je 1 S., Fundort Berlin Geheimes Staatsarchiv und Institut für Zeitungsforschung der Stadt Dortmund. – Faksimiles mehrerer Nante-Flugblätter bei *Townsend, Humor* (III, 2), 51–60, 73, 97, 106. – Text der Serie ›Nante als National-Versammelter‹ in *Denkler, Revolutionskomödien* (II, 2), 290–314.
19 Der Antrag dazu lautete: »die Versammlung wolle in Anerkennung der Revolution zu Protokoll erklären, daß die Kämpfer des 18. und 19. März sich wohl ums Vaterland verdient gemacht haben«. Es fällt auf, daß in vielen Anträgen mehr die Gesinnung der Abgeordneten denn konkrete Beschlüsse zur Abstimmung standen, was kennzeichnend für den voluntaristischen Charakter dieser Revolution ist.
20 Preis 1 Sgr., Zu haben Sophienstraße No. 35, Druck v. W. Levysohn in Grünberg. In Commission bei W. Levysohn in Grünberg und Leipzig. 1 S., Fundort Institut für Zeitungsforschung der Stadt Dortmund. Vgl. *Weigel, Flugschriftenliteratur*, 135.
21 Preis 1 Sgr., zu haben: Grenadierstr. 36, Druck v. Julius Pleßner, Neue Friedrichst. 75, 1 S., Fundort Berlin Geheimes Staatsarchiv. Ebd., 141.
22 Preis 1 Sgr., Verlag und Schnellpressendruck v. E. Litfaß, Adlerstr. 6, 1 S., Fundort Institut für Zeitungsforschung der Stadt Dortmund. Titel ›Der Natschionalversammelte Nante uf de Volksversammlung‹. Ebd., 141.
23 In der 5. und 8. Folge von ›Nante als Nationalversammelter‹.
24 Theodor Fontane in *Klein, Vorkampf* (II, 1),167.
25 *Meyer, Volkstheater* (III, 2), 4.
26 Ernst Dronke: Berlin. Erstausgabe Frankfurt/M. 1846. Neuausgabe hrsg. u. m. einem Nachwort versehen v. Rainer Nitsche, Darmstadt u. Neuwied 1987 (es fehlen die Passagen über das Theater). – Vgl. auch die Anklageschrift in *Dronke, Polizeigeschichten* (IV), 1979.
27 Ebd., 33.
28 Vgl. Alexander Kluge, Mit Ideologie umgehen, in *Negt/Kluge, Kritische Theorie* (II, 1), 10 ff.
29 Nach Aussagen eines Schauspielers bei *Meyer, Volkstheater* (III, 2), 52.
30 Zit. nach ebd., 63/64.
31 Vgl. ebd., 36 ff. Vgl. *Weigel, Flugschriftenliteratur* (III, 2), 83, 86.
32 *Meyer, Volkstheater* (III, 2), 39.

33 Ebd., 37 und 70.
34 Zu haben bei Leopold Lassar in Berlin, Brüderstr. 3, unweit des Schloßplatzes. Druck v. J. Draeger in Berlin, Adlerstr. 9, 1 S., Fundort Institut für Zeitungsforschung der Stadt Dortmund.
35 Zu haben: Große Präsidentenstr. Nr. 10, 2 Treppen. Schnellpressendruck v. Fähnrich und Comp., Schleuse Nr. 4, Fundort Institut für Zeitungsforschung der Stadt Dortmund. Vgl. *Weigel, Flugschriftenliteratur* (III, 2), 122 f.
36 Flugblatt »Republik« Frage-und-Antwort-Erörterung, Druck v. Marquardt & Steinthal (Mauerstraße Nr. 53), 1 S., Fundort Berlin Geheimes Staatsarchiv. Vgl. *Weigel, ebd.*, 120 f.
37 Struve, ›Wer ist reif und wer ist unreif für die Republik?‹ Druck v. A. Obst, Adlerstr. No. 14. Zu haben in allen Clubs und Vereinen, 1 S., abgedruckt in *Blum, Deutsche Revolution* (II, 1). Heckers ›Abschied vom deutschen Volk‹, gedruckt und zu haben in der Vereinsdruckerei, Neue Kirchgasse Nr. 2, 1 S., Fundort Institut für Zeitungsforschung der Stadt Dortmund. Vgl. *Weigel, ebd.*, 121 f.
38 *Meyer, Öffentliches Leben* (II, 1), 41.
39 Vgl. sein ›Statut für das Zentralkomitee für Arbeiter‹, s. *Bernstein, Arbeiterbewegung* (II, 1), Bd. 1, 36 f.
40 Vgl. *Stein, Gestaltungswille* (II, 2).
41 Vgl. dazu Friedrich Engels' Kommentar in der Neuen Rheinischen Zeitung, in *Marx/Engels, Pressefreiheit und Zensur* (II, 1), 192 ff.
42 Vgl. dazu auch den Allgemeinen Wohnungsanzeiger für Berlin, Charlottenburg und Umgebung auf das Jahr 1847, red. v. d. Königlichen Polizei Rath Winckler, Berlin 1847. Frauen werden nur dann erwähnt, wenn sie etwa als Lehrerin einen eigenständigen Beruf ausüben, Meisterin sind, eine Firma leiten oder aber verwitwet sind.
43 ›Jungs Rede am Grabe der am 18. und 19. März gefallenen Kämpfer, gehalten am 22. März 1848. Zum Besten der Hinterbliebenen‹, Druck v. F. Reichardt & Co., 2 S., Fundort Berlin Amerika-Gedenkbibliothek. Vgl. *Weigel, Flugschriftenliteratur* (III, 2), 45.
44 In seiner Zeitschrift ›Lokomotive‹, zit. nach *Fuchs, Frau* (II, 1), 482.
45 Beispiele: Cohnfelds Druck ›Deutschland freue Dir! Lude hat jehuldigt! Zweite Gardinen-Predigt, ihrem Gatten Ludewig zum Mittagessen gehalten von Madame Bullrichen‹, Preis; Sgr., Zu haben: Mauerstr. 17, 1 Treppe hoch, Druck v. Marquardt & Steinthal, 1 S., Fundort Berlin Geheimes Staatsarchiv (Neudruck in *Straßenecken-Literatur* (II, 2), 131–135). Und ›Petition wegen Rückberufung der Garden beschlossen im Verein der Berliner Tänzerinnen‹, Verlag von Louis Hirschfeld, Druck v. C. A. Schiementz u. Co., 8 S., Fundort Berlin GSta. Vgl. *Weigel, Flugschriftenliteratur* (III, 2), 86 f.
46 Vgl. *Henkel/Taubert, Das Weib* (IV, Anneke).
47 Vgl. *Blos, Frauen der deutschen Revolution* (II, 1).
48 Vgl. *Twellmann, Frauenbewegung* (II, 1).
49 Vgl. »Der Freischärler« No. 1 vom 1. 11. 1848.
50 Vgl. die erste nationale gewerkschaftliche Organisation, den »Gutenbergbund«; s. *Quarck, Arbeiterbewegung* (II, 1) und *Bernstein, Arbeiterbewegung* (II, 1).

51 Jürgen Habermas, Strukturwandel der Öffentlichkeit. Untersuchungen zu einer Kategorie der bürgerlichen Gesellschaft. Neuwied und Berlin 1962.
52 Ebd., 8.

Gert Sautermeister: Reiseliteratur als Ausdruck der Epoche

1 Johanna Schopenhauer: Ausflug an den Niederrhein und nach Belgien im Jahr 1828 (EA 1831, 2 Bde.; Neuaufl. Essen 1987), 103.
2 Karl Immermann: Memorabilien. In: Immermanns Werke. Hrsg. v. Harry Maync. Leipzig und Wien (o. J.), Bd. 5, 294.
3 Börne, Sämtliche Schriften (IV), Bd. 1, 657.
4 Zit. nach Klaus Beyrer: Die Postkutschenreise. Tübingen 1985, 217. – Auf Beyrers gehaltvolle Monographie stütze ich mich im folgenden mehrfach.
5 Vgl. dazu *Schivelbusch, Eisenbahnreise* (II, 1), Kap. 2.
6 Heinrich Heine: Lutetia. Berichte über Politik, Kunst und Volksleben. In: *Sämtliche Schriften* (IV), Bd. 5 (hrsg. v. Karl Heinz Stahl). – Die folgenden Zitate entstammen dem Zweiten Teil: LVII, Paris, 5. Mai 1843.
7 Vgl. *Schivelbusch, Eisenbahnreise* (II, 1), Kap. 1.
8 Ich beziehe mich im folgenden vor allem auf die lesenswerte Monographie von Horst Johannes Tümmers: Der Rhein. Ein europäischer Fluß und seine Geschichte. München 1994. – Vorstehendes Zitat: 220.
9 Ebd., 231.
10 Ludwig Rellstab: Paris im Frühjahr 1843. Briefe, Berichte und Schilderungen. 3 Bde. Leipzig 1844. Bd. 1, 1 f.
11 Joseph von Eichendorff: Erlebtes. In: Werke (Hrsg. v. Wolfdietrich Rasch). München ²1959. 1489.
12 Ebd., 1490.
13 Ebd., 1491.
14 Ebd., 1489.
15 *Simrock, Der Rhein* (II, 1), 7.
16 Tümmers, Der Rhein (s. Anm. 8), 260.
17 Vgl. dazu Alex W. Hinrichsen: Baedekers Reisehandbücher 1832–1900. Bevern 1991.
18 Ebd., 26.
19 *Simrock, Der Rhein* (II, 1), 12.
20 Ebd.
21 Vgl. Klappentext zu *Simrock, Der Rhein* (II, 1).
22 *Pückler-Muskau, Briefe eines Verstorbenen* (IV), 176. – Bd. 1 u. 2 erschienen 1830, einsetzend mit dem 25. Brief (vom 21. Juli 1828) und endend mit dem 48. Brief (vom 20. Januar 1829), Bd. 3 u. 4 1832, enthaltend die ersten 24 Briefe (datiert zwischen dem 8. September 1826 und dem 30. Juni 1828).
23 Vgl. Stephan Oettermann: Das Panorama. Die Geschichte eines Massenmediums. Frankfurt/M. 1980.
24 Ebd., 56 ff. – Zu den technischen Neuerungen vgl. auch die grundlegende Mono-

graphie von Heinz Buddemeier: Panorama, Diorama, Photographie. Entstehung und Wirkung neuer Medien im 19. Jahrhundert. München 1970.
25 Ebd., 26.
26 *Pückler-Muskau, Briefe eines Verstorbenen* (IV), 535.
27 Belege bei Oettermann (s. Anm. 23), 124–126.
28 *Prutz, Literatur und Politik* (IV), 43.
29 Ebd., 42.
30 Ebd.
31 Ebd., 41 f.
32 Zum frühaufklärerischen Bildungsideal und seiner sozialen Nützlichkeit s. die Hinweise von Albert Meier: Von der enzyklopädischen Studienreise zur ästhetischen Bildungsreise. Italienreisen im 18. Jahrhundert. In: *Brenner, Reisebericht* (II, 2), 284–305.
33 Über die mannigfaltigen Bildungstendenzen aufgeklärter Reisen unterrichtet Hans-Wolf Jäger: Reisefacetten der Aufklärungszeit. In: *Brenner, Reisebericht* (II, 2), 261–283.
34 Vgl. dazu Rainer Elkar: Reisen bildet. In: Reisen und Reisebeschreibungen im 18. und 19. Jahrhundert als Quellen der Kulturbeziehungsforschung. Hrsg. v. Boris I. Krasnobaev, Gert Robel und Herbert Zemann. Berlin 1980, 54, 58 u. 62 f.
35 Der Verfasser hatte seinen bürgerlichen Namen nicht angegeben. Siehe ebd., 62; Zitat: 66.
36 Heinrich Heine: Englische Fragmente. In: *Sämtliche Schriften* (IV), Bd. 2.
37 Vgl. dazu Gert Sautermeister: Reisen über die Epochenschwelle. Von der Spätaufklärung zum Biedermeier. In: Reisen im 18. Jahrhundert. Neue Untersuchungen. Hrsg. v. Wolfgang Griep und Hans-Wolf Jäger. (Neue Bremer Beiträge. Hrsg. v. Hans-Wolf Jäger und Gert Sautermeister), Heidelberg 1986, 271–293.
38 Börnes persönliche Briefe an Jeanette Wohl, seine Freundin, bilden die Grundlage der modifizierten endgültigen Publikationsform. Die ersten beiden Teile der Briefe (1–48) erschienen im Herbst 1831 (bei Campe in Hamburg), Teil 3 und 4 um die Jahreswende 1832/33 (Briefe 49–80). Der letzte der insgesamt 115 Briefe ist auf den 17. und 19. 3. 1933 datiert. Zitiert wird im folgenden nach *Börne, Sämtliche Schriften* (IV), Bd. 3.
39 Die erste Auflage (der beiden ersten Teile) war binnen kurzem verkauft. Die Zensurbehörde verbot das Werk und strengte, weil es zum Aufruhr reizte, ein Strafverfahren gegen den Verleger Julius Campe an. Vgl. dazu ebd., »Lebensdaten«, 1026.
40 Zitiert wird nach der von Wulf Kirsten herausgegebenen Ausgabe bei Rütten & Loening, Berlin (DDR) 1978.
41 Ihre Entstehung und die damit verbundenen Pikanterien erläutert Heinz Ohff in der Einleitung zu seiner Ausgabe, nach der hier zitiert wird.
42 Zit. nach Wulf Wülfing: Reiseliteratur und Realitäten im Vormärz. Vorüberlegungen zu Schemata und Wirklichkeitsfindung im frühen 19. Jahrhundert. In: Reise und soziale Realität am Ende des 18. Jahrhunderts. Hrsg. v. Wolfgang Griep und Hans-Wolf Jäger. (Neue Bremer Beiträge. Hrsg. v. Hans-Wolf Jäger und Gert Sautermeister), Heidelberg 1983, 371–394; obige Zitate 374 u. 378.
43 So Wülfing, ebd., 375 f.

44 So Börne in seiner Schrift ›Menzel der Franzosenfresser‹. Vgl. *Börne, Sämtliche Schriften* (IV), Bd. 3, 876.
45 Siehe Wülfing, Reiseliteratur (s. Anm. 42), 380.
46 Dies eine Wendung Laubes, zit. nach ebd.
47 Vgl. Börnes 32. Brief in *Börne, Sämtliche Schriften* (IV), Bd. 3.
48 Der Fürst versetzt sich selbst in einen europäischen Kontext, indem er Anne Radcliffe, eine damals vielgelesene Autorin von Gespenstergeschichten, herbeibeschwört (189).
49 Die Frucht dieser Reise war ›Semilasso in Afrika‹ (1836), die erste von zwei weiteren orientalischen Reisebeschreibungen Pückler-Muskaus.
50 Wanderung nach dem Orient im Jahre 1838. Unternommen und skizziert von dem Herzoge Maximilian in Bayern. Hrsg. v. Walter Hansen. Pfaffenhofen 1978.
51 Zit. nach Albert Meier: Im Mittelpunkt des Schönen: Die metaphysische Aufwertung Roms in Karl Philipp Moritz' Reisen eines Deutschen in Italien in den Jahren 1786 bis 1788. In: Goethe Yearbook. Vol. VI. 143–167.
52 Johanna Schopenhauer: Erinnerungen von einer Reise 1803, 1804 und 1805 (1. Bd. 1813, 2. Bd. 1814; zweite verbesserte und vermehrte Aufl. 1818). Zitiert wird nach der 1965 erschienenen Ausgabe ›Reise durch England und Schottland‹ (Stuttgart, Bibliothek klassische Reiseberichte).
53 Tamara Felden: Frauen Reisen. Zur literarischen Repräsentation weiblicher Geschlechterrollenerfahrung im 19. Jahrhundert. New York 1993, 10.
54 Ebd., 34 f.
55 Ida von Hahn-Hahn: Orientalische Briefe. Hrsg. und Vorwort v. Gabriele Habinger. Wien 1991. – Nach dieser Ausgabe wird im folgenden zitiert.
56 Vgl. Felden, Frauen Reisen (s. Anm. 53), 83 ff.
57 Vgl. ebd., Kap. II.
58 Zum Problemfeld vgl. Hannelore Schlaffer, Heinz Schlaffer: Studien zum ästhetischen Historismus. Frankfurt/M.
59 Heine, Englische Fragmente (s. Anm. 36), 542.
60 Heinrich Heine: Die romantische Schule. In: *Sämtliche Schriften* (IV), Bd. 3, 393.
61 Die Formulierung findet sich in Heines Essay ›Französische Maler‹, ebd., 72.
62 Ebd.
63 Die einschlägigen Publikationen der letzten anderthalb Jahrzehnte akzentuieren wiederholt dieses Gattungsverständnis. Vgl. u. a. Hermann Mayrhofer: Die Reise in der Prosaliteratur in Österreich von 1880–1950. Ein Beitrag zur Erforschung der literarischen Zweckformen. Diss. Wien 1978. 5 f. - Elke Frederiksen u. a.: Der Blick in die Ferne. Zur Reiseliteratur von Frauen. In: *Gnüg/Möhrmann, Frauen Literatur Geschichte* (II, 2), 104–122. Dort werden unter Reiseliteratur u. a. Reiseberichte, Reisebriefe, Reisetagebücher verstanden, denen tatsächliche Reisen zugrunde liegen. Es sind Texte, die meistens Anspruch auf Glaubwürdigkeit erheben, obwohl die subjektive Gestaltungsweise häufig zu einer Vermischung von Faktischem mit Fiktivem neigt. Etwas unklar wird dann allerdings das Fiktive mit persönlichen Erfahrungen und Eindrücken assoziert, in jedem Fall aber die Vermittlung von Fakten topographischer, ethnographischer, (kunst-)historischer, ökonomischer oder gesellschaftspolitischer Art betont (107).

64 Heinrich Heine: Die Bäder von Lucca. In: *Sämtliche Schriften* (IV), Bd. 3, 426.
65 Vgl. Mayrhofer, Reise (s. Anm. 63), 5–88.
66 ›Wilhelm Meisters Wanderjahre‹ werden nach der von Erich Trunz besorgten »Hamburger Ausgabe« zitiert: Goethes Werke. Bd. 8, 1961.

Manfred Heigenmoser: Bildungsroman, Individualroman, Künstlerroman

1 Zu den folgenden Ausführungen sind grundlegend: Reinhart Koselleck: Zur anthropologischen und semantischen Struktur von Bildung (Einleitung zu: *Koselleck, Bildungsbürgertum* (II, 1), Bd. 2, 11–45) und das Kapitel ›Bildung und Bürgertum‹. In: *Bollenbeck, Bildung* (II, 1), 160–225. Dort ist im Anmerkungsteil (357–360) auch eine ›Kleine Revue einschlägiger Lexikon-Artikel‹ der zwanziger und dreißiger Jahre des 19. Jh.s dokumentiert. Den Zusammenhang von »Bildungsroman« und bürgerlicher Kultur untersucht auch *Stanitzek, Bildung und Roman* (III, 2). Zur Konzeption der Modernisierung und Rolle der Bildungsrevolution vgl. auch die knappen Forschungsberichte von *Gall, Gesellschaft* (II, 1), 51–54 und 98–103.
2 Siehe dazu die Kapitel ›Die bürgerliche Gesellschaft‹ in: *Nipperdey, Deutsche Geschichte* (II, 1), 255–271, und ›Das Bürgertum‹ in: *Wehler, Gesellschaftsgeschichte* (II, 1), II, 174–241.
3 Der Begriff »Bildungsbürgertum« stammt aus dem 20. Jh., er ist für den »Gebildeten Mittelstand« in der ersten Hälfte des 19. Jh.s nur mit Einschränkung zu verwenden. Vgl. dazu Ulrich Engelhardt: »Bildungsbürgertum«. Begriffs- und Dogmengeschichte eines Etiketts. Stuttgart 1986 (Industrielle Welt; Bd. 43), 97–114.
4 Karl Morgenstern: Ueber das Wesen des Bildungsromans (12. December 1819). In: *Selbmann, Geschichte* (III, 2), 55–72 (Zitat: 64). Vgl. dazu auch Fritz Martini: Der Bildungsroman. Zur Geschichte des Wortes und der Theorie (1961), ebd., 239–264.
5 Joseph Schreyvogel: Ueber Romanen-Lektüre. In: Gesammelte Schriften von Thomas und Karl August West (= Pseud. für Schreyvogel). 2. Abt., 2. Teil. Braunschweig 1829, 50 f.; hier zit. nach *Steinecke, Romane Corvey* (III, 1), 10.
6 Dieser Aspekt ist in den sogenannten Gattungsgeschichten des Bildungsromans bisher nicht angemessen berücksichtigt worden; ebenso fehlt eine Untersuchung der Frauenromane des 19. Jh.s unter dieser Fragestellung. Ob das liberale Bildungsideal auch für Frauenromane prägend wurde, muß erst noch überprüft werden. Die Problematik von »Bildung« und »Weiblichkeit« diskutieren z. B. die in den vierziger Jahren publizierten Briefromane Bettina von Arnims (›Clemens Brentano's Frühlingskranz‹ und ›Die Günderode‹); vgl. dazu Anette Simonis: Kindheit in Romanen um 1800. Bielefeld 1993, 224–264. Zur Situation des Frauenromans um 1800 s. die Literaturhinweise in: Helga Gallas/Anita Runge: Romane und Erzählungen deutscher Schriftstellerinnen um 1800. Eine Bibliographie. Stuttgart 1993. Hinweise zum deutschen Frauenroman in der ersten Hälfte des 19. Jh.s geben Leonie Marx: Der deutsche Frauenroman im 19. Jahrhundert

(in: *Koopmann, Handbuch des Romans* (II, 2), 434–448) und *Brinker-Gabler, Deutsche Literatur* (II, 2), 86–128. Einige weibliche Bildungsromane werden vorgestellt von Antonie Schweitzer/Simone Sittee: Tugend – Opfer – Rebellion. Zum Bild der Frau im weiblichen Erziehungs- und Bildungsroman (in: *Gnüg/Möhrmann, Frauen Literatur Geschichte* (II, 2), 144–165); vgl. auch für die englischsprachige Literatur Eve Tavor Bannet: Rewriting the Social Text: The Female Bildungsroman in Eighteenth-Century England, in: *Harding, Reflection and Action* (III, 2), 195–227.

7 Vgl. dazu Ludger Lütkehaus (Hrsg.): ›Dieses wahre innere Afrika‹. Texte zur Entdeckung des Unbewußten vor Freud. Frankfurt/M. 1989. (Einleitung, 7–45); ferner die umfassende Darstellung von Henry F. Ellenberger: Die Entdeckung des Unbewußten. Geschichte und Entwicklung der dynamischen Psychiatrie von den Anfängen bis zu Janet, Freud, Adler und Jung. Aus dem Amerikanischen von Gudrun Theusner-Stampa. Zürich 1985. Zu Schopenhauers Theorie s. auch: Marcel R. Zentner: Die Flucht ins Vergessen. Die Anfänge der Psychoanalyse Freuds bei Schopenhauer. Darmstadt 1995.

8 Zit. nach Lütkehaus (s. Anm. 7), 24.

9 Zit. ebd., 7.

10 Zit. nach Leo Löwenthal: Eduard Mörike – die gestörte Bürgerlichkeit. In: Leo Löwenthal: Erzählkunst und Gesellschaft in der deutschen Literatur des 19. Jahrhunderts. Neuwied und Berlin 1971, 109–119 (Zitat: 115).

11 Der Begriff wird hier übernommen, wie ihn *Steinecke, Romanpoetik* (II, 2), 74 f., vorgeschlagen und erläutert hat.

12 Zur Terminologie (»modern«, »Moderne«) vgl. *Vietta, Literarische Moderne* (II, 2), 17–37.

13 Vgl. als Einführung das Kapitel ›Das Irrenhaus: Asyl der Phantasie‹ in: *Ziolkowski, Deutsche Romantik* (II, 2), 173–276 (Zitat: 276) sowie *Auhuber, In einem Spiegel* (IV) und *Kleßmann, Die Tiefe* (IV).

14 Siehe dazu den grundlegenden Aufsatz von Odo Marquard: Über einige Beziehungen zwischen Ästhetik und Therapeutik in der Philosophie des neunzehnten Jahrhunderts. In: Manfred Frank/Gerhard Kurz (Hrsg.): Materialien zu Schellings philosophischen Anfängen. Frankfurt/M. 1975, 341–377 (Zitat: 353); dieser hat eine Reihe von Spezialuntersuchungen zum medizinischen und psychiatrischen Kontext im literarischen Werk verschiedener Autoren (Moritz, Schiller, Jean Paul, E. T. A. Hoffmann, Büchner u. a.) angeregt.

15 Vgl. dazu den Forschungsbericht von *Reuchlein, Wahnsinnsthematik* (III, 2), 14–37.

16 Vgl. den knappen Überblick von *Vietta, Literarische Moderne* (II, 2), 170–192, der einzelne Motivketten von Hölderlin bis Thomas Bernhard verfolgt.

17 Wolfgang Menzel: Die Romane. In: Deutsche Vierteljahrsschrift 1 (1838), Heft 2, Stuttgart/Tübingen 1838, 92–137 (Zitat: 108); hier zit. nach *Theilacker, Musikerzählungen* (III, 2), 25. Zum Künstlerroman vgl. auch den Forschungsbericht von *Hausdörfer, Kunstschein* (III, 2), 37–55.

18 Vgl. dazu den Forschungsbericht von *Theilacker*, ebd., 25–46, und die Einführung von *Waschinsky, Künstlernovellen* (III, 2), 9–30. Kurze Überblicke ge-

ben auch Klaus Harro Hilzinger: Die Leiden der Kapellmeister. Der Beginn einer literarischen Reihe im 18. Jahrhundert, in: Euphorion 78 (1984), 95–110, und Karl Prümm: Berglinger und seine Schüler. Musiknovellen von Wackenroder bis Richard Wagner, in: ZfdPh. 105 (1986), 186–212. Vgl. auch die knappen Hinweise in *Vollmer, Roman 1815–1820* (III, 2), 172 f. Die Studie *Lubkoll, Mythos Musik* (III, 2) untersucht den musikästhetischen Paradigmenwechsel um 1800 mit den Methoden der Diskursanalyse.

19 Zur veränderten sozialen Rolle des Künstlers vgl. die knappe Zusammenfassung von Werner Busch: Die notwendige Arabeske. Wirklichkeitsaneignung und Stilisierung in der deutschen Kunst des 19. Jahrhunderts. Berlin 1985. 235–237. In einem Essay stellt auch Thomas Nipperdey (Wie das Bürgertum die Moderne fand. Berlin 1988) die neue Rolle von Kunst und Künstler im 19. Jh. dar.

20 Diese Situation wird gründlich untersucht von Franz Loquai: Künstler und Melancholie in der Romantik. Frankfurt/M. (u. a.) 1984 (Helicon; Bd. 4).

21 Vgl. auch *Sengle, Biedermeierzeit* (II, 2), II, 894–899 (Zitat: 894).

22 Zur Ausdehnung von Buchhandel und literarischem Markt zwischen Wiener Kongreß und Märzrevolution s. vor allem *Wittmann, Buchhandel* (II, 1), 201–235, und *Wehler, Gesellschaftsgeschichte* (II, 1), II, 520–546. Einen knappen Überblick über die ›Geschichte des Lesens‹ gibt Erich Schön: Der Verlust der Sinnlichkeit oder Die Verwandlung des Lesers. Mentalitätswandel um 1800. Stuttgart 1993, 31–61. Vgl. auch *Nipperdey, Deutsche Geschichte 1800–1865* (II, 1), 533–587 (Die ästhetische Kultur: Musik, Kunst, Literatur) und 587–592 (Leserevolution).

23 Wesentliche Teile der folgenden Ausführungen zu ›Ahnung und Gegenwart‹, ›Kater Murr‹ und ›Maler Nolten‹ beruhen auf schriftlichen Interpretationen, die Norbert Richter und ich bereits vor fast zwanzig Jahren nach intensiven gemeinsamen Diskussionen zusammen verfaßt haben. Ohne diese »Vorbereitung« wäre der vorliegende Aufsatz nicht geschrieben worden.

24 Eichendorff in einem Brief an Fouqué (1. Okt. 1814), zit. nach Eichendorff, ›Ahnung und Gegenwart‹, HKA 3 (IV), Anmerkungen, 360.

25 Zum Roman vgl. die Forschungsübersichten in: *Hillach, Eichendorff-Kommentar 1* (IV), 115–138, und von Egon Schwarz in: *Lützeler, Romane der Romantik* (III, 2), 302–307.

26 Vgl. Gert Ueding: Auszugsräume. Geschehen von Ort zu Ort in Eichendorffs ›Ahnung und Gegenwart‹. In: Aurora 49 (1989), 59–76 (Zitat: 74).

27 Die maßgebliche Ausgabe des Romans ist *Hoffmann, Elixiere des Teufels*, BdK 37 (IV); sehr nützlich ist darin auch der Kommentar von Hartmut Steinecke (545–591) und das Literaturverzeichnis (739–745). Vgl. ferner Wolfgang Nehring: ›Die Elixiere des Teufels‹, in: *Feldges, Hoffmann* (IV), 194–216 (mit einer Bibliographie, 196–199).

28 Franz Christoph Horn: Die Dichter, ein Roman von Franz Horn. 3 Bde. Berlin 1817 (Bd. 1 und 2), Berlin 1818 (Bd. 3). Die Ausführungen zum Roman stützen sich v. a. auf die Untersuchung von *Vollmer, Roman 1815–1820* (III, 2), 173–186; dort stehen auch die folgenden Zitate (177, 182). Auf den Roman weist auch *Sengle, Biedermeierzeit* (II, 2), II, 910 f., hin.

29 Grundlegend ist die Ausgabe *Hoffmann, Kater Murr*, BdK 75 (IV). Der einführende Kommentar von Hartmut Steinecke (903–994) vermittelt zugleich Entwicklung und Stand der Forschung, er wird durch einen Stellenkommentar (994–1051) und ein Literaturverzeichnis (1204–1212) ergänzt.

30 Vgl. dazu Martin Swales: ›Die Reproduktionskraft der Eidexen‹. Überlegungen zum selbstreflexiven Charakter der ›Lebens-Ansichten des Katers Murr‹, in: *Steinecke, Hoffmann-Jahrbuch* 1 (IV), 48–57. Zu den Formprinzipien des Doppelromans vgl. den grundlegenden Aufsatz von Erwin Rotermund: Musikalische und dichterische ›Arabeske‹ bei E. T. A. Hoffmann, in: Poetica 2 (1968), 48–69. Rotermund verknüpft in seiner Formanalyse Hoffmanns musikästhetische Auffassung des »Kontrapunkts« mit Friedrich Schlegels romanästhetischem Begriff der »Arabeske«.

31 Siehe Franz Leppmann: Kater Murr und seine Sippe von der Romantik bis zu Viktor von Scheffel und Gottfried Keller. München 1908. Eine Fundgrube für die E. T. A. Hoffmann-Rezeption im 19. Jh. ist der Teildruck einer Diss. (1927) von Erich Guttmann: Die deutsche romantische Musikererzählung nach E. T. A. Hoffmann. Ein Beitrag zur Geschichte des historisch-biographischen Künstlerromans und der Künstlernovelle in Deutschland. Breslau 1934. Produktiver als die Hoffmann-Epigonen reagierten Autoren, die an Hoffmanns arabeskem Formexperiment anknüpfen: Von Immermanns Roman ›Münchhausen‹ (1838/39), der zwei völlig verschiedene Handlungsstränge kombiniert, über Thomas Manns Roman ›Doktor Faustus‹ bis hin zu einigen Romanen der 1980er Jahre. Zu diesen vgl. Wulf Segebrecht: Hoffmann erzählt. Sein Ich und sein Werk im Vervielfältigungsglas neuerer Prosa. In: *Steinecke, Hoffmann-Jahrbuch 1* (IV), 184–198.

32 Des Arztes Lehr- und Wanderjahre auf Reisen und im Felde. Ein historischer Roman aus den Zeiten der Feldzüge in den Jahren 1809–15. Von Dr. Ewald Christ. Victorinus Dietrich, Meißen: Friedr. Wilh. Goedsche, 1823 (Standort: Staatsbibliothek zu Berlin – Preußischer Kulturbesitz). Die folgenden Ausführungen stützen sich auf die Untersuchung von Georg Stanitzek: Arztbildungsromane. Über ›bildungsbürgerlichen‹ Umgang mit Literatur zu Beginn des 19. Jahrhunderts, in: IASL 16, 1 (1991), 47–55.

33 Grundlegend sind jetzt (vor der Hamburger Ausgabe) die Ausgaben *Goethe, Wanderjahre*, BdK 50 (IV), (mit einem Essay von Gerhard Neumann über ›Struktur und Gehalt‹ des Romans, 915–987, und einem Literaturverzeichnis von Hans-Georg Dewitz, 1310–1336) und *Goethe, Wanderjahre*, Münchner Ausgabe 17 (IV), (mit einer Einführung von Gonthier-Louis Fink, 957–1015). Die Forschungsliteratur zum Roman (bis April 1990) wird in der *Goethe-Bibliographie* (IV), 237–241 (Wilhelm Meister als Gesamtkunstwerk) und 256–266 (Wilhelm Meisters Wanderjahre) aufgelistet.

34 Vgl. Volker Neuhaus: Die Archivfiktion in ›Wilhelm Meisters Wanderjahren‹, in: Euphorion 62 (1968), 13–27.

35 Hermann Broch: James Joyce und die Gegenwart (1936). In: Broch: Dichten und Erkennen. Essays, Bd. 1 (Gesammelte Werke. Hrsg. v. Hannah Arendt; Bd. 6), Zürich 1955, 183–210 (zu Goethe: 204–208).

36 Zit. nach Gerhard Neumann (s. Anm. 33), 918.

37 Einen Überblick über die Forschung gibt *Mayer, Mörike* (IV), 40–46; ihr Urteil, daß eine literaturwissenschaftliche Interpretation des gesamten Romans weiterhin ausstehe (44), gilt noch immer. Der ›Maler Nolten‹ gehört zu den unterschätzten und vernachlässigten Romanen.

38 Eine Einführung in den Roman gibt der Kommentar in: *Eichendorff, Dichter und ihre Gesellen*, BdK 100 (IV), 599–617 (Themen und Stil von Eichendorffs Epik) und 682–739 (Dichter und ihre Gesellen). Vgl. auch das Nachwort v. Wolfgang Nehring in: *Eichendorff, Dichter und ihre Gesellen*, RUB (IV), 291–308, und die dort aufgelistete Fachliteratur (288–290).

39 Vgl. Georg Reichard: Das Motiv des Wahnsinns bei Eichendorff. Zum Verhältnis von Literatur und psychopathologischer Forschung im frühen 19. Jahrhundert, in: Aurora 50 (1990), 177–194 (zu Otto in ›Dichter und ihre Gesellen‹: 190–194).

40 Zum Roman vgl. den einführenden Kommentar von Uwe Schweikert, in: *Tieck, Der junge Tischlermeister*, BdK 35 (IV), 1113–1135 (mit den Literaturhinweisen 1398–1401).

41 Zum Roman vgl. das Nachwort v. Peter Hasubek in: *Immermann, Epigonen* (IV), 801–824, und seine Interpretation in: *Lützeler, Romantik und Realismus* (III, 2), 202–230. Siehe auch *Selbmann, Bildungsroman* (III, 1), 117–128; *Sengle, Biedermeierzeit* (II, 2), III, 863–874; *Schwering, Epochenwandel* (III, 2), 153–223. Die Fachliteratur ist zusammengestellt worden v. Peter Hasubek: Fünfzig Jahre Immermann-Forschung. Bibliographie zum Werk Immermanns 1945–1995, in: Peter Hasubek: Karl Leberecht Immermann. Ein Dichter zwischen Romantik und Realismus. Köln, Weimar, Wien 1996, 270–287 (zu ›Die Epigonen‹: 278–281).

42 Vgl. *Hädecke, Poeten und Maschinen* (II, 2), 157–169 (zu Immermann). Hans Mayer vergleicht ›Die Epigonen‹ unter diesem Aspekt mit ›Verlorene Illusionen‹ und ›Glanz und Elend der Kurtisanen‹ von Balzac, in: Hans Mayer: Das unglückliche Bewußtsein. Zur deutschen Literaturgeschichte von Lessing bis Heine. Frankfurt/M. 1989, 540–562 (Erstdruck 1959).

43 Zum Gattungsverständnis des Jungen Deutschland vgl. *Steinecke, Romanpoetik* (II, 2), 101–115; ferner die Einführung von *Koopmann, Das Junge Deutschland* (II, 2).

44 Berthold Auerbach: Dichter und Kaufmann. Ein Lebensgemälde. 2 Bde. Stuttgart 1840; zum Autor vgl. die Bibliographie in: Lexikon deutsch-jüdischer Autoren. Hrsg. vom Archiv Bibliographia Judaica, Red. Renate Heuer. Bd. 1, München u. a. 1992, 231–245. Zum Roman vgl. Gunnar Och: ›Hiob ist mein Name‹. Zu Berthold Auerbachs Roman ›Dichter und Kaufmann‹, in: *Blamberger, Frührealismus* (IV), 223–242.

45 Zu den folgenden Ausführungen vgl. auch *Sengle, Biedermeierzeit* (II, 2), II, 894–899, und Erich Guttmann (s. Anm. 31).

46 Vgl. dazu die Einleitung v. Ulrike Helmer, in: *Lewald, Jenny* (IV), 7–26.

47 Die knappen Hinweise zum Gesellschaftsroman Sealsfields und Gutzkows stützen sich vor allem auf *Steinecke, Romanpoetik* (II, 2), 21–52 (Roman und Demokratie) und 116–129 (über Sealsfields Werke). Über Sealsfields abenteuerliches Leben informiert gründlich *Castle, Der große Unbekannte* (IV); eine zusammenfassende Monographie zum Gesamtwerk bietet *Schnitzler, Charles Sealsfield* (IV); s. dort auch die weiterführenden Literaturhinweise (363–379).

Wolfgang Beutin: Historischer und Zeitroman

1 *Sottong, Transformation* (III, 2), passim.
2 Gert Sautermeister: Deutsche Erzählprosa der Restaurationszeit. In: *Altenhofer/Estermann, Handbuch* (II, 2), 82–118 (Zitat: 103).
3 Dieser Absatz nach Ulrich Keller: Die englische Literatur. In: *Altenhofer/Estermann, Handbuch* (II, 2), 289–331 (Zitate 310).
4 Willibald Alexis: Blätter aus meinen Erinnerungen. Einige Theatererinnerungen. In: Penelope. 31 (1842), 14.
5 Fontane, Walter Scott. In: Theodor Fontane: Sämtliche Werke. Hrsg. v. Walter Keitel und Helmuth Nürnberger. München 1961–1997, Abt. III, Bd. 1, 385 ff.
6 Wilhelm Hauff: Sämtliche Werke. Berlin o. J. Bd. 4, 7.
7 Karl Immermann: Die Epigonen. In: Werke. Hrsg. v. Harry Maync. Leipzig, Wien o. J., Bd. 3/4. Hier: Bd. 4, 115 f.
8 Alexis, Theatererinnerungen (s. Anm. 4), ebd.
9 Hermann Kurz: Sämtliche Werke in zwölf Teilen. Hrsg. v. Hermann Fischer. Leipzig o. J., Bd. 4, 184 f.
10 Alexis, Theatererinnerungen (s. Anm. 4), 16.
11 Fontane: Willibald Alexis (1872). In: Theodor Fontane: Sämtliche Werke. Hrsg. v. Walter Keitel und Helmuth Nürnberger. München 1961–1997, Abt. III, Bd. 1, 407 ff.
12 Willibald Alexis: Drei Blätter aus meinen Erinnerungen. In: Penelope. 28 (1839). 324.
13 Kurz, Werke (s. Anm. 9), Bd. 4, 183.
14 Fontane: Gustav Freytag, Die Ahnen (Rez.). In: Theodor Fontane: Sämtliche Werke. Hrsg. v. Walter Keitel und Helmuth Nürnberger. München 1961–1997, Abt. III, Bd. 1, 308 ff.
15 Willibald Alexis: Gesammelte Novellen, Berlin 1830/31. Bd. 1., XIX.
16 Heinrich Zschokke: Werke in zwölf Teilen. Auswahl aus den Erzählungen. Hrsg. v. Hans Bodmer. Berlin etc. o. J., Bd. 7, 56.
17 Ludwig Tieck: Der Hexensabbat. Hrsg. v. Walter Münz. Stuttgart 1988, 150.
18 *Pfäfflin, Hauff* (IV), 75.
19 Hauff, Werke (s. Anm. 6), Bd. 4, 23.
20 Ebd., 303.
21 Zit. bei *Richter, Alexis* (IV), 80.
22 *Eggert, Studien* (III, 2), 90; *Sottong, Transformation* (III, 2), 162 u. 38.
23 Ludwig Tiecks Schriften. (Darin: Gesammelte Novellen. Bd. 10.) Bd. 26. Berlin 1854, 73.
24 Ludwig Rellstab: 1812. Berlin 1912, 345 f., 889 f.
25 Karl Immermann: Münchhausen. Eine Geschichte in Arabesken. Hrsg. v. Peter Hasubek. Gütersloh o. J., 170.
26 Immermann, Epigonen (s. Anm. 7), Bd. 3, 135 f.
27 Charles Sealsfield: Das Kajütenbuch oder Nationale Charakteristiken. Frankfurt/M. 1959, 336 f., 116.
28 Ebd., 157.

Hans Adler: Der soziale Roman

1 Ernst Willkomm: Eisen, Gold und Geist. Ein tragikomischer Roman. 3 Teile. Leipzig 1843 (²1852).
2 Robert Prutz: Das Engelchen. Roman. 3 Teile. Leipzig 1851. Faksimiledruck nach dieser Auflage mit einem Nachwort v. Erich Edler. Göttingen 1970. – Prutz hatte bereits 1845 mit der Arbeit an diesem Roman begonnen.
3 Vgl. dazu Wolfgang Preisendanz: Der Funktionsübergang von Dichtung und Publizistik bei Heine. In: Die nicht mehr schönen Künste. Grenzphänomene des Ästhetischen. Hrsg. v. Hans Robert Jauß. München 1968, 343–374 (Poetik und Hermeneutik III).
4 Vgl. zu dieser Gruppierung *Adler, Soziale Romane* (III, 2), 61 ff. Geläufiger, aber historisch nicht aussagekräftig ist die von Marx und Engels polemisch verwendete Bezeichnung »wahre Sozialisten«. Vgl. z. B. MEW Bd. 3, 439 ff. sowie MEW Bd. 4, 37 ff., 207 ff. und 485 ff.
5 K.⟨arl⟩ G.⟨rün⟩: Ein Urtheil über die ›Geheimnisse von Paris‹. In: Neue Anekdota. Hrsg. v. Karl Grün. Darmstadt 1845, 144–148, hier: 144 f.
6 Karl Grün: Meine Ausweisung aus Baden, meine gewaltsame Ausführung aus Rheinbaiern und meine Rechtfertigung vor dem deutschen Volke. Zürich und Winterthur 1843, 10.
7 In: Gesellschaftsspiegel 2 (1846), hier zit. nach *Edler, Dronke* (IV), 59 (dort kursiv).
8 Vgl. Vorwort in: Ernst Dronke: Aus dem Volk & Polizeigeschichten. Frühsozialistische Novellen 1846. Hrsg. u. m. einem Nachwort versehen v. Bodo Rollka. Köln 1981, 10 (›iLv leske republik‹. Materialien zum Vormärz. Bd. 13; Einfügung in spitzen Klammern von Dronke; Korrekturen nach der Erstausgabe von 1846).
9 Mysterienliteratur. In: Blätter für literarische Unterhaltung. Nr. 2 vom 2.1.1845, 5.
10 Ernst Willkomm: Weisse Sclaven oder die Leiden des Volkes. 5 Teile. Leipzig 1845.
11 Franz Dingelstedt: Kritische Gastrollen. II. In: Kölnische Zeitung Nr. 324 und 325 vom 20. und 21.11.1845. Abdruck in *Adler, Der deutsche soziale Roman* (III, 1), 173–185, hier: 185.
12 Eine Ausnahme bildet das bis vor kurzem verschollene Drama von Herman Semmig: Schloß und Fabrik oder Die schlesischen Weber. Hrsg. v. Hans Adler. München 1988. Semmig hat wahrscheinlich kurz nach dem Weberaufstand von 1844 mit der Arbeit an diesem Drama begonnen und es in der zweiten Hälfte der fünfziger Jahre im Exil in Frankreich beendet. – Eine Aufnahme sozialen Protests in eine Oper wagte Lortzing in seiner ›Regina‹ (1848). Vgl. Albert Lortzing: Regina. Oper in drei Akten (fünf Bildern). Texte und Dialoge nach den Handschriften hrsg. und für die Bühne bearb. v. Frieder Reininghaus. In: Regina. Eine Oper zwischen Biedermeier und Revolution. Programmheft des Theaters Oberhausen. Oberhausen 1981. Vgl. dazu die Einleitung zu: Herman Semmig: Schloß und Fabrik, 32 f.
13 Vgl. die Dokumentation der Lyrik in *Kroneberg/Schloesser, Weber-Revolte* (III, 2), 469 ff. Vgl. zur Forschung *Plohovich, Webernot* (III, 2); Solomon Liptzin:

Lyric Pioneers of Modern Germany. Studies in German Social Poetry. New York 1928; Walter Wehner: Weberelend und Weberaufstände in der deutschen Lyrik des 19. Jahrhunderts: soziale Problematik und literarische Widerspiegelung. München 1981 (Literatur in der Gesellschaft. Neue Folge. 3) sowie Christine Müller: Der gescheiterte Kleinbürger. Untersuchungen zur Literarisierung einer regressiven Utopie. Pauperismus und Proletariat in der sozialkritischen Publizistik, Prosa und Lyrik zwischen 1844 und 1848. Köln 1981 (Pahl-Rugenstein Hochschulschriften. Gesellschafts- und Naturwissenschaften. 89).

14 Vgl. zur Forschung *Liptzin, Weavers* (III, 2), 45 ff.; *Edler, Anfänge* (III, 2) und *Steinecke, Romantheorie* (III, 2), 152 ff. sowie *Steinecke, Romanpoetik* (II, 2), 22 f., 103 ff. Edlers Untersuchung ist die bisher materialreichste Arbeit. Vgl. auch *Adler, Soziale Romane* (III, 2). Dort ein Überblick über die Forschung bis 1977. Von der später erschienenen Forschungsliteratur ist hervorzuheben: *Halter, Sklaven der Arbeit* (III, 2). – Vgl. die Dokumentation der Forschungsgeschichte in *Adler, Der deutsche soziale Roman* (III, 1). Vgl. zum Zusammenhang zwischen deutschem, englischem und französischem sozialem Roman *Bachleitner, Quellen* sowie *Bachleitner, Der englische und französische Sozialroman* (beides III, 2).

15 Neue Literatur und deren Publikum. In: Kölnische Zeitung Nr. 277 vom 4. 10. 1845 (ohne Seitenzählung; Hervorhebung von mir; H. A.).

16 Vgl. den Abschnitt ›Die soziale Frage‹ in *Adler, Soziale Romane,* (III, 2), 39 ff., insbesondere 55 ff.

17 A.〈lexander von〉 Sternberg: Paul. 2 Bde. Leipzig 1845. Als dritter Band erschien im selben Jahr ›Paul in der Heimat‹.

18 Dingelstedt, Gastrollen (s. Anm. 11), II, 173.

19 Karl Philipp Moritz: Anton Reiser. Ein psychologischer Roman. 4 Teile. Berlin 1785–90 (vgl. die von Wolfgang Martens besorgte Ausgabe Stuttgart 1972). – Vgl. zum ›Anton Reiser‹ als sozialem Roman Hans Joachim Schrimpf: Karl Philipp Moritz. Stuttgart 1980 (Sammlung Metzler 195), 50 f., sowie *Adler, Literatur und Sozialkritik* (III, 2), 503 f., und Lothar Müller: Die kranke Seele und das Licht der Erkenntnis. Karl Philipp Moritz' Anton Reiser. Frankfurt/M. 1987, 255 ff.

20 Ulrich Bräker: Lebensgeschichte und natürliche Ebentheuer des Armen Mannes im Tockenburg. Dargestellt u. hrsg. v. Samuel Voellmy. 1. Bd. Basel 1945, 67 ff. – Vgl. zu Bräker: Holger Böning: Ulrich Bräker. Der Arme Mann aus dem Tockenburg. Leben, Werk und Zeitgeschichte. Frankfurt/M. 1985.

21 Vgl. *Wolfzettel, Der französische Sozialroman* (III, 1) sowie *Bachleitner, Der englische und französische Sozialroman* (III, 2).

22 Vgl. *Gross, Der englische Sozialroman* (III, 1) und *Bachleitner* (s. Anm. 21).

23 Abgesehen von der Spezialforschung (s. Anm. 14) ist auf zwei Ausnahmen hinzuweisen: *Kurz, Literaturgeschichte* (II, 2), Bd. 4. – *Geschichte der deutschen Literatur,* Bd. 8, (II, 2), insbes. 264 ff. (Verfasser: Henri Poschmann). Vgl. im übrigen den Abschnitt ›Soziale Prosa in Literaturgeschichten‹ in *Adler, Soziale Romane* (III, 2), 11 ff., und *Bachleitner, Der englische und französische Sozialroman* (III, 2).

24 Zum Beispiel Johann Heinrich Pestalozzi: Lienhard und Gertrud – ein Buch für das Volk. Berlin 1781–87. – Vgl. dazu: Gertrude Cepl-Kaufmann/Manfred Windfuhr: Aufklärerische Sozialpädagogik und Sozialpolitik. Zu Pestalozzis Erzie-

hungsroman ›Lienhard und Gertrud‹. In: *Adler, Der deutsche soziale Roman* III, 1), 46–98, hier: 46 ff.

25 Zum Beispiel Christian Gotthilf Salzmann: Carl von Carlsberg oder über das menschliche Elend. 6 Teile. Leipzig 1783–88 (Faksimiledruck dieser Ausgabe hrsg. v. Günter Häntzschel. Bern [u. a.] 1977).

26 Zum Beispiel Christ.⟨ian⟩ Heinr.⟨ich⟩ Spieß: Meine Reisen durch die Höhlen des Unglücks und Gemächer des Jammers. 4 Teile. Leipzig 1796–98.

27 Karl Immermann: Die Epigonen. Familien-Memoiren in Neun Büchern. 1823–1835. ⟨1836⟩ In: Immermanns Werke. ⟨Hrsg. v. Robert Boxberger⟩ 5.–7. Teil. Mit einer Einleitung v. Robert Boxberger. Berlin ⟨1883⟩.

28 Karl Grün: Ueber Göthe vom menschlichen Standpunkte. Darmstadt 1846, XXII.

29 Goethe: Wilhelm Meisters Wanderjahre oder die Entsagenden (1821/29). (Goethes Werke. Hamburger Ausgabe in 14 Bdn. Hrsg. v. Erich Trunz. Bd. VIII. Textkritisch durchgesehen und kommentiert v. Erich Trunz. München ⁹1977).

30 Vgl. dazu Gustav Dichler: ›Wilhelm Meisters Wanderjahre‹ im Urteil deutscher Zeitgenossen. Wien Phil. Diss. Masch. 1930 sowie Pierre-Paul Sagave: ›Wilhelm Meisters Wanderjahre‹ und die sozialistische Kritik (1830–1848), in: *Adler, Der deutsche soziale Roman* (III, 1), 157–170.

31 Grün, Göthe (s. Anm. 28), 278.

32 *Prutz, Unterhaltungsliteratur* (IV), 126.

33 Vgl. *Bachleitner, Quellen* (III, 2).

34 Bachleitner verzeichnet allein sieben Auflagen der bei Wigand in Leipzig erschienenen Übersetzung von August Diezmann. Vgl. *Bachleitner, Der englische und französische Sozialroman* (III, 2), 581. Insgesamt führt Bachleitner für die vierziger Jahre zehn Übersetzungen beziehungsweise Bearbeitungen der ›Mystères‹ an.

35 ›Le Juif errant‹ wird achtzehnmal ins Deutsche übersetzt. Auch hier ist die Übersetzung von August Diezmann, bei Wigand in Leipzig erschienen, mit fünf Auflagen zwischen 1844 und 1847 der Spitzenreiter. Vgl. *Bachleitner, Der englische und französische Sozialroman* (III, 2), 582.

36 Vgl. *Martino, Leihbibliothek* (II, 1), 280–288.

37 Im Zensurvorgang wird festgehalten, daß die »gesammte, 500 Exemplare starke Auflage« vorübergehend konfisziert wurde. Schreiben der Kreisdirektion Leipzig an das sächsische Innenministerium vom 27.9.1845; Staatsarchiv Dresden, MdI, Nr. 279n (»Beschwerden usw. in censur- und preßpolizeilicher Hinsicht. 1845« [Vol. XIII], fol. 192v). Der Zensor nahm Anstoß nicht an den sozialkritischen Teilen des Romans, sondern am Tatbestand der »Herabwürdigung des religiös Heiligen«.

38 Es liegt bisher nur eine Monographie über Willkomm vor: *Hinnah, Willkomm* (IV).

39 Willkomm inszeniert hier eine Form des »ökonomischen Absolutismus«, der schon 1844 in dem vielbeachteten Bild ›Die schlesischen Weber‹ von Carl Wilhelm Hübner eine zentrale Rolle spielte. Vgl. dazu *Adler, Weberliteratur* (III, 2), 271.

40 Willkomm, Weisse Sclaven (s. Anm. 10), Bd. 3, 350.

41 Vgl. schon die Kritik von Louise Otto: Sächsische Zustände. Zit. in Müller, Kleinbürger (s. Anm. 13), 218.

42 Willkomm, Weisse Sclaven (s. Anm. 10), Bd. 5, 361 f.
43 ⟨L.⟩ Meyer: Der sociale Roman. In: Wigand's Viertel-Jahrsschrift 1 (1844), 132–163, hier: 137. Vgl. auch Willkomm, Weisse Sclaven (s. Anm. 10), Bd. 3, 265: »›⟨...⟩ warum, frag' ich, hat man ihm ⟨dem Hörigen⟩ die persönliche Freiheit gegeben und doch die Kette an seinem Fuß gelassen, die ihn an freier Bewegung hindert, deren dumpfes Klirren ihn stündlich an seinen frühern Sclavenstand erinnert?‹ ›Was nennst Du Kette?‹ fragte der Maulwurffänger. ›Die Lasten, die man nicht von uns genommen hat‹, entgegnete Leberecht.«
44 In mehreren Erzählungen und Reiseschilderungen hatte Ernst Willkomm die soziale Frage bereits thematisiert, zum Teil in schärferer Form als in den ›Weissen Sclaven‹. Vgl. Willkomm, Bauernleben. Ein Sittenbild. In: Ernst Willkomm: Grenzer, Narren und Lootsen. Eine Sammlung von Novellen, Land‹ und Seebildern. 3. Teil. Leipzig 1842, 1–180. – Ders.: Böhmische Dörfer. Wanderskizzen. In: Ernst Willkomm: Schattenrisse aus dem Volks‹ und Fürstenleben. Novellen und Wanderskizzen. Leipzig 1844, 63–165. – Ders.: Eine arme Familie. Volksnovelle. In: ebd., 237–336. – Ders.: So lebt und stirbt der Arme. Erzählung aus dem Leben des Volkes. In: Rheinische Jahrbücher, 1. Bd. (1845), 250–308. – Ders.: Der Lohnweber. Erzählung. In: Deutsches Bürgerbuch für 1845, 223–265.
45 Vgl. dazu *Edler, Mysterienliteratur* (III, 2) sowie *Bachleitner, Der englische und französische Sozialroman* (III, 2), 89–192, 405–413.
46 Willkomm, Weisse Sclaven (s. Anm. 10), Bd. 1, 126.
47 Vgl. die detaillierte Analyse des Romans in *Adler, Soziale Romane* (III, 2), 64 ff. und *Kirchner-Klemperer, Sozialer Roman* (III, 2), 249 ff.
48 Vgl. zu diesem Roman *Kirchner-Klemperer, Sozialer Roman* (III, 2), 270 ff. und *Bachleitner, Der englische und französische Sozialroman* (III, 2), 413–419.
49 Vgl. Willkomm, Weisse Sclaven (s. Anm. 10), Bd. 4, 257 ff.
50 Vgl. Theodor Oelckers: Fürst und Proletarier. Ein Roman aus der Gegenwart. 2 Bde. Leipzig 1846, hier: Bd. 1, 112.
51 Prutz, Engelchen (s. Anm. 2), Bd. 1, 172 ff.
52 Sternberg, Paul (s. Anm. 17), Bd. 1, 241.
53 Ebd.
54 Ebd., 284.
55 Ebd., 300.
56 Dingelstedt, Gastrollen, II, 183 (s. Anm. 11).
57 Die Schilderung der Verschwörerversammlung wird z. B. folgendermaßen eingeleitet: »Um das Gemälde dieser wilden und tumultuarischen Volkssitzung dem Leser deutlicher vorzuführen, müssen wir es in den Rahmen jener schauerlichen Einöde fassen, wie sie Nacht und einsames Gebirge bilden.« (Bd. 2, 102).
58 Sternberg, Paul in der Heimat (s. Anm. 17), 195.
59 1832 war Sternbergs schlagwortgebender Roman ›Die Zerrissenen‹ erschienen.
60 Sternberg, Paul in der Heimat (s. Anm. 17), 27.
61 ⟨Gregor Kloth (Hrsg.)⟩: Der Fabrikherr. Eine Geschichte der jüngern Zeit. Aachen 1852. Vgl. dazu *Edler, Anfänge* (III, 2), 259 ff., und Hans Adler: Sukzession und Konsequenz. Skizze zum Verhältnis von Narration und sozialer Frage im XIX. Jahrhundert. In: Lendemains 8 (1983), Heft 30, 10–14, hier: 11 f.

62 Siehe Anm. 45. Vgl. dazu *Edler, Anfänge* (III, 2), 230 ff.
63 Georg Hesekiel: Faust und Don Juan. Aus den weitesten Kreisen unserer Gesellschaft. 3 Teile. Altenburg 1846.
64 ⟨Friedrich Hermann⟩ Klencke: Das deutsche Gespenst. 3 Bde. Leipzig 1846.
65 Louise Otto: Schloß und Fabrik. Roman. 3 Bde. Leipzig 1846. Vgl. dazu *Edler, Anfänge* (III, 2), 232 ff., *Adler, Soziale Romane* (III, 2), 115 ff., sowie *Boetcher Joeres, Louise Otto-Peters* (IV).
66 Louise Aston: Aus dem Leben einer Frau. Hamburg 1847. Vgl. dazu *Möhrmann, Frau* (III, 2) und *Goetzinger, Louise Aston* (IV).
67 Georg Weerth: ⟨Romanfragment⟩. In: Georg Weerth: Vergessene Texte. Werkauswahl Bd. 2. Nach den Handschriften hrsg. v. Jürgen W. Goette, Jost Hermand, Rolf Schloesser. Mit einem Vorwort v. Reinhart Koselleck. Köln 1976, 271–394 (›iLv leske republik‹ Materialien zum Vormärz. Bd. 3).
68 Siehe Anm. 2. Vgl. zu diesem Roman *Edler, Anfänge*, 253 ff., *Adler, Soziale Romane*, 147 ff., *Kirchner-Klemperer, Soziale Romane*, 258 ff., *Halter, Sklaven der Arbeit* (alle III, 2), 273 ff. sowie Karl Prümm: Robert Prutz: ›Das Engelchen‹ (1851). Experiment eines ›mittleren Romans‹: Unterhaltung zu höchsten Zwecken. In: Romane und Erzählungen des Bürgerlichen Realismus. Neue Interpretationen. Hrsg. v. Horst Denkler. Stuttgart 1980, 40–64.
69 Zu Weerth vgl. Florian Vaßen: Georg Weerth. Ein politischer Dichter des Vormärz und der Revolution von 1848/49. Stuttgart 1971, und: Georg Weerth. Werk und Wirkung. Berlin 1974.
70 Das Romanfragment ist erst 1956 von Bruno Kaiser in seiner Weerth-Ausgabe in einer gekürzten Fassung veröffentlicht worden. Zu der zuverlässigeren Ausgabe s. Anm. 67.
71 Vgl. die Texte von Robert Prutz: Schriften zur Literatur und Politik. Ausgewählt und mit einer Einführung hrsg. v. Bernd Hüppauf. Tübingen 1973 (Deutsche Texte 27); Robert Eduard Prutz: Zu Theorie und Geschichte der Literatur. Bearb. und eingel. v. Ingrid Pepperle. Berlin 1981 (Deutsche Bibliothek. 10); *Prutz, Vaterland* (IV) sowie die z. T. ausgezeichneten Bände des von Prutz herausgegebenen Literarhistorischen Taschenbuchs (1843 ff.).
72 Prutz, Engelchen (s. Anm. 2), Bd. 1, 111 ff.
73 Ebd., 119 ff.
74 Gemeint sind zwei Bilder von Carl Wilhelm Hübner, das erste ist das oben (s. Anm. 39) erwähnte.
75 Fontane, Unsere lyrische und epische Poesie seit 1848. In: Theodor Fontane: Sämtliche Werke. Hrsg. v. Walter Keitel und Helmuth Nürnberger. München 1961–97, Abt. III, Bd. 1, 236 ff.
76 Zu nennen wären z. B.: Adolf Ritter von Tschabuschnigg: Die Industriellen. Roman. 2 Theile. Zwickau 1854 (2. Aufl. unter dem Titel ›Fabrikanten und Arbeiter‹, Würzburg 1876). – Friedrich Wilhelm Hackländer: Europäisches Sclavenleben. 4 Bde. Stuttgart 1854. – Fr. Rob.⟨ert⟩ Renner: Die Tochter des Fabrikanten und die Fabrikarbeiterin. Ein Roman. Leipzig 1861 – Adolf Schirmer: Fabrikanten und Arbeiter oder Der Weg zum Irrenhause. Sozialer Roman. 3 Theile. Wien 1862.

Rachel McNicholl/Kerstin Wilhelms: Romane von Frauen

1 »Für den Zeitraum von 1770–1810 sind bisher ca. 500 Romane von etwa 80 Autorinnen festgestellt worden.« Vgl. *Gallas/Heuser, Untersuchungen* (III, 2), 4; *Friedrichs, Schriftstellerinnen* (I), ermittelt über 4000 Autorinnen im 18. und 19. Jh. Siehe auch: *Brinker-Gabler, Schriftstellerinnenlexikon* (I).
2 Johann Gottlieb Fichte: Grundlagen des Naturrechts nach Principien der Wissenschaftslehre. In: Fichtes Werke, hrsg. v. Immanuel Hermann Fichte. Berlin 1971 (1796/97[1]), Bd. 3, 352.
3 So Johanna Schopenhauer 1821. Zit. nach *Houben, Weimar* (IV), 241.
4 *Prutz, Literatur* (II, 2), 2, 249.
5 Vgl. zur Herausbildung der Geschlechtscharaktere den Aufsatz von Karin Hausen: Die Polarisierung der ›Geschlechtscharaktere‹ – *Eine Spiegelung der Dissoziation von Erwerbs- und Familienleben.* In: Heidi Rosenbaum (Hrsg.): Seminar: Familie und Gesellschaftsstruktur. Frankfurt/M. 1980[2], 161–194. Zum Zusammenhang von Mädchenerziehung, Handarbeit und Disziplinierung vgl. Dagmar Ladj-Teichmann: Weibliche Bildung im 19. Jahrhundert: Fesselung von Kopf, Hand und Herz? In: Ilse Brehmer/Juliane Jacobi-Dittrich u. a. (Hrsg.): »Wissen heißt leben ...«. Beiträge zur Bildungsgeschichte von Frauen im 18. und 19. Jahrhundert. Düsseldorf 1983, 219–243 (Frauen in der Geschichte 4). *Kößler, Mädchenkindheiten* (II, 1), 41–45.
6 Vgl. zur Legitimation weiblicher Schreibarbeit Kap. II bei *Schieth, Entwicklung* (III, 2), bes. 40.
7 Vgl. Fichte, Grundlagen (s. Anm. 2), 353.
8 Vgl. Magdalene Heuser: »Ich wollte dieß und das von meinem Buche sagen und gerieth in ein Vernünfteln«. Poetologische Reflexionen in Romanvorreden. In: *Gallas/Heuser, Untersuchungen* (III, 2), 52–65, bes. 52.
9 Vgl. zur Vielzahl der anonym und pseudonym veröffentlichenden Frauen die Nachweise in Bibliographien und Lexika, z. B. *Pataky, Lexikon; Friedrichs, Schriftstellerinnen; Schindel, Schriftstellerinnen* (alle I).
10 Zur Problematik des Gattungsbegriffs vgl. *Schieth, Entwicklung* (III, 2). Erich Schön (Weibliches Lesen: Romanleserinnen im späten 18. Jahrhundert. In: *Gallas/Heuser, Untersuchungen* (III, 2), 20–40, Zitat: 23) konstatiert, es sei »problematisch, von ›Frauenromanen‹ (als einem Gegensatz zu Romanen allgemein) zu sprechen, da es von der Rezeption her kaum anderes als Frauenromane gibt.« Den Begriff »Damenroman« verwendet *Sengle, Biedermeierzeit* (II, 2), II, 814.
11 Besonders erfolgreich waren ⟨Sophie von La Roche⟩: Geschichte des Fräulein von Sternheim. Von einer Freundin derselben aus Original-Papieren und andern zuverlässigen Quellen gezogen. Hrsg. v. Christoph Martin Wieland. München 1976 (1771[1]); ⟨Wilhelmine Caroline Wobeser⟩: Elisa oder das Weib wie es seyn sollte. Leipzig 1798 (1791[1]). Vgl. den Aufsatz von Lydia Schieth (›Elisa oder das Weib wie es seyn sollte‹. Zur Analyse eines Frauen-Romanbestsellers. In: *Gallas/Heuser, Untersuchungen* (III, 2), 114–131, die die Caroline von Wobeser nachträglich zugewiesene Autorschaft von »Elisa oder das Weib wie es seyn sollte« als

reine Vermarktungsstrategie in Frage stellt und den Verdacht äußert, der Text sei von einem Mann verfaßt worden.

12 *Beaujean, Trivialroman* (III, 2), 37 ff., verweist auf eine Vielzahl von Romantiteln, die nach dem Muster von La Roches ›Geschichte des Fräulein von Sternheim‹ in den folgenden Jahren veröffentlicht wurden.

13 Vgl. Helga Meise: Die Unschuld und die Schrift. Deutsche Frauenromane im 18. Jahrhundert. Berlin, Marburg 1983, 203.

14 Louise Otto: Die Theilnahme der weiblichen Welt am Staatsleben. In: Vorwärts, Jg. 5, 1847, 41; s. zur Teilhabe von Frauen an der politischen Öffentlichkeit auch Carola Lipp: Frauen und Öffentlichkeit. Möglichkeiten und Grenzen politischer Partizipation im Vormärz und in der Revolution 1848/49. In *Lipp, Weiber* (II, 1), 270–307.

15 Bei allen Autorinnen, auch wenn für ihren Lebensunterhalt nicht notwendig, ist das Schreiben als Schritt in die Selbständigkeit zu verstehen; Louise Aston und Ida Hahn-Hahn z. B. begannen erst nach ihrer Scheidung zu veröffentlichen. Fanny Lewald erbat sich von ihrem Vater als Dreißigjährige, die unverheiratet im Elternhaus lebte, die Erlaubnis zur schriftstellerischen Arbeit. Zu Leben und Werk einzelner Vormärzautorinnen vgl.: *Goetzinger, Louise Aston; Boetcher Joeres, Louise Otto-Peters; Brinker-Gabler, Fanny Lewald; Geiger, Ida Hahn-Hahn* (alle IV).

16 Mathilde Franziska Annekes ›Frauen-Zeitung‹ erschien in nur drei Ausgaben als Ersatz für die verbotene ›Neue Kölnische Zeitung‹, vgl. *Henkel/Taubert, Das Weib* (IV), 42–60, und die Monographie *Wagner, Mathilde Franziska Anneke* (IV). Von Louise Astons ›Freischärler‹ konnten nur sieben Nummern zwischen November und Dezember 1848 erscheinen, dann wurde die Herausgeberin zum zweiten Mal als unliebsame Person aus Berlin ausgewiesen, vgl. *Goetzinger, Louise Aston* (IV), 120 ff. Die ›Frauen-Zeitung‹ von Louise Otto erschien in vier Jahrgängen von 1849–52 mit einer zensurbedingten Unterbrechung im Januar 1851, vgl. *Gerhard u. a., Frauen-Zeitung* (IV), bes. 330 ff.; *Boetcher Joeres, Louise Otto-Peters* (IV), 55 ff.

17 So der Titel eines Artikels von Louise Otto, vgl. Anm. 14.

18 Vgl. Dokumentationsbände wie *Hummel-Haasis, Schwestern; Schröder, Frau* sowie neuere Forschungsergebnisse in den Bänden von *Lipp, Weiber; Grubitzsch, Grenzgängerinnen* (alle II, 1).

19 Das »Junge Deutschland« bezeichnet Autoren, die erst durch den Wiener Geheimbeschluß vom 12. 6. 1834 zu einer Gruppe zusammengefaßt wurden und deren Schriften am 10. 12. 1835 vom Frankfurter Bundestag verboten wurden. Unter dieses Verbot fielen Gutzkow, Heine, Laube, Mundt und Wienbarg. Vgl. *Hermand, Junges Deutschland* (II, 2), 389. Vgl. auch zur kontroversen Diskussion über die Bezeichnung »Junges Deutschland«: *Schneider, Seele* (II, 2), 139 ff.; *Vaßen, Restauration* (II, 2), 26 f.; *Köster, Literatur* (II, 2), 165 ff.

20 Vgl. zum Schreibkonzept der Jungdeutschen: *Hömberg, Zeitgeist* (III, 2), besonders Kap. III zur publizistischen Programmatik.

21 Peter Hasubek: Der Roman des Jungen Deutschland und des Vormärz. In: *Koopmann, Handbuch des Romans* (II, 2), 323–341 (bes. 325).

22 In der Rezeption wurden »so unterschiedliche Autorinnen wie Luise Mühlbach, Ida Hahn-Hahn, Fanny Lewald und Louise Aston pauschal mit dem gleichen Epitheton der ›deutschen George Sand‹ versehen.« *Möhrmann, Frau* (III, 2), 40.
23 Vgl. Karl Gutzkow: Wally, die Zweiflerin. Göttingen 1965. (1835[1]); Theodor Mundt: Madonna. Unterhaltungen mit einer Heiligen. Leipzig 1835.
24 Vgl. *Möhrmann, Frau* (III, 2), 45 ff.; *Schneider, Seele* (II, 2), 177–185 und 204–210; *Lorenz, Rollenmodelle* (III, 2).
25 Louise Aston: Aus dem Leben einer Frau. Hamburg 1847.
26 Ida Hahn-Hahn: Gräfin Faustine. Bonn 1986 (1840[1]); ⟨Fanny Lewald⟩: Clementine. Leipzig 1843; Louise Otto: Kathinka. 2 Bde. Leipzig 1844.
27 Vgl. *Gerhard, Verhältnisse* (II, 1), besonders Kap. IV: ›Die Rechte der Frauen‹, 154–189.
28 Vgl. ⟨Fanny Lewald⟩: Jenny. Historischer Roman. Berlin (DDR) 1967 (1843[1]). ›Jenny‹ erschien zuerst mit dem Zusatz »von der Verfasserin von ›Clementine‹«; ihren ersten Roman ›Clementine‹ hatte Lewald nämlich anonym veröffentlicht. Die Frage nach dem diskursiven Zusammenhang von Juden- und Frauenemanzipation im 18. und 19. Jh. bedarf noch ausführlicher Forschungsarbeit.
29 Louise Otto: Ludwig der Kellner. 2 Bde. Leipzig 1843; L. Mühlbach: Eva. Ein Roman aus Berlins Gegenwart. 2 Tle. Berlin 1844. L. oder Luise Mühlbach ist das Pseudonym für Clara Mundt.
30 Louise Otto: Schloß und Fabrik. 3 Bde. Leipzig 1846.
31 Beide Autorinnen hatten schon vorher veröffentlicht. Lewald publizierte zwischen 1840 und 1843 auf Vorschlag ihres Vetters August Lewald in der von ihm herausgegebenen Zeitschrift ›Europa‹ einige kürzere Texte anonym. Vgl. *Steinhauer, Fanny Lewald* (IV). Aston debütierte mit einer Gedichtsammlung, gefolgt von ihrer programmatischen Schrift: Meine Emancipation, Verweisung und Rechtfertigung. Brüssel 1846, mit der sie auf ihre Ausweisung aus Berlin im Mai 1846 reagierte. Vgl. *Goetzinger, Louise Aston* (IV), 26 ff.
32 Sowohl Aston als auch Lewald knüpfen in ihren Texten an eigene Erfahrungen an. Vgl. zum Problem der Rekonstruktion der Lebensgeschichte Astons aus dem Schicksal ihrer Heldin die Kritik und Richtigstellung bei *Goetzinger, Louise Aston* (IV), 23 f. Die 26jährige Fanny Lewald wehrte sich – anders als im Roman – erfolgreich gegen eine vom Vater gewünschte Eheschließung, vgl. *Brinker-Gabler, Fanny Lewald* (IV), 209 ff.
33 Vgl. zu dieser Formulierung *Prokop, Lebenszusammenhang* (II, 1), die für ihre Untersuchung zu Widersprüchen und Ambivalenzen im weiblichen Lebenszusammenhang den Untertitel ›Von der Beschränktheit der Strategien und der Unangemessenheit der Wünsche‹ wählte.
34 Vgl. *Venske, Disciplinierung* (IV), 66.
35 Johanna gibt ihren Widerstand gegen die Ehe mit Oburn erst auf, als ihren Vater wegen ihres Ungehorsams der Schlag trifft; sie sühnt mit ihrer Einwilligung zur Hochzeit die Auflehnung gegen den väterlichen Willen. Aber auch der Vater wird für seine Machtausübung – von der Autorin – mit dem Verlust der Sprache gestraft, der als symbolische Kastration gelesen werden kann.
36 Aston, Leben einer Frau (s. Anm. 25), 150.

37 Vgl. zu der »roten« und der »weißen« Frau als den beiden Aspekten des gespaltenen Frauenbildes: *Theweleit, Männerphantasien,* (II, 1), Bd. 1, 87 ff.; Inge Stephan: »Bilder und immer wieder Bilder ...«. Überlegungen zur Untersuchung von Frauenbildern in männlicher Literatur. In: *Stephan/Weigel, Verborgene Frau* (III, 2), 15–34.
38 Vgl. *Weigel, Blick* (III, 2), 98 ff.
39 Louise Aston: Lydia. Magdeburg 1848.
40 Vgl. auch die biographisch angelegte Interpretation von *Geiger, Ida Hahn-Hahn* (IV), 149 ff.
41 Hahn-Hahn, Faustine (s. Anm. 26), 29.
42 Vgl. die aufschlußreiche Interpretation von *Lehmann, Clarissa* (III, 2), 74–83.
43 Hahn-Hahn, Faustine (s. Anm. 26), 199.
44 *Weigel, Blick* (III, 2), 100.
45 Vgl. *McNicholl/Wilhelms, Liebe* (III, 2).
46 Louise Aston: Revolution und Contrerevolution. 2 Bde. Mannheim 1849. Die weiblichen Hauptfiguren aus ›Lydia‹ treten in Astons Revolutionsroman beide wieder auf. Claire von Glümer: Fata Morgana. Ein Roman aus dem Jahre 1848. Leipzig 1851.
47 Vgl. zur Teilnahme von Frauen an der 48er Revolution *Hauch, Barrikaden; Hummel-Haasis, Schwestern; Lipp, Weiber* (alle II, 1). Claire von Glümer und Louise Aston hatten sich verschiedene Formen der Teilhabe an der Revolution gewählt: Aston zog als Krankenschwester mit den Berliner Freischärlern in den Schleswig-Holstein-Feldzug. Vgl. *Goetzinger, Louise Aston* (IV), 119 ff. Glümer war bis März 1849 Berichterstatterin aus der Paulskirche für die Magdeburger Zeitung. Vgl. *Brinker-Gabler, Schriftstellerinnenlexikon* (I), 109.
48 Fanny Lewald: Auf rother Erde. Leipzig 1850; M. Norden 〈d. i. Friederike Wolfhagen〉: Dresdens Maitage. Ein Zeitbild. 3 Bde. Leipzig 1850.
49 Ebd., 154.
50 Vgl. Carola Lipp: Liebe, Krieg und Revolution. Geschlechterbeziehung und Nationalismus. In: *Lipp, Weiber* (II, 1), 353–384.
51 Norden, Dresden (s. Anm. 48), 3, 164.
52 Louise Otto: Drei verhängnissvolle Jahre. Zeitroman. 2 Bde. Altona 1867; hier: 2, 34.
53 Vgl. Kerstin Wilhelms: Frauenbilder in Romanen deutscher Schriftstellerinnen zur 1848er Revolution. In: *Grubitzsch, Revolution* (III, 2), 145–157.
54 Otto, Kellner (s. Anm. 29), 1, iv.
55 Auf dem Titelblatt steht: Ludwig der Kellner. Roman von Louise Otto. Ob die Bezeichnung Roman von Louise Otto oder von ihrem Verleger (A. Wienbrack) stammt, ist nicht klar. Otto bezeichnet das Buch selber aber eindeutig als Roman im Vorwort zu ›Kathinka‹ (s. Anm. 26), 1, iii.
56 Otto, Kellner (s. Anm. 29), 2, 229. Von Clara Winter wird Louise Otto als eine »vom Schicksal begünstigte Seele« angesprochen, die fähig ist, sich »mit den Wechseln eines fremden Lebens zu beschäftigen«.
57 Aston, Leben einer Frau (s. Anm. 25), V.
58 Ebd., VI.

59 Vgl. auch den erst aus dem Nachlaß 1860 publizierten Roman von Johanna Kinkel: Hans Ibeles in London. Ein Familienbild aus dem Flüchtlingsleben. 2 Bde. Stuttgart 1860. Neu hrsg. v. Ulrike Helmer mit dem Untertitel ›Ein Roman aus dem Flüchtlingsleben‹. Frankfurt/M. 1991. In diesem Text projiziert Johanna Kinkel (1810–58) ihre Erfahrungen als Musikerin und Hauptverdienerin der Familie im Londoner Exil auf den Titelhelden Hans Ibeles. Vgl. *McNicholl/Wilhelms, Liebe* (III, 2), 109–112; *Brinker-Gabler, Schriftstellerinnenlexikon* (I), 159 f.

60 Louise Otto: Vier Geschwister. 2 Bde. Dessau 1852. Vgl. auch die Schriftstellerfiguren Jaromir Szariny und Franz Thalheim in: Otto, Schloß (s. Anm. 30).

61 Otto, Jahre (s. Anm. 52) umspannt die Jahre 1847–49.

62 Otto, Geschwister (s. Anm. 60), 2, 96.

63 Luise Mühlbach: Aphra Behn. 3 Bde. Berlin 1849.

64 Ebd., 2, 284.

65 Ebd., 3, 303. Am Schluß des Romans findet die Heldin nicht einmal mehr im Ruhm Trost und wünscht sich den Tod herbei.

66 Otto, Kathinka (s. Anm. 26), 1, 149.

67 Ebd., 2, 92.

68 Ebd., 2, 163.

69 Bis auf Louise Aston veröffentlichten alle hier genannten Autorinnen weiterhin; Lewald, Mühlbach und Otto z. B. wandten sich verstärkt dem Genre des historischen Romans zu.

70 Vgl. *Möhrmann, Frau* (III, 2), 2 und die Angaben im Verzeichnis der Primärliteratur, ebd., 184; 186.

71 Vgl. ebd., 61 und 186 f.

72 Vgl. *Boetcher Joeres, Louise Otto-Peters* (IV), 268; *Adler, Soziale Romane* (III, 2), 115. Laut Adler soll ›Schloß und Fabrik‹ 1869 und 1883 neu aufgelegt worden sein.

73 Vgl. *Boetcher Joeres, Louise Otto-Peters* (IV), 132; *Gerhard u. a., Frauen-Zeitung* (IV), 261.

74 Vgl. *Goetzinger, Louise Aston* (IV), 19 und 197.

75 Vgl. hierzu Klassifizierungen wie ›Der Frauenroman‹ bei *Gottschall, Nationalliteratur* (II, 2), 4, 286 ff. (2, 320 ff.); *Spiero, Frauendichtung* (II, 2); ›Dichtende Frauen‹ bei *Prutz, Literatur* (II, 2), 2, 249 ff.; ›Heldinnen der Feder‹ bei *Alker, Deutsche Literatur* (II, 2), 117 ff.

76 Vgl. *Bovenschen, Weiblichkeit* (II, 1), *Möhrmann, Frau* sowie *Stephan/Weigel, Verborgene Frau* (beide III, 2). Vgl. auch neuere Frauen-Literaturgeschichten: *Brinker-Gabler, Deutsche Literatur; Gnüg/Möhrmann, Frauen Literatur Geschichte* (beide II, 2). Gnüg/Möhrmann betonen in ihrem Vorwort, daß sie an dem Begriff »Frauenliteratur« aus eher »programmatischen als poetologischen Gründe⟨n⟩« festhalten und ihn als »Orientierungsvokabel für alle von Frauen geschriebenen Texte ⟨benutzen⟩, nicht aber als Genrebegriff wie ⟨er⟩ von den Literaturhistorikern des 19. Jahrhunderts« verstanden wurde (XII).

77 Vgl. hierzu den Vorschlag, ganz auf den Begriff Frauenroman zu verzichten, bei *Römer, Frauenroman* (III, 2) und die Definition »Milieuroman« für den Frauen-

roman des 19. Jh.s bei Leonie Marx: Der deutsche Frauenroman im 19. Jahrhundert. In: *Koopmann, Handbuch des Romans* (II, 2), 434–459.

78 In Untersuchungen zu Gattungen wie »sozialer Roman« oder »Fabrikroman« im Vormärz finden Texte von Frauen zwar Berücksichtigung; bei einer meist selektiven Lektüre, die weder die weibliche Autorschaft noch die Erörterung frauenspezifischer Themen in den Blick nimmt, unterlaufen den Autoren jedoch oft eklatante Fehlinterpretationen. Vgl. *Edler, Anfänge* (III, 2), bes. 242 f.; *Schauerte, Fabrik* (III, 2), 135–162 und 200–208.

79 Vgl. Sigrid Weigel: »... führen jetzt die Feder statt der Nadel«. Vom Dreifachcharakter weiblicher Schreibarbeit – Emanzipation, Erwerb und Kunstanspruch. In: Brehmer, Ilse (s. Anm. 5), bes. 349.

80 Vgl. *Gallas/Heuser, Untersuchungen* (III, 2), 4; dort der Terminus »didaktischer Familienroman«.

Reinhart Meyer: Novelle und Journal

1 Emil Staiger hat diese »Definition« nie publiziert, sie wurde von Bernhard von Arx kolportiert: Novellistisches Dasein. Spielraum einer Gattung in der Goethezeit. Phil. Diss. Zürich 1953, 8.

2 Überblick über Titulaturen und Gattungszuweisungen in: Reinhart Meyer: Novelle und Journal. 1. Bd. Wiesbaden 1987, 26–39: »Terminologische Wirren 1790–1860«, 26–39; »Die Bedeutung von ›Novelle‹ im 19. Jahrhundert«, 104–115.

3 Mrs. Brooke: Die Lustreise. Rez. in: Der Teutsche Merkur. Februar 1778, 187–192, März 1778, 91–94.

4 Ludwig Tieck: Schriften. Berlin 1828–1854. 11. Bd., LXXXIV.

5 Auch diese (wie Emil Staigers, s.o.) »Definition« ist nur indirekt, durch Johann Peter Eckermann, überliefert: »‹...› denn was ist eine Novelle anders als eine sich ereignete unerhörte Begebenheit« (Eckermann: Gespräche mit Goethe. Erster Teil (1823–1827), 25. 1. 1827).

6 Vgl. Arnold Hirsch: Der Gattungsbegriff »Novelle«. Berlin 1928 (Germanistische Studien, Heft 64), 18–21.

7 Alan Matthäus Stelzer: Theoretisch praktische Anleitung zur deutschen Dichtkunst für den öffentlichen und Privatunterricht. Straubing 1818, 271–277.

8 Hirsch, Novelle (s. Anm. 6), an mehreren Stellen; vgl. dazu auch Rolf Schröder: Novelle und Novellentheorie in der frühen Biedermeierzeit. Tübingen 1970 (eine der wenigen brauchbaren Arbeiten zum Thema). Belege bei Reinhart Meyer (s. Anm. 2), 229–265.

9 Vgl dazu ›Honorare, Absatz, Produzenten und Publikum. In: Reinhart Meyer (s. Anm. 2), 150–168.

10 Nicht anders als Samuel Bürde, der an seinen bereits in periodischen Blättern erschienenen Erzählungen »beträchtliche Veränderungen« vornahm und sie »zum Theil ganz umgeschmolzen, zum Theil sorgfältig ausgefeilt« hat, um sie 1796 in Buchform neuerlich zu publizieren, berichtet auch Adalbert Stifter im Vorwort

zum 1. Band der ›Studien‹ (1843), daß er von den Journalfassungen zur Buchpublikation »den ganzen Stoff umarbeitete«.

11 Der bisher gebräuchliche Begriff ›Urfassungen‹ (für die Journaltexte), stellen die Herausgeber der gegenwärtig veranstalteten Historisch-Kritischen Gesamtausgabe Stifters fest, hat häufig zu Fehlschlüssen verleitet. Da die erste Lieferung der ›Studien‹ bereits 1844 erschien, sind Journal- und Buchfassungen entstehungsgeschichtlich derart verflochten, daß von einem ›Ur-Stifter‹ in biographischem und chronologischem Sinne nicht gesprochen werden kann (Adalbert Stifter: Werke und Briefe. Historisch-Kritische Gesamtausgabe. Hrsg. v. Alfred Doppler und Wolfgang Frühwald. Stuttgart, Berlin, Köln, Mainz 1987; Bd. 1, 3).

12 *Sengle, Biedermeierzeit* (II, 2), II, 927.

13 Vgl. Georg Jäger, Alberto Martino und Reinhard Wittmann (Hrsg.): Die Leihbibliothek der Goethezeit. Exemplarische Kataloge zwischen 1790 und 1830. Hildesheim 1979 (Texte zum literarischen Leben um 1800).

14 Eine wichtige Ausnahme machen die täglich erscheinenden Blätter in Oktavformat und die dazu gehörigen Amtsblätter, die mit beträchtlich kürzeren Beiträgen arbeiteten. Bekanntestes Beispiel dürften wohl die von Kleist herausgegebenen ›Berliner Abendblätter‹ (1810/11) sein, deren literarische Beiträge nie länger als anderthalb Seiten Kleinoktav sind.

15 *Schieth, Frauenalmanache* (III, 2), 35–42, 85–102, 136–146, 212–243.

16 Alle Stifter-Texte werden zitiert nach: Adalbert Stifter: Erzählungen in der Urfassung. Hrsg. v. Max Stefl. 3 Bde. Augsburg 1960. Zitat: Bd. III, 5.

17 Ebd., I, 171.

18 Ebd., II, 50.

19 Ebd., II, 181 ff.

20 Ebd., I, 17; die folgenden Zitate I, 18 f.

21 In den ›Feldblumen‹ (1840) läßt Stifter die standesbewußte Fürstin Fodo, die von ihrer liebenswerten Schwester Angela die Aufgabe ihres unstandesgemäßen (groß)bürgerlichen Lebens fordert, bezeichnenderweise in einem »schwarzseidenen Kleide« porträtieren (I, 75). Um ein spannungsschaffendes und verwirrendes Spiel mit dem Doppelgängermotiv zu ermöglichen, muß auch die Schwester Angela ihrem männlichen Pendant das erste Mal in einer Gesellschaft schwarz gekleidet entgegentreten. Um aber den Leser nicht im Unklaren über ihren wahren Charakter zu lassen, läßt Stifter durch einen Gast gleich klarstellen, sie habe, im Gegensatz zu ihrer fürstlichen Schwester, »den lilienweißen« Adelsbrief »des allerschönsten und liebsten Herzens, das auf der Erde schlägt« (I, 75). Bereits vorher wurde Angela, ihrem Namen und der Journaltradition gemäß, als »Engel« eingeführt, der in der Regel weiße Kleider trägt; und später wird dem Leser das längst Vermutete bestätigt: »Im Sommer ist sie meistens weiß gekleidet« (I, 93).

Im ›Hochwald‹ (1841) triumphiert die Symbolik des weißen Kleids sogar über die Vernunft der Handlungsführung. Auf der Flucht durch den Wald, der natürlich grün ist, läßt Stifter die Töchter Heinrichs des Wittunghausers in auffälligen »weißen Gewändern« reiten (I, 281).

22 Ebd., III, 77, 79 f.

23 Ebd., III, 119.

24 Ebd., III, 226.
25 Ebd., III, 132 u. 281.
26 Ebd., III, 155.
27 Ebd., II, 207 f.

Wolfgang Lukas: Novellistik

1 Alleinstehende Jahreszahlen ohne Nennung von Sammlungen bezeichnen im folgenden, wenn nicht anders angegeben, prinzipiell das Jahr des (offiziellen!) Erstdrucks (in der Regel: Journalpublikation).
2 Vgl. Karl Konrad Polheim: Gattungsproblematik. In: *Polheim, Handbuch der deutschen Erzählung* (II, 2), 9–16.
3 Vgl. hierzu die von Polheim herausgegebene Sammlung gattungstheoretischer Texte: Theorie und Kritik der deutschen Novelle von Wieland bis Musil, Tübingen 1970 sowie *Aust, Novelle* (III, 1), Kap. 1–3.
4 Diese Gegenbewegung vollziehen *Aust, Novelle* (III, 1) explizit und Polheim, Gattungsproblematik (s. Anm. 2) zumindest implizit. Zu den theoretischen Problemen der Korpusbildung s. *Hempfer, Gattungstheorie* (II, 2), 128 ff.
5 ›Der Schutzgeist‹ (1839). In: Ludwig Tieck: Werke in 4 Bdn. Hrsg. v. Marianne Thalmann. München 1965, Bd. III, 851.
6 Vgl. *Schröder, Novelle und Novellentheorie* (II, 2), 211.
7 Vgl. *Aust, Novelle* (III, 1), 9.
8 Dies ist der Fall bei längeren Novellen wie etwa Mundts ›Madelon oder die Romantiker in Paris‹ (1832) oder Gaudys ›Desengaño‹ (1834).
9 Die epochale Einheit der »Goethezeit« von ca. 1770 bis ca. 1825 konstituiert und legitimiert sich bekanntlich nicht etwa über die Produktionsdaten Goethes, sondern über die zugrunde liegenden gemeinsamen Denkstrukturen und literarischen Modelle. Vgl. demgegenüber das fundamentale Mißverständnis bei *Sengle, Biedermeierzeit* (II, 2), III, 1020 f., der aus einer (berechtigten) Frontstellung gegen die alte »geistesgeschichtliche« Begründung diese Epocheneinheit als solche verwirft. Vgl. auch den grundlegenden Aufsatz von *Titzmann, Epochenbegriff* (III, 2).
10 Vgl. auch die Periodisierungsvorschläge von Jost Hermand und Friedrich Sengle in: *Sengle, Biedermeierzeit* (II, 2), I, 198 ff.
11 Vgl. hierzu demnächst Wolfgang Lukas, Michael Titzmann, Marianne Wünsch zum ›Wandel der Konzeptionen der Person und ihrer Psyche in der Erzählliteratur von der Goethezeit zum Realismus‹.
12 Vgl. den Prolog, den Tieck zu Friedrich Launs gesammelten Schriften (Stuttgart 1843) beisteuerte (in: Ludwig Tieck: Schriften 1836–1852. Hrsg. v. Uwe Schweikert, Frankfurt/M. 1986, Bd. 12, 984 ff).
13 Vgl. *Himmel, Geschichte der deutschen Novelle* (II, 2), 83 ff. Himmel bietet trotz einer normativen Novellen-Definition nach wie vor die beste Übersicht über den Gesamtzeitraum.
14 In Analogiebildung zu dem von Titzmann vorgeschlagenen Gattungsbegriff des

»Initiationsromans« (mit seinen einzelnen Varianten des Bildungs-, Geisterseher-, Geheimbund- etc. Romans); s. Michael Titzmann: Bemerkungen zu Wissen und Sprache in der Goethezeit (1770–1830). Mit dem Beispiel der optischen Kodierung von Erkenntnisprozessen. In: *Link/Wülfing, Bewegung* (III, 2), 101 f.

15 Vgl. hierzu Hartmut Böhme: Romantische Adoleszenzkrisen. Zur Psychodynamik der Venuskult-Novellen von Tieck, Eichendorff und E.T.A. Hoffmann. In: Klaus Bohnen u. a. (Hrsg.): Literatur und Psychoanalyse. München 1981, 133–176; Christian Begemann: Eros und Gewissen. Literarische Psychologie in Ludwig Tiecks Erzählung »Der getreue Eckhart und der Tannenhäuser«. In: IASL, 15, 2 (1990), 89–145; *Himmel, Geschichte der deutschen Novelle* (II, 2), 86 ff.

16 E.T.A. Hoffmann: Der Goldene Topf. In: Fantasie- und Nachtstücke. Hrsg. v. Walter Müller-Seidel. Darmstadt 1979, 255.

17 Vgl. Volker Hoffmann: Künstliche Zeugung und Zeugung von Kunst im Erzählwerk Achim von Arnims. In: Aurora 46 (1986), 158–167.

18 Vgl. *Schröder, Novelle und Novellentheorie* (II, 2), 53 ff., 62 ff.

19 Vgl. *Köster, Literatur* (II, 2), 28 ff.

20 Vgl. *Schröder, Novelle und Novellentheorie* (II, 2) und *Sautermeister, Erzählprosa* (II, 2), 86 ff.

21 *Schröder, Novelle und Novellentheorie* (II, 2), 32; vgl. auch *Zuber, Musenalmanache* (III, 2) und Paul Gerhard Klussmann: Das literarische Taschenbuch der Biedermeierzeit als Vorschule der Literatur und der bürgerlichen Allgemeinbildung. In: *Mix, Almanach- und Taschenbuchkultur* (III, 2), 89–111.

22 Zu weiteren Autoren s. *Schröder, Novelle und Novellentheorie* (II, 2) sowie *Himmel, Geschichte der deutschen Novelle* (II, 2), 135–231. Speziell zur österreichischen Biedermeier-Novellistik vgl. auch die wichtigen Aufsätze v. Burkhard Bittrich: Biedermeier und Realismus in Österreich. In: *Polheim, Handbuch der deutschen Erzählung* (II, 2), 356–281, sowie v. Helmut Himmel: Probleme der österreichischen Biedermeiernovellistik. Ein Beitrag zur Erkenntnis der historischen Stellung Adalbert Stifters. In: VASILO 12, 1/2 (1963), 36–59.

23 Von der herausragenden Bedeutung Tiecks vermögen z. B. die von Polheim gesammelten Beiträge der Zeitgenossen zur Novellendiskussion (s. Anm. 3) einen Eindruck zu vermitteln. Zu den einzelnen Sammlungen von Tiecks Novellen und deren Auflagen s. die Angaben von Marianne Thalmann in der von ihr besorgten Edition: Werke in 4 Bdn. (s. Anm. 5), 1103 f.

24 Vgl. hierzu *Hagestedt, Ähnlichkeit und Differenz* (IV).

25 Theodor Mundt: Die Kunst der deutschen Prosa. Ästhetisch, literargeschichtlich, gesellschaftlich. Göttingen 1969 (Ndr. der 1. Aufl. Berlin 1837), 49.

26 So Hauff in seinem Vorwort zur dreibändigen Novellensammlung 1828. In: Sämtliche Werke, Bd. 2, München 1970, 334. »Biedermeier(lich)« wird im folgenden in einem weiten, nicht im engen Sengleschen Sinne verstanden (s. hierzu Anm. 40).

27 Die zeitgenössische Bedeutung von »Novelle« umfaßt beide Aspekte, vgl. *Schröder, Novelle und Novellentheorie* (II, 2), 152 ff. und *Sengle, Biedermeierzeit* (II, 2), II, 833 ff.

28 Vgl. *Gneuß, Der späte Tieck* (IV).
29 Die Forschung hat einen Anteil von vier Fünftel direkter Rede errechnet; vgl. *Schröder, Novelle und Novellentheorie* (II, 2), 36.
30 Vorwort zu Willibald Alexis: Gesammelte Novellen. Berlin 1830, Bd. 1, viii.
31 Wenn man denn überhaupt unter »Realismus« das Literatursystem einer historisch abgrenzbaren Phase verstehen will und nicht eine letztlich ahistorische Kategorie, dann ist die beliebte These von Tiecks »Teilhabe am ›poetischen Realismus‹« (*Schröder, Novelle und Novellentheorie* (II, 2), 22) nicht haltbar.
32 Der aus Pommern gebürtige Autor (1788–1867; Ps.: Emerentius Scävola) ist zu Unrecht gänzlich vergessen; mit einigen seiner Novellen und Romane kann er durchaus einen Platz innerhalb der Erzählprosa dieser Zeit beanspruchen.
33 Der Titel ist Beleg dafür, daß »Novelle« in dieser Zeit eben noch kein bloßer Gattungsbegriff ist; vgl. auch ›Die Novelle‹ in Laubes erstem Band der ›Reisenovellen‹ (6 Bde. 1834–37). Zu möglichen Interpretationsansätzen zu dem schwierigen Goethe-Text vgl. Gerhard Schulz: Johann Wolfgang Goethe: ›Novelle‹ (1828). In: *Interpretationen 19. Jahrhundert* (III, 2), 381–415.
34 Hauff, Sämtliche Werke (s. Anm. 26), II, 625.
35 Ebd., 593.
36 Vgl. *Sottong, Transformation* (III, 2).
37 Karl Immermann: Werke in 5 Bdn. Hrsg. v. Benno von Wiese, Frankfurt/M. 1971, Bd. I, 312.
38 Tieck, Werke (s. Anm. 5), III, 277.
39 Ebd., 293.
40 Diese Novelle ist ein schönes Beispiel für die Relativität jenes von Sengle so hochstilisierten Gegensatzes von jungdeutschen und »biedermeierlichen« Positionen.
41 Heinrich Laube: Gesammelte Werke in 50 Bdn. Hrsg. v. Heinrich Hubert Houben. Leipzig 1908, Bd. VIII, 138 f.
42 Ebd., 143.
43 Ebd., 138.
44 Vgl. Titzmann, Wissen und Sprache (s. Anm. 14), 105 ff.
45 Zur hohen Wertschätzung dieser Novelle durch die Zeitgenossen vgl. z. B. die Erwähnung in Kurz' Novelle ›Das Wirtshaus von gegenüber‹ (in: Genzianen, 1837).
46 Madelon oder die Romantiker in Paris. Leipzig 1832, 62, 89.
47 Ebd., 3.
48 Ebd., 213.
49 Ebd., 156, 212.
50 Hermann Kurz: Sämtliche Werke in 12 Bdn. Hrsg. v. Hermann Fischer, Leipzig (o. J.), Bd. IX, 128.
51 Deren Entstehung aber in eben diese Zeit fällt, vgl. Joseph von Eichendorff, Sämtliche Erzählungen. Hrsg. v. Hartwig Schultz, Stuttgart 1990 (Reclam), 590.
52 Zit. bei *Sengle, Biedermeierzeit* (II, 2), II, 879.
53 Tieck, Werke (s. Anm. 5), III, 1046.
54 Tieck, Schriften (s. Anm. 12), 864.
55 Ebd., 903.
56 Laube, Gesammelte Werke (s. Anm. 41), 110, 115.

57 Friedrich Hebbel: Das erzählerische Werk. Sämtliche Novellen und Erzählungen. Hrsg. v. Werner Keller u. Karl Pörnbacher. München 1986, 253.
58 Ebd.
59 Tagebucheintrag, zit. in: ebd., 298.
60 Vgl. hierzu *Reuchlein, Wahnsinnsthematik* (III, 2), 366 ff.
61 Laube, Gesammelte Werke (s. Anm. 41), 59.
62 Willibald Alexis: Neue Novellen. Berlin 1836, Bd.1, 307.
63 Laube, Gesammelte Werke (s. Anm. 41), 60.
64 Vgl. zur Wahl des spanischen Titels Gaudys Vorwort. Zum »Weltschmerz« vgl. auch *Sengle, Biedermeierzeit* (II, 2), I, 1 ff., 225 ff., der allerdings zwischen romantischem und spezifisch biedermeierlichem »Weltschmerz« ungenügend differenziert.
65 Franz Freiherrn Gaudys sämmtliche Werke. Hrsg. v. Arthur Mueller. Berlin 1844, Bd. X, 136. Zur neuen Psychologie in der Literatur der 30er Jahre vgl. auch *Lukas, Zeit und Psyche* (III, 2).
66 Ebd., 61 f.
67 Willibald Alexis: Gesammelte Novellen. Berlin 1831, Bd. IV, 44.
68 Friedrich Theodor von Vischer, Dichterische Werke. Leipzig 1917, Bd. V, 146.
69 Gutzkow hat den ›Sadduzäer‹ später in der Tragödie ›Uriel Acosta‹ (1847) noch einmal aufgenommen; auch von der Novelle ›Die Selbsttaufe‹ (1845) existiert eine spätere Dramenversion (›Ottfried‹ 1854).
70 Vischer, Dichterische Werke (s. Anm. 68), 146.
71 Franz Freiherrn Gaudy's poetische und prosaische Werke. Neue Ausgabe. Hrsg v. Arthur Mueller. Berlin 1854, Bd. VI, 137.
72 Ebd., 136.
73 Laube, Gesammelte Werke (s. Anm. 41), 37.
74 Zur Auflösung von Erzähltraditionen durch das Junge Deutschland allgemein vgl. auch Helmut Koopmann: Die Novellistik des Jungen Deutschland. In: *Polheim, Handbuch der deutschen Erzählung* (II, 2), 229–239.
75 Nicht im (zu) weiten Sengleschen Sinn, der dieses Merkmal tendenziell der gesamten Epoche zuschreibt (vgl. *Sengle Biedermeierzeit* (II, 2), II, 1020 ff.); vgl. dagegen präziser *Köster, Literatur* (II, 2), 137 ff.
76 Vgl. Karl Gutzkow: ›Briefe eines Narren an eine Närrin‹ (1832), ›Wally die Zweiflerin‹ (1835) sowie Theodor Mundt: ›Moderne Lebenswirren‹ (1834) oder ›Madonna. Unterhaltungen mit einer Heiligen‹ (1835) etc.
77 Vgl. das Vorwort zu Bd. III der Gesammelten Novellen. Berlin 1831.
78 Ebd., 192.
79 Vgl. zu diesen beiden Texten *Sautermeister, Erzählprosa* (II, 2), 82 f.
80 Alexis, Gesammelte Novellen (s. Anm. 67), IV, 146.
81 Theodor Mügge, Novellen und Skizzen. Berlin 1838, Bd. 1, 22.
82 Die hier vermiedene Bezeichnung »frühe Realisten« ist verfänglich, da sie üblicherweise auch die frühe Produktion von Keller oder Raabe meint; genau davon unterscheiden sich die genannten Autoren aber noch. In der Forschung finden sich »vorrealistisch« und »frührealistisch« undifferenziert auch als Bezeichnungen für den gesamten Zeitraum 1815–48, vgl. u. a. *Sengle, Biedermeierzeit* (II, 2)

oder Walter Weiss: Biedermeier(zeit), Vormärz, (Früh)Realismus? Ein Beitrag zur Epochendiskussion. In: W. Veit (Hrsg.): Antipodische Aufklärungen. Antipodean Enlightenments. Festschrift für Leslie Bodi. Frankfurt/M. u. a. 1987, 503–517 (s. dazu auch Anm. 31).

83 Vgl. dazu *Begemann, Die Welt der Zeichen* (IV).
84 Vgl. hierzu insbesondere *Edler, Anfänge* (III, 2) sowie *Baur, Dorfgeschichte* (III, 2), 214 ff., und das Nachwort von Hartmut Kircher in der von ihm herausgegebenen Textsammlung: Dorfgeschichten aus dem Vormärz. Köln 1981. Die Reduktion der Dorfgeschichte auf die Idylle, wie sie *Sengle, Biedermeierzeit* (II, 2), II, 865 ff., vornimmt, ist nachweisbar falsch.
85 In der 2. Aufl. 1847 mit einem Vorwort von Heine. – Neuausgabe mit einem Nachwort u. Anm. v. Ruth Glatzer. Berlin 1991.
86 Zu den verschiedenen regionalen Sammlungen s. *Alker, Deutsche Literatur* (II, 2), 322 ff., *Baur, Dorfgeschichte* (III, 2), 84, und *Sengle, Biedermeierzeit* (II, 2), II, 864.
87 Bei den Angaben zu Stifter bezeichnet die erste Jahreszahl im folgenden jeweils das Erscheinungsdatum der Journalfassung, das zweite das der Studienfassung.
88 In einer (ungedruckten) Vorrede zu der 1841 geplanten, aber erst 1855 zustande gekommenen Sammlung; vgl. Hebbel, Das erzählerische Werk (s. Anm. 57), 7.
89 Franz Grillparzer: Der arme Spielmann. Hrsg. v. Helmut Bachmaier. Stuttgart 1979, 5, 8.
90 Alexander Weill/Edgar Bauer: Berliner Novellen. Berlin 1843, 19.
91 Für weitere Autoren s. *Edler, Anfänge* (III, 2). Die genannten Erzählungen von Louise Otto und Johanna Kinkel sind neu herausgegeben in der zweibändigen Sammlung von Kircher, Dorfgeschichten aus dem Vormärz (s. Anm. 84).
92 Vgl. *Sottong, Transformation* (III, 2), 31 ff.
93 Neu hrsg. v. Hartmut Kircher (s. Anm. 84).
94 Berthold Auerbach: Schwarzwälder Dorfgeschichten. Hrsg. v. Jürgen Hein. Stuttgart 1984, 40.
95 Theodor Mügge, Neue Novellen. Hannover 1845, 67.
96 Vgl. *Seeba, Franz Grillparzer* (IV).
97 Vgl. auch das neue zeitgenössische Interesse am Bauernkrieg der Reformationszeit (s. *Baur, Dorfgeschichte* (III, 2), 195 ff.).
98 Neu hrsg. v. Hartmut Kircher (s. Anm. 84)_
99 Zur Kriminalnovelle vgl. *Schönert, Kriminalgeschichten* (III, 2), *Hügel, Untersuchungsrichter* (III, 2), und die Literaturangaben in Joachim Linder (Hrsg.): Kriminalgeschichten aus dem 19. Jahrhundert. Bielefeld 1990.
100 Vgl. hierzu die reichhaltige Dokumentation bei *Edler, Anfänge* (III, 2), 113 ff.
101 Vgl. hierzu das Nachwort v. Linder in der von ihm herausgegebenen Sammlung (s. Anm. 99) sowie *Baur, Dorfgeschichte* (III, 2), 90 ff., und *Sautermeister, Erzählprosa* (II, 2), 97.
102 Ernst Dronke: Aus dem Volk. Frankfurt/M. 1846, v.
103 Ernst Dronke: Das Unvermeidliche. In: Polizei-Geschichten. Leipzig 1846 (Ndr. Göttingen 1968. Hrsg. v. Erich Edler), 156.

104 Vgl. Berthold Auerbach, Schrift und Volk. Grundzüge der volksthümlichen Literatur. Leipzig 1846, 32 f.
105 Vgl. *Sennett, Intimität* (II, 1), Kap. 7 ff.
106 Berthold Auerbach: Die Frau Professorin. In: Ders., Schwarzwälder Dorfgeschichten (s. Anm. 94), 241, 254.
107 Sie verdankt ihre Neuedition Spekulationen über eine evtl. Mitverfasserschaft von Annette von Droste-Hülshoff. Hrsg. v. Karl Schulte Kemminghausen. Münster 1960.
108 Vgl. Alfred Doppler: Stifter im Kontext der Biedermeiernovelle. In: *Laufhütte/Möseneder, Stifter* (IV), 207–219.
109 Vgl. hierzu Wolfgang Lukas, Geschlechterrolle und Erzählerrolle: der Entwurf einer neuen Anthropologie in Adalbert Stifters Erzählung »Die Mappe meines Urgroßvaters« . In: *Laufhütte/Möseneder, Stifter* (IV) sowie Franz Adam: Die Altertümer. Zur Rekonstruktion der Rahmenerzählsituation in Adalbert Stifters »Die Mappe meines Urgroßvaters«. In: Stifter-Jahrbuch, NF 7 (1993), 139–150.
110 Ludwig Tieck: Schriften. Berlin 1853, Bd. 24, 224.
111 Neuedition in Linder, Kriminalgeschichten (s. Anm. 99).
112 Zum epochentypischen Motiv der »Entsagung« s. *Lukas, Entsagung* (III, 2).
113 Zu neuen »präpsychoanalytischen« Strukturen der Figurenpsychologie bei Stifter vgl. Michael Titzmann: Text und Kryptotext. Zur Interpretation von Stifters Erzählung ›Die Narrenburg‹. In: *Laufhütte/Möseneder, Stifter* (IV), 335–373, sowie John Reddick: Tiger und Tugend in Stifters ›Kalkstein‹. Eine Polemik. In: ZfdPh 95 (1976), 235–255.
114 Briefliche Äußerung Hebbels, zit. in: Hebbel, Das erzählerische Werk (s. Anm. 57), 296.
115 Grillparzers Frauenfigur aus dieser Novelle hat denn auch nicht zufällig im Kontext der »Lebensideologie« um 1900 zu einer Dramatisierung angeregt, vgl. Gerhart Hauptmann: Elga (1905).
116 Vgl. am Beispiel des ›Hochwald‹ Marianne Wünsch: Normenkonflikt zwischen ›Natur‹ und ›Kultur‹. Zur Interpretation von Stifters Erzählung »Der Hochwald«. In: *Laufhütte/Möseneder, Stifter* (IV), 311–334.
117 Neu editiert in: Karl Gutzkow: Die Selbsttaufe. Novellen und Erzählungen. Hrsg. v. Stephan Landshuter. Passau 1998.

Holger Böning: Volkserzählungen und Dorfgeschichten

1 In der Forschungsliteratur sind beträchtliche Anstrengungen zur Gattungsdefinition besonders der Dorfgeschichte unternommen worden. Einen Überblick geben *Hein, Dorfgeschichte* (III, 1) und *Baur, Dorfgeschichte* (III, 2).
2 Falsch ist die Behauptung Wolfgang Rupperts, die Volksaufklärung habe ihr Ende gemeinsam mit dem des 18. Jahrhunderts. Vgl. Wolfgang Ruppert: Volksaufklärung im späten 18. Jahrhundert. In: Hansers Sozialgeschichte der deutschen Literatur, Bd. 3, 341–361. Siehe dazu *Böning/Siegert, Volksaufklärung* (I).
3 Siehe dazu insbesondere *Baur, Dorfgeschichte* (III, 2) sowie Klaus Jarchow: Bau-

ern und Bürger. Die traditionelle Inszenierung einer bäuerlichen Moderne im literarischen Werk Jeremias Gotthelfs. Frankfurt/M., Bern, New York, Paris 1989.
4   *Baur, Dorfgeschichte* (III, 2), 192.
5   Diese Zahl beruht auf eigenen Zählungen und vor allem auf Friedrich Benedict Weber: Handbuch der ökonomischen Literatur oder systematische Anleitung zur Kenntniß der deutschen ökonomischen Schriften, die sowohl die gesamte Land- und Hauswirtschaft, als die mit derselben verbundenen Hülfs- und Nebenwissenschaften angehen; Mit Angabe ihres Ladenpreises und Bemerkungen ihres Werthes. Theil 1, Bd. 1–2, Berlin 1803. Theil 2, Berlin 1803. Theil 3, Berlin 1809. Theil 4, Breslau 1816. Theil 5, Leipzig 1823. Theil 6, Breslau 1832.
6   (Johann Lorenz Benzler): Der Bauernfreund in Niedersachsen. Bd. 1–2, Lemgo 1775, hier Bd. 1, 10–12.
7   Ebd. 11f.
8   (Heinrich Pestalozzi): Lienhard und Gertrud. Ein Buch für das Volk. Th. 1–4. Th. 1. Berlin und Leipzig 1781, Th. 2–4. Frankfurt und Leipzig 1783, 1785, 1787.
9   Der Roman ist auch das Produkt einer schriftstellerischen Spekulation. Nach dem Scheitern der Landwirtschaft auf dem Neuhof und 1780 dem Fehlschlag des Projektes einer Armenerziehungsanstalt stand Pestalozzi vor dem Ruin und erhoffte sich von schriftstellerischer Betätigung, »daß es möglich sein möchte, meine ökonomische Lage auf dieser Bahn zu bessern« (Johann Heinrich Pestalozzi: Werke in 8 Bdn., hrsg. v. Paul Baumgartner, Zürich 1945–49, VIII, 455). Die Schrift diente dem Autor zugleich auch als Programmschrift bei seiner Stellensuche als Pädagoge. Unter Verweis auf sein Buch bot er sich der österreichischen wie der französischen Regierung als Verwandler der Volkssitten an.
10 Gotha und Leipzig 1788.
11 Vgl. dazu detailliert *Siegert, Volkslektüre* (III, 2).
12 Vgl. *Böning/Siegert: Volksaufklärung* (I). Es handelt sich bei dem Roman um eine Schrift der unterhaltsamen literarischen Volksaufklärung, die sich an einfache Leser ebenso wendet wie an »Volkslehrer«.
13 Weiter erschien auch noch eine Schrift von Joseph Valentin Paur, die sich auf den ›Isidor‹ bezieht: Martin und Maria. Eine lehrreiche Geschichte für Aeltern, Lehrer und Erzieher und auch für die reifere Jugend. Als ein Seitenstück zur allgemein verbreiteten Volksschrift: Isidor, Bauer zu Ried. 2 Bdchen. Linz 1835.
14 Johann Evangelist Fürst: Der verständige Bauer Simon Strüf, Bd. 1–2. Straubing 1817.
15 Johann Evangelist Fürst: Gründungsgeschichte Frauendorfs mit all seinen Institutionen und Zwecken. Bd 1–4. Regensburg 1841, hier Bd. 1, 173.
16 Ebd., Bd. 2, 107.
17 Johann Evangelist Fürst: Der verständige Bauer Simon Strüf, Bd. 2, Zweite Fortsetzung des alphabetischen Verzeichnisses der Titl. Herren Subscribenten. Dort heißt es als Vorbemerkung: »Die Namen von Einundzwanzigtausend Abnehmern meiner kleinen Schrift ›über die Benüzung unsrer Erde als Obstbaumfeld‹, können, des Raumes wegen, hier nicht vorgetragen werden.«
18 Siehe die Subscribentenlisten sowie Gerhard Füsser: Bauernzeitungen in Bayern und Thüringen von 1818–1848. Hildburghausen und München 1934, 28f.

19 Diese Titel allein aus den ersten sieben Stücken.
20 Zu Zschokke s. Holger Böning: Heinrich Zschokke und sein ›Aufrichtiger und wohlerfahrener Schweizerbote‹. Die Volksaufklärung in der Schweiz. Bern u. Frankfurt/M. 1983.
21 Siehe dazu Holger Böning: Der Traum von Freiheit und Gleichheit. Helvetische Revolution und Republik (1798–1803). Die Schweiz auf dem Weg zur bürgerlichen Demokratie. Zürich 1998.
22 Zschokke, Heinrich: Das Goldmacherdorf. Eine anmutige und wahrhafte Geschichte vom aufrichtigen und wohlerfahrenen Schweizerboten. Aarau 1817. Wegen der leichten Zugänglichkeit zitiert nach der dem Erstdruck folgenden Neuausgabe v. Ingo Flessau: Das Goldmacherdorf. Ratingen, Kastellaun, Düsseldorf 1973. Vgl. dazu auch Holger Böning: Von Narren und Goldmachern. Zu einer volksaufklärerischen Utopie des 19. Jahrhunderts. In: Zeitschrift für Volkskunde, 1983/1, 42–55.
23 2. Aufl. 1818, 3. Aufl. 1819, 4. Aufl. 1824, 5. Aufl. 1833, 6. Aufl. 1838, 7. Aufl. 1843; Nachdrucke Wien 1824, Reutlingen 1832. Weiter wurde die Erzählung in elf europäische Sprachen übersetzt und gedruckt.
24 Heinrich Zschokke: Das Goldmacherdorf (s. Anm. 22), 35.
25 Heinrich Zschokke: Stunden der Andacht zur Beförderung wahren Christenthums und häuslicher Gottesverehrung. Jg. 1–8. Aarau 1809–1816. Das Werk erschien zunächst als Wochenschrift und erlebte allein bis 1819 vier weitere Auflagen der achtbändigen Ausgabe sowie zahllose Auszüge, Bearbeitungen und Nachahmungen. Das Werk ist noch heute in fast jedem Antiquariat zu finden.
26 Ungleich geringer war die Wirkung einer zweiten Dorfgeschichte Zschokkes, der 1822 erschienenen, heute nahezu vergessenen Erzählung ›Ein Narr des 19. Jahrhunderts‹ (In: Rheinisches Taschenbuch für das Jahr 1822, 151–242), die als ›Goldmacherdorf‹ für gebildete Leser bezeichnet werden könnte und mit besonderem Blick auf deutsche Leser geschrieben ist.
27 Zd. Svoboda: Zschokke in der tschechischen und slovakischen Literatur. In: Zeitschrift für Slavistik, 2, 1957, 536–557. Siehe weiter Karl Goedeke: Grundriß, Bd. X, §332, 58–114.
28 St. Gallen 1848 (neue Aufl. 1857).
29 Konstanz 1847.
30 Zürich 1831.
31 Kempten 1848.
32 Königsberg 1848.
33 Besonderen Dank für Hinweise und Hilfe zu meiner Darstellung sage ich Werner Hahl. Zu Gotthelf und der neuesten Forschungsliteratur siehe seine Arbeit: Jeremias Gotthelf – »Der Dichter des Hauses«. Die christliche Familie als literarisches Modell der Gesellschaft. Stuttgart 1994. Zu Rochows Kritik der Volksreligiosität siehe: Friedrich Eberhard von Rochow an seine Lehrer. In: Friedrich Eberhard von Rochows sämtliche pädagogische Schriften, herausgegeben v. Fritz Jonas und Friedrich Wienecke. Bd 1–4, Berlin: Georg Reimer 1907–1910, Bd. 4, 147.
34 *Gotthelf, Werke* (IV), Bd. 18, 14.

35 Ebd., Bd. 5, 331.
36 Siehe zuletzt Klaus Jarchow: Bauern und Bürger (s. Anm. 3), wo auch zugleich eine Auseinandersetzung mit der Forschungsliteratur zu Gotthelf erfolgt. Siehe auch Wolfgang Baumgart: Aufklärungskritische Volksaufklärung. Zu Jeremias Gotthelf. In: Fabula. Zeitschrift für Erzählforschung 28 (1987), H. 3/4, 185–226.
37 *Gotthelf, Werke* (IV), Bd. 17, 39.
38 Siehe Klaus Jarchow: Bauern und Bürger (s. Anm. 3), 65 ff.
39 *Gotthelf, Werke* (IV), Bd. 4, 71.
40 Einen Überblick über das Werk bietet *Fehr, Gotthelf* (IV).
41 Zu einer weiteren Auftragsarbeit, der Erzählung ›Hans Jakob und Heiri oder die beiden Seidenweber‹ aus dem Jahre 1851, siehe Holger Böning: Die Sparkassenidee in der Volksliteratur: Utopie und Wirklichkeit. In: Zeitschrift für bayerische Sparkassengeschichte, 4. Wolznach 1990, 5–25.
42 Siehe dazu Holger Böning: Medizinische Volksaufklärung und Öffentlichkeit. Ein Beitrag zur Popularisierung aufklärerischen Gedankengutes und zur Entstehung einer Öffentlichkeit über Gesundheitsfragen. Mit einer Bibliographie medizinischer Volksschriften. In: Internationales Archiv für Sozialgeschichte der deutschen Literatur, Bd. 15, 1. Tübingen 1990, 1–92.
43 Hanns Peter Holl: Gotthelf im Zeitgeflecht. Bauernleben, industrielle Revolution und Liberalismus in seinen Romanen. Tübingen 1985, 116.
44 Klaus Jarchow: Bauern und Bürger (s. Anm. 3), 207.
45 Siehe Winfried Bauer: Jeremias Gotthelf. Ein Vertreter der geistlichen Restauration der Biedermeierzeit. Stuttgart u. a. 1975, 140.
46 Gottfried Keller: Jeremias Gotthelf. In: Ders.: Aufsätze zur Literatur. Hrsg. v. Klaus Jeziorkowski. München 1971, 23–71, hier 23.
47 Die Volksschriftenvereine sind in ihrem Wirken gründlich dargestellt worden bei Michael Knoche: Volksliteratur und Volksschriftenvereine im Vormärz. Literaturtheoretische und institutionelle Aspekte einer Bewegung. Frankfurt/M. 1986, dessen Untersuchung ich hier weitgehend folge.
48 Ebd., 27.
49 Ebd., 17.
50 Siehe dazu Wolfgang von Hippel: Der Mannheimer Gesellenverein und seine Auflösung (1844/47). Ein Beitrag zum Vereinswesen in der Zeit des Vormärz. In: Historia integra. Festschrift für Erich Hassinger. Berlin 1977, 233 ff.
51 Siehe ebd., 47 ff., sowie den folgenden Abschnitt.
52 Zwickau 1841.
53 Julius Kell: Des Branntweins Lust und Weh. Zwickau 1842. – Sattler: Das Ende eines Branntweintrinkers. Eine wahre Geschichte aus dem Leben. Ulm 1845.
54 Gustav Bossert: Der Fluch der Verwahrlosung. Ulm 1844.
55 Siehe dazu *Baur, Dorfgeschichte* (III, 2), 192 und Michael Knoche: Volksliteratur (s. Anm. 47), 64 ff., wo am Beispiel zweier Erzählungen von Ruppius gezeigt wird, daß die im Dorf handelnden Volkserzählungen und die Dorfgeschichten für gebildete Leser vom Autor deutlich unterschieden wurden und unterschiedliche Kommunikationsziele hatten.
56 Knoche, ebd., 107

57 Berthold Auerbach: Schrift und Volk. In: *Auerbach, Werke* (IV), 335. Zur christlichen Volkserzählung vgl. Klaus Müller-Salget: Erzählungen für das Volk. Evangelische Pfarrer als Volksschriftsteller im Deutschland des 19. Jahrhunderts. Berlin 1984.
58 R. Richter: Vom Volksschriftthum. In: Deutsches Volksblatt 2 (1846) 158. Zit. nach Michael Knoche (s. Anm. 47), 107.
59 *Sengle, Biedermeierzeit* (II, 2), II, 864.
60 *Sengle, Biedermeierzeit* (II, 2), I, 48 ff.
61 Berthold Auerbach: An J. E. Braun vom Verfasser der Schwarzwälder Dorfgeschichten. In: Europa, 1843/44, 33–36. Auch in: *Realismus und Gründerzeit* (II, 2), Bd. 2, 148–151, hier 148.
62 Ferd⟨inand⟩ Kürnberger: Literarische Charaktere. Leopold Kompert. In: Literaturblatt. Beilage zu den Sonntagsblättern 2/12, Wien, 10. 9. 1848, 49–52. Ebenfalls in: *Realismus und Gründerzeit* (II, 2), Bd. 2, 167–168, hier 167.
63 Ebd.
64 Berthold Auerbach: An J. E. Braun, (s. Anm. 62).
65 So *Sengle, Biedermeierzeit* (II, 2), II, 871.
66 Centralblatt für deutsche Volks- und Jugendliteratur. Ein kritischer Wegweiser für Lesevereine, Volks- und Jugendbibliotheken, Geistliche, Lehrer und Familienväter. Hrsg. v. Heinrich Schwerdt. Bd. 1–2, Gotha 1857–1858, hier Bd. I, 125–128.
67 *Auerbach, Werke* (IV), II, 173 f.
68 Ebd., 222.
69 Ebd., 225.
70 Berthold Auerbach: Schrift und Volk In: ebd., XX, 83.
71 So über Auerbach *Schenda, Volk* (II, 2), 161 ff.
72 Ich folge in dieser Interpretation *Baur, Dorfgeschichte* (III, 2).
73 Siehe zu den wichtigen Hintergründen der Agrarkrise von 1846/47 und dem allgemein sichtbar werdenden Problem des ländlichen Pauperismus Wolfgang Köllmann: Bevölkerungsgeschichte 1800–1970. In: Handbuch der deutschen Wirtschafts- und Sozialgeschichte, Bd. 2, hrsg. v. Wolfgang Zorn. Stuttgart 1976.
74 Alexander Weill: Briefe hervorragender verstorbener Männer Deutschlands an Alexander Weill. Zürich 1889, 5.
75 Siehe dazu Peter Zimmermann: Der Bauernroman. Antifeudalismus, Konservativismus, Faschismus. Stuttgart 1975.
76 Carl Arnold Schloenbach: Das Deutsche Bauernbuch oder: So lebt das Volk! Berlin 1848, V f.
77 Ernst Dronke: Die Maikönigin. In: Dorfgeschichten aus dem Vormärz. Herausgegeben und mit einem Nachwort versehen v. Hartmut Kircher. Bd. 1–2. Köln 1981, Bd. 2, 19–142, hier 73. Eine erste Dorferzählung, die den Wandel von agrarisch bestimmten zu industriellen Verhältnissen zum Ausgangspunkt eines Konflikts machte, hatte Ernst Willkomm mit seinem ›Bauernleben‹ bereits 1842 geschaffen.
78 Gottfried Kinkel: Die Heimatlosen. Erzählung aus einer armen Hütte. In: Dorfgeschichten (s. Anm. 77), Bd. 2, 270–329, hier 306.
79 Siehe beispielhaft *Schenda, Volk* (II, 2), 161 ff.

80 Vgl. etwa Peter Mettenleiter: Destruktion der Heimatdichtung. Typologische Untersuchungen zu Gotthelf – Auerbach – Ganghofer. Tübingen 1974.
81 So *Baur, Dorfgeschichte* (III, 2), 37.
82 Friedrich Kreyßig: Vorlesungen über den deutschen Roman der Gegenwart. Berlin 1871, 143–145.
83 Vgl. Gert Sautermeister: Gottfried Keller – Kritik und Apologie des Privateigentums. Möglichkeiten und Schranken liberaler Intelligenz. In: Gert Mattenklott, Klaus R. Scherpe (Hrsg.): Positionen der literarischen Intelligenz zwischen bürgerlicher Reaktion und Imperialismus. Kronberg/Ts. 1973, 39–102.

Hainer Plaul/Ulrich Schmid: Die populären Lesestoffe

1 Der Begriff »Populäre Lesestoffe« folgt *Schenda, Volk* (II, 2), 32–36, trotz des Plädoyers von Peter Nusser für den Begriff »Trivialliteratur« (*Nusser, Trivialliteratur* (III, 1), 3). Für die zweite Gruppe der vormärzlich-populären Lesestoffe, die für die Leihbibliotheken produzierten Werke, erscheint der Begriff »Schemaliteratur« geeignet (*Eke, Gesamtbibliographie* (III, 1), 300).
2 Zu beobachten ist dies beispielsweise bei Märchen und Sagen, aber auch bei den auf spätmittelalterliche Erzählstoffe zurückgehenden »Volksbüchern«.
3 Zwei Beispiele für die fluktuierenden Wertungen: 1820 bezeichnet Ludwig Börne in einer Rezension der ›Serapionsbrüder‹ deren Autor E.T.A. Hoffmann und sein Werk als Insel, die »aus dem Meere der deutschen Leihbibliothek (nur das Salz und die Tiefe unterscheidet jenes von diesen)« hervorrage; er formuliert damit eine Einschätzung (»Gespenster-Hoffmann«), die in Deutschland – im Gegensatz zu Frankreich – lange Jahrzehnte vorherrschend bleiben sollte (*Börne: Sämtliche Schriften II* (IV), 555 f.). – 1959 ordnet Gustav Sichelschmidt in seiner ›Geschichte der deutschen Unterhaltungsliteratur‹ (Liebe, Mord und Abenteuer. Berlin 1959) beispielsweise die Autorin Johanna Schopenhauer (»Spezialistin einer sentimentalen Damenlektüre«, 151) unter der Überschrift »Aus der Traumfabrik« ein; die Schriftstellerinnen Fanny Lewald und Ida Gräfin Hahn-Hahn (»eine der kuriosesten Gestalten der deutschen Literaturgeschichte«, 159) firmieren unter dem Titel »Spätromantische Treibhausblüten«.
4 Vgl. die reichen und vielfältigen Erträge der systematischen Untersuchung der Fürstlichen Bibliothek Corvey, die »differenzierte Einblicke in das komplexe Literatursystem des frühen 19. Jahrhunderts« gewährten (Zusammenfassende Darstellung bei: *Eke, Gesamtbibliographie* (III, 1)).
5 Wie ergiebig die Erforschung eines »Trivialautors« nach den verschiedensten Richtungen sein kann, zeigen die in den letzten Jahrzehnten durch die Karl-May-Gesellschaft e.V. angeregten wissenschaftlichen Arbeiten zu dem sächsischen Abenteuerschriftsteller, publiziert vor allem in den ›Jahrbüchern der Karl-May-Gesellschaft‹ (1969 ff.).
6 Das dialogische Genrebild ›Ein Dampfschiff‹, erstmals erschienen in der ›Damen-Zeitung‹ 1829 und mit hoher Wahrscheinlichkeit Carl Spindler (1796–1855) zuzuschreiben, verdankt seinen Abdruck im ›Jahrbuch der deutschen Schillergesell-

schaft‹ (19. Jg., 1975, 38–44) weitgehend der Tatsache, daß Hans-Henrik Krummacher eine Verfasserschaft Eduard Mörikes glaubhaft machte. So fand die humoristisch-journalistische Skizze sowohl Krummachers wie Friedrich Sengles Lob; die Zuschreibung an Mörike rückte den Text mit einem Mal aus der Sphäre der Trivialliteraturforschung in das weite Feld der *hohen* Literaturwissenschaft (vgl. zur Autorschaft Tilmann Spreckelsen: Eduard Mörike oder Carl Spindler? Fragen zur Verfasserschaft der Skizze ›Ein Dampfschiff‹. In: Jb. d. Dt. Schiller-Gesellschaft 38/1994).

7 Zu den frühen Einblattdrucken: Michael Schilling: Bildpublizistik in der frühen Neuzeit. Aufgaben und Leistungen des illustrierten Flugblatts in Deutschland bis um 1700, Studien und Texte zur Sozialgeschichte der Literatur 90 (Tübingen 1990). Textbeispiele bei: Nicoline Hortzitz: Von den unmenschlichen Taten des Totengräbers Heinrich Krahle zu Frankenstein und andere wahrhaftige »Neue Zeitungen« aus der Frühzeit der Sensationspresse. Frankfurt/M. 1997.

8 Friedrich Voit: Vom ›Landkalender‹ zum ›Rheinländischen Hausfreund‹ Johann Peter Hebels. Das südwestdeutsche Kalenderwesen im 18. und beginnenden 19. Jahrhundert. Frankfurt/M. 1994 (Forschungen zur Literatur- und Kulturgeschichte 41). Grundlegend zu den Kalendern des 19. Jahrhunderts: Inga Wiedemann: ›Der Hinkende Bote‹ und seine Vettern. Familien-, Haus- und Volkskalender von 1757 bis 1929. Berlin 1984 (Schriften des Museums für Deutsche Volkskunde 10).

9 Albrecht Classen: Das deutsche »Volksbuch« als Irritationsobjekt der Germanistik. Forschungsgeschichte einer literarischen Gattung als Anlaß zur Nabelschau. In: Wirkendes Wort 46 (1996), 1–19 (mit Bibliographie).

10 Joseph Görres: Die teutschen Volksbücher. Mit einem Nachwort hrsg. v. Lutz Mackensen. Berlin 1925. Eine Übersicht der Textsorten bei *Schenda, Volk* (II, 2), 271–279, 299–305.

11 *Braungart, Bänkelsang* (III, 2), 393.

12 Ebd., 9.

13 Ebd.

14 Ebd., 402 f. – Weitere Belege bei *Petzoldt, Bänkelsang* (III, 1), 48–54, 95–108. – Andreas Graf weist darüber hinaus darauf hin, daß die meist zweiteiligen Titel der Bänkelhefte die Muster für die Trivial- und Kolportageromane der zweiten (und evt. auch der ersten) Jahrhunderthälfte lieferten (Andreas Graf: Literarisierung und Kolportageroman. In: Hören Sagen Lesen Lernen. Bausteine zu einer Geschichte der kommunikativen Kultur. Festschrift für Rudolf Schenda zum 65.Geburtstag. Hrsg. v. U. Brunold-Bigler und Hermann Bausinger. Bern u. a. 1995, 277–291).

15 Musenklänge aus Deutschlands Leierkasten. Neu hrsg. v. Walter Widmer. Köln-Berlin: Kiepenheuer & Witsch, 1965, 65–79 (Faksimile-Druck).

16 *Borst, Aufruhr* (II, 1), 30. – *Petzoldt, Bänkelsang* (III, 1), 109 f. – Die Figur des »Herrn Biedermeier, Mitglied der ›besitzenden und gebildeten Klasse‹«, hatte Ludwig Pfau schon 1846 in einem satirischen Gedicht persifliert; zur Epochenbezeichnung wurde der Begriff aber erst durch die Sammlung von Eichrodt/Kußmaul (vgl. *Begemann/Eichrodt* [III, 2]).

17 Alle Angaben nach Werner Hirte: Die Schwiegermutter und das Krokodil. 111 bunte Bilderbogen für alle Land- und Stadtbewohner, soweit der Himmel blau ist. Berlin 1970, 124.
18 In den ›Wanderungen durch die Mark Brandenburg‹ widmet Fontane im ersten Teil über ›Die Grafschaft Ruppin‹ der Firma »Gustav Kühn« ein eigenes Kapitel in seiner Darstellung von ›Neu-Ruppin‹.
19 *Glassbrenner: Unterrichtung,* Bd. 1 (IV), 81–183 (mit mehreren, unterschiedlichen »Guckkasten«-Titeln).
20 Über Gustav Kühns »monarchistische und preußische Gesinnung« sowie über seinen Verlag informiert ausführlich (mit Bibliographie): Angelika Iwitzki: Europäische Freiheitskämpfe. Das merkwürdige Jahr 1848. Eine neue Bilderzeitung von Gustav Kühn in Neuruppin. Berlin 1994 (Schriften des Museums für Volkskunde Bd. 19).
21 Thomas Roth: Der Poet im Schulranzen. In: Aus dem Antiquariat. 30. Jg. (1974), A 377-A 386 (Zitat: A 382; Roth zitiert nach Wilhelm Fraenger: Zwei Neuruppiner Schulheftumschläge des Jahres 1848. In: Deutsches Jb. für Volkskunde 7 (1961), 41–45).
22 Elisabeth Reynst: Friedrich Campe und sein Bilderbogen-Verlag zu Nürnberg. Nürnberg 1962, 48 f. (Veröffentl. d. Stadtbibl. Nürnberg 5). – Nach der Uraufführung des ›Freischütz‹ 1823 brachten »nicht weniger als 16 Firmen 25 verschiedene Figurenbogen zu dieser Oper« für das Papiertheater heraus; s. dazu Günter Böhmer: Puppentheater. München: Bruckmann 1969, 54. Ähnliche, popularisierende Illustrationen zu Texten der Klassiker Goethe und Schiller boten auch die Almanache und Taschenbücher der Epoche (vgl. *Schieth, Frauenalmanache* (II, 2), 123–135). Vgl. auch Christa Pieske: Literarische Vorlagen für Wandbilddrucke, in: Weltkunst, 7 (1986), 997–1004.
23 Bezeichnend z. B., daß Ludwig Rohners »Standardwerk« über ›Kalendergeschichte und Kalender‹ (Wiesbaden 1978) nicht einmal die gängigsten und verbreitetsten Volkskalender des 19. Jh.s kennt (z. B. Horns ›Spinnstube‹ sowie die Volkskalender der Herausgeber Karl Steffens, F. W. Gubitz und die der Verlage Trewendt, Breslau, und Trowitzsch, Berlin). Ähnliches gilt für Jan Knopfs »Arbeitsbuch« über ›Die deutsche Kalendergeschichte‹ (Frankfurt/M. 1983), dessen einleitende Aussage, »daß aber die ›Geschichte‹ der ›Kalendergeschichte‹ nach wie vor weitgehend unbekannt ist« (14), zumindest für die Darstellung des 19. Jh.s eine treffende Selbstcharakteristik bietet: Einem Minimum an fundierter Information steht ein Maximum an spekulativer Interpretation gegenüber.
24 Hermann Kurz: Denk- und Glaubwürdigkeiten. In: Sämtliche Werke. Hrsg. v. Hermann Fischer. Bd. 11. Leipzig: Max Hesse o. J., 65.
25 Karl May: Ein wohlgemeintes Wort. Frühe Texte aus den Jahren 1872–1886. Mit einer Einleitung v. Peter Richter und Jürgen Wehnert. Lütjenburg 1994, 5.
26 Die erhaltenen Daten zeigen eine gegenüber den zeitüblichen Buchauflagen enorme Auflagenhöhe; Akten der preußischen Behörden über die Stempelgebühren allein in der Provinz Westfalen verzeichnen etwa für 1832 Auflagen zwischen 190 (Verlag Schlegel, Paderborn, Wandkalender) und 17 000 Exemplaren (Verlag Aschendorff, Münster, Volkskalender im Sedezformat), wobei elf der

24 genannten Kalender eine Auflage von über 2000 Exemplaren aufweisen. Ähnliche Auflagenzahlen lassen sich im Jahr 1842 erkennen: Neun von 18 Kalendern haben eine Auflage von über 2000 Exemplaren; die Spitzenreiter liegen bei 21 500 (Aschendorf, Münster, Volkskalender in Sedez) und 16 500 Exemplaren (Kördinksche Buchdruckerei Regensberg, Volkskalender in Sedez). Alle Angaben nach: Kalender in Westfalen. Dokumentation. Hrsg. v. Alfred Bruns. Münster: Landschaftsverband Westfalen-Lippe, Westfälisches Archivamt 1984, 70, 72.

27 Wilhelm Heinrich Riehl: Volkskalender im 18. Jahrhundert. In: Riehl: Kulturstudien aus drei Jahrhunderten. Berlin [7]1910 (1. Aufl. 1852), 36–53 (Zitat: 38).

28 Die bedeutenden Volkskalender des 19. Jh.s entstammen fast durchweg dieser Zeit: Die Spinnstube. Begr. v. W. O. von Horn (d. i. Wilhelm Oertel von [= aus dem Ort] Horn), seit 1846; Karl Steffens' Volkskalender, seit 1841; Berthold Auerbachs ›Gevattersmann‹, seit 1845; Glaßbrenners ›Komischer ⟨später: Lustiger⟩ Volkskalender‹, seit 1846; M. Honeks ›Neuer Volkskalender, seit 1842; Trewendt's Volkskalender, seit 1845; Trowitzsch's Volkskalender, seit ca. 1828. Nachweise bei Wiedemann (s. Anm. 8), 115–144.

29 Kurz, Denk- und Glaubwürdigkeiten (s. Anm. 24), 70.

30 *Schenda, Volk* (II, 2), 299.

31 Angaben dazu ebd., 250, 253–266. – Ebd., 276: »Über die deutsche Heftchen-Literatur liegt keine brauchbare Arbeit vor.« – Die »Volksbuch«-Forschung befaßt sich so gut wie ausschließlich mit den frühneuzeitlichen Drucken und Texten; Hinweise zur Rezeptionsgeschichte im 19. Jh. finden sich bei Rudolf Schenda: Von Mund zu Ohr. Bausteine zu einer Kulturgeschichte volkstümlichen Erzählens in Europa. Göttingen: Vandenhoek & Ruprecht 1993, 226–237.

32 Riehl, Kalender (s. Anm. 27), 50.

33 *Fallbacher, Taschenbücher* (III, 2), 31–34; weitere Zahlen bei Diedrich Saalfeld, in: *Jäger/Schönert, Leihbibliothek* (II, 1), 63–88.

34 Michael Henker u. a.: Hört, sehet, weint und liebt. Passionsspiele im alpenländischen Raum. München 1990, 62–64; Hermann Friess: Theaterzensur, Theaterpolizei und Kampf um das Volksspiel. Bayern zur Zeit der Aufklärung. Diss. München 1934.

35 *Frank, Dispositive* (II, 2), 169.

36 *Hartmann, Populäre Romane* (III, 2), 57–94.

37 Ebd., 65–68. – Eingehende Daten zu den Autoren der Räuberromane bei *Dainat, Abaellino* (III, 2), 47–54, 59–83.

38 Ebd., 178–180. – Die Durchschnittszahlen für die erste Hälfte des 19. Jh.s ergeben sich aus den Angaben in: *Martino: Leihbibliothek* (II, 1), 213–271.

39 Goethe: Die Leiden des jungen Werther, Vorbemerkung: »⟨...⟩ laß das Büchlein deinen Freund sein, wenn du aus Geschick oder eigener Schuld keinen nähern finden kannst.«

40 Jürgen Hirschmann: Alltagserkennen, Alltagsbewußtsein – Wesen, Struktur, soziale Funktion. In: Gesellschaft und Bewußtsein. Berlin 1980, 225.

41 Christoph von Schmid: Der gute Fridolin und der böse Dietrich. In: Gesammelte Schriften des Verfassers der Ostereier, Christoph von Schmid. Originalausgabe

von letzter Hand. 11. Bändchen. Augsburg 1842, 280 (Erstausgabe der Erzählung: 1830).

42 Christoph von Schmid: Klara oder die Gefahren der Unschuld. In: Gesammelte Schriften (s. Anm. 41), 12. Bändchen, 8.

43 Wilhelm Hauff: Lichtenstein, romantische Sage. In: Wilhelm Hauff's sämmtliche Werke. Neu durchgesehen und ergänzt. Stuttgart 1840, Bd. 3, 388.

44 Ebd., 403 f.

45 Heinrich Clauren: Mimili. Zit. nach: Heinrich Clauren: Mimili/Christian August Vulpius: Rinaldo Rinaldini, der Räuberhauptmann. München o. J., 12 (Der Text folgt der 3. Aufl. von 1818; EA 1816).

46 *Plaul, Trivialromane* (III, 2), 352.

47 *Naumann/Kliche, Literaturrezeption* (II, 1), 215.

48 *Vollmer, Roman* (III, 2), 44.

49 Walther Killy: Deutscher Kitsch. Ein Versuch mit Beispielen. Göttingen ^{2}1962, 14, 16.

50 *Vollmer, Roman* (III, 2), 44.

51 Ebd.

52 Weitere Angaben zu den Konjunkturzyklen der Räuberromane bei *Dainat, Abaellino* (III, 2), 42–47.

53 *Eke, Gesamtbibliographie* (III, 1), 301.

54 *Plaul, Trivialliteratur* (III, 2), 236. – Zur Leserschaft der Räuberromane vgl. *Dainat, Abaellino* (III, 2), 89–122. – Zahlreiche Zeugnisse für die Rolle »trivialer« Lektüre in Kindheit und Jugend während des 19. Jh.s bietet die von Heinrich Pleticha herausgegebene Sammlung: Lese-Erlebnisse 2. Frankfurt/M. 1978 (Suhrkamp TB 458), 35 ff.

55 *Plaul, Nachwort* (III, 2), 466 f. – Zu den familienbezogenen bürgerlichen Schauspielen des 18. Jh.s, die noch weit bis ins 19. Jh. hinein immer wieder gedruckt und auch aufgeführt wurden (nicht zuletzt im Bereich der Liebhaberbühnen), vgl. *Hartmann, Populäre Romane* (III, 2), 155–194, sowie: Der bessere Bürger. Schaubühne und Drama 1750–1800 im Spiegel der Oettingen-Wallersteinschen Bibliothek. Hrsg. v. Helmut Koopmann und Rudolf Frankenberger. Augsburg: Universitätsbibliothek 1992, 61–87.

56 *Eke, Gesamtbibliographie* (III, 1), 302 f. – Ausführlich zu diesem Problemkreis Norbert Otto Eke: Vergangene Zeiten. In: *Eke/Steinecke: Geschichten* (III, 2), 17–58 (v. a.25 ff.).

57 Zur Entwicklung der Kriminal- bzw. im engeren Sinn der Detektiverzählung in der Vormärzzeit vgl. *Hügel, Untersuchungsrichter* (III, 2), 57–137; speziell zur Pitaval-Tradition ebd., 82–92. – Weitere Hinweise bei *Dainat, Abaellino* (III, 2), 173–195 und passim.

58 Zu nennen sind hier vor allem das ›Pfennig-‹ bzw. das ›Heller-Magazin‹, beide mit der Titelfortsetzung »zur Verbreitung gemeinnütziger Kenntnisse«; das erstere erschien von 1833 bis 1855 bei Brockhaus, Leipzig (ab 1843 als ›Das Pfennig-Magazin für Belehrung und Unterhaltung‹), letzteres im Leipziger »Industrie-Comptoir« von 1833 bis 1851 (mit wechselnden Titeln). Die Auflagen betrugen 10 000–20 000, nach anderen Angaben sogar bis zu 60 000 oder 100 000 Exem-

plare (*Obenaus, Zeitschriften 1830–1848* (III, 1), 45–51; *Kozyk, Presse* (II, 1), 267; *Hanebutt-Benz, Holzstich* (II, 1), Sp. 689–726).
59 Zusammenfassend zur Struktur des französischen Feuilleton-Romans: Hans-Jörg Neuschäfer: Karl May und der französische Feuilleton-Roman. In: Jahrbuch der Karl-May-Gesellschaft 1996, 231–246 (zu den ›Mystères de Paris‹ 236 f.).
60 *Edler, Sue* (III, 2), 5.

Ortwin Beisbart: Kinder- und Jugendliteratur

1 Mit dieser Überschrift wird eine der zentralen Einflußgrößen auf Kinder- und Jugendliteratur der Vormärz- oder Biedermeierzeit benannt: Die Fesseln der Pädagogik bestimmen weithin Produktion, Vermittlung und Leserlenkung. Zur Problematik einer Geschichtsschreibung der Literatur vgl. *Wild, Gegenstand* (III, 1), *Ewers, Anmerkungen* (III, 1) sowie die beiden unterschiedlichen Theorieentwürfe von *Hurrelmann, Stand und Aussichten* (III, 1) und *Hopster, Probleme* (III, 1) (mit ausführlichen Verweisen auf die Forschungsliteratur). Als Forschungsgrundlage unverzichtbar: *Handbuch zur Kinder- und Jugendliteratur* (II, 2).
2 Sophron's Vermächtniss. Eine Reihe wahrer, lehrreicher und anmuthiger Begebenheiten, Deutschlands, vorzüglich Bayerns Jünglingen und Jungfrauen gewidmet von Josef Karl von Train. Regensburg 1827, 141. – Train (1787 bis nach 1850) schrieb nach seiner Verabschiedung als Hauptmann vor allem abenteuerliche, kriminalistische und »romantische« Romane zur Unterhaltung [→ Plaul/Schmid, 336], seine wenigen Jugendschriften sind ein »Zubrot«. Vgl. *Goedeke* (I), VI, 418.
3 Der altgriechische Autor Sophron galt als Leitbild von Belehrung durch szenische Verlebendigung alltäglicher Ereignisse. Um 1800 wurde eine Reihe von Schriften belehrenden Inhalts mit dem Titel ›Sophron‹ vorgelegt. Johann Georg von Müller gab 1810 Herders Schulschriften unter dem Titel heraus. Und noch 1861 lag in 3. Aufl. vor: Sophron, der weise Rathgeber auf der Lebensreise. Eine Sammlung von Lebensregeln, Klugheitslehren und Maximen in aphoristischer Darstellung. Als Hilfsbüchlein für Eltern, Erzieher, Lehrer und Jugendfreunde, bei Lese- und Diktando-Uebungen, wie auch zur Selbstbildung für die reifere Jugend. Aus dem Französischen frei übersetzt. Wien ³1861.
4 Die Robinsonaden werden ergänzt um Reiseberichte, dann um spannendere Eroberer- und Ansiedlergeschichten, lange nicht ohne die anscheinend obligatorische Warnung vor Auswanderung; im Jahr 1826 kam, zum ersten Mal und noch im Jahr des Erscheinens der englischen Erstausgabe, gleichzeitig in fünf Ausgaben James Fenimore Coopers ›Der letzte Mohikaner‹ heraus.
5 Engelbert Fischer: Die Großmacht der Jugend- und Volksliteratur. I. Abtheilung: Jugendliteratur. 4 Bde. Neustift am Walde bei Wien und Stoizendorf bei Eggenburg 1877–1886. Unveränd. Nachdr. in 2 Bdn. München 1979. Fischer hat 5137 deutschsprachige Titel, die ihm zugänglich waren, einer einseitig kindertümlich-reduzierenden, österreichisch-nationalen und christlich-katholischen Sichtung unterzogen, dazu eine Reihe fremdsprachlicher Titel aufgezählt. Von einer zünftigen Rezensionstätigkeit kann im 19. Jh. nicht die Rede sein. Von Wolfgang Men-

zels kursorischen Bemerkungen (In: Die Deutsche Literatur, 1828 u. ö.) und Gustav Schwabs und Karl Klüpfels Aufzählung (Wegweiser durch die Litteratur der Deutschen. Leipzig 1846, 330–341) abgesehen, geht es um eine mit Ratschlägen versehene Sichtung des zu der Zeit gerade auf dem Büchermarkt Lieferbaren. Vgl. F. A. D. Tholuck: Ueber die Litteratur unserer Jugendschriften in christlicher Beziehung, nebst einem Blicke auf die früheren Perioden. In: Litterarischer Anzeiger für christliche Theologie und Wissenschaft überhaupt, num. 21, 9. April 1832, col. 161–166; num. 22, 14. April 1832, col. 169–173. A. Detmer: Musterung der deutschen Jugendliteratur. Hamburg 1842, ²1844; Georg Wilhelm Hopf: Mittheilungen über Jugendschriften an Eltern und Lehrer. Fürth 1849, ⁴1856; Karl Bernhardi: Wegweiser durch die deutschen Volks- und Jugendschriften. Leipzig 1852; Heinrich Schwerdts ›Centralblatt für das deutsche Volks- und Jugendschriftwesen‹ brachte es nur auf einen Jahrgang (1857). Carl Kühner hat einen Kriterienkatalog »Eigenschaften einer guten Jugendschrift« vorgelegt (Art. Jugendlektüre, Jugendliteratur. In: Karl Adolph Schmid (Hrsg.) Encyklopädie des gesamten Erziehungs- und Unterrichtswesens. Gotha 1862, Bd. 3, 802–840, hier: 829–836).

6 Grundlegend: *Klotz, Bibliographie* (I); *Handbuch zur Kinder- und Jugendliteratur* (II, 2). Die informativsten und solidesten Arbeiten von Hans-Heino Ewers, Romantik, und Klaus-Ulrich Pech, Vom Biedermeier zum Realismus, in: *Wild, Geschichte* (III, 2), 99–178 sowie die Nachworte zu den von den gleichen Autoren verantworteten Textsammlungen: *Ewers, KJL der Romantik* (II, 2) sowie *Pech, KJL vom Biedermeier bis zum Realismus* (II, 2) sind unverzichtbare Hilfen. Bisweilen zeigt sich die Tendenz, einzelne Texte aus späterer Erwartung oder Rezeption in ihrer Bedeutung für die Zeit selbst überzubewerten. Einseitig in den Kriterien der Analyse ist jedoch Andrea Kuhn/Johannes Merkel: Sentimentalität und Geschäft: Zur Sozialisation durch Kinder- und Jugendliteratur im 19. Jahrhundert Berlin. 1977.

7 Man kann es nicht deutlich genug formulieren: »Im 19. Jahrhundert ist Deutschland zu einem Land der Schulen geworden. ⟨...⟩ Gesellschaft wird Schulgesellschaft, ja allmählich verschulte Gesellschaft.« *Nipperdey, Deutsche Geschichte* (II, 1), 451.

8 Vgl. Gustav Nieritz: ›Wie ich zum Schriftstellern kam‹. In: Centralblatt für deutsche Volks- und Jugendliteratur. Hrsg. v. Heinrich Schwerdt, Gotha, 1 (1857), 37. Von Kühner, Jugendlectüre (s. Anm. 5) über Eduard Engel (»Bis zum Einsatz der Bestrebungen für eine Hebung der Jugendliteratur ⟨durch die Reformpädagogik⟩ war dieser ganze Zweig unseres Schrifttums dem Ungeschmack unberufener Tagelöhner und der Habgier einiger Verleger preisgegeben. Kein Urteil ist zu hart ⟨...⟩.« In: Geschichte der deutschen Literatur von den Anfängen bis in die Gegenwart. 2. Bd. Wien und Leipzig 1922, 30.–36. Aufl., 407 f.) bis zur Gegenwart immer wieder zitiert. Johann Heinrich Meynier (1764–1824), der es mit Hilfe einer ganzen Reihe von Pseudonymen verstand, sich als Vielschreiber zu verbergen, gilt ohne entsprechende Abwertung als einer der ersten Berufsjugendschriftsteller. Vgl. Erich Strobach: Der Jugendschriftsteller Johann Heinrich Meynier. In: Aus dem Antiquariat. Beilage zum Börsenblatt für den Deutschen Buchhandel (Frankfurter Ausgabe) 1977, Nr. 24, A81-A94.

9 Vgl. dazu die Studien von Adler, *Möblierte Erziehung* (III, 2), die, an einen Begriff Walter Benjamins anknüpfend, moralische, pädagogisch sanktionierte Erzählungen des 19. Jh.s inhaltsanalytisch und ideologiekritisch auf ihre vorausgesetzten Signale hin untersuchen.
10 In zwei Bändchen. Wien ¹1843, ²1846, ³1848. Vorlage: Louis Desnoyers (1802–68): Les Mésaventures de Jean-Paul Choppart, zuerst ab 1833 in Fortsetzung erschienen. Eine der beliebtesten Jugenderzählungen des 19. Jh.s.
11 Zum Beispiel Nieritz' auffallend realistische Schilderungen (vgl. Pech, *KJL vom Biedermeier zum Realismus* (II, 2), 38 und 110), E. T. A. Hoffmanns Märchenbeiträge (vgl. *Wild, Geschichte* (III, 2), 126–129, und das Nachwort v. Hans-Heino Ewers zu E. T. A. Hoffmann (Hrsg.): Kinder-Mährchen (1816). Neudruck Stuttgart 1987 (RUB 8377)), sowie Poccis Lyrik (vgl. Bettina Hürlimann: Europäische Kinderbücher in drei Jahrhunderten, Zürich: 1959, 32). Doch bleiben die Genannten Außenseiter gegenüber manchem geschäftstüchtigen Vielschreiber wie Leopold Chimani (1774–1844), Christian Gottlob Barth (1799–1862), W. O. von Horn (d. i. Wilhelm Oertel, 1798–1867), Franz Hoffmann (1814–82) oder Ferdinand Schmidt (1816–90).
12 Rudolf Schenda hält die Klage der Kritiker über die Bücherflut für die Verdammung eines Popanz aus Emanzipationsfeindlichkeit. »In Wirklichkeit fehlte es an Schulen, an Lehrern, an Lesenkönnenden, an Lesenwollenden, an Druckereien, an Büchern; der Lesekonsum war durchschnittlich denkbar gering ⟨...⟩« (*Schenda, Volk ohne Buch* [II, 2], 88).
13 Die restaurative Fortsetzung der »Lesewut«-Diskussion des ausgehenden 18. Jh.s läßt sich noch in einer Bemerkung von Bernhardi, Wegweiser, VII (s. Anm. 5), ablesen: »Der Herausgeber kann übrigens nicht dringend genug vor der Vielleserei warnen, und es ist ihm eine erfahrungsgemäße Wahrheit, daß ein Kind, welches, auf wenige gute Bücher beschränkt, diese bis zum Auswendigwissen wiederholt, dadurch in seiner Bildung weit mehr und weit sicherer gefördert wird, als solche, welche eine ganze Bibliothek mit Heißhunger verschlingen.« Immer wieder wird vor allem gegen das einsame (und heimliche) Lesen die pädagogisch kontrollierte Lesegemeinschaft beschworen (vgl. Kühner, Jugendlectüre, 825 f.; s. Anm. 5). Vgl. dazu auch *Schenda, Volk ohne Buch* (II, 2), 63 ff.
14 Kühner, Jugendlectüre, 802 (s. Anm. 5): »Die Jugendliteratur erscheint ihrem natürlichsten Ursprunge nach als eine Stellvertretung der mündlichen Unterhaltung.« Auch die Frühromantiker haben ihre Texte als Niederschriften mündlicher Erzählung verstanden sowie als Anregung zu eigenständigem Weiterdichten. Nicht zuletzt haben auch Jakob und Wilhelm Grimm mit diesem Anspruch ihre Märchensammlung bearbeitet.
15 Deutsches Weihnachtsbuch für arme Kinder (ohne Unterschied der Confession). Eine Gabe zum heiligen Christ-Feste, aus den zu diesem Zwecke besonders gedruckten Original-Beiträgen deutscher Schriftsteller hrsg. v. Oskar Strass. Berlin 1847 (zit. S. VIII).
16 Bernhard Suphan im Vorwort zu Bd. 30 der Sämtlichen Werke von Johann Gottfried Herder, S. VII f.
17 Kühner, Jugendlectüre, 815 ff. (s. Anm. 5). Auch das *Handbuch zur Kinder- und*

Jugendliteratur (II, 2), Bd. 4, bezieht sich in seiner differenzierten Gliederung der Gattungen auf die Zeitgenossen (111–114).

18 So auch wieder ganz explizit *Pape, Kinderbuch* (II, 2), 1 ff., auf der Suche nach einer jeweils aus dem Verständnis der Zeit entwickelten Ästhetik »literarischer« Kinderliteratur.

19 Bei Detmer, Musterung (s. Anm. 5): ›Wissenschaftliche Schriften‹ (40–83), Bernhardi, Wegweiser (s. Anm. 5): ›Belehrende Schriften nach besonderen Lebensrichtungen‹ (57–120). Bernhardi versteht seinen »Wegweiser« auch als Grundlage für die Einrichtung von Büchereien, die den kommerziellen Leihbibliotheken gegensteuern sollen, die solche Literatur weniger anboten. Pech schätzt die sachliterarischen Werke in den ersten Jahrzehnten auf »mehr als ein Drittel der Kinderbuchproduktion« (*Wild, Geschichte* (III, 2), 167).

20 Die bekannteste und weit ins 19. Jh. wirksame war Friedrich Johann Justin Bertuch: Bilderbuch für Kinder ⟨...⟩. 12 Bde. Weimar 1792–1830, zu der – einem pädagogischen Bedürfnis abhelfend – Karl Philipp Funke den »Commentar« lieferte: Ausführlicher Text zu Bertuchs Bilderbuche. 24 Bde. Weimar 1798–1833. Natürlich gab es in der Aufklärung auch schon erzählende Sachbücher, z. B. von Campe.

21 Vgl. etwa von Detmer, Musterung (s. Anm. 5), 5 f.

22 Vgl. zu diesem insgesamt noch wenig erforschten Feld vor allem: Anne Kuhlmann/Rainer Söcknick (Hrsg.): Wissen ist mächtig. Sachbücher für Kinder und Jugendliche von der Aufklärung bis zum Kaiserreich. Oldenburg 1990.

23 August Wilhelm Grube: Biographien aus der Naturkunde, in ästhetischer Form und religiösem Sinne. 4 Bde. Stuttgart 1851 ff. Bezeichnenderweise hebt Kühner, Jugendlectüre, 821 (s. Anm. 5), diesen Autor besonders hervor.

24 Beschäftigungen für die Jugend aller Stände zur Gewöhnung an zweckmäßige Thätigkeit zur erheiternden Unterhaltung so wie zur Anregung des Kunst- und Gewerbssinnes von einer Gesellschaft Gelehrter und Erzieher. Stuttgart 1834–1837, 3 Bde. Herausgeber dieses wichtigen Werkes ist der hochangesehene Gotthilf Heinrich von Schubert. Zitat aus Bd. 1, 4.

25 Vgl. die differenzierte Gattungsgliederung für die Zeit von 1750–1800 v. Hans-Heino Ewers in *Handbuch zur Kinder- und Jugendliteratur* (II, 2), Bd. 3, 42; für das 19. Jh. vgl. Bd. 4, 111–114.

26 Allerdings sollte der Unterschied zwischen den Lesebüchern für höhere Bildung bzw. Volksbildung und deren je anders akzentuierte Zielsetzung als Hinführung auf die »hohe Dichtung« bzw. auf gesellschaftsgebundene »Lebenshilfe« immer im Blick bleiben. Vgl. dazu die Beiträge v. Kurt Abels (115–130) und Holger Rudloff (91–100) in: Ortwin Beisbart/Helga Bleckwenn (Hrsg.): Deutschunterricht und Lebenswelt in der Fachgeschichte. Frankfurt/M. 1993 (Beiträge zur Geschichte des Deutschunterrichts, Bd. 12). Schullesebücher sind in öffentlichen Leihbibliotheken der Zeit in der Abteilung »Jugendschriften« präsent.

27 Kurt Franz in ebd., 141–160 geht anhand der Langlebigkeit der Hebelschen Kalendergeschichten implizit auf diese Frage ein; vgl. auch den Versuch von *Pech, KJL vom Biedermeier zum Realismus* (II, 2), 45 ff.), Parallelen zwischen den Erzählungen und den Novellen der poetischen Realisten herauszuarbeiten.

28 In der ersten Hälfte des Jh.s sind mehr als 200 Titel zu nennen, wobei einige über Jahrzehnte, ja bis ins 20. Jh. erschienen sind; vgl. dazu Wild, *Geschichte* (III, 2) 172–175. Während die Zeitschriften der Aufklärungszeit recht gut erforscht sind, fehlt für das 19. Jh. eine genauere Analyse; vgl. jetzt Claudia Nölling-Schweers in *Handbuch zur Kinder- und Jugendliteratur* (II, 2), Bd. 3, 1007–1018. Vgl. auch Adler, *Möblierte Erziehung* (III, 2).

29 Am bekanntesten sind die Bilderbogen mehrerer Firmen aus Neuruppin (Gustav Kühn druckt Bilderbogen etwa ab 1791, hohe Aufl. etwa ab 1825), Berlin, Magdeburg, Mainz, Eßlingen und ab 1848 München. Vgl. dazu Alfred Clemens Baumgärtner: Der Bilderbogen für Kinder in Deutschland. In: Klaus Doderer (Hrsg.): Das Bilderbuch. Weinheim 1973, 67–98; Hermann Dettmer: Bilderwelt der kleinen Leute. Bilderbogen des 18. und 19. Jahrhunderts. Münster 1976; Ulrich Fließ: Bilderbogen – Kinderbogen. Populäre Druckgraphik des 19. Jahrhunderts. Hannover 1980.

30 Fließ, Bilderbogen, ebd., bes. 8.

31 Detmer, Musterung (s. Anm. 5), 4 ff.

32 Belehrung, sittliche Bildung und Unterhaltung waren schon bei August Hermann Niemeyer: Grundsätze der Erziehung und des Unterrichts für Eltern, Hauslehrer und Schulmänner. Halle 1796 (in 8 Aufl. bis ans Ende des 19. Jh.s. verbreitet) das aufklärerische, Ganzheitlichkeit garantierende Kriterium für die Lektüre. Amalie Schoppe behauptet in ihrem Vorwort zu: Die Familie Ehrenstein. Ein unterhaltendes und belehrendes Lesebuch für gute Kinder oder solche, die es werden wollen. Hamburg 1825, das Buch wolle »Freude bereiten«, »veredelnd auf Herz und Gemüth wirken« und »Belehrung« leisten (S. [VIII]).

33 Auch an der Wortbedeutung von »erheitern« läßt sich die Verschiebung zeigen. Das Wort hat zunächst wenig mit lustig, froh oder fröhlich zu tun, die mit bloßer Aufregung des Gemüts durch äußere überraschende Einflüsse in Verbindung gebracht wird; es bezeichnet, soweit möglich, die »Klarheit des Gemüts«, muß demnach mit Mäßigung, der Besiegung von Leidenschaften, in Verbindung gebracht werden. So hat auch »delectare« eine erzieherische Komponente (Vgl. dazu das DWB Stichwort »erheitern«, Bd. III, Sp. 847). Deshalb ist es nicht erstaunlich, daß eigentlich lustige Texte bis zur Mitte des 19. Jh.s. nicht geschrieben werden.

34 Die Aufklärungskinderliteratur ist früher und intensiver erforscht worden als die spätere, vgl. besonders Wolfgang Promies: Kinderliteratur im späten 18. Jahrhundert, in Bd. 3 der vorliegenden Sozialgeschichte, 765–831, und Wild, *Geschichte* (III, 2), 45–98. Zu einem in dieser Zeit keineswegs randseitigen Thema: Christoph Thoma: Das »wohltemperierte Kind«. Wie Kinderzeitschriften Kindheit form(t)en. Frankfurt/M. 1992 (Europ. Hochschulschriften Reihe XXII, Bd. 228).

35 Vgl. Karoline Leonhardt-Lyser/Cäcilie Seifer: Encyclopädie der sämmtlichen Frauenkünste. Leipzig 1834.

36 Detmer, Musterung (s. Anm. 5), 42, 63.

37 Immanuel Kant: Mutmaßlicher Anfang der Menschengeschichte. In: Werke in 6 Bdn. Hrsg. v. Wilhelm Weischedel. Darmstadt 1964, Bd. VI, 94.

38 Nun wird oft eher von Jugendliteratur gesprochen (vgl. etwa Kühner, Jugendlectüre (s. Anm. 5), bald unterschieden in Literatur für »das zartere bzw. das reifere Alter« (vgl. etwa Fischer, Großmacht (s. Anm. 5) in seinen kritischen Anmerkungen).

39 Moralische und sachlich belehrende Schriften für Mädchen finden sich seit den 1760er, unterhaltende Literatur seit den 1780er Jahren, vgl. *Wild, Geschichte* (III, 2), 95–98. Dazu Malte Dahrendorf: Das Mädchenbuch und seine Leserin. Jugendlektüre als Instrument der Sozialisation. Weinheim ⁴1980; Susanne Zahn: Töchterleben. Studien zur Sozialgeschichte der Mädchenliteratur. Frankfurt/M. 1983. Gisela Wilkending: Mädchenliteratur von der Mitte des 19. Jahrhunderts bis zum ersten Weltkrieg. In: *Wild, Geschichte* (III, 2), 220–250. Vgl. auch Susanne Barth in: *Handbuch zur Kinder- und Jugendliteratur* (II, 2), Bd. 4, 735–749.

40 Vgl. Reiner Wild: Die Vernunft der Väter. Zur Psychographie von Bürgerlichkeit und Aufklärung am Beispiel ihrer Literatur für Kinder. Stuttgart 1987.

41 Jakob Glatz: Rosaliens Vermächtniß an ihre Tochter Amanda. Teil 1: 1808, Teil 2: 1821.

42 Christoph Hildebrandt: Robinsons letzte Tage. Ein unterhaltendes und belehrendes Buch für die Jugend. (Fortsetzung von Joachim Heinrich Campes ›Robinson der Jüngere‹). Quedlinburg und Leipzig 1846.

43 Ein Beispiel: Amalie Schoppe: Robinson in Australien. Ein Lehr- und Lesebuch für gute Kinder. Heidelberg 1843. Anna Robinson, die verwitwete Mutter des Knaben William, versucht sogar noch ein Handelsgeschäft zu führen, ist aber gegen die (männliche) Konkurrenz machtlos.

44 Joachim Heinrich Campe (1746–1818): Vaeterlicher Rath für meine Tochter. Braunschweig 1789.

45 So noch explizit Bernhardi, Wegweiser, S. IV f.(s. Anm. 5).

46 Vgl. *Koselleck, Bildungsbürgertum* (II, 1), bes. die Beiträge v. Michael Klöcker und Christoph Weber.

47 Vgl. Johann Baptist Heidl (Hrsg.): Galerie berühmter Pädagogen, verdienter Schulmänner, Jugend- und Volksschriftsteller ⟨...⟩. München 1850, Bd. 1, 36. Vgl. weiter Ortwin Beisbart: Wilhelm Bauberger. In: Kinder- und Jugendliteratur – ein Lexikon, Teil 1. Meitingen 1992 ff. Auch Fischer, Großmacht (s. Anm. 5) sieht eine Hauptaufgabe seiner Kritik darin, Konfessionspolemik zu brandmarken.

48 Hildebrandt (s. Anm. 42), Zitat S. 184.

49 Zwischen dem Erscheinungsjahr von Ludwig Tiecks ›Volksmärchen‹ 1797 (einschließlich dem ›Märchen vom blonden Ekbert‹) und dem Erscheinen des zweiten und dritten Bandes von ›Des Knaben Wunderhorn‹ (1808), zeitgleich mit der ersten Ausgabe der pädagogisch orientierten ›Mährchen‹ von Albert Ludwig Grimm, entscheidet sich gewissermaßen die Frage nach der Kindertümlichkeit.

50 Dies arbeiten heraus vor allem Gerhard Schaub: Le Génie Enfant. Die Kategorie des Kindlichen bei Clemens Brentano. Berlin 1973; *Pape, Kinderbuch* (II, 2); *Ewers, KJL der Romantik* (II, 2). Vgl. auch *Handbuch zur Kinder- und Jugendliteratur* (II, 2), Bd. 4, 25 ff.

51 Achim von Arnim schreibt über die Märchenbearbeitungen, an denen sein Freund Clemens Brentano arbeitet (an Jacob Grimm am 22. 10. 1812): Sein Buch »ist keineswegs wie Eure Sammlung etwas, das im Kinderkreise gelebt ohne weitere Verdauung unmittelbar zu den Kindern übergehen kann, sondern ein Buch, das in den Eltern die Art der Empfindung anregt, die jede Mutter ⟨...⟩ im Notfalle zeigt, ihren Kindern irgendeinen Umstand, dessen Reiz sich ihnen entdeckt hat, in einer längern Erzählung zu einer dauernden Unterhaltung zu machen« (nach Reinhold Steig/Herman Grimm: Achim von Arnim und die ihm nahestanden. Stuttgart 1904, Bd. III, 223). Das ist skeptischer als Schaubs Bemerkung: »Wenn auch seine ⟨Brentanos⟩ Märchen keineswegs ausschließlich für Kinder gedacht und gemacht sind, so sind sie doch deutlich genug im Hinblick auf ein Publikum geschrieben, zu dem unbedingt die Kinder gehören« (Schaub, Génie, 213 [s. Anm. 50]).

52 Daß der Literatur der Zeit das komische Element weitgehend fehlt, hatte schon Brentano bemerkt und mit Anregungen aus der Schwankliteratur in seinen Märchen zu beheben versucht. Doch die blieben bis 1846/47 ungedruckt. Vgl. dazu Schaub, Génie (s. Anm. 50), bes. Kap. IX: Der kindliche Sprachhumor Brentanos 186–214, bes. 211 f.

53 Ihre erste Märchensammlung (1810) hatten sie auf Anregung und für eine geplante Ausgabe Clemens Brentanos aufgeschrieben; vgl. Heinz Rölleke: Die älteste Märchensammlung der Brüder Grimm. Synopse der handschriftlichen Urfassung von 1810 und der Erstdrucke von 1812. Cologny-Genève: Fondation M. Bodmer 1975.

54 [Christoph Wilhelm Günther]: Kindermährchen. Aus mündlichen Erzählungen gesammelt. (1787), XVI-XVII. (nach *Pape, Kinderbuch* (II, 2), 103).

55 Ihre Abhängigkeit auch von Albert Ludwig Grimms Kritik an der ersten Ausgabe der KHM (1812) und dem Interesse am Verkaufserfolg ihrer Sammlung belegt eindrücklich: Erich Reimers: Albert Ludwig Grimm (1786–1872). Leben und Werk. Wuppertal 1985 (Diss.).

56 So Bernhardi, Wegweiser S. IV f. Zum Thema »Volksschriften« vgl. sehr ausführlich August Merget: Versuch einer Charakteristik deutscher Volksbücher. In: Brandenburger Schulblatt, 12 (1847), H. 6 und 7.

57 Märchenausgaben und -bearbeitungen machten einen bemerkenswerten Prozentsatz der Buchproduktion aus, viele ohne die heute übliche Gattungsabgrenzung von Sagen oder Erzählungen zu beachten. Umso konsequenter ist die moralisch-belehrende Ausrichtung, wobei sie in ihrem immerhin noch besten Vertreter, Ludwig Bechstein (Deutsches Märchenbuch, Leipzig 1845), eine Brechung ins Witzige erfährt, die anknüpft an eine für Erwachsene gedachte Erzählweise vor der Romantik.

58 Dazu ausführlich *Pape, Kinderbuch* (II, 2) 106 ff., 174 ff.

59 Dieser Grimm hatte schon 1808 ein Buch mit ›Kindermährchen‹ herausgebracht, dem 1816 ›Lina's Mährchenbuch‹ folgte (s. auch Anm. 55).

60 Fischer, Großmacht (s. Anm. 5) merkt zu den Kindermärchen an: »Dieses Buch ist längst schon ein Liebling der Jugend und weithin bekannt geworden und zwar mit Fug und Recht. ⟨...⟩ Albert Ludwig Grimm ist durchaus nicht zu verwechseln mit Gebrüder Grimm und wir müssen mit Nachdruck hier bemerken, daß seine

Verdienste in diesem Fache sehr anerkennenswerth sind« (1319, Nr. 3325). – Dies im Gegensatz zu Fischers Kritik an einigen der KHM (883–885, Nr. 2110).

61 In diesem Sinne arbeitete z. B. ganz konsequent Wilhelm Hauff in seinen Märchen auf einen »streng-sittlichen Charakter« hin, die nicht zufällig auch Albert Ludwig Grimm herausgegeben hat. (Ausgabe Leipzig 1870). Zu Hauff vgl. Hans-Heino Ewers (Hrsg.): Wilhelm Hauff: Sämtliche Märchen. Stuttgart 1986. Johannes Barth: Neue Erkenntnisse zu den Quellen von Wilhelm Hauffs Märchen. In: Wirkendes Wort 41(1991), H. 2, 170–183.

62 Dies ist eines der wesentlichen Kriterien von Fischer, Großmacht (s. Anm. 5).

63 Ludwig Aurbacher: Ein Büchlein für die Jugend. Enthaltend die Legende von Placidus und seiner Familie, das Mährchen von [!] Marien-Kind, die Volkssagen vom Untersberg, nebst vielen anderen erbaulichen und ergötzlichen Historien. Stuttgart und Tübingen 1834.

64 Kinder- und Novellen-Märchen. Ihren Neffen und Nichten erzählt von der Tante Aurelie ⟨d. i. Sophie Gräfin von Baudissin (1813–94)⟩. Potsdam 1849, 4. Fischer, Großmacht (s. Anm. 5) vermerkt in seinen Kritiken ausdrücklich, daß Tante Aurelies Texte für die »Salonjugend«, die »Jugend vornehmer Kreise«, geeignet seien.

65 Es handelt sich um die beiden Märchen ›Nußknacker und Mausekönig‹ und ›Das fremde Kind‹, erschienen in zwei von Hoffmann angeregten Sammlungen neuer Märchen (1816 und 1817). Zum Versuch einer Neubewertung aus moderner Sicht vgl. vor allem Hans-Heino Ewers: Nachwort zur Neuausgabe der Kinder-Märchen. Von Carl Wilhelm Contessa, Friedrich Baron de la Motte Fouqué und E.T.A. Hoffmann. Stuttgart 1987 (RUB 8377).

66 Hans Christian Andersen: Märchen, für Kinder erzählt, erschienen ab 1835, in vielen Übersetzungen, wohl seit 1839 auf deutsch.

67 *Wild, Geschichte* (III, 2), 131.

68 Vgl. z. B. den Protestanten Karl Blumauer: Legenden zur religiösen und sittlichen Bildung der reiferen Jugend. Magdeburg 1835. Häufig lassen sich regionale Sammlungen nachweisen.

69 Daß die Sagen geeignet seien, eine Vermittlung zwischen poetischer Kinderwelt und realistischer Erwachsenenwelt zu leisten, haben schon die Brüder Grimm im Vorwort zu ihren Deutschen Sagen (1816/18) konstatiert.

70 Vgl. Ludwig Bechstein: Der Sagenschatz und die Sagenkreise des Thüringerlandes 1835/1838; Deutsches Sagenbuch 1853.

71 Ludwig Bechstein (1801–60): Die Weissagung der Libussa. 1829, Die Haimonskinder. 1830, Faustus. 1833 usw.

72 Gustav Schwab (1792–1850): Buch der schönsten Geschichten und Sagen. Stuttgart 1836; Reineke Fuchs. Ein Volksbuch. Tübingen 1837; Die deutschen Volksbücher. Für Jung und Alt wieder erzählt. Stuttgart 1843. – Zu Schwab vgl. *Handbuch zur Kinder- und Jugendliteratur* (II, 2), Sp. 39, 721–734, und Ortwin Beisbart: Artikel ›Gustav Schwab‹. Leben, berufliche und literarische Entwicklung. In: Kinder- und Jugendliteratur (s. Anm. 47), Teil 1.

73 Karl Simrock (1802–76) hat so gut wie alles als wichtig Erkannte übersetzt oder neu erzählt, vgl. u. a. Die deutschen Volksbücher in 13 Bdn. 1839–1843 u. ö.

74 Hervorzuheben ist wegen ihrer langen Wirkungsgeschichte bis ins 20. Jh. Gotthold Oswald Marbach (Hrsg.): Volksbuch-Sammlung. Leipzig 1838 ff. (in Form von Einzelheften).

75 Gustav Schwab: Die schönsten Sagen des klassischen Alterthums. Nach seinen Dichtern und Erzählern. Theil 1–3. Stuttgart 1838–40. Seitdem in unzähligen Nachaufl. und Bearbeitungen erfolgreich.

76 Zum Begriff und zu ihrer Funktion in der Epoche vgl. Reinhard Wunderlich: Johann Peter Hebels ›Biblische Geschichten‹. Eine Bibeldichtung zwischen Spätaufklärung und Biedermeier. Göttingen 1990 und Uto J. Meier: Christoph von Schmid. Katechese zwischen Aufklärung und Biedermeier. St. Ottilien 1991.

77 Vgl. die Adaption der Märchen aus Tausendundeinernacht für junge Leser. Hebel schreibt: »Denn alles Hochorientalische heimelt uns an, als wenn wir schon dort gewesen wären, weil wir alle dort daheim sind« (Brief Nr. 124 vom 1. 1805).

78 Johann Peter Hebel: Biblische Geschichten. Für die Jugend bearbeitet. Stuttgart 1824 (zit. AT Nr. 5 und NT Nr. 15).

79 Ludwig Würkert (Hrsg.): Die biblischen Geschichten des alten und neuen Testaments in poetischer Bearbeitung von den besten Dichtern unserer Zeit. Eine Liebesgabe an christlich fromme Familien des deutschen Volkes. Meißen und Wien 1842. Zitat aus dem Vorwort, I f.

80 Hebel, Biblische Geschichten (s. Anm. 78). Sie erfahren 1825 bereits eine katholische Bearbeitung. – Wunderlich (s. Anm. 76), 170 f., zählt zwischen ca. 1775 und 1850 61 Autoren von Bibeldichtungen.

81 Hebel hat seine Geschichten seit 1808 als Herausgeber in ›Der Rheinische Hausfreund‹ veröffentlicht, erstmals dann 1811 in einer Auswahl ›Schatzkästlein des rheinischen Hausfreunds‹ bei Cotta in Stuttgart publiziert. Vgl. dazu Kurt Franz: Kalendermoral und Deutschunterricht. Johann Peter Hebel als Klassiker der elementaren Schulbildung im 19. Jahrhundert. Tübingen 1994.

82 Zum (mündlich überlieferten) Text und Brentanos Anteil vgl. Clemens Brentano: Sämtliche Werke und Briefe, Bd. 8, 290–291 (Text), Bd. 9, 3, 509–512 (Erläuterungen).

83 Die Wunderhorn-Sammlung selbst war nicht so sehr verbreitet, wohl aber übte sie auf eine Reihe von Autoren einen nachhaltigen Einfluß aus. Das bucklichte Männlein findet sich z. B. schon in Heinrich Dittmars ›Der Kinder Lustfeld‹ (1827) und gehört bis ins 20. Jh. zum Repertoire von Kindersammlungen und ist Anstoß für Umdichtungen und Parodien (vgl. *Pape, Kinderbuch* (II, 2) 112–114).

84 Eine klare Abgrenzung scheint nicht möglich, die Übergänge müssen in den meisten Fällen unscharf bleiben. Vgl. die Art. ›Kindergedicht‹, ›Kinderlied‹ und ›Kinderreim‹ in Klaus Doderer (Hrsg.): Lexikon der Kinder- und Jugendliteratur. Weinheim, Bd. 2, sowie: Kurt Franz: Kinderlyrik. Struktur, Rezeption, Didaktik. München 1979.

85 Aus ›Des Knaben Wunderhorn‹ mit dem Titel: ›Ei der Tausend!‹.

86 Vgl. Friedrich Adolph Krummacher: Parabeln. Die Sammlung erlebte zwischen 1805 und 1850 acht Aufl., eine 9. erschien noch 1876. Hermann Kletke (Hrsg.): Deutsche Fabeln des XVIII. und XIX. Jahrhunderts, 1841; Fr. Haug (Hrsg.): Fabeln für Jung und Alt. In sechs Büchern. Heidelberg 2. Aufl. ⟨ca. 1842⟩.

87 Vgl. *Wild, Geschichte* (III, 2), 134 ff.
88 Mit einem Vorwort von Gustav Schwab, ²1846, jetzt mit Illustrationen von Franz Pocci.
89 Karl Simrock: Das deutsche Kinderbuch. Altherkömmliche Reime. Lieder. Erzählungen. Uebungen. Räthsel und Scherze für Kinder. Frankfurt/M. 1848, ²1857 mit einem Vorwort von August Corrodi.
90 Philipp Wackernagel: Der Unterricht in der Muttersprache (Gespräch). Stuttgart 1843.
91 Vgl. bes. Elisabeth K. Paefgen: Der »Echtermeyer« (1836–1981). Eine Gedichtanthologie für den Gebrauch in Höheren Schulen. Darstellung und Auswertung seiner Geschichte im literatur- und kulturhistorischen Kontext. Frankfurt/M. 1990 (Beiträge zur Geschichte des Deutschunterrichts, Bd. 2). Über Schulsammlungen und Lesebücher sowie über das aufkommende Anthologiewesen vgl. vor allem Peter-Martin Roeder: Zur Geschichte und Kritik des Lesebuchs der höheren Schule. Weinheim 1961, und Joachim Bark, zuletzt in Beisbart/Bleckwenn, Lebenswelt, 131–140 (s. Anm. 26).
92 Albin Lenhard: Didaktische Mimikry. Zur Kinder- und Jugendliteratur Ernst von Houwalds (1778–1845). In: Maria Lypp (Hrsg.): Literatur für Kinder. Studien über ihr Verhältnis zur Gesamtliteratur. LiLi. Beiheft 7. Göttingen 1977, 170–195.
93 Deklamierbücher stehen meist in einer älteren Tradition und wurden wohl eher in Schulen verwendet. Dennoch sollte man die Bedeutung des Rezitierens von Gedichten, (Kirchen- und Volks-)Liedern, Balladen und Dramenausschnitten in dieser Zeit bei verschiedensten Anlässen nicht unterschätzen. Entsprechende Sammlungen und Ratgeber finden sich zahlreich in öffentlichen Leihbibliotheken.
94 Moritz Thieme: Dramatische Spiele für die Jugend bei festlichen Gelegenheiten. Eine Weihnachtsgabe. Berlin 1819.
95 Eine Reihe der Stücke (zuerst ab 1819) war sogar in Jamben geschrieben. In anderen versucht Houwald Sprachschichten zu unterscheiden (›Der Zigeunerbube‹, ›Der alte Kosak‹, ›Der Schuldbrief‹ u. a.), wobei eine gezierte Sprechweise und mit ihr die Sprecher selbst negativ bewertet werden, während Sprecher, die des Hochdeutschen nicht mächtig sind, zwar positiv gezeichnet sind, ihre Sprache jedoch als unangemessen gegenüber ihren positiven Fähigkeiten charakterisiert wird. Ernst von Houwald: Sämmtliche Werke. 5 Bde. in 3. Leipzig 1858/59. Vgl. auch Hans-Heino Ewers: Familie im Kinderschauspiel des ausgehenden 18. und frühen 19. Jahrhunderts (Manuskript 1998).
96 Vgl. Theater-Almanach für die Jugend. 2 Bde. 1849.
97 Zu Pocci vgl. bes. *Pape, Kinderbuch* (II, 2) Kap. B. II, 237–302: ›Franz von Pocci oder die Befreiung im Spiel‹.
98 Kant, Anfang der Menschengeschichte (s. Anm. 37).
99 Vgl. zur These der »Erneuerung« *Sengle, Biedermeierzeit* (II, 2), Bd. 1, 114–117 u. ö. Dagegen schon *Pape, Kinderbuch* (II, 2), 239 f.: Robinsonaden, moralische Verhaltensbücher, Beispielerzählungen, deren Gattungstradition bekanntlich noch älter ist, volkstümlich-didaktische Erzählungen, Volksbücher u. v. a. lassen sich nennen.

100 Vgl. dazu *Wild, Geschichte* (III, 2), 93 f.
101 Das 19. Jh. ist die Zeit der vielfältigen und unbekümmerten Überarbeitungen auch von Büchern, die nicht als anonyme »Volksliteratur« ohnehin dem Zugriff jedes Bearbeiters ausgeliefert waren. Man denke an Gulliver, Don Quichote u. a.
102 Vgl. Pechs Beziehungsanalysen zwischen Biedermeiererzählung und Jugenderzählung (*Pech, KJL vom Biedermeier zum Realismus* (II, 2), 43 ff.).
103 Ebd., 38.

Reinhart Meyer: Theaterpraxis

1 In Braunschweig wurde das seit 1818 unter Klingemanns Leitung stehende Aktiengesellschafts-Nationaltheater 1826 durch Herzog Karl in ein Hoftheater unter der Intendanz des Herrn von Oeynhausen umgewandelt; Klingemann wurde ans Collegium Carolinum versetzt. – In Coburg trat 1829 der Kammerherr von Elsholtz die Intendanz des zwei Jahre zuvor gegründeten Coburg-Gothaischen Hoftheaters an. – Nach langjährigen Kursschwankungen trat 1837 auch am Darmstädter Hoftheater mit dem Grafen von Lehrbach ein Adliger in die Intendanz ein. 1838 löste ihn der Freiherr von Dalwigk ab. – Dresden steht seit 1819 unter der Intendanz des Kammerherrn von Könneritz. 1824 folgt ihm Freiherr von Lüttichau, unter dem Ludwig Tieck und Hofrat Winkler (Theodor Hell) als Dramaturgen ihre Konflikte austragen. Ihnen folgt 1847 Karl Gutzkow für zwei Jahre als Dramaturg. 1832 wird, nachdem Carl Maria von Weber 1826 gestorben ist, die italienische Oper aufgehoben. Hoftheater und Hofkapelle werden von den Landständen mit je 40 000 Talern finanziert; sie überlassen aber dem Hof die Verwaltung. Einige Jahre ist Richard Wagner hier Kapellmeister. – Das 1810 gegründete Hoftheater in Karlsruhe erhält 1823 den Gardeleutnant von Auffenberg als adligen Leiter. Ihm folgt 1831 ein Graf von Leiningen, 1839 ein Baron von Gemmingen. – Das Kasseler Hoftheater wird seit 1819 vom Geheimrat von Apell geleitet. – Mannheim steht seit 1816 unter der Intendanz Von Venningens, dann des Grafen Ungern-Sternberg, schließlich des Grafen von Luxburg. – Am Königlich Bayerischen Hoftheater in München hatte mit Joseph Marius Babo bis 1820 ein Bürgerlicher die Leitung inne, dann lösten auch hier adlige Intendanten einander ab. – In Oldenburg bringt 1834 der Großherzog persönlich Ordnung in das organisatorische Durcheinander und stellt 1842 den Baron von Gall, 1846 den Grafen von Bocholz an die Spitze. – Das Stuttgarter Theater führt die adlige Reorganisation der Bühne mit dem Regierungsantritt König Wilhelms (1816) durch. Intendant wird ein Baron von Maucter. Nachdem vorübergehend die Stände das Theater finanziert, die Leitung aber den Hofchargen überlassen hatten, treten sie drei Jahre später aus ihrem finanziellen Engagement zurück, so daß auch hier ein reines Hoftheater eingerichtet werden muß. 1820 tritt ein Hofrat von Lehr in die Intendanz, 1829 ein Graf von Leutrum, 1841 der Oberstallmeister von Taubenheim, 1846 Baron von Gall. – In Wien hat bis 1807 der Freiherr von Braun die Leitung der K.u.K. Hoftheater inne. Dann folgt eine Gesellschaft von Kavalieren unter der Leitung des Fürsten von Esterházy. Direktor der Oper wird der Fürst von

Lobkowitz, Direktor des Schauspiels Graf von Pálffy, der 1810 auch die Leitung des Theaters an der Wieden, ab 1814 zusätzlich noch die des Kärntnerthor-Theaters übernimmt und alle drei Theater privat finanziert. Ab 1817 leitet Obristkammerherr Graf von Wrbna die Hoftheater wieder auf Kosten des Kaisers, an seine Stelle tritt später der Graf Dietrichstein; 1824–45 ist Graf von Czernin Intendant. 1850 folgt ihm Obristkämmerer Graf Lauchoronsky, der Heinrich Laube mit der künstlerischen Leitung des Burgtheaters betraut.

2   A. Fahne: Kurze Begründung eines Theater-Neubaus für Düsseldorf. Düsseldorf 1864, 8.

3   Der Theaterklatsch geht in die Zeitungen (vgl. *Meyer, Novelle und Journal* (III, 2), 1. Bd.), die Schauspielerstreitereien werden mittels Pasquill, Flugblatt und Memorandum öffentlich gemacht: ein breites, noch völlig ununtersuchtes Feld literarischer Öffentlichkeit dieser Zeit.

4   Instruktiv ist diesbezüglich noch heute die Biographie Ludwig Anzengrubers, dessen unsicheres Vagantenleben in der zweiten Hälfte des 19. Jh.s nur geringe Abweichungen gegenüber den Erfahrungen Wilhelm Meisters im 18. Jh. zeigt. Vgl. Eduard Castles Vorwort zu den von ihm herausgegebenen Werken Anzengrubers in 20 Teilen. Leipzig 1911 ff., Bd. 1, 46 ff. Das unsichere Engagement und ständig, aber unregelmäßig wechselnder Wohnort und Lebensraum der Künstler sind noch heute wirksame Konstanten unseres kulturellen Lebens. Ihre fundamentale und prägende Bedeutung für die deutsche Dramen- und Theatergeschichte wird in der Regel von den beamteten Historikern in ihrer Darstellung übersehen.

5   Richard Wagner: Mein Leben. Vollständige, kommentierte Ausgabe. Hrsg. v. Martin Gregor-Dellin. München 1977.

6   Die Dramen- und Theatergeschichte des 19. Jh.s hat bisher nur Gesamtdarstellungen erfahren, die über unzureichendes Quellenmaterial verfügen. Authentisch durch seine Betroffenheit ist immer noch Eduard Devrients Darstellung der zeitgenössischen Zustände in seiner ›Geschichte der deutschen Schauspielkunst‹. In 2 Bdn. neu hrsg. v. Rolf Kabel und Christoph Trilse. München, Wien o. J.; Lizenz-Ausg. des Drucks Berlin-DDR 1967). Instruktiv vor allem wegen seiner Ausgewogenheit und der Wahrung historischer Proportionen ist Siegfried Nestriepkes differenzierte Darstellung der Zeit von 1750 bis 1850 in seinem ›Theater im Wandel der Zeiten‹. Berlin 1928, 303–365. Überblick bei Erika Fischer-Lichte: Das deutsche Drama und Theater. In: Europäische Romantik III. Hrsg. v. Norbert Altenhofer und Alfred Estermann. Wiesbaden o. J., 153–192. – Volker Klotz: Dramaturgie des Publikums. Wie Bühne und Publikum aufeinander eingehen, insbesondere bei Raimund, Büchner, Wedekind, Horváth, Gatti und im politischen Agitationstheater. München (o. J.) – Das Deutsche Drama, in Verbindung mit Julius Bab, Albert Ludwig, Friedrich Michael, Max J. Wolff und Rudolf Wolkau, hrsg. v. Robert F. Arnold. München 1925. Ndr. Hildesheim, New York 1972, 543 ff.

7   Vgl. Briefwechsel Goethe-Schiller vom 21. 9. bis 9. 10. 1798; sodann: Die Weimarische Dramaturgie. Aus Goethes Schriften gesammelt, erläutert und eingeleitet von Dr. Eduard Scharrer-Santen. Berlin u. Leipzig 1927, 157–173.

8   Vgl. Reinhart Meyer: Bibliographia Dramatica et Dramaticorum. Abteilung I: Werkausgaben und Sammlungen. Tübingen 1986. Bd. II, 466–604 (mit inzwischen rd. 80 Seiten Ergänzungen, die später publiziert werden). Die kaum zu überschätzende Bedeutung Eugène Scribes für das deutsche Theater hat noch keine angemessene Darstellung gefunden. Zu Wagners vergeblichen Versuchen, von Scribe ein Libretto zu bekommen, vgl. ›Mein Leben‹ (s. Anm. 5), 152, 166 f., 183, 193.

9   Psychogramme körperlicher Komik und der dafür zuständigen Typen bei Reinhart Meyer: Hanswurst und Harlekin oder: Der Narr als Gattungsschöpfer. Versuch einer Analyse des komischen Spiels in den Staatsaktionen des Musik- und Sprechtheaters im 17. und 18. Jh. In: Théatre, Nation & Société en Allemagne au XVIIIe Siècle. Hrsg. v. Roland Krebs und Jean-Marie Valentin. Nancy 1990, 15–39. Sodann: Ders.: Die Hamburger Oper 1678–1730. Einführung und Kommentar zur dreibändigen Textsammlung. Milwood N.Y. 1984, Bd. 4., 70–81.

Gertrud Maria Rösch: Geschichte und Gesellschaft im Drama

1   Robert Prutz: Über die Geschichte des deutschen Theaters. In: Zu Theorie und Geschichte der Literatur. Bearb. u. eingel. v. Ingrid Pepperle. Berlin 1981, 168.
2   Julius Mosen: Ueber die Tragödie. In: Sämtliche Werke. Leipzig 1880, Bd. 2, 280.
3   Ludwig Börne: Dramaturgische Blätter. In: *Sämtliche Schriften*, Bd. 1, 209.
4   Georg Wilhelm Friedrich Hegel: Die dramatische Poesie. In: Werke in 20 Bdn. Auf der Grundlage der Werke von 1832–45 neu hrsg. Bd. 13: Vorlesungen über die Ästhetik III. Frankfurt/M. 1986, 474, 481.
5   Friedrich Hebbel: Werke. Hrsg. v. Gerhard Fricke, Werner Keller, Karl Pörnbacher. 5 Bde. München 1963, hier 3, 545, 549.
6   *Hettner, Drama* (III, 2), 77.
7   Robert Prutz: Dramatische Werke, Bd. 3. In: Zu Theorie und Geschichte der Literatur (s. Anm. 1), 141–160.
8   Für das dramatische Panorama der Epoche bleiben einschlägig: *Sengle, Das historische Drama* (III, 2); *Sengle, Biedermeierzeit* (II, 2), 2, 322–466; *Denkler, Restauration und Revolution* (III, 2). Horst Denkler, Das Drama der Metternichschen Restaurationsepoche (1815–48/49). Mit Beispielen aus der zeitgenössischen Einakterliteratur, in: Handbuch des deutschen Dramas. Hrsg. v. Walter Hinck. Düsseldorf 1980, 216–228.
9   Robert Prutz: Dramatische Werke. Bd. 3. In: Zu Theorie und Geschichte der Literatur (s. Anm. 1), 151 f.
10 *Hettner, Drama* (III, 2), 167 f.
11 Scribes Stücke ›Le Colonel‹, ›Le Marriage enfantin‹, ›L'Ours et le pacha‹, ›Le secrétaire et le cuisinier‹ erschienen 1824 in der Sammlung ›Vaudevilles für deutsche Bühnen und gesellige Zirkel‹. Ferner Stücke von ihm in ›Neue Bühnenspiele nach dem Englischen, Französischen und Italienischen‹. Berlin 1828. Die Übersetzungen sind erfaßt bei Hans Fromm, Bibliographie deutscher Übersetzungen aus dem Französischen 1700–1948. 6 Bde. Baden-Baden 1953.

12 Ferner gab es von Hugos Ritterstück ›Hernani, ou l'honneur castillan‹ (aufgeführt 1830), das im Spanien des 16. Jhs. eine Liebesintrige um Kaiser Karl V. vorführt, allein zwischen 1830 und 1834 sechs Bearbeitungen für die deutschen Bühnen.
13 *Hettner, Drama* (III, 2), 74 f.
14 *Hettner, Drama* (III, 2), 19.
15 Annette von Droste-Hülshoff und ihre literarische Welt am Bodensee. Hrsg. v. Ulrich Ott. Marbach a. N. 1993, 80. (Marbacher Magazin 66/1993).
16 *Denkler, Restauration und Revolution* (III, 2), 56.
17 Theodor Hell (d. i. Karl Gottlieb Theodor Winkler), Das Liebhabertheater. Eine Sammlung für Privatbühnen und Liebhabertheater. Dresden 1846.
18 *Hettner, Drama* (III, 2), 51.
19 Zur Poetik vgl. Walter Hinck: Zur Poetik des Geschichtsdramas. Einleitung. In: *Hinck, Geschichte als Schauspiel*, (III, 2), 7–21. Ebenso Horst Steinmetz: Geschichte in der Literatur, in: Literatur und Geschichte. Vier Versuche. München 1988, 7–42, und Norbert Oellers: Die Niederlagen der Einzelnen durch die Vielen. Einige Bemerkungen über Grabbes ›Hannibal‹ und ›Die Hermannsschlacht‹. In: *Grabbe. Ein Symposium* (IV), 114–128.
20 Hebbel, Werke (s. Anm. 5), 3, 550.
21 Rudolf Marggraff: Über moderne Tragödien (1839). In: *Hammer, Dramaturgische Schriften* (II, 2), 1, 454–460, hier 457.
22 Zu diesen Abgrenzungsversuchen vgl. *Hinck, Geschichtsdrama* (III, 2), 1–37.
23 *Sengle, Biedermeierzeit* (II, 2), 2, 363–371, 378.
24 Karl Gutzkow: Wullenweber. Vorwort. In: *Hammer, Dramaturgische Schriften* (II, 2), 1, 518–524, hier 521.
25 Ernst Willkomm: Das moderne Gesellschaftsleben und die soziale Tragödie (1839). In: *Hammer, Dramaturgische Schriften* (II, 2), 1, 448–453, hier 451.
26 *Hettner, Drama* (III, 2), 88.
27 *Hettner, Drama* (III, 2), 74.
28 Ernst Willkomm: Das moderne Gesellschaftsleben und die soziale Tragödie (1839). In: *Hammer, Dramaturgische Schriften* (II, 2), 1, 448–453, hier 451.
29 August Wilhelm Schlegels Vorlesungen über dramatische Kunst und Literatur. Krit. Ausg. eingel. u. m. Anm. vers. v. Giovanni Vittorio Amoretti, 2 Bde. Bonn, Leipzig 1923, Bd. 2, 309 f.
30 Zu Grillparzers Kritik an Österreich und Deutschland in seinen Epigrammen vgl. Rolf Geißler: Über Grillparzers politische Denkstruktur im Spiegel seiner Deutschland-Epigramme. In: *Bachmaier, Grillparzer* (IV), 243–258. Zur Kritik an Österreich im Vergleich mit dem Ausland vgl. Gertrud Rösch: Auf der Flucht vor den Nebenmenschen. Grillparzers Reise nach Paris und London 1836. In: *Obermayer, Glaube* (IV), 191–204.
31 *Magris, Mythos* (III, 2).
32 Hinrich C. Seeba: Grillparzer und die Selbstentfremdung des Zerrissenen im 19. Jahrhundert. In: *Bachmaier, Grillparzer* (IV), 201–220.
33 Zur Aufführungsgeschichte der Dramen Grillparzers vgl. Norbert Fuerst: Grillparzer auf der Bühne. Eine fragmentarische Geschichte. Wien, München 1958.

34 Vgl. Grillparzers Äußerung zum historischen Drama, in: Sämtliche Werke. Historisch-kritische Gesamtausgabe. 3 Abteilungen in 42 Bdn. Hrsg. v. August Sauer, fortgeführt v. Reinhold Backmann. Wien 1909–1948; hier Abt. 2, Bd. 8, 176.

35 Zur Aufführungsgeschichte vgl. die Selbstbiographie, in: Historisch-kritische Gesamtausgabe (s. Anm. 34), hier Bd. I, 16, 61–231, bes. 65–170, 174–180. In welchem Maß die Auseinandersetzung bekannt und öffentliches Gesprächsthema war, läßt sich rekonstruieren anhand der Äußerungen der Zeitgenossen, vgl. Grillparzers Gespräche und die Charakteristiken seiner Persönlichkeit durch die Zeitgenossen. Hrsg. v. August Sauer. Wien 1905, 2. Abt., 203–255.

36 Zu diesem Begriff vgl. Walter Hinck: Geschichtsdrama und Antagonismus. In: *Eggert, Geschichte als Literatur* (I, 2), 351–364. Jene Momente, in denen die im Bühnengeschehen dargestellte Wirklichkeit mit der gegenwärtigen Geschichte des Autors überblendet werden, sind als Anachronismen bestimmt, die das Rezeptionsverhalten lenken.

37 Auf diesen Zusammenhang weist bes. hin Jutta Greis: Fürstenutopie im literarischen Gestern, König Ottokars Glück und Ende. In: *Budde, Gerettete Ordnung* (IV), 106–119.

38 Franz Grillparzer: Werke in 6 Bdn. Hrsg. v. Helmut Bachmaier. Bd. 2: Dramen 1817–1828. Frankfurt/M. 1986, 866.

39 Sowohl Ottokar wie seine Frau Margarete tragen im 1. Akt als Zeichen der Herrscherwürde Mäntel, Kunigunde wirft einen »Reitermantel« ab; in Akt 3 weist Ottokars prächtiger Mantel auf seinen übersteigerten Herrschaftsanspruch, während Rudolf als Erfüller der überpersönlichen Kaiseridee zwar nicht die Zeichen seiner Herrschaft, aber wohl den Prunk entbehren kann; am Ende breitet Rudolf den Kaisermantel als Leichentuch über den nackt, d. h. entmachtet daliegenden Ottokar.

40 Ulrich Fülleborn: Das dramatische Geschehen im Werk Franz Grillparzers. Ein Beitrag zur Epochenbestimmung der deutschen Dichtung im 19. Jahrhundert. München 1966, hier 15.

41 Arno Borst: Die Staufer in der Geschichtsschreibung. In: Die Zeit der Staufer. Geschichte – Kunst – Kultur. Katalog der Ausstellung Stuttgart 1977. Hrsg. v. Rainer Haussherr, Bd. 3, 263–274; auch Walter Migge: Die Staufer in der deutschen Literatur seit dem 18. Jahrhundert, ebd., Bd. 3, 275–287.

42 Borst, Staufer (s. Anm. 41), 270 f.

43 Migge, Staufer (s. Anm. 41), 275.

44 Ernst Raupach: Die Hohenstaufen, ein Cyclus historischer Dramen. 8 Bde. Hamburg 1837, hier Bd. 1, Vorrede, 18–19.

45 Ebd., Bd. 3, 1: Kaiser Heinrich der Sechste. I.Theil: Heinrich und die Welfen, 42.

46 Überblick über Stauferdramen vom 18. Jh. bis 20. Jh. in: Die Zeit der Staufer (s. Anm. 41), Bd. 1, 712–738.

47 Brief an Kettembeil, 28. 1. 1828. In: Werke und Briefe. Historisch-kritische Gesamtausgabe in 6 Bdn. Bearb. v. Alfred Bergmann. Emsdetten 1960–1973, hier Bd. 5, 213.

48 Die nachweisbaren Rezensionen zeigen, daß an diese Dramen – es waren ›Herzog Theodor von Gothland‹, ›Nannette und Maria‹, ›Scherz, Satire, Ironie und tiefere

Bedeutung‹, ›Marius und Sulla‹ – die Forderungen des nachklassischen Dramenkanons (u. a. geschlossene Handlung, stimmige Personenzeichnung, angemessener Sprachgestus) angelegt wurden, vgl. dazu Michael Vogt, Literaturrezeption und historische Krisenerfahrung. Die Rezeption der Dramen Christian Dietrich Grabbes 1827–1945. Frankfurt/M. 1983, bes. 33–48. Vgl. ebenso: Erika Brokmann: Grabbes Werke in der zeitgenössischen Kritik. In: Grabbe-Jahrbuch 5, 1986, 121–154. Brokmann gibt eine Übersicht über die Aufführungen der Stücke, von denen nur ›Don Juan und Faust‹ zu Lebzeiten Grabbes auf die Bühne kam (1829 in Detmold mit der Musik von Albert Lortzing); mit einem Verzeichnis von Grabbe-Inszenierungen bis einschließlich 1985.
49 Grabbe, Werke (s. Anm. 47), 5, 213.
50 Michael Vogt: Grabbes Stauferdramen: Tragödien des Übergangs. In: Grabbe-Jahrbuch 5, 1986, 21–29.
51 Grabbe, Werke (s. Anm. 47), 5, 315–324.
52 Gerade die Zeitgenossen nehmen in ihren Berichten die Theaterperspektive als Versuch, das Ereignis der Revolution zu begreifen; Grabbes Distanz zur Revolution zeigt sich darin, daß er in seiner Bearbeitung des revolutionären Geschehens bereits die Perspektive der Zeitgenossen im Theatertopos mitzitiert; vgl. Maria Porrmann: Die Französische Revolution als Schauspiel. In: *Grabbe und die Dramatiker seiner Zeit* (IV), 149–168.
53 Zu dieser das ganze Drama durchziehenden Metaphorik: Klaus Lindemann/Raimar Zons: La marmotte – Über Grabbes ›Napoleon oder die hundert Tage‹. In: *Grabbes Gegenentwürfe* (IV), 59–81.
54 Grabbe, Werke (s. Anm. 47), 2, 384.
55 *Bergmann, Grabbes Werke in der zeitgenössischen Kritik* (IV), hier 3, 104–111, 149–150.
56 Grabbe, Werke (s. Anm. 47), 5, 364, 376.
57 Heinrich Heine: Memoiren. In: *Sämtliche Schriften* (IV), Bd. 6/1, 564.
58 Detlev Kopp: Eine klassische Leiche der Charakteristik auf dem Paradebette der Literatur. In: Grabbe-Jahrbuch 5, 1986, 30–39.
59 Vgl. Grabbes Rezensionen der Düsseldorfer Bühne in: Werke und Briefe (s. Anm. 47), 4, 123–162.
60 Karl Immermann: Werke. Hrsg. v. Robert Boxberger. 20 Tle. in 8 Bdn. Berlin 1883; T. 17, 158.
61 Karl Immermann: Werke in 5 Bdn. Hrsg. v. Benno von Wiese unter Mitarb. v. Hans Asbeck. Frankfurt/M. 1971–1977, Bd. 4, 678.
62 Ebd., Bd. 4, 671.
63 Karl Immermann: Trauerspiel in Tirol. In: Werke (s. Anm. 60), T. 17; Andreas Hofer. In: Werke (s. Anm. 60), T. 16.
64 Karl Immermann: ›Andreas Hofer‹. In: Werke (s. Anm. 60), T. 16, 529–542.
65 *Denkler, Restauration und Revolution* (III, 2), 114.
66 Michael Beer: Sämtliche Werke. Hrsg. v. Eduard von Schenk. Leipzig 1835.
67 Robert Eduard Prutz: Moritz von Sachsen. Trauerspiel in 5 Akten. O. O. 1844.
68 Der besseren Wirkung auf der Bühne sollte auch die 1840/41 bei der Umarbeitung eingefügte Liebeshandlung zwischen Moritz und Anna dienen; vgl. *Denkler,*

Restauration und Revolution (III, 2), 304 f.; *Sengle, Das historische Drama* (III, 2), 186–188.
69 Helmut Bachmaier: Grillparzers Geschichtsbild. In: Etudes Germaniques 47, 1992, 265–275.
70 Ulrich Fülleborn: Der Gang der Zeit von Anfang. Frauenherrschaft als literarischer Mythos bei Kleist, Brentano und Grillparzer. In: Kleist-Jahrbuch 1986, 63–80, hier 69.
71 Das Rätsel um die Kette schätzte Grillparzer bereits in den Entwürfen als schwierig darzustellen und wenig bühnenwirksam ein; vgl. Tgb. 1412, Historisch-kritische Gesamtausgabe (s. Anm. 34), Bd. II, 8, 184 f.
72 *Lorenz, Dichter des sozialen Konflikts* (IV), 180–194.
73 Die Änderungen in den Lesarten zeigen, wie mühsam die endgültige Formulierung dieser Stelle geriet; als Alternativen erscheinen nacheinander »Menschheit«, »Menschlichkeit«, »Menschenwerth«, »Ahnung«, »Seelenfriede«, »Selbstbeschränkung«, »Unterwerfung«, »Wohlthun«, »Mitgefühl«, vgl. Historisch-kritische Gesamtausgabe (s. Anm. 34), Bd. I, 20, 434 f.
74 Ludger Lütkehaus: Opfer der Zeit. Hebbels ›Judith‹ und ›Genoveva‹. Heidelberg 1985, 15.
75 Friedrich Hebbel: ›Judith‹. In: Werke (s. Anm. 5), 1, 23.
76 Ebd., 1, 65.
77 Grillparzer, Dramen (s. Anm. 38), 698. Die gleichen Ursachen erläutert *Sengle, Biedermeierzeit* (II, 2), II, 356–358.
78 Claus Träger: Geschichte, »Geist« und Grillparzer. Ein klassischer Nationalautor und seine Deutungen. In: Weimarer Beiträge 7, 1961, 500. Zur Auseinandersetzung um das Schicksalsdrama in Österreich vgl. Herbert Seidler: Österreichischer Vormärz und Goethezeit. Geschichte einer literarischen Auseinandersetzung. Wien 1982, 194–213 (Österreichische Akademie d. Wissenschaften, Phil.-hist. Klasse, Sitzungsberichte Bd. 394).
79 Zu dieser Interpretation vgl. *Kraft, Schicksalsdrama* (III, 2), 54–63.
80 Ebd., 69 f. Zur Verwandtschaft von Lillo und Werner vgl. Roger Bauer, Das Schicksal im Schauerdrama. Von Lillos ›Fatal Curiosity‹ zu Zacharias Werners ›Der vierundzwanzigste Februar‹ und Pixérécourts ›Le Monastère abandonné‹, in: *Inevitabilis Vis Fatorum* (III, 2), 249–258; ebenso *Ueding, Klassik und Romantik* (II, 2), 295–299.
81 Der neunundzwanzigste Februar. Ein Trauerspiel in einem Aufzug. Von Adolph Müllner. Leipzig o. J., 34.
82 Diese unterschiedliche Verwendung der Strukturmerkmale untersucht Monika Ritzer: Die Macht des Schicksals – Entfremdung und Aneignung der Welt im spätromantischen Drama, in: Begegnung mit dem ›Fremden‹. Akten des VIII. Internationalen Germanisten-Kongresses Tokyo 1990. Bd. 9, 281–292.
83 Vorbild war Horace Walpoles ›The Castle of Otranto‹, 1764, wie auch sein Drama ›The Mysterious Mother‹, 1768, das die Blutschande und weitere Katastrophen einer Familie bereits auf die Wiederkehr eines bestimmten Kalendertages, des 20. 9., bezieht. Vgl. *Schulz, Die deutsche Literatur* (II, 2), 570–577.
84 Zum sozialhistorischen Zusammenhang vgl. *Lorenz, Dichter des sozialen Kon-*

flikts (IV), 36–43; Rolf Geißler: Grillparzers ›Ahnfrau‹. Ein literatursoziologischer Deutungsversuch. In: Wissen aus Erfahrungen. Werkbegriff und Interpretation heute. Festschrift Herman Meyer. Hrsg. v. Alexander von Bormann. Tübingen 1976, 427–444.

85 Grillparzer, Dramen (s. Anm. 38), 2, 675.
86 Über das deutsche Familiengemälde, zit. nach: Phöbus. Ein Journal für die Kunst. Hrsg. v. Heinrich von Kleist u. Adam H. Müller. Nachwort u. Kommentar von Helmut Sembdner. Darmstadt 1961, 566. Über Iffland und Kotzebue vgl. auch *Ueding, Klassik und Romantik* (II, 2), 313–327.
87 Karl Gutzkow: Ausgewählte Werke in 12 Bdn. Hrsg. v. Heinrich Hubert Houben. Leipzig 1908, Bd. 2, 110.
88 Teilabdruck bei *Lütkehaus, Maria Magdalene* (IV), 120–125.
89 Zum Vorfall zwischen Arnim und Itzig vgl. Achim von Arnim, Werke in 6 Bdn., Bd. 3: Sämtliche Erzählungen 1802–1817. Hrsg. v. Renate Moering. Frankfurt/M. 1990, 1230.
90 Ludwig Robert: Die Macht der Verhältnisse. Ein Trauerspiel in 5 Aufzügen und zwei Briefe über das antike und moderne und über das sogenannte bürgerliche Trauerspiel. Stuttgart, Tübingen 1819, 131. Teilabdruck der Briefe bei *Lütkehaus, Maria Magdalene* (IV), 120–125.
91 Robert, Macht der Verhältnisse (s. Anm. 90), 36.
92 *Lütkehaus, Maria Magdalene* (IV), 138, 140.
93 Hebbel, Werke (s. Anm. 5), 1, 326.
94 Gegen den Druckfehler der Erstausgabe 1844, wo »Magdalene« stand, hielt Hebbel stets an ›Magdalena‹ fest, da er das Stück mit diesem »symbolischen Titel«, wie es in dem langen deutenden Brief an Auguste Stich-Crelinger heißt, in eine Reihe mit ›Judith‹ und ›Genoveva‹ stellen wollte. Vgl. Hebbel, Werke (s. Anm. 5), 5, 585f.
95 Uraufführung der ›Maria Magdalena‹ am 13. 3. 1846 in Königsberg, danach auch in Leipzig am 19.10.1846. Über die sehr erfolgreiche Wiener Aufführung im Mai 1848: *Lütkehaus, Maria Magdalene* (IV), 133–136.
96 Die Tatsache der Schwangerschaft verhinderte zunächst eine Aufführung in Berlin, wie die Antwort der Schauspielerin Auguste Stich-Crelinger zeigt, vgl. Tgb. 3001, 3003.
97 Zur Überlagerung von tragischer Notwendigkeit und Sozialkritik vgl. Ludger Lütkehaus: Zwischen Pantragismus und Sozialkritik. Etwas über den Riß im Werk Friedrich Hebbels, in: Hebbel-Jahrbuch 1988, 53–72.
98 Die Bettler. Trauerspiel in einem Akte. Von Sigismund Wiese. In: Jahrbücher für Drama, Dramaturgie und Theater. Hrsg. v. Ernst Willkomm und Alexander Fischer. Leipzig 1837, Bd. 1, 207–214. Vgl. auch *Denkler, Restauration und Revolution* (III, 2), 232–234.
99 *Hettner, Drama* (III, 2), 88.
100 Robert Prutz: Das Drama der Gegenwart; Aussichten in die Zukunft. In: *Prutz, Literatur* (II, 2) [1]1858/59, Bd. 2, 271–283.

Reinhart Meyer: Komödien

1 Überblick bei Horst Denkler: Aufbruch der Aristophaniden. Die aristophanische Komödie als Modell für das politische Lustspiel im deutschen Vormärz. In: Der Dichter und seine Zeit. Hrsg. v. Wolfgang Paulsen. Heidelberg 1970, 134–157. – Ders.: *Restauration und Revolution* (III, 2).

Hans-Wolf Jäger: Versepik

1 *Sengle, Biedermeierzeit* (II, 2), II, 5. Kap.; Wilhelm Kurz: Formen der Versepik in der Biedermeierzeit. Phil. Diss. Tübingen 1955.
2 Zu Heines Versepen s. im vorliegenden Band S. 560 ff. Sicherlich ist bei den Anregern zu denken an Byron, dessen ›Childe Harold's Pilgrimage‹ schon vor der Übersetzung (1836 durch Zedlitz) auf dem Kontinent Eindruck gemacht hat, bei Metternich ebenso wie bei liberalen Weltschmerzlern. Die Spezies Reiseepos scheint auf das Hodoeporicon der Humanisten zurückzugehen; diese Art ist um 1515 bereits so im Schwang, daß in den ›Epistolae obscurorum virorum‹ ein Dunkelmann als Verfertiger eines *schlechten* Reisegedichtes dem Spott überliefert werden kann (II, 9). Sicherlich ist auch an Ovids ›Tristia‹ als Vorbild zu denken.
3 Vgl. Sengles zahlreiche Zitate und Nachweise in: *Sengle, Biedermeierzeit* (II, 2), II, Kap. 5; sein Referat der Epostheorie im Vormärz hinterläßt, gerade in ihrer Ausführlichkeit, einen diffusen Eindruck, der aber vielleicht der theoretischen Sachlage um 1820/30 entspricht. Zur terminologischen Feineinteilung der metrischen Erzählgattung – sie paßt nicht in eine Literaturgeschichte – sei auf die Artikel ›Epos‹ von Julius Wiegand und ›Verserzählung‹ von Hansjörg Schelle im ›Reallexikon der deutschen Literaturgeschichte‹ (2. Aufl., Bd. 1 bzw. Bd. 4) verwiesen, auch auf Heinrich Maiworm: Neue Deutsche Epik. Berlin 1968, bes. 43.
4 Georg Wilhelm Friedrich Hegel: Vorlesungen über die Ästhetik. Dritter Teil: Die Poesie (C.c.: Die eigentliche Epopöe); s. auch: Viktor Suchy: Das Epos des 19. Jahrhunderts in Österreich und Ungarn und seine poetologischen Grundlagen. In: Lenau-Almanach 1979. Wien 1979, 295–322.
5 Siehe dazu: Helmut J. Schneider: Dingwelt und Arkadien. Mörikes »Idylle vom Bodensee« und sein Anschluß an die bukolische Tradition. In: ZfdPh, Bd. 97 (1978), 29 ff.; ders.: Gesellschaftliche Modernität und ästhetischer Anachronismus. Zur geschichtsphilosophischen und gattungsgeschichtlichen Grundlage des idyllischen Epos. In: Idylle und Modernisierung in der europäischen Literatur des 19. Jahrhunderts. Hrsg. v. Hans Ulrich Seeber/Paul Gerhard Klussmann. Bonn 1986, 13–24; Schneider stellt für das Publikum der Idylle fest: »Ihre Leser entstammen derselben Schicht, deren unaufregenden Alltag sie in den feiertäglichen und festtäglichen Momenten verklärte: dem gebildeten Mittelstand der Lehrer und Pfarrer, weniger der Beamten und Kaufleute«, 13.
6 Ladislaus Pyrker: Mein Leben 1772–1847. Hrsg. v. Aladar Paul Czigler. (Fontes Rerum Austriacarum, Reihe ›Scriptores‹ 10). Wien 1966, 156.
7 Einen eher »melancholischen Blick auf die Geschichte« konstatiert Norbert

Altenhofer bei Lenau, sein Hegelianismus sei auch in den ›Albigensern‹ skeptisch gebrochen – Norbert Altenhofer: Ketzerhistorie und revolutionäre Geschichtsphilosophie im Werk Lenaus. In: Lenau-Forum, Jg. 11. Wien 1979, 1–18 (Zitat: 9); vgl. auch Gerhard R. Kaiser: Poesie des Aases. Überlegungen zur Ästhetik des Häßlichen in Lenaus ›Albigensern‹. In: Lenau-Forum, Jg. 16. Stockerau 1990, 53–75.

8 Nach Willi Plankl: Christian Friedrich Scherenberg, in: Deutsche Schriftsteller im Porträt 4. München 1981, 155; ebd. auch die referierte Bezeichnung Scherenbergs als »Schlachtensinger der Hohenzollern«.

Gert Sautermeister: Lyrik und literarisches Leben

1 *Lenau, Sämtliche Werke (1959)* (IV), Einführung des Herausgebers, 1040; dort auch die folgenden Selbstaussagen Lenaus.
2 Brief vom Februar 1847: »Überhaupt langweile ich mich gar nicht; meine Phantasie arbeitet nur zu sehr, und ich muß aus allen Kräften dagegen ankämpfen.« (zit. nach Ulrich Gaier: Annette von Droste-Hülshoff und ihre geistige Welt am Bodensee. Marbach a. N. 1993 (Marbacher Magazin 66), 94).
3 *Lenau, Sämtliche Werke (1959)* (IV), 1041.
4 Ebd., 217.
5 Brief an Karl Mayer vom 13. 3. 1832.
6 Brief Friedrich Schillers an Goethe, Jena, 17. 8. 1797; Schillers Brief antwortet auf Goethes Schreiben vom 9. 8. 1797. – Mit »Richter« ist Jean Paul (1763–1825) gemeint. – Vgl. zu diesem Problemkreis: Johannes Weber: Goethe und die Jungen. Über die Grenzen der Poesie und vom Vorrang des wirklichen Lebens. Tübingen 1989.
7 Zit. nach Helmut Prang: Friedrich Rückert. Geist und Form der Sprache. Schweinfurt 1963, 28.
8 Ebd. 109.
9 Zit. nach G. A. Wolff u. V. Schneider (Hrsg.): Platens Werke, Leipzig u. Wien (o. J.).
10 So Platen in seinem Tagebuch (Redlichs Ausgabe der Werke, I, 700), zit. nach Platens Werke (s. Anm. 9), 159, Anm.
11 Das Attribut ist Lenaus Gedicht ›Himmelstrauer‹ entnommen.
12 Brief an Anton Schurz vom 22. 7. 1831. In: Lenau, *Sämtliche Werke (1959)* (IV), 835 f.
13 Brief an Schurz vom 19. 5. 1832, ebd.
14 Zit. nach ebd., 1041.
15 Brief an Marie Behrends vom 8. 10. 1844, ebd., 909.
16 Im Brief an seinen Verleger Cotta vom 5. 7. 1837.
17 Vgl. Sengle, *Biedermeierzeit* (II, 2), II, 470.
18 Ebd. Sengle spricht von der »lyrischen Seelenkultur der Biedermeierzeit« und erinnert auch an lyrische Massenphänomene. So lag Oskar Bernhard Wolffs ›Poetischer Hausschatz des deutschen Volkes‹ 1853 schon in der 16. Aufl. vor (480),

riefen die Auftritte von Lyrikern wie Herwegh, Freiligrath oder Hoffmann von Fallersleben »Volksaufläufe wie heute bei mächtigen Regierungshäuptern oder Starsängern« hervor (528), woraus Sengle folgert: »Die gigantischen Lyrikmengen der Zeit lassen sich nicht anders erklären als damit, daß jede feste Grenze zwischen der Zwecklyrik und der reinen Lyrik fehlte« (528 f.).

19 So eine Wortprägung Lenaus im Brief an Cotta vom 21. 6. 1838.
20 Sengle (Bd. II, 529) weist darauf hin, daß »die bekanntesten Dichterkreise der Biedermeierzeit in der Lyrik ihren Schwerpunkt hatten. Die sächsische Poetengruppe im Umkreis von Hell, Kind und Tieck nennt man mit Recht ›Dresdner Liederkreis‹. ⟨...⟩ Im Zentrum des rheinischen ›Maikäferbundes‹ steht der als Lyriker und lyrischer Epiker bewährte Gottfried Kinkel; seine Gedichte wurden sogar von Cotta gedruckt, was natürlich Verbindungen mit den schwäbischen Lyrikern herstellte. ⟨...⟩. Im lokalen, z. T. sogar im überlokalen Sinne sind die Musenalmanache kreisbildend. Es lag schon in der für die Bildung von Kreisen so wichtigen Göttinger Tradition ⟨Göttinger Hainbund⟩, daß die Verfasser eines Musenalmanachs eine freundschaftliche Gruppe bildeten ⟨...⟩«.
21 Siehe *Droste-Hülshoff, Werke und Briefwechsel (HKA)* (IV), Bd. IV, 2. Geistliche Dichtung, 255 ff.
22 Ebd. 248 ff.
23 Vgl. dazu Bernd Kortländer: Annette von Droste-Hülshoff und die deutsche Literatur. Kenntnis – Beurteilung – Beeinflussung. Münster 1979, 294 ff.
24 Zit. nach *Droste-Hülshoff, Werke und Briefwechsel (HKA)* (IV), ebd., 273.
25 Brief an Anton Schurz vom 28. 6. 1834. In: *Lenau, Sämtliche Werke (1959)* (IV), 847.
26 Brief an Emilie von Reinbeck vom 30. 10. 1837.
27 Bernhard Zeller: Literatur und Geselligkeit. Zur bürgerlichen Kultur und Geselligkeit in Stuttgart von 1800. In: Bernhard Zeller/Walter Scheffler (Hrsg.): Literatur im deutschen Südwesten. Stuttgart 1987, 142 f.
28 Vgl. Kerner, Uhland, Mörike. Schwäbische Dichtung im 19. Jahrhundert. Ständige Ausstellung des Schiller-Nationalmuseums und des Dt. Literaturarchivs Marbach a. N. (1980), 50.
29 So Walter Scheffler in dem vom ihm gemeinsam mit Bernhard Zeller herausgegebenen Sammelband (s. Anm. 27), 166.
30 So Uhland in seiner kleinen Betrachtung ›Lyrische Gedichte sind Gelegenheitsgedichte‹. Zit. nach Ludwig Uhland: Frühlingsglaube. Gedichte. Betrachtungen. Reden. Briefe. Berlin (DDR) 1974, 138.
31 Kerner, Uhland, Mörike (s. Anm. 28), 50.
32 »Bei allem dem enthält diese Verfassung die wichtigsten Rechte des Volks und die wesentlichsten Bedingungen einer gesetzlichen Freiheit. Vieles Gute aus unsrer alten Verfassung ist in ihr wieder aufgelebt ⟨...⟩« (ebd.).
33 Friedrich Theodor Vischer: Kritische Gänge ⟨1873⟩. 2. verm. Aufl., München o. J. ⟨um 1912⟩, Bd. 2, 402 (zit. nach Walter Scheffler/Albrecht Bergold: Ludwig Uhland 1787–1862, Marbach a. N. 1987 (Marbacher Magazin 42), 64).
34 Hermann Josef Dahmen: Musik und Gesellschaft. In: Borst, Aufruhr (II, 1), 407–427 (bes. 417 ff.).

35 So Gustav Schöll in einem Brief an Gustav Schwab, zit. nach Werner Feudel: Adelbert von Chamisso – Leben und Werk. Leipzig (DDR) 1971, 173.
36 Vgl. dazu Feudels Darstellung; ebd., 138 ff.
37 Chamisso wird zitiert nach: Adelbert von Chamisso: Sämtliche Werke in 2 Bde. München 1982. 1 Bd., Gedichte.
38 Müllers ›Gedichte aus den hinterlassenen Papieren eines reisenden Waldhornisten‹, enthalten im 2. Band 31 Tafellieder. – Vgl. dazu Hans-Rüdiger Schwab: »⟨...⟩ die Zeit beherrscht die Kunst.« Studien zum politischen und sozialen Bewußtsein in der Literatur der deutschen Spätromantik. Diss. München 1986, 85–115.
39 Zitiert wird im folgenden nach der leicht zugänglichen Ausgabe: Wilhelm Müller: Die Winterreise und andere Gedichte. Hrsg. v. Hans-Rüdiger Schwab. Frankfurt/M. 1986, 901.
40 Zur ›Winterreise‹ vgl. *Feil, Schubert* (IV), bes. 23–41, 151–184. – Hans-Udo Kreuels: »Die Winterreise« des Wilhelm Müller (und des Franz Schubert). Versuch einer behutsamen, gegenseitigen Distanzierung. In: *Müller, Lebensreise* (IV), 97–102. – *Wittkop, Polyphonie* (IV).
41 Vgl. dazu Dieter Düding: Organisierter gesellschaftlicher Nationalismus in Deutschland. Bedeutung und Funktion der Turner- und Sängervereine für die deutsche Nationalbewegung. München 1984, 161.
42 Unter diesem Aspekt wird eine neuere Forschungsthese hinfällig, die behauptet, in Müllers ›Tafelliedern‹ gehe es »um die Spiegelung einer in geselligen Zirkeln und ›Liedertafeln‹ frustrierten Gesellschaft, die ihr politisches Engagement in einer passiven Weinphilosophie und einer resignierend-blassen Weinmetaphorik erschöpft« (Wolfgang Popp: Die Dichtung Wilhelm Müllers. Ein Beitrag zum Problem sekundärer dichterischer Erscheinungen in der Literaturgeschichte. Diss. Konstanz 1967, 25). – Vgl. auch Andreas Klenner: Kein Sänger der Weltflucht. Wilhelm Müller als kritischer Beobachter seiner Zeit. In: *Müller, Lebensreise* (IV), 71–75.
43 So lautet eine Formel aus der Schrift ›Teutschland und die Revolution‹ (1819) von Joseph Görres, einem der Hauptvertreter der politischen Romantik, dem sich Eichendorff schon in seiner Heidelberger Studienzeit leidenschaftlich zugewandt hatte. Zit. nach Klaus Peter (Hrsg.): Die politische Romantik in Deutschland. Eine Textsammlung. Stuttgart 1985, 11.
44 So heißt es in Eichendorffs Sonett ›Das Schiff der Kirche‹ (1848). Zit. nach Joseph von Eichendorff: Werke. Hrsg. v. Wolfdietrich Rasch. München ³1966.
45 Die Wendung entstammt Eichendorffs Arbeit ›Über die Folgen der Aufhebung der Landeshoheit der Bischöfe und der Klöster in Deutschland‹ (1818). Zit. nach: Erläuterungen zur klassischen deutschen Literatur. Romantik. Berlin (DDR) 1973, 366.
46 Mörikes Gedichte werden zitiert nach Eduard Mörike: Sämtliche Werke. Hrsg. v. Herbert G. Göpfert. München ³1964.
47 Vgl. Gert Sautermeister: Die Geburt des Gedichts aus dem Geiste des Eros. Zur Liebeslyrik Mörikes. In: ›Nicht allein mit den Worten‹. Festschrift für Joachim Dyck zum 60. Geburtstag. Hrsg. v. Thomas Müller u. a. Stuttgart-Bad Cannstatt

1995, 156–166. – Zum ›Peregrina‹-Zyklus vgl. die psychologisch eindringliche und ideenreiche Studie Peter von Matts: Liebesverrat. Die Treulosen in der Literatur. München 1989, Kap. XIII–XVI.
48 Brief an Luise Rau vom 25. 3. 1832.
49 Zu Mörikes eigentümlicher Verschränkung der Zeitdimensionen vgl. Heinz Schlaffer: Lyrik im Realismus. Studie über Raum und Zeit in den Gedichten Mörikes, der Droste und Liliencrons. Bonn 1966.
50 Zit. nach Walter Gödden: Annette von Droste-Hülshoff – Leben und Werk. Eine Dichterchronik. Bern u. a. 1994, 259 f.
51 Die Gedichte der Droste werden zitiert nach Annette von Droste-Hülshoff: Sämtliche Werke. Hrsg. v. Clemens Heselhaus. München 1963/64.
52 Vgl. etwa das Epos ›Die Schlacht im Loener Bruch‹.
53 Zit. nach Clemens Heselhaus: Annette von Droste-Hülshoff. Werk und Leben. Düsseldorf 1971, 59.
54 Zit. nach Herbert Kraft: Annette von Droste-Hülshoff. Reinbek bei Hamburg 1994, 38.
55 Vgl. dazu Alexander von Humboldt: Über die Verschiedenartigkeit des Naturgenusses und eine wissenschaftliche Ergründung der Weltgesetze. – Hermann von Helmholtz: Über die Entwicklungsgeschichte der neueren Naturwissenschaften. Beide Aufsätze in: Hansjochen Autrum (Hrsg.): Von der Naturforschung zur Naturwissenschaft. Berlin, Heidelberg, New York 1987.
56 Die Tradition ungeschichtlichen Interpretierens reicht noch in die verdienstvolle Monographie von Heselhaus (s. Anm. 53) hinein, dem ja historische Gesichtspunkte keineswegs fremd sind. Doch unter der Überschrift ›Heidebilder und Gesellschaftskritik‹ (255) findet sich nichts, was auf den versprochenen Zusammenhang Bezug nehmen würde. Sozialgeschichtliche Aspekte finden sich bei Kraft, Droste-Hülshoff (s. Anm. 54), *Woesler, Werke und Briefwechsel, (HKA)* (IV), sowie bei Josefine Nettesheim: Die geistige Welt der Dichterin Annette von Droste-Hülshoff. Münster 1967.
57 Vgl. dazu Kraft, Droste-Hülshoff (s. Anm. 54), 113.
58 Karl Marx/Friedrich Engels: Manifest der Kommunistischen Partei. 1848, Anfangssatz.

Peter Stein: Operative Literatur

1 Der Begriff der »Operativen Literatur« begründet sich im wesentlichen von den kunsttheoretischen Arbeiten Tretjakovs, Brechts und Benjamins her, deren Rezeption – auf unterschiedliche Weise beeinträchtigt durch die zunächst wirksameren Kunsttheorien von Lukacs und Adorno – erst ab den siebziger Jahren größere Bedeutung erlangten. Die mit diesen Programmen verbundenen Theoreme (Autor als Produzent, Kunst als technisches Verfahren, Material- und Gebrauchswert usw.), die allesamt auf einer antiidealistischen Ästhetik basieren, gelangten seitdem unter Modifizierung ihrer von den Urhebern geprägten Gehalte in die literaturhistorische Argumentation. In den einschlägigen Darstellungen der

Literaturepoche zwischen 1815 und 1848 kommt der Begriff als Titel oder Kapitelüberschrift bislang noch nicht vor.
2 *Heine, Sämtliche Schriften* (IV), Bd. 1, 455.
3 Vgl. *Just, Übergänge* (III, 2); *Stein, Gestaltungswille* (II, 2); *Werner, Politisches Gedicht* (II, 2); *Wilke, Zeitgedicht* (III, 2); *Girschner-Woldt, Theorie* (II, 2); *Hinderer, Geschichte* (II, 2), 10 ff.
4 *Werner, Politisches Gedicht* (II, 2), 10.
5 Pütz, Peter: Aufklärung. In: *Hinderer, Geschichte* (II, 2), 118.
6 Vgl. *Stein, Theorie* (III, 2), 7 ff. Die dort dargelegte Argumentation, die sich auf das literaturwissenschaftliche Konstrukt »Politische Dichtung« bezog, ist nach 1973 zumeist als Extremposition funktionalisiert und damit rasch erledigt worden. Tatsächlich wurde jedoch dort ausgeführt, daß der Begriff der Politischen Dichtung allenfalls »als heuristischer Begriff für eine Neubestimmung des Zusammenhanges von Dichtung und Geschichte bzw. als Kategorie für die Deutung historisch geprägter Wechselverhältnisse von bürgerlicher Literatur und Herrschaft seit dem 18. Jahrhundert« (7) tauge: In Wahrheit sei eine »politische« Dichtung von einer anderen (nicht-politischen) nicht abtrennbar. Davon ist nichts zurückzunehmen.
7 Friedrich Rückert: Kranz der Zeit. Stuttgart und Tübingen 1817, Bd. 2., 13 (›Dienerin Poesie‹).
8 *Wehler, Gesellschaftsgeschichte* (II, 1), II, 523. Vgl. auch *Rosenberg, Literaturverhältnisse* (II, 2), 27 ff.; *Reisner, Zensur* (II, 2), 7 ff., 50 ff.; *Rarisch, Industrialisierung*, (II, 1), 12 ff.; *Hohendahl, Kultur* (II, 2), 303 ff.
9 *Reisner, Zensur* (II, 2), 28.
10 *Heine, Sämtliche Schriften* (IV), Bd. 5, 72.
11 Vgl. dazu Hans Robert Jauß: Literarische Tradition und gegenwärtiges Bewußtsein der Modernität. In: Jauß: Literaturgeschichte als Provokation. Frankfurt/M. 1970, 11–66, insbes. 50 ff.
12 Georg Wilhelm Friedrich Hegel: Vorlesungen über die Ästhetik. In: Hegel: Werke. Frankfurt/M. 1970, Bd. 13, 24 ff. Hegel hielt diese Vorlesungen von 1820 an viermal; sie erschienen im Rahmen der Werkausgabe gedruckt erst 1835.
13 ›Ankündigung der Wage‹ (1818). In: *Börne, Sämtliche Schriften* (IV), Bd. 1, 668. Den Begriff »Zeitschriftsteller« verwandte bereits Goethe 1797 in einer nicht gedruckten Xenie, vgl. Inge Rippmann: ›Die Zeit läuft wie ein Reh vor uns her.‹ Der Zeitschriftsteller als Geschichtsschreiber, In: *Rippmann/Labuhn, Börne* (IV), 132 f.
14 Ebd., 667.
15 ›Briefe aus Paris 1830–1831‹. Zweiter Teil. In: *Börne, Sämtliche Schriften* (IV), Bd. 3, 156.
16 Ludolf Wienbarg: Ästhetische Feldzüge. Hrsg. v. Walter Dietze. Berlin und Weimar 1964, 177, 188.
17 *Heine, Sämtliche Schriften* (IV), Bd. 1, 455.
18 Ebd., Bd. 5, 91.
19 Hoffmann von Fallersleben: Mein Leben. Aufzeichnungen und Erinnerungen. Bd. 3. Hannover 1868, 229.

20 Carl Buchner: Die politische Poesie in Deutschland. In: Deutsche Monatsschrift für Literatur und öffentliches Leben. Hrsg. v. Carl Biedermann. Bd. 1. Leipzig 1842, 414 f.
21 Herweghs Werke in drei Teilen. Hrsg. v. Hermann Tardel. 1. Teil. Berlin o. J., 122.
22 Freiligraths Werke in sechs Teilen. Hrsg. v. Julius Schwering. Teil 2. Berlin o. J., 13 (›Ein Glaubensbekenntnis‹).
23 Davon profitierten im übrigen nicht nur die politisch oppositionellen, sondern auch jene konservativ eingestellten Schriftsteller, die im Sinne der biedermeierlichen geistlichen Restauration gegen Jungdeutsche und Junghegelianer auftraten (vgl. *Sengle, Biedermeierzeit* (II, 2), I, 137–154.
24 In: Literarhistorisches Taschenbuch. Hrsg. v. Robert E. Prutz. 1. Jg. Leipzig 1843, 274 f. In einer 1847 überarbeiteten Fassung dieses Aufsatzes nahm Prutz genau diese Passagen größtenteils heraus.
25 Jean-Paul Sartre: Mai '68 und die Folgen. Reden, Interviews, Aufsätze 2. Reinbek 1975, 17.
26 Vgl. *Höhn, Heine-Handbuch* (IV), 30; Walter Benjamin: Zentralpark. In: Walter Benjamin: Gesammelte Schriften. Hrsg. v. Rolf Tiedemann und Hermann Schweppenhäuser. Frankfurt/M. 1974, Bd. I, 2., 665.
27 Vgl. dazu *Sengle, Biedermeierzeit* (II, 2), II, 83–321.
28 *Sengle, Biedermeierzeit* (II, 2), widmet diesem Thema in seiner gut 3000 Seiten umfassenden Monumentaldarstellung nur wenige Seiten: Bd. I, 201–208; Bd. II, 531–548; *Werner, Politisches Gedicht* (II, 2) behandelt lediglich den Zeitraum 1815–40; *Petzet, Lyrik* (III, 2) thematisiert den Zeitraum 1840–50; *Grab/Friesel, Deutschland* (II, 2) bieten für den Zeitraum 1789–70 eine ausführlich kommentierte Anthologie; *Hinderer, Geschichte* (II, 2) zerlegt den Abschnitt in zwei Teile, mit der Zäsur 1830.
29 Theodor Körners sämmtliche Werke. Hrsg. v. Karl Streckfuß. Dritte rechtmäßige Gesammt-Ausgabe in 4 Bdn. Berlin 1847, Bd. 1, 79 (›Aufruf‹).
30 Über den aus Darmstadt stammenden »Schwarzen« Wilhelm Schulz sowie den mit ihm bekannten Butzbacher Schulrektor Friedrich Ludwig Weidig knüpften sich nach 1830 Verbindungen zu Georg Büchner und den hessischen Demokraten, über Schulz und Adolf August Ludwig Follen auch zu Georg Herwegh und den Züricher Demokraten im Exil, vgl. *Grab, Schulz* (III, 2), 153 ff. u. 217 ff.
31 Hrsg. v. Adolf August Ludwig Follen. Jena 1819.
32 Zit. nach *Grab/Friesel, Deutschland* (II, 2), 74.
33 Vgl. zu Harring die ausführliche Würdigung von Walter Grab in *Mattenklott/Scherpe, Literatur* (III, 2), 9–84.
34 Zit. nach *Volkmann, Einheit* (II, 2), 119.
35 Vgl. *Werner, Politisches Gedicht* (II, 2), 241–264, 354–379, sowie Hans-Joachim Ruckhäberle: Flugschriftenliteratur im historischen Umkreis Georg Büchners. Kronberg 1975, 65 ff., der auch den Begriff »politischer Volksschriftsteller« präzisiert.
36 Die umfassendste Sammlung bietet *Steinitz, Volkslieder* (II, 2), Bd. II, 1–269, darin 22 f. ›Fürsten, zum Land hinaus!‹. – Zeitgenössische Sammlungen: Harro Harring (Hrsg.): Männer-Stimmen, zu Deutschlands Einheit, Straßburg 1832;

Liederbuch. Eine Sammlung Volkslieder. Hrsg. v. Gerhard. Paris 1835; Volks-Klänge. Eine Sammlung patriotischer Lieder. Paris 1841.
37 *Heine, Sämtliche Schriften* (IV), Bd. 7, 485 (›An einen politischen Dichter‹; erst aus dem Nachlaß veröffentlicht).
38 Vgl. *Werner, Politisches Gedicht* (II, 2), 221.
39 Hoffmann von Fallersleben: Mein Leben. Hannover 1868, Bd. 3, 123 f.
40 Herweghs Werke (s. Anm. 21), 1. Teil, 38.
41 Binnen weniger Jahre wurden über 15 000 Exemplare verkauft, vgl. *Reisner, Zensur* (II, 2), 7.
42 *Heine, Sämtliche Schriften* (IV), Bd. 7, 412. Das Gedicht wurde am 20. 7. 1844 im Pariser ›Vorwärts‹ veröffentlicht.
43 Ebd., Bd. 7, 491–570.

Gert Sautermeister: Religiöse und soziale Lyrik

1 Bei der Darstellung Hegels und der kritischen Rezeption seiner Philosophie durch die Junghegelianer stütze ich mich u. a. auf die noch immer grundlegende Schrift Karl Löwiths: Von Hegel zu Nietzsche. Der revolutionäre Bruch im Denken des neunzehnten Jahrhunderts. Stuttgart ⁵1964. Vorstehende Zitate ebd. 60 f. – Vgl. zudem: *Stuke, Philosophie der Tat* (II, 1); *Pepperle, Die Hegelsche Linke* (II, 1).
2 Vgl. Löwith, Von Hegel zu Nietzsche (s. Anm. 1), 33 f.
3 So das Hegel-Verständnis des Junghegelianers Ruge; vgl. ebd., 98.
4 Heinrich Heine: Zur Geschichte der Religion und Philosophie in Deutschland. In: *Heine, Sämtliche Schriften* (IV), Bd. 3, 570.
5 Die Wortprägung stammt von Karl Löwith (s. Anm. 1), 93.
6 Ebd., 360.
7 Ebd., 381.
8 Vgl. dazu den Essay des »wahren Socialisten« Karl Grün: Feuerbach und die Sozialisten. In: Deutsches Bürgerbuch für 1845. Reprint Köln 1975, 61 u. 63.
9 Vgl. zu dieser Problemstellung die instruktive Einleitung von Klaus Peter zu der von ihm herausgegebenen Textsammlung: Die politische Romantik in Deutschland. Stuttgart 1985.
10 Ebd., 356.
11 Ebd., 360.
12 Ebd., 363.
13 Ebd., 341.
14 Ebd., 339.
15 Ebd., 348.
16 Zitiert wird nach Joseph von Eichendorff: Werke. Hrsg. v. Wolfdietrich Rasch. München ³1966.
17 *Lenau, Sämtliche Werke (1959)* (IV), 52 ff.
18 Ebd., 143 ff.
19 Ebd., 197 f.
20 Ebd., 252 f.

21 Karl Schulte Kemminghausen (Hrsg.): Die Briefe der Annette von Droste-Hülshoff. Jena 1944, Bd. 1, 61. – Der zitierte Brief ist um 1820/21 an Anna von Haxthausen geschrieben worden.
22 Brief an Anna von Haxthausen, ebd., 58.
23 Vgl. Peter von Matt: Gespaltene Liebe. Die Polarisierung von erotischer und geistlicher Lyrik als Strukturprinzip des romantischen Gedichts, in: Ders., Das Schicksal der Phantasie. Studien zur deutschen Literatur. München 1994, 61–77 (bes. 69 f.)
24 Vgl. *Berning, Sinnbildsprache* (IV); *Heinz, Unterwelt* (IV).
25 *Mörike, Werke* (IV), 126.
26 Ebd., 124 f.
27 Vgl. Wolfgang Frühwalds Interpretation: Der Bergmann in der Seele Schacht. Zu Clemens Brentanos Gedicht ›Frühlingsschrei eines Knechtes aus der Tiefe‹, in: Gedichte und Interpretationen. Bd. 3. Klassik und Romantik (hrsg. v. Wulf Segebrecht). Stuttgart 1984. 434–450 (bes. 448).
28 Im sogenannten »Weihnachtsbrief« vom Dezember 1816.
29 Siehe *Frühwald, Spätwerk* (IV), 331 ff.
30 Ebd., 323 ff.
31 Siehe Bd. 6/1 von *Heine, Sämtlichen Schriften* (IV), 345 ff. Der Erstdruck des Gedichts erfolgte unter dem bekannten Titel ›Für die Mouche‹.
32 Arthur Schopenhauers Hauptwerk ›Die Welt als Wille und Vorstellung‹ erschien zwischen 1814 und 1818.
33 Der Prolog. In: *Lenau, Sämtliche Werke (1959)* (IV), 285.
34 *Chamisso, Werke* (IV), I, 47.
35 Ebd., I, 191.
36 *Karl Marx*: Ökonomisch-philosophische Manuskripte aus dem Jahr 1844. In: Karl Marx/Friedrich Engels: Werke. Ergänzungsband. Schriften bis 1844, 1. Teil. Berlin (DDR) 1973, 564 f.
37 Ebd., 563.
38 Georg Weerth: Die Industrie, erstmals abgedruckt in: Deutsches Bürgerbuch (s. Anm. 8), 346 ff.
39 Die folgenden Beobachtungen werden zitiert nach Walter Wehner: Heinrich Heine. ›Die schlesischen Weber‹ und andere Texte zum Weberelend. München 1980, 16 u. 10 f.
40 Zit. nach Karl Glossy (Hrsg.): Literarische Geheimberichte aus dem Vormärz. Wien 1912, Brief aus Leipzig vom 29. 6. 1844, 164.
41 Wehner, Heinrich Heine (s. Anm. 39), 28.
42 Karl Marx/Friedrich Engels: Werke. Berlin (DDR) 1956–1968, Bd. I, 404.
43 Zur Entstehungsgeschichte vgl. Wehner, Heinrich Heine (s. Anm. 39), 31–36.
44 Ebd., 41 ff.
45 So das Urteil von Otto F. Best: Handbuch literarischer Fachbegriffe. Definitionen und Beispiele. Frankfurt/M. 1973, 260.
46 Vgl. Wehner, Heinrich Heine (s. Anm. 39), 80.
47 Ebd., 81.
48 Ebd. Vgl. die dort in den Materialien abgedruckten Gedichte. Siehe auch *Heine, Sämtliche Schriften* (IV), Bd. 4, 455 u. 969 ff.

49 Karl Marx/Friedrich Engels: Deutsche Ideologie. Der wahre Sozialismus. In: Karl Marx/Friedrich Engels: Werke. Bd. 3. Berlin (DDR) 1969, 443.
50 In dieser Hinsicht richtet sich die Kritik von Marx/Engels am »wahren, absoluten, d. h. deutsch-philosophischen Bewußtsein« der »wahren Socialisten«, das da frei über »geschichtlich bedingten Lebenssphären« schwebe (442), gegen die Kritiker selbst.
51 Wehner, Heinrich Heine, (s. Anm. 39), 76.
52 Ebd., 77.
53 Moses Heß: Über die Not in unserer Gesellschaft und deren Abhilfe. In: Deutsches Bürgerbuch (s. Anm. 8), 22–48.
54 Zur Geldspende der Londoner Arbeiter vgl. Wehner, Heinrich Heine (s. Anm. 39), 77 ff.

Johann Jokl: Heinrich Heine

1 Siehe dazu *Würffel, Der produktive Widerspruch* (IV), 193 f.
2 Siehe dazu Hans Mayer: Außenseiter. Frankfurt/M. 1975.
3 *Würffel, Der produktive Widerspruch* (IV), 19.
4 Walter Jens: In Sachen Lessing. Stuttgart 1983, 72.
5 An Varnhagen, 16. 7. 1833, zit. nach *Heine, Briefe* (IV), Bd. I, 2. Teil, 42.
6 Walter Hinck: Heinrich Heine oder Die Standhaftigkeit gegen das Dogma. In: Walter Hinderer (Hrsg.), Literarische Profile: Deutsche Dichter von Grimmelshausen bis Brecht. Kronberg/Ts. 1982, 146.
7 *Schneider, Seele* (II, 2), 40.
8 Zum Einfluß Hegels s. Eduard Krüger: Heine und Hegel. Dichtung, Philosophie und Politik bei Heinrich Heine, Kronberg/Ts. 1977 und Klaus Briegleb: Opfer Heine? Versuche über Schriftzüge der Revolution. Frankfurt/M. 1986.
9 Zit. nach Karl Hotz: Heinrich Heine. Wirkungsgeschichte als Wirkungskritik. Stuttgart 1975, 75.
10 Vgl. dazu auch *Höhn, Heine-Handbuch* (IV), 52 ff.
11 *Brummack, Heinrich Heine* (IV), 112.
12 Theodor W. Adorno: Die Wunde Heine. In: Ders., Noten zur Literatur. Frankfurt/M., 100.
13 Die in Klammern angeführten Angaben beziehen sich auf: *Heine, Sämtliche Schriften* (IV).
14 Walter Höllerer: Heine als ein Beginn. In: Akzente, Jg. 3 (1956), H. 2, 125.
15 Zur Strategie der Verunsicherung des Lesers s. *Würffel, Der produktive Widerspruch* (IV), 51 ff.
16 Siehe dazu Alberto Destro: Das ›Buch der Lieder‹ und seine Leser. In: Luciano Zagari u. Paolo Chiarini (Hrsg): Zu Heinrich Heine. Stuttgart 1981, 59–83.
17 Johannes Scherr, zit. nach *Hermand, Das Junge Deutschland* (II, 2), 96.
18 Ebd. 103.
19 Zit. nach *Brummack, Heinrich Heine*, 149.
20 Ingrid Strohschneider-Kohrs: Zur Poetik der deutschen Romantik II: Die roman-

tische Ironie. In Hans Steffen (Hrsg.): Die deutsche Romantik. Poetik, Formen, Motive. Göttingen 1967, 82.
21 *Würffel, Der produktive Widerspruch* (IV), 137.
22 Siehe dazu *Weber, Libertin* (III, 2), 22 ff.
23 An Varnhagen, 1. 4. 1831, *Heine, Briefe* (IV), I, 1, 478.
24 An Hermann Hesse 10. 2. 1831, ebd., 476.
25 Dolf Sternberger: Heinrich Heine und die Abschaffung der Sünde. Frankfurt/M. 1976, 188.
26 Vgl. ›Traumbilder‹ oder ›Florentinische Nächte‹.
27 Heinrich Laube in ›Zeitung für die elegante Welt‹, am 14. u. 21. 2. 1833.
28 Zit. nach *Hermand, Das Junge Deutschland* (II, 2), 113.
29 Vgl. dazu Wolfgang Preisendanz: Heinrich Heine. Werkstrukturen und Epochenbezüge. München 1973, 22.
30 Ludwig Börne, zit. nach *Hermand, Das Junge Deutschland* (II, 2), 113.
31 An Immermann, 19. 12. 1832, *Heine, Briefe* (IV), I, 2, 27.
32 Zit. nach *Heine, Sämtliche Schriften* (IV), 4, 651 f.
33 An Detmold, 29. 7. 1837, *Heine, Briefe* (IV), I, 2, 202.
34 Vgl. dazu *Würffel, Der produktive Widerspruch* (IV), 188 ff.
35 Vgl. dazu *Weber, Libertin* (III, 2).
36 Siehe dazu *Heine, Sämtliche Schriften* (IV), 5, 717 ff.
37 An Laube, 6. 10. 1840, *Heine, Briefe* (IV), I, 2, 202.
38 Zit. nach *Heine, Sämtliche Schriften* (IV), Bd. 4, 696.
39 Walter Hinck: Ironie im Zeitgedicht Heines. Zur Theorie der politischen Lyrik. In: Manfred Windfuhr (Hrsg.): Internationaler Heine-Kongreß Düsseldorf 1972. Hamburg 1973, 90.
40 Hans Kaufmann: Heinrich Heine. Geistige Entwicklung und künstlerisches Werk. Berlin und Weimar 1983, 223.
41 *Würffel, Der produktive Widerspruch* (IV), 53.
42 *Brummack, Heinrich Heine* (IV), 216.
43 Ebd., 216.
44 Leo Kreutzer: Heine und der Kommunismus. Göttingen 1979, 17.
45 So etwa Friedrich Sengle: Atta Troll. In: Manfred Windfuhr: Heine -Studien. Internationaler Heine-Kongreß. Hamburg 1973, 35.
46 *Brummack, Heinrich Heine* (IV), 247.
47 Ebd., 267.
48 Vgl. dazu *Heine, Sämtliche Schriften* (IV), 6/II, 155 f.
49 Vgl. dazu die Beschreibung der Entwicklung von Napoleon I. zu Napoleon III. in ›Nachlese zu den Geständnissen‹.
50 Dolf Oehler: Heines Genauigkeit. Und zwei komplementäre Stereotypen über das Wesen der proletarischen Massen. In: Diskussion Deutsch, Heft 35, Juni 1977, 258.

Gustav Frank: Georg Büchner

1 *Evers/Nowotny, Unsicherheit* (II, 1), 89.
2 *Botzenhart, Reform* (II, 1), 7.
3 ›Helden-Tod der vierhundert Pforzheimer‹. Zugrundegelegt wird hier und im folgenden Büchner, Georg: Werke und Briefe. Hrsg. v. Karl Pörnbacher, Gerhard Schaub, Hans-Joachim Simm, Edda Ziegler (Münchner Ausgabe). München 1988, zitiert als Büchner, WuB (Zitat hier 18).
4 Ebd.
5 Alle: ›Rede zur Verteidigung des Kato von Utika‹. In: Büchner, WuB, 27.
6 Ebd., 370.
7 Akten aus dem Darmstädter Stadtarchiv zitiert nach Eckart G. Franz/Rudolf Loch: Arzt aus Tradition und Neigung. Ernst Karl Büchner. In: *Darmstädter Katalog* (IV), 66–73, hier 70.
8 Vgl. Gustav Frank: Romane als Journal: System- und Umweltreferenzen als Voraussetzung der Entdifferenzierung und Ausdifferenzierung von ›Literatur‹ im Vormärz. In: *Jahrbuch Forum Vormärz Forschung* (III, 2), 15–47.
9 Jörg Requate: Die Entstehung eines journalistischen Arbeitsmarktes im Vormärz. Deutschland im Vergleich zu Frankreich. In: *Jahrbuch Forum Vormärz Forschung* (III, 2), 107–130 (Zitat 122).
10 Als Übersetzer sind auch Freiligrath und Laube beteiligt. Vgl. Bernd Kortländer: Französische Literatur in Deutschland in der ersten Hälfte des 19. Jahrhunderts. Das Beispiel Victor Hugo. In: Transferts. Les relations interculturelles dans l'espace franco-allemand. Hrsg. v. Michel Espagne, Michael Werner. Paris. 1988, 427–446. Ders.: Übersetzen – »Würdigstes Geschäft« oder »widerliches Unwesen«. Zur Geschichte des Übersetzens aus dem Französischen ins Deutsche in der ersten Hälfte des 19. Jahrhunderts. In: *Jahrbuch Forum Vormärz Forschung* (III, 2), 179–203.
11 Gutzkow an Büchner (12. 5. 1835 u. 28. 9. 1835). In: Büchner, WuB, 338 f. u. 341. Karl Gutzkow: Nachruf auf Georg Büchner. Ein Kind der neuen Zeit. In: Büchner, WuB, 402.
12 Victor Hugo: Préface de Cromwell zitiert nach *Jauß, Provokation* (II, 2), 119.
13 Vgl. Rosemarie Hübner-Bopp: Das Brot des Übersetzers. In: *Darmstädter Katalog* (IV), 282–285.
14 Vgl. noch die Göttinger Sieben 1837.
15 Vgl. Bekanntmachung, das Verbot des Besuchs der Schweizer Universitäten betr. (12. 11. 1834). In: *Darmstädter Katalog* (IV), Nr. 810.
16 Vorbereitet hatte er sich im Spätjahr 1835 noch auf Vorlesungen über griechische und moderne Philosophie seit Descartes. Das mag darauf zurückgehen, daß das Pflichtpensum an der medizinischen Fakultät neben Heilkunde, Naturwissenschaften und Mathematik auch Geschichte und philosophische Wissenschaften/Philosophie umfaßt – vgl. die Gießener Studienordnung und Stundentafel in: *Darmstädter Katalog* (IV), 148 ff. – und zudem Büchners Promotion in Zürich an der philosophischen Fakultät erfolgt war. Die institutionellen Ausdifferenzierungsprozesse der seit dem 17. Jh. diskursiv zunehmend selbständigen Naturwis-

senschaften aus der philosophischen Fakultät begleiten das 19. Jh. und provozieren wiederum das Vorantreiben der diskursiven Differenzierung. Während sie aus der Perspektive der Literatur dargestellt leicht statisch und homogen erscheinen, sind die Disziplinen selbst im Umbruch.

17 Gutzkow an Büchner (10. 6. 36). In: Büchner, WuB, 350.
18 ›Über Schädelnerven‹. In: Büchner, WuB, 260.
19 Deren Kronzeuge ist in der Probevorlesung Lavater. Vgl. ›Über Schädelnerven‹. In: Büchner, WuB, 259. Lavaters Nähe zu Oberlin, dessen Programmatik eine nicht gerade positive Rolle im ›Lenz‹ spielt, ist bei der nicht weitergeführten Bewertung der Naturphilosophie als Mystik zu bedenken. Büchners Redestrategie ist als eine doppelte, als eine »nicht voreilig absprechende« und semantische Potentiale nutzende zu verstehen.
20 Alle: ›Über Schädelnerven‹. In: Büchner, WuB, 260 f.
21 Ebd., 261.
22 Ebd., 263.
23 Vgl. Thomas Michael Mayer: Büchner und Weidig – Frühkommunismus und revolutionäre Demokratie. Zur Textverteilung des ›Hessischen Landboten‹. In: *Büchner I/II* (IV), 16–298, hier 184.
24 Büchner, WuB, 64.
25 Ebd., 319.
26 *Darmstädter Katalog* (IV), 357.
27 Ebd., 156.
28 *Botzenhart, Reform* (II, 1), 7.
29 Büchner, WuB, 58.
30 *Kondylis, Aufklärung* (III, 2), 42–59.
31 Die Triade Hébert-Danton-Robespierre ist im Drama natürlich nicht als genaue Abbildung der Text-Trias Büchner-Weidig-Eichelberg angelegt.
32 Büchner an Gutzkow (März 1835). In: Büchner, WuB, 299.
33 *Kitzbichler, Aufbegehren* (IV), 31.
34 Beide ›Dantons Tod‹ I, 1. In: Büchner, WuB, 69.
35 ›Lenz‹. In: Büchner, WuB, 138.
36 So Jochen Hörisch: Oberlin oder die Verbesserung von Mitteleuropa. In: *Darmstädter Katalog* (IV), 262–266.
37 Vgl. Alfons Glück: Der historische Woyzeck. In: *Darmstädter Katalog* (IV), 314–324.
38 Vgl. Alfons Glück: Der *Woyzeck*. Tragödie eines Paupers. In: *Darmstädter Katalog* (IV), 325–332.
39 Zu dem Zusammenhang vgl. *Kitzbichler, Aufbegehren* (IV), 105–124.
40 Büchner, WuB, 288.
41 Ebd., 319.
42 Vgl. Büchner, WuB, 619.

Bibliographie

Lückenlose Vollständigkeit kann nicht das Ziel dieser Bibliographie sein; sie liefert in erster Linie die Nachweise für die in den Anmerkungen mit Siglen zitierte Literatur. Geordnet ist sie in vier Gruppen, die im Text der Anmerkungen jeweils nach der kursiv gesetzten Autor-/Titelkurzform mit den Ziffern der folgenden Gliederung angegeben werden:

I. Bibliographien
II. Gesamtdarstellungen
   1. *Zur Geschichte/Sozialgeschichte*
   2. *Zur Literaturgeschichte*
III. Einzelaspekte
   1. *Forschungsberichte*
   2. *Monographienal*
IV. Auswahlbibliographie zu einzelnen Autoren: benutzte Ausgaben und zitierte Literatur

Hinweise auf die Gruppe IV beziehen sich in der Regel auf den/die Autor/in, der/die im Text zur betreffenden Anmerkung genannt wird. Aufsätze in Sammelbänden werden hier nur in Ausnahmefällen nachgewiesen; sie sind in den Anmerkungen zu finden, während die Aufsatzsammlungen etc. selbst hier in der Bibliographie verzeichnet sind. Die in den Anmerkungen verwendete Autoren-/Titelkurzform wird in den folgenden Nachweisen durch Kursivierung angegeben.

I. Bibliographien und Lexika

Böning, Holger/*Siegert*, Reinhart: *Volksaufklärung.* Biobibliographisches Handbuch zur Popularisierung aufklärerischen Denkens im deutschen Sprachraum von den Anfängen bis 1850. Bd. 1 ff. Stuttgart/Bad Cannstatt 1990 ff.

Brinker-Gabler, Gisela/Ludwig, Karola/Wöffen, Angela: Lexikon deutschsprachiger Schriftstellerinnen 1800–1945. München 1986.

Eke, Norbert Otto/Dagmar Olasz-Eke: *Bibliographie*: der deutsche *Roman 1815–1830.* Standortnachweise, Rezens., Forschungsüberbl. München 1994 (Corvey-Studien; Bd. 3).

Friedrichs, Elisabeth: Die deutschsprachigen *Schriftstellerinnen* des 18. und 19. Jahrhunderts. Ein Lexikon. Stuttgart 1981.

Goedeke, Karl: *Grundriß* zur Geschichte der deutschen Dichtung. Bd. 8 ff., 1905 ff.

Handbuch zur Kinder- und Jugendliteratur s. II, 2.

Klotz, Aiga: Kinder- und Jugendliteratur in Deutschland 1840–1950. Gesamtverzeichnis der Veröffentlichungen in deutscher Sprache. Stuttgart 1990 ff. *(KJL in Deutschland)*

Pataky, Sophie: *Lexikon* deutscher Frauen der Feder. Eine Zusammenstellung der seit

dem Jahre 1840 erschienenen Werke weiblicher Autoren, nebst Biographien der lebenden und einem Verzeichnis der Pseudonyme. 2 Bde. Bern 1971. (1898/99[1]).
Schindel, Carl W. A. von: Die deutschen *Schriftstellerinnen* des neunzehnten Jahrhunderts. Hildesheim, New York 1978 (1823–25[1]).
Schmitt, Anselm Franz: Beruf und Arbeit in deutscher Erzählung. Eine Bibliographie. Stuttgart 1952.
Weller, Emil: Wegweiser zur sozialdemokratischen Literatur 1847/1850. Nachdruck aus: Demokratisches Taschenbuch für 1847, 1848 und Neujahrsalmanach für Untertanen und Knechte 1850. Leipzig 1967.
Wentzke, P.: Kritische Bibliographie der Flugschriften zur Verfassungsfrage 1848 bis 1851. Halle 1911.

II. Gesamtdarstellungen
1. Geschichte/Sozialgeschichte

Adler, Hans: Literarische *Geheimberichte*. Protokolle der Metternich-Agenten. 1840–1848. 2 Bde. Köln 1977/1981.
Anzeiger für die politische Polizei Deutschlands auf die Zeit vom 1.1.1848 bis zur Gegenwart. Dresden 1855 (Neudruck Hildesheim 1970).
Augsburger Buchdruck und Verlagswesen. Von den Anfängen bis zur Gegenwart. Hrsg. v. Helmut Gier und Johannes Janota. Wiesbaden 1997.
Bauer, Leonhard/*Matis*, Herbert: Geburt der *Neuzeit*. Vom Feudalsystem zur Marktgesellschaft. München 1988.
Berger, Eduard: Der deutsche *Buchhandel* in seiner Entwicklung und in seinen Einrichtungen in den Jahren 1815 bis 1867. In: Archiv für die Geschichte des Deutschen Buchhandels II (1879), 215–234.
Bernstein, Eduard: Die Geschichte der Berliner *Arbeiterbewegung*. 3 Bde., Berlin 1907/10.
Beyrer, Klaus: Die *Postkutschenreise*. Tübingen 1985.
Blasius, Dirk: »Diebshandwerk« und »Widerspruchsgeist«. Motive des Verbrechens im 19. Jahrhundert. In: *Dülmen, Verbrechen* (II, 1), 215–237.
Blos, Anna: *Frauen der deutschen Revolution* 1848. Dresden 1928.
Blum, Hans: Die *deutsche Revolution* 1848–49. Florenz und Leipzig 1897.
Böhme, Hartmut: *Geheime Macht* im Schoß der Erde. Das Symbolfeld des Bergbaus zwischen Sozialgeschichte und Psychohistorie, in: ders.: Natur und Subjekt. Frankfurt/M. 1988, 67–144.
Bollenbeck, Georg: *Bildung* und Kultur. Glanz und Elend eines deutschen Deutungsmusters. Frankfurt/M. und Leipzig 1994.
Borst, Otto (Hrsg.): *Aufruhr* und Entsagung. Vormärz 1815–1848 in Baden und Württemberg. Stuttgart 1992.
Bosse, Heinrich: *Autorschaft* ist Werkherrschaft. Über die Entstehung des Urheberrechts aus dem Geist der Goethezeit. Paderborn u. a. 1981 (UTB 1147).
Botzenhart, Manfred: *Reform,* Restauration, Krise. Deutschland 1789–1847. Darmstadt 1997 (MDG 4).
Bovenschen, Silvia: Die imaginierte *Weiblichkeit*. Exemplarische Untersuchungen zu

kulturgeschichtlichen und literarischen Präsentationsformen des Weiblichen. Frankfurt/M 1979.
Breil, Michaela: Die Augsburger ›*Allgemeine Zeitung*‹ und die Pressepolitik Bayerns. Ein Verlagsunternehmen zwischen 1815 und 1848. Tübingen 1996 (Studien und Texte zur Sozialgeschichte der Literatur 54).
Brendicke, H.: Zur Flugschriftenliteratur des Jahres 1848. In: Beiträge zur Kulturgeschichte von Berlin. Berlin 1898.
Buddemeier, Heinz: *Panorama*, Diorama, Photographie. Entstehung und Wirkung neuer Medien im 19. Jahrhundert. München 1970.
Dann, Otto: *Lesegesellschaften* und bürgerliche Emanzipation. Ein europäischer Vergleich. München 1981.
Dowe, Dieter: Aktion und Organisation. Arbeiterbewegung, sozialistische und kommunistische Bewegung in der preußischen Rheinprovinz 1820–1852. Hannover 1970.
Drahn, Ernst: Die Berliner Presse des Revolutionsjahres 1848. In: Der Buch- und Zeitschriftenhandel, Berlin, 49. Jg. (1928), Nr. 24 und 27.
Dreßen, Wolfgang (Hrsg.): 1848 bis 1849, Bürgerkrieg in Baden. Chronik einer verlorenen Revolution. Berlin 1975.
Düding, D., Organisierter gesellschaftlicher *Nationalismus* in Deutschland. Bedeutung und Funktion der Turner- und Sängervereine für die deutsche Nationalbewegung, München 1984.
Dülmen, Richard van (Hrsg.): *Verbrechen*, Strafen und soziale Kontrolle. Frankfurt/M. 1990 (=Studien zur histor. Kulturforschung III).
Dullo, Gustav: *Berliner Plakate* 1848. Zürich 1893.
Engelsing, Rolf: *Analphabetentum* und Lektüre. Zur Sozialgeschichte des Lesens in Deutschland zwischen feudaler und industrieller Gesellschaft. Stuttgart 1973.
Essner, Cornelia: Deutsche Afrikareisende im 19. Jahrhundert. Zur Sozialgeschichte des Reisens. Wiesbaden 1985 (= Beiträge zur Kolonial- und Überseegeschichte 32).
Evers, Adalbert/*Nowotny*, Helga: Über den Umgang mit *Unsicherheit*. Die Entdeckung der Gestaltbarkeit von Gesellschaft. Frankfurt/M. 1987 (stw 672).
Felden, Tamara: Frauen Reisen. Zur literarischen Repräsentation weiblicher Geschlechterrollenerfahrung im 19. Jahrhundert. New York u. a. 1993.
Fischer, Wolfram/Krengel, Jochen/Wietog, Jutta (Hrsg.): *Sozialgeschichtliches Arbeitsbuch*. Bd. 1: Materialien zur Statistik des Deutschen Bundes 1815–1870. München 1982.
Fuchs, A. (Hrsg.): Reisen im Diskurs: Modelle der literarischen Fremderfahrung von den Pilgerfahrten bis zur Postmoderne. Tagungsbericht des internationalen Symposions zur Reiseliteratur ⟨...⟩ 1994. Heidelberg 1995.
Fuchs, Eduard: 1848 in der Carikatur. München 1898.
Fuchs, Eduard: Sozialgeschichte der *Frau*, Nachdruck der Erstausgabe ›Die Frau in der Karikatur‹ (1906). Frankfurt/M. 1973.
Gall, Lothar: Von der ständischen zur bürgerlichen *Gesellschaft*. München 1993 (Enzyklopädie deutscher Geschichte; Bd. 25).
Geiger, Ruth-Esther: Der Teufel soll die Wühlerpresse holen! Zeitschriften oppositioneller Öffentlichkeit von den Jakobinern zur Berliner Märzrevolution. Berlin 1980.

Gerhard, Ute: *Verhältnisse* und Verhinderungen. Frauenarbeit, Familie und Rechte der Frauen im 19. Jahrhundert. Mit Dokumenten. Frankfurt/M. 1978.

Gerhardt, Claus W.: Der *Buchdruck* (= Geschichte der Druckverfahren II). Stuttgart 1975 (Bibliothek des Buchwesens 3).

Gerhardt, Claus W.: *Prägedruck* und Siebdruck (= Geschichte der Druckverfahren I). Stuttgart 1974 (Bibliothek des Buchwesens 2).

Glossy, Karl (Hrsg.): Literarische *Geheimberichte* aus dem Vormärz. In: Jahrbuch der Grillparzer-Gesellschaft Jg. 21–23. Wien 1912 (Teil I: 1833–inkl. 1842; Teil II: 1842–1847).

Goldfriedrich, Johann/Kapp, Friedrich: *Geschichte* des deutschen Buchhandels. 4 Bde. Leipzig 1886, 1908, 1909, 1913; Register ebd. 1923 (Bd. 4 = Zeitraum 1805–1889).

Grubitzsch, Helga/Cyrus, Hannelore/Haarbusch, Elke (Hrsg.): *Grenzgängerinnen*. Revolutionäre Frauen im 18. und 19. Jahrhundert. Weibliche Wirklichkeit und männliche Phantasien. Düsseldorf 1985.

Handbuch des Büchereiwesens: Langfeldt, Johannes (Hrsg.): Handbuch des Büchereiwesens. Wiesbaden 1961 ff.

Hanebutt-Benz, Eva Maria: Studien zum deutschen *Holzstich* im 19. Jahrhundert. In: Archiv für die Geschichte des Buchwesens 24 (1983), 581–1266.

Hauch, Gabriella: Frau Biedermeier auf den *Barrikaden*. Frauenleben in der Wiener Revolution 1848. Wien 1990.

Hobsbawm, Eric: *Europäische Revolutionen*. Zürich 1962.

Houben, Heinrich Hubert: Polizei und Zensur. Längs- und Querschnitte durch die Geschichte der Buch- und Theaterzensur. Berlin 1926 (Neudruck u. d. T.: Der ewige Zensor. Mit einem Nachwort v. Claus Richter und Wolfgang Labuhn. Kronberg/Ts. 1978).

Hummel-Haasis, Gerlinde (Hrsg.): *Schwestern* zerreißt Eure Ketten. Zeugnisse zur Geschichte der Frauen in der Revolution 1848/49. München 1982.

Jäger, Georg/Schönert, Jörg (Hrsg.): Die *Leihbibliothek* als Institution des literarischen Lebens im 18. und 19. Jahrhundert. Organisationsformen, Bestände, Publikum. Hamburg 1980 (Wolfenbütteler Schriften zur Geschichte des Buchwesens 3).

Jeismann, Karl-Ernst/Lundgreen, Peter (Hrsg.): Handbuch der deutschen *Bildungsgeschichte*. Bd. 3: 1800–1870, Von der Neuordnung Deutschlands bis zur Gründung des Deutschen Reiches. München 1987.

Kaufmann, Doris: »Irre und Wahnsinnige«. Zum Problem der sozialen Ausgrenzung von Geisteskranken in der ländlichen Gesellschaft des frühen 19. Jahrhunderts. In: *Dülmen, Verbrechen* (II, 1), 178–214.

Klein, Tim (Hrsg.): Der *Vorkampf* deutscher Einheit und Freiheit. Erinnerungen, Urkunden, Briefe. Leipzig 1914.

Kocka, Jürgen (Hrsg.): *Bürgertum* im 19. Jahrhundert. Deutschland im europäischen Vergleich. 3 Bde. München 1988.

Kößler, Gottfried: *Mädchenkindheiten* im 19. Jahrhundert. Gießen 1979.

Kluge, Alexander/Negt, Oskar: *Kritische Theorie* und Marxismus. Niederlande 1974.

Koselleck, Reinhart (Hrsg.): *Bildungsbürgertum* im 19. Jahrhundert. Teil 2: Bildungsgüter und Bildungswissen. Stuttgart 1990.

Kozyk, Kurt: Deutsche *Presse* im 19. Jahrhundert. Geschichte der deutschen Presse II. Berlin 1966 (Abhandlungen und Materialien zur Publizistik 6).

Langewiesche, Dieter: *Europa* zwischen Restauration und Revolution 1815–1849. München 1985.

Lipp, Carola (Hrsg.): Schimpfende *Weiber* und patriotische Jungfrauen. Frauen im Vormärz und der Revolution. Moos, Baden-Baden 1986.

Martino, Albert: Die deutsche *Leihbibliothek*. Geschichte einer literarischen Institution (1756–1914). Wiesbaden 1990.

Marx, Karl/*Engels*, Friedrich: *Pressefreiheit und Zensur*. Hrsg. v. Iring Fetscher. Frankfurt/M. 1969.

Meyer, Dora: Das *öffentliche Leben* in Berlin im Jahre vor der Märzrevolution, Berlin 1912 *(Meyer, Öffentliches Leben)*.

Minaty, W. (Hrsg.): Die Eisenbahn. Gedichte, Prosa, Bilder. Frankfurt/M. 1984.

Möhrmann, Renate (Hrsg.): *Frauenemanzipation* im deutschen Vormärz. Texte und Dokumente. Stuttgart 1978.

Mottek, Hans: *Wirtschaftsgeschichte* Deutschlands. Bd. 2: Von der Französischen Revolution bis zur Zeit der Bismarckschen Reichsgründung. 2. Aufl. Berlin 1969.

Naumann, Manfred/*Kliche*, Dieter: *Literaturrezeption* in der Geschichte. In: Gesellschaft, Literatur, Lesen. Literaturrezeption aus theoretischer Sicht. Berlin-Weimar 1975, 179–233.

Negt, Oskar/Kluge, Alexander: Öffentlichkeit und Erfahrung. Zur Organisationsanalyse bürgerlicher und proletarischer Öffentlichkeit. Frankfurt/M. 1972.

Nipperdey, Thomas: *Deutsche Geschichte* 1800–1866. Bürgerwelt und starker Staat. München 1983.

Obermann, Karl: *Deutschland* von *1815–1849*. Berlin 1963.

Obermann, Karl (Hrsg.): Flugblätter der Revolution 1848/49. Berlin 1970 (gekürzte Ausgabe München 1972).

Oettermann, Stephan: Das *Panorama*. Die Geschichte eines Massenmediums. Frankfurt/M. 1980.

Pepperle, Heinz u. Ingrid (Hrsg.): *Die Hegelsche Linke*. Dokumente zur Philosophie und Politik im deutschen Vormärz. Leipzig 1985.

Peter, K. (Hrsg.): Die *politische Romantik* in Deutschland. Stuttgart 1985 (Reclams UB 8093).

Pöls, Werner (Hrsg.): *Deutsche Sozialgeschichte*. Dokumente und Skizzen. Bd. 1: 1815–1870. München 1973.

Posselt, Franz: Apodemik oder die Kunst zu reisen. 2 Bde. Leipzig 1795.

Prokop, Ulrike: Weiblicher *Lebenszusammenhang*. Von der Beschränktheit der Strategien und der Unangemessenheit der Wünsche. Frankfurt/M 1977[2].

Prüsener, Marlies: *Lesegesellschaften* im 18. Jahrhundert. Ein Beitrag zur Lesergeschichte. In: Archiv für Geschichte des Buchwesens XIII (1973), Sp. 369–594.

Quarck, Max: Die erste deutsche *Arbeiterbewegung*. Geschichte der Arbeiterverbrüderung 1848/49. Leipzig 1924.

Rarisch, Ilsedore: *Industrialisierung* und Literatur: Buchproduktion, Verlagswesen und Buchhandel in Deutschland im 19. Jahrhundert in ihren statistischen Zusammenhängen. Berlin 1976 (Historische und pädagogische Studien 6).

Schauer, Kurt Georg: Der deutsche *Buchhandel* im Vormärz und das bürgerliche Bildungsbedürfnis. Vorwiegend nach dem Börsenblatt für den Deutschen Buchhandel dargestellt. In: Archiv für Geschichte des Buchwesens IV (1963), 1443–1480.

Schivelbusch, Wolfgang: Geschichte der *Eisenbahnreise*. Zur Industrialisierung von Raum und Zeit um 19. Jahrhundert. München 1977.

Schnabel, Franz: *Deutsche Geschichte* im *19. Jahrhundert:* Die moderne Technik und die deutsche Industrie (= Bd. 6). Freiburg im Br. 1965 (Herder Tb 208).

Schottenloher, Franz: Flugblatt und Zeitung. Ein Wegweiser durch das gedruckte Tagesschrifttum. Berlin 1922.

Schröder, Hannelore: Die *Frau* ist frei geboren. Texte zur Frauenemanzipation. Bd I: 1789–1870. München 1979.

Schulz, Gerd: Zeugnisse und *Programme* zur Geschichte des deutschen Buchhandels. Stuttgart 1964.

Sennett, Richard: Verfall und Ende des öffentlichen Lebens. Die Tyrannei der *Intimität* (The Fall of Public Man, New York 1974), Frankfurt/M. 1983.

Simrock, Karl: Das malerische und romantische Rheinland. Nachdruck der Ausgabe Leipzig 1840. Hrsg. v. L. Borowsky, Hildesheim 1975 *(Simrock, Der Rhein)*.

Springer, Robert: Berlins *Straßen, Kneipen und Clubs* im Jahre 1848. Berlin 1955.

Stegers, Wolfgang: Der Leipziger *Literatenverein* von 1840. Die erste berufsständische Schriftstellerorganisation. In: Archiv für Geschichte des Buchwesens, Bd. XIX (1978), 225–363.

Sternberger, Dolf: Panorama oder Ansichten vom 19. Jahrhundert. Frankfurt/M. 1974.

Stuke, H., *Philosophie der Tat*. Studien zur Verwirklichung der Philosophie bei den Junghegelianern und wahren Sozialisten. Stuttgart 1963.

Theweleit, Klaus: *Männerphantasien*. Bd. 1: Frauen, Fluten, Körper, Geschichte. Reinbek bei Hamburg 1980 (1977[1]).

Tümmers, Horst Johannes: *Der Rhein*. Ein europäischer Fluß und seine Geschichte. München 1994.

Twellmann, Margit: Die deutsche *Frauenbewegung*. Ihre Anfänge und erste Entwicklung 1843 bis 1889. Meisenheim 1972.

Vogel, Martin: Deutsche Urheber- und Verlagsrechtsgeschichte zwischen 1450 und 1850. In: Archiv für Geschichte des Buchwesens XIX (1978), 1–190 (*Vogel, Urheberrechtsgeschichte)*.

Wehler, Hans-Ulrich: Deutsche *Gesellschaftsgeschichte*. Bd. 2: Von der Reformära bis zur industriellen und politischen ›Deutschen Doppelrevolution‹ 1815–1845/49. München 1987.

Widmann, Hans: *Geschichte* des Buchhandels vom Altertum bis zur Gegenwart. Völlige Neubearbeitung der Auflage v. 1952. Teil 1: Bis zur Erfindung des Buchdrucks sowie Geschichte des deutschen Buchhandels. Wiesbaden 1975.

Widmann, Hans: Der deutsche Buchhandel in *Urkunden* und Quellen. 2 Bde. Hamburg 1965.

Wilhelmy, Petra: Der Berliner *Salon* im 19. Jahrhundert (1780–1914). Berlin, New York 1989 (Veröffentlichungen der Historischen Kommission zu Berlin, Bd. 73).

Wittmann, Reinhard: Geschichte des deutschen *Buchhandel*s. Ein Überblick. München 1991.

Wolf, Hans-Jürgen: *Schwarze Kunst*. Eine illustrierte Geschichte der Druckverfahren. 2.Aufl. Frankfurt/M. 1981.

Wolff, Adolf: Berliner Revolutionschronik. Darstellung der Berliner Bewegung im Jahre 1848 in politischer, sozialer und literarischer Beziehung. Berlin 1851.

Ziegler, Edda: Literarische *Zensur* in Deutschland 1819–1848. Materialien, Kommentare. München 1983, (Literatur-Kommentare Bd. 18).

2. Literaturgeschichte

Alker, Ernst: Die *deutsche Literatur* im 19. Jahrhundert (1832–1914). Stuttgart 1962².

Altenhofer, Norbert/*Estermann*, Alfred (Hrsg.): Neues Handbuch der Literaturwissenschaft. Bd. 16: Europäische Romantik III: Restauration und Revolution. Wiesbaden 1985.

Brandes, Helga/*Kopp*, Detlev: *Autorinnen des Vormärz*. Jahrbuch 1996 Forum Vormärz Forschung. Bielefeld 1997.

Brenner, Peter J. (Hrsg.): Der *Reisebericht*. Die Entwicklung einer Gattung in der deutschen Literatur. Frankfurt/M. 1989.

Brinker-Gabler, Gisela (Hrsg.): *Deutsche Literatur* von Frauen. 2. Bd: 19. und 20. Jahrhundert. München 1988.

Denkler, Horst: Der deutsche Michel. *Revolutionskomödien* der Achtundvierziger. Stuttgart 1971.

Ewers, Hans-Heino: Kinder- und Jugendliteratur der Romantik. Eine Textsammlung. Stuttgart 1984 (Reclams UB 8026) *(KJL der Romantik)*.

Frank, Gustav: Die Rolle kultureller *Dispositive* für weibliche Biographie, Autorschaft und Literatur und ein komplexes Beispiel des Vormärz: ›Memoiren‹ der Lola Montez (1851). In: *Brandes/Kopp, Autorinnen des Vormärz* (II, 2), 163–210.

Geschichte der deutschen Literatur von 1830 bis zum Ausgang des 19. Jahrhunderts. Von einem Autorenkollektiv. Leitung und Gesamtbearbeitung Kurt Böttcher. Berlin 1975 (Geschichte der deutschen Literatur von den Anfängen bis zur Gegenwart, *Bd. 8*).

Girschner-Woldt, Ingrid: *Theorie* der modernen politischen Lyrik. Berlin 1971.

Glaser, Horst Albert (Hrsg.): Deutsche Literatur. Eine Sozialgeschichte. Bd. 6: Vormärz: Biedermeier, Junges Deutschland, Demokraten 1815–1848. Hrsg. v. Bernd Witte. Reinbek 1980. Bd. 7: Vom Nachmärz zur Gründerzeit: Realismus 1848–1880. Hrsg. v. Horst Albert Glaser. Reinbek 1982.

Gnüg, Hiltrud/*Möhrmann*, Renate (Hrsg.): *Frauen Literatur Geschichte*. Schreibende Frauen vom Mittelalter bis zur Gegenwart. Frankfurt/M 1989 (1985¹).

Göres, Jörn (Hrsg.): *Lesewuth*, Raubdruck und Bücherluxus. Das Buch in der Goethe-Zeit. Eine Ausstellung des Goethe-Museums Düsseldorf 1977.

Gottschall, Rudolf: Die deutsche *Nationalliteratur* in der 1. Hälfte des 19. Jahrhunderts. 4 Bde. Breslau 1872³.

Grab, Walter/*Friesel*, Uwe: Noch ist *Deutschland* nicht verloren. Eine historisch-politische Analyse unterdrückter Lyrik von der Französischen Revolution bis zur Reichsgründung. München 1970.

Hädecke, Wolfgang: *Poeten und Maschinen.* Deutsche Dichter als Zeugen der Industrialisierung. München 1993.
Häntzschel, Günter *(Hrsg.)*: Zur *Sozialgeschichte* der *deutsche*n *Literatur* von der Aufklärung bis zur Jahrhundertwende. Einzelstudien. Tübingen 1985 (Studien und Texte zur Sozialgeschichte der Literatur 13).
Hammer, Klaus (Hrsg.): *Dramaturgische Schriften* des 19. Jahrhunderts. 2 Bde. Berlin 1987.
Handbuch zur Kinder- und Jugendliteratur. 1800–1850 (= Bd. 4). Hrsg. v. Otto Brunken, Bettina Hurrelmann, Klaus-Ulrich Pech. Stuttgart/Weimar 1998 (tatsächlich 1997).
Hempfer, Klaus W.: *Gattungstheorie.* Information und Synthese. München 1973.
Hermand, Jost (Hrsg.): *Das Junge Deutschland.* Texte und Dokumente. Stuttgart 1966 (Reclams UB 8703–07).
Hermand, Jost (Hrsg.): *Der deutsche Vormärz.* Texte und Dokumente. Stuttgart 1967 (Reclams UB 8794–98).
Himmel, Hellmuth: *Geschichte der deutschen Novelle*, Bern u. a. 1963
Hinderer, Walter (Hrsg.): *Geschichte* der politischen Lyrik in Deutschland. Stuttgart 1978.
Hohendahl, Peter Uwe: Literarische *Kultur* im Zeitalter des Liberalismus 1830–1870. München 1985.
Jacobs, Jürgen: *Wilhelm Meister* und seine Brüder. Untersuchungen zum deutschen Bildungsroman. 2. Aufl. München 1983 (1. Aufl. 1972).
Jahrbuch Forum Vormärz Forschung, s. unter Rosenberg/Kopp, Brandes/Kopp, Stein/Vaßen/Kopp (jeweils II, 2).
Jauß, Hans Robert: Literaturgeschichte als *Provokation.* Frankfurt/M. 1986[8] (edition suhrkamp 418).
KJL vom Biedermeier zum Realismus, s.u. *Pech, KJL* 〈...〉 (II, 2).
Köster, Udo: *Literatur* und Gesellschaft in Deutschland 1830–1848. Die Dichtung am Ende der Kunstperiode. Stuttgart 1984.
Koopmann, Helmut (Hrsg.): *Handbuch des* deutschen *Romans.* Düsseldorf 1983.
Koopmann, Helmut: *Das Junge Deutschland.* Eine Einführung. Darmstadt 1993.
Koselleck, Reinhart/Stempel, Wolf-Dieter (Hrsg.): Geschichte – Ereignis und Erzählung. München 1973. (Poetik und Hermeneutik. Arbeitsergebnisse einer Forschergruppe V.).
Kurz, Heinrich: Geschichte der neuesten deutschen Literatur von 1830 bis auf die Gegenwart. Mit ausgewählten Stücken aus den Werken der vorzüglichsten Schriftsteller. Leipzig ³1874 (Geschichte der deutschen Literatur 4) *(Kurz, Literaturgeschichte, Bd. 4).*
Lauster, Martina (Hrsg.): Deutschland und der europäische Zeitgeist. *Kosmopolitische Dimensionen* in der Literatur des Vormärz. Bielefeld 1994.
Mayer, Gerhard: Der deutsche *Bildungsroman.* Von der Aufklärung bis zur Gegenwart. Stuttgart 1992.
Pape, Walter: Das literarische *Kinderbuch.* Studien zur Entstehung und Typologie. Berlin 1981.
Pech, Klaus-Ulrich: Kinder- und Jugendliteratur vom Biedermeier bis zum Realismus.

Eine Textsammlung. Stuttgart 1985 (Reclams UB 8087) *(KJL vom Biedermeier bis zum Realismus).*

Polheim, Karl Konrad (Hrsg): *Handbuch der deutschen Erzählung.* Düsseldorf 1981.

Prutz, Robert: Die deutsche *Literatur* der Gegenwart 1848–1858. 2 Bde. Leipzig 1860².

Realismus und Gründerzeit. Manifeste und Dokumente zur deutschen Literatur 1848–1880. Mit einer Einführung in den Problemkreis und einer Quellenbibliographie hrsg. v. Max Bucher, Werner Hahl, Georg Jäger und Reinhard Wittmann. 2 Bde., Stuttgart 1981 (Bd. 1), 1975 (Bd. 2).

Reisner, Hans-Peter: Literatur unter der *Zensur.* Die politische Lyrik des Vormärz. Stuttgart 1975.

Rosenberg, Rainer/*Kopp*, Detlev: *Journalliteratur im Vormärz.* Jahrbuch 1995 Forum Vormärz Forschung. Bielefeld 1996

Rosenberg, Rainer: *Literaturverhältnisse* im deutschen Vormärz. Berlin 1975.

Sautermeister, Gert: Deutsche *Erzählprosa* der Restaurationszeit, in: *Altenhofer/Estermann, Neues Handbuch der Literaturwissenschaft* (II, 2), 81–118.

Schenda, Rudolf: *Volk* ohne Buch. Studien zur Sozialgeschichte der populären Lesestoffe 1770–1910. München 1977².

Schieth, Lydia (Hrsg.): Fürs schöne Geschlecht. *Frauenalmanache* zwischen 1800 und 1850. Ausstellung der Universität Bamberg. Bamberg 1992.

Schivelbusch, W., Geschichte der *Eisenbahnreise.* Zur Industrialisierung von Raum und Zeit um 19. Jahrhundert. München 1977.

Schneider, Manfred: Die kranke schöne *Seele* der Revolution. Heine, Börne, Das Junge Deutschland, Marx und Engels. Frankfurt/M 1980.

Schröder, Rolf: *Novelle und Novellentheorie* in der frühen Biedermeierzeit. Tübingen 1970

Schulz, Gerhard: *Die deutsche Literatur* zwischen Französischer Revolution und Restauration. Teil 2: Das Zeitalter der Napoleonischen Kriege und der Restauration. München 1989 (Geschichte der deutschen Literatur von den Anfängen bis zur Gegenwart. Begr. v. Helmut de Boor und Richard Newald. Bd. 7).

Sengle, Friedrich: *Biedermeierzeit.* Deutsche Literatur im Spannungsfeld zwischen Restauration und Revolution. 1815–1848. Stuttgart 1971 ff. – Bd. I: Allgemeine Voraussetzungen, Richtungen, Darstellungsmittel. 1971. – Bd. II: Die Formenwelt. 1972. – Bd. III: Die Dichter. 1980.

Spiero, Heinrich: Geschichte der deutschen *Frauendichtung* seit 1800. Leipzig 1913.

Stein, Peter: Politisches Bewußtsein und künstlerischer *Gestaltungswille* in der politischen Lyrik 1780 bis 1848. Hamburg 1971.

Stein, Peter/*Vaßen*, Florian/*Kopp*, Detlev (Hrsg.): *1848 und der deutsche Vormärz.* Jahrbuch 1997 Forum Vormärz Forschung. Bielefeld 1998.

Steinecke, Hartmut: *Romanpoetik* von Goethe bis Thomas Mann. Entwicklungen und Probleme der »demokratischen Kunstform« in Deutschland. München 1987.

Steinecke, Hartmut (Hrsg.): Romanpoetik in Deutschland. Von Hegel bis Fontane. Tübingen 1984 (Deutsche Text-Bibliothek 3) *(Steinecke, Romanpoetik – Texte).*

Steinitz, Wolfgang (Hrsg.): Deutsche *Volkslieder* demokratischen Charakters aus sechs Jahrhunderten. Bd. II. Berlin 1962 (Deutsche Akademie der Wissenschaften zu Berlin. Veröffentlichungen des Instituts für deutsche Volkskunde. 4/II).

Berliner *Straßenecken-Literatur* 1848/49. Humoristisch-satirische Flugschriften aus der Revolutionszeit. Zusammengestellt, eingeleitet und kommentiert v. Gesine Abert u. a. Schlußredaktion: Horst Denkler mit Claus Kittsteiner. Stuttgart 1977 (Reclams UB 9856).

Ueding, Gert: *Klassik und Romantik*. Deutsche Literatur im Zeitalter der Französischen Revolution 1789–1815. München 1987 (Hansers Sozialgeschichte der deutschen Literatur 4).

Vaßen, Florian (Hrsg.): *Restauration*, Vormärz und 48er Revolution. Stuttgart 1975.

Vietta, Silvio: Die *literarische Moderne*. Eine problemgeschichtliche Darstellung der deutschsprachigen Literatur von Hölderlin bis Thomas Bernhard. Stuttgart 1992.

Volkmann, Ernst (Hrsg.): Um *Einheit* und Freiheit. 1815–1848. Leipzig 1936 (Deutsche Literatur in Entwicklungsreihen, Politische Dichtung. 3).

Werner, Hans-Georg: Geschichte des politischen Gedichts in Deutschland von 1815 bis 1840. Berlin 1972 (1969[1]) *(Werner, Politisches Gedicht)*.

Ziolkowski, Theodore: Das Amt der Poeten. Die *deutsche Romantik* und ihre Institutionen. Aus dem Amerikanischen übersetzt v. Lothar Müller. Stuttgart 1992 (USA 1990).

III. Einzelaspekte

1. Forschungsberichte

Adler, Hans (Hrsg.): *Der deutsche soziale Roman* des 18. und 19. Jahrhunderts. Darmstadt 1990 (Wege der Forschung 630).

Aust, Hugo: *Novelle*, 2. überarb. u. erg. Aufl. Stuttgart 1995.

Brenner, Peter J.: Der Reisebericht in der deutschen Literatur. Ein *Forschungsüberblick* als Vorstudie zu einer Gattungsgeschichte. Tübingen 1990 (insbes. 361 ff.).

Cowen, Roy C.: Das deutsche Drama im 19. Jahrhundert. Stuttgart 1988 (Sammlung Metzler 247).

Eke, Norbert Otto: Eine *Gesamtbibliographie* des deutschen Romans 1815–1830. Anmerkungen zum Problemfeld von Bibliographie und Historiographie. In: Zeitschrift für Germanistik, NF III (1993), 295–308.

Ewers, Hans-Heino: *Anmerkungen* zum aktuellen Stand der Kinderliteraturforschung. In: Germanistik und Deutschunterricht im Zeitalter der Technologie. Selbstbestimmung und Anpassung. Vorträge des Germanistentages Berlin 1987. Tübingen 1988, Bd. 3, 227–240.

Gross, Konrad (Hrsg.): *Der englische Sozialroman* im 19. Jahrhundert. Darmstadt 1977 (Wege der Forschung 466).

Hein, Jürgen: *Dorfgeschichte*. Stuttgart 1976 (Sammlung Metzler M 145).

Hopster, Norbert: *Probleme* einer Geschichtsschreibung der Kinder- und Jugendliteratur. In: IASL 17 (1992), 143–162.

Hurrelmann, Bettina: *Stand und Aussichten* der historischen Kinder- und Jugendliteraturforschung. In: IASL, 17 (1992), 105–142.

Kontje, Todd: The *German Bildungsroman:* History of a National Genre. Camden House, USA 1993 (Studies in German literature, linguistics, and culture).

Mahoney, Dennis F.: Der *Roman der Goethezeit* (1774–1829). Stuttgart 1988 (Sammlung Metzler M 241).

Nusser, Peter: *Trivialliteratur.* Stuttgart 1991 (Sammlung Metzler M 262).

Obenaus, Sibylle: Literarische und politische *Zeitschriften 1830–1848.* Stuttgart 1986 (Sammlung Metzler M 225).

Petzoldt, Leander: *Bänkelsang.* Vom historischen Bänkelsang zum literarischen Chanson. Stuttgart 1974 (Sammlung Metzler M 130).

Schöwerling, Rainer/Steinecke, Hartmut (Hrsg.): Die Fürstliche *Bibliothek Corvey.* Ihre Bedeutung für eine neue Sicht der Literatur des frühen 19. Jahrhunderts. Beiträge des 1. Internationalen Corvey-Symposions 25.–27. Oktober 1990 in Paderborn. München 1992.

Selbmann, Rolf: Der deutsche *Bildungsroman.* Stuttgart 1984 (Sammlung Metzler M 214)

Stein, Peter: *Epochenproblem »Vormärz«* (1815–1848). Stuttgart 1974 (Sammlung Metzler M 132).

Steinecke, Hartmut/Eke, Norbert Otto/Günther, Michael/Vollmer, Hartmut/Wollny, Michael: Deutschsprachige *Romane 1815–1830* in der Fürstlichen Bibliothek Corvey. Probleme der Erforschung – Bestandsverzeichnis. Kommentartext zur Mikrofiche Edition. Stuttgart 1991 (Belser Wissenschaftlicher Dienst).

Weiss, Walter: Biedermeier(zeit), Vormärz, (Früh)Realismus? Ein Beitrag zur Epochendiskussion, in: Veit, W. (Hrsg), Antipodische Aufklärungen. Antipodean Enlightenments, Festschrift für Leslie Bodi. Frankfurt/M. u. a. 1987, 503–517.

Wild, Reiner: Der *Gegenstand* historischer Kinderbuchforschung. Oder über die Möglichkeiten heute eine Geschichte der Kinderliteratur zu schreiben. In: Wirkendes Wort 36 (1986), 482–499.

Wolfzettel, Friedrich (Hrsg.): *Der französische Sozialroman* des 19. Jahrhunderts. Darmstadt 1981 (Wege der Forschung 364).

2. Monographien

Adler, Alfred: *Möblierte Erziehung. München 1970.*

Adler, Hans: *Literatur und Sozialkritik.* Versuch einer historischen Spezifikation des sozialen Romans (1983). In: *Adler, Der deutsche soziale Roman (III, 1).*

Adler, Hans: *Soziale Romane* im Vormärz. Literatursemiotische Studie. München 1980.

Adler, Hans: *Weberliteratur* und die soziale Frage im Vormärz. In: *Kroneberg/Schloesser, Weberrevolte 1844* (III, 2), 265–278.

Arnim, Bernd von/*Knilli*, Friedrich: Gewerbliche *Leihbüchereien.* Berichte, Analysen und Interviews. Gütersloh 1966 (Schriften zur Buchmarktforschung 7).

Bachleitner, Norbert (Hrsg.): *Der englische und französische Sozialroman* des 19. Jahrhunderts und seine Rezeption in Deutschland. Amsterdam, Atlanta 1993 (Internationale Forschungen zur Allgemeinen und Vergleichenden Literaturwissenschaft 1).

Bachleitner, Norbert (Hrsg.): *Quellen* zur Rezeption des englischen und französischen

Romans in Deutschland und Österreich im 19. Jahrhundert. Tübingen 1990 (Studien und Texte zur Sozialgeschichte der Literatur 31).

Bachleitner, Norbert: »*Übersetzungsfabriken*«. Das deutsche Übersetzungswesen in der ersten Hälfte des 19. Jahrhunderts. In: IASL 14 (1989), 1–49.

Baur, Uwe: *Dorfgeschichte*. Zur Entstehung und gesellschaftlichen Funktion einer literarischen Gattung im Vormärz. München 1978.

Beaujean, Marion: Der *Trivialroman* in der zweiten Hälfte des 18. Jahrhunderts. Die Ursprünge der modernen Unterhaltungsliteratur. Bonn 1969[2].

Begemann, Renate (Red.): Ludwig *Eichrodt* 1827–1892. Herr Biedermaier und seine Welt. Ausstellungskatalog der Badischen Landesbibliothek Karlsruhe 1992.

Behler, Ernst (u. a.): Interpretationen. *Romane* des 19. Jahrhunderts. Stuttgart 1992 (Reclams UB 8418).

Berbig, Roland: Der »*Tunnel* über der Spree«. Ein literarischer Verein in seinem Öffentlichkeitsverhalten. In: Fontaneblätter 50, 1990, 18–46.

Blamberger, Günter: Das Geheimnis des Schöpferischen oder Ingenium est ineffabile? Studien zur Literaturgeschichte der Kreativität zwischen Goethezeit und Moderne. Stuttgart 1991.

Böning, Holger: Der Traum von Freiheit und Gleichheit. Helvetische Revolution und Republik (1798–1803) – Die Schweiz auf dem Weg zur bürgerlichen Demokratie. Zürich 1998.

Brandmeyer, Rudolf: *Biedermeierroman* und Krise der ständischen Ordnung. Studien zum literarischen Konservatismus. Tübingen 1982.

Braungart, Wolfgang: *Bänkelsang*. Texte-Bilder-Kommentare. Stuttgart 1985 (Reclams UB 8041).

Brenner, Peter J. (Hrsg..): Der *Reisebericht*. Die Entwicklung einer Gattung in der deutschen Literatur. Frankfurt/M. 1989 (st 2097).

Brüggemann, H.: ›Aber schickt keinen Poeten nach *London*!‹. Großstadt und literarische Wahrnehmung im 18. und 19. Jahrhundert. Texte und Interpretationen. Hamburg 1985.

Buchholtz, Arend: Die Literatur der Berliner Märztage. In: Deutsche Rundschau 24 (1897/98), Bd. 2, H. 12, 443–455.

Dainat, Holger: *Abaellino*, Rinaldini und Konsorten. Zur Geschichte der Räuberromane in Deutschland. Tübingen 1986 (Studien und Texte zur Sozialgeschichte der Literatur 55).

Deeken, Annette/Bösel, Monika: ›An den süßen Wassern Asiens‹. Frauenreisen in den Orient. Frankfurt/M., New York 1996.

Denkler, Horst: *Restauration und Revolution*. Politische Tendenzen im deutschen Drama zwischen Wiener Kongreß und Märzrevolution. München 1973.

Edler, Erich: Die *Anfänge* des sozialen Romans und der sozialen Novelle in Deutschland. Frankfurt/M. 1977

Edler, Erich: Eugène *Sue* und die deutsche *Mysterienliteratur*. Berlin Phil.Diss. (Teildruck) 1932.

Eggert, Hartmut/Profitlich, Ulrich/Scherpe, Klaus R. (Hrsg.): *Geschichte als Literatur*. Formen und Grenzen der Repräsentation von Vergangenheit. Stuttgart 1990.

Eggert, Hartmut: *Studien* zur Wirkungsgeschichte des deutschen historischen Romans

1850–75. Frankfurt/M. 1971 (Studien zur Philosophie und Literatur des neunzehnten Jahrhunderts Bd. 1.)

Eke, Norbert Otto/*Steinecke*, Hartmut: *Geschichten* aus (der) Geschichte. Zum Stand des historischen Erzählens im Deutschland der frühen Restaurationszeit. München 1994.

Fallbacher, Karl-Heinz: Literarische Kultur in *München* zur Zeit Ludwigs I. und Maximilians II. München 1992 (Schriftenreihe zur Bayerischen Landesgeschichte, Bd. 98).

Fallbacher, Karl-Heinz: *Taschenbücher* im 19. Jahrhundert. Marbach am N. 1992 (Marbacher Magazin 62/1992).

Gallas, Helga/*Heuser*, Magdalene (Hrsg.): *Untersuchungen* zum Roman von Frauen um 1800. Tübingen 1990 (Untersuchungen zur deutschen Literaturgeschichte 55).

Giese, Ursula: Studie zur Geschichte der *Pressegesetzgebung*, der Zensur und des Zeitungswesens im frühen Vormärz. Auf Grund bisher unveröffentlichter Dokumente aus Wiener Archiven. In: Archiv für Geschichte des Buchwesens VI (1966), 341–546.

Grab, Walter: Dr. Wilhelm *Schulz* aus Darmstadt. Weggefährte von Georg Büchner und Inspirator von Karl Marx. Frankfurt/M. 1987.

Grubitzsch, Helga/Kublitz, Maria/Mey, Dorothea/Singendonk-Heublein, Ingeborg (Hrsg.): Frauen – Literatur – *Revolution*. Pfaffenweiler 1992.

Halter, Martin: *Sklaven der Arbeit* – Ritter vom Geiste. Arbeit und Arbeiter im deutschen Sozialroman zwischen 1840 und 1880. Frankfurt/M., Bern 1983 (Europ. Hochschulschriften I, 625).

Hahn, Barbara: Unter falschem *Namen*. Von der schwierigen Autorschaft der Frauen. Frankfurt/M. 1991.

Hanson, Alice M.: Die zensurierte *Muse*. Musikleben im Wiener Biedermeier. Wien, Köln, Graz 1987.

Hardin, James N. (Hrsg.): *Reflection and Action*. Essays on the Bildungsroman. Columbia 1991.

Hartmann, Horst und Regina: *Populäre Romane* und Dramen im 18. Jahrhundert. Zur Entstehung einer massenwirksamen Literatur. Obertshausen 1991.

Hasubek, Peter: Der Zeitroman. Ein Romantypus des 19. Jahrhunderts. In: ZfdPh. 87 (1968), 218–245.

Hausdörfer, Sabrina: Rebellion im *Kunstschein*. Die Funktion des fiktiven Künstlers in Roman und Kunsttheorie der deutschen Romantik. Heidelberg 1987.

Hettner, Hermann: Das moderne *Drama*. Neu hrsg. v. Paul Alfred Merbach. Berlin, Leipzig 1924. Neudr. 1971.

Hertel, Karin: Der Politiker Johann Friedrich *Cotta*. Publizistische verlegerische Unternehmungen 1815–1819. In: Archiv für Geschichte des Buchwesens XIX (1978), 365–564.

Hinck, Walter: *Geschichte als Schauspiel*. Deutsche Geschichtsdramen. Interpretationen. Frankfurt/M. 1981.

Hömberg, Walter: *Zeitgeist* und Ideenschmuggel. Die Kommunikationsstrategie des Jungen Deutschland. Stuttgart 1975.

Hügel, Hans-Otto: *Untersuchungsrichter*, Diebsfänger, Detektive. Theorie und Geschichte der deutschen Detektiverzählung im 19. Jahrhundert, Stuttgart 1978.

Inevitabilis Vis Fatorum. Der Triumph des Schicksalsdramas auf der europäischen Bühne um 1800. Hrsg. v. Roger Bauer. Frankfurt/M. u. a. 1990.

Interpretationen. Erzählungen und Novellen des 19. Jahrhunderts 1. Stuttgart 1988 (Reclams UB 8413).

Iser, Wolfgang/Schalk, Fritz (Hrsg.): Dargestellte Geschichte in der europäischen Literatur des 19. Jahrhunderts. Frankfurt/M. 1970. (Studien zur Philosophie und Literatur des neunzehnten Jahrhunderts, 7).

Iwasaki, Eijiro (Hrsg.): *Begegnung mit dem »Fremden«.* Grenzen – Traditionen – Vergleiche. Akten des VIII. Internationalen Germanisten-Kongresses, Tokyo 1990, 11 Bände. München 1991.

Jacobs, Jürgen: *Wilhelm Meister* und seine Brüder. Untersuchungen zum deutschen Bildungsroman. 2. Aufl. München 1983 (1. Aufl. 1972).

Jäger, Hans Wolf: Politische Metaphorik im Jakobinismus und im Vormärz. Stuttgart 1971.

Jaeschke, Walter (Hrsg.): *Philosophie* und Literatur im Vormärz: der Streit um die Romantik 1820–1854. Hamburg 1995 (= Philosophisch-literarische Streitsachen 4).

Jedamski, Doris/Jehle, Hiltgund/Siebert, Ulla (Hrsg.): »Und tät das Reisen wählen!« Frauenreisen – Reisefrauen. Zürich, Dortmund 1994.

Just, Klaus Günther: Zwischen Verlorenem Paradies und Utopie. Politische Dichtung in Deutschland. In: K. G. J.: *Übergänge.* Probleme und Gestalten in der Literatur. Bern, München 1966, 42–57.

Kalkschmidt, Eugen: Deutsche Freiheit und deutscher Witz. Ein Kapitel Revolutionssatire 1830 bis 1850. Hamburg 1928.

Kind, Helmut: Das Zeitalter der Reformation im historischen Roman der Jungdeutschen. Göttingen 1969.

Kirchner-Klemperer, Hadwig: Der deutsche *soziale Roman* der vierziger Jahre des vorigen Jahrhunderts, repräsentiert durch Ernst Willkomm und Robert Prutz einerseits und Alexander Sternberg andererseits, unter besonderer Berücksichtigung seiner Beziehung zum französischen Roman. In: Wissenschaftl. Zs. der Humboldt-Univ. zu Berlin. Gesellschafts- und sprachwiss. Reihe. Jg. XI (1962), 241–280 *(Kirchner-Klemperer, Sozialer Roman).*

Klussmann, Paul Gerhard: *Das literarische Taschenbuch* der Biedermeierzeit als Vorschule der Literatur und der bürgerlichen Allgemeinbildung. In: *Mix, Almanach- und Taschenbuchkultur* (III, 2), 89–111.

Kondylis, Panajotis: Die *Aufklärung* im Rahmen des neuzeitlichen Rationalismus. München 1986.

Kraft, Herbert: Das *Schicksalsdrama.* Interpretation und Kritik einer literarischen Reihe. Tübingen 1974.

Krausse, H. K., Das Motiv der Reise im politischen Roman. In: Daphnis, 14 (1985), 325 ff.

Kroneberg, Lutz/*Schloesser*, Rolf: *Weber-Revolte 1844.* Der schlesische Weberaufstand im Spiegel der zeitgenössischen Publizistik und Literatur. Eine Anthologie. Köln ³1983 (›iLv leske republik‹, Materialien zum Vormärz 7).

Kuhn, Dorothea: *Cotta* und das 19. Jahrhundert. Aus der literar. Arbeit eines Verlages. München 1980 (Marbacher Kataloge 35).

Kurz, Wilhelm: Formen der Versepik in der Biedermeierzeit. Ein Beitrag zu Problem und Geschichte der großen Epik und der Kleinepik. (Masch.-Diss.) Tübingen 1955.

Lechner, Silvester: Gelehrte *Kritik* und Retauration. Klemens Fürst von Metternichs Wissenschafts- und Pressepolitik und die Wiener ›Jahrbücher der Literatur‹ (1818–1849). Tübingen 1977 (Studien zur dt. Lit. 49).

Lehmann, Christine: Das Modell *Clarissa*. Liebe, Verführung, Sexualität und Tod der Romanheldinnen des 18. und 19. Jahrhunderts. Stuttgart 1991.

Lepenies, Wolf: Gefährliche Wahlverwandtschaften. Essays zur *Wissenschaftsgeschichte*. Stuttgart 1989.

Limlei, Michael: Geschichte als Ort der Bewährung. Menschenbild und Gesellschaftsverständnis in den deutschen historischen Romanen (1820–1890). Frankfurt/M., Berlin, New York, Paris 1988. (Studien zur Deutschen Literatur des 19. und 20. Jahrhunderts Bd. 5).

Link, Manfred: Der Reisebericht als literarische Kunstform von Goethe bis Heine. Phil Diss. Köln 1963.

Liptzin, Solomon: The *Weavers* in German Literature. Göttingen und Baltimore 1926 (Hesperia 16).

Lohrer, Lieselotte: *Cotta*, Geschichte eines Verlages (1659–1959). Stuttgart 1959.

Lorenz, Dagmar C. G.: Weibliche *Rollenmodelle* bei Autoren des »Jungen Deutschland« und des »Biedermeier«. In: Burkhard, Marianne (Hrsg.): Gestaltet und gestaltend. Frauen in der deutschen Literatur. Amsterdam 1980, 155–184. (Amsterdamer Beiträge zu neueren Germanistik. 10).

Lubkoll, Christine: *Mythos Musik*. Poetische Entwürfe des Musikalischen in der Literatur um 1800. Freiburg 1995.

Lützeler, Paul Michael (Hrsg.): *Romane* und Erzählungen *der* deutschen *Romantik*. Neue Interpretationen. Stuttgart 1981.

Lützeler, Paul Michael (Hrsg.): Romane und Erzählungen zwischen *Romantik und Realismus*. Neue Interpretationen. Stuttgart 1983.

Lukas, Wolfgang: *Entsagung* – Konstanz und Wandel eines Motivs in der Erzählliteratur von der späten Goethezeit zum frühen Realismus, in: Michael Titzmann (Hrsg): Zwischen Goethezeit und Realismus. Wandel und Spezifik in der Phase des Biedermeier. Tübingen (vorauss. 1998).

Lukas, Wolfgang: ›Zeit‹ und ›Psyche‹: zwei problematisierte Größen in der Erzählliteratur zwischen Goethezeit und Realismus, in: Kodikas/Code. Ars semeiotica. Zeitschrift für Semiotik. 19,3 (1996), 165–182.

Magris, Claudio: Der habsburgische *Mythos* in der österreichischen Literatur. Salzburg 1966.

Maiworm, Heinrich: Epos der Neuzeit. In: Deutsche Philologie im Aufriß. 2. Aufl. Bd. 2. Bonn 1960 (Sp. 685–747).

Martini, Fritz: Geschichte im Drama – Drama in der Geschichte. Spätbarock, Sturm und Drang, Klassik, Frührealismus. Stuttgart 1979.

Martino, Albert: Die deutsche Leihbibliothek und ihr *Publikum*. In: Literatur in der sozialen Bewegung. Aufsätze und Forschungsberichte zum 19. Jahrhundert. In Verbindung mit Günther Häntzschel und Georg Jäger hrsg. v. Alberto Martino. Tübingen 1977, 1–26.

Mattenklott, Gert/*Scherpe*, Klaus R. (Hrsg.): Demokratisch-revolutionäre *Literatur* in Deutschland: *Vormärz*. Kronberg/Ts. 1974 (Literatur im historischen Prozeß. 3/2)

Mayrhofer, H.: Die Reise in der Prosaliteratur in Österreich von 1880–1950. Ein Beitrag zur Erforschung der literarischen Zweckformen. Diss. Wien 1978.

McNicholl, Rachel/*Wilhelms*, Kerstin: *Liebe*, Kunst und Politik. Zur 1848er Revolution in Texten deutscher Schriftstellerinnen im 19. Jahrhundert. In: Stephan, Inge/Weigel, Sigrid: Die Marseillaise der Weiber. Frauen, die Französische Revolution und ihre Rezeption. Hamburg 1989, 104–127.

Meise, Helga: Die *Unschuld* und die Schrift. Deutsche Frauenromane im 18. Jahrhundert. Berlin, Marburg 1983.

Meixner, Horst: *Romantischer Figuralismus*. Kritische Studien zu Romanen von Arnim, Eichendorff und Hoffmann. Frankfurt/M. 1971 (Ars Poetica. Studien 13).

Meyer, Curt: Alt-Berliner politisches *Volkstheater* 1848 bis 1850. Emsdetten 1951.

Meyer, Reinhart: *Novelle und Journal*. Bd. 1: Titel und Normen. Wiesbaden 1987.

Mix, York-Gothart (Hrsg.): *Almanach- und Taschenbuchkultur* des 18. und 19. Jahrhunderts. Wiesbaden 1996.

Möhrmann, Renate: Die andere *Frau*. Emanzipationsansätze deutscher Schriftstellerinnen im Vorfeld der Achtundvierziger-Revolution. Stuttgart 1977.

Mucha, E., Die Formen der jungdeutschen Reiseliteratur. Phil. Diss. Berlin 1955.

Müller-Salget, Klaus: Erzählungen für das Volk. Evangelische Pfarrer als Volksschriftsteller im Deutschland des 19. Jahrhunderts. Berlin 1984.

Neubuhr, Elfriede: Geschichtsdrama. Darmstadt 1980.

Petzet, Christian: Die Blütezeit der deutschen politischen *Lyrik* von 1840 bis 1850. Ein Beitrag zur deutschen Literatur- und Nationalgeschichte. München 1903

Plaul, Hainer: *Nachwort*. In: Leidenschaft und Liebe. Trivialprosa des 18. und 19. Jahrhunderts. Rostock 1981, 443–484.

Plaul, Hainer: Illustrierte Geschichte der *Trivialliteratur*. Leipzig (auch: Hildesheim u. a.) 1983.

Plaul, Hainer: *Trivialromane* des 18./19. Jahrhunderts. In: Deutsche Volksdichtung. Eine Einführung. Leipzig 1979, 321–354.

Plohovich, Julia: *Webernot* und Weberaufstand (1844) in der deutschen Dichtung. Wien Phil. Diss. Masch. 1923.

Reuchlein, Georg: Bürgerliche Gesellschaft, Psychiatrie und Literatur. Zur Entwicklung der *Wahnsinnsthematik* in der deutschen Literatur des späten 18. und frühen 19. Jahrhunderts. München 1986.

Rhöse, Franz: *Konflikt und Versöhnung*. Untersuchungen zur Theorie des Romans von Hegel bis zum Naturalismus. Stuttgart 1978 (Germanistische Abhandlungen 47).

Römer, Ruth: Was ist ein *Frauenroman*? In: NdL, 6 (1956), 115–120.

Rosenberg, Rainer/*Kopp*, Detlev: *Journalliteratur* im Vormärz. Jahrbuch 1995 Forum Vormärz Forschung. Bielefeld 1996.

Ruckhäberle, Hans-Joachim: *Flugschriftenliteratur* im historischen Umkreis Georg Büchners. Kronberg/Ts. 1975.

Sarkowski, Heinz: Das *Bibliographische Institut*. Verlagsgeschichte und Bibliographie (1826–1976). Mannheim 1976.

Schauerte, Heinrich: Die *Fabrik* im Roman des Vormärz. Köln 1983.

Schelle, Hansjörg: Verserzählung. In: Reallexikon der deutschen Literaturgeschichte. 2. Aufl. Bd. 4. Berlin 1984 (698–723).

Schenda, Rudolf: Die *Lesestoffe* der kleinen Leute. Studien zur populären Literatur im 19. und 20. Jahrhundert. München 1976 (Beck'sche Schwarze Reihe 146).

Schieth, Lydia: Die *Entwicklung* des deutschen Frauenromans im ausgehenden 18. Jahrhundert. Ein Beitrag zur Gattungsgeschichte. Frankfurt/M., Bern, New York 1987.

Schönert, Jörg: *Kriminalgeschichten* in der deutschen Literatur zwischen 1770 und 1890. Zur Entwicklung des Genres in sozialgeschichtlicher Perspektive, in: Geschichte und Gesellschaft 9 (1983), 49–68.

Schöwerling, Rainer/Steinecke, Hartmut (Hrsg.): Die Fürstliche *Bibliothek Corvey*. Ihre Bedeutung für eine neue Sicht der Literatur des frühen 19. Jahrhunderts. Beiträge des 1. Internationalen Corvey-Symposions 25.–27. Oktober 1990 in Paderborn. München 1992.

Schröder, Walter Johannes (Hrsg.): Das deutsche Versepos. Darmstadt 1969.

Schwering, Markus: *Epochenwandel* im spätromantischen Roman. Untersuchungen zu Eichendorff, Tieck und Immermann. Köln 1985.

Seidler, Herbert: Österreichischer Vormärz und Goethezeit. Geschichte einer literarischen Auseinandersetzung. Wien 1982 (Öster. Akademie der Wissenschaften. Phil.-hist. Klasse, Sitzungsberichte Bd. 394).

Selbmann, Rolf (Hrsg.): Zur *Geschichte* des deutschen Bildungsromans. Darmstadt 1988 (Wege der Forschung Bd. 640).

Sengle, Friedrich: *Das historische Drama* in Deutschland. Geschichte eines literarischen Mythos. Stuttgart 1952, 3. Aufl. 1974.

Shaw, Harry E.: The Forms of Historical Fiction. Sir Walter Scott and His Successors. Ithaca, London 1983.

Siegert, Reinhart: Aufklärung und *Volkslektüre*. Exemplarisch dargestellt an Rudolph Zacharias Becker und seinem ›Noth- und Hülfsbüchlein‹. In: Archiv für Geschichte des Buchwesens XIX (1978), 565–1348.

Sottong, Hermann: *Transformation* und Reaktion. Historisches Erzählen von der Goethezeit zum Realismus. München 1992 (Münchner Germanistische Beiträge 39).

Stanitzek, Georg: *Bildung und Roman* als Momente bürgerlicher Kultur. Zur Frühgeschichte des deutschen »Bildungsromans« (SFB-Arbeitspapier Nr. 4), Bielefeld 1988.

Stein, Peter (Hrsg.): *Theorie* der Politischen Dichtung. Neunzehn Aufsätze. München 1973 (ntw 13).

Steinecke, Hartmut: *Romantheorie* und Romankritik in Deutschland. Die Entwicklung des Gattungsverständnisses von der Scott-Rezeption bis zum programmatischen Realismus. 2 Bde. Stuttgart 1975/76.

Stephan, Inge/Weigel, Sigrid: Die *verborgene Frau*. Sechs Beiträge zu einer feministischen Literaturwissenschaft. Berlin 1983.

Strelka, Joseph P.: Der literarische Reisebericht. In: Klaus Weissenberger (Hrsg.): Prosakunst ohne Erzählen. Gattungen der nicht-fiktionalen Kunstprosa. Tübingen 1985, 169–184.

Theilacker, Jörg: Der erzählende Musiker. Untersuchungen von *Musikererzählungen* des 19. Jahrhunderts und ihrer Bezüge zur Entstehung der deutschen Nationalmusik. Mit einer Bibliographie der Musikererzählungen des Zeitraums 1797 bis 1884. Frankfurt/M. u. a. 1988 (Münchener Studien zur literarischen Kultur in Deutschland Bd. 5).

Thomä, Horst: *Autonomes Ich* und ›Inneres Ausland‹. Studien über Realismus, Tiefenpsychologie und Psychiatrie in dt. Erzähltexten (1848–1914). Tübingen 1993 (Hermaea; N.V., Bd. 70).

Titzmann, Michael: Probleme des *Epochenbegriffs* in der Literaturgeschichtsschreibung. In: Richter, Karl/Schönert, Jörg (Hrsg): Klassik und Moderne. Die Weimarer Klassik als historisches Ereignis und Herausforderung im kulturgeschichtlichen Prozeß (Festschrift f. W. Müller-Seidel zum 60. Geb.). Stuttgart 1983, 99–131.

Townsend, Mary Lee: Humor als Hochverrat. Albert Hopf und die Revolution 1848. Berlin 1988.

Tretjakov, Sergej: Die Arbeit des *Schriftstellers*. Aufsätze, Reportagen, Porträts. Reinbek bei Hamburg 1972.

Vollmer, Hartmut: Der deutschsprachige *Roman 1815–1820*. Bestand, Entwicklung, Gattungen, Rolle und Bedeutung in der Literatur und in der Zeit. München 1993 (Corvey-Studien Bd. 2).

Wäscher, Hermann: Das deutsche illustrierte Flugblatt. Dresden 1956.

Waschinsky, Angelika: Die literarische Vermittlung von Musik und Malerei in den *Künstlernovellen* des 19. Jahrhunderts. Frankfurt/M. u. a. 1989 (Europäische Hochschulschriften: Reihe 1, Deutsche Sprache und Literatur, Bd. 1109)

Weber, Johannes: Goethe und die Jungen. Über die Grenzen der Poesie und vom Vorrang des wirklichen Lebens. Tübingen 1989.

Weber, Johannes: *Libertin* und Charakter. Heinrich Heine und Ludwig Börne im Werturteil der deutschen Literaturgeschichtsschreibung 1840–1918. Heidelberg 1984.

Weber, Rolf (Hrsg.): Revolutionsbriefe 1848/49. Leipzig 1973.

Weigel, Sigrid: Der schielende *Blick*. Thesen zur Geschichte weiblicher Schreibpraxis. In: *Stephan/Weigel, Verborgene Frau* (III, 2), 83–137.

Weigel, Sigrid: Flugschriftenliteratur 1848 in Berlin. Geschichte und Öffentlichkeit einer volkstümlichen Gattung. Stuttgart 1979.

Wiedemann, C. (Hrsg.): Rom – Paris – London. Erfahrung und Selbsterfahrung deutscher Schriftsteller und Künstler in den fremden Metropolen. Stuttgart 1988.

Wiegand, Julius: Epos. In: Reallexikon der deutschen Literaturgeschichte. 2. Aufl. Bd. 1. Berlin 1958, 381–393.

Wild, Reiner: *Geschichte* der deutschen Kinder- und Jugendliteratur. Stuttgart 1990.

Wilke, Jürgen: Das ›*Zeitgedicht*‹. Seine Herkunft und frühe Ausbildung. Meisenheim am Glan 1974.

Wittmann, Reinhard: *Buchmarkt* und Lektüre im 18. und 19. Jahrhundert. Beiträge zum literarischen Leben 1750–1880. Tübingen 1982 (Studien und Texte zur Sozialgeschichte der Literatur 6).

Wülfing, Wulf: Reiseliteratur und Realitäten im Vormärz. Vorüberlegungen zu Schemata und Wirklichkeitsfindung im frühen 19. Jahrhundert. In: W. Griep und H.-W. Jäger (Hrsg.): Reise und soziale Realität am Ende des 18. Jahrhunderts (Neue Bremer Beiträge, Bd. 1). Heidelberg 1983.

Zeller, Bernhard/Scheffler, W. (Hrsg.): Literatur im deutschen Südwesten. Stuttgart 1987.

Ziegler, Edda: *Buchgestaltung* in Deutschland 1820 bis 1850. Zum Einfluß soziokultureller Faktoren auf die Präsentationsform von Literatur. In: Buchgestaltung in Deutschland 1740 bis 1890. Vorträge des dritten Jahrestreffens des Wolfenbütteler Arbeitskreises für Geschichte des Buchwesens ⟨...⟩. Hrsg. v. Paul Raabe. Hamburg 1980, 124–145.

Ziegler, Edda: Julius *Campe* – Der Verleger Heinrich Heines. Hamburg 1976.

Ziegler, Edda: *Zensurgesetzgebung* und Zensurpraxis in Deutschland 1819 bis 1848. In: Buchhandel und Literatur. Festschrift für Herbert G. Göpfert zum 75. Geburtstag. Hrsg. v. Reinhard Wittmann und Bertold Hack. Wiesbaden 1982, 185–220.

Zuber, Maria: Die deutschen *Musenalmanache* und schöngeistigen Taschenbücher des Biedermeier, 1815–1848, in: Archiv für die Geschichte des Buchwesens 1 (1958), 398–489.

IV. Auswahlbibliographie zu einzelnen Autoren: benutzte Ausgaben und zitierte Literatur

Willibald Alexis (= Georg Wilhelm Heinrich Häring) (1798–1871)

Beutin, Wolfgang: Königtum und Adel in den historischen Romanen von Willibald Alexis. Berlin 1966. (Philologische Studien und Quellen. H. 37).

Gast, Wolfgang: Der deutsche Geschichtsroman im 19. Jahrhundert: Willibald Alexis. Untersuchungen zur Technik seiner »vaterländischen Romane«. Freiburg/B. 1972 (Deutsche Literatur- und Sprachstudien. R. A. Bd. 1).

Richter, Paul K.: Willibald Alexis als Literatur- und Theaterkritiker. Berlin 1931 (Germanistische Studien. H. 107).

Tatlock, C. Lynne: Willibald Alexis' Zeitroman ›Das Haus Düsterweg‹ and the Vormärz. Frankfurt/M. 1984.

Mathilde Franziska Anneke (1817–1884)

Henkel/Taubert, Das Weib im Conflict mit den socialen Verhältnissen. Mathilde Franziska Anneke und die erste deutsche Frauenzeitung. Bochum 1976.

Wagner, Maria: Mathilde Franziska Anneke in Selbstzeugnissen und Dokumenten. Frankfurt/M 1980.

Achim von Arnim (1781–1831)

Hoffmann, Volker: Künstliche Zeugung und Zeugung von Kunst im Erzählwerk Achim von Arnims, in: Aurora 46, 1986, 158–167.

Louise Aston (1814–1871)

Goetzinger, Germaine: Für die Selbstverwirklichung der Frau: Louise Aston. In Selbstzeugnissen und Dokumenten. Frankfurt/M 1983.
Wimmer, Barbara: Die Vormärzschriftstellerin Louise Aston. Frankfurt/M. 1993.

Michael Beer (1800–1833)

Beer, Michael: Sämtliche Werke. Hrsg. v. Eduard von Schenk. Leipzig 1835.

Ludwig Börne (1786–1837)

Börne, Ludwig: *Sämtliche Schriften*. Neu bearb. u. hrsg. v. Inge und Peter Rippmann. 5 Bde. Düsseldorf 1964–1968.
Booß, R.: Ansichten der Revolution. Paris-Berichte deutscher Schriftsteller nach der Juli-Revolution 1830: Heine, Börne u. a. Köln 1977.
Brenner, Peter J.: Reiseberichte im Umfeld der Juli-Revolution. In: *Brenner, Forschungsüberblick* (III, 1), 424 ff.
Rippmann, Inge/*Labuhn*, Wolfgang (Hrsg.): ›Die Kunst – eine Tochter der Zeit‹. Neue Studien zu Ludwig *Börne*. Bielefeld 1988.

Clemens Brentano (1778–1842)

Brentano, Clemens, Werke. 4 Bände. Hrsg. v. Friedhelm Kemp, München 1963–68.
Frühwald, Wolfgang: Das *Spätwerk* Clemens Brentanos (1815–1842). Romantik im Zeitalter der Metternich'schen Restauration. Tübingen 1977.
ders.: Der Bergmann in der Seele Schacht. Zu Clemens Brentanos Gedicht ›Frühlingsschrei eines Knechtes aus der Tiefe‹. In: Gedichte und Interpretationen. Bd. 3. Klassik und Romantik. Hrsg. v. Wulf Segebrecht. Stuttgart 1984, 437–450.
Tunner, E., Clemens Brentano. Imagination et sentiment religieux. 2 Bde. Paris 1977.

Georg Büchner (1813–1837)

Büchner, Georg: Sämtliche Werke und Briefe. Historisch-kritische Ausgabe mit Kommentar. Hrsg. von Werner R. Lehmann (Hamburger Ausgabe). Bd. 1: Dichtungen und Übersetzungen. Mit Dokumentationen zur Stoffgeschichte. München ³1979. Bd. 2: Vermischte Schriften und Briefe. München 1972.
Büchner, Georg: Gesammelte Werke. Erstdrucke und Erstausgaben in Faksimiles. Hrsg. v. Thomas Michael Mayer. Frankfurt/M. 1987.
Büchner, Georg: Werke und Briefe. Hrsg. v. Karl Pörnbacher, Gerhard Schaub, Hans-Joachim Simm, Edda Ziegler (Münchner Ausgabe). München 1988. *(Büchner, WuB)*.

Büchner, Georg: Sämtliche Werke, Briefe und Dokumente. Hrsg. v. Henri Poschmann. Frankfurt/M. 1992.

Büchner, Georg: Briefwechsel. Kritische Studienausgabe. Hrsg. v. Jan-Christoph Hauschild. Basel, Frankfurt/M. 1994.

Georg Büchner. Hrsg. v. Michael Knaupp. CD-ROM Bibliothek X-Libris. München 1996.

Georg Büchner Jahrbuch. In Verbindung mit der Georg Büchner Gesellschaft und der Forschungsstelle Georg Büchner – Literatur und Geschichte des Vormärz – im Inst. f. Neuere deutsche Lit. d. Philipps-Univ. Marburg hrsg. v. Thomas Michael Mayer. Bd. 1 ff. Frankfurt/M. [Tübingen] 1981 ff.

Bolten, Jürgen: Geschichtsphilosophische Einsicht, Langeweile und Spiel. Zu Büchners ›Leonce und Lena‹. In: Archiv f. d. Studium der neueren Sprachen und Literaturen 222 (1985), 293–305.

Georg *Büchner I/II*. Sonderband d. Reihe text+kritik. Hrsg. Heinz-Ludwig Arnold. München ²1982.

Georg Büchner III. Sonderband d. Reihe text+kritik. Hrsg. v. Heinz-Ludwig Arnold. München 1981.

Georg Büchner. Leben, Werk, Zeit. Katalog d. Ausst. z. 150. Jahrestag des ›Hessischen Landboten‹. Bearb. v. Thomas Michael Mayer. Marburg 1985.

Georg Büchner. Revolutionär, Dichter, Wissenschaftler. Katalog der Ausst. Mathildenhöhe, Darmstadt 1987. Frankfurt/M. 1987. *(Darmstädter Katalog)*.

Cercignani, Fausto (Hrsg.): Studia Büchneriana. Georg Büchner 1988. Mailand 1990.

Dedner, Burghard (Hrsg.): Der widerständige Klassiker. Einleitungen zu Büchner vom Nachmärz bis zur Weimarer Republik. Frankfurt/M. 1990.

Dedner, Burghard (Hrsg.): Georg Büchner: Leonce und Lena. Kritische Studienausgabe. Beiträge zu Text und Quellen v. Jochen Berns u. a. Frankfurt/M. 1987 (= Büchner Studien 3).

Dedner, Burghard: Legitimation des Schreckens in Georg Büchners Revolutionsdrama. In: Jahrbuch der Deutschen Schillergesellschaft Bd. 29 (1985), 343–380.

Dedner, Burghard/Hofstaetter, Hella (Hrsg.): Romantik im Vormärz. Marburg 1992 (= Marburger Studien z. Lit. 4).

Eibl, Karl: »Ergo totgeschlagen«. Erkenntnisgrenzen und Gewalt in Büchners ›Dantons Tod‹ und ›Woyzeck‹. In: Euphorion 75 (1981), 411–429.

Großklaus, Götz: Haus und Natur. Georg Büchners ›Lenz‹: Zum Verlust des sozialen Ortes. In : Recherches germaniques 12 (1982), 68–77.

Hauschild, Jan-Christoph: Georg Büchner. Biographie. Stuttgart, Weimar 1993.

Hauschild, Jan-Christoph: Georg Büchner. Mit Selbstzeugnissen und Bilddokumenten. Reinbek ²1995.

Kitzbichler, Martina: *Aufbegehren* der Natur. Das Schicksal der vergesellschafteten Seele in Georg Büchners Werk. Opladen 1993.

Kubik, Sabine: *Krankheit und Medizin* im literarischen Werk Georg Büchners. Stuttgart 1991.
Meier, Albert: Georg Büchner: ›Woyzeck‹. München 1980 (= Text und Geschichte. Modellanalysen z. dt. Lit. 1).
Meier, Albert: Georg Büchners Ästhetik. München 1983 (= Literatur in der Gesellschaft NF 5).
Mills, Ken/Keith-Smith, Brian (Hrsg.): Georg Büchner – Tradition and Innovation. 14 Essays. Bristol 1990.
Oesterle, Günter (Hrsg.): Zweites Internationales Georg Büchner Symposion 1987. Referate. Frankfurt/M. 1990.
Proß, Wolfgang: Die Kategorie »Natur« im Werk Georg Büchners. In: Aurora. Jahrbuch der Eichendorff-Gesellschaft Bd. 40 (1980), 172–188.
Werner, Hans-Georg: Büchners ›Woyzeck‹. Dichtungssprache als Analyseobjekt. In: Weimarer Beiträge 27 (1981), 72–99.
Werner, Hans-Georg (Hrsg.): Studien zu Georg Büchner. Berlin, Weimar 1988.

Adelbert von Chamisso (1781–1838)

Chamisso, Adelbert von: Gesammelte Werke in vier Bänden. Mit einer biogr. Einl. hrsg. v. M. Koch. Stuttgart 1893.
Chamisso, Adelbert von: Sämtliche Werke in zwei Bänden. Textredaktion Jost Perfahl. Anmerkungen und Nachwort von Volker Hoffmann. München 1975
Chamisso, Adelbert von: *Sämtliche Werke*. 2 Bde. Hrsg. v. Werner Feudel und Christel Laufer. München 1982.

Brenner, Peter. J.: Adelbert von Chamisso. In: *Brenner, Forschungsüberblick* (III, 1), Kap. VIII: Die Vermessung der Welt: Forschungsreisen im 19. Jahrhundert, 449 ff.
Feudel, Werner: Adelbert von Chamisso – Leben und Werk. Leipzig 1971.
Hoffmann, Volker: Nachwort. In: Adelbert von Chamisso: Sämtliche Werke. Bd. II. München 1975, 665 ff.
Kelm, Heinz: Adelbert von Chamisso als Ethnograph der Südsee. Phil. diss. Bonn (masch.) 1951.
Klux, H.: Über Adelbert von Chamissos Beschreibung der Insel Santa Catarina in der ›Reise um die Welt‹ (1836). In: Staden-Jahrbuch, 27/28 (1978/79), 41 ff.
Kramer, Fritz: Verkehrte Welten. Zur imaginären Ethnographie des 19. Jahrhunderts. Frankfurt/M. 1977 (insbes. 70 ff.).
Menza, Gisela: Adelbert von Chamissos ›Reise um die Welt mit der Romanzoffischen Entdeckungsexpedition in den Jahren 1815–18‹. Versuch einer Bestimmung des Werkes als Dokument des Überganges von der Spätromantik zur vorrealistischen Biedermeierzeit. Frankfurt/M. 1978.

Ernst Dronke (1822–1891)

Dronke, Ernst: ›Aus dem Volk‹ und ›Polizeigeschichten‹. Frühsozialistische Novellen. Hrsg. und mit einem Nachwort v. Bodo Rollka. Köln 1981.
Dronke, Ernst: Berlin. Frankfurt/M. 1846 (Gekürzter Nachdruck, hrsg. v. Rainer Nitsche. Darmstadt/Neuwied 1974).

Edler, Erich: Ernst *Dronke* und die Anfänge des deutschen sozialen Romans. In: Euphorion 56 (1962), 248–268.

Annette von Droste-Hülshoff (1797–1848)

Droste-Hülshoff, Annette von: Historisch-kritische Ausgabe: *Werke und Briefwechsel*. Hrsg. v. Winfried Woesler. Tübingen 1978 ff. *(Werke und Briefwechsel HKA)*.
Droste-Hülshoff, Annette von: Sämtliche Werke. Hrsg. v. Clemens Heselhaus. München 1952 (^{7}1974).
Droste-Hülshoff, Annette von: Sämtliche Werke. 2 Bde. Hrsg. v. Bodo Plachta und Winfried Woesler. Frankfurt/M. 1994 (mit Hinweisen zu Bibliographie, Forschungsberichten und Jahrbüchern).
Droste-Hülshoff, Annette von: Briefe. Hrsg. v. Karl Schulte Kemminghausen. Jena 1944.

Berning, Stephan: *Sinnbildsprache*. Zur Bildstruktur des Geistlichen Jahrs der Annette von Droste-Hülshoff. Tübingen 1975.
Borchmeyer, Dieter: Annette von Droste-Hülshoff: Des Grauens Süße. Ein Lesebuch. München 1997
Gödden, Walter: Annette von Droste-Hülshoff – Leben und Werk. Eine Dichterchronik. Bern 1994.
Gössmann, Wilhelm: Das politische Zeitbewußtsein der Droste. In: Jahrbuch der Droste-Gesellschaft 5 (1972), 102–122.
Heinz, Heide: Die schuldverseuchte *Unterwelt*. Zu Annette von Droste-Hülshoffs ›Geistlichem Jahr I‹. Essen 1986.
Heselhaus, Clemens: Annette von Droste-Hülshoff. Werk und Leben. Düsseldorf 1971.
ders.: Die Zeitbilder der Droste. In: Jahrbuch der Droste-Gesellschaft, 4 (1962), 79–104.
Kortländer, Bernd: Annette von Droste-Hülshoff und die deutsche Literatur. Kenntnis – Beurteilung – Beeinflussung. Münster 1979.
Kraft, Herbert: Annette von Droste-Hülshoff. Reinbek bei Hamburg 1994.
Lavater-Sloman, M.: Annette von Droste-Hülshoff. Einsamkeit und Leidenschaft. Zürich 1950.
Nettesheim, Josefine: Die geistige Welt der Dichterin Annette von Droste-Hülshoff. Münster 1967.
Niethammer, O. u. Belemann, C. (Hrsg.): Ein Gitter aus Musik und Sprache – Feministische Analysen zu Annette von Droste-Hülshoff. Paderborn 1993.

Joseph von Eichendorff (1788–1857)

Eichendorff, Josef von: Werke, hrsg. v. Wolfdietrich Rasch, München ³1966.
Eichendorff, Josef von: Werke in sechs Bänden. Hrsg. v. W. Frühwald u. a. Frankfurt/M. 1988 ff.
Eichendorff, Joseph von: *Ahnung und Gegenwart*. Hrsg. v. Christiane Briegleb und Clemens Rauschenberg (Sämtliche Werke des Freiherrn Joseph von Eichendorff. Historisch-kritische Ausgabe. Begründet v. Wilhelm Kosch und August Sauer. Fortgeführt und hrsg. v. Hermann Kunisch und Helmut Koopmann. Bd. III). Stuttgart 1984 *(HKA 3)*.
Eichendorff, Joseph von: Ahnung und Gegenwart. In: Joseph von Eichendorff. Werke in sechs Bänden. Hrsg. v. Wolfgang Frühwald, Brigitte Schillbach und Hartwig Schultz. Bd. 2. Hrsg. v. Wolfgang Frühwald und Brigitte Schillbach (Bibliothek deutscher Klassiker; 8), Frankfurt/M. 1983, 53–382. *(Eichendorff, Ahnung und Gegenwart, BdK 8)*.
Eichendorff, Joseph von: Dichter und ihre Gesellen. In: Joseph von Eichendorff. Werke in sechs Bänden. Hrsg. v. Wolfgang Frühwald, Brigitte Schillbach und Hartwig Schultz. Bd. 3, hrsg. v. Brigitte Schillbach und Hartwig Schultz (Bibliothek deutscher Klassiker; 100). Frankfurt/M. 1993, 105–353. *(Eichendorff, Dichter und ihre Gesellen, BdK 100)*
Eichendorff, Joseph von: Dichter und ihre Gesellen. Novelle. Hrsg. v. Wolfgang Nehring. Stuttgart 1987 (Reclam UB 2351) *(Eichendorff, Dichter und ihre Gesellen, RUB)*.

Bormann, Alexander von: Kritik der Restauration in Eichendorffs Versepen. In: H.-G. Pott (Hrsg.): Eichendorff und die Spätromantik. Paderborn 1985, 69 ff.
Bormann, Alexander von: *Natura loquitur*. Naturpoesie und emblematische Formel bei Joseph von Eichendorff. Tübingen 1968.
Frühwald, Wolfgang: Eichendorff-Chronik. Daten zu Leben und Werk. München 1977.
Hillach, Ansgar/Krabiel, Klaus-Dieter: *Eichendorff-Kommentar*. Bd. 1. Zu den Dichtungen. München 1971.
Kunisch, D.: Joseph von Eichendorff. Fragmentarische Autobiographie. München 1985.
Matt, Peter von: Der irrende Leib. Die Momente des Unwissens in Eichendorffs Lyrik. In: Aurora 49 (1989), 47 ff.
Osinski, Jutta: *Katholizismus* und deutsche Literatur im 19. Jahrhundert. Paderborn u. a. 1993.
Pott, Hans-Georg (Hrsg.): *Eichendorff* und die Spätromantik. Paderborn 1985.
Riemen, Alfred (Hrsg.): Ansichten zu *Eichendorff*. Beiträge der Forschung 1958 bis 1988. Sigmaringen 1988.
Schultz, H.: Eichendorffs Lyrik im Kontext der romantischen Poetik. In: Sibylle von Steinsdorff und E. Grunewald (Hrsg.): Joseph von Eichendorff 1788–1857. ›Ich bin mit der Revolution geboren ⟨...⟩‹. Ratlingen 1988, 265 ff.
Segebrecht, Wulf (Hrsg.): Gedichte und Interpretationen. Bd. 3. Klassik und Romantik. Stuttgart 1984.

Steinsdorff, Sibylle von und Grunewald, E. (Hrsg.): Joseph von Eichendorff 1788–1857. ›Ich bin mit der Revolution geboren ⟨...⟩‹. Ratlingen 1988.

Stöcklein, Paul (Hrsg.): Eichendorff heute. Stimmen der Forschung mit einer Bibliographie. München 1960 (Darmstadt ²1966).

ders.: Joseph von Eichendorff in Selbstzeugnissen und Bilddokumenten. Reinbek bei Hamburg 1963.

Friedrich Engels (1820–1895)

Engels, Friedrich: Die Lage der arbeitenden Klasse in England. Nach eigener Anschauung und authentischen Quellen. Leipzig 1845; wieder in: Karl Marx/Friedrich Engels, Werke (MEW), Bd. 2, Berlin (Ost) 1957 ff., 225 ff.

Härtl, H.: Entwicklung und Traditionen der sozialistischen Reiseliteratur. In: Erworbene Tradition. Studien zu Werken der sozialistischen Literatur, hrsg. v. G. Hartung, T. Höhle, H.-G. Werner. Berlin/Weimar 1977, 299 ff.

Rose, M. A.: Heine und Engels as ›Fellow-Travellers‹: Comments on some relationships between their satiric travel sketches. In: Heine-Jahrbuch 23 (1984), 133 ff.

Adolf Glaßbrenner (1810–1876)

Glaßbrenner, Adolf: Unterrichtung der Nation. Ausgewählte Werke und Briefe in drei Bänden. Hrsg. v. Horst Denkler, Wilhelm Große, Ingrid Heinrich-Jost. Köln 1981.

Glaßbrenner, Adolf: Welt im Guckkasten. Ausgewählte Werke in zwei Bänden. Hrsg. und mit einer Einleitung versehen v. Gert Ueding. Frankfurt/M. u. a. 1985.

Glaßbrenner, Adolf: ... ne scheene Jejend is det hier! Humoresken, Satiren, komische Szenen. Hrsg. v. Kurt Böttcher unter Mitarb. v. Gerda Böttcher. Berlin ²1977.

Steiner, Volkmar: Adolf Glaßbrenners Rentier Buffey. Zur Typologie des Kleinbürgers im Vormärz. Frankfurt/M. 1983.

Johann Wolfgang von Goethe (1749–1832)

Goethe, Johann Wolfgang von: Werke. Mit Anm. versehen u. hrsg. v. E. Trunz. Hamburg 1960 ff.

Goethe, Johann Wolfgang von: Wilhelm Meisters Lehrjahre. Ein Roman. Hrsg. v. Hans-Jürgen Schings (= Johann Wolfgang Goethe. Sämtliche Werke nach Epochen seines Schaffens. Münchner Ausgabe. Hrsg. v. Karl Richter, Bd. 5), München 1988 *(Goethe, Lehrjahre, Münchner Ausgabe, 5)*

Goethe, Johann Wolfgang von: Wilhelm Meisters Lehrjahre. In: Johann Wolfgang Goethe. Sämtliche Werke. Briefe, Tagebücher und Gespräche. Vierzig Bände. Hrsg. v. Friedmar Apel u. a., I. Abteilung: Sämtliche Werke, Bd. 9, hrsg. v. Wilhelm Voßkamp und Herbert Jaumann. Unter Mitwirkung v. Almuth Voßkamp. Frankfurt/M. 1992 (Bibliothek deutscher Klassiker; 82), 355–992 *(Goethe, Lehrjahre, BdK 82)*.

Goethe, Johann Wolfgang von: Wilhelm Meisters Wanderjahre. Hrsg. v. Gerhard Neumann und Hans-Georg Dewitz (= Johann Wolfgang Goethe. Sämtliche Werke. Briefe, Tagebücher und Gespräche. Vierzig Bände. Hrsg. v. Friedmar Apel u. a., I. Abteilung: Sämtliche Werke, Bd. 10), Frankfurt/M. 1989 (Bibliothek deutscher Klassiker; 50), 9–259 (Erste Fassung 1821), 261–774 (Zweite Fassung 1829) *(Goethe, Wanderjahre, BdK 50)*.

Goethe, Johann Wolfgang von: Wilhelm Meisters Wanderjahre. Maximen und Reflexionen. Hrsg. v. Gonthier-Louis Fink, Gerhard Baumann und Johannes John (= Johann Wolfgang Goethe. Sämtliche Werke nach Epochen seines Schaffens. Münchner Ausgabe. Hrsg. v. Karl Richter, Bd. 17), München 1991, 7–238 (Erste Fassung 1821), 239–714 (Zweite Fassung 1829) *(Goethe, Wanderjahre, Münchner Ausgabe 17)*.

Goethe-Bibliographie. Literatur zum dichterischen Werk. Zusammengestellt v. Helmut G. Hermann. Stuttgart 1991.

Lützeler, Paul Michael/McLeod, James E. (Hrsg.): *Goethes Erzählwerk*. Interpretationen. Stuttgart 1985.

Maierhofer, Waltraud: ›Wilhelm Meisters *Wanderjahre*‹ und der Roman des Nebeneinander. Bielefeld 1990.

Michel, W.: Goethes Erfahrung frühindustrieller Fremde. Initiation und Fiktion im Kontext der zeitgenössischen Reiseliteratur, in: Jahrbuch Deutsch als Fremdsprache, 9 (1983), 17 ff.

Schulz, Gerhard: Johann Wolfgang Goethe: ›Novelle‹ (1828), in: *Interpretationen. Erzählungen und Novellen des 19. Jahrhunderts* (III, 2), 381–415.

Wittkowski, Wolfgang (Hrsg.): *Goethe im Kontext*. Kunst und Humanität, Naturwissenschaft und Politik von der Aufklärung bis zur Restauration. Ein Symposium. Tübingen 1984.

Christian Dietrich Grabbe (1801–1836)

Grabbe, Christian Dietrich: Werke und Briefe. Historisch-kritische Gesamtausgabe in 6 Bdn. Bearb. v. Alfred Bergmann. Emsdetten 1960–1973.

Grabbe, Christian Dietrich: Werke. 3 Bde. Hrsg. v. Roy C. Cowen. München 1975–1977.

Grabbe über seine Werke. Christian Dietrich Grabbes Selbstzeugnisse zu seinen Dramen, Aufsätzen und Plänen. Hrsg. u. erl. v. Ladislaus Löb. Frankfurt/M. u. a. 1991.

Bergmann, Alfred: Grabbe-Bibliographie. Amsterdam 1973.

Grabbe-Jahrbuch. 1982 ff.

Christian Dietrich Grabbe (1801–1836). Ein Symposium. Hrsg. v. Werner Broer u. Detlev Kopp. Tübingen 1987.
Grabbes Gegenentwürfe. Neue Deutungen seiner Dramen. Hrsg. v. Winfried Freund. München 1986.
Grabbe und die Dramatiker seiner Zeit. Beiträge zum II. Internationalen Grabbe-Symposium 1989. Hrsg. v. Detlev Kopp u. Michael Vogt. Tübingen 1990
Grabbes Werke in der zeitgenössischen Kritik. 6 Bde. Hrsg. v. Alfred Bergmann. Detmold 1958–1966.

Jeremias Gotthelf (= Albert Bitzius) (1797–1854)

Hahl, Werner: Jeremias Gotthelf – Der ›Dichter des Hauses‹. Die christliche Familie als literarisches Modell der Gesellschaft. Stuttgart, Weimar 1993.

Franz Grillparzer (1791–1872)

Grillparzer, Franz: Sämtliche Werke. Historisch-kritische Gesamtausgabe. 3 Abteilungen in 42 Bdn. Hrsg. v. August Sauer, fortgef. v. Reinhold Backmann. Wien 1909–1948.
Grillparzer, Franz: Sämtliche Werke. Ausgewählte Briefe, Gespräche, Berichte. 4 Bde. Hrsg. v. Peter Frank u. Karl Pörnbacher. München 1960–1965.
Grillparzer, Franz: Werke in 6 Bdn. Hrsg. v. Helmut Bachmaier. Bd. 2: Dramen 1817–1828. Frankfurt/M. 1986. Bd. 3: Dramen 1828–1851. Frankfurt/M. 1987.
Grillparzers Gespräche und die Charakteristiken seiner Persönlichkeit durch die Zeitgenossen. Hrsg. v. August Sauer. 6 Bde. Wien 1904–1916.

Bibliographie in: Franz Grillparzer. Hrsg. v. Helmut Bachmeier. Frankfurt 1991, 417–462.

Jahrbuch der Grillparzer-Gesellschaft. 1890 ff.

Franz Grillparzer. Hrsg. v. Helmut Bachmeier. Frankfurt/M. 1991.
Fülleborn, Ulrich: Das dramatische Geschehen im Werk Franz Grillparzers. Ein Beitrag zur Epochenbestimmung der deutschen Dichtung im 19. Jahrhundert. München 1966.
Fürst, Norbert: Grillparzer auf der Bühne. Eine fragmentarische Geschichte. Wien, München 1958.
Gerettete Ordnung. Grillparzers Dramen. Hrsg. v. Bernhard Budde u. Ulrich Schmidt. Frankfurt/M. u. a. 1987.
Lorenz, Dagmar C. J.: Grillparzer, Dichter des sozialen Konflikts. Wien 1986.
»Was nützt der Glaube ohne Werke...« Studien zu Franz Grillparzer anläßlich seines 200. Geburtstages. Hrsg. v. August Obermayer. Dunedin/Neuseeland 1992.

Karl Gutzkow (1811–1878)

Gutzkow, Karl: Gutzkows *Werke*. Auswahl in zwölf Teilen. Hrsg., mit Einl. und Anm. versehen v. Reinhold Gensel. Berlin u. a., o. J. (1912) (Repr. Hildesheim 1974).
Gutzkow, Karl: Ausgewählte Werke in 12 Bdn. Hrsg. v. Heinrich Hubert Houben. Leipzig 1908.
Gutzkow, Karl: Die *Ritter vom Geiste*. Roman in neun Büchern. Berlin, Leipzig u. a. 1912 (= Gutzkows Werke. Die Ritter vom Geiste. In drei Teilen. Ergänzung zur Auswahl in zwölf Teilen; hrsg., mit Einleitung und Anmerkungen versehen v. Reinhold Gensel), Reprint Hildesheim 1974.

Friesen, Gerhard: Karl Gutzkow und Heinrich Hoff. Zu einer vormärzlichen Kontroverse über *Preisherabsetzungen* im Buchhandel. In: Archiv für Geschichte des Buchwesens Bd. XXI, Liefer. 3 (1980), 750–767.
Funke, Rainer: Beharrung und Umbruch 1830–1860. Karl *Gutzkow* auf dem Weg in die literarische Moderne. Frankfurt/M. u. a. 1984 (Tübinger Studien zur deutschen Literatur. Bd. 8).
Vonhoff, Gert: Vom bürgerlichen Individuum zur sozialen Frage. *Romane von* Karl *Gutzkow*. Frankfurt/M. u. a. 1994 (Historisch-kritische Arbeiten zur deutschen Literatur Bd. 15)

Ida Gräfin Hahn-Hahn (1805–1880)

Hahn-Hahn, Ida von: Orientalische Briefe. Hrsg. u. mit Vorwort v. G. Habinger. Wien 1991.

Geiger, Gerlinde Maria: Die befreite Psyche. Emanzipationsansätze im Frühwerk *Ida Hahn-Hahn*s (1838–1848). Frankfurt/M, Bern, New York 1986.
Wülfing, Wulf: Reiseberichte im Vormärz. Die Paradigmen Heinrich Heine und Ida Hahn-Hahn, in: *Brenner, Reisebericht* (II, 2), 333–362.

Harro Harring (1798–1870)

Grab, Walter: Harro *Harring*. Revolutionsdichter und Odysseus der Freiheit. In: *Mattenklott/Scherpe, Vormärz* (III, 2), 9–84.

Wilhelm Hauff (1802–1827)

Pfäfflin, Friedrich (Bearb.): Wilhelm Hauff und der Lichtenstein. Marbach 1981 (Marbacher Magazin. 11).

Friedrich Hebbel (1813–1863)

Hebbel, Friedrich: Sämtliche Werke. Historisch-kritische Ausgabe. Hrsg. v. Richard Maria Werner. 24 Bde. in 3 Abteilungen u. Anhang. Berlin 1901–1907.
Hebbel, Friedrich: Werke. Hrsg. v. Gerhard Fricke, Werner Keller, Karl Pörnbacher. 5 Bde. München 1963.

Wütschke, Hans: Hebbelbibliographie. Ein Versuch. Berlin 1910.
Gerlach, U. Henry: Hebbel-Bibliographie 1910–1970. Heidelberg 1973
Gerlach, U. Henry: Hebbel-Bibliographie 1970–1980, in: HJb 1983, 157–189.
Gerlach, U. Henry: Hebbel-Bibliographie 1980–1990, in: HJb 1992, 117–141.

Hebbel-Jahrbuch (= HJb). 1939–1943. 1949/50. 1951 ff.

Friedrich Hebbel. Neue Studien zu Werk und Wirkung. Hrsg. v. Hilmar Grundmann. Heide Boyens 1982.
Friedrich Hebbel. Hrsg. v. Helmut Kreuzer u. Roland Koch. Darmstadt 1989.
Kaiser, Herbert: Friedrich Hebbel. Geschichtliche Interpretation des dramatischen Werks. München 1983.
Lütkehaus, Ludger: Friedrich Hebbel, ›Maria Magdalene‹. München 1983.

Georg Wilhelm Friedrich Hegel (1770–1831)

Hegel, Georg Wilhelm Friedrich: Werke in zwanzig Bänden, hrsg. v. E. Moldenhauer u. K. M. Michel, Frankfurt/M. 1970.

Löwith, Karl: Von Hegel zu Nietzsche. Der revolutionäre Bruch im Denken des neunzehnten Jahrhunderts. Stuttgart ^{5}1964.

Heinrich Heine (1797–1856)

Heine, Heinrich: Säkularausgabe. Werke, Briefe, Lebenszeugnisse. Weimar, Paris 1970 ff.
Heine, Heinrich: *Sämtliche Schriften*. Hrsg. v. Klaus Briegleb. München ²1978.

Brummack, Jürgen: *Heinrich Heine*. Epoche – Werk – Wirkung. München 1980.
Höhn, Gerhard: *Heine-Handbuch*. Zeit, Person, Werk. Stuttgart 1987.
(aktualisierte Bibliographie auch in: *Höhn, Profile*, ²1997 (s.u.)).

Altenhofer, N.: Heines Italienische Reisebilder. In: Jahrbuch des Freien deutschen Hochstifts, 1986, 293 ff.
Bellmann, Werner: Chiffrierte *Botschaften*. Ästhetische Kodierung und Rezeptionsvorgaben in Heines ›Zeitgedichten‹. In: Heine-Jahrbuch 26 (1987), 54–77.

Booß, Rutger: Ansichten der Revolution. Paris-Berichte deutscher Schriftsteller nach der Juli-Revolution 1830: Heine, Börne u. a. Köln 1977.

Brenner, Peter J.: Poesie, Publizistik, Politik: Die Weiterentwicklung der Gattung durch Heines Reiseschriften und der Reisebericht im Vormärz. In: *Brenner, Forschungsüberblick* (III, 1), 361 ff., insbes. 424 ff.

Briegleb, Klaus: *Schriftstellernöte* und literarische Produktivität. Zum Exempel Heinrich Heine. In: Kolbe, Jürgen (Hrsg.): Neue Ansichten einer künftigen Germanistik. München 1973, 121–159.

Gafert, K.: Die soziale Frage in Kunst und Literatur des 19. Jahrhunderts. Ästhetische Politisierung des Weberstoffes. Kronberg 1973.

Grab, Walter: Heinrich Heine als politischer Dichter. Heidelberg 1982.

Grubaăć, Slobodan: ›Die Bäder von Lucca. Die Stadt Lucca‹. In: Ders.: Heines Erzählprosa. Versuch einer Analyse. Stuttgart 1975 (insbes. 59 ff., 155 ff.).

Grupe, W.: Heines ›Schlesische Weber‹ auf einem Berliner Flugblatt. In: Deutschunterricht 9 (1956), 426 ff.

Hammerich, L.: Heinrich Heine als politischer Dichter. In: Heinrich Heine. Hrsg. v. Helmut Koopmann. Darmstadt 1975 (Wege der Forschung 239), 82 ff.

Hasubek, Peter: Heinrich Heines Zeitgedichte. In: Zeitschrift für deutsche Philologie, Heine-Sonderheft, Bd. 91 (1972), 23 ff.

Heinemann, Gerd: Heinrich Heine, ›Reisebilder‹. Interpretationshinweise. München 1981.

Höhn, Gerhard (Hrsg.): Heinrich Heine. Ästhetisch-politische *Profile*. Frankfurt/M. 1991 (²1997 = st 2112).

Hooton, Richard Gary: Heinrich Heine und der Vormärz. Meisenheim am Glan 1979.

Kaufmann, Hans: Heines Weberlied. In: Junge Kunst, 3, H. 7 (1959), 72 ff.

Klinkenberg, Ralf: Die ›Reisebilde‹ Heinrich Heines. Vermittlung durch literarische Stilmittel. Frankfurt/M. 1981.

Opitz, A. und Pinkert, E.-U.: Heine und das neue Geschlecht. Von der ›Poesie der Lüge‹ zur politischen Satire. Die Rezeption von Heines Lyrik in der Literaturkritik der Junghegelianer. München 1994.

Pabel, Klaus: Heines ›Reisebilder‹. Ästhtisches Bedürfnis und politisches Interesse am Ende der Kunstperiode. München 1977.

Reuter, Hans Heinz: Heines politische Lyrik. Entwicklung, Haupttendenzen, Grundzüge. In: Der Deutschunterricht, 10 (1957), H. 6, 309 ff. und H. 7, 371 ff.

Wehner, W.: Heinrich Heine. ›Die schlesischen Weber‹ und andere Texte zum Weberelend. München 1980.

Weil, H.: Heinrich Heines Reisebilder. Eine Untersuchung ihrer Ideen- und Formenwelt als Beitrag zur marxistischen Ästhetik des Reisebildes in der deutschen Vormärzliteratur. Phil Diss. Leipzig 1979.

Wülfing, Wulf: Reiseberichte im Vormärz. Die Paradigmen Heinrich Heine und Ida Hahn-Hahn. In: *Brenner, Reisebericht* (II, 2), 333 ff.

Würffel, Stefan Bodo: *Der produktive Widerspruch*. Heinrich Heines negative Dialektik. Bern 1986.

Ziegler, Edda: Heinrich *Heine*. Leben-Werk-Wirkung. Zürich 1993.

Georg Herwegh (1817–1875)

Vahl, Heidemarie/*Fellrath*, Ingo (Hrsg.): »Freiheit überall, um jeden Preis!« Georg Herwegh 1817–1875. Bilder und Texte zu Leben und Werk. Stuttgart 1992.

Ernst Theodor Wilhelm (Amadeus) Hoffmann (1776–1822)

Hoffmann, E. T. A.: Die Elixiere des Teufels. In: E. T. A. Hoffmann: Sämtliche Werke in sechs Bänden. Hrsg. v. Wulf Segebrecht u. a., Bd. 2/2, hrsg. v. Hartmut Steinecke unter Mitarbeit v. Gerhard Allroggen. Frankfurt/M. 1988 (Bibliothek deutscher Klassiker; 37), 9–352 *(Hoffmann, Elixiere des Teufels, BdK 37)*
Hoffmann, E. T. A.: Lebens-Ansichten des Katers Murr. In: E. T. A. Hoffmann. Sämtliche Werke in sechs Bänden. Hrsg. v. Wulf Segebrecht u. a., Bd. 5. Hrsg. v. Hartmut Steinecke unter Mitarbeit v. Gerhard Allroggen. Frankfurt/M. 1992 (Bibliothek deutscher Klassiker; 75), 9–458 *(Hoffmann, Kater Murr, BdK 75)*

Auhber, Friedhelm: *In einem* fernen dunklen *Spiegel*. E. T. A. Hoffmanns Poetisierung der Medizin. Opladen 1986.
Kaiser, Gerhard R.: E. T. A. *Hoffmann*. Stuttgart 1988 (Sammlung Metzler M 243).
Kleßmann, Eckhard, E. T. A. Hoffmann oder *die Tiefe* zwischen Stern und Erde. Eine Biographie. Stuttgart 1988.
Meyer-Gosau, Frauke/Scheffel, Michael/Schmidt, Ulrich/Töteberg, Michael (Red.): E. T. A. *Hoffmann* (text+kritik. Zeitschrift für Literatur. Sonderband). München 1992.
Steinecke, Hartmut (Hrsg.): E. T. A. Hoffmann, Deutsche Romantik im europäischen Kontext. Berlin 1993 (E. T. A. *Hoffmann-Jahrbuch*; Bd. 1, 1992/93).
Feldges, Brigitte/Stadler, Ulrich: E. T. A. *Hoffmann*. Epoche-Werk-Wirkung. München 1986 (Beck: Arbeitsbücher zur Literaturgeschichte).
Kremer, Detlef: *Romantische Metamorphosen*. E. T. A. Hoffmanns Erzählungen. Stuttgart 1993.
Matt, Peter von: Die *Augen der Automaten*. E. T. A. Hoffmanns Imaginationslehre als Prinzip seiner Erzählkunst. Tübingen 1971 (Studien zur deutschen Literatur 24).
Matt, Peter von: Das Schicksal der *Phantasie*. Studien zur deutschen Literatur. München 1994.
Segebrecht, Wulf: *Autobiographie und Dichtung*. Eine Studie zum Werk E. T. A. Hoffmanns. Stuttgart 1967 (Germanistische Abhandlungen 19).

Ernst von Houwald (1778–1845)

Houwald, Ernst von: Das Bild. Trauerspiel in 5 Aufzügen. Leipzig o. J. (1821)

Karl Leberecht Immermann (1796–1840)

Immermann, Karl Leberecht: Werke. Hrsg. v. Robert Boxberger. 20 Teile in 8 Bdn. Berlin 1883.
Immermann, Karl Leberecht: Werke. Hrsg. v. Harry Maync. 5 Bde. Leipzig 1906.
Immermann, Karl Leberecht: Werke in 5 Bdn. Hrsg. v. Benno von Wiese unter Mitarb. v. Hans Asbeck. Frankfurt/M. 1971–1977.
Immermann, Karl: Die *Epigonen*. Familienmemoiren in neun Büchern 1823–1835. Nach der Erstausgabe von 1836 mit Dokumenten zur Entstehungs- und Rezeptionsgeschichte, Textvarianten, Kommentar, Zeittafel und Nachwort hrsg. v. Peter Hasubek. München 1981.

Hasubek, Peter (Hrsg.): »Widerspruch, du Herr der Welt!«: *Neue Studien zu Karl Immermann*, aus Anlaß des 150. Todestages am 25. Aug. 1990. Bielefeld 1990 *(Hasubek, Neue Studien zu Immermann)*.
Hasubek, Peter: Karl L. Immermann. Ein Dichter zwischen Romantik und Realismus. Köln 1996.
Itoda, Soichiro: Theorie und Praxis des literarischen Theaters bei K. L. Immermann in Düsseldorf 1834–1837. Heidelberg 1990 (Reihe Siegen 93).
Karl Immermann 1796–1840. Ein Dichter zwischen Poesie und sozialer Wirklichkeit. Düsseldorf 1990.

Hermann Kurz (1813–1873)

Kurz, Hermann: Schillers Heimatjahre. Die Wanderungen des *Heinrich Roller*. Hrsg. v. Jürgen Schweier. Göppingen 1986 (¹1857).
Kurz, Hermann: Sämtliche Werke. Hrsg. v. Hermann Fischer. 12 Teile in 3 Bdn. Leipzig o. J. (1904).

Linder, Joachim: »O diese sogenannte schwäbische Gemütlichkeit«. Bildung und Erziehung, Verbrechen und Strafe bei Hermann Kurz. In: *Dimpfl*, Monika/Jäger, Georg (Hrsg.): Zur *Sozialgeschichte* der deutschen Literatur im 19. Jahrhundert. Einzelstudien. Teil *II*. Tübingen 1990, 25–84 (mit Bibliographie).

Nikolaus Lenau (= Niklaus Franz Niembsch, Edler von Strehlenau) (1802–1850)

Lenau, Nikolaus: *Sämtliche Werke*, Werke und Briefe. Hrsg. v. H. Engelhard. Stuttgart 1959.
Lenau, Nikolaus: *Werke und Briefe*. Historisch-kritische Gesamtausgabe. Hrsg. im Auftr. der Internationalen Lenau-Gesellschaft v. H. Brandt, Wien 1988 ff. *(HKA)*.

Bischoff, H.: Nikolaus Lenaus Lyrik. Ihre Geschichte, Chronologie und Textkritik, Brüssel 1920.

Eke, N. O. u. Skrodzki, K. J.: Lenau-Chronik 1802–1851, Wien 1992.
Gibson, C.: Lenau: Leben, Werk , Wirkung. Heidelberg 1989.
Neumann, G.: Das ›Vergänglich Bild‹. Untersuchungen zu Lenaus lyrischem Verfahren. In: Zeitschrift für deutsche Philologie 86 (1967), 485 ff.
Sengle, Biedermeierzeit (II, 2), Bd. 3, 640 ff.
Steinecke, Hartmut: Lenau und Mörike. In: Vergleichende Literaturforschung. Wien 1984, 247 ff.
Zindler, T.: Die Entwicklung im lyrischen Stil Lenaus. Diss. Marburg 1959.

Lewald, Fanny (1811–1889)

Lewald, Fanny: Jenny. Hrsg. v. Ulrike Helmer. Frankfurt/M. 1988 (Edition Klassikerinnen).

Rheinberg, Brigitta van: Fanny Lewald. Geschichte einer Emanzipation. Frankfurt, New York 1990.
Schneider, Gabriele: Fanny Lewald. Reinbek bei Hamburg 1996 (Rowohlts Monographien 553).
Schneider, Gabriele: Vom Zeitroman zum »stilisierten« Roman. Die Erzählerin Fanny Lewald. Frankfurt/M. 1993.
Steinhauer, Marieluise: Fanny Lewald, die deutsche George Sand. Ein Kapitel aus der Geschichte des Frauenromans im 19. Jahrhundert. Berlin 1937.
Venske, Regula: ›Disciplinierung des unregelmäßig spekulierenden Verstandes‹. Zur Fanny Lewald-Rezeption. In: Projektionsraum Romantik. Alternative 143/144, 25. Jg. (1982), 66–70.

Marx, Karl (1818–1881)

Marx, Karl/Engels, Friedrich: Werke (MEW). Berlin (DDR) 1956–1968.

Grandjonc, J., ›Vorwärts!‹ 1844. Marx und die deutschen Kommunisten in Paris. Beitrag zur Entstehung des Marxismus. Bonn 1974.
Monz, H.: Marx und Heine verwandt? In: Jahrbuch des Instituts für deutsche Geschichte, 1973, 2, 199 ff.

Eduard Mörike (1804–1875)

Mörike, Eduard: *Sämtliche Werke*. Hrsg. v. H. G. Göpfert, München ^{5}1976.
Mörike, Eduard: *Werke und Briefe*. Historisch-kritische Gesamtausgabe. 24 Bände, hrsg. v. H.-H. Krummacher, H. Meyer u. B. Zeller, Stuttgart 1967f.
Mörike, Eduard: Maler Nolten. In: Eduard Mörike: Werke und Briefe. Historisch-kritische Gesamtausgabe. Im Auftrag des Kultusministeriums Baden-Württemberg

und in Zusammenarbeit mit dem Schiller-Nationalmuseum Marbach a. N. hrsg. v. Hans-Henrik Krummacher, Herbert Meyer, Bernhard Zeller. 3. Bd.: Maler Nolten (Erste Fassung), hrsg. v. Herbert Meyer. Stuttgart 1967; 4. Bd.: Maler Nolten. Bearbeitung. Hrsg. v. Herbert Meyer. Suttgart 1968; 5. Bd.: Maler Nolten. Lesarten und Erläuterungen. Hrsg. v. Herbert Meyer, Stuttgart 1971 *(Mörike, Maler Nolten, HKA 3/4/5)*.

Mörike, Eduard: Maler Nolten. Novelle in zwei Teilen. Hrsg. v. Heide Eilert. Stuttgart 1987 (Reclam UB 4770) *(Mörike, Maler Nolten, RUB)*.

Barnouw, D.: Entzückte Anschauung. Sprache und Realität in der Lyrik Eduard Mörikes. München 1971.

Bruch, Herbert: *Faszination und Abwehr*. Historisch-psychologische Studien zu Eduard Mörikes Roman ›Maler Nolten‹. Stuttgart 1992.

Fliegner, S.: Der Dichter und die Dilettanten. Eduard Mörike und die bürgerliche Geselligkeitskultur des 19. Jahrhunderts. Stuttgart 1991.

Graevenitz, G. von: Die Kunst der Sünde. Zu Geschichte des literarischen Individuums. Tübingen 1978.

Heydebrand, Renate von: Eduard Mörikes Gedichtwerk. Beschreibung und Deutung der Formenvielfalt und ihrer Entwicklung. Stuttgart 1972.

Hötzer, U.: Eduard Mörike, in: Zeller, B. u. Scheffler, W. (Hrsg.): Literatur im deutschen Südwesten. Stuttgart 1987.

Matt, Peter von: Liebesverrat. Die Treulosen in der Literatur. München 1989.

Mayer, Birgit: Eduard Mörike. Stuttgart 1987 (Sammlung Metzler M 237).

Mayer, G. M.: ›Mörikes Liebeslyrik‹. Eduard Mörike der ›aufgelegte SchweinIgel‹ mit schöner Seele. Reinheit und Obszönität im Spannungsfeld von sinnlicher und poetischer Erfüllung ⟨....⟩. Kaufering 1989.

Nibbrig, Christian: Verlorene Unmittelbarkeit. Zeiterfahrung und Zeitgestaltung bei Eduard Mörike. Bonn 1973.

Sautermeister, Gert: Die Geburt des Gedichts aus dem Geiste des Eros. Zur Liebeslyrik Mörikes. In: ›Nicht allein mit den Worten‹. Festschrift für Joachim Dyck zum 60. Geburtstag. Hrsg. v. Thomas Müller u. a. Stuttgart – Bad Cannstatt 1995, 156–166.

Schlaffer, Hannelore: Lyrik im Realismus. Studie über Raum und Zeit in den Gedichten Mörikes, der Droste und Liliencrons. Bonn 1966.

Wilhelm Müller (1794–1827)

Müller, Wilhelm: Werke, Tagebücher, Briefe. Hrsg. v. Maria-Verena Leistner. Mit einer Einleitung v. Bernd Leistner. 6 Bde. Berlin 1994.

Müller, Wilhelm: Die Winterreise und andere Gedichte, hrsg. v. H.-R. Schwab. Frankfurt/M. 1986.

Müller, Wilhelm: Gedichte aus den hinterlassenen Papieren eines reisenden Waldhornisten. 2 Bde. Dessau 1824.

Wilhelm *Müller*. Eine *Lebensreise*. Zum 200.Geburtstag des Dichters. Hrsg. v. Norbert Michels. Weimar 1994 (Kataloge der Anhaltischen Gemäldegalerie Dessau 1).

Popp, W.: Die Dichtung Wilhelm Müllers. Ein Beitrag zum Problem sekundärer dichterischer Erscheinungen in der Literaturgeschichte, Diss. Konstanz 1967.

Schwab, H.-R: Gegen gesellschaftliche Phantasien. Bemerkungen zu Wilhelm Müllers ›Tafelliedern für Liedertafeln‹. In: Ders.: ›... die Zeit beherrscht die Kunst‹. Studien zum politischen und sozialen Bewußtsein in der Literatur der deutschen Spätromantik. Diss. München 1986, 85–115.

Wittkop, Chr.: Polyphonie und Kohärenz. Wilhelm Müllers Gedichtzyklus ›Die Winterreise‹. Stuttgart 1994.

Adolf Müllner (1774–1829)

Müllner, Adolf: Dramatische Werke. Leipzig o. J. (1828).

Obenaus-Werner, Sibylle: Adolf Müllner und das Literaturblatt 1820–1825. Ein Beitrag zum literarischen Leben der Retaurationsepoche. In: Archiv für Geschichte des Buchwesens VI (1966), 1073–1262.

Louise Otto-Peters (1819–1895)

Otto-Peters, Louise: Schloß und Fabrik. Erste vollständige Ausgabe des 1846 zensierten Romans. Hrsg. und mit einem Nachwort versehen v. Johanna Ludwig. Leipzig 1996.

Ludwig, Johanns/Jorek, Rita (Hrsg.): Louise Otto-Peters. Ihr literarisches und publizistisches Werk. Leipzig 1995 (LOUISEum 2, Sammlungen und Veröffentlichungen der Louise-Otto-Peters-Gesellschaft).

Boetcher Joeres, Ruth-Ellen: Die Anfänge der deutschen Frauenbewegung. Louise Otto-Peters. Frankfurt/M. 1983 (Die Frau in der Gesellschaft, Texte und Lebensgeschichten, hrsg. v. Gisela Brinker-Gabler).

»Dem Reich der Freiheit werb' ich Bürgerinnen«. Die Frauen-Zeitung von Louise Otto. Hrsg. und kommentiert v. Gerhard, Ute/Hannover-Drück, Elisabeth/Schmitter, Romina. Frankfurt/M. 1979 *(Gerhard u. a., Frauen-Zeitung)*.

Ludwig, Johanna/Rotheburg, Hannelore (Hrsg.): »Mit den Muth'gen will ich's halten«. Zur 150jährigen aufregenden Geschichte des Romans ›Schloß und Fabrik‹ von Louise Otto-Peters. Mit der 1994 wiederaufgefundenen vollständigen Zensurakte. Beucha 1996. (LOUISEum 4).

Otto, Christine: Variationen des »poetischen Tendenzromans«. Das Erzählwerk von Louise Otto-Peters. Pfaffenweiler 1995.

Robert Eduard Prutz (1816–1872)

Prutz, Robert: Dramatische Werke. 4 Bde. Leipzig 1847–1849.
Prutz, Robert: Zwischen *Vaterland* und Freiheit. Eine Werkauswahl. Hrsg. u. komm. v. Hartmut Kircher. Köln 1975 (leske republik 4).
Prutz, Robert: Das Engelchen. 3 Bde. Leipzig 1851.
Prutz, Robert: Moritz von Sachsen. Trauerspiel in 5 Akten. O.O. 1844.
Prutz, Robert: Zu Theorie und Geschichte der Literatur. Bearb. u. eingel. v. Ingrid Pepperle. Berlin 1981.
Prutz, Robert: Über Reisen und Reiseliteratur der Deutschen. in: ders.: Kleine Schriften zur Literatur und Politik. Ausgewählt und mit einer Einführung hrsg. v. B. Hüppauf. Tübingen 1973.

Hermann Ludwig Fürst von Pückler-Muskau (1785–1871)

Pückler-Muskau, Hermann Ludwig von: Briefe eines Verstorbenen. Ein fragmentarisches Tagebuch aus England, Wales, Irland und Frankreich, geschrieben in den Jahren 1828–29. Vollständige Ausgabe, neu hrsg. v. H. Ohff. Berlin 1986.
Pückler-Muskau, Hermann Ludwig von: Semilasso's vorletzter Weltgang. Traum und Wachen. Aus den Papieren des Verstorbenen. Stuttgart 1835.
Pückler-Muskau, Hermann Ludwig von: Semilasso in Afrika. Stuttgart 1836.
Pückler-Muskau, Hermann Ludwig von: Südöstlicher Bildersaal. Hrsg. v. Verfasser der Briefe eines Verstorbenen. Stuttgart 1840–41.

Bender B.: Ästhetische Strukturen der literarischen Landschaftsbeschreibung in den Reisewerken des Fürsten Pückler-Muskau. Frankfurt/M. 1982.
Gruenter, R.: Der reisende Fürst. Fürst Hermann Pückler-Muskau in England, in: ›Der curieuse Passagier‹. Deutsche Englandreisende des 18. Jahrhunderts als Vermittler kultureller und technologischer Anregungen. Colloquium 〈...〉 1980. Heidelberg 1983, 119 ff.
Marx, R.: Ein liberaler deutscher Adeliger sieht Englands Metropole. Die Wahrnehmung Londons in Pückler-Muskaus ›Briefen eines Verstorbenen‹, in: C. Wiedemann (Hrsg.): Rom – Paris – London. Erfahrung und Selbsterfahrung deutscher Schriftsteller und Künstler in den fremden Metropolen. Stuttgart 1988., 595 ff.

Ernst Raupach (1784–1852)

Raupach, Ernst: Die Hohenstaufen, ein Cyclus historischer Dramen. 8 Bde. Hamburg 1837.

Ludwig Rellstab (1799–1860)

Rellstab, Ludwig: Briefe, Berichte und Schilderungen. 3 Bde. Leipzig 1844.

Ludwig Robert (1778–1832)

Robert Ludwig: Die Macht der Verhältnisse. Ein Trauerspiel in 5 Aufzügen und zwei Briefe über das antike und moderne und über das sogenannte bürgerliche Trauerspiel. Stuttgart, Tübingen 1819.

Johanna Schopenhauer (1766–1838)

Schopenhauer, Johanna: Ausflug an den Niederhein und nach Belgien im Jahr 1828. Hrsg. v. K. B. Heppe. Essen 1987.
Schopenhauer, Johanna: Gabriele. Ein Roman. Hrsg. v. Stephan Koranyi. München 1985 (dtv 2158).
Schopenhauer, Johanna: Reise durch England und Schottland. Hrsg. v. A. Narciss, Stuttgart 1965.

Houben, H. H. (Hrsg.): Damals in Weimar. Erinnerungen und Briefe von und an Johanna Schopenhauer. Leipzig 1924.

Gustav Schwab (1792–1850)

Schwab, Gustav. Ein Lesebuch für unsere Zeit. Hrsg. v. Jürgen Israel. Berlin 1992 (Aufbau Tb 125).

Schillbach, Brigitte/*Dambacher*, Eva: Gustav *Schwab*. 1791–1850. Aus seinem Leben und Schaffen. Marbach/Neckar 1992 (Marbacher Magazin 61).

Charles Sealsfield (= Karl Postl) (1793–1864)

Sealsfield, Charles: Sämtliche Werke. Unter Mitwirkung mehrerer Fachgelehrter hrsg. v. Karl J. R. Arndt. Kritisch durchgesehene und erläuterte Ausgabe in 24 Bänden. Reprint Hildesheim 1972–1991, Bd. 16.17: Das Cajütenbuch oder Nationale Charakteristiken (ed. G. Friesen und H. Jantz), Teil 1.2, Reprint der Ausgabe 1847, Hildesheim 1977 *(Sealsfield, Sämtliche Werke, 16.17)*
Sealsfield, Charles: Das Kajütenbuch oder Nationale Charakteristiken. Hrsg. v. Alexander Ritter. Stuttgart 1982 (Reclam UB 3401) *(Sealsfield, Kajütenbuch, RUB)*

Castle, Eduard: *Der große Unbekannte*. Das Leben von Charles Sealsfield (Karl Postl), Wien und München 1952. Reprint: Hildesheim 1993 (Suppl.band 1 zu: Sealsfield, Sämtliche Werke).

Schnitzler, Günter: Erfahrung und Bild. Die dichterische Wirklichkeit des *Charles Sealsfield* (Karl Postl). Freiburg im Breisgau 1988 (Rombach Wissenschaft: Reihe Litterae, Bd. 4).

Johann Gottfried Seume (1763–1810)

Seume, Johann Gottfried, Sämtliche Werke, hrsg. v. A. Wagner, Leipzig 1837.

Meier, A.: Nachwort. In: ders. (Hrsg.): Johann Gottlieb Seume: Ein Spaziergang nach Syrakus im Jahre 1802. München 1985, 299 ff.
Meier, A.: Zu Fuss durch Sizilien. J.G. Seumes ›Spaziergang nach Syrakus im Jahre 1802‹. In: Ders. (Hrsg.): Ein unsäglich schönes Land. Goethes ›Italienische Reise‹ und der Mythos Siziliens. Palermo 1987, 214 ff.
Sauerland, K.: Gattungsgeschichtliche Reflexionen zu Heines ›Reisebildern‹. In: Zu Heinrich Heine, hrsg. v. L. Zagari/P.Chiarini, Stuttgart 1988, 79ff, insbes. 86 ff. (Vergleich Heine-Seume).
Stephan, Inge: Johann Gottlieb Seume. Ein politischer Schriftsteller der deutschen Spätaufklärung. Stuttgart 1973.

Karl Simrock (1802–1876)

Simrock, Karl: Das malerische und romantische Rheinland, Nachdruck der Ausgabe Leipzig 1840, hrsg. v. L. Borowsky. Hildesheim 1975.

Adalbert Stifter (1805–1868)

Begemann, Christian: Die *Welt der Zeichen*. Stifter-Lektüren. Stuttgart 1995.
Buggert, Christoph: *Figur und Erzähler*. Studie zum Wandel der Wirklichkeitsauffassung im Werk Adalbert Stifters. München 1970.
Laufhütte, Hartmut/*Möseneder*, Karl (Hrsg): Adalbert *Stifter*. Dichter und Maler, Denkmalpfleger und Schulmann. Neue Zugänge zu seinem Werk. Tübingen 1996.
Weiss, Walter: *Stifters Reduktion*, in: Adalbert Stifter und die Krise der mitteleuropäischen Literatur. Ein italienisch-österreichisches Kolloquium (= Studi di filologia tedesca, 4), Rom 1987, 3–27.

Ludwig Tieck (1773–1853)

Tieck, Ludwig: Der junge Tischlermeister. Novelle in sieben Abschnitten. In: Ludwig Tieck: Schriften in zwölf Bänden. Hrsg. v. Manfred Frank u. a., Bd. 11: Schriften 1834–1836. Hrsg. v. Uwe Schweikert unter Mitarbeit v. Gabriele Schweikert. Frankfurt/M. 1988 (Bibliothek deutscher Klassiker; 35), 9–418 *(Tieck, Der junge Tischlermeister, BdK 35)*

Begemann, Christian: *Eros und Gewissen*. Literarische Psychologie in Ludwig Tiecks Erzählung ›Der getreue Eckart und der Tannenhäuser‹. In: IASL, 15,2 (1990), 89–145.

Gneuß, Ch.: *Der späte Tieck* als Zeitkritiker. Düsseldorf 1981.

Hagestedt, Lutz: »*Ähnlichkeit und Differenz*«. Aspekte der Realitätskonzeption in Ludwig Tiecks späten Romanen und Novellen. München 1997.

Koopmann, Helmut: *Freiheitssonne* und Revolutionsgewitter. Reflexe der Französischen Revolution im literarischen Deutschland zwischen 1789 und 1840. Tübingen 1989.

Ribbat, Ernst: *Ludwig Tieck*. Studien zur Konzeption und Praxis romantischer Poesie. Kronberg/Ts. 1978.

Pöschel, Burkhard, »Im Mittelpunkt der wunderbarsten Ereignisse«: Versuche über die literarische Auseinandersetzung mit der gesellschaftlichen Moderne im erzählerischen *Spätwerk Ludwig Tiecks*. Bielefeld 1994.

Ludwig Uhland (1787–1862)

Uhland, Ludwig: Werke in vier Bänden. Hrsg. v. H. Fröschle u. W. Scheffler. München 1980 ff.

Fröschle, H.: Ludwig Uhland und die Romantik. Köln, Wien 1973.

Kerner, Uhland, Mörike. Schwäbische Dichtung im 19. Jahrhundert. Ständige Ausstellung des Schiller-Nationalmuseums und des Deutschen Literaturarchivs, Marbach am Neckar 1980.

Mayer, K.: Ludwig Uhland. Seine Freunde und Zeitgenossen. 2 Bände. Stuttgart 1867.

Notter, F.: Ludwig Uhland. Sein Leben und seine Dichtungen. Stuttgart 1863.

Scheffler, W.: Ludwig Uhland. In: Ders. u. B. Zeller (Hrsg.): Literatur im deutschen Südwesten. Stuttgart 1987.

Vischer, Friedrich Theodor: Kritische Gänge. N.F.4, Stuttgart 1863, 97–169.

Wilhelm Waiblinger (1804–1830)

Waiblinger, Wilhelm: *Werke* und Briefe. Textkritische und kommentierte Ausgabe in fünf Bänden, hrsg. v. Hans Königer. Stuttgart 1982.

Carl Julius Weber(1767–1832)

Weber, Carl Julius: Deutschland oder Briefe eines in Deutschland reisenden Deutschen. Stuttgart 1826–28.

Georg Weerth

Weerth, Georg: Werke. Ausgewählt und eingeleitet v. Bruno Kaiser. Berlin ³1974.

Wahrenburg, F.: Georg Weerths Londonbild im Kontext seiner industriellen Stadtphysiognomien. In: C. Wiedemann (Hrsg.): Rom – Paris – London. Erfahrung und Selbsterfahrung deutscher Schriftsteller und Künstler in den fremden Metropolen. Stuttgart 1988, 611 ff.

Zacharias Werner (1768–1823)

Werner, Zacharias: Der vierundzwanzigste Februar. Tragödie in einem Akt. Stuttgart 1868 (EA Leipzig 1815).

Willkomm, Ernst (1810–1886)

Hinnah, Fritz: Ernst *Willkomm*. Ein Beitrag zur Geschichte des »Jungen Deutschland«. Bocholt 1915 (Phil. Diss. Münster 1914).

Register

Personen und ihre Werke

Accorombona, Vittoria 188
Adorno, Theodor W. 680
Äneas 439
Albini, J. 331, 336
    Das graue Felsenmännchen 331
    Der Verurtheilte und sein Richter 336
Alexis, Willibald (eigentl. Georg W. H. Häring) 176–180, 183 f, 186 ff, 190 ff, 237, 256 f, 262, 267–270, 274 f
    Acerbi 268 ff
    Cabanis 190
    Das Haus Düsterweg 193
    Der Begnadigte 267
    Der falsche Woldemar 183
    Der Neue Pitaval 274
    Der Roland von Berlin 183
    Der Werwolf 186
    Die Hosen des Herrn von Bredow 186
    Gesammelte Novellen 237, 256
    Hans Jürgen und Hans Jochem 186
    Urban Grandier 187
    Venus in Rom 187, 262
    Walladmor 193
    Zwölf Nächte 193
Anakreon 441
Andersen, Hans Christian 355
Anneke, Fritz 110
Anneke, Mathilde Franziska 110, 214
Anzengruber, Ludwig 429, 669
Apell, Geheimrat von 668
Ariost 451
Aristophanes 422
Aristoteles 434
Arndt, Ernst Moritz 361, 495, 527
    Teutsche Wehrlieder 495
    Vaterlandslied 495
Arnim, Achim von 184 f, 192, 253, 258, 261, 263, 316 f, 357 f, 413, 545, 664
    Armut, Reichtum, Schuld und Buße der Gräfin Dolores 192
    Der tolle Invalide auf dem Fort Ratonneau 253, 263
    Des Knaben Wunderhorn 357 f, 453, 663
    Die Kronenwächter 184
    Die Macht der Verhältnisse 413
    Die Majoratsherren 253
    Die Versöhnung in der Sommerfrische 413
    Landhausleben 261
    Martin Martir 261
    Raphael und seine Nachbarinnen 258
Arnim, Bettina von 11, 625
    Armenbuch 11
    Clemens Brentano's Frühlingskranz 625
    Die Günderode 625
Arnim, Gisela von 44
Arnold (Verleger) 234
Aschendorff 469
Assing, Ottilie 142
Aston, Louise 40, 43, 49, 59, 110, 201, 207, 213, 216–223, 226 f, 232
    Aus dem Leben einer Frau 40, 49, 207, 215 ff, 226
    Freischärlerreminiszenzen 43
    Lydia 219 ff
    Revolution und Contrerevolution 222
    Wilde Rosen 43
Attila, König der Hunnen 437
Auerbach, Berthold 173, 271, 273–276, 279 f, 302–306, 319, 656
    Befehlerles 273, 306
    Das Judentum und die neuste Literatur 305
    Der Lauterbacher 306
    Der Tolpatsch 305
    Des Schloßbauers Vefele 273, 275, 279
    Die Frau Professorin 275 f

Dichter und Kaufmann 173
Ivo, der Hajrle 276
Lucifer 275
Neues Leben 305
Schrift und Volk 305, 308
Schwarzwälder Dorfgeschichten 271, 280, 302, 305, 308, 319
Auersperg, Anton Alexander, Graf von 500
Spaziergänge eines Wiener Poeten 500 f
Auffenberg, Joseph, Freiherr von 434
Alhambra 434
Augustus, römischer Kaiser 448
Aurbacher, Ludwig 354

Baader, Franz von 509 f
Babeuf, François Noël 206, 562
Babo, Josef Maria 668
Bach, Johann Sebastian 173
Baczkos, Ludwig von 291
Christian Redlich, der Freund jedes Nützlichen und Guten 291
Baedeker, Karl 122 ff, 147
Balzac, Honoré de 178
Katharina von Medici 178
Bartels, Friedrich 331
Der Seufzerthurm, oder der blutige Geist um Mitternacht 331
Barth, Christian Gottlob 660
Bauberger, Wilhelm 350
Baudelaire, Charles 494
Baudissin, Sophie, Gräfin von (Tante Aurelie) 355, 362
Bauer, Bruno 591, 619
Bauer, Edgar 271, 619
Berliner Novellen 271
Bauernfeld, Eduard von 372, 375
Baur, Uwe 282
Bechstein, Ludwig 355, 664
Beck, Karl 500, 504
Lieder vom armen Mann 504
Nächte. Gepanzerte Lieder 500
Becker, Niklas 501
Becker, Rudolph Zacharias 81, 90, 284

Noth- und Hülfsbüchlein für Bauersleute oder lehrreiche Freuden- und Trauer-Geschichte des Dorfs Mildheim 81, 90, 284
Beer, Michael 372, 381, 398 f, 453
Struensee 372, 381, 399
Beethoven, Ludwig van 371
Benedix, Roderich Julius 372, 374
Drei Edelsteine 372
Benjamin, Walter 494, 536, 680
Benzler, Johann Lorenz 283 f
Das ordentliche Dorf 283
Béranger, Pierre-Jean de 474, 499
Berg, Alban 580
Berger, Albert 59
Berger, Eduard 85
Bertuch, Friedrich Johann Justin 661
Beygang (Buchhandlung) 83
Birch-Pfeiffer, Charlotte 374, 381
Anna von Österreich 381
Die Marquise de Vilette 381
Eine Familie 381
Thomas Thyrnau 381
Bismarck, Otto, Fürst von 37
Bitzius, Albert s. *Gotthelf, Jeremias*
Blücher, Gebhard Leberecht, Fürst von Wahlstatt 396 f
Blum, Carl Wilhelm August 381 ff
Blum, Robert 57
Blumauer, Karl 665
Blumenhagen, Wilhelm 128
Der Harz 128
Boccaccio, Giovanni 238, 249, 251
Decamerone 238
Bocholz, Graf von 668
Börne, Ludwig 47, 69 ff, 76, 78, 117, 126 f, 129, 132 f, 135 f, 378, 380 f, 397, 473, 490 f, 526, 542 f, 551–556, 585, 653
Briefe aus Paris 126, 132, 551
Dramaturgische Blätter
Monographie der deutschen Postschnecke 117
Born, Stephan 108, 619
Bräker, Ulrich 200

Braun, Freiherr von 668
Brecht, Bertolt 680
Brentano, Bettine 417
　Dies Buch gehört dem König 417
Brentano, Clemens 12, 192, 253, 316, 352, 403, 505, 511, 516, 529f, 545, 664
　Des Knaben Wunderhorn 317, 357f, 453, 663
　Die Gründung Prags 403
　Geschichte vom braven Kasperl und dem schönen Annerl 253
Brentano, Familie 44
Broch, Hermann 166
Brockhaus, Heinrich 50, 124
Brühl, Graf Karl Moritz von 367
Brümmer, Franz 434
Buddelmeyer, Aujust (eigentl. Adalbert Cohnfeld) 105, 112
　Gardinenpredigt ⟨...⟩ von Madame Bullrichen 105
Buchner, Carl 492
Büchner, Ernst 584
Büchner, Georg 15, 54, 59, 75, 154, 256, 266f, 380, 416f, 421, 468, 505, 559, 579–604, 682
　Dantons Tod 154, 380, 579f, 585, 592–596, 598f, 602
　Der Hessische Landbote 585, 588–591, 592, 599–603
　Lenz 256, 266f, 579f, 586, 595–599
　Leonce und Lena 579ff, 586, 594f, 598–600, 603
　Mémoire sur le système nerveux du barbeau 587
　Woyzeck 417, 580, 594f, 600–604
Büchner, Ludwig 44, 579, 604
Büchner, Luise 44
Büchner, Wilhelm 44
Bürger, Gottfried August 176, 316, 372, 490
Bürde, Samuel 641
Buhl, Ludwig 619
Bulwer-Lytton, Edward George 181, 188
　Die letzten Tage von Pompeji 181
　Rienzi 188

Burckhardt, Jakob 138
Byron, George Gordon Noel, Lord 499, 538, 676
　Childe Harold's Pilgrimage 676
Bzdinka 446

Calderón de la Barca, Pedro 372, 409
　Andacht zum Kreuze 409
　Das Leben ein Traum 372
Campe, August 64
Campe, Friedrich 318f
Campe, Johann Heinrich 130ff, 137, 344, 349, 421
Campe, Julius 49f, 64, 67f, 73, 75, 123, 500, 544, 551, 557
Camphausen, Ludolf 119, 608
Carl, Karl 430
Carus, Carl Gustav 154
Caspari, Karl Heinrich 301
Castelli, Ignaz Franz 56, 377, 410
　Der Schicksalsstrumpf 410
　Die Sauglocke 56
Castelnau, Pierre von 444
Cervantes Saavedra, Miguel de 238
　Novelas ejemplares 238
Chamisso, Adelbert von 253, 270, 361, 436, 468, 472, 473ff, 499, 519ff
　Auf den Tod von Otto von Pisch 475
　Das Riesenspielzeug 436
　Der Bettler und sein Hund 500, 520
　Die alte Waschfrau 500, 519
　Die Giftmischerin 520
　Die Weiber von Winsperg 436
　Frauen-Liebe und -Leben 474
　Peter Schlemihl's wundersame Geschichte 148, 253, 270, 473
　Thränen 475
　Zweites Lied von der alten Waschfrau 475
　Zu Stägemanns Jubiläum 475
Chézy, Helmina von 44, 372
　Rosamunda 372
Chimani, Leopold 660
Christ, Lena 312
Christian VII., König von Dänemark 400

Christian d. J., Herzog von Braunschweig 456
Christus 546 f, 578
Cieszkowski, August, Graf 35
Clauren, Heinrich (eigentl. Carl Gottlieb Samuel Heum) 234 f, 333, 657
  Erzählungen 234
  Gesammelte Schriften 235
  Mimili 657
  Scherz und Ernst 234
Cohnheim 107
  Republikanischer Katechismus 107 f, 113
Comenius, Johann Amos 347
  Orbis pictus 347
Camões, Luís Vaz de 188
Cooper, James Fenimore 177 f, 658
  Der letzte Mohikaner 658
  Der rote Freibeuter 177
  Der Spion 177
  Lederstrumpf 177
Cornelius, Gustav Friedrich Wilhelm E. 498
Cortez, Hernando (Hernán) 572
Cotta, Johann Friedrich 46, 54, 64, 77, 123, 466, 535, 542, 615, 678
Cotta (Verlag) 48, 61, 63, 70, 93, 450, 465, 586
Cuvier, Georges, Baron de 536
Czernin, Graf von 669

Dahlberg, Freiherr von 374
Dahn, Felix 181
  Ein Kampf um Rom 181
Dalwigk, Karl Friedrich Meinhard, Freiherr von 668
Dante Alighieri 576
Danton, Georges-Jacques 593 ff
Deinhardstein, Johann Ludwig von 377, 382
  Fürst und Dichter 382
Delkeskamp (Verleger) 123
Denkler, Horst 399
Detmer, A. 345, 347
Devrient, Eduard 669

Deworas, Victor Joseph 291
  Moralisches Exempelbuch für Bürger und Landleute 291
Dickens, Charles (Boz) 200
Dieffenbach, Georg Christian 358, 361
Dietrich, Ewald Christian Victorinus 165
  Des Arztes Lehr- und Wanderjahre auf Reisen und im Felde 165
Dietrichstein, Moritz Josef Johann, Graf 669
Dingelstedt, Franz 198, 200, 206, 501, 557
  Lieder eines kosmopolitischen Nachtwächters 501
Disraeli, Benjamin 202
  Sybil 202
Dittmar, Louise 41
  Bekannte Geheimnisse 41
Döring, Georg 235, 238
  Das Opfer von Ostrolenka oder die Familie Kolesko 235
  Dramatische Novellen 238
Dronke, Ernst 103, 197, 201, 271–275, 310
  Armut und Verbrechen 274
  Aus dem Volk 197, 271 ff, 275,
  Berlin 103
  Das Unvermeidliche 275
  Die Maikönigin 273, 310
  Polizei-Geschichten 272–275
  Sclaven der Intelligenz 273
Droste-Hülshoff, Annette von 12, 42, 45, 70, 271, 274 f, 383, 456 f, 459 f, 468 f, 475, 477, 481 ff, 505, 510, 513 f, 648
  Am Turme 481
  Das geistliche Jahr 468
  Das Hospiz auf dem Großen Sankt Bernhard 456
  Das Spiegelbild 482
  Der Knabe im Moor 483
  Des Arztes Vermächtnis 456
  Die Judenbuche 274 f, 456, 469
  Die Schlacht im Loener Bruch 456

Heidebilder 456, 483
Walter 456
Droysen, Johann Gustav 175
  Geschichte Alexanders des Großen 175
  Geschichte des Hellenismus 175
Dumas, Alexandre d. Ä. 178, 382 f.
  Die drei Musketiere 178
  Kean 382

Eberhard II., Graf von Württemberg 185, 436
Eberhard I., Herzog von Württemberg 185
Eberhard, August Gottlob 440
  Hannchen und die Küchlein 440
Ebers, Georg Moritz 181
  Eine Aegyptische Königstochter 181
Echtermeyer, Ernst Theodor 361
Eckermann, Johann Peter 237
Eckert, Gabriel 374
Eggert, Hartmut 190
Eichelberg, Leopold 588 f, 591
Eichendorff, Joseph von 120 f, 148 f, 154, 159 f, 162 f, 168 ff, 251 ff, 255, 261 f, 264, 316, 361, 423 f, 460, 475, 477 ff, 505, 510–514, 530 f, 541, 562
  Ahnung und Gegenwart 154, 160, 162, 169 {
  Aus dem Leben eines Taugenichts 148 f, 251, 262, 460
  Das Marmorbild 253, 255, 531, 541
  Das Schloß Dürande 264
  Dichter und ihre Gesellen 169 f, 252
  Die Entführung 264
  Die Freier 423
  Die zwei Gesellen 511
  Eine Meerfahrt 264
  Sängerleben 511
Eichhorn, Johann Albrecht von 492
Eichrodt, Ludwig 317
  Biedermaiers Liederlust 317
Elias, Norbert 601
Elsholtz, Franz von 56, 668
Enfantin, Prosper 541

Engel, Johann Jakob 236
  Anfangsgründe einer Theorie der Dichtungsarten 236
Engelmann, Wilhelm 122
  Bibliotheca geographica 122
Engels, Friedrich 12, 35, 108, 141, 188, 484, 525, 556, 621, 631
  Cola di Rienzi 188
  Deutsche Ideologie 525
  Manifest der Kommunistischen Partei 12
Ennemoser, Joseph 156
Enzio, König von Sardinien 392
Eschenbach, Wolfram von 193
  Titurel 193
Eschenburg, Johann Joachim 374
Esterházy, Paul Anton, Fürst von 668
Estermann, Alfred 71

Fein, Georg 498
Felder, Franz Michael 312
Feßler, Ignaz Aurel 176
Feuerbach, Ludwig 508 f, 511, 515, 550, 577, 591
Fichte, Johann Gottlieb 210 f
Fischer, Engelbert 340
Follen, Adolf August Ludwig 496
Follen, Karl 496 f
  Großes Lied 496
Fontane, Theodor 56, 177–180, 209, 279, 317 f, 383, 617, 620
  Effi Briest 383
  Geschwisterliebe 279
Forster, Georg 121
  Reise um die Welt 121
Fouqué s. Motte-Fouqué
Franckh, Friedrich Gottlob 322
Franckh, Johann Friedrich 322
Frankl, Ludwig August 435
  Cristoforo Colombo 435
Franz I., König von Frankreich 189
Franz II., Josef Karl, als Kaiser von Österreich Franz I. 438
Franziska, Gräfin von Foix 189
Franzos, Karl Emil 580, 604

Freiligrath, Ferdinand 45, 51, 448, 467 f,
  493, 501, 504, 522, 678, 687
  Ça ira 504
  Ein Glaubensbekenntniß 51, 501
  Von unten auf 504, 522
Freud, Sigmund 154, 579
Freytag, Gustav 192
Friedrich I. Barbarossa, Kaiser des Hl.
  Röm. Reiches 389, 392 f, 568
Friedrich II, König von Sizilien, Kaiser
  des Hl. Röm. Reiches 390, 392
Friedrich II. der Große, König von Preußen 190
Friedrich Wilhelm III., König von Preußen 391
Friedrich Wilhelm IV., König von Preußen 106
Frommel, Emil 301
Frundsberg, Georg von 185
Fürst, Johann Evangelist 285–288
  Der verständige Bauer Simon Strüf 285, 287, 289
  Über die Benützung unserer Erde als Obstbaumfeld 286
Fürstedler, Leopold 341
  Merkwürdige Abenteuer des Conrad Haselbaum 341
Funke, Karl Philipp 661

Gailer, Jakob Eberhard 347
Gall, Lothar 33
Gall, Baron von 668 f
Garibaldi, Giuseppe 497
Gaskell, Elisabeth 200
Gaudy, Franz, Freiherr von 262, 266–269, 274, 448, 473, 643
  Aus dem Tagebuche eines wandernden Schneidergesellen 269
  Der Deutsche in Travestere 269
  Der moderne Paris 268 f
  Desengaño 266 f, 269, 643
  Kaiserlieder 448
  Liebeszauber 261
  Ludwiga 266, 274
  Venetianische Novellen 262

Geibel, Emanuel 56
Gellert, Christian Fürchtegott 233
Gemmingen, Baron von 668
Gerstäcker, Friedrich 272
  Mississippi-Bilder 272
Gibbon, Edward 175
Glaßbrenner, Adolf 55, 310, 318 f, 504, 620, 656
  Demokratischer Volkskalender 319
  Verbotene Lieder von einem norddeutschen Poeten 504
Glatz, Jakob
Glaubrecht, Otto (eigentl. Rudolf Ludwig Öser) 301
Gleich, Joseph Alois 331, 335
  Die Zwillinge 331
Glümer, Claire von 222 f
  Fata Morgana 222
Görres, Joseph 316, 312, 509, 679
Goethe, Johann Wolfgang 53, 118, 135 f,
  145, 148 f, 154 f, 159, 165 ff, 169, 173,
  176, 178, 201 f, 226, 235, 237, 251,
  258, 286, 316, 319, 326, 361, 370 f,
  374, 381 ff, 407, 421, 432, 439 f, 460,
  473, 491, 534, 546, 553, 592, 596,
  615, 643, 655
  Dichtung und Wahrheit 227
  Die Leiden des jungen Werther 154, 264, 267, 326, 432
  Egmont 371
  Geschichte Gottfriedens von Berlichingen mit der eisernen Hand 176
  Hermann und Dorothea 319, 439 f
  Novelle 235, 258
  Romeo und Julia (Bearbeitung) 374
  Torquato Tasso 383
  Wilhelm Meisters Wanderjahre 148, 165, 169, 202
Gogol, Nikolaj Wassiljewitsch 178
  Taras Bulba 178
Gotthelf, Jeremias (eigentl. Albert Bitzius) 59, 271, 274, 278, 280, 292–298, 300, 304, 505, 618, 651
  Anne Bäbi Jowäger 297
  Bauernspiegel 293 f

Bilder und Sagen aus der Schweiz 271
Die beiden Raben und der Holzschelm 296
Die schwarze Spinne 274, 297
Elsi, die seltsame Magd 278, 297
Erlebnisse eines Schuldenbauers 297
Erzählungen und Bilder aus dem Volksleben der Schweiz 280
Hans Jakob und Heiri oder die beiden Seidenweber 651
Jakobus, des Handwerksgesellen, Wanderungen durch die Schweiz 300
Leiden und Freuden eines Schulmeisters 294
Uli der Knecht 295, 298, 618
Uli der Pächter 296
Wie Uli der Knecht glücklich wird 296
Gottschall, Rudolf von 43, 372
Ferdinand von Schill 372
Gottsched, Johann Christoph 366
Grabbe, Christian Dietrich 372, 375, 379–381, 390398, 421, 423, 592
Die Hohenstaufen 397
Don Juan und Faust 372, 379
Hannibal 397, 592
Kaiser Friedrich Barbarossa 392
Kaiser Heinrich der Sechste 392 ff
Napoleon oder die hundert Tage 380, 393 ff, 397 f, 592
Scherz, Satire, Ironie und tiefere Bedeutung 423
Über die Shakspearo-Manie 393 f
Graf, Oskar Maria 312
Grillparzer, Franz 74, 272 f, 278 f, 381, 386 f, 403 f, 406 f, 409 f, 420 f, 424 f, 438, 500, 505
Das Kloster bei Sendomir 279
Der arme Spielmann 272 f, 278
Der Traum ein Leben 387
Die Jüdin von Toledo 384, 387
Ein Bruderzwist in Habsburg 387, 403
Ein treuer Diener seines Herrn 384, 386
Heinrich VI. 390

König Ottokars Glück und Ende 386 f
Libussa 384, 387, 403 f
Sappho 381, 387
Weh' dem, der lügt 387, 424
Grimm, Albert Ludwig 354, 663, 664
Mährchen 663
Grimm, Jakob 435, 664
Grimm, Jakob und Wilhelm 344, 352 ff, 453, 568, 660
Deutsche Sagen 568
Grosse, Julius 75
Grube, August Wilhelm 343
Grün, Anastasius s. *Auersperg, Alexander Graf*
Grün, Karl 196, 201 f
Gubitz, Friedrich Wilhelm 655
Güll, Friedrich 358, 360
Günther, Christoph Wilhelm 352
Gumpert, Thekla von 350
Gutenberg, Johannes 299
Gutzkow, Karl 45, 47 f, 50, 70 f, 77, 173 f, 193, 215, 239, 268, 270, 274, 278 f, 309, 381 f, 384, 405, 412, 415, 423, 492, 510, 555 f, 579, 585 ff, 590 f, 603, 646, 668
Börnes Leben 556
Briefe eines Narren an einen Närrin 646
Chevalier Clement 270
Das Urbild des Tartüffe 382
Der Kaperbrief 270
Der Sadduzäer von Amsterdam 268
Die Ritter vom Geiste 174
Die Selbsttaufe 279, 646
Die Wellenbraut 274, 278
Imagina Unruh (Eine Phantasieliebe) 279
Novellen 270
Ottfried 646
Richard Savage 382, 384, 412, 415
Uriel Acosta 646
Wally, die Zweiflerin 193, 268, 405, 510, 646

Habermas, Jürgen 114
Häberlin, Karl Ludwig 336, 338
  Der arme Joseph 336
  Die armen Weber und andere Novellen aus den Mysterien einer neueren und sälteren Zeit 338
Hahn-Hahn, Ida Gräfin 142 f, 219, 221, 231, 653
  Gräfin Faustine 215, 219 f
Hairaddin (Seeräuber) 437
Hannibal 437
Hansemann, David 119, 608
Harkort, Friedrich 119
Harring, Harro Paul 129, 497
  Dreiunddreißig 497
Hartmann, Moritz 435, 500
  Reimchronik des Pfaffen Maurizius 435
Hauff, Hermann 38, 47 f
Hauff, Wilhelm 178, 185, 91, 237, 256, 259, 266 f, 500, 616, 644, 657
  Die Bettlerin vom Pont des Arts 259
  Die letzten Ritter von Marienburg 259
  Die Sängerin 266
  Jud Süß 259
  Lichtenstein 178, 185, 191, 237, 657
  Novellen 256
Hauptmann, Gerhart 648
  Elga 648
Haxthausen, Anna von 682
Haxthausen, Sophie von 456
Hebbel, Friedrich 55, 264, 266 f, 272, 278, 379, 384, 390, 404, 406, 415 ff, 420, 423, 529
  Barbier Zitterlein 267
  Der Brudermord 266
  Die Kuh 266
  Die Nibelungen 384
  Die Räuberbraut 266
  Genoveva 379, 384, 404
  Gyges und sein Ring 384
  Herodes und Mariamne 384
  Judith 379, 384, 404
  Matteo 266 f
  Mein Wort über das Drama 379
  Schnock 272, 278

Hebel, Johann Peter 319, 356 f, 361, 441
  Biblische Geschichten 357
  Kalendergeschichten 357
  Der Rheinländische Hausfreund 319
Hébert, Jacques René 593
Hecker, Friedrich 107
Hegel, Georg Wilhelm Friedrich 195, 379, 435, 437, 447, 490, 506 ff, 528, 534, 548
  Ästhetik 437
Heiberg, Johan Ludvig 379
Heine, Heinrich 12–15, 45 ff, 49 f, 52 f, 65, 67 f, 70, 118, 126 f, 129–133, 135, 137, 145 ff, 149 f, 397, 417, 435, 452 f, 461 f, 464, 469, 474, 485, 489 ff, 494, 498, 500–504, 517 f, 524, 526–578, 584 f, 595
  Atta Troll. Ein Sommernachtstraum 560–564
  Briefe aus Berlin 528
  Briefe aus Helgoland 539
  Briefe über Deutschland 548
  Buch der Lieder 462, 501, 528–533, 558
  Der Rabbi von Bacherach 269
  Der Salon 50
  Deutschland. Ein Wintermärchen 150, 504, 557, 564 ff
  Die armen Weber 524
  Die Bäder von Lucca 147, 465, 535–539
  Die Götter im Exil 541
  Die Harzreise 147, 149, 528
  Die Memoiren des Herren von Schnabelewopski 269
  Die Romantische Schule 12, 53, 545–550
  Die schlesischen Weber 417
  Doktrin 502
  Elementargeister 541
  Englische Fragmente 130, 135, 145, 539
  Es träumte mir von einer Sommernacht 517
  Florentinische Nächte 269
  Französische Zustände 542–544, 567

Geständnisse 574–578
Loreley 529
Ludwig Börne – Eine Denkschrift 550, 557, 560
Lutetia 574
Neue Gedichte 501, 557 ff
Reisebilder 126, 491, 534–539, 543, 552, 558
Romanzero 570–574
Über den Denunzianten 50
Verschiedenartige Geschichtsauffassung 549
Vorrede zu ›Lutetia‹ 576
Zur Geschichte der Religion und Philosophie in Deutschland 545
Heine, Salomon 527
Heinrich der Löwe, Herzog von Sachsen und Bayern 389, 392, 394
Heinrich von Ofterdingen 393
Heinse, Wilhelm 188
Ardinghello 188
Held, Friedrich Wilhelm Alexander 104, 109
Censuriana oder Geheimnisse der Zensur 104
Hell, Theodor (eigentl. Karl Gottlieb Theodor Winkler) 372, 377, 382 f, 668, 678
Yelva 372
Hensel, Luise 516
Hensler, Karl Friedrich 426
Herbart, Johann Friedrich 356
Herder, Johann Gottfried 201, 351 f, 435, 490
Herloßsohn, Karl 317
Hermann der Cherusker 437
Herwegh, Georg 46, 474, 490, 492 f, 500–503, 557, 678
Gedichte eines Lebendigen 501 f
Hesekiel, Georg 207
Faust und Don Juan 207
Heß, Moses 197, 525
Hettner, Hermann 380, 383 f, 419
Heufeld, Franz 374
Hey, Wilhelm 358, 360

Heyden, Julius von der 258
Das Geheimnis der Reminiszenz 258
Heyse, Paul 251, 264, 280
Deutscher Novellenschatz 263
Hildebrandt, Johannes Andreas Christoph 335, 349 f
Robinson's letzte Tage 349 f
Hirsch, Arnold 239
Hirschbach, Herrmann 372
Hitzig, Eduard 275, 473
Der Neue Pitaval 274
Hobsbawm, Eric 487
Hoche, Familie 44
Hoche, Johann Gottfried 43
Hölderlin, Friedrich 361, 460, 464
Hölty, Ludwig Heinrich Christoph 176, 464
Hofer, Andreas 399
Hoffmann, Ernst Theodor Amadeus 148, 154 f, 159, 161–164, 166 ff, 234, 253, 255, 258, 353, 355, 360, 372, 505, 653, 660
Das fremde Kind 353
Datura fastuosa 258
Der Magnetiseur 255
Der unheimliche Gast 255
Der Sandmann 255
Die Bergwerke zu Falun 255
Die Elixiere des Teufels 161, 168
Die Serapions-Brüder 234, 253
Fantasiestücke in Callots Manier 253
Lebensansichten des Kater Murr 163, 166, 168
Nachtstücke 253
Nußknacker und Mausekönig 360
Hoffmann, Franz 660
Hoffmann von Fallersleben, August Heinrich 358, 360, 492, 500 f, 503, 557, 678
Unpolitische Lieder 501
Holbein, Franz Ignaz von 372, 374, 383
Brautschmuck 372
Holtei, Karl von 473 f, 620
Homer 175, 421, 435 f, 439, 442, 449, 454

Ilias 175, 449
Odyssee 442
Honek, M. 656
Hopf, Albert 95, 102, 105, 112
  Nante 102, 105
Hoppe-Seyler, Amanda 350
Horaz, 346
Hormayr, Josef, Freiherr von 387
Horn, Franz 162 f
  Die Dichter 162
Horn, W.O. von (eigentl. Wilhelm Oertel) 301 f, 655 f, 660
  Friedel. Eine Geschichte aus dem Volksleben 301
Horneck, Ottokar von 388
Houwald, Christoph Ernst, Freiherr von 362, 380, 384, 411
  Das Bild 384, 411
Huber, Josef 285
  Isidor, Bauer zu Ried 285
Huber, Therese 212, 238
  Erzählungen 238
Hübner, Carl Wilhelm 633, 635
Hugo, Victor 178, 181, 183, 200, 382, 586, 671
  Hernani, ou l'honneur castillan 671
  La Préface de Cromwell 586
  Les Misérables 200
  Lucrèce Borgia 382, 586
  Marie Tudor 382, 586
  Notre-Dame de Paris 178, 181, 382
Hume, David 175
Huß, Johannes (Jan) 443
Hutten, Ulrich von 185, 443

Iffland, August Wilhelm 367, 373, 380 f, 411
  Der Spieler 380
  Die Hagestolzen 381
  Die Jäger 381
  Elise von Valberg 380
Immermann, Karl Leberecht 53, 84, 116, 171 f, 174, 178, 193 f, 201, 204, 256, 258, 260, 273, 367, 380 f, 397 f, 452 f, 619, 628
  Alexis 398
  Andreas Hofer, der Sandwirt von Passeier 398 f
  Cameraobscura-Bilder 258
  Cardenio und Celinde 380
  Der Karneval und die Somnambüle 256, 258
  Der neue Pygmalion 256, 260, 273
  Die Epigonen 171, 178, 193, 201
  Die Nachbarn 381
  Die schelmische Gräfin 381
  Ein Trauerspiel in Tirol 380, 399, 452
  Kaiser Friedrich der Zweite 398
  Tulifäntchen 53, 452 f, 619
  Münchhausen 84, 193 f, 309, 628
Innerhofer, Franz 312
Innozenz III., Papst 444 f
Itzig, Moritz 413

Jaeglé, Minna 585, 603
Jagemann, Karoline 370
Jean Paul (eigentl. Johann Paul Friedrich Richter) 70, 154 f, 226, 460, 490, 546
Jeitteles, Alois 410
  Der Schicksalsstrumpf 410
Joachim I., Kurfürst von Brandenburg 186
Jünger, Johann Friedrich 372, 374
Jung, Alexander 48
Jung, G. (Assessor) 109
Junkmann, Wilhelm 469

Kalisch, David 105
  Berlin bei Nacht 105
Kannegießer, Karl Ludwig 442 f
  Telemachos und Nausikaa 442
Kant, Immanuel 348, 548
  Kritik der reinen Vernunft 548
Karbe, Adolf 95
Karl V., Kaiser des Hl. Röm. Reiches 189, 401, 437
Karl I. von Anjou, König von Sizilien 392
Karl August, Großherzog von Sachsen-Weimar 370
Karl Eugen, Herzog von Württemberg 191

Karsch, Anna Louisa 44
Kauffmann, Ernst Friedrich 347
Kean, Edmund 383
Keil, Ernst 41
Keller, Gottfried 91, 280, 298, 311, 321, 646
  Die drei gerechten Kammacher 91, 321
  Die Leute von Seldwyla 311
Kerner, Justinus 185, 361, 434, 466, 469
  Der reichste Fürst 185
Kettembeil, Georg Ferdinand 395
Kierkegaard, Sören 505, 511
Kind, Johann Friedrich 678
Kinkel, Gottfried 273, 310, 454, 678
  Die Heimatlosen 273, 310
  Otto der Schütz 454
Kinkel, Johanna 640
  Hans Ibeles in London 640
Klein, Johann August 122
  Rheinreise von Straßburg bis Rotterdam 122
Kleist, Heinrich von 235, 375 f, 381, 383, 507, 642
  Das Käthchen von Heilbronn 381
  Erzählungen 235
  Michael Kohlhaas 235
Klencke, Caroline von 44
Klencke, Hermann 207
  Das deutsche Gespenst 207
Kletke, Hermann 361
Klingemann, Ernst August Friedrich 372, 668
  Heinrich von Wolfenschießen 372
Klopstock, Friedrich Gottlieb 437, 464
  Messias 437
Kloth, Gregor 207
  Der Fabrikherr 207
Knoche, Michael 301
Könneritz, Kammerherr von 668
König, Friedrich 62
König, Heinrich Joseph 189
  Williams Dichten und Trachten 189
Körner, C. (Buchhändler) 75,
Körner, Karl Theodor 396, 495 ff, 502

Aufruf 495
  Leyer und Schwert 495
Kocka, Jürgen 26
Kompert, Leopold 271, 309
  Geschichten aus dem Ghetto 271
Konradin, Herzog von Schwaben 389, 392
Kopisch, August 453
Kotzebue, August von 73, 203, 238, 319, 325, 370–374, 377, 380, 383, 387, 411, 496
  Gespenst 372
  Kleine gesammelte Erzählungen 238
  Metastasio 373
  Ottokars Tod 387
Kracauer, Siegfried 536
Krebs, Julius 338
  Des Webers Heimkehr 338
Kreutzer, Conradin 372
Kreyßig, Friedrich 311
Kühn, Gustav (Verlag) 317 f, 662
Kühne, Gustav 252, 262 f, 266
  Die zwei Magdalenen oder die Rückkehr aus Rußland 263, 266
  Raoul. Klosternovellen 252
Kühner, Carl 342 f
Kürnberger, Ferdinand 304
Kurländer, Franz August von 377
Kurz, Hermann 178 f, 191, 263 f, 271, 278, 319, 321, 645
  Das Wirtshaus von gegenüber 645
  Das Witwenstüblein (Liebeszauber) 264
  Denk- und Glaubwürdigkeiten 319
  Deutscher Novellenschatz 263
  Dichtungen 264
  Die bleiche Apollonia (Die blasse Apollonia) 278
  Erzählungen 278
  Genzianen. Ein Novellenstrauß 264
  Schillers Heimatjahre 191
Kurz, Wilhelm 434
Kußmaul, Adolf 317
  Biedermaiers Liederlust 317

Lafontaine, August Heinrich Julius 203, 333
Lagerlöf, Selma 187
Lamennais, Félicité Robert de 206
Laroche, Sophie von 44, 212 f
   Geschichte des Fräulein von Sternheim 210
Lassalle, Ferdinand 556
Laube, Heinrich 46, 70, 136, 148, 189 f, 260, 262, 265–269, 277, 381 f, 401, 420, 534, 542, 669, 687
   Das Glück 260, 262, 265 ff, 269
   Der belgische Graf 277
   Die Bandomire 277
   Die Gräfin Chateaubriant 189 f
   Die Karlsschüler 381 f
   Liebesbriefe 269
   Reisenovellen 148
Lauchoronsky, Graf 669
Laun, Friedrich (eigentl. Friedrich August Schulze) 253, 258, 333
   Die Geliebte des Fürsten 258
Lavater, Johann Kaspar 688
Lehr, Hofrat von 668
Lehrbach, Graf von 668
Leibrock, August 335
Leiningen, Graf von 668
Lenau, Nikolaus 129, 150, 443–447, 459 ff, 463, 465–467, 500, 505, 510, 512 ff, 518 f, 531
   Die Albigenser 435, 443–445
   Drei Zigeuner 460
   Einsamkeit 513
   Glauben, Wissen, Handeln 512
   Gedichte 466
   Faust 443, 513
   Neuere Gedichte 466
   Savonarola 150, 443
Lensing, Elise 415 f
Lenz, Jakob Michael Reinhold 490, 596 f
   Der Landprediger 597
   Zerbin 597
Lessing, Gotthold Ephraim 175, 378, 381, 490
   Emilia Galotti 381

Leutrum, Graf von 668
Lewald, August 46, 638
Lewald, Fanny 41 f, 142 f, 173, 213, 216–218, 221, 223 f, 231, 653
   Jenny 173, 216
   Römisches Tagebuch 142
Levin-Robert, Rahel s. *Varnhagen von Ense, Rahel*
Lillo, George 407
   Guilt, Its Own Punishment; or Fatal Curiosity 407
Linder, Emilie 516
List, Friedrich 129, 520
Littrow-Bischoff, Auguste von 406
Lobkowitz, August Longin Fürst von 669
Löwenherz, Samuel (Verleger) 112
Löwenstein, Rudolf 361
Lortzing, Albert 372, 380, 631
   Regina 631
Ludwig XVIII., König von Frankreich 395
Louis Philippe, als Ludwig XIX. König von Frankreich 543
Ludwig I., König von Bayern 389, 400, 501
Ludwig, Otto 274
   Der Aufstand der Domestiken 274
Lüttichau, Freiherr von 668
Lukács, Georg 176, 680
Luther, Martin 184, 186, 446, 548
Lutz, Markus 291
   Heinrich Feldmanns, des klugen Schweizerbauers auf dem Tannenhofe, lehrreicher Unterricht 291
Luxburg, Graf von 668
Lyser, Johann Peter 164

Mahlmann, Siegfried August 422
Manfred, König von Sizilien, 392
Mann, Thomas 628
   Doktor Faustus 628
Manzoni, Alessandro 178
   Die Verlobten 178
Marbach, Gotthold Oswald 666
   Volksbuch-Sammlung 666

Margareta von Navarra 189
  Heptameron 190
Marggraff, Hermann 57, 384
Maria Theresia, Königin von Böhmen und Ungarn, Kaiserin des Hl. Röm. Reiches 438
Marie Louise, Kaiserin der Franzosen 388
Martineau, Harriet 202
  Illustrations of Political Economy 202
Marx, Karl 35, 108, 141, 484, 508, 521, 523 f, 556, 562, 577, 579, 590, 631
  Deutsche Ideologie 525
  Manifest der Kommunistischen Partei 12
  Ökonomisch-philosophische Manuskripte 521
Maucter, Baron von 668
Mauritius, Franz 164
Maximilian, Herzog von Bayern 138
Mazzini, Giuseppe 497
Meinhold, Wilhelm 187
  Maria Schweidler, die Bernsteinhexe 187
  Sidonia von Bork, die Klosterhexe 187
Meissner, Alfred 434, 443, 446 f, 500
  Ziska 435, 443, 446 f
Meißner, August Gottlieb 176, 238
  Skizzen 238
Mendelssohn Bartholdy, Felix 189, 371 f, 398
  Sommernachtstraum 189
Menzel, Wolfgang 157, 398, 473, 491, 526, 613
Mériméé, Prosper 178
  Chronique du règne de Charles IX 178
Merx, Eulalie 43
Metternich, Klemens Lothar Wenzel, Fürst von 29 f, 73 f, 214, 388, 399, 445, 488, 550, 551, 676
Mevissen, Gustav von 608
Meyer, Conrad Ferdinand 443
  Huttens letzte Tage 443
Meyer, Joseph 63 f, 78, 322, 615
Meyerbeer, Giacomo 178, 372, 401
  Die Hugenotten 178

Meynier, Johann Heinrich 659
Meyr, Melchior 440
  Wilhelm und Rosine 440
Miller, Johann Martin 301
  Siegwart, eine Klostergeschichte 301
Mörike, Eduard 12, 54, 154, 159, 167, 169, 172, 235, 252, 262 f, 440, 442, 459–462, 468, 475, 477, 479–481, 483, 511 f, 515, 531, 654
  An die Geliebte 480
  Der Schatz 263
  Die schlimme Greth und der Königssohn 480
  Die schöne Buche 480
  Idylle vom Bodensee 440, 442
  Lucie Gelmeroth (Miß Jenny Harrower) 262 f
  Maler Nolten 167, 169, 235, 252, 531
  Neue Liebe 515
  Peregrina 462, 531
Mohammed 437 f
Mohr, Johann Jakob 55
Molière (eigentl. Jean-Baptiste Poquelin 381 f
  Tartüffe 382
Montfort, Simon von 444
Montesquieu, Charles de Secondat, Baron de Babrède et de 175
Morgenstern, Karl 152, 157
Moritz, Karl Philipp 138 f, 154, 200
  Anton Reiser 154
Mosen, Julius 378, 435
  Ahasver 435
  Ritter Wahn 435
Moses 574
Motte-Fouqué, Caroline de la 253
Motte-Fouqué, Friedrich de la 253, 261, 434, 456, 529
  Bertrand du Guesclin 434
  Joseph und seine Geige 261
Mottek, Hans 21
Mozart, Wolfgang Amadeus 173, 421, 426
  Die Zauberflöte 426
Mügge, Theodor 270, 273 f

Bilder der Zeit 273
Die Brüder 270
Neue Novellen 273
Novellen und Skizzen 270
Mühlbach, Luise 213, 216, 228, 231
Aphra Behn 228
Eva 216
Müller, Adam 411, 509
Müller, Heinrich August 335
Der Prätendent 335
Lady Glami oder der Kerker von Sterling 335
Tremor, der Zerstörer des Druidenreiches 335
Ritter Angus 335
Müller, Stephan 291
Stephan Müller, der glückliche Bauer 291
Müller, Wilhelm 133 ff, 139, 448, 475 ff, 499, 529
Lieder der Griechen 448, 476, 499
Rom, Römer und Römerinnen 133 f
Tafellieder für Liedertafeln 476 f
Winterreise 133, 476
Müller (Kleinkaufmann) 96
Müllner, Amadeus Gottfried Adolph 93, 374, 407–410, 421
Der 29. Februar 407
Die Schuld 407 f
Müntzer, Thomas 184
Mundt, Theodor 178, 187, 192, 215, 262 f, 270, 492, 510, 643, 646
Cimaletti 270
Gesammelte Schriften, Novellen und Dichtungen 270
Madonna. Unterhaltung mit einer Heiligen 510, 646
Madelon oder die Romantiker in Paris 263, 643
Moderne Lebenswirren 178, 192, 646
Thomas Müntzer 187
Musäus, Johann Karl August 238
Straußfedern 238

Napoleon I., Kaiser der Franzosen 9, 16 f, 73, 160, 191, 333, 387 f, 393, 395 ff, 406, 448 f, 495, 583, 592, 686
Napoleon III., Kaiser von Frankreich 686
Nathusius, Marie 350
Naubert, Benedikte 176
Nausikaa, 442
Neigebauer, Johann Ferdinand 129
Cavalier auf Reisen im Jahre 1837 129
Nepos, Cornelius 421
Nestroy, Johann Nepomuk 406, 426, 430–433
Der Zerrissene 431
Judith und Holofernes 406
Nicolai, Otto 189
Die lustigen Weiber von Windsor 189
Niebuhr, Barthold Georg 17, 175
Römische Geschichte 175
Nieritz, Karl Gustav 299 f, 659 f
Nipperdey, Thomas 20,
Norden, Marie (eigentl. Friederike Wolfhagen) 223 f
Dresdens Maitage 223

O'Conell Daniel 136 f
Oberlin, Johann Friedrich 596 f, 688
Odysseus 441 f
Oehmigke & Riemschneider (Verlag) 318
Oelcker, Theodor 201, 206 f
Fürst und Proletarier 207
Oeynhausen, Herr von 668
Oken, Lorenz 586
Ort, Claus Michael 14
Otto, Louise 41, 111, 201, 207, 213, 224–228, 232, 273 f, 279, 310
Aus dem Leben einer Frau 111
Die Lehnspflichtigen 273 f, 279, 310
Drei verhängnisvolle Jahre 224, 227
Kathinka 215, 228
Ludwig der Kellner 216, 225
Schloß und Fabrik 207, 216, 232
Vier Geschwister 227
Ovid 676
Tristia 676

Pálffy, Graf von 669
Paoli, Betty 278
  Die Welt und mein Auge 278
  Leonore 278
Perthes, Friedrich Christoph 64, 66, 78
Pestalozzi, Johann Heinrich 281, 284, 294, 632
  Lienhard und Gertrud 284, 294, 632
Pfau, Ludwig 504, 654
  Gedichte 504
Pfeifer, Georg Wilhelm 236
  Frankfurter Novellen 236
Pfeiffer, Ida 142
Pichler, Caroline 350, 387
  Rudolf von Habsburg 387
Pindar 421
Platen, August Graf von 410, 421 ff, 435, 450, 461, 463–465, 500, 535–539
  An Karl den Zehnten 464
  Arthur von Savoyen 450
  Die Abbassiden 450
  Die verhängnisvolle Gabel 410, 421
  Eklogen und Idyllen 464
  Luther 450
  Mahomet 450
  Odoaker 450
  Polenlieder 464, 500
  Tristan 465
  Venezianische Sonette 464
Pocci, Franz von 362, 660
Pochhammer, Wilhelm 309
  Der lahme Hans. Eine Dorfgeschichte 309
Polenz, Wilhelm von 312
Polignac, Jules de 52
Poppe, Johann Heinrich Moritz 347
  Der physikalische Jugendfreund 347
Prehauser, Gottfried 426
Preusker, Karl 90
Probst, Joseph 291
  Die Neudörfer 291
Pröbsting, Johann Christoph 299
Prokop (Feldherr) 446
Prutz, Robert Eduard 12, 40, 52, 108, 126 ff, 195, 201 f, 206–209, 378–381, 401 f, 419, 490, 493, 539
  Das Engelchen 195, 207 f
  Die politische Poesie der Deutschen 493
  Freie Presse 52
  Moritz von Sachsen 379, 381, 401
  Über Reisen und Reiseliteratur der Deutschen 126
  Vorlesungen über die Geschichte des deutschen Theaters 378
Pückler-Muskau, Hermann, Fürst von 125 f, 135–139, 144–146
  Briefe eines Verstorbenen 126, 135, 139
Püttmann, Hermann 524
Puschkin, Alexander Sergejewitsch 178
  Die Hauptmannstochter 178
Pustkuchen, Ludwig 256
  Novellenschatz des deutschen Volkes 256
Pyrker, Johann Ladislav 434, 437 f, 442 f, 445
  Perlen der heiligen Vorzeit 437
  Rudolph von Habsburg 437 f
  Tunisias 437

Raabe, Wilhelm 191, 280, 646
  Der Hungerpastor 191
Racine, Jean 372
  Athalie 372
Radcliffe, Anne 624
Raffael 189
Raimund, Ferdinand 372, 426–429, 431
  Mädchen aus der Feenwelt, oder: Der Bauer als Millionär 427
Rank, Josef 271, 303
  Neue Geschichten aus dem Böhmerwald 271
Ranke, Leopold von 175, 184
  Deutsche Geschichte im Zeitalter der Reformation 175
  Die römischen Päpste 175
  Neun Bücher preußischer Geschichte 175
Rarisch, Ilsedore 63, 611

Raumer, Friedrich Ludwig Georg von 175, 390
  Geschichte der Hohenstaufen und ihrer Zeit 175, 390
Raupach, Ernst Benjamin Salomo 372, 374, 380 f, 383, 390 f
  Der Zeitgenosse 381
  Die Leibeigenen oder Isidor und Olga 380
  Die Schleichhändler 381
  Heinrich VI. 390
  König Enzio 381, 392
  König Konradin 392
  Laßt die Toten ruhen 380
  Tassos Tod 383
Rehbein, Franz 312
Reich, Philipp Erasmus 64, 69
Reichard, Heinrich August Ottokar 372
Reichardt, Johann Friedrich 361, 495
Reichenbach, Anton Benedict 347
  Bildergallerie der Thierwelt oder Naturgeschichte des Thierreichs 347
Reimarus (Verleger) 42
Reinhart, Lina 350
Reinick, Robert 361
Rellstab, Ludwig 120, 129, 176, 191 f, 266, 377
  1812 191
  Der Wildschütz 266
  Empfindsame Reisen 129
Richard I., Löwenherz, König von England 391, 394
Richardson, Samuel 233
Richelieu, Armand Jean Duplessis, Herzog von 187
Richter, Johann Paul Friedrich s. *Jean Paul*
Richter, Norbert 627
Riehl, Wilhelm Heinrich 280, 311, 320, 322
Rienzo (o. Rienzi), Cola di 188
Robert, Ludwig 381, 385, 413–415
  Die Macht der Verhältnisse 381, 384, 413

Robespierre, Maximilien Marie Isidor de 543, 548, 552, 593 f
Rochow, Friedrich Eberhard von 293 f
Röhling, Friedrich 122
Rollet, Hermann 500
Rosenkranz, Karl 152, 237
  Ästhetische und politische Mitteilungen 237
Rosenlächer, Franz Josef 291
  Karrer's, Bauer zu Argensee, Vermächtniß an seine hinterlassenen Kinder 291
Rossini, Gioaccchino 421
Rostow, Walt W. 18, 21
Rousseau, Jean-Jacques 227, 233, 341, 421, 446
  Confessions 227
Rückert, Friedrich 358 f, 361, 459 ff, 467 f, 478, 495, 519, 568
  Deutsche Gedichte 495
  Fünf Mährlein zum Einschläfern für mein Schwesterlein 359
  Kindertotenlieder 463
  Kranz der Zeit 461
  Liebesfrühling 461
  Östliche Rosen 463
Rudolf I. von Habsburg, deutscher König 387, 438
Ruge, Arnold 108, 273, 397, 524, 539, 543
  Der Demokrat 273
  Revolutionsnovellen 273
Ruppius, Otto 338, 651
  Eine Weberfamilie 338

Sailer, Johann Michael 357
Saint-Juste, Antoine 549
Saint-Simon, Claude Henri, Graf 540 f
Salice-Contessa, Karl Wilhelm 253, 255
  Der schwarze See 255
Sand, George 200, 202, 215
Sand, Karl Ludwig 73, 496
Saphir, Moritz Gottlieb 56 f
Sartre, Jean Paul 494
Saß, Friedrich 86

Berlin in seiner neusten Zeit und Entwicklung 86
Sauerländer, Johann David 579, 585
Sauerwein, Wilhelm 497
Scharrer, Adam 312
Schaßler, Max 108
Schefer, Leopold 256, 258
   Künstlerehe. Ein Stilleben 258
Scheffel, Joseph Viktor von 181, 455
   Der Trompeter von Säckingen 455
   Ekkehard 181
Scheitlin, Peter 292
   Friedrich der Tierquäler 292
Schelling, Friedrich Wilhelm 154,
Schenda, Rudolf 81 f, 315
Schenk, Eduard 89
Schenkendorf, Max von 495
   Gedichte 495
Scherenberg, Christian Friedrich 449
   Hohenfriedberg 449
   Leuthen 449
   Ligny 449
   Waterloo 449
Scherr, Johannes 533
Schiff, Hermann 164
   Fortsetzung der Lebensgeschichte des Kater Murr 164
Schiller, Friedrich 56, 173, 183, 191, 300, 316, 319, 321, 361, 371, 378, 381 ff, 386, 396, 410, 421, 460, 489 f, 615, 655
   Demetrius 183
   Die Braut von Messina 372, 410
   Die Jungfrau von Orleans 381
   Die Räuber 321
   Don Carlos 381
   Kabale und Liebe 381
   Maria Stuart 381
   Wallenstein 371
   Wilhelm Tell 319, 381
Schilling, Gustav 333
Schlegel, August Wilhelm 374, 386, 527
Schlegel, Friedrich 372, 435, 509, 628
   Alarcos 372

Schloenbach, Carl Arnold 273 ff, 310
   Deutsches Bauernbuch 273, 310
Schlüter, Christoph Bernhard 468 f, 482
Schmid Christoph von 321, 339, 350, 357, 362, 656, 657
   Der gute Fridolin und der böse Dietrich 656
   Klara oder die Gefahren der Unschuld 657
Schmidt, Ferdinand 300, 660
Schmidt, Gustav 372
Schnake, Friedrich 197
Schneider, Friedrich 476
Schoepffer, Georg Karl Ludwig 331, 335
   Die Schauerruinen der Unkenburg und der Haarzopf der Hölle 331
Scholz, Wenzel 430
Schopenhauer, Arthur 154, 518
Schopenhauer, Johanna 116, 139–142, 212, 258, 653
   Liebesheirath 258
Schoppe, Amalie 350, 362, 415, 662
Schreiber (Verlag) 318
Schreyvogel, Joseph 153, 256, 260, 374, 409
   Wie es geschah, daß ich ein Hagestolz ward 260
Schröder, Friedrich Ludwig 373 f
Schubart, Christian Friedrich Daniel 191, 490
Schubert, Franz 133, 372, 476
Schubert, Gotthilf Heinrich von 347, 661
   Beschäftigungen für die Jugend 347
Schücking, Levin 42, 271, 277, 469
   Der Familienschild 277
Schütz, Hermann 463
Schulz, Wilhelm 580, 682
Schulze, Ernst 434
   Cäcilie 434
Schumann, August 322
Schurz, Carl 311
Schwab, Gustav 46, 48, 54, 355 f, 361, 434, 466, 469
   Sagen des klassischen Altertums 356
Schweichel, Robert 312

Scott, Sir Walter 176 ff, 181 f, 237, 249, 335, 456
　Ivanhoe 177, 181 f, 237
　Waverley 176, 237
Scribe, Augustin Eugène 373, 377, 382, 670 f
　Ein Glas Wasser 382
Sealsfield, Charles (eigentl. Karl Postl) 129 f, 173 f, 194
　Das Kajütenbuch oder Nationale Charakteristiken 173, 194
Seeger, Ludwig 504
　Politisch-soziale Gedichte 504
Semmig, Hermann 631
　Schloß und Fabrik oder Die schlesischen Weber 631
Sengle, Friedrich 39, 240, 303, 384, 434
Sennett, Richard 276
Seume, Johann Gottfried 9, 139, 490
Seybold, Friedrich 75
Shakespeare, William 177, 188, 371 f, 374, 381 ff, 385, 389, 402, 410, 537, 598
　Hamlet 394, 410, 421
　Lear 383
　Macbeth 372, 410
　Othello 372, 383
　Romeo und Julia 383
　Sommernachtstraum 371
Sichelschmidt, Gustav 653
　Geschichte der deutschen Unterhaltungsliteratur 653
Siebenpfeiffer, Philipp Jakob 498
Siegert, Reinhart 81
Silcher, Friedrich 361, 472
Simion, Moses 300
Simmel, Georg 536
Simrock, Karl 122, 124, 355, 361, 473
　Der Rhein 124
Sinclair, Upton 200
Sixtus V., Papst 189
Smith, Adam 520
Sophokles 372
　Antigone 372
　Oedipus in Kolonos 372
Sottong, Hermann J. 176, 190
　Spartakus 446

Spielhagen, Friedrich 280
Spindler, Karl 182 f, 187, 190
　Der Jesuit 190
　Der Jude 182
　Der König von Zion 187
　Der Wechselbalg 187
Spinoza, Baruch de 421, 548
Spohr, Louis 370, 372
Springer, Julius 298, 300
Staël, Germaine de 545
Stahl, Caroline 362
Stahr, Adolf 43
Staiger, Emil 235, 252
Stearns, Peter N. 36
Steffens, Karl 655 f
Steigentesch, August Ernst, Freiherr von 375
Stelzer, Alan Matthäus 238 f
　Anleitung zur deutschen Dichtkunst 238
Stendhal (eigentl. Henri Beyle) 188, 490
　Italienische Chroniken und Novellen 188, 268
　Le Rouge et le Noir 268
　Vittoria Accoramboni 188
Sternberg, Alexander von 200, 206 f, 634
　Die Zerrissenen 634
　Paul 200, 206
Stich-Crelinger, Auguste 405, 417, 675
Stieglitz, Charlotte 193
Stieglitz, Heinrich 499
Stifter, Adalbert 54, 240, 242–247, 256, 269, 271 f, 274, 277 f, 641, 642, 648
　Abdias 244 f
　Brigitta 243 f, 247
　Bunte Steine 272, 278, 280
　Condor 245, 274
　Der arme Wohltäter (Kalkstein) 278
　Der Heilige Abend (Bergkristall) 272
　Der Hochwald 278 f, 642
　Der Waldbrand 256
　Der Waldsteig 243 f, 278
　Die Mappe meines Urgroßvaters 243 f, 272, 277
　Die Narrenburg 243 f, 272

Die Pechbrenner (Granit) 272
Die Schwestern 278
Feldblumen 269, 642
Studien 244, 271 f, 641
Unglückliche Liebe 256
Zwei Schwestern 246
Stille, Caroline 350
Stirner, Max 508, 619
Stoeber, August 596
Stoeber, Ehrenfried 596
Stöber, Karl 301
Stolz, Alban 320
  Kalender für Zeit und Ewigkeit 320
Storm, Theodor 280
Stranitzky, Joseph Anton 426
Strauß, David Friedrich 443, 508, 591
  Das Leben Jesu 508
Strauß, Salomon 47, 556
Strittmatter, Erwin 312
Struensee, Johann Friedrich, Graf von 400
Struve, Gustav 107
Sue, Eugène 196, 200, 202, 205, 337, 382
  Le Juif errant 202
  Les Mystères de Paris 196, 202, 337, 382

Tante Aurelie s. *Baudissin, Sophie Gräfin von*
Tasso, Torquato 437
  Gerusalemme liberata 437
Taubenheim, Oberstallmeister von 668
Theokrit 439, 441
Thieme, Moritz 362, 667
Thoma, Ludwig 312
Tibull(us), Albius 441
Tieck, Ludwig 170 f, 181, 183 f, 188 f, 190, 235, 237, 251–255, 257 f, 260 f, 264, 267, 269, 277, 352, 361, 381, 422, 596, 663, 668, 678
  Das Fest zu Kenelworth 189, 258
  Das Zauberschloß 260
  Der Alte vom Berg 277
  Der Aufruhr in den Cevennen 190
  Der blonde Eckbert 264
  Der getreue Eckart und der Tannhäuser 181, 254 f
  Der Hexensabbat 183
  Der junge Tischlermeister 170, 235, 252
  Der Runenberg 254 f
  Der Wassermensch 251, 257
  Des Lebens Überfluß 264
  Dichterleben 189, 258
  Die Gesellschaft auf dem Lande 260
  Die Reisenden 258
  Die Vogelscheuche 264
  Gesammelte Novellen 257
  Liebeswerben 257
  Liebeszauber 254
  Novellen 257
  Phantasus 254
  Waldeinsamkeit 264
  Wunderlichkeiten 269
  Vittoria Accorombona 188 f
  Volksmärchen 663
Tilly, Johann Tserclaes, Graf von 456 f
Tocqueville, Alexis de 17
Töpfer, Carl 377, 381
  Der Tagesbefehl 381
  Der Vorposten 381
Tolstoj, Lew Nikolajewitsch, Graf 191
  Krieg und Frieden 191
Train, Joseph Karl von 336, 339, 658
  Die schwarze Garde oder Lips Tullian mit seinen Raub- und Blutgesellen 336
  Giuseppe Balsamo, der berüchtigste Abenteurer und Betrüger seines Zeitalters 336
  Matthias Klostermeier, der furchtbare Wildschützen-Hauptmann im Baiernland 336
  Sophron's Vermächtniss 339, 658
  Wenzel Rüll und Wasensepp 336
Treitschke, Heinrich von 190
Trentsensky (Verlag) 318
Tretjakov, Sergej Michajlowitsch 100, 680
Trewendt (Verlag) 655 f

Trollope, Frances 200, 202
  Michael Armstrong 202
Trowitzsch (Verlag) 655 f

Uhland, Ludwig 53, 185, 319, 361, 434 f, 462, 466, 468 f, 471 f, 475, 499, 519
  Graf Eberhard der Rauschebart 185, 436
Ulrich I., Herzog von Württemberg 185
Ungern-Sternberg, Alexander Graf von 252, 262, 668
  Das Waldgespenst 262
  Die Doppelgängerin 262
  Die Zerrissenen 252
Unzelmann, Karl Wolfgang 376

Varnhagen, von Ense, Karl August 43, 135, 413
Varnhagen, von Ense, Rahel 413, 528
Venedey, Jakob 498
Venningen, von (Intendant) 668
Vergil(ius), Publius Maro 421, 435 f, 439
  Aeneis 438
Vico, Giambattisto 175
Vigny, Alfred de 178
  Cinq-Mars 178
Vischer, Friedrich Theodor 154, 262, 266, 268, 317, 492
  Cordelia 266, 268
Vogl, Johann Nepomuk 272 ff
  Freineger 273
  Schatten. Neue Novellen und Erzählungen 272
Vogt, Niklas 122
  Ansichten des Rheins 122
Volkhart, Albrecht (Verleger) 75
Voltaire, François Marie Arouet de 175
Voß, Johann Heinrich 439 f, 490
  Die Freigelassenen 440
  Die Leibeigenen 440
  Luise 439

Wackernagel, Philipp 361
Wächter, Leonhard 176

Wagner, Richard 181, 188, 370, 375, 392, 428, 668, 670
  Rienzi 188
  Tannhäuser und der Sängerkrieg auf der Wartburg 181
Waiblinger, Wilhelm 46, 256, 259, 266 f, 434, 499
  Das Blumenfest 256
  Don Florida 256, 259, 266
Wall, Anton 238
  Bagatellen 238
Walpole, Horace 674
  The castle of Otranto 674
  The Mysterious Mother 674
Walthers, Johann Ludwig Gottfried 292
  Bauerngespräche über König und Regierung, Volk und Revolution 292
  Die Ständeversammlung im Wirtshause 292
Washington, George 440
Weber, Carl Julius 121, 129
  Deutschland, oder Briefe eines in Deutschland reisenden Deutschen 121, 129
Weber, Carl Maria von 137, 370, 495, 668
  Der Freischütz 137, 655
Webster, John 188
  The White Divel 188
Weerth, Georg 207 f, 504, 522
  Romanfragment 207
Wehler, Hans-Ulrich 21, 25, 32
Weidig, Friedrich Ludwig 588 f, 591, 604, 682
Weill, Alexander 271 f, 274 f, 279, 309
  Berliner Novellen 271
  Ein Winter in Berlin 272
  Selmel, die Wahnsinnige 274 f, 279
  Sittengemälde aus dem elsässischen Volksleben 271
  Stasi 309
Weiße, Christian Felix 374
Weißenthurn, Johanna Franul von 375, 380
Weitling, Wilhelm 498, 619

Werg, August 336
  Die Jüdin von Prag 336
Werner, Ferdinand 238
  Erzählungen 238
Werner, Zacharias 372, 374, 406 f, 421
  Der 24. Februar 406
  Kreuz an der Ostsee 372
  Luther 372
Wieland, Christoph Martin 53, 236, 374, 453
Wienbarg, Ludolf 46, 491, 586
  Aesthetische Feldzüge 491 f
Wiese, Sigismund 417
  Die Bettler 417
Wigand, Georg 317
  Musenklänge aus Deutschlands Leierkasten 317
Wigand, Otto (Verleger) 124
  Das malerische und romantische Deutschland 124
Wilhelm I., König von Württemberg 668
Willkomm, Ernst 195, 198, 200 f, 203–207, 272 f, 384 f, 505
  Blitze 272
  Ein Lohnweber 273
  Eisen, Gold und Geist 195, 204
  Grenzer, Narren, Lotsen 272
  So lebt und stirbt der Arme 273
  Weisse Sclaven oder die Leiden des Volkes 198, 200, 203 f
Winckelmann, Johann Joachim 175
Winckelmann & Söhne (Verlag) 318
Winkler (Hofrat) s. *Hell, Theodor*
Wirth, Johann Georg August 498
Wobeser, Karoline von 212
  Elisa, oder das Weib wie es seyn sollte 217

Wohl, Jeannette 47, 556
Wolff, Oskar Bernhard 677
Wolfhagen, Friederike 338
  Der Weber von Langenbielau 338
Woyzeck, Johann Christian 601
Wrangel, Friedrich Heinrich Ernst, Graf von 114
Wrbna, Graf von 669
Würkert, Ludwig 666
Wuttke, Heinrich 58

Zedlitz, Joseph Christian Freiherr von 434, 676
  Waldfräulein 434
Zelau, Jan von 446
Zeller, Bernhard 471
Zelter, Karl Friedrich 361, 495
Ziegler, Friedrich Julius Wilhelm 372, 374
Ziegler, Edda 47, 51
Zola, Emile 494
Zschokke, Johann Heinrich Daniel 182 f, 191, 256, 270, 288, 293 f, 299 f, 307, 650
  Addrich im Moos 182
  Das Goldmacherdorf 270, 288–291, 293, 307
  Der Freihof von Aarau 182
  Die Rose von Disentis 191
  Ein Narr des 19. Jahrhunderts 650
  Stunden der Andacht 290
Zwingli, Johann Ludwig 292
  Abendunterhaltung zwischen schlichten Landleuten über Freiheit, Volksgewalt, bürgerliche Ordnung und obrigkeitliches Ansehen in einem Freistaate 292

Periodika

Album 524
Allgemeine Zeitung (Augsburg) 63, 69 f, 77, 542
Aufrichtiger und wohlerfahrener Schweizerbote 288, 290

Bauern-Zeitung aus Frauendorf 288
Berliner Abendblätter 642
Börsenblatt für den Deutschen Buchhandel 66, 299

Constitutionelle Club-Zeitung 108

Das Dampfschiff 10
Der Freischärler. Für Kunst und sociales Leben 110, 214
Deutsche Frauenzeitung 110, 214
Deutsche Revue 71, 586
Deutsche Schnellpost 10
Deutscher Courier 77
Die Spinnstube 302, 656 f
Die Volksstimme 108
Die Wage 71, 380

Eisenbahn 10
Europa 638

Frauen-Zeitung 110, 214

Der Gevattersmann 656

Hallische Jahrbücher 397
Heller-Magazin 657

Journal des Débats 337

Kladderadatsch 105
Komischer Volkskalender 656

Leipziger Locomotive 10
Lokomotive 104

Morgenblatt für gebildete Stände 69 f, 93, 465, 469

Neue Allgemeine Politische Annalen 535
Neue Kölnische Zeitung 110
Neue Rheinische Zeitung 493
Neuer Volkskalender 656

Österreichischer Beobachter 77

Phöbus 411
Pfennig-Magazin 657
Pilot 10
Planet 41

Reform 108

Schwäbischer Merkur 307
Steffens' Volkskalender 656

Telegraph für Deutschland 10, 309
Teutscher Merkur 236
Trewendt's Volkskalender 656
Trowitzsch's Volkskalender 656
The Times 62

Urania 309

Vesta 450
Vorwärts 10, 524

Weserdampfboot 10
Wiener Zeitung 77

Zeitung für die elegante Welt 69, 302

Inhaltsverzeichnis

Einleitung 9

Peter Stein

Sozialgeschichtliche Signatur 1815–1848 16

I.   Entzifferung der Epochensignatur 16
II.   Von der »Agrarrevolution« zur
    Industriellen Revolution 18
    1. Feudale Agrargesellschaft und »Agrarrevolution« . . . 18
    2. Handwerkskrise und Proto-Industrialisierung 19
    3. Industrielle Revolution und »Marktgesellschaft« . . . 21
III.   Kontinuitäten und Umbrüche der Sozialstruktur 23
    1. Der Adel: vom Ersten Stand
       zur herrschenden Klasse 23
    2. Stadtpatriziat, Bildungs- und Wirtschafts-
       bürgertum 24
    3. Unterschichten und Proletariat 27
IV.   Politische Restauration, Liberalismus
    und Revolution 29
    1. Aporien des Konservativismus 29
    2. Politischer Liberalismus, Nationalismus,
       Demokratie und Sozialismus 31
    3. Die Revolution von 1848/49 36

Germaine Goetzinger

Die Situation der Autorinnen und Autoren 38

I.   Expansion der literarischen Produktion 39
    1. Vielschreiberei 39
    2. Probleme weiblichen Schreibens 40
    3. Schreibende Familien 43

II.	Konkurrenz, Kommerz und Zensur	45
	1. Konfliktpotentiale zwischen Autoren	45
	2. Beziehungen zum Verleger	48
	3. Umgang mit der Zensur	51
III.	Veränderungen der Schriftstellerrolle	54
	1. Labile Zwischenpositionen	54
	2. Bürgerliche Geselligkeitsformen als Ausgleichsmechanismen	55
	3. Berufsständische Interessenvertretung	57
	4. Vielschichtigkeit der Schriftstellerrolle	58

Ulrich Schmid

Buchmarkt und Literaturvermittlung 60

I.	Die Buch- und Zeitschriftenproduktion	60
	1. Die Expansion des literarischen Markts	60
	2. Technische Neuerungen	61
	3. Das Verlagswesen im Vormärz	64
	4. Journalismus und Journale	69
	5. Die Zensur	73
II.	Die Distribution der Literatur	76
	1. Hemmnisse der Literaturverbreitung	76
	2. Der Buchhandel	78
	3. Die Kolporteure	81
	4. Die Leihbibliotheken	83
	5. Lesegesellschaften und Volksschriftenvereine	86
III.	Lesefähigkeit und Rezeptionsverhalten	91

Sigrid Weigel

Literarische Gegenöffentlichkeit in der März-Revolution 94

I.	Der Konditor Karbe als Volksredner	95
II.	Der volkstümliche Charakter der Revolutionsöffentlichkeit	97

III.	Nante: Der Volksvertreter an der Straßenecke	101
IV.	Barrikaden und Bürgerwehrmänner auf der Bühne	103
V.	Die Lager der Revolution	106
VI.	Madame Bullrichen und die Frauenfrage	109
VII.	Literarische Phantasie für einen Silbergroschen das Blatt	111
VIII.	Zur Korrektur des Öffentlichkeitsbegriffes	114

Gert Sautermeister

Reiseliteratur als Ausdruck der Epoche 116

I.	Industrielle Revolution und Reisen	116
	1. Die »Verkehrsmoderne«	116
	2. Verkehrstechnik und Literaturmarkt	122
	3. Kulturtechnische Medien und Reiseliteratur	123
II.	Reisementalitäten	126
	1. Politisch-soziales Reisen	129
	2. Malerisch-romantisches Reisen	133
	3. Bildungs- und Selbstfindungsreisen	139
III.	Reiseliterarische Ästhetik	144
	1. Die ästhetische Moderne	144
	2. Fiktionalität und erreiste Realität	147

Manfred Heigenmoser

Bildungsroman, Individualroman, Künstlerroman 151

I.	Gattungstypologischer Zusammenhang	151
	1. Der »Bildungsroman« im Selbstverständnis bürgerlicher Identität	151
	2. Der moderne Individualroman	153
	3. Künstlerroman und Künstlerproblematik	157
II.	Krisen des Individuums zwischen Ideal und Wirklichkeit (1815–1829)	160

	1. Individualromane: Eichendorff und Hoffmann	160
	2. Künstlerromane	162
	3. Ein Arztbildungsroman und Goethes ›Wilhelm Meisters Wanderjahre‹	165
III.	Zwischen Selbstfindung und gesellschaftlicher Integration (1830–1850)	167
	1. Der psychologische Individualroman: Mörikes ›Maler Nolten‹	167
	2. Altersromane Eichendorffs und Tiecks	169
	3. Der zeitgeschichtliche Individualroman: Immermanns ›Die Epigonen‹	171
	4. Historisch-biographische Künstlerromane der vierziger Jahre	172
	5. Die Abschaffung des Individualhelden im Gesellschaftsroman nach 1840	173

Wolfgang Beutin

Historischer und Zeit-Roman 175

I.	Historischer Roman: Grundlagen	175
II.	Von Unfreiheit und Freiheitsverlangen, Barbarei und Humanität	181
	1. Mittelalter-Romane	181
	2. Aus Reformation, Gegenreformation und Renaissance	184
	3. Aus dem 18. und dem beginnenden 19. Jahrhundert	190
III.	Zeitroman	192

Hans Adler

Der soziale Roman 195

I.	Zur Programmatik des sozialen Romans	196
II.	Zur Tradition des sozialen Romans	200
III.	Beispiele sozialer Romane	203

Rachel McNicholl / Kerstin Wilhelms

Romane von Frauen 210

I. Weibliche Schreibarbeit und Geschlechtsrolle 210
   1. Der Erziehungs- und Bildungsroman
      weiblicher Provenienz 212
   2. Die Politisierung der Literatur im Vormärz 213
II. Frauenromane in der Vormärzzeit 216
   1. Auf- und Ausbrüche von Frauenfiguren 217
   2. Geschlechter- und politische Verhältnisse 221
   3. Schreiben im Spannungsverhältnis
      zwischen Weiblichkeit und Kunstproduktion 225
III. Resümee 230

Reinhart Meyer

Novelle und Journal 234

I. Probleme der Gattungsbezeichnung 235
II. Publikationsforum und Erzählweise 239
III. Strukturen der Erzählprosa in Journalen 240
Anhang: Zum Begriff »Novelle« in der
   ersten Hälfte des 19. Jahrhunderts 249

Wolfgang Lukas

Novellistik 251

I. Die romantische Initiationsnovelle 253
II. Spätromantik und »biedermeierliche
    Novellenwende« 256
III. Die manifeste »Krise« des goethezeitlichen Erzählens . . 265
IV. Die »prärealistische« Novellistik der vierziger Jahre . . 271

Holger Böning

Volkserzählungen und Dorfgeschichten 281

I. Traditionen der Dorf- und Bauernepik
   seit der Aufklärung 282
II. Dorferzählungen und Bauernromane in der
   Tradition volksaufklärerischer Literatur 285
   1. Johann Evangelist Fürst 285
   2. Heinrich Zschokke 288
   3. Dorf- und Volkserzählungen in der Nachfolge
      des ›Goldmacherdorfes‹ 291
   4. Jeremias Gotthelf 292
   5. Volksschriftenvereine und ihre Literatur 298
III. Die literarische Dorfgeschichte im Vormärz 302

Hainer Plaul / Ulrich Schmid

Die populären Lesestoffe 313

I. Die Volkslesestoffe in der ersten Hälfte
   des 19. Jahrhunderts (U. S.) 315
II. Die Trivial- oder Schemaliteratur (H. P.) 322
   1. Bildungs- und buchmarktgeschichtliche
      Voraussetzungen 322
   2. Zur Struktur und Wirkungsweise
      trivialer Lesestoffe 325
   3. Typen und Genres im Vormärz 331

Ortwin Beisbart

Kinder- und Jugendliteratur 339

I. Die Fesseln der Pädagogik 339
II. Lesestoffe 342

	1. Gattungen	342
	2. Vermittlungskonzepte	346
IV.	Kindheitskonzepte in Konkurrenz	351
	1. Kindheitsbilder im Konflikt	351
	2. »Volkstümlich«-epische Literatur	352
	3. Gedichte für Kinder	357
	4. Literarisch-moralische Dialoge	362
	5. Wandlungen und neue Tendenzen	363

Reinhart Meyer

Theaterpraxis 366

I.	Schauspielkunst und Fürstengunst: Die Hof- und die Stadttheater	366
II.	Erfolgsautoren der Vormärzbühne	373

Gertrud Maria Rösch

Geschichte und Gesellschaft im Drama 378

I.	Einführung	378
	1. Bedeutung des Dramas	378
	2. Das Bühnenrepertoire	380
	3. Formen des Dramas	383
II.	Das historische Drama	386
	1. Dramen aus der Nationalgeschichte	386
	2. Dramen mit revolutionär-reformerischer Tendenz	395
	3. Dramen mit biblischem und legendenhaftem Stoffkern	403
III.	Gesellschaft im Spiegel des Schauspiels	406
	1. Das Schicksalsdrama	406
	2. Nachfolger des bürgerlichen Trauerspiels	411
	3. Das sozialkritische Drama	417

Reinhart Meyer

Komödien 421

I. Lustspiele zwischen Literatur- und Sozialkritik 421
II. Das Wiener Volkstheater 425

Hans-Wolf Jäger

Versepik 434

I. Politik und Geschichte – Kritik und Verklärung 436
II. Antikisierende Idylle 439
III. Ketzergeschichten im Epos 443
IV. Napoleon als Thema 448
V. Orient und Märchenton 450
VI. Ironie und Komik 452
VII. Leben, Geschichte, Traum 456

Gert Sautermeister

Lyrik und literarisches Leben 459

I. Soziale und marktliterarische Rahmenbedingungen
   (Rückert, Platen, Lenau) 459
II. Geselligkeit und Freundschaft –
    Stützpfeiler der Gattung 467
III. Gesellige und Gelegenheitsdichtung
     (Uhland, Chamisso, Müller) 470
IV. Lyriker-Profile (Eichendorff, Mörike, Droste) 477

Inhalt

Peter Stein

Operative Literatur 485

I. Zum Begriff »Operative Literatur« 485
II. Grundbedingungen operativer Literatur
    zwischen Restauration und Revolution 487
III. Die programmatische Herausbildung
    des ästhetischen Modells »Operative Literatur« 489
IV. Politische Lyrik 495

Gert Sautermeister

Religiöse und soziale Lyrik 505

I. Religionskritik 506
    1. Die Hegel-Kritik Heines 507
    2. Die »Junghegelianer« 508
II. Politische Romantik 509
III. Religiöse Lyrik 510
IV. Soziale Lyrik 518
    1. Soziale Einzelschicksale 518
    2. Kollektivschicksale: Das Weber-Elend 522

Johann Jokl

Heinrich Heine 526

I. ›Buch der Lieder‹ 528
II. »Emancipation der Prosa« –
    »Ende der Kunstperiode«? 533
    1. ›Die Bäder von Lucca‹ 535
    2. Zwischen Deutschland und Frankreich 539
    3. Parteilich-operative Essayistik 542
III. ›Neue Gedichte‹ und die Versepen 557

	1. ›Atta Troll‹	560
	2. ›Deutschland. Ein Wintermärchen‹	564
IV.	›Romanzero‹	570
V.	›Geständnisse‹	574

Gustav Frank

Georg Büchner 579

I.	»E la fama?« – »E la fame?«	579
II.	Schule, Markt und Wissenschaft	582
III.	Büchner – Weidig – Eichelberg	588
IV.	Systemverzweigungen der Goethezeit	592
V.	Lachkultur und Subversion	598
VI.	Der ›Woyzeck‹	601

Anhang

Anmerkungen 607

Bibliographie 689

Register 729